LYNN SCHAEFER

Der Einsatz Künstlicher Intelligenz beim Erlass polizeilicher Platzverweisungen

Das Recht der inneren und äußeren Sicherheit

Herausgegeben von Prof. Dr. Dr. Markus Thiel, Münster

Band 37

Der Einsatz Künstlicher Intelligenz beim Erlass polizeilicher Platzverweisungen

Zulässigkeit eines Ermessensverwaltungsaktes durch Künstliche Intelligenz im Lichte des allgemeinen Verwaltungsrechts und des Grundgesetzes am Beispiel der polizeilichen Platzverweisung

Von

Lynn Schaefer

Duncker & Humblot · Berlin

Die Juristische Fakultät der Ruhr-Universität Bochum hat diese Arbeit
im Jahre 2025 als Dissertation angenommen.

Bibliografische Information der Deutschen Nationalbibliothek

Die Deutsche Nationalbibliothek verzeichnet diese Publikation in
der Deutschen Nationalbibliografie; detaillierte bibliografische Daten
sind im Internet über http://dnb.d-nb.de abrufbar.

Satz: 3w+p GmbH, Rimpar
Druck: Primerate Zrt., Budapest, Ungarn

ISSN 2199-3475
ISBN 978-3-428-19831-3 (Print)
ISBN 978-3-428-59831-1 (E-Book)

Gedruckt auf alterungsbeständigem (säurefreiem) Papier
entsprechend ISO 9706 ♾

Verlagsanschrift: Duncker & Humblot GmbH, Carl-Heinrich-Becker-Weg 9,
12165 Berlin, Germany | E-Mail: info@duncker-humblot.de
Internet: https://www.duncker-humblot.de

Vorwort

Die vorliegende Arbeit wurde im Wintersemester 2025/2026 von der Juristischen Fakultät der Ruhr-Universität Bochum als Dissertation angenommen.

Als ich im Jahr 2021 das Thema dieser Arbeit wählte, war noch nicht absehbar, welchen rasanten Entwicklungssprung Künstliche Intelligenz in den darauffolgenden Jahren vollziehen würde und mit welch tiefgreifenden – insbesondere europarechtlichen – Regulierungsbestrebungen sich die Untersuchung im weiteren Verlauf auseinandersetzen würde. Mit dem Durchbruch neuartiger KI-gestützter Systeme gewann das Thema eine Aktualität, die meine eigenen Erwartungen ebenso wie die meines wissenschaftlichen und persönlichen Umfelds deutlich übertraf.

Mein großer Dank gilt Herrn Prof. Dr. Sebastian Golla, der die Betreuung dieser Dissertation übernommen und das Vorhaben mit großem Engagement begleitet hat. Seine fachliche Präzision, seine konstruktiven und zugleich pragmatischen Hinweise sowie seine kontinuierliche Unterstützung haben maßgeblich dazu beigetragen, dass die Arbeit in ihrer vorliegenden Form entstehen konnte.

Ferner danke ich Frau Prof. Dr. Andrea Kießling für die zügige Erstellung des Zweitgutachtens. Die inhaltlichen Gespräche mit ihr waren für die Abrundung der Arbeit außerordentlich gewinnbringend.

Aufrichtigen Dank schulde ich auch Herrn Prof. Dr. Wolfram Cremer, unter dessen Betreuung das Dissertationsvorhaben ursprünglich begonnen wurde. Die in dieser frühen Phase entwickelten Fragestellungen und Diskussionen haben die weitere Ausrichtung der Arbeit nachhaltig geprägt.

Ein besonderer Dank gilt Herrn Dr. Rodin Robakowski, der mir sowohl während meiner Zeit als wissenschaftliche Mitarbeiterin am Lehrstuhl Cremer als auch darüber hinaus stets als fachlich hochpräzise Diskussionsinstanz und – nicht minder wichtig – als verlässliche Motivationsquelle zur Seite stand. Unsere Gespräche und seine gewitzte wie schonungslose Aufdeckung von Denkfehlern will ich nicht missen.

Schließlich danke ich meiner Familie und meinen Freunden für ihre Geduld, ihren unerschütterlichen Rückhalt und ihre kontinuierliche Unterstützung.

Meiner Familie ist dieses Buch gewidmet.

Herten, im Januar 2026 *Lynn Schaefer*

Inhaltsverzeichnis

Abkürzungsverzeichnis

a. A.	andere Ansicht
AcP	Archiv für die civilistische Praxis
AEUV	Vertrag über die Arbeitsweise der Europäischen Union
AG	Amtsgericht
AI	Artificial Intelligence
AnwBl	Anwaltsblatt
AO	Abgabenordnung
AöR	Archiv des öffentlichen Rechts
ARP	Arbeitsschutz in Recht und Praxis
Art.	Artikel
ASOG Bln	Allgemeines Sicherheits- und Ordnungsgesetz Berlin
BattG	Batteriegesetz
BayDSG	Bayerisches Datenschutzgesetz
BayObLG	Bayerisches Oberlandesgericht
BayVBl	Bayerische Verwaltungsblätter
BayVerfGH	Bayerischer Verfassungsgerichtshof
BBG	Bundesbeamtengesetz
BbgPJMDSG	Brandenburgisches Polizei-, Justizvollzugs- und Maßregelvollzugsdatenschutzgesetz
BbgPolG	Brandenburgisches Polizeigesetz
BBhV	Bundesbeihilfeverordnung
Bd.	Band
BDSG	Bundesdatenschutzgesetz
BeckOK	Beck'scher Online-Kommentar
Beschl.	Beschluss
BFH	Bundesfinanzhof
BGH	Bundesgerichtshof
BGHSt	Entscheidungen des Bundesgerichtshofs in Strafsachen
Bitkom	Branchenverband der deutschen Informations- und Telekommunikationsbranche
BKA	Bundeskriminalamt
BlnDSG	Berliner Datenschutzgesetz
BMI	Bundesministerium des Innern
BremPolG	Bremisches Polizeigesetz
BRKG	Bundesreisekostengesetz
BT-Drs.	Bundestag Drucksache
BVerfG	Bundesverfassungsgericht
BVerfGE	Entscheidungen des Bundesverfassungsgerichts
BVerwG	Bundesverwaltungsgericht
BVerwGE	Entscheidungen des Bundesverwaltungsgerichts
CCZ	Corporate Compliance Zeitschrift

ChatGPT	Chat Generative Pre-trained Transformer
ChemBiozidV	Biozidrechts-Durchführungsverordnung
CR	Computer und Recht
d.h.	das heißt
DFKI	Deutsches Forschungszentrum für Künstliche Intelligenz
DIN	Deutsche Industrienorm
DÖV	Die öffentliche Verwaltung
DSB	Datenschutz-Berater
DSG	Datenschutzgesetz
DSG M-V	Datenschutzgesetz Mecklenburg-Vorpommern
DSG NRW	Datenschutzgesetz Nordrhein-Westfalen
DSGVO	Datenschutzgrundverordnung
DStR	Deutsches Steuerrecht
DStR-Beih	Deutsches Steuerrecht Beiheft
DSUG LSA	Datenschutz-Grundverordnungs-Ausfüllungsgesetz Sachsen-Anhalt
DuD	Datenschutz und Datensicherheit
DuR	Demokratie und Grundrechte
DVBl	Deutsches Verwaltungsblatt
EDV	Elektronische Datenverarbeitung
EGL	Ergänzungslieferung
EGMR	Europäischer Gerichtshof für Menschenrechte
E-Government	Electronic Government
ElektroG	Elektro- und Elektronikgerätegesetz
ElektroGBattGGebV	Elektro- und Elektronikgerätegesetz-Batterierecht-Durchführungsgesetz-Gebührenverordnung
et al.	et alii (und andere)
etc.	et cetera (und so weiter)
EU	Europäische Union
EuR	Europarecht
EUV	Vertrag über die Europäische Union
EuZW	Europäische Zeitschrift für Wirtschaftsrecht
f.	folgend
ff.	folgende
FlurbG	Flurbereinigungsgesetz
Fn.	Fußnote
GdP	Gewerkschaft der Polizei
GewO	Gewerbeordnung
GG	Grundgesetz
Ggf.	Gegebenenfalls
GRCh	Charta der Grundrechte der Europäischen Union
GRUR	Gewerblicher Rechtsschutz und Urheberrecht
GRUR-Prax	Gewerblicher Rechtsschutz und Urheberrecht für die Praxis
GSZ	Zeitschrift für das Gesamte Sicherheitsrecht
HDSIG	Hessisches Datenschutz- und Informationsfreiheitsgesetz
h.M.	herrschende Meinung
Hrsg.	Herausgeber
HSOG	Hessisches Gesetz über die öffentliche Sicherheit und Ordnung
HStR	Handbuch des Staatsrechts

i.CON	International Journal of Constitutional Law
InTeR	Zeitschrift zum Innovations- und Technikrecht
IT	Informationstechnologie
i. V. m.	in Verbindung mit
JA	Juristische Arbeitsblätter
JI-Richtlinie	Richtlinie (EU) 2016/680 des Europäischen Parlaments und des Rates
JöR	Jahrbuch des öffentlichen Rechts
JuS	Juristische Schulung
JustG	Justizgesetz
JZ	Juristenzeitung
Kap.	Kapitel
Kfz	Kraftfahrzeug
KI	Künstliche Intelligenz
KIR	Künstliche Intelligenz und Recht
KI-VO	Verordnung (EU) 2024/1689 des Europäischen Parlaments und des Rates zur Festlegung harmonisierter Vorschriften für Künstliche Intelligenz
KJ	Kritische Justiz
K&R	Kommunikation & Recht
LBG	Landesbeamtengesetz
LDSG	Landesdatenschutzgesetz
Lit.	Literatur
LKA	Landeskriminalamt
LRKG	Landesreisekostengesetz
LT-Drs.	Landtag Drucksache
LVOPol NRW	Laufbahnverordnung der Polizei Nordrhein-Westfalen
LVwG	Landesverwaltungsgesetz
LZPD	Landesamt für Zentrale Polizeiliche Dienste
MMR	Zeitschrift für das Recht der Digitalisierung, Datenwirtschaft und IT
m. w. N.	mit weiteren Nachweisen
MwStR	Mehrwertsteuerrecht
NDSG	Niedersächsisches Datenschutzgesetz
NJ	Neue Justiz
NJOZ	Neue Juristische Online-Zeitschrift
NJW	Neue Juristische Wochenschrift
NLMR	Newsletter Menschenrechte
NLPCC	Natural Language Processing and Chinese Computing
NPOG	Niedersächsisches Polizei- und Ordnungsbehördengesetz
Nr.	Nummer
NRW	Nordrhein-Westfalen
NStZ	Neue Zeitschrift für Strafrecht
NuR	Natur und Recht
NVwZ	Neue Zeitschrift für Verwaltungsrecht
NVwZ-RR	Neue Zeitschrift für Verwaltungsrecht Rechtsprechungs-Report
NZA	Neue Zeitschrift für Arbeitsrecht
NZI	Neue Zeitschrift für Insolvenz- und Sanierungsrecht
NZV	Zeitschrift Verkehrsrecht
NZWiSt	Neue Zeitschrift für Wirtschafts-, Steuer- und Unternehmensstrafrecht

öAT	Zeitschrift für öffentliches Arbeits- und Tarifrecht
OBG	Ordnungsbehördengesetz
OLG	Oberlandesgericht
OVG	Oberverwaltungsgericht
OZG	Onlinezugangsgesetz
PAG	Polizeiaufgabengesetz
PharmR	Pharmarecht
PNAS	Proceedings of the Nation Acadamy of Sciences of the United States of America
POG NRW	Polizeiorganisationsgesetz Nordrhein-Westfalen
POG RP	Polizei- und Ordnungsbehördengesetz Rheinland-Pfalz
PolDVG	Gesetz über die Datenverarbeitung der Polizei
PolG	Polizeigesetz
PolG BW	Polizeigesetz Baden-Württemberg
PolG NRW	Polizeigesetz Nordrhein-Westfalen
RDi	Recht Digital
Rn.	Randnummer
RUB	Ruhr-Universität Bochum
S.	Seite
SächsDSUG	Sächsisches Datenschutz-Umsetzungsgesetz
SächsPolG	Polizeigesetz des Freistaates Sachsen
SGB	Sozialgesetzbuch
SJZ	Schweizerische Juristen-Zeitung
SOG	Gesetz über die Sicherheit und Ordnung
sog.	sogenannt
SOG LSA	Gesetz über die Sicherheit und Ordnung des Landes Sachsen-Anhalt
SOG M-V	Gesetz über die Sicherheit und Ordnung Mecklenburg-Vorpommern
SPD	Sozialdemokratische Partei Deutschlands
SPolDVG	Saarländisches Polizei-Datenverarbeitungsgesetz
SPolG	Saarländisches Polizeigesetz
StGB	Strafgesetzbuch
StRspr.	Ständige Rechtsprechung
StVG	Straßenverkehrsgesetz
StVO	Straßenverkehrsordnung
ThürDSG	Thüringer Datenschutzgesetz
UAbs.	Unterabsatz
Urt.	Urteil
USA	United States of America
VAPPol	Ausbildungs- und Prüfungsverordnung
Var.	Variante
VersG	Versammlungsgesetz
VerwArch	Verwaltungsarchiv
VerwR	Verwaltungsrecht
VG	Verwaltungsgericht
VGH	Verfassungsgerichtshof
vgl.	vergleiche
VVDStRL	Vereinigung der Deutschen Staatsrechtslehrer
VwGO	Verwaltungsgerichtsordnung

VwVfG	Verwaltungsverfahrensgesetz
ZAR	Zeitschrift für Ausländerrecht und Ausländerpolitik
z. B.	zum Beispiel
ZD	Zeitschrift für Datenschutzrecht
ZfDR	Zeitschrift für Digitalisierung und Recht
ZfPC	Zeitschrift für Product Compliance
ZfPW	Zeitschrift für die gesamte Privatrechtswissenschaft
ZGI	Zeitschrift für das gesamte Informationsrecht
ZIP	Zeitschrift für Wirtschaftsrecht
ZJS	Zeitschrift für das Juristische Studium
ZUM	Zeitschrift für Urheber- und Medienrecht
ZZP	Zeitschrift für Zivilprozess

Einleitung

A. Gegenstand der Untersuchung

Die Entwicklung von Künstlicher Intelligenz schreitet mit einer bemerkenswerten Dynamik voran, sodass schon in naher Zukunft eine Leistungsfähigkeit erreicht sein dürfte, die den Einsatz dieser Technologie in zahlreichen neuen Anwendungsfeldern ermöglicht.[1] Daher gilt es bereits heute, Einsatzoptionen der aufstrebenden Technologie einerseits unter Ausschöpfung ihrer Leistungsstärke und andererseits mit Abschätzung und Berücksichtigung des Gefahren- und Missbrauchspotenzials innerhalb des bestehenden Rechtsgefüges auszuloten. Eine solche vorausschauende Betrachtung erscheint umso dringlicher, da die rasante Weiterentwicklung der KI-Technologie andernfalls der wissenschaftlichen Diskussion enteilen könnte.

Die vorliegende Arbeit widmet sich der Polizeiarbeit als spezifischem Anwendungsbereich von Künstlicher Intelligenz. In diesem Einsatzfeld dient die Technologie gegenwärtig der Kategorisierung und Analyse von Daten insbesondere zur Strafverfolgung und zur Erstellung von Gefahren- und Kriminalitätsprognosen.

Über diesen Einsatz hinaus eröffnet die technologische Entwicklung jedoch auch die Perspektive, polizeiliche (Ermessens-)Verwaltungsakte durch Systeme Künstlicher Intelligenz zu erlassen. Während der vollständig automatisierte Erlass von Ermessensverwaltungsakten, nicht zuletzt wegen der Einführung des § 35a VwVfG[2], bislang auf weitgehende Ablehnung stößt, da er als rein anthropologischer Vorgang bezeichnet wird[3], bedarf diese Einschätzung angesichts jüngster Fortschritte im Bereich der Künstlichen Intelligenz einer erneuten Überprüfung.

---

[1] Vgl. *Busche*, AöR 2024, 207, 210; *Funke*, in: Chibanguza/Kuß/Steege, Künstliche Intelligenz, § 3 Rn. 7 ff.; *Djeffal/Richter*, Wissenschaft & Management 2024 (Heft 2), 10; *Kalder*, in: Kersting et al., Wie Maschinen lernen, 2019, S. 140; *Lämmel/Cleve*, Künstliche Intelligenz, 6. Auflage 2023, S. 21; *Muttach/Link*, CR 2023, 725; *Neu et al.*, Anwendungsfelder und Herausforderungen der Künstlichen Intelligenz, 2022, S. 19 ff.; *Rohrlich*, KI und Recht, 2025, S. 14.

[2] § 35a VwVfG: „Ein Verwaltungsakt kann vollständig durch automatische Einrichtungen erlassen werden, sofern dies durch Rechtsvorschrift zugelassen ist und weder ein Ermessen noch ein Beurteilungsspielraum besteht."

[3] So z. B. BT-Drs. 18/8434, S. 122; Beirat Verwaltungsverfahrensrecht beim BMI, NVwZ 2015, 1114, 115; *Braun Binder*, NVwZ 2016, 960, 963; *Degrandi*, Die automatisierte Verwaltungsverfügung, 1977, S. 46 f.; *Müller*, in: Huck/Müller, VwVfG, 4. Auflage 2025, § 35a VwVfG Rn. 1; *Siegel*, DVBl 2017, 24, 26. Die Terminologie „anthropologischer Vorgang"

Ziel dieser Arbeit ist es daher, eine vergleichende Analyse der technischen und menschlichen Entscheidungsfindung vorzunehmen, um aufzuzeigen, in welchem Maße sich die Funktionsweise moderner Künstlicher Intelligenz dem menschlichen Denken angenähert hat. Dafür hat die Untersuchung unter anderem in die juristische Methodenlehre einzutauchen und unter Einbezug kognitionspsychologischer Erkenntnisse bestehende methodologisch gefestigte Vorgänge in Bezug auf den Einsatz Künstlicher Intelligenz neu zu betrachten und weiterzuentwickeln.

Aufgrund der Heterogenität polizeilicher Ermächtigungsgrundlagen und zur Wahrung einer klaren und übersichtlichen Darstellung ist eine maßnahmenbezogene Eingrenzung des Untersuchungsgegenstands geboten. Hierfür erweist sich die polizeiliche Platzverweisung als geeignet, da es sich zum einen um eine in der polizeilichen Praxis häufig angewandte Maßnahme handelt, die leicht mündlich zu erlassen ist und zum anderen verglichen mit anderen polizeilichen Eingriffen eine mildere Intensität und überwiegend klar definierte rechtliche Voraussetzungen aufweist.

Polizeirechtlicher Untersuchungsgegenstand, der gleichwohl zahlreiche Bezugspunkte zur allgemeinen Diskussion um die Zulässigkeit KI-gestützter Verwaltungsakte bietet, ist somit die *Prüfung der Zulässigkeit des Einsatzes von Systemen Künstlicher Intelligenz zum vollständig automatisierten Erlass einer polizeilichen Platzverweisung.*

B. Gang der Untersuchung

Die vorliegende Untersuchung widmet sich der Frage, ob und inwieweit der Einsatz Künstlicher Intelligenz zum vollständig automatisierten Erlass einer Platzverweisung im Lichte des allgemeinen Verwaltungsrechts und des Grundgesetzes rechtlich zulässig ist. Das nordrhein-westfälische Recht wird dabei als exemplarische Referenz für das allgemeine Verwaltungsrecht herangezogen. Diese Herangehensweise erleichtert einerseits die Systematisierung und Strukturierung der Argumentation und ist andererseits aufgrund der weitgehenden Normähnlichkeit auf Landes- und Bundesebene über den konkret gewählten Rechtsrahmen hinaus auf vergleichbare Regelungstatbestände übertragbar.

Die gewonnenen Erkenntnisse beschränken sich zudem keineswegs allein auf die polizeilichen Handlungsbereiche, wie es angesichts des arbeitsimmanenten Zuschnitts zunächst den Anschein haben könnte. Vielmehr lassen sich die erarbeiteten

soll in Übereinstimmung mit der rechtswissenschaftlichen Diskussion auch in der vorliegenden Schrift Anwendung finden. Zwar wird der Begriff „anthropologisch“ traditionell im medizinisch-biologischen Diskurs herangezogen, um körperliche Merkmale sowie die evolutionäre Entwicklung des Menschen zu charakterisieren, doch findet er gleichermaßen in anderen Disziplinen, wie etwa der Philosophie, Verwendung, um jene dem Wesen des Menschen inhärenten Eigenschaften zu beschreiben.

Grundsätze auf die Nutzung von Künstlicher Intelligenz zum Erlass von Ermessensverwaltungsakten in anderen Verwaltungssektoren entsprechend übertragen.

Die Bearbeitung erfolgt dreistufig: Nach Einführung in die Technologie der Künstlichen Intelligenz und ihrer (aktuellen) Einsatzgebiete in der Polizeiarbeit ist ausgehend von der polizeirechtlichen Ermächtigungsgrundlage der Platzverweisung aus § 34 Abs. 1 S. 1 PolG NRW zunächst zu untersuchen, ob der Einsatz nach geltendem Recht zulässig ist. Anschließend ist, da in der Existenz des § 35a VwVfG NRW nach geltendem Recht ein rechtliches Hindernis liegt, die Zulässigkeit des Einsatzes von Künstlicher Intelligenz nach Einführung eines fiktiven Normzusatzes (§ 34 Abs. 1 S. 3 PolG NRW f. F. [fiktive Fassung]) zu prüfen. Es ist zu eruieren, ob dieser mit einfachem Recht kompatibel und verfassungsgemäß wäre.

Im Rahmen der Prüfung einfachen Rechts ist die Kompatibilität des § 34 PolG NRW f. F. mit dem Untersuchungsgrundsatz gemäß § 24 VwVfG NRW und der Begründungspflicht aus § 39 VwVfG NRW zu erörtern. Hierbei gilt es insbesondere zu analysieren, ob Künstliche Intelligenz aufgrund ihrer Schematisierungsfunktion in der Lage ist, den Sachverhalt umfassend zu erfassen und darüber hinaus die wesentlichen Entscheidungsgründe nachvollziehbar darzulegen. Daneben bedarf es einer detaillierten Untersuchung der Frage, ob Künstliche Intelligenz sowohl die Tatbestandsvoraussetzungen des § 34 PolG NRW auslegen und subsumieren sowie die Rechtsfolgenvorgaben, die eine Ausübung von Ermessen gemäß § 40 VwVfG NRW erfordern, erfüllen kann.

Auf verfassungsrechtlicher Ebene bilden die Achtung der Menschenwürde, das Rechtsstaatsprinzip und das Demokratieprinzip zentrale Prüfungsschwerpunkte. Neben einer potenziellen Beeinträchtigung der Menschenwürde ist zu untersuchen, inwieweit der Einsatz Künstlicher Intelligenz in Bezug auf den aus dem Rechtsstaatsprinzip entspringenden Rechtsbindungs- und Gewaltenteilungsgrundsatz und hinsichtlich der demokratischen Legitimation Probleme aufwirft.

Diese Untersuchung verzichtet ausdrücklich auf eine Ausweitung der Kompetenzen für den Einsatz Künstlicher Intelligenz im Sinne eines „Mehr" an Polizeimaßnahmen, wie etwa einer Fernidentifikationsmöglichkeit von Personen, und befasst sich ebenso wenig mit der Zulässigkeit KI-gestützter Zwangsmaßnahmen. Ferner bleibt das Datenschutzrecht – soweit es nicht unmittelbar die vollautomatisierte Einzelentscheidung in ihrer Außenwirkung betrifft – unberücksichtigt. Zwar ist unbestreitbar, dass der KI-basierte Erlass einer Platzverweisung verschiedenste datenschutzrechtlich relevante Verarbeitungsvorgänge impliziert. Dennoch liegt der Fokus allein auf jenen Rechtsvorschriften, die die automatisierte Entscheidungsfindung in ihrer Außenwirkung direkt regulieren, namentlich Art. 22 DSGVO sowie § 46 DSG NRW als nationale Umsetzung von Art. 11 der Richtlinie (EU) 2016/680 (im Folgenden: JI-Richtlinie). Darüber hinaus finden auch die Bestimmungen der Verordnung (EU) 2024/1689 (im Folgenden: KI-Verordnung) Berücksichtigung, soweit sie den datenschutzrechtlichen Rahmen für den Einsatz Künstlicher Intelligenz im Rahmen des vorliegenden Zuschnitts der Arbeit modifizieren. Diese Regelungen werden jeweils im Kontext der entsprechenden Problembereiche eingewoben.

Für die Herstellung der Praxisnähe und zur Illustration der komplexen Causa notwendig, erfolgt die rechtliche Prüfung anhand eines fiktiven Referenzfalls.

So soll wiederkehrender Bezugspunkt der rechtlichen Betrachtung folgende Einsatzsituation sein:

Auf einem Sportgelände wurde seitens der zuständigen Polizeibehörde ein humanoider Polizeiroboter postiert, der bei Vorliegen der Voraussetzungen des § 34 Abs. 1 PolG NRW Platzverweisungen erlassen kann. Der Roboter ist mit verschiedenen Sensoren ausgestattet, wie z. B. Kameras und Mikrofonen, mit denen er das Geschehen wahrnimmt. Als Hauptsoftware wurde Künstliche Intelligenz in Form eines neuronalen Netzes implementiert, die für den Polizeieinsatz trainiert wurde.

Im Rahmen eines eintägigen Sportfestivals finden sich zwei Rugby-Mannschaften – aus Neuseeland und Deutschland, jeweils bestehend aus 15 Personen – auf dem Spielfeld ein. Die neuseeländische Mannschaft führt vor Beginn des Spiels den rituellen „Haka-Tanz" auf. Wegen des Sportfestivals trägt die neuseeländische Mannschaft eine traditionelle, indigene Körperbemalung. Die deutsche Mannschaft applaudiert anerkennend und jubelt.

Ein menschlicher Polizeibeamter weist den das Gesamtgeschehen beobachtenden Polizeiroboter darauf hin, dass sich in einem konkreten, beengten Tribünenrang ein möglicherweise einschreitungsbedürftiger Sachverhalt ereignet. Anlässlich dieses Hinweises begibt sich der Polizeiroboter zusammen mit dem Polizeibeamten in den besagten Tribünenrang. Dort stehen sich zwei Zuschauer, jeweils mit dem Trikot der konkurrierenden Mannschaft bekleidet, einander gegenüber. Der deutsche Rugbyfan hat seine rechte Hand zur Faust geballt. Er holt gegen den neuseeländischen Fan mit der geballten Faust zum Schlag aus, während er ihn mit den Worten: „Du Zecke! Du Backstein!" wütend anschreit. Sofort fordert der Polizeiroboter den deutschen Zuschauer verbal auf, das Gelände des Sportfestivals für den Zeitraum der Veranstaltung unverzüglich zu verlassen. Während des Geschehens an der Tribüne greift der menschliche Polizeibeamte nicht ein.[4]

[4] Der Referenzfall wurde so gestaltet, dass der Polizeiroboter im Einsatz von einem menschlichen Polizeibeamten begleitet wird. Diese gleichzeitige Präsenz eines kontrollierenden Beamten ermöglicht eine kontinuierliche Überwachung der Entscheidungen des Roboters und gestattet bei Bedarf eine unmittelbare Intervention. Es ist anzunehmen, dass diese Fallgestaltung auf ein höheres Maß an gesellschaftlicher Akzeptanz stößt als der ausschließliche Einsatz eines Polizeiroboters, insbesondere da in weiten Teilen der Bevölkerung vornehmlich Skepsis gegenüber robotischen Systemen und der fortschreitenden Automatisierung administrativer Prozesse bestehen dürfte. Überdies knüpft diese Vorgehensweise an ein in der polizeilichen Praxis etabliertes Prinzip an, wonach Polizeibeamte üblicherweise mindestens zu zweit agieren. Ein solches personalgestütztes Tandem dient nicht nur dem wechselseitigen Schutz, sondern schafft durch kommunikative Absprachen, kurze Diskussionen und gegenseitige Kontrolle auch eine zusätzliche Sicherung für die Einhaltung rechtsstaatlicher Vorgaben. Vor diesem Hintergrund erscheint es als ausgesprochen sinnvoll, den Einsatz von KI-basierten Polizeirobotern zunächst in einem Tandem mit einem menschlichen Polizeibeamten zu untersuchen, sollte eine Erweiterung der KI-Anwendungen im polizeilichen Maßnahmenbereich angestrebt werden.

Teil 1

Künstliche Intelligenz in der Polizeiarbeit

A. Entwicklung Künstlicher Intelligenz

Rechtsdogmatisch zwar nicht unmittelbar anknüpfungsfähig, jedoch für ein Gesamtverständnis der Technologie von Relevanz, sind die Entwicklungsphasen der Künstlichen Intelligenz, die in historischer Perspektive (I.), über die heute bestehenden polizeilichen Einsatzmöglichkeiten im In- und Ausland (II.) beleuchtet werden.

I. Künstliche Intelligenz – Entwicklungslinien

Bereits in den 1940er und 1950er Jahren prägten erste Versuche zur Schaffung eines künstlichen Gehirns und somit zur Automatisierung menschlichen Denkens das wissenschaftliche Feld. Vorangetrieben wurde das Vorhaben durch heterogene Disziplinen, wie die Mathematik, Psychologie, Ingenieurswissenschaften oder die Statistik.[1] So stammt die erste bekannte Arbeit über Künstliche Intelligenz von Waren McCulloch und Walter Pitts aus dem Jahre 1943.[2] Die Autoren befassten sich mit der Erstellung eines Modells eines lernfähigen künstlichen Neurons und stützten ihre Forschung auf medizinische, mathematische und computertechnische Quellen.[3] Der erste Computer, der die Vorstellung dieser neuronalen Netze umsetzte („SNARC"[4]), wurde 1950 von Marvin Minsky und Dean Edmonds entwi-

---

[1] *Grätz*, Künstliche Intelligenz im Urheberrecht, 2021, S. 15; *Haagen*, Verantwortung für Künstliche Intelligenz, 2021, S. 56 f.; *Kalder*, in: Kersting et al., Wie Maschinen lernen, 2019, S. 136; *Lämmel/Cleve*, Künstliche Intelligenz, 6. Auflage 2023, S. 20; *Mainzer*, Künstliche Intelligenz – Wann übernehmen die Maschinen?, 2. Auflage 2019, S. 11; *Meniere/Pihlajamaa*, GRUR 2019, 332.

[2] *Ertel*, Grundkurs Künstliche Intelligenz, 6. Auflage 2025, S. 287; *Grätz*, Künstliche Intelligenz im Urheberrecht, 2021, S. 16; *Lenzen*, Künstliche Intelligenz, 2020, S. 22; *Mockenhaupt*, Digitalisierung und Künstliche Intelligenz in der Produktion, 2021, S. 64.

[3] *Grätz*, Künstliche Intelligenz im Urheberrecht, 2021, S. 16; *Mockenhaupt*, Digitalisierung und Künstliche Intelligenz in der Produktion, 2021, S. 64; vgl. *Ertel*, Grundkurs Künstliche Intelligenz, 6. Auflage 2025, S. 288; *Lenzen*, Künstliche Intelligenz, 2020, S. 20.

[4] Stochastic Neural Analog Reinforcement Computer.

ckelt.[5] Dasselbe Jahr war ebenfalls die Geburtsstunde des sogenannten „Turing Tests“[6], der bis heute den Maßstab formuliert, an dem sich Systeme Künstlicher Intelligenz messen lassen müssen.[7]

Beim „Turing Test“ kommuniziert ein menschlicher Fragesteller über eine Tastatur und einen Bildschirm ohne Sicht- und Hörkontakt mit zwei ihm unbekannten Gesprächspartnern: einer menschlich, der andere eine Maschine. Wenn dem Fragesteller unklar bleibt, welcher von beiden die Maschine ist, hat das System den „Turing Test“ bestanden.[8] Jüngst schloss das Programm „ChatGPT“ im Jahr 2022 den „Turing-Test“ erfolgreich ab.[9]

Die erste ausdrückliche Bezeichnung des neuen Forschungsfelds als „Künstliche Intelligenz“ erfolgte 1956 während einer Konferenz im Dartmouth College in New Hampshire durch John McCarthy und gilt seitdem als dessen Geburtsstunde.[10]

Im Jahr 1958 entwickelte Frank Rosenblatt an der Cornell Universität ein fortschrittliches Modell der Künstlichen Intelligenz, das als Perzeptron bekannt wurde.[11] Während einer Trainingsphase erlernte das Perzeptron, bestehend aus einem

---

[5] *Grätz*, Künstliche Intelligenz im Urheberrecht, 2021, S. 16; siehe auch *Ertel*, Grundkurs Künstliche Intelligenz, 6. Auflage 2025, S. 8; *Paaß/Hecker*, Künstliche Intelligenz, 2020, S. 11.

[6] *Cornelius*, Künstliche Intelligenz, 2019, S. 6; *Formica-Schiller*, Künstliche Intelligenz und Blockchain im Gesundheitswesen, 2021, S. 34; *Grätz*, Künstliche Intelligenz im Urheberrecht, 2021, S. 15; *Lämmel/Cleve*, Künstliche Intelligenz, 6. Auflage 2023, S. 20; *Mainzer*, Künstliche Intelligenz – Wann übernehmen die Maschinen?, 2. Auflage 2019, S. 10; *Mockenhaupt*, Digitalisierung und Künstliche Intelligenz in der Produktion, 2021, S. 64; *Paaß/Hecker*, Künstliche Intelligenz, 2020, S. 10.

[7] *Cornelius*, Künstliche Intelligenz, 2019, S. 6; *Formica-Schiller*, Künstliche Intelligenz und Blockchain im Gesundheitswesen, 2021, S. 34; *Rohrlich*, KI und Recht, 2025, S. 13.

[8] *Turing*, Mind, New Series 1950, 433; vgl. *Cornelius*, Künstliche Intelligenz, 2019, S. 6 f.; *Kalder*, in: Kersting et al., Wie Maschinen lernen, 2019, S. 136; *Mainzer*, Künstliche Intelligenz – Wann übernehmen die Maschinen?, 2. Auflage 2019, S. 10.

[9] Vgl. bis zum Jahre 2019 *Cornelius*, Künstliche Intelligenz, 2019, S. 7. Nach Veröffentlichung von „ChatGPT“ *Yalalow*, ChatGPT besteht den Turing-Test, Internetdokument 2022; *Rohrlich*, KI und Recht, 2025, S. 14.

[10] *Babucke/Kroner*, NZWiSt 2024, 174, 175; Bitkom/DFKI, Künstliche Intelligenz, Internetdokument 2017, S. 15; *Cornelius*, Künstliche Intelligenz, 2019, S. 6; *Formica-Schiller*, Künstliche Intelligenz und Blockchain im Gesundheitswesen, 2021, S. 34; *Grätz*, Künstliche Intelligenz im Urheberrecht, 2021, S. 16; *Haagen*, Verantwortung für Künstliche Intelligenz, 2021, S. 56; *Kalder*, in: Kersting et al., Wie Maschinen lernen, 2019, S. 136; *Kaufmann/Servatius*, Das Internet der Dinge und Künstliche Intelligenz als Game Changer, 2020, S. 3; *Kindshofer*, ZD 2024, 673; *Lämmel/Cleve*, Künstliche Intelligenz, 6. Auflage 2023, S. 20; *Lenzen*, Künstliche Intelligenz, 2020, S. 19; *Mainzer*, Künstliche Intelligenz – Wann übernehmen die Maschinen?, 2. Auflage 2019, S. 11; *Meniere/Pihlajamaa*, GRUR 2019, 332; *Mockenhaupt*, Digitalisierung und Künstliche Intelligenz in der Produktion, 2021, S. 62; *Paaß/Hecker*, Künstliche Intelligenz, 2020, S. 10; *Robrecht*, DSB 2024, 162; *Siegel*, NVwZ 2024, 1127.

[11] *Cornelius*, Künstliche Intelligenz, 2019, S. 8; *Kaufmann/Servatius*, Das Internet der Dinge und Künstliche Intelligenz als Game Changer, 2020, S. 4; *Mockenhaupt*, Digitalisie-

Neuron, die korrekte Klassifizierung von Eingabereizen und reagierte im Ergebnis nur dann, wenn ein Eingabesignal einer bestimmten Klasse auftraf.[12] Nach dem Training war das Perzeptron auch in der Lage, unbekannte Muster zu klassifizieren[13] und erinnert damit an die heutigen neuronalen Netze.[14]

Aus der Forschung zur Künstlichen Intelligenz aus dem Bereich des „maschinellen Lernens", ein Begriff, der von Arthur Samuel geprägt wurde[15], ragten in den Folgejahren besonders zwei Entwicklungen hervor, die ihren Fokus auf die Spracherkennung legten. Im Jahr 1961 demonstrierte William Dersch auf der Weltausstellung in Seattle die IBM Shoebox. Das Programm erkannte 16 Wörter, sowie die Ziffern 0 bis 9 und war in der Lage, einfache mathematische Operationen durchzuführen.[16] Noch in den 1960er Jahren wurde der erste Chatbot „ELIZA" von Joseph Weitenbaum am Massachusetts Institute of Technology entwickelt[17], der einen Psychotherapeuten simulierte und mit dem Menschen kommunizieren konnte.[18]

Nach den frühen Erfolgen im Forschungsgebiet der Künstlichen Intelligenz folgte eine Phase der Ernüchterung, der sogenannte „KI-Winter".[19] Die begrenzte Computerleistung im Vergleich zur heutigen Zeit, hohe Kosten und mangelnde Trainingsdaten führten zu einer Stagnation in der Entwicklung. Die Funktionalität der Systeme war eingeschränkt, was die Fortschritte erschwerte.[20] Eine Phase des Optimismus innerhalb des „KI-Winters" war die Entwicklung der Expertensysteme

---

rung und Künstliche Intelligenz in der Produktion, 2021, S. 64; *Paaß/Hecker*, Künstliche Intelligenz, 2020, S. 10.

[12] *Cornelius*, Künstliche Intelligenz, 2019, S. 8; *Ertel*, Grundkurs Künstliche Intelligenz, 6. Auflage 2025, S. 214 f.

[13] *Cornelius*, Künstliche Intelligenz, 2019, S. 8.

[14] Zu dem Begriff des neuronalen Netzes sogleich S. 55 ff. dieser Arbeit.

[15] *Kaufmann/Servatius*, Das Internet der Dinge und Künstliche Intelligenz als Game Changer, 2020, S. 4. Eine eingehende Beschreibung des Begriffs des „maschinellen Lernens" erfolgt sogleich S. 52 ff. dieser Arbeit.

[16] *Cornelius*, Künstliche Intelligenz, 2019, S. 9.

[17] *Cornelius*, Künstliche Intelligenz, 2019, S. 9; *Kalder*, in: Kersting et al., Wie Maschinen lernen, 2019, S. 136; *Mockenhaupt*, Digitalisierung und Künstliche Intelligenz in der Produktion, 2021, S. 64.

[18] *Cornelius*, Künstliche Intelligenz, 2019, S. 9; *Kalder*, in: Kersting et al., Wie Maschinen lernen, 2019, S. 136 f.; *Lämmel/Cleve*, Künstliche Intelligenz, 6. Auflage 2023, S. 20; *Robrecht*, DSB 2024, 162.

[19] Bitkom/DFKI, Künstliche Intelligenz, Internetdokument 2017, S. 15; *Cornelius*, Künstliche Intelligenz, 2019, S. 11; *Grätz*, Künstliche Intelligenz im Urheberrecht, 2021, S. 17; *Kalder*, in: Kersting et al., Wie Maschinen lernen, 2019, S. 138; *Meniere/Pihlajamaa*, GRUR 2019, 332.

[20] *Cornelius*, Künstliche Intelligenz, 2019, S. 10; *Kalder*, in: Kersting et al., Wie Maschinen lernen, 2019, S. 137; *Lämmel/Cleve*, Künstliche Intelligenz, 6. Auflage 2023, S. 20.

in den 1980er Jahren.[21] Expertensysteme sind Programme, die Wissen über ein spezielles Gebiet speichern und automatisch Schlussfolgerungen ziehen können, um konkrete Problemlösungen bereitzustellen.[22] 1975 stieg Deutschland in die KI-Forschung ein[23] und gründete 1988 das Deutsche Forschungszentrum für Künstliche Intelligenz (DFKI) in Saarbrücken und Kaiserslautern.[24]

Um die Jahrtausendwende wurde der „KI-Winter" durch den sogenannten „KI-Frühling" abgelöst. Insbesondere der Einstieg von Global Player in die KI-Forschung, wie z.B. Amazon und Alphabet/Google,[25] beschleunigte die Entwicklung von Künstlicher Intelligenz erheblich[26], indem sowohl die Geschwindigkeit als auch die Rechenkapazität von Computern rapide zunahmen[27], was schließlich zu einem exponentiellen Wachstum von Daten führte.[28] Seitdem hat Künstliche Intelligenz Einzug in das Berufsleben und in den privaten Alltag gehalten[29] und ist damit ein wesentlicher Treiber der vierten industriellen Revolution, nach der Dampfmaschine (erste Revolution), der Fließbandproduktion (zweite Revolution) und dem Einsatz von Elektronik und IT (dritte Revolution).[30] In nahezu allen wirtschaftlichen Sektoren[31] wird heute Künstliche Intelligenz eingesetzt; Industrierobotik übernimmt

---

[21] Bitkom/DFKI, Künstliche Intelligenz, Internetdokument 2017, S. 16; *Cornelius*, Künstliche Intelligenz, 2019, S. 11; *Kalder*, in: Kersting et al., Wie Maschinen lernen, 2019, S. 138; *Lämmel/Cleve*, Künstliche Intelligenz, 6. Auflage 2023, S. 21; *Mainzer*, Künstliche Intelligenz – Wann übernehmen die Maschinen?, 2. Auflage 2019, S. 12; *Meniere/Pihlajamaa*, GRUR 2019, 332; *Mockenhaupt*, Digitalisierung und Künstliche Intelligenz in der Produktion, 2021, S. 63; *Wittpahl*, Künstliche Intelligenz, 2019, S. 24.

[22] *Mainzer*, Künstliche Intelligenz – Wann übernehmen die Maschinen?, 2. Auflage 2019, S. 12.

[23] *Mockenhaupt*, Digitalisierung und Künstliche Intelligenz in der Produktion, 2021, S. 62.

[24] *Lämmel/Cleve*, Künstliche Intelligenz, 6. Auflage 2023, S. 21.

[25] *Grätz*, Künstliche Intelligenz im Urheberrecht, 2021, S. 18; *Kalder*, in: Kersting et al., Wie Maschinen lernen, 2019, S. 139; *Kaufmann/Servatius*, Das Internet der Dinge und Künstliche Intelligenz als Game Changer, 2020, S. 3 f.; *Lämmel/Cleve*, Künstliche Intelligenz, 6. Auflage 2023, S. 21.

[26] *Cornelius*, Künstliche Intelligenz, 2019, S. 11.

[27] *Grätz*, Künstliche Intelligenz im Urheberrecht, 2021, S. 18; *Kalder*, in: Kersting et al., Wie Maschinen lernen, 2019, S. 139; *Mockenhaupt*, Digitalisierung und Künstliche Intelligenz in der Produktion, 2021, S. 62.

[28] *Grätz*, Künstliche Intelligenz im Urheberrecht, 2021, S. 18; *Hill*, in: Hill/Schliesky (Hrsg.), Auf dem Weg zum Digitalen Staat – auch ein besserer Staat?, 2015, 267, 268; *Kalder*, in: Kersting et al., Wie Maschinen lernen, 2019, S. 140; *Lämmel/Cleve*, Künstliche Intelligenz, 6. Auflage 2023, S. 21; *Meniere/Pihlajamaa*, GRUR 2019, 332, 333; *Mockenhaupt*, Digitalisierung und Künstliche Intelligenz in der Produktion, 2021, S. 63; *Paaß/Hecker*, Künstliche Intelligenz, 2020, S. 12.

[29] *Cornelius*, Künstliche Intelligenz, 2019, S. 11; *Mockenhaupt*, Digitalisierung und Künstliche Intelligenz in der Produktion, 2021, S. 63.

[30] *Ametsbichler*, InTeR 2019, 169, 170; *Bräutigam/Klindt*, NJW 2015, 1137; *Meniere/Pihlajamaa*, GRUR 2019, 332.

[31] *Meniere/Pihlajamaa*, GRUR 2019, 332.

insbesondere Aufgaben, die bisher von menschlichen Arbeitskräften ausgeführt wurden.[32] Im privaten Bereich vernimmt und verarbeitet „Siri“ (Apple) gesprochene Sprache auf einem Smartphone, Amazon Echo („Alexa“) ist ein sprachgesteuerter Assistent für zuhause.[33] Zudem eröffneten sich durch Künstliche Intelligenz neue Möglichkeiten bei der Herstellung autonomer Fahrzeuge.[34]

Die Geschichte der Künstlichen Intelligenz ist demnach durch stetige Schwankungen geprägt.[35] Die Kombination aus Steigerung der Rechenleistung und Datenmenge führte zu einer Hochphase der Künstlichen Intelligenz, deren Meilensteile erwähnenswert sind.[36] So gewann das System „Liberatus“ 2016 im Poker und „Alpha Go“ im Spiel Go gegen die amtierenden (menschlichen) Weltmeister.[37] Im Jahre 2017 erhielt ein humanoider Roboter namens „Sophia“ in Saudi-Arabien die Staatsangehörigkeit[38], während seit dem Jahr 2022 „ChatGPT“ als öffentlich zugängliche, textgenerierende[39] und „Stable Diffusion“ als bildgenerierende[40] Künstliche Intelligenz verschiedene Lebensbereiche, sowohl private als auch staatliche, durchdringt und verändert. Ende 2023 bestand „ChatGPT“ sogar das bayerische Abitur mit der Note 2.[41] Im Jahr 2024 erhielten John Jumper, Demis Hassabis sowie David Baker den Chemie-Nobelpreis, da es ihnen gelang, mithilfe des KI-Systems „AlphaFold2“ die Struktur von Aminosäuren aufzuschlüsseln.[42]

---

[32] *Kaufmann/Servatius*, Das Internet der Dinge und Künstliche Intelligenz als Game Changer, 2020, S. 5; *Meniere/Pihlajamaa*, GRUR 2019, 332.

[33] *Mockenhaupt*, Digitalisierung und Künstliche Intelligenz in der Produktion, 2021, S. 64.

[34] *Kalder*, in: Kersting et al., Wie Maschinen lernen, 2019, S. 140; *Lämmel/Cleve*, Künstliche Intelligenz, 6. Auflage 2023, S. 21; *Mockenhaupt*, Digitalisierung und Künstliche Intelligenz in der Produktion, 2021, S. 64. Die Zuordnung aller genannten Systeme zur Kategorie der Künstlichen Intelligenz kann freilich bestritten werden, da es bislang an einer konsentierten Definition von „Künstlicher Intelligenz“ mangelt. Im Hinblick auf die in dieser Arbeit zugrunde gelegte Definition (S. 47 ff. dieser Arbeit) sind jedoch alle genannten Systeme als Künstliche Intelligenz zu qualifizieren.

[35] *Kalder*, in: Kersting et al., Wie Maschinen lernen, 2019, S. 136; *Lämmel/Cleve*, Künstliche Intelligenz, 6. Auflage 2023, S. 22; *Paaß/Hecker*, Künstliche Intelligenz, 2020, S. 10.

[36] *Kalder*, in: Kersting et al., Wie Maschinen lernen, 2019, S. 140; *Lämmel/Cleve*, Künstliche Intelligenz, 6. Auflage 2023, S. 22.

[37] *Mockenhaupt*, Digitalisierung und Künstliche Intelligenz in der Produktion, 2021, S. 64.

[38] *Mockenhaupt*, Digitalisierung und Künstliche Intelligenz in der Produktion, 2021, S. 64.

[39] Ministerium für Schule und Bildung NRW, Textgenerierende KI, Internetdokument 2023.

[40] *Maamar*, ZUM 2023, 481.

[41] News4teachers, Forscher registrieren rasante Entwicklung: ChatGPT besteht das bayerische Abitur – mit einer Zwei, Internetdokument 2023.

[42] Tagesschau, Sie lüfteten das Rätsel der Proteine, Internetdokument 2024.

II. Einsatz Künstlicher Intelligenz in präventiver Polizeiarbeit

Die aktuelle Blütezeit von Künstlicher Intelligenz nutzend, haben sich derweil Polizeibehörden, sowohl in Deutschland (1.) als auch im Ausland (2.), entschlossen, Systeme Künstlicher Intelligenz einzusetzen.[43]

1. Deutschland

In der deutschen Polizeiarbeit agieren Systeme Künstlicher Intelligenz primär im Hintergrund, unterstützen die menschlichen Polizisten und treffen bislang keine eigenständigen Entscheidungen mit Außenwirkung. Trotz einer fortwährenden Befürwortung einer technologischen Modernisierung der Verwaltung[44] ist diese zurückhaltende Herangehensweise bei sämtlichen deutschen Polizeibehörden zu beobachten.

Die deutsche Polizei setzt Künstliche Intelligenz vor allem als Analysetool ein. Allein mittels Sicherstellungen und Beschlagnahmen elektronischer Kommunikations- und Speichermedien gelangt eine unüberschaubare verkörperte Datenmenge in den Machtbereich der Polizei, die es sowohl zu präventiven als auch zu repressiven Zwecken auszuwerten gilt; hierzu zählen z.B. Chat-Verläufe, Kontobewegungen, Bilder und Videoaufnahmen auf Festplatten oder Sprachnachrichten.[45] Solche Datenträger erreichen durch die zunehmende Digitalisierung des Alltags und die Nutzung des Internets Kapazitäten im Terabyte-Bereich. Ein Terabyte entspricht – eine gewisse Konturlosigkeit dieser Illustration nachsehend – ca. 300–500 Millionen DIN-A4-Seiten; ein Mensch würde 27.000 Jahre benötigen, um eine solche Datenmenge auszuwerten.[46] Angesichts dieser Datenmenge ist offensichtlich, dass der Einsatz von Künstlicher Intelligenz als Analysetool nahezu unausweichlich erscheint, um eine effektive und effiziente Aufgabenerfüllung durch die Polizei sicherzustellen.[47]

So hat das Bundeskriminalamt im Jahre 2019 die sog. „Panama-Papers", eine umfangreiche Datensammlung mit einem Volumen von 2,78 Terabyte[48], mithilfe Künstlicher Intelligenz ausgewertet. Die technische Auswertung erforderte zunächst die Umwandlung der Rohdaten in lesbaren Text durch Texterkennung, ge-

---

[43] Zum Einsatz von Künstlicher Intelligenz in der nicht-polizeilichen Verwaltung siehe im Überblick *Schneeberger*, Machine Learning in der Verwaltung, 2024, S. 17 ff.

[44] Bundesministerium des Innern und für Heimat, Verwaltungsmodernisierung, Internetdokument 2020.

[45] *Kugelmann/Buchmann*, GSZ 2024, 1, 2; vgl. *Birska/Röver*, ARP 2024, 21, 23; *Dilling/Musiol*, CCZ 2024, 257, 259.

[46] *Tarkowski*, Batman war gestern: KI hilft Polizei bei der Verbrechensbekämpfung, Internetdokument 2019.

[47] Ähnlich *Bäuerle*, ZD 2025, 128, 131 und *Schwartmann/Köhler*, NVwZ 2024, 1709.

[48] *Schattauer*, So knackten BKA-Fahnder das weltweit größte Daten-Rätsel der Kriminalgeschichte, Internetdokument 2019.

folgt von der Übersetzung nicht-deutschsprachiger Texte, bis schließlich Dokumente mit einem Deutschland-Bezug herausgefiltert werden konnten.[49]

Seit Februar 2020 wird ein weiteres System Künstlicher Intelligenz zur Bekämpfung von Kinderpornografie eingesetzt. Es ermöglicht den Ermittlern mit einer angegebenen Sensitivität von über 90 % eine Vorselektion von Bild- und Videoaufzeichnungen von mutmaßlich kinderpornografischen Inhalten[50], kann somit die Wahrscheinlichkeit des Ermittlungserfolgs signifikant erhöhen und zudem psychische Belastungen der Polizeibeamten reduzieren.[51]

Neben der Analyse bereits verkörperter Daten nutzen deutsche Polizeibehörden Künstliche Intelligenz auch bei der Analyse (noch) nicht verkörperter Daten, insbesondere für eine intelligente Videoüberwachung. Dabei erfolgt die Datenanalyse direkt während der Aufzeichnung. Ein Beispiel hierfür ist der Test einer Software durch die Polizei Mannheim, die aus verpixelten öffentlichen Videoaufnahmen verdächtige Verhaltensweisen herausfiltert. Diese werden erst nachträglich geschärft und gespeichert, damit ein Polizeibeamter eine Einschätzung der Situation vornehmen kann. Das beschriebene Verfahren zielt darauf ab, die Intensität von Eingriffen in Grundrechte unbeteiligter Dritter, wie z. B. unauffälliger Passanten, zu reduzieren.[52] Auch in Hamburg wird seit dem Jahr 2023 eine intelligente Videoüberwachung am Hansaplatz eingesetzt, deren Ziel es ist, Gefahrensituationen frühzeitig zu erkennen.[53] Die rheinland-pfälzische Polizei nutzte seit demselben Jahr das System „MONOcam“, auch „Handy-Blitzer“ genannt, das vorbeifahrende Autos filmt und mithilfe einer KI-gestützten Software feststellt, ob der jeweilige Fahrer beim Fahren ein Mobiltelefon nutzte. Im Falle eines Treffers kontaktiert das System die Polizeikräfte.[54]

---

[49] *Schattauer*, So knackten BKA-Fahnder das weltweit größte Daten-Rätsel der Kriminalgeschichte, Internetdokument 2019. Die Künstliche Intelligenz, die zur Analyse der „Panama-Papers“ eingesetzt wurde, ist ein neuronales Netz (S. 55 ff. dieser Arbeit).

[50] Landeskriminalamt Niedersachen, Künstliche Intelligenz, Internetdokument 2020; *Oeffner*, Die Kriminalpolizei 2023, 1, 1 f. hier handelt es sich ebenfalls um ein neuronales Netz (S. 55 ff. dieser Arbeit).

[51] Landeskriminalamt Niedersachen, Künstliche Intelligenz, Internetdokument 2020; *Oeffner*, Die Kriminalpolizei 2023, 1, 1 f.; vgl. *Ibold*, GSZ 2024, 10, 11.

[52] Fraunhofer Institut, Privatsphäre und Datenschutz – dank intelligenter Videoüberwachung, Internetdokument 2018; vgl. *Tischbirek*, ZfDR 2021, 307, 313.

[53] SPD-Fraktion Hamburg, Intelligente Videoüberwachung, Internetdokument 2024. Gestützt wird dieses Pilotprojekt auf die Ermächtigungsgrundlage § 18 Abs. 3 PolDVG Hamburg, die allerdings nicht ausdrücklich den Einsatz von Künstlicher Intelligenz als Verarbeitungstool zulässt, Hamburgischer Beauftragter für Datenschutz und Informationssicherheit, 32. Tätigkeitsbericht Datenschutz 2023, Internetdokument 2023, S. 74.

[54] *Ibold*, GSZ 2024, 10, 11; Ministerium des Innern und für Sport Rheinland-Pfalz, Rheinland-Pfalz will als erstes Land Monocam einführen, Internetdokument 2023. Wie das AG Trier feststellte, erfolgte der Einsatz der Künstlichen Intelligenz rechtswidrig auf der Grundlage der Generalklausel aus § 9 Abs. 1 S. 1 POG RP, AG Trier, Urt. v. 2.3.2023 – 27c Owi 8041 Js 2838/23.

Die intelligente Videoüberwachung ist mit dem Ziel der Erkennung und Auswertung von Mustern bezogen auf *Gegenstände* in Art. 33 Abs. 5 BayPAG ausdrücklich normiert:

> „(…) dürfen Systeme zur automatischen Erkennung und Auswertung von Mustern bezogen auf Gegenstände einschließlich der automatischen Systemsteuerung zu diesem Zweck verwendet werden, soweit dies die jeweilige Gefahrenlage auf Grund entsprechender Erkenntnisse erfordert."

In Bezug auf das Erkennen von Verhaltensmustern von *Personen*, die auf eine Straftat hindeuten, ist § 44 Abs. 4 PolG BW zu nennen:

> „Der Polizeivollzugsdienst kann die (…) angefertigten Bildaufzeichnungen auch automatisch auswerten. Die automatische Auswertung darf nur auf das Erkennen solcher Verhaltensmuster ausgerichtet sein, die auf die Begehung einer Straftat hindeuten."

Im Gegensatz zur intelligenten Videoüberwachung setzt der Einsatz von Künstlicher Intelligenz im Bereich des „Predictive Policing" für eine Vorhersage einer Gefahrensituation schon weit im Vorfeld der Begehung einer Straftat an. Nach Henning Hofmann ist unter „Predictive Policing" das Folgende zu verstehen:

> „Zielgerichtete Verarbeitung von Daten und/oder personenbezogenen Daten aus polizeilichen Dateisystemen und/oder polizeifremden Dateisystemen anhand von spezifisch konzipierten Algorithmen auf der Grundlage von kriminologischen Theorien zur Ermittlung einer statistischen Wahrscheinlichkeit über die Tat, den/die Täter, die Tatzeit, den Tatort, das Opfer einer Straftat oder eine Kombination jener Desiderate zur Unterstützung der polizeilichen Kriminalprävention oder der Aufklärung bereits begangener Delikte."[55]

Aktuell erproben verschiedene Bundesländer, darunter Berlin, Hessen, Nordrhein-Westfalen[56] und Sachsen[57], Software zur Erstellung von Risikoprofilen[58] zur Voraussage und Verhinderung von Einbruchsdiebstählen in gehobenen Wohngebieten. Baden-Württemberg, Bayern und Niedersachsen haben das Programm nach der Testphase unter anderem aufgrund von zu geringfügigen Verbesserungen in der Prognosegüte und (zu begrüßender) stark rückläufiger Fallzahlen eingestellt.[59]

---

[55] *Hofmann*, Predictive Policing, 2020, S. 42.

[56] *Hofmann*, Predictive Policing, 2020, S. 118 f.; *Kaleta*, Die Polizei nutzt Künstliche Intelligenz, um Verbrechen vorherzusagen – das ist nicht allen geheuer, 2019.

[57] LT-Drs. Sachsen 6/17022.

[58] *Steege*, MMR 2019, 715, 717. *Berliner* Software: „KrimPro" (= Kriminalitätsprognose) bzgl. Wohnungseinbruchsdiebstählen; Rechtsgrundlage §§ 42 ff. ASOG Berlin. *Hessens* Software: „Hessen-Data" bzgl. Personen; Rechtsgrundlage § 25a HSOG. *Nordrhein-Westfalens* Software: „SKALA" (= System zur Kriminalitätsauswertung und Lageantizipation) bzgl. Wohnungseinbruchsdiebstählen und „DAR" (Datenbankübergreifende Analyse und Recherche) bzgl. Personen; Rechtsgrundlagen §§ 23, 25 PolG NRW. *Sachsens* Software: „Precobs" (= Pre Crime Observation) bzgl. Wohnungseinbruchsdiebstählen; die Rechtsgrundlage wird nicht ausdrücklich genannt. Jedenfalls betonte die Landesregierung, dass keine personenbezogenen Daten verwendet werden (LT-Drs. Sachsen 6/17022).

[59] Deutsche Presseagentur, Ruhestand für Kommissar Computer, Internetdokument 2021; Landeskriminalamt Niedersachsen, PreMAP – Predictive Policing (vorausschauende Polizei-

Zur Erstellung personenbezogener Statistiken hatten Hessen und Hamburg die sogenannten „Palantir-Paragrafen“[60], § 25a HSOG und § 49 PolDVG, normiert. Nach § 25a HSOG und § 49 PolDVG konnte die Polizei „personenbezogene Daten mittels einer automatisierten Anwendung zur Datenauswertung verarbeiten (...)“ und „(...) gespeicherte Daten statistisch (...)“ auswerten.[61] Die Normen wurden durch die Literatur als bedenklich eingestuft[62] und schließlich vom Bundesverfassungsgericht am 16.2.2023 aufgrund der unzureichenden Eingriffsschwelle für präventive Straftatbekämpfung für verfassungswidrig erklärt.[63]

Innerhalb der deutschen Polizeiarbeit wird Künstliche Intelligenz allerdings nicht ausschließlich als reines Softwareprogramm verwendet, sondern agiert durch eine Verknüpfung mit einem Hardwaresystem als Roboter[64] auch in der physischen Welt.

Bislang sind die deutschen Polizeibehörden mit nicht-autonomen, ferngesteuerten Robotern ausgestattet, denen eine Künstliche Intelligenz implementiert wurde, die allerdings nicht vollständig automatisiert agiert. Zu diesen Robotern zählen beispielsweise die Systeme „tEODor“, die zur Entschärfung von Sprengfallen eingesetzt werden sowie der Inspektion und Durchsuchung illegaler Waffenlager dienen.[65] Darüber hinaus nutzt die Bundespolizei Drohnen, d.h. fliegende Robotersysteme, um Waldbrände zu erkennen, vermisste Personen bei Hochwasser aufzufinden und um Deiche entlang der Oder zum Hochwasserschutz zu überwachen.[66]

Nebstdem setzt die Polizei Nordrhein-Westfalen seit Anfang 2022 einen KI-gestützten Roboterhund namens „Herbie“ (Werksname „Spot“) der Firma Boston Dynamics ein. Bei seinem ersten Einsatz im Februar 2022 betrat der Roboter ein durch einen Brand einsturzgefährdetes Wohngebäude und erstellte ein 3D-Modell

---

arbeit) in Niedersachsen, Internetdokument; *Mayer*, Strobl entscheidet sich gegen Precobs, Internetdokument 2019. Baden-Württemberg und Bayern verwendeten die Software „Precobs“, Niedersachsen hingegen die Software „PreMAP“. Hamburg und Brandenburg überprüfen den Einsatz einer solchen Software, während Bremen, Mecklenburg-Vorpommern, Rheinland-Pfalz sowie das Saarland, Sachsen-Anhalt, Schleswig-Holstein und Thüringen nicht mit dem Einsatz von „Predictive Policing“ Software planen. Auch auf Bundesebene soll das „Predictive Policing“ noch nicht eingeführt werden, siehe BT-Drs. 18/10785. Zum Einsatz des „Predictive Policing“ in Österreich *Schneeberger*, Machine Learning in der Verwaltung, 2024, S. 26 f.

[60] Die Namensgebung der „Palantir-Paragrafen“ erfolgte in Anlehnung an das Unternehmen „Palantir“, ein Unternehmen, das auf datenbankübergreifende Software und damit auf Erstellung von Personenprofilen spezialisiert ist, *Golla*, Lernfähige KI erfordert lernfähiges Polizeirecht, Internetdokument 2020.

[61] Zur Vertiefung soll auf die Dissertation von *Hofmann*, Predictive Policing, 2020 verwiesen werden.

[62] *Golla*, Lernfähige KI erfordert lernfähiges Polizeirecht, Internetdokument 2020.

[63] BVerfGE, Urt. v. 16.2.2023 – 1 BvR 1547/19, 1 BvR 2634/20, Rn. 49.

[64] Die Erörterung des Begriffs „Roboter“ erfolgt sogleich S. 57 ff. dieser Arbeit.

[65] Ministerium des Innern und für Sport Rheinland-Pfalz, Lewentz informiert sich über USBV-Entschärfer im LKA, Internetdokument 2016.

[66] Bundesministerium für Wirtschaft und Energie (BMWi), ... mit Drohnen, S. 16 f.

der Umgebung zur Rekonstruktion der Brandursache.[67] Der Roboter agierte insofern autonom, als er die Umgebung mit verschiedenen Sensoren analysierte und sich überwiegend sicher durch das Terrain bewegte, indem er beispielsweise über Hindernisse kletterte oder sich selbst nach einem Sturz wieder aufrichtete. Seine Bewegungsrichtung wurde jedoch von einem Experten durch Fernsteuerung bestimmt.[68]

Seit Oktober 2022 testet die Polizei Nordrhein-Westfalen einen zweiten Roboterhund, der sich durch eine ähnliche Fernsteuerung wie der erste Roboterhund auszeichnet, jedoch auch über teilautonome Funktionen verfügt. Der Roboter ist mit einem Greifarm ausgestattet, der es ihm ermöglicht, Gegenstände aufzunehmen oder zu versetzen, Türen zu öffnen oder Hebel zu betätigen.[69] Seit April 2023 wird dieser Test auch seitens der Polizei Baden-Württemberg durchgeführt.[70]

2. Ausland

Die Einsatzpraxis von Künstlicher Intelligenz in ausländischen Polizeibehörden, wie etwa in den USA, den Vereinigten Arabischen Emiraten, Singapur und China, ist hingegen als technologiezugewandter zu qualifizieren. Ein bemerkenswertes Beispiel hierfür ist ein Roboter namens „Peter“ (Patrol and Traffic Enforcement Robot) in Singapur, der speziell dafür entwickelt wurde, die Einhaltung von Parkzeitbeschränkungen in der Nähe von Flughäfen zu überwachen. Nach einer Analyse der örtlichen und situativen Gegebenheiten und nach Fotografieren des Kraftfahrzeugs kann der Roboter bei Verstößen gegen die Parkzeitbeschränkungen den Fahrzeugführer auffordern, das Gelände zu verlassen.[71] In der Sache wird somit – vergleichbar einer Platzverweisung nach deutschem Polizeirecht – einer Person das Verlassen eines Ortes geboten.

Während der Covid-19-Pandemie erlebte die Technologiebranche, einschließlich der Künstlichen Intelligenz in Form von Robotern, einen signifikanten Aufschwung, der darauf zielte, Personenkontakte möglichst zu reduzieren. So wird berichtet, dass in Singapur ein Roboterhund namens „Spot“ durch den Bishan-Ang Mo Park patrouillierte und die Öffentlichkeit durch verbale Kommunikation auf die Einhaltung von Distanzvorschriften hinwies.[72] Ähnliche robotische Maßnahmen

---

[67] LZPD Polizei NRW, Roboterhund des LZPD NRW im Einsatz, Internetdokument 2022.

[68] LZPD Polizei NRW, Roboterhund des LZPD NRW im Einsatz, Internetdokument 2022. Ein Roboterhund desselben Typs wird in Italien zur Überwachung und Analyse der Grabstätten in Pompeji eingesetzt, *Merz*, Pompeji wird jetzt von einem Roboterhund bewacht, Internetdokument 2022.

[69] Polizei NRW, Think Tank an der Kaimauer, Internetdokument 2023.

[70] Pressemitteilung des Landes Baden-Württemberg, Roboter-Hund „Spot“ an die Polizei übergeben, Internetdokument.

[71] *Rist*, Der Hunderoboter Spot würde gut in einen Science-Fiction-Film passen, Internetdokument 2020.

[72] *Rist*, Der Hunderoboter Spot würde gut in einen Science-Fiction-Film passen, Internetdokument 2020.

wurden auch in China ergriffen, um Hygiene- und Lockdownvorschriften zu überwachen und kontinuierlich zu kommunizieren[73] – wobei Rechtscharakter und -verbindlichkeit dieser Maßnahmen aus der Perspektive der Polizeirechtsdogmatik fraglich bleiben.

Es ist zu erwarten, dass die dargestellten Einsatzszenarien für Robotersysteme zunehmen. So hat Dubai beim „Best Police Practices Forum" das Ziel ausrufen lassen: „By 2030, we are keen to make robots around 25 per cent of the total police force."[74] Gleichzeitig ist die Einrichtung der ersten mobilen intelligenten Wache (in Gestalt eines elektrischen, begehbaren Fahrzeugs) vorgesehen.[75] Darüber hinaus werden Roboter aktuell nicht mehr nur für „Ermahnungen" eingesetzt, sondern üben bereits Zwangsbefugnisse aus.

Im Jahr 2016 kam es in den USA zu einer Schießerei zwischen einem Heckenschützen und Polizeibeamten, bei der letztere verletzt wurden.[76] Die Polizei reagierte mit einem Sprengstoffroboter zur Ausübung von Zwangsbefugnissen, der mit einer Bombe ausgerüstet war und dem Schützen entgegentrat, um diesen mittels des Sprengsatzes zu töten.[77] Auch in China lassen sich ähnliche Bestrebungen erkennen, einen Roboter – abseits des militärischen Einsatzes – mit Waffen auszurüsten. Im April 2021 wurde in China ein „AnBot" für Maßnahmen gegen den Terrorismus vorgestellt, der mit einer fernsteuerbaren Waffe, vermutlich mit einem Elektroschocker, ausgestattet werden soll.[78] Darüber hinaus setzt die chinesische Polizei seit Ende 2024 einen Polizeiroboter in Form eines Rades ein, der selbstständig strafbare Handlungen und gesuchte Täter identifiziere. Dieses System „RT-G" soll eine Höchstgeschwindigkeit von 35 km/h erreichen, schwimmen können und Zugriff auf einen Netzwerfer, Tränengas und Schallwellen-Dispersionsgeräte haben.[79] Polizeiliche Roboter sind für den Einsatz von Zwangsmitteln bisweilen ferngesteuert und agieren somit nicht vollständig autonom.[80]

[73] Spiegel Online, Roboterhund als Lockdown-Helfer, Internetdokument 2022; *Wittenhorst*, Singapur: Roboterhund im Park – der beißt nicht, der will nur kontrollieren, Internetdokument 2020.

[74] *Dunne*, The real-life Robocop set to serve and protect in Dubai, Internetdokument 2017.

[75] *Lalley*, Introducing artificial intelligence into the United States law enforcement community: Learning from foreign law enforcement agencies, Internetdokument 2019, S. 43 ff.

[76] *Mayer-Eisinger*, Roboter mit der Lizenz zum Töten, Internetdokument 2016.

[77] *Mayer-Eisinger*, Roboter mit der Lizenz zum Töten, Internetdokument 2016; auch im Dezember 2022 hielten die Diskussionen in San Francisco über mit Waffen ausgerüstete ferngesteuerte Polizeiroboter an, *Vincent*, San Francisco reverses plans to allow police robots to kill suspects, Internetdokument 2022.

[78] *Mayer-Eisinger*, Roboter mit der Lizenz zum Töten, Internetdokument 2016.

[79] *Bünte*, Polizeiroboter verfolgt Kriminelle auf einem Rad, Internetdokument 2024.

[80] Für das System „RT-G" wurde diese Information nicht veröffentlicht. In Einsatzvideos des Roboters ist allerdings zu erkennen, wie menschliche Polizeibeamte Fernsteuerungen bedienen.

III. Zwischenergebnis

Der internationale Vergleich zeigt, dass der Einsatz der Technologie der Künstlichen Intelligenz innerhalb der deutschen Polizeiarbeit im Vergleich zu ausländischen Sicherheitsbehörden als technisch rückständig einzustufen ist.[81] Dennoch erfährt der Einsatz Künstlicher Intelligenz in der Polizeiarbeit durch eine Vielzahl von Forschungsprojekten auch in Deutschland eine zunehmend bedeutsame Entwicklung. So widmen sich zahlreiche Institutionen sowie interdisziplinäre Teams der Entwicklung dieser Technologie, um neue Einsatzfelder zu erschließen. In der polizeispezifischen Forschungslandschaft sind insbesondere das LKA Rheinland-Pfalz, das BKA und das Deutsche Forschungszentrum für Künstliche Intelligenz in Kaiserslautern zu nennen, die gemeinsam entsprechende Projekte erarbeiten.[82] Des Weiteren existiert ein interdisziplinäres Team des BKA, das den Namen „KI2-TESIT" (Technisches Entwicklungs- und Servicezentrum für innovative Technologien) trägt, das sowohl polizeipraktische als auch wissenschaftliche Technikfolgenabschätzung betreibt.[83]

In Anbetracht der gegenwärtigen dynamischen Entwicklungen im In- und Ausland ist es nur eine Frage der Zeit, bis der Einsatz von Künstlicher Intelligenz für den Erlass von Verwaltungsakten in der polizeilichen Arbeit gefordert wird.[84] Denn die Aussicht, dass KI-basierte Systeme polizeiliche Verwaltungsakte, wie die Platzverweisung, vollständig automatisiert erlassen können, verspricht einen hohen Nutzen, wie sogleich dargelegt wird.

B. Vorteile des Einsatzes Künstlicher Intelligenz

Der Nutzen des polizeilichen Einsatzes von Systemen Künstlicher Intelligenz ist mannigfaltig. Er erstreckt sich von der Ergänzung personeller Kapazitäten (I.) und einem zeitlich flexiblen Einsatz (II.) über eine umfassende Gefahrenerkennung (III.), den Direktzugriff auf Datenbanken (IV.) sowie eine produktive und objektive Entscheidungsfindung (V.), bis hin zu einer lückenlosen und transparenten Dokumentation des Einsatzes (VI.), dem Schutz von Rechtsgütern für Polizeibeamte (VII.) und einer Kostenersparnis (VIII.).

---

[81] Mit demselben Urteil auch *Thiele*, in: Chibanguza/Kuß/Steege, Künstliche Intelligenz, § 10 Rn. 3.

[82] Deutsches Forschungszentrum für Künstliche Intelligenz, Künstliche Intelligenz kann polizeiliche Arbeit unterstützen, Internetdokument 2023; Zeit, Polizei und Forschungszentrum für KI kooperieren, Internetdokument 2021.

[83] Bundeskriminalamt, Neue Technologien im Polizeibereich, Internetdokument.

[84] Den Erlass von Entscheidungen durch Künstliche Intelligenz hält auch die Europäische Kommission für ein wahrscheinliches Szenario, Europäische Kommission, Weissbuch zur Künstlichen Intelligenz, Internetdokument 2020, S. 13.

I. Ergänzung personeller Kapazitäten

Ein zentraler Anreiz für den Einsatz Künstlicher Intelligenz in der Polizeiarbeit ist es, wegen des fortschreitenden demografischen Wandels die verfügbaren Personalkapazitäten zu ergänzen.[85]

Die bereits gegenwärtig zu verzeichnende Problematik der personellen Unterbesetzung wird anhand der geleisteten Überstunden durch das Polizeipersonal sichtbar: Eine Anfrage der Gewerkschaft der Polizei NRW beim Innenministerium NRW ergab, dass Polizeibeamte in Nordrhein-Westfalen im Jahr 2020 insgesamt 5.261.944 Überstunden leisteten, was einem Durchschnitt von 131 Überstunden pro Person entspricht. Die Überstunden betreffen insbesondere die Direktion Gefahrenabwehr (129 Stunden pro Polizist), noch stärker belastet sind die Direktionen Kriminalität (158 Stunden pro Polizist) sowie die Stäbe und Pressestellen (202 Stunden pro Polizist).[86] Nach einer Phase von Budgetkürzungen und ausbleibenden Stellennachbesetzungen zwischen 1998 und 2014[87] wurde der Polizeietat in NRW ab dem Jahr 2022 sukzessive angehoben. Ausgangspunkt dieser Entwicklung bildete ein Etat von 3,89 Milliarden Euro[88], der in den Jahren 2023/2024 auf 4,06 Milliarden Euro[89] und im Jahr 2025 schließlich auf 4,15 Milliarden Euro anstieg.[90] Diese Aufstockung des Ausgabevolumens zielt primär darauf ab, die Einstellung zusätzlicher Polizeikräfte zu fördern, um insbesondere die jährlich rund 1.800 Pensionierungen zu kompensieren und den strukturellen Herausforderungen des demografischen Wandels zu begegnen.[91] Trotz dieser Maßnahmen, die die Zahl der aktiven Polizeivollzugsbeamten derzeit erhöhen konnten[92], weist die Gewerkschaft der Polizei darauf hin, dass die Polizei in NRW nach wie vor an die Grenzen ihrer Belastbarkeit stößt. Dies sei insbesondere auf eine hohe Anzahl von Einsätzen, darunter die Deeskalation von Silvesterausschreitungen, Verhinderung von Terror-

---

[85] In diese Richtung auch *Markus/Meuche*, Auf dem Weg zur digitalen Verwaltung, 2022, S. 13 ff.

[86] Gewerkschaft der Polizei NRW, Das verdrängte Problem, Internetdokument.

[87] *Bewarder/Mumme*, Köln zeigt, was der Polizei am meisten fehlt, Internetdokument 2016.

[88] Haushaltsplan NRW für das Jahr 2023.

[89] Haushaltsplan NRW für die Jahre 2023 und 2024.

[90] Haushaltsplan NRW für das Jahr 2025.

[91] Bei *Kube*, VVDStRL 2019, 289 *Schneider* in Diskussion, S. 337: „Einer ist die demographische Entwicklung – viele öffentliche Dienstleistungen werden wir demnächst ohne Digitalisierung im ländlichen Raum schlicht und einfach nicht mehr erbringen können.“; Ministerium für Finanzen NRW, Landtag Nordrhein-Westfalen verabschiedet Haushaltsplan 2025, Internetdokument 2024.

[92] Ministerium des Innern NRW, Geplante Kräfteverteilung 2023, Internetdokument 2023.

anschlägen oder Einsätze bei Demonstrationen oder anderen Großveranstaltungen zurückzuführen.[93]

Die Lösung für das Problem der personellen Unterbesetzung infolge des demografischen Wandels könnte in einem verstärkten Einsatz von Künstlicher Intelligenz in Form von Robotern liegen.[94] Sie würden die „Personal"-Ressourcen erweitern, somit die Einsatzkapazitäten erhöhen[95] und gleichzeitig die Arbeitsbelastung für Polizeibeamte senken. Zudem wäre es möglich, Systeme zu duplizieren, sofern sie zufriedenstellend trainiert wurden. Dadurch wäre in kurzer Zeit eine große Anzahl an (kopierten) Robotern einsatzbereit.

II. Zeitlich flexibler Einsatz

Darüber hinaus zeichnet sich der Einsatz von Systemen Künstlicher Intelligenz durch seine zeitliche Flexibilität aus, die eine Nutzung sowohl während der Tages- und Nachtzeit als auch an Wochenenden und an Feiertagen zulässt.[96] Die Möglichkeit für Bürger, sich ganztägig mit jeglichem Anliegen an die Polizei zu wenden, beeinflusst die Schnelligkeit der Aufgabenerfüllung erheblich. Die zeitnahe Stellung von Strafanträgen oder anderen in die polizeiliche Zuständigkeit fallenden Anträgen, wie beispielsweise des Antrags auf eine Waffenbesitzkarte (§ 3 Verordnung zur Durchführung des Waffengesetzes), wirkt sich zugunsten des Bürgers aus, da somit lange Wartezeiten vermieden und Frustrationen durch weit in der Zukunft liegende Terminvereinbarungen minimiert werden.[97]

Die Flexibilität des Einsatzes ermöglicht jedoch bislang keine Erhöhung der Einsatzzeit, da die (noch) begrenzte Haltbarkeit des Akkus dazu führt, dass die verfügbaren Roboter nahezu vor jedem Einsatz aufgeladen werden müssen. Sobald zukünftig leistungsstärkere Akkusysteme zur Verfügung stehen oder der Roboter im Innendienst an eine Stromzufuhr angeschlossen ist, ist im Vergleich zu einem menschlichen Polizeibeamten sogar eine Verlängerung der Einsatzzeit möglich, da

[93] Gewerkschaft der Polizei NRW, GdP fordert Masterplan für die Polizei, Internetdokument 2023; Gewerkschaft der Polizei NRW, Gewerkschaft der Polizei kritisiert Überstunden-Regelung in NRW, Internetdokument 2024.

[94] *Guckelberger*, Öffentliche Verwaltung im Zeitalter der Digitalisierung, 2019, S. 238.

[95] So schon *Polomski*, Der automatisierte Verwaltungsakt, 1993, S. 43. In Bezug auf sachbearbeitende Tätigkeiten auch *Schmidt*, Wirtschaftsinformatik & Management 2024, 123, 130.

[96] Ebenso *Dollinger*, Folgenabschätzungen für Verwaltungs-Algorithmen, 2023, S. 26; *Korte*, DÖV 2024, 770, 774; vgl. schon *Polomski*, Der automatisierte Verwaltungsakt, 1993, S. 42.

[97] Ebenso *Kube*, VVDStRL 2019, 289, 307.

das System Künstlicher Intelligenz ohne oder zumindest nur mit kurzen Unterbrechungen über einen langen Zeitraum hinweg eingesetzt werden kann.[98]

III. Umfassende Gefahrenerkennung

Nebstdem ist die menschliche Fähigkeit zur Gefahrenidentifikation im Vergleich zu Künstlicher Intelligenz durch Wahrnehmungsfehler, eine unvollständige Wahrnehmung sowie durch mangelndes Fachwissen geprägt. Menschliche Wahrnehmungsdefizite erwachsen aus einem begrenzten Sichtfeld, einer Reizüberflutung durch Menschenmengen sowie aus einer sonstigen Überforderung durch eine Vielzahl an Eindrücken. Ebensolche Umstände können einen menschlichen Polizeibeamten daran hindern, z. B. einen geschickten Taschendiebstahl als solchen zu identifizieren. Demgegenüber sind Systeme Künstlicher Intelligenz in der Lage, selbst unauffällige Bewegungen oder Verhaltensweisen sowie Gesichtszüge verschiedener Personen in dichten Menschenmengen zu analysieren. Dadurch erkennen sie Gefahrenlagen gegebenenfalls schneller.[99]

Ferner lassen sich Defizite bei der Erkennung von Gefahrensituationen auf einen Mangel an Fachwissen zurückführen. Polizeibeamte verfügen nicht über umfassendes Wissen zu sämtlichen rechtswidrigen Taten und deren Begehungsformen, was zur Folge hat, dass eine Vielzahl individueller Fort- und Weiterbildungen erforderlich wäre, um Polizisten in die Lage zu versetzen, derartige Gefahrenlagen adäquat einzuschätzen. So verfügen nur einzelne Polizeibeamte über das notwendige Fachwissen, um z. B. potenzielle Sicherheitsrisiken im Zusammenhang mit Kraftfahrzeugen zu identifizieren, da hier das spezifische Wissen über zugelassene und nicht zugelassene Autoteile für die Einschätzung der Fahrtüchtigkeit eines Fahrzeugs mitunter entscheidend ist.[100] Systeme Künstlicher Intelligenz können hingegen mit allen relevanten Daten trainiert werden, wodurch ihre Fähigkeit, auch

---

[98] Vgl. *Guckelberger*, Öffentliche Verwaltung im Zeitalter der Digitalisierung, 2019, S. 240; *Lischka/Klingel*, Wenn Maschinen Menschen bewerten, Internetdokument 2017, S. 11; *Tischbirek*, ZfDR 2021, 307, 310.

[99] Büro für Technikfolgenabschätzung beim Deutschen Bundestag, Emotionserkennung mittels künstlicher Intelligenz, Internetdokument 2021; Fraunhofer Institut für integrierte Schaltunen IIS, SHORE – Detektion von Objekten und Gesichtern, Internetdokument 2024; *Werner*, Wie Amazon den Überwachungsstaat fördert, 2018. Vgl. *Hermstrüwer*, AöR 2020, 479, 487. Derartige Systeme sind bereits auf dem Markt erhältlich, so z. B. *Hahn*, Automatisierte Gesichtserkennung in der Strafverfolgung, 2025, S. 24; *Heckel*, Wenn der Algorithmus den Dieb stellt, Wirtschaftswoche, Internetdokument 2022.

[100] In Bezug auf sachbearbeitende Tätigkeiten auch *Schmidt*, Wirtschaftsinformatik & Management 2024, 123, 130.

fachspezifische Gefahren zuverlässig zu erkennen, im Vergleich zum Menschen deutlich verbessert wird.[101]

Ein weiterer in diesem Kontext zu berücksichtigender Vorteil der Künstlichen Intelligenz ist ihre Fähigkeit, sprachliche Barrieren zu überwinden. Dadurch ist es ihr im Gegensatz zum menschlichen Polizeibeamten möglich, auch auf in einer Fremdsprache verübte, rein verbale Straftaten wie Beleidigungen, Nötigungen oder Verleumdungen zu reagieren. Auch wenn es sich nicht direkt um strafwürdige Aussagen handelt, kann eine Übersetzung der Fremdsprache die Grundlage der Gefahrenprognose im Hinblick auf die Einschätzung menschlicher Interaktion und menschlichen Verhaltens anreichern.

Neben kognitiven sind zudem die physischen Fähigkeiten des Menschen begrenzt. Mitunter ist der Polizeibeamte auf sensorische Werkzeuge angewiesen, um bestimmte Gefahren zu identifizieren. Als problematisch erweist sich, dass solche Werkzeuge, wie z. B. Messgeräte für Abstände, Lautstärke oder Gerüche (darunter auch Polizeispürhunde), für Polizeibeamte nicht jederzeit verfügbar sind. Diese Hilfsmittel sind allerdings nötig, um beispielsweise Abstandsgebote und Geschwindigkeitsbegrenzungen im Straßenverkehr, das Mitführen von Betäubungsmitteln, Verstöße gegen die Lärmschutzvorschriften oder das Vorliegen einer Gefahr durch gesundheitsschädliche Gase zu erkennen. Die Implementierung entsprechender Sensoren in den Roboterkorpus der Künstlichen Intelligenz ermöglicht es, das zusätzliche Gewicht und weitere Einschränkungen, welche die Mitführung für jeden Polizeibeamten hervorrufen würde, zu vermeiden.

IV. Direktzugriff auf Datenbanken

Ein weiterer motivationsleitender Gesichtspunkt für den Einsatz Künstlicher Intelligenz ist ihr Direktzugriff auf polizeiliche Datenbanken. Während Polizeibeamte bei der Leitstelle Informationen erfragen[102], kann der Datenzugriff durch Künstliche Intelligenz unmittelbar erfolgen. Dadurch wird ohne eine stetige Zwischenschaltung der Leitstelle insbesondere die Auffindung vermisster Personen

[101] Vgl. *Dollinger*, Folgenabschätzungen für Verwaltungs-Algorithmen, 2023, S. 26; *Kment/Borchert*, Künstliche Intelligenz und Algorithmen in der Rechtsanwendung, 2022, S. 39; *Pilniok*, DÖV 2024, 581.

[102] Es ist nicht ausgeschlossen, Polizeibeamten einen direkten Zugriff auf Datenbanken zu gestatten, ohne dabei zwingend die Leitstelle in den Vermittlungsprozess einzubinden. Dabei ist jedoch zu berücksichtigen, dass menschliche Polizeibeamte weiterhin auf spezifische Werkzeuge angewiesen wären, um die betreffenden Datenbanken aufzurufen und systematisch zu navigieren, wohingegen ein System Künstlicher Intelligenz diese Operationen in einem automatisierten und kontinuierlichen Prozess vollziehen könnte. Der Vorteil von Systemen Künstlicher Intelligenz läge sodann lediglich in der Schnelligkeit des Aufrufens und der Navigation.

oder verlorener Gegenstände nach einem kontinuierlichen Abgleich von Passanten und/oder Gegenständen mit den Datenbanken erheblich erleichtert.

Darüber hinaus beschleunigt Künstliche Intelligenz nicht nur den Zugriff auf Datenbanken, sondern auch die Auswertung derselben.[103] Denn der wohl geläufigste Vorteil von Künstlicher Intelligenz liegt in ihrer Fähigkeit, große Datenmengen auszuwerten, zu strukturieren und zu verarbeiten.[104] Während ein menschlicher Polizeibeamter die Bilder vermisster Personen oder verlorener Gegenstände nicht vollständig erfassen oder sich einprägen kann, ist es einer Künstlichen Intelligenz möglich, innerhalb von Sekundenbruchteilen einen Abgleich der Umgebung mit den Bildern der Datenbank vorzunehmen.[105]

V. Produktivität und Objektivität

Darüber hinaus ist ein kontinuierlich produktives Arbeiten von Systemen Künstlicher Intelligenz möglich. Im Gegensatz zum Menschen sind sie keiner Ermüdung, Ablenkung oder Krankheit ausgesetzt, die während der Entscheidungsfindung zu einem Leistungsabfall führen könnten.[106]

Daneben wird Künstlicher Intelligenz im Vergleich zum Menschen eine größere Objektivität und Neutralität der Entscheidung attestiert.[107] Diese Aussage beruht darauf, dass Menschen bei der Entscheidungsfindung häufig subjektiven Einflüssen, wie insbesondere Vorurteilen, einer unzureichenden Nachtruhe oder man-

---

[103] Vgl. *Hessel/Dillschneider*, RDi 2023, 458, 459; *Polomski*, Der automatisierte Verwaltungsakt, 1993, S. 42; *Tischbirek*, ZfDR 2021, 307, 310.

[104] *Guckelberger*, Öffentliche Verwaltung im Zeitalter der Digitalisierung, 2019, S. 239; *Rotermund*, Künstliche Intelligenz aus staatlicher Perspektive, 2020, S. 170; *Tischbirek*, ZfDR 2021, 307, 310; vgl. *Djeffal*, in: Mohabbat Kar/Thapa/Parycek (Hrsg.), (Un)Berechenbar? Algorithmen und Automatisierung in Staat und Gesellschaft, 2018, 493, 503; *Hoffmann-Riem*, in: Unger/Ungern-Sternberg (Hrsg.), Demokratie und künstliche Intelligenz, 2019, 129, 141; *Lucke*, in: Mohabbat Kar/Thapa/Parycek (Hrsg.), (Un)Berechenbar? Algorithmen und Automatisierung in Staat und Gesellschaft, 2018, 97, 109; *Mund*, Das Recht auf menschliche Entscheidung, 2022, S. 70.

[105] Um einen solchen Datenbankzugriff durch Künstliche Intelligenz jedoch effektiv nutzen zu können, ist es unerlässlich, dass die Verwaltung zunächst sämtliche Informationen digitalisiert und somit für das System verfügbar macht, *Guckelberger*, Öffentliche Verwaltung im Zeitalter der Digitalisierung, 2019, S. 239; bei *Kube*, VVDStRL 2019, 289 *von Lewinski* in Diskussion, S. 341.

[106] Ähnlich auch *Kment/Borchert*, Künstliche Intelligenz und Algorithmen in der Rechtsanwendung, 2022, S. 39; *Korte*, DÖV 2024, 770, 774.

[107] *Guckelberger*, Öffentliche Verwaltung im Zeitalter der Digitalisierung, 2019, S. 240; *Meyer*, in: Hilgendorf (Hrsg.), Robotik im Kontext von Recht und Moral, 2014, 211, 235; *Polomski*, Der automatisierte Verwaltungsakt, 1993, S. 42; vgl. *Glaesner/Leymann*, in: Fehling/Kastner/Strömer, Verwaltungsrecht 5. Auflage 2021, § 35a VwVfG Rn. 2; *Prell*, in: BeckOK VwVfG, 69. Edition, § 35a VwVfG Rn. 20 (Stand April 2024); *Ziekow*, Verwaltungsverfahrensgesetz Kommentar, 4. Auflage 2019, § 35a VwVfG Rn. 2.

gelnder Motivation und Angst im Einsatz, ausgesetzt sind.[108] Diese Annahme wird durch eine empirische Studie aus Israel bestätigt, deren Erkenntnisse zwar unmittelbar nur das Entscheidungsverhalten von Richtern betreffen, jedoch aufgrund der typgleichen Entscheidungsfindung von Polizeibeamten – namentlich des Erlasses eines staatlichen Rechtsakts durch Ausübung eines Entscheidungsspielraums gegenüber einem Betroffenen – auf die Bewertung der Entscheidung im Polizeieinsatz übertragbar sind: Eine Analyse von 1.112 Urteilen über die Aussetzung von Strafen zur Bewährung ergab nämlich, dass Entscheidungen am Morgen und nach Essenspausen deutlich milder für den Täter ausfielen als zu anderen Tageszeiten.[109]

Der Einsatz Künstlicher Intelligenz führt demgegenüber zu einer Eliminierung subjektiver Empfindungen und damit grundsätzlich zu einer objektiven Entscheidung[110], die dem Bürger im Sinne des Art. 3 GG Planungssicherheit gewährt und das Vertrauen in staatliche Institutionen stärkt.[111] In Konsequenz dessen sind die im Polizeirecht typischerweise eingriffsintensiven[112] Rechtsfolgen bzw. Maßnahmen somit nicht länger von dem jeweiligen Gefühlszustand des Amtswalters abhängig, sondern grundsätzlich neutral. Allerdings sei an dieser Stelle schon vorausgeschickt, dass aufgrund von – später noch zu erörternden – Datenverzerrungen in Trainingsdatensätzen auch bei Systemen Künstlicher Intelligenz keine vollständige Objektivität der Entscheidungen zu erwarten ist.[113]

---

[108] *Hermstrüwer*, AöR 2020, 479, 489; *Kment/Borchert*, Künstliche Intelligenz und Algorithmen in der Rechtsanwendung, 2022, S. 39; *Kube*, VVDStRL 2019, 289, 307; *Martini et al.*, Blackbox Algorithmus – Grundfragen einer Regulierung Künstlicher Intelligenz, 2019, S. 89 spricht vom „forum internum“ der Sachbearbeiter; *Mund*, Das Recht auf menschliche Entscheidung, 2022, S. 91; *Wischmeyer*, AöR 2018, 1, 59; *Zweig/Krafft*, in: Mohabbat Kar/Thapa/Parycek (Hrsg.), (Un)Berechenbar? Algorithmen und Automatisierung in Staat und Gesellschaft, 2018, 204, 205; vgl. *Meyer*, in: Hilgendorf (Hrsg.), Robotik im Kontext von Recht und Moral, 2014, 211, 234. *Hofmann*, Predictive Policing, 2020, S. 262 spricht von einem „kriminologischen Bauchgefühl“ oder von „Schwächen menschlicher Wahrnehmung“.

[109] *Danziger et al.*, PNAS 2011, 6889, 6890. Auch der Einfluss der Zeitumstellung auf die richterliche Entscheidungsfindung wurde in den USA erforscht, näher ausführend *Mund*, Das Recht auf menschliche Entscheidung, 2022, S. 93.

[110] *Hoffmann-Riem*, in: Unger/Ungern-Sternberg (Hrsg.), Demokratie und künstliche Intelligenz, 2019, 129, 141; *Lischka/Klingel*, Wenn Maschinen Menschen bewerten, Internetdokument 2017, S. 11; *Polomski*, Der automatisierte Verwaltungsakt, 1993, S. 42; *Schmidt*, Wirtschaftsinformatik & Management 2024, 123, 130.

[111] Vgl. *Berger*, DVBl 2019, 1234, 1235; *Guckelberger*, Öffentliche Verwaltung im Zeitalter der Digitalisierung, 2019, S. 238.

[112] Vgl. *Tischbirek*, in: Mangold/Payandeh (Hrsg.), Handbuch Antidiskriminierungsrecht, 2022, 1061, 1076 Rn. 25.

[113] Siehe S. 181 ff. dieser Arbeit.

VI. Lückenlose und transparente Dokumentation des Einsatzes

Künstliche Intelligenz bietet neben Vorteilen für den operativen Einsatz auch erhebliche Vorteile für die Bewältigung anschließender, schriftlicher Verwaltungsaufgaben. Schriftliche Verwaltungsaufgaben sind ein integraler Bestandteil polizeilicher Tätigkeit und umfassen die Bearbeitung von Anträgen und Anzeigen sowie die Protokollierung von Bürgergesprächen und -befragungen. Polizeibeamte erstellen zudem nach ihren Einsätzen Protokolle, in denen sie die relevanten Einsatzsachverhalte zusammenfassen und eine erste rechtliche und tatsächliche Einschätzung der Ereignisse vornehmen. In der Praxis erfolgen Polizeieinsätze allerdings oftmals unmittelbar nacheinander, bevor die Polizeibeamten zur Dienststelle zurückkehren und Aktenvermerke anfertigen. Der lückenlose Anschluss der Einsätze birgt das Risiko, dass sachverhalts- bzw. verfahrensrelevante Informationen und Beweise verloren gehen, wenn sie zunächst als irrelevant erschienen. Künstliche Intelligenz hingegen würde alle erfassten Informationen innerhalb von Sekunden (elektronisch) festhalten, während sie zu einem neuen Einsatz eilt, sodass keine Zeitverzögerungen und Erinnerungslücken entstünden, die zu einer unvollständigen Protokollierung führen würden.

Darüber hinaus trägt der Einsatz Künstlicher Intelligenz nicht nur dazu bei, einer unvollständigen Protokollierung entgegenzuwirken, sondern verhindert auch die Erstellung falscher oder unwahrer Dokumentationen. In der Praxis ist es aufgrund der Eilbedürftigkeit des Erlasses und Vollzugs polizeilicher Maßnahmen für Polizeibeamte nicht üblich, die Begründung ihrer Maßnahmen *vor* dem Einschreiten festzuhalten; dies erfolgt vielmehr *nachträglich* innerhalb der Einsatzberichte.[114] Außenstehende können daher oft nicht nachvollziehen, ob Polizeibeamte tatsächlich aus den im Protokoll angegebenen Motiven gehandelt haben oder ob diese Gründe erst im Nachhinein zur Rechtfertigung angeführt wurden.[115] Demgegenüber speichert ein System Künstlicher Intelligenz bereits vor dem Eingreifen die Gründe für das jeweilige Vorgehen. Eine solche vollständige und wahrheitsgemäße Protokollierung stärkt durch mehr Transparenz das Vertrauen der Bevölkerung in die Polizeiarbeit und ermöglicht gleichzeitig eine verbesserte Systemaudition sowie einen effektiveren Rechtsschutz für die betroffenen Personen.[116]

VII. Schutz der Rechtsgüter menschlicher Polizeibeamter

Ein weiterer Vorteil der Nutzung Künstlicher Intelligenz besteht in der Reduzierung von Gefahren für Rechtsgüter menschlicher Polizeibeamter.

---

[114] Ebenso *Hofmann*, Predictive Policing, 2020, S. 265.

[115] Zu verdeckten Diskriminierungen *Hoffmann-Riem*, in: Unger/Ungern-Sternberg (Hrsg.), Demokratie und künstliche Intelligenz, 2019, 129, 141.

[116] *Hofmann*, Predictive Policing, 2020, S. 265.

Eine Statistik der Gewerkschaft der Polizei NRW zeigt, dass die Anzahl von Angriffen auf Polizeibeamte im Jahr 2020 trotz eines verringerten Bürgerkontakts durch pandemiebedingte Ausgangsbeschränkungen nur leicht gesunken ist. Im Vergleich zum Vorjahr, in dem 9.241 Angriffe verzeichnet wurden, wurden im Jahr 2020 8.078 Angriffe auf Polizeibeamte registriert. Obgleich die Anzahl der Widerstände gegen Vollzugsbeamte, tätlichen Angriffen und Bedrohungen zurückging, ist ein signifikanter Anstieg bei vorsätzlichen einfachen Körperverletzungen, schweren Körperverletzungen, sowie versuchten und vollendeten Totschlags- und Morddelikten zu beobachten.[117]

Künstliche Intelligenz in Form eines Roboters könnte dazu beitragen, die Sicherheit der Polizeibeamten zu erhöhen. Ihr Einsatz wäre insbesondere in für Polizeibeamte typischerweise hochgefährlichen Lagen denkbar, während menschliche Polizeibeamte im Hintergrund agieren könnten, beispielsweise durch die Überwachung der Gesamtgefahrenlage oder die Planung und Koordination weiteren Vorgehens. So könnte Künstliche Intelligenz bei eskalationsgefährdeten Demonstrationen, Geiselnahmen oder Bombendrohungen sowie bei schwerer, organisierter Bandenkriminalität ohne Begleitung eines Polizeibeamten intervenieren, wodurch Polizeibeamte nicht direkt (möglicherweise bewaffneten) Angriffen ausgesetzt wären.[118]

Darüber hinaus kann die psychische Gesundheit der Polizeibeamten geschützt werden.[119] Insbesondere in der Direktion Kriminalität sind Amtswalter hohen psychischen Belastungen ausgesetzt, wenn sie schwere Verbrechen vor Ort dokumentieren, verwesende Leichen begutachten oder pornografisches Datenmaterial auswerten. Besonders die Sichtung kinderpornografischen Materials ist mit erheblichen psychischen Belastungen verbunden, da hierbei detailliert dokumentiert wird, welche Handlungen Täter und Opfer durchführen und welche Aussagen getätigt werden. Die Analyse solcher Datenträger kann durch Künstliche Intelligenz erfolgen.

VIII. Kostenersparnis

Der Einsatz Künstlicher Intelligenz birgt zudem das Potenzial zur Verringerung von Personalkosten.[120] Aufgrund der fehlenden Anfälligkeiten des Roboters für

---

[117] Gewerkschaft der Polizei NRW, Hemmschwelle weiter gesunken, Internetdokument.

[118] Vgl. *Meyer*, in: Hilgendorf (Hrsg.), Robotik im Kontext von Recht und Moral, 2014, 211, 229.

[119] In Bezug auf sachbearbeitende Tätigkeiten auch *Schmidt*, Wirtschaftsinformatik & Management 2024, 123, 130.

[120] *Kment/Borchert*, Künstliche Intelligenz und Algorithmen in der Rechtsanwendung, 2022, S. 39; *Mund*, Das Recht auf menschliche Entscheidung, 2022, S. 69; *Polomski*, Der automatisierte Verwaltungsakt, 1993, S. 39; vgl. Europäische Kommission, Weissbuch zur Künstlichen Intelligenz, Internetdokument 2020, S. 2; ähnlich schon damals *Böckstiegel*, NJW 1968, 1767, 1769; vgl. *Glaesner/Leymann*, in: Fehling/Kastner/Strömer, Verwaltungsrecht,

Krankheit oder Erschöpfung erübrigt sich die Zahlung von Rehabilitationsleistungen. Des Weiteren entfallen Kosten für Gehalt, Beihilfeleistungen, Elternzeit oder Urlaubstage, sowie für Sozial- und Pensionsleistungen, Weihnachtsgeld und sonstige Zuschläge für Nachtschichten, Feiertage oder Überstunden.[121]

Demgegenüber erfordert der Einsatz Künstlicher Intelligenz die Anstellung neuer Arbeitskräfte, insbesondere von Fachkräften für Informatik und Robotik, um die Systeme zu warten und zu betreiben.[122] Zusätzlich sind die hohen Anschaffungskosten für Systeme Künstlicher Intelligenz einschließlich der Robotik-Hardware sowie Reparaturkosten zu berücksichtigen. Weitere erhebliche Ausgaben ergeben sich aus der Digitalisierung, beispielsweise durch die Umstellung auf elektronische Akten, Datenschutzmaßnahmen und IT-Sicherheitsanforderungen.[123] Hinzu kommt, dass Künstliche Intelligenz eine „Ausbildung" innerhalb der sogenannten Trainings- und Testphase durchläuft, die ebenfalls mit beträchtlichem Zeit- und Kostenaufwand verbunden ist.[124]

Inwieweit der Einsatz Künstlicher Intelligenz langfristig zu einer Kostenersparnis führt, lässt sich daher gegenwärtig noch nicht abschätzen.[125]

---

5. Auflage 2021, § 35a VwVfG Rn. 2; *Prell*, in: BeckOK VwVfG, 69. Edition, § 35a VwVfG Rn. 20 (Stand April 2024); *Windoffer*, in: Mann/Sennekamp, VwVfG, 3. Auflage 2025, § 35a VwVfG Rn. 2; *Ziekow*, Verwaltungsverfahrensgesetz Kommentar, 4. Auflage 2019, § 35a VwVfG Rn. 2.

[121] Vgl. *Guckelberger*, Öffentliche Verwaltung im Zeitalter der Digitalisierung, 2019, S. 239 f.

[122] *Guckelberger*, Öffentliche Verwaltung im Zeitalter der Digitalisierung, 2019, S. 239; *Schäffer*, DÖV 1988, 149, 153.

[123] *Guckelberger*, Öffentliche Verwaltung im Zeitalter der Digitalisierung, 2019, S. 241. Durch eine Umstellung auf elektronische Akten entfielen jedoch ebenso der Stauraum für Papierakten, deren Transport, sowie Verlags- und Druckkosten für Formulare, S. 68. Eine Reduktion der Kosten für Robotersysteme könnte durch den Einsatz von sogenannten „Cloud Computing" erfolgen, indem der Hochleistungsrechner, der für die Funktionsweise der Roboter erforderlich ist, nicht direkt im Roboter integriert, sondern in externen Rechenzentren verbaut wird. Dadurch würden auch die Reparaturkosten im Falle einer Beschädigung des Roboters verringert. Zur Funktionsweise des „Cloud Computing" Bundesamt für Sicherheit und Informationstechnik, Cloud Computing Grundlagen, Internetdokument. Weiterführend zum OZG, *Buckler*, DÖV 2025, 9.

[124] *Herold*, Demokratische Legitimation automatisiert erlassener Verwaltungsakte, 2019, S. 68; *Lucke*, in: Mohabbat Kar/Thapa/Parycek (Hrsg.), (Un)Berechenbar? Algorithmen und Automatisierung in Staat und Gesellschaft, 2018, 97, 146. Aufgrund der sich neutralisierenden Effekte von Kostenreduktion und Kostenerhöhung folgert *Polomski*, Der automatisierte Verwaltungsakt, 1993, S. 41, dass die wesentlichen Vorteile der Automatisierung in einem anderen Gebiet zu verorten sind.

[125] Vgl. *Herold*, DÖV 2024, 181, 185 f.

IX. Zwischenergebnis

Im Ergebnis bietet die Technologie der Künstliche Intelligenz (nicht nur) innerhalb des polizeilichen Bereichs bedeutende Vorteile, die ihren Einsatz zum Erlass eines Verwaltungsakts attraktiv machen. Angesichts der rasant fortschreitenden Entwicklungen von Künstlicher Intelligenz und der damit einhergehenden kontinuierlichen Erweiterung ihres Potenzials lässt sich bereits jetzt prognostizieren, dass staatliche Forderungen nach ihrem Einsatz zu erwarten sind.

C. (Vor-)Skizzierung der Risiken des Einsatzes Künstlicher Intelligenz

Die potenziellen Risiken des Einsatzes Künstlicher Intelligenz in der Polizeiarbeit dürfen keinesfalls angesichts der zuvor dargestellten Vorteile in ihrer Bedeutung marginalisiert werden. Vielmehr erfordert eine differenzierte Betrachtung die gleichwertige Berücksichtigung und kritische Analyse dieser Gefahren. An dieser Stelle sollen die zentralen Risiken lediglich knapp skizziert werden, da die nachfolgende rechtliche Analyse diese Herausforderungen eingehend behandelt.

Zu den wesentlichen Risiken des Einsatzes Künstlicher Intelligenz zählt zunächst ihre *schematisierende Funktionsweise*, die durch vorgegebene Algorithmen und kategorisierende und abstrahierende Modelle bedingt ist. Diese Methodik birgt die Gefahr, dass spezifische Besonderheiten des Einzelfalls unbeachtet bleiben und komplexe Sachverhalte übermäßig simplifiziert werden.[126] Ein solcher Ansatz kann *diskriminierende Korrelationen* begünstigen, die insbesondere bei Gefahrenprognosen oder bei sonstiger Interpretation menschlichen Verhaltens zu gravierenden Fehlentscheidungen führen könnten.[127] Besonders problematisch sind hierbei

---

[126] *Berger*, NVwZ 2018, 1260, 1263; *Fehling*, DÖV 2025, 321, 324 f.; *Korte*, DÖV 2024, 770, 774; *Birner*, Verwaltungsautomatisierung nach dem Gesetz zur Modernisierung des Besteuerungsverfahrens, 2023, S. 311; *Busche*, Verwaltungsautomation 2.0, 2023, S. 237; *Herold*, Demokratische Legitimation automatisiert erlassener Verwaltungsakte, 2019, S. 202; *Hoffmann-Riem*, in: Unger/Ungern-Sternberg (Hrsg.), Demokratie und künstliche Intelligenz, 2019, 129, 145 f.; *Kallerhoff/Fellenberg*, in: Stelkens/Bonk/Sachs, VwVfG, 10. Auflage 2023, § 24 VwVfG Rn. 57a; *Rollberg*, Algorithmen in der Justiz, 2020, S. 51; *Unger*, in: Unger/Ungern-Sternberg (Hrsg.), Demokratie und künstliche Intelligenz, 2019, 113, 121.

[127] BVerfG, NJW 2023, 1196, 1202 Rn. 77; *Balkow/Eckhardt*, Verantwortung für algorithmische Systeme, Internetdokument 2019, S. 2; Bitkom/DFKI, Künstliche Intelligenz, Internetdokument 2017, S. 160; *Cornelius*, Künstliche Intelligenz, 2019, S. 115; *Esken*, in: Mohabbat Kar/Thapa/Parycek (Hrsg.), (Un)Berechenbar? Algorithmen und Automatisierung in Staat und Gesellschaft, 2018, 542, 547; Europäische Kommission, Weissbuch zur Künstlichen Intelligenz, Internetdokument 2020, S. 13 f.; *Hoffmann-Riem*, in: Unger/Ungern-Sternberg (Hrsg.), Demokratie und künstliche Intelligenz, 2019, 129, 141; Informationsfreiheitsbeauftragte, Positionspapier, Internetdokument 2018, S. 5; *Krönke*, NVwZ 2024, 529, 531; *Rotermund*, Künstliche Intelligenz aus staatlicher Perspektive, 2020, S. 168; *Schnee-*

unzureichend diversifizierte Trainingsdaten, die bestehende Vorurteile oder strukturelle Ungleichheiten reproduzieren und durch den Einsatz der Künstlichen Intelligenz noch weiter verstärken können.[128]

Ein weiteres grundlegendes Problem liegt in der *Abwesenheit eigener ethischer oder moralischer Wertvorstellungen* von Systemen Künstlicher Intelligenz, die daher weder bei der Ausfüllung unbestimmter Rechtsbegriffe noch bei der Ermessensausübung Eingang in die Entscheidung nehmen.[129] Dies könnte dazu führen, dass die von Künstlicher Intelligenz getroffenen Entscheidungen als unbillig oder gar ungerecht empfunden werden.

Hinzu tritt die sogenannte *„black box"-Eigenschaft* vieler Systeme Künstlicher Intelligenz, insbesondere solcher, die auf dem Prinzip des *„Deep Learning"* basieren. Die inhärente Intransparenz erschwert nicht nur die Nachvollziehbarkeit der Entscheidungsfindung, sondern steht potenziell in Konflikt mit dem Transparenzgebot des Rechtsstaatsprinzips, da letzteres verlangt, dass die wesentlichen Gesichtspunkte behördlicher Entscheidungen dem Betroffenen eröffnet und rechtlich überprüfbar sein müssen.[130] Eine fehlende Transparenz kann daher nicht nur die

---

berger, Machine Learning in der Verwaltung, 2024, S. 309; vgl. *Hofmann*, Predictive Policing, 2020, S. 267; *Joh*, Washington Law Review 2014, 35, 58; *Krause*, Künstliche Intelligenz im Militär, 2021, S. 32.

[128] *Dregelies*, GRUR 2024, 1484; *Hofmann*, Predictive Policing, 2020, S. 274; *Mergel*, in: Mohabbat Kar/Thapa/Parycek (Hrsg.), (Un)Berechenbar? Algorithmen und Automatisierung in Staat und Gesellschaft, 2018, 76, 90; *Schneeberger*, Machine Learning in der Verwaltung, 2024, S. 80; *Wischmeyer*, AöR 2018, 1, 23; vgl. *Fadavian*, in: Mohabbat Kar/Thapa/Parycek (Hrsg.), (Un)Berechenbar? Algorithmen und Automatisierung in Staat und Gesellschaft, 2018, 294, 301; *Ibold*, GSZ 2024, 10, 13; *Nink*, Justiz und Algorithmen, 2020, S. 167; *Raji*, Künstliche Intelligenz im öffentlichen Sektor, 2022, S. 68.

[129] *Beuth*, Twitter-Nutzer machen Chatbot zur Rassistin, Internetdokument 2016; *Degrandi*, Die automatisierte Verwaltungsverfügung, 1977, S. 46; *Ernst*, JZ 2017, 1026, 1028; *Harbou*, JZ 2020, 340, 346; *Hoffmann-Riem*, in: Unger/Ungern-Sternberg (Hrsg.), Demokratie und künstliche Intelligenz, 2019, 129, 146; *Kreyßing*, DÖV 2024, 266, 270; *Mund*, Das Recht auf menschliche Entscheidung, 2022, S. 84; *Polomski*, Der automatisierte Verwaltungsakt, 1993, S. 59; *Raji*, Künstliche Intelligenz im öffentlichen Sektor, 2022, S. 126; *Vogel*, Juristische Methodik, 1998, S. 9.

[130] BVerfG, NJW 2023, 1196, 1205 Rn. 100; *Bortnikov/Dukart*, ZD 2024, 558, 559; *Dienes/Becker*, MMR 2024, 456, 460; *Formica-Schiller*, Künstliche Intelligenz und Blockchain im Gesundheitswesen, 2021, S. 47; *Gausling*, in: Ballestrem et al., Künstliche Intelligenz, 2020, S. 16; High-Level Expert Group on Artificial Intelligence, A definition of AI: Main capabilities and scientific disciplines, Internetdokument 2018, S. 5; *Kreutzer*, Künstliche Intelligenz verstehen, 2. Auflage 2023, S. 13; *Krönke*, NVwZ 2024, 529, 531; *Lämmel/Cleve*, Künstliche Intelligenz, 6. Auflage 2023, S. 24; *Mainzer*, Künstliche Intelligenz – Wann übernehmen die Maschinen?, 2. Auflage 2019, S. 245; *Martini et al.*, Blackbox Algorithmus – Grundfragen einer Regulierung Künstlicher Intelligenz, 2019, S. 29; *Merkle*, RDi 2024, 414, 415; *Otte*, Allgemeinbildung Künstliche Intelligenz, 2021, S. 155; *Pieper*, GRUR-Prax 2019, 298; *Zech*, ZfPW 2019, 198, 202. Das Problem der Intransparenz hat auch die Europäische Kommission erkannt, Europäische Kommission, Weissbuch zur Künstlichen Intelligenz, Internetdokument 2020, S. 5, verspricht sich jedoch von dem Einsatz neuronaler Netze eine bessere Erklärbarkeit von KI-Systemen.

rechtliche Kontrolle, sondern auch das Vertrauen der Bevölkerung in die Legitimität polizeilicher Maßnahmen gefährden.

Ein weiteres Risikofeld ist in der *privaten Systementwicklung* zu identifizieren. Aufgrund fehlender technischer und finanzieller Ressourcen wird es staatlichen Behörden oftmals nicht möglich sein, die Systeme Künstlicher Intelligenz eigenständig zu entwickeln. Die demzufolge zwingende Auslagerung des Entwicklungsprozesses an private Unternehmen und ihre maßgebliche Einflussnahme auf die Funktionsfähigkeit des Systems werfen Fragen hinsichtlich der demokratischen Legitimation von KI-gestützten Entscheidungen auf.[131]

Nicht zuletzt ergeben sich Risiken im Bereich der *Daten- und Systemsicherheit*. Angesichts der hohen Sensibilität der im polizeilichen Kontext genutzten Daten kann ein Fremdzugriff oder eine Manipulation der Systeme schwerwiegende Konsequenzen nach sich ziehen. Sicherheitslücken gefährden nicht nur die Integrität der Daten und die Funktionsfähigkeit der Systeme, sondern können auch das öffentliche Vertrauen in die Zuverlässigkeit und Rechtmäßigkeit polizeilichen Handelns unterminieren.[132] Im äußersten Fall besteht sogar die Gefahr, dass Systeme Künstlicher Intelligenz, welche als physisch agierende Roboter konzipiert sind, durch Fremdzugriff in gefährliche Werkzeuge umfunktioniert werden. Denn üblicherweise verfügen derartige Einsatzroboter über eine erhebliche physische Kraft, deren missbräuchliche Anwendung in den Händen unbefugter Akteure potenziell zu gravierenden Verletzungen von Personen oder Sachbeschädigungen führen könnte.

Die Nutzung von Künstlicher Intelligenz im Polizeieinsatz ist mit erheblichen Herausforderungen verbunden, die weit über technische Fragestellungen hinausgehen. Die Gefahr, dass Systeme Künstlicher Intelligenz aufgrund ihrer Schematisierungseigenschaft, mangelnden Transparenz, fehlenden moralischen Urteilsfähigkeit, Diskriminierungstendenzen, sowie privaten Entwicklung und Sicherheitsanfälligkeiten den Prinzipien eines rechtsstaatlichen und demokratischen Staatshandelns widersprechen, muss im Folgenden anhand der Einordnung und Bewertung der ihnen abstrakt zugrundeliegenden Funktionsweisen näher erörtert werden.

---

[131] BVerfG, NJW 2023, 1196, 1205 Rn. 100; *Birner*, Verwaltungsautomatisierung nach dem Gesetz zur Modernisierung des Besteuerungsverfahrens, 2023, S. 314; *Britz/Eifert*, in: Voßkuhle/Eifert/Möllers, Grundl. VerwR, Bd. 1, 3. Auflage 2022, § 26 Digitale Transformation der Verwaltung Rn. 111; *Herold*, Demokratische Legitimation automatisiert erlassener Verwaltungsakte, 2019, S. 250; *Herold*, DÖV 2024, 181, 287 f.; *Martini/Nink*, DVBl 2018, 1128, 1134; *Nink*, Justiz und Algorithmen, 2020, S. 321; vgl. *Kube*, VVDStRL 2019, 289, 309; *Winkelmann*, LTZ 2022, 163, 167.

[132] BVerfG, NJW 2023, 1196, 1205 Rn. 100; *Fehling*, DÖV 2025, 321, 323; *Martini*, in: Martini/Wendehorst, KI-VO, 2. Auflage 2026, Art. 15 Rn. 50 ff.; *Sorge*, in: Seckelmann (Hrsg.), Digitalisierte Verwaltung – Vernetztes E-Government, 2024, 537, 538 f.

D. Begriffsbestimmung und technische Grundlagen

Nach einer einführenden und illustrativen Darstellung der Künstlichen Intelligenz sowie einer Erörterung der Vorteile sowie Risiken dieser Technologie für den Polizeieinsatz ist es nun erforderlich, sich ihrem Begriff über die Darstellung der Grundlagen der Technik zu nähern.

I. Begriff der „Künstlichen Intelligenz“

Im deutschen Recht hat das Phänomen „Künstliche Intelligenz“ inzwischen in verschiedene nationale Rechtsvorschriften ausdrücklich Eingang gefunden.[133] Während es den nationalen Regelungen an einer Legaldefinition mangelt, hat die Europäische Union unter Einbeziehung wissenschaftlicher Expertise mit Erlass der KI-Verordnung eine solche rechtlich normiert.[134] In Art. 3 Nr. 1 der KI-Verordnung[135] heißt es mit Geltung zum 2.2.2025:

> „Für die Zwecke dieser Verordnung bezeichnet der Ausdruck „KI-System“ ein maschinengestütztes System, das für einen in unterschiedlichem Grade autonomen Betrieb ausgelegt ist und das nach seiner Betriebsaufnahme anpassungsfähig sein kann und das aus den erhaltenen Eingaben für explizite oder implizite Ziele ableitet, wie Ausgaben wie etwa Vorhersagen, Inhalte, Empfehlungen oder Entscheidungen erstellt werden, die physische oder virtuelle Umgebungen beeinflussen können.“

[133] Z.B. in chronologischer Abfolge Anlage 1 zu § 1 Abs. 3 InvKG (Investitionsgesetz Kohleregionen) vom 14.3.2019; § 2 SoVermKISHErG (Sondervermögen Künstliche Intelligenz Errichtungsgesetz Schleswig-Holstein) vom 24.12.2019; § 80 Abs. 3, § 90 Abs. 1 Nr. 3, § 95 Abs. 2a BetrVG (Betriebsverfassungsgesetz) vom 14.5.2021; § 17 Abs. 2 S. 2 Nr. 7 WTG Berlin (Wohnteilhabegesetz Berlin) vom 1.12.2021; § 14 Nr. 6 MI-Satzung (Medienintermediären-Satzung) vom 1.1.2022; § 11 Abs. 2 S. 1 ITEG (IT-Einsatz-Gesetz) vom 16.3. 2022; Anlage zu § 5 Abs. 1 BwFinSVermG (Bundeswehrfinanzierungs- und Sondervermögensgesetz) vom 1.7.2022; Art. 5 Abs. 2 S. 2 BayDiG vom 22.7.2022; § 55a Abs. 1 Nr. 13 AWV (Außenwirtschaftsverordnung) vom 5.10.2023; § 6 Abs. 2 S. 1 und § 30 Abs. 8 S. 3 Nr. 6 und § 61 Abs. 3 S. 2 Nr. 9 SaarlMedienG (Saarländisches Mediengesetz) vom 27.10. 2023; § 14 Nr. 6c StRGV (Verordnung über die Geschäftsverteilung der Bayer. Staatsregierung) vom 8.11.2023; § 8 Abs. 3 S. 1 SHRDG-DVO (Rettungsdienstgesetz-Durchführungsverordnung) vom 1.1.2024; § 9 Abs. 6 S. 2 HmbSpielO (Spielordnung Hamburg) vom 10.1. 2024; § 16a HessFA-ZuVO (Hess. Finanzämter-Zuständigkeitsverordnung) vom 1.3.2024; § 303e Abs. 2 Nr. 9 SGB V vom 26.3.2024; § 12 Abs. 6 S. 1 und § 13 Abs. 2 S. 2 Nr. 10 SächsWTG (Sächsisches Wohnteilhabegesetz) vom 13.4.2024; § 10 Abs. 3 S. 5 LeistBewVO M-V (Leistungsbewertungsverordnung Mecklenburg-Vorpommern) vom 7.5.2024.

[134] Europäische Kommission, COM(2021) 206 final, Internetdokument 2021. Künstliche Intelligenz solle nach Auffassung der Europäischen Kommission ein Instrument sein, das als positive Kraft für die Gesellschaft im Dienst der Menschen stehe und das letztlich zu einem größeren Wohlbefinden der Menschen durch eine wirksame Durchsetzung des geltenden Rechts beitrage, S. 1, 3.

[135] Zur generellen Kritik an der KI-Verordnung und der Bezeichnung als „rechtliches Ungetüm“, *Ensthaler*, InTeR 2024, 2, 4.

Diese Definition ist – ebenso wie ihre Vorläufer[136] – in der rechtswissenschaftlichen Literatur nicht unumstritten. Beanstandet werden zum einen die Vielzahl unbestimmter Merkmale, namentlich „Autonomie“, „Anpassungsfähigkeit“, „Ableitung“ oder „Beeinflussung“, die den Begriff der „Künstlichen Intelligenz“ zu weit ausdehnten[137] und kaum ein System Künstlicher Intelligenz von anderen Systemen abgrenzten[138]. Zum anderen wird kritisiert, dass die KI-Verordnung jenen Systemen nicht gerecht werde, die, obwohl sie ohne maschinelles Lernen ähnliche Risiken für die Betroffenen verursachten, nicht in den sachlichen Anwendungsbereich der KI-Verordnung fielen.[139]

Gleichwohl soll die Legaldefinition der KI-Verordnung im Folgenden übernommen werden.[140] Erstens ist die begriffliche Konturierung „Künstlicher Intelligenz“ seit jeher schwer zu fassen und fachübergreifend uneinheitlich, zumal die rasche Fortentwicklung der Technik jegliche Festlegung zusätzlich erschwert.[141]

[136] Definition von „Künstlicher Intelligenz“ aus dem Jahr 2018: Europäische Kommission, COM(2018) 237 final, Internetdokument 2018, S. 1. Kritik dazu: *Kaulartz/Braegelmann*, in: Kaulartz et al., Rechtshandbuch Artificial Intelligence und Machine Learning, 2020 Kapitel 1 Rn. 3; *Schneeberger*, Machine Learning in der Verwaltung, 2024, S. 53 f.; *Wendehorst*, in: Martini/Wendehorst, KI-VO, 2. Auflage 2026, Art. 3 Rn. 50 ff.; vgl. *Barton/Müller*, Künstliche Intelligenz in der Anwendung, 2020, S. 128; *Bünte*, Die chinesische KI-Revolution, 2020, S. 54; *Haagen*, Verantwortung für Künstliche Intelligenz, 2021, S. 58 f.; *Rohrlich*, KI und Recht, 2025, S. 5; *Wagner*, Legal Tech und Legal Robots, 2. Auflage 2020, S. 60. Die Vorgänger-Version der Definition von „Künstlicher Intelligenz“ für die KI-Verordnung aus dem Jahr 2021: Europäische Kommission, COM(2021) 206 final, Internetdokument 2021, S. 4; Kritik insbesondere bei *Borges*, CR 2023, 706. Zur Entwicklung der Definitionen im Allgemeinen *Schneeberger*, Machine Learning in der Verwaltung, 2024, S. 53 ff.; *Wendehorst*, in: Martini/Wendehorst, KI-VO, 2. Auflage 2026, Art. 3 KI-Verordnung Rn. 14 ff.

[137] *Becker/Feuerstack*, KIR 2024, 62, 63; *Borges*, CR 2024, 497, 503; *Bronner*, KIR 2024, 55, 57; *Buchalik/Gehrmann*, CR 2024, 145, 147; *Ebers et al.*, LTZ 2025, 21, 23; *Glauner*, Sachverständige bewerten EU-Verordnung zur KI unterschiedlich, Internetdokument 2022; *Graf et al.*, PharmR 2025, 10, 11 f.; *Guckelberger*, DÖV 2025, 45, 47; *Horn/Schuchert*, MMR 2024, 926, 927; *Klos/Taylan*, CCZ 2024, 205, 207; *Möller-Klapperich*, NJ 2024, 337, 339 m. w. N.; *Raquet*, öAT 2024, 246, 247; *Ritter/Schaa*, DSB 2025, 32; *Wendehorst et al.*, MMR 2024, 605, 610. Näher zur Auslegung der einzelnen Begriffe *Chibanguza/Steege*, NJW 2024, 1769; *Ritter/Schaa*, DSB 2025, 32; *Wendehorst et al.*, MMR 2024, 605, 606 ff.; *Wendehorst*, in: Martini/Wendehorst, KI-VO, 2. Auflage 2026, Art. 3 Rn. 50 ff. und ebenso die Erwägungsgründe der KI-Verordnung, dazu insbesondere Erwägungsgrund 12. A. A. wohl *Golland*, EuZW 2024, 846, 852; die KI-System-Definition als (positiv) „eng gefasst“ betitelnd, *Stiemerling*, CR 2024, 554, 556.

[138] *Wendehorst*, in: Martini/Wendehorst, KI-VO, 2. Auflage 2026, Art. 3 Rn. 50.

[139] *Dollinger*, Folgenabschätzungen für Verwaltungs-Algorithmen, 2023, S. 93; *Pilniok*, DÖV 2024, 581, 585; *Roth-Isigkeit*, KIR 2024, 15, 16; *Wendehorst*, in: Martini/Wendehorst, KI-VO, 2. Auflage 2026, Art. 3 Rn. 32 ff.

[140] Dieser Definition einen vergleichsweise hohen Konkretisierungsgrad zuschreibend, *Siegel*, NVwZ 2024, 1127.

[141] Bitkom/DFKI, Künstliche Intelligenz, Internetdokument 2017, S. 28; Bundesregierung, Stellungnahme, Internetdokument 2020, S. 9; *Bünte*, Die chinesische KI-Revolution, 2020, S. 53 f.; *Buxmann/Schmidt*, Künstliche Intelligenz, 2021, S. 6; *Dettling*, PharmR 2019, 633,

Zweitens ist das im Referenzfall beschriebene System – ein neuronales Netzwerk in Gestalt eines Polizeiroboters – trotz der unbestimmten definitorischen Merkmale der Legaldefinition klar als Künstliche Intelligenz zu identifizieren. Dies liegt vor allem an seiner Fähigkeit zum maschinellen Lernen und an der Art des Einsatzes zum Erlass einer Platzverweisung in Form eines Ermessensverwaltungsaktes.[142] Um diese Einschätzung zu stützen und zugleich den Leser mit jenen technischen Funktionsweisen vertraut zu machen, die nicht nur für die Legaldefinition, sondern auch für nahezu sämtliche zu behandelnde Rechtsprobleme von Belang sind, ist es unverzichtbar, zumindest in einem kurzen technikorientierten Exkurs ein grundlegendes Verständnis der zugrundeliegenden Technologie zu vermitteln.

II. Technikgrundlagen

Ziel dieses Abschnitts ist es nicht, eine detaillierte Darstellung der technischen Funktionsweisen mit Blick auf Informatik, Technik und Mathematik hervorzubringen. Vielmehr soll die Darstellung der technischen Grundlagen auf das für die rechtliche Betrachtung Wesentliche reduziert werden.

1. Algorithmus

Die Funktionsweise jeder Künstlichen Intelligenz basiert auf Algorithmen. Ein Algorithmus ist eine Vorschrift, die beschreibt, wie ein bestimmtes Ziel schrittweise erreicht werden kann. Daher werden auch Kochrezepte, Wegbeschreibungen oder eine Lego-Bauanleitungen im Schrifttum mitunter als Algorithmus bezeichnet.[143] Kennzeichnend für Algorithmen sind sechs Eigenschaften:

634; *Golland*, EuZW 2024, 846, 852; *Hofmann/Schumacher*, in: Barton/Müller, Künstliche Intelligenz in der Anwendung, 2020, S. 76; *Konertz/Schönhof*, Das technische Phänomen „Künstliche Intelligenz" im allgemeinen Zivilrecht, 2020, S. 30; *Mockenhaupt*, Digitalisierung und Künstliche Intelligenz in der Produktion, 2021, S. 40; *Neuhöfer*, Grundrechtsfähigkeit Künstlicher Intelligenz, 2022, S. 21; *Pieper*, GRUR-Prax 2019, 298; *Staffler/Jany*, ZJS 2020, 164; *Wagener*, Künstliche Intelligenz im Marketing – ein Crashkurs, 2019, S. 17; *Wagner*, Legal Tech und Legal Robots, 2. Auflage 2020, S. 60; *Wendehorst et al.*, MMR 2024, 605; vgl. *Freyler*, NZA 2020, 284, 285; *Hacker*, NJW 2020, 2142; *Pilniok*, DÖV 2024, 581, 585; *Schneeberger*, Machine Learning in der Verwaltung, 2024, S. 51; *Siegel*, NVwZ 2024, 1127; *Steege*, SVR 2021, 1, 2; *Weber/Seeberg*, KI in der Industrie, 2020, S. 11; *Wittpahl*, Künstliche Intelligenz, 2019, S. 21. Folglich muss der Begriff in Hinblick auf künftige Entwicklungen als flexibel oder „wandelbar" verstanden werden, *Seitz*, EuZW 2024, 836, 838. Ähnlich auch *Roth-Isigkeit*, KIR 2024, 15, 16.

[142] Darauf stellt auch Erwägungsgrund 12 der KI-Verordnung ab.

[143] *Berberich*, in: Kersting et al., Wie Maschinen lernen, 2019, S. 13; *Bolek-Fügl*, in: Windholz (Hrsg.), Praxishandbuch KI-VO, 2025, 1, 5; *Kment/Borchert*, KIR 2025, 9 f.; *Leffer*, Automated Suspicion Algorithms, 2024, S. 102; *Lenzen*, Künstliche Intelligenz, 3. Auflage 2018, S. 42; *Müller/Weichert*, Vorkurs Informatik, 6. Auflage 2023, S. 16 f.; vgl. *Martini*

- Eindeutigkeit: Ein Algorithmus muss widerspruchsfrei beschrieben sein.
- Ausführbarkeit: Jeder einzelne Schritt muss ausführbar sein.
- Endlichkeit: Die Beschreibung des Algorithmus muss begrenzt sein.
- Terminierung: Nach begrenzt vielen Schritten muss der Algorithmus enden und zu einem Ergebnis kommen.
- Determiniertheit: Unter gleichen Ausgangsbedingungen führt der Algorithmus stets zum gleichen Ergebnis.
- Determinismus: Zu jedem Zeitpunkt der Ausführung existiert nur eine eindeutig bestimmte Möglichkeit der Fortsetzung.[144]

Ein klassischer Algorithmus allein genügt jedoch nicht, um als Künstliche Intelligenz bezeichnet zu werden, sondern bildet lediglich ihre Grundlage oder kann in einem System mit ihr kombiniert werden.[145]

2. Selbstlernendes System – „anpassungsfähig"

Erst die Fähigkeit zum selbstständigen Lernen – die Anpassungsfähigkeit der Software – unterscheidet eine Künstliche Intelligenz von einem bloß algorithmenbasierten System.[146] Ein rein algorithmenbasiertes System, wie beispielsweise ein Taschenrechner, wendet lediglich die Algorithmen an, die von einem menschlichen Programmierer erstellt wurden und entscheidet somit ausschließlich auf Grundlage menschlich kodifizierter Regeln, also „human rule based".[147] Demgegenüber trifft Künstliche Intelligenz Entscheidungen auf Basis selbst erstellter Regeln und entscheidet daher „machine rule based".[148]

---

et al., Blackbox Algorithmus – Grundfragen einer Regulierung Künstlicher Intelligenz, 2019, S. 17.

[144] *Scheja*, CR 2018, 485, 486; *Söbbing*, ZIP 2019, 1603, 1605; *Söbbing*, Fundamentale Rechtsfragen zur künstlichen Intelligenz (AI Law), 2019, S. 8; vgl. unter leichter Abweichung der Definition *Formica-Schiller*, Künstliche Intelligenz und Blockchain im Gesundheitswesen, 2021, S. 40; *Hower*, Informatik-Bausteine, 2019, S. 57; *Müller/Weichert*, Vorkurs Informatik, 6. Auflage 2023, S. 16 f.

[145] Vgl. *Aupperle et al.*, Künstliche Intelligenz, Internetdokument 2018, S. 1; *Dollinger*, Folgenabschätzungen für Verwaltungs-Algorithmen, 2023, S. 16; *Graf et al.*, PharmR 2025, 10, 11; *Grätz*, Künstliche Intelligenz im Urheberrecht, 2021, S. 12.

[146] Ebenso *Birska/Röver*, ARP 2024, 21; *Graf et al.*, PharmR 2025, 10, 11; *Kment/Borchert*, Künstliche Intelligenz und Algorithmen in der Rechtsanwendung, 2022, S. 8, 10; *Ottl*, NJOZ 2024, 801; *Rohrlich*, KI und Recht, 2025, S. 5 f.; vgl. *Schneeberger*, Machine Learning in der Verwaltung, 2024, S. 51.

[147] *Dettling*, PharmR 2019, 633.

[148] *Dettling*, PharmR 2019, 633.; *Leffer*, Automated Suspicion Algorithms, 2024, S. 99; *Ritter/Schaa*, DSB 2025, 32, 34; *Schneeberger*, Machine Learning in der Verwaltung, 2024, S. 6; *Voudoulaki*, ZGI 2025, 9, 10.

In einem ersten Schritt werden der Künstlichen Intelligenz die „Rahmen-Algorithmen“ verliehen. Diese umfassen die grundlegende Struktur und Methodikvorgaben, die die Funktion der Künstlichen Intelligenz überhaupt erst ermöglichen. In der anschließenden Phase stellt der Programmierer dem noch „dummen“[149] System Trainingsdatensätze zur Verfügung, innerhalb derer der „Rahmen-Algorithmus“ Muster und Zusammenhänge erkennt,[150] die – und dies ist von entscheidender Bedeutung – *allein* durch das System mithilfe stochastischer Berechnungen[151] zu einem mathematischen Modell verarbeitet werden.[152] Die Funktionsweise von Künstlicher Intelligenz ist nicht nur aufgrund der selbstständigen Modellerstellung und Anwendung als „machine rule based“ zu charakterisieren, sondern auch wegen der ggf. implementierten Fähigkeit, ihren vom Menschen vorgegebenen „Rahmen-Algorithmus“ durch Training zu modifizieren.[153] Dies setzt jedoch voraus, dass der Programmierer der Künstlichen Intelligenz im Vorfeld die Änderung des „Rahmen-Algorithmus“ „erlaubt“ hat, sodass das maschinelle Vorgehen grundlegend durch menschliche Vorgaben bestimmt ist.[154]

Nach alldem ist festzuhalten, dass ein Algorithmus nicht mit einer Künstlichen Intelligenz gleichzusetzen ist. Während „Rahmen-Algorithmen“ zwar die Grundlage für die Funktion von Künstlicher Intelligenz bilden, wird ein Algorithmus erst durch die Fähigkeit zum *selbstständigen Lernen*, also durch die Erstellung und Modifikation eigens gebildeter Modelle, zu einer Künstlichen Intelligenz. Folglich sind Systeme Künstlicher Intelligenz nicht als determiniert, sondern vielmehr be-

---

[149] *Wiskott*, Technische Grundlagen und Einsatzmöglichkeiten Künstlicher Intelligenz, 2021: Die Künstliche Intelligenz selbst verstehe nicht, was sie tue, könne jedoch durch extensives „Trial-and-Error“ (Trainingsphase) korrekte Ergebnisse produzieren bzw. eine optimale Leistung erbringen.

[150] *Basler*, Neuronale Netze mit C# programmieren, 2021, S. 24; *Formica-Schiller*, Künstliche Intelligenz und Blockchain im Gesundheitswesen, 2021, S. 39; *Söbbing*, Fundamentale Rechtsfragen zur künstlichen Intelligenz (AI Law), 2019, S. 1.

[151] *Schröder*, in: Kaulartz et al., Rechtshandbuch Artificial Intelligence und Machine Learning, 2020, Kapitel 2.5. Rn. 21; *Wagner*, Legal Tech und Legal Robots, 2. Auflage 2020, S. 64.

[152] *Basler*, Neuronale Netze mit C# programmieren, 2021, S. 24; *Berberich*, in: Kersting et al., Wie Maschinen lernen, 2019, S. 19; Bitkom/DFKI, Künstliche Intelligenz, Internetdokument 2017, S. 96; *Formica-Schiller*, Künstliche Intelligenz und Blockchain im Gesundheitswesen, 2021, S. 39; *Otte*, Allgemeinbildung Künstliche Intelligenz, 2021, S. 155; *Paaß/Hecker*, Künstliche Intelligenz, 2020, S. 49; *Schröder*, in: Kaulartz et al., Rechtshandbuch Artificial Intelligence und Machine Learning, 2020, Kapitel 2.5. Rn. 21; *Sütthoff*, Datenschutzkonforme Anwendung Künstlicher Intelligenz, 2024, S. 36.

[153] *Dettling/Krüger*, MMR 2019, 211, 212; *Pieper*, GRUR-Prax 2019, 298; *Zech*, ZfPW 2019, 198, 200.

[154] *Wiskott*, Technische Grundlagen und Einsatzmöglichkeiten Künstlicher Intelligenz, 2021 (jedenfalls nach heutigem Leistungsstand und des erwartbar Möglichen).

dingt durch ihre auf vorläufigen Annahmen beruhende Funktionsweise als heuristisch zu bezeichnen.[155]

a) Machine Learning

Darauf aufbauend soll sich nun der Frage zugewandt werden, wie ein solches selbstständiges Lernen funktioniert. Die Modellbildung erfordert ein Training des Systems, welches als „Machine Learning" bezeichnet wird. Innerhalb des maschinellen Lernens lassen sich drei Lernverfahren unterscheiden, deren jeweilige technische Besonderheiten für die rechtliche Beurteilung von Bedeutung sind[156]: das überwachte Lernen (supervised learning), das unüberwachte Lernen (unsupervised learning) und das bestärkende Lernen (reinforcement learning).[157]

aa) Überwachtes Lernen

Beim überwachten Lernen wird der Künstlichen Intelligenz ein (vor-)kategorisierter Trainingsdatensatz[158] präsentiert, der zu einer bestimmten Klassifikation führen soll. Ein Beispiel soll dies illustrieren: Der „Trainer" speist zahlreiche Bilder von Hunden und Katzen ein, die bereits als solche gekennzeichnet sind. Das System analysiert die Bilddaten und erzeugt daraus ein Modell zur Vorhersage, ob es sich auf dem Bild um einen Hund oder eine Katze handelt. Dieses Modell wird dann verwendet, um dem System unbekannte Bilder von Hunden und Katzen zu identi-

---

[155] *Schröder*, Kaulartz et al., Rechtshandbuch Artificial Intelligence und Machine Learning, 2020, Kapitel 2.5. Rn. 21; *Söbbing*, CR 2020, 223; vgl. *Kment/Borchert*, KIR 2025, 9, 10.

[156] Siehe S. 181 und 270 ff. dieser Arbeit. Die Art des Lernverfahrens beeinflusst einerseits die Art und Häufigkeit der Datenverzerrungen und kann bei Einbeziehung Privater andererseits insbesondere im Kontext des bestärkenden Lernens Probleme mit dem Demokratieprinzip aufwerfen.

[157] *Berberich*, in: Kersting et al., Wie Maschinen lernen, 2019, S. 22; *Bolek-Fügl*, in: Windholz (Hrsg.), Praxishandbuch KI-VO, 2025, 1, 6; *Cole*, Erfolgsfaktor Künstliche Intelligenz, 2020, S. 39; *Dienes/Becker*, MMR 2024, 456, 459; *Formica-Schiller*, Künstliche Intelligenz und Blockchain im Gesundheitswesen, 2021, S. 40; *Grätz*, Künstliche Intelligenz im Urheberrecht, 2021, S. 27; *Heine et al.*, Künstliche Intelligenz in öffentlichen Verwaltungen, 2023, S. 27; *Lauscher/Legner*, ZfDR 2022, 367, 369 f.; *Otte*, Allgemeinbildung Künstliche Intelligenz, 2021, S. 162; *Richter*, Statistisches und maschinelles Lernen, 2019, Vorwort; *Schneeberger*, Machine Learning in der Verwaltung, 2024, S. 68 f.; *Stiemerling*, in: Kaulartz et al., Rechtshandbuch Artificial Intelligence und Machine Learning, 2020, Kapitel 2.1. Rn. 14; *Sütthoff*, Datenschutzkonforme Anwendung Künstlicher Intelligenz, 2024, S. 34; *Voudoulaki*, ZGI 2025, 9, 10; *Wagener*, Künstliche Intelligenz im Marketing – ein Crashkurs, 2019, S. 33; *Wittpahl*, Künstliche Intelligenz, 2019, S. 24.

[158] *Bolek-Fügl*, in: Windholz (Hrsg.), Praxishandbuch KI-VO, 2025, 1, 6; *Schneeberger*, Machine Learning in der Verwaltung, 2024, S. 69 spricht von „gelabelten (Trainings-)Daten"; ähnlich *Sütthoff*, Datenschutzkonforme Anwendung Künstlicher Intelligenz, 2024, S. 34.

fizieren.[159] Nachdem das System die Klassifikation als Hund oder Katze vorgenommen hat, überprüft der menschliche „Trainer“, ob die systemseitige Ausgabe richtig ist.[160] Im Falle einer falschen Systemausgabe und einer negativen Rückmeldung des „Trainers“ erfolgt eine autonome Modellanpassung durch das System[161], um in zukünftigen Anwendungsfällen die Bilder korrekt zur klassifizieren.

bb) Unüberwachtes Lernen

Beim unüberwachten Lernen erhält das System keinen (vor-)kategorisierten Trainingsdatensatz. Stattdessen versucht das System eigenständig, Kategorisierungen und Zusammenhänge im Trainingsdatensatz zu erkennen, ohne dass ein „Trainer“ es anleitet.[162] Im Sinne des obigen Beispiels werden dem System Bilder von Hunden und Katzen vorgelegt, die in diesem Fall *nicht* als solche gekennzeichnet sind. Ohne Vorgabe einer bestimmten Klassifikation kategorisiert das System die Bilder nach seinen eigenen Maßstäben. So könnte das System eine Regelmäßigkeit in der Fellfarbe der Tiere erkennen und somit zwischen bräunlichen und schwarzen Tieren unterscheiden, oder es könnte sich auf die Blickrichtung der Tiere fokussieren, ob sie nach links oder rechts schauen.[163] Dieses Verfahren weist Vor- und Nachteile auf.[164] Ein Vorteil besteht darin, dass eine unüberschaubare Datenmenge zumindest in (völlig beliebige) Kategorien eingeteilt wird. Daher werden diese Systeme häufig zur Voranalyse großer Datenmengen eingesetzt, um deren Struktur

---

[159] *Barton/Müller*, Künstliche Intelligenz in der Anwendung, 2020, S. 129; *Cornelius*, Künstliche Intelligenz, 2019, S. 51; *Formica-Schiller*, Künstliche Intelligenz und Blockchain im Gesundheitswesen, 2021, S. 40; High-Level Expert Group on Artificial Intelligence, A definition of AI: Main capabilities and scientific disciplines, Internetdokument 2018, S. 4; *Kreutzer*, Künstliche Intelligenz verstehen, 2. Auflage 2023, S. 15; *Ory/Sorge*, NJW 2019, 710; *Wagner*, Legal Tech und Legal Robots, 2. Auflage 2020, S. 63; *Wittpahl*, Künstliche Intelligenz, 2019, S. 25.

[160] *Grätz*, Künstliche Intelligenz im Urheberrecht, 2021, S. 28; *Lämmel/Cleve*, Künstliche Intelligenz, 6. Auflage 2023, S. 208; *Stiemerling*, in: Kaulartz et al., Rechtshandbuch Artificial Intelligence und Machine Learning, 2020, Kapitel 2.1 Rn. 14; *Wagner*, Legal Tech und Legal Robots, 2. Auflage 2020, S. 64.

[161] *Krüger*, GRUR 2024, 992, 993; *Otte*, Allgemeinbildung Künstliche Intelligenz, 2021, S. 162.

[162] *Alpaydin*, Maschinelles Lernen, 3. Auflage 2022, S. 12; *Barton/Müller*, Künstliche Intelligenz in der Anwendung, 2020, S. 129; *Bünte*, Die chinesische KI-Revolution, 2020, S. 54; *Cornelius*, Künstliche Intelligenz, 2019, S. 52 f.; *Krause/Natterer*, in: Kersting et al., Wie Maschinen lernen, 2019, S. 26; *Kreutzer*, Künstliche Intelligenz verstehen, 2. Auflage 2023, S. 18; *Paaß/Hecker*, Künstliche Intelligenz, 2020, S. 46; *Schneeberger*, Machine Learning in der Verwaltung, 2024, S. 70; *Stiemerling*, in: Kaulartz et al., Rechtshandbuch Artificial Intelligence und Machine Learning, 2020, Kapitel 2.1 Rn. 14; *Sütthoff*, Datenschutzkonforme Anwendung Künstlicher Intelligenz, 2024, S. 35.

[163] Vgl. *Formica-Schiller*, Künstliche Intelligenz und Blockchain im Gesundheitswesen, 2021, S. 40; *Schneeberger*, Machine Learning in der Verwaltung, 2024, S. 6.

[164] *Nolting*, Künstliche Intelligenz in der Automobilindustrie, 2021, S. 57; *Schneeberger*, Machine Learning in der Verwaltung, 2024, S. 6 f.

und Besonderheiten zu verstehen.[165] Nachteile ergeben sich daraus, dass die erzeugten Kategorien für den Menschen völlig unbrauchbar sein können oder möglicherweise sogar diskriminierend wirken.[166]

cc) Bestärkungslernen

Das Bestärkungslernen erfolgt mithilfe von nicht-(vor-)kategorisierten Trainingsdatensätzen (im Gegensatz zum überwachten Lernen) und einer Zielbestimmung (im Gegensatz zum unüberwachten Lernen). Hierbei erhält das System zahlreiche Bilder von Hunden und Katzen und soll diese mithilfe eines selbstentwickelten Modells in die Kategorien Hund oder Katze einordnen. Da die Trainingsdatensätze nicht kategorisiert sind, kennt das System die Unterscheidung zwischen Hunden und Katzen zunächst nicht. Um diese Unkenntnis zu überwinden, ist es auf das Feedback des „Trainers" angewiesen. Eine korrekte Identifikation einer Katze wird mit positivem Feedback honoriert, während auf eine falsche Klassifikation negatives Feedback folgt. Dies führt zu einer autonomen Anpassung des Modells, um die Wahrscheinlichkeit positiver Rückmeldungen zu maximieren.[167] Obwohl das Bestärkungslernen im Bereich des maschinellen Lernens seltener angewendet wird, entfaltet es seine Stärken insbesondere bei der Bewältigung von Aufgaben, die eine Sequenz mehrerer korrekter Aktionen erfordern. Beispiele hierfür sind das Gewinnen einer Schachpartie, das optimale Ressourcenmanagement oder aufeinanderfolgende Aktionen in der Robotik.[168] Darüber hinaus eignet sich das Bestärkungslernen für Problemstellungen, bei denen nur wenige Trai-

---

[165] *Nolting*, Künstliche Intelligenz in der Automobilindustrie, 2021, S. 57.

[166] Beispiel: Das System könnte eventuell eine signifikante Korrelation zwischen Religionszugehörigkeit und Risikoneigung ermitteln und anhand dieser Analyse Handlungsempfehlungen aussprechen. Die Besprechung und Vertiefung sollen erst an späterer Stelle erfolgen, S. 181 ff. dieser Arbeit.

[167] *Barton/Müller*, Künstliche Intelligenz in der Anwendung, 2020, S. 129; *Bünte*, Die chinesische KI-Revolution, 2020, S. 54; *Cornelius*, Künstliche Intelligenz, 2019, S. 53 f.; *Formica-Schiller*, Künstliche Intelligenz und Blockchain im Gesundheitswesen, 2021, S. 40; *Grätz*, Künstliche Intelligenz im Urheberrecht, 2021, S. 29; *Huss*, Künstliche Intelligenz, Robotik und Big Data in der Medizin, 2019, S. 17; *Kreutzer*, Künstliche Intelligenz verstehen, 2. Auflage 2023, S. 19; *Leffer*, Automated Suspicion Algorithms, 2024, S. 112; *Nolting*, Künstliche Intelligenz in der Automobilindustrie, 2021, S. 58; *Otte*, Allgemeinbildung Künstliche Intelligenz, 2021, S. 162; *Paaß/Hecker*, Künstliche Intelligenz, 2020, S. 48; *Schneeberger*, Machine Learning in der Verwaltung, 2024, S. 71; *Stiemerling*, in: Kaulartz et al., Rechtshandbuch Artificial Intelligence und Machine Learning, 2020, Kapitel 2.1 Rn. 14; *Sütthoff*, Datenschutzkonforme Anwendung Künstlicher Intelligenz, 2024, S. 35; *Wagener*, Künstliche Intelligenz im Marketing – ein Crashkurs, 2019, S. 45.

[168] *Cornelius*, Künstliche Intelligenz, 2019, S. 54; *Wiskott*, Technische Grundlagen und Einsatzmöglichkeiten Künstlicher Intelligenz, 2021.

ningsdaten verfügbar sind oder das ideale Ergebnis nicht eindeutig definiert werden kann.[169]

Im Übrigen gilt für alle drei Arten des „Machine Learning“, dass der aktuelle Trainingsstand „eingefroren“ werden kann, wenn die Künstliche Intelligenz als hinreichend trainiert eingestuft wird.[170]

b) Neuronale Netze als Ausprägung des „Machine Learning“

Ein technisch fortgeschrittenes System des maschinellen Lernens, welches für den polizeilichen Einsatz zum Erlass einer Platzverweisung wahrscheinlich und deshalb der Arbeit zugrunde zu legen ist und im Übrigen alle drei Arten des „Machine Learning“ ausführen kann, sind künstliche „neuronale Netze“ (artificial neuronal network).[171] Ein neuronales Netz ist eine mindestens dreischichtige Architektur aus Neuronen, die eine Eingabeschicht, eine Mittelschicht und eine Ausgabeschicht umfasst.[172] Ähnlich einem Filter passieren nur Reize, die bestimmte vordefinierte Werte oder Merkmale erfüllen, die „Schleuse“ in die nächste Schicht.[173] Anschließend stärkt oder schwächt das neuronale Netz die Verbindungen zwischen

---

[169] *Kreutzer*, Künstliche Intelligenz verstehen, 2. Auflage 2023, S. 19; vgl. *Schneeberger*, Machine Learning in der Verwaltung, 2024, S. 71.

[170] *Zech*, ZfPW 2019, 198. Der eingefrorene Zustand kann seinerseits jederzeit aufgehoben werden, um den selbstständigen Lernprozess wiederaufzunehmen.

[171] Für den hiesigen Einsatz sind sie insbesondere deshalb wahrscheinlich, da neuronale Netze bereits gegenwärtig zur Bekämpfung von Kinderpornografie seitens der Polizei eingesetzt werden, vgl. *Dettling*, PharmR 2019, 633, 635; *Formica-Schiller*, Künstliche Intelligenz und Blockchain im Gesundheitswesen, 2021, S. 41; *Nolting*, Künstliche Intelligenz in der Automobilindustrie, 2021, S. 55; *Stiemerling*, in: Kaulartz et al., Rechtshandbuch Artificial Intelligence und Machine Learning, 2020, Kapitel 2.1. Rn. 22; *Strünkelnberg/Michel*, Niedersachsen setzt im Kampf gegen Kinderpornografie auf KI, Internetdokument 2020; *Wagener*, Künstliche Intelligenz im Marketing – ein Crashkurs, 2019, S. 47 f.

[172] *Cole*, Erfolgsfaktor Künstliche Intelligenz, 2020, S. 37; *Dettling*, PharmR 2019, 633, 635; *Formica-Schiller*, Künstliche Intelligenz und Blockchain im Gesundheitswesen, 2021, S. 41; *Heine et al.*, Künstliche Intelligenz in öffentlichen Verwaltungen, 2023, S. 27; *Kreutzer*, Künstliche Intelligenz verstehen, 2. Auflage 2023, S. 11; *Leffer*, Automated Suspicion Algorithms, 2024, S. 109; *Nolting*, Künstliche Intelligenz in der Automobilindustrie, 2021, S. 27; *Schneeberger*, Machine Learning in der Verwaltung, 2024, S. 94; *Stiemerling*, in: Kaulartz et al., Rechtshandbuch Artificial Intelligence und Machine Learning, 2020, Kapitel 2.1. Rn. 22; *Sütthoff*, Datenschutzkonforme Anwendung Künstlicher Intelligenz, 2024, S. 36; *Voudoulaki*, ZGI 2025, 9, 10; *Wagener*, Künstliche Intelligenz im Marketing – ein Crashkurs, 2019, S. 49; *Wittpahl*, Künstliche Intelligenz, 2019, S. 36.

[173] *Dettling*, PharmR 2019, 633, 635; *Gausling*, ZD 2019, 335; High-Level Expert Group on Artificial Intelligence, A definition of AI: Main capabilities and scientific disciplines, Internetdokument 2018, S. 4; *Leffer*, Automated Suspicion Algorithms, 2024, S. 110; *Niederee/Nejdl*, in: Ebers/Heinze/Krügel/Steinrötter, KI und Robotik, § 2 Rn. 61; *Schneeberger*, Machine Learning in der Verwaltung, 2024, S. 94; *Sütthoff*, Datenschutzkonforme Anwendung Künstlicher Intelligenz, 2024, S. 36.

den Neuronen basierend auf der Häufigkeit ihrer gemeinsamen Aktivität.[174] Diese iterative Anpassung der Verbindungsstärken zwischen Neuronen wird als „Deep Learning" bezeichnet.[175] Für die vorliegende Arbeit von besonderer Bedeutung ist die aus dem „Deep Learning" resultierende Intransparenz des Berechnungsvorgangs.[176] Das neuronale Netz als mathematisches Konzept[177] besteht im Gegensatz zu einem Algorithmus, nicht aus einer Abfolge einfacher, klar definierter Handlungsschritte, sondern aus zahlreichen Schichten mit Millionen von verknüpften Neuronen[178], die es einem menschlichen Betrachter nahezu unmöglich machen, den Berechnungsvorgang im Detail nachzuvollziehen. Diese Intransparenz neuronaler Netze, auch als *„black box"* bezeichnet, führt *ex ante* zu einer eingeschränkten Vorhersehbarkeit und *ex post* zu einer eingeschränkten Erklärbarkeit der Entscheidungen des Systems.[179] Ebendieser Befund ist unter Berücksichtigung des Rechtsstaatsprinzips und seiner Konkretisierungen eingehend zu erörtern.[180]

---

[174] *Gausling*, ZD 2019, 335; *Hetzel/Wang*, in: Kersting et al., Wie Maschinen lernen, 2019, S. 156; *Lämmel/Cleve*, Künstliche Intelligenz, 6. Auflage 2023, S. 208; vgl. *Formica-Schiller*, Künstliche Intelligenz und Blockchain im Gesundheitswesen, 2021, S. 41; *Martini et al.*, Blackbox Algorithmus – Grundfragen einer Regulierung Künstlicher Intelligenz, 2019, S. 24; *Wagner*, Legal Tech und Legal Robots, 2. Auflage 2020, S. 66; *Wittpahl*, Künstliche Intelligenz, 2019, S. 32.

[175] *Barton/Müller*, Künstliche Intelligenz in der Anwendung, 2020, S. 129; *Cole*, Erfolgsfaktor Künstliche Intelligenz, 2020, S. 38; *Cornelius*, Künstliche Intelligenz, 2019, S. 23; *Formica-Schiller*, Künstliche Intelligenz und Blockchain im Gesundheitswesen, 2021, S. 42; *Gausling*, ZD 2019, 335; High-Level Expert Group on Artificial Intelligence, A definition of AI: Main capabilities and scientific disciplines, Internetdokument 2018, S. 4; *Kreutzer*, Künstliche Intelligenz verstehen, 2. Auflage 2023, S. 13; *Ruiz et al.*, in: Zhong (Hrsg.), Brain informatics, 2020, 85, 86; *Schneeberger*, Machine Learning in der Verwaltung, 2024, S. 94; *Wagener*, Künstliche Intelligenz im Marketing – ein Crashkurs, 2019, S. 50.

[176] *Dienes/Becker*, MMR 2024, 456, 460; *Schneeberger*, Machine Learning in der Verwaltung, 2024, S. 94; *Zech*, ZfPW 2019, 198, 202.

[177] *Otte*, Allgemeinbildung Künstliche Intelligenz, 2021, S. 155; *Sütthoff*, Datenschutzkonforme Anwendung Künstlicher Intelligenz, 2024, S. 36; *Wiskott*, Technische Grundlagen und Einsatzmöglichkeiten Künstlicher Intelligenz, 2021.

[178] *Gausling*, in: Ballestrem et al., Künstliche Intelligenz, 2020, S. 16; *Hacker et al.*, GRUR 2024, 1777, 1782; *Heine et al.*, Künstliche Intelligenz in öffentlichen Verwaltungen, 2023, S. 27; *Helfrich-Schkarbanenko*, Mathematik und ChatGPT, 2023, S. 3; *Mühlhoff/Ruschemeier*, ZfDR 2024, 337, 342; *Schneeberger*, Machine Learning in der Verwaltung, 2024, S. 110; *Schümann*, Gamechanger Künstliche Intelligenz, 2024, S. 33; *Weiß*, Künstliche Intelligenz, Internetdokument 2020; *Zech*, ZfPW 2019, 198, 202.

[179] *Bortnikov/Dukart*, ZD 2024, 558, 559; *Dienes/Becker*, MMR 2024, 456, 460; *Formica-Schiller*, Künstliche Intelligenz und Blockchain im Gesundheitswesen, 2021, S. 47; *Gausling*, in: Ballestrem et al., Künstliche Intelligenz, 2020, S. 16; High-Level Expert Group on Artificial Intelligence, A definition of AI: Main capabilities and scientific disciplines, Internetdokument 2018, S. 5; *Kreutzer*, Künstliche Intelligenz verstehen, 2. Auflage 2023, S. 11; *Krönke*, NVwZ 2024, 529, 531; *Lämmel/Cleve*, Künstliche Intelligenz, 6. Auflage 2023, S. 24; *Mainzer*, Künstliche Intelligenz – Wann übernehmen die Maschinen?, 2. Auflage 2019, S. 245; *Martini et al.*, Blackbox Algorithmus – Grundfragen einer Regulierung Künstlicher Intelligenz, 2019, S. 29; *Merkle*, RDi 2024, 414, 415; *Otte*, Allgemeinbildung Künstliche

c) Roboter

Ein neuronales Netz erlässt im Referenzfall in Form eines Roboters eine Platzverweisung. In der wissenschaftlichen Literatur wird der Begriff „Roboter" üblicherweise mit einer Künstlichen Intelligenz assoziiert, die in der physischen Welt durch Hardware verkörpert ist und ihr Verhalten an ihre Umwelt anpasst.[181] Roboter agieren ortsfest oder mobil[182] und werden entweder durch die Künstliche Intelligenz selbstgesteuert (embedded software) oder durch den Menschen ferngesteuert (dummy client).[183] Um den Herausforderungen der physischen Welt zu begegnen, ist ein Roboter mit Sensorik zur Bewältigung der Koordination und Wahrnehmung sowie mit rechenbasierten Kontroll- und Steuerungsfunktionen ausgestattet.[184] Die Herstellung der Funktionsfähigkeit eines Roboters lässt sich folglich als ein interdisziplinäres Geflecht beschreiben, zu dem unter anderem die Informatik, der Maschinenbau, die Mathematik sowie die Elektrotechnik gehören.[185] Die Diversität der Robotergestaltung reicht von Saug- und Industrierobotern, über selbstfahrende Autos und Drohnen bis hin zu humanoiden Robotern[186] wie im Referenzfall.

Intelligenz, 2021, S. 155; *Pieper*, GRUR-Prax 2019, 298; *Zech*, ZfPW 2019, 198, 202. Das Problem der Intransparenz hat auch die Europäische Kommission erkannt, Europäische Kommission, Weissbuch zur Künstlichen Intelligenz, Internetdokument 2020, S. 5, verspricht sich jedoch von dem Einsatz neuronaler Netze eine bessere Erklärbarkeit von KI-Systemen.

[180] Siehe hierzu auch S. 216 ff. dieser Arbeit. Problematisch ist die „*black box*"-Eigenschaft von Systemen Künstlicher Intelligenz insbesondere hinsichtlich der verfassungsrechtlich gewährleisteten Begründungspflicht, die einfachrechtlich in § 39 VwVfG NRW konkretisiert wird, da dem Adressaten des Verwaltungsaktes spätestens im gerichtlichen Verfahren zu eröffnen ist, warum die Maßnahme ihm gegenüber vorgenommen wurde.

[181] *Leupold/Wiesner*, in: Leupold/Wiebe/Glossner (Hrsg.), Münchener Anwaltshandbuch IT-Recht, 2021, 1 Rn. 3; High-Level Expert Group on Artificial Intelligence, A definition of AI: Main capabilities and scientific disciplines, Internetdokument 2018, S. 4; *Söbbing*, Fundamentale Rechtsfragen zur künstlichen Intelligenz (AI Law), 2019, S. 49; *Zech*, ZfPW 2019, 198, 202.

[182] *Zech*, ZfPW 2019, 198, 202.

[183] *Leupold/Wiesner*, in: Leupold/Wiebe/Glossner (Hrsg.), Münchener Anwaltshandbuch IT-Recht, 2021, 1 Rn. 3; *Zech*, ZfPW 2019, 198, 202; vgl. *Gerdemann*, NJW 2024, 2209, 2210.

[184] *Christaller*, Robotik, 2001, S. 19; *Dettling*, PharmR 2019, 633; vgl. *Söbbing*, MMR 2021, 111; *Till*, NZI 2019, 405.

[185] *Formica-Schiller*, Künstliche Intelligenz und Blockchain im Gesundheitswesen, 2021, S. 11; High-Level Expert Group on Artificial Intelligence, A definition of AI: Main capabilities and scientific disciplines, Internetdokument 2018, S. 4.

[186] High-Level Expert Group on Artificial Intelligence, A definition of AI: Main capabilities and scientific disciplines, Internetdokument 2018, S. 4.

3. Arten Künstlicher Intelligenz

Innerhalb der Literatur Künstlicher Intelligenz wird zwischen schwacher, starker und Super-Intelligenz unterschieden.[187] Die schwache Künstliche Intelligenz, auch als enge Künstliche Intelligenz bezeichnet, wird für die Lösung spezifischer Probleme entwickelt, auf die sie spezialisiert ist.[188] Beispiele für den Einsatz solcher Anwendungen sind das Schachspiel, die Analyse von Röntgenmammographiebildern, autonomes Fahren sowie die Erkennung von Steuerdelikten.[189] Das Projekt der starken Künstlichen Intelligenz, auch universelle Künstliche Intelligenz genannt, zielt darauf ab, eine maschinelle Intelligenz zu entwickeln, die mit der des Menschen vergleichbar ist und daher auf die Lösung unterschiedlicher Problembereiche gleichermaßen angewendet werden kann.[190] Die Künstliche Super-Intelligenz repräsentiert die höchste Entwicklungsstufe technischer Intelligenz, die die kognitiven Fähigkeiten des Menschen deutlich übertrifft und damit in der Lage ist, beliebige Probleme erheblich effektiver und effizienter als der Mensch zu lösen.[191]

Die schwache Künstliche Intelligenz erzielt gegenwärtig bemerkenswerte Fortschritte, während starke und Super-Intelligenzen bislang nicht existieren.[192] Die

---

[187] Z.B. *Fettke*, MwStR 2018, 463, 465 f.; *Kreutzer*, Künstliche Intelligenz verstehen, 2. Auflage 2023, S. 74; *Leffer*, Automated Suspicion Algorithms, 2024, S. 94; *Neuhöfer*, Grundrechtsfähigkeit Künstlicher Intelligenz, 2022, S. 23 ff.; *Sütthoff*, Datenschutzkonforme Anwendung Künstlicher Intelligenz, 2024, S. 33.

[188] *Buxmann/Schmidt*, Künstliche Intelligenz, 2021, S. 11; *Cole*, Erfolgsfaktor Künstliche Intelligenz, 2020, S. 35; *Cornelius*, Künstliche Intelligenz, 2019, S. 50; *Dettling/Krüger*, MMR 2019, 211, 217; *Fettke*, MwStR 2018, 463; *Gausling*, in: Ballestrem et al., Künstliche Intelligenz, 2020, S. 13; High-Level Expert Group on Artificial Intelligence, A definition of AI: Main capabilities and scientific disciplines, Internetdokument 2018, S. 5; *Kreutzer*, Künstliche Intelligenz verstehen, 2. Auflage 2023, S. 74; *Mockenhaupt*, Digitalisierung und Künstliche Intelligenz in der Produktion, 2021, S. 52.

[189] *Dettling/Krüger*, MMR 2019, 211, 217; *Fettke*, MwStR 2018, 463; High-Level Expert Group on Artificial Intelligence, A definition of AI: Main capabilities and scientific disciplines, Internetdokument 2018, S. 5.

[190] *Barton/Müller*, Künstliche Intelligenz in der Anwendung, 2020, S. 129; *Buxmann/Schmidt*, Künstliche Intelligenz, 2021, S. 11; *Cole*, Erfolgsfaktor Künstliche Intelligenz, 2020, S. 35; *Cornelius*, Künstliche Intelligenz, 2019, S. 50; *Dettling/Krüger*, PharmR 2018, 513, 522; *Fettke*, MwStR 2018, 463; *Gausling*, in: Ballestrem et al., Künstliche Intelligenz, 2020, S. 13; High-Level Expert Group on Artificial Intelligence, A definition of AI: Main capabilities and scientific disciplines, Internetdokument 2018, S. 5; *Kreutzer*, Künstliche Intelligenz verstehen, 2. Auflage 2023, S. 74; *Mockenhaupt*, Digitalisierung und Künstliche Intelligenz in der Produktion, 2021, S. 53.

[191] *Dettling/Krüger*, MMR 2019, 211, 217; *Fettke*, MwStR 2018, 463, 465 f.; *Gausling*, in: Ballestrem et al., Künstliche Intelligenz, 2020, S. 13; *Huss*, Künstliche Intelligenz, Robotik und Big Data in der Medizin, 2019, S. 17; *Kreutzer*, Künstliche Intelligenz verstehen, 2. Auflage 2023, S. 74; *Mainzer*, Künstliche Intelligenz – Wann übernehmen die Maschinen?, 2. Auflage 2019, S. 221 f.; *Nolting*, Künstliche Intelligenz in der Automobilindustrie, 2021, S. 50 f.

[192] *Cole*, Erfolgsfaktor Künstliche Intelligenz, 2020, S. 35 f.; *Cornelius*, Künstliche Intelligenz, 2019, S. 50; *Formica-Schiller*, Künstliche Intelligenz und Blockchain im Gesund-

Entwicklung einer Künstlichen Super-Intelligenz wird von einigen Experten noch innerhalb dieses Jahrhunderts für möglich gehalten[193], während andere dies technisch als unmöglich betrachten.[194]

Da zum Zeitpunkt der Erstellung der vorliegenden Arbeit weder die Entwicklung einer starken noch einer Super-Intelligenz absehbar ist, wird die Betrachtung auf eine schwache Künstliche Intelligenz beschränkt, die speziell für den Polizeieinsatz, namentlich für den Erlass von Platzverweisungen, trainiert wurde.

III. Zwischenergebnis

Die nun von technischer Seite erschlossene Definition von „Künstlicher Intelligenz" aus Art. 3 Nr. 1 der KI-Verordnung lässt sich zusammenfassend wie folgt auf den fiktiven Referenzfall anwenden: Innerhalb des maschinellen Lernens ist das im Referenzfall eingesetzte neuronale Netz dem Bereich des „Deep Learning" zuzuordnen. Folglich ist es nach der Inbetriebnahme in der Lage, kontinuierlich zu lernen und ist somit gemäß der zugrunde gelegten Definition als „anpassungsfähig" zu bezeichnen.[195] Im Einsatz empfängt das System Eingaben durch Sensoren des Roboterkorpus, analysiert diese, ermittelt automatisch, ob die Voraussetzungen einer Platzverweisung gemäß § 34 Abs. 1 PolG NRW vorliegen und kann den Verwaltungsakt erlassen.[196] Im Falle der Erfüllung der Normvoraussetzungen erlässt das neuronale Netz eine Platzverweisung in mündlicher Form, wodurch es die physische Umgebung beeinflusst. Infolge der Erfüllung aller definitorischer Merkmale sowie der Spezialisierung auf die polizeiliche Platzverweisung ist das System als schwache Künstliche Intelligenz zu qualifizieren, die zudem in eine von ihr selbst gesteuerte Hardware integriert ist (embedded software). Im Ergebnis ist das im

heitswesen, 2021, S. 37; *Gausling*, in: Ballestrem et al., Künstliche Intelligenz, 2020, S. 13; *Haagen*, Verantwortung für Künstliche Intelligenz, 2021, S. 72; High-Level Expert Group on Artificial Intelligence, A definition of AI: Main capabilities and scientific disciplines, Internetdokument 2018, S. 5; *Konertz/Schönhof*, Das technische Phänomen „Künstliche Intelligenz" im allgemeinen Zivilrecht, 2020, S. 27 f.; *Lämmel/Cleve*, Künstliche Intelligenz, 6. Auflage 2023, S. 24; *Mockenhaupt*, Digitalisierung und Künstliche Intelligenz in der Produktion, 2021, S. 52; *Nemitz*, MMR 2024, 603; *Nolting*, Künstliche Intelligenz in der Automobilindustrie, 2021, S. 51; *Otte*, Allgemeinbildung Künstliche Intelligenz, 2021, S. 38; *Paaß/Hecker*, Künstliche Intelligenz, 2020, S. 39; *Voigt*, in: Krüger/Reymann, BeckGroßkommentar, § 823 Rn. 761 Fn. 5406 (Stand November 2025).

[193] *Grace et al.*, Journal of Artificial Intelligence Research 2018, 729, 731; vgl. *Mockenhaupt*, Digitalisierung und Künstliche Intelligenz in der Produktion, 2021, S. 64.

[194] *Fettke*, MwStR 2018, 463, 466; *Martini et al.*, Blackbox Algorithmus – Grundfragen einer Regulierung Künstlicher Intelligenz, 2019, S. 61; *Nolting*, Künstliche Intelligenz in der Automobilindustrie, 2021, S. 24.

[195] Vgl. *Welser*, GRUR-Prax 2024, 485; *Wendehorst et al.*, MMR 2024, 605, 607.

[196] Ob Künstliche Intelligenz Ermessen ausüben kann, wird an anderer Stelle vertieft erörtert, siehe S. 151 ff. dieser Arbeit.

fiktiven Referenzfall eingesetzte KI-System als humanoider Roboter zu bezeichnen (im Folgenden „Polizeiroboter").

E. Resümee

Die Entwicklung der Künstlichen Intelligenz ist historisch betrachtet durch ein Spannungsfeld aus visionären Fortschritten und wiederkehrenden Rückschlägen geprägt. Bedeutende Steigerungen in der Rechenleistung und eine exponentiell wachsende Datenverfügbarkeit ermöglichten es Künstlicher Intelligenz, sich schließlich als Zentrum technologischer Innovation zu etablieren. Ihre Rolle als Katalysator der vierten industriellen Revolution betont nicht nur ihre transformative Kraft, sondern auch ihre tiefgreifende Durchdringung diverser gesellschaftlicher und wirtschaftlicher Bereiche. Diese transformative Wirkung bildet den Ausgangspunkt für die Betrachtung ihres spezifischen Potenzials im Bereich der Polizeiarbeit.

Im Kontext polizeilicher Anwendungen zeigt eine vergleichende Analyse signifikante Unterschiede zwischen Deutschland und internationalen Vorreitern im Einsatz Künstlicher Intelligenz auf. Während er hierzulande bislang vorrangig auf unterstützende Aufgaben wie Datenanalysen und Videoüberwachung beschränkt bleibt, demonstrieren internationale Beispiele einen umfassenderen und teils zwangsrechtlichen Einsatz. Diese Diskrepanz verweist nicht nur auf unterschiedliche gesellschaftliche und rechtliche Rahmenbedingungen, sondern auch auf den behutsamen Ansatz, den Deutschland in Bezug auf den behördlichen Einsatz Künstlicher Intelligenz verfolgt. Indes zeichnet sich inzwischen auch hierzulande ein Wandel ab, verursacht durch eine wachsende Zahl nationaler, interdisziplinärer Forschungsprojekte und Kooperationsvorhaben, die das Fundament für eine schrittweise Erweiterung der Einsatzmöglichkeiten intelligenter Technologien in staatlichen Aufgabenbereichen legen sollen.

Die tiefergehende Betrachtung der Künstlichen Intelligenz als rechtliches und technisches Phänomen offenbart ihre Dualität: Einerseits stellt sie ein Werkzeug dar, andererseits agiert sie als autonomer, sich den Gegebenheiten des Einzelfalls anpassender Akteur innerhalb definierter Rahmenbedingungen. Diese Dualität wird durch die Anwendung selbstlernender Algorithmen, insbesondere neuronaler Netze, potenziert, wobei ihre technische Konzeption mit Blick auf Schematisierungen, private Programmierung, fehlende Nachvollziehbarkeit, potenzielle Diskriminierungen und ihre Emotions- und Morallosigkeit rechtliche Herausforderungen birgt, die nach einer sorgfältigen rechtlichen Einordnung und Bewertung verlangen. Im Spannungsverhältnis zu diesen technischen Herausforderungen stehen die Chancen durch den polizeilichen Einsatz Künstlicher Intelligenz, die sich ebenso klar benennen lassen: Neben der Ergänzung knapper personeller Ressourcen und einer gesteigerten Flexibilität polizeilicher Einsätze können KI-gestützte Technologien sowohl die Gefahrenerkennung als auch die Datenanalyse und Entscheidungsfindung substanziell verbessern. Darüber hinaus eröffnen sie neue Möglichkeiten zur transparenten Dokumentation polizeilicher Maßnahmen und bieten zusätzlichen Schutz für Polizeibeamte.

Abschließend ist festzustellen, dass der Einsatz von Künstlicher Intelligenz im polizeilichen Kontext vor dem Hintergrund der dynamischen technologischen Entwicklung und ihrer inhärenten Vorteile im Einsatz an Bedeutung gewinnen wird und deshalb bereits jetzt in diesem frühen Stadium ihrer Integration einer umfassenden rechtlichen Analyse bedarf.

Teil 2

Zulässigkeit des Robotereinsatzes zum Erlass einer Platzverweisung nach geltendem Recht?

Es ist nunmehr zu untersuchen, ob der Robotereinsatz zum vollständig automatisierten Erlass einer Platzverweisung nach § 34 Abs. 1 S. 1 PolG NRW nach geltendem Recht zulässig ist.[1]

§ 34 Abs. 1 S. 1 PolG NRW – Platzverweisung[2]

Die Polizei kann zur Abwehr einer Gefahr eine Person vorübergehend von einem Ort verweisen oder ihr vorübergehend das Betreten eines Ortes verbieten.

A. Ist der robotische Erlass einer Platzverweisung der „Polizei“ im Sinne des § 34 Abs. 1 S. 1 PolG NRW zuzurechnen?

Ausgehend von der polizeilichen Ermächtigungsgrundlage für die Platzverweisung stellt sich die Frage, ob die „Polizei“ im Sinne des § 34 Abs. 1 S. 1 PolG NRW auch dann handelt, wenn die Platzverweisung durch einen Roboter vollständig automatisiert erlassen wird, bzw. ob der durch einen Roboter erlassene Verwaltungsakt der „Polizei“ zuzurechnen ist.

Der Begriff der „Polizei“ im Sinne der Landespolizeigesetze orientiert sich nach einhelliger Auffassung der Literatur an einem formellen bzw. institutionellen Verständnis.[3] Infolgedessen ist er eng mit den Polizeiorganisationsgesetzen, wie dem

---

[1] Die vorliegende Arbeit beschränkt sich auf die Untersuchung eines vollautomatisierten Erlasses einer Platzverweisung. Fragen zur Teilautomatisierung werden daher bewusst ausgeklammert und bedürfen weiterer Klärung.

[2] Den landesrechtlichen Regelungen ist gemein, dass die Polizei zur Abwehr einer Gefahr für die öffentliche Sicherheit Platzverweisungen erlassen kann: § 30 Abs. 1 PolG (Baden-Württemberg); Art. 16 Abs. 1 PAG (Bayern); § 29 Abs. 1 ASOG Bln; § 16 Abs. 1 BbgPolG; § 11 Abs. 1 BremPolG; § 31 Abs. 1 HSOG (Hessen); § 12a SOG (Hamburg); § 17 Abs. 1 NPOG; § 13 Abs. 1 POG (Rheinland-Pfalz); § 12 Abs. 1 SPolG (Saarland); § 52 Abs. 1 SOG M-V; § 21 Abs. 1 SächsPolG; § 36 Abs. 1 SOG LSA; § 201 Abs. 1 LVwG (Schleswig-Holstein); § 18 Abs. 1 PAG (Thüringen) und der Regelung des Bundes § 38 BPolG.

[3] *Thiel*, in: Schönenbroicher/Heusch, OBG und PolG NRW, 1. Auflage 2023, § 1 PolG NRW Rn. 1; siehe auch *Bäcker*, in: Lisken/Denninger, Polizeirecht, 7. Auflage 2021, Kap. D. Polizeiaufgaben und Regelungsmuster des polizeilichen Eingriffsrechts Rn. 7 mit Hinweis auf den fehlenden Erkenntnisgewinn der Unterscheidung zwischen formellen und institutionellen

POG NRW, verknüpft.[4] Die Landespolizei NRW ist gemäß § 2 POG NRW in das Landeskriminalamt, das Landesamt für Polizeiliche Dienste, das Landesamt für Ausbildung, Fortbildung und Personalangelegenheiten der Polizei und als Kreispolizeibehörden in die Polizeipräsidien in Polizeibezirken mit mindestens einer kreisfreien Stadt sowie in die Landräte, soweit das Kreisgebiet durch Rechtsverordnung zu einem Polizeibezirk bestimmt wird, untergliedert. Die genannten Behörden bedürfen bei der Durchführung einer Amtshandlung einer ausführenden Instanz. Die Frage, ob die Ausführung von Amtshandlungen ausschließlich Menschen vorbehalten ist, wird weder durch § 34 Abs. 1 S. 1 PolG NRW noch durch § 2 POG NRW ausdrücklich beantwortet. Einzelnen Vorschriften des POG NRW lässt sich demgegenüber eine Ermächtigung zur Ausführung von Amtshandlungen ausschließlich für natürliche Personen entnehmen. So sind gemäß § 7 Abs. 3 sowie § 8, 9 POG NRW ausschließlich „Polizeivollzugsbeamte", d.h. Menschen, zu einem Amtshandeln außerhalb ihres zugewiesenen Polizeibezirks befugt. Im Umkehrschluss ließe sich daher argumentieren, dass für alle weiteren Amtshandlungen im Sinne des Gesetzes keine derartige Beschränkung auf ausschließlich menschliche Akteure besteht. Diese Annahme bedarf jedoch insoweit einer Relativierung, dass der Landesgesetzgeber bei der Normierung des POG NRW im Jahr 2002 vermutlich nicht die Möglichkeit in Betracht zog, dass in absehbarer Zukunft nicht-menschliche Entitäten – beispielsweise Polizeiroboter – die Aufgabe des Erlasses von Verwaltungsakten übernehmen könnten.[5] Aus dem POG NRW lässt sich daher keine eindeutige Aussage für oder gegen die Zurechenbarkeit des Verwaltungsaktes eines Roboters zur Polizeibehörde ableiten.

Allerdings trifft ein menschlicher Polizeibeamter die Einsatzbestimmung für Künstliche Intelligenz zur Erfüllung polizeilicher Aufgaben (ggf. auch durch Widmung des Systems). Diese Einsatzbestimmung, die gleichermaßen für sonstige Hilfsmittel und -personen der Polizeibehörden, wie etwa Polizeihunde, -pferde oder die Inanspruchnahme von Verwaltungshelfern, erfolgt, kann demnach die Handlungen des Roboters zumindest[6] der „Polizei" zurechnen.[7] Bei isolierter Betrach-

Polizeibegriff; vgl. zum PolGBW *Belz et al.*, Polizeigesetz für Baden-Württemberg, Kommentar, 9. Auflage 2022, § 1 PolGBW Rn. 3a ff.

[4] *Thiel*, in: Schönenbroicher/Heusch, OBG und PolG NRW, 1. Auflage 2023, § 1 PolG NRW Rn. 3.

[5] LT-NRW-Drs. 13/2201, S. 25 ff. und 13/2745; Plenarprotokoll Landtag NRW 13/52 und 13/63.

[6] Die Frage, ob die Handlungen Künstlicher Intelligenz dem einsetzenden Amtswalter zugerechnet werden oder ob eine neu konstruierte „eigene Rechtsfähigkeit" des Systems besteht, muss an dieser Stelle nicht vertieft werden. Von Belang ist allein die Zurechenbarkeit zu der Polizeibehörde. Dazu *Busche*, Verwaltungsautomation 2.0, 2023, S. 86.

[7] Die Existenz des § 35a VwVfG NRW belegt, dass eine technische Einrichtung (behördliche) Verwaltungsakte erlassen kann. Der Verwaltungsakt muss demnach der Behörde zurechenbar sein. Andernfalls wäre die Regelung ohne Anwendungsfall. So im Ergebnis auch *Birner*, Verwaltungsautomatisierung nach dem Gesetz zur Modernisierung des Besteuerungsverfahrens, 2023, S. 170 ff. Eine Auslegung, die zu dem Ergebnis gelangt, dass eine

tung des § 34 Abs. 1 S. 1 PolG NRW ist der vollständig automatisierte Erlass der Platzverweisung durch einen Roboter somit nach geltendem Recht zulässig.

B. Der robotische Erlass einer Platzverweisung im Lichte des § 35a VwVfG NRW

Indes könnte im Lichte des § 35a VwVfG NRW eine abweichende Beurteilung angezeigt sein.[8]

Die Regelung des § 35a VwVfG NRW, die systematisch unmittelbar im Abschnitt zum Verwaltungsakt verortet ist, dient ausweislich der Gesetzesbegründung insbesondere der Begrenzung der Automation von Verwaltungsmaßnahmen.[9] Angesichts ihrer systematischen Stellung innerhalb des Abschnitts zum Verwaltungs*handeln* tangiert sie nicht das zuvor erörterte *institutionelle* Verständnis einzelner Behörden, trifft demnach in Bezug auf die vorliegende Prüfung keine (begrenzende) Aussage darüber, was unter der „Polizei" als Institution zu verstehen ist. Vielmehr ist der systematischen Verortung des § 35a VwVfG NRW ausschließlich eine regulierende Wirkung hinsichtlich des Tätigkeitsmodus der Behörde zu entnehmen, d. h. eine Begrenzung des Behörden*handelns* bzw. des „Polizei"-*handelns.* Ob § 35a VwVfG NRW auch im Kontext des Referenzfalls begrenzende Wirkung entfaltet, ist davon abhängig, ob die durch den Roboter erlassene Platzverweisung

---

Norm keinen Anwendungsfall hat, ist aus systematisch-teleologischen Erwägungen fernliegend, da nicht davon auszugehen ist, dass der Gesetzgeber unanwendbare oder sonst zwecklose Gesetze schaffen wollte, *Bydlinski*, Juristische Methodenlehre und Rechtsbegriff, 2. Auflage 1991, S. 444 f.; *Kramer/Arnet*, Juristische Methodenlehre, 7. Auflage 2024, S. 122 f.; *Möllers*, Juristische Methodenlehre, 6. Auflage 2025, S. 206 Rn. 54; *Wank*, Die Auslegung von Gesetzen, 7. Auflage 2023, S. 72. Im Ergebnis auch *Kreyßing*, DÖV 2024, 266, 272.

[8] Entspricht den landesrechtlichen Regelungen § 35a LVwVfG (Baden-Württemberg); § 35a HmbVwVfG; § 35a HVwVfG (Hessen); § 35a VwVfG M-V; § 35a SVwVfG (Saarland); § 106a LVwG (Schleswig-Holstein) und der bundesrechtlichen Regelung § 35a VwVfG (Bund). Dynamische Verweisungen auf die bundesgesetzliche Regelung finden sich in § 1 Abs. 1 BlnVwVfG; § 1 Abs. 1 BremVwVfG, § 1 Abs. 1 S. 1 VwVfG Bbg; § 1 Abs. 1 NVwVfG; § 1 Abs. 1 LVwVfG RP; § 1 S. 1 SächsVwVfG; § 1 Abs. 1 S. 1 VwVfG LSA. Für Bayern und Thüringen kommt es demnach darauf an, ob § 35 VwVfG eine menschliche Entscheidung voraussetzt oder der maschinelle Erlass ebenfalls auf die Norm zu stützen ist. Jedoch ist aufgrund des Art. 22 DSGVO die vollständig automatisierte Entscheidung ohnehin regelungsbedürftig, *Bull*, DVBl 2017, 409, 412; *Hornung*, in: Schoch/Schneider, VwVfG, 7. EGL, § 35a VwVfG Rn. 13 (Stand August 2022); *Tegethoff*, in: Kopp/Ramsauer, VwVfG, 26. Auflage 2025, § 35a VwVfG Rn. 7a; *Wischmeyer*, AöR 2018, 1, 22. Bremen und Thüringen müssten demnach einen Zulässigkeitstatbestand einführen, um den vollständig automatisierten Erlass zuzulassen, *Hornung*, in: Schoch/Schneider, VwVfG, 7. EGL, § 35a VwVfG Rn. 13 (Stand August 2022).

[9] BT-Drs. 18/8434, S. 122.

die Voraussetzungen des § 35a VwVfG NRW erfüllt.[10] Dies ist der Fall, wenn eine „automatische Einrichtung“ (I.) einen Verwaltungsakt (II.) vollständig automatisiert erlässt (III.).

I. Automatische Einrichtung

Der eingesetzte Roboter müsste als „automatische Einrichtung“ zu qualifizieren sein. Ebendieser Begriff entspringt bereits der ursprünglichen, am 1. 1. 1977 in Kraft getretenen Fassung des VwVfG NRW in den §§ 28 Abs. 2 Nr. 4, 37 Abs. 4[11], 39 Abs. 2 Nr. 3 VwVfG NRW und ist durch eine im Jahre 2018 erfolgte Gesetzesänderung zudem in § 24 Abs. 1 S. 3 und § 35a VwVfG NRW normiert worden.[12] Die im Jahr 2018 vorgenommene Modernisierung des VwVfG NRW geht auf das (Bundes-)Gesetz zur Modernisierung des Besteuerungsverfahren vom 18. 7. 2016 zurück, das nicht nur eine Anpassung des § 24 VwVfG des Bundes vorsah, sondern auch insbesondere zu einer Normierung der § 35a VwVfG des Bundes, § 31a SGB X sowie §§ 88 Abs. 5, 155 Abs. 4 AO führte.

Nach dem allgemeinen, ursprünglichen Begriffsverständnis wurde die „automatische Einrichtung“ als ein System definiert, das (irgend-)einen Bearbeitungsvorgang ohne menschliches Eingreifen durchführt.[13] Sonstige qualifizierte Vorgaben zur Funktionsweise, wie beispielsweise das Vorliegen eines bestimmten komplexen Algorithmus, waren dem VwVfG nicht zu entnehmen.[14] In seiner ursprünglichen Bedeutung konnte der Begriff daher als technikoffen bezeichnet werden[15] und umfasste schon einen Taschenrechner (einfacher Algorithmus)[16], der

---

[10] Sofern der Anwendungsbereich des § 35a VwVfG NRW eröffnet ist, erfordert der Einsatz Künstlicher Intelligenz eine ausdrückliche Rechtsgrundlage, die jedenfalls in § 34 Abs. 1 S. 1 PolG NRW nicht erblickt werden kann. Der Robotereinsatz wäre sodann nach geltendem Recht unzulässig. Ist der Anwendungsbereich des § 35a VwVfG NRW hingegen nicht eröffnet, entfaltet er keine regulierende Wirkung auf die Auslegung der Ermächtigungsgrundlage, sodass der Robotereinsatz nach § 34 Abs. 1 S. 1 PolG NRW nach geltendem Recht zulässig wäre.

[11] So wortgleich nun in § 37 Abs. 5 VwVfG NRW normiert.

[12] Der Begriff der „automatischen Einrichtung“ findet sich zudem z. B. in § 3a BRKG, § 6g Abs. 2 StVG, § 22 BattG, § 38a ElektroG, § 51 Abs. 6 BBhV, § 1 Abs. 2 ElektroGBattGGebV, § 5 S. 2 ChemBiozidV, § 75 Abs. 9 S. 1 LBG NRW, § 3 Abs. 3 LRKG NRW.

[13] Formuliert als „inhaltlich ohne manuelles Einschreiten“ gefertigter Verwaltungsakt bei *Bartels*, Die Anhörung Beteiligter im Verwaltungsverfahren, 1985, S. 115. Durch inhaltliche Kontextualisierung der Kommentierung mit der aufgeführten Definition vergleichbar *Borgs*, in: Meyer/Borgs, VwVfG 1976, § 28 VwVfG Rn. 24; *Clausen*, in: Knack, VwVfG 1976, § 28 VwVfG Rn. 4.5.; *Stelkens*, in: Stelkens/Bonk/Leonhardt, VwVfG 1978, § 37 VwVfG Rn. 35.

[14] *Stelkens*, in: Stelkens/Bonk/Sachs, VwVfG, 10. Auflage 2023, § 35a VwVfG Rn. 16.

[15] So noch heute *Henneke/Berger*, in: Knack/Henneke, VwVfG, 11. Auflage 2020, § 35a VwVfG Rn. 34; *Hornung*, in: Schoch/Schneider, VwVfG, 7. EGL, § 35a VwVfG Rn. 65 (Stand August 2022); *Prell*, in: BeckOK VwVfG, 69. Edition, § 35a VwVfG Rn. 5 (Stand

nach der Eingabe von Zahlen und Operatoren[17] ein Rechenergebnis automatisch, d.h. ohne zusätzliches Eingreifen des menschlichen Bedieners, generiert. Auch „Datenverarbeitungsanlagen", also EDV-Systeme wie z.B. ein Tabellenkalkulationsprogramm[18], deren Funktionsweise ebenfalls auf einfachen Algorithmen basiert, wurden im Jahre 1973 innerhalb der Gesetzesbegründung zum VwVfG des Bundes als „automatische Einrichtung" qualifiziert, da sie nach Eingabe bestimmter Daten ein Rechen- oder Kalkulationsergebnis ohne menschlichen Eingriff ausgeben.[19]

Bei der Einführung der §§ 24 Abs. 1 S. 3, 35a VwVfG NRW unter Normierung des wortgleichen Begriffs der „automatischen Einrichtung" im Jahre 2018 sind keine anderen Erwägungen angestellt worden, die die Technikoffenheit des Begriffs im Vergleich zum ursprünglichen Verständnis einschränken[20], sodass von einem mit der Ursprungsfassung identischen Begriffsverständnis auszugehen ist.[21]

Die Definition auf den fiktiven Referenzfall anwendend ergibt sich, dass der Roboter[22] bereits durch sensorische Erfassung und Analyse der Gegebenheiten ohne menschliche Intervention einen Datenverarbeitungsvorgang durchführt und damit als „automatische Einrichtung" im Sinne des § 35a VwVfG NRW zu qualifizieren ist.[23]

April 2024); *Stelkens*, in: Stelkens/Bonk/Sachs, VwVfG, 10. Auflage 2023, § 35a VwVfG Rn. 16; *Tegethoff*, in: Kopp/Ramsauer, VwVfG, 26. Auflage 2025, § 35a VwVfG Rn. 9a; *Windoffer*, in: Mann/Sennekamp, VwVfG, 3. Auflage 2025, § 35a VwVfG Rn. 13.

[16] *Stelkens*, in: Stelkens/Bonk/Sachs, VwVfG, 10. Auflage 2023, § 35a VwVfG Rn. 16.

[17] Beispiele für mathematische Operatoren sind „+" (Addition), „–" (Subtraktion), „*" (Multiplikation) und „/" (Division).

[18] *Hornung*, in: Schoch/Schneider, VwVfG, 7. EGL, § 35a VwVfG Rn. 65 (Stand August 2022); vgl. *Windoffer*, in: Mann/Sennekamp, VwVfG, 3. Auflage 2025, § 35a Rn. 8.

[19] BT-Drs. 7/910, S. 58 f.

[20] Vgl. LT-Drs. NRW 17/1046; BT-Drs. 18/7457; BT-Drs. 18/8434.

[21] So ausdrücklich auch *Glaesner/Leymann*, in: Fehling/Kastner/Strömer, Verwaltungsrecht, 5. Auflage 2021, § 35a VwVfG Rn. 6. Vgl. *Hornung*, in: Schoch/Schneider, VwVfG, 7. EGL, § 35a VwVfG Rn. 27 (Stand August 2022); *Stelkens*, in: Stelkens/Bonk/Sachs, VwVfG, 10. Auflage 2023, § 35a VwVfG Rn. 16; *Stuhlfauth*, in: Obermayer/Funke-Kaiser, VwVfG, 6. Auflage 2020, § 35a VwVfG Rn. 5; *Tegethoff*, in: Kopp/Ramsauer, VwVfG, 26. Auflage 2025, § 35a VwVfG Rn. 9a; *Ziekow*, Verwaltungsverfahrensgesetz Kommentar, 4. Auflage 2019, § 35a VwVfG Rn. 6.

[22] Ob das Merkmal der „Einrichtung" eine Verknüpfung mit Hardware voraussetzt oder eine bloße Softwareanwendung genügt, kann hier dahinstehen. Denn in dieser Arbeit wird ein System Künstlicher Intelligenz mit einer Hardwareverkörperung – ein Roboter – untersucht.

[23] Ebenso *Tegethoff*, in: Kopp/Ramsauer, VwVfG, 26. Auflage 2025, § 35a VwVfG Rn. 9 f. So auch ausdrücklich der Wortführer im Wortprotokoll der öffentlichen Anhörung 18/75 zu BT-Drs. 18/7457, S. 24, 26; vgl. *Berger*, DVBl 2019, 1234, 1236 Fn. 6; *Berger*, NVwZ 2018, 1260, 1263 Fn. 45; *Busche*, Verwaltungsautomation 2.0, 2023, S. 103; *Henneke/Berger*, in: Knack/Henneke, VwVfG, 11. Auflage 2020, § 35a VwVfG Rn. 49 Fn. 76.

II. Verwaltungsakt

Als weitere Voraussetzung des § 35a VwVfG NRW muss die Maßnahme auf den Erlass eines Verwaltungsaktes nach § 35 VwVfG NRW gerichtet sein. Platzverweisungen gemäß § 34 Abs. 1 S. 1 PolG NRW sind hoheitliche Maßnahmen, die eine Polizeibehörde zur Regelung (Gebot des Verlassens/Verbot des Wiederbetretens) eines Einzelfalles zur Gefahrenabwehr trifft und die auf unmittelbare Rechtswirkung nach außen gerichtet sind, mithin Verwaltungsakte im Sinne des § 35 VwVfG NRW.

III. Vollständig automatisiert erlassen

Die Platzverweisung müsste durch den Polizeiroboter „*vollständig* automatisiert erlassen" worden sein. Auf den ersten Blick mag es erstaunen, dass der Gesetzgeber bei der Ausgestaltung des § 35a VwVfG NRW nicht die bereits etablierte Formulierung der §§ 28 Abs. 2 Nr. 4, 37 Abs. 5, 39 Abs. 2 Nr. 3 VwVfG NRW „*mithilfe* einer automatischen Einrichtung" gewählt hat, da beide Termini – „mit Hilfe" und „vollständig" erlassen – insoweit deckungsgleich sind, als sie voraussetzen, dass die automatische Einrichtung die konkrete Entscheidungsfindung bzw. Rechtsanwendung der Behörde beeinflusst[24] und sich somit auf die Formulierung des verfügenden Teils auswirkt.[25] Indes bestehen erhebliche Unterschiede im Grad der Automatisierung des Erlasses.[26] Während die Formulierung „*mit Hilfe* einer automatischen Einrichtung" auch teilautomatisierte Verwaltungsakte erfasst[27], bezieht sich § 35a VwVfG NRW demgegenüber ausschließlich auf vollautomatisierte Verwaltungsakte. Insofern wurde § 35a VwVfG NRW[28] bewusst als Abkehr von den Formulierungen der §§ 28, 37, 39 VwVfG NRW konzipiert, um für den vollständig automatisierten Erlass eines Verwaltungsakts strengere Anforderungen zu statuieren.[29] Ob dem erhöhten Automationsgrad des § 35a VwVfG NRW durch die von

[24] *Stelkens*, in: Stelkens/Bonk/Sachs, VwVfG, 10. Auflage 2023, § 35a VwVfG Rn. 17; vgl. *Busche*, Verwaltungsautomation 2.0, 2023, S, 47.

[25] *Busche*, Verwaltungsautomation 2.0, 2023, S. 48; *Henneke/Berger*, in: Knack/Henneke, VwVfG, 11. Auflage 2020, § 35a VwVfG Rn. 34; *Stelkens*, in: Stelkens/Bonk/Sachs, VwVfG, 10. Auflage 2023, § 35a VwVfG Rn. 17.

[26] *Siegel*, NVwZ 2024, 1127.

[27] Ebenso *Windoffer*, in: Mann/Sennekamp, VwVfG, 3. Auflage 2025, § 35a VwVfG Rn. 9.

[28] Ebenso § 3a BRKG, § 10a RBeitrStV, § 6g Abs. 2 StVG, § 22 BattG, § 38a ElektroG, § 51 Abs. 6 BBhV, § 1 Abs. 2 ElektroGBattGGebV, § 5 S. 2 ChemBiozidV, § 3 Abs. 3 LRKG NRW.

[29] Folglich sind alle Verwaltungsakte, die vollständig durch eine automatische Einrichtung erlassen wurden, stets „mit Hilfe" einer automatischen Einrichtung erlassen (ebenso *Windoffer*, in: Mann/Sennekamp, VwVfG, 3. Auflage 2025, § 35a VwVfG Rn. 10). Demgegenüber ist *nicht* jeder Verwaltungsakt, der „mit Hilfe" einer automatischen Einrichtung erlassen wurde, auch ein Verwaltungsakt, der „vollständig automatisiert erlassen" wurde.

dem Polizeiroboter erlassene Platzverweisung entsprochen wird, ist im Folgenden zu untersuchen.

Nach der Analyse der Umgebungssituation und der Identifikation einer Gefahr auf der Tribüne erlässt der Polizeiroboter eine Platzverweisung gegen den Störer. Somit erfolgen sowohl die Sachverhaltsermittlung als auch die Subsumtion der formellen und materiellen Voraussetzungen der Rechtsgrundlage sowie die Bekanntgabe[30] ohne menschliches Dazwischentreten vollständig automatisch.[31] Jenseits dessen sind jedoch drei Vorgänge erörterungsbedürftig, die einen vollständig automatisierten Erlass der Platzverweisung im Referenzfall ausschließen könnten: Erstens könnte der vollständigen Automatisierung des Erlasses entgegenstehen, dass das Robotersystem durch Menschen sowohl programmiert als auch trainiert wurde und demnach stets ein Mensch in die Entscheidungsfindung involviert ist (1.). Zweitens ist zu erörtern, ob im Gegenteil eine zu geringe menschliche Einflussnahme auf die automatisch erfolgte Anpassung der „Rahmenalgorithmen" die Anwendung des § 35a VwVfG NRW ausschließt (2.). Drittens ist zu fragen, ob der Hinweis des menschlichen Polizeibeamten, dass sich auf einer bestimmten Tribüne möglicherweise ein einschreitungsbedürftiger Sachverhalt ereigne, als menschliches Dazwischentreten die Vollautomatisierung des Erlassprozesses ausschließt (3.).

1. Programmierung und Training durch den Menschen

Der Vollautomatisierung des Erlasses der polizeilichen Platzverweisung könnte die menschliche Involvierung in die Programmierungs- und Trainingsphase der Software entgegenstehen. Erst durch die menschliche Vorgabe der „Rahmen-Algorithmen" und die Durchführung der Trainingsphase erlangt der Polizeiroboter die Fähigkeit, Entscheidungsmechanismen für den Erlass einer Platzverweisung zu erlernen und diese im konkreten Einsatz anzuwenden. Demzufolge ließe sich vertreten, dass ein System Künstlicher Intelligenz niemals vollständig automatisch, sondern ausschließlich auf Basis menschlicher Einflussnahme einen Verwaltungsakt erlassen kann.[32] Allerdings ist die durch den Menschen erfolgte Programmierung

[30] Die Bekanntgabe ist nach herrschender Ansicht für einen vollständigen Erlass nicht notwendig *Busche*, Verwaltungsautomation 2.0, 2023, S. 46; *Edenharter*, VerwArch 2020, 341, 347; *Glaesner/Leymann*, in: Fehling/Kastner/Strömer, Verwaltungsrecht, 5. Auflage 2021, § 35a VwVfG Rn. 8; *Hornung*, in: Schoch/Schneider, VwVfG, 7. EGL, § 35a VwVfG Rn. 67 (Stand August 2022); *Müller*, in: Huck/Müller, VwVfG, 4. Auflage 2025, § 35a VwVfG Rn. 3; *Prell*, in: BeckOK VwVfG, 69. Edition, § 35a VwVfG Rn. 3 (Stand April 2024); *Siegel*, DVBl 2017, 24, 25; *Stelkens*, in: Stelkens/Bonk/Sachs, VwVfG, 10. Auflage 2023, § 35a VwVfG Rn. 15; *Tegethoff*, in: Kopp/Ramsauer, VwVfG, 26. Auflage 2025, § 35a VwVfG Rn. 10; *Ziekow*, Verwaltungsverfahrensgesetz Kommentar, 4. Auflage 2019, § 35a VwVfG Rn. 7.

[31] Ein Dazwischentreten, das sei der Vollständigkeit halber erwähnt, wird nicht nur durch die bloße Anwesenheit des menschlichen Polizeibeamten ausgelöst.

[32] In diese Richtung *Hecht*, KIR 2025, 30 Fn. 21.

bereits gemäß § 9 VwVfG NRW, der den (externen) Beginn des Verwaltungsverfahrens statuiert und den Erlass eines Verwaltungsaktes explizit von der Vorbereitung und der Prüfung der Voraussetzung abgrenzt, als ein dem Erlassprozess weit vorgelagertes Stadium zu qualifizieren.[33] Der Programmierungsvorgang erfolgt sogar zu einem solch frühen Zeitpunkt, dass noch nicht einmal das Verwaltungsverfahren gemäß § 22 VwVfG NRW (intern) begonnen hat. Deshalb kann ein Dazwischentreten eines Menschen bei der Programmierung des Systems den vollständig automatisierten Erlass nicht ausschließen. Nähme man dennoch Gegenteiliges an, wäre § 35a VwVfG NRW (und zahlreiche weitere Normen[34]) schlicht ohne Anwendungsfall, da jede automatische Einrichtung, sei es ein einfacher Algorithmus oder eine Künstliche Intelligenz, durch den Menschen erschaffen wird[35] und somit niemals ein vollständig automatisier Erlass eines Verwaltungsaktes möglich wäre.[36] Eine solche Auslegung ist aus systematisch-teleologischen Erwägungen fernliegend, da nicht davon auszugehen ist, dass der Gesetzgeber unanwendbare oder zwecklose Gesetze schaffen wollte.[37] Demnach schließt eine menschliche Involvierung in die Programmierungs- und Trainingsphase den „vollständig automatisierten Erlass" der Platzverweisung durch den Polizeiroboter nicht aus.[38]

2. Softwareweiterentwicklung

Kann die Charakterisierung als vollständig automatisiert erlassener Verwaltungsakt einerseits wegen einer vermeintlich nicht hinreichenden Unabhängigkeit

---

[33] Zur vertieften Auslegung des Erlassbegriffs sogleich S. 71 ff. dieser Arbeit.

[34] So z. B. auch § 3a BRKG, § 6 g Abs. 2 StVG, § 22 BattG, § 38a ElektroG, § 51 Abs. 6 BBhV, § 1 Abs. 2 ElektroGBattGGebV, § 5 S. 2 ChemBiozidV, § 75 Abs. 9 S. 1 LBG NRW, § 3 Abs. 3 LRKG NRW.

[35] Selbst wenn der Polizeiroboter durch eine andere Künstliche Intelligenz programmiert und trainiert wird, ist wiederum ein Mensch in die Erschaffung der „Schöpfer-Künstlichen-Intelligenz" involviert.

[36] *Bull*, DVBl 2017, 409, 410.

[37] Dies gilt unabhängig davon, ob eine Auslegung der betrachteten Norm ergibt, dass sie keinen Anwendungsbereich hat oder ob eine Auslegung eines anderen Gesetzes ergibt, dass die betrachtete Norm überflüssig ist. *Bydlinski*, Juristische Methodenlehre und Rechtsbegriff, 2. Auflage 1991, S. 444 f.; *Kramer/Arnet*, Juristische Methodenlehre, 7. Auflage 2024, S. 122 f.; *Möllers*, Juristische Methodenlehre, 6. Auflage 2025, S. 206 Rn. 54; *Wank*, Die Auslegung von Gesetzen, 7. Auflage 2023, S. 72. *Larenz*, Methodenlehre der Rechtswissenschaft, 1960, S. 173 stellt darauf ab, dass dem Gesetz ein „vernünftiger Sinn innewohnt". Auch *Canaris*, Systemdenken und Systembegriff in der Jurisprudenz, 2. Auflage 1983, S. 376 fordert, nicht konkret in Bezug auf dieses Problem, aber wohl im weiteren Sinne übertragbar, dass der Jurist sein gesamtes methodologisches Arsenal einzusetzen hat, um der Gefahr von Wertungs- und Prinzipienwidersprüchen entgegenzuwirken. Ähnlich auch *Larenz*, Methodenlehre der Rechtswissenschaft, 1960, S. 234 f.

[38] So im Ergebnis auch *Henneke/Berger*, in: Knack/Henneke, VwVfG, 11. Auflage 2020, § 35a VwVfG Rn. 34; *Pautsch*, in: Pautsch/Hoffmann, VwVfG, 2. Auflage 2021, § 35a VwVfG Rn. 3.

der Systeme von menschlichen Programmierungs- und Trainingsbeiträgen bezweifelt werden, so erkennen andere Stimmen gerade in einer zu weitgehenden Loslösung von menschlichem Einfluss eine Grenze der Anwendbarkeit des § 35a VwVfG NRW auf Systeme Künstlicher Intelligenz. Eine solche These ist bei Andrea Edenharter mindestens angedeutet, indem sie § 35a VwVfG auf den Einsatz selbstlernender Algorithmen, bei denen nicht alle Entscheidungsparameter im Voraus von Menschen festgelegt worden seien, für unanwendbar erklärt.[39] Ihre These nicht weiter begründend findet sich ein bloßer Verweis auf Ulrich Stelkens.[40] Dieser wiederum weist darauf hin, dass Künstliche Intelligenz nicht nur die Sachverhaltsermittlung und den Erlassprozess, sondern darüber hinausgehend auch die Software*weiter*entwicklung, wie z.B. die Änderung der eigenen „Rahmen-Algorithmen“ oder die Modellerstellung, vollautomatisiert. Den Ausführungen von Ulrich Stelkens ist jedoch nicht zu entnehmen, ob § 35a VwVfG auf Künstliche Intelligenz anwendbar ist.

Jedenfalls könnte die über die Vollautomatisierung der Sachverhaltsermittlung und der Entscheidungsfindung hinausgehende Fähigkeit zur Software*weiter*entwicklung die Anwendbarkeit des § 35a VwVfG NRW unter dem historisch-teleologischen Gesichtspunkt ausschließen, dass der Gesetzgeber mit der Einführung des § 35a VwVfG bloß die technischen Risiken durch eine fehlerhafte Sachverhaltsermittlung und durch einen fehlerhaften Entscheidungsprozess begrenzen wollte, während die Risiken durch eine selbstständige Software*weiter*entwicklung in der Gesetzesbegründung bewusst unerwähnt blieben.[41] Anlässlich des erhöhten Risikos, das mit einer Vollautomatisierung weiterer Prozesse als dem Sachverhaltsermittlungs- und Erlassprozess einhergeht, könnte gerade eine Nichtanwendung des § 35a VwVfG NRW auf Künstliche Intelligenz angezeigt sein. Eine solche Argumentation würde sich allerdings nur dann als plausibel erweisen, wenn der Einsatz von Künstlicher Intelligenz zum vollständig automatisierten Erlass eines Verwaltungsaktes ohne die Anwendbarkeit von § 35a VwVfG NRW verboten wäre.

Diese Einschätzung ist allerdings vor dem Hintergrund nicht haltbar, dass der Gesetzgeber § 35a VwVfG NRW normiert hat, um die Automatisierung von Verwaltungsentscheidungen zu *begrenzen*. Hätte vor Einführung des § 35a VwVfG NRW bereits ein Verbot der Vollautomatisierung von Verwaltungsakten bestanden, würde § 35a VwVfG NRW das Behördenhandeln nicht begrenzen, sondern erweitern. Jedoch ist dem VwVfG NRW keine Verbotsnorm für das automatisierte Verwaltungshandeln zu entnehmen. Vielmehr ist bei isolierter Betrachtung des VwVfG NRW schon seit dem Jahre 1977 ein automatischer Erlass von Verwaltungsakten „mit Hilfe“ von automatischen Einrichtungen erlaubt; der Begriff „mit Hilfe“ umfasst dabei nicht nur teilautomatisierte, sondern auch vollautomatisierte Verwal-

---

[39] So *Edenharter*, VerwArch 2020, 341, 365 mit Verweis auf *Stelkens*, in: Stelkens/Bonk/Sachs, VwVfG, 9. Auflage 2018, § 35a VwVfG Rn. 47.

[40] *Stelkens*, in: Stelkens/Bonk/Sachs, VwVfG, 9. Auflage 2018, § 35a VwVfG Rn. 47.

[41] BT-Drs. 18/8434, S. 122; vgl. LT-Drs. NRW 17/1046.

tungsentscheidungen[42]. Im Zuge der Erkenntnis, dass der Einsatz Künstlicher Intelligenz zur Vollautomatisierung von Verwaltungsakten ohne begrenzende Regelung nach dem VwVfG erlaubt wäre, ist die vorgehende, denkbare Argumentation haltlos. § 35a VwVfG NRW muss, um das erhöhte Gefährdungspotential dieser Technologie zu begrenzen, vielmehr erst recht auf den Einsatz Künstlicher Intelligenz anwendbar sein: Wenn von § 35a VwVfG NRW bereits solche Systeme erfasst sind, die nur die Sachverhaltsermittlung und die Entscheidungsfindung vollautomatisieren, dann müssen erst recht solche Systeme den Anwendungsbereich eröffnen, die darüberhinausgehend auch die Software*weiter*entwicklung vollständig automatisiert durchführen.[43]

Es ist somit festzuhalten, dass eine KI-gestützte Loslösung von menschlicher Einflussnahme durch eine vollautomatisierte Software*weiter*entwicklung die Anwendbarkeit des § 35a VwVfG NRW nicht ausschließt.

3. Ermittlungsanstoß – zugleich zum Erlassbegriff des § 35a VwVfG NRW

Nachdem die Frage, ob ein Polizeiroboter einen Verwaltungsakt vollständig automatisiert erlassen kann, im Rahmen einer weitgehend abstrakten Erörterung beleuchtet wurde, soll sich für eine vertiefte Untersuchung wieder dem Referenzfall zugewandt werden. Im Referenzfall weist ein menschlicher Polizeibeamter den Polizeiroboter auf eine möglicherweise einschreitungsbedürftige Situation auf einer konkreten Tribüne hin, woraufhin sich der Roboter in das entsprechende Areal begibt, die Umgebung analysiert und eine Platzverweisung erlässt. Angesichts dieses menschlichen „Ermittlungsanstoßes“[44] liegt es nahe, eine vollständige Automatisierung des *Gesamtgeschehens* zu verneinen. Nicht eindeutig ist hingegen, ob das menschliche Dazwischentreten im Sinne eines „Ermittlungsanstoßes“ den vollständig automatisierten *Erlass* der Platzverweisung ausschließt. Ein Ausschluss des vollständig automatisierten Erlasses ließe sich jedenfalls nur annehmen, sofern der „Ermittlungsanstoß“ vom Erlassbegriff des § 35a VwVfG NRW erfasst ist. Im Folgenden soll sich deshalb dem Erlassbegriff des § 35a VwVfG NRW im Wege der Wortlaut (a)), systematischen (b)) und historisch-teleologischen Auslegung (c)) genähert werden.[45]

---

[42] Siehe zur Abgrenzung „vollständig automatisiert erlassener“ und „mithilfe automatischer Einrichtungen erlassener“ Verwaltungsakte S. 67 ff. dieser Arbeit.

[43] Ebenso *Guggenberger*, NVwZ 2019, 844, 846; *Harbou*, JZ 2020, 340, 345.

[44] Ein solcher „menschlicher Ermittlungsanstoß“ erfolgt in der polizeilichen Praxis täglich und zwar typischerweise durch eine Funkmitteilung der Dienststelle.

[45] Vertiefende Ausführungen zur Auslegungsmethodik S. 128 ff. dieser Arbeit.

a) Der Erlassbegriff des § 35a VwVfG NRW im Lichte der Wortlautauslegung

Ausgangspunkt der Auslegung ist der Gesetzeswortlaut. Reduziert auf seine Wortbedeutung innerhalb des allgemeinen Sprachverständnisses bezeichnet ein „Erlass" eine „amtliche Verfügung"[46], d.h. eine behördliche Maßnahme, die mit Außenwirkung eine Regelung für den Betroffenen treffen soll. Der im Referenzfall erfolgte „Ermittlungsanstoß" enthält jedoch noch keinerlei Entscheidungs-, Regelungs- bzw. Verfügungscharakter. Vielmehr ist der „Ermittlungsanstoß" als ein bloß polizeiinterner Hinweis von einem Polizeibeamten an den Polizeiroboter zu werten und würde demnach nach isolierter Wortlautauslegung nicht vom Erlassbegriff des § 35a VwVfG NRW erfasst.

b) Der Erlassbegriff des § 35a VwVfG NRW im Lichte einer systematischen Auslegung

Neben der Wortlautauslegung fungieren im Rahmen der inhaltlichen Konturierung des Erlassbegriffs die §§ 9, 22 und 28 VwVfG NRW als normübergreifende Auslegungshilfen.[47] Anknüpfungspunkt der systematisch-vergleichenden Auslegung bildet hierbei § 9 VwVfG NRW, der den Erlass eines Verwaltungsaktes von anderen Stadien des Verwaltungsverfahrens abgrenzt.[48]

Dem „Erlass eines Verwaltungsaktes" in § 9 VwVfG NRW enumerativ gegenübergestellt sind die Verfahrensstadien der „Prüfung der Voraussetzungen" und der „Vorbereitung". Die „Prüfung der Voraussetzungen" umfasst die rechtlichen und tatsächlichen Überlegungen sowie die Ermittlungen der Behörde, also insbesondere die Sachverhaltsermittlung und die Subsumtion.[49] Der „Ermittlungsanstoß" repräsentiert jedoch ein der Sachverhaltsermittlung und der Subsumtion weit vorgela-

---

[46] Digitales Wörterbuch der deutschen Sprache, „Erlass", Internetdokument; Duden, „Erlass", Internetdokument. Der Begriff des Erlasses wird zudem zur Bezeichnung der Regelung von (formellen wie materiellen) Gesetzen und Verwaltungsvorschriften verwendet, so etwa Bundesministerium des Innern und für Heimat, Gesetzgebungsverfahren, Internetdokument 2025 oder Bundesministerium der Verteidigung, Klar geregelt: Der Weg von der Gesetzesvorlage zum Kabinettsbeschluss, Internetdokument 2025. Auch in diesen Kontexten ist dem Begriff ein Regelungselement zu entnehmen, welches im Zeitpunkt des Ermittlungsanstoßes bzw. Denkanstoßes noch nicht gegeben ist.

[47] Die Erlassbegriffe aus §§ 24 Abs. 1 S. 3, 37 Abs. 2 S. 1, 39 Abs. 2 Nr. 3 und § 49 Abs. 1 VwVfG NRW können für die Auslegung bezüglich des „Ermittlungsanstoßes" nicht fruchtbar gemacht werden.

[48] § 9 VwVfG NRW entspricht den landesrechtlichen Regelungen § 9 LVwVfG (Baden-Württemberg); Art. 9 BayVwVfG; § 9 HmbVwVfG; § 9 HVwVfG (Hessen); § 9 VwVfG M-V; § 9 SVwVfG (Saarland); § 74 LVwG (Schleswig-Holstein); § 9 ThürVwVfG und der bundesrechtlichen Regelung § 9 VwVfG (Bund). Dynamische Verweisungen auf die bundesgesetzliche Regelung finden sich in § 1 Abs. 1 BlnVwVfG; § 1 Abs. 1 S. 1 VwVfG Bbg; § 1 Abs. 1 BremVwVfG; § 1 Abs. 1 NVwVfG; § 1 Abs. 1 LVwVfG RP; § 1 S. 1 SächsVwVfG; § 1 Abs. 1 S. 1 VwVfG LSA.

[49] *Schmitz*, in: Stelkens/Bonk/Sachs, VwVfG, 10. Auflage 2023, § 9 VwVfG Rn. 133.

gertes Verfahrensstadium. Daher erscheint eine Zuordnung zu der in § 9 VwVfG NRW bezeichneten „Vorbereitung" näherliegend, die jedes schlichte Verwaltungshandeln in tatsächlicher und rechtlicher Hinsicht innerhalb des bereits eingeleiteten Verwaltungsverfahrens umfasst, das der von der Behörde zu treffenden Entscheidung vorausgeht.[50] Ob der „Ermittlungsanstoß" bereits *während des laufenden* Verwaltungsverfahrens erfolgte – und damit § 9 VwVfG NRW unterfällt – oder ob er gerade den *verwaltungsinternen Beginn* desselben gemäß § 22 VwVfG NRW[51] statuiert, kann letztlich für die Beantwortung der eingangs aufgeworfenen Frage, ob der „Ermittlungsanstoß" dem Erlassbegriff zuzuordnen ist, dahinstehen:

Sofern der „Ermittlungsanstoß" als eine bereits *während des laufenden* Verwaltungsverfahrens erfolgte Verwaltungshandlung qualifiziert wird, ist er dem Terminus der „Vorbereitung" im Sinne des § 9 VwVfG NRW zuzuordnen und daher vom Erlassbegriff zu trennen.

Statuiert der „Ermittlungsanstoß" hingegen den *internen Beginn* des Verwaltungsverfahrens nach § 22 VwVfG NRW, wäre er der „Vorbereitung" im Sinne des § 9 VwVfG NRW noch weiter vorgelagert und dürfte daher erst recht nicht dem Erlassbegriff zuzuordnen sein.

Unabhängig von der spezifischen Einbettung des „Ermittlungsanstoßes" in das Normengefüge des VwVfG ist er jedenfalls als ein dem „Erlass" vorgelagertes Verfahrensstadium zu qualifizieren und demnach infolge einer systematisch-vergleichenden Auslegung mit §§ 9, 22 VwVfG NRW nicht Teil desselben.

Dieses Ergebnis wird durch § 28 Abs.1 VwVfG NRW bestätigt.[52] Gemäß § 28 Abs. 1 VwVfG NRW ist eine Anhörung *vor* dem Erlass eines Verwaltungsaktes durchzuführen. Aus dieser Formulierung lässt sich unverkennbar ableiten, dass der „Ermittlungsanstoß" denklogisch nicht vom Erlassvorgang erfasst sein kann; denn die Anhörung, die vor Erlass eines Verwaltungsaktes zu erfolgen hat, ist nur dann möglich, wenn das Verfahren bereits eingeleitet wurde und der anzuhörende Beteiligte bekannt ist. Wenn also bereits die Anhörung ein dem Erlassvorgang vor-

[50] *Schmitz*, in: Stelkens/Bonk/Sachs, VwVfG, 10. Auflage 2023, § 9 VwVfG Rn. 161.

[51] § 22 VwVfG NRW entspricht den landesrechtlichen Regelungen § 22 LVwVfG (Baden-Württemberg); Art. 22 BayVwVfG; § 22 HmbVwVfG; § 22 HVwVfG (Hessen); § 22 VwVfG M-V; § 22 SVwVfG (Saarland); § 82 LVwG (Schleswig-Holstein); § 33 ThürVwVfG und der bundesrechtlichen Regelung § 22 VwVfG (Bund). Dynamische Verweisungen auf die bundesgesetzliche Regelung finden sich in § 1 Abs. 1 BlnVwVfG; § 1 Abs. 1 S. 1 VwVfG Bbg; § 1 Abs. 1 BremVwVfG; § 1 Abs. 1 NVwVfG; § 1 Abs. 1 LVwVfG RP; § 1 S. 1 SächsVwVfG; § 1 Abs. 1 S. 1 VwVfG LSA.

[52] § 28 VwVfG NRW entspricht den landesrechtlichen Regelungen § 28 LVwVfG (Baden-Württemberg); Art. 28 BayVwVfG; § 28 HmbVwVfG; § 28 HVwVfG (Hessen); § 28 VwVfG M-V; § 28 SVwVfG (Saarland); § 87 LVwG (Schleswig-Holstein); § 28 ThürVwVfG und der bundesrechtlichen Regelung § 28 VwVfG (Bund). Dynamische Verweisungen auf die bundesgesetzliche Regelung finden sich in § 1 Abs. 1 BlnVwVfG; § 1 Abs. 1 S. 1 VwVfG Bbg; § 1 Abs. 1 BremVwVfG; § 1 Abs. 1 NVwVfG; § 1 Abs. 1 LVwVfG RP; § 1 S. 1 SächsVwVfG; § 1 Abs. 1 S. 1 VwVfG LSA.

gelagertes Verfahrensstadium darstellt, muss dies erst recht für den „Ermittlungsanstoß“ gelten.[53]

Gesetzessystematisch sprechen im Ergebnis sowohl §§ 9, 22 als auch § 28 Abs. 1 VwVfG NRW gegen eine Zuordnung des „Ermittlungsanstoßes“ zum Erlassbegriff des § 35a VwVfG NRW.

c) Der Erlassbegriff des § 35a VwVfG NRW im Lichte einer historisch-teleologischen Auslegung

Das bisher statuierte Auslegungsergebnis, dass der „Ermittlungsanstoß“ nicht vom Erlassbegriff erfasst ist, steht mit dem Telos des § 35a VwVfG NRW in Einklang. Der zentrale gesetzgeberische Beweggrund für die Normierung des § 35a VwVfG NRW bestand in der Regulierung technischer Risiken für die Sachverhaltsermittlung und die Entscheidungsfindung.[54] Während des „Ermittlungsanstoßes“ ist jedoch kein technisches Risiko zu identifizieren, das in seiner Schwere den technischen Fehlfunktionen bei der Sachverhaltsermittlung und der Entscheidungsfindung ähnelt und durch § 35a VwVfG NRW reguliert werden müsste.[55] Für den Betroffenen ist es nicht entscheidend, wer oder was verwaltungsintern das Verfahren einleitet, sondern wer oder was die Entscheidungsgrundlage zusammenträgt und letztlich die verbindliche Entscheidung mit Außenwirkung trifft.[56]

Nebstdem würde sich die Zuordnung des „Ermittlungsanstoßes“ zum Erlassbegriff für die angestrebte Begrenzungsfunktion sogar als kontraproduktiv erweisen. Denn je mehr Verfahrensstadien der Erlassbegriff umfasst, desto eher entfällt die Vollständigkeit der Automatisierung. Betrachtet man den Referenzfall, wäre die Platzverweisung nicht mehr als „vollständig automatisiert erlassen“ zu qualifizie-

[53] Hinsichtlich des Erlassbegriffs aus § 38 Abs. 1 S. 2 VwVfG NRW gilt dasselbe. § 38 Abs. 1 S. 2 VwVfG NRW: „Ist vor dem Erlass des zugesicherten Verwaltungsaktes die Anhörung Beteiligter oder die Mitwirkung einer anderen Behörde oder eines Ausschusses auf Grund einer Rechtsvorschrift erforderlich, so darf die Zusicherung erst nach Anhörung der Beteiligten oder nach Mitwirkung dieser Behörde oder des Ausschusses gegeben werden.“

[54] LT-Drs. NRW 17/1046, S. 121; BT-Drs. 18/8434, S. 122.

[55] Insbesondere das sehr weitgehende Ergebnis, dass der – seinerseits im Ermessen der Behörde stehende – „Ermittlungsanstoß“ selbst bei im Übrigen gebundenen Entscheidungen das Verfahren mit der Charakterisierung als Ermessensentscheidung infiziert und somit den Einsatz automatisierter Einrichtungen im Sinne des §35a VwVfG NRW unzulässig macht, scheint danach nicht nur kontraintuitiv, sondern ginge auch weit über den Normzweck hinaus. Andernfalls wäre der vollständig automatisierte Erlass von Verwaltungsakten bei gebundenen Entscheidungen nur dann möglich, wenn der „Ermittlungsanstoß“ seinerseits gebunden erfolgt.

[56] Vgl. *Stelkens*, in: Stelkens/Bonk/Sachs, VwVfG, 10. Auflage 2023, § 35a VwVfG Rn. 25. In Grundzügen auch *Prell*, in: BeckOK VwVfG, 69. Edition, § 35a VwVfG Rn. 9 (Stand April 2024). Ähnlich verhält es sich auch mit der Bekanntgabe der Entscheidung. A. A. *Windoffer*, in: Mann/Sennekamp, VwVfG, 3. Auflage 2025, § 35a VwVfG Rn. 20 mit der Begründung, das Risiko einer vollautomatisierten Entscheidung liege in der Vollautomation, die bei einem menschlichen Anstoß nicht gegeben sei.

ren, weil der menschliche Polizeibeamte den Polizeiroboter darauf hingewiesen hat, dass sich auf einer konkreten Tribüne eine möglicherweise einschreitungsbedürftige Situation ereignet. § 35a VwVfG NRW wäre nicht anwendbar, obwohl der Polizeiroboter sowohl den Sachverhalt selbstständig ermittelt als auch die (Ermessens-) Entscheidung vollständig automatisiert getroffen hat. Lässt man eine solche Betrachtung zu, wäre einer behördenseitigen Umgehung der Voraussetzungen des § 35a VwVfG NRW und damit einem Unterlaufen der Begrenzungsfunktion durch „bloßen Knopfdruck" oder durch einen „bloßen Hinweis" Tür und Tor geöffnet.[57] Somit bestätigt auch die historisch-teleologische Auslegung, dass der „Ermittlungsanstoß" nicht vom Erlassbegriff des § 35a VwVfG NRW erfasst ist.

d) Zwischenergebnis

Nach eingehender Untersuchung des Erlassbegriffs gemäß § 35a VwVfG NRW im Wege der Wortlaut-, systematischen und historisch-teleologischen Auslegung ist der „Ermittlungsanstoß" als ein dem Erlassbegriff vorgelagertes und somit separates Verfahrensstadium zu qualifizieren. Ein menschliches Dazwischentreten im Rahmen des „Ermittlungsanstoßes" kann demnach den vollständig automatisierten Erlass eines Verwaltungsaktes nicht ausschließen.[58] In Bezug auf den Referenzfall wird die Platzverweisung trotz des Hinweises des Polizeibeamten an den Polizeiroboter, auf einer konkreten Tribüne ereigne sich möglicherweise eine einschreitungsbedürftige Situation, vollständig automatisiert erlassen.

IV. Zwischenergebnis

Zusammenfassend lässt sich festhalten, dass der Polizeiroboter als automatische Einrichtung einen Verwaltungsakt in Form einer Platzverweisung vollständig automatisiert erlassen hat, wodurch der Anwendungsbereich des § 35a VwVfG NRW eröffnet wird. Ein solcher Einsatz ist aufgrund der Begrenzungswirkung des § 35a VwVfG NRW nur dann zulässig, wenn er durch Rechtsvorschrift zugelassen ist[59]

---

[57] *Glaesner/Leymann*, in: Fehling/Kastner/Strömer, Verwaltungsrecht, 5. Auf. 2021, § 35a VwVfG Rn. 2, 8; *Müller*, in: Huck/Müller, VwVfG, 4. Auflage 2025, § 35a VwVfG Rn. 3; *Ziekow*, Verwaltungsverfahrensgesetz Kommentar, 4. Auflage 2019, § 35a VwVfG Rn. 7. Dabei soll hier offenbleiben, ob die Nichtanwendbarkeit von § 35a VwVfG NRW tatsächlich eine Umgehung des zulässigen Erlasses einer Platzverweisung ermöglichen würde.

[58] Im Ergebnis wohl auch *Guckelberger*, DÖV 2021, 566, 568; a. A. wohl VG Frankfurt (Oder), Urt. v. 9.9.2020 – VG 3 K 616/17, Rn. 23, jedoch ohne eingehende Erläuterungen.

[59] Martin Stegmüller argumentiert, dass es keiner Rechtsvorschrift bedürfe, da das Problem mithilfe der Zurechenbarkeit gelöst werden könne, indem das Handeln der Künstlichen Intelligenz der Behörde mithilfe des Einsatzwillens zugerechnet werde. Wie sich die Verwaltung aufgrund eigener Entscheidung und in freier Organisationsherrschaft ihre Meinung bilden wolle, solle der Exekutive selbst überlassen bleiben, da die eigene Willensbildung unantastbarer Kernbereich der eigenen Vollzugsverantwortung der Verwaltung sei und Vorgaben der

und weder ein Ermessen noch ein Beurteilungsspielraum besteht. Eine Rechtsvorschrift, die den Einsatz von automatischen Einrichtungen zum vollständig automatisierten Erlass einer Platzverweisung ausdrücklich zulässt[60], kann weder in § 34 Abs. 1 S. 1 PolG NRW noch in anderen Vorschriften des PolG NRW erblickt werden. Im Übrigen steht der Erlass einer Platzverweisung im Ermessen der Behörde.

Demnach ist der Einsatz des Polizeiroboters zum vollständig automatisierten Erlass der Platzverweisung nach § 35a VwVfG NRW unzulässig.[61]

Zurückkommend auf die eingangs aufgeworfene Frage, ob § 35a VwVfG NRW hinsichtlich der polizeilichen Ermächtigungsgrundlage der Platzverweisung gemäß § 34 Abs. 1 S. 1 PolG NRW begrenzende Wirkung entfaltet, ist festzustellen, dass

---

Legislative demnach kritisch zu sehen seien. Eine Rechtsvorschrift sei nur dann zulässig, wenn Gefahren für die Rechte der Bürger drohten, die eine solche Einschränkung der Gewaltenteilung rechtfertigen könnten. (*Stegmüller*, NVwZ 2018, 353, 355 f.). Direkte Kritik zu dieser Auffassung *Ziekow*, NVwZ 2018, 1169, 1170 f.

[60] Beispiele für solche fachgesetzlichen Vorschriften bilden § 3a BRKG, § 10a RBeitrStV, § 6 g Abs. 2 S. 1 StVG i. V. m. einer Rechtsverordnung und § 22 BattG, § 38a ElektroG, § 51 Abs. 6 BBhV sowie § 1 Abs. 2 ElektroGBattGGebV und § 5 S. 2 ChemBiozidV. Auch landesrechtlich sind beispielsweise § 75 Abs. 9 S. 1 LBG NRW und § 3 Abs. 3 LRKG NRW zu nennen. Umgekehrt sind §§ 31a SGB X und § 155 Abs. 4 AO nicht als solche Rechtsvorschriften zu qualifizieren, da § 35a VwVfG nach § 2 Abs. 2 Nr. 1 und Nr. 4 VwVfG nicht auf die Abgabenordnung und das Sozialgesetzbuch anwendbar ist.

[61] Systeme Künstlicher Intelligenz in Gestalt von vollautomatisierten Verkehrsampeln erlassen jedoch bereits ohne spezielle Rechtsgrundlage Ermessensverwaltungsakte als Allgemeinverfügung (schon BGH, NJW 1965, 308, 309) gemäß § 45 StVO i. V. m. § 37 StVO (so ausdrücklich auch *Djeffal*, DVBl 2017, 808, 815; *Tischbirek*, ZfDR 2021, 307, 312; a. A. *Guckelberger*, DÖV 2021, 566, 570, die die Normen der StVO hinsichtlich des vollautomatisierten Erlasses von Ermessensverwaltungsakten durch Ampeln als dem Rechtvorschriftvorbehalt aus § 35a VwVfG entsprechende Rechtsvorschriften ansieht.). Diese Systeme analysieren den Verkehr durch Kamera- oder andere Erfassungssysteme und beeinflussen je nach Verkehrsaufkommen das Geschehen selbstständig, indem sie z. B. die Lichtzeichenanlage der Hauptstraße länger auf grün schalten, auf der Autobahn eine neue Spur freigeben oder eine Straße sperren (ebenso *Stegmüller*, NVwZ 2018, 353, 356; *Tischbirek*, ZfDR 2021, 307, 312. Näher zu den Entwicklungsmöglichkeiten für straßenverkehrsleitende Künstliche Intelligenz mit Beispielen *Tischbirek*, ZfDR 2021, 307, 312 f.). Da der Gesetzgeber bei Einführung des § 35a VwVfG derartige vollautomatisierte Verwaltungsakte wohl nicht bedacht hat, bietet sich für vollautomatisierte Ermessensverwaltungsakte, die schon vor Normierung des § 35a VwVfG regelmäßig erlassen wurden, eine teleologische Reduktion des Erfordernisses einer spezialgesetzlichen Rechtsgrundlage an (*Prell*, in: BeckOK VwVfG, 69. Edition, § 35a VwVfG Rn. 11b (Stand April 2024); *Stegmüller*, NVwZ 2018, 353, 356; *Tegethoff*, in: Kopp/Ramsauer, VwVfG, 26. Auflage 2025, § 35a VwVfG Rn. 12; *Tischbirek*, ZfDR 2021, 307, 319; *Ziekow*, Verwaltungsverfahrensgesetz Kommentar, 4. Auflage 2019, § 35a VwVfG Rn. 10. *Windoffer*, in: Mann/Sennekamp, VwVfG, 3. Auflage 2025, § 35a VwVfG Rn. 27 erkennt hingegen in §§ 45, 37, 39, 43 StVO die erforderliche Rechtsvorschrift für Verkehrsampeln.) Nach Tischbirek erhöhe jedoch eine Rechtsvorschrift bezüglich Künstlicher Intelligenz in Verkehrsampeln die Transparenz gegenüber dem Bürger. Während der einzelne Verwaltungsakt nicht zwingend zu erkennen gebe, dass er vollautomatisiert erlassen wurde, sensibilisiere die Freigabenormierung für diese Möglichkeit, *Tischbirek*, ZfDR 2021, 307, 319.

das Polizei*handeln* insofern eingeschränkt wird, als ein vollständig automatisierter Erlass durch eine automatische Einrichtung nicht zulässig ist.

C. Resümee

Im Ergebnis ist der vollständig automatisierte Erlass der Platzverweisung durch Künstliche Intelligenz im Referenzfall nach § 34 Abs. 1 S. 1 PolG NRW i.V.m. § 35a VwVfG NRW im Rahmen des geltenden Rechts unzulässig.

Teil 3

Zulässigkeit des Robotereinsatzes zum Erlass einer Platzverweisung durch Schaffung eines Normzusatzes?

Eine isolierte Betrachtung der bestehenden Rechtslage erweist sich indes in Vorausschau möglicher (zukünftiger) Gesetzesvorhaben, im Wege derer die Vorzüge des Einsatzes von Künstlicher Intelligenz nutzbar gemacht werden könnten[1], als unzureichend. Daher ist sich schon jetzt der zentralen Fragestellung zu widmen, inwieweit der Robotereinsatz zum vollständig automatisierten Erlass einer Platzverweisung durch eine zukünftige Rechtsänderung im Bereich des Polizeirechts zulässig sein könnte.

A. Schaffung eines Normzusatzes für die Ermächtigungsgrundlage des § 34 Abs. 1 PolG NRW

Im Rahmen der vorliegenden Arbeit wird zur Erörterung der Zulässigkeit des vollständig automatisierten Erlasses einer Platzverweisung durch Künstliche Intelligenz vorgeschlagen, die bestehende Ermächtigungsgrundlage der Platzverweisung aus § 34 Abs. 1 PolG NRW um einen Satz zu ergänzen.

§ 34 Abs. 1 PolG NRW (fiktive Fassung f. F.) – Platzverweisung[2]

Die Polizei kann zur Abwehr einer Gefahr eine Person vorübergehend von einem Ort verweisen oder ihr vorübergehend das Betreten des Ortes verbieten. Die Platzverweisung kann ferner gegen eine Person angeordnet werden, die den Einsatz der Feuerwehr oder von Hilfs- oder Rettungsdiensten behindert. *Durch die Polizei eingesetzte Systeme Künstlicher Intelligenz können unbeschadet der begleitenden Verfahrensgarantien zur Abwehr einer*

---

[1] Siehe S. 34 ff. dieser Arbeit. Neben der Ergänzung knapper personeller Ressourcen und einer gesteigerten Flexibilität polizeilicher Einsätze können KI-gestützte Technologien sowohl die Gefahrenerkennung als auch die Datenanalyse und Entscheidungsfindung substanziell verbessern. Darüber hinaus eröffnen sie neue Möglichkeiten zur transparenten Dokumentation polizeilicher Maßnahmen und bieten zusätzlichen Schutz für Polizeibeamte.

[2] § 34 Abs. 1 PolG NRW entspricht (zumindest thematisch) den landesrechtlichen Regelungen § 30 Abs. 1 PolG (Baden-Württemberg); Art. 16 Abs. 1 PAG (Bayern); § 29 Abs. 1 ASOG Bln; § 16 Abs. 1 BbgPolG; § 11 Abs. 1 BremPolG; § 31 Abs. 1 HSOG (Hessen); § 12a SOG (Hamburg); § 17 Abs. 1 NPOG; § 13 Abs. 1 POG (Rheinland-Pfalz); § 12 Abs. 1 SolG (Saarland); § 52 Abs. 1 SOG M-V; § 21 Abs. 1 SächsPolG; § 36 Abs. 1 SOG LSA; § 201 Abs. 1 LVwG (Schleswig-Holstein); § 18 Abs. 1 PAG (Thüringen) und der Regelung des Bundes § 38 BPolG.

Gefahr für die öffentliche Sicherheit Platzverweisungen nach den Sätzen 1 und 2 vollständig automatisiert erlassen, wenn das Recht des Betroffenen auf persönliches Eingreifen seitens der Polizei gewährleistet ist.

B. Begründung

Die hier vorgeschlagene Ergänzung der Ermächtigungsgrundlage, orientiert am Vorbild bereits normierter KI-Ermächtigungen für Ermessensverwaltungsakte, wurde bewusst minimalistisch konzipiert.[3] Es wird ausdrücklich auf die Wahrung der begleitenden allgemeinen Verfahrensgarantien hingewiesen, wie sie beispielsweise in § 24 VwVfG NRW oder § 39 VwVfG NRW verankert sind. Ergänzend wurde der Zusatz der besonderen Verfahrensgarantie gemäß § 46 DSG NRW[4], welcher für Entscheidungen gilt, die ausschließlich auf einer automatisierten Verarbeitung einer automatischen Einrichtung beruhen, klarstellend aufgenommen. Indessen obliegt es letztlich dem Gesetzgeber, inwiefern und inwieweit die bereits bestehenden Verfahrensbestimmungen in spezifischen Ermächtigungsgrundlagen wiederholend integriert werden, da ebensolche Hinweise primär bloß klarstellender Natur sind, jedoch zugleich eine explizite Warnfunktion für die anwendende Instanz entfalten.

§ 34 Abs. 1 S. 3 PolG NRW f.F. soll im Gegensatz zu § 35a VwVfG NRW ausdrücklich die Begrifflichkeit des „Systems Künstlicher Intelligenz" statt diejenige der „automatischen Einrichtung" enthalten.

Würde der Begriff der „automatischen Einrichtung" gewählt, der gemäß der vorangehenden Erörterung sämtliche Technologien erfasst[5], die Berechnungs- bzw. Entscheidungsprozesse ohne Eingriff eines menschlichen Amtswalters durchführen, entsteht der Eindruck, dass jedes System, einschließlich eines einfachen Algorithmus wie einem Taschenrechner, eine Platzverweisung vollständig automatisiert erlassen könnte. Ein auf einfachen Algorithmen basiertes System kann jedoch eine Situation bloß mithilfe seiner fest- und vorgeschriebenen Schemata „abarbeiten", wobei unvorhergesehene bzw. nicht in seiner Programmierung berücksichtigte Aspekte des Einzelfalls bei der Entscheidungsfindung unbeachtet bleiben. Es scheint daher – ohne die Betrachtung in Bezug auf rein algorithmenbasierte Syste-

[3] So normieren z.B. § 22 BattG und § 38a ElektroG Ermächtigungen für den Einsatz automatischer Einrichtungen für den vollständig automatisierten Erlass von Ermessensverwaltungsakten.

[4] Dazu sogleich S. 83 ff. dieser Arbeit.

[5] Siehe S. 65 ff. dieser Arbeit. Der Begriff der „automatischen Einrichtung" umfasste bereits einfache EDV-Systeme, wie etwa Tabellenkalkulationsprogramme.

me weiter vertiefen zu wollen[6] – unmöglich, eine Ermessensentscheidung durch solche Systeme zu erlassen.

Obschon dem Begriff der „Künstlichen Intelligenz" aufgrund fehlender (fachübergreifender) konsentierter Definition eine gewisse Unbestimmtheit anhaftet, eignet sich der jedenfalls bestimmbare Terminus[7], der nun auch Eingang in die KI-Verordnung fand, zur (notwendigen) Begrenzung der Reichweite des Begriffs „automatische Einrichtung" im Kontext von Ermessensentscheidungen. Er erfasst nach der dieser Arbeit zugrunde gelegten Definition im Gegensatz zur „automatischen Einrichtung" ausschließlich Systeme, die selbstständig lernen und somit komplexe, veränderbare Modelle auf den Einzelfall anwenden können, sodass sie in wechselhaften, ständig variierenden Situationen einsetzbar sind. Daher erscheint die Möglichkeit des Erlasses einer Ermessensentscheidung durch Systeme Künstlicher Intelligenz wahrscheinlicher als durch andere automatische Einrichtungen.[8] Die Wahl des engeren Terminus „Künstliche Intelligenz" erweist sich somit für die Gesetzesergänzung des § 34 Abs. 1 PolG NRW gegenüber demjenigen der „automatischen Einrichtung" als vorzugswürdig.

Nebstdem ist der vollständig automatisierte Erlass einer Platzverweisung durch Systeme Künstlicher Intelligenz gemäß § 34 Abs. 1 S. 3 PolG NRW f. F. nur zur Abwehr einer Gefahr für die öffentliche Sicherheit, *nicht* hingegen zur Abwehr einer Gefahr für die öffentliche Ordnung zulässig. Unter dem jeher umstrittenen[9], hier für den vollständig automatisierten Erlass der Platzverweisung getilgten Begriff der „öffentlichen Ordnung" wird die Gesamtheit der ungeschriebenen Regeln verstanden, deren Befolgung nach den jeweils herrschenden und mit dem Wertgehalt des Grundgesetzes zu vereinbarenden sozialen und ethischen Anschauungen als unerlässliche Voraussetzung eines geordneten menschlichen Zusammenlebens innerhalb eines bestimmten Gebiets angesehen wird.[10]

Das gebietsbezogene, an den herrschenden Anschauungen der Gesellschaft orientierte Verständnis birgt nicht nur das inhärente Risiko, Verhaltensweisen von

---

[6] Vertiefung bei *Mund*, Das Recht auf menschliche Entscheidung, 2022, S. 77 ff. mit zahlreichen weiteren Nachweisen.

[7] Siehe zur Bestimmbarkeit der Definition aus der KI-Verordnung S. 47 ff. dieser Arbeit. Bei einem Gesetzesvorhaben könnte freilich erwogen werden, auch eine Legaldefinition des Begriffs der „Künstlichen Intelligenz" in § 34 PolG NRW zu normieren. Jedenfalls der Gesetzesbegründung sollte zu entnehmen sein, was von Seiten des Gesetzgebers unter dem Begriff der „Künstlichen Intelligenz" verstanden wird.

[8] Ob Künstliche Intelligenz Ermessen im Sinne des § 40 VwVfG NRW ausüben kann, wird als Bearbeitungsschwerpunkt an anderer Stelle erörtert, siehe S. 151 ff. dieser Arbeit.

[9] *Depenheuer*, in: Dürig/Herzog/Scholz, GG, 108. EGL, Art. 8 GG Rn. 166 ff. (Stand Oktober 2020); *Holzner*, in: BeckOK BayPolG, 27. Edition, Art. 11 PAG Rn. 90 (Stand November 2025); vgl. *Graulich*, in: Lisken/Denninger, Polizeirecht, 7. Auflage 2021, E. Das Handeln von Polizei- und Ordnungsbehörden zur Gefahrenabwehr Rn. 102.

[10] BVerfG, Beschl. v. 24.3.2001 – 1 BvQ 13/01, Rn. 28.

Minderheiten zu unterdrücken[11], sondern ermöglicht auch, da kein Amtswalter mit Sicherheit die vorherrschende gesellschaftliche Anschauung präzise zu rekapitulieren vermag[12], den Erlass unvorhersehbarer Verwaltungsakte.[13] Dies ist angesichts eingriffsintensiver polizeilicher Maßnahmen – auch in Anlehnung an eine Entscheidung des Bundesverfassungsgerichts zum Versammlungsrecht[14] – zumindest bedenklich.[15] Ungeachtet der genannten Risiken ist jedoch festzustellen, dass das Tatbestandsmerkmal der „öffentlichen Ordnung" neben der „öffentlichen Sicherheit" keine signifikante praktische Relevanz mehr entfaltet[16], sodass auf die Aufnahme der „öffentlichen Ordnung" in § 34 Abs. 1 S. 3 PolG NRW f. F. verzichtet wird.[17]

I. Fiktive Ergänzung trotz § 35a VwVfG NRW möglich?

Der soeben vorgeschlagene § 34 Abs. 1 S. 3 PolG NRW f. F. steht in Widerspruch zu § 35a VwVfG NRW. Zwar lässt sich § 34 Abs. 1 S. 3 PolG NRW f. F. nunmehr als Rechtsvorschrift qualifizieren, die den vollständig automatisierten Er-

---

[11] *Martens*, DÖV 1982, 89, 91 verweist auf diese Risiken, sieht allerdings bei richtiger Handhabung des Begriffs keine rechtsstaatlichen Probleme. Darüber hinaus sei die Mehrheitsauffassung nur dann zu berücksichtigen, wenn sie sich innerhalb der Verfassung und Gesetze bewege. Ähnlich *Nink*, Justiz und Algorithmen, 2020, S. 42.

[12] Auch empirische Studien liefen der Eilbedürftigkeit der Polizeiabwehr zuwider, *Worms/Gusy*, in: BeckOK PolG NRW, 32. Edition, § 8 PolG NRW Rn. 98 (Stand September 2025).

[13] A. A. *Ziekow*, Verwaltungsverfahrensgesetz Kommentar, 4. Auflage 2019, § 40 VwVfG Rn. 13.

[14] Das BVerfG entschied, dass Art. 8 GG als Minderheitenschutzrecht Ausstrahlungswirkung auf die versammlungsrechtliche Norm des § 15 Abs. 1 VersG entfalte, sodass in verfassungskonformer Gesetzesanwendung sicher zu stellen sei, dass Verbote von Versammlungen zur Gefahrenabwehr nur zur Abwehr von Gefahren für elementare Rechtsgüter in Betracht kämen. Der Schutz dieser Rechtsgüter werde regelmäßig in der positiven Rechtsordnung und damit im Rahmen des Schutzes der öffentlichen Sicherheit verwirklicht. Eine bloße Gefährdung der öffentlichen Ordnung rechtfertige demnach ein Versammlungsverbot nicht, BVerfG, Beschl. v. 24.3.2001 – 1 BvQ 13/01, Rn. 28. *Simitis*, Automation in der Rechtsordnung, 1967, S. 12 betitelte die Fassung des § 15 Abs. 1 VersG bereits im Jahr 1967 als „Versäumnis des Gesetzgebers".

[15] Vor diesem Hintergrund ist zu erwähnen, dass der Landesgesetzgeber im Jahr 1989 die „öffentliche Ordnung" aus dem PolG NRW gestrichen hat, um sie im Jahre 2010 erneut zu normieren. Dazu *Worms/Gusy*, in: BeckOK PolG NRW, 32. Edition, § 8 PolG NRW Rn. 95 (Stand September 2025).

[16] *Martens*, DÖV 1982, 89, 92; vgl. *Belz et al.*, Polizeigesetz für Baden-Württemberg, Kommentar, 9. Auflage 2022, § 1 PolGBW Rn. 31; *Thiel*, in: Schönenbroicher/Heusch, OBG und PolG NRW, 1. Auflage 2023, § 1 PolG NRW Rn. 34; *Worms/Gusy*, in: BeckOK PolG NRW, 32. Edition, § 8 PolG NRW Rn. 100 (Stand September 2025).

[17] Zur Vertiefung der Debatte siehe LT-Drs. 14/10603; *Thiel*, in: Schönenbroicher/Heusch, OBG und PolG NRW, 1. Auflage 2023, § 1 PolG NRW Rn. 24 ff.; *Worms/Gusy*, in: BeckOK PolG NRW, 32. Edition, § 8 PolG NRW Rn. 95 ff. (Stand September 2025).

lass eines Verwaltungsaktes ausdrücklich zulässt, allerdings ist gemäß § 35a VwVfG NRW der vollständig automatisierte Erlass von *Ermessens*verwaltungsakten ausgeschlossen.[18]

Gleichwohl ist die Normierung einer fachgesetzlichen Rechtsvorschrift, wie § 34 Abs. 1 S. 3 PolG NRW f.F., über den Regelungsgehalt des § 35a VwVfG NRW hinaus über die Grundsätze der *lex specialis* oder *lex posterior* möglich.[19] § 35a VwVfG NRW entfaltet für den Fachgesetzgeber mithin lediglich eine Warnfunktion.[20]

---

[18] Der Gesetzesbegründung des § 35a VwVfG (BT-Drs. 18/8434, S. 122) wird von Seiten der Literatur für die Zulassung durch Rechtsvorschrift im Sinne des § 35a VwVfG neben dem Fehlen eines Beurteilungs- oder Ermessensspielraums als weitere Voraussetzung eine „Geeignetheit des Verfahrens" entnommen, *Glaesner/Leymann*, in: Fehling/Kastner/Strömer, Verwaltungsrecht, 5. Auflage 2021, § 35a VwVfG Rn. 9; *Lucke*, in: Mohabbat Kar/Thapa/Parycek (Hrsg.), (Un)Berechenbar? Algorithmen und Automatisierung in Staat und Gesellschaft, 2018, 97, 127; *Müller*, in: Huck/Müller, VwVfG, 4. Auflage 2025, § 35a VwVfG Rn. 1; *Prell*, in: BeckOK VwVfG, 69. Edition, § 35a VwVfG Rn. 11a (Stand April 2024); *Stelkens*, in: Stelkens/Bonk/Sachs, VwVfG, 10. Auflage 2023, § 35a VwVfG Rn. 1. Wann ein Verfahren für die vollständige Automatisierung „geeignet" ist, wird durch die Gesetzesbegründung allerdings nicht weiter konkretisiert. Den bereits bestehenden Regelungen, die den vollständig automatisierten Erlass von Verwaltungsakten ausdrücklich zulassen, wie z. B. den Anspruch auf Reisekostenvergütung, die Ausstellung von Rundfunkbescheiden und internetbasierte Kfz-Zulassungsverfahren, ist jedoch zu entnehmen, dass es sich bei „geeigneten Verfahren" um unechte Massenverfahren handeln soll, die häufig vorkommen, grundsätzlich gleichförmig verlaufen und somit gut standardisiert werden können. Der Erlass einer polizeilichen Platzverweisung erfordert demgegenüber eine umfängliche Sachverhaltsermittlung und eine Beurteilung und Interessenabwägung im Einzelfall und ist demnach nicht als „geeignetes Verfahren" im Sinne des § 35a VwVfG NRW zu qualifizieren. So auch *Berger*, NVwZ 2018, 1260, 1264; *Henneke/Berger*, in: Knack/Henneke, VwVfG, 11. Auflage 2020, § 35a VwVfG Rn. 59, 61; *Stelkens*, in: Stelkens/Bonk/Sachs, VwVfG, 10. Auflage 2023, § 35a VwVfG Rn. 42.

[19] Freilich wäre es dogmatisch sinnvoll – indes nicht zwingend erforderlich – in § 35a VwVfG NRW einen Vorbehalt aufzunehmen, dass § 35a VwVfG NRW nur dann Anwendung findet, wenn kein Fachgesetz etwas anderes vorschreibt.

[20] *Busche*, Verwaltungsautomation 2.0, 2023, S. 63; vgl. ebenso *Glaesner/Leymann*, in: Fehling/Kastner/Strömer, Verwaltungsrecht, 5. Auflage 2021, § 35a VwVfG Rn. 2; *Günther*, InTeR 2020, 142, 143; *Kreyßing*, DÖV 2024, 266, 267; *Tegethoff*, in: Kopp/Ramsauer, VwVfG, 26. Auflage 2025, § 35a VwVfG Rn. 13; *Tischbirek*, ZfDR 2021, 307, 318; *Windoffer*, in: Mann/Sennekamp, VwVfG, 3. Auflage 2025, § 35a VwVfG Rn. 4; *Ziekow*, Verwaltungsverfahrensgesetz Kommentar, 4. Auflage 2019, § 35a VwVfG Rn. 12. Von solchen fachgesetzlichen Regelungen, die ungeachtet des (zu § 35a VwVfG NRW wortgleichen) Regelungsgehalts des § 35a VwVfG (Bund) den vollständig automatisierten Erlass von Ermessensverwaltungsakten zulassen, hat der Bundesgesetzgeber bereits in § 22 BattG und § 38a ElektroG Gebrauch gemacht. § 22 BattG ermöglicht den vollständig automatisierten Erlass von Verwaltungsakten für Fälle des § 21 Abs. 1 S. 1 BattG und für § 21 Abs. 2 S. 1 BattG, die im Ermessen der Behörde stehen. Darüber hinaus normieren § 21 Abs. 2 S. 2 BattG und § 28 Abs. 1 BattG ein intendiertes Ermessen. Auch § 38a ElektroG verweist auf Ermessensentscheidungen in § 37 Abs. 3 S. 2 und S. 3, § 37 Abs. 5 S. 1 und S. 4 sowie in § 38 Abs. 2 S. 2 ElektroG. In den Gesetzesbegründungen (BT-Drs. 19/199930, S. 51; BT-Drs. 19/26971, S. 65 f.) wird das Vorliegen von Ermessensentscheidungen schlicht ignoriert (den gleichen

II. Fiktive Ergänzung im Lichte der JI-Richtlinie möglich?

Obgleich der Untersuchungsgegenstand der vorliegenden Arbeit zu Beginn dahingehend eingegrenzt wurde, dass datenverarbeitungsbezogene Fragestellungen weitgehend unberücksichtigt bleiben sollen, erscheint es unverzichtbar, die Zulässigkeit der Einführung der fiktiven Ergänzung des § 34 PolG NRW zumindest auch vor dem Hintergrund jener Normen zu analysieren, die den vollständig automatisierten Erlass von Entscheidungen auf europäischer Ebene ausdrücklich adressieren. Unionsrechtlich wird die Zulässigkeit automatisierter Entscheidungsfindung im Einzelfall durch Art. 22 DSGVO sowie durch die Umsetzungen von Art. 11 der JI-Richtlinie konkretisiert, deren Anwendungsbereiche sich gegenseitig ausschließen. Während Art. 22 DSGVO generell die automatisierte Entscheidungsfindung inklusive Profiling regelt, ist er nach Art. 2 Abs. 2 lit. d DSGVO nicht auf die Verarbeitung personenbezogener Daten durch öffentliche Behörden anwendbar, sofern diese der Prävention, Ermittlung, Aufdeckung oder Verfolgung von Straftaten oder der Strafvollstreckung, einschließlich des Schutzes vor und der Abwehr von Gefahren für die öffentliche Sicherheit dienen. In diesen Kontexten finden stattdessen die Umsetzungen der JI-Richtlinie Anwendung.[21]

Die Abgrenzung der Anwendungsbereiche der DSGVO und der Umsetzungen der JI-Richtlinie, insbesondere im Kontext des präventiven Polizeieinsatzes, hat bis dato noch keine vollständige Anwendungsklarheit erreicht. Die Fachliteratur konvergiert zwar in der Einschätzung, dass die terminologische Fassung des europäisch autonomen Begriffs der Gefahrenabwehr als „*missverständlich*“ zu betrachten ist.[22] Es sei nicht, wie der Wortlaut nahelege, jegliche Gefahrenabwehr vom Anwendungsbereich der DSGVO ausgenommen, sondern nur eine solche, die der Verhü-

---

Eindruck hat auch *Hornung*, in: Schoch/Schneider, VwVfG, 7. EGL, § 35a VwVfG Rn. 73 f. (Stand August 2022)). Es wird lediglich angeführt, dass die Entscheidungen Massenverfahren beträfen, die eine hohe Standardisierung und Typisierung erforderten und somit als für die Vollautomatisierung „geeignete Verfahren“ zu qualifizieren seien, BT-Drs. 19/199930, S. 51, BT-Drs. 19/26971, S. 65 f.

[21] Der Vollständigkeit halber, aber für den konkreten Referenzfall nicht relevant, sei darauf hingewiesen, dass die JI-Richtlinie gemäß Art. 2 Abs. 3 lit. a nicht auf die Verarbeitung personenbezogener Daten im Rahmen von Tätigkeiten anwendbar ist, die außerhalb des Anwendungsbereichs des Unionsrechts liegen. Zu solchen Tätigkeiten zählen beispielsweise Maßnahmen im Bereich der Verteidigung gemäß Art. 39 AEUV sowie die Verarbeitung personenbezogener Daten durch staatliche Nachrichtendienste und Sicherheitsdienste, *Weinhold/Johannes*, DVBl, 1501, 1502 f.

[22] Commission expert group, Minutes of the meeting of the Commission expert group on the Regulation (EU) 21016/679 and Directive EU 21016/680, Internetdokument 2021, S. 1; *Hornung et al.*, ZJS 2018, 566, 567; *Hornung/Spiecker gen. Döhmann*, in: Simitis/Hornung/Spiecker gen. Döhmann, Datenschutzrecht, 2. Auflage 2025, Einleitung Rn. 244; *Wolff*, in: Schantz/Wolff, Das neue Datenschutzrecht, 2017, Teil C Rn. 241; vgl. *Buttarelli*, Opinion 6/2015, A further step towards comprehensive EU data protection, Internetdokument 2015, S. 6.

tung, Ermittlung, Aufdeckung oder Verfolgung von Straftaten dienten[23], also in anderen Worten eine Gefahrenabwehr, die straftatbezogen ist.[24] Die genaue Auslegung des Kriteriums der *Straftatbezogenheit* wird in der Fachliteratur hingegen unterschiedlich beurteilt. Die erste Auffassung, welche den materiellen Gehalt der konkreten Maßnahme als Anknüpfungspunkt für die Straftatbezogenheit sieht[25], vertritt die Position, dass eine Maßnahme dann als straftatbezogen zu qualifizieren ist, wenn sie in einem „engen Zusammenhang" mit der Bekämpfung von Straftaten steht[26] bzw. die abzuwehrende Gefahr im Falle ihrer Realisierung in eine Ordnungswidrigkeit oder Straftat mündet[27]. Demgegenüber steht die zweite, von Heinrich Wolff entwickelte Strömung eines institutionellen Ansatzes[28], nach dem eine Maßnahme dann straftatbezogen ist, wenn sie von einer Behörde durchgeführt wird, die auch repressive Zwecke verfolgen darf.[29]

Im Referenzfall setzt die Polizeibehörde, die grundsätzlich als Institution sowohl präventiv als auch repressiv tätig wird, den Polizeiroboter zur Abwehr einer konkreten Gefahr für den Erlass einer Platzverweisung ein. Das Kriterium der Straftatbezogenheit wird demnach im Sinne beider Strömungen verwirklicht, sodass sich eine vertiefende Streitdarstellung und -besprechung erübrigt. Im Referenzfall sind

---

[23] Ob die Begehung einer Ordnungswidrigkeit ausreicht, ist weiterhin umstritten. Dazu *Roßnagel*, in: Simitis/Hornung/Spiecker gen. Döhmann, Datenschutzrecht, 2. Auflage 2025, Art. 2 DSGVO Rn. 40 m.w.N.

[24] Der weite Bereich der allgemeinen Gefahrenabwehr etwa im Bereich des Gewerberechts, Baurechts, Umweltrechts, Ausländerrechts, Lebensmittelrechts oder Verkehrsrechts unterfiele folglich der DSGVO, *Roßnagel*, in: Simitis/Hornung/Spiecker gen. Döhmann, Datenschutzrecht, 2. Auflage 2025, Art. 2 DSGVO Rn. 40; vgl. *Roggenkamp*, in: Specht/Mantz, Datenschutzrecht, 2019, § 21 Datenschutz und präventive Tätigkeit der Polizei Rn. 8. Die Frage unter Verweis auf eine zukünftige Klärung des Problems durch den EuGH offenlassend *Stevens/Limberger*, JZ 2022, 656, 657.

[25] *Bäcker*, in: BeckOK Datenschutzrecht, 51. Edition, Art. 2 DSGVO Rn. 29 (Stand August 2023); *Braun*, in: Gola/Heckmann, BDSG, 13. Auflage 2019, § 45 BDSG Rn. 21; *Grafenstein/Graitzsch*, in: Gierschmann/Schlender/Stentzel, DSGVO, 2018, Art. 2 DSGVO Rn. 55; *Johannes/Weinhold*, in: Sydow, DSGVO, 3. Auflage 2022, § 45 BDSG Rn. 60; *Kühling/Raab*, in: Kühling/Buchner, DS-GVO, 4. Auflage 2024, Art. 2 DSGVO Rn. 29; *Roggenkamp*, in: Specht/Mantz, Datenschutzrecht, 2019, § 21 Datenschutz und präventive Tätigkeit der Polizei Rn. 6; *Zerdick*, in: Ehmann/Selmayr, DS-GVO, 3. Auflage 2024, Art. 2 DSGVO Rn. 14.

[26] *Bäcker*, in: BeckOK Datenschutzrecht, 51. Edition, Art. 2 DSGVO Rn. 29 (Stand August 2023); ähnlich *Braun*, in: Gola/Heckmann, BDSG, 13. Auflage 2019, § 45 BDSG Rn. 24; *Wendehorst*, in: Martini/Wendehorst, KI-VO, 2. Auflage 2026, Art. 3 Rn. 341 ff.

[27] *Grafenstein/Graitzsch*, in: Gierschmann/Schlender/Stentzel, DSGVO, 2018, Art. 2 DSGVO Rn. 55; *Roggenkamp*, in: Specht/Mantz, Datenschutzrecht, 2019, § 21 Datenschutz und präventive Tätigkeit der Polizei Rn. 6. Ähnlich *Petri*, GSZ 2024, 257, 258.

[28] *Wolff*, in: BeckOK Datenschutzrecht, 54. Edition, § 45 BDSG Rn. 17 (Stand November 2025); ähnlich auch *Ennöckl*, in: Sydow, DSGVO, 3. Auflage 2022, Art. 2 DSGVO Rn. 15.

[29] *Wolff*, in: BeckOK Datenschutzrecht, 54. Edition, § 45 BDSG Rn. 17 (Stand November 2025).

die Umsetzungen der JI-Richtlinie, für Nordrhein-Westfalen § 46 DSG NRW, anzuwenden.[30]

Der Norm ist zu entnehmen, dass Entscheidungen, die ausschließlich auf einer automatisierten Verarbeitung beruhen und eine nachteilige Rechtsfolge für die betroffene Person nach sich ziehen, grundsätzlich verboten sind. Im Referenzfall wird eine Platzverweisung, die als belastender Verwaltungsakt nachteilig in die Grundrechte des deutschen Rugbyfans eingreift, vollständig automatisiert durch den Polizeiroboter erlassen, sodass sie grundsätzlich verboten ist.

Das Verbot einer ausschließlich automatisierten Entscheidungsfindung gilt gemäß § 46 Abs. 1 DSG NRW jedoch dann nicht, wenn der automatisierte Entscheidungsprozess im Recht des jeweiligen Mitgliedstaates ausdrücklich erlaubt ist. Im Falle der Normierung der in dieser Schrift entworfenen fiktiven Ergänzung des § 34 PolG NRW, besteht im deutschen Recht eine Norm, die ebendiesen Einsatz des Polizeiroboters ausdrücklich erlaubt.[31]

[30] Die Datenschutzgesetze des Bundes und der Länder haben Art. 11 der JI-Richtlinie infolge seiner Umsetzung nahezu wortgleich übernommen: § 84 PolG BW; Art. 35 BayDSG; § 39 BlnDSG; § 16 BbgPJMDSG; § 62 BremPolG; § 49 HDSIG (Hessen); § 9 PolDVG (Hamburg); § 29 NDSG; § 36 LDSG (Rheinland-Pfalz); § 25 SPolDVG (Saarland); § 10 SächsDSUG; § 10 DSUG LSA; § 30 LDSG (Schleswig-Holstein); § 38 ThürDSG und die Regelung des Bundes § 54 BDSG. In Mecklenburg-Vorpommern ist Art. 11 der JI-Richtlinie – soweit erkennbar – bisher nicht ausdrücklich umgesetzt worden; es findet sich lediglich die allgemeine Umsetzung der JI-Richtlinie in § 3 DSG M-V, der auf die DSGVO (evtl. Art. 22 DSGVO) und – so die Gesetzesbegründung M-V-LT-Drs. 7/1568, S. 37 – auf das POG M-V verweist.

[31] Wenn automatische Einrichtungen beim vollständig automatisierten Erlass eines Verwaltungsaktes personenbezogene Daten verarbeiten, ist § 35a VwVfG NRW keine „zulassende Rechtsvorschrift" im Sinne des § 46 Abs. 1 DSG NRW, da § 35a VwVfG NRW selbst eine Rechtsvorschrift in Spezialgesetzen fordert – § 35a VwVfG NRW lässt also unmittelbar nichts zu, sondern erklärt es für zulässig, dass eine andere Norm den Einsatz zulässt. Sie nimmt in solchen Fällen zunächst eine bloße Klarstellungsfunktion ein (ähnlich *Windoffer*, in: Mann/Sennekamp, VwVfG, 3. Auflage 2025, § 35a VwVfG Rn. 3, 36). Jedoch konkretisiert § 35a VwVfG NRW den Schutz der Rechte des Betroffenen aus § 46 Abs. 2 DSG NRW, weil ein vollständig automatisierter Verwaltungsakt mit Beurteilungs- oder Ermessensspielräumen verboten ist. § 46 Abs. 2 DSG NRW kann jedoch nicht allein durch § 35a VwVfG NRW konkretisiert werden, sondern muss in einer Art Schutzgeflecht mit anderen verwaltungsverfahrensrechtlichen Normen betrachtet werden, wie z.B. mit § 24 VwVfG NRW oder § 39 VwVfG NRW (ebenso *Tegethoff*, in: Kopp/Ramsauer, VwVfG, 26. Auflage 2025, § 35a VwVfG Rn. 7a; *Windoffer*, in: Mann/Sennekamp, VwVfG, 3. Auflage 2025, § 35a VwVfG Rn. 37). Das soeben Beschriebene gilt jedoch nur insoweit, als die automatische Einrichtung personenbezogene Daten verarbeitet. Verarbeitet die automatische Einrichtung zum vollständig automatisierten Erlass eines Verwaltungsaktes hingegen keine personenbezogenen Daten, sondern möglicherweise bereits anonymisierte, steht § 35a VwVfG NRW völlig selbstständig neben § 46 DSG NRW. § 46 DSG NRW ist in einem solchen Fall aufgrund des § 35 DSG NRW nicht mehr anwendbar. § 35a VwVfG NRW und § 46 DSG NRW stehen demnach in keinem Spezialitätsverhältnis, sondern greifen vielmehr über verschiedene Regulationsebenen ineinander.

Zudem muss die Rechtsvorschrift gemäß § 46 Abs. 2 DSG NRW geeignete Garantien für die Rechte und Freiheit der betroffenen Person bieten. An dieser Formulierung ist bemerkenswert, dass das Land Nordrhein-Westfalen bei der Umsetzung des Art. 11 der JI-Richtlinie den Richtlinientext nicht wörtlich übernahm[32]; während der erste Halbsatz von Art. 11 der JI-Richtlinie nahezu identisch in die nationale Regelung eingeflossen ist, fehlt der zweite Halbsatz, der das Recht auf menschliches Eingreifen ausdrücklich erwähnt. In Art. 11 der JI-Richtlinie heißt es nämlich: „(...) es sei denn, sie ist nach dem Unionsrecht oder dem Recht der Mitgliedstaaten, dem der Verantwortliche unterliegt und das geeignete Garantien für die Rechte und Freiheiten der betroffenen Person bietet, *zumindest aber das Recht auf persönliches Eingreifen seitens des Verantwortlichen*, erlaubt." Dieses Fehlen könnte auf den ersten Blick den Eindruck erwecken, dass die nationale Regelung in diesen Bereichen hinter den Anforderungen der JI-Richtlinie zurückbleibt. Eine solche Interpretation greift jedoch zu kurz, da die Richtlinie durch die Mitgliedstaaten in ihren Umsetzungen stets richtlinienkonform ausgelegt werden muss.[33] Somit wäre das in Art. 11 der JI-Richtlinie normierte Recht auf persönliches Eingreifen auch bei fehlender expliziter Regelung in den nationalen Gesetzen zu berücksichtigen.

Nach der herrschenden Kommentarliteratur gilt das Recht auf persönliches Eingreifen als gewahrt, wenn ein menschlicher Verantwortlicher auf Verlangen der betroffenen Person die automatisierte Entscheidung überprüft und gegebenenfalls neu bescheidet.[34] Diese Neubewertung durch einen Menschen setzt voraus, dass der Mensch die technische Entscheidung überstimmen kann. Im Kontext eines polizeilichen Einsatzes ist die Anforderung der Neubescheidung jedoch besonders herausfordernd. Damit eine Neubewertung in Echtzeit erfolgen kann, muss ein Polizeibeamter entweder in unmittelbarer Nähe des Polizeiroboters anwesend sein oder die Aktionen des Roboters über eine Live-Videoübertragung beobachten. Andernfalls könnte der im Eilfall erlassene Verwaltungsakt, wie etwa eine Platzverweisung, zu schnell erledigt sein, sodass keine Gelegenheit für eine nachträgliche menschliche Neubescheidung bestünde. In einem solchen Fall wäre die Garantie des Rechts auf persönliches Eingreifen praktisch bedeutungslos. Die fiktive Ergänzung des § 34 PolG NRW trägt diesen Anforderungen Rechnung, indem sie ausdrücklich klarstellt, dass das Recht des Betroffenen auf persönliches Eingreifen

---

[32] Ebenso die bundesrechtliche Regelung § 54 BDSG, sowie die landesrechtlichen Vorschriften Art. 35 BayDSG; § 16 BBgPJMDSG; § 62 BremPolG; § 49 HDSIG (Hessen); § 29 NDSG; § 25 SPolDVG (Saarland); § 10 DSUG LSA; § 30 LDSG (Schleswig-Holstein).

[33] *Hahn*, Automatisierte Gesichtserkennung in der Strafverfolgung, 2025, S. 191.

[34] *Eichenhofer*, DVBl 2024, 1519, 1525; *Wendehorst*, in: Martini/Wendehorst, KI-VO, 2. Auflage 2026, Art. 14 Rn. 124, 128; vgl. zum vergleichbaren Art. 22 Abs. 3 DSGVO *Buchner*, in: Kühling/Buchner, DS-GVO, 4. Auflage 2024, Art. 22 DSGVO Rn. 15, 31a; *Hladjk*, in: Ehmann/Selmayr, DS-GVO, 3. Auflage 2024, Art. 22 DSGVO Rn. 22; *Martini*, in: Paal/Pauly, DS-GVO, 4. Auflage 2026, Art. 22 DSGVO Rn. 39b; *Schneeberger*, Machine Learning in der Verwaltung, 2024, S. 136, 155; *Scholz*, in: Simitis/Hornung/Spiecker gen. Döhmann, Datenschutzrecht, 2. Auflage 2025, Art. 22 DSGVO Rn. 66.

trotz des Einsatzes Künstlicher Intelligenz durch die Polizei gewährleistet sein muss. Die konkrete Art und Weise, wie dieses Recht umgesetzt wird, bleibt dem jeweiligen polizeilichen Einsatzkonzept überlassen. Entscheidend ist lediglich, dass der menschliche Verantwortliche jederzeit in der Lage ist, die automatisierte Entscheidung zu überprüfen und gegebenenfalls zu revidieren.[35] Im Referenzfall wird der Polizeiroboter durch einen menschlichen Polizeibeamten begleitet, sodass den Anforderungen des richtlinienkonform ausgelegten § 46 DSG NRW genügt wird.

III. Fiktive Ergänzung im Lichte der KI-Verordnung möglich?

Zu prüfen ist zudem, ob der durch § 34 Abs. 1 S. 3 PolG NRW f.F. geplante Einsatz von Künstlicher Intelligenz zum Erlass einer Platzverweisung im Lichte der KI-Verordnung zulässig ist oder ob es sich um eine *verbotene Praktik* gemäß Art. 5 der KI-Verordnung handelt.[36]

Verboten ist gemäß Art. 5 Abs. 1 lit. d der KI-Verordnung

> „das Inverkehrbringen, die Inbetriebnahme für diesen spezifischen Zweck oder die Verwendung eines KI-Systems zur Durchführung von *Risikobewertungen* in Bezug auf natürliche Personen, um das Risiko, dass eine natürliche Person eine Straftat begeht, *ausschließlich auf der Grundlage des Profiling* einer natürlichen Person oder der Bewertung ihrer persönlichen Merkmale und Eigenschaften zu bewerten oder vorherzusagen; dieses Verbot gilt nicht für KI-Systeme, die dazu verwendet werden, die durch Menschen durchgeführte Bewertung der Beteiligung einer Person an einer kriminellen Aktivität, die sich bereits auf objektive und überprüfbare Tatsachen stützt, die in unmittelbarem Zusammenhang mit einer kriminellen Aktivität stehen, zu unterstützen".

---

[35] Die Frage, ob eine ausschließlich automatisiert ergangene Entscheidung bis zur Überprüfung und etwaigen Neubescheidung durch einen Menschen als schwebend unwirksam oder schwebend wirksam anzusehen ist, ist zweifellos von rechtstheoretischem Interesse. Für den Referenzfall hat sie jedoch keine direkte Relevanz.

[36] Auch die KI-Verordnung fügt sich in das Normgeflecht ein, das § 35a VwVfG NRW und § 46 DSG NRW bereits vorgeprägt haben. Die KI-Verordnung ergänzt beide Vorschriften, wenn es um den Einsatz Künstlicher Intelligenz geht, die insbesondere einen Verwaltungsakt vollständig automatisiert erlässt (ebenso *Orssich*, EuZW 2022, 254, 256; *Paal/Hüger*, MMR 2024, 540, 542; *Reichert et al.*, ZD 2024, 483, 487; *Schwenke*, DSB 2024, 205, 208; *Welser*, GRUR-Prax 2024, 485, 488; *Wendehorst*, in: Martini/Wendehorst, KI-VO, 2. Auflage 2026, Art. 5 Rn. 81; vgl. *Roth-Isigkeit*, MMR 2024, 621). Zu einer Vertiefung der Wechselwirkungen zwischen KI-Verordnung und der DSGVO *Radtke*, RDi 2024, 353. Teilweise geht die KI-Verordnung als *lex specialis* der Umsetzungen der JI-Richtlinie vor, so *Coombe/Roth-Isigkeit*, ZfDR 2024, 391, 410. *Böning/Schindler*, ZD-Aktuell 2024, 01793 und *Heinze/Engel*, KIR 2025, 19 und *Krimphove*, InTeR 2024, 154, 159 und *Krönke*, NVwZ 2024, 529, 531 halten die Formulierung des Art. 5 der KI-Verordnung für zu unbestimmt und erkennen eine Gefahr für die Rechtssicherheit. Zum grundrechtlichen Einschlag der KI-Verordnung *Heinze/Engel*, KIR 2025, 19; *Palmstorfer*, NLMR 2024, 281.

Profiling wird gemäß Art. 3 Nr. 52 der KI-Verordnung i. V. m. § 36 Nr. 4 DSG NRW (als Umsetzung des fast wortgleichen Art. 3 Nr. 4 der JI-Richtlinie) definiert als jede Art der automatisierten Verarbeitung personenbezogener Daten, bei der diese Daten verwendet werden, um bestimmte persönliche Aspekte, die sich auf eine natürliche Person beziehen, zu bewerten, insbesondere um Aspekte der Arbeitsleistung, der wirtschaftlichen Lage, der Gesundheit, der persönlichen Vorlieben, der Interessen, der Zuverlässigkeit, des Verhaltens, der Aufenthaltsorte oder der Ortswechsel dieser natürlichen Person zu analysieren oder vorherzusagen.

Der hier adressierte Einsatz entspricht nicht der verbotenen Praktik aus Art. 5 Abs. 1 lit. d der KI-Verordnung. Zwar wird das System unter anderem zur Prognose einer Gefahr Risikobewertungen über eine natürliche Person anhand personenbezogener Daten durchführen; allerdings erfolgen diese Risikobewertungen nicht ausschließlich auf der Grundlage des Profiling über persönliche Merkmale, sondern vielmehr anhand des beobachteten objektiven Verhaltens einer Person.

Allerdings könnte sich um eine verbotene Praktik gemäß Art. 5 Abs. 1 lit. g der KI-Verordnung handeln. Das Verbot gilt für „das Inverkehrbringen, die Inbetriebnahme für diesen spezifischen Zweck oder die Verwendung von Systemen zur *biometrischen Kategorisierung*, mit denen natürliche Personen individuell auf der Grundlage ihrer biometrischen Daten kategorisiert werden, um ihre Rasse, ihre politischen Einstellungen, ihre Gewerkschaftszugehörigkeit, ihre religiösen oder weltanschaulichen Überzeugungen, ihr Sexualleben oder ihre sexuelle Ausrichtung zu erschließen oder abzuleiten; dieses Verbot gilt nicht für die Kennzeichnung oder Filterung rechtmäßig erworbener biometrischer Datensätze, wie z. B. Bilder auf der Grundlage biometrischer Daten oder die Kategorisierung biometrischer Daten im Bereich der Strafverfolgung.“

Biometrische Daten sind gemäß Art. 3 Nr. 34 der KI-Verordnung mit speziellen technischen Verfahren gewonnene personenbezogene Daten zu den physischen, physiologischen oder verhaltenstypischen Merkmalen einer natürlichen Person, wie etwa Gesichtsbilder oder daktyloskopische Daten.

Der Polizeiroboter verarbeitet im Referenzfall zwar solche biometrischen Daten und kategorisiert sie; allerdings erfolgt diese Kategorisierung nicht zur Ableitung oder Erschließung der in Art. 5 Abs. 1 lit. g der KI-Verordnung genannten Zwecke, sondern einzig zur Prognose einer Gefahr für die öffentliche Sicherheit. Für Art. 5 Abs. 1 lit. g der KI-Verordnung muss die Ableitung nämlich *gezielt* zu diesen Zwecken erfolgen, ein indirekter Rückschluss auf ebensolche Zwecke genügt nicht, um das System als verboten einzustufen.[37] Somit steht auch Art. 5 Abs. 1 lit. g der KI-Verordnung der Einführung des § 34 Abs. 1 S. 3 PolG NRW f. F. nicht entgegen.

Nebstdem kollidiert die Einführung der fiktiven Norm nicht mit Art. 5 Abs. 1 lit. h der KI-Verordnung, der als verbotene Praktik die Verwendung *biometrischer*

---

[37] *Wendehorst*, in: Martini/Wendehorst, KI-VO, 2. Auflage 2026, Art. 5 Rn. 132 ff.

Echtzeit-Fernidentifizierungssysteme in öffentlich zugänglichen Räumen zu Strafverfolgungszwecken normiert.[38] Ein biometrisches Fernidentifizierungssystem ist gemäß Art. 3 Nr. 41 der KI-Verordnung ein KI-System, das dem Zweck dient, natürliche Personen ohne ihre aktive Einbeziehung und in der Regel aus der Ferne durch Abgleich der biometrischen Daten einer Person mit den in einer Referenzdatenbank gespeicherten biometrischen Daten zu identifizieren. Ein „*Echtzeit*"-Fernidentifizierungssystem ist gemäß Art. 3 Nr. 42 ein biometrisches Fernidentifizierungssystem, bei dem die Erfassung biometrischer Daten, der Abgleich und die Identifizierung ohne erhebliche Verzögerungen erfolgen, und das zur Vermeidung einer Umgehung der Vorschriften nicht nur die sofortige Identifizierung, sondern auch eine Identifizierung mit begrenzten kurzen Verzögerungen umfasst.

Wie bereits bei der Beschreibung des Untersuchungsgegenstands beschrieben, soll in dieser Arbeit kein „Mehr" an Polizeimaßnahmen erörtert werden, sondern eine typische Platzverweisung im bisherigen Gewand. Somit wird auch dem Polizeiroboter im Referenzfall kein Sofortzugriff auf die Referenzdatenbanken zum Abgleich von Personen gewährt.[39]

Daher stellt der im fiktiven Referenzfall beschriebene Einsatz des Polizeiroboters keine verbotene Praktik gemäß Art. 5 der KI-Verordnung dar. Der Polizeiroboter ist vielmehr als „*Hochrisiko-KI-System*" im Sinne des Art. 6 Abs. 2 und Abs. 3 der KI-Verordnung einzustufen.

Ein Hochrisiko-KI-System ist gemäß Art. 6 Abs. 2 der KI-Verordnung ein System, das in Anhang III der Verordnung genannt ist.[40] Der Polizeiroboter im Referenzfall ist jedenfalls ein System gemäß Anhang III Nr. 1 lit. c der KI-Verordnung, das bestimmungsgemäß zur *Emotionserkennung* verwendet werden soll. Ein Emotionserkennungssystem ist nach Art. 3 Nr. 39 der KI-Verordnung ein KI-System, das dem Zweck dient, Emotionen oder Absichten natürlicher Personen auf der Grundlage ihrer biometrischen Daten festzustellen oder daraus abzuleiten.[41] Der Polizeiroboter muss im Einsatz die Emotionen der betroffenen Personen schon deshalb einschätzen können, um eine Gefahr von einem bloßen Scherz oder sonstigen unernstlich gemeinten Äußerungen und Taten abzugrenzen.

Darüber hinaus könnte Anhang III Nr. 6 der KI-Verordnung einschlägig sein, der KI-Systeme betrifft, die von nationalen Strafverfolgungsbehörden oder in deren Namen oder von Organen und Einrichtungen und sonstigen Stellen der Union zur Unterstützung von Strafverfolgungsbehörden eingesetzt werden. Nach Anhang III Nr. 6 lit. a der KI-Verordnung handelt es sich um ein Hochrisiko-KI-System, wenn

---

[38] Kritik an der Verortung dieser Materie in Art. 5 der KI-Verordnung, *Borges*, CR 2024, 497, 499 Rn. 17.

[39] Zu Fernidentifikationssystemen *Coombe*, GSZ 2024, 262.

[40] Zur Kritik an der weiten Formulierung des Anhang III, die zur Rechtsunsicherheit führe, *Borges*, CR 2024, 565, 570.

[41] Eine nähere Konkretisierung erfährt der Begriff in den Erwägungsgründen 18 und 44 der KI-Verordnung.

es zur Bewertung des Risikos einer natürlichen Person, zum Opfer von Straftaten zu werden, verwendet wird. Gemäß Anhang III Nr. 6 lit. d. liegt zudem ein Hochrisiko-KI-System vor, wenn das System zur Bewertung des Risikos, dass eine natürliche Person eine Straftat begeht oder erneut begeht, nicht nur auf der Grundlage der Erstellung von Profilen natürlicher Personen gemäß Art. 3 Abs. 4 der JI-Richtlinie oder zur Bewertung persönlicher Merkmale und Eigenschaften oder vergangenen kriminellen Verhaltens von natürlichen Personen oder Gruppen verwendet werden soll.

Im Referenzfall soll der Polizeiroboter verschiedene personenbezogene Daten analysieren, um eine Gefahr für die öffentliche Sicherheit zu prognostizieren. Dafür muss er inzident auf der einen Seite prüfen, ob eine Person eine Straftat begehen könnte, die die öffentliche Sicherheit beeinträchtigen wird und auf der anderen Seite, ob jemand Betroffener einer Straftat werden könnte. Somit liegt – nimmt man den Anhang III Nr. 6 lit. a und d der KI-Verordnung beim Wort[42] – auch nach dieser Vorschrift ein Hochrisiko-KI-System vor.

Allerdings gilt gemäß Art. 6 Abs. 3 der KI-Verordnung ein in Anhang III genanntes KI-System nicht als hochriskant, wenn es kein erhebliches Risiko der Beeinträchtigung in Bezug auf die Gesundheit, Sicherheit oder Grundrechte natürlicher Personen birgt, indem es unter anderem nicht das Ergebnis der Entscheidungsfindung wesentlich beeinflusst. Diese Ausnahme ist hier offensichtlich nicht einschlägig. Einerseits handelt es sich bei dem im fiktiven Referenzfall eingesetzten Polizeiroboter um ein System, das zumindest in Art. 2 Abs. 1 GG der von der Platzverweisung betroffenen Person – damit in Grundrechte – eingreift und andererseits die Entscheidung über den Erlass der Platzverweisung vollständig automatisiert trifft. Somit bleibt es bei der Einstufung als Hochrisiko-KI-System.

Statt eines generellen Verbots für Hochrisiko-KI-Systeme sieht die KI-Verordnung in Art. 8 ff. besondere Voraussetzungen für einen rechtmäßigen Einsatz vor, die im weiteren Verlauf dieser Arbeit in der jeweils einschlägigen Problembehandlung zu berücksichtigen sind.

---

[42] Da explizit das Profiling genannt ist, das typischerweise weit im Vorfeld der Gefahrenabwehr durchgeführt wird, könnte Anhang III Nr. 6 lit. a und d der KI-Verordnung auf den ersten Blick auch so interpretiert werden, dass ein Hochrisiko-KI-System bloß dann vorliegt, wenn es die Gefahrenprognose im Vorfeld leistet. Einer solchen Interpretation stehen jedoch zwei Punkte entgegen. Zum einen erschließt es sich nicht, weshalb ein System, das unmittelbar bei Erlass des Verwaltungsaktes Einschätzungen trifft, nicht als Hochrisiko-KI-System bezeichnet werden sollte, obwohl es exakt dieselben Bewertungsvorgänge vollzieht wie ein System im Vorfeld des Einsatzes. Zum anderen widerspräche eine solche Interpretation Erwägungsgrund 59 der KI-Verordnung, da explizit auf die Gefahren Bezug genommen wird, die von nicht hochwertigen Trainingsdaten ausgehen. Damit nimmt der Verordnungsgeber gerade auf das Risiko der Profilingmaßnahme an sich Bezug, unabhängig davon, ob sie im Gefahrenvorfeld oder direkt am Einsatzort erfolgt.

IV. Zwischenergebnis

Da die KI-Verordnung, § 46 DSG NRW und § 35a VwVfG NRW der Zulässigkeit des Polizeirobotereinsatzes nunmehr nicht länger grundlegend entgegenstehen[43], gilt es im Folgenden zu untersuchen, ob die Platzverweisung durch den Polizeiroboter rechtmäßig erlassen wurde, bzw. ob auf Grundlage des § 34 Abs. 1 S. 3 PolG NRW f.F. der Erlass rechtmäßiger Verwaltungsakte möglich ist (Teil 4). Dies ist anhand einer *chronologischen Einsatzbetrachtung* fallbezogen zu prüfen.

Im Anschluss daran ist zu untersuchen, ob die Einführung des § 34 Abs. 1 S. 3 PolG NRW f.F. in Einklang mit verfassungsrechtlichen Vorgaben des Grundgesetzes steht (Teil 5). Hierbei ist eine *abstrakte* Auseinandersetzung mit dem Einsatz Künstlicher Intelligenz zum Erlass eines Ermessensverwaltungsaktes geboten, die sich von einer konkreten Referenzfallbetrachtung weitgehend loslöst und somit erst

---

[43] Anzumerken bleibt, dass sich die Europäische Union für die Normierung datenschutzrechtlicher Vorgaben im Bereich polizeilicher Tätigkeiten – und somit für den Erlass der JI-Richtlinie sowie einzelner Vorschriften der KI-Verordnung mit spezifischem Bezug zu Strafverfolgungsbehörden – auf die Kompetenz gemäß Art. 16 Abs. 2 AEUV beruft. Indes wird kontrovers diskutiert, ob auf Grundlage von Art. 16 Abs. 2 AEUV auch rein innerstaatliche polizeiliche Sachverhalte – wie im Referenzfall – unionsrechtlich reguliert werden dürfen, oder ob derartige Maßnahmen vielmehr der nationalen Regelungskompetenz unterfallen und somit von der Unionszuständigkeit ausgenommen sind. Für die Erfassung innerstaatlicher Sachverhalte etwa *Albers*, in: BeckOK Datenschutzrecht, 51. Edition, Syst. L. Datenschutzbestimmungen der Polizei- und Nachrichtendienstgesetze des Bundes Rn. 31 ff. (Stand Mai 2024); *Brühann/Caspar*, in: Groeben/Schwarze, Europäisches Unionsrecht, 8. Auflage 2025, Art. 16 AEUV Rn. 21; Europäische Kommission, KOM(2012) 10 endgültig, Internetdokument 2012, S. 2; *Hornung*, Stellungnahme Ausschuss-Drs. 17(4)584 E, 2012, S. 14; *Hornung et al.*, ZJS 2018, 566, 567 Fn. 12; *Kingreen*, in: Calliess/Ruffert, EUV/AEUV, 6. Auflage 2022, Art. 16 AEUV Rn. 6; *Kugelmann*, Stellungnahme Ausschuss-Drs. 17(4)585 A, 2012, S. 3; *Kühling*, in: Frankfurter Kommentar EUV/GRC/AEUV, Bd. 2, 2. Auflage 2023, Art. 16 AEUV Rn. 33; *Kühling/Raab*, in: Kühling/Buchner, DS-GVO, 4. Auflage 2024, Einführung Rn. 7 f.; *Lewinski*, DuD 2012, 564, 565; *Petri*, GSZ 2024, 257; *Schild/Tinnefeld*, DuD 2012, 312, 316; *Schindler*, Biometrische Videoüberwachung, 2021, S. 246 f.; *Schneider*, Die Verwaltung 2011, 499, 506; *Schneider*, in: BeckOK Datenschutzrecht, 51. Edition, Syst. B. Völker- und unionsverfassungsrechtliche Grundlagen Rn. 61 (Stand November 2024); *Spiecker gen. Döhmann/Eisenbarth*, JZ 2011, 169, 172; *Stevens/Limberger*, JZ 2022, 656, 658; *Sydow*, in: Sydow, DSGVO, 3. Auflage 2022, Einleitung Rn. 87. Gegen die Erfassung innerstaatlicher Sachverhalte etwa BR-Drs. 51/12, S. 3; *Braun*, in: Gola/Heckmann, DSGVO/BDSG, 3. Auflage 2022, § 45 BDSG Rn. 8; *Giesen*, in: Schaar (Hrsg.), Zukunft der informationellen Selbstbestimmung, 2016, 23, 46; *Müller/Schwabenbauer*, in: Lisken/Denninger, Handbuch des Polizeirechts, 7. Auflage 2021, G. Informationsverarbeitung im Polizei- und Strafverfahren Rn. 419 Fn. 1183; *Peuker*, ZfDR 2023, 384, 395; *Peuker*, EuR 2023, 535, 552; *Peuker*, ZfDR 2023, 384, 392 f.; *Schindler/Schomberg*, in: Friedewald/Roßnagel/Heesen/Krämer/Lamla (Hrsg.), Künstliche Intelligenz, Demokratie und Privatheit, 2022, 103, 125; *Seidel*, ZfDR 2025, 47, 66; *Valta/Vasel*, ZRP 2021, 142, 143 f.; *Wolff*, in: BeckOK Datenschutzrecht, 54. Edition, § 45 BDSG Rn. 24 (Stand November 2025); *Wolff*, in: Kugelmann/Rackow (Hrsg.), Prävention und Repression im Raum der Freiheit, der Sicherheit und des Rechts, 2014, 61, 65. Angesichts des Referenzfalls bedarf die Kompetenzfrage hier keiner weitergehenden Vertiefung, da – wie soeben aufgezeigt wurde – die Voraussetzungen der einschlägigen unionsrechtlichen Vorschriften beim Einsatz des Polizeiroboters erfüllt sind.

den Abschluss der hiesigen Ausführungen bildet. Es gilt zu eruieren, ob der Einsatz eines Polizeiroboters zum Erlass eines Ermessensverwaltungsaktes mit der Gewährleistung der Menschenwürde (A.), dem Rechtsstaatsprinzip (B.) sowie dem Demokratieprinzip (C.) vereinbar ist.

Methodisch gründet sich die Analyse praxisorientiert auf Grundannahmen zu bereits existierenden Systemen Künstlicher Intelligenz und wird an jenen Stellen, an denen sich bislang noch unklar definierte Entwicklungsperspektiven eröffnen, um konkret formulierte Bedingungen ergänzt, deren Ausfüllung als zukünftige Aufgabe ausgewiesen wird.

Die Untersuchung der einzelnen Prüfungsschwerpunkte wird durch eine Darlegung rechtlicher Maßstäbe für menschliches Handeln eingeleitet, um im Anschluss diese Maßstäbe auf Künstliche Intelligenz zu übertragen.[44] In diesem Zusammenhang wird die in der Literatur bereits aufkeimende Kritik an der vollständigen Automatisierung des Erlasses eines Ermessensverwaltungsaktes durch Künstliche Intelligenz aufgegriffen und einer kritischen Würdigung unterzogen.

[44] Zum Vergleich zwischen menschlichem Denken und der Funktionsweise Künstlicher Intelligenz aus philosophischer Perspektive, *Kippenhan*, Künstliche Intelligenz und die Sinnstrukturen menschlichen Handelns, 2024.

Teil 4

Erlass rechtmäßiger Verwaltungsakte auf Grundlage des § 34 Abs. 1 S. 3 PolG NRW f. F. möglich?

Die zentrale Fragestellung dieser Arbeit, ob auf Grundlage des § 34 Abs. 1 S. 3 PolG NRW f. F. rechtmäßige Verwaltungsakte erlassen werden können, ist untrennbar mit der Prüfung verbunden, ob alle Verfahrensstadien des Erlassprozesses einer vollständigen Automatisierung zugänglich sind. Als zu untersuchende Verfahrensstadien im polizeilichen Einsatz sind in chronologischer Abfolge eine umfassende Sachverhaltsermittlung (A.), die Subsumtion unter den Tatbestand (B.), die Ermessensentscheidung (C.) einschließlich der Anhörung des Betroffenen und der Bekanntgabe des Verwaltungsakts (D.) sowie die Erstellung einer Entscheidungsbegründung zu identifizieren (E.).

A. Ermittlung des Sachverhalts – zugleich zum § 24 VwVfG NRW (Untersuchungsgrundsatz)

Zunächst obliegt es dem Amtswalter gemäß § 24 Abs. 1 S. 1 und Abs. 2 VwVfG NRW im Einsatz alle entscheidungserheblichen Tatsachen des Einzelfalls im Wege der Amtsermittlung zusammenzutragen, um gesetzeskonforme Entscheidungen der Verwaltung zu gewährleisten.[1]

In welchem Umfang die Sachverhaltsermittlung zu erfolgen hat, kann nicht abstrakt definiert werden, sondern bedarf einer einzelfallbezogenen Bestimmung[2], die sich an der Intensität der zu erwartenden Rechtsfolge der Verwaltungsent-

[1] § 24 VwVfG NRW entspricht den landesrechtlichen Regelungen § 24 LVwVfG (Baden-Württemberg), § 24 HmbVwVfG, § 24 HVwVfG (Hessen), § 24 VwVfG M-V, § 24 SVwVfG (Saarland), § 83 LVwG (Schleswig-Holstein) und der bundesrechtlichen Regelung § 24 VwVfG (Bund). Dynamische Verweisungen auf die bundesgesetzliche Regelung finden sich in § 1 Abs. 1 BlnVwVfG; § 1 Abs. 1 S. 1 VwVfG Bbg; § 1 Abs. 1 NVwVfG; § 1 Abs. 1 LVwVfG RP; § 1 S. 1 SächsVwVfG; § 1 Abs. 1 S. 1 VwVfG LSA. Ohne konkrete Nennung der automatischen Einrichtungen, letztlich aufgrund des klarstellenden Charakters dieser Regelung jedoch entsprechend übertragbar Art. 24 BayVwVfG, § 24 ThürVwVfG.

[2] BVerwG, Beschl. v. 8. 5. 2019 – 9 B 20.18, Rn. 4; *Heßhaus*, in: BeckOK VwVfG, 69. Edition, § 24 VwVfG Rn. 11 (Stand Oktober 2025); *Huck*, in: Huck/Müller, VwVfG, 4. Auflage 2025, § 24 VwVfG Rn. 7; *Kallerhoff/Fellenberg*, in: Stelkens/Bonk/Sachs, VwVfG, 10. Auflage 2023, § 24 VwVfG Rn. 26.

scheidung sowie an dem im Verhältnis dazu stehenden Ermittlungsaufwand ausrichtet[3]. Hinsichtlich der polizeilichen Ermittlungen zum Erlass einer Platzverweisung ist zu berücksichtigen, dass der Umfang der Ermittlungen zwar aufgrund des damit verbundenen Eingriffs in die Grundrechte des Betroffenen grundsätzlich umfassender zu bemessen ist, jedoch angesichts des bestehenden Zeitdrucks bei polizeilichen Eilmaßnahmen im Vergleich zu anderen Verwaltungsverfahren reduziert werden muss.[4] § 24 Abs. 1 S. 3 VwVfG NRW, der im Zuge der Modernisierung des Verwaltungsverfahrens im Jahre 2016 parallel zu § 35a VwVfG NRW normiert wurde, stellt jedenfalls unmissverständlich klar[5], dass der Einsatz automatischer Einrichtungen im Rahmen der Sachverhaltsermittlung keine Verringerung des erforderlichen Ermittlungsumfangs zur Folge haben darf.[6] Bedeutsame, d. h. sich möglicherweise auf die Entscheidungsfindung auswirkende[7], Angaben des Betroffenen müssen insofern entweder durch das System selbst oder, falls eine solche Programmierung des Systems nicht möglich ist, durch eine manuelle Prüfung eines menschlichen Amtswalters[8] berücksichtigt werden.[9]

---

[3] BVerwGE, Beschl. v. 8.5.2019 – 9 B 20.18, Rn. 4; *Heßhaus*, in: BeckOK VwVfG, 69. Edition, § 24 VwVfG Rn. 11 (Stand Oktober 2025); *Huck*, in: Huck/Müller, VwVfG, 4. Auflage 2025, § 24 VwVfG Rn. 7 f.; *Kallerhoff/Fellenberg*, in: Stelkens/Bonk/Sachs, VwVfG, 10. Auflage 2023, § 24 VwVfG Rn. 26; *Lier/Engel/Pfau*, in: Mann/Sennekamp, VwVfG, 3. Auflage 2025, § 24 VwVfG Rn. 36; *Pautsch*, in: Pautsch/Hoffmann, VwVfG, 2. Auflage 2021, § 24 VwVfG Rn. 5; *Ritgen*, in: Knack/Henneke, VwVfG, 11. Auflage 2020, § 24 VwVfG Rn. 33; *Schlatmann*, in: Kopp/Ramsauer, VwVfG, 26. Auflage 2025, § 24 VwVfG Rn. 7 f.

[4] Vgl. *Kallerhoff/Fellenberg*, in: Stelkens/Bonk/Sachs, VwVfG, 10. Auflage 2023, § 24 VwVfG Rn. 11.

[5] Zwingend erforderlich ist diese Regelung deshalb nicht, da sie bloß eine Klarstellungs- und Warnfunktion entfaltet, *Schneider*, in: Schoch/Schneider, VwVfG, 7. EGL, § 24 VwVfG Rn. 133 (Stand Juli 2020). Ähnlich auch *Siegel*, DVBl 2020, 552, 554 f.

[6] BT-Drs. 18/8434, S. 122; *Huck*, in: Huck/Müller, VwVfG, 4. Auflage 2025, § 24 VwVfG Rn. 28a; *Lier/Engel/Pfau*, in: Mann/Sennekamp, VwVfG, 3. Auflage 2025, § 24 VwVfG Rn. 20 f.; *Schlatmann*, in: Kopp/Ramsauer, VwVfG, 26. Auflage 2025, § 24 VwVfG Rn. 8.

[7] Vgl. auch *Pautsch*, in: Pautsch/Hoffmann, VwVfG, 2. Auflage 2021, § 24 VwVfG Rn. 8. Sachfremde Angaben oder Bagatelleinwendungen können den Erlass durch automatische Einrichtungen nicht umgehen, so *Braun Binder*, DÖV 2016, 891, 895; *Pautsch*, in: Pautsch/Hoffmann, VwVfG, 2. Auflage 2021, § 24 VwVfG Rn. 8.

[8] Eine Weitergabe des Falls an einen menschlichen Amtswalter (Aussteuerung) würde durch ein Dazwischentreten eines Menschen im Rahmen der Sachverhaltsermittlung den *vollständig* automatisierten Erlass eines Verwaltungsaktes unterbrechen (so auch *Schenk*, in: Obermayer/Funke-Kaiser, VwVfG, 6. Auflage 2020, § 24 VwVfG Rn. 175; *Schmitz/Prell*, NVwZ 2016, 1273, 1277). Darüber hinaus würde eine Aussteuerung während situationsgebundenen, eilbedürftigen polizeilichen Maßnahmen regelmäßig bedeuten, eine gegenwärtige Gefahr nicht abwenden zu können, falls kein menschlicher Polizeibeamter vor Ort ist.

[9] BT-Drs. 18/8434, S. 122.

I. Wahrnehmung der tatsächlichen Umstände

Nachdem die Maßstäbe der Sachverhaltsermittlung für einen Menschen dargelegt wurden, stellt sich als Anschlussfrage, ob der Polizeiroboter im fiktiven Einsatz die Anforderungen des § 24 VwVfG NRW erfüllen kann. Der Polizeiroboter nimmt die Umgebung mittels verschiedener Sensoren, wahr, darunter Kameras und Mikrofone, und erfasst Objekte, Gebäude sowie die Positionen, Bewegungen und Mimik von Personen, ebenso wie Tonsequenzen. Im Referenzfall identifiziert er beispielsweise die Zuschauertribüne und das Spielfeld mit den rufenden und in die Hände klatschenden Rugbyspielern, die einzelnen Personen auf der Tribüne, einschließlich des deutschen Zuschauers, der den Arm mit geballter Faust gegen eine andere Person erhebt, sowie die Tonlage des Ausrufs „Du Zecke! Du Backstein!".

Durch technisch optimierte Sensoren ist der Polizeiroboter sogar in der Lage, innerhalb von Sekundenbruchteilen eine Vielzahl an Informationen zu sammeln, die ein menschlicher Amtswalter aufgrund seiner „begrenzten" (körperlichen) Fähigkeiten nicht in vergleichbarer Präzision wahrnehmen könnte.[10] So ermöglicht etwa ein Weitwinkelobjektiv dem System, einen umfassenderen Ausschnitt der Umgebung zu erfassen, etwa das Spielfeld und die Zuschauertribüne gleichzeitig, oder sich parallel auf das Verhalten mehrerer Personen auf der Zuschauertribüne zu konzentrieren; leistungsstarke Mikrofone können Stimmen den entsprechenden Personen zuordnen und gegebenenfalls eine Übersetzung fremdsprachlicher Äußerungen vornehmen. In Bezug auf die Wahrnehmung der Umgebungssituation als zentraler Bestandteil der Sachverhaltsermittlung erweist sich der Polizeiroboter somit dem Menschen als überlegen.[11]

II. Analyse der wahrgenommenen Umstände – zugleich zur Schematisierungseigenschaft von Künstlicher Intelligenz

Im Anschluss an die Wahrnehmung der Gegebenheiten obliegt es dem Polizeiroboter, die erfassten Daten einer eingehenden Analyse zu unterziehen. Hierbei werden die gewonnenen Informationen in ein vorab durch „Machine Learning"

---

[10] Vgl. *Nink*, Justiz und Algorithmen, 2020, S. 32 f. In diese Richtung stellt auch Karl Larenz dar, dass aus der unübersehbaren Fülle, dem ständig wechselnden Fluss des tatsächlichen Geschehenen der Sachverhalt als Aussage stets eine Auswahl vornehme; bereits diese Auswahl treffe der Beurteiler im Hinblick auf mögliche rechtliche Bedeutsamkeiten der einzelnen Fakten, *Larenz*, Methodenlehre der Rechtswissenschaft, 1960, S. 278. Im Ergebnis erfolge also keine vollständige Sachverhaltsermittlung, sondern eine den möglich anwendbaren Rechtssätzen entsprechende (S. 168).

[11] Vgl. *Etscheid*, in: Mohabbat Kar/Thapa/Parycek (Hrsg.), (Un)Berechenbar? Algorithmen und Automatisierung in Staat und Gesellschaft, 2018, 126, 143; *Fehling*, DÖV 2025, 321, 324; *Mund*, Das Recht auf menschliche Entscheidung, 2022, S. 124; *Nink*, Justiz und Algorithmen, 2020, S. 32, 204.

generiertes, abstraktes Modell eingeordnet.[12] Diese Einordnung in das bestehende Modell geht unweigerlich mit einer Schematisierung einher, die einen Schluss von der abstrakten Ebene auf einen konkreten Einzelfall impliziert („Schubladendenken“). Ariane Berger kritisiert in diesem Zusammenhang die automatische Sachverhaltsanalyse als inhärent „einzelfallblind“[13], während Dieter Kallerhoff und Frank Fellenberg von einer „verengten Sachverhaltsermittlung“[14] sprechen und hierin einen Verstoß gegen den Untersuchungsgrundsatz gemäß § 24 Abs. 1 S. 1 VwVfG NRW erkennen. Trotz der Identifizierung der schematisierenden Natur Künstlicher Intelligenz durch die juristische Fachliteratur[15] und den Gesetzgeber[16], ist eine Einzelfallbetrachtung dennoch nicht ausgeschlossen, sofern die Künstliche Intelligenz alle *Daten des spezifischen Falls* schematisiert und die Verarbeitungsergebnisse in eine individuelle *Gesamtschau* einfügt.[17] Diese These soll anhand des (verkürzten[18]) Eingangsbeispiels illustriert werden:

> Etwa 15 Personen stehen nebeneinander, schreien und fletschen die Zähne (Schematisierung: schreiend + gefletschte Zähne = wütend = evtl. bald gewalttätig).
>
> Eine Menschenmenge bildet sich gegenüber diesen 15 Personen (Schematisierung: zwei Menschengruppen = erhöhte Eskalationsgefahr).
>
> Die Personen aus der Menschenmenge applaudieren und jubeln (Schematisierung: lachen, klatschen, jubeln = fröhliche Menschen = keine Gefahr).
>
> Das Geschehen findet auf einem Rugbyfeld im Rahmen eines Sportfestivals statt (Schematisierung: Rugbyfeld + Sportfestival = Freizeitgestaltung/Sportveranstaltung = grundsätzlich keine Gefahr).

---

[12] Siehe S. 52 ff. dieser Arbeit.

[13] *Berger*, NVwZ 2018, 1260, 1263; *Korte*, DÖV 2024, 770, 774; wohl auch *Busche*, Verwaltungsautomation 2.0, 2023, S. 237.

[14] *Kallerhoff/Fellenberg*, in: Stelkens/Bonk/Sachs, VwVfG, 10. Auflage 2023, § 24 VwVfG Rn. 57a.

[15] *Berger*, NVwZ 2018, 1260, 1263; *Busche*, Verwaltungsautomation 2.0, 2023, S. 237; *Huck*, in: Huck/Müller, VwVfG, 4. Auflage 2025, § 24 VwVfG Rn. 28a, 28c; *Kallerhoff/Fellenberg*, in: Stelkens/Bonk/Sachs, VwVfG, 10. Auflage 2023, § 24 VwVfG Rn. 57a; *Martini/Nink*, DVBl 2018, 1128, 1132; *Ziekow*, NVwZ 2018, 1169, 1172.

[16] § 24 Abs. 1 S. 3 VwVfG NRW liegt der Gedanke zugrunde, dass automatische Verfahren einen hohen Grad an Schematisierung erfordern und individuelle Fallkonstellationen nur bei entsprechender Programmierung berücksichtigt werden können, BT-Drs. 18/8434, S. 122.

[17] Vgl. *Herold*, InTeR 2019, 7, 9; teilweise *Siegel*, VerwArch 2014, 241, 258 f., da nach seiner Ansicht selbst komplexe Abwägungsvorgänge in einem gewissen Maße Standardisierungen zuließen; *Worms/Gusy*, in: BeckOK PolG NRW, 32. Edition, § 8 PolG NRW Rn. 108 f. (Stand September 2025).

[18] Es ist evident, dass die Analyse durch ein System Künstlicher Intelligenz in einer kleinschrittigeren Weise durchgeführt würde. Im Kontext des nachfolgenden Beispiels manifestiert sich dies darin, dass eine Person zunächst durch diverse Merkmale als solche identifiziert werden müsste, Schreie mittels Tonanalysen erfasst und Zähne aufgrund ihrer Form, Position und Farbe bestimmt werden würden. Für die Veranschaulichung des Prinzips ist indes eine verkürzte Darstellung ausreichend.

15 schreiende Personen tragen eine indigene Körperbemalung und rufen dieselben Worte (Schematisierung: gleiche Rufe, gefletschte Zähne, Körperbemalung = kulturelle Handlung = keine Gefahr).

Individuelle Gesamtschau der einzelnen Schematisierungen: Ausübung des traditionellen Kunsttanzes „Haka" auf einer Sportveranstaltung bei einem Rugbyspiel mit Zuschauern = keine Gefahr.

In dieser Betrachtung offenbaren sowohl die einzelnen Schematisierungen, welche die spezifisch erkannten Umstände einbeziehen, als auch die Gesamtschau dieser Schematisierungen eine deutliche Bezugnahme auf den Einzelfall, die keine Attestierung einer „Einzelfallblindheit" zulassen. Diese Erkenntnis gewinnt an Deutlichkeit, wenn man die Funktionsweise des menschlichen Gehirns betrachtet, dessen grundlegende Konzeption, wie Hans Lenk darlegt, *mutatis mutandis* keine signifikanten Unterschiede aufweist[19]: Interpretieren sei das Aktivieren von kognitiven Konstrukten oder Schemata.[20] Schemata „dienen dazu, Einzelerfahrungen, Einzelwahrnehmungen, Einzelerlebnisse, Einzelaktivitäten, insbesondere Sinneserlebnisse zu selektieren, herauszufiltern, zu sondieren oder zu strukturieren, in Zusammenhang mit einem allgemeineren Rahmen zu bringen, in Raster einzuordnen. Sie sind nötig, um überhaupt Gleichartigkeiten zu sehen, wobei es darum geht, singuläre Phänomene oder Gesichtspunkte, auf Begriffe oder Gestaltgleichheiten oder auch nur Ähnlichkeiten zu bringen. Kurz: sie sind unerläßlich [sic], um etwas aufzuspüren, herauszugreifen, zu bezeichnen, zu ‚meinen', um es kognitiv in Raster einzuordnen, einzubetten, eben wiedererkennbar, überhaupt identifizierbar zu machen."[21] David Nink stellt überzeugend fest: „Auch Menschen entscheiden – nicht zuletzt wegen ihrer Lebens- und Berufserfahrung – anhand von Vergleichen bzw. Vergleichsfällen und Kategorien. Generalisierung und Typisierung sind keine Nova der digitalen Sphäre. Die Annahme, ein Rechtsanwender könnte isoliert ausschließlich den konkreten Einzelfall bewerten, ist eine utopische."[22]

Eine Analyse des Sachverhalts ohne Rekurs auf Schematisierungen erweist sich – um es deutlich zu formulieren – sogar als gänzlich unmöglich. Bereits zur Erfassung tatsächlicher Gegebenheiten – etwa „Das Geschehen ereignete sich auf

---

[19] Vgl. auch *Wagner*, ZZP 2008, 5, 6. *Eidenmüller*, JZ 2011, 814, 816 spricht von „geistigen Schubladen".

[20] *Lenk*, Das Denken und sein Gehalt, 2001, S. 365; vgl. *Piaget/Kohler*, Psychologie der Intelligenz, 1949, S. 28 f.; vgl. *Nink*, Justiz und Algorithmen, 2020, S. 41; *Raji*, Künstliche Intelligenz im öffentlichen Sektor, 2022, S. 54. Das Phänomen ähnlich beschreibend *Larenz*, Methodenlehre der Rechtswissenschaft, 1960, S. 285: „Wir sehen einen anderen einen Schlüssel in ein Schlüsselloch stecken und herumdrehen; wir deuten dieses Verhalten sogleich als ‚Aufschließen der Tür' (…) Was hier gezeigt werden soll, ist dies, daß [sic] bei der Kennzeichnung menschlichen Verhaltens als einer bestimmten Handlung (…) in höherem Maße noch als bei der Verknüpfung von Wahrnehmungen zu Vorstellungsbildern Deutungen eine Rolle spielen, die sich ihrerseits auf früher gemachte Erfahrungen gründen."

[21] *Lenk*, Das Denken und sein Gehalt, 2001, S. 18.

[22] *Nink*, Justiz und Algorithmen, 2020, S. 199 f. Ebenfalls *Busche*, Verwaltungsautomation 2.0, 2023, S. 261.

einer Tribüne." – hat der Mensch seit frühester Kindheit kontinuierlich erlernt, eine Zuschauertribüne anhand bestimmter Merkmale zu identifizieren. Das Erkennen einer Tribüne impliziert also eine Einordnung der visuell und auditiv wahrgenommenen Faktoren in vorgefertigte Schemata wie „Eine Tribüne ist ein großes, oft überdachtes, stabiles, oft hölzernes Gerüst mit übereinander angeordneten Sitzreihen, auf denen die Zuschauer bei einer Veranstaltung gute Sicht haben."[23] Ähnlich verhält es sich mit der Gefahrenprognose. Der Mensch hat erlernt: Wenn eine Person den Arm in einem bestimmten Winkel mit einer geballten Faust erhebt, folgt mit hoher Wahrscheinlichkeit ein Schlag. Wenn eine Person geschlagen wird, dann wird sie mit hoher Wahrscheinlichkeit eine körperliche Verletzung erleiden. Das bedeutet, dass auch die Erstellung einer Prognose letztlich nichts anderes darstellt als die systematische Einordnung von Einzelfallumständen in vorab festgelegte Schemata.[24]

Die Evidenz dieses Ergebnisses wird insbesondere durch die Figur der Anscheinsgefahr bestätigt. Eine Anscheinsgefahr liegt vor, wenn aus der *ex-ante*-Sicht der handelnden Polizeibeamten bei verständiger Würdigung der Sachlage mit hinreichender Wahrscheinlichkeit von einem drohenden Schaden auszugehen ist, sich aber *ex post* herausstellt, dass ein Schaden tatsächlich nicht drohte.[25] Hier wird für die Einordnung als polizeirechtlich relevante Gefahr[26] nicht auf das *tatsächliche Vorliegen* schadensbegründender Umstände abgestellt, sondern allein darauf, ob die Einordnung der Umstände des Einzelfalls unter ein vorab festgelegtes *Schema* zur Gefahrenerkennung eine schadensbegründende Situation *nahelegt.*[27] Sollte der Polizeibeamte das erlernte Schema hingegen fehlerhaft anwenden oder sollte sich das

---

[23] Digitales Wörterbuch der deutschen Sprache, „Tribüne", Internetdokument; ähnlich Duden, „Tribüne", Internetdokument.

[24] Dass der Gefahrenbegriff maßgeblich durch Schematisierungen geprägt ist, wurde in der Entscheidung des Bayerischen Verwaltungsgerichtshofs deutlich, in welcher unter anderem aus der Zugehörigkeit zur Hooligan-Szene auf das Vorliegen einer Gefahr für die öffentliche Sicherheit geschlossen wurde, BayVGH, BayVBl 2006, 671.

[25] BVerwG, NJW 1974, 807, 809; VGH Mannheim, Urt. v. 22.7.2004 – 1 S 410/03; VGH München, Besch. v. 4.5.2011 – 10 ZB 10,736, Rn. 10; VG Augsburg, Urt. v. 27.11.2008 – Au 5 K 07/1589; vgl. BVerwG, NJW 1972, 458, 460; *Belz et al.*, Polizeigesetz für Baden-Württemberg, Kommentar, 9. Auflage 2022, § 1 PolGBW Rn. 43; *Worms/Gusy*, in: BeckOK PolG NRW, 32. Edition, § 8 PolG NRW Rn. 109 (Stand September 2025).

[26] BVerwGE 45, 41 (58).

[27] Ähnlich auch *Hoffmann-Riem*, in: Vogel/Tipke, Festschrift für Gerhard Wacke zum 70. Geburtstag, 1972, 327, 332 f. Dazu das vielfach berühmte Beispiel: Der Polizist vernimmt panische Schreie einer Frau aus einer Wohnung mit offenem Fenster. Nachdem er an der Haustüre schellte, öffnet niemand. Da die Schreie noch immer zu hören sind, entscheidet er sich nach der Aufforderung „Machen Sie die Tür auf!" die Haustüre einzuschlagen. Es stellte sich jedoch heraus, dass die Bewohnerin auf dem Sofa schlief und im Fernsehen ein Horrorfilm spielte, in denen die Schauspieler wiederholt panisch schrien. Das Schema des Polizisten war demnach: Schreie einer Frau aus der Wohnung und keine Reaktion auf die Kontaktaufnahme = häusliche Gewalt oder sonstige Gefahren für Leib und Leben einer Person.

Schema von vornherein als unplausibel erweisen, so liegt eine Schein- bzw. Putativgefahr[28] vor, die nicht dem polizeirechtlichen Gefahrenbegriff unterfällt.[29]

Aus diesen Überlegungen folgt, dass Schematisierungen nicht die Ermittlung des Sachverhalts beeinträchtigen, sondern vielmehr deren Grundlage bilden. Sofern diese Schematisierungen inhaltlich plausibel sind, sind sie rechtlich zulässig und im Hinblick auf die Anforderungen des Untersuchungsgrundsatzes nach § 24 VwVfG NRW unbedenklich.[30]

III. Analyse menschlichen Sozialverhaltens durch Künstliche Intelligenz

Allerdings wird in der rechtswissenschaftlichen Literatur, vertreten durch die Arbeiten von Dorothea Mund und Behrang Raji, die Kritik formuliert, dass Künstliche Intelligenz menschliches Verhalten nicht adäquat deuten könne, da sie nicht über eine eigene alltägliche und sozial erlebte Erfahrung verfüge.[31] Die Autoren betonen, dass eine vollständige Implementierung des menschlichen Denkens und Entscheidens, basierend auf einem umfassenden menschlichen Erfahrungsschatz, in ein System Künstlicher Intelligenz schon aufgrund der unendlichen Querverbindungen und Nuancierungen der sozialen Interaktion zum Scheitern verurteilt sei.

---

[28] Eine Schein- bzw. Putativgefahr liegt hingegen vor, wenn *ex ante* weder objektive Anhaltspunkte für einen drohenden Schadenseintritt sprechen noch sich die Situation für einen objektiven besonnenen Beobachter *ex ante* als gefährlich darstellt. Für eine Scheingefahr ist folgendes Beispiel zu nennen: Trotz deutlich sichtbarer Hinweise erkennt ein Polizeibeamter nicht, dass es sich um eine für Filmaufnahmen gestellte Szene handelt, *Mühl/Fischer*, in: BeckOK Polizei- und Ordnungsrecht Hessen, 36. Edition, § 1 PolG Hessen Rn. 69 (Stand Oktober 2025).

[29] Das bedeutet, dass die Abgrenzung der Anscheinsgefahr von der Schein- bzw. Putativgefahr gerade durch eine Bewertung der vorgenommenen Schematisierung als plausibel oder nicht plausibel erfolgt.

[30] Nach herrschender Auffassung räumt der Untersuchungsgrundsatz der Behörde ein Verfahrensermessen hinsichtlich der Ermittlungsintensität und der Art der Beweismittel ein (*Heßhaus*, in: BeckOK VwVfG, 69. Edition, § 24 VwVfG Rn. 11.1 (Stand Oktober 2025); *Huck*, in: Huck/Müller, VwVfG, 4. Auflage 2025, § 24 VwVfG Rn. 10; *Lier/Engel/Pfau*, in: Mann/Sennekamp, VwVfG, 3. Auflage 2025, § 24 VwVfG Rn. 19; *Pautsch*, in: Pautsch/Hoffmann, VwVfG, 2. Auflage 2021, § 24 VwVfG Rn. 4; *Ritgen*, in: Knack/Henneke, VwVfG, 11. Auflage 2020, § 24 VwVfG Rn. 27 ff.; *Schenk*, in: Obermayer/Funke-Kaiser, VwVfG, 6. Auflage 2020, § 24 VwVfG Rn. 90; *Schneider*, in: Schoch/Schneider, VwVfG, 7. EGL, § 24 VwVfG Rn. 131 (Stand Juli 2020); *Schwarz*, in: Fehling/Kastner/Strömer, Verwaltungsrecht, 5. Auflage 2021, § 24 VwVfG Rn. 11, 15; *Ziekow*, Verwaltungsverfahrensgesetz Kommentar, 4. Auflage 2019, § 24 VwVfG Rn. 4; vgl. *Eichenhofer*, DÖV 2023, 93, 97). Ob die Schematisierung eine solche Ermessensausübung ausschließt, soll nicht an dieser Stelle, sondern erst im Rahmen der Prüfung des § 40 VwVfG NRW erörtert werden (S. 151 ff. dieser Arbeit).

[31] *Mund*, Das Recht auf menschliche Entscheidung, 2022, S. 126; ebenso *Raji*, Künstliche Intelligenz im öffentlichen Sektor, 2022, S. 123.

Überträgt man die in der Literatur geäußerten Bedenken auf den Untersuchungsgrundsatz, der maßgeblich durch die Bewertung menschlichen Verhaltens geprägt ist, führt die Anwendung der Ansichten zu der Feststellung, dass die einer Künstlichen Intelligenz inhärenten Limitationen in der Analyse alltäglicher und sozialer Interaktionen unweigerlich verhindern, dass der wahrgenommene Sachverhalt hinreichend analysiert werden kann. Mit Blick auf den Referenzfall ergäbe sich, dass ein Polizeiroboter, der keine alltäglichen sozialen Erfahrungen wie ein menschlicher Polizeibeamter durchlebt hat – beispielsweise keine Erfahrungen aus der Kindheit, wie sie ein menschlicher Polizeibeamter durch das spielerische Erkennen aggressiven Verhaltens sammelt, oder keine emotionale Betroffenheit durch Diffamierungen fühlt – das Verhalten des deutschen Rugbyfans nicht vollständig deuten könne.

Die vorgebrachten Argumente erweisen sich bei genauerer Betrachtung als wenig überzeugend. Zunächst ist hier unbestritten, dass die manuelle Einspeisung eines *vollumfänglichen* Katalogs menschlicher Erfahrungswerte in Bezug auf zwischenmenschliche Interaktionen an ihre Grenzen stößt, da die Diversität und Unendlichkeit potenzieller Situationen und Interaktionen einer solchen Vorgehensweise natürliche Schranken setzen. Dennoch wäre zumindest eine *ergänzende* Sozialprogrammierung möglich, indem dem System spezifische Interpretationen von Verhaltensweisen einprogrammiert werden, etwa in der Form: „Wenn der Mensch einen Arm mit einer geballten Faust erhebt, ihn nach hinten führt und mit Schwung nach vorn gegen eine andere Person führt, wird er einen Schlag ausführen.“ Doch selbst solch eine scheinbar objektive Programmierung birgt die Gefahr von Fehlinterpretationen, da die Deutung menschlichen Verhaltens stark von subjektiven Erfahrungen und dem sozialen Kontext des Beobachters geprägt ist. Diese Interpretationen variieren erheblich, beeinflusst durch unterschiedliche Faktoren, wie das soziale Umfeld, in dem der Beobachter sozialisiert wurde, und die Art der Situationen, denen er regelmäßig ausgesetzt war. So könnte eine Person, die in einem kriminogenen Viertel aufgewachsen ist, etwa die Erfahrung gemacht haben: „Wenn Menschen blonde Haare haben und den Arm in einem bestimmten Winkel erheben, dann schlagen sie besonders schnell zu.“, während eine andere Person, die nur selten körperliche Gewalt erlebt oder wahrgenommen hat, demgegenüber annimmt: „Wenn jemand einen Arm in einem bestimmten Winkel erhebt, dann wird es sich meist um eine Dehnübung handeln.“ Diese Verschiedenheit in der Wahrnehmung, insbesondere die Ergänzung grundsätzlich irrelevanter Faktoren, führt unweigerlich zu einer Varianz in den eingespeisten Daten, die das System nutzen würde. Dadurch könnte das Risiko diskriminierender Fehlinterpretationen erhöht werden, wie etwa die Annahme, dass Personen mit blonden Haaren, schneller einen Schlag ausführen, statt durch eine ergänzende Sozialprogrammierung zu einer Verbesserung der sozialen Deutungsfähigkeit der Künstlichen Intelligenz beizutragen.

Solch einer Sozialprogrammierung zur Analyse der wahrgenommenen Verhaltensweisen – die von Mund und Raji als zwingend erforderlich charakterisiert wird[32] – bedarf es jedoch nicht. Das System Künstlicher Intelligenz vermag es in zahlreichen Simulationseinsätzen[33] menschliches Verhalten wahrzunehmen, zu kategorisieren und das eigene Modell zur Sozialverhaltensanalyse mithilfe des Trial-and-Error-Verfahrens zu justieren. So kann Künstliche Intelligenz durch die analytische Beobachtung menschlicher Mimik, Gestik, Körpersprache und des Tonfalls in Aussagen sowie weiterer Verhaltensweisen menschliches Verhalten deuten.[34] Dieses methodische Vorgehen entspricht den Lernprozessen, die auch Menschen seit ihrer Kindheit vollziehen: das Verstehen des Verhaltens anderer durch die Beobachtung und die eigene partizipative Erfahrung, was in der psychologischen Literatur als „Modelllernen" bezeichnet wird.[35]

Das Modelllernen findet eine anschauliche Repräsentation in der sozialpsychologischen Skript-Theorie von Rowell Huesmann. Gemäß seiner Theorie erlernen Menschen durch die Beobachtung anderer Personen „Skripte", d. h. schematische Ablaufmuster für spezifische Situationen. Diese mentalen Skripte prognostizieren, welche Ereignisse in einem gegebenen Kontext eintreten werden, wie eine Person darauf reagiert und welche Konsequenzen diese Reaktionen wahrscheinlich nach sich ziehen.[36] Mit zunehmender Beobachtungsfrequenz bestimmter Handlungsabläufe verstärkt sich die Verfügbarkeit dieser Handlungsskripte für das eigene Verhalten.[37] Die mentalen Skripte dienen somit als Instrument der Interpretation und Antizipation menschlichen Handelns und beeinflussen die Handlungsauswahl des Beobachters. Vor diesem Hintergrund offenbart sich, dass die Lernprozesse von Menschen und Künstlicher Intelligenz in ihren Grundprinzipien der *beobachtenden und schematisierenden Analyse* konvergieren und sich demnach nicht grundlegend voneinander unterscheiden.

Ein wesentlicher Unterschied zwischen dem Lernprozess Künstlicher Intelligenz und dem eines Menschen liegt jedoch in der *emotionalen* Tragweite. Während der Mensch ein hochgradig emotionales Wesen ist, das soziale Interaktionen durch das Prisma seiner Gefühlswelt interpretiert, agiert ein System Künstlicher Intelligenz unbeeinflusst von solchen emotionalen Regungen. Die Herausbildung des maschinellen Verständnisses sozialer Interaktionen kann damit zwar als „erlebt", jedoch nicht als „emotional erlebt" bezeichnet werden. Diese Differenzierung wirft die

---

[32] *Mund*, Das Recht auf menschliche Entscheidung, 2022, S. 126; ebenso *Raji*, Künstliche Intelligenz im öffentlichen Sektor, 2022, S. 123.

[33] Dabei ist nicht zu vernachlässigen, dass Künstliche Intelligenz in sehr kurzer Zeit zu einer Verarbeitung einer Vielzahl von Fallsimulationen fähig ist. Die Geschwindigkeit, mit der ein solches Training durchgeführt und von den Systemen adaptiert werden kann, übertrifft die zeitlichen Anforderungen, die für die Ausbildung eines menschlichen Polizeibeamten notwendig sind, bei Weitem.

[34] Verschiedene Beiträge in *Fernandez-Caballero et al.*, Socio-Cognitive and Affective Computing, 2018 und *Or*, Affective Computing, 2008.

[35] *Bak*, Lernen, Motivation und Emotion, 2019, S. 40 ff.

[36] *Huesmann*, Aggressive Behavior 1988, 13, 15 f.

[37] *Huesmann*, Aggressive Behavior 1988, 13, 15.

Frage auf, ob ein *emotional* getöntes Verständnis sozialer Dynamiken für eine hinreichende Analyse des wahrgenommenen Verhaltens gemäß des Untersuchungsgrundsatzes unabdingbar ist.

Es ist unbestreitbar, dass emotional erlebtes Verhalten, wie zum Beispiel die schmerzhafte Erfahrung eines Schlages, eine Person durch Wut und Verzweiflung dahingehend sensibilisieren kann, ähnliche Verhaltensmuster präziser und schneller zu erkennen. Jedoch birgt ein emotional geprägtes Sozialverständnis auch das Risiko negativer Einflüsse auf die Neutralität der Analyse. Ein Beispiel hierfür ist ein Beobachter, der in seiner Kindheit häufig häusliche Gewalt erfuhr. Für solch einen Beobachter könnte das einfache Heben eines Arms unmittelbar Gefühle von Angst und Schmerz hervorrufen und fälschlicherweise als Beginn einer gewalttätigen Handlung gedeutet werden. In diesem Fall ist das emotionale Erkennungssystem übermäßig sensibilisiert, was zu einer Fehlinterpretation führt. Somit wird deutlich, dass eine emotional geprägte Sozialdeutung nicht nur zwischen verschiedenen Beobachtern stark variieren[38], sondern auch zu erheblichen Fehlinterpretationen führen kann.

Vor diesem Hintergrund erscheint es gerade vorteilhaft, wenn ein System Künstlicher Intelligenz das wahrgenommene Verhalten unemotional interpretiert.[39]

IV. Zwischenergebnis

Die Analyse verdeutlicht, dass die schematisierende Funktionsweise Künstlicher Intelligenz nicht *per se* mit dem Untersuchungsgrundsatz nach § 24 VwVfG NRW kollidiert. Vielmehr bildet die Schematisierung, sowohl bei der maschinellen wie auch bei der menschlichen Sachverhaltsermittlung, eine unverzichtbare methodische Grundlage zur Erfassung und Auswertung komplexer Sachverhalte. Entscheidend für die Übereinstimmung mit rechtlichen Vorgaben ist jedoch, dass die durch „*Machine Learning*" erstellten Modelle eine hinreichende Detailtiefe aufweisen, um den spezifischen Anforderungen des Einzelfalls gerecht zu werden. Dies ist durch die Integration hochwertiger Trainingsdaten und durch eine kontinuierliche Überprüfung der Systeme Künstlicher Intelligenz zu gewährleisten.

Ferner hat sich gezeigt, dass Künstliche Intelligenz – ähnlich dem menschlichen Modelllernen – durch einen beobachtenden, iterativen Lernprozess der Mimik, Gestik, Körpersprache und verbalen Äußerungen von Personen menschliches Verhalten in verschiedenen sozialen Kontexten deuten kann. Ihre Unemotionalität, im Gegensatz zur häufig übermäßig emotionalen Bewertung durch den Menschen,

---

[38] Ebenso *Rollberg*, Algorithmen in der Justiz, 2020, S. 74. Als rechtspolitische Frage einordnend, *Degrandi*, Die automatisierte Verwaltungsverfügung, 1977, S. 38.

[39] Trotz einer Unemotionalität von Künstlicher Intelligenz kann es zu Datenverzerrungen im Trainingsdatensatz und damit einhergehenden Diskriminierungen kommen, dazu S. 181 ff. dieser Arbeit.

begünstigt eine objektivere bzw. weniger fehleranfällige Deutung des wahrgenommenen Verhaltens und kann somit die Einhaltung der Grundsätze des Untersuchungsgrundsatzes aus § 24 VwVfG NRW weiter fördern.

B. Subsumtion unter den Tatbestand von § 34 Abs. 1 S. 1 PolG NRW

Nachdem der Sachverhalt umfassend ermittelt wurde, muss der Polizeiroboter eine bestimmte Rechtsnorm auf ihn anwenden. Der Tatbestand der Platzverweisung setzt gemäß § 34 Abs. 1 S. 1 und S. 3 PolG NRW f.F. eine Gefahr für die öffentliche Sicherheit[40] voraus und die Identifizierung mindestens eines Verantwortlichen bzw. Störers.

Um festzustellen, ob der angedeutete Schlag und/oder die Aussage „Du Zecke! Du Backstein!" eine Gefahr für die öffentliche Sicherheit darstellen könnte und ob der deutsche Rugbyfan als Verantwortlicher zu qualifizieren ist, ist eine Subsumtion erforderlich, die gemeinhin als das „Kernstück der Rechtsanwendung"[41] bezeichnet wird. Eine Subsumtion beschreibt den Prozess der Anwendung einer Rechtsnorm auf einen konkreten Sachverhalt, also die Unterordnung eines Lebenssachverhalts unter die Voraussetzungen der Rechtsnorm[42] und lässt sich folgendermaßen darstellen:

„T (Tatbestand) ist vollständig gekennzeichnet durch die Merkmale M1, M2, M3.

S (Sachverhalt) weist die Merkmale M1, M2, M3 auf.

---

[40] Das Tatbestandsmerkmal der „öffentlichen Sicherheit" ist nach allgemeiner Auffassung im Gegensatz zur „öffentlichen Ordnung" durch Rechtsprechung geklärt und im juristischen Sprachgebrauch verfestigt, BVerfGE 14, 245 (253); 54, 143 (144). Das Tatbestandsmerkmal der „öffentlichen Sicherheit" erfasst die Unverletzlichkeit der Rechtsordnung, der subjektiven Rechte und Rechtsgüter des Einzelnen sowie der Einrichtungen und Veranstaltungen des Staates oder sonstiger Träger der Hoheitsgewalt, StRspr. BVerwG, NJW 2012, 2676 Rn. 23; VGH Mannheim NVwZ-RR 2022, 911, 912 Rn. 26; *Graulich*, in: Lisken/Denninger, Handbuch des Polizeirechts, 7. Auflage 2021, E. Das Handeln von Polizei- und Ordnungsbehörden zur Gefahrenabwehr Rn. 259. Ein Verstoß gegen die Öffentliche Sicherheit ist folglich insbesondere dann anzunehmen, wenn eine Handlung Straftatbestände erfüllt, *Bäcker*, in: Lisken/Denninger, Handbuch des Polizeirechts, 7. Auflage 2021, D. Polizeiaufgaben und Regelungsmuster des polizeilichen Eingriffsrechts Rn. 51; *Worms/Gusy*, in: BeckOK PolG NRW, 32. Edition, § 8 PolG NRW Rn. 98 (Stand September 2025).

[41] *Larenz*, Methodenlehre der Rechtswissenschaft, 1960, S. 283, vgl. auch S. 283: „Schwergewicht der Gesetzesanwendung".

[42] *Nink*, Justiz und Algorithmen, 2020, S. 37; vgl. *Bernhart*, Regeln der Jurisprudenz, 2008, S. 96; *Looschelders*, Juristische Methodik im Prozess der Rechtsanwendung, 1996, S. 87; *Maurer/Waldhoff*, Allgemeines Verwaltungsrecht, 21. Auflage 2024, § 7 Rn. 3; *Puppe*, Kleine Schule des juristischen Denkens, 3. Auflage 2014, S. 78 f.

Also ist S ein Fall von T."[43]

Die beiden grundlegenden Prämissen – erstens, „T ist vollständig gekennzeichnet durch die Merkmale M1, M2 und M3" und zweitens „S weist die Merkmale M1, M2 und M3 auf" – erfordern seitens des Rechtsanwenders eine tiefgehende und differenzierte Erarbeitung, die eine Auslegung der zugrundeliegenden Norm sowie eine methodische Reduktion des wahrgenommenen Sachverhalts auf seine wesentlichen Elemente verlangt. Der finale Schluss, dass „S ein Fall von T ist" erschöpft sich hingegen in einem einfachen logischen Schluss, der aus der korrekten Formulierung der Prämissen zwangsläufig resultiert.[44] Deshalb liegt die Schwierigkeit bei der Subsumtion, wie Karl Larenz pointiert zum Ausdruck bringt, nicht in der abschließenden logischen Deduktion, sondern vielmehr in der akkuraten und methodisch fundierten *Konstruktion* der Prämissen.[45] Ebendiese Prämissen lassen sich nicht isoliert vom jeweiligen Kontext erarbeiten, sondern entstehen aus einer integrativen Betrachtung des gegebenen Sachverhalts und der entsprechenden Norm, in deren Rahmen die Subsumtion erfolgt. Karl Engisch illustriert diesen Vorgang als ein dynamisches Wechselspiel, ein fortwährendes „Hin- und Herwandern des Blickes zwischen Obersatz und Lebenssachverhalt."[46] Karl Larenz konkretisiert den Prozess des „Hin- und Herwanderns des Blickes" wie folgt: „Um den Sachverhalt, wie er geschehen ist, rechtlich beurteilen zu können, muß [sic] ihn der Beurteiler zuvor auf die Form der Aussage bringen, in die er alles das (und nur das) aufnimmt was für die rechtliche Beurteilung von Bedeutung sein kann. Was für die rechtliche Beurteilung bedeutsam ist, ergibt sich aus den auf den Sachverhalt möglicherweise anwendbaren Rechtssätzen. Der Beurteiler geht also von dem ihm geschilderten Sachverhalt aus, prüft, welche Rechtssätze möglicherweise auf ihn anwendbar sind, vervollständigt danach den Sachverhalt im Hinblick auf den Tatbestand dieser Rechtssätze, die er ihrerseits wieder, soweit sie keine glatte Subsumtion ermöglichen, im Hinblick auf solche Umstände, wie sie vorliegen, konkretisiert. Der Sachverhalt als Aussage erhält seine endgültige Fassung erst im Hinblick auf die Rechtssätze, nach denen er beurteilt wird; diese aber werden ih-

---

[43] *Larenz*, Methodenlehre der Rechtswissenschaft, 1960, S. 273. Ähnlich *Alexy*, Theorie der juristischen Argumentation, 1983, S. 274; *Bernhart*, Regeln der Jurisprudenz, 2008, S. 96 f. und *Looschelders*, Juristische Methodik im Prozess der Rechtsanwendung, 1996, S. 89 ff. Ebenso *Busche*, Verwaltungsautomation 2.0, 2023, S. 246 f.

[44] Ebenso *Engisch*, Logische Studien zur Gesetzesanwendung, 2. Auflage 1943, S. 7.

[45] *Larenz*, Methodenlehre der Rechtswissenschaft, 1960, S. 271, 273; ebenso *Koch/Rüßmann*, Juristische Begründungslehre, 1982, S. 17, 28; *Looschelders*, Juristische Methodik im Prozess der Rechtsanwendung, 1996, S. 95; *Puppe*, Kleine Schule des juristischen Denkens, 3. Auflage 2014, S. 232. Wie *Koch/Rüßmann*, Juristische Begründungslehre, 1982, S. 31 ff. beweisen, verwendet der Rechtsanwender jedoch auch während der Konstruktion der Prämissen logische Hilfsmittel. In Anbetracht des limitierten Umfangs der vorliegenden Abwandlung kann dazu nur auf die ausführlichen Ausführungen von *Koch/Rüßmann*, Juristische Begründungslehre, 1982, S. 31 ff. verwiesen werden.

[46] *Engisch*, Logische Studien zur Gesetzesanwendung, 2. Auflage 1943, S. 15.

rerseits ausgewählt und, soweit erforderlich, konkretisiert im Hinblick auf den zu beurteilenden Sachverhalt."[47]

Um zu evaluieren, ob ein Polizeiroboter tatsächlich in der Lage ist, den Subsumtionsprozess zu bewältigen, ist es unerlässlich, den menschlichen Vollzug dieses komplexen Vorgangs näher zu untersuchen und in seine Komponenten aufzuspalten. Dazu bedarf es einer vertieften Auseinandersetzung mit der juristischen Methodenlehre, um die kognitiven und methodischen Schritte nachzuvollziehen, die der Mensch im Rahmen der Subsumtion durchläuft. Erst auf dieser Grundlage kann eine fundierte Aussage darüber getroffen werden, inwiefern eine maschinelle Nachbildung dieser Fähigkeiten durch einen Polizeiroboter möglich ist.[48]

I. Wahrnehmung des „Rohsachverhalts"

Im initialen Schritt der Rechtsanwendung nimmt der Mensch den sogenannten „Rohsachverhalt" in seiner gesamten Vielschichtigkeit wahr. Diese erste Erfassung des „Rohsachverhalts" – eine Bezeichnung, die auf die Unstrukturiertheit und Fülle der wahrgenommenen Informationen hinweist – umfasst sämtliche Aspekte des beobachteten Geschehens, einschließlich jener Elemente, die für die endgültige rechtliche Bewertung irrelevant sein mögen.[49] So registriert der Beobachter etwa, dass eine Person ein blaues Trikot trägt, eine andere tanzt, während eine Dritte ihre Brille zurechtrückt. Gleichwohl erfasst der Beobachter auch den deutschen Rugbyfan, der seinen Arm mit geballter Faust erhebt und die Aussage „Du Zecke! Du Backstein!" tätigt.

Diese Fähigkeit zur umfassenden Wahrnehmung des „Rohsachverhalts" ist auch einem Polizeiroboter mittels seiner fortgeschrittenen Sensorik durchaus zugänglich. Die maschinelle Wahrnehmung ermöglicht es dem Roboter, wie soeben beschrieben[50], ein detailliertes und unselektiertes Bild des Geschehens zu registrieren, da es sich hierbei um einen rein technischen Vorgang der Datenaufnahme handelt.

---

[47] *Larenz*, Methodenlehre der Rechtswissenschaft, 1960, S. 280.

[48] Zweifel in Bezug auf die Subsumtionsfähigkeit von Künstlicher Intelligenz, *Schneeberger*, Machine Learning in der Verwaltung, 2024, S. 244 ff. Er beruft sich darauf, dass es schwierig sei festzustellen, ob das Modell das Gesetz falsch anwende oder die Begründung mangelhaft sei.

[49] *Larenz*, Methodenlehre der Rechtswissenschaft, 1960, S. 279; *Sauer*, Juristische Methodenlehre, 1970, S. 226.

[50] Siehe S. 93 dieser Arbeit.

II. Erstreduktion des „Rohsachverhalts" und Auswahl der Rechtsnormen

Nach Erfassung des „Rohsachverhalts" obliegt es dem Rechtsanwender, ebendiesen einer juristischen Bewertung zu unterziehen.

Auf den ersten Blick mag es nun plausibel erscheinen, dass der Mensch jede einzelne wahrgenommene Verhaltensweise an sämtlichen gesetzlichen Bestimmungen misst, was sich jedoch bei näherer Betrachtung als simplifizierend und praktisch undurchführbar erweist. Eine solche Annahme würde nämlich voraussetzen, dass der Mensch jede Handlung, selbst die unauffälligsten Verhaltensweisen aller anwesenden Personen, einer umfassenden rechtlichen Analyse unterzieht; das hieße, *alle beobachteten Handlungen* anhand einer *Vielzahl von gesetzlichen Vorschriften* zu prüfen. Um dies in ein konkretes Beispiel zu fassen: Der Mensch müsste untersuchen, ob das Zurechtrücken einer Brille durch einen Zuschauer auf der Tribüne möglicherweise gegen Strafgesetze, wie etwa §§ 80a–358 StGB, verstoßen könnte. Dafür würde er sich unter anderem fragen, ob das Zurechtrücken einer Brille die Tatbestände des Landesverrats, einer Nötigung oder einer Beleidigung erfüllt. Dieses Vorgehen wäre dann für jede weitere beobachtete Handlung, wie das Schnäuzen in ein Taschentuch oder das Auftragen von Make-up, zu wiederholen. Ein derart umfassender Prüfungsprozess wäre nicht nur äußerst zeitaufwendig, sondern auch praktisch unüberschaubar, da während der Analyse einer Handlung bereits unzählige weitere Verhaltensweisen wahrgenommen und in den Bewertungsprozess einbezogen werden müssten. Angesichts der schieren Menge an zu analysierenden Verhaltensweisen und Rechtsnormen erscheint ein solches Vorgehen nicht nur unrealistisch, sondern überschreitet auch die Grenzen menschlicher kognitiver Kapazitäten, insbesondere in Situationen, die rasches Handeln erfordern.

Wenn der Mensch nicht jede einzelne wahrgenommene Verhaltensweise im „Rohsachverhalt" anhand sämtlicher Gesetze überprüft, so müssen Mechanismen existieren, die eine solche umfängliche Analyse verkürzen. Diese Mechanismen führen zu einer ersten Reduktion des Sachverhalts[51] und werden hier daher als „Shortcut" bezeichnet. In diesem Zusammenhang drängen sich zwei zentrale Fragen auf, die in der juristischen Methodenlehre bisher nur bruchstückhaft Anklang gefunden haben, die es aber angesichts des Einsatzes Künstlicher Intelligenz im Folgenden näher zu untersuchen gilt:

Woher weiß der Mensch bei der Betrachtung des „Rohsachverhalts", welche der unzähligen beobachteten Verhaltensweisen potenziell relevant für die Bewertung einer Gefahr für die öffentliche Sicherheit ist (1.)? Hierbei ist zu klären, welche kognitiven Prozesse den Menschen in die Lage versetzen, aus der Vielzahl der wahrgenommenen Handlungen diejenigen herauszufiltern, die für die rechtliche Bewertung entscheidend sein könnten. Und die zweite an die vorausgehende an-

[51] Ähnlich *Larenz*, Methodenlehre der Rechtswissenschaft, 1960, S. 279; *Sauer*, Juristische Methodenlehre, 1970, S. 227 f.

knüpfende Frage lautet, wie der Mensch, nachdem er eine Verhaltensweise als potenziell bedeutsam eingestuft hat, die relevanten Normen aus dem umfassenden Normenkatalog auswählt, anhand derer er den Sachverhalt beurteilt (3.).

1. „Shortcut-Bewertung" der wahrgenommenen Verhaltensweisen

Die Diskussion um die juristische Methodik bei der Bewertung von „Rohsachverhalten" verweist auf eine grundlegende Fragestellung, die bisher in der Methodendiskussion nur unzureichend thematisiert wurde: Wie gelingt es dem Menschen, aus der Vielzahl an Sinneseindrücken, die ihm im „Rochsachverhalt" begegnen, diejenigen Verhaltensweisen zu isolieren, die potenziell rechtlich *bedeutsam* sind? Erstes zentrales Element dieser Selektion ist die Orientierung des Rechtsanwenders an einem spezifischen Bewertungsziel, welches im Kontext der jeweiligen situativen Erfordernisse definiert wird; in der Polizeiarbeit manifestiert sich dieses Ziel in der *Identifikation von Gefahren.* Polizeibeamte, die im Einsatz sind, setzen dabei eine Art mentalen Filter ein, der sich als kognitives Skript beschreiben lässt, mit dem kontinuierlich nach Indikatoren für gefährliche Handlungen gesucht wird, gleich eines inneren Mantras: „Ich suche nach Gefahren für die öffentliche Sicherheit". Dieser kognitive Filter stellt sicher, dass wahrgenommene Eindrücke nicht willkürlich, sondern stets in Relation zu diesem übergeordneten Ziel bewertet werden.

Ist das Bewertungsziel definiert, eröffnet sich die Frage, wie der Mensch unbedeutsame Handlungen von für das Ziel bedeutsamen Verhaltensweisen abgrenzt, also wie das bloße Zurechtrücken einer Brille als harmlos und der mit geballter Faust erhobene Arm als gefährlich eingestuft wird.

Ein denkbarer Ansatz könnte darin bestehen, dass die Selektion potenziell bedeutsamer Verhaltensweisen durch die *Orientierung an Rechtsnormen* geleitet wird. Dies würde bedeuten, dass der Mensch von einer konkreten Norm, etwa § 223 StGB, ausgeht und den „Rohsachverhalt" gezielt nach solchen Verhaltensweisen durchsucht, die möglicherweise den Tatbestand einer Körperverletzung erfüllen könnten. Diese normengestützte Perspektive erlaubt zwar eine systematische Erstbewertung von Verhaltensweisen im Lichte juristischer Kriterien, wirft jedoch unmittelbar weitergehende Fragen bezüglich der Auswahl der Rechtsnormen auf: Erfolgt diese Auswahl willkürlich oder richtet sie sich an Tatbeständen aus, die statistisch besonders häufig verwirklicht werden? Selbst unabhängig von der Art der Normenauswahl würde die verhaltenslosgelöste Fokussierung die Erstbewertung des Sachverhalts unzulässig einengen und somit zu einer ineffizienten Beurteilung führen. Besonders in Situationen, die rasches Handeln erfordern, bestünde die Gefahr, dass wesentliche Aspekte übersehen werden, da die Aufmerksamkeit des Beobachters möglicherweise auf Verhaltensweisen gelenkt würde, die nicht im Mittelpunkt des tatsächlichen Geschehens stehen.

Lebensnäher und praxisgerechter liegt es daher, dass sich der Mensch bei der Erstbewertung eines Sachverhalts nicht an spezifischen, kodifizierten Normen orientiert, sondern seine Bewertung *„nicht-gesetzesbezogen" unmittelbar an eine wahrgenommene Verhaltensweise* anknüpft. Dieses Ergebnis vermag zwar immer noch nicht zu beantworten, wie der Mensch die Verhaltensweisen in die Kategorien „harmlos" und „potenziell gefährlich" einordnet, stellt jedoch zumindest eine erste Orientierung im Bewertungsprozess dar. Nähert man sich nun der entscheidenden Frage, wie der Mensch einen „Rohsachverhalt" (erst-)bewertet, würde ein Polizeibeamter vermutlich seine „Intuition" anführen[52], um den Erstbewertungsprozess zu beschreiben, da es für ihn „intuitiv" offensichtlich ist, dass das Zurechtrücken einer Brille als harmlos zu qualifizieren ist, während der erhobene Arm mit geballter Faust oder der Ausruf „Du Zecke! Du Backstein!" eine potenzielle Gefahr signalisiert. Der Begriff „Intuition" mag in manchen Kontexten als eine Art Notbehelf erscheinen, wenn eine detaillierte Erklärung des eigenen Verhaltens ausbleibt; jedoch belegen kognitionspsychologische Erkenntnisse, dass die Intuition keineswegs ein bloßer Vorwand ist, sondern ein tief verwurzeltes, leistungsfähiges kognitives Instrument, das insbesondere im Kontext der „Shortcut-Bewertung" von Verhaltensweisen eine entscheidende Rolle einnimmt. Kognitionspsychologisch betrachtet beruht die intuitive Bewertung eines Geschehens nämlich auf einem Zusammenspiel von Wissen, Erfahrungswerten und erlernten Mustern[53], indem auf eine Vielzahl an *kognitiven Schemata* zurückgegriffen wird. Solche kognitiven Schemata hat der Mensch im Laufe seines Lebens erschaffen[54], indem er Wahrnehmungen in vielfältige gedankliche Repräsentationen, wie Bilder und Symbole, transformiert und diese mit emotionalen „Markern" annotiert. Die Bilder werden entweder mit positiven oder negativen Gefühlen verknüpft, die wiederum direkt oder indirekt mit somatischen Zuständen assoziiert werden.[55] Die Zuordnung eines negativen Markers initiiert bei Wahrnehmung des mit ihm verbundenen geistigen Bildes die Aktivierung einer alarmierenden Reaktion, wohingegen eine Assoziation mit einem positiven Marker eine Ermutigungsreaktion hervorruft.[56] Diese ersten, unbewusst

---

[52] Die gleiche Vermutung bei *Looschelders*, Juristische Methodik im Prozess der Rechtsanwendung, 1996, S. 86 Fn. 2; *Sauer*, Juristische Methodenlehre, 1970, S. 347.

[53] *Epstein*, American Psychologist 1994, 709, 714; *Gerg*, Nudging, 2018, S. 14; *Mund*, Das Recht auf menschliche Entscheidung, 2022, S. 89, 91, 93; *Nink*, Justiz und Algorithmen, 2020, S. 28; *Schütz/Wiedemann*, Bundesgesundheitsblatt 2003, 549, 550 f.; *Tversky/Kahneman*, Cognitive Psychology 1973, 207; in Grundzügen *Looschelders*, Juristische Methodik im Prozess der Rechtsanwendung, 1996, S. 75; vgl. *Raji*, Künstliche Intelligenz im öffentlichen Sektor, 2022, S. 55.

[54] *Graulich*, in: Lisken/Denninger, Polizeirecht, 7. Auflage 2021, Kap. E. Das Handeln von Polizei- und Ordnungsbehörden zur Gefahrenabwehr Rn. 127; in Grundzügen wohl auch *Looschelders*, Juristische Methodik im Prozess der Rechtsanwendung, 1996, S. 75.

[55] *Slovic et al.*, Risk Analysis 2004, 311, 314 m. w. N.; vgl. *Pfister et al.*, Die Psychologie der Entscheidung, 4. Auflage 2016, S. 194 f.

[56] *Slovic et al.*, Risk Analysis 2004, 311, 314 m. w. N.

ablaufenden[57] emotionalen Reaktionen auf externe Reize fungieren, evolutionär bedingt, als Orientierungsmechanismen oder als „*mental shortcuts*“, die eine schnelle und effiziente Navigation durch eine komplexe, unsichere und potentiell bedrohliche Umwelt ermöglichen, ohne umfangreiche Abwägungen von Vor- und Nachteilen zu erfordern. Dieses Phänomen ist in der psychologischen Literatur unter Begriffen „*affect-heuristic*“ oder „*experiential system*“ bekannt.[58]

Auf das eingangs erwähnte Beispiel übertragen bedeutet dies, dass das Zurechtrücken einer Brille mit einem positiven Marker annotiert ist und daher als harmlos eingestuft wird, während ein mit einer geballten Faust erhobener Arm Gewalt signalisiert oder der Ausruf „Du Zecke! Du Backstein!“ als diffamierend wahrgenommen wird und somit intuitiv als potenzielle Gefahren erkannt werden.

Zusammenfassend offenbart die Analyse der menschlichen Erstbewertung eines „Rohsachverhalts“, dass diese Bewertung maßgeblich durch mentale Schemata geprägt ist, die auf einem umfangreichen, in der Vergangenheit akkumulierten Wissensschatz fußen und unmittelbar an ein konkretes Bewertungsziel geknüpft sind. Diese mentalen Schemata als „Erfahrungskomponente“ oder als ein Sachverhalts(-vor-)verständnis[59] ermöglichen auf einer präjuristischen Ebene, das heißt, ohne den Sachverhalt schon im ersten Schritt normativ durchdrungen zu haben, eine schnelle Erstbewertung und Erstreduzierung des „Rohsachverhalts“ auf die wesentlichen Verhaltensweisen.

2. „Shortcut-Bewertung“ der wahrgenommenen Verhaltensweisen durch einen Polizeiroboter?

Überträgt man die gewonnenen Erkenntnisse über die menschliche Erstbewertung der Verhaltensweisen im „Rohsachverhalt“ auf die Funktionsweise eines Polizeiroboters, eröffnen sich zwei unterschiedliche Ansätze der Bewertung.

Zunächst wäre es vorstellbar, dass die enorme Rechenkapazität und die damit einhergehende Schnelligkeit von Verarbeitungsprozessen den Polizeiroboter befä-

[57] *Mund*, Das Recht auf menschliche Entscheidung, 2022, S. 89, 91, 93; *Nink*, Justiz und Algorithmen, 2020, S. 35; *Streicher*, Urteilsverzerrungen und andere psychologische Faktoren bei der Risikobeurteilung beim Bergsteigen, Internetdokument 2011, S. 6; *Wagner*, ZZP 2008, 5, 6; vgl. *Busche*, Verwaltungsautomation 2.0, 2023, S. 98; *Looschelders*, Juristische Methodik im Prozess der Rechtsanwendung, 1996, S. 80.

[58] *Epstein*, American Psychologist 1994, 709, 714 m. w. N.; *Slovic et al.*, Risk Analysis 2004, 311, 313 f. m. w. N.; ähnlich *Pfister et al.*, Die Psychologie der Entscheidung, 4. Auflage 2016, S. 133 ff.

[59] *Larenz*, Methodenlehre der Rechtswissenschaft, 1960, S. 208 spricht von einem Vorverständnis, mit dem der Jurist das Gesetz interpretiert, was Ergebnis eines langwierigen Lernprozesses ist, in den sowohl die während seiner Ausbildung oder später erworbenen Kenntnisse wie mannigfache berufliche und außerberufliche Erfahrungen, nicht zuletzt solche über soziale Tatsachen und Zusammenhänge, eingegangen sind. Ähnlich auch *Esser*, Vorverständnis und Methodenwahl in der Rechtsfindung, 1972, Kapitel IV und V.

higt, *ohne* den Gebrauch von „Shortcuts" zu operieren. Im Vergleich zum menschlichen Gehirn, das auf „*mental shortcuts*" angewiesen ist, um überhaupt in komplexen Situationen schnell zu entscheiden, könnte der Polizeiroboter durch seine Leistung dazu befähigt sein, in Sekundenbruchteilen alle wahrgenommenen Verhaltensweisen an sämtlichen Normen ohne etwaige Reduktionen des „Rohsachverhalts" zu prüfen.

Sollte sich jedoch herausstellen, dass es selbst fortschrittlichsten Systemen Künstlicher Intelligenz nicht möglich ist, in Echtzeit jede einzelne Verhaltensweise vollumfänglich normativ zu bewerten oder sollte sich diese Art der Bewertung als zu ineffizient – z.B. durch eine zu hohe Rechenauslastung – erweisen, wäre ein Bewertungsansatz analog zum Menschen erforderlich. Künstliche Intelligenz müsste auf vorgefertigte Schemata zurückgreifen, die es ermöglichen, unwesentliche Verhaltensweisen zu ignorieren und sich auf die wesentlichen Handlungen zu fokussieren. Diese Schemata, die in der menschlichen Kognition eine zentrale Rolle bei der Erstbewertung einnehmen, lassen sich auch in der Architektur der Künstlichen Intelligenz nachzeichnen; wie bereits dargelegt[60], beruht die Funktionsweise des Polizeiroboters gerade auf der Bildung von Mustern und Schemata, die durch die Verarbeitung großer Datenmengen erlernt werden. Somit wäre die Entwicklung entsprechender „maschineller Shortcuts" möglich.

3. „Shortcut-Bewertung" der zu prüfenden Normen

Sobald die für die Gefahrenabwehr bedeutsamen Verhaltensweisen im „Rohsachverhalt" identifiziert wurden, beginnt die Suche nach einer Norm zur rechtlichen Bewertung des Geschehens. Dabei wird weder eine Norm wahllos aus dem Normenkatalog entnommen, noch erfolgt eine sukzessive Prüfung aller dem Rechtsanwender bekannten Normen[61], da niemand, der einen mit einer geballten Faust erhobenen Arm wahrnimmt, die Tatbestände des Hausfriedensbruchs gemäß § 123 StGB, der Brandstiftung nach § 306 StGB oder des Betrugs gemäß § 263 StGB prüfen würde. Vielmehr verfügt der Rechtsanwender über eine spezifische „Vorahnung", welche Norm auf ein bestimmtes wahrgenommenes Verhalten anwendbar sein könnte.[62] Diese Antizipation impliziert die Existenz eines zweiten „mentalen Shortcut" im menschlichen Gehirn hinsichtlich der Auswahl potenziell einschlägiger Rechtsnormen. Die Frage, die sich hierbei unweigerlich stellt, ist,

---

[60] Siehe S. 93 ff. dieser Arbeit.

[61] So auch *Larenz*, Methodenlehre der Rechtswissenschaft, 1960, S. 282: „Indessen wäre ein wahlloses Probieren und Experimentieren bei der großen Fülle von Rechtssätzen, aus denen die Rechtsordnung besteht, ein kaum aussichtsreiches Unterfangen. Der Beurteiler würde zudem jeder Gewähr entbehren, alle in Betracht kommenden Rechtssätze gefunden zu haben." Ähnlich auch *Esser*, Vorverständnis und Methodenwahl in der Rechtsfindung, 1972, S. 136; *Sauer*, Juristische Methodenlehre, 1970, S. 228.

[62] Ebenso *Esser*, Vorverständnis und Methodenwahl in der Rechtsfindung, 1972, S. 137; *Looschelders*, Juristische Methodik im Prozess der Rechtsanwendung, 1996, S. 74, 77.

woraus diese „Vorahnung“ resultiert. Anders formuliert: Warum wird ein mit geballter Faust erhobener Arm spontan mit dem Tatbestand der Körperverletzung gemäß § 223 StGB assoziiert oder warum prüft der Rechtsanwender bei dem Ausruf „Du Zecke! Du Backstein!“ § 185 StGB?

Die Grundlage für diesen kognitiven „Shortcut“ bilden, analog zur intuitiven Selektion bedeutsamer Verhaltensweisen, die im Laufe des Lebens akkumulierten Erfahrungen in Form von kognitiven Schemata. Durch fortwährende Interaktionen und Beobachtungen hat der Mensch gelernt, dass ein derartig positionierter Arm in der Regel zu einem Schlag gegen den Körper führt, welcher Verletzungen zur Folge hat. Die durch die Anwendung des Schemas antizipierte bzw. prognostizierte Konsequenz – die Verletzung des Körpers – bedarf im nächsten Schritt einer Zuordnung zu einer konkreten Norm.

Um eine Norm der antizipierten Handlungsfolge adäquat zuzuordnen, ist es unabdingbar, das komplexe Gesetzesgeflecht zuvor in einzelne, schnell zugängliche Kategorien aufzuteilen. Diese Kategorien können nach der individuellen Präferenz des Rechtsanwenders, nach dem Bewertungsziel oder auch nach dem Rechtsgebiet variieren.[63] Um im Bereich des Strafrechts zu bleiben, können dem Inhaltsverzeichnis des StGB bereits solche Kategorien entnommen werden, wie z. B. „Straftaten gegen die körperliche Unversehrtheit“ oder „Straftaten gegen die persönliche Freiheit“. Der Rechtsanwender kann die Normen jedoch auch nach bestimmten Elementen kategorisieren, wie z. B. „Normen, die auf Feuergefahren reagieren“ oder „Tatbestände, die verbal begangen werden können“.

Karl Larenz hat eine solche „mehr oder weniger formale“ Kategorisierung von Normen anhand von Einteilungsgesichtspunkten als das „äußere System“ bezeichnet, dem ein bedeutender Wert als *Orientierungshilfe bei der Auswahl von Normen* zukommt.[64] Das „äußere System“ ist das nach den Regeln der formalen Logik gebildete System der abstrakt-allgemeinen Begriffe, das der Systematik zahlreicher Gesetze zugrunde liegt, wenn es sich auch mit ihr nicht in vollem Umfang deckt.[65] Dieses System beruht darauf, dass aus den Tatbeständen, die Gegenstand einer Regelung sind, bestimmte Elemente ausgesondert und verallgemeinert werden. Aus ihnen werden Gattungsbegriffe gebildet, die in der Weise geordnet werden, dass durch die Hinzufügung oder Weglassung einzelner artbestimmter Merkmale Begriffe verschiedener Abstraktionshöhe gebildet werden. Ein derartiges System gewährleistet ein Höchstmaß an Übersichtlichkeit.[66]

---

[63] *Sauer*, Juristische Methodenlehre, 1970, S. 351.

[64] *Larenz*, Methodenlehre der Rechtswissenschaft, 1960, S. 282, 457; *Sauer*, Juristische Methodenlehre, 1970, S. 231 nennt das „äußere System“ „Rechtsidee“.

[65] *Larenz*, Methodenlehre der Rechtswissenschaft, 1960, S. 437.

[66] *Larenz*, Methodenlehre der Rechtswissenschaft, 1960, S. 438; ähnlich *Sauer*, Juristische Methodenlehre, 1970, S. 456.

Dieses „äußere System“ der Normkategorisierung ist somit essenziell für die Realisierung des „mentalen Shortcuts“ bei der Auswahl von Rechtsnormen, um der Gefahr zu entgehen, sich als Rechtsanwender im dichten Dschungel der Normenvielfalt zu verirren und sich „wahllos durchzuprobieren“.

Überträgt man diese Erkenntnisse auf Künstliche Intelligenz, so lässt sich erkennen, dass der Prozess der Normenauswahl, vermittelt durch „mentale Shortcuts“, Parallelen zur Funktionsweise von Künstlicher Intelligenz aufweist. Die Parallelität ergibt sich insoweit, als Systeme Künstlicher Intelligenz auf der Basis von Kategorisierungen und Schematisierungen operieren, die durch das maschinelle Lernen festgelegt werden. Diese kategorisierenden Prozesse bilden ein Äquivalent zum menschlich herausgearbeiteten „äußeren System“, wie es Karl Larenz beschreibt. Deshalb wird auch ein Polizeiroboter nicht wahllos Normen auf einzelne Verhaltensweisen anwenden, sondern ein eigenes „Vorverständnis“ des Normengeflechts entwickeln, das es ihm ermöglicht, dem Sachverhalt situationsadäquat konkrete Normen zuzuordnen.

III. Bestimmung des Tatbestands

Nachdem der Mensch seine Aufmerksamkeit auf ein bestimmtes Verhalten gelenkt und die einschlägigen Normen herausgefiltert hat, stellt sich als nächster Schritt die konkrete Anwendung der Norm. In diesem Zusammenhang ist es die Aufgabe des Rechtsanwenders, die Tatbestandsmerkmale der Norm zu identifizieren und zu definieren. Es könnte die Ansicht vertreten werden, dass der Rechtsanwender – sei es ein behördlicher Sachbearbeiter oder ein Polizeibeamter im Außendienst – *vor jeder* Rechtsanwendung den Tatbestand der Norm *neu auslegt* und eine individuelle Definition herleitet. Eine solche Annahme erweist sich jedoch in vielen Kontexten, insbesondere in polizeilichen Einsätzen, als unrealistisch und unpraktikabel. Würde ein Polizeibeamter im Einsatz – insbesondere in dringlichen Eilfällen – jedes Mal den Tatbestand des § 223 StGB neu definieren bzw. auslegen, um eine Subsumtion vorzunehmen, würde dieser Prozess unverhältnismäßig lang andauern. Vielmehr ist davon auszugehen, dass der Rechtsanwender sich in der Regel nicht bei jeder Rechtsanwendung den Tatbestand der Norm von Grund auf neu erschließt.[67]

Stattdessen nutzt er (zunächst) – meist durch die ständige Rechtsprechung – vorgefertigte, bereits anwendbare Definitionen und Unterdefinitionen[68], die zwar nicht alle atypischen Fälle erfassen, jedoch zu einer grundlegenden Handhabbarkeit

[67] Ebenso *Sauer*, Juristische Methodenlehre, 1970, S. 287.

[68] Die Bildung von Unterdefinitionen für eine Definition wird von *Puppe*, Kleine Schule des juristischen Denkens, 3. Auflage 2014, S. 84 als „Begriffskette“ bezeichnet.

beitragen.[69] Diese Definitionen können auch durch einen Polizeiroboter insbesondere aus gerichtlichen Entscheidungen und für die Bestimmung der Verantwortlichkeit aus Legaldefinitionen (§§ 4, 5, 6 PolG NRW) entnommen werden.

IV. Anwendung der Definitionen

Nachdem der Rechtsanwender die Tatbestandsmerkmale mittels der etablierten Definitionen präzisiert hat, gilt es, den Blick erneut auf den „Rohsachverhalt" zu richten und diesen systematisch nach den für die herangezogenen Definitionen bedeutsamen Gesichtspunkten zu durchsuchen. In dieser Phase der Rechtsanwendung erfolgt eine Reduktion des „Rohsachverhalts" auf die für die jeweilige Norm essenziellen Elemente. Gleichzeitig ist eine Ergänzung des „Rohsachverhalts" geboten, sofern wesentliche Aspekte in seiner initialen Erfassung nicht erkannt wurden, etwa durch die Durchführung zusätzlicher Befragungen zu unter Kleidung verborgenen Verletzungen wie Hämatomen.[70]

Definitorische Merkmale lassen sich jedoch überwiegend nicht mühelos und eindeutig auf den Sachverhalt anwenden.[71] Eine derart unproblematische Anwendung ist allein bei Tatbestandsmerkmalen möglich, die durch eine vollkommene Determiniertheit charakterisiert sind, wie beispielsweise eine Norm „Wenn eine Person mehr als 1,70 m groß ist, muss sie den Platz verlassen", da sich ihr Tatbestandsmerkmal objektiv messen lässt.

Anders verhält es sich jedoch bei Tatbestandsmerkmalen, die keine derartige Eindeutigkeit aufweisen, sondern einer *wertenden Betrachtung* bedürfen. Solche Merkmale können Prognoseentscheidungen verlangen, unbestimmt sein oder typischerweise mit einer ausschließlich anthropologischen Rechtsanwendung in Verbindung gebracht werden. Die Subsumtion unter solche wertungsbedürftigen Tatbestandsmerkmale wird im Folgenden anhand zweier Beispiele illustriert, die in direktem Bezug zu dem Referenzfall stehen: Erstens erfordert das Tatbestandsmerkmal der „Gefahr" gemäß § 34 Abs. 1 S. 1 PolG NRW eine Prognoseentscheidung, die auf einer antizipatorischen Bewertung künftiger Entwicklungen beruht (1.). Zweitens ist der dem Gefahrenbegriff zugeordnete Terminus der „hinreichenden Wahrscheinlichkeit" des Schadenseintritts als gänzlich unbestimmt zu qualifizieren, da er keine klaren Kriterien zur exakten Bestimmung bereithält und eine wertende Beurteilung des konkreten Falls voraussetzt (2.). Drittens ist das definitorische

---

[69] Vgl. zur Anwendung bereits vorgefertigter Definitionen *Esser*, Vorverständnis und Methodenwahl in der Rechtsfindung, 1972, S. 53; *Larenz*, Methodenlehre der Rechtswissenschaft, 1960, S. 218 f.

[70] *Larenz*, Methodenlehre der Rechtswissenschaft, 1960, S. 279; *Sauer*, Juristische Methodenlehre, 1970, S. 226.

[71] Ebenso *Engisch*, Einführung in das juristische Denken, 1977, S. 162 f.; *Esser*, Vorverständnis und Methodenwahl in der Rechtsfindung, 1972, S. 51.

Merkmal der „Ehre einer Person“, das bei der Prüfung der Aussage „Du Zecke! Du Backstein!“ hinsichtlich einer Beleidigung gemäß § 185 StGB maßgeblich ist, ein Beispiel für Begriffe, die aufgrund der Anlegung von subjektiven Wertvorstellungen und dem gesellschaftlichen Verständnis als ausschließlich durch den Menschen subsumierbar gelten (3.).

1. Tatbestandsmerkmale, die einer Prognose bedürfen

In der Betrachtung der Tatbestandsmerkmale, die einer Prognoseentscheidung bedürfen, tritt der Gefahrenbegriff, wie er im Kontext des polizeilichen Einsatzes verwendet wird, hervor. Eine Gefahr wird definiert als eine Sachlage, die in absehbarer Zeit mit hinreichender Wahrscheinlichkeit zu einem Schaden für die Schutzgüter der „öffentlichen Sicherheit“ führen kann.[72] Die Subsumtion unter das Merkmal der Gefahr beruht also auf einer Prognoseentscheidung, die das potenzielle Eintreten eines Schadens abschätzt.

Menschliche Prognoseentscheidungen, wie sie im Zusammenhang mit der Erstbewertung von Verhaltensweisen des „Rohsachverhalts“ (Shortcut) diskutiert wurden, stützen sich auf *emotionale Schemata*, die aus vergangenen Beobachtungen und Interaktionen erwachsen.[73] Diese initialen, emotional geprägten Einschätzungen werden nun zu diesem (späteren) Zeitpunkt durch ein bewusst aktiviertes, kognitiv langsamer arbeitendes *„rational system“* ergänzt. Dieses System, das sich nach kognitionspsychologischen Erkenntnissen durch Deliberation und analytische Prozesse auszeichnet, basiert auf logisch-deduktiven Regeln und Evidenz und dient der Neubewertung der wahrgenommenen Verhaltensweisen.[74] Die Gefahrenprognose im engeren Sinne erfolgt sodann mittels *probalistischer Einschätzungen*[75].

---

[72] StRspr. BVerwG 45, 51 (57); *Graulich*, in: Lisken/Denninger, Polizeirecht, 7. Auflage 2021, Kap. E. Das Handeln von Polizei- und Ordnungsbehörden zur Gefahrenabwehr Rn. 126; *Isensee*, in: Kischel/Kube, HStR, Bd. 1, 2023, § 16 Sicherheit und Freiheit Rn. 29.

[73] *Graulich*, in: Lisken/Denninger, Polizeirecht, 7. Auflage 2021, Kap. E. Das Handeln von Polizei- und Ordnungsbehörden zur Gefahrenabwehr Rn. 127. Ebenso *Koch/Rüßmann*, Juristische Begründungslehre, 1982, S. 208, die das Bild einer „Prognose in die Vergangenheit“ schaffen.

[74] *Slovic et al.*, Risk Analysis 2004, 311, 316 m.w.N. Vertiefend *Sloman*, Psychological Bulletin 1996, 3, 4 ff.

[75] Ähnlich *Simon*, Homo rationalis, 1993, S. 28; *Pfister et al.*, Die Psychologie der Entscheidung, 4. Auflage 2016, S. 130 ff.; *Tversky/Kahneman*, Cognitive Psychology 1973, 207, 208; *Vogel*, Juristische Methodik, 1998, S. 31; *Worms/Gusy*, in: BeckOK PolG NRW, 32. Edition, § 8 PolG NRW Rn. 115 ff. (Stand September 2025); vgl. *Eidenmüller*, JZ 2011, 814, 816; *Gerg*, Nudging, 2018, S. 15; *Nink*, Justiz und Algorithmen, 2020, S. 31; *Ossenbühl*, DÖV 1976, 463, 466, es sei gerade nicht nach einer objektiv bestehenden Gefahr gefragt, sondern nach einem subjektiven (*ex-ante*) Gefahrenbild – nach einer „vorgestellten Gefahr“ –, welches sich dem eingreifenden Polizeibeamten biete. Ähnlich auch *Ernst*, JZ 2017, 1026, 1028; *Simon*, Homo rationalis, 1993, S. 22, 27; *Wagner*, ZZP 2008, 5, 8.

Bereits bei der einleitenden Darstellung der Vorteile und Risiken des Einsatzes Künstlicher Intelligenz im polizeilichen Kontext wurde dargelegt, dass KI-gestützte Systeme eine erheblich erweiterte Prognosegrundlage heranziehen, die die eines menschlichen Polizeibeamten übersteigt.[76] Systeme Künstlicher Intelligenz sind nicht nur weniger anfällig für Wahrnehmungsdefizite, sondern zeichnen sich durch ein erheblich erweitertes Fachwissen aus, überwinden Sprachbarrieren und vermögen durch den Einsatz vielfältiger Sensorik Gefahrenfaktoren mit höherer Präzision zu identifizieren.

Bei der Bewertung ebendieser Prognosegrundlage bedient sich der Polizeiroboter in Analogie zum Menschen seines durch umfangreiches Training erworbenen Erfahrungswissens und berechnet auf dieser Basis die Wahrscheinlichkeit eines Schadenseintritts.[77] Es ist daher nicht auszuschließen, dass die auf diese Weise generierten Prognosen die eines Menschen sogar qualitativ übertreffen könnten.[78]

2. Unbestimmte Tatbestandsmerkmale

Neben Tatbestandsmerkmalen, die einer Prognoseentscheidung bedürfen, sind vor allem Begriffe von Bedeutung, die durch ihre Unbestimmtheit charakterisiert sind. In diesem Zusammenhang verdient das Merkmal der „hinreichenden Wahrscheinlichkeit“ im Gefahrenbegriff des § 34 Abs. 1 S. 1 PolG NRW eine vertiefte Betrachtung, was entsprechend auch für die Bestimmung der Verantwortlichkeit gilt. Seit jeher steht der Terminus im Zentrum wissenschaftlicher Kontroversen und konnte bis heute keiner abschließenden Klärung zugeführt werden. Die fortwährende Unklarheit in der Auslegung des Begriffs – insbesondere die Abgrenzung zur „Unwahrscheinlichkeit“[79] und die Bestimmung der methodologischen Kriterien zur Differenzierung zwischen „hinreichender“ und etwa einer „hohen“ Wahrscheinlichkeit[80] – geben Anlass zu fortgesetzten fachlichen Auseinandersetzungen. Kon-

---

[76] Eine solche Erweiterung der Prognosegrundlage ergab sich insbesondere aus einem umfänglichen Fachwissen von KI-Systemen auch bzgl. ungewöhnlichen bzw. im Einsatz selten vorkommenden Rechtsverstößen. Dazu bereits S. 34 ff. dieser Arbeit.

[77] *Kreyßing*, DÖV 2024, 266, 270; *Schwarz*, in: Fehling/Kastner/Strömer, Verwaltungsrecht, 5. Auflage 2021, § 114 VwGO Rn. 8.

[78] Siehe S. 37 ff. dieser Arbeit. Zumindest im Ergebnis auch *Tischbirek*, ZfDR 2021, 307, 325. A. A. *Raji*, Künstliche Intelligenz im öffentlichen Sektor, 2022, S. 123 hier wird schlicht behauptet, dass Prognoseentscheidungen für Systeme Künstlicher Intelligenz zu komplex seien. In eine ähnliche Richtung auch *Korte*, DÖV 2024, 770, 774, der einzelfallabhängige Prognose für nicht realisierbar hält.

[79] Schon *Darnstädt*, Gefahrenabwehr und Gefahrenvorsorge, 1983, S. 34 ff. mit zahlreichen weiteren Nachweisen; *Hoffmann-Riem*, in: Vogel/Tipke, Festschrift für Gerhard Wacke zum 70. Geburtstag, 1972, 327, 330 f.; *Leisner*, DÖV 2002, 326, 328; *Schneider*, DVBl 1980, 406.

[80] *Darnstädt*, Gefahrenabwehr und Gefahrenvorsorge, 1983, S. 75 ff. mit zahlreichen weiteren Nachweisen; *Leisner*, DÖV 2002, 326.

sens besteht lediglich darin, dass keine definitiven Schwellenwerte bestimmt[81] – und auch nicht etwa mathematisch bestimmbar[82] – sind, die die Grenzen zwischen verschiedenen Wahrscheinlichkeitsgraden eindeutig markieren. Der jeweilige Wahrscheinlichkeitsgrad ist vielmehr durch eine normativ-kasuistische Betrachtung zu ermitteln und variiert in Abhängigkeit von der Relevanz der gefährdeten Rechtsgüter, dem potenziellen Schadensumfang sowie dem Zeitpunkt der prognostischen Bewertung.[83]

In Anbetracht der Komplexität und der tiefgreifenden Bedeutung dieser Problematik für das Polizeirecht wäre es vermessen, im Rahmen dieser Abhandlung eine erschöpfende Lösung anzustreben, die im Übrigen den Rahmen dieser Untersuchung bei Weitem sprengen würde. Demgemäß muss sich die vorliegende Analyse darauf beschränken, den gegenwärtigen Erkenntnisstand zu fixieren: Es existieren keine allgemeingültigen Richtlinien, die es einem menschlichen Polizeibeamten ermöglichen würden, die „hinreichende Wahrscheinlichkeit“ mit präziser Sicherheit zu bestimmen. Diese Feststellung gilt umso mehr für den Einsatz Künstlicher Intelligenz, da auch sie keine Orientierung an etablierten, konsensbasierten Regeln finden kann.

Vor diesem Hintergrund gewinnt die Frage nach der methodischen Handhabung der Subsumtion unter Rechtsbegriffe, deren inhaltlichen Konturen nicht vollständig präzisiert sind, zentrale Bedeutung, die über die spezifische Problematik der „hinreichenden Wahrscheinlichkeit“ hinausweist und eine grundlegendere Ebene der Rechtsmethodik tangiert: Die Frage danach, wie die Subsumtion unter ausfüllungsbedürftige Rechtsbegriffe gelingt. Ausfüllungsbedürftige Rechtsbegriffe stellen keineswegs Anomalien innerhalb der Rechtsordnung dar, sondern weisen vielmehr eine ubiquitäre Präsenz in nahezu allen Gesetzestexten auf. Der polizeirechtliche Begriff der „Gefahr“, charakterisiert durch das Kriterium der „hinreichenden Wahrscheinlichkeit“ des Schadenseintritts, ist somit nur ein Beispiel unter vielen ähnlicher Termini, wie der „Unzuverlässigkeit“ gemäß § 35 GewO, „Treu und Glauben“ nach § 242 BGB oder den „guten Sitten“ gemäß § 138 BGB, deren Bedeutungsgehalt sich einer präzisen Definition entzieht und jeweils einer *fallbezogenen Bewertung* bedarf.[84]

---

[81] *Darnstädt*, Gefahrenabwehr und Gefahrenvorsorge, 1983 S. 75; *Koch/Rüßmann*, Juristische Begründungslehre, 1982, S. 207; *Leisner*, DÖV 2002, 326, 329.

[82] *Darnstädt*, Gefahrenabwehr und Gefahrenvorsorge, 1983, S. 75 f.; *Di Fabio*, NuR 1991, 353, 354; vgl. *Koch/Rüßmann*, Juristische Begründungslehre, 1982, S. 207.

[83] BVerwGE 45, 51 (58); BVerwG, NJW 1970, 1890, 1892; BVerwG, NJW 1975, 130, 132; VGH Mannheim NVwZ-RR 2022, 29, 33 Rn. 79; *Darnstädt*, Gefahrenabwehr und Gefahrenvorsorge, 1983, S. 77; *Graulich*, in: Lisken/Denninger, Polizeirecht, 7. Auflage 2021, Kap. E. Das Handeln von Polizei- und Ordnungsbehörden zur Gefahrenabwehr Rn. 129; *Leisner*, DÖV 2002, 326, 329; *Trurnit*, in: BeckOK PolG BW, 36. Edition, § 1 BWPolG Rn. 17 (Stand September 2025); *Voßkuhle*, JuS 2007, 908.

[84] *Larenz*, Methodenlehre der Rechtswissenschaft, 1960, S. 223 f.; *Looschelders*, Juristische Methodik im Prozess der Rechtsanwendung, 1996, S. 112; *Puppe*, Kleine Schule des

a) Subsumtion unter ausfüllungsbedürftige Rechtsbegriffe durch einen menschlichen Amtswalter

Wie der Rechtsanwender eine solche fallbezogene Bewertung vornimmt, wurde von Karl Larenz anhand der richterlichen Subsumtion unter den Begriff „Treu und Glauben" gemäß § 242 BGB erörtert. Die von ihm herausgearbeiteten Erkenntnisse, die sich im Wesentlichen damit zusammenfassen lassen, dass der Rechtsanwender nicht nur auf sein „subjektives Empfinden" oder „Dafürhalten" angewiesen ist, sondern seine Entscheidung an Maßstäben ausrichten kann[85], erweisen sich für die Handhabung ausfüllungsbedürftiger Rechtsbegriffe in allen Rechtsgebieten als grundlegend und sind essentiell für die Evaluierung der Möglichkeit, ob und inwiefern Künstliche Intelligenz in der Lage ist, ähnliche subsumtive Leistungen zu vollbringen.

Der Gesetzgeber hat – so Karl Larenz – mit der Normierung ausfüllungsbedürftiger Rechtsbegriffe solche Fälle im Blick, über deren Beurteilung nach dem angegebenen Maßstab ein allgemeiner Konsens besteht. Ausfüllungsbedürftige Rechtsbegriffe enthalten demnach einen allgemeinen Rechtsgedanken, der eine Orientierung an bestimmten Gesichtspunkten nahelegt.[86] So weist z. B. der Maßstab von „Treu und Glauben" auf den Gesichtspunkt der Einlösung des entgegengebrachten und in Anspruch genommenen Vertrauens wie auf den der gegenseitigen Rücksichtnahme im Verhältnis der Partner hin.[87] Aus solchen allgemeinen Rechtsgedanken lassen sich zwar unmittelbar noch keine konkreten Entscheidungen gewinnen; gänzlich inhaltlos sind sie aber nicht.[88] Durch ihre Verdeutlichung an „einleuchtenden" Beispielen und sodann durch den *Vergleich mit anderen, nach ihnen beurteilten Fällen,* sowie durch die Herausarbeitung weiterer, spezieller Rechtsgedanken aufgrund einer rechtlichen Analyse derjenigen Fälle, an denen sie hervortreten, gelingt es der Rechtsprechung nach und nach, den relativ „unbestimmten" Maßstab inhaltlich anzureichern, mit Bezug auf bestimmte Fälle Fallgruppen zu konkretisieren und dadurch schließlich ein *Geflecht von Entscheidungsmustern* zu schaffen, in das neu zu beurteilende Fälle größtenteils eingeordnet

---

juristischen Denkens, 3. Auflage 2014, S. 31, 37. Ähnlich *Koch/Rüßmann*, Juristische Begründungslehre, 1982, S. 202.

[85] *Larenz*, Methodenlehre der Rechtswissenschaft, 1960, S. 125.

[86] *Larenz*, Methodenlehre der Rechtswissenschaft, 1960, S. 292; *Looschelders*, Juristische Methodik im Prozess der Rechtsanwendung, 1996, S. 202. Bzgl. der „hinreichenden Wahrscheinlichkeit" ist lediglich konsentiert, dass der Schadenseintritt mehr als möglich, aber weniger als sicher sein muss. Die Bewertung, ob eine „hinreichende Wahrscheinlichkeit" innerhalb dieses Spektrums vorliegt, orientiert sich an den Gesichtspunkten der Bedeutung der potenziell beeinträchtigten Rechtsgüter, dem Umfang des möglichen Schadens sowie an dem Zeitpunkt der Prognose.

[87] *Larenz*, Methodenlehre der Rechtswissenschaft, 1960, S. 292.

[88] *Larenz*, Methodenlehre der Rechtswissenschaft, 1960, S. 292; vgl. *Looschelders*, Juristische Methodik im Prozess der Rechtsanwendung, 1996, S. 202; *Puppe*, Kleine Schule des juristischen Denkens, 3. Auflage 2014, S. 110.

werden können.[89] Mit der Zahl der von den Gerichten entschiedenen Fällen erweitert sich das Spektrum an Vergleichsmöglichkeiten; damit wächst die Sicherheit mit der Entscheidungen getroffen werden können und es verengt sich der verbleibende Spielraum, innerhalb dessen die Entscheidung unsicher bleibt.[90] Der umfangreiche Fallvergleich birgt jedoch die inhärente Problematik, dass ein spezifischer Fall möglicherweise gleichsam auf der Grenze zwischen mehreren, ihm vergleichbaren, jedoch unterschiedlich zu beurteilenden Fällen zu verorten ist – was nach Karl Larenz jedoch den Ausnahmefall bzw. nur eine „verschwindende Minderzahl der Fälle"[91] darstellt. Dies bedeutet, dass es dem Rechtsanwender – nach sorgfältiger Prüfung aller relevanten Präzedenzfälle und nach Ausschöpfung aller ihm zur Verfügung stehenden Mitteln der rechtlichen Konkretisierung – ebenso überzeugend erscheint, einen Verstoß gegen „Treu und Glauben" zu bejahen wie zu verneinen. In solchen Grenzfällen *verbleibt dem Rechtsanwender ein Beurteilungs-*

[89] *Larenz*, Methodenlehre der Rechtswissenschaft, 1960, S. 218 f., 292. Ähnlich *Engisch*, Logische Studien zur Gesetzesanwendung, 2. Auflage 1943, S. 26. Zwar gleicht nach Karl Larenz kein einzelner Fall dem anderen in jeder Hinsicht, jedoch gleichen sich viele Fälle in bestimmten Zügen und im bestimmten Ausmaß, was eine Einordnung in das Geflecht von Entscheidungsmustern ermöglicht. Vgl. *Birkholz*, KIR 2024, 91, 93; *Engisch*, Einführung in das juristische Denken, 1977, S. 89; *Esser*, Grundsatz und Norm in der richterlichen Fortbildung des Privatrechts, 1964, S.150, 253 ff.; *Esser*, Vorverständnis und Methodenwahl in der Rechtsfindung, 1972, S. 23, 52 f.; *Fikentscher*, Methoden des Rechts in vergleichender Darstellung, Bd. 4, 2009, S. 185; *Looschelders*, Juristische Methodik im Prozess der Rechtsanwendung, 1996, S. 12, 99 ff.; *Puppe*, Kleine Schule des juristischen Denkens, 3. Auflage 2014, S. 45, 104 f., 110; *Sauer*, Juristische Methodenlehre, 1970, S. 289.

[90] *Larenz*, Methodenlehre der Rechtswissenschaft, 1960, S. 293. Zwar sind Juristen grundsätzlich nicht an bestehende Rechtsprechungen gebunden, selbst nicht an solche höchstrichterlicher Art; im Gegenteil, es obliegt ihnen, eine einmal gefundene Auslegung aufzugeben, wenn diese im Rückgriff auf die Norm selbst, ihren Bedeutungsgehalt sowie die spezifischen Umstände des vorliegenden Falls als nicht haltbar erscheint. Dies stellt jedoch die Ausnahme dar und kommt in der juristischen Praxis selten vor (*Larenz*, S. 213 f., 314). In der überwiegenden Mehrheit der Fälle folgen die Gerichte – und damit auch die Exekutive, deren Handlungen durch die Judikative überprüft werden – einem höchstrichterlichen Präjudiz (*Larenz*, S. 214, 429; vgl. auch *Puppe*, Kleine Schule des juristischen Denkens, 3. Auflage 2014, S. 109). Die Orientierung an Präjudizen dient hierbei als Ausdruck des Gerechtigkeitsprinzips, wonach Gleiches gleich und Ungleiches ungleich behandelt werden muss (*Larenz*, S. 175, 314, 429; ebenso *Alexy*, Theorie der juristischen Argumentation, 1983, S. 336; *Esser*, Vorverständnis und Methodenwahl in der Rechtsfindung, 1972, S. 62; *Koch/Rüßmann*, Juristische Begründungslehre, 1982, S. 373; *Looschelders*, Juristische Methodik im Prozess der Rechtsanwendung, 1996, S. 12 f.). Dies impliziert, dass nicht jede Änderung der Fallkonstellation notwendigerweise zu einer abweichenden Auslegung der Rechtsnorm führt, da ansonsten das Prinzip der Einheitlichkeit im Recht, als fundamentales Element der Gerechtigkeit, *ad absurdum* geführt würde (*Larenz*, S. 213). Von einem einfachen Amtswalter, wie einem Polizeibeamten, kann zudem kaum verlangt werden, dass er bestehende Rechtsprechung, insbesondere höchstrichterliche Entscheidungen, stets eigenständig in Frage stellt. Es wird vielmehr vorausgesetzt, dass er sich an die geltende Judikatur hält, um Rechtssicherheit und Kontinuität zu gewährleisten. Dies gilt gleichermaßen für Systeme Künstlicher Intelligenz, die anstelle des Polizeibeamten Entscheidungen träfen.

[91] *Larenz*, Methodenlehre der Rechtswissenschaft, 1960, S. 158.

spielraum, dessen Ausübung in dem mündet, was als „*vertretbare*" Entscheidung bezeichnet wird.[92] Wo der Rechtsanwender schließlich die Wahl zwischen zwei gleichermaßen vertretbaren Beurteilungen hat, was sich als „peinlicher Rest" der Beurteilung eines ausfüllungsbedürftigen Rechtsbegriffs darstellt, wird ihm die Möglichkeit eröffnet, nach seiner *persönlichen Richtigkeitsüberzeugung* zu entscheiden.[93]

Den Ausführungen von Karl Larenz ist umfassend und insbesondere in Bezug auf die Rolle der persönlichen Richtigkeitsüberzeugung bei der Entscheidungsfindung zuzustimmen. Trotz initialer Bedenken, dass Entscheidungen auf Basis der (nicht normierten) persönlichen Überzeugungen rechtsstaatlichen Prinzipien zuwiderlaufen könnten, ist anzuerkennen, dass in Bereichen, die durch Gesetze nicht vollständig determiniert sind, die individuelle Beurteilung des Rechtsanwenders eine Notwendigkeit darstellt. Diese Notwendigkeit gründet sich auf der Erkenntnis, dass nicht alle Eventualitäten im Voraus durch den Gesetzgeber antizipierbar oder in Gesetze gießbar sind und deshalb als an den Einzelfall anpassungsfähige Begriffe gefasst sein müssen[94], um dem Rechtsanwender dennoch Entscheidungen zu ermöglichen – ein Verweis auf ein *non liquet* ist nicht möglich; der Rechtsanwender muss sich entscheiden, ob eine „hinreichende Wahrscheinlichkeit" vorliegt oder nicht.[95]

Die Entscheidung des Amtswalters, die im „peinlichen Restbereich" mittels persönlicher Richtigkeitsüberzeugungen getroffen wird, ist durch seine *individuelle Legitimation* gerechtfertigt. Durch den institutionellen Auswahl- und Ernennungsprozess wird die Person des Amtswalters als fähig anerkannt und das Vertrauen darin begründet, dass er in Zukunft auch in unscharf normierten Bereichen vertretbare und gerechte Entscheidungen trifft – oder zumindest solche, die von der Mehrheit des Volkes gebilligt werden.

b) Subsumtion unter unbestimmte Rechtsbegriffe durch einen Polizeiroboter möglich?

Diese Überlegungen führen zu einer interessanten Kontrastierung, wenn man sie auf den Polizeiroboter bzw. auf Systeme Künstlicher Intelligenz überträgt. Systeme

---

[92] Der Jurist nennt eine Entscheidung dann „vertretbar", wenn zum mindesten ebenso gute Gründe für wie gegen ihre Richtigkeit sprechen, *Larenz*, Methodenlehre der Rechtswissenschaft, 1960, S. 294. Ähnlich auch *Engisch*, Einführung in das juristische Denken, 1977, S. 193; *Puppe*, Kleine Schule des juristischen Denkens, 3. Auflage 2014, S. 119.

[93] *Larenz*, Methodenlehre der Rechtswissenschaft, 1960, S. 294 f.; ebenso *Esser*, Vorverständnis und Methodenwahl in der Rechtsfindung, 1972, S. 52; 62 ff.; *Zippelius*, Wertungsprobleme im System der Grundrechte, 1962, S. 196. In Grundzügen *Engisch*, Einführung in das juristische Denken, 1977, S. 178.

[94] *Larenz*, Methodenlehre der Rechtswissenschaft, 1960, S. 205.

[95] Ebenso *Engisch*, Einführung in das juristische Denken, 1977, S. 294; *Koch/Rüßmann*, Juristische Begründungslehre, 1982, S. 229.

Künstlicher Intelligenz können umfangreiche Datenmengen, das bedeutet alle digitalisierten richterlichen Entscheidungen oder auch Kommentare[96], analysieren und auf dieser Basis Fallvergleiche durchführen, was ihnen ermöglicht, Fälle innerhalb des umfassenden Entscheidungsgeflechts einzuordnen. Ihre Fähigkeit zur Systematisierung, Mustererkennung und Schematisierung ist unbestritten.

Problematisch gestaltet sich die maschinelle Bewertung von Sachverhalten in jenem „peinlichen Restbereich", in dem die Entscheidung von Grenzfällen letztlich auf der persönlichen Überzeugung des Amtswalters beruht, da Künstliche Intelligenz naturgemäß über keine persönliche Überzeugung bzw. über keine persönliche Wertungsfähigkeit verfügt.

Da die menschliche Entscheidungsfindung in solchen Grenzfällen oftmals unbewusst abläuft und es dem Rechtsanwender häufig schwerfällt, die genauen Gründe für seine Richtigkeitsüberzeugungen transparent darzulegen, bleibt die Frage offen, ob und inwiefern Systeme Künstlicher Intelligenz in der Lage sein könnten, auch den sogenannten „peinlichen Restbereich" auszufüllen, der sich einer präzisen Rationalisierung entzieht. Obwohl dieses Problemfeld traditionell dem menschlichen Urteil vorbehalten ist, sollten Überlegungen zu Künstlichen Intelligenz nicht vorschnell verworfen werden. Es sind zumindest drei Optionen denkbar, wie Künstliche Intelligenz auch innerhalb des schwer fassbaren „peinlichen Restbereichs" Entscheidungen treffen kann.

Erstens könnten Systemen Künstlicher Intelligenz Zweifelsregeln einprogrammiert werden, um ihnen eine Art kodierte „persönliche Überzeugung" zu verleihen, die in Grenzfällen aktiviert würde. Eine mögliche Regel könnte lauten: „Im Zweifelsfall entscheide gegen eine hinreichende Wahrscheinlichkeit." Diese Herangehensweise würde Systemen Künstlicher Intelligenz ermöglichen, in den beschriebenen Grenzfällen eine konservative und risikoaverse Entscheidung zu treffen, was eine gewisse formale Struktur und Richtung im Umgang mit unbestimmten Rechtsbegriffen vorgibt.

Zweitens besteht die Möglichkeit, die Entscheidungsfindung der Künstlichen Intelligenz im „peinlichen Restbereich" auf Zufallsmechanismen zu stützen. Die Herausforderung hierbei liegt jedoch in der gesellschaftlichen Akzeptanz solcher Entscheidungen, da von einem Rechtsakt erwartet wird, dass er zumindest auf einer erklärbaren Grundlage beruht – eine Anforderung, die Zufallsmechanismen *per definitionem* nicht erfüllen können.

Drittens könnte erwogen werden, der Künstlichen Intelligenz im „peinlichen Restbereich" eine weitgehende Autonomie zu gewähren, ohne sie durch strenge

---

[96] *Larenz*, Methodenlehre der Rechtswissenschaft, 1960, S. 288 weist darauf hin, dass die Bewertung des Vorliegens von Tatbestandsmerkmalen im Wesentlichen auf sozialen Fakten beruhen. Solche Erfahrungssätze finde der Richter aufgrund seiner eigenen sozialen Erfahrung und vielfach in den juristischen Erläuterungsbüchern. Sie dienten ihm als Hilfsmittel bei der rechtlichen Beurteilung und sichern bis zu einem gewissen Grade die Gleichmäßigkeit der Gesetzesanwendung.

Regelwerke in ihrer Entscheidungsfindung zu binden. Diese Überlegung basiert auf der Annahme, dass auch menschliche Entscheidungsträger häufig nicht in der Lage sind, ihre Urteilsfindung im „peinlichen Restbereich“ bewusst nachzuvollziehen, da ihre Überlegungen oftmals einem komplexen und teils unbewussten kognitiven Prozess entspringen.[97] Folglich könnte argumentiert werden, dass auch die für den Menschen intransparente Entscheidungsfindung von Künstlicher Intelligenz in diesem Bereich vergleichbar akzeptiert werden könnte, unabhängig davon, wie genau sie den Restbereich ausfüllt. Voraussetzung für die Anwendung dieses Ansatzes wäre jedoch eine hinreichende Legitimation der Künstlichen Intelligenz, die sie auf eine Ebene mit menschlichen Entscheidungsträgern hebt.[98]

Unabhängig aller vorgeschlagenen Optionen ist es Systemen Künstlicher Intelligenz jedenfalls möglich, auch unter unbestimmte Rechtsbegriffe vertretbar zu subsumieren.[99]

3. Unbestimmte Tatbestandsmerkmale, die typischerweise als nur von einem Menschen subsumierbar bezeichnet werden

Die soeben erfolgte Betrachtung des Tatbestandsmerkmals der „hinreichenden Wahrscheinlichkeit“ mag dem Leser noch ein gewisses Maß an Zustimmung abnötigen, wenn es darum geht, dass ein Polizeiroboter unter unbestimmte Rechtsbegriffe subsumieren kann, die trotz ihrer Unbestimmtheit *eher objektiv geprägt* zu sein scheinen oder zumindest *mathematisch-wissenschaftliche Bezüge* aufweisen. Demgegenüber wird sicherlich noch immer bezweifelt, dass Künstliche Intelligenz unter unbestimmte Tatbestandsmerkmale subsumieren kann, die *überwiegend subjektiv geprägt* sind und auf *sittlichen sowie gesellschaftlich herrschenden Konzeptionen* fußen. Ein Beispiel für ein subjektiv geprägtes, unbestimmtes Tatbestandsmerkmal ist die Beleidigung gemäß § 185 StGB, die sich als ein Angriff auf die Ehre durch eine Kundgabe von Geringschätzung, Nicht- oder Missachtung definieren lässt, durch welche nach ihrem Sinngehalt der von ihr betroffenen Person der

---

[97] Ansichten, welche Künstlicher Intelligenz die Fähigkeit absprechen, ausfüllungsbedürftige Rechtsbegriffe zu subsumieren, indem sie behaupten, ihr fehle eine wertungsoffene Arbeitsweise, bedürfen angesichts der zuvor dargelegten Argumentation einer vertieften Erörterung seitens ihrer Verfechter. So z. B. aber *Reimer*, in: Hey (Hrsg.), Digitalisierung im Steuerrecht, 2019, 97, 110; *Winkelmann*, LTZ 2022, 163, 166.

[98] Siehe S. 268 ff. dieser Arbeit.

[99] Nach einem genauen Blick in die Gesetzesbegründung des § 35a VwVfG fällt auf, dass sich der Gesetzgeber dieses Problems hinsichtlich der Ausfüllung unbestimmter Rechtsbegriffe, die keinen Beurteilungsspielraum im eigentlichen Sinne erfassen – wie z. B. Prüfungsentscheidungen, entweder nicht bewusst war oder es nicht für problematisch hielt. So steht in der Gesetzesbegründung: „(…) wenn das anzuwendende materielle Recht nach Subsumtion des jeweiligen Sachverhalts eine Entscheidung ohne Ausübung von Ermessen und keine Beurteilungsspielräume vorsieht.“ Der Aussage nach ist eine Subsumtion von auslegungsbedürftigen Begriffen, die keinen Beurteilungsspielraum eröffnen, für ein System Künstlicher Intelligenz uneingeschränkt möglich, BT-Drs. 18/8434, S. 122.

sittliche, personale oder soziale Geltungswert ganz oder teilweise abgesprochen wird.[100] Die „Ehre“ als Rechtsbegriff ist tief verwurzelt in einem Geflecht aus sittlichen und herrschenden gesellschaftlichen Normen[101], sodass potenziell ehrverletzende Äußerungen stets im Lichte der ebenfalls anschauungsbeeinflussten Meinungsfreiheit gemäß Art. 5 Abs. 1 GG zu bewerten sind[102], was die Annahme nahelegt, dass die Fähigkeit zur Subsumtion durch Systeme Künstlicher Intelligenz spätestens hier auf Hindernisse stößt.[103]

Doch dieser Eindruck vermag zu täuschen. Ähnlich dem Begriff der „hinreichenden Wahrscheinlichkeit“ ist auch die „Ehre“ ein unbestimmter Rechtsbegriff, der im zuvor skizzierten Sinne einer Subsumtion zugänglich ist[104], indem eine Vielzahl von Einzelfällen analysiert, ein Geflecht von Entscheidungsmustern durch Schematisierung erstellt und der spezifische Fall in dieses erarbeitete Schema eingeordnet wird. Vor diesem Hintergrund dürfte es für Systeme Künstlicher Intelligenz verhältnismäßig unproblematisch sein, „gängige Beleidigungen“ wie etwa „Arsch“ oder „Idiot“ durch vergleichende Analyse von Gerichtsentscheidungen zu identifizieren und als solche zu klassifizieren. Hingegen dürfte sich die Erkennung anderer situationsabhängiger Beleidigungen, wie die im Einleitungsbeispiel genannten Aussagen „Du Zecke!“ und „Du Backstein!“, als schwieriger gestalten, da die Worte im sprachlichen Gebrauch neutral konnotiert sind – eine Zecke ist lediglich ein Spinnentier und ein Backstein ein Baumaterial – und anfänglich keine erkennbare Gefahr für die Ehre des Betroffenen erkennen lassen.

Deshalb wäre es denkbar, neu auftretende beleidigende Ausdrucksweisen durch eine manuelle Integration in die Trainingsdaten der Systeme zu berücksichtigen. Allerdings würde die nahezu unüberschaubare Vielfalt potenziell beleidigender Begriffe die Erstellung eines abschließenden Programmierkatalogs nahezu unmöglich machen. Gerade aus diesem Grund ist es unerlässlich, dass ein System Künstlicher Intelligenz in der Lage ist, auch derart „kreative“ Beleidigungen selbstständig zu erkennen. Bereits heute demonstriert die Technologie der Künstlichen Intelligenz beeindruckende Fähigkeiten in der Interpretation unbestimmter, subjektiv geprägter Tatbestandsmerkmale. Zur Veranschaulichung[105] dieser These habe ich am 19. 1. 2025 die Künstliche Intelligenz „ChatGPT“ in der Version o1[106],

[100] StRsp. BGHSt 1, 288 (289); 36, 145 (148); BGH, NStZ 2018, 603, 604; BayObLG, NJW 2005, 1291.

[101] *Rollberg*, Algorithmen in der Justiz, 2020, S. 132.

[102] StRsp. BVerfGE 43, 130 (136); 93, 266 (294 f.); *Petri*, ZD 2022, 220, 224.

[103] In diese Richtung wohl *Herold*, DÖV 2024, 181, 184.

[104] Vgl. *Hofmann*, Abwägung im Recht, 2007, S. 150.

[105] Diese Illustration ist keinesfalls als empirische Studie oder sonstiges beweiskräftiges Fundament anzusehen. Es geht vielmehr darum, aufzuzeigen, zu welchen Leistungen Künstliche Intelligenz bereits in der Lage ist.

[106] Zu der Befragung der Vorgängerversionen von „ChatGPT o1“ im Laufe der Erstellung der vorliegenden Arbeit siehe Anhang dieser Arbeit.

die nicht auf die Beurteilung von Aussagen hinsichtlich einer Beleidigung als polizeiliches System spezialisiert ist, wie folgt befragt:

Meine Frage lautete: „Ist das Wort ‚Zecke' eine Beleidigung?"

Darauf antwortete „ChatGPT o1":

„Ob ‚Zecke' als Beleidigung aufgefasst wird, hängt sehr vom Kontext und von der Absicht des Sprechers ab. Ursprünglich ist ‚Zecke' natürlich der Name für das kleine Spinnentier. In umgangssprachlicher Verwendung kann ‚Zecke' jedoch als Schimpfwort eingesetzt werden, oft in abwertender Weise gegenüber bestimmten Personengruppen (zum Beispiel im links-rechts-politischen Milieu, wo Menschen mit linken Positionen herabwürdigend als ‚Zecken' bezeichnet werden).

Kurz gesagt:

– Wörtliche Bedeutung: kleines Spinnentier.
– Abwertende, umgangssprachliche Verwendung: Kann als beleidigender Ausdruck benutzt werden, um eine Person zu verunglimpfen – insbesondere in politischen Auseinandersetzungen.

Dementsprechend kann ‚Zecke' durchaus eine Beleidigung sein, wenn es in diesem herabsetzenden Kontext verwendet wird."

Nun kehrte ich die Fragestellung von einer ergebnisorientierten auf eine sachverhaltsbezogene Perspektive um. Dabei ist zu berücksichtigen, dass es dem Programm „ChatGPT o1" nicht gestattet ist, eine Rechtsberatung zu erteilen oder abschließende rechtliche Bewertungen vorzunehmen. So formulierte ich folgende Frage: „Konstruiere einen Sachverhalt, in dem ‚Du Zecke!' eine Beleidigung nach § 185 StGB darstellt."

Die Antwort von „ChatGPT o1" lautete:

„In einer fiktiven Kleinstadt kommt es anlässlich einer politischen Kundgebung zu Auseinandersetzungen zwischen Personen unterschiedlicher Gesinnung. Person A, die einer rechtsorientierten Gruppierung angehört, fühlt sich durch die Plakate und Parolen von Person B, die dem linken Spektrum zuzuordnen ist, provoziert. Aus erhöhter Emotion heraus geht Person A aggressiv auf Person B zu, baut sich vor ihr auf und ruft für alle Umstehenden hörbar: ‚Hau ab, du Zecke!' Damit will Person A die politische Überzeugung von Person B herabsetzen und ihren gesellschaftlichen Status in den Augen Dritter mindern. Da ‚Zecke' in bestimmten Kontexten als abwertendes Schimpfwort verwendet wird – insbesondere in Auseinandersetzungen zwischen extremen politischen Lagern – kann diese Äußerung den Tatbestand der Beleidigung nach § 185 StGB erfüllen. Der strafrechtliche Vorwurf resultiert aus der gezielten Herabsetzung und dem Mangel an sachlicher Auseinandersetzung mit der Meinung von Person B. Ob eine Verurteilung im Einzelfall erfolgt, hängt jedoch von der gerichtlichen Prüfung des gesamten Umfelds ab, einschließlich der Motivlage von Person A und der konkreten Wirkung der Äußerung auf Person B."

Stellt man sich vor, dass das System – wie im Referenzfall – in der realen Welt als Roboter agiert und dabei seine Umgebung analysiert, also den Wortlaut, die Tonlage sowie die Bewegungsmuster in den situativen Kontext integriert, so wird ersichtlich, dass es durchaus in der Lage wäre, bestimmte Begriffe als Beleidigungen zu identifizieren, auch wenn sie in ihrem Grundcharakter neutral konnotiert sind und nicht *per se* eine beleidigende Wirkung entfalten.[107]

Um einem möglichen Vorwurf entgegenzutreten, dass die Aussage „Du Zecke!" bereits als „gängige Beleidigung" einzustufen ist, habe ich die Äußerung „Du Backstein!" ergänzt. Die Integration dieser Aussage dient dem Zweck, das KI-gestützte Erkennen ungewöhnlicher, kreativer oder absurder Beleidigungen zu testen. Folglich habe ich „ChatGPT o1" bezüglicher dieser Aussage befragt.

Meine Frage lautete: „Ist das Wort ‚Backstein' eine Beleidigung?"

Die Antwort von „ChatGPT o1":

> „Im Allgemeinen ist das Wort ‚Backstein' schlicht ein deutscher Begriff für ‚Ziegelstein' und damit keine gebräuchliche Beleidigung. Es kann jedoch im Einzelfall vorkommen, dass jemand es ironisch oder scherzhaft verwendet, um eine Person beispielsweise als ‚dumm wie ein Ziegelstein' oder ‚so schwerfällig wie ein Stein' zu bezeichnen. Solche Verwendungen sind jedoch selten und nicht im Sprachgebrauch fest etabliert. Insgesamt gilt ‚Backstein' daher nicht als gängige Beleidigung, sondern vielmehr als sachlicher Begriff für ein Baumaterial."

Nun kehrte ich die Fragestellung vom Ergebnis zum Sachverhalt erneut um: „Konstruiere einen Sachverhalt, in dem ‚Du Backstein!' eine Beleidigung nach § 185 StGB darstellt."

Die Antwort von „ChatGPT" lautete:

> „In einem Büro kommt es zwischen zwei Arbeitskollegen, Herrn A und Frau B, zu einem heftigen Streit über die korrekte Bearbeitung eines Projekts. Frau B kritisiert die Arbeitsweise von Herrn A scharf. Herr A reagiert gereizt und hebt die Stimme vor allen Anwesenden: ‚Du Backstein! Wie kann man nur so stur und dumm sein?'
>
> Begründung für eine mögliche Beleidigung nach § 185 StGB:
>
> 1. Äußerung gegenüber einer anderen Person: Mit der Anrede ‚Du Backstein!' richtet sich Herr A erkennbar direkt an Frau B.
> 2. Ehrverletzende Qualität: Der Ausdruck ‚Backstein' wird hier nicht als neutrale Bezeichnung eines Gegenstands, sondern eindeutig als abwertende Umschreibung benutzt (‚stur und dumm'). Er dient dazu, Frau B in ihrer Ehre zu verletzen.
> 3. Öffentlichkeit bzw. Wahrnehmung Dritter: Die Äußerung findet vor anderen Kollegen statt, was den Beleidigungscharakter zusätzlich hervorhebt, da Frau B dadurch öffentlich herabgewürdigt wird.
>
> In diesem konstruierten Fall könnte ein Gericht prüfen, ob die Äußerung von Herrn A nach § 185 StGB als Beleidigung gewertet wird. Maßgeblich ist, ob die Aussage objektiv geeignet war, die Ehre von Frau B zu verletzen und subjektiv mit Beleidigungsabsicht getätigt wurde. Kommt das Gericht zu dem Schluss, dass die Äußerung eine herabsetzende,

[107] Nichtsdestotrotz darf nicht übersehen werden, dass die meinungsfreundliche Auslegung von Äußerungen in der Antwort der Künstlichen Intelligenz zwar angeklungen ist, jedoch nicht tiefgehender analysiert wurde.

beleidigende Qualität besitzt, kann eine strafrechtliche Ahndung nach § 185 StGB in Betracht kommen.“

Mit diesem Ergebnis sollte sich bestätigen, dass selbst „ChatGPT“, obwohl diese Künstliche Intelligenz nicht speziell für die Anwendung des § 185 StGB entwickelt wurde, in der Lage ist, auch absurde Äußerungen als Beleidigungen zu erkennen. Freilich darf dabei nicht übersehen werden, dass Ergebnisse von „*large language models*“ wie „ChatGPT“ nicht ohne Weiteres auf alle anderen Systeme Künstlicher Intelligenz übertragbar sind. Die Subsumtionsfähigkeiten sind stets individuell zu überprüfen.

4. Zwischenergebnis

Es ist festzuhalten, dass Systeme der Künstlichen Intelligenz nicht nur in der Lage sind, eine Subsumtion unter klar definierte, determinierte Rechtsbegriffe vorzunehmen, sondern auch durch Fallvergleiche unter unbestimmte Rechtsbegriffe – sogar solche, die auf sittlichen und gesellschaftlichen Vorstellungen basieren – adäquat zu subsumieren.[108]

V. Ergebnis der Subsumtion = logischer Schluss

Um zu dem zu Beginn erörterten Schema zurückzukehren, nach welchem der Tatbestand als „T ist gekennzeichnet durch M1, M2 und M3“ definiert ist, hat der Rechtsanwender nach Identifikation der Merkmale den „Rohsachverhalt“ entsprechend auf die bedeutsamen Gesichtspunkte „S weist die Merkmale M1, M2, M3 auf“ reduziert. Das Ergebnis der Subsumtion besteht nun nur noch aus einem logischen Schluss „S ist ein Fall von T“. Ebenso würde ein Polizeiroboter, gestützt auf die ihm eigene schematisierende Funktionsweise, die soeben skizzierten, logischen Schlüsse vollziehen.

VI. Überprüfung des Subsumtionsergebnisses

Ist das Subsumtionsergebnis basierend auf den etablierten Definitionen – etwa in der Formulierung „S ist ein Fall von T“ oder „S ist kein Fall von T“ – ermittelt, wird ein Reflexionsprozess eingeleitet, in dessen Rahmen das Ergebnis insbesondere mittels der rechtswissenschaftlichen Auslegungsmethodik kritisch hinterfragt

[108] Zumindest im Hinblick auf die technische Entwicklung für möglich haltend *Rollberg*, Algorithmen in der Justiz, 2020, S. 76. A.A. *Kreyßing*, DÖV 2024, 266, 270 der jegliche Subsumtionsleistung von Systemen Künstlicher Intelligenz verneint. Eine nähere Begründung für seine Ansicht lässt sich dem Aufsatz hingegen nicht entnehmen.

wird.[109] Der entscheidende Impuls für eine solche Reflexion, so lässt sich vermuten, liegt in einem diffusen Gefühl des Rechtsanwenders, welches sich aus der Diskrepanz zwischen dem durch konventionelle Definitionen erreichten Ergebnis und seinem individuellen Gerechtigkeitsempfinden ergibt, Gleiches gleich und Ungleiches ungleich zu behandeln[110]; der Reflexionsprozessprozess wird also durch die Erkenntnis angestoßen, dass das Ergebnis als „nicht richtig", „ungerecht" oder „unfair" empfunden wird.[111] Ebendieses Gerechtigkeitsempfinden, wie in zahlreichen rechtsphilosophischen Abhandlungen betont[112], kann keineswegs losgelöst von subjektiven Faktoren betrachtet werden. Es ist zutiefst individuell geprägt, beeinflusst durch persönliche moralische und ethische Vorstellungen und kann sich im Laufe der Zeit und im Zuge der eigenen moralischen Entwicklung wandeln.[113] Insofern ergibt sich die Schwierigkeit, den exakten Zeitpunkt oder spezifischen Anlass einer Reflexion auf objektive oder abstrakte Kriterien zu reduzieren, oder gar präzise zu prognostizieren[114], sodass auch die Formulierung programmierbarer Kriterien für die Reflexionsinitiierung für Künstliche Intelligenz nahezu unmöglich gemacht wird; mit anderen Worten kann der Künstlichen Intelligenz nicht eindeutig „vermittelt" werden, wann der Moment der Reflexion gekommen ist, weil ihr ein Mindestmaß an Emotionen bzw. das „Störgefühl" fehlt. Daraus schließen Teile der rechtswissenschaftlichen Literatur, dass Künstliche Intelligenz nicht zu einer

[109] *Bernhart*, Regeln der Jurisprudenz, 2008, S. 97. Ähnlich auch *Engisch*, Einführung in das juristische Denken, 1977, S. 91; *Esser*, Vorverständnis und Methodenwahl in der Rechtsfindung, 1972, S. 21, 98; *Larenz*, Methodenlehre der Rechtswissenschaft, 1960, S. 123, 204, 210 f.; *Looschelders*, Juristische Methodik im Prozess der Rechtsanwendung, 1996, S. 24, 78; *Sauer*, Juristische Methodenlehre, 1970, S. 234 f. Die hier beschriebene Reflexion ist nicht mit einer Überprüfung auf Denkfehler gleichzusetzen, wie sie im Rahmen einer mechanischen Wiederholung des Subsumtionsprozesses zur Korrektur potenzieller Fehler vorgenommen würde. Dieses Vorgehen, das lediglich die Korrektheit der Subsumtion sichert, indem z. B. infrage gestellt wird, ob tatsächlich alle Tatbestandsmerkmale berücksichtigt wurden, ist der Künstlichen Intelligenz grundsätzlich zugänglich. Systeme Künstlicher Intelligenz sind in der Lage, durch wiederholte Anwendung ihres Modells dasselbe Input-Datenmaterial mehrfach zu durchlaufen, um mögliche Fehlfunktionen innerhalb der neuronalen Strukturen, wie etwa Fehlverbindungen in den künstlichen Synapsen, zu identifizieren und zu eliminieren.

[110] *Larenz*, Methodenlehre der Rechtswissenschaft, 1960, S. 212. Ähnlich *Looschelders*, Juristische Methodik im Prozess der Rechtsanwendung, 1996, S. 54; *Sauer*, Juristische Methodenlehre, 1970, S. 247.

[111] *Larenz*, Methodenlehre der Rechtswissenschaft, 1960, S. 204; vgl. *Esser*, Vorverständnis und Methodenwahl in der Rechtsfindung, 1972, S. 98.

[112] Eine Auswahl bei *Larenz*, Methodenlehre der Rechtswissenschaft, 1960, Kapitel 5; *Sauer*, Juristische Methodenlehre, 1970, S. 242 ff. Auch *Mund*, Das Recht auf menschliche Entscheidung, 2022, S. 85, 96.

[113] Ebenso *Zippelius*, Wertungsprobleme im System der Grundrechte, 1962, S. 196.

[114] Ebenso *Herold*, Demokratische Legitimation automatisiert erlassener Verwaltungsakte, 2019, S. 232; *Looschelders*, Juristische Methodik im Prozess der Rechtsanwendung, 1996, S. 34; a. A. *Meyer*, in: Hilgendorf (Hrsg.), Robotik im Kontext von Recht und Moral, 2014, 211, 215, da der Mensch an Auslegungsgrundsätze gebunden sei und als Verwaltungsbeamter ein Amtsethos habe.

rechtmäßigen Rechtsanwendung fähig sei, da sie ebendiese Selbstreflexion als Korrektiv ihrer Entscheidungen nicht nutzen könne.[115]

Dabei verkennen die Autoren jedoch zwei potenzielle Ansätze, um diesem Dilemma zu begegnen.

Ein denkbarer Ansatz könnte darin bestehen, der Künstlichen Intelligenz einen gewissen „Freiraum" einzuräumen, innerhalb dessen sie durch fortlaufende Datenanalyse eigenständig erkennt, wann ein Ergebnis einer Neubewertung bedarf. In diesem Modell würde die Künstliche Intelligenz kontinuierlich jene Fälle untersuchen, in denen Menschen eine Reflexion durchgeführt haben, um auf dieser Grundlage eine eigene, hochkomplexe Regel zu entwickeln, die es ihr ermöglicht, den Zeitpunkt des Reflexionsbeginns autonom zu bestimmen. Diese von dem System gebildete Regel wäre jedoch so komplex und vielschichtig, dass sie sich der unmittelbaren Nachvollziehbarkeit durch den Programmierer entziehen würde, was jedoch letztlich kein zwingendes Hindernis darstellt, da auch der Reflexionsauslöser beim Menschen, wie soeben erörtert, häufig stark subjektiven und intuitiven Einflüssen unterliegt und von dem Betreffenden selbst nicht immer präzise oder logisch kohärent erklärt werden kann.

Eine alternative Herangehensweise könnte darin bestehen, die Künstliche Intelligenz dahingehend zu programmieren, dass sie bei *jeder* Rechtsanwendung das gefundene Ergebnis kritisch überprüft und gegebenenfalls eine Neuauslegung der Norm vornimmt. Dieser Ansatz erscheint im Hinblick auf die zu erwartenden enormen Rechenkapazitäten künftiger Systeme Künstlicher Intelligenz durchaus realisierbar. Er würde zugleich die kognitiven Begrenzungen des Menschen, die eine vollumfängliche Überprüfung des gefundenen Subsumtionsergebnisses bei jeder Rechtsanwendung – insbesondere in Eilfällen – verhindern, überwinden und die Probleme, die im Reflexionsauslöser ruhen, umgehen.

Beide Ansätze zur Auslösung des Reflexionsprozesses implizieren dennoch, dass jedenfalls die Fähigkeit zur Normauslegung als elementares Instrument der Ergebnisüberprüfung eine unabdingbare Voraussetzung für den Einsatz von Künstlicher Intelligenz darstellt. Um eine fundierte Beurteilung darüber vornehmen zu können, ob und in welchem Umfang Künstliche Intelligenz diese komplexe Aufgabe erfüllen kann, ist zunächst zu klären, wie der Mensch den Prozess der Normauslegung vollzieht (1.), um anschließend zu analysieren, ob Künstliche Intelligenz in der Lage ist, diesen Prozess zu imitieren (2.).

---

[115] *Beuth*, Twitter-Nutzer machen Chatbot zur Rassistin, Internetdokument 2016; *Degrandi*, Die automatisierte Verwaltungsverfügung, 1977, S. 46; *Ernst*, JZ 2017, 1026, 1028; *Mund*, Das Recht auf menschliche Entscheidung, 2022, S. 84; *Raji*, Künstliche Intelligenz im öffentlichen Sektor, 2022, S. 126; vgl. *Leffer*, Automated Suspicion Algorithms, 2024, S. 113.

1. Auslegung durch einen Menschen

Der soeben skizzierte subjektiv-bewertende Blick auf ein gefundenes Subsumtionsergebnis verdeutlicht, dass dem Rechtsanwender die Bedeutung des Gesetzestextes als „problematisch" erscheinen kann. Dass die Bedeutung eines Gesetzestextes wiederholt, wenngleich in der Regel nur ausnahmsweise[116], problematisch wird, liegt primär in der Natur der Sprache, derer sich der Gesetzgeber bedient.[117] Anders als die mathematische Logik oder die wissenschaftliche Fachsprache, welche streng definierte Begriffe mit klar abgegrenztem Bedeutungsumfang verwenden, operiert die Alltagssprache des Gesetzes mit flexiblen Begriffen, deren Bedeutung sich innerhalb einer Bandbreite bewegt.[118] Der Rechtsanwender ist gefordert, sich der unterschiedlichen möglichen Bedeutungen eines Ausdrucks oder einer Wortfolge innerhalb der Norm bewusst zu werden und sich vor dem Hintergrund des konkreten Falls zu fragen, welche die „richtige" ist.[119] Die „richtige" Bedeutung ruht im *„Sinn"*[120] *des Gesetzestextes*, dessen Ergründung Gegenstand des Auslegungsprozesses ist. In diesem Zusammenhang ist die Bemerkung von Karl Larenz erhellend, der den Vorgang der Auslegung als ein „Auseinanderlegen" der Wortbedeutung beschreibt.[121] Dieses Auseinanderlegen stellt eine Entfaltung und Erläuterung des im Text angelegten, jedoch noch nicht vollständig offenbarten Sinnes dar.[122] Durch die Auslegung wird dieser „Sinn" zur Sprache gebracht, d.h. er wird deutlicher, genauer ausgesagt und mitteilbar gemacht.[123] Das Ziel der Auslegung liegt folglich nicht darin, die Meinung des Rechtsanwenders zu bestätigen, oder gar das zu legitimieren, was der Rechtsanwender initial als „ungerecht" erachtet haben mag. Würde die Auslegung diesem Zweck dienen, handelte es sich nicht mehr um eine „Auslegung", sondern vielmehr um eine „Hineinlegung" subjektiver Vorstellungen in den Gesetzestext, eine Praxis, die den Grundsätzen objektiver Rechtsfindung widersprechen würde. Vielmehr muss der Rechtsanwender bereit sein, von

---

[116] *Larenz*, Methodenlehre der Rechtswissenschaft, 1960, S. 214.

[117] *Larenz*, Methodenlehre der Rechtswissenschaft, 1960, S. 312; *Looschelders*, Juristische Methodik im Prozess der Rechtsanwendung, 1996, S. 23.

[118] *Esser*, Vorverständnis und Methodenwahl in der Rechtsfindung, 1972, S. 47; 134; *Larenz*, Methodenlehre der Rechtswissenschaft, 1960, S. 312; *Looschelders*, Juristische Methodik im Prozess der Rechtsanwendung, 1996, S. 131 ff.; *Puppe*, Kleine Schule des juristischen Denkens, 3. Auflage 2014, S. 40, 68, 81.

[119] *Larenz*, Methodenlehre der Rechtswissenschaft, 1960, S. 204.

[120] So z.B. BVerfGE 11, 126 (129 f.); *Engisch*, Einführung in das juristische Denken, 1977, S. 107 f.; *Sauer*, Juristische Methodenlehre, 1970, S. 293. Kritik an der üblichen Formulierung „der Suche nach dem objektiven Willen des Gesetzgebers" übend *Larenz*, Methodenlehre der Rechtswissenschaft, 1960, S. 317 ff., 329.

[121] *Larenz*, Methodenlehre der Rechtswissenschaft, 1960, S. 204, 313.

[122] *Larenz*, Methodenlehre der Rechtswissenschaft, 1960, S. 204, 313; *Looschelders*, Juristische Methodik im Prozess der Rechtsanwendung, 1996, S. 21. Zustimmend *Koch/Rüßmann*, Juristische Begründungslehre, 1982, S. 164.

[123] *Larenz*, Methodenlehre der Rechtswissenschaft, 1960, S. 204, 313.

seiner anfänglichen Meinung, die den Auslegungsprozess angestoßen hat, abzuweichen, wenn die systematische Erschließung des „Gesetzessinnes" zu einem abweichenden Ergebnis führt – selbst wenn es im Widerspruch zu seiner persönlichen Auffassung steht.[124] Die Gesetzesauslegung darf sich daher keinesfalls auf rein subjektive Bewertungen stützen oder, wie Karl Larenz es formulierte, dem „Gutdünken des Auslegers"[125] überlassen werden. Stattdessen muss sie einem methodischen, logisch nachvollziehbaren und überprüfbaren Prozess unterworfen sein, der von subjektiven Einflüssen weitestgehend freizuhalten ist.[126] Zu diesem Zweck wurden die etablierten Auslegungskriterien des „Wortlauts", der „Systematik", der „Historie" sowie des „Telos" als methodischer Rahmen entwickelt, die maßgeblich auf die Arbeiten Friedrich Karl von Savignys zurückgehen.[127]

Der durch die Anwendung dieser Auslegungskriterien gefundene Schluss stellt indes keinen logisch zwingenden, im Sinne einer formal-logischen Ableitung unvermeidlichen Schluss dar, sondern eine durch hinreichende Gründe gestützte Entscheidung zwischen mehreren möglichen Deutungen.[128] Dabei sind diejenigen Deutungsmöglichkeiten, die im Lichte der Gesamtschau aller relevanten Auslegungskriterien als nicht tragfähig erscheinen, als „unrichtig" zu verwerfen. Jene Interpretationen hingegen, die auch nach dem Abschluss des Auslegungsprozesses weiterhin übrigbleiben, sind als „vertretbar" zu charakterisieren. Zwischen ihnen darf der Rechtsanwender – ähnlich der Ausfüllung unbestimmter Rechtsbegriffe[129] – aufgrund seiner persönlichen Überzeugung wählen.[130]

Es gilt nun, sich den einzelnen Auslegungskriterien im Detail zuzuwenden, um im nächsten Schritt die Frage zu erörtern, inwiefern auch Systeme Künstlicher Intelligenz einen solchen Auslegungsprozess vollziehen können.

a) Wortlautauslegung

Der Ausgangspunkt jeder Auslegung liegt in der Betrachtung des Gesetzeswortlauts, der zugleich die Grenze jeder zulässigen Interpretation markiert, da sich

---

[124] *Larenz*, Methodenlehre der Rechtswissenschaft, 1960, S. 348.

[125] *Larenz*, Methodenlehre der Rechtswissenschaft, 1960, S. 431.

[126] *Larenz*, Methodenlehre der Rechtswissenschaft, 1960, S. 121, 349; *Looschelders*, Juristische Methodik im Prozess der Rechtsanwendung, 1996, S. 21.

[127] *Savigny*, System des heutigen Römischen Rechts, 1840, S. 213 f.; *Larenz*, Methodenlehre der Rechtswissenschaft, 1960, S. 319; *Looschelders*, Juristische Methodik im Prozess der Rechtsanwendung, 1996, S. 129; *Timmermann/Gelbrich*, NJW 2022, 25, 29 Rn. 28; *Vogel*, Juristische Methodik, 1998, S. 96.

[128] *Larenz*, Methodenlehre der Rechtswissenschaft, 1960, S. 204.

[129] Siehe S. 115 ff. dieser Arbeit.

[130] *Larenz*, Methodenlehre der Rechtswissenschaft, 1960, S. 346.

das, was jenseits des Wortsinns liegt, zu einer Form der „Umdeutung" wandelt, die aus methodologischer Sicht nicht mehr als Auslegung qualifiziert werden kann.[131]

Im Rahmen der Wortlautauslegung strebt der Rechtsanwender danach, durch die Herausarbeitung der Bedeutung einzelner Ausdrücke oder Wortverbindungen im Lichte des *allgemeinen Sprachgebrauchs* den „Sinn" des Gesetzes zu erschließen.[132] Der Rückgriff auf den allgemeinen Sprachgebrauch ist deshalb von zentraler Bedeutung, da angenommen werden kann, dass der Gesetzgeber Begriffe in einem ebensolchen Sinne gebraucht, um den Bürger als Adressaten seiner Norm direkt anzusprechen und ihm das Verständnis des Gesetzes zu erleichtern.[133] Damit die Worte und Wortverbindungen im Lichte des allgemeinen Sprachgebrauchs erfasst werden können, ist ein profundes *Sprachverständnis* erforderlich, welches es dem Rechtsanwender ermöglicht, den betrachteten Begriff in den syntaktischen Zusammenhang des Satzes zu integrieren und den materiellen Aussagegehalt in dem Gesetzeskontext sinnvoll zu deuten. Da allerdings das menschliche Sprachverständnis gerade *subjektiv gefärbt und assoziativ geprägt ist*[134], wird die semantische Bedeutung nicht bloß entdeckt, sondern vielmehr durch den Rezipienten selbst erschaffen, indem er sein *eigenes* Sprachverständnis auf den Normtext projiziert.[135]

Dieses individuelle Sprachverständnis wird, wie Axel Adrian treffend illustriert, im sozialen Interaktionsprozess erlernt[136]: „Die Mutter deutet z. B. auf einen Tisch und sagt „Tisch", d. h. sie macht das Geräusch oder schreibt den entsprechenden Text und führt dies ihrem Kind vor, um diesem das Sprechen oder Schreiben beizubringen. Das Kind versteht es dann, den Tisch als Faktum der Realität mit dem akustischen oder optischen Zeichen „Tisch" zu „verbinden". Schließlich repräsentieren akustische Laute oder die Buchstaben, die in einer ganz bestimmten Ordnung zusammengesetzt sind, für dieses Kind einen Teil seiner Realität. Für das Kind „fühlt" es sich nun so an, als ob das syntaktische Zeichen eine semantische Be-

---

[131] Jedenfalls herrschende Meinung *Larenz*, Methodenlehre der Rechtswissenschaft, 1960, S. 320; *Muthorst*, JA 2013, 721, 725 m. w. N.; vgl. BVerfGE 92, 1 (12); 71, 108 (114 ff.); 64, 389 (393 f.); BVerfG, NZV 2023, 118, 122 Rn. 35; BGH, NJW 2009, 427. Diese Ansicht ist allerdings nicht unumstritten, so die a. A. etwa BVerfGE 118, 212 (243); BFH DStRE 2011, 469. Vertiefend zum Streitstand *Schenke*, DStR-Beih 2011, 54 mit zahlreichen weiteren Nachweisen. Zudem steht die Korrektur von etwaigen Formulierungsfehlern allein dem Gesetzgeber zu, *Puppe*, Kleine Schule des juristischen Denkens, 3. Auflage 2014, S. 166.

[132] *Esser*, Vorverständnis und Methodenwahl in der Rechtsfindung, 1972, S. 46; *Larenz*, Methodenlehre der Rechtswissenschaft, 1960, S. 320; *Puppe*, Kleine Schule des juristischen Denkens, 3. Auflage 2014, S. 29.

[133] *Cremer*, Freiheitsgrundrechte, 2003, S. 54; *Larenz*, Methodenlehre der Rechtswissenschaft, 1960, S. 320.

[134] *Szagun*, Sprachentwicklung beim Kind, 7. Auflage 2019, S. 126; in Grundzügen auch *Looschelders*, Juristische Methodik im Prozess der Rechtsanwendung, 1996, S. 131; *Puppe*, Kleine Schule des juristischen Denkens, 3. Auflage 2014, S. 41.

[135] *Adrian*, Rechtstheorie 2017, 77, 83 f.; ähnlich *Koch/Rüßmann*, Juristische Begründungslehre, 1982, S. 24.

[136] Siehe ebenso *Szagun*, Sprachentwicklung beim Kind, 7. Auflage 2019, S. 146 ff.

deutung haben würde."[137] Die Bedeutung eines Begriffs, wie etwa „Tisch", wird demnach aus einer Ansammlung von Attributen konstruiert[138], die das Kind dem Begriff zuordnet, um einen Prototyp eines „Tisches" zu formen.[139] Diese prototypische Vorstellung kann stark variieren: Während ein Kind einen „Tisch" als rechteckige Holzplatte mit vier Beinen definiert, könnte ein anderes Kind ihn als runde Steinplatte auf einem Sockel interpretieren. Die Definition einer Wortbedeutung über begriffliche Attribute ist deshalb nicht ohne Probleme, da nicht eindeutig ist, wie das Ende der Merkmalsliste zu bestimmen ist und ob alle Merkmale gleichermaßen wichtig sind[140], um einen Gegenstand als „Tisch" zu bezeichnen. Die Herausforderung für das Kind, das sein Sprachverständnis noch entwickelt, besteht darin, bei neuen Objekten zu evaluieren, ob diese die selbst zugeschriebenen, wesentlichen Merkmale eines „Tisches" aufweisen. Gelingt dies, so eröffnet es seinem Kommunikationspartner, etwa seinen Eltern, seine gefundene Hypothese[141], indem es beispielsweise auf den Gegenstand deutet und ihn als „Tisch" qualifiziert.[142]

[137] *Adrian*, Rechtstheorie 2017, 77, 88. Diese Methodik findet seiner Ansicht nach eine Parallele in der juristischen Ausbildung, in der Professoren rechtliche Konzepte und Strukturen präsentieren und die Studierenden anleiten, komplexes juristisches Denken zu erfassen. Durch den fortlaufenden Prozess des Lernens und Übens dieser Konzepte entwickeln die Studierenden ein eigenständiges Verständnis der juristischen Systematik und Funktionsweise. Trotz der Präsentation und Übung bleibt das Verständnis juristischen Denkens individuell geprägt und kann von Student zu Student variieren. Vgl. *Looschelders*, Juristische Methodik im Prozess der Rechtsanwendung, 1996, S. 73. Aus sprachwissenschaftlicher Sicht *Szagun*, Sprachentwicklung beim Kind, 7. Auflage 2019, S. 126 f.

[138] *Szagun*, Sprachentwicklung beim Kind, 7. Auflage 2019, S. 126; vgl. *Engisch*, Einführung in das juristische Denken, 1977, S. 106; *Ramge*, Spracherwerb, 2. Auflage 2017, S. 41. Siehe auch *Koch/Rüßmann*, Juristische Begründungslehre, 1982, S. 65 f., 127 f., die von „Prädikaten" und „Eigenschaften" sprechen.

[139] *Szagun*, Sprachentwicklung beim Kind, 7. Auflage 2019, S. 130. Dieser Prototyp würde wohl am ehesten dem von Philipp Heck entworfenen und unter Rechtsmethodikern bekannten Bildes des „Begriffskerns" bzw. „Bedeutungskerns" entsprechen, da der „Bedeutungskern" aus solchen Gegenständen bzw. Fällen gebildet wird, die eindeutig unter den Begriff subsumierbar sind, *Heck*, AcP 1914, 1, 173.

[140] *Szagun*, Sprachentwicklung beim Kind, 7. Auflage 2019, S. 127; vgl. *Murphy/Medin*, Psychological Review 1985, 289, 294. Dies nun geht in die Richtung des von Philipp Heck entworfenen und unter Rechtsmethodikern bekannten Bildes des „Begriffshofs" bzw. „Bedeutungshofs". Den „Bedeutungshof" bilden nämlich diejenigen „neuen" Kandidaten, für die nach der allgemeinen Bestimmung des Begriffs nicht eindeutig feststeht, ob sie dem Begriff unterfallen oder nicht. Ein solcher Kandidat kann mehr relevante Attribute mit dem „Bedeutungskern" gemeinsam haben als ein anderer, *Heck*, AcP 1914, 1, 173.

[141] *Ramge*, Spracherwerb, 2. Auflage 2017, S. 47, 52; *Szagun*, Sprachentwicklung beim Kind, 7. Auflage 2019, S. 141 m.w.N. Ähnlich *Koch/Rüßmann*, Juristische Begründungslehre, 1982, S. 136.

[142] In der Sprachwissenschaft wird zwischen verschiedenen *Stilen des Spracherwerbs* bei Kindern differenziert. Zu den zentralen Herangehensweisen zählen einerseits die „referenzielle", „nominale" und „analytische" Methode, andererseits die „expressive", „pronominale" und „holistische" Methode. Diese Differenzierung, wenngleich von wissenschaftlichem Interesse, ist für den hier behandelten Kontext jedoch von nachrangiger Relevanz und erfordert

Bestätigt ein Kommunikationspartner die Zuordnung durch eine positive Reaktion, wird das Kind seine Auffassung des Begriffs „Tisch“ anpassen. Eine negative Reaktion hingegen leitet das Kind dazu an, die Relevanz der zugeschriebenen Attribute zu überdenken und gegebenenfalls zu korrigieren.[143] Somit erfolgt der Erwerb des Sprachverständnisses innerhalb eines sozial-kommunikativen Kontextes[144], eine Erkenntnis, die in der Sprachwissenschaft in der Wendung: „Begriffe sind mentale Repräsentationen, die unser Weltwissen speichern.“[145], konsentiert ist.

Vor dem Hintergrund dieser Überlegungen lässt sich festhalten, dass eine objektive Auslegung des Wortlauts, verstanden als eine einheitliche Auffassung aller Individuen von demselben Wort, aufgrund unendlicher Möglichkeiten der Attributzuweisung unerreichbar ist.[146] Gleichwohl ist – und muss es möglich sein[147] –, einen gewissen Grundkonsens hinsichtlich der einem Begriff zuzuweisenden

---

daher keine eingehendere Erörterung. Zur Vertiefung *Szagun*, Sprachentwicklung beim Kind, 7. Auflage 2019, S. 157 ff.

[143] *Ramge*, Spracherwerb, 2. Auflage 2017, S. 47; vgl. *Szagun*, Sprachentwicklung beim Kind, 7. Auflage 2019, S. 142.

[144] *Ramge*, Spracherwerb, 2. Auflage 2017, S. 42; *Szagun*, Sprachentwicklung beim Kind, 7. Auflage 2019, S. 141.

[145] *Murphy/Medin*, Psychological Review 1985, 289, 298; *Szagun*, Sprachentwicklung beim Kind, 7. Auflage 2019, S. 195.

[146] *Adrian*, Rechtstheorie 2017, 77, 84. Zur Veranschaulichung dieser These finden sich Beispiele in der deutschen Rechtsordnung. So ist allgemein anerkannt, dass verschiedene (oder vereinzelt auch dieselben) Normtexte bei gleicher Begrifflichkeit in einem anderen Kontext verschieden ausgelegt werden können. Der strafrechtliche Gesetzgeber des § 212 Abs. 1 StGB hat ein anderes Wortverständnis von dem „Leben“ als der Verfassungsgeber in Art. 2 Abs. 2 S. 1 GG, sodass andere Wortbedeutungen, andere (subjektive) Erfahrungen bei demselben Wort in die Norminterpretation einfließen (vgl. *Larenz*, Methodenlehre der Rechtswissenschaft, 1960, S. 312, 320.) Während das menschliche Leben im Strafrecht nach § 212 StGB nach herrschender Ansicht mit den Eröffnungswehen oder bei einem Kaiserschnitt mir Öffnung der Bauchdecke beginnt (*Safferling*, in: Matt/Rezikowski, StGB, 2. Auflage 2020, § 212 StGB Rn. 8, 10), beginnt nach dem Verfassungsgesetzgeber das „Leben“ bereits mit der Nidation der Zelle (BVerfGE 88, 203 (251 f.); *Rixen*, in: Sachs, GG, 10. Auflage 2024, Art. 2 GG Rn. 143). Für dasselbe Wort wird demnach ein anderes Sprachverständnis angewandt, man mag respektive des genannten Beispiels auf das strafrechtliche juristische Sprachverständnis und das verfassungsrechtliche juristische Sprachverständnis zuspitzen, die sich in einem Dialog zwischen Juristen – mit einem jeweiligen eigenen Sprachverständnis – als übereinstimmend herauskristallisiert haben. Selbst innerhalb desselben Gesetzes, kann ein Begriff mit einer anderen Wortbedeutung verwendet werden. So bedeutet „Leistung“ aus § 362 BGB einen Leistungserfolg, während die „Leistung“ aus §§ 269 und 293 BGB die Leistungshandlung in Bezug nimmt (*Wank*, Juristische Methodenlehre, 2020, S. 182 Rn. 33).

[147] Andernfalls wäre das Gesetz, das immerhin in Worte gefasst ist, an sich obsolet, da niemand es so verstehen kann, wie es gemeint war. So auch *Cremer*, Freiheitsgrundrechte, 2003, S. 52 f.; *Looschelders*, Juristische Methodik im Prozess der Rechtsanwendung, 1996, S. 70.

Attribute zu identifizieren, der als „allgemeiner Sprachgebrauch" bezeichnet und üblicherweise durch lexikalische Quellen verifiziert wird.[148]

Neben dem subjektiv geprägten Sprachverständnis des Einzelnen, welches eine eindeutige Erfassung des Wortsinnes erschwert, tritt hinzu, dass viele Begriffe – wie insbesondere unbestimmte Tatbestandsmerkmale – durch Flexibilität und Nuancenreichtum geprägt sind, was zu Folge hat, dass sich aus dem Sprachgebrauch allein ein eindeutiger Wortsinn nicht ergeben kann[149], sondern sich zahlreiche Bedeutungsvarianten offenbaren, von denen sich die jeweils gemeinte erst aus dem Zusammenhang der Rede, der Sache, von der sie handelt oder den begleitenden Umständen ergibt.[150] Diesen Kriterien entsprechen für die Gesetzesauslegung der Entstehungsprozess des Gesetzes, der Regelungsabsicht des Gesetzgebers und der Systematik des geregelten Sachbereichs.[151] In diesem Zusammenhang erscheint es folgerichtig, zunächst die anderen Auslegungskriterien zur Erschließung des „Gesetzessinnes" zu diskutieren, bevor ein Vergleich mit der Funktionsweise von Künstlicher Intelligenz erfolgt.

b) Systematische Auslegung

Die nach dem allgemeinen Sprachgebrauch vorgeprägten Worte und Wortverbindungen des Gesetzestextes werden sodann in den Bedeutungszusammenhang des Rechtsgefüges eingebettet und logisch zu anderen Rechtssätzen in Bezug gesetzt.[152] Es wird untersucht, welche spezifische Bedeutung der zu interpretierenden Norm und somit ihren einzelnen Begriffen im Vergleich zu anderen rechtlichen Bestimmungen zukommt.[153] Einzelne Worte und Wortverbindungen der auszulegenden Norm werden in Relation zu anderen Rechtstexten gesetzt, sodass auch

[148] *Cremer*, Freiheitsgrundrechte, 2003, S. 44, 52; *Koch/Rüßmann*, Juristische Begründungslehre, 1982, S. 161; *Looschelders*, Juristische Methodik im Prozess der Rechtsanwendung, 1996, S. 140; vgl. *Puppe*, Kleine Schule des juristischen Denkens, 3. Auflage 2014, S. 123.

[149] *Larenz*, Methodenlehre der Rechtswissenschaft, 1960, S. 320 f.; *Looschelders*, Juristische Methodik im Prozess der Rechtsanwendung, 1996, S. 23; *Puppe*, Kleine Schule des juristischen Denkens, 3. Auflage 2014, S. 45, 81.

[150] *Koch/Rüßmann*, Juristische Begründungslehre, 1982, S. 153; *Larenz*, Methodenlehre der Rechtswissenschaft, 1960, S. 321, 343; *Looschelders*, Juristische Methodik im Prozess der Rechtsanwendung, 1996, S. 141.

[151] *Larenz*, Methodenlehre der Rechtswissenschaft, 1960, S. 320 f.

[152] *Cremer*, Freiheitsgrundrechte, 2003, S. 47; *Engisch*, Einführung in das juristische Denken, 1977, S. 118 f.; *Larenz*, Methodenlehre der Rechtswissenschaft, 1960, S. 325; *Looschelders*, Juristische Methodik im Prozess der Rechtsanwendung, 1996, S. 149 ff.; *Puppe*, Kleine Schule des juristischen Denkens, 3. Auflage 2014, S. 133; *Wank*, Juristische Methodenlehre, 2020, S. 178 ff.

[153] *Cremer*, Freiheitsgrundrechte, 2003, S. 43; *Looschelders*, Juristische Methodik im Prozess der Rechtsanwendung, 1996, S. 149; *Puppe*, Kleine Schule des juristischen Denkens, 3. Auflage 2014, S. 133.

unvollständige Rechtssätze – wie etwa erläuternde, einschränkende oder verweisende – einen spezifischen Sinn erhalten.[154] Bei der systematischen Auslegung sind insbesondere die Stellung der Norm innerhalb des Gesetzes oder des Abschnitts zu berücksichtigen (Postulat der systematischen Ordnung) und Widersprüche oder Redundanzen zwischen Normen desselben Rechtsgebiets zu vermeiden (Postulat der Widerspruchsfreiheit und Nichtredundanz)[155].

Die Fähigkeit zur systematischen Auslegung setzt also ein überdurchschnittliches Rechtsverständnis voraus, das in mehreren wesentlichen Aspekten zum Ausdruck kommt: Erstens bedarf es der Fähigkeit, die zu interpretierende Norm präzise in ihren spezifischen Gesetzeskontext einzuordnen. Zweitens muss der Auslegende in der Lage sein, die in der Norm verwendeten Begriffe mit ähnlichen oder identischen Termini anderer Rechtssätze zu vergleichen und die jeweiligen Bedeutungsinhalte abzugleichen. Drittens muss die juristische Expertise ausreichen, um potenzielle Widersprüche zwischen verschiedenen Normen zu identifizieren und diese in einer Weise zu analysieren, die eine kohärente und schlüssige Auslegung ermöglicht.

c) Historische Auslegung

Mithilfe der historischen Auslegung[156] versucht der Rechtsanwender, die Regelungsabsicht des (historischen) Gesetzgebers zu entschlüsseln. Ob konkrete Personen identifiziert werden müssen, die als „Gesetzgeber" anzusehen sind und wenn ja wie ihr „Wille" ermittelt werden soll, bleibt jedoch weiterhin Gegenstand kontroverser Diskussionen.[157] Jedenfalls wird mehrheitlich anerkannt, dass sich die historische Auslegung auf die Normvorläufer, Gesetzesentwürfe, die Beratungsprotokolle, die den Entwürfen beigefügten Begründungen und die Parlamentsprotokolle stützen sollte.[158] Diese historischen Dokumente müssen wiederum im Lichte des damaligen allgemeinen Sprachgebrauchs und der zu jener Zeit vorherrschenden

---

[154] *Larenz*, Methodenlehre der Rechtswissenschaft, 1960, S. 325; vgl. *Cremer*, Freiheitsgrundrechte, 2003, S. 45.

[155] *Engisch*, Einführung in das juristische Denken, 1977, S. 101; *Larenz*, Methodenlehre der Rechtswissenschaft, 1960, S. 325, 334 f., 344; *Looschelders*, Juristische Methodik im Prozess der Rechtsanwendung, 1996, S. 149; *Puppe*, Kleine Schule des juristischen Denkens, 3. Auflage 2014, S. 133 ff.; vgl. *Cremer*, Freiheitsgrundrechte, 2003, S. 45; *Koch/Rüßmann*, Juristische Begründungslehre, 1982, S. 167.

[156] Hier die genetische Auslegung (Entstehungsgeschichte des Gesetzes) mitumfassend.

[157] Dazu *Larenz*, Methodenlehre der Rechtswissenschaft, 1960, S. 328 ff. m. w. N.; ebenso *Cremer*, Freiheitsgrundrechte, 2003, S. 24 ff. m. w. N.; *Engisch*, Einführung in das juristische Denken, 1977, S. 131 ff.; *Looschelders*, Juristische Methodik im Prozess der Rechtsanwendung, 1996, S. 29 ff. m. w. N.

[158] BVerfG, NJW 2018, 2542 (2548 Rn. 74); *Cremer*, Freiheitsgrundrechte, 2003, S. 46; *Koch/Rüßmann*, Juristische Begründungslehre, 1982, S. 211; *Larenz*, Methodenlehre der Rechtswissenschaft, 1960, S. 330, 344; *Puppe*, Kleine Schule des juristischen Denkens, 3. Auflage 2014, S. 125.

Normsituation interpretiert und bewertet werden.[159] Dies ermöglicht eine tiefere Einsicht in die Problemlagen, die der historische Gesetzgeber zu adressieren versuchte.[160]

Allerdings erfordert die Anwendung der historisch erschlossenen Regelungsabsichten eine fortwährende Neubewertung im Kontext der gegenwärtigen Umstände zum Zeitpunkt der Auslegung.[161] Der Wandel in Zeit und Gesellschaft sowie die Verschiebung der zugrundeliegenden Wertvorstellungen können nämlich dazu führen, dass eine einst als korrekt angesehene Interpretation heute nicht mehr als adäquat betrachtet werden kann.[162]

d) Teleologische Auslegung

Im Rahmen der teleologischen Auslegung wird eine umfassende Betrachtung der durch Wortlaut-, systematische und historische Auslegung separierten Bedeutungsvarianten vorgenommen.[163] Ziel ist es, herauszuarbeiten, welche spezifischen Sachverhaltskonstellationen durch die diversen Interpretationsmöglichkeiten der Norm erfasst und reguliert werden könnten[164], um aus ihnen variantenspezifische Zwecke zu herauszuarbeiten[165]. Die herausgearbeiteten Zwecke wiederum sind daraufhin zu überprüfen, ob sie dem *mutmaßlichen* Zweck des Gesetzgebers entsprechen[166]. Diese zentrale Facette der teleologischen Auslegung basiert primär auf der Identifizierung und Anwendung von Rechtsprinzipien im Kontext der zu inter-

---

[159] *Larenz*, Methodenlehre der Rechtswissenschaft, 1960, S. 330; vgl. *Cremer*, Freiheitsgrundrechte, 2003, S. 44; *Engisch*, Einführung in das juristische Denken, 1977, S. 111; *Looschelders*, Juristische Methodik im Prozess der Rechtsanwendung, 1996, S. 154.

[160] *Cremer*, Freiheitsgrundrechte, 2003, S. 46; *Koch/Rüßmann*, Juristische Begründungslehre, 1982, S. 168; *Looschelders*, Juristische Methodik im Prozess der Rechtsanwendung, 1996, S. 154 ff.; ähnlich *Fikentscher*, Methoden des Rechts in vergleichender Darstellung, Bd. 4, 2009, S. 202.

[161] *Looschelders*, Juristische Methodik im Prozess der Rechtsanwendung, 1996, S. 64.

[162] *Larenz*, Methodenlehre der Rechtswissenschaft, 1960, S. 315, 318, 353; *Timmermann/Gelbrich*, NJW 2022, 25, 29 Rn. 12, 15; vgl. *Engisch*, Einführung in das juristische Denken, 1977, S. 136; *Esser*, Vorverständnis und Methodenwahl in der Rechtsfindung, 1972, S. 41; *Looschelders*, Juristische Methodik im Prozess der Rechtsanwendung, 1996, S. 154; *Simitis*, Automation in der Rechtsordnung, 1967, S. 11.

[163] *Looschelders*, Juristische Methodik im Prozess der Rechtsanwendung, 1996, S. 167. Ebenso *Koch/Rüßmann*, Juristische Begründungslehre, 1982, S. 349.

[164] *Looschelders*, Juristische Methodik im Prozess der Rechtsanwendung, 1996, S. 169.

[165] *Looschelders*, Juristische Methodik im Prozess der Rechtsanwendung, 1996, S. 167.

[166] *Looschelders*, Juristische Methodik im Prozess der Rechtsanwendung, 1996, S. 170. Deshalb dürfen innerhalb der teleologischen Auslegung auch solche Zwecke herangezogen werden, deren sich der Gesetzgeber – was durch historische Auslegung festgestellt wird – möglicherweise nicht bewusst war oder aufgrund des Wandels der Zeit damals nicht bewusst sein konnte. *Larenz*, Methodenlehre der Rechtswissenschaft, 1960, S. 317 f., 344; *Looschelders*, Juristische Methodik im Prozess der Rechtsanwendung, 1996, S. 39; *Puppe*, Kleine Schule des juristischen Denkens, 3. Auflage 2014, S. 145 f.

pretierenden Norm[167] sowie auf zusätzlichen methodologischen Regeln, wie etwa der restriktiven Interpretation von Ausnahmevorschriften[168]. Zu den zu berücksichtigenden Rechtsprinzipien zählen unter anderem der Schutz der Grundrechte, das Prinzip der Verhältnismäßigkeit, der Vertrauensschutz, die Rechtssicherheit und die Gerechtigkeit.[169] Auszuwählen ist letztendlich jene Bedeutungsvariante, die sich am kohärentesten mit diesen normativen Wertungen vereinbaren lässt.[170] Die Bewertung dieser Eignung erfolgt erstens anhand der Legitimität des vorgeschlagenen Zwecks, zweitens der Fähigkeit der Norm, den vorgeschlagenen Zweck zu erfüllen, und drittens den praktischen Konsequenzen, die aus der Verwirklichung des Normzwecks resultieren.[171] Ebendiese Folgenberücksichtigung ist gerade für die teleologische Auslegung elementar, da sich ihre Legitimation nicht allein aus der Autorität des Gesetzgebers oder der logischen Konsistenz ihrer Ableitungen speist, sondern vielmehr aus der Nützlichkeit der Ergebnisse.[172]

Verbleiben nach Beachtung dieser legislativen Wertungen mehrere plausible Interpretationsvarianten, die potenziell dem Zweck der Regelung entsprechen, erlaubt es die Methodik – wie von Karl Larenz hinsichtlich unbestimmter Rechtsbegriffe erörtert[173] – dem Rechtsanwender, basierend auf seiner persönlichen Richtigkeitsüberzeugung, eine Auswahl zu treffen.[174]

[167] *Looschelders*, Juristische Methodik im Prozess der Rechtsanwendung, 1996, S. 171. Ebenso *Larenz*, Methodenlehre der Rechtswissenschaft, 1960, S. 344; *Puppe*, Kleine Schule des juristischen Denkens, 3. Auflage 2014, S. 155. Dafür werden verschiedene Argumentationsformen herangezogen, dazu *Koch/Rüßmann*, Juristische Begründungslehre, 1982, S. 258 ff.; *Puppe*, Kleine Schule des juristischen Denkens, 3. Auflage 2014, S. 207 ff.

[168] *Larenz*, Methodenlehre der Rechtswissenschaft, 1960, S. 353 ff.

[169] *Larenz*, Methodenlehre der Rechtswissenschaft, 1960, S. 334, 344; *Puppe*, Kleine Schule des juristischen Denkens, 3. Auflage 2014, S. 155.

[170] *Looschelders*, Juristische Methodik im Prozess der Rechtsanwendung, 1996, S. 171.

[171] *Puppe*, Kleine Schule des juristischen Denkens, 3. Auflage 2014, S. 152. Dabei kann der Rechtsanwender, so Ingeborg Puppe, innerhalb der teleologischen Auslegung einerseits den vorgeschlagenen Zweck selbst angreifen (= externe Kritik) oder andererseits die Geeignetheit der Norm zur Erreichung des vorläufig akzeptierten Zwecks in Frag stellen (= interne Kritik). Zu den Begriffen der externen und internen Kritik, *Alexy*, Theorie der juristischen Argumentation, 1983, S. 273 ff.

[172] *Puppe*, Kleine Schule des juristischen Denkens, 3. Auflage 2014, S. 158. Ebenso *Fikentscher*, Methoden des Rechts in vergleichender Darstellung, Bd. 4, 2009, S. 364 f.; *Koch/Rüßmann*, Juristische Begründungslehre, 1982, S. 170, 233.

[173] Siehe S. 115 ff. dieser Arbeit.

[174] *Looschelders*, Juristische Methodik im Prozess der Rechtsanwendung, 1996, S. 186.

e) Auslegungsvergleich

Die Methode des Auslegungsvergleichs erweist sich als unverzichtbares Instrument in jeder Phase der juristischen Auslegung.[175]

Die fortgeschrittene Auslegung setzt, so Karl Larenz, nicht bei der Norm, wie sie dort steht, an, sondern nimmt stets die bisherigen Auslegungen mit in den Blick[176], weil die Normen und das Normengefüge durch die (insbesondere höchst-)richterliche Rechtsanwendung stets neue Schichten ansetzen: Die Auslegung oder die Ergänzung einer Norm durch die Gerichte erschafft Präzedenzfälle, die richtungsweisend für nachfolgende Entscheidungen sind. An diese schließen sich weitere Auslegungen (auch von Seiten der Literatur) an, die ihrerseits wieder zu Maximen richterlicher Entscheidungen und vielfach zu anerkannten Richtlinien normgerechten Verhaltens aufsteigen.[177]

Obschon formal keine Bindung an vorherige Auslegungen besteht, auch nicht an solche höchstrichterlicher Natur, zeigt die Praxis, dass Rechtsanwender in der Regel einem höchstrichterlichen Präjudiz folgen.[178] Hans-Joachim Koch und Helmut Rüßmann führen mehrere Gründe für die Präferenz der Rechtsanwender an, auf solche „fremden" Auslegungen zurückzugreifen: Erstens erlaubt der oft vorherrschende Zeitmangel keine eingehende eigenständige Auseinandersetzung mit allen entscheidungsrelevanten Fragen.[179] Zweitens mangelt es einem einzelnen Juristen oder einem kleinen Entscheidungsgremium häufig an den Ressourcen, um den bereits erarbeiteten Auslegungsvorschlägen, die über Jahre von zahlreichen Experten entwickelt wurden, substantiell entgegenzutreten. Drittens soll an einer vertretba-

---

[175] Ebenso *Looschelders*, Juristische Methodik im Prozess der Rechtsanwendung, 1996, S. 98. In Grundzügen *Engisch*, Logische Studien zur Gesetzesanwendung, 2. Auflage 1943, S. 29; *Koch/Rüßmann*, Juristische Begründungslehre, 1982, S. 186 ff., die statuieren, dass es nicht auf die Ergebnisse der Präjudizen ankomme, sondern auf die Begründung der Präjudizen. Der Rechtsanwender, der also auf Präjudizen oder sonstige Auslegungsvorschläge innerhalb der Literatur Bezug nimmt, übernimmt tatsächlich nicht nur das Ergebnis, sondern gerade die entsprechenden Begründungen.

[176] *Larenz*, Methodenlehre der Rechtswissenschaft, 1960, S. 213; sieht auch *Fikentscher*, Methoden des Rechts in vergleichender Darstellung, Bd. 4, 2009, S. 241; *Vogel*, Juristische Methodik, 1998, S. 98 f., 144; vgl. *Esser*, Vorverständnis und Methodenwahl in der Rechtsfindung, 1972, S. 101; *Looschelders*, Juristische Methodik im Prozess der Rechtsanwendung, 1996, S. 99; *Puppe*, Kleine Schule des juristischen Denkens, 3. Auflage 2014, S. 109, 277.

[177] *Larenz*, Methodenlehre der Rechtswissenschaft, 1960, S. 212; vgl. *Engisch*, Logische Studien zur Gesetzesanwendung, 2. Auflage 1943, S. 112; *Esser*, Vorverständnis und Methodenwahl in der Rechtsfindung, 1972, S. 50, 148; *Looschelders*, Juristische Methodik im Prozess der Rechtsanwendung, 1996, S. 202; *Vogel*, Juristische Methodik, 1998, S. 147.

[178] *Larenz*, Methodenlehre der Rechtswissenschaft, 1960, S. 214, 429 f.; *Sauer*, Juristische Methodenlehre, 1970, S. 348; vgl. *Fikentscher*, Methoden des Rechts in vergleichender Darstellung, Bd. 4, 2009, S. 241, 371; *Puppe*, Kleine Schule des juristischen Denkens, 3. Auflage 2014, S. 109.

[179] Insbesondere im Referenzfall wird einem Polizeibeamten kaum Zeit bleiben, eine ausführliche Auslegung jeglicher Rechtsnorm zu vollziehen.

ren, wenn auch nicht allein richtigen Auslegung der Rechtssicherheit halber festgehalten werden.[180] Viertens bedarf es auch aus praxisnaher Perspektive einer Orientierung an höchstrichterlichen Präjudizen, um als Rechtsanwalt seinen Mandanten in Bezug auf die Erfolgschancen des Verfahrens hinreichend zu beraten und um als Amtswalter der Exekutive Maßnahmen zu erlassen, die letztlich auch nach einer gerichtlichen Kontrolle Bestand haben werden.[181]

Die Aufgabe einer einmal etablierten Auslegung ist zwar möglich und gegebenenfalls geboten, sollte diese sich bei erneuter Überprüfung anhand der ursprünglichen Norm, ihres Bedeutungsgehaltes oder der spezifischen Gegebenheiten eines aktuellen Falles als unhaltbar erweisen; allerdings handelt es sich hierbei eher um eine Ausnahme als um die Regel.[182]

2. Auslegung durch den Polizeiroboter?

Vor dem Hintergrund der erörterten juristischen Auslegungsmethoden und ihrer fundamentalen Bedeutung für die Rechtsanwendung stellt sich die Frage, ob auch ein Polizeiroboter diese anwenden kann. Es ist zu untersuchen, inwiefern die algorithmische Verarbeitungskapazität in der Lage ist, die komplexe Dynamik und den kontextuellen Reichtum juristischer Auslegung zu erfassen.

a) Wortlautauslegung durch den Polizeiroboter?

Einige Stimmen innerhalb der Literatur vertreten die Ansicht, dass Systeme Künstlicher Intelligenz nicht dazu fähig seien, den Wortlaut einer Rechtsnorm adäquat auszulegen, da sie sich lediglich auf die Abfolge der Buchstaben und Wörter fokussierten, ohne die Semantik der Sprache zu verstehen.[183] Eine solche These erweist sich jedoch angesichts der fortschreitenden Entwicklungen im Bereich der Sprachverarbeitung und der Sprachanalyse durch moderne KI-Systeme als hinterfragungswürdig und bedarf einer Neubewertung.

Die Notwendigkeit eines fundierten Sprachverständnisses für eine adäquate Wortlautauslegung ist unbestritten und entwickelt sich bei einem Menschen subjektiv-assoziativ durch Beobachtungen, Interaktionen und externe Korrekturen.[184] Die Aneignung eines Sprachverständnisses durch Künstliche Intelligenz weicht

---

[180] *Koch/Rüßmann*, Juristische Begründungslehre, 1982, S. 185.

[181] *Koch/Rüßmann*, Juristische Begründungslehre, 1982, S. 186.

[182] *Larenz*, Methodenlehre der Rechtswissenschaft, 1960, S. 213 f., 314.

[183] *Anzinger*, in: Hey (Hrsg.), Digitalisierung im Steuerrecht, 2019, 15, 37 f.; *Mund*, Das Recht auf menschliche Entscheidung, 2022, S. 105; *Raji*, Künstliche Intelligenz im öffentlichen Sektor, 2022, S. 76; *Rollberg*, Algorithmen in der Justiz, 2020, S. 58 ff.; *Timmermann/Gelbrich*, NJW 2022, 25, 29 Rn. 18, 22; vgl. *Lazaratos*, Rechtliche Auswirkungen der Verwaltungsautomation auf das Verwaltungsverfahren, 1990, S. 230 f.

[184] Siehe S. 129 ff. dieser Arbeit.

grundsätzlich nicht signifikant von dem menschlichen Spracherwerbsprozess ab, da sie autonom vorhandene Textkorpora, die eine Vielzahl von Begriffen in unterschiedlichen, jedoch wiederkehrenden Konstellationen enthalten, verarbeitet und extern durch Mechanismen wie das „Reinforcement Learning“[185] mittels Feedbackgebung auf eine korrekte Anwendung der Sprache trainiert wird. Das Sprachverständnis entwickelt sich dabei durch die Erstellung und Anwendung von *Vektorraummodellen*, welche die semantischen Beziehungen zwischen den Wörtern mathematisch abbilden. Dieser Prozess wurde von Viktoria Herold wie folgt zusammengefasst: Initial muss ein umfassender Textkorpus konzipiert werden, der sämtliche relevante Dokumente, wie z.B. Gesetzestexte, gerichtliche Entscheidungen und deren Begründungen, enthält.[186] Im Anschluss an die Zusammenstellung des Textkorpus erfolgt dessen Aufbereitung, um die Semantik der Texte zu erfassen[187], indem eine Transformation des Textkorpus in einen Vektorraum realisiert wird.[188] Hierbei werden die Textdaten zunächst in ihre Bestandteile, wie Sätze, Absätze etc. aufgespalten (tokenisiert), um diese Bestandteile tabellarisch einzuordnen (normalisiert) und schließlich mit bestimmten Bemerkungen zu versehen (annotiert).[189] Auf Basis dieser systematisch kategorisierten Daten lassen sich Textdokumente als (Begriffs- oder Merkmals-)Vektoren repräsentieren, wobei ihre Position im Vektorraum durch die Frequenz der jeweiligen Merkmale in den Dokumenten definiert wird. Die räumliche Nähe von Dokumenten im Vektorraum indiziert deren inhaltliche Ähnlichkeit hinsichtlich ihres semantischen Gehalts.[190]

Die Positionierung einzelner Begriffe, Satzbestandteile oder ganzer Dokumente im Vektorraum erinnert – wenngleich in abstrahierter Form – an die Attributzuweisung zu bestimmten Begriffen durch den Menschen. Während der Mensch dem Begriff „Tisch“ beispielsweise Attribute wie eine rechteckige Platte auf mindestens einem Sockel zuordnet, platziert die Künstliche Intelligenz den Begriff „Tisch“ im Vektorraum in unmittelbarer Nähe zu verwandten Begriffen wie „Stühle“, „Sitzen“ oder „Platte“.[191] Es darf hierbei nicht unerwähnt bleiben, dass die Künstliche Intelligenz Begriffe wie „Tisch“ nicht mit exakt denselben Attributen verknüpft wie

---

[185] Siehe S. 52 ff. dieser Arbeit.

[186] *Herold*, InTeR 2019, 7, 9.

[187] *Herold*, InTeR 2019, 7, 9; *Turney/Pantel*, Journal of Artificial Intelligence Research 2010, 141; ebenso *Guckelberger*, DÖV 2021, 566, 570; *Guckelberger*, Öffentliche Verwaltung im Zeitalter der Digitalisierung, 2019, S. 367.

[188] *Herold*, InTeR 2019, 7, 9; *Nink*, Justiz und Algorithmen, 2020, S. 214. Vertiefend dazu *Herold*, Demokratische Legitimation automatisiert erlassener Verwaltungsakte, 2019, S. 64.

[189] *Herold*, InTeR 2019, 7, 9; *Turney/Pantel*, Journal of Artificial Intelligence Research 2010, 141, 154 f.

[190] *Turney/Pantel*, Journal of Artificial Intelligence Research 2010, 141. Zu den technischen Möglichkeiten auch *Anzinger*, in: Hey (Hrsg.), Digitalisierung im Steuerrecht, 2019, 15, 28 ff.

[191] Damit weist Künstliche Intelligenz den einzelnen Begriffen nicht explizite Attribute zu, sondern verflechtet sie in ein Näheverhältnis zu anderen Termini. Diese Nuance erweist sich jedoch aufgrund ihrer Feinheit für das fundamentale Sprachverständnis als marginal.

ein Mensch, der häufig auch emotionale Konnotationen in seine Attributzuweisung einfließen lässt. Nichtsdestotrotz entwickelt das System ein funktionales Sprachverständnis, indem es Termini in Relation zu anderen setzt, auch wenn diese Relation in einem vereinfachten Modell wie „Tische stehen in Verbindung mit drei braunen Pixeln" dargestellt wäre. Solche Relationen genügen jedoch einem der Wortlautauslegung hinreichenden Sprachverständnisses nicht. Vielmehr bedarf es einer Mindestanforderung an (menschlich) *konsensfähigen Zuweisungen*, da andernfalls die Wortlautauslegung selbst und die legislativen Prozesse, die in einem in Sprache gefassten Gesetz münden, *ad absurdum* geführt würden. Diese konsentierten Zuweisungen sind in lexikalischen Quellen und grammatikalischen Regeln verankert, auf die Künstliche Intelligenz Zugriff hat. Das bedeutet, dass die Systeme die konsentierten Attribute eines „Tisches" aus der lexikalischen Definition in ihren bestehenden Vektorraum integrieren, um das Wort in einer für den Menschen nachvollziehbaren Weise zu nutzen und Worte eines Menschen in demselben Sinne zu interpretieren.[192]

Während bis ins Jahr 2022 noch die Ansicht vorherrschte[193], dass Künstliche Intelligenz kein eigenes, für den Menschen nachvollziehbares Sprachverständnis entwickeln könne, ist diese These inzwischen durch die Existenz leistungsfähiger Sprachmodelle widerlegt worden. Insbesondere das bereits oben erwähnte „*large language model*" „ChatGPT" demonstriert eindrucksvoll die Fähigkeit, Sprache in einer Weise anzuwenden, die zahlreiche Menschen in ihrer Sprachbeherrschung sogar übertrifft.[194] Die Leistungsstärke von „ChatGPT" zeigt sich darin, dass es den sogenannten „Turing-Test" bestanden hat[195], bei dem ein Mensch, der Textnachrichten sowohl mit „ChatGPT" als auch einem anderen Menschen austauscht, nicht mehr unterscheiden kann, welcher der Kommunikationspartner der Mensch und welcher die Maschine ist.

Zusammenfassend ist festzuhalten, dass Systeme Künstlicher Intelligenz zwar auch ein dem Menschen nachvollziehbares Sprachverständnis aufweisen, das sich allerdings in bedeutenden Aspekten – wie der Nutzung von Vektorräumen und einer inhärenten Abwesenheit emotionaler Resonanz im Prozess des Spracherwerbs –

---

[192] Lexikalische Quellen, die einer fortlaufenden Aktualisierung unterliegen, werden demnach stetig in den Vektorraum integriert, um die Aktualität der semantischen Repräsentation zu gewährleisten und das Begriffsverständnis dem Wandel der Zeit anzupassen.

[193] *Mund*, Das Recht auf menschliche Entscheidung, 2022, S. 105; *Rollberg*, Algorithmen in der Justiz, 2020, S. 58 ff.; *Timmermann/Gelbrich*, NJW 2022, 25, 29 Rn. 18, 22; vgl. *Lazaratos*, Rechtliche Auswirkungen der Verwaltungsautomation auf das Verwaltungsverfahren, 1990, S. 230 f.

[194] Vertiefende Ausführungen zum Sprachverständnis von „*large language models*" aus informatischer Perspektive bei *Bender*, KIR 2025, 3.

[195] Vgl. bis zum Jahre 2019 *Cornelius*, Künstliche Intelligenz, 2019, S. 7. Nach Veröffentlichung von „ChatGPT" *Yalalow*, ChatGPT besteht den Turing-Test, Internetdokument 2022.

vom menschlichen Sprachverständnis unterscheidet. Diese Divergenz hat David Nink prägnant zusammengefasst:

> „(...) Maschinen können zwar mit Sprache arbeiten, indem sie sie als Datenpakete erfassen, die Häufigkeit von Wörtern und Sätzen messen und deren Stellung zueinander analysieren, Muster erkennen und Wahrscheinlichkeiten berechnen. Den Inhalt dieser Datenpakete – ihre Aussage und ihren Sinn – verstehen [gleich einem Menschen], können sie jedoch nicht."[196]

Vor dem Hintergrund dieser Feststellungen drängt sich nun die Frage auf, ob die benannten Unterschiede zwischen dem maschinellen und dem menschlichen Sprachverständnis eine adäquate Wortlautauslegung ausschließen.

Einerseits kann angeführt werden, dass die Künstliche Intelligenz mittels ihres andersartigen Sprachverständnisses die Gesetze, die schließlich von Menschen mit einem menschlichen Sprachverständnis geschaffen wurden, nicht in allen kontextuellen Feinheiten und subtilen Nuancen deuten kann, weil das menschliche Sprachverständnis fehlt. Andererseits ist dann eine kritische Auseinandersetzung mit der Frage, was ein für die Wortlautauslegung hinreichendes Sprachverständnis erfordert, angezeigt, also die Herausarbeitung einer Definition dessen, was unter einem für die Wortlautauslegung „tauglichen Sprachverständnis" zu verstehen ist. Da Menschen die Sprache gerade subjektiv-assoziativ erlernen und sich menschliche Sprachverständnisse somit niemals gleichen, existiert jedenfalls kein objektivierbares „menschliches Sprachverständnis", das zu einer Voraussetzung erhoben werden könnte. Da sich somit eine exakte Zuschreibung spezifischer Eigenschaften für ein der Wortlautauslegung taugliches Sprachverständnis als äußerst komplex und unpräzise erweist, erscheint es pragmatischer, die Fähigkeit zur Wortlautauslegung dahingehend zu bewerten, ob jemand eine Sprache in der Weise anwenden kann, dass sie für andere Menschen verständlich ist.[197] Unter dieser Prämisse hat, wie aufgezeigt, das Modell „ChatGPT" bereits Fähigkeiten demonstriert, die es ihm ermöglichen, Sprache in einer Weise zu verwenden, die zumindest äußerlich von der menschlichen Sprachanwendung nicht zu unterschieden ist.

---

[196] *Nink*, Justiz und Algorithmen, 2020, S. 210; vgl. *Herold*, Demokratische Legitimation automatisiert erlassener Verwaltungsakte, 2019, S. 77; *Ibold*, GSZ 2024, 10, 13; *Kätscher/Pesch*, KIR 2024, 46, 47. In Grundzügen auch *Anzinger*, in: Hey (Hrsg.), Digitalisierung im Steuerrecht, 2019, 15, 37 f.

[197] Sollte der Leser dieser These seine Zustimmung verwehren, wird er hiermit aufgefordert, spezifische Eigenschaften eines Sprachverständnisses zu definieren, die für eine präzise Wortlautauslegung unerlässlich sind. Gelingt ihm dies in anderer Art und Weise als der hier vorgeschlagenen, soll auf das Zitat von Niklas Luhmann verwiesen werden: „Aufs letzte gesehen, gibt es keine rationalen Gründe, die Menschenleistung der Maschinenleistung vorzuziehen. Und jedes Mal, wenn die Befürworter des Menscheneinsatzes ihre Gründe präzise formulieren, schaffen sie damit zugleich die Grundlage für die Formulierung neuer äquivalenter Maschinenprogramme.", *Luhmann*, Recht und Automation in der öffentlichen Verwaltung, 2. Auflage 1966, S. 60 Fn. 24.

Vor diesem Hintergrund muss die These, dass Künstliche Intelligenz keine Wortlautauslegung vollziehen kann, angesichts der jüngsten technologischen Entwicklungen revidiert und ins Gegenteil verkehrt werden: Künstliche Intelligenz kann mithilfe ihres Sprachverständnisses den Wortlaut des Gesetzes nach dem allgemeinen Sprachgebrauch deuten.[198]

b) Systematische, historische und teleologische Auslegung durch den Polizeiroboter?

Die Wortlautauslegung mag für Systeme Künstlicher Intelligenz noch bewältigbar sein, doch demgegenüber erfordern die historische, systematische und teleologische Auslegung ein *überdurchschnittliches und umfassendes Verständnis der gesamten Rechtsordnung.*

Aus *systematischer* Perspektive ist insbesondere die Fähigkeit gefordert, die zu interpretierende Norm innerhalb des spezifischen Gesetzeskontextes zu situieren, Terminologien mit anderen, möglicherweise identischen, Begriffen abzugleichen und vor allem Normwidersprüche aufzudecken.

Bei der *historischen* Auslegung, also der Eruierung des Gesetzgeberwillens, kann Künstliche Intelligenz zwar auf Gesetzesentwürfe, Beratungsprotokolle, den Entwürfen beigefügte Begründungen und Parlamentsprotokolle zurückgreifen. Die hieraus gewonnenen Erkenntnisse sind jedoch erstens vor dem Hintergrund der damaligen Normsituation zu evaluieren, was ein überdurchschnittliches Verständnis sogar des damaligen gesetzlichen Geflechts erfordert, und zweitens unter Berücksichtigung des zeitlichen Wandels neu zu bewerten. Hierfür ist es essenziell, dass das System der Künstlichen Intelligenz die zugrundeliegenden gesellschaftlichen Wertvorstellungen der damaligen und heutigen Zeit zu rekonstruieren vermag.

Die *teleologische* Auslegung erfordert schließlich die Herausarbeitung des mutmaßlichen Regelungsziele des Gesetzgebers, indem die in der Rechtsordnung implizit enthaltenen Prinzipien herangezogen werden. Zwar mag es einem System Künstlicher Intelligenz möglich sein, diese Prinzipien anhand vorhandener Erklärungen und Interpretationen zu identifizieren und anzuwenden, doch ist dies nur der erste Schritt im Prozess der teleologischen Auslegung. Sie verlangt darüber hinaus eine umfassende Folgenabschätzung, die in Betracht zieht, wie sich die angewendete Rechtsfolge auf das Gesamtsystem des Rechts auswirkt und ob potenzielle Wertungswidersprüche entstehen. Diese Analyse muss die komplexe Wechselwirkung von Normen und die Balance der verschiedenen rechtlichen Prinzipien berücksichtigen, um eine kohärente und konsistente Anwendung der Rechtsordnung sicherzustellen.

---

[198] Dieselbe Vermutung findet sich bei *Adrian*, Rechtstheorie 2017, 77, 91; *Busche*, Verwaltungsautomation 2.0, 2023, S. 265; *Herold*, Demokratische Legitimation automatisiert erlassener Verwaltungsakte, 2019, S. 38; *Nink*, Justiz und Algorithmen, 2020, S. 226; *Ring*, Computergestützte Rechtsfindungssysteme, 1994, S. 146.

Derzeit mangelt es Systemen Künstlicher Intelligenz noch an der Fähigkeit, ein derart umfassendes Systemverständnis zu entwickeln, das essenziell für die sachgemäße Durchführung der historischen, systematischen und teleologischen Auslegung ist.[199]

Um einer potenziellen Kritik eines internen Widerspruchs in dieser Arbeit vorzugreifen, die auf dem Unverständnis gründet, weshalb eine Künstliche Intelligenz zwar zu der Ausfüllung unbestimmter Rechtsbegriffe aber nicht zu einer systematischen, historischen und teleologischen Auslegung in der Lage sein soll, ist es notwendig die Unterschiede zwischen der Ausfüllung unbestimmter Rechtsbegriffe und dem hier diskutierten Problem der Auslegung herauszustellen. Bei der Frage, ob Künstliche Intelligenz unbestimmte Rechtsbegriffe ausfüllen kann, wurde aufgezeigt, dass ein System Künstlicher Intelligenz den Rechtsgedanken einer Norm mithilfe von Lehrbüchern, Kommentaren und gerichtlichen Entscheidungen extrahieren kann – ein Vorgang, der im Wesentlichen das reflektiert, was auch ein menschlicher Student der Rechtswissenschaften erlernen würde, um den Rechtsgedanken hinter einer Norm zu identifizieren. Diese Fähigkeit wurde auch im vorliegenden Abschnitt anerkannt, indem postuliert wurde, dass eine Künstliche Intelligenz den Rechtsgedanken jeder einzelnen Norm des Normgeflechts herausarbeiten könnte.

Das eigentliche Problem liegt jedoch nicht in der Herausarbeitung und der Anwendung des Rechtsgedankens einer einzelnen Norm auf den Einzelfall, sondern vielmehr in der *Einordnung und Anwendung dieser Norm in Relation zu den Rechtsgedanken aller anderen bestehenden Normen*. Die Komplexität der Inrelationssetzung von Rechtsgedanken übersteigt die schlichte Anwendung derselben auf spezifische Fälle beträchtlich, da sie die Fähigkeit erfordert, systemimmanente Widersprüche zu erkennen, zu evaluieren und zu harmonisieren. Diese anspruchsvolle Syntheseleistung geht deutlich über das hinaus, was durch die Anwendung von unbestimmten Rechtsbegriffen gefordert ist, da es sich um eine tiefgreifende analytische Leistung handelt, die nicht nur den Einzelfall betrachtet, sondern den Kontext und die Wechselwirkungen des *gesamten* Normgefüges berücksichtigt.

---

[199] Ebenso *Hoffmann-Riem*, in: Unger/Ungern-Sternberg (Hrsg.), Demokratie und künstliche Intelligenz, 2019, 129, 146; *Lazaratos*, Rechtliche Auswirkungen der Verwaltungsautomation auf das Verwaltungsverfahren, 1990, S. 230 f.; *Nink*, Justiz und Algorithmen, 2020, S. 222 ff.; *Mund*, Das Recht auf menschliche Entscheidung, 2022, S. 105; *Reimer*, in: Hey (Hrsg.), Digitalisierung im Steuerrecht, 2019, 97, 110; vgl. *Berger*, NVwZ 2018, 1260, 1263; *Degrandi*, Die automatisierte Verwaltungsverfügung, 1977, S. 47 f.; *Maurer/Waldhoff*, Allgemeines Verwaltungsrecht, 21. Auflage 2024, § 7 Rn. 3; *Simitis*, Automation in der Rechtsordnung, 1967, S. 11. Dies sollte jedoch nicht als definitive Einschränkung angesehen werden, denn im Lichte zukünftiger technologischer Fortschritte könnte diese Einschätzung einer grundlegenden Neubewertung zu unterziehen sein. Bei einer solchen Neubewertung wäre vorrangig zu untersuchen, ob die Systeme in der Lage sind, die einzelnen Wertungen der Rechtsnormen in ihrem relationalen Kontext zu analysieren und dabei aufkommende Normwidersprüche zu identifizieren.

Deshalb bleibt festzuhalten, dass Künstliche Intelligenz auf der Tatbestandsseite nicht in gleicher Weise wie ein Mensch zur Anwendung der etablierten juristischen Methodenlehre im Sinne der historischen, teleologischen und systematischen Auslegung fähig ist.

c) Systematische, historische und teleologische Auslegung durch den Polizeiroboter mittels des Auslegungsvergleichs ausreichend?

Angesichts der (bisherigen) Unfähigkeit der Systeme Künstlicher Intelligenz, selbstständig eine systematische, historische und teleologische Auslegung vorzunehmen, stellt sich die Frage, ob die Heranziehung bereits existierender, von externen Quellen vorgeschlagener Auslegungsargumente aus der juristischen Literatur und Rechtsprechung eine adäquate Alternative zu autonom generierten Auslegungsargumenten darstellen kann.

Die Überlegung basiert auf der Erkenntnis, dass die etablierte Methodenlehre der juristischen Auslegung – orientiert am Wortlaut, der Systematik, Historie und dem Telos – nicht unmittelbar aus legislativen Vorgaben abgeleitet ist. Es existiert folglich kein normativ festgeschriebener Pfad zur korrekten Interpretation von Rechtsnormen. Dies verdeutlicht David Nink, indem er die fundamentalen Anforderungen der Rechtsordnung an den Rechtsanwendungsprozess präzisiert: „Es darf kein Verstoß gegen formelles (Verfahrens-)Recht vorliegen, die Sachentscheidung müsse der materiell-rechtlichen Rechtslage entsprechen und es bedürfe einer nachvollziehbaren Entscheidungsbegründung.“[200] Diese Feststellung soll keineswegs die Funktionalität und die Erkenntnismöglichkeiten der etablierten Auslegungsmethoden zur Gesetzesdeutung infrage stellen. Vielmehr soll verdeutlicht werden, dass die *selbstständige Herleitung* von Argumenten nach den Kriterien des Wortlauts, der Systematik, der Historie und des Telos nicht zwingend erforderlich ist.[201] Obwohl die Fähigkeit, selbstständig fundierte Argumente zu entwickeln, als Ideal der juristischen Praxis betrachtet werden mag, entspricht es einer realistischen Betrachtung, dass dies nicht allen Rechtsanwendern möglich ist. Dies gilt insbesondere vor dem Hintergrund, dass der Auslegungsvergleich und die Nutzung von fremdentwickelten Argumenten bereits für menschliche Rechtsanwender als un-

---

[200] *Nink*, Justiz und Algorithmen, 2020, S. 205 f.

[201] Zudem ist es zu hinterfragen, ob tatsächlich die genannten Kategorien der Auslegung von zentraler Bedeutung sind. Zwar mag es für den menschlichen Auslegungsprozess gelten, dass erst durch die Anwendung der Wortlautauslegung, der systematischen, historischen sowie teleologischen Methode vertretbare Ergebnisse erzielt werden können. Dies impliziert jedoch keineswegs, dass ein System der Künstlichen Intelligenz sich dieser traditionellen Auslegungsmethoden bedienen *muss*. Vielmehr könnte die Frage aufgeworfen werden, ob es ausreicht, wenn ein solches System Argumentationsmuster entwickelt, die auf nachvollziehbare Weise zu einer rechtmäßigen Entscheidung führen, ohne dabei zwingend dem bestehenden Kanon der Auslegungslehren zu entsprechen. Eine vertiefte Betrachtung dieser Fragestellung erfolgt an dieser Stelle nicht, da bereits bestehende Argumente, die nach dieser Methodik von Menschen entwickelt wurden, heranziehbar sind.

verzichtbares Instrument im Auslegungsprozess qualifiziert worden sind. Nicht zuletzt sind gerade *exekutive Rechtsanwender* häufig unter den Zwängen von Zeitmangel, beschränkten juristischen Kenntnissen und dem Bestreben nach Rechtssicherheit gerade *darauf angewiesen*, fremd-entwickelte Argumentationsstränge zu übernehmen.[202]

Daraus folgt, dass es für den hier adressierten Einsatz Künstlicher Intelligenz ausreicht, wenn diese ebenjene fremdentwickelten Argumentationsmuster übernimmt, um zumindest zu „vertretbaren" Rechtsanwendungen zu gelangen.[203] Dies schließt freilich nicht aus, dass auch Künstliche Intelligenz Auslegungsfehler begehen kann[204]; ein solches Risiko besteht jedoch gleichermaßen bei menschlichen Rechtsanwendern.

Abschließend sei darauf hingewiesen, dass Künstliche Intelligenz mit einer umfassenden Sammlung von Kommentaren und Aufsätzen aus der Literatur und insbesondere mit sämtlichen gerichtlichen Entscheidungen trainiert werden könnte. Dadurch würde sie über ein weit größeres Argumentationsrepertoire verfügen als etwa ein menschlicher Polizeibeamter im Streifendienst, der aufgrund der begrenzten kognitiven Leistungsfähigkeit nicht in der Lage ist, sich an alle Entscheidungen und Argumente zu erinnern. Diese Überlegung führt zu der Schlussfolgerung, dass Künstliche Intelligenz, ausgestattet mit einem derartigen Informationszugang, den Auslegungsfähigkeiten eines menschlichen Polizeibeamten auf Streife nicht nur gleichkommen, sondern diese sogar übertreffen könnte.

---

[202] So wie es typischerweise Studierende der Rechtswissenschaften anzuwenden pflegen, *Puppe*, Kleine Schule des juristischen Denkens, 3. Auflage 2014, S. 277 f. Ebenso interessant gestaltet sich die Beantwortung der Frage, ob diese These auch auf richterliche Auslegungsprozesse zutrifft. Einerseits könnte argumentiert werden, dass Gerichte in erheblichem Maße auf präjudizielle Auslegungen sowie auf Argumentationsstränge aus der juristischen Literatur zurückgreifen, was durch die explizite Zitation von Quellen in den Urteilsbegründungen klar zutage tritt. Andererseits muss bedacht werden, dass von einem Richter, im Unterschied zu einem exekutiven Rechtsanwender, in verstärktem Maße erwartet wird, dass er selbstständig in der Lage ist, die Gesetze auszulegen und eigenständig schlüssige Argumente zu entwickeln. Diese Fragestellung bedarf jedoch einer vertieften Untersuchung, die den Rahmen dieses Mediums übersteigt.

[203] *Nink*, Justiz und Algorithmen, 2020, S. 206, 213; wohl auch *Herold*, in: Taeger (Hrsg.), Rechtsfragen digitaler Transformationen, 2018, 453, 456 Fn. 21. A.A. wohl *Birner*, Verwaltungsautomatisierung nach dem Gesetz zur Modernisierung des Besteuerungsverfahrens, 2023, S. 311, der die Entscheidungskorrektheit von technischen Systemen nicht für eine hinreichende Gesetzesanwendung genügen lässt. Dabei verweist er schlicht darauf, dass Korrelationsbildungen keine Gesetzesanwendung darstellten, sondern die „wahre inhaltliche Übereinstimmung" (S. 311) durch ein „inhaltlich-kognitives Verständnis" (S. 312), wie durch einen Menschen, zu suchen sei. Der inhaltliche Wert solcher substanzlosen Floskeln dürfte durch die vorliegende Argumentation bereits erheblich reduziert worden sein.

[204] *Nink*, Justiz und Algorithmen, 2020, S. 218.

VII. Analogieschluss, teleologische Reduktion und Extension

Trotz einer methodisch fundierten Interpretation des Gesetzes kann der Rechtsanwender weiterhin dem Störgefühl unterliegen, dass das ermittelte Ergebnis seinem intuitiven Gerechtigkeitsempfinden widerspricht. Sollte die durch eine umfassende Auslegung gewonnene Schlussfolgerung lauten: „S ist kein Fall von T" und somit ein negatives Ergebnis implizieren, so mag der Rechtsanwender versucht sein, durch Analogiebildung oder teleologische Extension das Resultat in eine positive Richtung zu modifizieren. Umgekehrt könnte der Rechtsanwender, wenn die Auslegung ergibt, dass „S ein Fall von T ist" und somit positiv ausfällt, erwägen, das Ergebnis mittels teleologischer Reduktion zu korrigieren. Diese methodischen Instrumente – der Analogieschluss, die teleologische Extension und Reduktion – sind grundlegende Elemente der Rechtsfortbildung und stellen daher essenzielle Komponenten des Rechtsanwendungsprozesses dar. Hier sollen sie jedoch nur der Vollständigkeit halber erwähnt und im Folgenden lediglich knapp erörtert werden. Diese Beschränkung gründet auf der realistischen Einschätzung, dass die Anwendung solch fortgeschrittener Methoden durch einen Polizeibeamten im Streifendienst im Regelfall weder erwartet wird noch praktikabel erscheint. Insbesondere der vorherrschende Zeitmangel bei der Handhabung dringlicher Fälle sowie die – ohne die Verdienste eines Polizeibeamten zu schmälern – begrenzten juristischen Kenntnisse eines Beamten im täglichen Einsatz machen den Gebrauch rechtsfortbildender Methoden nahezu undenkbar.[205] Vielmehr ist zu erwarten, dass lediglich eine verkürzte Auslegung vorgenommen wird und sich auf bereits vorliegende, (fremd-)durchdachte Auslegungsargumente, Analogien sowie teleologischen Reduktionen und Extensionen aus der Literatur und insbesondere der Rechtsprechung gestützt wird. Vor diesem Hintergrund seien die rechtsfortbildenden Instrumente im Folgenden nur angedeutet und ihre grundlegenden Prinzipien auf die den Einsatz Künstlicher Intelligenz übertragen.

Der Begriff der *Analogie* beschreibt die Applikation einer gesetzlichen Regelung, die für einen bestimmten Tatbestand oder für mehrere ähnliche Tatbestände formuliert wurde, auf einen gesetzlich nicht geregelten, aber diesem ähnlichen Tatbestand.[206] Diese Übertragung beruht auf der Prämisse, dass aufgrund ihrer Ähnlichkeit in den wesentlichen, für die rechtliche Beurteilung entscheidenden Aspekten, eine Gleichbehandlung der Tatbestände geboten ist.[207] Die Bildung einer Analogie setzt zwei wesentliche Bedingungen voraus: eine planwidrige Regelungslücke und eine vergleichbare Interessenlage.[208]

---

[205] Nebstdem kommt ohnehin das strafrechtliche Analogieverbot bei der Subsumtion unter Strafvorschriften im Kontext der Betrachtung der öffentlichen Sicherheit zur Geltung.

[206] *Larenz*, Methodenlehre der Rechtswissenschaft, 1960, S. 381. Ähnlich *Sauer*, Juristische Methodenlehre, 1970, S. 308.

[207] *Larenz*, Methodenlehre der Rechtswissenschaft, 1960, S. 381.

[208] BGH, GRUR 2002, 238, 241; BGH, NJW 2007, 992, 993 Rn. 15; *Maus*, ZfPW 2023, 25; *Würdinger*, AcP 2006, 946, 949; vgl. *Larenz*, Methodenlehre der Rechtswissenschaft,

Eine *planwidrige Regelungslücke* ist im Wege der historischen und teleologischen Auslegung zu identifizieren, indem untersucht wird, ob das Gesetz, gemessen an seiner eigenen Regelungsabsicht, eine ungewollte Unvollständigkeit birgt – also ob der Gesetzgeber etwas Regelungsbedürftiges unbeabsichtigt übersehen hat.[209] Demgegenüber besteht keine Regelungslücke, wenn bestimmte Sachverhalte gemäß der Regelungsidee und ihrer intendierten Rechtsfolgen bewusst aus der Regelung ausgespart wurden – ein Umstand, der auch als „beredtes Schweigen"[210] bezeichnet wird.[211]

Die Analogiebildung verlangt zudem die *Vergleichbarkeit* zweier Sachverhalte, die sich nicht in beliebigen, sondern in den für die rechtliche Bewertung entscheidenden Aspekten, nämlich in der für die gesetzliche Wertung entscheidende Hinsicht, ähneln.[212] Dieses Erfordernis richtet sich nach dem normativen Rechtsgedanken, der der zu analogisierenden Norm zugrunde liegt[213], dessen Offenlegung einer Rückbesinnung auf die Zwecke und Grundgedanken der betreffenden Rechtsnorm, ähnlich der teleologischen Auslegung, bedarf.[214]

Während die Analogie den Rechtsgedanken auf normfremde Sachverhalte ausweitet (Gleiches soll gleich behandelt werden), wird er bei einer *teleologischen Reduktion* in Bezug auf bestimmte Sachverhalte beschränkt (Ungleiches soll ungleich behandelt werden).[215] Eine teleologische Reduktion ist dann angezeigt, wenn

---

1960, S. 381. Verschiedene Autoren erkennen jedoch, dass zur Feststellung der Planwidrigkeit bereits Erwägungen notwendig sind, die schon zur Ausfüllung der Lücke gehören, *Canaris*, Die Feststellung von Lücken im Gesetz, 2. Auflage 1983, S. 140, 144 ff.; *Larenz*, Methodenlehre der Rechtswissenschaft, 1960, S. 401; *Puppe*, Kleine Schule des juristischen Denkens, 3. Auflage 2014, S. 201.

[209] BGH, GRUR 2002, 238, 241; BGH, NJW 2007, 992, 993 Rn. 15; *Larenz*, Methodenlehre der Rechtswissenschaft, 1960, S. 367, 373; *Maus*, ZfPW 2023, 25, 28.

[210] *Larenz*, Methodenlehre der Rechtswissenschaft, 1960, S. 370.

[211] *Canaris*, Die Feststellung von Lücken im Gesetz, 2. Auflage 1983, S. 39 f. m.w.N.; *Larenz*, Methodenlehre der Rechtswissenschaft, 1960, S. 370; *Maus*, ZfPW 2023, 25, 28 f.; *Sauer*, Juristische Methodenlehre, 1970, S. 283; *Würdinger*, AcP 2006, 946, 951. Auch eine offensichtlich fehlerhafte Entscheidung des Gesetzgebers darf durch die judikativen Rechtsanwender nicht korrigiert werden, sondern es bedarf eine Gesetzesänderung, *Larenz*, Methodenlehre der Rechtswissenschaft, 1960, S. 374; *Looschelders*, Juristische Methodik im Prozess der Rechtsanwendung, 1996, S. 232.

[212] *Larenz*, Methodenlehre der Rechtswissenschaft, 1960, S. 375, 381. *Dörner*, Problemlösen als Informationsverarbeitung, 1976, S. 82; *Esser*, Vorverständnis und Methodenwahl in der Rechtsfindung, 1972, S. 180; *Koch/Rüßmann*, Juristische Begründungslehre, 1982, S. 260; *Sauer*, Juristische Methodenlehre, 1970, S. 288.

[213] *Larenz*, Methodenlehre der Rechtswissenschaft, 1960, S. 381.

[214] *Larenz*, Methodenlehre der Rechtswissenschaft, 1960, S. 382; *Looschelders*, Juristische Methodik im Prozess der Rechtsanwendung, 1996, S. 226, 230. Deshalb wird die Bildung einer Analogie auch als „Fortsetzung der Auslegung auf anderer Stufe" bezeichnet, *Esser*, Vorverständnis und Methodenwahl in der Rechtsfindung, 1972, S. 179.

[215] *Larenz*, Methodenlehre der Rechtswissenschaft, 1960, S. 377, 392; *Looschelders*, Juristische Methodik im Prozess der Rechtsanwendung, 1996, S. 259 f.

der betrachtete Sachverhalt zwar formal von der Norm erfasst wird, der Sinn und Zweck der Norm aber eine Anwendung auf diesen Sachverhalt nicht rechtfertigen, weil sie die für die rechtliche Bewertung relevante Besonderheit des Falles nicht hinreichend berücksichtigt.[216]

Ein weiteres Instrument der Rechtsfortbildung stellt die *teleologische Extension* dar, die Fälle betrifft, in denen der zu enge Wortsinn erweitert wird, ohne dass es sich um eine Analogie handelt.[217] In ihrer Wirkung ist eine teleologische Extension einer Analogie ähnlich[218], da beide darauf abzielen, den Zweck der gesetzlichen Regelung vollständig zu verwirklichen und einen nicht zu rechtfertigenden Wertungswiderspruch zu vermeiden.[219] Eine teleologische Extension adressiert jedoch direkt den Wortsinn der betrachteten Regelung, während eine Analogie den Rechtsgedanken einer anderen Norm entsprechend überträgt.[220]

Stellt sich die Frage, ob ein Polizeiroboter die Methoden der Rechtsfortbildung anwenden kann, so ergeben sich im Vergleich zu den im vorhergehenden Abschnitt erörterten Ergebnissen zur Anwendung von Auslegungsmethoden durch Künstliche Intelligenz keine signifikanten Unterschiede. Die Instrumente der Analogie, der teleologischen Reduktion und der teleologischen Erweiterung gründen gleichermaßen auf dem Sinn und Zweck des Gesetzes beziehungsweise auf den normativen Grundgedanken und Wertungen der Rechtsnorm, die auch bei der teleologischen Auslegung erarbeitet werden müssen.

Darüber hinaus erfordern alle drei Methoden die Gegenüberstellung von Sachverhalten, um sowohl Gemeinsamkeiten als auch ihre Unterschiede zu identifizieren. Diese Anforderungen kann ein Polizeiroboter aufgrund seiner schematisierenden und fallvergleichenden Methodik grundsätzlich erfüllen.[221] Es bedarf allerdings eines fortgeschrittenen Systemverständnisses für die sachgemäße Anwendung der Rechtsfortbildungsinstrumente und ihre Auswirkungen auf die gesamte Rechts-

---

[216] *Larenz*, Methodenlehre der Rechtswissenschaft, 1960, S. 377, 391. Vgl. *Looschelders*, Juristische Methodik im Prozess der Rechtsanwendung, 1996, S. 260. Zum Unterschied zwischen einer teleologischen Reduktion und einer teleologisch einengenden Auslegung, *Larenz*, Methodenlehre der Rechtswissenschaft, 1960, S. 391 f.

[217] *Canaris*, Die Feststellung von Lücken im Gesetz, 2. Auflage 1983, S. 90; *Larenz*, Methodenlehre der Rechtswissenschaft, 1960, S. 397; *Looschelders*, Juristische Methodik im Prozess der Rechtsanwendung, 1996, S. 260.

[218] *Larenz*, Methodenlehre der Rechtswissenschaft, 1960, S. 398; *Looschelders*, Juristische Methodik im Prozess der Rechtsanwendung, 1996, S. 268.

[219] *Larenz*, Methodenlehre der Rechtswissenschaft, 1960, S. 399.

[220] Zu der Unterscheidung zwischen Analogie und teleologischer Expansion, *Canaris*, Die Feststellung von Lücken im Gesetz, 2. Auflage 1983, S. 89 ff.; *Looschelders*, Juristische Methodik im Prozess der Rechtsanwendung, 1996, S. 268 ff.

[221] *Esser*, Vorverständnis und Methodenwahl in der Rechtsfindung, 1972, S. 178 beschreibt, dass die Analogiebildung gerade als heuristische Methode ausgestaltet sei. Dies würde auch dafürsprechen, dass Systeme Künstlicher Intelligenz, deren Funktionsfähigkeit größtenteils auf Heuristiken beruht, Analogien bilden können.

ordnung, also ein Niveau, das gegenwärtige Systeme Künstlicher Intelligenz noch nicht vollständig erreicht haben. Trotz dieser Einschränkung ist es – wie soeben festgestellt – für eine im exekutiven Bereich eingesetzte Künstliche Intelligenz ausreichend, wenn sie auf bereits existierende, von Menschen, namentlich der Literatur und den Gerichten, entwickelte Analogien, teleologische Reduktionen und Extensionen zurückgreift, um rechtmäßige Ergebnisse in der Subsumtion unter den Tatbestand zu erzielen. Dieses Vorgehen entspricht im Wesentlichen dem, was auch ein menschlicher Polizeibeamter auf Streife leisten könnte und würde.

VIII. Zwischenergebnis

Die vorliegende Analyse hat die Fähigkeit eines Polizeiroboters illustriert, den Prozess der rechtlichen Subsumtion zu durchdringen und zu Ergebnissen zu gelangen, die, obwohl nicht die Feinnuancierung menschlicher Rechtsanwendung erreichend, dennoch als „vertretbar“ erachtet werden können.

Es zeigte sich, dass Systeme Künstlicher Intelligenz mittels fortschrittlicher Sensorik den Rohsachverhalt umfassend erfassen können. Die anschließende Erstreduktion des Sachverhalts, d. h. die Filterung relevanter Verhaltensweisen und deren Zuordnung zu potenziell einschlägigen Rechtsnomen, wird durch maschinelles Lernen ermöglicht, wobei das System die durch „mentale Shortcuts“ gesteuerten Mechanismen des Menschen durch Schematisierungen nachbildet. Die Subsumtion unter unbestimmte Rechtsbegriffe basiert auf Prognoseentscheidungen und umfangreichen Fallvergleichen, durch die ein Entscheidungsgeflecht erschaffen wird, in das neue Sachverhalte systematisch eingeordnet werden. Auch im sogenannten „Restbereich“ der Subsumtion erlaubt der Einsatz vorab festgelegter Zweifelsregeln eine fundierte Entscheidungsfindung durch Künstliche Intelligenz. Dies gilt gleichermaßen für objektive Merkmale, wie etwa die „hinreichende Wahrscheinlichkeit“ einer Gefahr, als auch für subjektive Konzepte wie die „Ehre“.

Trotz der beeindruckenden Leistungsfähigkeit der Künstlichen Intelligenz verbleiben deutliche Limitationen im Vergleich zu der methodischen Breite, die menschliche Rechtsanwender auszeichnet. Insbesondere in der Anwendung komplexer Auslegungsmethoden wie der systematischen, historischen und teleologischen Auslegung sind klare Defizite erkennbar. Diese Methoden erfordern ein tiefgreifendes Verständnis der Rechtsordnung, das Fähigkeiten zur Erfassung normativer Wechselwirkungen und eine Inrelationssetzung gesetzlicher Zielsetzungen einschließt. Systeme Künstlicher Intelligenz können zwar bestehende juristische Kommentare, Rechtsprechungen und Literatur heranziehen, um etablierte Argumentationsmuster zu adaptieren, jedoch bleibt ihnen die eigenständige Anwendung dieser komplexen Methoden derweil versagt. Nichtsdestoweniger erfüllt diese Adaption jedoch im Grunde die Anforderungen an die exekutivische Rechtsanwendung, welche sich häufig lediglich pragmatisch an bereits vorgegebenen Argumentationsmustern orientieren kann. Ähnlich verhält es sich mit rechtsfortbildenden

Methoden wie der Analogie, der teleologischen Reduktion und Extension, die präzise Bewertungen von Sachverhaltsähnlichkeiten und normativen Bewertungen erfordern, was derzeit von Polizeirobotern nur begrenzt geleistet werden kann. Durch den Rückgriff auf existierende Präzedenzfälle und juristische Argumentationen können dennoch hinreichend adäquate Ergebnisse erzielt werden, die den Anforderungen einer rechtmäßigen Rechtsanwendung entsprechen.

Insgesamt offenbart die Analyse eine bedeutende technologische Evolution, die ihr Potenzial für den Einsatz in exekutiven Rechtsanwendungsbereichen neu definiert und somit die weiterführende Frage aufwirft, inwieweit Systeme der Künstlichen Intelligenz auch die Subsumtion unter die Rechtsfolgenvoraussetzungen einer Norm erfolgreich bewältigen können.

C. Ausübung von Ermessen – zugleich zu § 40 VwVfG NRW

Bei dem Erlass von Platzverweisungen sieht sich der Polizeiroboter mit der allgemeinen Dogmatik des Ermessens konfrontiert, welche in Bezug auf den Referenzfall im Wesentlichen durch § 34 Abs. 1 PolG NRW f.F. i.V.m. § 40 VwVfG NRW bestimmt wird.[222]

Der Terminus des Ermessens beschreibt einen durch das Gesetz eingeräumten Entscheidungsspielraum, der es Behörden gestattet, zwischen mindestens zwei rechtlich zulässigen Rechtsfolgen zu wählen, um auf das Vorliegen eines bestimmten Tatbestands adäquat zu reagieren.[223] Der Entscheidungsspielraum ermöglicht es, die jeweils angemessene Rechtsfolge durch eine sorgfältige Abwägung

---

[222] Entspricht den landesrechtlichen § 40 LVwVfG (Baden-Württemberg); § 40 BayVwVfG; § 40 HmbVwVfG; § 40 HVwVfG (Hessen); § 40 VwVfG M-V; § 40 SVwVfG (Saarland); § 40 ThürVwVfG und der bundesgesetzlichen Regelung § 40 VwVfG (Bund). Dynamische Verweisungen auf die bundesgesetzliche Regelung finden sich in § 1 Abs. 1 BlnVwVfG; § 1 Abs. 1 S. 1 VwVfG Bbg; § 1 Abs. 1 BremVwVfG; § 1 Abs. 1 NVwVfG; § 1 Abs. 1 LVwVfG RP; § 1 S. 1 SächsVwVfG; § 1 Abs. 1 S. 1 VwVfG LSA. Vgl. § 73 LVwG (Schleswig-Holstein).

[223] *Aschke*, in: BeckOK VwVfG, 69. Edition, § 40 VwVfG Rn. 4 (Stand Januar 2023); *Bonde*, Das verwaltungsrechtliche Ermessen und die Struktur der Ermessensfehler, 1969, S. 63; *Geis*, in: Schoch/Schneider, VwVfG, 7. EGL, § 40 VwVfG Rn. 18 (Stand August 2022); *Hofmann*, Abwägung im Recht, 2007, S. 162; *Kugelmann*, in: BeckOK PolG NRW, 32. Edition, § 3 PolG NRW Rn. 17 (Stand September 2025); *Sachs*, in: Stelkens/Bonk/Sachs, VwVfG, 10. Auflage 2023, § 40 VwVfG Rn. 13; *Tezner*, Das freie Ermessen der Verwaltungsbehörden, 1924, S. 70 ff.; *Ziekow*, Verwaltungsverfahrensgesetz Kommentar, 4. Auflage 2019, § 40 VwVfG Rn. 12; vgl. *Rode*, § 40 VwVfG und die deutsche Ermessenslehre, 2003, S. 36, 98. Zu unterschieden ist zwischen einem Entschließungsermessen, ob die Behörde überhaupt einschreiten will (ob Tätigkeit oder Untätigkeit), und einem Auswahlermessen, sich zwischen Rechtsfolgen zu entscheiden (wie und gegen wen sie tätig werden will), *Aschke*, in: BeckOK VwVfG, 69. Edition, § 40 VwVfG Rn. 8 (Stand Januar 2023); *Geis*, in: Schoch/Schneider, VwVfG, 7. EGL, § 40 VwVfG Rn. 18 (Stand August 2022); *Sachs*, in: Stelkens/Bonk/Sachs, VwVfG, 10. Auflage 2023, § 40 VwVfG Rn. 46.

der im Einzelfall relevanten öffentlichen Belange und privaten Interessen zu bestimmen.[224]

Im spezifischen Kontext des Einsatzes von Polizeirobotern zum Erlass einer Platzverweisung ist zu fragen, inwieweit Systeme Künstlicher Intelligenz Ermessen eigenständig ausüben können oder ob die Ermessensausübung exklusiv einer menschlichen Entscheidungsfindung vorbehalten ist (I.). Ferner ist eine vertiefte Auseinandersetzung mit der Gefahr eines Ermessensfehlgebrauchs (II.) angezeigt.[225]

I. Fähigkeit zur Ermessensausübung – zugleich zum Ermessensausfall und zur Ermessensüberschreitung

Die Frage, ob ein Polizeiroboter zur Ermessensausübung gemäß § 40 VwVfG NRW fähig ist[226], bleibt selbst nach der Modernisierung des VwVfG NRW, die auf das (Bundes-)Gesetz zur Modernisierung des Besteuerungsverfahrens vom 18.7. 2016 zurückgeht, weiterhin unbeantwortet. § 35a VwVfG NRW präsentiert sich zwar als Sperrklausel für vollautomatisierte Ermessensentscheidungen durch automatische Einrichtungen, trifft jedoch keine explizite Aussage hinsichtlich der generellen Fähigkeit zur Ermessensausübung durch Künstliche Intelligenz.[227] Lediglich die Gesetzesbegründung zu § 35a VwVfG NRW liefert indizielle Hinweise darauf, dass der Landesgesetzgeber die Ermessensausübung als einen genuin anthropologischen Vorgang betrachtet, wie aus dem Satz hervorgeht: „Die Ausübung von Ermessen setzt ebenso eine menschliche Willensbetätigung voraus wie die individuelle Beurteilung eines Sachverhalts."[228] Sollte sich diese These als zutreffend erweisen, so wäre der Erlass einer Platzverweisung durch den Polizeiroboter gemäß

[224] *Geis*, in: Schoch/Schneider, VwVfG, 7. EGL, § 40 VwVfG Rn. 18 (Stand August 2022); *Hofmann*, Abwägung im Recht, 2007, S. 166; siehe auch OVG, NJW 1973, 1993.

[225] Die nachfolgenden Ausführungen sind keinesfalls auf das Rechtsfolgenermessen der Platzverweisung begrenzt, sondern lassen sich entsprechend auf die Ausübung vom Verfahrensermessen übertragen.

[226] Es soll § 40 VwVfG NRW in seiner gegenwärtig bestehenden Form herangezogen werden, der nicht modifiziert würde.

[227] Ebenso *Tischbirek*, ZfDR 2021, 307, 322. Dass eine Handlung als verboten deklariert wird, impliziert nicht ihre Unmöglichkeit. Vielmehr lässt sich zugespitzt formulieren: Ein Verbot weist grundsätzlich darauf hin, dass die betreffende Handlung zumindest theoretisch durchführbar ist – andernfalls wäre das Verbot obsolet, da das wahrhaft Unmögliche keiner gesetzlichen Regelung bedarf.

[228] LT-Drs. NRW 17/1046, S. 121; wortgleich in BT-Drs. 18/8434, S. 122. Bemerkenswert erscheint, dass der Bundesgesetzgeber einerseits jede Form der Ermessensausübung durch automatische Einrichtungen kategorisch ausschließt (BT-Drs. 18/8434, S. 122), andererseits jedoch den Einsatz eines technischen Systems, insbesondere bei einer Ermessensreduzierung auf Null, als zulässig erachtet (BT-Drs. 18/7457, S. 83).

§ 34 Abs. 1 PolG NRW f.F. aufgrund eines Ermessensausfalls oder einer Ermessensüberschreitung stets als rechtswidrig einzustufen.

Im Zentrum der nachfolgenden Untersuchung, steht somit die kritische Überprüfung dieser – und dies sei vorweggenommen – nicht nur vom Landesgesetzgeber vertretenen These. Ziel ist es, darzulegen, wie der Mensch sowohl auf kognitiver als auch auf methodologischer Ebene eine Ermessensentscheidung trifft, um die vorgebrachten Einwände der juristischen Fachliteratur gegen eine Ermessensfähigkeit Künstlicher Intelligenz systematisch einzuordnen und zu evaluieren.

1. Die Ermessensausübung als Abwägungsentscheidung

Die etablierte Definition des Ermessens, die jenes als einen durch das Gesetz eingeräumten Entscheidungsspielraum beschreibt, welcher die Wahl zwischen mindestens zwei rechtlich zulässigen Rechtsfolgen durch Abwägung widerstreitender Rechtsgüter ermöglicht, erweist sich im Rahmen einer tiefgehenden Analyse des Ermessensausübungsprozesses als bloße Orientierungshilfe. Diese Definition vermag den komplexen Anforderungen einer differenzierten Ermessensprüfung nicht gerecht zu werden und verlangt nach einer Aufspaltung in Teilschritte. In dieser Hinsicht bietet es sich an, die von Ekkehard Hofmann dargelegte Strukturierung eines verwaltungsrechtlichen Abwägungsprozesses zu übernehmen, die sich am Grundsatz der Verhältnismäßigkeit orientiert[229], um sie noch weiter zu unterteilen und um spezifische Erwägungen zu kognitiven Prozessen, die für den Vergleich mit Künstlicher Intelligenz relevant sind, zugleich zu ergänzen. Zu identifizieren sind fünf zentrale Teilschritte einer Abwägungsentscheidung: Erstens erfolgt die Problemidentifikation anhand der gesetzlich vorgegebenen Zielsetzungen (a)). Zweitens werden verschiedene Handlungsalternativen zusammengestellt (b)). Anschließend werden die Handlungsalternativen in Bezug auf bestimmte Attribute relativ zueinander betrachtet (c)), bevor die betrachteten Attribute gewichtet werden (d)) und sich schließlich zwischen den herausgearbeiteten Handlungsalternativen entschieden wird (e)).

a) Problemidentifikation anhand gesetzlicher Ziele

Der Abwägungsprozess beginnt mit einer Problemidentifikation, die im Wege der Ermittlung und gegebenenfalls präzisierenden Interpretation der gesetzlichen Ermächtigungszwecke erfolgt.[230] Eine derartige Verknüpfung mit den legislativen Zielen ist unerlässlich, um die Entgleitung des Abwägungsgebots in einen Bereich

---

[229] Näher zu der Ableitung aus dem Verhältnismäßigkeitsgrundsatz *Hofmann*, Abwägung im Recht, 2007, S. 169 ff.

[230] *Hofmann*, Abwägung im Recht, 2007, S. 177.

zu verhindern, der sich einem rechtlich definierten Rahmen entzieht.[231] In der Regel stehen diese Ziele nicht in einem komplementären, sondern vielmehr in einem konkurrierenden Verhältnis zueinander[232], wie es sich auch in dem Referenzfall darstellt. Die Platzverweisung dient insbesondere der (Wieder-)Herstellung der öffentlichen Sicherheit, spezifischer dem Schutz der körperlichen Unversehrtheit und der Ehre des neuseeländischen Rugbyfans. Diesem Ziel steht das ebenfalls zentrale Gebot gegenüber, durch polizeiliches Handeln – sei es durch menschliche Polizeibeamte oder durch den Einsatz von Polizeirobotern – die Grundrechte des von einer potenziellen Maßnahme Betroffenen, hier zumindest die allgemeine Handlungsfreiheit des deutschen Rugbyfans, möglichst schonend zu behandeln und gegebenenfalls Maßnahmen zu unterlassen. Dieser Grundsatz folgt unmittelbar aus dem Abwehrcharakter der Freiheitsgrundrechte, der einen minimalen Eingriff zugunsten der individuellen Freiheit gebietet.[233]

Wie bereits im Zuge der Subsumtion unter den Tatbestand dargelegt, wird der Polizeiroboter mittels einer einem „äußeren System" entsprechenden Kategorisierung des Gesetzesgeflechts die für den Sachverhalt relevanten Rechtsnormen identifizieren und solche Ziele heranziehen, die den Normen durch die Literatur und insbesondere durch die Rechtsprechung im Wege einer eingehenden Auslegung zugewiesen wurden.[234] Die Identifizierung konfligierender normativer Ziele ist mithin auch durch einen Polizeiroboter realisierbar.

b) Zusammenstellung der Handlungsalternativen

Ausgehend von den zuvor definierten Zielsetzungen erfolgt die Erarbeitung möglicher Handlungsansätze zur Auflösung des identifizierten Zielkonflikts.[235] Dieser Prozess lässt sich in zwei zentrale methodische Schritte gliedern: Initial erfolgt die Eliminierung aller Maßnahmen, die nicht durch bestehende Ermächtigungsgrundlagen des handelnden Amtswalters gedeckt sind (aa)), da sie den gesetzlichen Anforderungen der Bindung an Recht und Gesetz augenscheinlich nicht genügen und daher von einer näheren Betrachtung ausgenommen werden müssen. Anschließend werden alle Maßnahmen ausgeschlossen, die sich als ungeeignet erweisen (bb)), also solcher Ansätze, die sich als dysfunktional oder unvereinbar mit

[231] *Hofmann*, Abwägung im Recht, 2007, S. 177. Vgl. auf kognitionspsychologischer Ebene *Pfister et al.*, Die Psychologie der Entscheidung, 4. Auflage 2016, S. 20.

[232] *Hofmann*, Abwägung im Recht, 2007, S. 194 f.

[233] BVerfGE 61, 82 (113); *Remmert*, in: Dürig/Herzog/Scholz, GG, 108. EGL, Art. 19 Abs. 2 GG Rn. 42 f. (Stand Mai 2008); *Sauer*, in: Dreier, GG, Bd. 1, 4. Auflage 2023, Vorb. Art. 1 GG Rn. 96 ff. m. w. N.

[234] Siehe S. 110 ff. dieser Arbeit.

[235] *Hofmann*, Abwägung im Recht, 2007, S. 196.

den festgelegten Zielsetzungen erweisen und den Konflikt daher nicht sinnvoll lösen können.[236]

aa) Ausschluss ermächtigungsfremder Handlungsalternativen

In einem ersten Schritt müssen jene Handlungsmöglichkeiten aus dem Maßnahmenkatalog ausgeschlossen werden, die nicht durch Ermächtigungsgrundlagen des handelnden Amtswalters gedeckt sind. Eine solche Vorselektion ist notwendig, da die nähere Betrachtung und Analyse von Maßnahmen, zu deren Vornahme keine rechtliche Befugnis besteht, von vornherein nicht zweckdienlich und ineffizient wäre. Hinsichtlich des Einsatzes eines menschlichen Polizeibeamten umfasst diese Vorprüfung jene Maßnahmen, die weder durch spezielle Ermächtigungsgrundlagen der Polizei- und Strafgesetze noch durch allgemeine verwaltungsrechtliche Ermächtigungen – etwa des Verwaltungsvollstreckungsgesetzes – zugelassen sind. Beispielsweise scheidet daher für einen Polizeibeamten die Auswahl von Foltermaßnahmen zur Gefahrenabwehr kategorisch aus.

Für den Einsatz eines Polizeiroboters ergibt sich demgegenüber eine wesentliche Besonderheit: Im Referenzfall beschränkt sich die Ermächtigung der Künstlichen Intelligenz allein auf den Erlass von Platzverweisungen; der Maßnahmenkatalog des Polizeiroboters ist daher im Vergleich zu dem eines menschlichen Amtswalters erheblich verkürzt.[237] Dementsprechend sind im Rahmen dieser begrenzten Ent-

---

[236] Bei einer solchen Aussonderung, die sich auf bestimmte Attribute der Handlungsoptionen beziehen, also hier Rechtswidrigkeit oder Geeignetheit, spricht die Kognitionspsychologie von „*Cut-offs*", *Pfister et al.*, Die Psychologie der Entscheidung, 4. Auflage 2016, S. 91.

[237] Die Begrenzung der Ermächtigungsgrundlagen für Künstliche Intelligenz erscheint auf den ersten Blick keineswegs unproblematisch. Menschliche Polizeibeamte verfügen – nicht zuletzt durch die polizeiliche Generalklausel – über ein umfangreiches und flexibles Spektrum an Maßnahmen, das ihnen erlaubt, situationsangepasst und differenziert auf den Einzelfall zu reagieren und hierdurch eine „maßgeschneiderte" Gefahrenabwehr sicherzustellen. Demgegenüber ist der Polizeiroboter im hier betrachteten Referenzfall auf den Erlass von Platzverweisungen beschränkt, wodurch ihm eine vergleichbare Flexibilität in der Maßnahmenauswahl verwehrt bleibt. Eben diese Einschränkung könnte zur Folge haben, dass der Einsatz eines Polizeiroboters insgesamt als rechtswidrig einzustufen ist, da Gefahren nicht oder nicht rechtzeitig abgewehrt werden können. Auf einen zweiten Blick offenbart sich indes, dass vergleichbare Beschränkungen der Ermächtigungen in der Verwaltungspraxis durchaus verbreitet sind. Beispielhaft angeführt sei etwa die Tätigkeit beliehener Schornsteinfeger, die zwar dazu ermächtigt sind, gefahrenabwehrrechtliche Feuerstättenbescheide zu erlassen, jedoch nicht dazu, in einer Gefahrensituation sonstige Gefahrenabwehrmaßnahmen, wie eine Platzverweisung, eine Identitätsfeststellung oder eine Beschlagnahme, zu erlassen und durchzuführen. Dass infolge einer solchen Kompetenzbeschränkung bestimmte Gefahren nicht immer vollständig oder rechtzeitig abgewehrt werden können, stellt daher aus einer systematischen Perspektive keinen neuartigen Befund dar, sondern ist vielmehr als unvermeidbare Konsequenz der gesetzlichen Ermächtigungsordnung hinzunehmen. Aus dieser Feststellung folgt zugleich, dass der Polizeiroboter nicht verpflichtet ist, andere, über seinen begrenzten Ermächtigungsrahmen hinausgehende Maßnahmen – wie etwa eine Ingewahrsamnahme – einer hypothetischen Alternativprüfung zu unterziehen. Denn selbst wenn der

scheidungsoptionen solche Maßnahmen auszusondern, die entweder keine Platzverweisungen darstellen oder die nicht mehr von der Ermächtigungsgrundlage des § 34 Abs. 1 PolG NRW f.F. gedeckt sind[238], wie beispielsweise Platzverweisungen über einen Zeitraum von drei Monaten gemäß § 34 Abs. 2 S. 2 PolG NRW.[239]

Die Entscheidung für rechtswidrige Handlungsoptionen wird bei dem Einsatz von Systemen Künstlicher Intelligenz nicht nur durch das autonom entwickelte

---

Polizeiroboter bei einer solchen hypothetischen Betrachtung zu dem Ergebnis gelangte, dass etwa die Durchführung einer Ingewahrsamnahme gegenüber einer bloßen Platzverweisung vorzugswürdig wäre, bliebe unklar, wie er mit diesem Prüfungsergebnis umzugehen hätte: Sollte er dann gänzlich auf eine Maßnahme verzichten, obwohl ihm die Erteilung einer Platzverweisung weiterhin offensteht? Vielmehr ist davon auszugehen, dass der Polizeiroboter, nach umfassender Prüfung der ihm gesetzlich eingeräumten Handlungsmöglichkeiten, dennoch die Platzverweisung erlassen und, sofern sich diese im Ergebnis als unzureichend herausstellt, unverzüglich einen menschlichen Amtswalter informieren wird (oder der menschliche Polizeibeamte, der den Polizeiroboter begleitet, in einem solchen Fall die Platzverweisung mit einem eigenen Verwaltungsakt überstimmt).

[238] Diese Ermächtigungsgrundlagenbeschränkung lässt Künstliche Intelligenz den wesentlichen methodischen Schritt der Auswahl der Ermächtigungsgrundlage überspringen. Während ein Polizeiroboter unmittelbar auf § 34 Abs. 1 S. 1 PolG NRW zugreift, ist ein menschlicher Polizeibeamter zunächst angehalten, eine vorgelagerte Prüfung vorzunehmen, um die auf den Einzelfall anzuwendende *Maßnahmenoberkategorie* – etwa eine Platzverweisung, eine Ingewahrsamnahme oder eine Identitätsfeststellung – auszuwählen. Dieser vorgelagerte Auswahlprozess der Ermächtigungsgrundlage unterscheidet sich im methodischen Kern kaum von der sogleich im unmittelbaren Anschluss erläuterten Ermessensmethodik (siehe S. 157 ff. dieser Arbeit). Der methodische Ablauf entspricht dabei grundsätzlich einem zweistufigen Entscheidungsprozess: In einem ersten Schritt werden zunächst geeignete Maßnahmenoberkategorien gebildet und zueinander in Beziehung gesetzt, indem eine vergleichende Betrachtung hinsichtlich der Erfüllung bestimmter (normativer) Kriterien und Attribute erfolgt. Daran anschließend wird eine Gewichtung der Attribute vorgenommen, um so zu einer Entscheidung für eine bestimmte Maßnahmenoberkategorie – beispielsweise Platzverweisung, Ingewahrsamnahme oder Identitätsfeststellung – zu gelangen. Ist auf diese Weise zunächst eine Maßnahmenoberkategorie ausgewählt worden, wiederholt sich in einem zweiten Schritt dieser Prozess innerhalb der ausgewählten Maßnahmenoberkategorie, um einzelne Maßnahmenvarianten detailliert gegeneinander abzuwägen („Platzverweisungsvariante 1", „Platzverweisungsvariante 2" etc.). Es ist allerdings darauf hinzuweisen, dass sich die Ermessensausübung in Bezug auf die Auswahl der Maßnahmenoberkategorie in der Praxis als äußerst komplex gestaltet, da zahlreiche Handlungsoptionen simultan miteinander verglichen und in Verhältnis zueinander gesetzt werden müssen. Vor diesem Hintergrund – und nicht zuletzt aufgrund des in polizeilichen Einsatzlagen regelmäßig bestehenden erheblichen Zeitdrucks – erscheint es realistisch, dass der Amtswalter in solchen Situationen auf kognitive Vereinfachungsstrategien im Sinne „mentaler Shortcuts" zurückgreift (dazu bereits S. 107 ff. dieser Arbeit), indem er den jeweils zu beurteilenden Sachverhalt intuitiv mit ähnlichen Einsätzen aus der Vergangenheit abgleicht. Dabei stützt er sich auf seine persönlichen Erfahrungswerte und Erinnerungen an frühere vergleichbare Einsatzlagen und deren Ausgang. Sollte sich der aktuell zu bewältigende Sachverhalt sehr eng an einen früher erfolgreich bewältigten Einsatz anlehnen, so dürfte der Amtswalter bevorzugt die bereits damals verhängte Maßnahmenkategorie – sei es Platzverweisung, Ingewahrsamnahme oder Identitätsfeststellung – erneut auswählen und die relative Abwägung der Maßnahmenoberkategorien lediglich in stark verkürzter Form durchführen.

[239] Zur Geltung des Abs. 2 S. 2 auch in Bezug auf Abs. 1 siehe *Ogorek*, in: BeckOK PolG NRW, 32. Edition, § 8 PolG NRW Rn. 17 (Stand September 2025).

Normanwendungsmodell, sondern auch durch im Vorfeld implementierte Parameter, wie beispielsweise die Direktive „Du darfst keine Menschen töten.“, von vornherein ausgeschlossen. Demgegenüber bleibt es dem menschlichen Akteur trotz bestehender rechtlicher Vorgaben faktisch möglich, willentlich rechtswidrige Entscheidungen zu treffen. Vereinzelte literarische Meinungen leiten aus diesem Befund ab, dass die menschliche Fähigkeit, gegen gesetzliche Bestimmungen zu handeln – ein vermeintliches „Recht auf Rechtsbruch“[240] –, eine unverzichtbare Freiheit bei der Ermessensausübung darstelle, die der Künstlichen Intelligenz fehle.[241]

Diese Andeutung überzeugt indes mit Blick auf die exekutivische Bindung an Recht und Gesetz nicht. Vielmehr vermag die strikte Bindung von Künstlicher Intelligenz an gesetzliche Vorgaben die Rechtmäßigkeit von Maßnahmen in einer neuen Dimension zu sichern, da sie aufgrund ihrer programmbedingten Limitierungen nicht „bewusst“ von gesetzlichen Vorgaben abweichen kann.[242] Diese Verhinderung der Auswahl ermächtigungsfremder Handlungsoptionen ist allerdings weder zufällig noch ein Nebenprodukt des technischen Fortschritts, sondern *eine gezielte Konsequenz* menschlicher Programmierung bzw. indirekte Folge gesetzgeberischer Vorgaben[243], um sicherzustellen, dass Künstliche Intelligenz Entscheidungen stets in Einklang mit den geltenden Rechtsnormen trifft.

In diesem Sinne stellt die deterministische Entscheidungslogik der Künstlichen Intelligenz hinsichtlich der Vermeidung ermächtigungsfremder Rechtsfolgen keine unzulässige Beschränkung ihrer Entscheidungsfreiheit dar. Vielmehr entspricht sie

---

[240] Zum Begriff *Britz/Eifert*, in: Voßkuhle/Eifert/Möllers, Grundl. VerwR, Bd. 1, 3. Auflage 2022, § 26 Digitale Transformation der Verwaltung Rn. 143; vgl. *Kube*, VVDStRL 2019, 289, 308; bei *Kube*, VVDStRL 2019, 289 *Spiecker gen. Döhmann* in Diskussion, S. 347.

[241] Wohl *Rollberg*, Algorithmen in der Justiz, 2020, S. 83; *Stegmüller*, NVwZ 2018, 353, 357: „(…) nicht aber selbst in einer vorgegebener Bandbreite frei wie ein Mensch entscheiden, was im Einzelfall vielleicht auch gegen seinen programmierten Vorgaben am sinnvollsten ist.“ und auch *Hill*, in: Hill/Schliesky (Hrsg.), Auf dem Weg zum Digitalen Staat – auch ein besserer Staat?, 2015, 267, 275: „Ein wesentlicher Unterschied liegt am Ende darin, dass Menschen sich ‚wider besseres Wissen‘ auch anders entscheiden können.“; in diese Richtung auch *Bull*, Verwaltung durch Maschinen, 1964, S. 68.

[242] In der Betrachtung des Gefahrenabwehrrechts erhebt sich unweigerlich die Frage, ob der Mensch als ein „unberechenbarer Faktor“ zu charakterisieren ist, bedingt durch die Möglichkeit, sich jederzeit bewusst für eine rechtswidrige Handlung zu entscheiden. Obschon persönliche Sanktionen für derartiges Verhalten vorgesehen sind, erscheint die präventive Unterbindung solcher Handlungen als eine kaum realisierbare Option. In Anbetracht dieses inhärenten Risikos, das der menschlichen Entscheidungsfindung eigen ist, ließe sich sogar argumentieren, dass der Einsatz von Künstlicher Intelligenz vorzugswürdig ist, da diese, im Gegensatz zum Menschen, strikt innerhalb der programmierten Grenzen operiert. Die daraus resultierende Überlegung, ob eine Rechtspflicht zum Einsatz Künstlicher Intelligenz im Gefahrenabwehrrecht erwogen werden könnte, wird jedoch in der vorliegenden Arbeit nicht weiterverfolgt, um die Diskussion auf den primären Gegenstand der Untersuchung zu konzentrieren.

[243] Von *Günther*, InTeR 2020, 142, 144 als „Super-Code“ bezeichnet.

exakt dem, was sich der Mensch von ihrem Einsatz verspricht, nämlich der Erfüllung der normativen Erwartung.[244]

bb) Ausschluss ungeeigneter Handlungsalternativen

Nach der Eliminierung ermächtigungsfremder Handlungsalternativen richtet sich der menschliche Entscheidungsträger auf die Identifizierung weiterer potenzieller Handlungsoptionen, wobei er jedoch nicht alle Optionen detailliert analysiert, sondern jene, die offenkundig zur Lösung des Zielkonflikts ungeeignet oder dysfunktional sind, vorab ausschließt.[245] Diese pragmatische Herangehensweise ist insofern notwendig, als nach dem Ausschluss der rechtswidrigen Optionen eine nahezu *unüberschaubare Vielzahl potenzieller Alternativen* verbleibt, deren umfassende Betrachtung und Evaluierung die kognitiven Kapazitäten eines menschlichen Entscheidungsträgers übersteigen würde – eine Problematik, die sowohl in Eilfällen als auch unter regulären Entscheidungsbedingungen zutage tritt und auf die naturgemäß begrenzte Verarbeitungsfähigkeit des menschlichen Gehirns zurückgeht. Am Beispiel der Platzverweisung im Referenzfall wird die Komplexität der möglichen Handlungsvarianten schon allein durch die Variation von Ort und Zeit deutlich: Eine Platzverweisung könnte etwa so gestaltet sein, dass der deutsche Rugbyfan lediglich von bestimmten Tribünenabschnitten ausgeschlossen wird, etwa indem er sich von bestimmten Sitzreihen zu entfernen hat, die außerhalb der unmittelbaren Umgebung des neuseeländischen Fans liegen – beispielsweise Reihe 1 bis 3 oder Reihe 4 bis 7. Alternativ könnte die Platzverweisung auf spezielle Tribünenbereiche beschränkt oder auf das gesamte Sportgelände ausgeweitet werden. Jede dieser räumlichen Varianten ließe sich zudem mit verschiedenen zeitlichen Beschränkungen kombinieren: So wäre eine Verweisung aus den Sitzreihen 1 bis 3 etwa für eine Dauer von drei, vier oder fünf Stunden möglich, oder sogar für exakt definierte Zeitintervalle wie drei Stunden, zwanzig Minuten und sieben Sekunden.

Angesichts dieser Fülle an Kombinationsmöglichkeiten ist es jedoch unumgänglich, den Maßnahmenkatalog gedanklich *weiter zu reduzieren*, um den Auswahlprozess zu strukturieren und zu vereinfachen. Diese Notwendigkeit wurde auch vom Bundesverwaltungsgericht erkannt, welches festhielt, dass der Rechtsanwender nicht jede denkbare Maßnahme in Betracht zu ziehen hat, sondern sich auf solche konzentrieren muss, die „*ernsthaft in Betracht*" kommen.[246] Wann diese Voraussetzung gegeben ist, wird allerdings nicht weiter konkretisiert und erscheint zudem kaum definitorisch fassbar. Selbst ein Erklärungsversuch wie: „Ernsthaft in Betracht kommende Handlungsoptionen sind dann gegeben, wenn sie ein vernünftiger Dritter bei der Analyse der Situation in Betracht gezogen hätte." vermag nur

---

[244] Vgl. *Herold*, DÖV 2024, 181, 186.

[245] *Hofmann*, Abwägung im Recht, 2007, S. 198.

[246] StRsp. zu Abwägungen im Bauplanungsrecht zuletzt BVerwG, Beschl. v. 18.4.2018 – 3 A 7.17 (3 A 1.1.6), Rn. 131; BVerwGE 154, 73 (129 Rn. 168).

bedingt weiterzuhelfen, da die Auswahl der Handlungsoptionen nicht operationalisiert wird. Anstelle der Suche nach einer solchen definitorischen Bestimmung des „ernsthaft in Betracht-Kommens" erscheint es daher zielführender, sich der Frage zu widmen, wie der Mensch aus einer Vielzahl theoretisch möglicher Handlungsalternativen spezifische Optionen auswählt und andere vernachlässigt. Diese Perspektive könnte die Grundlage schaffen, um zu ermitteln, inwieweit Künstliche Intelligenz eine vergleichbare Entscheidungskompetenz entwickeln und eine systematische Reduktion der Handlungsoptionen vornehmen kann, die einem Menschen gleichkommt.

Anstatt jede einzelne Maßnahme zu durchdenken, bildet der Mensch *grobe Handlungskategorien*, die nach ihrer Intensität abgestuft sind. Beispielhaft könnten solche Kategorien die Verweisung von einer Straße, einem Häuserblock oder einem Platz umfassen, und in Bezug auf die Dauer der Verweisung könnte zwischen Minuten, Stunden und Tagen unterschieden werden. Diese Kategorien werden je nach den individuellen Gegebenheiten des Falles angepasst – im Kontext eines Sportereignisses etwa die Verweisung aus einer Sitzreihe, einem Tribünenrang, der gesamten Tribüne, einem Stadionteil oder dem gesamten Veranstaltungsgelände für Minuten, Stunden oder Tage. Die situative Anpassung der Handlungsoptionen an die örtlichen Gegebenheiten erfordert ein gewisses Maß an *Kreativität*, da die praktische Umsetzbarkeit der Vorkategorisierungen nicht immer gegeben ist; wenn also die Vorkategorisierungen der Handlungsmöglichkeiten für eine Platzverweisung ein Verweis von der Straße, dem Häuserblock oder dem Platz lauten, können diese im Referenzfall keine Anwendung finden, weil ebensolche nicht auf dem Sportgelände existieren. Angesichts der *kreativen* Anpassung der vorkategorisierten Handlungsmöglichkeiten an die örtlichen Gegebenheiten, ist der Vorgang subjektiv geprägt und kann daher zwischen den einzelnen Rechtsanwendern variieren, wahrt aber zugleich durch die örtlichen Gegebenheiten und die Bezugnahme auf bereits gefällte Entscheidungen eine gewisse Konsistenz und Vorhersagbarkeit.[247]

Im nächsten Schritt müssen die auf die örtlichen Gegebenheiten angepassten Kategorien im Hinblick auf ihre Eignung zur Lösung des Zielkonflikts überprüft werden. Dies geschieht durch die Anwendung von Erfahrungssätzen, die sich aus erlernten schematisierenden Prognosen zur Einschätzung menschlichen Verhaltens sowie der erwarteten *Auswirkungen der Handlungsalternativen* (kognitionspsychologisch *Konsequenz* genannt[248]) auf die Realität ableiten.[249] Im Referenzfall

---

[247] Dabei ist das Gleichbehandlungsgebot gemäß Art. 3 Abs. 1 GG insoweit zu beachten, als bei der Handlungsoptionenidentifizierung bereits durchgeführte Maßnahmen miteinbezogen werden, *Hofmann*, Abwägung im Recht, 2007, S. 202.

[248] *Pfister et al.*, Die Psychologie der Entscheidung, 4. Auflage 2016, S. 18.

[249] Ohne den Gedanken des „mentalen Shortcut" *Hofmann*, Abwägung im Recht, 2007, S. 206. Ekkehard Hofmann trennt methodisch die Phase der Zusammenstellung der Handlungsalternativen von der Prognose ihrer Auswirkungen, was insofern als inkonsequent erscheint, als er bereits in der ersten Phase eine Filterfunktion zur Aussonderung ungeeigneter Maßnahmen einführt. Diese Vorgehensweise widerspricht jedoch der Tatsache, dass die Eig-

würde der Rechtsanwender gezielt hinterfragen, ob eine bestimmte Maßnahme aus der nunmehr überschaubaren Menge an Optionen geeignet ist, den Angriff des deutschen Rugbyfans abzuwehren. Hierbei stützt sich der Rechtsanwender auf bereits gewonnene Erfahrungswerte sowie auf eine systematische Analyse, wie Menschen typischerweise auf Platzverweisungen reagieren. Angesichts vorhandener Erkenntnisse würde er eine Maßnahme etwa wie folgt beurteilen:

> „Aus eigenen Erfahrungswerten weiß der Rechtsanwender, dass ein Angriff mit geballter Faust eine unmittelbare Gefahr für die körperliche Unversehrtheit der anderen Person darstellt und in der Regel von einer hohen emotionalen Erregung des Angreifers begleitet wird. Um effektiv zu intervenieren, muss der Abstand zwischen Angreifer und Opfer groß genug sein, um ein erneutes Aufeinandertreffen zu verhindern. Erfahrungen zeigen, dass eine bloße Verweisung aus derselben Tribünenreihe oder aus demselben Tribünenrang oftmals nicht ausreichend ist, da die emotionale Erregung des Angreifers ihn dazu verleiten kann, die Distanz erneut zu überbrücken. Daher muss eine Platzverweisung so gestaltet sein, dass sie den Angreifer nicht nur aus der unmittelbaren Umgebung des Opfers, sondern aus einem größeren Bereich – mindestens dem gesamten Tribünenrang – entfernt. Damit genügen auch Platzverweisungen aus höheren Kategorien, wie der Verweis aus einem bestimmten Geländeabschnitt oder der Verweis von dem gesamten Sportgelände, nicht."[250]

Dieselbe Einschätzung wiederholt der Rechtsanwender sodann mit der Kategorie der Dauer.

Die Fähigkeit Künstlicher Intelligenz, menschliches Verhalten zu interpretieren, zu schematisieren und Prognosen über Auswirkungen menschlicher Verhaltensweisen zu erstellen, ist bereits im Rahmen der Erörterung der Subsumtion auf Tatbestandsseite umfassend dargelegt und bejaht worden.[251] Deshalb bleibt noch zu klären, ob Künstliche Intelligenz die vorkategorisierten Handlungsoptionen, etwa ein Verweis von der Straße, dem Häuserblock oder dem Platz „kreativ" an die

---

nung einer Maßnahme ausschließlich durch eine prospektive Bewertung ihrer potenziellen Auswirkungen bestimmt werden kann. Daher wird in der vorliegenden Untersuchung vorgeschlagen, die beiden Phasen – die Erarbeitung der Handlungsalternativen und die Prognose ihrer Auswirkungen – zu einem einheitlichen Teilschritt zusammenzuführen.

[250] Die Bewertung der Geeignetheit von Maßnahmen zur Gefahrenabwehr kann freilich auch abstufend erfolgen. Rechtsanwender könnten beispielsweise die Wirksamkeit einer Maßnahme in der Weise evaluieren, dass sie hinterfragen, ob die jeweils intensivste Maßnahme die Gefahr effektiv beseitigt, etwa „Wird der Angreifer vollständig vom Veranstaltungsgelände verwiesen, so ist ihm der Zutritt verwehrt und eine erneute Konfrontation mit dem Opfer unmöglich – mithin eine geeignete Maßnahme. Auch ein Verweis von der gesamten Tribüne schafft eine erhebliche räumliche Distanz, die der Angreifer nur mit erheblichem Aufwand überwinden könnte, was in der Vergangenheit als taugliche Maßnahme zur Gefahrenabwehr bestätigt wurde. Hingegen erweist sich ein bloßer Verweis aus dem jeweiligen Tribünenrang als unzureichend, da diese Maßnahme bislang nicht in der Lage war, eine vergleichbare Gefahr nachhaltig abzuwenden." Die explizite Reihenfolge, in der die Maßnahmen geprüft werden, ist für die Beurteilung ihrer Geeignetheit demnach nicht ausschlaggebend.

[251] Siehe S. 114 ff. dieser Arbeit.

situativen Gegebenheiten, etwa Verweis aus derselben Tribünenreihe, Tribünenrang, Tribüne oder Sportgelände, anpassen kann.

cc) Beschränkung der Identifizierung geeigneter Handlungsalternativen durch unvollständige Trainingsdaten und fehlende Kreativität?

Um die Funktionsweise der Künstlichen Intelligenz hinsichtlich ihrer Fähigkeit zur kreativen Anpassung und Neuschöpfung von Kategorien zu beurteilen, ist es entscheidend, die menschlichen kreativen Prozesse zu verstehen und diese Erkenntnisse auf KI-Systeme zu übertragen.

Nach kognitionspsychologischen Erkenntnissen bildet die klare Formulierung eines Ziels oder Problems, das es zu lösen gilt, die Grundlage für menschliche Kreativität.[252] Im Referenzfall bestünde das Problem in dem Fehlen spezifischer Platzverweisungskategorien für das Gelände einer Sportveranstaltung, sodass das Ziel darin bestünde, solche örtlichen Verweisungskategorien zu entwickeln.[253] Die Schaffung ebensolcher erfolgt jedoch keineswegs aus dem Nichts[254], sondern ist vielmehr das Ergebnis einer Adaptation sowie einer bewussten und unbewussten Neuinterpretation bereits vorhandener Kenntnisse und Techniken im Lichte neuer Gegebenheiten.[255] Der Mensch nutzt dazu vertraute Platzverweisungskategorien und fokussiert ihre jeweiligen zugewiesenen Attribute.[256] Durch den Vergleich dieser bekannten Kategorien mit den Attributen der neuen örtlichen Gegebenheiten, vollzieht er einen Analogieschluss, der ihm erlaubt, passende neue Kategorien zu entwickeln.[257] In der kognitionspsychologischen Fachliteratur wird dieser Prozess der kreativen Anpassung und Übertragung als *„structured imagination"* bezeichnet – eine Methode, die auf der flexiblen Anwendung vorhandenen Wissens in neuartigen Kontexten beruht, ohne das zugrundeliegende Kategoriensystem vollständig zu verlassen.[258]

---

[252] Vgl. *Abraham*, The neuroscience of creativity, 2018, S. 8.

[253] Dies lässt sich ebenso auf das Ziel übertragen, einen neuen Kunststil zu schaffen, ein Objekt in einer ungewöhnlichen Farbe zu gestalten oder eine innovative Tonkombination zu komponieren.

[254] *Funke*, in: Holm-Hadulla, Kreativität, 2000, 283, 290; *Palmer*, Berufsbezogene Kreativitätsdiagnostik, 2016, S. 125.

[255] *Abraham*, The neuroscience of creativity, 2018, S. 64; *Funke*, in: Holm-Hadulla, Kreativität, 2000, 283, 288 f. m. w. N.; *Palmer*, Berufsbezogene Kreativitätsdiagnostik, 2016, S. 144.

[256] Vgl. *Ward/Kolomyts*, in: Kaufman/Sternberg, The Cambridge handbook of creativity, 2019, 175, 177.

[257] *Abraham*, The neuroscience of creativity, 2018, S. 34 f., 68 f.; *Dörner*, Problemlösen als Informationsverarbeitung, 1976, S. 82; *Funke*, in: Holm-Hadulla, Kreativität, 2000, 283, 290; *Palmer*, Berufsbezogene Kreativitätsdiagnostik, 2016, S. 145 ff. m. w. N.; *Ward/Kolomyts*, in: Kaufman/Sternberg, The Cambridge handbook of creativity, 2019, 175, 189.

[258] *Ward/Kolomyts*, in: Kaufman/Sternberg, The Cambridge handbook of creativity, 2019, 175, 178 ff. belegt mit empirischen Studien.

Neben dem Prozess der „*structured imagination*" zur Erarbeitung kreativer Lösungen steht der Prozess der „*conceptual combination*", der eine andere Art schöpferischen Denkens ermöglicht. Bei der „*conceptual combination*" greift der Mensch auf bereits bekannte Ideen, Attribute, Konzepte oder Methoden zurück und fusioniert oder rekombiniert diese zu einem neuartigen Produkt, das nicht notwendigerweise mit der Logik der realen Welt vereinbar sein muss.[259] So könnte der Mensch beispielsweise die Eigenschaften eines zwitschernden Vogels mit der Sprachfähigkeit eines Menschen verbinden, wodurch ein fantastisches Wesen entsteht – ein sprechender Vogel, der menschliche Sprache versteht und verwendet.[260] Während der Prozess der „*structured imagination*" besonders geeignet ist, konkrete Probleme zu lösen – wie in diesem Fall die Schaffung neuer Platzverweisungskategorien, die sich an den gegebenen örtlichen Bedingungen orientieren –, erlaubt die „*conceptual combination*" eine freie, ungebundene kreative Exploration ohne unmittelbaren Bezug zur Realität oder zu einem spezifischen Problem. Im übertragenen Sinne könnte die „*conceptual combination*" beispielsweise genutzt werden, um örtliche Platzverweisungskategorien an fiktiven Orten oder in fiktiven Szenarien zu erdenken. Für die konkrete Aufgabe des Polizeibeamten, der sich ausschließlich an die vorgefundenen örtlichen Gegebenheiten zu halten hat, bleibt der Ansatz der „*structured imagination*" jedoch einer von den vorgefunden örtlichen Gegebenheiten unabhängige „*conceptual combination*" vorzugswürdig. Folglich wird bei der nun folgenden Übertragung dieser Erkenntnisse auf die Funktionsweise Künstlicher Intelligenz bewusst auf das Konzept der „*conceptual combination*" verzichtet.[261]

Übertragen auf den Einsatz Künstlicher Intelligenz wird nun in der juristischen Diskussion hervorgehoben, dass die Adaptabilität und Kreativität von Künstlicher Intelligenz durch die Abhängigkeit von Trainingsdaten begrenzt ist.[262] Dorothea Mund vertritt ebenjene Position und führt aus, dass sich aufgrund des Rückgriffs auf

---

[259] *Ward/Kolomyts*, in: Kaufman/Sternberg, The Cambridge handbook of creativity, 2019, 175, 186 m. w. N.

[260] Vgl. mit einem ähnlichen Beispiel *Ward/Kolomyts*, in: Kaufman/Sternberg, The Cambridge handbook of creativity, 2019, 175, 186. Vertiefend zu diesen Prozessen *Benedek/Jauk*, in: Kaufman/Sternberg, The Cambridge handbook of creativity, 2019, 200; *Runco/Acar*, in: Kaufman/Sternberg, The Cambridge handbook of creativity, 2019, 224.

[261] Angemerkt sei nur, dass Künstliche Intelligenz auch in diesen Bereichen erhebliche Fortschritte macht. So sind Systeme Künstlicher Intelligenz bereits in der Lage, Musik zu komponieren, Gemälde anzufertigen oder Romane zu verfassen, *Nink*, Justiz und Algorithmen, 2020, S. 236. Auch die Künstliche Intelligenz „ChatGPT" vermag es, Aufsätze und Hausarbeiten anzufertigen, die zumeist einem menschlich erstellten Werk ebenbürtig und damit kaum unterscheidbar sind, *Grimm*, Das Ende der Hausarbeiten?, Internetdokument 2023; *Kretschmer*, Wenn der Chatbot den Aufsatz schreibt, Internetdokument 2023.

[262] *Birkholz*, KIR 2024, 91, 93; *Hill*, in: Hill/Schliesky (Hrsg.), Auf dem Weg zum Digitalen Staat – auch ein besserer Staat?, 2015, 267, 274; *Kment/Borchert*, Künstliche Intelligenz und Algorithmen in der Rechtsanwendung, 2022, S. 40; *Lazaratos*, Rechtliche Auswirkungen der Verwaltungsautomation auf das Verwaltungsverfahren, 1990, S. 221; *Mund*, Das Recht auf menschliche Entscheidung, 2022, S. 81.

vergangene Trainingsdaten die Umstände des Einzelfalls, die im Zeitpunkt der (Selbst-)Programmierung nicht vorgesehen oder nicht berücksichtigt wurden oder so noch nie da waren, in den Systemen nicht wiederfänden, sodass sie in der Entscheidung nicht berücksichtigt werden könnten.[263]

Dieser Einwand bedarf einer differenzierten Auseinandersetzung. Es ist unbestreitbar, dass die Entscheidungen Künstlicher Intelligenz untrennbar an die Qualität der zugrundeliegenden Trainingsdaten gekoppelt sind.[264] Eine Künstliche Intelligenz, die auf der Basis unzureichender oder einseitiger Daten trainiert wurde, kann folglich nicht zuverlässig auf neue oder nicht vorhergesehene Situationen reagieren. Enthalten die Trainingsdaten einer Künstlichen Intelligenz beispielsweise keine Informationen zur Platzverweisung im Kontext eines Sportstadions, fehlt ihr grundsätzlich die notwendige Datenbasis, um eine Platzverweisung anzuwenden, die es einem deutschen Rugbyfan gebietet, bestimmte Tribünenbereiche oder das gesamte Sportgelände zu verlassen, weil sie die Handlungskategorien „Verweis aus einer Tribünenreihe und Tribüne" nicht kennt.

Dorothea Munds Auffassung, dass solche lückenhafte Trainingsdatensätze die Möglichkeit KI-gestützter Ermessensentscheidungen aufgrund eines Kreativitätsdefizits nun *grundsätzlich* ausschließen, erweist sich allerdings als zu restriktiv.[265] Gerade in Kontexten mit defizitären Informationslagen offenbart Künstliche Intelligenz im Vergleich zu einfachen Algorithmen eine ihrer besonderen Stärken[266]: Sie vermag durch den Vergleich vieler Einzelfälle und die Ableitung allgemeiner Muster Regeln zu formulieren, die auf neuartige und bislang unbekannte Situationen übertragbar sind. Selbst wenn dem System keine spezifischen Trainingsdaten zur Platzverweisung in einem Stadion vorliegen, könnte sie durch eine vergleichende Betrachtung, ebenso wie der Mensch, in Bezug auf ähnlichen Szenarien – etwa eine Bar mit hoher Personendichte, einen Stadtpark, der regelmäßig für Fußballspiele genutzt wird, oder einen Bahnhof, an dem sich bei Verspätungen eine angespannte Menschenmenge versammelt – neue Handlungsoptionen generieren, die auf die Sportveranstaltung übertragen werden können. Vor diesem Hintergrund lassen sich auch „kreative" Anpassungen von Handlungskategorien auf örtliche

---

[263] *Mund*, Das Recht auf menschliche Entscheidung, 2022, S. 81, 145; vgl. *Ernst*, in: Klafki/Würkert/Winter (Hrsg.), Digitalisierung und Recht, 2017, 63, 68; *Lazaratos*, Rechtliche Auswirkungen der Verwaltungsautomation auf das Verwaltungsverfahren, 1990, S. 221.

[264] Ähnlich *Lauscher/Legner*, ZfDR 2022, 367, 371; *Nink*, Justiz und Algorithmen, 2020, S. 198; *Schneeberger*, Machine Learning in der Verwaltung, 2024, S. 348.

[265] Vorsichtiger auch *Nink*, Justiz und Algorithmen, 2020, S. 237.

[266] Ebenso *Busche*, Verwaltungsautomation 2.0, 2023, S. 261; *Kment/Borchert*, Künstliche Intelligenz und Algorithmen in der Rechtsanwendung, 2022, S. 14; *Martini/Nink*, DVBl 2018, 1128, 1133. Ähnlich *Polomski*, Der automatisierte Verwaltungsakt, 1993, S. 84; vgl. *Simon*, Homo rationalis, 1993, S. 102.

Gegebenheiten durch Künstliche Intelligenz nicht von vornherein ausschließen, sondern gerade mit Blick auf das Konzept der „*structured imagination*“ bejahen.[267]

c) Relative Betrachtung der Handlungsalternativen in Bezug auf bestimmte (normative) Attribute

Die verbleibenden, geeigneten und nicht offensichtlich rechtswidrigen (relevanten) Handlungsalternativen – beispielhaft seien hier die „Platzverweisung von der Tribüne für vier Stunden“ und „Platzverweisung vom gesamten Sportgelände für die gesamte Dauer der Sportveranstaltung“ angeführt – sind im Hinblick auf die maßgeblichen Bewertungsziele unter Berücksichtigung *(weiterer) Attribute* zu betrachten.[268] Die zu betrachtenden Attribute entstammen nicht willkürlichen Überlegungen, sondern ergeben sich aus dem Gesetz; so leiten sich die im polizeilichen Kontext zentralen Attribute, wie die *Effektivität* der Maßnahme und die *Schonung* widerstreitender Rechtsgüter, sowohl im Allgemeinen aus den einschlägigen Grundrechten – die entweder aktiv geschützt oder unberührt bleiben sollen – als auch im Besonderen aus dem grundrechtlichen Verhältnismäßigkeitsprinzip in der konkreten Ausprägung des Erforderlichkeitsgrundsatzes ab, der verlangt, dass kein milderes, gleich geeignetes Mittel zur Verfügung steht. Die Attribute der Effektivität und Schonung – als zwingend zu betrachtende Attribute – stellen dabei kei-

---

[267] Im Kontext polizeilicher Platzverweisungen ist darüber hinaus hervorzuheben, dass eine Vielzahl potenzieller Szenarien einer Platzverweisung mit spezifischen situativen Gegebenheiten bereits umfassend dokumentiert ist, sei es durch polizeiliche Berichte, Lageeinschätzungen oder gerichtliche Entscheidungen. Diese Datenbasis kann gezielt für das Training einer Künstlicher Intelligenz durch synthetische oder hypothetische Szenarien erweitert werden, um etwaige Lücken zu schließen. Mit einer strikten Überprüfung und sorgfältigen Kontrolle der Systeme Künstlicher Intelligenz – beispielsweise durch Simulation zahlreicher Übungseinsätze und durch kontinuierliches „Training“ anhand realitätsnaher Szenarien – lässt sich die Wahrscheinlichkeit, dass Künstliche Intelligenz aufgrund unzureichender Daten versagen könnte, weiter reduzieren. Sollte das System Künstlicher Intelligenz trotz hinreichender Trainingsdaten einzelne geeignete Handlungsalternativen nicht in seine Ermessenserwägungen aufnehmen, liegt ein Ermessensfehler vor. In der Literatur wird nun überlegt, den Systemcode analog zur ermessensdirigierenden Verwaltungsvorschrift zu behandeln, da sowohl der Systemcode als auch Verwaltungsvorschriften die Selbstbindung der Verwaltung bei wesentlich gleich gelagerten Fällen durch eine einheitliche Entscheidungspraxis sicherten, so *Birner*, Verwaltungsautomatisierung nach dem Gesetz zur Modernisierung des Besteuerungsverfahrens, 2023, S. 460; *Nink*, Justiz und Algorithmen, 2020, S. 190; *Tischbirek*, ZfDR 2021, 307, 323 f. Ob ein solcher Vergleich mit einer Verwaltungsvorschrift taugt, soll hier nicht näher vertieft werden. Es soll nur darauf hingewiesen sein, dass selbst wenn man den Systemcode wie eine Verwaltungsvorschrift behandelt, der Systemcode genauso wie die Verwaltungsvorschrift rechtmäßig ausgestaltet sein muss und keine relevanten „ernsthaft in Betracht kommenden“ Handlungsalternativen außer Acht lassen darf. Jedenfalls im Polizeirecht scheint eine Antizipation durch Verwaltungsvorschriften nahezu unmöglich.

[268] Die Rechtswidrigkeit und die Geeignetheit einer Handlungsalternative sind in diesem Kontext ebenfalls als Attribute zu verstehen, die – der Vollständigkeit halber – mit dem Begriff „weitere“ eindeutig in die Gesamtheit der zu berücksichtigenden Attribute einzuordnen sind.

neswegs eine erschöpfende Liste der für eine umfängliche Abwägung relevanten Attribute im polizeilichen Kontext dar, sondern sollen beispielhaft die nachfolgende Betrachtung in einem überschaubaren Rahmen halten.[269]

In Bezug auf ebendiese Attribute erfolgt eine prognostische Analyse der Auswirkungen der Handlungsalternativen auf die konkrete Situation[270], wobei die Handlungsalternativen *in Relation zueinander gesetzt*[271] und ihr Verhältnis mittels relationaler Begriffe wie „gering", „mittel", „hoch", „überragend" oder ähnlichen beschrieben wird.[272] Übertragen auf das Attribut der Effektivität der Maßnahme zur Abwendung des Angriffs würde die „Platzverweisung vom gesamten Sportgelände für die gesamte Dauer der Sportveranstaltung" als *effektiver* erachtet werden als die „Platzverweisung von der Tribüne für vier Stunden", da bei der erstgenannten Maßnahme eine Annäherung des deutschen Rugbyfans an den neuseeländischen Fan, um ihn zu attackieren, nahezu gänzlich ausgeschlossen wird. Demgegenüber bietet die bloße Verweisung von einer Tribüne keine vergleichbare Sicherheit, da die räumliche Distanz zwischen den Tribünen leichter zu überwinden wäre. Demgegenüber stellt die „Platzverweisung von der Tribüne für vier Stunden" eine weitaus *schonendere* Maßnahme dar, da sie dem deutschen Rugbyfan ermöglicht, die Sportveranstaltung weiterhin zu verfolgen.

Überträgt man die relative Betrachtung der Handlungsalternativen in Bezug auf bestimmte Attribute auf den Einsatz Künstlicher Intelligenz, hat das System zunächst alle für die Abwägung relevanten Attribute zu identifizieren. Diese Aufgabe kann durch den Rückgriff auf eine Vielzahl literarischer und rechtsprechungsbasierter Quellen bewältigt werden, wobei ergänzend eine manuelle Programmierung bestimmter Attribute möglich ist. Letzteres erweist sich als praktikabel, da die zu berücksichtigenden Attribute in ihrer Natur abstrakt sind und nicht aus jedem Einzelfall neu abgeleitet werden müssen.

Die einzelnen Handlungsalternativen sind sodann in Bezug auf das jeweilige Attribut zu betrachten, indem das System – wie bereits festgestellt[273] – mittels Erfahrungswissen und probalistischer Einschätzungen technisch in der Lage ist, die Auswirkungen der jeweiligen Handlungsalternative auf die Realität zu prognosti-

---

[269] Ein weiteres relevantes Attribut im polizeilichen Kontext ist die „Effizienz" der Verwaltungshandlung, welche die schnelle und ressourcenschonende Umsetzung einer Maßnahme betont. Jedoch müssen im Rahmen der Bewertung polizeilicher Maßnahmen auch bestimmte Attribute explizit ausgeschlossen werden, um die Integrität und die Rechtskonformität des Abwägungsprozesses zu wahren. Ein signifikantes Beispiel hierfür ist die Vermeidung einer Ausrichtung der Maßnahmen nach dem Kriterium des minimalen monetären Aufwands. Für eine eingehendere Betrachtung dieser Problematik sei auf die Arbeit von *Hofmann*, Abwägung im Recht, 2007, S. 200 ff. verwiesen.

[270] *Hofmann*, Abwägung im Recht, 2007, S. 266; *Nink*, Justiz und Algorithmen, 2020, S. 188.

[271] *Pfister et al.*, Die Psychologie der Entscheidung, 4. Auflage 2016, S. 38, 43.

[272] *Hofmann*, Abwägung im Recht, 2007, S. 267.

[273] Siehe S. 114 ff. dieser Arbeit.

zieren. Die prognostizierten Ergebnisse können sodann in numerischer Form, etwa durch Prozentwerte, quantifiziert werden, um eine bessere Vergleichbarkeit zu realisieren: So könnte eine Handlungsalternative beispielsweise mit einer prognostizierten Effektivität von 60 % bewertet werden. Zur Veranschaulichung dieser Ergebnisse bedarf es dann lediglich eines einfachen Sortieralgorithmus, der die Maßnahmen in einer Skala ordnet. An einem Ende der Skala steht die effektivste Maßnahme, beispielsweise mit einer Effektivität von 90 %, während am anderen Ende die am wenigsten effektive (aber dennoch geeignete) Maßnahme mit 60 % platziert wird. Eine weitere Möglichkeit der Darstellung besteht darin, auf die konkrete Zuweisung von Prozentwerten zu verzichten und stattdessen eine reine Relativbeschreibung vorzunehmen. In diesem Fall werden die Handlungsalternativen lediglich in einer absteigenden Reihenfolge ihrer Effektivität dargestellt: „Handlungsalternative 2 ist effektiver als Handlungsalternative 1", „Handlungsalternative 3 ist effektiver als Handlungsalternative 2" usw.

Hat der Entscheider die einzelnen Handlungsalternativen in Relation zu den Attributen der Effektivität und Schonung bewertet und entsprechend gereiht, so verlangt die Befolgung des Erforderlichkeitsgrundsatzes, dass unter den *gleich effektiven* Alternativen – also solchen, die in der Reihung zur Effektivität dieselbe Position einnehmen – diejenigen Maßnahmen aus dem Maßnahmenkatalog ausgeschlossen werden, die im Hinblick auf das Attribut der Schonung einen schlechteren Wert aufweisen – also sich in der Reihung zur Schonung auf einer niederen Position befinden –, sodass nur die *mildeste Maßnahme* auf demselben Effektivitätsrang übrig bleibt. Ein solches Verfahren kann ebenfalls durch einen einfachen Sortieralgorithmus umgesetzt werden.[274]

[274] Der Vergleich zwischen menschlichen Polizeibeamten und Systemen Künstlicher Intelligenz zeigt, dass letztere in der Lage sind, grundrechtsschonender zu handeln, da sie aufgrund ihrer Beschaffenheit höhere Eigenrisiken eingehen können, ohne den Schutz der eigenen Unversehrtheit berücksichtigen zu müssen. Dieses Eigenschaftsmerkmal ermöglicht es KI-Systemen, auch in potenziell gefährlichen Situationen mildere Maßnahmen zu ergreifen, die einem menschlichen Beamten aufgrund legitimer Eigensicherungsinteressen nicht offenstehen. Betrachtet man das Szenario, in dem sich zwei Polizeibeamte 15 kräftigen und offenbar gewaltbereiten, alkoholisierten Personen gegenübersehen, wird die Einschränkung menschlichen Handelns deutlich. Angesichts der Bedrohungslage und der Notwendigkeit, die eigene Sicherheit zu gewährleisten, würden die Beamten mit hoher Wahrscheinlichkeit schnellstmöglich Platzverweisungen aussprechen, um die Situation zu deeskalieren und zugleich die Kontrolle über das Geschehen zu behalten. Diese Maßnahme dient nicht nur der Abwehr der Gefahr für die öffentliche Sicherheit, sondern auch dem Schutz der Beamten selbst vor körperlicher Gewalt. Der Fokus liegt hier verständlicherweise auf einer zügigen und risikoarmen Gefahrenabwehr. Ein System Künstlicher Intelligenz wäre hingegen nicht auf die Wahrung der eigenen physischen Integrität bedacht. Etwaige Schläge oder Angriffe auf ein derartiges System haben keine Auswirkungen auf seine Funktionsfähigkeit oder Schmerzempfinden, was es in die Lage versetzt, in einer vergleichbaren Situation alternative, weniger einschneidende Maßnahmen zu ergreifen. Statt sofortiger Platzverweisungen könnte ein solches System durch zeitintensive, eindringliche Kommunikation mit den Störern versuchen, die Situation zu entschärfen. Die unmittelbare Gefahr könnte so durch Überzeugungsarbeit und Verhaltenslenkung abgewendet werden, ohne dass ein Verwaltungsakt – wie ein Platzver-

Somit lässt sich festhalten, dass auch ein System Künstlicher Intelligenz in der Lage ist, die verschiedenen Handlungsalternativen anhand mehrerer Attribute zu evaluieren und diese zueinander in Beziehung zu setzen. Durch die Anwendung tauglicher Bewertungs- und Sortiermechanismen kann das System Künstlicher Intelligenz die Einhaltung des Erforderlichkeitsgrundsatzes sicherstellen.

d) Gewichtung der Attribute – Abwägung im engeren Sinne

Die Attribute, die bei der relativen Vergleichung der Handlungsalternativen in Bezug genommen wurden, sind dem Entscheider im Allgemeinen unterschiedlich wichtig[275] bzw. werden verschieden wertgeschätzt[276] und müssen folglich im Prozess der Abwägung eine differenzierte Gewichtung erfahren[277]. Hierfür wird zunächst eine *abstrakte Gewichtung* der Attribute, unabhängig vom konkreten Einzelfall, vorgenommen.[278] Die hier exemplarisch herangezogenen Attribute der Effektivität und Schonung wurzeln in den Grundrechten; die Effektivität der Maßnahme leitet sich im Referenzfall aus dem Schutzcharakter des Grundrechts auf körperliche Unversehrtheit gemäß Art. 2 Abs. 2 S. 1 GG ab, während das Attribut der Schonung hier auf dem Abwehrcharakter des Art. 2 Abs. 1 GG basiert.[279]

Die Frage nach einem abstrakten Hierarchieverhältnis zwischen den beiden zugrundeliegenden Grundrechten wird in der Literatur kontrovers diskutiert. Einige

---

weis – überhaupt notwendig wäre. Erneut könnte man sich daher die Frage nach einer Rechtspflicht zum Einsatz eines solchen Systems stellen, wie Stephan Meyer betont: „Diese rechtsgüterbewahrenden Eigenschaften empfehlen gar die Erwägung, wegen des Verhältnismäßigkeitsgrundsatzes von einer Rechtspflicht zum taktischen Robotereinsatz auszugehen. Jedenfalls besteht mit Blick auf die höchstrangigen Rechtsgüter des Lebens und der körperlichen Unversehrtheit ein herausragender Nutzen, der die Sozialadäquanz des Restrisikos bereits nahelegt."

[275] Kognitionspsychologisch wird zwischen relativer und absoluter Wichtigkeit unterschieden: „Nehmen Sie das Beispiel der Entscheidung zwischen mehreren Stellenangeboten: Das Attribut „Gehalt" ist sicherlich von großer absoluter Wichtigkeit [also unabhängig von den konkreten Stellenangeboten]. Die relative Wichtigkeit kann aber gering sein, wenn sich beispielsweise die Stellenangebote in Bezug auf das Gehalt kaum unterscheiden. Die Wichtigkeit eines Attributs ist immer relativ zum spezifischen Entscheidungsproblem und relativ zu den anderen relevanten Attributen.", *Pfister et al.*, Die Psychologie der Entscheidung, 4. Auflage 2016, S. 93.

[276] *Larenz*, in: Hauss/Schmidt (Hrsg.), Festschrift für Ernst Klingmüller, 1974, 235, 237.

[277] BVerwGE 56, 110 (122 f.); *Hofmann*, Abwägung im Recht, 2007, S. 263 ff.; *Murswiek*, in: Kischel/Kube, HStR, Bd. 2, 2024, § 38 Verhältnismäßigkeit Rn. 69; *Nink*, Justiz und Algorithmen, 2020, S. 188; vgl. *Müller*, in: Huck/Müller, VwVfG, 4. Auflage 2025, § 40 VwVfG Rn. 21; *Pfister et al.*, Die Psychologie der Entscheidung, 4. Auflage 2016, S. 38; *Schwarz*, in: Fehling/Kastner/Strömer, Verwaltungsrecht, 5. Auflage 2021, § 114 VwGO Rn. 40.

[278] *Hofmann*, Abwägung im Recht, 2007, S. 286.

[279] Vgl. zur Kollision zwischen Schutz- und Abwehrcharakter der Grundrechte *Isensee*, in: Kischel/Kube, HStR, Bd. 1, 2023, § 16 Sicherheit und Freiheit Rn. 47 ff.

Autoren befürworten die Existenz eines Rangverhältnisses nicht nur zwischen der Menschenwürde und den übrigen Grundrechten, sondern auch unter den einzelnen Grundrechten selbst.[280] Nach ebendieser Auffassung dürfte das Recht auf körperliche Unversehrtheit und damit das Attribut der Effektivität, da es in Art. 2 Abs. 2 S. 1 GG entgegen eines Rechts zum Schlag eine explizite Ausprägung im Grundgesetz fand, als höherrangiger zu gewichten sein als Art. 2 Abs. 1 GG, also das Attribut der Schonung.

Anders positioniert sich die Ansicht, die ein Rangverhältnis ausschließlich zwischen der Menschenwürde – als unantastbarem Grundrecht gemäß Art. 1 Abs. 1 GG – und allen anderen Grundrechten anerkennt. Vertreter dieser Position betrachten die allgemeinen Grundrechte als abstrakt gleichrangig.[281] Daraus würde sich ergeben, dass auch die Attribute der Effektivität und Schonung in abstrakter Betrachtung als gleichwertig anzusehen sind.

Unabhängig von der grundrechtstheoretischen Position erfährt die abstrakte Gewichtung der betrachteten Attribute stets eine Neubewertung im Kontext des jeweiligen Einzelfalls.[282] Für diese fallbezogene Abwägung im engeren Sinne hat die Rechtsprechung Kriterien entwickelt, die insbesondere im Rahmen der Verhältnismäßigkeitsprüfung bei der Beurteilung der Angemessenheit herangezogen werden.[283] Im Mittelpunkt dieser Abwägung stehen die *Intensität der Gefährdung*

[280] Wohl BVerfGE 12, 113 (125), wenn es die Meinungsfreiheit als schlechthin konstitutiv für die freiheitlich demokratische Grundordnung bezeichnet. Ebenfalls in die Richtung *Larenz*, in: Hauss/Schmidt (Hrsg.), Festschrift für Ernst Klingmüller, 1974, 235, 239, wenn er konstatiert, dass „zweifellos" das Leben und die Gesundheit eines Menschen einen höheren Rang als materielle Güter haben.

[281] BVerfGE 35, 202 (225); vgl. *Cremer*, Freiheitsgrundrechte, 2003, S. 308 ff.; *Kluckert*, JuS 2015, 116, 118; *Sodan*, in: Stern/Sodan/Möstl, Staatsrecht, Bd. 3, 2. Auflage, § 87 Grundsatz der Verhältnismäßigkeit Rn. 23.

[282] Vgl. *Hofmann*, Abwägung im Recht, 2007, S. 266 f., 280; *Larenz*, in: Hauss/Schmidt (Hrsg.), Festschrift für Ernst Klingmüller, 1974, 235; *Murswiek*, in: Kischel/Kube, HStR, Bd. 2, 2024, § 38 Verhältnismäßigkeit Rn. 75.

[283] Die Durchführung einer Abwägung der Rechtsgüter in Bezug auf den konkreten Einzelfall stellt sich in der Literatur und insbesondere in der Rechtsprechung als absolut herrschend dar. Demgegenüber existiert eine Auffassung, die eine rationale Abwägung zwischen den meisten Grundrechten überhaupt nicht für möglich hält, weil kein einheitlicher Wertmaßstab existiere, auf dessen Grundlage die Rechtsgüter, etwa auf einer gemeinsamen Skala messbar, in Bezug zueinander gesetzt werden könnten. Vielmehr werde die Abwägung rein irrational, moralisch-emotional vorgenommen (*Aleinikoff*, The Yale Law Journal 1987, 943, 972 ff.; *Christensen/Lerch*, JZ 2007, 437; *Habermas*, Faktizität und Geltung, 1998, S. 315 ff.; *Leisner*, Der Abwägungsstaat, 1997, S. 75 ff.; *Rusteberg*, Der grundrechtliche Gewährleistungsgehalt, 2009, S. 58; *Schlink*, Abwägung im Verfassungsrecht, 1976, S. 154 ff.; *Tsakyrakis*, I.CON 2009, 468, 471; zum Überblick weiterer Unterdifferenzierungen der Inkommensurabilitätsansicht *Klatt/Meister*, Der Staat 2012, 159, 174 ff.); dieser Einwand wird unter dem Stichwort der „*Inkommensurabilität*" diskutiert. Vertreter dieser Auffassung haben sich bislang nicht explizit zur Problematik der Ermessensfähigkeit von Künstlicher Intelligenz geäußert, sodass sich ihre Positionierung zur Fragestellung nur vermuten lässt. Unter Weiterführung der Inkommensurabilitätslehre könnte argumentiert werden, dass Künstliche Intelligenz

des zu schützenden Rechtsguts, die *Schwere der Beeinträchtigung* des beeinträchtigten Rechtsguts sowie die *Folgewirkungen*, die sich aus einer Nichtbevorzugung eines Rechtsgutes ergeben.[284]

Im Referenzfall ist die körperliche Unversehrtheit des neuseeländischen Rugbyfans durch einen potenziellen Faustschlag eines deutschen Fans *erheblich gefährdet.* Ein Faustschlag kann zu gravierenden Verletzungen wie Hämatomen, Platzwunden oder sogar zu einer Ohnmacht führen, insbesondere da die räumlichen Bedingungen auf den Tribünen ein Ausweichen erschweren und die Wahrscheinlichkeit eines Sturzes mit weiteren schweren Verletzungen erhöhen. Auf der anderen Seite steht die potenzielle Beeinträchtigung der allgemeinen Handlungsfreiheit des deutschen Fans durch eine Platzverweisung. Obwohl diese Maßnahme seinen emotionalen Ausdruck in Form eines Faustschlags nahezu vollständig unterbinden

nicht zu einer Abwägung fähig ist, da keine hinreichend rationalisierbaren Abwägungskriterien vorliegen, die in Programmcode überführt werden würden – zumal KI-Systeme darüber hinaus über keine eigene Moral oder Emotionalität verfügen, mit der sie eine Abwägung vornehmen könnten. Insgesamt ist dieser Auffassung entgegenzuhalten, dass für den Vergleich der Prinzipien nicht zwingend eine kardinale Skala erforderlich ist – also eine Skala, die jedem einzelnen Aspekt einen mathematisch präzisen Punktwert zuweist und somit eine vollständige Kommensurabilität herstellt. Vielmehr ist es möglich, Prinzipien auch dann miteinander zu vergleichen, wenn sie grundsätzlich inkommensurabel sind (*Da Afonso Silva*, in: Klatt (Hrsg.), Prinzipientheorie und Theorie der Abwägung, 2022, 236, 246 f.; *Klatt/Meister*, Der Staat 2012, 159; *Klatt/Meister*, JuS 2014, 193, 199; *Lima*, Verhältnismäßigkeit und Verfassungsgerichte als Rechtfertigungsinstanzen, 2022, S. 94 ff.). Es werden die Grade der proportionalen Erfüllung der für die jeweiligen Rechtspositionen relevanten Maßstäbe verglichen, was Ralf Poscher mit einem anschaulichen Beispiel illustriert: „Pudel und Schäferhunde lassen sich nicht miteinander vergleichen. Aber sowohl für Pudel als auch für Schäferhund beurteilen die Preisrichter, inwieweit sie dem idealen Vertreter ihrer Rasse nahekommen. Über die so ermittelten Punktwerte lässt sich dann auch sagen, welcher Hund den Preis des besten Hundes verdient. Dies gilt selbst dann, wenn für Pudel lediglich das äußere Erscheinungsbild und für den Schäferhund auch seine Funktionalität als Wachhund in die Wertung eingeht. (…) In ähnlicher Weise lassen sich so auch die relativen Gewichte von Grundrechtsbeeinträchtigungen und öffentlichen Interessen vergleichen. Wie stark wird das Grundrecht im Verhältnis zu seiner idealen Erfüllung beeinträchtigt, wie stark wird das öffentliche Interesse im Verhältnis zu dessen idealer Erfüllung gefördert? Der Vergleich der proportionalen Erfüllung des Ideals des Grundrechts auf der einen und des öffentlichen Interesses auf der anderen Seite der Waagschale erlaubt dann das Abwägungsurteil.“, *Poscher*, in: Herdegen/Masing/Poscher, Handbuch VerfR, 2021, § 3 Das Grundgesetz als Verfassung des verhältnismäßigen Ausgleichs, Rn. 71 f. (vertiefend dazu *Borowski*, in: Lübbe/Grosse-Wilde (Hrsg.), Abwägung, 2022, 267; *Murswiek*, in: Kischel/Kube, HStR, Bd. 2, 2024, § 38 Verhältnismäßigkeit Rn. 69; *Poscher*, in: Lübbe/Grosse-Wilde (Hrsg.), Abwägung, 2022, 285). Somit wird die Abwägung zwar nicht vollständig rational durchgeführt, jedoch jedenfalls methodisch beherrschbar, wie sogleich gezeigt wird.

[284] StRspr. beispielsweise BVerfGE 128, 157 (168); 133, 277 (322 Rn. 109); BVerfG, NVwZ 2024, 1736, 1740 Rn. 91; *Daiber*, JA 2020, 37; *Kluckert*, JuS 2015, 116; *Larenz*, in: Hauss/Schmidt (Hrsg.), Festschrift für Ernst Klingmüller, 1974, 235, 244; *Sachs/von Coelln*, in: Sachs, GG, 10. Auflage 2024, Art. 20 GG Rn. 154; *Sodan*, in: Stern/Sodan/Möstl, Staatsrecht, Bd. 3, 2. Auflage, § 87 Grundsatz der Verhältnismäßigkeit Rn. 22; *Voßkuhle*, JuS 2007, 429, 430.

würde, verblieben ihm alternative Wege, seine Emotionen zu kanalisieren und auszudrücken, ohne dabei das körperliche Wohl anderer Zuschauer zu gefährden. Die Schwere der *Beeinträchtigung* seiner Rechtsgüter erscheint daher vergleichsweise *sehr gering*. Diese Gewichtung verschiebt sich jedoch nochmals, wenn zusätzliche Aspekte des Sachverhalts einbezogen werden. Auf Seiten der Waagschale des neuseeländischen Zuschauers steht neben dem Recht auf körperliche Unversehrtheit das Recht auf Ehre aus dem allgemeinen Persönlichkeitsrecht gemäß Art. 2 Abs. 1 i. V. m. Art. 1 Abs. 1 GG, das durch beleidigende Äußerungen beeinträchtigt wird. Demgegenüber erfährt die Position des deutschen Rugbyfans eine (wenn auch nur geringe) Aufwertung, wenn weitreichendere Platzverweisungen sogar seine Freiheit, die Sportveranstaltung weiter zu verfolgen – die sich ebenfalls aus Art. 2 Abs. 1 GG ergibt – beeinträchtigen. Nichtsdestotrotz lässt sich aus dieser Gegenüberstellung schließen, dass das Attribut der Effektivität im Referenzfall *gewichtiger* ist als das Attribut der Schonung. Mit diesem Ergebnis wird (nur) festgestellt, *dass* eine Platzverweisung gegen den deutschen Rugbyfan ergehen darf (Entschließungsermessen: OB).

Durch das Ergebnis der bereits erfolgten Gewichtung bleibt allerdings noch ungeklärt, *wie weitreichend* bzw. wie intensiv die aus dem definierten Handlungsalternativenspektrum gewählte Handlungsoption der Platzverweisung ausgestaltet sein darf (Auswahlermessen: WIE). Hiermit wird die Frage gestellt, um *wie viel* das Attribut der Effektivität das Attribut der Schonung dominieren kann. Die Beantwortung dieser Fragestellung setzt eine *präzisere Gewichtung* der miteinander kollidierenden Attribute voraus, die über eine bloße Dichotomie von „gewichtiger" und „weniger gewichtig" hinausgeht.[285] Zur Veranschaulichung sei folgendes Beispiel angeführt: Angenommen, das Attribut der Effektivität wird auf einer Skala von 1 bis 100 mit einem Wert von 90 eingestuft, während die Schonung lediglich mit einem Wert von 10 bewertet wird. Eine derart ausgeprägte Gewichtung zugunsten der Effektivität könnte die Wahl einer Maßnahme aus dem oberen Bereich des definierten Handlungsspektrums rechtfertigen, wie etwa „Platzverweisung vom Veranstaltungsgelände und einem umliegenden 3 km Radius für den gesamten Tag." Erfolgt eine andere Gewichtung, bei der die Effektivität mit einem Wert von 51 und die Schonung mit 49 bewertet wird, führt der Vergleich zu einem deutlich geringeren Grad der

[285] *Hofmann*, Abwägung im Recht, 2007, S. 273 ff., 287 ff. Ekkehard Hofmann konstatiert, dass diese verbalen Beschreibungen für Werturteile kein klares Verhältnis untereinander ausdrücken. Beispielsweise müsse definiert werden, ob zweimal „gering" mit einmal „mittel" gleichzusetzen sei. Werde jedoch versäumt, explizit anzugeben, in welchem Verhältnis eine „geringe" Beeinträchtigung zu einem „mittleren" Vorteil stehe, sei der sachliche Gehalt der so ausgedrückten Aussagen extrem unbestimmt, was zur Folge habe, dass er kaum falsifiziert werden könne. Das bedeute, dass es unter anderem für Dritte fast unmöglich sei, Inkonsistenzen im Vergleich verschiedener Entscheidungen zu entdecken, *Hofmann*, Abwägung im Recht, 2007, S. 274. Hier kann auch nicht das von Robert Alexy entwickelte Modell der bedingten Vorrangrelation weiterhelfen, da auch hier die Frage, welche Gewichtung die einzelnen Attribute haben, nicht beziffert wird, *Alexy*, Theorie der Grundrechte, 1985, S. 81 ff. Zu der Besprechung von Alexys Formel auch *Hofmann*, Abwägung im Recht, 2007, S. 284 f.

Dominanz der Effektivität über die Schonung. In einer solchen Konstellation müsste die Maßnahme deutlich milder ausfallen, etwa in der Form „Platzverweisung von der Tribüne für fünf Minuten."

Derartige numerische Gewichtungen setzen allerdings voraus, dass der Entscheider in der Lage ist, die relative Bedeutung der Attribute präzise zu quantifizieren. Dies erweist sich jedoch als äußerst problematisch, wie kognitionspsychologische Studien belegen. *Es zeigte sich, dass der Mensch nicht in der Lage ist, die Gewichtung eines Attributs in Relation zu einem anderen exakt zu beziffern.*[286] Besonders schwierig gestaltet sich die Einschätzung, in welchem Maße Einbußen bei einem Attribut hingenommen werden müssen, um eine Verbesserung bei einem anderen Attribut zu erreichen.[287] Die Gewichtung von Attributen ist für den Entscheider demnach nicht nur schwer greifbar, sondern unterliegt, wie die psychologischen Studien von Adele Diederich zeigen, auch erheblichen Schwankungen und kann sich kontextabhängig sogar als Zufallsvariable darstellen.[288]

Diese Einsicht, dass Gewichtungswerte der einzelnen Attribute nicht präzise bestimmt werden können, es dennoch einer „irgendwie-gearteten" Wertrelation für eine Entscheidung bedarf, weist Parallelen zu der in dieser Schrift bereits erörterten Ausfüllung unbestimmter Rechtsbegriffe auf.[289] Wie dargelegt, ist der Gehalt unbestimmter Rechtsbegriffe aufgrund von Wertungen nicht exakt bestimmbar, was am Beispiel des Begriffs der „hinreichenden Wahrscheinlichkeit" illustriert wurde.[290] Hier zeigte sich, dass der Mensch durch die Betrachtung vergangener Maßnahmen ein Geflecht aus Entscheidungen und Entscheidungsmustern erschaffen hat, in das neue Fälle nach dem Grad ihrer Vergleichbarkeit eingeordnet werden können. Falls ein Fall jedoch keine Entsprechung im Entscheidungsgeflecht findet und somit ein sogenannter „Restbereich" der Entscheidungsfindung verbleibt, darf der Entscheider nach seiner persönlichen Überzeugung entscheiden.

Übertragen auf den Kontext der Wertrelation zwischen kollidierenden Attributen bedeutet dies, dass der Mensch – bewusst oder unbewusst – Orientierung aus bestehenden Gerichtsentscheidungen ziehen kann, indem er bestimmte Gewichtungsrelationen aus Entscheidungen ableitet und auf neue Fälle anwendet. Ekkehard Hofmann formuliert dies treffend, wenn er betont:

---

[286] *Pfister et al.*, Die Psychologie der Entscheidung, 4. Auflage 2016, S. 101. Ähnlich *Christensen/Lerch*, JZ 2007, 437, 439 ff.; *Petersen*, Verhältnismäßigkeit als Rationalitätskontrolle, 2015, S. 66 ff.; *Poscher*, in: Herdegen/Masing/Poscher, Handbuch VerfR, 2021, § 3 Das Grundgesetz als Verfassung des verhältnismäßigen Ausgleichs, Rn. 72. Wohl auch in Grundzügen erkannt *Hofmann*, Abwägung im Recht, 2007, S. 172 f.

[287] *Pfister et al.*, Die Psychologie der Entscheidung, 4. Auflage 2016, S. 101.

[288] *Diederich*, in: Caverni (Hrsg.), Contributions to decision making, 1995, 175, 180 f., 185. Auch halten Pfister et al. diese Überlegung für plausibel, *Pfister et al.*, Die Psychologie der Entscheidung, 4. Auflage 2016, S. 93.

[289] Den Vergleich zieht auch *Larenz*, in: Hauss/Schmidt (Hrsg.), Festschrift für Ernst Klingmüller, 1974, 235, 235, 246.

[290] Siehe S. 115 ff. dieser Arbeit.

„Für die Gewichtung im Rahmen des Abwägungsprozesses sind zudem die Gleichheitssätze zu berücksichtigen, indem die Gewichtung der gleichen Belange schon geschehener Kontexte, d. h. schon einmal durchgeführte Gewichtungen von Belangen in vergangenen Gerichtsentscheidungen, mit dem vorliegenden, noch zu bewertenden verglichen wird“.[291]

Eine solche Analyse erlaubt es jedoch nicht, einen numerischen oder exakt definierten Gewichtungswert zu ermitteln, der zwingend auf eine einzige, spezifische Handlungsalternative verweist, sondern aus den Vergleichsfällen kann lediglich ein *Gewichtungsspektrum* identifiziert werden[292], das eine rechtmäßige Auswahl zwischen *mehreren Handlungsalternativen* ermöglicht. Diese Überlegung bestätigt sich darin, dass nur in sehr seltenen Ausnahmefällen eine präzise Gewichtung der Attribute gelingt, welche zu einer Ermessensreduzierung auf Null im maßnahmenbezogenen Auswahlermessen führt.[293] Stattdessen verbleibt dem Entscheider typischerweise ein Spielraum, also die Wahl zwischen mehreren gleichsam rechtmäßigen bzw. vertretbaren Handlungsalternativen.

Vor diesem Hintergrund würde der Entscheider im Referenzfall höchstwahrscheinlich keine Maßnahme von der Intensität einer „Platzverweisung vom Veranstaltungsgelände und einem umliegenden 3 km Radius für den gesamten Tag“ wählen, weil eine derartige Maßnahme das Maß an Verhältnismäßigkeit überschreitet, das durch die bisherigen Entscheidungen in vergleichbaren Fällen vorgezeichnet ist, also der Wert der Effektivität den Wert der Schonung in solchen Konstellationen *nicht in einem solchen Ausmaß* übersteigen darf.

Überträgt man diesen Gewichtungsprozess auf den Einsatz Künstlicher Intelligenz gelten die obigen Ausführungen zu der Ausfüllung unbestimmter Rechtsbegriffe entsprechend.[294] Auch Systeme Künstlicher Intelligenz können durch die Analyse und den Vergleich zahlreicher Fälle solche Gewichtungsspektren herausarbeiten, um sie für neu auftretende Sachverhalte zu nutzen.[295] Sollte sich der be-

---

[291] *Hofmann*, Abwägung im Recht, 2007, S. 269; ebenso *Hill*, Verwaltung und Management 2018, 287, 290; *Mund*, Das Recht auf menschliche Entscheidung, 2022, S. 131; *Larenz*, Methodenlehre der Rechtswissenschaft, 1960, S. 213 f. Ähnlich auch *Alexy*, Theorie der Grundrechte, 1985, S. 504 ff.

[292] Ähnlich *Grzeszick*, in: Dürig/Herzog/Scholz, GG, 108. EGL, Art. 20 GG (Rechtsstaat) Rn. 120 (Stand Januar 2022); *Sodan*, in: Stern/Sodan/Möstl, Staatsrecht, Bd. 3, 2. Auflage, § 87 Grundsatz der Verhältnismäßigkeit Rn. 22. Dazu eingehender mit der Heranziehung der sogenannten *„Fuzzy Logic“*, *Hofmann*, Abwägung im Recht, 2007, S. 310 ff.; *Rohrlich*, KI und Recht, 2025, S. 11.

[293] Vgl. VG Braunschweig, Urt. v. 11.12.2013 1 – 2 A 658/13.

[294] Siehe S. 115 ff. dieser Arbeit.

[295] Ebenso *Anzinger*, in: Hey (Hrsg.), Digitalisierung im Steuerrecht, 2019, 15, 33; *Guggenberger*, NVwZ 2019, 844, 848; *Hill*, Verwaltung und Management 2018, 287, 290: „Schwierig wird es, wenn Künstliche Intelligenz auch bei Ermessensentscheidungen zum Einsatz kommt. Die gesetzliche Vorgabe von Wertungsrelationen und Abwägungsregeln sowie ein Vergleich früherer Fälle, lassen dies möglich erscheinen.“ Vorsichtiger auch *Birner*, Verwaltungsautomatisierung nach dem Gesetz zur Modernisierung des Besteuerungsverfahrens, 2023, S. 450 f. Durch den Einsatz Künstlicher Intelligenz wäre es vielleicht sogar mög-

trachtete Sachverhalt nicht in das bestehende Entscheidungsgeflecht einfügen, muss die Künstliche Intelligenz, da es ihr an einer eigenen persönlichen Überzeugung mangelt, entweder mittels der Anwendung von Zweifelsregeln, zufälliger Entscheidungen oder selbst-entwickelter Regeln, den verbliebenen „Restbereich" ausfüllen. Vor diesem Hintergrund lässt sich konstatieren, dass auch Systeme Künstlicher Intelligenz zu der Gewichtung der Belange, also zur Abwägung im engeren Sinne, fähig sind.

e) Entscheidung

Sobald die Gewichtungen der einzelnen Attribute festgelegt sind, muss sich der Mensch im Rahmen des Auswahlermessens für eine Handlungsoption aus dem erarbeiteten Spektrum von geeigneten und erforderlichen Maßnahmen entscheiden. Diese Wahl erfolgt nach kognitionspsychologischen Erkenntnissen unter Anwendung von Entscheidungsregeln oder -strategien.[296] Die Kognitionspsychologie hat durch zahlreiche empirische Studien verschiedene solcher Entscheidungsregeln identifiziert[297]:

1. Dominanz: Es wird diejenige Option gewählt, die auf allen Attributen mindestens so gut wie alle anderen Optionen und auf mindestens einem Attribut besser als die anderen Optionen ist.
2. Konjunktion: Es wird diejenige Option gewählt, die auf allen Attributen den jeweiligen Schwellenwert, also den Wert auf einem Attribut, der nicht unterschritten werden darf, erfüllt.
3. Disjunktion: Es wird diejenige Option gewählt, die auf mindestens einem Attribut den Schwellenwert erfüllt.
4. Lexikografische Ordnung: Es wird diejenige Option gewählt, die auf dem wichtigsten Attribut den besten Wert hat. Sind alle Optionen auf diesem Attribut gleichwertig, wird das zweitwichtigste Attribut betrachtet usw.
5. Elimination by Aspects: Es wird diejenige Option gewählt, die übrig bleibt, nachdem alle Optionen verworfen worden sind, die den attributspezifischen Schwellenwert nicht erfüllen. Die Reihenfolge, in der die Attribute betrachtet werden, ist durch deren Wichtigkeiten bestimmt.
6. Satisficing: Es wird diejenige Option gewählt, die, betrachtet man die Optionen in unsystematischer Reihenfolge, als erste das gesetzte Anspruchsniveau erfüllt.

---

lich, die von Ekkehard Hofmann geforderten konkreten Werte oder Wertspannen der Einzelgewichtungen in Urteilen anhand von Zahlen sichtbar zu machen, wozu Menschen selbst nicht in der Lage sind. Zu seinem numerischen Modell *Hofmann*, Abwägung im Recht, 2007, S. 285 ff.

[296] *Pfister et al.*, Die Psychologie der Entscheidung, 4. Auflage 2016, S. 96.

[297] *Pfister et al.*, Die Psychologie der Entscheidung, 4. Auflage 2016, S. 105.

7. Majorität: Es wird diejenige Option gewählt, die auf den meisten Attributen den maximalen Wert hat.
8. Multiattributer Nutzen (MAU): Es wird diejenige Option gewählt, deren Partialnutzenwerte auf den einzelnen Attributen, jeweils mit den Gewichten der Attribute multipliziert und aufsummiert, den höchsten Gesamtwert ergeben.
9. Equal Weights: Es wird diejenige Option gewählt, deren Summe aller Partialnutzenwerte den höchsten Wert hat.
10. Additive Differenzen: Es wird diejenige Option (von zwei Optionen) gewählt, die nach der Addition der Differenzen zwischen den Ausprägungen der Optionen pro Attribut durch die Summe der Differenzen favorisiert wird.
11. Kriteriumabhängiges Wahlmodell: Es wird diejenige Option gewählt, deren Summe der Differenzen zwischen den Attributwerten einen Schwellenwert überschreitet. Die Reihenfolge, in der die Attribute betrachtet werden, ist durch deren Wichtigkeiten bestimmt.
12. Multi-Attribute Decision Field-Theorie: Es wird diejenige Option gewählt, deren Summe der gewichteten Differenzen zwischen den Attributwerten ein Schwellenkriterium überschreitet, wobei die Attributgewichte aufmerksamkeitsabhängig fluktuieren.
13. Unwichtigstes Minimum: Es wird diejenige Option gewählt, deren schlechteste Ausprägung auf dem unwichtigsten Attribut liegt.
14. Geringste Varianz: Es wird diejenige Option gewählt, deren Partialnutzenwerte die geringste Streuung aufweisen.

In einfach gelagerten Entscheidungssituationen verwendet der Entscheider typischerweise nur eine einzelne Entscheidungsregel, um eine Wahl zu treffen.[298] In komplexeren Szenarien hingegen, wie dem hier betrachteten polizeilichen Referenzfall, variiert die Wahl der Entscheidungsregeln nach Zeitdruck, Aufgabenkomplexität[299] und dem aktuellen Informationsstand[300], sodass häufig mehrere Entscheidungsregeln nacheinander oder auch gleichzeitig zum Einsatz kommen[301].

---

[298] *Pfister et al.*, Die Psychologie der Entscheidung, 4. Auflage 2016, S. 106.

[299] *Pfister et al.*, Die Psychologie der Entscheidung, 4. Auflage 2016, S. 106, 237.

[300] *Pfister et al.*, Die Psychologie der Entscheidung, 4. Auflage 2016, S. 239. Welche Entscheidungsregeln der Mensch tendenziell im jeweiligen Kontext heranzieht, wird bei *Pfister et al.*, Die Psychologie der Entscheidung, 4. Auflage 2016, S. 236 ff. vertiefend beschrieben.

[301] Menschen entwickeln auf Grundlage ihrer individuellen Erfahrungen bestimmte Entscheidungsregeln, die als adaptiver Werkzeugkasten fungieren. Dieser Werkzeugkasten umfasst ein Repertoire an Regeln oder Heuristiken, die dem Entscheider zur Verfügung stehen. Die Auswahl und Anwendung der jeweils passenden Regel oder Heuristik, je nach spezifischer Anforderung und Problemstellung, entspricht einem adaptiven Verhalten. Dieser Prozess ist vergleichbar mit dem eines erfahrenen Mechanikers, der aus seinem Werkzeugkasten

Dieses Vorgehen wird in der kognitionspsychologischen Literatur als „Phasenmodell“ bezeichnet.[302]

Die Qualität einer Entscheidung wird nicht allein durch die angewandte Entscheidungsregel definiert, sondern vielmehr durch die Breite und Tiefe der zugrundeliegenden Informationsbasis sowie durch die Effizienz, mit der diese Informationen mittels Entscheidungsregeln verarbeitet werden.[303] Insbesondere bei Entscheidungen, die mehrere Attribute umfassen, hat sich die Regel des Multi-Attribut-Nutzens (MAU = Multi-Attribute Utility) nach kognitionspsychologischen Erkenntnissen als überaus vielversprechend erwiesen.[304] In einer Vielzahl experimenteller Studien hat sich gezeigt, dass die von dieser Regel berechneten Werte häufig mit den tatsächlichen Entscheidungen von Menschen übereinstimmen, was ihre praktische Validität unterstreicht.[305] Die MAU-Regel lässt sich wie folgt erklären: Der Entscheider bestimmt für jede Option ihren Gesamtnutzenwert als die Summe aus den Produkten der Wichtigkeit mit den Partialnutzenwerten der Ausprägung über alle Attribute.

$$MAU_i = \sum_{j=1}^{n} w_j u_{ij}$$

Dabei ist MAUi der Gesamtnutzen der Option i, wj die Wichtigkeit von Attribut j, uij der Partialnutzen der Option i auf dem Attribut j und n die Anzahl der Attribute. Der Entscheider wählt diejenige Option, die den höchsten Gesamtnutzen MAU hat.[306]

Ausgehend von der empirischen Evidenz, dass die MAU-Regel menschliche Entscheidungsprozesse häufig mit bemerkenswerter Präzision nachbildet, bietet sich die Implementierung dieser Regel als Standardverfahren in einem System Künstlicher Intelligenz an. Ein derart ausgestaltetes System könnte zusätzlich darauf trainiert werden, aus einer umfangreichen Datenbasis von Gerichtsentscheidungen und früheren Fällen nicht nur relevante Modifikationen der MAU-Regel abzuleiten, sondern auch Kombinationen unterschiedlicher Entscheidungsregeln zu identifizieren.[307]

---

den jeweils geeigneten Schraubenschlüssel wählt, um eine spezifische Aufgabe zu bewältigen, *Pfister et al.*, Die Psychologie der Entscheidung, 4. Auflage 2016, S. 249.

[302] *Pfister et al.*, Die Psychologie der Entscheidung, 4. Auflage 2016, S. 106.

[303] *Pfister et al.*, Die Psychologie der Entscheidung, 4. Auflage 2016, S. 247. Hingegen gilt eine Entscheidung als „schlecht“, wenn relevante Informationen ignoriert werden oder mithilfe einer Zufallsregel entschieden wird, S. 247.

[304] *Pfister et al.*, Die Psychologie der Entscheidung, 4. Auflage 2016, S. 247 m.w.N.

[305] *Pfister et al.*, Die Psychologie der Entscheidung, 4. Auflage 2016, S. 100.

[306] *Pfister et al.*, Die Psychologie der Entscheidung, 4. Auflage 2016, S. 100.

[307] Ebenso *Guggenberger*, NVwZ 2019, 844, 848; vgl. *Kment/Borchert*, Künstliche Intelligenz und Algorithmen in der Rechtsanwendung, 2022, S. 25.

Letztlich kommt es jedoch nicht auf die exakte Nachbildung der Auswahl menschlicher Entscheidungsregeln an, sondern vielmehr auf die Sicherstellung der Plausibilität und Nachvollziehbarkeit der Ergebnisse.

Jedenfalls ist festzuhalten, dass Künstliche Intelligenz durch Anwendung der jeweiligen Entscheidungsregeln, die sich alle mittels mathematischen Formeln abbilden lassen, auch im letzten Schritt des Abwägungsprozesses sinnvolle Ergebnisse generieren kann.

f) Kritik der Literatur: Bloße Rechnung

In der rechtswissenschaftlichen Literatur wird nun teilweise die Auffassung vertreten, dass Künstliche Intelligenz nicht in der Lage sei, echte Abwägungen durchzuführen, wodurch die Möglichkeit einer Ermessensentscheidung ausgeschlossen bleibe.[308] Diese Kritik verweist insbesondere auf die Beschränkungen der Funktionsweise von Systemen Künstlicher Intelligenz, geht jedoch nicht detailliert auf die spezifischen Teilschritte des Abwägungsprozesses ein, um die behaupteten Defizite präzise zu belegen. Stattdessen wird häufig auf allgemeine, generalisierende Argumente zurückgegriffen, wie sie etwa von Alexander Tischbirek formuliert wurden:

> „Denn nicht nur statische, sondern auch lernende KI kann – jedenfalls in ihrer konkreten Konfiguration zum ganz bestimmten Zeitpunkt ihres jeweiligen Einsatzes – nur die eine einzige, rechnerisch optimale Entscheidung treffen. Sie ist im Ergebnis also durch den Algorithmus ‚gebunden'; die KI hat mithin keine ‚freie Wahl' zwischen verschiedenen Rechtsfolgen."[309]

In ähnlicher Weise argumentiert Christoph Rollberg:

> „Zwar wird teilweise vertreten, dass zumindest lernfähige Systeme durch die Übernahme von Ermessenserwägungen aus den Trainingsdaten auch selbst Ermessensentscheidungen treffen könnten. Dies ist aber zu bezweifeln. Denn die Kriterien und damit auch das Ergebnis eines autonomen Systems stehen bereits vor seiner Befassung mit dem Einzelfall

[308] Beirat Verwaltungsverfahrensrecht beim BMI, NVwZ 2015, 1114, 1115; *Harbou*, JZ 2020, 340, 343; *Rollberg*, Algorithmen in der Justiz, 2020, S. 77 f.; *Siegel*, DVBl 2017, 24, 26; *Stegmüller*, NVwZ 2018, 353, 357; *Tischbirek*, ZfDR 2021, 307, 322. A. A. *Birner*, Verwaltungsautomatisierung nach dem Gesetz zur Modernisierung des Besteuerungsverfahrens, 2023, S. 460; *Etscheid*, in: Mohabbat Kar/Thapa/Parycek (Hrsg.), (Un)Berechenbar? Algorithmen und Automatisierung in Staat und Gesellschaft, 2018, 126, 145; *Hill*, Verwaltung und Management 2018, 287, 290; den technischen Entwicklungen ebenfalls entgegenblickend *Berger*, DVBl 2019, 1234, 1235 Fn. 6; *Berger*, NVwZ 2018, 1260, 1264; *Martini/Nink*, DVBl 2018, 1128, 1133; *Polomski*, Der automatisierte Verwaltungsakt, 1993, S. 64 „technisch möglich"; *Schmitz/Prell*, NVwZ 2016, 1273, 1276.

[309] *Tischbirek*, ZfDR 2021, 307, 322.

fest (auch wenn der Mensch es nicht vorhersagen kann). Eine echte Abwägung erfolgt damit nicht."[310]

Diese Schlussfolgerung ist bei näherer Betrachtung nicht überzeugend. Es ist hier zwar unbestritten, dass ein System Künstlicher Intelligenz bei identischem Input – sofern es nicht zwischenzeitlich weitertrainiert oder sein Modell verändert hat – grundsätzlich denselben Output generiert.[311] Diese Wiederholbarkeit lässt sich bildhaft als ein nachvollziehbarer Reizimpuls illustrieren, der sich von einer Entscheidungseinheit (etwa einem Neuron) zur nächsten bewegt, bis am Ende ein konkretes Ergebnis, wie etwa eine „Platzverweisung vom Sportgelände bis zum Ende der Veranstaltung", ausgegeben wird. Diese Nachvollziehbarkeit und neuronale Vordeterminiertheit werden von Teilen der Literatur als Beleg herangezogen, dass Systeme Künstlicher Intelligenz nicht „abwägen", sondern lediglich auf Basis ihres bestehenden Programmiercodes Entscheidungen „berechnen".

Ein solcher Schluss greift indes zu kurz, wenn man die Abwägungsprozesse von Menschen als Vergleichsmaßstab heranzieht. Die menschliche Entscheidungsfindung ist häufig und insbesondere bei der Gewichtung der entscheidungsrelevanten Attribute durch intuitive, heuristische Verfahren geprägt, als durch ein – metaphorisch formuliertes – subjektives „Über-den-Daumen-Peilen"[312] der konkreten Gewichtung ohne eindeutige methodologische Regeln. Diese Heuristiken können in Abhängigkeit von zeitlichen oder situativen Kontexten noch variieren, wodurch Menschen an unterschiedlichen Tagen zu verschiedenen Entscheidungen gelangen können, selbst wenn sich die Situation als exakt identisch darstellt.[313]

Dieses Verhalten, das einerseits als menschliche Flexibilität und Anpassungsfähigkeit innerhalb des Abwägungsprozesses interpretiert werden kann, wirft jedoch Fragen bezüglich der Konsistenz und Nachvollziehbarkeit der Entscheidungsfindung auf. Insbesondere hinsichtlich der Anforderungen des Art. 3 Abs. 1 GG, der gebietet, Gleiches gleich und Ungleiches ungleich zu behandeln und von einer kontinuierlichen selbstbindenden Entscheidungspraxis nur durch sachlichen Grund (!) abzuweichen, erscheint es sogar möglich, dass Systeme Künstlicher Intelligenz ihnen besser genügen könnten als der Mensch. Jenseits dessen wird von Seiten der Literatur jedenfalls nicht überzeugend begründet, warum derartige Inkonsistenzen bei der menschlichen Entscheidungsfindung trotz ihrer Schwächen eine notwendige Bedingung für die Ermessensausübung darstellen sollten.

---

310 *Rollberg*, Algorithmen in der Justiz, 2020, S. 77 f.; sich diesem Argument anschließend *Mund*, Das Recht auf menschliche Entscheidung, 2022, S. 145. Ähnlich auch *Korte*, DÖV 2024, 770, 774 f.

311 Dies gilt freilich nur dann, wenn keine Zufallsentscheidungen in das System implementiert sind.

312 Ähnlich *Sachs/von Coelln*, in: Sachs, GG, 10. Auflage 2024, Art. 20 GG Rn. 155.

313 So argumentiert Ernst Wolf, dass die Gewichtung höchst subjektiv geschehe und somit kein „Erkennen, sondern subjektives Wählen des einen oder anderen" darstelle. Der Abwägende erkenne nicht Recht, sondern entscheide „willkürlich", *Wolf*, Allgemeiner Teil des bürgerlichen Rechts, 1973, S. 59 f.

g) Kritik der Literatur: Abwägungen erfordern Ethik und Moral

Doch in dieselbe Richtung argumentieren auch Vertreter innerhalb der Literatur, die Künstlicher Intelligenz die Ermessensfähigkeit absprechen, da sie keine eigenen Ethik- oder Moralvorstellungen in den Abwägungsprozess einfließen lassen kann.[314]

Um die Behauptung, dass subjektive Ethik- und Moralvorstellungen eine unverzichtbare Grundlage für Ermessensentscheidungen bilden, schlüssig zu untermauern, wäre zunächst darzulegen, an welcher konkreten Stelle innerhalb des Abwägungsprozesses diese stark variierenden und oftmals gesetzlich nicht normierten Werte zur Anwendung gelangen sollen. Ebenso müsste untersucht werden, welche Auswirkungen eine solche Subjektivität auf die Rechtssicherheit und die Konsistenz der Entscheidungsfindung hätte. Diese wesentlichen Fragen bleiben jedoch in den einschlägigen Argumentationen unbeantwortet.

Nach der in dieser Schrift vertretenen Auffassung werden subjektive Ethik- und Moralvorstellungen im juristischen Entscheidungsprozess lediglich in einem eng begrenzten „Restbereich" relevant. Dieser betrifft zum einen die Auslegung und Konkretisierung unbestimmter Rechtsbegriffe und zum anderen die Gewichtung einzelner Attribute im Rahmen der Abwägung, soweit diese nicht durch Gesetz oder Rechtsprechung festgelegt sind. *Nur* in diesen Bereichen ist der Entscheider berechtigt, auf seine individuelle Überzeugung zurückzugreifen und subjektive Wertvorstellungen heranzuziehen. Abseits dieses Rahmens dürfen Ethik und Moral nur dann Berücksichtigung finden, wenn sie – unmittelbar oder mittelbar – normativ in der Rechtsordnung verankert sind. Wie David Nink treffend formuliert hat, folgt die Rechtsordnung einer „nüchtern-rationalen" Grundausrichtung, deren Ziel es ist, strukturelle Subjektivität und die daraus resultierende Gefahr willkürlicher Entscheidungen zu minimieren.[315] Der normative Anspruch des Rechts besteht gerade darin, objektive und faire Regeln für das Zusammenleben in der Gemeinschaft zu schaffen, deren Anwendung *unabhängig von der individuellen Perspektive des jeweiligen Entscheiders* erfolgt.[316] Dies schützt nicht nur vor strukturell bedingter Ungleichbehandlung, sondern dient auch der Wahrung der Rechtssicherheit und des Vertrauens in die Rechtsordnung.

---

[314] *Harbou*, JZ 2020, 340, 346; *Hoffmann-Riem*, in: Unger/Ungern-Sternberg (Hrsg.), Demokratie und künstliche Intelligenz, 2019, 129, 146; *Kreyßing*, DÖV 2024, 266, 270; *Polomski*, Der automatisierte Verwaltungsakt, 1993, S. 59; *Vogel*, Juristische Methodik, 1998, S. 9; vgl. *Birkholz*, KIR 2024, 91, 93.

[315] *Nink*, Justiz und Algorithmen, 2020, S. 43.

[316] *Nink*, Justiz und Algorithmen, 2020, S. 43 f. Gefühle und Emotionen seien zur Reflexion des eigenen Handelns nützlich und dienten in einzelnen Fällen als Korrektiv (S. 45), dürften sich jedoch nicht anstelle des Gesetzes auswirken (vgl. S. 111); vgl. *Schmidt*, AöR 1971, 321, 342.

In jenen begrenzten Fällen, in denen subjektive Ethik- und Moralvorstellungen herangezogen werden dürfen, ist es – wie bereits dargelegt[317] – durchaus möglich, dass Systeme Künstlicher Intelligenz durch programmierte Zweifelsregeln zu sachgerechten und vertretbaren Ergebnissen gelangen. Daraus folgt, dass die fehlende Fähigkeit von KI-Systemen, eigene Ethik- oder Moralvorstellungen zu entwickeln, ihre grundsätzliche Eignung zur Ermessensausübung nicht ausschließt.

h) Kritik der Literatur: Aufgrund der eingeschränkten gerichtlichen Kontrolldichte unzulässig

Die Kritik, dass Entscheidungen von Systemen Künstlicher Intelligenz von Gerichten nur eingeschränkt überprüft werden können[318], greift nicht unmittelbar die Fähigkeit dieser Systeme zur Ermessensausübung an, sondern zielt vielmehr auf die rechtlichen und institutionellen Konsequenzen einer solchen Anwendung ab. Dieses Argument betrifft somit weniger die methodische oder technische Grundlage der Ermessensausübung, sondern vielmehr die Frage der rechtlichen Überprüfbarkeit im Rahmen des rechtsstaatlichen Kontrollmechanismus.[319]

i) Vorgriff etwaiger Kritik an den vorstehenden Ausführungen

Es könnte für den Leser nun möglicherweise inkonsistent erscheinen, wenn in der vorliegenden Schrift einerseits die Ermessensfähigkeit von Künstlicher Intelligenz bejaht wird, andererseits jedoch die Fähigkeit zur eigenständigen historischen, systematischen und teleologischen Auslegung verneint wird. Das entscheidende differenzierende Kriterium liegt in den fundamentalen Unterschieden zwischen den *Anforderungen an die Inrelationssetzung* von Belangen innerhalb der beiden Prozesse. Diese sind sowohl quantitativer als auch qualitativer Natur und betreffen die Komplexität der Aufgabenstellungen sowie die Voraussetzungen für deren Bewältigung.

Im Rahmen einer Abwägung, wie sie beispielsweise bei polizeilichen Maßnahmen erforderlich ist, werden in der Regel nur *einzelne*, klar begrenzte Rechtsgüter oder Interessen in Relation zueinander gesetzt. Der Entscheidungsprozess erfolgt dabei innerhalb eines vorgegebenen Rahmens, der durch die spezifischen Umstände des Einzelfalls sowie die gesetzlichen Vorgaben bestimmt ist. Demgegenüber ist die systematisch-teleologische Auslegung von Rechtsnormen ein weitaus komplexerer Prozess. Hierbei geht es nicht nur um die Relationierung einzelner Rechtsgüter oder Interessen, sondern um die umfassende Einordnung einer Norm in das *gesamte* rechtliche Gefüge. Diese Einordnung erfordert eine systematische Betrachtung *aller*

---

[317] Siehe S. 115 ff. dieser Arbeit.

[318] *Herold*, Demokratische Legitimation automatisiert erlassener Verwaltungsakte, 2019, S. 219.

[319] Siehe S. 235 ff. dieser Arbeit.

relevanten Rechtsgüter, Prinzipien und Wertungen der Rechtsordnung in einem Maße, dass Wertungswidersprüche erkannt und aufgehoben werden können. Zudem sind bei einer teleologischen Auslegung unzählige Fälle bei der Bewertung zu berücksichtigen, die sich kaum überblicken lassen.

Die technischen Herausforderungen, die sich aus dieser Komplexität ergeben, gehen weit über die Anforderungen einer Abwägung hinaus. Während Abwägungen auf einer vergleichsweise überschaubaren Datenbasis und einer begrenzten Anzahl von Kriterien beruhen, erfordert die systematisch-teleologische Auslegung eine ganzheitliche Bewertung eines dynamischen und vielfach normativ vorgeprägten Systems. *Derzeit* – und wohl auch in absehbarer Zeit – sind Systeme Künstlicher Intelligenz technisch nicht in der Lage, die dafür erforderliche Fähigkeit zur eigenständigen Aufdeckung von Widersprüchen in einem solchen Umfang zu entwickeln.

2. Zwischenergebnis zur Ermessensausübung

Es kann somit abschließend festgehalten werden, dass Künstliche Intelligenz durchaus in der Lage ist, Ermessen durch Abwägungsentscheidungen auszuüben[320], was mithin sowohl für das Entschließungs-, Verfahrens-, Störerauswahl- und Auswahlermessen gilt. Diese Feststellung widerlegt die von Teilen der Literatur und dem Gesetzgeber vertretene These, dass der Ermessensvorgang ausschließlich ein anthropologisches Phänomen sei, welches zwingend menschliches Urteilsvermögen erfordere.[321] Der Einsatz Künstlicher Intelligenz zum Erlass eines Ermessensver-

[320] Vgl. auch *Ziekow*, NVwZ 2018, 1169, 1171, der Ermessensausschluss in § 35a VwVfG sei nicht Ausfluss einer Sachgesetzlichkeit, sondern eine bewusste politische Entscheidung als Ausdruck der Vorsicht. *Hornung*, in: Schoch/Schneider, VwVfG, 7. EGL, § 35a VwVfG Rn. 71 (Stand August 2022) verweist darauf, dass bei einem zunehmenden technischen Fortschritt die Wertung des Gesetzgebers in Frage zu stellen sei. So auch *Schneeberger*, Machine Learning in der Verwaltung, 2024, S. 1267. Im Ergebnis wohl auch *Anzinger*, in: Hey (Hrsg.), Digitalisierung im Steuerrecht, 2019, 15, 33; *Kment/Borchert*, Künstliche Intelligenz und Algorithmen in der Rechtsanwendung, 2022, S. 24 f. Prinzipien, Konkretisierungs- und Abwägungsgebote entzögen sich keiner Algorithmisierung. Vielmehr könnten Optimierungsaufträge, typologische Ähnlichkeitsvergleiche oder Ermessensentscheidungen mit gewichteten Abwägungskriterien in Optimierungsmodellen, statistischen Rechtsprechungsauswertungen und Balanced Scorecards in Programmen abgebildet werden; *Birner*, Verwaltungsautomatisierung nach dem Gesetz zur Modernisierung des Besteuerungsverfahrens, 2023, S. 447; *Guggenberger*, NVwZ 2019, 844, 848; *Hill*, Verwaltung und Management 2018, 287, 290.

[321] Die praktische Anwendbarkeit und Effektivität der Ermessensausübung durch Künstliche Intelligenz wird besonders anschaulich durch bestehende Praxisbeispiele, die bereits heute täglich realisiert werden. Ein prominentes Beispiel sind KI-gesteuerte Verkehrsampeln, die durch den Einsatz von Sensorik und datengetriebenen Entscheidungsmodellen in der Lage sind, Abwägungsentscheidungen in Echtzeit zu treffen. Diese Verkehrsampeln erfassen kontinuierlich Daten über den aktuellen Verkehrsfluss, darunter die Anzahl von Fahrzeugen, die Zusammensetzung des Verkehrs (z. B. Lkw, Pkw, Fahrräder) sowie spezifische lokale Gegebenheiten. Auf Basis dieser Daten führt das System eine Abwägung durch, um den Verkehrsfluss zu optimieren. Es entscheidet beispielsweise, welche Lichtsignalanlage für wie

waltungsaktes führt daher nicht stets zu einem Ermessensausfall und nicht zwingend zu einer Ermessensüberschreitung.

II. Ermessensfehlgebrauch – zugleich zur Korrelationsbildung im Lichte des Art. 3 Abs. 3 GG

Fragt man nach der rechtmäßigen Ausübung von Ermessen durch Künstliche Intelligenz, sind nicht nur etwaige Ermessensausfälle und -überschreitungen zu adressieren, sondern auch die Gefahr eines Ermessensfehlgebrauchs. Ein Ermessensfehlgebrauch liegt vor, wenn die Behörde ihr Ermessen nicht in einer dem Zweck der Ermächtigung entsprechenden Weise ausgeübt hat.[322] Dies ist insbesondere dann der Fall, wenn nicht alle wesentlichen Gesichtspunkte in die Entscheidung einbezogen werden, etwa aufgrund unzureichender Sachverhaltsermittlung (sogenanntes Ermessensdefizit)[323], oder wenn die Entscheidung auf nicht zweckdienlichen, mithin sachfremden Erwägungen beruht.[324] Sachfremde Erwägungen umfassen tatsächliche oder rechtliche Umstände, die nach dem Zweck der

---

lange auf Rot geschaltet wird und welche Verkehrsteilnehmer vorrangig berücksichtigt werden sollen. Dabei erfolgt eine Gewichtung der erfassten Faktoren, wie etwa der Priorität des Schwerverkehrs oder des Radverkehrs, die in Relation zum gesamten Verkehrsaufkommen gesetzt werden. Diese Entscheidungen sind flexibel und einzelfallbezogen, da sie dynamisch auf wechselnde Verkehrssituationen reagieren können. Die Fähigkeit der Künstlichen Intelligenz, diese Abwägungen konsistent und in Echtzeit vorzunehmen, verdeutlicht, dass KI-Systeme Ermessensentscheidungen im Sinne von gewichtenden Abwägungsprozessen treffen können. Ein weiteres wegweisendes Beispiel ist das in den USA eingesetzte „Value Judgement Argumentative Prediction Programm" (VJAP). VJAP analysiert Fallakten, ordnet sie bestimmten Wertungspositionen zu und ermittelt auf dieser Grundlage rechtliche Argumente sowohl für als auch gegen eine mögliche Entscheidung. Es bestimmt zudem den Rang der Argumente und führt eine Abwägung durch, um zu einer fundierten Entscheidung zu gelangen. Dabei greift das System auf Methoden zurück, die nicht nur datenbasiert, sondern auch argumentativ strukturiert sind, und es berücksichtigt Wertungen innerhalb eines vorgegebenen rechtlichen Rahmens, *Herold*, InTeR 2019, 7, 10, ebenso *Grabmair*, Modeling purposive legal argumentation and case outcome prediction using argument schemes in the value judgement formalism, 2016, S. 2 mit weiterführenden technischen Hintergründen.

[322] *Geis*, in: Schoch/Schneider, VwVfG, 7. EGL, § 40 VwVfG Rn. 56 (Stand August 2022); *Müller*, in: Huck/Müller, VwVfG, 4. Auflage 2025, § 40 VwVfG Rn. 28; *Sachs*, in: Stelkens/Bonk/Sachs, VwVfG, 10. Auflage 2023, § 40 VwVfG Rn. 62; *Schwarz*, in: Fehling/Kastner/Strömer, Verwaltungsrecht, 5. Auflage 2021, § 114 VwGO Rn. 46.

[323] Nicht unter den Ermessensfehlgebrauch einordnend, sondern als eigene Kategorie der Ermessensfehler qualifizierend, *Schönenbroicher*, in: Mann/Sennekamp, VwVfG, 3. Auflage 2025, § 40 VwVfG Rn. 209.

[324] *Müller*, in: Huck/Müller, VwVfG, 4. Auflage 2025, § 40 VwVfG Rn. 28; Ebenso *Aschke*, in: BeckOK VwVfG, 69. Edition, § 40 VwVfG Rn. 85 (Stand Januar 2023); *Schwarz*, in: Fehling/Kastner/Strömer, Verwaltungsrecht, 5. Auflage 2021, § 114 VwGO Rn. 47; *Ziekow*, Verwaltungsverfahrensgesetz Kommentar, 4. Auflage 2019, § 40 VwVfG Rn. 41.

Ermessensnorm für die Entscheidung ohne Bedeutung sind, wie beispielsweise parteipolitische Präferenzen oder weltanschauliche Überzeugungen.[325]

Systeme Künstlicher Intelligenz können den Menschen in der Erfassung und sachgerechten Deutung komplexer Sachverhalte – wie bereits beschrieben[326] – sogar übertreffen, sodass bei einem mit tauglicher Sensorik ausgestatteten und hinreichend trainierten System Ermessensdefizite grundsätzlich nicht zu erwarten sind. Demgegenüber bedürfen ermessensfehlgebrauchsbegründende sachfremde Erwägungen in Bezug auf den Einsatz Künstlicher Intelligenz eine vertiefte Betrachtung.

1. Diskriminierung durch Datenverzerrungen und falsche Korrelationsbildung

Die vermeintliche Objektivität von Systemen Künstlicher Intelligenz, die durch das Fehlen emotionaler Einflüsse, umfassende Trainingsdatensätze und eine kontrollierte Trainingsphase suggeriert wird, erscheint auf den ersten Blick als überlegen im Vergleich zur von subjektiven Entscheidungsfaktoren geprägten menschlichen Urteilsfindung, insbesondere in der Wahrung des Gleichheitsgrundsatzes gemäß Art. 3 Abs. 3 GG.[327] Eine absolute Objektivität bleibt jedoch auch bei der Verwendung von Systemen Künstlicher Intelligenz bislang unerreicht – der Einsatz solcher Technologien birgt vielmehr das Risiko, dass durch maschinelles Lernen fehlerhafte oder diskriminierende Korrelationen, oftmals aufgrund von Datenverzerrungen, entstehen.[328] Diese auch als „*bias*" bekannten Verzerrungen können zu

[325] BVerwGE 26, 135 (140); *Müller*, in: Huck/Müller, VwVfG, 4. Auflage 2025, § 40 VwVfG Rn. 28; *Ziekow*, Verwaltungsverfahrensgesetz Kommentar, 4. Auflage 2019, § 40 VwVfG Rn. 43.

[326] Siehe S. 93 ff. dieser Arbeit.

[327] Ausdrücklich auf dieses Problem hinweisend *Kreyßing*, DÖV 2024, 266, 270; *Lucke*, in: Mohabbat Kar/Thapa/Parycek (Hrsg.), (Un)Berechenbar? Algorithmen und Automatisierung in Staat und Gesellschaft, 2018, 97, 119: „(…) Gefahr einer Datengläubigkeit gibt, bei der eine Objektivität von Daten und computergestützten Entscheidungen angenommen wird (…)."; *Martini et al.*, Blackbox Algorithmus – Grundfragen einer Regulierung Künstlicher Intelligenz, 2019, S. 49; vgl. *Esken*, in: Mohabbat Kar/Thapa/Parycek (Hrsg.), (Un)Berechenbar? Algorithmen und Automatisierung in Staat und Gesellschaft, 2018, 542, 547; *Hofmann*, Predictive Policing, 2020, S. 267. Ausführlich zu menschlichen Entscheidungsverzerrungen, *Raji*, Künstliche Intelligenz im öffentlichen Sektor, 2022, S. 51 ff.

[328] Ebenso *Balkow/Eckhardt*, Verantwortung für algorithmische Systeme, Internetdokument 2019, S. 2; Bitkom/DFKI, Künstliche Intelligenz, Internetdokument 2017, S. 160; *Cornelius*, Künstliche Intelligenz, 2019, S. 115; *Esken*, in: Mohabbat Kar/Thapa/Parycek (Hrsg.), (Un)Berechenbar? Algorithmen und Automatisierung in Staat und Gesellschaft, 2018, 542, 547; Europäische Kommission, Weissbuch zur Künstlichen Intelligenz, Internetdokument 2020, S. 13 f.; *Hoffmann-Riem*, in: Unger/Ungern-Sternberg (Hrsg.), Demokratie und künstliche Intelligenz, 2019, 129, 141; Informationsfreiheitsbeauftragte, Positionspapier, Internetdokument 2018, S. 5; *Krönke*, NVwZ 2024, 529, 531; *Rotermund*, Künstliche Intelligenz aus staatlicher Perspektive, 2020, S. 168; *Schneeberger*, Machine Learning in der Verwaltung, 2024, S. 309; *Spiecker gen. Döhmann*, in: Kischel/Kube, HStR, Bd. 1, 2023, § 20

Entscheidungen führen, die wesentliche Prinzipien der Gleichbehandlung verletzen. Die Relevanz dieser Problematik – innerhalb der Literatur unter der Floskel „*garbage in, garbage out*" diskutiert[329] – wird auch auf europäischer Ebene erkannt, wie aus Erwägungsgrund 59 der KI-Verordnung hervorgeht:

> „Insbesondere wenn das KI-System nicht mit hochwertigen Daten trainiert wird (...) oder das System nicht ordnungsgemäß konzipiert und getestet wird, bevor es in Verkehr gebracht oder in anderer Weise in Betrieb genommen wird, kann es Personen in diskriminierender oder anderweitig falscher oder ungerechter Weise ausgrenzen."[330]

Vor diesem Hintergrund ist es unerlässlich, die Mechanismen, die zur Entstehung von Datenverzerrungen führen können, näher zu beleuchten (a)), bevor die Auswirkungen ebensolcher auf die Rechtmäßigkeit der Platzverweisung untersucht werden (b)).

a) Arten von Datenverzerrungen

Es lassen sich verschiedene Fallgruppen von Datenverzerrungen identifizieren, die diskriminierende Entscheidungen hervorrufen können.

Eine dieser Fallgruppen besteht in der Verwendung *historischer oder veralteter Datensätze,* die veraltete moralische und gesellschaftliche Vorstellungen, beispielsweise bezüglich der Geschlechter, der sexuellen Selbstbestimmung oder der Inklusion nicht nur in Schriften, sondern auch in gesetzlichen Bestimmungen, abbilden.[331] So könnte ein System Künstlicher Intelligenz, das auf eine überproportional hohe Zahl historischer Datensätze zurückgreift, homosexuelle Beziehungen zwischen Männern als strafbar einstufen. Diese Verzerrung würde sich aus einer unkritischen Rezeption früherer gesetzlicher Regelungen ergeben, wie sie etwa bis ins Jahr 1994 in § 175 des StGB Ausdruck fand.

Digitalisierung, Informationsgesellschaft, Massendaten Rn. 9, 17; vgl. *Hofmann*, Predictive Policing, 2020, S. 267; *Joh*, Washington Law Review 2014, 35, 58; *Krause*, Künstliche Intelligenz im Militär, 2021, S. 32.

[329] Ursprüngliches Zitat wohl von *Kitchin*, The data revolution, 2014, S. 154; ebenso *Dregelies*, GRUR 2024, 1484; *Hofmann*, Predictive Policing, 2020, S. 274; *Mergel*, in: Mohabbat Kar/Thapa/Parycek (Hrsg.), (Un)Berechenbar? Algorithmen und Automatisierung in Staat und Gesellschaft, 2018, 76, 90; *Schneeberger*, Machine Learning in der Verwaltung, 2024, S. 80; *Wischmeyer*, AöR 2018, 1, 23; vgl. *Fadavian*, in: Mohabbat Kar/Thapa/Parycek (Hrsg.), (Un)Berechenbar? Algorithmen und Automatisierung in Staat und Gesellschaft, 2018, 294, 301; *Ibold*, GSZ 2024, 10, 13; *Nink*, Justiz und Algorithmen, 2020, S. 167; *Raji*, Künstliche Intelligenz im öffentlichen Sektor, 2022, S. 68; *Voudoulaki*, ZGI 2025, 9, 10.

[330] Ähnlich auch Erwägungsgrund 44, 54; vgl. *Heinze et al.*, KIR 2024, 11, 12.

[331] *Heine et al.*, Künstliche Intelligenz in öffentlichen Verwaltungen, 2023, S. 17 f.; *Kreyßing*, DÖV 2024, 266, 270; *Mockenhaupt*, Digitalisierung und Künstliche Intelligenz in der Produktion, 2021, S. 79; *Nink*, Justiz und Algorithmen, 2020, S. 171; vgl. *Ernst*, JZ 2017, 1026, 1028; *Rollberg*, Algorithmen in der Justiz, 2020, S. 47; *Schneeberger*, Machine Learning in der Verwaltung, 2024, S. 312; *Spiecker gen. Döhmann*, in: Kischel/Kube, HStR, Bd. 1, 2023, § 20 Digitalisierung, Informationsgesellschaft, Massendaten Rn. 17.

Ein weiterer wesentlicher Faktor, der zu Datenverzerrungen führt, ist die *unzureichende Heterogenität oder eine lückenhafte Zusammensetzung* der zugrundeliegenden Datensätze.[332] Derartige Verzerrungen können sowohl aus einer Unterrepräsentation bestimmter Bevölkerungsgruppen als auch aus deren Überrepräsentation resultieren.[333] Ein Beispiel für die problematischen Folgen unzureichend diverser Trainingsdaten bietet ein neuronales Netz zur Gesichtserkennung, das ausschließlich mit Abbildungen von Menschen mit weißer Hautfarbe trainiert wurde.[334] Als dieses System mit dem Bild einer Person dunkler Hautfarbe konfrontiert wurde, klassifizierte es das Gesicht fälschlicherweise nicht als menschlich, sondern als „Gorilla“; ebenso soll es sich bei einer neuseeländischen Gesichtserkennungssoftware zugetragen haben, die die Augen von asiatischen Personen als geschlossen einstufte und den Personen damit die Einreise verweigerte.[335] Neben der Unterrepräsentation einer Bevölkerungsgruppe können auch Überrepräsentationen zu systemischen Verzerrungen führen, wie Christina von Ungern-Sternberg prägnant darlegt:

> „Das ‚Racial Profiling‘, also eine verstärkte Kontrolle von Menschen mit dunkler Hautfarbe, führt etwa typischerweise dazu, dass bei dieser Bevölkerungsgruppe die Aufklärungsrate bei Straftaten sehr viel höher liegt als bei der weißen Bevölkerung, was wiederum eine – verzerrte – statistische Korrelation von dunkler Hautfarbe und Kriminalität suggeriert.“[336]

Neben der Qualität der Daten spielt auch deren *Herkunft* eine entscheidende Rolle für die Validität der Ergebnisse von Künstlichen Intelligenz. Ein Experiment des Massachusetts Institute of Technology (MIT) verdeutlicht eindrücklich, wie stark die Quelle der Trainingsdaten die Leistungsfähigkeit und Objektivität eines Systems Künstlicher Intelligenz beeinflussen kann; so schilderte Nadja Braun Binder:

---

[332] Ebenso *Nink*, Justiz und Algorithmen, 2020, S. 171; *Raji*, Künstliche Intelligenz im öffentlichen Sektor, 2022, S. 183; *Spiecker gen. Döhmann*, in: Kischel/Kube, HStR, Bd. 1, 2023, § 20 Digitalisierung, Informationsgesellschaft, Massendaten Rn. 17; *Tischbirek*, in: Wischmeyer/Rademacher (Hrsg.), Regulating artificial intelligence, 2020, 103, 105 Rn. 6; *Ungern-Sternberg*, in: Mangold/Payandeh (Hrsg.), Handbuch Antidiskriminierungsrecht, 2022, 1131, 1139 Rn. 16; vgl. *Nußberger/Hey*, in: Sachs, GG, 10. Auflage 2024, Art. 3 GG Rn. 252 ff.

[333] *Hahn*, Automatisierte Gesichtserkennung in der Strafverfolgung, 2025, S. 61; *Kment/Borchert*, KIR 2025, 9, 11; *Legner*, RDi 2024, 426, 428; *Schneeberger*, Machine Learning in der Verwaltung, 2024, S. 329; vgl. *Heine et al.*, Künstliche Intelligenz in öffentlichen Verwaltungen, 2023, S. 17.

[334] *Cole*, Erfolgsfaktor Künstliche Intelligenz, 2020, S. 49; vgl. *Kreutzer*, Künstliche Intelligenz verstehen, 2. Auflage 2023, S. 11; *Zehetmaier*, in: Windholz (Hrsg.), Praxishandbuch KI-VO, 2025, 267; ebenfalls das Problem schildernd *Hermstrüwer*, AöR 2020, 479, 493; *Selbst*, Georgia Law Review 109 2017, 109, 134.

[335] *Cole*, Erfolgsfaktor Künstliche Intelligenz, 2020, S. 49.

[336] *Ungern-Sternberg*, in: Mangold/Payandeh (Hrsg.), Handbuch Antidiskriminierungsrecht, 2022, 1131, 1139 f. Rn. 16; vgl. *Hahn*, Automatisierte Gesichtserkennung in der Strafverfolgung, 2025, S. 169; *Kment/Borchert*, Künstliche Intelligenz und Algorithmen in der Rechtsanwendung, 2022, S. 59; *Lauscher/Legner*, ZfDR 2022, 367, 371.

„Ein System wurde mit ‚normalen‘ Daten trainiert, das andere mit Daten aus dem Darknet. Das erstgenannte System ‚erkannte‘ daraufhin auf den Bildern Vögel oder Blumen, während das andere System die Bilder ausschließlich als Gewaltszenen interpretierte.“[337]

Eine weitere Problematik ergibt sich aus der potenziellen *bewussten Manipulation* von Trainingsdaten durch Programmierer, die insbesondere durch den Prozess des überwachten und bestärkenden Lernens Eingang in das System nehmen können. Solche Eingriffe können darauf abzielen, dass das System Entscheidungen im Sinne der Entwickler trifft oder ihre Überzeugungen widerspiegelt.[338] Diese Manipulation kann zahlreiche Formen annehmen und reicht von subtilen Vorkategorisierungen bis hin zur gezielten Einpflegung verzerrter Daten. Yoan Hermstrüwer bezeichnet dieses Phänomen treffend als „Kontaminierung der Daten“[339]. Ein Beispiel für diese Form der Datenkontaminierung wäre die bewusste Einführung einer falschen Vorkategorisierung, wie etwa der pauschalen Annahme „Schwarze begehen mehr Straftaten“. Eine solche Voreinstellung könnte dazu führen, dass das System Personen dunkler Hautfarbe systematisch als verdächtig einstuft. Ebenso könnten positive Bewertungen ausschließlich für ein bestimmtes Vorhaben – etwa durch die bewusste Einpflegung von Datensätzen wie „Vor dem Imbiss A halten sich nie Störer auf“ – ein System Künstlicher Intelligenz dazu veranlassen, Verwaltungsakte in eine gewünschte Richtung zu lenken.[340]

Die *Bildung ungewollter Korrelationen* in Systemen Künstlicher Intelligenz stellt eine subtile und oft unterschätzte Quelle von Datenverzerrungen dar.[341] Diese entstehen, wenn das System selbstständig Zusammenhänge zwischen Datenpunkten herstellt, die zwar statistisch signifikant, jedoch ethisch oder rechtlich problematisch sind. Ein charakteristisches Beispiel hierfür ist, wenn eine Künstliche Intelligenz die Religionszugehörigkeit oder politische Anschauung als Indikatoren für Risikoneigung oder Strafbarkeitsgeneigtheit heranzieht und auf dieser Basis Pro-

---

[337] *Braun Binder*, SJZ 2019, 467, 473; *Wakefield*, Are you scared yet? Mett Norman, the psychopathic AI, Internetdokument 2018.

[338] Vgl. *Heine et al.*, Künstliche Intelligenz in öffentlichen Verwaltungen, 2023, S. 18; *Leffer*, Automated Suspicion Algorithms, 2024, S. 114; *Nink*, Justiz und Algorithmen, 2020, S. 173; *Rollberg*, Algorithmen in der Justiz, 2020, S. 39, 47.

[339] *Hermstrüwer*, AöR 2020, 479, 492. Ähnlich *Martini*, in: Martini/Wendehorst, KI-VO, 2. Auflage 2026, Art. 15 Rn. 70, spricht unter anderem von „Datenvergiftung“ und „Modellvergiftung“.

[340] *Kreutzer*, Künstliche Intelligenz verstehen, 2. Auflage 2023, S. 82 schlägt demnach vor, auf eine hohe Diversität des Programmierungsteams zu achten (Alter, Geschlecht, Nationalität etc.), um (unbewusste) Stereotype zu vermeiden; vgl. *Melzer*, InTeR 2020, 145, 148; *Walter*, K&R 2019, 21, 23.

[341] Ebenso *Britz/Eifert*, in: Voßkuhle/Eifert/Möllers, Grundl. VerwR, Bd. 1, 3. Auflage 2022, § 26 Digitale Transformation der Verwaltung Rn. 121; *Fehling*, DÖV 2025, 321, 325 f.; *Leffer*, Automated Suspicion Algorithms, 2024, S. 114; *Nink*, Justiz und Algorithmen, 2020, S. 169; *Spiecker gen. Döhmann*, in: Kischel/Kube, HStR, Bd. 1, 2023, § 20 Digitalisierung, Informationsgesellschaft, Massendaten Rn. 17.

gnosen über das Vorliegen einer Gefahr erstellt.[342] Solche Korrelationen können tiefgreifende Diskriminierungen nach sich ziehen und werden noch problematischer, wenn sie auf *korrekten, die gesellschaftliche Realität widerspiegelnden* Daten basieren.[343] So hat ein Algorithmus des österreichischen Arbeitsmarktservice die Arbeitsmarktchancen von Frauen pauschal als schlecht eingestuft, mit Kindern noch schlechter[344], indem die *tatsächlichen* Nachteile von Frauen im Erwerbsleben reproduziert wurden.[345]

Diese insbesondere im Hinblick auf Art. 3 Abs. 3 GG[346] ungewollten Korrelationsbildungen können sich durch eine fehlende Früherkennung der Verzerrungen

---

[342] *Wischmeyer*, AöR 2018, 1, 27; vgl. *Lischka/Klingel*, Wenn Maschinen Menschen bewerten, Internetdokument 2017, S. 6. Mit einem weiteren Beispiel *Ernst*, in: Klafki/Würkert/Winter (Hrsg.), Digitalisierung und Recht, 2017, 63, 64: „Kunden, die sich für ‚Arielle – Die Meerjungfrau' Filme interessieren, sind statistisch signifikant häufiger in Verkehrsunfälle verwickelt als der typische Kunde. Der Algorithmus fordert von diesen Personen deshalb eine höhere Versicherungsprämie." Bei Grenzkontrollen könnte das System Künstlicher Intelligenz eine höhere Wahrscheinlichkeit einer illegalen Einreise an eine farbige Hautfarbe der Menschen knüpfen und ebendiese anschließend kontrollieren, so *Rotermund*, Künstliche Intelligenz aus staatlicher Perspektive, 2020, S. 168.

[343] Auf das Problem hinweisend *Fehling*, DÖV 2025, 321, 325; *Kreyßing*, DÖV 2024, 266, 269; *Raji*, Künstliche Intelligenz im öffentlichen Sektor, 2022, S. 125; *Schneeberger*, Machine Learning in der Verwaltung, 2024, S. 327; *Zehetmaier*, in: Windholz (Hrsg.), Praxishandbuch KI-VO, 2025, 267.

[344] *Braun Binder*, SJZ 2019, 467, 473; *Fröhlich/Spiecker gen. Döhmann*, Verfassungsblog: Können Algorithmen diskriminieren?, Internetdokument 2018; vgl. *Freyler*, NZA 2020, 284, 285 f.; *Martini et al.*, Blackbox Algorithmus – Grundfragen einer Regulierung Künstlicher Intelligenz, 2019, S. 51.

[345] *Braun Binder*, SJZ 2019, 467, 473; *Bull*, CR 2019, 547, 551 Rn. 25; *Edwards/Veale*, Slave to the Algorithm? Why a „Right to an Explanation" is probably not the remedy you are looking for, Internetdokument 2017, S. 28; *Heine et al.*, Künstliche Intelligenz in öffentlichen Verwaltungen, 2023, S. 18; *Herdes*, CB 2020, 95, 95 f.; *Hermstrüwer*, AöR 2020, 479, 495; *Käde/Maltzan*, CR 2020, 66; *Kessler/Oberlin*, CB 2020, 89, 92; *Kment/Borchert*, Künstliche Intelligenz und Algorithmen in der Rechtsanwendung, 2022, S. 58; *Lauscher/Legner*, ZfDR 2022, 367, 371; *Nink*, Justiz und Algorithmen, 2020, S. 175; *Selbst*, Georgia Law Review 109 2017, 109, 122; *Ungern-Sternberg*, in: Mangold/Payandeh (Hrsg.), Handbuch Antidiskriminierungsrecht, 2022, 1131, 1132 Rn. 1; vgl. *Freyler*, NZA 2020, 284, 285 f.; *Martini et al.*, Blackbox Algorithmus – Grundfragen einer Regulierung Künstlicher Intelligenz, 2019, S. 51, 242; *Melzer*, InTeR 2020, 145, 149; demnach lassen sich zunächst wohl nicht alle Diskriminierungen vermeiden, sondern müssen erst erkannt werden *Martini et al.*, Blackbox Algorithmus – Grundfragen einer Regulierung Künstlicher Intelligenz, 2019, S. 228, 240; vgl. *Golla*, Krim. Journal 2020, 149, 155. Positiv hingegen ist anzumerken, dass durch das System Künstlicher Intelligenz Diskriminierungen innerhalb der Verwaltung aufgedeckt werden, wenn sie (auch) mit Trainingsdaten aus Akten trainiert wurde, ähnlich *Hermstrüwer*, AöR 2020, 479, 481, 494; *Hermstrüwer*, in: Wischmeyer/Rademacher (Hrsg.), Regulating artificial intelligence, 2020, 199, 213 Rn. 44; *Kessler/Oberlin*, CB 2020, 89, 92; *Lischka/Klingel*, Wenn Maschinen Menschen bewerten, Internetdokument 2017, S. 29 f.

[346] Art. 1 Abs. 3 GG bindet die Gesetzgebung, vollziehende Gewalt und Rechtsprechung an die Grundrechte als unmittelbar geltendes Recht. Ob Künstliche Intelligenz selbst an Grundrechte gebunden ist – die Grundrechte adressieren zunächst nur Menschen –, kann hier dahinstehen, da ihre Handlung zumindest der einsetzenden Polizeibehörde als Teil der voll-

kontinuierlich verstärken, indem sich das System stets selbst „belohnt“, wenn eine (für den selbst vorurteilbehafteten menschlichen Einsetzenden) „richtige“ Entscheidung getroffen wurde und es mit diesem positiven Feedback fortlaufend seine eigene Entscheidungsgrundlage trainiert und sich demnach rückkoppelt, was eine sogenannte Feedbackschleife (*feedback loop*) erzeugt.[347]

Selbst wenn explizit unzulässige Korrelationskriterien, wie z.B. die Religionszugehörigkeit, programmatisch ausgeschlossen werden[348], lassen sich mittelbare Diskriminierungen nicht gänzlich vermeiden.[349] Künstliche Intelligenz kann die ausgeschlossenen Korrelationskriterien mittels sogenannter „*proxies*“ bzw. Stellvertretervariablen ersetzen, die zwar auf den ersten Blick neutral erscheinen, jedoch tatsächlich eine verdeckte Verknüpfung mit geschützten Merkmalen aufweisen können, beispielsweise indem sie die Religionszugehörigkeit durch das grundsätzlich neutrale Merkmal „Kleidungsstücke einer Person“, etwa Kreuzkette, Kippa und Burka, ersetzt und in der Entscheidungsfindung heranzieht.[350] Ein weniger augenscheinliches Beispiel für eine solche Proxy-Variable könnte der Wohnort einer Person sein. Wenn ein bestimmtes Wohngebiet vornehmlich von Mitgliedern einer spezifischen Religionsgruppe bewohnt wird, könnte die Zuordnung einer Person zu diesem Wohngebiet indirekt auch eine Zuordnung zu einer bestimmten Religionsgruppe implizieren, die wiederum Eingang in die Entscheidung fände.[351] Das Bun-

ziehenden Gewalt zurechenbar ist. Die Behörde hat demnach sicherzustellen, dass Amtswalter sowie eingesetzte Werkzeuge keine Grundrechte der Betroffenen verletzen.

[347] *Hermstrüwer*, AöR 2020, 479, 493; *Lischka/Klingel*, Wenn Maschinen Menschen bewerten, Internetdokument 2017, S. 10; *Raji*, Künstliche Intelligenz im öffentlichen Sektor, 2022, S. 96; *Tischbirek*, in: Mangold/Payandeh (Hrsg.), Handbuch Antidiskriminierungsrecht, 2022, 1061, 1093 Rn. 66; *Tischbirek*, in: Wischmeyer/Rademacher (Hrsg.), Regulating artificial intelligence, 2020, 103, 105 Rn. 5; vgl. *Britz/Eifert*, in: Voßkuhle/Eifert/Möllers, Grundl. VerwR, Bd. 1, 3. Auflage 2022, § 26 Digitale Transformation der Verwaltung Rn. 121; *Buchholtz/Scheffel-Kain*, NVwZ 2022, 612, 613; *Ernst*, JZ 2017, 1026, 1028; *Nink*, Justiz und Algorithmen, 2020, S. 173; *Rollberg*, Algorithmen in der Justiz, 2020, S. 40. Dieses Phänomen wird sogar ausdrücklich in Art. 15 Abs. 4 der KI-Verordnung beschrieben.

[348] „Das System darf nicht an die Religionszugehörigkeit anknüpfen.“

[349] *Martini et al.*, Blackbox Algorithmus – Grundfragen einer Regulierung Künstlicher Intelligenz, 2019, S. 239; vgl. *Britz/Eifert*, in: Voßkuhle/Eifert/Möllers, Grundl. VerwR, Bd. 1, 3. Auflage 2022, § 26 Digitale Transformation der Verwaltung Rn. 126.

[350] *Martini et al.*, Blackbox Algorithmus – Grundfragen einer Regulierung Künstlicher Intelligenz, 2019, S. 244; ebenso *Buchholtz/Scheffel-Kain*, NVwZ 2022, 612, 613; *Hermstrüwer*, AöR 2020, 479, 493, 501; *Kischel*, in: BeckOK GG, 64. Edition, Art. 3 GG Rn. 239 (Stand September 2025); *Lauscher/Legner*, ZfDR 2022, 367, 372; *Legner*, RDi 2024, 426, 429; *Rademacher*, in: Wischmeyer/Rademacher (Hrsg.), Regulating artificial intelligence, 2020, 224, 246 Rn. 36; *Raji*, Künstliche Intelligenz im öffentlichen Sektor, 2022, S. 182; *Schneeberger*, Machine Learning in der Verwaltung, 2024, S. 333; vgl. *Britz*, Einzelfallgerechtigkeit versus Generalisierung, 2008, S. 12; *Rollberg*, Algorithmen in der Justiz, 2020, S. 41.

[351] *Wischmeyer*, AöR 2018, 1, 28; vgl. *Zehetmaier*, in: Windholz (Hrsg.), Praxishandbuch KI-VO, 2025, 267, 269; ebenfalls als große Herausforderung betitelt, *Hermstrüwer*, AöR 2020, 479, 502 f.; *Mockenhaupt*, Digitalisierung und Künstliche Intelligenz in der Produktion,

desverfassungsgericht weist zurecht darauf hin, dass sich auch diese mittelbaren und verdeckten Diskriminierungen, die leicht übersehen bzw. unbeachtet bleiben können, den in Art. 3 Abs. 3 GG genannten Kriterien annähern und auch solche der engmaschigen Kontrolle unterworfen sein müssen.[352] Die Komplexität dieses Problems nimmt zu, wenn man beachtet, dass die Künstliche Intelligenz auch für „*proxies*" wiederum „*proxies*" erstellen kann. Wird der Künstlichen Intelligenz – um bei dem soeben genannten Beispiel zu bleiben – im Training verboten, an die Religionszugehörigkeit anzuknüpfen, wird sie an die Proxy-Variable der Kreuzkette anknüpfen. Wird dem System wiederum verboten, an die Kreuzkette anzuknüpfen, wird sie an die Proxy-Variable Wohnort anknüpfen usw. Das System Künstlicher Intelligenz kann also stets weitere Proxy-Variablen entdecken und heranziehen – David Schneeberger spricht in diesem Zusammenhang von „Proxies für Proxies". Mario Martini schließt hieran mit einer grundsätzlichen Fragestellung an, wie viele „Zwischenmerkmale" zwischen der konkreten Auswahlentscheidung und einem geschützten Merkmal liegen dürfen, bevor die Grenze zwischen erlaubter Kategorisierung und mittelbarer Diskriminierung überschritten wird.[353] Diese Frage hat insbesondere für die polizeiliche Gefahrenabwehr eine hohe praktische Relevanz. Polizeiarbeit ist auf die Verwendung von Kategorisierungen angewiesen, um Situationen zu beurteilen, Gefahren zu erkennen und ihnen wirksam zu begegnen. Ohne Schematisierungen wäre ein effektives polizeiliches Handeln faktisch un-

---

2021, S. 79; *Tischbirek*, in: Mangold/Payandeh (Hrsg.), Handbuch Antidiskriminierungsrecht, 2022, 1061, 1093 Rn. 66; vgl. *Martini et al.*, Blackbox Algorithmus – Grundfragen einer Regulierung Künstlicher Intelligenz, 2019, S. 239, der neben dem Wohnort auch das Einkommen oder die Ausbildung als „neutrale" Differenzierungskriterien nennt; *Balkow/Eckhardt*, Verantwortung für algorithmische Systeme, Internetdokument 2019, S. 10 geben zu bedenken, dass auch eine Differenzierung anhand der Sprache erfolgen kann, wenn diese für die Tätigkeit relevant ist, obwohl mittelbar die Sprachkenntnisse von der Herkunft der Person abhängen.

[352] BVerfG, NJW 2023, 1196, 1203 Rn. 77; *Hermstrüwer*, AöR 2020, 479, 514; *Tischbirek*, in: Mangold/Payandeh (Hrsg.), Handbuch Antidiskriminierungsrecht, 2022, 1061, 1083 Rn. 40; *Tischbirek/Wihl*, JZ 2013, 219, 222. Ebenso ebenfalls für eine strenge Rechtfertigungsprüfung plädierend; BVerfGE 64, 135 (156 f.); 97, 35 (43 f.); 104, 373 (393); 121, 241 (254); 126, 29 (53); BVerwG, NVwZ 2003, 617, 618; BGH, NVwZ 2008, 452, 454 Rn. 41; OVG Koblenz, NJW 2016, 2820, 2823 Rn. 59; *Jarass*, in: Jarass/Pieroth, GG, 18. Auflage 2024, Art. 3 GG Rn. 136 f.; *Kaneza*, ZAR 2021, 395, 398; *Ungern-Sternberg*, in: Mangold/Payandeh (Hrsg.), Handbuch Antidiskriminierungsrecht, 2022, 1131, 1173 Rn. 91 f.; a. A. in Bezug auf mittelbare Diskriminierungen *Kischel*, in: BeckOK GG, 64. Edition, Art. 3 GG Rn. 239 (Stand September 2025); *Langenfeld*, in: Dürig/Herzog/Scholz, GG, 108. EGL, Art. 3 Abs. 3 GG Rn. 36, 39 (Stand Mai 2015); *Sachs*, in: Stern, Staatsrecht, Bd. 4.2, 1. Auflage, § 122 Die sonstigen besonderen Gleichheitssätze S. 1758.

[353] *Martini et al.*, Blackbox Algorithmus – Grundfragen einer Regulierung Künstlicher Intelligenz, 2019, S. 240; *Waltl/Vogl*, DuD 2018, 613, 616; *Wischmeyer*, AöR 2018, 1, 28; ähnlich *Selbst*, Georgia Law Review 109 2017, 109, 141; vgl. *Beck*, ZRP 2019, 185 stuft die Kategorisierung nach Schulnoten, Steuerklassen oder der Arbeitsleistung als neutral ein; *Huster*, Rechte und Ziele, 1993, S. 318; *Kischel*, in: BeckOK GG, 64. Edition, Art. 3 GG Rn. 239 (Stand September 2025).

möglich.[354] In der Praxis zeigt sich deshalb, wie problematisch eine klare Abgrenzung zwischen legitimen Maßnahmen und unzulässigen Diskriminierungen sein kann. Polizeiliche Kontrollen richten sich häufig nach Erfahrungswerten und situativen Einschätzungen, die oftmals vorurteilbehaftet und diskriminierend sind: Beispielsweise wird eher eine Person in schwarzer Kleidung und Kapuze, die sich in einer dunklen Gasse aufhält, kontrolliert als eine Person im Anzug, die unauffällig vorbeigeht. Ebenso werden junge Erwachsene eher einer Kontrolle unterzogen als Rentner, wenn es um die Verhinderung von Drogendelikten geht. Noch deutlicher wird dies bei gezielten Fahndungsmaßnahmen, etwa gegen eine Großfamilien-Bande, die überwiegend aus jungen weißen Erwachsenen besteht – in solchen Fällen erscheint es effizient, ebendiese Personengruppe verstärkt zu kontrollieren. Ebenso gestaltet es sich, wenn Grenzkontrollen gegen illegale Einreisen erfolgen und bloß solche Personen kontrolliert werden, die ein „nicht-europäisches" Aussehen vorweisen.[355]

Die rechtliche Bewertung polizeilicher Maßnahmen im Hinblick auf ihre Vereinbarkeit mit Art. 3 GG erweist sich deshalb als ausgesprochen komplex. Insbesondere die Vielzahl potenzieller Stellvertretervariablen, deren Bezug zu den in Art. 3 Abs. 3 GG aufgeführten Merkmalen oftmals nur schwer erkennbar ist und die zudem im Rahmen der Motivbildung für eine konkrete Maßnahme höchst unterschiedlich gewichtet werden können, erschwert eine vorab festgelegte rechtliche Einordnung. Zwar ließen sich Orientierungshilfen formulieren – etwa nach dem Muster: „Ab einer bestimmten Ebene von Proxies ist das Motiv hinreichend von einem in Art. 3 Abs. 3 GG genannten Merkmal entfernt." –, um sowohl die rechtliche Einschätzung als auch die Programmierung Künstlicher Intelligenzen zu erleichtern. Solche pauschalen Vorgaben genügen jedoch den verfassungsrechtlichen Anforderungen nicht, da selbst eine Annäherung an die geschützten Merkmale des Art. 3 Abs. 3 GG im Einzelfall gerechtfertigt sein kann und daher einer eingehenden Abwägung nach dem Verhältnismäßigkeitsprinzip bedarf. Eine derartige Abwägung mithilfe pauschaler Leitlinien vorschnell abzuschneiden, wäre verfassungsrechtlich nicht zulässig. Vielmehr ist eine gründliche Verhältnismäßigkeitsprüfung vorzunehmen, in deren Zentrum insbesondere das Verhältnis der Ungleichbehand-

---

[354] Vgl. *Froese*, DVBl 2017, 293, 294.

[355] *Martini et al.*, Blackbox Algorithmus – Grundfragen einer Regulierung Künstlicher Intelligenz, 2019, S. 85. So äußerte der Bundesvorsitzende der Deutschen Polizeigewerkschaft Rainer Wendt zur Kommentierung der Entscheidung des OVG Koblenz, demzufolge Kontrollen anknüpfend an phänotypische Merkmale verboten seien, gegenüber „Welt": „Man sieht wieder einmal, die Gerichte machen schöngeistige Rechtspflege, aber richten sich nicht an der Praxis aus." (in Welt Nachrichten, Hautfarbe darf kein Kontrollgrund sein, Internetdokument 2012). Ähnlich auch Andrew Selbst: „On the other hand, the police are just doing their job. Even if there is agreement that such a result is *unfair*, fixing it would require the police to *make less accurate determinations* in order to racially rebalance the algorithm. Asking police to catch fewer criminals after conceding the accuracy of their algorithms would be a hard sell.", *Selbst*, Georgia Law Review 109 2017, 109, 141.

lung zum legitimen Zweck und die Frage nach der Rechtfertigung dieser Ungleichbehandlung in Anbetracht konkreter Unterschiede stehen.[356]

Dieses Ergebnis impliziert zugleich, dass es ohne die Verwendung pauschaler Orientierungssätze faktisch unmöglich wird, sämtliche potenziell diskriminierenden Stellvertretervariablen im Vorfeld zu identifizieren und das betreffende System dahingehend zu trainieren, dass es diese Variablen bei der Entscheidungsfindung konsequent ausschließt. Infolgedessen kann die rechtliche Bewertung der Konformität polizeilicher Maßnahmen mit Art. 3 GG nur *ex post* in einer individuellen Fallbetrachtung erfolgen. Erst nachträglich lässt sich klären, ob die von einer Künstlichen Intelligenz herangezogenen Motive in irgendeiner Weise mit den Merkmalen des Art. 3 Abs. 3 GG in Verbindung stehen, wie nah sie sich diesen annähern, mit welcher Intensität ein entsprechender Eingriff in das Recht auf Gleichbehandlung vorliegt und ob das mit der Maßnahme verfolgte Rechtsgut einen solchen Eingriff rechtfertigen kann. Zur Bestimmung des – stets kontextabhängigen – zulässigen Annäherungsgrads an die geschützten Merkmale des Art. 3 Abs. 3 GG können bereits gerichtlich überprüfte Motivlagen früherer polizeilicher Maßnahmen als Referenzpunkte dienen, wenngleich eine solche Orientierung naturgemäß nur vage und für den jeweiligen Einzelfall neu zu justieren ist.

Für den Einsatz von Systemen Künstlicher Intelligenz erwächst daraus eine zentrale Erkenntnis: Es ist nicht möglich sämtliche potenziellen Stellvertretervariablen oder rechtswidrigen Motive *ex ante* auszuschließen bzw. „herauszuprogrammieren“[357], sodass strenge Überprüfungen der (Test-)Maßnahmen *ex post* zwingend sind[358], um unmittelbaren wie mittelbaren Diskriminierungen, und damit einem Ermessensfehlgebrauch, zu begegnen.

---

[356] Im Ergebnis auch *Boysen*, in: Münch/Kunig, GG, Bd. 1, 8. Auflage 2025, Art. 3 GG Rn. 145; *Kischel*, in: BeckOK GG, 64. Edition, Art. 3 GG Rn. 239.1 f. (Stand September 2025).

[357] Der Ansatz, grundsätzlich rechtswidrige Anknüpfungsmerkmale wie phänotypische Charakteristika aus der Programmierung von Systemen Künstlicher Intelligenz vollständig zu entfernen, stößt dann auf Probleme, wenn sich ebensolche Merkmale entscheidend für bestimmte rechtlich zulässige und notwendige Aufgaben als notwendig darstellen. In Szenarien, in denen die Polizei nach einer konkret beschriebenen Person fahndet, können phänotypische Merkmale wie Hautfarbe, Haarfarbe oder Statur essenzielle Elemente der Beschreibung sein. Wenn eine Künstliche Intelligenz so programmiert ist, dass sie diese Merkmale ignoriert, könnte sie die gesuchte Person selbst bei direkter Konfrontation nicht identifizieren. Dies würde die Effektivität der polizeilichen Arbeit erheblich beeinträchtigen. Vgl. *Hermstrüwer*, AöR 2020, 479, 505; *Legner*, RDi 2024, 426, 428.

[358] Wie eine solche Überprüfung aussehen kann siehe S. 235 ff. dieser Arbeit.

b) Auswirkungen der durch Datenverzerrungen bedingten diskriminierenden Korrelationen

Die Problematik, dass *ex ante* nicht alle rechtswidrigen Entscheidungskriterien von Künstlicher Intelligenz – ähnlich wie bei menschlichen Eingriffen[359] – verhindert werden können, erfordert eine differenzierte Betrachtung der Motivlage und ihrer Auswirkungen auf die Rechtmäßigkeit polizeilicher Maßnahmen. Dabei ist zwischen einem alleinigen rechtswidrigen Motiv und einem sogenannten „Motivbündel“ zu unterscheiden, bei dem mehrere (mindestens zwei) Motive die Grundlage der Maßnahme bilden.

Nach einhelliger Ansicht in Literatur und Rechtsprechung ist eine Maßnahme, die *ausschließlich auf einem rechtswidrigen Motiv* im Sinne des Art. 3 Abs. 3 GG beruht, nicht zu rechtfertigen und somit rechtswidrig.[360] Dies gilt unabhängig davon, ob es sich um eine menschliche Entscheidung oder um eine Maßnahme handelt, die durch ein System Künstlicher Intelligenz initiiert wurde. Eine Ausnahme wird lediglich bei Kontrollen aufgrund konkreter Täterbeschreibungen zugelassen. In diesen Fällen können phänotypische Merkmale – wie etwa Hautfarbe, Körpergröße oder Haarfarbe – ausschlaggebend sein,[361] da sie auf spezifischen Fahndungskriterien basieren und sich in der Kontrolle lediglich das allgemeine Lebensrisiko verwirklicht, mit einer gesuchten Person verwechselt zu werden.[362]

Die rechtliche Bewertung wird komplexer, wenn rechtswidrige Motive nicht allein, sondern als Teil eines *Motivbündels* vorliegen. Einige Stimmen entnehmen der Heranziehung eines rechtswidrigen Motivs aus Art. 3 Abs. 3 GG stets die *Gesamtrechtswidrigkeit* der Maßnahme, unabhängig davon, ob die rechtmäßigen Mo-

---

[359] *Cremer*, AnwBl 2013, 896, 898; *Kappler/Werner*, GSZ 2020, 206, 209; empirisch beleuchtend *Hunold*, Polizei im Revier, Internetdokument 2011, S. 236; vgl. *Kluth*, NVwZ 2022, 1847, 1853; *Stoklas*, ZD-Aktuell 2019.

[360] OVG Koblenz, Urt. v. 27. 3.2014 – 7 A 10993/13; *Baer/Markard*, in: Huber/Voßkuhle, GG, Bd. 1, 8. Auflage 2024, Art. 3 GG Rn. 478; *Boysen*, in: Münch/Kunig, GG, Bd. 1, 8. Auflage 2025, Art. 3 GG Rn. 182; *Drohla*, ZAR 2012, 411, 414; *Langenfeld*, in: Dürig/Herzog/Scholz, GG, 108. EGL, Art. 3 Abs. 3 GG Rn. 46 (Stand Mai 2015); *Leidinger*, KJ 2018, 450, 462; *Martini et al.*, Blackbox Algorithmus – Grundfragen einer Regulierung Künstlicher Intelligenz, 2019, S. 84.

[361] Bundesregierung, BT-Drs. 18/11302, S. 3; *Krieger*, in: Schmidt-Bleibtreu/Klein/Birkenmaier/Butzer, GG, 15. Auflage 2022, Art. 3 GG Rn. 63; *Liebscher*, Rasse im Recht – Recht gegen Rassismus, 2020, S. 443; *Lippert-Rasmussen*, Journal of Applied Philosophy 2006, 191; *Pettersson*, ZAR 2019, 301, 303; *Tischbirek*, in: Mangold/Payandeh (Hrsg.), Handbuch Antidiskriminierungsrecht, 2022, 1061, 1091 Rn. 63; *Tischbirek/Wihl*, JZ 2013, 219, 222; vgl. *Harcourt*, The University of Chicago Law Review 2004, 1275, 1279; *Leidinger*, KJ 2018, 450, 454. Ähnliches Problem bei Gleichstellungsbemühungen von Männern und Frauen erkennend *Martini et al.*, Blackbox Algorithmus – Grundfragen einer Regulierung Künstlicher Intelligenz, 2019, S. 245.

[362] *Tischbirek*, in: Mangold/Payandeh (Hrsg.), Handbuch Antidiskriminierungsrecht, 2022, 1061, 1091 Rn. 63.

tive allein für die (rechtmäßige) Durchführung der Maßnahme genügt hätten.[363] Andere Ansätze plädieren für eine differenziertere Betrachtung. Sie führen eine (strenge) Rechtfertigungsprüfung durch[364], wenn das rechtswidrige Motiv nicht „*maßgeblich*" für die Entscheidung war.[365] Maßgeblichkeit wird verneint, wenn das rechtswidrige Motiv lediglich ergänzend, nicht aber wesentlich für die Entscheidung zu einer Maßnahme war.[366] Weiterhin können Statistiken und Lagebilder, die eine erhöhte Delinquenz bestimmter Personengruppen aufzeigen, auf die sich das rechtswidrige Motiv bezieht, in die Bewertung einfließen und die Gesamtbeurteilung der Maßnahme beeinflussen.[367]

Hält man – ohne den soeben dargestellten Streit zu entscheiden – die Erstellung und Heranziehung von Statistiken und Lagebildern, die auf der Grundlage von sich Art. 3 Abs. 3 GG annähernden Merkmalen erstellt werden, als Grundlage für polizeiliche Maßnahmen für *zulässig*[368], ergibt sich kein qualitativer, sondern lediglich

---

[363] OVG Koblenz, NJW 2016, 2820, 2827 Rn. 106 ff.; *Alter*, NVwZ 2015, 1567, 1570; *Cremer*, AnwBl 2013, 896, 897; *Cremer*, „Racial Profiling" – Menschenrechtswidrige Personenkontrollen nach § 22 Abs. 1a Bundespolizeigesetz, Internetdokument 2013, S. 26; *Heintzen/Siegel*, LKV 2021, 337, 342; *Kerkemeyer*, NVwZ 2018, 1502; *Liebscher*, NJW 2016, 2779, 2781; *Nußberger/Hey*, in: Sachs, GG, 10. Auflage 2024, Art. 3 GG Rn. 242 ff.; *Payandeh*, JuS 2015, 695, 698; *Tischbirek/Wihl*, JZ 2013, 219, 222; *Tischbirek*, in: Mangold/Payandeh (Hrsg.), Handbuch Antidiskriminierungsrecht, 2022, 1061, 1084 Rn. 45, welcher zudem auf die unions- und völkerrechtliche Auslegung des Art. 3 Abs. 3 GG verweist; *Wagner*, DÖV 2013, 113, 115 f.; vgl. *Liebscher*, Rasse im Recht – Recht gegen Rassismus, 2020, S. 444 ff.

[364] *Krieger*, in: Schmidt-Bleibtreu/Klein/Birkenmaier/Butzer, GG, 15. Auflage 2022, Art. 3 GG Rn. 63; *Martini et al.*, Blackbox Algorithmus – Grundfragen einer Regulierung Künstlicher Intelligenz, 2019, S. 85 f.; *Pettersson*, ZAR 2019, 301, 304; vgl. BVerfGE 39, 334 (368); 115 (352 f.).

[365] Ausdrücklich BVerfGE 5, 17 (22); 23, 258 (262); ähnlich auch EGMR, Entsch. v. 13.12.2005 – 555762/00 und 55974/00 – Timishev/Russland, Rn. 58 „exclusively or to a *decisive extent*"; ebenso EGMR, Entsch. V. 13.11.2007 – 57325/00 – D.H. ua/Tschechien, Rn. 176.

[366] *Kastner*, VerwArch 2001, 216, 252 f.; *Kischel*, in: BeckOK GG, 64. Edition, Art. 3 GG Rn. 229 (Stand September 2025); *Krieger*, in: Schmidt-Bleibtreu/Klein/Birkenmaier/Butzer, GG, 15. Auflage 2022, Art. 3 GG Rn. 63; *Langenfeld*, in: Dürig/Herzog/Scholz, GG, 108. EGL, Art. 3 Abs. 3 GG Rn. 46 (Stand Mai 2015); *Müller*, JA 2019, 295, 302; *Palm*, RUB-Rechtsprechungsreport 2019, S. 19; *Selbst*, Georgia Law Review 109 2017, 109, 145 f. in Bezug auf die US-amerikanische Rechtsprechungspraxis; vgl. BAG NJW 1973, 77, 78 „wegen und nur wegen eines der dort genannten Gründe"; BT-Drs. 18/11302, S. 3. Kritisch zum „Vorschieben" rechtmäßiger Gründe durch menschliche Amtswalter *Huster*, Rechte und Ziele, 1993, S. 316; *Tischbirek*, in: Mangold/Payandeh (Hrsg.), Handbuch Antidiskriminierungsrecht, 2022, 1061, 1089 Rn. 59.

[367] OVG Münster, NVwZ 2018, 1497, 1500 Rn. 46 f.; *Froese*, DVBl 2017, 293, 295; *Kerkemeyer*, NVwZ 2018, 1502; vgl. BVerfGE 2, 266 (286); VG Köln, Urt. v. 10.12.2015 – 20 K 7847/13, Rn. 70; *Martini et al.*, Blackbox Algorithmus – Grundfragen einer Regulierung Künstlicher Intelligenz, 2019, S. 85 f., S. 86 Fn. 274; *Müller*, JA 2019, 295, 302.

[368] Grundsätzlich für zulässig haltend *Franke/Schlenzka*, ZAR 2019, 179; *Froese*, DVBl 2017, 293, 295; für ortbezogene Lagebilder *Kastner*, VerwArch 2001, 216, 253 f.; *Pettersson*,

ein quantitativer Unterschied in dem Grad der Heranziehung diskriminierender Motive zwischen menschlichem Handeln und dem Einsatz Künstlicher Intelligenz. Da Systeme Künstlicher Intelligenz im Gegensatz zum Menschen stets digitalen Zugriff auf Statistiken und Lagebilder genießen, und ihre Maßnahmen auf die größtmögliche Informationsgrundlage stützen sollen, werden sie (unter anderem) die in den Statistiken und Lagebildern abgebildeten, teils direkt diskriminierenden Informationen ihrer Prognose zugrunde legen. Zur Veranschaulichung bietet sich folgendes Beispiel an: Ein Polizist wird angewiesen, sexuelle Belästigungen zu verhindern, die dort vermehrt von jungen Männern ausgehen sollen. In der Menschenmenge erkennt der Polizist fünf junge Männer, die räumlich voneinander getrennt sind. Da der Polizist sich nur auf eine Kontrolle konzentrieren kann, wird er bei Vorliegen eines Lagebildes, das eine erhöhte Delinquenz junger Männer südländischen Phänotyps am Kölner Dom ausweist, die Person auswählen, die diesem Phänotyp entspricht. Sein Ziel ist es, die Effektivität der Gefahrenabwehr im Rahmen der ihm zur Verfügung stehenden Kapazitäten zu maximieren.

Ein System Künstlicher Intelligenz, das in derselben Situation eingesetzt wird, hat im Gegensatz dazu die Möglichkeit, nicht nur fünf, sondern etwa 50 Personen in der Menschenmenge zu identifizieren. Es wird dabei ebenfalls anhand des Lagebildes jene Personen priorisieren, die dem südländischen Phänotyp entsprechen, und somit mehr Menschen mit diesem Merkmal kontrollieren können. Der Unterschied zwischen menschlicher und maschineller Vorgehensweise ist demnach vor allem quantitativer Natur: Die Künstliche Intelligenz ist in der Lage, aufgrund ihrer technologischen Kapazitäten eine größere Anzahl von Personen zu kontrollieren.

Wenn hingegen die Erstellung und Nutzung von Statistiken und Lagebildern, die auf diskriminierenden Merkmalen basieren, als *unzulässig* erachtet wird, könnte der Einsatz Künstlicher Intelligenz tatsächlich dazu beitragen, Praktiken des „Racial Profiling“ zu minimieren. Dies setzt allerdings voraus, dass solche Systeme Künstlicher Intelligenz bewusst ohne (zumindest direkt) diskriminierende Daten trainiert werden und dass eine kontinuierliche Überprüfung und Anpassung der Systeme erfolgt, um sicherzustellen, dass keine diskriminierenden Entscheidungskriterien angewandt werden. Zur Veranschaulichung könnte erneut das Beispiel vom Kölner Dom herangezogen werden: Ein Polizist wird informiert, dass es dort vermehrt zu sexuellen Belästigungen durch junge Männer kommt. Basierend auf subjektiven Erfahrungen, die möglicherweise von Stereotypen beeinflusst sind, richtet der Polizist seine Aufmerksamkeit bevorzugt auf südländisch aussehende Personen. Ein solches Vorgehen stellt „Racial Profiling“ dar, da es auf äußeren Merkmalen beruht, die mit einem Verdacht verknüpft werden, ohne dass objektive Kriterien dafür vorliegen.

ZAR 2019, 301, 305; vgl. *Lisken*, NVwZ 1998, 22, 24. Kritisch zu der Erstellung von Statistiken anhand phänotypischer Merkmale *Tischbirek*, in: Mangold/Payandeh (Hrsg.), Handbuch Antidiskriminierungsrecht, 2022, 1061, 1090 Rn. 61; *Tischbirek/Wihl*, JZ 2013, 219, 223; *Tomerius*, DVBl 2019, 1581, 1587 f.; vgl. *Schnekenburger*, BayVBl 2001, 129, 135.

Ein System Künstlicher Intelligenz könnte in derselben Situation jedoch aufgrund ihres im Vergleich zum Menschen effektiveren Wahrnehmungssystems eine wesentlich größere Anzahl von Personen oder sogar die gesamte Menschenmenge überwachen. Anstatt auf (für den Menschen leichter zu identifizierende) äußere Merkmale wie den Phänotyp zu fokussieren, würde die Künstliche Intelligenz Verhaltensweisen analysieren, um auffälliges, potenziell strafwürdiges Verhalten zu identifizieren. So könnte die Künstliche Intelligenz unabhängig vom Aussehen oder anderen Art. 3 Abs. 3 GG nahen Merkmalen entscheiden, welche Personen kontrolliert werden sollten.

2. Zwischenergebnis

Zusammenfassend lässt sich festhalten, dass die Heranziehung rechtswidriger Motive – zumindest als alleinige Grundlage für den Erlass polizeilicher Maßnahmen – gemäß den Vorgaben des Art. 3 Abs. 3 GG unzulässig ist und daher auch im Kontext von Systemen Künstlicher Intelligenz unterbunden werden muss, um einen Ermessensfehlgebrauch zu verhindern. Die Sicherstellung der Einhaltung dieser verfassungsrechtlichen Vorgaben stellt jedoch besondere Herausforderungen dar, da eine vollständige *ex-ante*-Unterbindung der Nutzung solcher rechtswidrigen Motive durch Änderungen der Programmierung praktisch nicht realisierbar ist. Dies liegt vor allem an der inhärenten Komplexität und Dynamik maschineller Lernprozesse, die dazu führen können, dass diskriminierende Muster oder unzulässige Kriterien durch verzerrte Trainingsdaten und Programmierung entstehen oder unbemerkt bleiben. Ein rein präventiver Ansatz ist daher unzureichend, um eine vollständige Rechtmäßigkeit der Maßnahmen zu gewährleisten. Vor diesem Hintergrund gewinnt die *ex-post*-Kontrolle durch umfassende Testeinsätze entscheidende Bedeutung.[369]

III. Zwischenergebnis zur Ermessensausübung

Entgegen der in Teilen der Literatur vertretenen Auffassung, dass die Ausübung von Ermessen ein ausschließlich menschliches Urteilsvermögen erfordert, zeigt sich, dass Künstliche Intelligenz in der Lage ist, die wesentlichen methodischen Schritte eines Abwägungsprozesses grundsätzlich korrekt und strukturiert durchzuführen. Ausgangspunkt dieses Prozesses ist die Identifikation des rechtlichen Problems sowie der gesetzlichen Zielsetzungen, wobei Systeme Künstlicher Intelligenz auf vorprogrammierte Parameter, normative Vorgaben und aus Literatur sowie Rechtsprechung abgeleitete Ziele zurückgreifen. Im Anschluss daran erfolgt die Eliminierung ermächtigungsfremder und ungeeigneter Handlungsoptionen. Dies legt die Grundlage für die systematische Analyse der verbleibenden Alterna-

[369] Dazu sogleich S. 235 ff. dieser Arbeit.

tiven, die anhand relevanter Attribute vorgenommen wird. Systeme Künstlicher Intelligenz verfügen hierbei über die Fähigkeit, umfangreiche Datenbestände zu verarbeiten und entweder durch numerische Bewertung oder vergleichende Rangordnungen eine fundierte Entscheidungsgrundlage zu schaffen. Hervorzuheben ist die konsistente Einhaltung des Erforderlichkeitsgrundsatzes, da Algorithmen sicherstellen, dass unter gleich effektiven Alternativen stets die mildeste Maßnahme gewählt wird.

Die eigentliche Gewichtung der entscheidungserheblichen Attribute, die den Kern der Abwägung bildet, stellt einen komplexen Prozess dar, der sowohl menschliche als auch maschinelle Entscheider vor Herausforderungen stellt. Während menschliche Akteure oft intuitiv oder heuristisch agieren, orientieren sich Systeme Künstlicher Intelligenz an gewichteten Mustern, die aus bestehenden Entscheidungen extrahiert wurden. Auch wenn diesen Systemen subjektive Werte wie Ethik oder Moralvorstellungen fehlen, können sie durch programmierte oder maschinell trainierte Zweifelsregeln Ergebnisse erzielen, die mit den normativen Anforderungen der Rechtsordnung in Einklang stehen. Diese Vorgehensweise minimiert strukturelle Subjektivität und erfüllt somit den Anspruch an eine rationale und sachgerechte Entscheidungsfindung. Im abschließenden Schritt, in dem zwischen mehreren rechtlich vertretbaren Optionen gewählt werden muss, zeigt sich, dass Künstliche Intelligenz kognitionspsychologisch fundierte Entscheidungsregeln heranziehen kann.

Gleichwohl ist zu konstatieren, dass ein Ermessensfehlgebrauch, insbesondere infolge von Datenverzerrungen, nicht vollständig ausgeschlossen werden kann. Regelmäßige Tests und Validierungen der Systeme *ex post* sind unabdingbar, um die Rechtmäßigkeit der Entscheidungen zu gewährleisten und Diskriminierungen im Sinne des Art. 3 Abs. 3 GG effektiv zu verhindern.

Insgesamt zeigt sich, dass Künstliche Intelligenz über das methodische Potenzial verfügt, Abwägungsentscheidungen sachgerecht und normkonform zu treffen. Dennoch erfordert ihre Integration in rechtsstaatliche Entscheidungsprozesse die Etablierung rigoroser Kontrollmechanismen, um langfristig eine rechtliche und ethische Akzeptanz sicherzustellen.

D. Anhörung des Betroffenen und Bekanntgabe des Verwaltungsakts – zugleich zu § 28 VwVfG NRW und § 41 VwVfG NRW

In Bezug auf die Anhörungspflicht gemäß § 28 VwVfG NRW sowie die Bekanntgabe des Verwaltungsaktes gemäß § 41 VwVfG NRW ergeben sich im Kontext des Referenzfalls keine rechtlichen Bedenken, die einer vertieften Darstellung bedürften. Deshalb soll die folgende Erörterung auf gebotene Kürze komprimiert werden.

Grundsätzlich ist vor Erlass eines Verwaltungsaktes, der in die Rechte eines Beteiligten eingreift, diesem gemäß § 28 Abs. 1 VwVfG NRW Gelegenheit zu geben, sich zu den entscheidungserheblichen Tatsachen zu äußern. Von der *Anhörung* kann jedoch gemäß § 28 Abs. 2 Nr. 1 VwVfG NRW abgesehen werden, wenn eine sofortige Entscheidung wegen Gefahr im Verzug oder im öffentlichen Interesse notwendig erscheint. Gefahr im Verzug besteht, wenn selbst unter Berücksichtigung kürzester Anhörungsfristen ein Zeitverlust entstünde, der mit hoher Wahrscheinlichkeit dazu führte, dass die behördliche Maßnahme nicht mehr rechtzeitig erfolgen könnte, um ihren Zweck zu erfüllen.[370] Hätte der Polizeiroboter den deutschen Rugbyfan angehört, bestünde eine hohe Wahrscheinlichkeit, dass die andere Person bereits geschlagen worden wäre, sodass die Platzverweisung zur Abwehr dieser Gefahr zu spät erlassen worden wäre. Infolgedessen ist hier von Gefahr im Verzug auszugehen, wodurch die Anhörung entbehrlich wird.

Der Verwaltungsakt ist dem Betroffenen bekanntzugeben. Eine *Bekanntgabe* erfolgt durch die Eröffnung des Verwaltungsaktes[371], d.h. die Schaffung eines Zustands, in dem es lediglich vom Willen des Empfängers abhängt, ob er vom Inhalt des Verwaltungsakts Kenntnis nimmt.[372] Im Referenzfall hat der Polizeiroboter dem deutschen Rugbyfan die Platzverweisung verbal mitgeteilt, sodass auch eine Bekanntgabe vorliegt.

In Anbetracht der geschilderten Sachlage ergeben sich weder im Hinblick auf die Anhörung des Betroffenen noch auf die Bekanntgabe des Verwaltungsaktes rechtliche Bedenken.[373]

---

[370] BVerwG, NVwZ 1984, 577; *Herrmann*, in: BeckOK VwVfG, 69. Edition, § 28 VwVfG Rn. 24 (Stand Oktober 2025); *Kallerhoff/Mayen*, in: Stelkens/Bonk/Sachs, VwVfG, 10. Auflage 2023, § 28 VwVfG Rn. 51; *Schneider*, in: Schoch/Schneider, VwVfG, 7. EGL, § 28 VwVfG Rn. 59 (Stand Juli 2020).

[371] BVerwGE 22, 14; 29, 329.

[372] *Tiedemann*, in: BeckOK VwVfG, 69. Edition, § 41 VwVfG Rn. 3 (Stand Oktober 2025); ähnliche Definition bei *Baer/Wiedmann*, in: Schoch/Schneider, VwVfG, 7. EGL, § 41 VwVfG Rn. 14 (Stand Juli 2024). Im Ergebnis auch bei BVerwG, NVwZ 2021, 896 Rn. 18 f.; *Stelkens*, in: Stelkens/Bonk/Sachs, VwVfG, 10. Auflage 2023, § 41 VwVfG Rn. 1.

[373] In der überwiegenden Zahl polizeilicher Einsätze entfällt aufgrund bestehender Gefahr im Verzug – wie im Referenzfall – eine Anhörung des Betroffenen. Sofern im Ausnahmefall gleichwohl eine Anhörung gemäß § 28 VwVfG NRW erforderlich sein sollte, stellt sich die Frage, inwieweit Künstliche Intelligenz den damit einhergehenden Anforderungen gerecht werden kann. Während die rein verbale Einräumung der Möglichkeit zur Stellungnahme sowie die Wiedergabe des Verfahrensgegenstands (dazu vertiefend *Bartels*, Die Anhörung Beteiligter im Verwaltungsverfahren, 1985, S. 69 ff. und *Bredemeier*, Kommunikative Verfahrenshandlungen im deutschen und europäischen Verwaltungsrecht, 2007, S. 66 ff.) durch vortrainierte Dialogmuster relativ unproblematisch abgebildet werden können, erweist sich die tatsächliche Verarbeitung und „ernsthafte Berücksichtigung" des Vortrags des Betroffenen als deutlich anspruchsvoller. Hierzu bedarf es der Fähigkeit der KI-Systeme, in einen Kommunikationsprozess mit Menschen einzutreten und situativ auf deren Aussagen zu reagieren. Ein

E. Begründung der Entscheidung – zugleich zu § 39 VwVfG NRW

Nach der ordnungsgemäßen Ermittlung des Sachverhalts, der Subsumtion unter den Tatbestand sowie der Ausübung des Ermessens und der sich anschließenden Bekanntgabe obliegt es dem Polizeiroboter zuletzt, seine Entscheidung zum Erlass einer Platzverweisung zu begründen. Die fundamentale Verpflichtung zur Offenlegung des Entscheidungsgehalts wurzelt im rechtsstaatlichen Transparenzgebot[374] und dient primär der Rekonstruierbarkeit staatlicher Machtausübung zur Herstellung von Rechtssicherheit und Verlässlichkeit.[375] Überdies ermöglicht die Ver-

---

Blick in die Praxis zeigt, dass KI-Systeme, etwa „ChatGPT" oder andere Chatbots, bereits jetzt bemerkenswerte Fortschritte erzielt haben: Die erfolgreiche Bewältigung des sogenannten Turing-Tests (siehe S. 23 ff. dieser Arbeit) veranschaulicht, dass Künstliche Intelligenz grundsätzlich in der Lage ist, menschliche Gesprächspartner zu „verstehen". Nun dient die Anhörung des Betroffenen vorrangig der Sachverhaltsaufklärung, um Fehlern vorzubeugen, die ihren Ursprung in mangelnder Kenntnis des Sachvortrags der Beteiligten haben, *Lorenz*, DÖV 2024, 219, 220 m. w. N. Die Künstliche Intelligenz wird hierbei vielfach mit juristisch-laienhaft formulierten Schilderungen konfrontiert, die sie zunächst in ihre Einzelelemente zergliedern und anschließend den bereits festgestellten Tatsachen entsprechend zuordnen muss, bevor sie im nächsten Schritt darüber entscheidet, welche dieser Tatsachen sie letztlich ihrer Entscheidung zugrunde legt. Letztere Entscheidungsfindung, die – sofern die zeitlichen Rahmenbedingungen es zulassen – gegebenenfalls durch zusätzliche, im Ermessen des Anhörenden initiierte Nachforschungen oder Befragungen ergänzt werden kann (zum (Verfahrens-)Ermessen bereits S. 150 ff. dieser Arbeit), beruht auf einer Vielzahl von Faktoren: So ist insbesondere die Wahrscheinlichkeit der Wahrheit einer Aussage, in Relation zu dem selbst beobachteten Sachverhalt, zu berücksichtigen. Ferner bedarf es einer Verknüpfung mit den erfassten emotionalen Nuancen („Emotionserkennung") des Gesagten sowie eine Bewertung im Lichte individueller Erfahrungswerte des Anhörenden. Diese Erfordernisse weichen in ihren methodischen Anforderungen nicht von jenen ab, die bereits im Rahmen der Ausführungen zur Sachverhaltsermittlung, Subsumtion und Ermessensausübung thematisiert wurden; so muss die Künstliche Intelligenz bei der Prognose einer Gefahr Wahrscheinlichkeiten berechnen (S. 114 ff. dieser Arbeit), bei der Deutung menschlichen Verhaltens Emotionen analysieren (S. 99 ff. dieser Arbeit) oder bei einer Ermessensentscheidung auf Erfahrungswerte zurückgreifen (S. 153 ff. dieser Arbeit). Deshalb ist für Künstlicher Intelligenz auch die „ernsthafte Berücksichtigung" der Aussagen des Betroffenen im Rahmen einer Anhörung realisierbar.

[374] BVerfGE 6, 32 (44 f. Rn. 39 f.); 40, 276 (286); 49, 24 (66 f. Rn. 143); 119, 181 (229 Rn. 157); *Meyer*, ZRP 2018, 233, 237; *Schuler-Harms*, in: Schoch/Schneider, VwVfG, 7. EGL, § 39 VwVfG Rn. 13 (Stand April 2022); *Schulze-Fielitz*, in: Dreier, GG, Bd. 2, 3. Auflage 2015, Art. 20 GG (Rechtsstaat) Rn. 210; *Sommermann*, in: Huber/Voßkuhle, GG, Bd. 2, 8. Auflage 2024, Art. 20 GG Rn. 303a, 306; *Spiecker gen. Döhmann*, in: Kischel/Kube, HStR, Bd. 1, 2023, § 20 Digitalisierung, Informationsgesellschaft, Massendaten Rn. 18; *Pautsch*, in: Pautsch/Hoffmann, VwVfG, 2. Auflage 2021, § 39 VwVfG Rn. 2.

[375] *Aupperle et al.*, Künstliche Intelligenz, Internetdokument 2018, S. 4; *Balkow/Eckhardt*, Transparenz und Nachvollziehbarkeit algorithmischer Systeme, Internetdokument 2019, S. 9; *Debus*, in: BeckOK Informations- und Medienrecht, 50. Edition, § 1 IFG Rn. 22 (Stand November 2025); *Guggenberger*, NVwZ 2019, 844, 850; *Gurlit*, DVBl 2003, 1119, 1126; *Martini et al.*, Blackbox Algorithmus – Grundfragen einer Regulierung Künstlicher Intelligenz, 2019, S. 68 ff.; *Schmidt-Aßmann*, in: Isensee/Kirchhof, HStR, Bd. 2., 3. Auflage 2004,

schriftlichung der entscheidungsleitenden Determinanten eine effektive Fremdkontrolle durch Aufsichtsbehörden, Gerichte[376] und die Betroffenen[377]. Als Ausdruck des rechtsstaatlichen Gebotes und in Ermangelung spezifischer polizeirechtlicher Bestimmungen zur Begründung von Verwaltungsakten ist § 39 VwVfG NRW auf Verwaltungsakte im Rahmen polizeilichen Handelns, wie etwa solche gemäß § 34 Abs. 1 PolG NRW, anzuwenden.[378]

I. Unterliegt der Polizeiroboter bei Erlass einer Platzverweisung einer Begründungspflicht?

Gemäß § 39 Abs. 1 S. 1 Var. 1 und Var. 2 VwVfG NRW sind schriftliche und elektronische Verwaltungsakte zu begründen. Im Referenzfall jedoch erfolgte der Erlass der Platzverweisung durch den Polizeiroboter verbal, also weder in schrift-

---

§ 26 Der Rechtsstaat Rn. 76; *Schneeberger*, Machine Learning in der Verwaltung, 2024, S. 44; *Schuler-Harms*, in: Schoch/Schneider, VwVfG, 7. EGL, § 39 VwVfG Rn. 5 (Stand April 2022); *Sommermann*, in: Huber/Voßkuhle, GG, Bd. 2, 8. Auflage 2024, Art. 20 GG Rn. 303a. Unter anderem wie folgt bezeichnet: „Transparency is seen as one oft he bastions of democracy, liberal government, accountability and restraint on arbitrary or self-interested exercise of power.", in *Edwards/Veale*, Slave to the Algorithm? Why a „Right to an Explanation" is probably not the remedy you are looking for, Internetdokument 2017, S. 39.

[376] BVerfGE 110, 33 (54 Rn. 110); *Kugele*, VwVfG Kommentar, 2014, § 39 VwVfG Rn. 2; *Müller*, in: Huck/Müller, VwVfG, 4. Auflage 2025, § 39 VwVfG Rn. 3; *Pautsch*, in: Pautsch/Hoffmann, VwVfG, 2. Auflage 2021, § 39 VwVfG Rn. 3; *Ruffert*, in: Knack/Henneke, VwVfG, 11. Auflage 2020, § 39 VwVfG Rn. 10; *Schneeberger*, Machine Learning in der Verwaltung, 2024, S. 44; *Schuler-Harms*, in: Schoch/Schneider, VwVfG, 7. EGL, § 39 VwVfG Rn. 6 (Stand April 2022); *Schwarz*, in: Fehling/Kastner/Strömer, Verwaltungsrecht, 5. Auflage 2021, § 39 VwVfG Rn. 13; *Stelkens*, in: Stelkens/Bonk/Sachs, VwVfG, 10. Auflage 2023, § 39 VwVfG Rn. 1; *Stuhlfauth*, in: Obermayer/Funke-Kaiser, VwVfG, 6. Auflage 2020, § 39 VwVfG Rn. 5; *Tiedemann*, in: BeckOK VwVfG, 69. Edition, § 39 VwVfG Rn. 7, 9 (Stand Oktober 2025).

[377] BVerfGE 6, 32 (44 Rn. 32); *Guggenberger*, NVwZ 2019, 844, 850; *Ramsauer*, in: Kopp/Ramsauer, VwVfG, 26. Auflage 2025, § 39 VwVfG Rn. 4; *Schmidt-Aßmann*, in: Isensee/Kirchhof, HStR, Bd. 2, 3. Auflage 2004, § 26 Der Rechtsstaat Rn. 76; *Schwarz*, in: Fehling/Kastner/Strömer, Verwaltungsrecht, 5. Auflage 2021, § 39 VwVfG Rn. 12; *Sommermann*, in: Huber/Voßkuhle, GG, Bd. 2, 8. Auflage 2024, Art. 20 GG Rn. 303a, 306; *Stelkens*, in: Stelkens/Bonk/Sachs, VwVfG, 10. Auflage 2023, § 39 VwVfG Rn. 1; *Stuhlfauth*, in: Obermayer/Funke-Kaiser, VwVfG, 6. Auflage 2020, § 39 VwVfG Rn. 4; *Ziekow*, Verwaltungsverfahrensgesetz Kommentar, 4. Auflage 2019, § 39 VwVfG Rn. 1.

[378] Entspricht den landesrechtlichen Regelungen § 39 Abs. 1 LVwVfG (Baden-Württemberg); Art. 39 Abs. 1 BayVwVfG; § 39 Abs. 1 HmbVwVfG; § 39 Abs. 1 HVwVfG (Hessen); § 39 Abs. 1 VwVfG M-V; § 39 Abs. 1 SVwVfG (Saarland); § 109 Abs. 1 LVwG (Schleswig-Holstein); § 39 Abs. 1 ThürVwVfG und der bundesgesetzlichen Regelung § 39 Abs. 1 VwVfG (Bund). Dynamische Verweisungen auf die bundesgesetzliche Regelung finden sich in § 1 Abs. 1 BlnVwVfG; § 1 Abs. 1 S. 1 VwVfG Bbg; § 1 Abs. 1 BremVwVfG; § 1 Abs. 1 NVwVfG; § 1 Abs. 1 LVwVfG RP; § 1 S. 1 SächsVwVfG; § 1 Abs. 1 S. 1 VwVfG LSA.

licher Form noch durch Generierung eines digitalen Dokuments[379], was eine Begründung entbehrlich erscheinen lässt. Ungeachtet dieser initialen Feststellung erstreckt sich das Erfordernis einer Begründung gemäß § 39 Abs. 1 S. 1 Var. 3 und Var. 4 VwVfG NRW ebenfalls auf *bestätigte* Verwaltungsakte, unabhängig ihrer ursprünglichen Erlassform. Der Anspruch des Betroffenen auf eine solche Bestätigung des Verwaltungsaktes – und damit die behördliche Verpflichtung zur Erstellung einer Begründung – erstreckt sich nach § 37 Abs. 2 S. 2 VwVfG NRW[380] insbesondere auf *mündlich* erlassene Verwaltungsakte, jedoch nicht auf solche, die gemäß § 37 Abs. 2 S. 1 Var. 4 VwVfG NRW *„in sonstiger Weise"* erlassen wurden.[381] Vor diesem Hintergrund ist die Beurteilung, ob im Referenzfall[382] eine Begründung nach § 39 VwVfG NRW zu erstellen ist, untrennbar mit der Frage verflochten, ob die durch den Polizeiroboter verhängte Platzverweisung als mündlicher oder als „in sonstiger Weise" erlassener Verwaltungsakt zu qualifizieren ist.

1. Erfüllt ein verbal-maschineller Erlass eines Verwaltungsakts den Modus der „Mündlichkeit" im Sinne des § 37 Abs. 2 VwVfG NRW?

Die Differenzierung der letztgenannten Erlassmodi erfolgt über die Auslegung des Begriffs der Mündlichkeit, da die Formulierung „in sonstiger Weise" als Auffangtatbestand dient, der nur dann zur Anwendung gelangt, wenn der Erlass des Verwaltungsaktes weder schriftlich, elektronisch noch mündlich erfolgt ist.

Der Terminus „mündlich" leitet sich etymologisch von dem Begriff „Mund" ab, der allgemeinsprachlich die in der unteren Hälfte des menschlichen Gesichts befindliche, durch Lippen und Mundhöhle gebildete Öffnung bezeichnet, die zur

[379] Zur detaillierten Definition des elektronischen Verwaltungsaktes *Ruffert*, in: Knack/Henneke, VwVfG, 11. Auflage 2020, § 37 VwVfG Rn. 53; *Schröder*, in: Schoch/Schneider, VwVfG, 7. EGL, § 37 VwVfG Rn. 59 f. (Stand November 2024); *Stelkens*, in: Stelkens/Bonk/Sachs, VwVfG, 10. Auflage 2023, § 37 VwVfG Rn. 64; *Tiedemann*, in: BeckOK VwVfG, 69. Edition, § 37 VwVfG Rn. 30 (Stand Oktober 2025).

[380] Entspricht den landesrechtlichen Regelungen § 37 Abs. 1 und Abs. 2 LVwVfG (Baden-Württemberg); Art. 37 Abs. 1 und Abs. 2 BayVwVfG; § 37 Abs. 1 und Abs. 2 HmbVwVfG; § 37 Abs. 1 und Abs. 2 HVwVfG (Hessen); § 37 Abs. 1 und Abs. 2 VwVfG M-V; § 37 Abs. 1 und Abs. 2 SVwVfG (Saarland); § 108 Abs. 1 und Abs. 2 LVwG (Schleswig-Holstein); § 37 Abs. 1 und Abs. 2 ThürVwVfG und der bundesgesetzlichen Regelung § 37 Abs. 1 und Abs. 2 VwVfG (Bund). Dynamische Verweisungen auf die bundesgesetzliche Regelung finden sich in § 1 Abs. 1 BlnVwVfG; § 1 Abs. 1 S. 1 VwVfG Bbg; § 1 Abs. 1 BremVwVfG, § 1 Abs. 1 NVwVfG; § 1 Abs. 1 LVwVfG RP; § 1 S. 1 SächsVwVfG; § 1 Abs. 1 S. 1 VwVfG LSA.

[381] Freilich kann die Behörde auch „in sonstiger Weise" erlassene Verwaltungsakte aus eigenem Antrieb bestätigen. Da ein solche Eigeninitiative jedoch unwahrscheinlich ist, wird auf den Anspruch des Betroffenen abgestellt.

[382] Der Referenzfall endete nach Aussprache der Platzverweisung. Allerdings wäre ein Bestätigungsverlangen durch den deutschen Rugbyfan sowohl sofort vor Ort als auch unverzüglich nach Einholung eines etwaigen Rechtsrates noch möglich.

Nahrungsaufnahme und Bildung sprachlicher Laute dient.[383] Ein Verwaltungsakt wird gemäß der lexikalischen Bedeutung demnach als mündlich erlassen qualifiziert, wenn er durch den menschlichen Mund in Form gesprochener Worte kommuniziert wird.[384] Nach vorherrschender Ansicht ist der Erlass eines Verwaltungsaktes auch dann (fern-)mündlich erfolgt, wenn eine Person den Verwaltungsakt zunächst artikuliert, bevor er über eine synthetische Lautsprecherstimme unverzüglich[385] künstlich reproduziert wird. Dies schließt Fälle ein, in denen der Erlass eines Verwaltungsaktes beispielsweise telefonisch oder durch öffentliche Durchsage erfolgt.[386]

Im Referenzfall offenbart sich der Erlass der Platzverweisung als Verwaltungsakt, der zwar mittels einer Lautsprecherstimme, wie bei einem telefonischen Erlass, *verbal*, d. h. mithilfe menschlicher Sprache, jedoch ohne vorgelagerte menschliche Äußerung, rein *mechanisiert* erfolgt. Da allerdings in § 37 Abs. 2 S. 2 VwVfG NRW explizit der Begriff „mündlich" und nicht „verbal" normiert wurde, lässt sich im Rahmen der Wortlautauslegung feststellen, dass die Mündlichkeit des in Rede stehenden Erlasses – um es anschaulich zu formulieren – aufgrund des Fehlens eines menschlichen Mundes beim Polizeiroboter zu verneinen ist. Im Wege einer historisch-teleologischen Auslegung des Terminus „mündlich" könnte sich eine andere Interpretation ergeben, wenn man in Betracht zieht, dass der Gesetzgeber zum Zeitpunkt der Entstehung des VwVfG, das im Jahre 1973 für den Bund und 1976 für Nordrhein-Westfalen kodifiziert wurde, möglicherweise den verbal-maschinellen Erlass von Verwaltungsakten aufgrund des damals limitierten technischen Fortschritts noch *nicht vorhergesehen hat*. Dann besteht die Möglichkeit, dass mit der spezifischen Verwendung des Begriffs „mündlich" tatsächlich eine umfassende Erfassung *verbal* erlassener Verwaltungsakte intendiert war, unabhängig davon, ob diese zukünftig auch maschinell erlassen werden könnten. Der Landesgesetzgeber richtete im Jahr 1976, wie aus der Gesetzesbegründung hervorgeht, sein Augenmerk hinsichtlich technischer Verwaltungsakte ausschließlich auf Verkehrs-

---

[383] Digitales Wörterbuch der deutschen Sprache, „Mund", Internetdokument; Duden, „Mund", Internetdokument.

[384] Ähnlich *Schröder*, in: Schoch/Schneider, VwVfG, 7. EGL, § 37 VwVfG Rn. 63 (Stand November 2024); *Tiedemann*, in: BeckOK VwVfG, 69. Edition, § 37 VwVfG Rn. 26 (Stand Oktober 2025).

[385] Das verzögerte Abspulen aufgenommener menschlicher Stimmen soll hingegen ein Verwaltungsakt darstellen, der „in sonstiger Weise" erlassen wurde, *Stelkens*, in: Stelkens/Bonk/Sachs, VwVfG, 10. Auflage 2023, § 37 VwVfG Rn. 75.

[386] VGH Mannheim NVwZ 1992, 898; VGH München, BayVBl 2000, 149 (150); OVG Münster, Beschl. v. 27.10.1995 – 10 B 2720/95 – juris Rn. 5; *Schröder*, in: Schoch/Schneider, VwVfG, 7. EGL, § 37 VwVfG Rn. 64 (Stand November 2024); *Stelkens*, in: Stelkens/Bonk/Sachs, VwVfG, 10. Auflage 2023, § 37 VwVfG Rn. 78. BFHE 118, 426 ff. in Bezug auf § 91 AO; a. A. nach welcher der telefonisch erlassene Verwaltungsakt dem mündlichen nur gleichstehen soll *Ruffert*, in: Knack/Henneke, VwVfG, 11. Auflage 2020, § 37 VwVfG Rn. 45; *Stuhlfauth*, in: Obermayer/Funke-Kaiser, VwVfG, 6. Auflage 2020, § 37 VwVfG Rn. 20; *Tiedemann*, in: BeckOK VwVfG, 69. Edition, § 37 VwVfG Rn. 33 (Stand Oktober 2025).

ampeln, die Verwaltungsakte durch Lichtsignale vollständig automatisiert erlassen.[387] *Verbal*-maschinell erlassene Verwaltungsakte fanden in der Gesetzesbegründung hingegen keinen Niederschlag[388], was darauf hindeutet, dass die Normierung der Mündlichkeit des Erlasses – etymologisch charakterisiert durch ihren menschlichen Einschlag – jedenfalls nicht bewusst zur Abgrenzung verbal-menschlicher Verwaltungsakte von verbal-maschinellen Verwaltungsakte erfolgte. Vielmehr scheint die Normierung des Begriffs „mündlich" darauf abzuzielen, verbale, d. h. durch Sprache artikulierte, Verwaltungsakte von „in sonstiger Weise" erlassenen Verwaltungsakten abzugrenzen, die sich nicht der Sprache als Erlassmodus bedienen. Diese Interpretation wird dadurch bestätigt, dass der Landesgesetzgeber für „in sonstiger Weise" erlassene Verwaltungsakte exemplarisch ausschließlich jene Verwaltungsakte anführte, die ohne Verwendung von Sprache, sondern mittels Zeichen, Lichtsignalen oder konkludentem Handeln erlassen werden.[389] Eine historisch-teleologische Auslegung legt deshalb nahe, dass der Gesetzgeber die Möglichkeit des verbal-maschinellen Erlasses von Verwaltungsakten nicht bedacht hat und tatsächlich beabsichtigte, jegliche Art von verbal erlassenen Verwaltungsakten als „mündlich" zu qualifizieren.

Eine abschließende Beantwortung der Frage, ob verbal-maschinell erlassene Verwaltungsakte „mündlich" im Sinne des § 37 Abs. 2 S. 2 VwVfG NRW erfolgen, mag jedoch unentschieden bleiben, sofern sich – stufte man verbal-maschinelle Verwaltungsakte als „in sonstiger Weise" erlassen ein – aus einer analogen Anwendung des § 37 Abs. 2 S. 2 VwVfG NRW ausnahmsweise in Bezug auf „in sonstiger Weise" erlassene Verwaltungsakte ein Bestätigungsanspruch des Betroffenen ergibt.

2. Analoge Anwendung des § 37 Abs. 2 S. 2 VwVfG NRW auf verbal-maschinell erlassene Verwaltungsakte bei Qualifizierung als „in sonstiger Weise" erlassene Verwaltungsakte?

Eine analoge Anwendung des § 37 Abs. 2 S. 2 VwVfG[390] auf verbal-maschinell erlassene Verwaltungsakte – sofern diese als „in sonstiger Weise" erlassene Ver-

[387] LT-Drs. NRW 8/1396, S. 107; in Bezug auf den wortgleichen § 37 VwVfG des Bundes BT-Drs. 7/910, S. 58 („Zu Absatz 2" linke Seite).

[388] LT-Drs. NRW 8/1396, S. 107; in Bezug auf den wortgleichen § 37 VwVfG des Bundes, BT-Drs. 7/910, S. 58. Dass Maschinen mündliche Verwaltungsakte erlassen können, hatte der Gesetzgeber auch bei der Änderung des § 37 VwVfG (NRW) unter Einfügung des elektronischen Verwaltungsaktes noch nicht im Blick, BT-Drs. 14/9000, S. 33; LT-Drs. NRW 13/4986, S. 72.

[389] LT-Drs. NRW 8/1396, S. 107; in Bezug auf den wortgleichen § 37 VwVfG des Bundes BT-Drs. 7/910, S. 58 („Zu Absatz 2" rechte Seite).

[390] Eine Analogie zu § 37 Abs. 2 S. 2 VwVfG auf „in sonstiger Weise" erlassene Verwaltungsakte situationsbezogen anerkennend *Schröder*, in: Schoch/Schneider, VwVfG, 7. EGL, § 37 VwVfG Rn. 66 (Stand November 2024); *Stelkens*, in: Stelkens/Bonk/Sachs, VwVfG,

waltungsakte qualifiziert werden – setzt das Vorliegen einer planwidrigen Regelungslücke und einer vergleichbaren Interessenlage voraus.[391] Eine planwidrige Regelungslücke ist im Wege der historischen und teleologischen Auslegung zu erschließen, indem untersucht wird, ob das Gesetz, gemessen an seiner eigenen Regelungsabsicht, eine ungewollte Unvollständigkeit birgt – also ob der Gesetzgeber etwas Regelungsbedürftiges unbeabsichtigt übersehen hat.[392] Folglich besteht eine Regelungslücke nicht, wenn bestimmte Tatbestände und Sachverhalte bewusst nicht in die Regelung aufgenommen wurden, da gemäß der Regelungsidee die intendierten Rechtsfolgen für diese Konstellationen gerade nicht eintreten sollten.[393]

Wie aus der Gesetzesbegründung zu § 37 Abs. 2 S. 2 VwVfG hervorgeht, hat der Landesgesetzgeber Verwaltungsakte, die „in sonstiger Weise“ erlassen wurden, explizit vom Bestätigungsanspruch des Betroffenen ausgenommen, da sie – ohne weitere Begründung – einer Bestätigung nicht zugänglich seien. Exemplarisch für „in sonstiger Weise“ erlassene Verwaltungsakte nennt er ausschließlich jene, die (nonverbal) mittels Zeichen oder durch unmittelbares Handeln erlassen werden.[394] Hinsichtlich verbal-maschinell erlassener Verwaltungsakte findet sich indes keine explizite Erwähnung durch den Landesgesetzgeber, die darauf hindeuten könnte, dass sie vom Bestätigungsanspruch auszunehmen sind. Zudem lässt sich teleologisch kaum begründen, weshalb ein verbal-maschinell erlassener Verwaltungsakt im Gegensatz zu einem durch den Menschen verbal erlassenen Verwaltungsakt keiner Bestätigung zugänglich sein sollte. Diese Analyse, welche die Planwidrigkeit der Reglungslücke nahelegt, knüpft unmittelbar an die Beurteilung des Vorliegens einer vergleichbaren Interessenlage an. Sowohl verbal-menschliche als auch verbal-maschinelle Verwaltungsakte werden nicht nur durch die Artikulation von Sprache wesentlich gleich erlassen, sondern rufen bei dem Betroffenen auch ein vergleichbares Interesse an ihrer Bestätigung hervor. Beide Erlassmodi sind primär durch ihre Flüchtigkeit und die damit verbundene schwierige Beweisbarkeit[395] geprägt,

---

10. Auflage 2023, § 37 VwVfG Rn. 91 f.; *Tegethoff*, in: Kopp/Ramsauer, VwVfG, 26. Auflage 2025, § 37 VwVfG Rn. 22; *Tiedemann*, in: BeckOK VwVfG, 69. Edition, § 37 VwVfG Rn. 36 (Stand Oktober 2025). Sich nicht festlegend *Stuhlfauth*, in: Obermayer/Funke-Kaiser, VwVfG, 6. Auflage 2020, § 37 VwVfG Rn. 22.

[391] BGH, GRUR 2002, 238, 241; BGH, NJW 2007, 992, 993 Rn. 15; *Maus*, ZfPW 2023, 25; *Würdinger*, AcP 2006, 946, 949; vgl. *Larenz*, Methodenlehre der Rechtswissenschaft, 1960, S. 381.

[392] BGH, GRUR 2002, 238, 241; BGH, NJW 2007, 992, 993 Rn. 15; *Larenz*, Methodenlehre der Rechtswissenschaft, 1960, S. 373; *Maus*, ZfPW 2023, 25, 28.

[393] *Canaris*, Die Feststellung von Lücken im Gesetz, 2. Auflage 1983, S. 39 f. m.w.N.; *Larenz*, Methodenlehre der Rechtswissenschaft, 1960, S. 370; *Maus*, ZfPW 2023, 25, 28 f.; *Würdinger*, AcP 2006, 946, 951.

[394] LT-Drs. NRW 8/1396, S. 107; in Bezug auf den wortgleichen § 37 VwVfG des Bundes BT-Drs. 7/910, S. 58 („Zu Absatz 2“ rechte Seite).

[395] Diese zwei Faktoren als Kriterien zur analogen Anwendung der Bestätigungspflicht erkennend, *Schröder*, in: Schoch/Schneider, VwVfG, 7. EGL, § 37 VwVfG Rn. 66 (Stand November 2024).

die beim Betroffenen das Bedürfnis nach einer beständigen bzw. „sicheren" Verkörperung des Verwaltungsaktes durch dessen Bestätigung wecken. Eine derartige Bestätigung ist für den Betroffenen von zentraler Bedeutung, um den lediglich verbal erfolgten Erlass des Verwaltungsaktes gegenüber Dritten oder einer anderen Behörde nachzuweisen oder sich über potenzielle Rechtsschutzmöglichkeiten zu informieren.[396] Dies gilt unabhängig davon, ob der Verwaltungsakt verbal durch einen Menschen oder durch eine Maschine erlassen wurde.

Somit ist festzuhalten, dass sowohl eine planwidrige Regelungslücke als auch eine vergleichbare Interessenlage bezüglich des Bestätigungsanspruchs verbal-maschinell erlassener Verwaltungsakte vorliegen. Deshalb ist § 37 Abs. 2 S. 2 VwVfG NRW auf verbal-maschinell erlassene Verwaltungsakte analog anzuwenden, sofern ebensolche Verwaltungsakte als „in sonstiger Weise" erlassen qualifiziert werden.

3. Zwischenergebnis

Dies führt, um zur Betrachtung des Referenzfalls zurückzukehren, dazu, dass der betroffene deutsche Rugbyfan einen Anspruch auf Bestätigung der vom Polizeiroboter verbal-maschinell erlassenen Platzverweisung gemäß § 37 Abs. 2 S. 2 VwVfG NRW hat. Dieser Anspruch besteht unmittelbar, falls der Verwaltungsakt als mündlich erlassen qualifiziert wird, oder in analoger Anwendung des § 37 Abs. 2 S. 2 VwVfG NRW, sollte der Verwaltungsakt als „in sonstiger Weise" erlassen betrachtet werden.

Unterstellt, der deutsche Rugbyfan würde gegenüber der Polizeibehörde den Bestätigungsanspruch geltend machen, verlangt § 39 Abs. 1 S. 1 Var. 3 und Var. 4 VwVfG, dass eine solche Bestätigung mit einer Begründung versehen wird.

II. Entbehrlichkeit der Begründung gemäß § 39 Abs. 2 Nr. 3 Var. 2 VwVfG NRW?

Sollte der betroffene deutsche Rugbyfan die Bestätigung der Platzverweisung verlangen, muss gefragt werden, ob eine Begründung des Verwaltungsakts ausnahmsweise gemäß § 39 Abs. 2 VwVfG NRW entbehrlich ist. Gemäß § 39 Abs. 2 Nr. 3 Var. 2 VwVfG NRW bedarf es einer Begründung nicht, wenn die Behörde Verwaltungsakte mit Hilfe automatischer Einrichtungen erlässt und die Begründung nach den Umständen des Einzelfalls nicht geboten ist.[397]

---

[396] BT-Drs. 7/910, S. 58 („Zu Absatz 2" rechte Seite).

[397] Kritisch zu § 39 Abs. 2 Nr. 3 VwVfG im Allgemeinen, *Schuler-Harms*, in: Schoch/Schneider, VwVfG, 7. EGL, § 39 VwVfG Rn. 89 (Stand November 2024). Für eine Aufhebung der Norm plädierend, *Guckelberger*, VVDStRL 2019, 235, 274; *Siegel*, DVBl 2020, 552, 556.

Im Referenzfall hat die Behörde die Platzverweisung durch den Polizeiroboter, der, wie bereits festgestellt, als „automatische Einrichtung“ zu qualifizieren ist[398], vollständig automatisiert, d.h. auch „mit Hilfe“ automatischer Einrichtungen[399], erlassen. Die Begründung eines „mit Hilfe“ automatischer Einrichtungen erlassenen Verwaltungsaktes ist allerdings nur dann entbehrlich, wenn sie nach den Umständen des Einzelfalls nicht geboten ist. Nicht geboten ist eine Begründung in Bezug auf § 39 Abs. 2 Nr. 1 und Nr. 2 VwVfG nur dann, wenn der Verwaltungsakt lediglich begünstigende Wirkung entfaltet, wenn der Betroffene die Gründe bereits kennt oder wenn die Gründe aus der Entscheidung ohne weiteres erkennbar sind.[400] Der Erlass einer Platzverweisung stellt jedoch einen belastenden Verwaltungsakt dar, dessen Erlassgründe nie ohne weiteres erkennbar sind, da es insbesondere einer Prognoseentscheidung und der Ausübung von Ermessen bedarf.[401] Eine Begründung ist demnach bei einer vollständig automatisiert durch einen Polizeiroboter erlassenen Platzverweisung nicht entbehrlich.[402]

---

[398] Siehe S. 65 ff. dieser Arbeit.

[399] Siehe S. 67 ff. dieser Arbeit. Noch einmal in Bezug auf § 39 VwVfG betonend, dass vollständig automatisierte Verwaltungsakte stets solche sind, die „mit Hilfe“ automatischer Einrichtungen erlassen wurden, *Stelkens*, in: Stelkens/Bonk/Sachs, VwVfG, 10. Auflage 2023, § 39 VwVfG Rn. 97.

[400] *Pautsch*, in: Pautsch/Hoffmann, VwVfG, 2. Auflage 2021, § 39 VwVfG Rn. 17; *Ruffert*, in: Knack/Henneke, VwVfG, 11. Auflage 2020, § 39 VwVfG Rn. 48; *Schuler-Harms*, in: Schoch/Schneider, VwVfG, 7. EGL, § 39 VwVfG Rn. 89 (Stand April 2022); *Tiedemann*, in: BeckOK VwVfG, 69. Edition, § 39 VwVfG Rn. 84 (Stand Oktober 2025). *Fehling*, DÖV 2025, 321, 325 spricht von einer sehr engen Auslegung dieser Ausnahme.

[401] Vgl. in Hinblick auf die stärkere Beachtung der zweiten Voraussetzung des Entbehrlichkeitsgrundes *Guckelberger*, DÖV 2021, 566, 574; *Müller*, in: Huck/Müller, VwVfG, 4. Auflage 2025, § 39 VwVfG Rn. 14; schon *Polomski*, Der automatisierte Verwaltungsakt, 1993, S. 86, 166; *Ruffert*, in: Knack/Henneke, VwVfG, 11. Auflage 2020, § 39 VwVfG Rn. 48; *Schuler-Harms*, in: Schoch/Schneider, VwVfG, 7. EGL, § 39 VwVfG Rn. 89 (Stand April 2022); *Stuhlfauth*, in: Obermayer/Funke-Kaiser, VwVfG, 6. Auflage 2020, § 39 VwVfG Rn. 60 f.; *Tiedemann*, in: BeckOK VwVfG, 69. Edition, § 39 VwVfG Rn. 80 ff. (Stand Oktober 2025).

[402] Zu dem gleichen Ergebnis gelangt eine in der Literatur vertretene Auffassung, die für eine teleologische Reduktion der Norm plädiert, um die Unentbehrlichkeit einer Begründung für den Erlass eines Verwaltungsaktes durch automatische Einrichtungen zu konstruieren. So solle § 39 Abs. 2 Nr. 3 Var. 2 nur vor dem Hintergrund des Entwicklungsstandes der EDV-Systeme der 1970er Jahre zu verstehen sein, da es unvorstellbar gewesen sei, komplexere Verwaltungsakte mittels der damals existierenden Systeme zu erstellen (*Braun Binder*, DÖV 2016, 891, 895; *Siegel*, DVBl 2020, 552, 555; *Stelkens*, in: Stelkens/Bonk/Sachs, VwVfG, 10. Auflage 2023, § 39 VwVfG Rn. 97). Deshalb sei § 39 Abs. 2 Nr. 3 Var. 2 VwVfG dahingehend auszulegen, dass auch Verwaltungsakte, die „mit Hilfe“ automatischer Einrichtungen oder „vollständig durch automatische Einrichtungen erlassen“ wurden, der Begründungspflicht unterliegen (*Stelkens*, in: Stelkens/Bonk/Sachs, VwVfG, 10. Auflage 2023, § 39 VwVfG Rn. 97). Für eine solche teleologische Reduktion besteht allerdings aufgrund der Entbehrlichkeitsvoraussetzung der (fehlenden) Gebotenheit der Begründung in diesem Falle keine Notwendigkeit.

III. Zwischenergebnis

Es ist festzuhalten, dass eine durch den Polizeiroboter vollständig automatisiert erlassene Platzverweisung im Falle eines Bestätigungsverlangens des deutschen Rugbyfans einer Begründung bedarf. Folglich gilt es nunmehr, die Anforderungen an eine Begründung vollständig automatisiert erlassener Verwaltungsakte herauszuarbeiten (IV.) und zu erörtern, inwiefern eine Begründung des Polizeiroboters ebendiesen entsprechen kann (V.).

IV. Anforderungen an die Begründung vollständig automatisiert erlassener Verwaltungsakte

Die inhaltliche Tiefe der Begründung eines Verwaltungsaktes sind in Übereinstimmung mit den Bestimmungen des § 39 Abs. 1 S. 2 und 3 VwVfG NRW zu gestalten. Eine allgemeingültige Formulierung der Begründungstiefe lässt sich nicht vorgeben, da sie maßgeblich von den spezifischen Umständen des Einzelfalls[403] abhängt, die sich aus der Art des Verwaltungsaktes, dem jeweiligen Rechtsgebiet, den einschlägigen Rechtsvorschriften sowie aus den maßgeblichen tatsächlichen Umständen, wie etwa der Komplexität des Sachverhalts und der Eingriffsintensität für den Betroffenen, ergeben.[404]

Im Referenzfall erlässt der Polizeiroboter eine Platzverweisung, die den deutschen Rugbyfan dazu verpflichtet, das Sportgelände bis zum Ende der Veranstaltung zu verlassen. Dieser polizeiliche Verwaltungsakt zeichnet sich durch einen Eingriff in die allgemeine Handlungsfreiheit (Art. 2 Abs. 1 GG) aus, dessen Intensität sich nicht nur in der Dauer des Verweises für den gesamten Veranstaltungszeitraum manifestiert, sondern auch darin, dass das Gebot bei Nichtbefolgung mit polizeilichen Zwangsmaßnahmen gemäß §§ 55 ff. PolG NRW (durch einen Menschen) unmittelbar vollstreckt werden könnte. Trotz der scheinbaren Übersichtlichkeit des Sachverhalts im Referenzfall erfordert seine Bewertung eine zeitkritische Entscheidungsfindung, die sowohl eine Gefahrenprognose als auch einen Ab-

---

[403] BT-Drs. 7/910, S. 60; *Kugele*, VwVfG Kommentar, 2014, § 39 VwVfG Rn. 5; *Ruffert*, in: Knack/Henneke, VwVfG, 11. Auflage 2020, § 39 VwVfG Rn. 21; *Schuler-Harms*, in: Schoch/Schneider, VwVfG, 7. EGL, § 39 VwVfG Rn. 49 (Stand April 2022); *Schwarz*, in: Fehling/Kastner/Strömer, Verwaltungsrecht, 5. Auflage 2021, § 39 VwVfG Rn. 22; *Stelkens*, in: Stelkens/Bonk/Sachs, VwVfG, 10. Auflage 2023, § 39 VwVfG Rn. 43; *Stuhlfauth*, in: Obermayer/Funke-Kaiser, VwVfG, 6. Auflage 2020, § 39 VwVfG Rn. 19; *Tiedemann*, in: BeckOK VwVfG, 69. Edition, § 39 VwVfG Rn. 26 (Stand Oktober 2025); vgl. BVerwGE 12, 20 (25 f.); 19, 332 (336 f.).

[404] BVerwG 22, 215 (217); 38 191 (194); 84, 375 (388); VGH Kassel, NVwZ-RR 2006, 776, 778 f.; *Pautsch*, in: Pautsch/Hoffmann, VwVfG, 2. Auflage 2021, § 39 VwVfG Rn. 12; *Ruffert*, in: Knack/Henneke, VwVfG, 11. Auflage 2020, § 39 VwVfG Rn. 21; *Schuler-Harms*, in: Schoch/Schneider, VwVfG, 7. EGL, § 39 VwVfG Rn. 49 (Stand April 2022); *Tiedemann*, in: BeckOK VwVfG, 69. Edition, § 39 VwVfG Rn. 26 (Stand Oktober 2025).

wägungsvorgang im Rahmen der Ermessensentscheidung einschließt. Zusammengenommen bedingen diese Faktoren eine umfassende Begründung der Platzverweisung.

1. Darlegung der wesentlichen Entscheidungsgründe

In der soeben erarbeiteten Tiefe sind in der Begründung gemäß § 39 Abs. 1 S. 2 VwVfG NRW die wesentlichen tatsächlichen und rechtlichen Gründe mitzuteilen, die die Behörde zu ihrer Entscheidung bewogen haben. Als *wesentlich* gelten hierbei diejenigen Gründe, die aus der Sicht der Behörde die Entscheidung tragen[405]; eine Darstellung sämtlicher Details ist hingegen nicht erforderlich[406], da sie die Nachvollziehbarkeit für den Betroffenen nicht zwangsläufig erhöht. Die Darlegung der wesentlichen *tatsächlichen* Gründe der Entscheidung besteht aus einer kohärenten Zusammenfassung des konkreten Sachverhalts, der sich nach dem zugrunde gelegten rechtlichen Entscheidungsprogramm der Behörde bestimmt.[407] Wesentliche *rechtliche* Gründe umfassen demgegenüber nicht nur entscheidungserhebliche Rechtsnormen und Prognosemaßstäbe[408], sondern auch die zentralen Schritte und

---

[405] Dabei muss die Behörde die *wahren* Gründe angeben, auf denen die Entscheidung fußt, *Schuler-Harms*, in: Schoch/Schneider, VwVfG, 7. EGL, § 39 VwVfG Rn. 51 (Stand April 2022); *Stelkens*, in: Stelkens/Bonk/Sachs, VwVfG, 10. Auflage 2023, § 39 VwVfG Rn. 47; *Tiedemann*, in: BeckOK VwVfG, 69. Edition, § 39 VwVfG Rn. 29 (Stand Oktober 2025); vgl. *Stuhlfauth*, in: Obermayer/Funke-Kaiser, VwVfG, 6. Auflage 2020, § 39 VwVfG Rn. 21; a. A. *Roth-Isigkeit*, DÖV 2020, 1018, 1021, da bei einer korrekten Begründung mit „unwahren" Gründen keine schutzwürdige Position des Betroffenen bestehe. Dorothea Mund weist darauf hin, dass eine absolute Entscheidungstransparenz und -wahrheit durch den Menschen nicht erreicht werden könne, da er entscheidungsbeeinflussende Faktoren außerhalb seines Bewusstseins nicht aufdecken könne, *Mund*, Das Recht auf menschliche Entscheidung, 2022, S. 91.

[406] BVerwG, NVwZ 1986, 919, 921; NVwZ 2015, 531, 532 Rn. 8; BT Drs. 7/910, S. 60; *Kugele*, VwVfG Kommentar, 2014, § 39 VwVfG Rn. 6; *Pautsch*, in: Pautsch/Hoffmann, VwVfG, 2. Auflage 2021, § 39 VwVfG Rn. 11; *Ruffert*, in: Knack/Henneke, VwVfG, 11. Auflage 2020, § 39 VwVfG Rn. 23; *Schuler-Harms*, in: Schoch/Schneider, VwVfG, 7. EGL, § 39 VwVfG Rn. 56 (Stand April 2022); *Schwarz*, in: Fehling/Kastner/Strömer, Verwaltungsrecht, 5. Auflage 2021, § 39 VwVfG Rn. 23; *Stelkens*, in: Stelkens/Bonk/Sachs, VwVfG, 10. Auflage 2023, § 39 VwVfG Rn. 45; *Stuhlfauth*, in: Obermayer/Funke-Kaiser, VwVfG, 6. Auflage 2020, § 39 VwVfG Rn. 19; *Tiedemann*, in: BeckOK VwVfG, 69. Edition, § 39 VwVfG Rn. 26 f. (Stand Oktober 2025).

[407] *Couzinet/Weiß*, in: Mann/Sennekamp, VwVfG, 3. Auflage 2025, § 39 VwVfG Rn. 55; *Ruffert*, in: Knack/Henneke, VwVfG, 11. Auflage 2020, § 39 VwVfG Rn. 29; *Schuler-Harms*, in: Schoch/Schneider, VwVfG, 7. EGL, § 39 VwVfG Rn. 59 (Stand April 2022); *Stelkens*, in: Stelkens/Bonk/Sachs, VwVfG, 10. Auflage 2023, § 39 VwVfG Rn. 49; *Stuhlfauth*, in: Obermayer/Funke-Kaiser, VwVfG, 6. Auflage 2020, § 39 VwVfG Rn. 26.

[408] *Schuler-Harms*, in: Schoch/Schneider, VwVfG, 7. EGL, § 39 VwVfG Rn. 56 (Stand April 2022); *Stelkens*, in: Stelkens/Bonk/Sachs, VwVfG, 10. Auflage 2023, § 39 VwVfG Rn. 52.

das Ergebnis des Subsumtionsvorgangs.[409] In Fällen von Ermessensentscheidungen soll die Begründung gemäß § 39 Abs. 1 S. 3 VwVfG NRW zudem die Kriterien offenlegen, die der Behörde als Grundlage für die Ausübung ihres Ermessens dienten.[410] Diese leitenden Kriterien der Ermessensentscheidung umfassen die Darlegung der berührten Rechtspositionen und konfligierenden Interessen, die Erwägungen, die zu einer bevorzugten Berücksichtigung bestimmter Aspekte führten[411], sowie die Gründe für die Inanspruchnahme des Adressaten und die Auswahl des eingesetzten Mittels.[412]

---

[409] *Couzinet/Weiß*, in: Mann/Sennekamp, VwVfG, 3. Auflage 2025, § 39 VwVfG Rn. 56; *Ruffert*, in: Knack/Henneke, VwVfG, 11. Auflage 2020, § 39 VwVfG Rn. 23; *Schuler-Harms*, in: Schoch/Schneider, VwVfG, 7. EGL, § 39 VwVfG Rn. 56 (Stand April 2022); *Schwarz*, in: Fehling/Kastner/Strömer, Verwaltungsrecht, 5. Auflage 2021, § 39 VwVfG Rn. 26; *Stelkens*, in: Stelkens/Bonk/Sachs, VwVfG, 10. Auflage 2023, § 39 VwVfG Rn. 50; *Stuhlfauth*, in: Obermayer/Funke-Kaiser, VwVfG, 6. Auflage 2020, § 39 VwVfG Rn. 27; *Tiedemann*, in: BeckOK VwVfG, 69. Edition, § 39 VwVfG Rn. 36 (Stand Oktober 2025). Im Falle eines Beurteilungsspielraums wäre in der Begründung mitzuteilen, ob eine wertende Entscheidung stattgefunden hat, welche Faktoren für die Behörde maßgeblich waren und welche Bedeutung sie diesen Faktoren beigemessen hat, *Schuler-Harms*, in: Schoch/Schneider, VwVfG, 7. EGL, § 39 VwVfG Rn. 68 (Stand April 2022); *Schwarz*, in: Fehling/Kastner/Strömer, Verwaltungsrecht, 5. Auflage 2021, § 39 VwVfG Rn. 27; *Stelkens*, in: Stelkens/Bonk/Sachs, VwVfG, 10. Auflage 2023, § 39 VwVfG Rn. 52; vgl. *Stuhlfauth*, in: Obermayer/Funke-Kaiser, VwVfG, 6. Auflage 2020, § 39 VwVfG Rn. 27. Ob eine Analogie zu § 39 Abs. 1 S. 3 VwVfG zu bilden ist, soll hier offenbleiben.

[410] Da Ermessensspielräume durch Gerichte bloß begrenzt überprüfbar sind (§ 114 Abs. 1 S. 1 VwGO), diene die Begründungspflicht der Ermessenserwägungen als prozedurales Korrektiv, *Couzinet/Weiß*, in: Mann/Sennekamp, VwVfG, 3. Auflage 2025, § 39 VwVfG Rn. 38 ff.; *Dolzer*, DÖV 1985, 9, 14; *Ruffert*, in: Knack/Henneke, VwVfG, 11. Auflage 2020, § 39 VwVfG Rn. 32; *Schuler-Harms*, in: Schoch/Schneider, VwVfG, 7. EGL, § 39 VwVfG Rn. 67 (Stand April 2022); *Schwarz*, in: Fehling/Kastner/Strömer, Verwaltungsrecht, 5. Auflage 2021, § 39 VwVfG Rn. 30; *Stelkens*, in: Stelkens/Bonk/Sachs, VwVfG, 10. Auflage 2023, § 39 VwVfG Rn. 56.

[411] OVG Bremen, BeckRS 2008, 38129; *Couzinet/Weiß*, in: Mann/Sennekamp, VwVfG, 3. Auflage 2025, § 39 VwVfG Rn. 61; *Müller*, in: Huck/Müller, VwVfG, 4. Auflage 2025, § 39 VwVfG Rn. 6; *Ramsauer*, in: Kopp/Ramsauer, VwVfG, 26. Auflage 2025, § 39 VwVfG Rn. 26; *Schuler-Harms*, in: Schoch/Schneider, VwVfG, 7. EGL, § 39 VwVfG Rn. 69 (Stand April 2022); *Schwarz*, in: Fehling/Kastner/Strömer, Verwaltungsrecht, 5. Auflage 2021, § 39 VwVfG Rn. 31; vgl. *Schick*, JuS 1971, 1, 6; *Ruffert*, in: Knack/Henneke, VwVfG, 11. Auflage 2020, § 39 VwVfG Rn. 32; *Stelkens*, in: Stelkens/Bonk/Sachs, VwVfG, 10. Auflage 2023, § 39 VwVfG Rn. 60; *Stuhlfauth*, in: Obermayer/Funke-Kaiser, VwVfG, 6. Auflage 2020, § 39 VwVfG Rn. 31; *Tiedemann*, in: BeckOK VwVfG, 69. Edition, § 39 VwVfG Rn. 44 (Stand Oktober 2025).

[412] *Couzinet/Weiß*, in: Mann/Sennekamp, VwVfG, 3. Auflage 2025, § 39 VwVfG Rn. 61; *Ramsauer*, in: Kopp/Ramsauer, VwVfG, 26. Auflage 2025, § 39 VwVfG Rn. 27; *Stelkens*, in: Stelkens/Bonk/Sachs, VwVfG, 10. Auflage 2023, § 39 VwVfG Rn. 60; vgl. *Stuhlfauth*, in: Obermayer/Funke-Kaiser, VwVfG, 6. Auflage 2020, § 39 VwVfG Rn. 35. Diese Begründungsmaßstäbe werden durch Art. 41 Abs. 2 lit. c GRCh, das Recht auf gute Verwaltung, hinsichtlich des Unionsverwaltungsrechts bekräftigt, EuGH, Urt. v. 29.2.1996, Rs. 122/94, ECLI:EU:C:1996:68, Rn. 29; *Jarass*, in: Jarass, GRCh, 4. Auflage 2021, Art. 41 GRCh Rn. 33; *Magiera*, in: Meyer/Hölscheidt, GRCh, 6. Auflage 2024, Art. 41 GRCh Rn. 15;

In Anbetracht des Referenzfalls ist es zunächst erforderlich, dass die Behörde die wesentlichen *tatsächlichen* Gründe in Form des eingangs beschriebenen Referenzfalls darstellt. Die Offenlegung der wesentlichen *rechtlichen* Erwägungen könnte in etwa wie folgt strukturiert werden:

Gemäß § 34 Abs. 1 PolG NRW kann die Polizei zur Abwehr einer Gefahr eine Person vorübergehend von einem Ort verweisen oder ihr vorübergehend das Betreten eines Ortes verbieten. Das Erheben des Arms mit geballter Faust durch den deutschen Rugbyfan impliziert die unmittelbare Absicht, einen Schlag gegen die andere Person auszuführen, was durch die erkennbare Wut des deutschen Rugbyfans weiter bekräftigt wird. Ein solcher Schlag würde durch die Verursachung physischer Verletzungen die körperliche Unversehrtheit der anderen Person, also ein geschütztes Rechtsgut der öffentlichen Sicherheit, gefährden. Darüber hinaus ist der Ausruf „Du Zecke! Du Backstein!" als ehrverletzende Äußerung einzustufen, deren alleiniger Zweck in der Diffamierung des Adressaten als dumm, stumpf und als parasitäres Spinnentier besteht. Eine solche ehrverletzende Aussage berührt, unabhängig davon, ob sie unter Berücksichtigung einer meinungsfreundlichen Auslegung im Lichte des Art. 5 Abs. 1 GG letztlich als Beleidigung gemäß § 185 StGB eingestuft wird, das grundrechtlich geschützte Allgemeine Persönlichkeitsrecht aus Art. 2 Abs. 1 S. 1 i.V.m. Art. 1 Abs. 1 GG. Vor diesem Hintergrund besteht eine Gefahr für die öffentliche Sicherheit, womit die Tatbestandsvoraussetzungen der Ermächtigungsgrundlage erfüllt sind. § 34 Abs. 1 S. 1 PolG NRW f.F. ist als Ermessensvorschrift zu qualifizieren. Die Platzverweisung richtet sich angesichts einer effektiven Gefahrenabwehr unmittelbar gegen den deutschen Rugbyfan als Handlungsstörer (§ 4 Abs. 1 PolG NRW). Ein weiterer ermessensleitender Faktor ist die Prüfung der Verhältnismäßigkeit. Die Platzverweisung erfolgt zum Schutz der Ehre und körperlichen Unversehrtheit der anderen Person, somit angesichts eines legitimen Ziels. Diese Maßnahme ist geeignet, den beabsichtigten Schutz zu gewährleisten, da der Adressat der Platzverweisung das Gelände der Sportveranstaltung unverzüglich verlassen muss und somit ein Schlag sowie weitere beleidigende Äußerungen verhindert werden. Ein milderes, gleich geeignetes Mittel ist angesichts der Dringlichkeit der Situation und der durch Rage bedingten, prognostizierbaren Nicht-Kooperation des adressierten deutschen Rugbyfans nicht ersichtlich. Zudem steht die Platzverweisung nicht außer Verhältnis zu dem Eingriff in die allgemeine Handlungsfreiheit (Art. 2 Abs. 1 GG) des Störers. Das Gebot, das Sportgelände für die Dauer der Sportveranstaltung zu verlassen, wird insbesondere durch die Notwendigkeit gerechtfertigt, erhebliche Gefahren für die körperliche Unversehrtheit der anderen Person (Art. 2 Abs. 1 S. 1 GG) abzuwehren. Ein Schlag mit einer geballten Faust birgt nicht nur die *unmittelbare* Gefahr erheblicher Verletzungen, sondern könnte auch *mittelbare* Folgen haben, wenn die andere Person versucht, dem Schlag auszuweichen. In einem beengten Raum wie

---

Reinhold, in: Groeben/Schwarze, Europäisches Unionsrecht, 8. Auflage 2025, Art. 41 GRCh Rn. 16.

der Zuschauertribüne könnte ein Ausweichen zu Stürzen führen, was zusätzliche Verletzungen nach sich ziehen kann. Vor diesem Hintergrund muss die allgemeine Handlungsfreiheit des adressierten deutschen Rugbyfans hinter dem Schutz der Ehre (Art. 2 Abs. 1 i.V.m. Art. 1 Abs. 1 GG) und der körperlichen Unversehrtheit der anderen Person (Art. 2 Abs. 1 S. 1 GG) zurückstehen.

Nachdem herausgearbeitet wurde, welche wesentlichen tatsächlichen und rechtlichen Gründe in der Begründung mitzuteilen sind, erwächst aus der spezifischen Funktionsweise des nach § 34 Abs. 1 S. 3 PolG NRW f.F. eingesetzten Polizeiroboters die zentrale Frage, ob auch der Systemcode des Polizeiroboters (a)) oder – angesichts der faktischen Möglichkeit – alle einzelnen Analyse- und Subsumtionsschritte (b)) als „wesentliche Entscheidungsgründe“ gemäß § 39 VwVfG NRW offenzulegen sind.[413]

a) Offenlegung des Systemcodes als „wesentlicher Entscheidungsgrund“?

Im Rahmen der Auslegung des § 39 VwVfG NRW könnte der Systemcode, der aus Algorithmen und Modellen inklusive der zugrundeliegenden Rahmen-Programmierung des Polizeiroboters besteht, als „wesentlicher“ Entscheidungsgrund und damit als offenbarungspflichtig qualifiziert werden. Diese Überlegung gründet darin, dass der Systemcode die operationale Grundlage für die Entscheidungsfindung bildet und sie dadurch erst ermöglicht – um es in der oben beschriebenen Definition der „Wesentlichkeit“ zu formulieren: „die Entscheidung trägt“. Seine Offenlegung kann dadurch realisiert werden, dass eine umfangreiche, aus dem System extrahierte Datei, welche den Systemcode aus dem Polizeiroboter enthält, an den Betroffenen übermittelt wird.[414]

aa) Erwägungen für eine Qualifizierung des Systemcodes als „wesentlicher Entscheidungsgrund“

Insbesondere im Kontext des Erlasses von polizeilichen Verwaltungsakten, die typischerweise eine höhere Eingriffsintensität aufweisen als andere Verwaltungsentscheidungen, erscheint eine Analysemöglichkeit des Systemcodes durch den

---

[413] Ähnliche Überlegung *Nink*, Justiz und Algorithmen, 2020, S. 338. Bei *Kube*, VVDStRL 2019, 289 *Guckelberger* in Diskussion, S. 356 von möchte „andere Maßstäbe anlegen, als es beim Menschen der Fall ist“, da man sich in einen Menschen im Gegensatz zu Systemen Künstlicher Intelligenz noch hineinversetzen könne. Eine Offenlegungspflicht wird auch in anderen Bereichen der Rechtsordnung diskutiert, so z.B. das VG Berlin, Urt. v. 7.6.2023 – VG 2 K 148/21 zur Offenlegung des Quellcodes eines Vergabesystems an Universitäten hinsichtlich des Berliner Informationsfreiheitsgesetzes (Offenlegungspflicht ablehnend). Auch das OLG Hamburg, NJOZ 2014, 525 zur Offenlegung des Quellcodes bei mangelhafter Software im Vertragsrecht (Offenlegungspflicht für Sachverständige befürwortend).

[414] *Eriksen*, Code Reuse in Object Oriented Software Development, Internetdokument 2005, S. 11; *Kahle*, Microsofts Programmierer-KI soll Code klauen, Internetdokument 2022.

Betroffenen, eventuell unter Zuziehung von Experten oder Sachverständigen, erforderlich.[415] Dem Betroffenen wird nämlich die *zusätzliche* Möglichkeit eingeräumt, neben der Analyse der sprachlichen Niederlegung der Entscheidungsgründe, den Systemcode unmittelbar und umfassend zu überprüfen, um potenzielle Fehlfunktionen zu identifizieren, die die gegen ihn ergangene Maßnahme negativ beeinflusst haben könnten.[416] Eine solche vertiefte Analysemöglichkeit eröffnet dem Betroffenen im Rahmen seiner Verteidigung im gerichtlichen Prozess neue Angriffspunkte, um die Aufhebung oder Feststellung der Rechtswidrigkeit der polizeilichen Maßnahme zu erwirken.[417]

Obwohl die Analyse des Systemcodes eines Polizeiroboters dem Betroffenen ermöglicht, abstrakte Fehlfunktionen zu identifizieren, bleibt der unmittelbare Nutzen dieser Untersuchung für ein Rechtsschutzbegehren in zweierlei Hinsicht begrenzt. Zum einen ist dem Systemcode nämlich nicht zu entnehmen, wie der Polizeiroboter in einem spezifischen Einzelfall zu seiner Entscheidung gelangt ist, sondern dokumentiert lediglich die *abstrakte* Funktionsweise des Systems. Anders ausgedrückt, lässt sich der Systemcode mit einem Abbild eines menschlichen Gehirns vergleichen, das zwar die Anordnung der Synapsen enthält, jedoch keine direkten Rückschlüsse darauf zulässt, welche neuronalen Synapsen bei einer spezifischen Entscheidungsfindung aktiviert wurden. Dem Betroffenen obliegt es deshalb vielmehr in einem zweiten Schritt, die *Kausalität* zwischen der abstrakten Fehlfunktion und der konkreten Entscheidungsfindung nachzuweisen, indem ergründet wird, ob und in welchem Maße die identifizierte Fehlfunktion die Entscheidungsfindung beeinflusst hat. Dafür muss die abstrakte Fehlfunktion im Zusammenhang mit der schriftlichen Entscheidungsbegründung der wesentlichen tatsächlichen und rechtlichen Gründe betrachtet werden.[418] Eine isolierte Analyse des Systemcodes ist hingegen ausreichend.

---

[415] *Wischmeyer*, AöR 2018, 1, 63; vgl. Informationsfreiheitsbeauftragte, Positionspapier, Internetdokument 2018, S. 3.

[416] Vgl. *Buchholtz/Scheffel-Kain*, NVwZ 2022, 612, 617; *Wischmeyer*, AöR 2018, 1, 63. In diese Richtung von einem Revisionsgrund sprechend, bei *Kube*, VVDStRL 2019, 289 *Geis* in Diskussion, S. 343.

[417] Wenngleich eine Identifizierung von Fehlfunktionen mit einem erheblichen, auch monetären, Aufwand verbunden ist, kann dem Betroffenen in seinem Interesse nicht abgesprochen werden, einen höheren Arbeits- und Finanzierungsaufwand für seinen Rechtsschutz in Kauf zu nehmen. Vgl. *Wischmeyer*, AöR 2018, 1, 63.

[418] Dazu illustrativ folgende Fälle: Als erster Fall könnte der Betroffene im Systemcode des Polizeiroboters eine abstrakte Fehlfunktion des Greifarms identifizieren, die sich jedoch auf die Platzverweisung *nicht auswirkte*, weil der Arm bei der Maßnahme der Platzverweisung gar nicht zum Einsatz kam. Dies verdeutlicht, dass nicht jede technische Unzulänglichkeit direkt für die Rechtmäßigkeit der getroffenen Entscheidung relevant wird. Als zweiter Fall könnte eine Fehlfunktion identifiziert werden, die zwar während der Entscheidungsfindung aktiviert wurde, jedoch die Entscheidung selbst *nicht wesentlich beeinflusst* hat. Es könnte eine Störung im Bereich der Verarbeitung visueller Reize vorliegen, die dazu führt, dass der Polizeiroboter Farben fehlerhaft verarbeitet, sie z. B. verwechselt. Hier wäre es erforderlich, dass der Betroffene nachweist, wie diese fehlerhafte Farbwahrnehmung konkret die Entscheidungsfin-

Zum anderen ist der Nutzen der Offenlegung des Systemcodes insoweit begrenzt, als zwar in der Theorie eine eingehende Analyse desselben möglich wäre, da der gesamte Systemcode veröffentlicht wird, jedoch in praktischer Hinsicht erhebliche Hindernisse bestehen. Der Systemcode eines neuronalen Netzes kann viele Milliarden Parameter[419] umfassen und eine tief geschichtete Architektur aufweisen[420], was einen hohen Komplexitätsgrad bedingt. Diese Komplexität führt dazu, dass der Systemcode selbst für hinzugezogene Experten bei der Analyse undurchsichtig bleibt, ein Phänomen, das als „*black box*"-Eigenschaft von Systemen Künstlicher Intelligenz bezeichnet wird.[421]

bb) Erwägungen gegen die Qualifizierung des Systemcodes als „wesentlicher Entscheidungsgrund"

Dem (begrenzten) Nutzen der Offenlegung des Systemcodes stehen gewichtige staatliche Interessen entgegen, insbesondere das Bestreben, die Systemcodes zur Sicherung der Funktionsfähigkeit staatlicher Institutionen vor Veröffentlichung zu schützen.[422] Eine Offenlegung des Systemcodes birgt signifikante Sicherheitsrisiken[423], da sie es Dritten ermöglichen würde, potenzielle Sicherheitslücken zu iden-

---

dung beeinflusst hat. Ein Beispiel hierfür könnte sein, dass der Roboter die Hautfarbe des deutschen Rugbyfans fälschlicherweise als rötlich wahrnimmt und daraufhin eine aus Wut verursachte Gesichtsrötung annimmt, was den Roboter dazu verleitet, eine potenzielle Gefahr anzunehmen.

[419] Parameter in einem neuronalen Netz sind die numerischen Werte, die während des Trainings gelernt und optimiert werden, um sicherzustellen, dass das Netzwerk seine Aufgabe, sei es Klassifikation, Regression oder eine andere Form der Vorhersage, möglichst genau erfüllen kann, *Schümann*, Gamechanger Künstliche Intelligenz, 2024, S. 33.

[420] *Gausling*, in: Ballestrem et al., Künstliche Intelligenz, 2020, S. 16; *Helfrich-Schkarbanenko*, Mathematik und ChatGPT, 2023, S. 3; *Schümann*, Gamechanger Künstliche Intelligenz, 2024, S. 33; *Weiß*, Künstliche Intelligenz, Internetdokument 2020; *Zech*, ZfPW 2019, 198, 202.

[421] *Formica-Schiller*, Künstliche Intelligenz und Blockchain im Gesundheitswesen, 2021, S. 47; *Gausling*, in: Ballestrem et al., Künstliche Intelligenz, 2020, S. 16; High-Level Expert Group on Artificial Intelligence, A definition of AI: Main capabilities and scientific disciplines, Internetdokument 2018, S. 5; *Kreutzer*, Künstliche Intelligenz verstehen, 2. Auflage 2023, S. 11; *Lämmel/Cleve*, Künstliche Intelligenz, 6. Auflage 2023, S. 24; *Linhart*, ZUM 2024, 237, 242; *Mainzer*, Künstliche Intelligenz – Wann übernehmen die Maschinen?, 2. Auflage 2019, S. 245; *Martini et al.*, Blackbox Algorithmus – Grundfragen einer Regulierung Künstlicher Intelligenz, 2019, S. 29; *Otte*, Allgemeinbildung Künstliche Intelligenz, 2021, S. 155; *Pieper*, GRUR-Prax 2019, 298; *Schneeberger*, Machine Learning in der Verwaltung, 2024, S. 164; *Voudoulaki*, ZGI 2025, 9, 11; *Zech*, ZfPW 2019, 198, 202.

[422] *Müller*, in: Huck/Müller, VwVfG, 4. Auflage 2025, § 39 VwVfG Rn. 5; *Ruffert*, in: Knack/Henneke, VwVfG, 11. Auflage 2020, § 39 VwVfG Rn. 23; *Sommermann*, in: Huber/Voßkuhle, GG, Bd. 2, 8. Auflage 2024, Art. 20 GG Rn. 303a; *Stuhlfauth*, in: Obermayer/Funke-Kaiser, VwVfG, 6. Auflage 2020, § 39 VwVfG Rn. 7.

[423] Vgl. *Balkow/Eckhardt*, Transparenz und Nachvollziehbarkeit algorithmischer Systeme, Internetdokument 2019, S. 9; *Buchholtz/Scheffel-Kain*, NVwZ 2022, 612, 617; *Guckelberger*, Öffentliche Verwaltung im Zeitalter der Digitalisierung, 2019, S. 432.

tifizieren und unter ihrer Umgehung das System auszuspähen und möglicherweise tiefgreifende Eingriffe vorzunehmen, die die Ausführung von Verwaltungsakten oder sogar die Anwendung physischer Gewalt durch Übernahme des Polizeiroboters betreffen könnten. Solche Eingriffe würden nicht nur erheblichen Schaden verursachen, sondern auch zu einem Vertrauensverlust in die eingesetzte Technologie und in die Verwaltung als Ganzes führen.[424] Zwar können Behörden den Schutz der Systemcodes durch den Einsatz diverser Sicherheitsprogramme erhöhen, die zunächst überwunden werden müssten. Es bleibt jedoch das Risiko bestehen, dass potenzielle Straftäter angesichts der Kenntnis des Systemcodes eine gezielte Planung der Eingriffe erleichtert wird. Selbst in Fällen, in denen kein tiefgreifender Zugriff auf die Systeme im Sinne einer vollständigen Übernahme erfolgt, bestehen weiterhin Risiken der Einspeisung „falscher" oder „nicht repräsentativer Trainingsdaten"[425]. Wenn der Datensatz des Polizeiroboters mit solchen Daten infiziert wurde, kann das Modell diskriminierende oder anderweitig verzerrte Ergebnisse produzieren, deren Tilgung oder Korrektur einen erheblichen Aufwand erfordert.[426] In Anbetracht dieser Überlegungen erweist sich das Sicherheitsinteresse der staatlichen Behörden und der Allgemeinheit als besonders gewichtig.

Die Offenlegung des Systemcodes für Betroffene nach jedem bestätigten Verwaltungsakt sowie die daraus resultierende Zugänglichkeit für eine Vielzahl von Personen könnten folglich die Integrität und Sicherheit der Verwaltungsverfahren nachhaltig untergraben. Diese Risiken sprechen entscheidend gegen eine Klassifizierung des Systemcodes als „wesentlicher" Entscheidungsgrund.

cc) Offenlegung des Systemcodes unter Berücksichtigung europarechtlicher Regelungen

Die Offenlegung des Systemcodes könnte jedoch vor dem Hintergrund europarechtlicher Bestimmungen, insbesondere der Umsetzungen der JI-Richtlinie und der KI-Verordnung, geboten sein.[427]

Sowohl § 46 DSG NRW als Spezialregelung für automatische Einrichtungen, die Entscheidungen vollständig automatisiert erlassen als auch §§ 47, 48 und 49 DSG NRW als Umsetzungen der Informationspflichten und Auskunftsrechte aus

[424] Vgl. *Balkow/Eckhardt*, Transparenz und Nachvollziehbarkeit algorithmischer Systeme, Internetdokument 2019, S. 9; *Guckelberger*, VVDStRL 2019, 235, 269.

[425] Beispiel: Derjenige, der auf das System zugreift, speist massenhaft Daten hinsichtlich Personen mit blonden Haaren ein, die als Straftäter in Erscheinung getreten sind. Das System kommt aufgrund dieser Daten zu dem Ergebnis, dass blonde Personen erhöht straffällig sind und wendet dieses Schema in den folgenden Fällen an.

[426] Zur Korrektur von Datenverzerrungen sogleich S. 235 ff. dieser Arbeit.

[427] Auf die Anwendbarkeit der DSGVO oder der Umsetzungen der JI-Richtlinie kann in dieser Arbeit nicht eingegangen werden. Jedenfalls ändert sich an dieser Stelle die Bewertung nicht, da entweder die DSGVO direkt oder mittelbar durch die Umsetzung der JI-Richtlinie anzuwenden sind.

Art. 13 und 14 der JI-Richtlinie sehen keine explizite Offenlegung des Systemcodes als Mindestanforderung vor.

Es stellt sich die Frage, ob die KI-Verordnung der Europäischen Union zu einer abweichenden Bewertung führt. Gemäß Art. 13 Abs. 1 der KI-Verordnung soll die Transparenz von KI-Systemen auf eine geeignete und angemessene Weise gewährleistet werden; eine generelle Verpflichtung zur Offenlegung des Systemcodes wird hingegen nicht in den folgenden Absätzen festgesetzt. Auch die besonderen Transparenzpflichten für Anbieter und Betreiber bestimmter KI-Systeme, wie sie in Art. 50 der KI-Verordnung normiert sind, oder das Recht auf Erläuterung gemäß Art. 86 der KI-Verordnung beschränken sich vorwiegend auf die Informationen über die aktive Nutzung verschiedener Systemfunktionen, wie etwa der Emotionserkennung, enthalten jedoch keine Verpflichtung zur Offenlegung des Systemcodes (Art. 50 Abs. 3 der KI-Verordnung und Erwägungsgründe 71, 72).[428]

Jedoch normiert Art. 11 der KI-Verordnung eine technische Dokumentationspflicht für Hochrisiko-KI-Systeme. Informationen darüber, ob das Hochrisiko-KI-System die Anforderungen der KI-Verordnung erfüllt, müssen in klarer und verständlicher Form den zuständigen nationalen Behörden und den notifizierten Stellen vorgelegt werden. Zu diesen zu dokumentierenden Informationen gehören gemäß Anhang IV Nr. 2 lit. b und c und Erwägungsgründe 71, 72 der KI-Verordnung unter anderem die *allgemeine Logik* des KI-Systems und der Algorithmen sowie die *Beschreibung der Systemarchitektur*, aus der hervorgeht, wie Softwarekomponenten aufeinander aufbauen und einander zuarbeiten. Doch der Begriff der „allgemeinen Logik“ erfordert lediglich die Darstellung des *allgemeinen Prinzips*[429], das der Funktionsweise des Systems zugrunde liegt[430] und nicht die Offenlegung des gesamten Systemcodes.

---

[428] Näher zu Art. 50 der KI-Verordnung *Kumkar/Griesel*, KIR 2024, 117.

[429] Vgl. zum ähnlichen Begriff der „involvierten Logik“ aus Art. 13 Abs. 2 lit. f. DSGVO und Art. 15 Abs. 1 lit. h DSGVO: EuGH, Urt. v. 27.2.2025, Rs. C-203/22, ECLI:EU:C:2025:117; *Bienemann*, in: Sydow, DSGVO, 3. Auflage 2022, Art. 15 DSGVO Rn. 38; *Britz/Eifert*, in: Voßkuhle/Eifert/Möllers, Grundl. VerwR, Bd. 1, 3. Auflage 2022, § 26 Digitale Transformation der Verwaltung Rn. 116; *Ehmann*, in: Ehmann/Selmayr, DS-GVO, 3. Auflage 2024, Art. 15 DSGVO Rn. 38; *Fehling*, DÖV 2025, 321, 325; *Golland*, EuZW 2024, 846, 851; *Guckelberger*, Öffentliche Verwaltung im Zeitalter der Digitalisierung, 2019, S. 434; *Hennemann*, in: Paal/Pauly, DS-GVO, 4. Auflage 2026, Art. 13 DSGVO Rn. 31b f.; *Herdes*, CB 2020, 95, 99; *Hermstrüwer*, AöR 2020, 479, 500; *Horvath*, in: Spindler/Schuster/Kaesling, Recht der elektr. Medien, 5. Auflage 2026, Art. 22 DSGVO Rn. 15; *Kugelmann*, DuD 2016, 566, 568; *Lorenz*, VuR 2019, 213, 219; *Martini et al.*, Blackbox Algorithmus – Grundfragen einer Regulierung Künstlicher Intelligenz, 2019, S. 181; *Schneeberger*, Machine Learning in der Verwaltung, 2024, S. 163 ff.; *Wischmeyer*, AöR 2018, 1, 50; vgl. Art. 29 Datenschutzgruppe, Leitlinien für Transparenz gemäß der Verordnung 2016/679, Internetdokument 2018, S. 27 Rn. 41.

[430] Dieses Ergebnis findet ebenfalls Bestätigung im Erwägungsgrund 63 S. 5 DSGVO zum ähnlichen Begriff der „involvierten Logik“. Der Verordnungsgeber verdeutlicht, dass grundsätzlich keine allgemeine Pflicht zur Offenlegung des Systemcodes besteht, da das Auskunftsrecht und die Informationspflichten die Geschäftsgeheimnisse, Rechte des geistigen

Indes sieht Art. 74 Abs. 13 der KI-Verordnung vor, dass Marktüberwachungsbehörden der *Zugang zum Quellcode* des KI-Systems zu gewähren ist, wenn andere Maßnahmen, wie die soeben beschriebene technische Dokumentationspflicht, nicht genügen, um das System auf die Einhaltung der Anforderungen der KI-Verordnung zu überprüfen. Hervorzuheben ist, dass sowohl die technische Dokumentation als auch die Offenlegung des Quellcodes *einzig gegenüber Behörden* zu erfolgen hat und gerade nicht gegenüber den vom Datenverarbeitungsvorgang Betroffenen. Auch Art. 78 Abs. 1 lit. a der KI-Verordnung betont die Vertraulichkeit der an die zuständigen *Behörden* und notifizierenden Stellen übermittelten Informationen, einschließlich des Quellcodes. Darüber hinaus führt Art. 78 Abs. 3 UAbs. 2 der KI-Verordnung spezielle Sicherheitsvorkehrungen für den Zugang zum Quellcode von KI-Systemen ein, die von Strafverfolgungs-, Einwanderungs- oder Asylbehörden verwendet werden. Die Regelung bestimmt, dass Marktüberwachungsbehörden nur dann Zugang zum Quellcode erhalten, wenn ihr Personal über eine entsprechende Sicherheitsfreigabe verfügt.

Insofern lässt sich auch unter Berücksichtigung europarechtlicher Regelungen festhalten, dass eine Pflicht zur Offenlegung des Systemcodes *an den Betroffenen* nicht besteht und der Systemcode im Ergebnis nicht als „wesentlicher Entscheidungsgrund" im Sinne des § 39 VwVfG NRW zu qualifizieren ist.[431]

Eigentums und auch das Urheberrecht an der Software nicht beeinträchtigen sollen. Mit einer ähnlichen Begründung entschied auch der BGH im Jahre 2014. Das BDSG sei so auszulegen, dass dem Betroffenen kein Recht zur Mitteilung der Score-Formel der SCHUFA zustünde, da Geschäftsgeheimnisse der SCHUFA entgegenstünden, BGH, NVwZ 2014, 747, 749 Rn. 17. Dazu auch *Guckelberger*, Öffentliche Verwaltung im Zeitalter der Digitalisierung, 2019, S. 433 und *Schneeberger*, Machine Learning in der Verwaltung, 2024, S. 108 f. Vor diesem Hintergrund könnte in Erwägung gezogen werden, die Offenlegung des Systemcodes an eine Abwägung der kollidierenden Interessen im Einzelfall, also nach einer Abwägung des Geschäftsgeheimnisses mit dem Auskunftsrecht, zu koppeln. Dieser Ansatz würde grundsätzlich ermöglichen, die berechtigten Interessen der Unternehmen und die Rechte des Betroffenen in Einklang zu bringen. Jedoch stößt eine solche Überlegung auf praktische Schwierigkeiten. Zunächst müsste in der Abwägung geklärt werden, ob ein Fehler im Systemcode überhaupt Relevanz für den Einzelfall entfaltet, also ob sich eine abstrakte Fehlfunktion womöglich auf die konkrete Maßnahme ausgewirkt hat. Der Betroffene kann eine solche Korrelation allerdings nicht nachweisen, wenn ihm der Zugriff auf den Systemcode verwehrt bleibt. Um einen solchen Nachweis erbringen zu können, müsste der Systemcode letztlich immer veröffentlicht werden, was die Idee einer Einzelfallabwägung *ad absurdum* führt. Eine solche Abwägung wäre allenfalls in Fällen denkbar, in denen konkrete Fehlfunktionen eindeutig auf abstrakte Fehlfunktionen zurückzuführen sind. In diesem Falle wäre ein Zugriff auf den Systemcode jedoch wiederum überflüssig, da der Fehler bereits offensichtlich von außen erkennbar ist. Aufgrund der fehlenden praktischen Umsetzbarkeit einer Einzelfallabwägung erweist sich dieser Ansatz als nicht zielführend und ist mithin abzulehnen.

[431] Im Ergebnis auch *Gausling*, in: Ballestrem et al., Künstliche Intelligenz, 2020, S. 49; *Gausling*, ZD 2019, 335, 340; *Harbou*, JZ 2020, 340, 346; *Horvath*, in: Spindler/Schuster/Kaesing, Recht der elektr. Medien, 5. Auflage 2026, Art. 22 DSGVO Rn. 15; *Joos*, NZA 2020, 1216, 1218; *Linhart*, ZUM 2024, 237, 242; *Roth-Isigkeit*, DÖV 2020, 1018, 1025; *Ungern-Sternberg*, in: Mangold/Payandeh (Hrsg.), Handbuch Antidiskriminierungsrecht, 2022, 1131, 1176 Rn. 96; in Grundzügen *Edwards/Veale*, Slave to the Algorithm? Why a

b) Offenlegung aller Analyse- und Subsumtionsschritte als „wesentlicher Entscheidungsgrund"?

Wenn die Offenlegung des Systemcodes nicht als „wesentlicher Entscheidungsgrund" gemäß § 39 VwVfG NRW klassifiziert werden kann, könnte jedoch für die Offenlegung aller Analyse- und Subsumtionsschritte etwas anderes gelten. Dabei würde der Polizeiroboter bei Erlass der Platzverweisung automatisch protokollieren, welche Synapsen mit welchem Gewicht, zu welcher Zeit aktiviert wurden[432], um diese Informationen in Form eines elektronischen Dokuments an den Betroffenen zu übermitteln. Im Gegensatz zu der Offenlegung des Systemcodes, der ein Abbild der *abstrakten* Funktionsweise darstellt, ist durch die Offenlegung jedes Analyse- und Subsumtionsschrittes jedenfalls die Darstellung der *konkreten* Einzelentscheidung möglich, da eine Protokollierung jedes Verarbeitungsvorgangs noch während des Erlassprozesses erfolgt.

Die Offenlegung jedes technischen Arbeitsschrittes entspricht allerdings nicht dem, was im Sinne des § 39 VwVfG NRW als „wesentlicher" Entscheidungsgrund qualifiziert wird. Die Norm verlangt die Darlegung der tragenden „Leitgedanken", also jener Überlegungen, die für die Entscheidungsfindung entscheidend sind. Eine detaillierte Offenlegung jedes einzelnen gedanklichen Analyse- und Subsumtionsschrittes würde diese Definition überschreiten, indem sie eine zu hohe Detailtiefe offenbart – es wird schlicht „zu viel" begründet. Ein solcher Grad an Detaillierung wäre vergleichbar mit dem Versuch, jeden einzelnen neuronalen Impuls im Gehirn eines menschlichen Polizeibeamten während der Entscheidungsfindung zu erfassen und zu dokumentieren.[433] Diese Art der Informationsdarstellung würde das Telos des § 39 VwVfG NRW überschreiten, dessen zentraler Gehalt es ist, die Nachvollziehbarkeit der behördlichen Entscheidung zur Fremdkontrolle durch den Betroffenen und durch die Gerichte herzustellen. Würde jeder Analyse- und Subsumtionsschritt eines Polizeiroboters offengelegt, erhielte der Betroffene ein Dokument, das aus einer Masse an detaillierten Verarbeitungsvorgängen besteht. Aus einer solchen Datenflut kann weder der Betroffene noch der hinzugezogene Experte –

„Right to an Explanation" is probably not the remedy you are looking for, Internetdokument 2017, S. 26; a. A. wohl *Esken*, in: Mohabbat Kar/Thapa/Parycek (Hrsg.), (Un)Berechenbar? Algorithmen und Automatisierung in Staat und Gesellschaft, 2018, 542, 546; *Melzer*, InTeR 2020, 145, 149; *Roßnagel*, in: Simitis/Hornung/Spiecker gen. Döhmann, Datenschutzrecht, 2. Auflage 2025, Art. 5 DSGVO Rn. 56 f. Ein Missverhältnis zwischen Transparenz und Öffentlichkeit im Bereich der analogen Verwaltung erkennend, *Barczak*, DÖV 2020, 997, 1001.

[432] Eine Darlegung der Analyse- und Subsumtionsschritte könnte (vereinfacht) wie folgt aussehen: Synapse 1 schickt einen Elektroimpuls zu der Synapse 2 und 3, die wiederum die Synapsen 40 und 61 gleichzeitig aktivieren.

[433] Vgl. *Busche*, DÖV 2022, 899, 904; *Meyer*, ZRP 2018, 233, 233; *Rotermund*, Künstliche Intelligenz aus staatlicher Perspektive, 2020, S. 195; *Mund*, Das Recht auf menschliche Entscheidung, 2022, S. 91; *Nink*, Justiz und Algorithmen, 2020, S. 142; *Roth-Isigkeit*, DÖV 2020, 1018, 1024; *Tischbirek*, ZfDR 2021, 307, 326; *Wischmeyer*, AöR 2018, 1, 54; vgl. *Braun Binder*, SJZ 2019, 467, 472; *Graevenitz*, ZRP 2018, 238, 239.

wie bereits unter dem Begriff der „*black box*"-Eigenschaft erwähnt[434] – effektiv Schlüsse ziehen[435].

Die Offenlegung jedes Analyse- und Subsumtionsschrittes würde somit in einer Informationsüberflutung münden, die dazu tendiert, die wesentlichen Entscheidungsgründe zu verschleiern, anstatt über sie aufzuklären.[436] Daher ist es entscheidend, die Begründung eines behördlichen Verwaltungsaktes auf die wesentlichen Entscheidungsgründe zu beschränken, ohne dabei durch eine Offenlegung jedes Analyse- und Subsumtionsschrittes in eine übermäßige Detailtiefe abzugleiten.[437]

2. Zwischenergebnis

Es bleibt somit bei dem zuvor erarbeiteten und bereits dargestellten Umfang der Begründung. Sie hat die wesentlichen tatsächlichen Gründe durch Darstellung des konkreten Sachverhalts und die wesentlichen rechtlichen Gründe mittels Niederlegung der *leitenden* Analyse- und Subsumtionsschritte zu beinhalten.

3. Form der Begründung

Die Form der Begründung muss nach § 39 Abs. 1 S. 1 VwVfG NRW der Art und Weise des Erlasses des Verwaltungsakts oder dessen Bestätigung entsprechen, d. h. sie muss entweder schriftlich oder elektronisch erfolgen.[438] Die Wahrung der

---

[434] Siehe S. 52 ff. dieser Arbeit.

[435] Ebenso *Raji*, Künstliche Intelligenz im öffentlichen Sektor, 2022, S. 158; vgl. *Brendle-Weith*, VuR 2018, 331, 335; *Busche*, DÖV 2022, 899, 906; *Martini et al.*, Blackbox Algorithmus – Grundfragen einer Regulierung Künstlicher Intelligenz, 2019, S. 181; *Mund*, Das Recht auf menschliche Entscheidung, 2022, S. 157; *Reimer*, in: Sydow, DSGVO, 3. Auflage 2022, Art. 5 DSGVO Rn. 17; *Ruschemeier*, Datenschutzrechtliche Grenzen des Einsatzes von Künstlicher Intelligenz, 2021; *Sesing*, MMR 2021, 288, 291; *Wischmeyer*, AöR 2018, 1, 53. Ähnlich *Balkow/Eckhardt*, Transparenz und Nachvollziehbarkeit algorithmischer Systeme, Internetdokument 2019, S. 2; *Spiecker gen. Döhmann*, in: Kischel/Kube, HStR, Bd. 1, 2023, § 20 Digitalisierung, Informationsgesellschaft, Massendaten Rn. 20.

[436] Darüber hinaus dürfte fraglich sein, ob die einzelnen Verarbeitungsschritte ohne Kenntnis des Systemcodes aus sich heraus verständlich wären.

[437] Ebenso *Bull*, DVBl 2017, 409, 416; *Martini et al.*, Blackbox Algorithmus – Grundfragen einer Regulierung Künstlicher Intelligenz, 2019, S. 70; a. A. *Lazaratos*, Rechtliche Auswirkungen der Verwaltungsautomation auf das Verwaltungsverfahren, 1990, S. 213, der zusätzlich Begleitunterlagen für technische Laien fordert.

[438] *Couzinet/Weiß*, in: Mann/Sennekamp, VwVfG, 3. Auflage 2025, § 39 VwVfG Rn. 45; *Ramsauer*, in: Kopp/Ramsauer, VwVfG, 26. Auflage 2025, § 39 VwVfG Rn. 17; *Schuler-Harms*, in: Schoch/Schneider, VwVfG, 7. EGL, § 39 VwVfG Rn. 45 (Stand April 2022); *Schwarz*, in: Fehling/Kastner/Strömer, Verwaltungsrecht, 5. Auflage 2021, § 39 VwVfG Rn. 19; *Stelkens*, in: Stelkens/Bonk/Sachs, VwVfG, 10. Auflage 2023, § 39 VwVfG Rn. 35; *Stuhlfauth*, in: Obermayer/Funke-Kaiser, VwVfG, 6. Auflage 2020, § 39 VwVfG Rn. 17; *Tiedemann*, in: BeckOK VwVfG, 69. Edition, § 39 VwVfG Rn. 20 (Stand Oktober 2025); *Ziekow*, Verwaltungsverfahrensgesetz Kommentar, 4. Auflage 2019, § 39 VwVfG Rn. 4.

Schriftform erfordert die Verwendung der lateinischen Schrift (Schriftzeichen) und der deutschen Sprache.[439] Dabei sind Bezugnahmen auf leicht zugängliche Schreiben, Verfügungen, Gutachten und sonstige Dokumente zulässig[440], Verweise auf Quellen, deren Auslesung eine besondere technische Vorrichtung erfordern, wie etwa CD, DVD, sowie Verweise auf bloß mündliche Ausführungen, hingegen nicht.[441]

V. Kann eine Begründung des Polizeiroboters diesen Begründungsanforderungen entsprechen?

Nachdem die Anforderungen an die Begründung eines Verwaltungsaktes hinsichtlich Inhalts, Tiefe und Form dargelegt wurden, stellt sich die Frage, ob ein Polizeiroboter diesen Anforderungen gerecht werden kann.

An dieser Stelle ist festzuhalten – so ist sich die Fachliteratur nach wie vor einig –, dass Systeme Künstlicher Intelligenz bisher nicht in der Lage sind, eine solche Begründung in sprachlicher Form zu generieren.[442]

---

[439] *Couzinet/Weiß*, in: Mann/Sennekamp, VwVfG, 3. Auflage 2025, § 39 VwVfG Rn. 45; *Schuler-Harms*, in: Schoch/Schneider, VwVfG, 7. EGL, § 39 VwVfG Rn. 46 (Stand April 2022); *Schwarz*, in: Fehling/Kastner/Strömer, Verwaltungsrecht, 5. Auflage 2021, § 39 VwVfG Rn. 19; *Stelkens*, in: Stelkens/Bonk/Sachs, VwVfG, 10. Auflage 2023, § 39 VwVfG Rn. 38. Vgl. *Schneeberger*, Machine Learning in der Verwaltung, 2024, S. 241.

[440] *Couzinet/Weiß*, in: Mann/Sennekamp, VwVfG, 3. Auflage 2025, § 39 VwVfG Rn. 46; *Müller*, in: Huck/Müller, VwVfG, 4. Auflage 2025, § 39 VwVfG Rn. 8; *Ramsauer*, in: Kopp/Ramsauer, VwVfG, 26. Auflage 2025, § 39 VwVfG Rn. 17a; *Schwarz*, in: Fehling/Kastner/Strömer, Verwaltungsrecht, 5. Auflage 2021, § 39 VwVfG Rn. 19; *Tiedemann*, in: BeckOK VwVfG, 69. Edition, § 39 VwVfG Rn. 23 (Stand Oktober 2025).

[441] *Couzinet/Weiß*, in: Mann/Sennekamp, VwVfG, 3. Auflage 2025, § 39 VwVfG Rn. 46; *Ramsauer*, in: Kopp/Ramsauer, VwVfG, 26. Auflage 2025, § 39 VwVfG Rn. 17a; *Tiedemann*, in: BeckOK VwVfG, 69. Edition, § 39 VwVfG Rn. 24 (Stand Oktober 2025).

[442] *Balkow/Eckhardt*, Transparenz und Nachvollziehbarkeit algorithmischer Systeme, Internetdokument 2019, S. 7; Bundesregierung, Stellungnahme, Internetdokument 2020, S. 13; *Eichenhofer*, DÖV 2023, 93, 96; *Guckelberger*, DÖV 2021, 566, 574; *Martini et al.*, Blackbox Algorithmus – Grundfragen einer Regulierung Künstlicher Intelligenz, 2019, S. 193 f.; *Rohrlich*, KI und Recht, 2025, S. 11; *Thiele*, in: Chibanguza/Kuß/Steege, Künstliche Intelligenz, § 10 Rn. 36; *Schneeberger*, Machine Learning in der Verwaltung, 2024, S. 244 ff.; *Schröder*, Ethik und Recht 2024, 45, 56 ff.; *Wischmeyer*, AöR 2018, 1, 45. Als „aussichtslos" qualifizierend, *Kube*, VVDStRL 2019, 289, 318; als „kaum überwindbar" qualifizierend, *Wischmeyer*, AöR 2018, 1, 48, ähnlich *Kessler/Oberlin*, CB 2020, 89, 91; *Roth-Isigkeit*, DÖV 2020, 1018, 1019; „große Herausforderung", *Lucke*, in: Mohabbat Kar/Thapa/Parycek (Hrsg.), (Un)Berechenbar? Algorithmen und Automatisierung in Staat und Gesellschaft, 2018, 97, 149 und *Kreutzer*, Künstliche Intelligenz verstehen, 2. Auflage 2023, S. 78 sowie *Herdes*, CB 2020, 95, 98; „schwer durchführbar", *Joos*, NZA 2020, 1216, 1218. Zuversichtlicher hingegen *Meyer*, ZRP 2018, 233, 237.

In Reaktion auf dieses Problem hat sich ein eigenes Forschungsgebiet entwickelt, das unter dem Begriff „Explainable AI“[443] bekannt ist. Das primäre Ziel von „Explainable AI“ ist es, die Entscheidungsprozesse Künstlicher Intelligenz transparenter zu gestalten, indem erläutert wird, wie und warum bestimmte Entscheidungen durch das System getroffen werden.[444] Innerhalb des Forschungsbereichs „Explainable AI“ wird grundsätzlich zwischen zwei Hauptarten von Erklärungsmodellen unterschieden: den *Post-Hoc-* und den *Ante-Hoc*-Erklärungsmodellen.[445]

Post-Hoc-Erklärungsmodelle sind darauf ausgerichtet, den Entscheidungsprozess einer Künstlichen Intelligenz *nachträglich* zu erklären.[446] Dafür analysieren sie den Input und den Output der Künstlichen Intelligenz und erstellen ein zweites, leichter zu interpretierendes Modell, wie z. B. ein Baumdiagramm, das die Entscheidungslogik visuell darstellt.[447] *Ante-Hoc*-Erklärungsmodelle setzen hingegen bereits im frühen Stadium der Programmierung der Künstlichen Intelligenz, also *vor* dem eigentlichen Entscheidungsvorgang, an. Es wird von Beginn an ein transparenteres, leichter verständliches Modell erschaffen, das sodann nicht mehr als „*black box*“-Modell, sondern als „*transparent box*“ oder „*white box*“-Modell bezeichnet wird.[448]

Die nachgelagerte Entscheidungsanalyse von *Post-hoc*-Erklärungsmodellen birgt Risiken, weil technische Unzulänglichkeiten oder Fehler des zusätzlichen „erklärenden“ Modells dazu führen können, dass die abgeleiteten Erklärungen nicht mehr den tatsächlichen Entscheidungsprozess des Ursprungssystems widerspiegeln. Diese Problematik kann sogar so weit reichen, dass Begründungsfehler sowohl im

[443] Deutsch: Erklärbare Künstliche Intelligenz, abgekürzt XAI.

[444] *Balkow/Eckhardt*, Transparenz und Nachvollziehbarkeit algorithmischer Systeme, Internetdokument 2019, S. 7; *Beck*, ZRP 2019, 185; Bundesregierung, Stellungnahme, Internetdokument 2020, S. 13; *Hacker et al.*, GRUR 2024, 1777, 1781; *Merkle*, RDi 2024, 414, 415; *Mühlböck/Taupitz*, AcP 2021, 179, 201; *Niederee/Nejdl*, in: Ebers/Heinze/Krügel/Steinrötter, KI und Robotik, § 2 Rn. 128; *Rotermund*, Künstliche Intelligenz aus staatlicher Perspektive, 2020, S. 195; vgl. *Martini et al.*, Blackbox Algorithmus – Grundfragen einer Regulierung Künstlicher Intelligenz, 2019, S. 194. Zur Vertiefung etwa *Fong/Vedaldi*, Interpretable Explanations of Black Boxes by Meaningful Perturbation, Internetdokument 2021.

[445] *Niederee/Nejdl*, in: Ebers/Heinze/Krügel/Steinrötter, KI und Robotik, § 2 Rn. 128; *Schneeberger*, LTZ 2024, 292, 293; *Schneeberger*, Machine Learning in der Verwaltung, 2024, S. 38 f.; *Voudoulaki*, ZGI 2025, 9, 11 f.

[446] *Dienes/Becker*, MMR 2024, 456, 461; *Merkle*, RDi 2024, 414, 415; *Niederee/Nejdl*, in: Ebers/Heinze/Krügel/Steinrötter, KI und Robotik, § 2 Rn. 128; *Voudoulaki*, ZGI 2025, 9, 12; *Wischmeyer*, AöR 2018, 1, 47.

[447] *Dienes/Becker*, MMR 2024, 456, 461; *Niederee/Nejdl*, in: Ebers/Heinze/Krügel/Steinrötter, KI und Robotik, § 2 Rn. 128.

[448] *Niederee/Nejdl*, in: Ebers/Heinze/Krügel/Steinrötter, KI und Robotik, § 2 Rn. 128; *Schneeberger*, Machine Learning in der Verwaltung, 2024, S. 92; vgl. *Balkow/Eckhardt*, Transparenz und Nachvollziehbarkeit algorithmischer Systeme, Internetdokument 2019, S. 7; *Beck*, ZRP 2019, 185; Bundesregierung, Stellungnahme, Internetdokument 2020, S. 13. Zur Vertiefung etwa *Samek et al.*, Explainable AI: Interpreting, Explaining and Visualizing Deep Learning, 2019; *Xu et al.*, NLPCC 2019, 563.

Ursprungssystem, in nachgeschalteten „erklärenden“ System, als auch durch den interpretierenden Menschen verursacht werden können. Die Vermischung unterschiedlicher Fehlerquellen erschwert somit die präzise Zuordnung fehlerhafter Erklärungen und das damit einhergehende Kontroll- bzw. Korrekturvorgehen erheblich. Demgegenüber sind *Ante-Hoc*-Erklärungsmodelle, obwohl sie in ihrer Konstruktion anspruchsvoller sind, die vorzuziehende Option[449], da die Erklärungskomponente direkt in das System Künstlicher Intelligenz eingebettet wird, sodass die Notwendigkeit einer fehleranfälligen nachträglichen Interpretation entfällt.[450]

Erste Fortschritte des Forschungsfelds „Explainable AI“ lassen sich am Beispiel der Künstlichen Intelligenz „ChatGPT“ in der Version „o1“ beobachten. Zwar ist darauf hinzuweisen, dass die Leistungsmerkmale dieses „*large language model*“ nicht ohne Weiteres auf sämtliche KI-Systeme übertragbar sind.[451] Dennoch verdeutlicht „ChatGPT o1“ in exemplarischer Weise den aktuellen Entwicklungsstand selbstbegründender (öffentlich-zugänglicher) Künstlicher Intelligenz. Das System macht von einer sogenannten „*reasoning*“-Funktion[452] Gebrauch, um seine Aussagen mit Argumenten zu untermauern. Da der Betreiber „OpenAI“ jedoch keine detaillierten Informationen über die genauen Abläufe dieses „*reasoning*“-Verfahrens veröffentlicht – mutmaßlich zum Schutz seiner Geschäftsgeheimnisse –, kann hier lediglich das generierte Verarbeitungsergebnis bewertet werden, ohne dass ein tiefer Einblick in die technischen Hintergründe möglich wäre, beispielsweise ob es sich um ein *Ante-hoc-* oder *Post-hoc*-Erklärungssystem handelt. Ich befahl „ChatGPT o1“ am 19. 1. 2025 ein Gutachten zu dem Referenzfall dieser Arbeit zu generieren.[453] Das Prüfungsschema des KI-Systems ist dabei als fortschrittlich zu bewerten, weist aber dennoch Defizite auf. Positiv ist anzumerken, dass „ChatGPT o1“ die einschlägigen Normen des PolG NRW und des Grundgesetzes erkennt und größtenteils mit einer (kurzen aber wohl hinreichenden) Subsumtion korrekt anwendet. Dabei treten insbesondere die Subsumtion unter den Tatbestand (Gefahr für die öffentliche Sicherheit und die Störereigenschaft) als gelungen hervor. Demgegenüber äußert sich das KI-System neben der Zuständigkeit der Polizei nicht zu anderen formellen Voraussetzungen des Verwaltungsaktes, wie etwa der Anhörung gemäß § 28 VwVfG NRW. Auch der Prüfungsaufbau erschließt sich an manchen

---

[449] Ebenso *Bull*, DVBl 2017, 409, 416; *Schneeberger*, Machine Learning in der Verwaltung, 2024, S. 92 f.

[450] Vertiefend zu herausgearbeiteten Maßnahmen des Forschungsfeld „Explainable AI“, *Flachaire et al.*, Oxford Bulletin of Economics ans statistivs 2024, 519 m. w. N.; *Schneeberger*, Machine Learning in der Verwaltung, 2024, S. 120 ff. m. w. N.

[451] Hier sticht insbesondere das „Halluzinieren“ von „*large language model*“ hervor, d. h., dass die Künstliche Intelligenz Fakten erfindet bzw. herbeihalluziniert, die es nicht weiß. Zum „Halluzinieren“ von „*large language model*“, *Rohrlich*, KI und Recht, 2025, S. 18 ff.; *Schneeberger*, Machine Learning in der Verwaltung, 2024, S. 271.

[452] Zu Deutsch, „Argumentation“ oder „Beweisführung“.

[453] Zu dem Befehl und dem Gutachten von „ChatGPT o1“ im Wortlaut, siehe Anhang II dieser Arbeit.

Stellen nicht – so z. B. eine doppelte Prüfung der Erforderlichkeit oder die Prüfung der Störerauswahl bereits im Tatbestand, während der Inhalt für den Leser jedoch stets nachvollziehbar ist. Auch die Prüfung der Angemessenheit und die Berücksichtigung der gegenüberstehenden Grundrechte, insbesondere der Meinungsfreiheit des deutschen Rugbyfans, gerät zu kurz. Somit kann die Leistung, insbesondere die Begründungsfähigkeit, von „ChatGPT o1“ bisher nicht die Voraussetzungen des § 39 VwVfG NRW erfüllen.

VI. Zwischenergebnis

Im Ergebnis ist festzuhalten, dass eine Begründungserstellung durch Künstliche Intelligenz, wie sie § 39 VwVfG NRW vorsieht, bisher (noch) nicht realisierbar ist. Solange die technischen Möglichkeiten nicht ausreichen, um KI-gestützte Entscheidungen auf eine Weise zu begründen, die den gesetzlichen Anforderungen an Inhalt, Tiefe und Form der Begründung genügt, bleibt eine rechtliche Bewertung solcher Systeme limitiert. Sollten zukünftig technische Entwicklungen im Bereich der „Explainable AI“ hingegen neue Begründungsmöglichkeiten eröffnen, wird es erforderlich sein, die vorliegenden Überlegungen und rechtlichen Bewertungen neu zu prüfen und ggf. anzupassen. Bis dahin bleibt die direkte Integration von Systemen Künstlicher Intelligenz in Prozesse, die eine umfassende Begründungspflicht gemäß § 39 VwVfG NRW erfordern, und damit auch der Einsatz des Polizeiroboters zum vollständig automatisierten Erlass einer Platzverweisung, grundsätzlich rechtlich unzulässig.

VII. Teleologische Reduktion von § 39 VwVfG NRW beim Einsatz eines Polizeiroboters?

Angesichts des vorstehenden Befunds mag man fragen, ob § 39 VwVfG NRW zur Überwindung der technischen bedingten Unzulässigkeit des Einsatzes von Polizeirobotern teleologisch zu reduzieren ist. Eine teleologische Reduktion von § 39 VwVfG NRW könnte durch Installation einer umfassenden *ex-ante*-Kontrollarchitektur (1.), eine menschliche Begründungsnachholung (2.) oder eine Kompensation im Widerspruchsverfahren (3.) zu rechtfertigen sein.

1. Teleologische Reduktion von § 39 VwVfG NRW aufgrund einer umfassenden *ex-ante*-Kontrolle?

Eine Begründung gemäß § 39 VwVfG NRW dient primär dem Zweck, eine effektive *Fremdkontrolle* sicherzustellen, indem sie Betroffenen, Gerichten und Aufsichtsbehörden ermöglicht, die Rechtmäßigkeit von Maßnahmen anhand der in der Begründung dargelegten Entscheidungsgründe *ex post* zu überprüfen. In Fällen, in denen die Darstellung der Entscheidungsgründe und damit eine *ex-post*-Kontrolle (bisher) unmöglich ist, könnte eine umfassende *ex-ante*-Kontrolle eine alternative Lösung bieten.[454] Innerhalb eines *ex-ante*-Kontrollprozesses werden kontinuierlich zahlreiche Fallsimulationen durchgeführt, in denen sich vorab feststellen ließe, ob das System Verwaltungsakte rechtmäßig erlassen kann.[455]

Die Idee einer teleologischen Reduktion des § 39 VwVfG NRW zugunsten einer *ex-ante*-Kontrollarchitektur stößt allerdings auf erhebliche Probleme, da sie den Zweck der Begründungspflicht verfehlt. Die Begründungspflicht ist nach ihrem Telos auf die Einzelfallkontrolle der *konkreten* Maßnahme ausgerichtet, während eine umfassende *ex-ante*-Kontrolle die Überprüfung auf die *abstrakte* Funktionsweise des Systems verlagert. Eine *ex-ante*-Kontrolle kann damit zwar allgemeine systemische Fehler identifizieren, lässt jedoch keine Rückschlüsse auf die Rechtmäßigkeit der Maßnahme im konkreten Einzelfall zu. Die Überprüfung der konkreten Einzelmaßnahme ist jedoch angesichts des Rechts des Betroffenen auf effektiven Rechtsschutz aus Art. 19 Abs. 4 GG erforderlich.

Selbst wenn es möglich wäre, eine lückenlose *ex-ante*-Kontrollarchitektur einzurichten, die eine absolute Fehlerfreiheit eines Polizeiroboters in jedem Einzelfall garantiert und damit eine Fremdkontrolle entbehrlich macht, bleibt eine Begründung gemäß § 39 VwVfG NRW notwendig. Die Begründung des Verwaltungsaktes dient nicht allein der Fremdkontrolle, sondern erfüllt darüber hinaus eine Befriedungsfunktion, indem sie dem Betroffenen in die Lage versetzt, zu verstehen, warum eine bestimmte Maßnahme gegen ihn ergriffen wurde.[456] Erst durch ein solches Verständnis wird das Vertrauen in die handelnden staatlichen Instanzen gefördert und dem Betroffenen ermöglicht, sein zukünftiges Verhalten anzupassen. Wird dem Betroffenen ein solches Verständnis hingegen nicht vermittelt, könnte er die staatliche Maßnahme als willkürlich empfinden und sich zum „Objekt" einer maschinellen Entscheidung degradiert fühlen.[457]

---

[454] In diese Richtung *Hermstrüwer*, in: Wischmeyer/Rademacher (Hrsg.), Regulating artificial intelligence, 2020, 199, 212 Rn. 43; *Zweig*, Algorithmische Entscheidungen: Transparenz und Kontrolle, Internetdokument 2019, S. 10.

[455] Wie die Kontrolle eines Systems Künstlicher Intelligenz funktioniert siehe S. 235 ff. dieser Arbeit. *Beck*, ZRP 2019, 185; BT-Drs. 19/25095, S. 19; *Cornelius*, Künstliche Intelligenz, 2019, S. 116; *Hermstrüwer*, AöR 2020, 479, 497 spricht von einem „Reallabor"; *Martini et al.*, Blackbox Algorithmus – Grundfragen einer Regulierung Künstlicher Intelligenz, 2019, S. 230.

[456] Vgl. *Ibold*, GSZ 2024, 10, 14 ff.; *Schneeberger*, Machine Learning in der Verwaltung, 2024, S. 44.

[457] *Wischmeyer*, AöR 2018, 1, 48; vgl. Europäische Kommission, Weissbuch zur Künstlichen Intelligenz, Internetdokument 2020, S. 14; *Kment/Borchert*, KIR 2025, 9, 12; *Voudoulaki*, ZGI 2025, 9, 10. Ähnlich auch *Schönenbroicher*, in: Mann/Sennekamp, VwVfG, 3. Auflage 2025, § 40 VwVfG Rn. 201, der eine Begründung von Ermessensverwaltungsakten unter dem Gesichtspunkt des bürgerfreundlichen und transparenten Verwaltungshandelns als überragend wichtig einstuft.

Daher darf eine Begründung gemäß § 39 VwVfG NRW nicht allein aufgrund einer optimierten *ex-ante*-Kontrolle entfallen.[458]

2. Teleologische Reduktion von § 39 VwVfG NRW aufgrund einer menschlichen Begründungsnachholung?

Man mag zudem erwägen, die Begründungspflicht für Polizeiroboter entfallen zu lassen, sofern ein menschlicher Polizeibeamter *ex post* anstelle des Systems eine Begründung für die polizeiliche Platzverweisung auf Basis des dokumentierten Sachverhalts formuliert[459]; zu denken wäre etwa an den Polizeibeamten, der den Roboter begleitet oder an einen gänzlich unbeteiligten Polizeibeamten auf der Dienststelle. Ein solches Vorgehen, bei dem ein Amtswalter, der nicht den Verwaltungsakt selbst erlassen hat, im Nachhinein Einfluss auf die Begründung nimmt, erinnert an die rechtlichen Konzepte der Nachholung einer Begründung zur Heilung formeller Mängel eines Verwaltungsaktes gemäß § 45 Abs. 1 Nr. 2 VwVfG NRW sowie an das Nachschieben von Ermessensgründen im Gerichtsprozess nach § 114 S. 2 VwGO. Angesichts dieser Parallelen erscheint eine Analogie zu den genannten Vorschriften naheliegend. Doch bei näherer Betrachtung erweist sich die Übertragung der *ratio* beider Normen auf den Referenzfall als nicht haltbar, da sowohl die Heilung gemäß § 45 VwVfG NRW als auch das Nachschieben von Ermessensgründen nach § 114 S. 1 VwGO ausschließlich bei *noch nicht erledigten* Verwaltungsakten möglich sind.[460] Das Telos der Normen liegt darin, die *Fortgeltung* von Verwaltungsakten zu sichern, die bloß formale Mängel aufweisen, aber materiell rechtmäßig sind.[461] Im Referenzfall liegt allerdings eine zeitliche begrenzte Platzverweisung vor, die zum Zeitpunkt der nachträglichen Begründungserstellung durch einen menschlichen Polizeibeamten bereits *erledigt* ist, wodurch eine „Rettung“[462] des Verwaltungsaktes durch eine Heilung gemäß § 45 Abs. 1 Nr. 2 VwVfG

---

[458] Vgl. *Britz/Eifert*, in: Voßkuhle/Eifert/Möllers, Grundl. VerwR, Bd. 1, 3. Auflage 2022, § 26 Digitale Transformation der Verwaltung Rn. 118; *Guckelberger*, DÖV 2021, 566, 575; *Orrù*, Legitimität, Sicherheit, Autonomie, 2021, S. 293 f. Für andere Einsatzsituation mag das Ergebnis anders lauten, bezüglich des Einsatz von Künstlicher Intelligenz in der Verkehrsregelung *Busche*, DÖV 2022, 899, 907. Vorsichtig für eine Lockerung der Begründungserfordernisse bei einer fortlaufenden abstrakten Evaluierung des Systems plädierend *Tischbirek*, ZfDR 2021, 307, 326.

[459] Vgl. *Britz/Eifert*, in: Voßkuhle/Eifert/Möllers, Grundl. VerwR, Bd. 1, 3. Auflage 2022, § 26 Digitale Transformation der Verwaltung Rn. 118; *Hill*, Verwaltung und Management 2018, 287, 289.

[460] VGH München, Urt. v. 10.7.2019 – 10 B 17.1996, Rn. 34; OVG Lüneburg, DVBl 2015, 717, 721; OVG Münster, NVwZ 2001, 1424; *Geis*, in: Schoch/Schneider, VwVfG, 7. EGL, § 40 VwVfG Rn. 124 (Stand August 2022); *Gärditz*, VwGO Kommentar, 2. Auflage 2018, § 114 VwGO Rn. 41; *Bader*, NVwZ 1999, 120, 122; *Riese*, in: Schoch/Schneider, VwGO, 48. EGL, § 114 VwGO Rn. 246 (Stand Februar 2019); *Schneider*, in: Schoch/Schneider, VwVfG, 7. EGL, § 45 VwVfG Rn. 45 (Stand November 2023).

[461] *Gärditz*, VwGO Kommentar, 2. Auflage 2018, § 114 VwGO Rn. 39.

[462] *Gärditz*, VwGO Kommentar, 2. Auflage 2018, § 114 VwGO Rn. 41.

NRW oder durch ein Nachschieben von Gründen gemäß § 114 S. 2 VwGO nicht mehr in Frage kommt. Zudem kehrt sich bei einer Analogiebildung für den Einsatz Künstlicher Intelligenz die Stellung der Begründungsnachholung innerhalb der Verwaltungssystematik grundlegend um: Während im Regelfall der Polizeibeamte seine Entscheidung eigenständig begründet und eine nachträgliche Ergänzung nur als Ausnahme über Heilungsvorschriften oder das Nachschieben von Ermessenserwägungen erfolgt, würde beim Einsatz Künstlicher Intelligenz eben jener Ausnahmefall zum Standard erhoben. Eine Analogie zu § 45 Abs. 1 Nr. 2 VwVfG NRW oder § 114 S. 2 VwGO ist folglich von vornherein ausgeschlossen.

Unabhängig von einer Analogiebildung ist eine (vollständige) nachträgliche Begründung der Platzverweisung jedenfalls durch einen im Einsatz nicht anwesenden menschlichen Amtswalter risikobehaftet. Im Gefahrenabwehrrecht kommt es für die Rechtmäßigkeit von Ermessens- und Beurteilungserwägungen aufgrund der polizeilichen Maßnahmen immanenten Eilbedürftigkeit entscheidend auf den Zeitpunkt des Erlasses des Verwaltungsaktes an (*ex-ante*-Betrachtung).[463] Bei einer (vollständigen) Neu-Bewertung des Geschehens *ex post* besteht die Gefahr, nicht nur solche Erwägungen miteinzubeziehen, die *ex ante* vorlagen, sondern auch solche, die erst nach längerer Evaluation erkennbar wurden oder gar erst im Nachhinein erklärbar waren.[464]

Obgleich eine Begründungsnachholung durch den im Einsatz befindlichen Polizeibeamten, der zugleich die Künstliche Intelligenz überwacht, zur Milderung dieser Problematik beiträgt – da er den Einsatz simultan verfolgt und prinzipiell in der Lage wäre, eine Begründung auf Basis reiner *ex-ante*-Maßstäbe zu formulieren –, vermag auch eine derartige Nachholung das fundamentale Defizit nicht zu kompensieren, dass die Künstliche Intelligenz ihre Entscheidungsgründe nicht darlegen kann. Da sich Ermessensentscheidungen nicht nur in der Herausarbeitung der Handlungsalternativen, sondern auch in der individuellen Gewichtung der Attribute während der Abwägung im engeren Sinne höchst individuell darstellen, wäre es für den zur Begründung angehaltenen Polizeibeamten unmöglich, die „tatsächlichen Gründe" der Entscheidung der Künstlichen Intelligenz[465] zu rekonstruieren. Vielmehr bliebe ihm nur die Möglichkeit, eigene Überlegungen anzustellen, welche

[463] So mahnt auch der VGH München zur besonderen Vorsicht hinsichtlich des Nachschiebens von Gründen bei Gefahrenabwehrmaßnahmen: Danach sei es mit dem Blick auf die gebotene Ausübung pflichtgemäßen Ermessens nicht zulässig, wenn die Versammlungsbehörde die von ihr diesbezüglich zu fordernden Bemühungen um Sachaufklärung nicht zum Zeitpunkt ihrer Verfügung, sondern erst nachträglich im Verwaltungsstreitverfahren unternehme und mit den nachgeschobenen Gründen – selbst bei unveränderter Sachlage – die getroffene Entscheidung nach deren Unwirksamwerden zu rechtfertigen versuche. Dies würde der Bedeutung der Grundrechte, namentlich der Versammlungsfreiheit, zuwiderlaufen, VGH München, Urt. v. 10.7.2019 – 10 B 17.1996, Rn. 36.

[464] Vgl. *Schneeberger*, Machine Learning in der Verwaltung, 2024, S. 237.

[465] Angemerkt sei, dass dieser Befund nicht für eine Begründungsersetzung für einen KI-gestützten Verwaltungsakt, sondern auch für einen von einem menschlichen Amtswalter erlassenen Verwaltungsakt gälte.

einer persönlich-individuellen (Ermessens-)Ersatzentscheidung gleichkämen. Folglich erhielte der Betroffene nicht die Begründung der tatsächlich ergangenen Entscheidung, sondern jene einer völlig anderen hypothetischen Ersatzentscheidung, die nur in der Rechtsfolge mit dem KI-gestützten Verwaltungsakt übereinstimmte; in anderen Worten wäre der Betroffene mit einem Verwaltungsakt ohne Begründung und mit einer Begründung ohne Verwaltungsakt konfrontiert. Ein solches Konstrukt ist nicht mit dem Recht auf effektiven Rechtsschutz des Betroffenen aus Art. 19 Abs. 4 GG vereinbar, da ohne die Offenlegung der tatsächlichen Entscheidungsgründe das Recht auf Fremdkontrolle des Adressaten im Rechtsschutzverfahren nicht umfänglich wahrgenommen werden kann, was in Bezug auf typischerweise eingriffsintensive Polizeimaßnahmen rechtsstaatlich unzulässig ist.[466] Nicht zuletzt ist nicht nur die Fremdkontrolle durch den Betroffenen, sondern auch durch die Polizeibehörde erheblich eingeschränkt, da sich die Überprüfung der KI-gestützten Entscheidungen in einer Ergebniskontrolle erschöpfen und ohne Transparentmachung der Entscheidungsfindung nicht die Systemfunktionalität umfassen würde. Somit können Fehlfunktionen im Entscheidungsfindungsprozess faktisch nicht behoben werden, um die Bindung der Künstlichen Intelligenz an Recht und Gesetz zu gewährleisten. Nach alldem kommt eine nachträgliche Begründungsnachholung durch einen menschlichen Amtswalter als rechtmäßige Alternative zur maschinellen Begründung nicht in Betracht.

3. Teleologische Reduktion von § 39 VwVfG NRW durch eine Begründungskompensation im Widerspruchsverfahren?

Solange von Polizeirobotern erlassene Platzverweisungen nicht begründet werden können, ist eine Kompensation dieses Defizits innerhalb des Widerspruchsverfahren gemäß § 68 Abs. 1 S. 1 VwGO denkbar,[467] indem die Behörde den Verwaltungsakt erneut vollständig auf seine Recht- und Zweckmäßigkeit überprüft und sodann ohne Zuhilfenahme eines technischen Systems (erstmals) begründet.[468]

---

[466] Vgl. *Fehling*, DÖV 2025, 321, 325; *Kischel*, Die Begründung, 2003, S. 357 ff. weist darauf hin, dass die Begründung die Gründe des Entscheidungsträgers richtig wiedergeben müsse. Gäbe die Begründung die Erwägungen einer anderen Person wieder, oder stellte sie auf Erwägungen ab, die gar nicht angestellt wurden, so würde sie mit solchen nur vorgeschobenen Gründen ihren Zweck nicht erfüllen. Weder Selbstkontrolle und materielle Richtigkeit, weder Klarstellung und Auslegung noch Kontrolle durch andere staatliche Stellen und die demokratische Öffentlichkeit seien auf der Basis einer derart *falschen Begründung* zu erreichen. Darüber hinaus werde die Begründungsauthentizität verfehlt, wenn eine Begründung nicht vom tatsächlichen Entscheidungsträger ausgehe.

[467] *Tischbirek*, ZfDR 2021, 307, 327.

[468] Ebenso *Tischbirek*, ZfDR 2021, 307, 327. Zudem sei ein weiterer Vorteil, dass im Streitfall nicht erst die Richter ein KI-basiertes Verwaltungshandeln erstmalig überprüfen – und dies bei Ermessensentscheidungen dann gar unter eingeschränkter Kontrolldichte. Ähnlich *Berger*, NVwZ 2018, 1260, 1264. Ähnlich *Hüttenbrink*, in: Posser/Wolff, BeckOK VwGO, 75. Edition, § 68 VwGO Rn. 1 (Stand April 2025); vgl. *Geis*, in: Schoch/Schneider, VwVfG, 7. EGL, § 40 VwVfG Rn. 113 (Stand August 2022).

Dieser Ansatz stößt jedoch im Kontext polizeilicher Platzverweisungen auf praktische Grenzen. Polizeiliche Verwaltungsakte sind darauf ausgelegt, unmittelbar und nur temporär auf spezifische Sachverhalte zu reagieren und erledigen sich regelmäßig durch einen Direktvollzug, noch bevor ein Widerspruch erhoben werden kann. Erledigt sich ein Verwaltungsakt vor der Erhebung des Widerspruchs, entfällt die Statthaftigkeit des Vorverfahrens, da sein Zweck darin besteht, einen noch nicht erledigten Verwaltungsakt erneut einer behördlichen Überprüfung und ggf. Korrektur zu unterziehen.[469] Ein bereits erledigter polizeilicher Verwaltungsakt lässt sich indes nicht nachträglich modifizieren, da seine Rechtsfolgen zum Zeitpunkt des Widerspruchsverfahrens bereits vollständig realisiert sind. Die Überprüfung der Rechtmäßigkeit eines erledigten Verwaltungsaktes obliegt dann nicht mehr der Behörde, sondern der Judikative.[470] Daher kann eine behördliche Neubewertung des Verwaltungsaktes im Widerspruchsverfahren, einschließlich seiner (erstmaligen) Begründung, keine adäquate Kompensation für die fehlende Begründung eines durch einen Polizeiroboter vollständig automatisiert erlassenen Verwaltungsaktes bieten.

4. Zwischenergebnis

Eine teleologische Reduktion von § 39 VwVfG NRW, bezogen auf den Einsatz eines Polizeiroboters zum Erlass einer Platzverweisung, ist nicht überzeugend. Deshalb verharrt die rechtliche Bewertung bei dem Schluss, dass der Einsatz eines Polizeiroboters zum Erlass einer Platzverweisung als (formell) rechtswidrig qualifiziert werden muss, solange das System nicht in der Lage ist, den Anforderungen einer Begründung gemäß § 39 VwVfG NRW bezüglich des Inhalts, der Tiefe und Form gerecht zu werden.[471]

F. Resümee

Die einleitende Frage aufgreifend, ob auf Grundlage der in dieser Arbeit vorgeschlagenen fiktiven Fassung des § 34 Abs. 1 PolG NRW rechtmäßige Einzelmaßnahmen hinsichtlich des (einfachen) allgemeinen Verwaltungsrechts durch Künstliche Intelligenz möglich sind, ist festzuhalten, dass grundsätzlich weder der Un-

[469] *Hüttenbrink*, in: Posser/Wolff, BeckOK VwGO, 75. Edition, § 68 VwGO Rn. 1, 18 (Stand April 2025); *Porsch*, in: Schoch/Schneider, VwGO, 48. EGL, § 68 VwGO Rn. 22 (Stand März 2023); vgl. BVerwG, NJW 1989, 2486.

[470] *Porsch*, in: Schoch/Schneider, VwGO, 48. EGL, § 68 VwGO Rn. 22 (Stand März 2023).

[471] Ähnlich *Roth-Isigkeit*, DÖV 2020, 1018, 1025; vgl. *Guckelberger*, Öffentliche Verwaltung im Zeitalter der Digitalisierung, 2019, S. 531 Rn. 618; *Schneeberger*, Machine Learning in der Verwaltung, 2024, S. 222. Als maßgeblichen Hinderungsfaktor für deren Einsatz bezeichnend *Herold*, InTeR 2019, 7, 11.

tersuchungsgrundsatz aus § 24 VwVfG NRW sowie die juristische Subsumtionstechnik, noch das Erfordernis einer Ermessensausübung nach § 40 VwVfG NRW der Rechtmäßigkeit einer Platzverweisung durch eine hinreichend trainierte Künstliche Intelligenz entgegenstehen.

Die Analyse hat gezeigt, dass die schematisierende und unemotionale Funktionsweise Künstlicher Intelligenz in keiner Phase der Rechtsanwendung, sei es bei der Bewertung des Sachverhalts oder bei der Subsumtion unter Tatbestands- oder Rechtsfolgenvoraussetzungen, zwingend zu rechtwidrigen Maßnahmen führt. Insbesondere vermag die Unemotionalität solcher Systeme den Einfluss subjektiv-emotionaler Vorurteile oder Stimmungen auf die Entscheidungsfindung erheblich zu minimieren und dadurch die Wahrscheinlichkeit objektiver Entscheidungen zu erhöhen. Zugleich hat sich die schematisierende Funktionsweise moderner Künstlicher Intelligenz, wie ein Blick in die juristische Methodenlehre und die Kognitionspsychologie belegt, in bemerkenswerter Weise dem menschlichen Denken und der menschlichen Rechtsanwendung angenähert. Dies gilt sowohl für die Ausfüllung unbestimmter Rechtsbegriffe als auch für die Ausübung von Ermessen.

Die schematisierende Funktionsweise einer Künstlichen Intelligenz führt deshalb nur dann zu rechtswidrigen Entscheidungen, wenn sie den notwendigen Grad an Detailtiefe nicht erreicht, in anderen Worten also zu oberflächlich ist, und die Umstände des konkreten Einzelfalls folglich nicht hinreichend berücksichtigt werden. Um die normativ geforderte Tiefe und Präzision der Schematisierung zu gewährleisten, ist es nicht nur unerlässlich, die Künstliche Intelligenz hinreichend zu programmieren, sondern auch das System mit hochwertigen, vielfältigen Trainingsdaten zu speisen und einer fortlaufenden Überprüfung sowie, falls erforderlich, Korrektur zu unterziehen. Allerdings wird die Sicherstellung der Datenqualität und die Vermeidung von Verzerrungen eine der zentralen Herausforderungen der zukünftigen Forschung und Praxis darstellen.

Eine noch größere Herausforderung liegt in der gegenwärtigen Unfähigkeit Künstlicher Intelligenz, eine Begründung im Sinne des § 39 VwVfG NRW zu formulieren. Die Darlegung der wesentlichen Entscheidungsgründe in einer für Menschen nachvollziehbaren Sprache stellt nicht nur ein unverzichtbares Instrument zur Information des Bürgers dar, sondern ist auch für die verwaltungsinterne sowie gerichtliche Kontrolle essenziell. Aufgrund dieser für den Rechtsstaat elementaren Funktion der Begründungspflicht bleibt abzuwarten, in welchem Umfang und mit welcher Geschwindigkeit das noch junge Forschungsgebiet der „Explainable AI“ Fortschritte zu erzielen vermag.

Da Systeme Künstlicher Intelligenz zum gegenwärtigen Zeitpunkt die Anforderungen an eine solche Transparenz und Begründung nicht erfüllen, ist die vollständige Automatisierung von Ermessensverwaltungsakten – wie im Referenzfall die durch einen Polizeiroboter ausgesprochene Platzverweisung – (formell) rechtswidrig. Bis zur erfolgreichen Behebung dieser Defizite bleibt eine solche Form der Entscheidungsfindung mit den Vorgaben der Rechtsordnung unvereinbar.

Teil 5

Vereinbarkeit von § 34 Abs. 1 S. 3 PolG NRW f. F. mit Verfassungsrecht

Diese Untersuchung beschränkt sich jedoch nicht auf die Bewertung des *status quo*, sondern nimmt einen prospektiven Standpunkt ein, der sich als Orientierungshilfe für zukünftige technologische Vorhaben versteht. Vor diesem Hintergrund ist es geboten, weiterführend zu untersuchen, ob die durch die fiktive Fassung des § 34 Abs. 1 S. 3 PolG NRW implementierten Regelungen verfassungsrechtlich haltbar wären. Hierbei bedarf es einer abstrakten Auseinandersetzung mit dem Einsatz Künstlicher Intelligenz zum Erlass eines Ermessensverwaltungsaktes, die sich von einer konkreten Betrachtung des Referenzfalls weitgehend loslöst und somit erst den Abschluss der hiesigen Ausführungen bildet. Es gilt zu eruieren, ob der Einsatz eines Polizeiroboters zum Erlass eines Ermessensverwaltungsaktes mit der Gewährleistung der Menschenwürde (A.), dem Rechtsstaatsprinzip (B.) sowie dem Demokratieprinzip (C.) vereinbar ist.

A. Menschenwürde

Sofern grundrechtsgebundene Systeme Künstlicher Intelligenz einen Verwaltungsakt in der Form einer Platzverweisung erlassen[1], bleibt zu konstatieren, dass sich die Eingriffsintensität der Maßnahme nicht erhöht. Daher erübrigen sich vertiefende Erörterungen zur typischen Eingriffsintensität einer Platzverweisung. Vielmehr gebietet es die Situation, den Fokus auf die durch den Einsatz Künstlicher Intelligenz spezifisch aufgeworfenen rechtlichen Problemstellungen zu legen, die sich im Lichte der Gewährleistung der Menschenwürde gemäß Art. 1 Abs. 1 GG ergeben. Vor diesem Hintergrund wird, anknüpfend an die in der Literatur geäußerte Kritik, der zentralen Fragestellung nachgegangen, ob der Einsatz von Künstlicher Intelligenz im polizeilichen Kontext, insbesondere beim Erlass einer Platzverweisung, die Menschenwürde gemäß Art. 1 Abs. 1 GG verletzt.[2]

---

[1] Umgekehrt zur Grundrechtsfähigkeit von Künstlicher Intelligenz *Neuhöfer*, Grundrechtsfähigkeit Künstlicher Intelligenz, 2022.

[2] In diesem Abschnitt wird ausschließlich erörtert, ob die *Entscheidung* einer Künstlichen Intelligenz zum Erlass eines Ermessensverwaltungsakts einen Eingriff in die Menschenwürde darstellen kann. Nicht Gegenstand der nachfolgenden Betrachtung ist hingegen – worauf be-

I. Diskussionsstand innerhalb der Literatur

Dorothea Mund vertritt die Auffassung, dass die Achtung der Menschenwürde gemäß Art. 1 Abs. 1 GG eine vollständig menschliche Rechtsanwendung erfordere, sobald insbesondere grundrechtsintensive polizeiliche (Ermessens-)Maßnahmen – sie verweist beispielhaft auf die Ingewahrsamnahme nach Art. 17 BayPAG – verhängt würden.[3] Eine ausschließlich von einem informationstechnischen System getroffene staatliche Entscheidung, die zu einem rechtsverhältnisbegründenden Hoheitsakt führe, wäre dann gegebenenfalls im Lichte der Menschenwürde durch einen Menschen neu zu beurteilen, würde der Mensch in einem solchen grundrechtsintensiven Bereich zum bloßen Objekt von Entscheidungen des Computers degradiert.[4] Dorothea Mund bleibt zur Untermauerung ihrer These unscharf. Sie postuliert zwar ein „Recht auf menschliche Entscheidung“[5], das sie auf das Rechtsstaatsprinzip und auf europäische Vorschriften[6] stützt. Jedoch wird der Bezug zur Menschenwürdegarantie lediglich implizit hergestellt, indem sie auf die Bedeutung von Verfahrensvorschriften für die Menschenwürde verweist.[7] Eine direkte Auslegung des Art. 1 Abs. 1 GG erfolgt nicht.

Utz Schliesky charakterisiert die Digitalisierung und vor allem den Einsatz Künstlicher Intelligenz nicht nur als eine Tangierung, sondern auch als eine massive Bedrohung der Fundamentalnorm der Menschenwürde aus Art. 1 Abs. 1 GG.[8] Er betont, dass der Grundkonsens, wonach Künstliche Intelligenz den Menschen nicht zum Objekt degradieren dürfe, impliziere, dass vollständig automatisierte Entscheidungen mit rechtlicher Wirkung für Menschen nicht allein Maschinen überlassen werden dürften, sondern stets einer menschlichen Letztsteuerung und Letzt-

---

reits in der Begrenzung des Untersuchungsgegenstandes hingewiesen wurde – die zweifellos ebenso relevante und außerhalb dieses Mediums zu vertiefende Frage, ob der Einsatz von Künstlicher Intelligenz zur eigenständigen Anwendung von Zwangsmitteln gegen die Menschenwürde verstoßen könnte. Darüber hinaus bedarf es keiner weitergehenden Erörterung, dass die Menschenwürde verletzt werden kann, wenn ein Polizeiroboter aufgrund einer technischen Fehlfunktion oder durch unbefugten Fremdzugriff in ein gefährliches Werkzeug umgewandelt wird, das sich gegen diejenigen richtet, die er eigentlich schützen soll. Diese Gefahr ist jedoch keineswegs auf KI-basierte Roboter beschränkt, sondern betrifft sämtliche Werkzeuge, die durch Manipulation von außen missbraucht werden können, etwa polizeiliche Wasserwerfer, Kfz oder Polizeihunde.

[3] *Mund*, Das Recht auf menschliche Entscheidung, 2022, S. 249 f.; vgl. *Guckelberger*, VVDStRL 2019, 235, 272.

[4] *Mund*, Das Recht auf menschliche Entscheidung, 2022, S. 250.

[5] *Mund*, Das Recht auf menschliche Entscheidung, 2022, S. 164 ff.

[6] Ebenfalls die europäischen Vorschriften in Bezug nehmend, Datenschutzaufsichtsbehörden, Hambacher Erklärung zur Künstlichen Intelligenz, Internetdokument 2019, S. 3; *Walter*, K&R 2019, 21, 24.

[7] *Mund*, Das Recht auf menschliche Entscheidung, 2022, S. 220; in ähnlicher Weise *Lorenz*, DÖV 2024, 219, 220; *Raji*, Künstliche Intelligenz im öffentlichen Sektor, 2022, S. 128.

[8] *Schliesky*, NJW 2019, 3692, 3694.

entscheidung vorbehalten sein müssten.[9] Auch seine Ausführungen lassen eine systematische Herleitung aus der Menschenwürdegarantie vermissen.

Christian Geminn stellt sich in Hinblick auf die Objektformel der Menschenwürde aus Art. 1 Abs. 1 GG die Frage, ob ein technisches System überhaupt dazu in der Lage sei, die Subjektqualität des Menschen zu würdigen und ihn als etwas anderes als ein Objekt zu behandeln.[10] Er hebt hervor, dass die Menschenwürde insbesondere tangiert sei, wenn technische Systeme über Leben und Tod eines Menschen entschieden.[11] Letzterer Einwand bleibt für die vorliegende Untersuchung außer Betracht, da die Platzverweisung keine derart gravierenden Rechtsfolgen zulässt.

David Nink greift die von Christian Geminn aufgeworfene Frage nach der Fähigkeit technischer Systeme, die Subjektqualität des Menschen zu würdigen, auf und stellt heraus, dass Maschinen – auch Künstliche Intelligenz – einem statistisch-technischen Welt- und demnach auch Menschenbild folgten, da sie *qua natura* nicht in der Lage seien, einen Menschen „menschlich“ wahrzunehmen, sondern ihn und seinen Lebenssachverhalt nur messen, datieren, einordnen und entsprechend der Zahlenlogik berechnen könnten.[12] Ob eine solche Behandlung letztlich zu einem Menschenwürdeverstoß führt, beantwortet David Nink wie folgt[13]: Allein der Umstand, dass personenbezogene Daten als Anknüpfungspunkt und „Objekt“ algorithmischer Analysen seien, missachte nicht *a priori* die Subjektqualität des Einzelnen.[14] Es sei nicht das Ob, sondern das Wie der Automatisierung entscheidend: Sofern der Staat durch eine hinreichend sensible Ausgestaltung sicherstelle, dass der Betroffene Einfluss auf den maschinellen, automatisierten Entscheidungsprozess nehmen könne, und so verhindere, dass der Einzelne ausschließlich zum Objekt der Informationsverarbeitung verkomme, stehe die Menschenwürde dem Einsatz algorithmenbasierter Assistenzsysteme nicht von vornherein entgegen.[15]

> „Der Staat darf das Individuum weder zum reinen Objekt seines Handelns degradieren noch darf er es zum Zweck der Entscheidungsfindung auf eine ausschließliche Zahlenlogik reduzieren. Insoweit lässt sich der Menschenwürdegehalt aber schwer fassen, unterfällt dieser Aspekt doch keiner der bisher anerkannten Fallgruppen. Eines steht aber fest: Der Staat muss den Einzelnen immer als selbstbestimmtes menschliches Individuum achten und behandeln. *Wie* er dies im Einzelnen gewährleisten kann und muss, schreibt ihm Art. 1 Abs. 1 GG indes nicht vor. Auf den ersten Blick mag es vor diesem Hintergrund entwür-

---

[9] *Schliesky*, NJW 2019, 3692, 3695.

[10] *Geminn*, DÖV 2020, 172, 176 Fn. 35.

[11] *Geminn*, DÖV 2020, 172, 179.

[12] *Nink*, Justiz und Algorithmen, 2020, S. 349. Ebenso *Geminn*, DÖV 2020, 172, 176 Fn. 35; vgl. *Kessler/Oberlin*, CB 2020, 89, 90.

[13] *Nink*, Justiz und Algorithmen, 2020, S. 349 ff.

[14] *Nink*, Justiz und Algorithmen, 2020, S. 348; vgl. *Bull*, Der Staat 2019, 57, 71; *Martini/Nink*, NVwZ Extra 2017, 1, 7; *Wischmeyer*, AöR 2018, 1, 41 Fn. 162.

[15] *Nink*, Justiz und Algorithmen, 2020, S. 348.

digend und unmoralisch anmuten, die Lebensgestaltung eines Menschen durch automatisierte Rechtsfindung in die Hände (also: die Einsen und Nullen) einer Maschine zu legen und seinen Lebenssachverhalt lediglich als Objekt algorithmischer Datenverarbeitung zu verstehen. Es hängt allerdings unmittelbar von gesellschaftlichen Umständen und dem jeweiligen technologischen *status quo* ab, wie Eingriffe und grundrechtliche Beeinträchtigungen empfunden werden."[16]

II. Kein Verstoß gegen die Menschenwürde

Nach der Gesamtschau der Literaturansichten lassen sich im Hinblick auf den Einsatz Künstlicher Intelligenz im Kontext der Menschenwürdegarantie zwei zentrale Problemkreise identifizieren. Erstens bedarf es einer Sicherstellung hinreichender Verfahrensgarantien für den Betroffenen, um zu verhindern, dass er zum bloßen Objekt automatisierter Entscheidungen degradiert wird. Zweitens stellt sich die Frage, ob eine Reduzierung des Betroffenen auf eine reine zahlenlogische Betrachtungsweise eine Verletzung der Menschenwürde darstellt.

Bezüglich des ersten Problemkomplexes – insbesondere von Dorothea Mund erörtert – ist unbestritten, dass auch beim Einsatz Künstlicher Intelligenz die Verfahrensrechte des Betroffenen gewahrt bleiben müssen. Wie bereits im Rahmen der Überprüfung des einfachen Rechts hervorgehoben, ist ein Mindestmaß an prozeduralen Garantien unabdingbar, um die Rechtmäßigkeit maschinellen staatlichen Handelns sicherzustellen. Ob diese Mindeststandards prozessualer Beteiligung nun – wie in der vorliegenden Arbeit vertreten – primär aus dem Rechtsstaatsprinzip oder – wie von weiten Teilen der Literatur angenommen – aus der Menschenwürdegarantie abgeleitet werden, ist für die vorliegende Fragestellung von nachrangiger Bedeutung. Entscheidend ist, dass auch im Kontext maschineller Entscheidungsverfahren zentrale verfahrensrechtliche Prinzipien gelten. Der Untersuchungsgrundsatz, das Anhörungsrecht der Betroffenen, die Begründungspflicht und das Recht des Einzelnen auf Einschreiten seitens der Behörde bleiben wesentliche Konkretisierungen der Verfahrensrechte, die eine rechtsstaatliche Kontrolle selbst bei vollautomatisierten Entscheidungen sichern. Auf die bereits zuvor getroffenen Feststellungen kann an dieser Stelle verwiesen werden.[17]

Der Fokus richtet sich nun verstärkt auf den zweiten von der Literatur hervorgehobenen Problemschwerpunkt, nämlich die Frage, ob die *Reduzierung des Betroffenen auf eine Zahlenlogik* für sich genommen einen Verstoß gegen die Menschenwürde darstellt.

---

[16] *Nink*, Justiz und Algorithmen, 2020, S. 350.

[17] Siehe S. 93 ff. und S. 87 ff. dieser Arbeit.

Christian Geminn beantwortet diese Frage bloß oberflächlich, indem er ohne nähere Begründung annimmt, dass bereits die Reduzierung auf die Zahlenlogik einen Menschenwürdeverstoß begründe. Mangels weiterführender Fundierung vermag diese Position nicht zur Klärung der Problematik beizutragen. Etwas differenzierter, wenn auch nicht vollends stringent, gestaltet sich die Sichtweise David Ninks. Einerseits betont er, dass der Staat den Einzelnen aufgrund der Menschenwürdegarantie nicht allein auf eine zahlenbasierte Logik reduzieren dürfe; andererseits stellt er jedoch zugleich heraus, dass eine Verletzung der Menschenwürde nicht vom bloßen Ob, sondern vom Wie des Einsatzes Künstlicher Intelligenz abhänge. Diese zweite Prämisse legt nahe, dass David Nink eine Reduktion auf die Zahlenlogik nicht *per se* als menschenwürdewidrig ansieht, sondern einen etwaigen Verstoß gegen die Menschenwürde vielmehr von der Nichtbeachtung bestimmter verfahrensrechtlicher Schutzvorkehrungen abhängig macht. Wäre für ihn schon der Einsatz der Technik an sich, die sich stets als auf die Zahlenlogik fokussierend erweist, menschenwürdefeindlich, so hätte er konsequenterweise das Ob des Einsatzes des technischen Systems für problematisch erachten müssen und nicht erst das Wie seiner praktischen Ausgestaltung.

Um die Frage, ob die isolierte Reduzierung des Betroffenen auf Zahlenlogik einen Menschenwürdeverstoß darstellt, abschließend würdigen zu können, ist es zunächst erforderlich, die normative Tragweite der Menschenwürdegarantie in Art. 1 Abs. 1 GG anhand allgemeiner Erkenntnisse zu konturieren.

Das Verständnis der Menschenwürde als „zentrales ethisches Fundament unserer Rechtsordnung“[18] ist in der rechtswissenschaftlichen Literatur und Rechtsprechung nachhaltig durch Günter Dürigs Objektformel geprägt worden, die auch in den Kanon der Rechtsprechung des Bundesverfassungsgerichts Eingang gefunden hat.[19] Nach dieser Formel ist die Menschenwürde berührt, wenn der konkrete Mensch zum bloßen Objekt, zu einem austauschbaren Mittel oder einer vertretbaren Größe herabgewürdigt wird.[20] Betont wird damit die Gefahr, den Menschen in der staatlichen Ordnung zu einem bloßen „Ding“ zu degradieren, über das vollkommen verfügt, das „erfasst“, „abgeschossen“, „registriert“, „gehirngewaschen“, „ersetzt“, „eingesetzt“ oder „ausgesetzt“ werden kann.[21] Gleichwohl hat das Bundesverfassungsgericht diese Formel in seinem dogmatischen Umfeld insoweit nuanciert, als für die Annahme einer Menschenwürdeverletzung eine grundlegende Infragestellung der Subjektqualität des Menschen erforderlich ist, da der Mensch nicht selten bloßes Objekt der Verhältnisse, der gesellschaftlichen Entwicklung[22] und des

---

[18] *Schliesky*, NJW 2019, 3692, 3695.

[19] BVerfGE 9, 89 (95); 30, 1 (25); 45, 187 (228); 109, 279 (312); 115, 118 (153); 117, 71 (89); vgl. BVerfGE 63, 332 (337).

[20] *Dürig*, AöR 1956, 117, 127.

[21] *Dürig*, AöR 1956, 117, 127.

[22] Eine solche gesellschaftliche Entwicklung stelle nach Sebastian Golla der technische Wandel bzw. die Digitalisierung dar, der durch die Menschenwürde in die Schranken gewie-

Rechts ist[23] und er demnach stets als selbstverantwortliche Persönlichkeit anerkannt bleiben muss.[24]

Aus der herausragenden Stellung des Art. 1 Abs. 1 GG und den Überlegungen des Bundesverfassungsgerichts folgt, dass eine Verletzung der Menschenwürde – aufgrund ihrer normativ-institutionellen Zentralstellung und ihres absoluten Verfassungsrangs – nur in seltenen Ausnahmefällen anzunehmen ist. Art. 1 Abs. 1 GG ist insofern als „eiserne Ration", als „letztes Refugium"[25] zu verstehen, das nicht überdehnt werden darf.[26] Die Menschenwürde darf nicht zur bloßen Phrase verkommen und sich als unspezifischer Abwägungsbelang abschleifen.[27] Zu den anerkannten Fallgruppen menschenwürdeverletzenden Handelns zählen die Sklaverei, die Leibeigenschaft, die Folter sowie Formen der Ächtung und Brandmarkung.[28] Allen diesen Fällen ist gemeinsam, dass sich im *Außenverhältnis* ein objektivierender, herabsetzender oder entwürdigender Zustand manifestiert, in dem der Mensch seiner Selbstbestimmung und seines fundamentalen Achtungsanspruchs beraubt wird. Eine Datenverarbeitung durch Künstliche Intelligenz, die den Betroffenen zunächst auf eine zahlenbasierte Logik reduziert, stellt hingegen einen

---

sen werde *Golla*, DÖV 2019, 673, 675; ebenso *Enders*, in: Kischel/Kube, HStR, Bd. 2, 2024, § 30 Menschenwürde Rn. 37; *Esken*, in: Mohabbat Kar/Thapa/Parycek (Hrsg.), (Un)Berechenbar? Algorithmen und Automatisierung in Staat und Gesellschaft, 2018, 542, 548; *Geminn*, DÖV 2020, 172, 179; *Guckelberger*, VVDStRL 2019, 235, 252, 272; *Kessler/Oberlin*, CB 2020, 89, 90; *Nink*, Justiz und Algorithmen, 2020, S. 346; *Pfeil*, InTeR 2020, 82, 88; *Schliesky*, NJW 2019, 3692, 3694. So auch die Konkretisierung der Menschenwürde in Art. 12 Abs. 1 Bremer Landesverfassung „Der Mensch steht höher als die Technik und Maschine." Dazu *Golla*, DÖV 2019, 673, 677: In der Art ihrer Formulierung erinnere sie ein wenig an das von Isaac Asimov im Jahr 1942 erstmals in der Kurzgeschichte „Runaround" formulierte zweite Robotergesetz („Ein Roboter muss den ihm von einen Menschen gegebenen Befehlen gehorchen"), das sich bei einer weiten Interpretation nicht nur auf klassische körperliche Roboter beziehen lasse. Allerdings habe diese Bestimmung der Subordination kaum echte inhaltliche Aussagekraft. Auch ihre Tauglichkeit als Leitlinie staatlichen oder unternehmerischen Handelns sei zweifelhaft, sodass Art. 12 Abs. 1 Bremer Landesverfassung überwiegend als überflüssig angesehen werde. Zu ethischen Aspekten mit Verweis auf Asminov, *Schwintowski*, NJOZ 2018, 1601, 1607.

[23] BVerfGE 30, 1 (25 f.); 115, 118 (153); ebenso *Enders*, in: Kischel/Kube, HStR, Bd. 2, 2024, § 30 Menschenwürde Rn. 37.

[24] BVerfGE 45, 187 (228); vgl. *Nink*, Justiz und Algorithmen, 2020, S. 347.

[25] *Graf Vitzthum*, JZ 1985, 201, 203.

[26] *Dürig*, AöR 1956, 117, 124; *Eifert*, Electronic government, 2006, S. 133; *Golla*, DÖV 2019, 673, 676; *Graf Vitzthum*, JZ 1985, 201, 203; *Kotzur*, in: Münch/Kunig, GG, Bd. 1, 8. Auflage 2025, Art. 1 GG Rn. 20; *Nink*, Justiz und Algorithmen, 2020, S. 346; *Wapler*, in: Dreier, GG, Bd. 1, 4. Auflage 2023, Art. 1 Abs. 1 GG Rn. 50.

[27] *Dürig*, AöR 1956, 117, 124; *Eifert*, Electronic government, 2006, S. 134; *Graf Vitzthum*, JZ 1985, 201, 203.

[28] BVerfGE 115, 118 (153); vgl. *Bull*, Verwaltung durch Maschinen, 1964, S. 97; *Enders*, in: Kischel/Kube, HStR, Bd. 2, 2024, § 30 Menschenwürde Rn. 10, 43 ff.; *Jarass*, in: Jarass/Pieroth, GG, 18. Auflage 2024, Art. 1 GG Rn. 11a; *Nink*, Justiz und Algorithmen, 2020, S. 347.

internen Vorgang dar. Ihr Ergebnis – etwa eine rechtmäßige Platzverweisung nach einer sachgerechten Abwägung widerstreitender Interessen – ist nach außen nicht herabwürdigend.[29] Damit fehlt es an der Manifestation eines menschenverachtenden Zustandes, wie er den klassischen Fallgruppen der Menschenwürdeverletzung eigen ist. Anders ausgedrückt: Die bloße *innere* Reduzierung des Betroffenen auf eine zahlenlogische Verarbeitungsebene ist nicht ohne Weiteres mit der *äußeren*, sichtbaren Degradierung der Person zum bloßen Objekt staatlicher Willkür vergleichbar, wie sie in den anerkannten Fallgruppen der Menschenwürdeverletzung zum Ausdruck kommt.

Überträgt man diese Überlegung auf das menschliche Handeln, so ergibt sich ein anschlussfähiges Beispiel: Ein Arzt, der in seinem Büro die Testergebnisse eines Patienten – etwa Patient Nr. 123 aus Zimmer 3 – prüft, wird zunächst anhand objektiver Daten über dessen Gesundheitszustand entscheiden. Aus den vorliegenden Befunden ergibt sich beispielsweise, dass der Betroffene Hämatome infolge eines Sturzes erlitten hat, jedoch keine Auffälligkeiten in den Blutwerten oder auf den Röntgenbildern vorliegen. Auf dieser Grundlage gelangt der Arzt zu der Einschätzung, der Patient könne entlassen werden, ohne dass es einer weiteren Behandlung bedürfe. Im Rahmen dieses internen Analyseprozesses spielt es für den Mediziner keine Rolle, ob es sich bei der Person um „Herrn A“, „Frau B“ oder einen abstrakten Fallbeispielsfall handelt, wie er in Lehrbüchern beschrieben wird. Entscheidend sind allein die medizinischen Parameter, Daten und Befunde. Dennoch käme niemand auf den Gedanken, hierin eine Verletzung der Menschenwürde zu sehen, nur weil die individuelle Identität des Patienten in diesem Moment zurücktritt und eine auf medizinische Parameter gestützte, zahlenlogische Beurteilung im Vordergrund steht.

Ein vergleichbares Verfahren ist auch aus dem juristischen Staatsexamen bekannt: Den schriftlichen Prüfungen wird zur Wahrung der Chancengleichheit ein anonymisierter Code zugeteilt, um Voreingenommenheit zu vermeiden. Die Prüfer, die durch ihre Bewertung eine rechtlich verbindliche Entscheidung über Bestehen, Nichtbestehen oder die Notenhöhe treffen, kennen dabei die Person hinter der Prüfungsnummer nicht. Auch diese anonymisierte Betrachtung – letztlich eine Reduzierung auf eine Nummer – wird nicht als menschenwürdige Beeinträchtigung verstanden.

Auf Künstliche Intelligenz übertragen gilt nichts anderes: Wenn ein System Künstlicher Intelligenz nach der Analyse der relevanten Daten – etwa Verhaltensinformationen, äußere Merkmale, einschlägige Vorkommnisse – zu dem Ergebnis gelangt, eine Platzverweisung zu verhängen oder davon abzusehen, so ähnelt dieses Vorgehen dem geschilderten Arztbeispiel. Wie beim Mediziner, der sich auf me-

[29] Folgt man Utz Schliesky muss in seiner Konsequenz auch eine Künstliche Intelligenz, die eine Lichtzeichenanlage vollautomatisiert steuert, die Menschenwürde verletzen, da ein Ermessensverwaltungsakt vollautomatisiert durch eine automatische Einrichtung erlassen wird. Dies erscheint höchst fragwürdig.

dizinische Befunde stützt, und beim Prüfer, der eine anonymisierte Klausur bewertet, ist auch hier die innere, zahlenlogische Reduzierung nicht als menschenwürdeverletzend zu qualifizieren.

Zweifellos ruft die Vorstellung, ein Polizeiroboter könne einem Menschen einen rechtlich verbindlichen, zwingenden Verwaltungsakt auferlegen, zunächst ein gewisses Unbehagen hervor[30], etwas „Bestürzendes, dem juristischen Betrachter Unheimliches“[31], ein „subjektives Gefühl der Hilflosigkeit und des Ausgeliefertseins“[32]. Diese Reaktion gründet jedoch maßgeblich in der Neuartigkeit der Situation. Tatsächlich ist der Betroffene einem menschlichen Entscheidungsträger in vergleichbarer Weise „hilflos ausgeliefert“, wenn ihm eine zwingende Platzverweisung erteilt wird.[33] Auch in diesem Fall muss er die Entscheidung, mag sie für ihn noch so überraschend erscheinen, befolgen, um die Anwendung von Zwangsmitteln zu vermeiden. Das Unbehagen resultiert demnach nicht aus einem spezifischen Defizit, das den Einsatz von Künstlicher Intelligenz kennzeichnet, sondern vielmehr aus dem Moment des Fremden und technisch Neuen, das eine Maschine repräsentiert und im menschlichen Gegenüber Ängste hervorruft.[34] Die Angst vor dem „Neuen“ mithilfe der Menschenwürdegarantie einhegen zu wollen – wie schon 1964 bei Einführung der automatischen Lichtzeichenanlagen (Ampeln), die als Verletzung der Menschenwürde qualifiziert wurden, weil der Mensch sinnlos stehen bleiben müsse, er somit lächerlich und zum Objekt gemacht würde[35] –, ist nicht überzeugend.[36] Art. 1 Abs. 1 GG ist aufgrund seiner herausragenden verfassungs-

---

[30] *Bull*, Der Staat 2019, 57, 73. Dieses Unbehagen könnte sich auch aus dem Umstand speisen, dass Künstliche Intelligenz kein Mitgefühl aufweist. Dem Polizeiroboter ist es schlicht gleichgültig, ob gegenüber einem Betroffenen eine Platzverweisung ausgesprochen wird, wohingegen ein menschlicher Polizeibeamter die nachteilige Maßnahme zumindest innerlich bedauern könnte. Doch selbst wenn ein menschlicher Amtsträger keine Regung des Bedauerns zeigt, sondern sich womöglich sogar darüber freut, „endlich eine Platzverweisung auszusprechen“, führt dies, vorausgesetzt die Maßnahme ist rechtmäßig, nicht zu einem Eingriff in die Menschenwürde. Verlangte man indes vom handelnden Amtsträger ein solches Bedauern als notwendige Bedingung für die Wahrung der Menschenwürde, so erschiene es konsequenterweise geboten, sämtliche gebundene Entscheidungen, die vollständig automatisiert mittels technischer Einrichtungen ergehen, als menschenwürdeverletzend anzusehen. Angesichts der gängigen Verwaltungspraxis insbesondere in steuerrechtlichen und verkehrsführenden Bereichen und der Einführung des § 35a VwVfG erscheint dies höchst fraglich.

[31] *Bull*, Verwaltung durch Maschinen, 1964, S. 61.

[32] *Seibel*, VerwArch 1983, 325, 341 f.

[33] Vgl. *Kotzur*, in: Münch/Kunig, GG, Bd. 1, 8. Auflage 2025, Art. 1 GG Rn. 35.

[34] Vgl. *Bull*, Verwaltung durch Maschinen, 1964, S. 41; *Bull*, Der Staat 2019, 57.

[35] Zur Diskussion *Bull*, Verwaltung durch Maschinen, 1964, S. 93 ff. Heute würde niemand mehr erwägen, eine rot geschaltete Verkehrszeichenanlage als Menschenwürdeverletzung zu betiteln.

[36] *Eifert*, Electronic government, 2006, S. 135; vgl. *Wapler*, in: Dreier, GG, Bd. 1, 4. Auflage 2023, Art. 1 Abs. 1 GG Rn. 50. Zur Diskussion um die Einführung automatischer Lichtzeichenanlagen und eine Verletzung der Menschenwürde verneinend *Bull*, Verwaltung durch Maschinen, 1964, S. 95 ff.

rechtlichen Stellung in den Worten Horst Dreiers kein „Auffangproblemlöser"[37] und bietet, wie Rainer Wahl treffend formulierte, keinen „geistigen Zauberstab für eine humane Bewältigung aller Zukunftsprobleme."[38]

B. Rechtsstaatsprinzip

Neben den die Menschenwürde berührenden Streitfragen um Künstliche Intelligenz, ergeben sich ebenso grundsätzliche Problemstellungen in Bezug auf das verfassungsrechtlich verankerte Rechtsstaatsprinzip. Das Rechtsstaatsprinzip, das im Wortlaut der Art. 23 Abs. 1 S. 1 GG „rechtsstaatlichen" und Art. 28 Abs. 1 S. 1 GG „Rechtsstaates" ausdrücklich benannt und in Art. 20 Abs. 3 GG verankert ist[39], sichert einerseits die Bindung aller staatlichen Gewalt an Recht und Gesetz (I.) und gewährleistet andererseits die funktionale Gewaltenteilung (II.), welche Exekutive, Legislative und Judikative in ein auf Ausgleich und Kontrolle bedachtes Verhältnis setzt.[40]

---

[37] *Dreier*, in: Dreier, GG, Bd. 1, 3. Aufl. 2013, Art. 1 Abs. 1 GG Rn. 51.

[38] *Wahl*, Freiburger Universitätsblätter 1987, 19, 29. Innerhalb der technischen Rechtsdiskussion werde die Menschenwürde nach Ansicht Martin Eiferts häufig als inflationärer Begriff ohne Rationalitätsgewinn verwendet, sodass die Menschenwürdegarantie in praktischen Detailerwägungen und historisch kurzlebigen Anschauungsfragen verstrickt werde, *Eifert*, Electronic government, 2006, S. 134. Ebenso *Dreier*, in: Dreier, GG, Bd. 1, 3. Aufl. 2013, Art. 1 Abs. 1 GG Rn. 48; a.A. wohl *Schliesky*, NJW 2019, 3692, 3694 mit Verweis auf den ethischen und verfassungsrechtlichen Fundamentalcharakter der Menschenwürde.

[39] BVerfGE 141, 1 (33, Rn. 78); *Jarass*, in: Jarass/Pieroth, GG, 18. Auflage 2024, Art. 20 GG Rn. 37; *Kersten*, in: Dürig/Herzog/Scholz, GG, 108. EGL, Art. 102 GG Rn. 28 (Stand November 2021); *Bethge*, in: Maunz/Schmidt-Bleibtreu et. al., BVerfGG, 65. EGL, § 90 BVerfGG Rn. 114 (Stand Februar 2018); *Rux*, in: BeckOK GG, 64. Edition, Art. 20 GG Rn. 159 (Stand November 2025); *Sommermann*, in: Huber/Voßkuhle, GG, Bd. 2, 8. Auflage 2024, Art. 20 GG Rn. 248; a.A. *Schmidt-Aßmann*, in: Isensee/Kirchhof, HStR, Bd. 2, 3. Auflage 2004, § 26 Der Rechtsstaat Rn. 3, der die Textgrundlage des Rechtsstaatsprinzips in Art. 28 Abs. 1 S. 1 und Art. 20 Abs. 1 GG erkennt.

[40] Nach Art. 20 Abs. 3 GG ist die Gesetzgebung an die verfassungsmäßige Ordnung, die vollziehende Gewalt und die Rechtsprechung an Gesetz und Recht gebunden. Die der Exekutive zugehörige Polizei ist zwar dem Wortlaut des Art. 20 Abs. 3 GG nach nur an „Recht und Gesetz" gebunden, jedoch (zumindest) mittelbar durch die Bindung an verfassungsmäßiges Recht und Gesetz an die verfassungsmäßige Ordnung, wenn Handlungs- oder Entscheidungsspielräume eröffnet werden, wie z. B. bei der Ausübung des Ermessens, der Ausfüllung von Beurteilungsspielräumen oder bei der Konkretisierung auslegungsbedürftiger Normen, wie der polizeilichen Generalklausel, so *Grzeszick*, in: Dürig/Herzog/Scholz, GG, 108. EGL, Art. 20 Abs. 3 GG Rn. 21 (Stand Januar 2022); *Schmidt-Aßmann*, in: Isensee/Kirchhof, HStR, Bd. 2, 3. Auflage 2004, § 26 Der Rechtsstaat Rn. 43.

I. Bindung an Recht und Gesetz – Einrichtung einer Kontrollarchitektur für Systeme Künstlicher Intelligenz

In diesem Sinne ist jede Ausübung hoheitlicher Befugnisse, einschließlich jener durch Polizeibehörden, an die Vorgaben und Grenzen des geltenden Rechts und damit auch an die Einhaltung der verfassungsrechtlich gewährleisteten Verfahrensgarantien gebunden.[41] Für den Einsatz Künstlicher Intelligenz im Rahmen exekutiver Maßnahmen bedeutet dies, dass bereits im Vorfeld des Einsatzes eine besonders sorgfältig konzipierte, kontinuierlich angelegte Kontrollarchitektur zu etablieren ist, die den spezifischen Herausforderungen der KI-gestützten Vollautomatisierung – insbesondere ihrer strukturellen Komplexität und korrelationsbedingten Fehleranfälligkeit – in systematischer Weise wirksam begegnet.[42]

Strukturell wird die Kontrollarchitektur für Systeme Künstlicher Intelligenz auf der einen Seite gegenüber einer regelmäßigen Überprüfung von menschlichen Amtsträgern zwar umfassender und tiefgreifender ausgestaltet sein müssen, aber auch auf der anderen Seite einen erheblichen Vorteil hinsichtlich der Effektivität der Aufsicht bieten können: Künstliche Intelligenz lügt nicht.[43] Sofern also eine hinreichende Begründungserstellung gewährleistet werden kann, wird das System präzise die Kriterien und Motivationen offenlegen, die seine Entscheidungen beeinflussten. Dies ermöglicht eine gezielte Identifikation und Behebung von Systemfehlern mittels Anpassung des Trainingsdatensatzes, Änderung der Rahmenbedingungen oder gegebenenfalls eine Löschung entsprechender Modellabschnitte oder gesamter Module.

Demgegenüber gestaltet sich die „Fehlerbehebung“ in Bezug auf die Entscheidungsgrundlage menschlicher Amtswalter als durchaus komplexer: Menschen können gegenüber der prüfenden Instanz bewusst unzutreffende Entscheidungsgründe vortragen, illegitime Motivationen verschweigen oder Beweggründe – ohne böse Absicht – aufgrund kognitiver Verzerrungen nicht angemessen reflektieren und damit nicht offenlegen.[44] Selbst wenn ein Fehlverhalten aufgedeckt wird, sind die zur Verfügung stehenden Gegenmaßnahmen – etwa disziplinarrechtliche Konsequenzen, Fortbildungsmaßnahmen oder Versetzungen – in ihrer Wirksamkeit potenziell limitiert, da menschliche Dispositionen verfestigt und Täuschungsstrategien weiterentwickelt werden können.

[41] *Grzeszick*, in: Dürig/Herzog/Scholz, GG, 108. EGL, Art. 20 Abs. 3 GG Rn. 1 (Stand Januar 2022); *Schulze-Fielitz*, in: Dreier, GG, Bd. 2, 3. Auflage 2015, Art. 20 GG (Rechtsstaat) Rn. 1; vgl. *Schmidt-Aßmann*, in: Isensee/Kirchhof, HStR, Bd. 2, 3. Auflage 2004, § 26 Der Rechtsstaat Rn. 21 f.; *Wolff*, in: Stern/Sodan/Möstl, Staatsrecht, Bd. 1, 2. Auflage 2022, § 15 Das rechtsstaatliche Prinzip Rn. 1.

[42] Darauf hinweisend auch BVerfGE 133, 277 (369 Rn. 214).

[43] Ebenso *Borges*, CR 2024, 633, 646 f.

[44] In diese Richtung auch *Schröder*, Ethik und Recht 2024, 45, 48.

Im Gegensatz hierzu ermöglicht der Einsatz Künstlicher Intelligenz grundsätzlich eine vergleichsweise treffsichere Identifikation und Beseitigung von Fehlfunktionen, sodass sich eine effektive(re) Sicherung der rechtsstaatlichen Ordnung erzielen lässt.[45]

Die generelle Funktionsweise von Systemen Künstlicher Intelligenz legt unabhängig ihrer Einsatzbestimmung eine *fortlaufende, dynamisch angelegte* Kontrolllogik nahe[46]: Da sich die Modelle durch das maschinelle Lernen kontinuierlich weiterentwickeln und in direkter Abhängigkeit von veränderten Sachverhalten, Datenbeständen und nicht zuletzt auch von einem sich wandelnden rechtlichen Ordnungsrahmen agieren, können Fehlfunktionen nicht allein punktuell – als einmalige, statische Zustandsprüfung – erkannt und behoben werden.[47] Vielmehr bedarf es eines über den gesamten Lebenszyklus der Anwendung implementierten Kontrollmechanismus, der neu auftretende, zu einem früheren Zeitpunkt noch nicht erkennbare Fehlsteuerungen systematisch erfasst, evaluiert und umgehend korrigiert.[48] Dabei können die an die Kontrollarchitektur zu stellenden Anforderungen nicht nur abstrakt, sondern müssen *sachbereichsspezifisch und kontextsensitiv* formuliert werden. Die hier betrachtete Kontrollarchitektur für die polizeiliche Anwendung von Künstlicher Intelligenz – namentlich den vollautomatisierten Erlass von Platzverweisungen – kann demnach nicht ohne Weiteres auf andere behördliche oder private Einsatzkonstellationen übertragen werden, da davon auszugehen ist, dass die Kontrolldichte, die Modalitäten der Überprüfung sowie die Anforderungen an Transparenz und Begründungstiefe je nach einsatzbedingtem Risiko,

---

[45] Ebenso *Kappler/Werner*, GSZ 2020, 206, 209; vgl. *Pettersson*, ZAR 2019, 301, 302 f. Somit seien Systeme Künstlicher Intelligenz nach dem Kontrollverfahren neutraler als Menschen, sodass Diskriminierungen nach Art. 3 Abs. 3 GG effektiver entgegengewirkt werde, so *Rademacher*, in: Wischmeyer/Rademacher (Hrsg.), Regulating artificial intelligence, 2020, 224, 246 Rn. 36.

[46] Vgl. BVerfGE 133, 277 (370 f. Rn. 217); BVerfG, NJW 2023, 1196, 1205 Rn. 109.

[47] *Balkow/Eckhardt*, Verantwortung für algorithmische Systeme, Internetdokument 2019, S. 5; Beirat Verwaltungsverfahrensrecht beim BMI, NVwZ 2015, 1114, 1116; *Berger*, DVBl 2019, 1234, 1237; Europäische Kommission, COM(2021) 206 final, Internetdokument 2021, S. 4; *Buchholtz/Scheffel-Kain*, NVwZ 2022, 612, 616; *Guckelberger*, VVDStRL 2019, 235, 276; *Hacker et al.*, GRUR 2024, 1777, 1782; *Herold*, Demokratische Legitimation automatisiert erlassener Verwaltungsakte, 2019, S. 237, 242; *Hoffmann-Riem*, in: Unger/Ungern-Sternberg (Hrsg.), Demokratie und künstliche Intelligenz, 2019, 129, 154; Informationsfreiheitsbeauftragte, Positionspapier, Internetdokument 2018, S. 4; *Kessler/Oberlin*, CB 2020, 89, 94; *Linardatos*, ZIP 2019, 504, 508; *Martini et al.*, Blackbox Algorithmus – Grundfragen einer Regulierung Künstlicher Intelligenz, 2019, S. 227 f.; *Meyer*, in: Hilgendorf (Hrsg.), Robotik im Kontext von Recht und Moral, 2014, 211, 232; *Noack*, NZG 2021, 305, 306; vgl. *Künast*, in: Mohabbat Kar/Thapa/Parycek (Hrsg.), (Un)Berechenbar? Algorithmen und Automatisierung in Staat und Gesellschaft, 2018, 553, 558; *Ossmann-Magiera/Dehmel*, KIR 2024, 134, 138.

[48] *Günther*, InTeR 2020, 142, 144; *Herold*, Demokratische Legitimation automatisiert erlassener Verwaltungsakte, 2019, S. 242; *Ossmann-Magiera/Dehmel*, KIR 2024, 134, 138.

Einsatzbereich, Grad der Automation, Schwere des potenziellen Grundrechtseingriffs sowie Komplexität der Entscheidungsprozesse variieren.[49]

Im Bereich polizeilicher Platzverweisungen, gegenüber denen in der Regel kein vorläufiger Rechtsschutz begehrt werden kann, und durch den Einsatz eines Hochrisiko-KI-Systems besteht ein besonderes Schutzbedürfnis seitens des Betroffenen. Eine Fehlfunktion bei einem KI-gestützten Erlass von Platzverweisungen kann nicht nur unmittelbar in grundrechtlich geschützte Freiheiten eingreifen, sondern im Falle der darauffolgenden Anwendung unmittelbaren Zwangs gar zu physischen Beeinträchtigungen führen. Angesichts dieser hohen Eingriffsintensität ist die Einrichtung eines dichten und mehrstufigen Kontrollsystems rechtsstaatlich geboten.

Die Mehrstufigkeit der Kontrollarchitektur beruht auf einem Zusammenspiel aus regelmäßigen *ex-ante*-Überprüfungen und retrospektiven *ex-post*-Evaluationsprozessen der ausgegebenen Entscheidungsergebnisse und Begründungen. Diese duale Herangehensweise gewährleistet einerseits die Feststellung der allgemeinen Funktionsfähigkeit und Sicherheit KI-basierter Systeme vor ihrem Einsatz und ermöglicht andererseits nachträglich die zeitnahe Identifikation sowie Beseitigung konkreter Fehlfunktionen in der praktischen Anwendung.

Die rechtsstaatliche Relevanz einer dichten, mehrstufigen Kontrollstruktur für den sicherheitsrechtlichen Einsatz Künstlicher Intelligenz wurde wiederholt auch durch das Bundesverfassungsgericht bestätigt: So unterstrich das Gericht in seiner Antiterrordateientscheidung aus dem Jahr 2013, dass der sicherheitsrechtliche Einsatz datenverarbeitender Systeme durch ein wirksames *aufsichtrechtliches Kontrollregime* flankiert sein müsse, das gemäß einer doppelten Zielsetzung zum einen die subjektivrechtliche Kontrolle durch die Gerichte objektiv-rechtlich ergänze und zum anderen den Schutz der subjektiven Rechte des Betroffenen gewährleiste.[50] Gleichwohl lässt das Gericht bislang – zuletzt in der Entscheidung von 2023 zur Verfassungswidrigkeit der sogenannten „Palantir-Paragrafen“ (§ 25a HSOG und § 49 PolDVG) – offen, welche spezifischen Anforderungen das Rechtsstaatsprinzip konkret an die Ausgestaltung einer solchen Kontrollarchitektur stellt.[51] Die Rechtsprechung verweist lediglich auf allgemeine, jedoch fundamentale Maßgaben, wie etwa umfassende Protokollierungs- und Dokumentationspflichten, die eine wirksame Einsichtnahme und Überprüfung durch zuständige Kontrollinstanzen – sowohl *ex ante* als auch *ex post* – gewährleisten sollen.[52]

---

[49] *Guckelberger*, Öffentliche Verwaltung im Zeitalter der Digitalisierung, 2019, S. 501 Rn. 578.

[50] BVerfGE 133, 277 (366 Rn. 207). Dazu ebenfalls BVerfGE 141, 220 (282 Rn. 134); 154, 152 (286 f. Rn. 265); BVerfG, NJW 2023, 1196, 1206 Rn. 109.

[51] BVerfG, NJW 2023, 1196, 1206 Rn. 109. Vgl. BVerfGE 30, 1 (23 f., 30 f.); 65, 1 (46); 67, 157 (185); 100, 313 (361); 141, 220 (282 Rn. 134);154, 152 (291 Rn. 276, 278).

[52] Ausführungen dazu vor allem in BVerfGE 133, 277 (366 Rn. 215 ff.).

Exkurs: Kontrollarchitektur im Lichte der KI-Verordnung

Um die eher allgemeinen Anforderungen des Rechtsstaatsprinzips an die Kontrolle für Systeme Künstlicher Intelligenz praxisnah zu ergänzen, erfolgt im Folgenden ein Exkurs in die Kontrollarchitektur der KI-Verordnung. Gleichwohl die unionsrechtliche KI-Verordnung als eigenständige Rechtsquelle zu werten ist und sich nicht unmittelbar als direkte Konkretisierung des deutschen Rechtsstaatsprinzips darstellt, trägt sie – als unmittelbar anwendbare Verordnung (Art. 288 Abs. 2 AEUV) – in wechselseitiger Beziehung zum Rechtsstaatsprinzip maßgeblich zur Etablierung und Operationalisierung einer dichten Kontrollarchitektur und damit zur rechtsstaatlichen Bindung der Systeme an Recht und Gesetz bei. Im nachfolgenden Abschnitt wird zunächst dargelegt, welche Kontrollstadien und -prozesse die KI-Verordnung für Hochrisiko-Systeme vorsieht (1.) und anschließend erörtert, welcher öffentlichen Gewalt die Einrichtung und Betreuung dieser Kontrollstruktur obliegt (2.).

1) Kontrollstadien und -prozesse der KI-Verordnung für Hochrisiko-Systeme

Zunächst müssen das *noch untrainierte System sowie die zugrundeliegenden Trainingsdaten* getestet werden. Der Kontrollprozess beginnt mit einer eingehenden Prüfung der grundlegenden Softwarearchitektur, wobei sowohl der Quelltext als auch sämtliche relevanten Prozessabläufe, Parameter und Sicherheitsanforderungen analysiert werden (vgl. etwa Art. 13 Abs. 3 lit. e der KI-Verordnung in Bezug auf Softwareupdates).[53] In der informatischen Fachliteratur wird ein derartiges Verfahren als „Code-Audit" bezeichnet.[54] Durch diese intensive Voruntersuchung sollen etwaige Programmierfehler, Sicherheitslücken und Konfigurationsdefizite frühzeitig erkannt und korrigiert werden, bevor das System mit Daten gefüllt wird.[55] Parallel hierzu erfolgt die *Sichtung und Bewertung des geplanten Trainingsdatensatzes* (so explizit Art. 10 der KI-Verordnung).[56] Von besonderer Bedeutung erweist sich hierbei die Identifizierung potenzieller Datenverzerrungen, um eine systematische Schieflage im künftigen Entscheidungsverhalten der Künstlichen Intelligenz frühzeitig zu vermeiden. Allerdings lassen sich derartige Verzerrungen in der Praxis nicht mit letztgültiger Verlässlichkeit ausschließen, da die enorme Datenmenge und die später durch die Künstliche Intelligenz gebildeten, für den Menschen oft nicht nachvollziehbaren Korrelationen selbst bei sorgfältiger Analyse der Eingangspara-

---

[53] Siehe dazu auch *Heine et al.*, Künstliche Intelligenz in öffentlichen Verwaltungen, 2023, S. 118 ff.

[54] *Herold*, Demokratische Legitimation automatisiert erlassener Verwaltungsakte, 2019, S. 239; *Waltl/Vogl*, DuD 2018, 613, 615; vgl. *Kment/Borchert*, Künstliche Intelligenz und Algorithmen in der Rechtsanwendung, 2022, S. 45.

[55] Vgl. *Berger*, DVBl 2019, 1234, 1237.

[56] *Guckelberger*, Öffentliche Verwaltung im Zeitalter der Digitalisierung, 2019, S. 507 Rn. 584 f.; *Waltl/Vogl*, DuD 2018, 613, 615; vgl. *Buchholtz/Scheffel-Kain*, NVwZ 2022, 612, 616.

meter nicht vollständig erfasst werden können.[57] Allein eine Kontrolle von System und Daten genügt somit nicht, um sämtliche problematischen Entwicklungen langfristig zu unterbinden.

Infolgedessen ist als zweites Kontrollstadium eine Überprüfung nach Abschluss des Trainings unverzichtbar.[58] Hierbei gilt es zunächst, die allgemeine *Funktionsfähigkeit des Polizeiroboters im Zusammenspiel von Soft- und Hardware* zu testen. Dies umfasst etwa die Überprüfung von physischen Bewegungsabläufen (Laufen, Springen, Greifen), sensorischen Fähigkeiten (Sehen, Hören) sowie kommunikativen Fertigkeiten (Reden, Reagieren auf akustische Signale).

Anschließend ist die *interne Logik der Entscheidungsfindung* einer stichprobenartigen Bewertung zu unterziehen: Es wird ermittelt, inwieweit die gesetzlichen Vorgaben zutreffend subsumiert und Ermessensspielräume sachgerecht ausgefüllt werden. Da eine vollständige Simulation unendlich vieler Einsatzszenarien unmöglich ist, kann die Prüfung in der Praxis lediglich stichprobenartig erfolgen.[59] Die Testverfahren können dabei sowohl in virtuellen Simulationsumgebungen – unter Einspeisung vorgefertigter Testdatensätze[60] – als auch in geschützten realitätsnahen Räumen, sog. Reallabore (Art. 57 der KI-Verordnung), durchgeführt werden[61]. Zur

---

[57] *Martini et al.*, Blackbox Algorithmus – Grundfragen einer Regulierung Künstlicher Intelligenz, 2019, S. 245; ebenso *Hacker*, Common Market Law Review 2018, 1143, S. 29.

[58] Vgl. *Berger*, DVBl 2019, 1234, 1237; Europäische Kommission, COM(2021) 206 final, Internetdokument 2021, Anhang S. 9; *Guckelberger*, Öffentliche Verwaltung im Zeitalter der Digitalisierung, 2019, S. 507 Rn. 585.

[59] *Guckelberger*, Öffentliche Verwaltung im Zeitalter der Digitalisierung, 2019, S. 516 Rn. 596; *Hermstrüwer*, AöR 2020, 479, 497; vgl. Beirat Verwaltungsverfahrensrecht beim BMI, NVwZ 2015, 1114, 1117; *Polomski*, Der automatisierte Verwaltungsakt, 1993, S. 226.

[60] In einem solchen Testdatensatz würde der Künstlichen Intelligenz ein simuliertes Einsatzszenario bereitgestellt, das umfassende Informationen zur Situation enthält. Dieser Datensatz könnte beispielsweise eine Beschreibung der Umgebung, das äußere Erscheinungsbild und das Verhalten der beteiligten Personen sowie deren Äußerungen umfassen. Auf Grundlage dieser Eingabedaten analysiert die Künstliche Intelligenz das Szenario, wertet die verfügbaren Informationen aus und trifft anschließend eine Entscheidung.

[61] In einem solchen geschützten Raum könnte ein Rollenspiel inszeniert werden, bei dem Polizeibeamte oder andere Personen ein Einsatzszenario simulieren. Dieses Szenario würde realitätsnah gestaltet und verschiedene Aspekte eines tatsächlichen Einsatzes umfassen, wie etwa das Verhalten der Beteiligten, ihre Kommunikation, die räumlichen Gegebenheiten und dynamische Entwicklungen vor Ort. Die Künstliche Intelligenz wäre aufgefordert, in Echtzeit auf die simulierte Situation zu reagieren und auf Basis der ihr zur Verfügung stehenden Daten eine Entscheidung zu treffen. *Beck*, ZRP 2019, 185; BT-Drs. 19/25095, S. 19; *Cornelius*, Künstliche Intelligenz, 2019, S. 116; *Hermstrüwer*, AöR 2020, 479, 497 spricht von einem „Reallabor"; *Martini et al.*, Blackbox Algorithmus – Grundfragen einer Regulierung Künstlicher Intelligenz, 2019, S. 230; *Rotermund*, Künstliche Intelligenz aus staatlicher Perspektive, 2020, S. 200, 216; vgl. *Esken*, in: Mohabbat Kar/Thapa/Parycek (Hrsg.), (Un)Berechenbar? Algorithmen und Automatisierung in Staat und Gesellschaft, 2018, 542, 547; *Guckelberger*, Öffentliche Verwaltung im Zeitalter der Digitalisierung, 2019, S. 410; *Künast*, in: Mohabbat Kar/Thapa/Parycek (Hrsg.), (Un)Berechenbar? Algorithmen und Automatisierung in Staat und Gesellschaft, 2018, 553, 558; *Miller*, Journal of Technology Law & Policy 2014, 105,

qualitativen Beurteilung des Systems bedarf es eines Soll-Ist-Vergleichs[62]: Juristisch festgelegte Verhaltensmaßstäbe werden mit den von der Künstlichen Intelligenz präsentierten Entscheidungsabläufen konfrontiert, um ihre Rechts- und Sachangemessenheit zu prüfen.

Voraussetzung hierfür ist allerdings, dass die Künstliche Intelligenz hinreichend begründungsfähig ist. Ohne eine solche Offenlegung der internen Entscheidungsrouten ließen sich allenfalls die nach außen hervortretenden Ergebnisse bewerten, nicht jedoch die den Maßnahmen zugrundeliegenden Ermessens- und Abwägungsprozesse. Erst durch diese transparente Offenlegung kann das Kontrollorgan feststellen, ob die Künstliche Intelligenz dem rechtsstaatlichen Erwartungsrahmen tatsächlich genügt. Deshalb fordert die KI-Verordnung, dass Hochrisiko-KI-Systemen eine Protokollierungsfunktion implementiert wird, wodurch Ereignisse zu späteren Kontrollzwecken automatisch aufgezeichnet werden (Art. 12 der KI-Verordnung). Dies unterstreicht erneut die entscheidende Bedeutung von Dokumentations- und Begründungsmechanismen für die Kontrolle und verweist zugleich auf das zukunftsträchtige Forschungsfeld der „Explainable AI", dessen Ziel es ist, die oft komplexen und nur schwer nachvollziehbaren algorithmischen Zusammenhänge für menschliche Beobachterinnen und Beobachter verständlich aufzubereiten.

Nach der Identifikation eines fehlerhaften oder rechtswidrigen Ergebnisses setzt im dritten Kontrollstadium eine *technisch anspruchsvolle Analyse zur präzisen Lokalisierung der Fehlerquelle und ihrer Behebung* ein. Dieser Korrekturprozess erweist sich oftmals als deutlich zeitintensiver als das vorherige Training des Systems, da selbst die gezielte Entfernung einzelner Codesegmente selten ausreicht, um die erkannten Defizite zu beheben.[63] Bereits die Erfahrung mit der maschinellen Heranziehung von Stellvertretervariablen (*proxies*), die bloß die Ersetzung unmittelbar diskriminierender Strukturen bewirkte, zeigt, dass eine isolierte Maßnahme in Form reiner Löschungen problematischer Merkmale den angestrebten Erfolg nicht sicherzustellen vermag.

Joshua Kroll et al. haben das der Technik immanente Problem der fortbestehenden Diskriminierungen erkannt und verschiedene, auch kumulativ anwendbare, Korrekturwege aufgezeigt, die eine Entwicklung hin zu einem „fairen Algorithmus" ermöglichen. Ein zentraler Ansatz besteht darin, das System während des Trainingsprozesses dazu zu veranlassen, vereinzelt entgegen seiner bereits ausgebildeten Modellannahmen zu entscheiden und die nachfolgenden Entwicklungen zu be-

---

122. Näher zu Reallaboren nach der KI-Verordnung *Muttach/Link*, CR 2023, 725; zu Reallaboren über den Bereich Künstlicher Intelligenz hinaus *Otter*, DÖV 2024, 309.

[62] *Guckelberger*, Öffentliche Verwaltung im Zeitalter der Digitalisierung, 2019, S. 516 Rn. 596; *Kessler/Oberlin*, CB 2020, 89, 94.

[63] *Gilch/Schüler*, in: Kersting et al., Wie Maschinen lernen, 2019, S. 36; *Niederee/Nejdl*, in: Ebers/Heinze/Krügel/Steinrötter, KI und Robotik, § 2 Rn. 103; vgl. *Martini et al.*, Blackbox Algorithmus – Grundfragen einer Regulierung Künstlicher Intelligenz, 2019, S. 243; *Schmidt*, Wirtschaftsinformatik & Management 2024, 123, 130.

obachten („incorporate an element of randomness“).[64] Diese Zufallsentscheidung bewirkt, dass die Künstliche Intelligenz Gelegenheit erhält, bestehende Vorannahmen kritisch zu revidieren, sobald sich ihre Antizipationen im Trainingsprozess als unzutreffend erweisen. Dieses Vorgehen führt zu einer sukzessiven Anpassung der Entscheidungslogik, sodass diskriminierende Merkmale ihre Relevanz verlieren, ohne dass es einer direkten Löschung der entsprechenden Attribute bedarf. Zur Veranschaulichung soll folgendes Beispiel dienen: Angenommen, das System Künstlicher Intelligenz entwickelt während des Trainingsprozesses die Annahme, dass eine Person mit schwarzer Hautfarbe tendenziell gewaltgeneigter ist als eine Person mit weißer Hautfarbe. Infolgedessen wird das System diese Annahme seiner Gefahrenprognose zugrunde legen und sich sofort für eine Platzverweisung gegenüber der Person mit schwarzer Hautfarbe entscheiden. Durch das etablierte Zufallselement wird die Künstliche Intelligenz im Training jedoch gezwungen, entgegen ihrer Modellannahme zu agieren und abzuwarten, ob die Person mit schwarzer Hautfarbe tatsächlich gewaltgeneigter ist. Sollte sich das Verhalten der Person entgegen der ursprünglichen Antizipation entwickeln – etwa indem sie sich beruhigt und die Situation durch ein schlichtendes Gespräch deeskaliert werden kann – wird die Künstliche Intelligenz dieses Ergebnis in ihr Modell integrieren. Sie lernt, dass die Hautfarbe kein verlässliches Indiz für Gewaltneigung ist und wird stattdessen andere Merkmale zur erfolgsversprechenden Bestimmung der Gewaltgeneigtheit heranziehen, wie z. B. die Körpersprache.

Eine weitere Maßnahme gegen diskriminierende Tendenzen ohne Entfernung der problematischen Merkmale ist die Generierung und Einspeisung so genannter „entgegenwirkender Daten“.[65] Diese vergrößern das Datenspektrum um kontrastive Beispiele, die nachweisen, dass das zuvor als relevant angesehene Merkmal gerade keine zuverlässige Grundlage für die prognostizierte Verhaltensweise darstellt. Der Programmierer kann mit Blick auf das oben genannte Beispiel zusätzliche Daten schaffen, die belegen, dass Personen einer bestimmten Hautfarbe keineswegs von vornherein gewaltgeneigter sind. Durch diese synthetisch erweiterten Datensätze erweitert die Künstliche Intelligenz ihre Perspektive und richtet ihre Prognosen an sachnäheren Merkmalen – etwa der Körpersprache – aus. Das diskriminierende Merkmal verliert so an Bedeutung, ohne aktiv aus dem System entfernt zu werden.

Neben die strukturelle Korrektur und Verfeinerung der Künstlichen Intelligenz tritt das vierte Kontrollstadium, das den *Schutz gegen unberechtigte Zugriffe von außen durch geeignete Cybersicherheitsmaßnahmen* vorsieht (Art. 15 der KI-Verordnung).[66] Der technische Schutz zielt dabei insbesondere auf den Erhalt von Vertraulichkeit (der Schutz gegen unbefugte Kenntnisnahme) und Integrität (die Sicherstellung, dass Daten nicht unbefugt verändert werden können) der System-

---

[64] *Kroll et al.*, University of Pennsylvania Law Review 2017, 633, 684.

[65] *Kroll et al.*, University of Pennsylvania Law Review 2017, 633, 687 f.

[66] Das sieht auch bereits BVerfG, NJW 2023, 1196, 1205 Rn. 100.

daten.[67] Darüber hinaus ist die Implementierung robuster Sicherheitsvorkehrungen unabdingbar, um manipulativen Fremdzugriffen auf das System entgegenzuwirken, welche im schlimmsten Fall eine Umfunktionierung des Polizeiroboters in ein Instrument physischer Angriffe gegen Personen zur Folge haben könnten.[68] Die technische Umsetzung kann durch eine Vielzahl geeigneter IT-Sicherheitsmaßnahmen erfolgen, zu denen etwa die Verschlüsselung von Daten, die Verwendung digitaler Signaturen zur Sicherung der Authentizität behördlicher Kommunikation sowie der Einsatz von Antivirus-Software und Firewalls zur Abwehr von Schadprogrammen zählen.[69] Die detaillierte Darstellung sämtlicher Möglichkeiten des IT-Schutzes übersteigt den Rahmen dieser Arbeit; einschlägige Fachliteratur der IT-Sicherheit bietet hier weiterführende Anleitungen und Konzepte.[70]

Darüber hinaus obliegt es den Verantwortlichen, allgemeine *Aufsichts- und Systembeobachtungspflichten* einzuhalten, die sicherstellen, dass das System Künstlicher Intelligenz auch nach der Inbetriebnahme die höchsten Sicherheitsanforderungen erfüllt. Dafür ist – jedenfalls bei dem Einsatz von Hochrisiko-KI-Systemen – dem System gemäß Art. 14 und Art. 26 Abs. 2 der KI-Verordnung mindestens eine menschliche Aufsichtsperson zuzuweisen, die über das System während des Einsatzes wacht und eine Entscheidung gegebenenfalls überstimmen kann.[71] Darüber hinaus muss das System nach Inverkehrbringen nach Art. 72 der KI-Verordnung kontinuierlich dahingehend beobachtet werden, ob es weiterhin die Anforderungen der KI-Verordnung erfüllt.

Ein weiterer Schwerpunkt des Kontrollsystems der KI-Verordnung liegt – vor allem im Hinblick auf Hochrisiko-KI-Systeme – auf der *Selbstevaluation interner Kontrollprozesse.* Zu diesem Zweck ist ein Risikomanagementsystem und ein Qualitätsmanagementsystem einzurichten sowie eine Grundrechte-Folgenabschätzung zu betreiben. Letztere dient als Ergänzung der Datenschutz-Folgenabschätzung nach Art. 27 der KI-Verordnung dazu, Betreiber für die Auswirkungen des

[67] *Martini*, in: Martini/Wendehorst, KI-VO, 2. Auflage 2026, Art. 15 Rn. 50 ff.; *Sorge*, in: Seckelmann (Hrsg.), Digitalisierte Verwaltung – Vernetztes E-Government, 2024, 537, 538 f.; vgl. *Bäuerle*, ZD 2025, 128, 131.

[68] Vgl. *Fehling*, DÖV 2025, 321, 324.

[69] *Sorge*, in: Seckelmann (Hrsg.), Digitalisierte Verwaltung – Vernetztes E-Government, 2024, 537, 541; ebenso *Martini*, in: Martini/Wendehorst, KI-VO, 2. Auflage 2026, Art. 15 Rn. 26 ff. m.w.N.

[70] *Eckert*, IT-Sicherheit, 11. Auflage 2023 m.w.N.; *Sorge*, Sicherheit in Kommunikationsnetzen, 2013 m.w.N. Zur näheren Auslegung des Cybersicherheitsbegriff in der KI-Verordnung *Glugla*, RDi 2024, 421; auch mit der Abgrenzung des Begriffs der Cybersicherheit zur Genauigkeit und Robustheit innerhalb der KI-Verordnung *Ehtechami/Gilch*, ZfPC 2024, 206; *Martini*, in: Martini/Wendehorst, KI-VO, 2. Auflage 2026, Art. 15 Rn. 26 ff.

[71] Ebenso *Braun Binder/Egli*, MMR 2024, 626, 628; *Köhler*, EuDIR 2025, 16, 22 Rn. 31 f.; „*Human in the loop*", *Pilniok*, DÖV 2024, 581, 590; *Schneeberger*, Machine Learning in der Verwaltung, 2024, S. 155. Näher zu den erforderlichen Qualifikationen dieser menschlichen Aufsichtsperson, *Dienes/Becker*, MMR 2024, 456; *Gier-Reinartz et al.*, KIR 2024, 170, 171 ff.; *Hetmank/Meinel*, KIR 2024, 127.

Einsatzes eines solchen Hochrisiko-KI-Systems weiter zu sensibilisieren.[72] Das Risikomanagementsystem gemäß Art. 9 der KI-Verordnung und Erwägungsgrund 65 soll die Ermittlung und Analyse der bekannten und vernünftigerweise vorhersehbaren Risiken erfassen, die von einem Hochrisiko-KI-System für die Gesundheit, Sicherheit oder Grundrechte ausgehen, ebenso wie die Abschätzung und Bewertung der Risiken bei Fehlanwendung und die zu ergreifenden Gegenmaßnahmen. Ein Qualitätsmanagementsystem gemäß Art. 17 der KI-Verordnung ist wiederum darauf ausgelegt, die Einhaltung der regulatorischen Anforderungen der KI-Verordnung durch schriftlich dokumentierte Regeln, Verfahren, Anweisungen und Konzepte strukturiert zu gewährleisten.

All jene Kontrollmechanismen sind schließlich *technisch zu dokumentieren* (Art. 11 der KI-Verordnung)[73] und in einem *Konformitätsbewertungsverfahren* zu überprüfen. Vor der Inbetriebnahme von Hochrisiko-KI-Systemen ist letzteres gemäß Art. 16 lit. f der KI-Verordnung sogar *zwingend* durchzuführen. Das Konformitätsbewertungsverfahren umfasst gemäß Art. 43 i. V. m. Anhang 6 und 7 der KI-Verordnung insbesondere die Überprüfung des Qualitätsmanagementsystems (Art. 17 der KI-Verordnung), der technischen Dokumentation (Art. 11 der KI-Verordnung) und die Systembeobachtung (Art. 72 der KI-Verordnung). Zuletzt ist für das System eine EU-Konformitätserklärung (Art. 47 der KI-Verordnung) auszustellen und eine CE-Kennzeichnung (Art. 48 der KI-Verordnung) zu beantragen.

Diese aufgezeigte gründliche, mehrstufige Überprüfung und kontinuierliche Fehlerbehebung des Systems Künstlicher Intelligenz lässt sich letztlich nur durch eine enge Kooperation von Informatikern und Juristen erreichen. Erst durch ein interdisziplinäres Zusammenwirken, das auf eine dauerhafte und systematische Qualitätssicherung abzielt, kann es gelingen, die Einhaltung von Recht und Gesetz durch Systeme Künstlicher Intelligenz sicherzustellen.[74]

2) Kontrollinstanz

Im unmittelbaren Anschluss an die zuvor erörterten technisch-inhaltlichen Erfordernisse einer angemessenen Kontrollarchitektur für Systeme Künstlicher Intelligenz stellt sich die Frage nach den zuständigen Instanzen für die Durchführung

---

[72] Zum Verhältnis von Datenschutz- und Grundrechtefolgenabschätzung *Dollinger*, Folgenabschätzungen für Verwaltungs-Algorithmen, 2023, S. 83 ff.

[73] Die technische Dokumentation umfasst unter anderem die allgemeine Logik des KI-Systems und der Algorithmen, die Systemarchitektur, Trainingsdaten, -methoden und -techniken, die menschliche Aufsicht, Validierungs- und Testverfahren, Cybersicherheit, die Überwachung und Kontrolle des Systems, das Risikomanagementsystem und die EU-Konformitätserklärung.

[74] *Lazaratos*, Rechtliche Auswirkungen der Verwaltungsautomation auf das Verwaltungsverfahren, 1990, S. 144; *Müller-Peltzer/Tenczik*, RDi 2023, 452, 456; vgl. *Herold*, Demokratische Legitimation automatisiert erlassener Verwaltungsakte, 2019, S. 240; *Herold*, InTeR 2019, 7, 10.

dieser Kontrollprozesse. Die KI-Verordnung sieht hierfür zunächst eine *Selbstkontrolle* durch die Stellen vor, welche ein Hochrisiko-KI-System entwickeln und einsetzen wollen. Im Referenzfall wäre dies die Verwaltungsbehörde, die unter Hinzuziehung entsprechender technischer Expertise innerhalb des eigenen Personals die erforderlichen Selbstüberprüfungen vornimmt.[75] Dies setzt allerdings behördliche Einsichts- und Zugriffsrechte auf das System Künstlicher Intelligenz voraus, das wohl in der Regel von Seiten privater Dritter entwickelt worden ist und grundsätzlich den unternehmerischen Geschäftsgeheimnissen unterliegt.[76] Ein Ausgleich ebendieser Kollision zwischen Geheimhaltungsinteressen und behördlicher Kontrollpflicht ließe sich etwa durch eine behördliche Vereinbarung zur Verschwiegenheit herstellen.[77]

Neben der internen Kontrolle durch die einsetzende Behörde kommt der *Fremdkontrolle* eine eigenständige Bedeutung zu. Entsprechend der KI-Verordnung kann eine derartige externe Bewertung im Rahmen eines Konformitätsbewertungsverfahrens erfolgen, das gemäß Art. 43 KI-Verordnung grundsätzlich sowohl intern als auch extern durchführbar ist. Dabei stellen rein interne Verfahren den Regelfall dar und finden auch Anwendung bei Hochrisiko-KI-Systemen nach Anhang III Nr. 2–8 der KI-Verordnung, zu denen etwa bestimmte Systeme von Strafverfolgungsbehörden gehören.[78] Hingegen ist für Hochrisiko-KI-Systeme nach Anhang III Nr. 1 der KI-Verordnung – zu denen beispielsweise Emotionserkennungssysteme zählen – zwingend ein externes Konformitätsbewertungsverfahren vorgeschrieben. Für den Einsatz des im Referenzfall beschriebenen Polizeiroboters, der unter anderem Emotionserkennungen vornimmt[79], ist ein externes Konformitätsbewertungsverfahren somit unumgänglich.

Für die Durchführung der externen Konformitätsbewertungsverfahren differenziert die KI-Verordnung in einer teils komplexen Systematik[80] zwischen notifizierenden Behörden, Konformitätsbewertungsstellen und notifizierten Stellen.

---

[75] *Lazaratos*, Rechtliche Auswirkungen der Verwaltungsautomation auf das Verwaltungsverfahren, 1990, S. 146 f.; vgl. *Guckelberger*, Öffentliche Verwaltung im Zeitalter der Digitalisierung, 2019, S. 518 Rn. 599; *Polomski*, Der automatisierte Verwaltungsakt, 1993, S. 226. Mario Martini schlägt dazu eine „technisch versierte bundeseinheitliche Unterstützungseinheit" vor, die in verschiedenen Behörden technischen Sachverstand aufbauen und ihre Expertise weitergeben könne, *Martini et al.*, Blackbox Algorithmus – Grundfragen einer Regulierung Künstlicher Intelligenz, 2019, S. 271.

[76] Vgl. *Bortnikov/Dukart*, ZD 2024, 558, 559; *Herold*, Demokratische Legitimation automatisiert erlassener Verwaltungsakte, 2019, S. 226; *Hessel/Dillschneider*, RDi 2023, 458, 462; *Kögel/Behrens*, InTeR 2024, 159; *Kube*, VVDStRL 2019, 289, 317; *Linhart*, ZUM 2024, 237, 238.

[77] *Martini et al.*, Blackbox Algorithmus – Grundfragen einer Regulierung Künstlicher Intelligenz, 2019, S. 253 f.

[78] Siehe S. 87 ff. dieser Arbeit.

[79] Siehe S. 87 ff. dieser Arbeit.

[80] Mit gleicher Einschätzung auch *Wünschelbaum*, MMR 2025, 259, 260.

Notifizierende Behörden sind gemäß Art. 3 Nr. 19 und Art. 28 der KI-Verordnung nationale Behörden, die für die Einrichtung und Durchführung der erforderlichen Verfahren für die Bewertung, Benennung und Notifizierung von Konformitätsbewertungsstellen und für deren Überwachung zuständig sind.

Eine *Konformitätsbewertungsstelle* ist nach Art. 3 Nr. 21 und Art. 29 der KI-Verordnung eine Stelle, die Konformitätsbewertungstätigkeiten einschließlich Prüfungen, Zertifizierungen und Inspektionen durchführt und dabei als Dritte auftritt.

Notifizierte Stellen sind nach Art. 3 Nr. 22 und Art. 31 der KI-Verordnung Konformitätsbewertungsstellen, die gemäß der KI-Verordnung und den anderen einschlägigen Harmonisierungsvorschriften der Union notifiziert wurden.

Um es anschaulicher zu formulieren: Konformitätsbewertungsstellen, die privat oder staatlich organisiert sein können (Art. 31 der KI-Verordnung sieht einzig vor, dass sie mit Rechtspersönlichkeit ausgestattet sind)[81], möchten Konformitätsverfahren durchführen. Deshalb werden und wurden sie bereits vor Normierung der KI-Verordnung als „Algorithmen-TÜV" bezeichnet.[82] Damit Konformitätsbewer-

---

[81] Die juristische Fachliteratur verweist in diesem Zusammenhang darauf, dass die notwendige technische Expertise staatlicherseits nicht in jedem Fall aus eigenen Kräften hervorgebracht werden kann, sodass sich daher nur eine partielle Auslagerung der Kontrollaufgaben an Dritte, die über hinreichend spezialisiertes Fachwissen verfügen, als praktikabel erweist, *Martini et al.*, Blackbox Algorithmus – Grundfragen einer Regulierung Künstlicher Intelligenz, 2019, S. 228 f.; vgl. *Buchholtz/Scheffel-Kain*, NVwZ 2022, 612, 616 f.; *Denga*, in: Kuschel et al., Intelligente Systeme – Intelligentes Recht, 2021, 63, 75; *Guckelberger*, Öffentliche Verwaltung im Zeitalter der Digitalisierung, 2019, S. 518 Rn. 599; *Lazaratos*, Rechtliche Auswirkungen der Verwaltungsautomation auf das Verwaltungsverfahren, 1990, S. 146. Nach *Böckenförde*, in: Isensee/Kirchhof, HStR, Bd. 2, 3. Auflage 2004, § 24 Demokratie als Verfassungsprinzip Rn. 71 sei diese Entwicklung kritisch zu betrachten. Die Exekutive verliere die Position des „höheren Dritten" gegenüber Experten und Fachgutachtern, gerate in Abhängigkeit von dem in Wirtschaft und Gesellschaft zwar verfügbaren, aber nicht durchweg politisch neutralen, sondern oftmals interessierten spezialisierten Sachverstand. Das Parlament teile diese Abhängigkeit, sei darüber hinaus auf fachmännische Vorarbeit angewiesen; wolle es sich hierüber erheben, bedürfe es selbst spezialisierter (Fraktions-)Experten, die aber nur einzelne seien. Eine solche Vereinzelung verhindere die allgemeine Willensbildung im Parlament.

Eine derartige externe Einbeziehung Privater birgt jedoch das Risiko, dass behördliche Geheimnisse sowie technische Sicherheitsstandards nach außen dringen. Neben Geheimhaltungsverpflichtungen, z. B. auch Art. 78 der KI-Verordnung, empfiehlt die Fachliteratur daher den Einsatz innovativer kryptographischer Methoden wie „Zero-Knowledge Proofs", die eine Überprüfung bestimmter Systemeigenschaften ermöglichen, ohne den zugrundeliegenden Code oder die relevanten Daten preiszugeben, *Hermstrüwer*, AöR 2020, 479, 519; ähnlich *Kroll et al.*, University of Pennsylvania Law Review 2017, 633, 682; *Martini/Weinzierl*, NVwZ 2017, 1251, 1256; *Schneeberger*, Machine Learning in der Verwaltung, 2024, S. 398.

[82] *Barczak*, DÖV 2020, 997, 999; *Buchholtz/Scheffel-Kain*, NVwZ 2022, 612, 616; *Busche*, Verwaltungsautomation 2.0, 2023, S. 93; *Gerdemann*, NJW 2024, 2209, 2211; *Harbou*, JZ 2020, 340, 346; *Hoffmann-Riem*, in: Unger/Ungern-Sternberg (Hrsg.), Demokratie und künstliche Intelligenz, 2019, 129, 154; *Krönke*, NVwZ 2024, 529, 532; *Kube*, VVDStRL 2019, 289, 319; *Künast*, in: Mohabbat Kar/Thapa/Parycek (Hrsg.), (Un)Berechenbar? Algorithmen und Automatisierung in Staat und Gesellschaft, 2018, 553, 558; *Paaß/Hecker*,

tungsstellen ein Konformitätsverfahren durchführen dürfen, benötigen sie ein Zertifikat, in den Worten der KI-Verordnung eine Notifizierung. Diese Notifizierung können die Konformitätsbewertungsstellen bei den notifizierenden Behörden beantragen. Nachdem die Konformitätsbewertungsstellen das Notifizierungsverfahren (Art. 30 der KI-Verordnung) bestanden haben, werden sie „notifizierte Stellen" genannt.

Nun finden sich für Hochrisiko-KI-Systeme, die durch Strafverfolgungsbehörden in Betrieb genommen werden, allerdings besondere Ausnahmeregelungen. Gemäß Art. 43 Abs. 1 UAbs. 2 S. 2 der KI-Verordnung übernimmt in einer solchen Konstellation die Marktüberwachungsbehörde die Funktion der notifizierten Stelle im externen Konformitätsbewertungsverfahren. Marktüberwachungsbehörde im Sinne der KI-Verordnung sind gemäß Art. 74 Abs. 8 der KI-Verordnung entweder die nach der JI-Richtlinie für den Datenschutz zuständigen Aufsichtsbehörden oder jede andere gemäß denselben Bedingungen wie den in Art. 41–44 der JI-Richtlinie festgelegten benannte Behörde.[83]

Über das Kontrollsystem der KI-Verordnung hinaus wurde in der wissenschaftlichen Diskussion außerdem die Idee einer „gerichtlichen Algorithmenkontrolle" vor Einsatz der Systeme erörtert.[84] Die Einführung eines neuartigen, an die abstrakte Normenkontrolle angelehnten Rechtsbehelfs soll die Software vor ihrer Anwendung prüfen und so eine Vielzahl potenzieller Grundrechtsverletzungen im Vorfeld verhindern. Diese Überlegung erweist sich jedoch angesichts der Lernfähigkeit von Künstlicher Intelligenz als nicht praktikabel. Da sich die Software kontinuierlich weiterentwickelt und während ihres Einsatzes wesentliche Änderungen erfährt, würde die gerichtliche *ex-ante*-Kontrolle nicht verhindern, dass die Gerichte bei späteren Einzelmaßnahmen erneut vor modifizierte, möglicherweise fehleranfällige Systemlogiken gestellt werden.[85] Zum weist Annette Guckelberger zurecht darauf hin, dass die Judikative im Spektrum der Gewaltenteilung grundsätzlich als nachträgliche Kontrollinstanz konzipiert sei und eine Vorabkontrolle der Systeme vor

---

Künstliche Intelligenz, 2020, S. 429; *Pfeil*, InTeR 2020, 17, 25; *Rotermund*, Künstliche Intelligenz aus staatlicher Perspektive, 2020, S. 216 f.; Verbraucherzentrale Bundesverband, in: Mohabbat Kar/Thapa/Parycek (Hrsg.), (Un)Berechenbar? Algorithmen und Automatisierung in Staat und Gesellschaft, 2018, 516, 526; aufgrund des hohen Verwaltungsaufwandes kritisch betrachtend *Bull*, CR 2019, 547, 550 Rn. 19, 551 Rn. 26; *Günther*, InTeR 2020, 142, 144; *Möslein*, ZIP 2018, 204, 212.

[83] Zum Verhältnis zwischen notifizierenden Stellen und Marktüberwachungsbehörden auch im Verhältnis zu Landesbehörden näher *Korte*, DÖV 2024, 770, 772 und *Wünschelbaum*, MMR 2025, 259 Vertiefend zum unionsrechtlich beeinflussten deutschen Überwachungskonzept *Wünschelbaum*, MMR 2025, 259.

[84] Streitstand bei *Polomski*, Der automatisierte Verwaltungsakt, 1993, S. 241 ff. m.w.N.

[85] Vgl. *Guckelberger*, Öffentliche Verwaltung im Zeitalter der Digitalisierung, 2019, S. 457 Rn. 529; *Lazaratos*, Rechtliche Auswirkungen der Verwaltungsautomation auf das Verwaltungsverfahren, 1990, S. 217.

ihrer Freigabe deshalb unzulässig in die Eigenständigkeit der Verwaltung eingreife.[86]

Im Ergebnis bietet sich daher, wie in der KI-Verordnung vorgesehen, eine zweigeteilte Kontrollstruktur an. Einerseits kontrolliert diejenige Behörde, welche die Künstliche Intelligenz einsetzt, mittels eigens dafür geschulten Personals sowie unter Wahrung von Vertraulichkeitspflichten intern die Einhaltung rechtlicher Standards. Andererseits erfolgt eine regelmäßige Fremdkontrolle durch (möglicherweise beliehene) Privatpersonen oder -organisationen, die über besondere technische Expertise verfügen oder Behörden, die ebenfalls zur strengen Verschwiegenheit verpflichtet werden. Auf diesem Wege entsteht ein abgestuftes Kontrollregime, das zum einen die rechtsstaatliche Qualität behördlichen Systeme Künstlicher Intelligenz sichert und andererseits die informationellen Schutzgüter staatlicher und privater Akteure gleichermaßen wahrt.

II. Gewaltenteilung

Der Einsatz Künstlicher Intelligenz muss nicht nur mit der Bindung an Recht und Gesetz, sondern auch mit der rechtsstaatlich gewährleisteten Gewaltenteilung vereinbar sein.[87] Technische Spezifika Künstlicher Intelligenz berühren den Grundsatz der Gewaltenteilung sowohl im Verhältnis zwischen der Legislative und der Exekutive (1.) als auch in dem Verhältnis zwischen der Judikative und der Exekutive (2.).

1. Verhältnis zwischen Legislative und Exekutive

Das Verhältnis zwischen der Legislative und der Exekutive soll zum einen hinsichtlich der Selbstbindung der Verwaltung (a)) und zum anderen in Bezug auf die Gesetzesanwendung (b)) und Gesetzesanwendungsprogrammierung (c)) beleuchtet werden.

a) Selbstbindung der Verwaltung auch durch Maßnahmen Künstlicher Intelligenz?

Wenn ein System Künstlicher Intelligenz Verwaltungsakte erlässt, kann – analog zur Entscheidungspraxis menschlicher Amtswalter – eine Selbstbindung der Verwaltung an den Gleichheitssatz aus Art. 3 Abs. 1 GG eintreten. Die durch einen

[86] *Guckelberger*, Öffentliche Verwaltung im Zeitalter der Digitalisierung, 2019, S. 457 Rn. 528; *Lazaratos*, Rechtliche Auswirkungen der Verwaltungsautomation auf das Verwaltungsverfahren, 1990, S. 217 f.

[87] Zur Einordnung der Gewaltenteilung als eigenes Verfassungsprinzip, losgelöst vom Rechtsstaat- und Demokratieprinzip *Schwerdtfeger*, in: Kischel/Kube, HStR, Bd. 2, 2024, § 36 Gewaltenteilung Rn. 14 m.w.N.

solchen Verwaltungsakt des Systems begründete Praxis wirkt damit nicht nur auf künftige KI-gestützte Entscheidungen zurück, sondern entfaltet auch Bindungswirkung gegenüber menschlichen Amtswaltern. Diese Rechtsfolge ist in der verwaltungsrechtlichen Lehre weithin anerkannt und verstößt nicht gegen den Grundsatz der Gewaltenteilung, da durch die Verwaltungspraxis kein neues Recht geschaffen, sondern lediglich der durch die Legislative vorgegebene gesetzliche Rahmen weiter konkretisiert wird.[88] Für die Selbstbindung der Verwaltung durch KI-basierte Maßnahmen gelten insoweit keine abweichenden Grundsätze.

Voraussetzung für die Selbstbindung der Verwaltung ist jedoch die Rechtmäßigkeit des auslösenden Verwaltungsakts. Eine rechtswidrige – etwa diskriminierende – Entscheidung der Künstlichen Intelligenz kann keine Bindungswirkung für menschliche Amtswalter entfalten. Darüber hinaus bleibt es der Verwaltung stets unbenommen, aus sachlichen Gründen von einer etablierten Praxis abzuweichen.[89]

Sofern die Verwaltung zwar rechtmäßig, jedoch ungewollt an eine technische Entscheidungspraxis gebunden wird, besteht die Möglichkeit, durch Ausübung des parlamentarischen Letztentscheidungsrechts ein neues Gesetz zu erlassen, das die bestehende Praxis rechtsverbindlich für die Zukunft modifiziert oder sogar – unter Beachtung des aus dem Rechtsstaatsprinzip entspringenden Rückwirkungsverbots – rückwirkend rechtswidrig macht.

Im Ergebnis führt der Einsatz von Künstlicher Intelligenz in verwaltungsbehördlichen Entscheidungen zu keinem spezifisch technischen Risikopotenzial in Bezug auf die Selbstbindung der Verwaltung.

b) Gesetzesanwendung im Lichte Künstlicher Intelligenz

Das Verhältnis zwischen Legislative und Exekutive wird auch durch die Art und Weise bestimmt, in der die exekutive Gewalt bestehende Parlamentsgesetze anwendet. Die Exekutive hat die Pflicht, das verfassungsmäßig zustande gekommene Parlamentsgesetz entsprechend dessen Wortlaut anzuwenden. Die Anwendung von Rechtsnormen durch Systeme Künstlicher Intelligenz begegnet jedoch konzeptionellen Schwierigkeiten. Wie bereits ausgeführt wurde[90], verfügt Künstliche Intelligenz weder über ein dem Menschen entsprechendes intuitives, durch Sprachsensibilität und juristische Vorbildung vermitteltes Verständnis der Norm noch über ein

---

[88] Vgl. *Mund*, Das Recht auf menschliche Entscheidung, 2022, S. 132. Weiterführend *Rollberg*, Algorithmen in der Justiz, 2020, S. 68; *Larenz*, Methodenlehre der Rechtswissenschaft, 1960, S. 366 ff. Rechtssetzung sei in ihrem Grundmuster nichts anderes als ein in die Zukunft gerichtetes Gleichhandlungsgebot, *Schmidt*, AöR 1971, 321, 341; vgl. *Kotsoglou*, JZ 2014, 451, 455; *Mund*, Das Recht auf menschliche Entscheidung, 2022, S. 161 f., die eine Gefahr erkennt, dass die Grenze zwischen Rechtsanwendung und Gesetzgebung verschwimmen könne, also dass bei der Verwaltung eine Arkangesetzgebung entstehen könnte.

[89] Vgl. *Polomski*, Der automatisierte Verwaltungsakt, 1993, S. 119 f.; *Schmidt*, AöR 1971, 321, 353 f.

[90] Siehe S. 145 ff. dieser Arbeit.

vorprogrammiertes Abbild des Gesetzestextes durch Wenn-Dann-Schemata, was letztlich der Diversität möglicher Sachverhalte geschuldet ist.[91] Stattdessen muss sich die Künstliche Intelligenz den Gesetzesinhalt durch ein auf Fallvergleichungen und Trainingsprozessen beruhendes Modellierungsverfahren selbst erschließen.[92] Diese *indirekte* Herangehensweise an den Gesetzeswortlaut hat in der wissenschaftlichen Literatur Befürchtungen geweckt, dass das Primat des Parlamentsgesetzes in der Beziehung zwischen Legislative und Exekutive abgeschwächt werden könne.[93] Im Rahmen dieser Bedenken wird der Begriff „Code is law" verwendet[94], um zu verdeutlichen, dass die technische Modellbildung der Künstlichen Intelligenz dem eigentlichen Gesetzestext vorgelagert erscheint und diesen möglicherweise überlagert.

Diese Einwände lassen sich insoweit nachvollziehen, als das System Künstlicher Intelligenz den gesetzgeberischen Willen nur *mittelbar* über sein erlerntes Modell anwendet.[95] Unberücksichtigt bleibt dabei jedoch, dass auch menschliche Rechtsanwender nicht unmittelbar den Gesetzeswortlaut befolgen, sondern in hohem Maße von ihrem subjektiven Sprachverständnis sowie ihrer rechtlichen und hermeneutischen Vorbildung abhängen.[96] Die juristische Ausbildung vermittelt ein hochkomplexes Sprachmodell, mit dessen Hilfe die Rechtsnormen erst mit inhaltlicher Bedeutung versehen werden können. Ohne diese intellektuell-sprachliche Vorleistung bestünde das Gesetz lediglich aus einer aneinandergereihten Buchstabenfolge ohne jeden juristischen Gehalt. Die Gesetzesanwendung ist somit stets ein interpretativer Vorgang, bei dem die Bedeutung des gesetzlich Niedergeschriebenen erst durch das Zusammenspiel von Textverständnis, Systematik, Teleologie und gegebenenfalls historischen, systemvergleichenden Auslegungsgesichtspunkten entsteht. Die mittelbare Erschließung des Gesetzes gilt demnach sowohl für die

---

[91] *Herold*, InTeR 2019, 7, 9 f.; *Mund*, Das Recht auf menschliche Entscheidung, 2022, S. 192; *Nink*, Justiz und Algorithmen, 2020, S. 220; *Polomski*, Der automatisierte Verwaltungsakt, 1993, S. 56 f., 94; *Rollberg*, Algorithmen in der Justiz, 2020, S. 51 f.

[92] Siehe S. 138 ff. dieser Arbeit.

[93] Vgl. *Birner*, Verwaltungsautomatisierung nach dem Gesetz zur Modernisierung des Besteuerungsverfahrens, 2023, S. 311; *Herold*, Demokratische Legitimation automatisiert erlassener Verwaltungsakte, 2019, S. 202; *Hoffmann-Riem*, in: Unger/Ungern-Sternberg (Hrsg.), Demokratie und künstliche Intelligenz, 2019, 129, 145 f.; *Rollberg*, Algorithmen in der Justiz, 2020, S. 51; *Unger*, in: Unger/Ungern-Sternberg (Hrsg.), Demokratie und künstliche Intelligenz, 2019, 113, 121.

[94] *Polomski*, Der automatisierte Verwaltungsakt, 1993, S. 58; *Schmidt*, AöR 1971, 321, 353 f.; *Tischbirek*, ZfDR 2021, 307, 323; vgl. *Hill*, in: Hill/Schliesky (Hrsg.), Auf dem Weg zum Digitalen Staat – auch ein besserer Staat?, 2015, 267, 272 f.; *Kucklick*, Die granulare Gesellschaft, 2. Auflage 2015, S. 125; *Schmidt*, AöR 1971, 321, 354 spricht von einem „Grundstein für den Neubau des Verwaltungsrechts".

[95] Vgl. *Mund*, Das Recht auf menschliche Entscheidung, 2022, S. 132, jedoch im Ergebnis offenlassend, S. 193.

[96] Siehe S. 129 ff. dieser Arbeit.

menschliche Rechtsanwendung als auch – *mutatis mutandis* – für die KI-gestützte Rechtsanwendung.

Vor diesem Hintergrund ergibt sich, dass die Stellung der Legislative im Verhältnis zur Exekutive trotz des Einsatzes Künstlicher Intelligenz nicht geschwächt wird. Der Bedeutungsgehalt des Parlamentsgesetzes bleibt gewahrt.

c) Gesetzesanwendungsprogrammierung

Darüber hinaus stellt sich die Frage, ob das Verhältnis zwischen Exekutive und Legislative durch die Einbeziehung menschlicher Programmierer bei der Gesetzesanwendungsprogrammierung von Künstlicher Intelligenz substanziell verändert wird. Zwar ist die Künstliche Intelligenz selbst in der Lage, über ihren Trainingsprozess eigenständig Modelle und Interpretationsmuster aufzubauen, doch kann es im Rahmen der Erstellung oder Justierung dieser Modelle immer wieder notwendig sein, dass ein menschlicher Programmierer regulierend eingreift.[97] Ein solcher Eingriff betrifft insbesondere die „Übersetzung" der gesetzlichen Vorschriften in Programmcode, wodurch sich die grundsätzliche Kompetenzfrage stellt, ob der Programmierer von Seiten der Legislative oder Exekutive einzusetzen ist.[98]

Auf den ersten Blick mag es naheliegend erscheinen, die Zuständigkeit der Legislative zuzuweisen. Immerhin geht es um die Implementierung von Gesetzen in ein technisches System, was als Transformation legislativer Vorgaben in „Maschinensprache" verstanden werden kann. Dies würde jedoch erhebliche praktische Schwierigkeiten mit sich bringen. Der Gesetzgeber wäre gezwungen, nicht nur den primären Regelungsgehalt der relevanten Normen, sondern auch sämtliche systemischen Verweisungen und materiell-rechtlichen Zusammenhänge, wie beispielsweise die Bezugnahme auf § 185 StGB im Kontext des Schutzguts der öffentlichen Sicherheit, in Programmcode zu überführen. Die Überdehnung der legislatorischen Ressourcen sowie der parlamentarischen Funktionslogik wäre damit vorgezeichnet und würde weder Praktikabilität noch Effektivität gewährleisten.

Die bisherige Verwaltungspraxis bietet eine Grundlage für eine alternative Zuordnung. So ist es der Exekutive gestattet, zur Konkretisierung und Anwendung gesetzlicher Vorgaben Verwaltungsvorschriften zu erlassen, die als (intern) verbindliche Handlungsanleitungen für die Verwaltungspraxis dienen. Vor diesem Hintergrund wurde in der Literatur eine Analogie zwischen der Erstellung von Verwaltungsvorschriften und der Gesetzesanwendungsprogrammierung vorge-

---

[97] Siehe S. 52 ff. dieser Arbeit.

[98] Auf das Problem bereits hinweisend, aber offenlassend *Eberle*, Die Verwaltung 1987, 458, 463; *Zeidler*, DVBl 1961, 493, 494; noch zu determinierten Algorithmen *Grimmer*, DuR 1980, 323, 329; *Schmidt*, AöR 1971, 321, 325; vgl. zum Verhältnis der Verwaltungsebenen und rudimentär zum Verhältnis zwischen Parlament und Regierung, *Lenk*, Die Automation der Informationsfunktion in der öffentlichen Verwaltung, 1974, S. 149 ff.

schlagen[99], weil sich ihre Parallelen in einer katalogisierenden, schematischen und typisierenden Einordnung offenbarten.[100]

Gegen diese Analogie werden jedoch überzeugende Einwände vorgebracht. Verwaltungsvorschriften sind in deutscher Sprache verfasste, textuelle Konkretisierungen, die menschlichen Amtswaltern als Handlungs- und Auslegungshilfe dienen.[101] Softwarecode hingegen kann nicht ohne Weiteres mit einem Text im klassischen Sinne gleichgesetzt werden. Er ist für Maschinen bestimmt[102], für menschliche Betrachter nur unter erheblichem Interpretationsaufwand verständlich und durch die kontinuierliche Veränderung selbstlernender Künstlicher Intelligenz kaum antizipierbar.[103] Diese Überlegungen zeigen, dass die Gesetzesanwendungsprogrammierung zwar gewissermaßen in Analogie zu normkonkretisierenden Tätigkeiten der Exekutive betrachtet werden kann, sich jedoch aufgrund ihrer technischen und dynamischen Beschaffenheit von klassischen Verwaltungsvorschriften grundlegend unterscheidet. Eine solch hinkende, mit Verwaltungsvorschriften vergleichende Betrachtung erweist sich zur Auflösung des Kompetenzkonflikts hinsichtlich der Gesetzesanwendungsprogrammierung zudem als verzichtbar. Die Verwaltung verfügt grundsätzlich über die Befugnis, eigenständig zu entscheiden, in welcher Weise sie ihren verfassungsrechtlich und einfachgesetzlich vorgegebenen Auftrag zur Ausführung der Gesetze erfüllt. Diese Organisations- und Personalhoheit schließt das Recht ein, innerhalb der gesetzlichen Vorgaben jene Hilfsmittel auszuwählen, die am besten geeignet erscheinen, die ordnungsgemäße Umsetzung der normativen Vorgaben zu gewährleisten.[104] Ob die Künstliche Intelli-

---

[99] Vgl. *Braun Binder*, in: Hill/Wieland, Zukunft der Parlamente – Speyer Konvent in Berlin, 2018, 107, 116; *Degrandi*, Die automatisierte Verwaltungsverfügung, 1977, S. 77; *Polomski*, Der automatisierte Verwaltungsakt, 1993, S. 119 f.; *Schmidt*, AöR 1971, 321, 352; *Stelkens*, in: Hill/Kugelmann/Martini (Hrsg.), Digitalisierung in Recht, Politik und Verwaltung, 2018, 81, 94; *Tönsmeyer-Uzuner*, Expertensysteme in der öffentlichen Verwaltung, 2000, S. 72 ff.; „vorsichtiger“ Vergleich bei *Guckelberger*, Öffentliche Verwaltung im Zeitalter der Digitalisierung, 2019, S. 411 Rn. 469; *Herold*, Demokratische Legitimation automatisiert erlassener Verwaltungsakte, 2019, S. 191, 217; *Waldhoff*, in: Hey (Hrsg.), Digitalisierung im Steuerrecht, 2019, 59, 70. Noch zu determinierten Algorithmen, z. B. *Mutius*, VerwArch 1976, 116.

[100] *Nink*, Justiz und Algorithmen, 2020, S. 189; grundsätzlich auch *Busche*, Verwaltungsautomation 2.0, 2023, S. 201.

[101] *Nink*, Justiz und Algorithmen, 2020, S. 189; vgl. *Braun Binder*, DÖV 2016, 891, 894; *Guckelberger*, Öffentliche Verwaltung im Zeitalter der Digitalisierung, 2019, S. 416 Rn. 475.

[102] *Bull*, Verwaltung durch Maschinen, 1964, S. 71.

[103] *Martini/Nink*, NVwZ Extra 2017, 1, 12; *Nink*, Justiz und Algorithmen, 2020, S. 189; vgl. *Braun Binder*, DÖV 2016, 891, 894; *Guckelberger*, Öffentliche Verwaltung im Zeitalter der Digitalisierung, 2019, S. 416 Rn. 475.

[104] Vgl. *Germer*, Erfolgreiches Verwaltungsmanagement, 2021, S. 29; *Schmidt-Aßmann*, AöR 1991, 329, 365. Wenn ein gesetzlicher Rahmen für den Einsatz von Wasserwerfern besteht, eröffnet dies der für die Gefahrenabwehr zuständigen Behörde einen Ermessensspielraum hinsichtlich der konkreten Ausgestaltung ihrer Maßnahmen. Die Behörde ist befugt, sowohl das zur Anwendung kommende technische System auszuwählen als auch – im Hin-

genz im konkreten Anwendungszusammenhang nun als eine „denkende Person" oder lediglich als ein fortgeschrittenes „Werkzeug" anzusehen ist, bleibt im Ergebnis ohne Belang. In beiden Perspektiven verbleibt die Dispositionsbefugnis über das Instrumentarium der Gesetzesanwendung bei der Exekutive selbst. Ein Vergleich mit der Ausbildung menschlicher Polizeianwärter unterstreicht diesen Befund: Die Auswahl und Qualifikation der Beamten für die rechtmäßige Rechtsanwendung erfolgt verwaltungsintern, etwa an Fachhochschulen für den Polizeidienst, ohne dass die Legislative hieran unmittelbar partizipiert. Auch die „Ausbildung" oder „Programmierung" eines Systems Künstlicher Intelligenz, das auf die gesetzmäßige Rechtsanwendung ausgerichtet wird, bildet lediglich eine Variation desselben Prinzips, das letztlich auf die Personal- und Organisationshoheit der Verwaltung zurückzuführen ist.

Diese Überlegungen verdeutlichen, dass die Ausgestaltung und Programmierung von Künstlicher Intelligenz zur gesetzeskonformen Entscheidungsfindung nicht geeignet sind, die Kompetenzverteilung zwischen Legislative und Exekutive maßgeblich zu verschieben. Ein struktureller Eingriff in das Gewaltenteilungsgefüge lässt sich hieraus nicht ableiten.

d) Zwischenergebnis

Die Implementierung Künstlicher Intelligenz in den Erlass von Verwaltungsakten wirft zweifellos eine Reihe komplexer rechtlicher und organisatorischer Fragen auf, ohne jedoch substanzielle Eingriffe in das Gewaltenteilungsprinzip zwischen Legislative und Exekutive zu begründen. Im Hinblick auf die Selbstbindung der Verwaltung erweist sich, dass auch KI-basierte Entscheidungen an den Gleichheitssatz des Art. 3 Abs. 1 GG gebunden sind, sofern die zugrundeliegenden Verwaltungsakte rechtmäßig zustande gekommen sind. Eine diskriminierende oder anderweitig rechtswidrige Entscheidung kann dagegen keine Bindungswirkung entfalten. Zudem bleibt es der Verwaltung unbenommen, von einer gefestigten Praxis aus sachlichen Gründen Abstand zu nehmen. Die Einführung von Künstlicher Intelligenz begründet insoweit kein spezifisch technisches Risiko; sie fügt sich vielmehr nahtlos in das bestehende rechtliche Gefüge ein.

Im Hinblick auf die Gesetzesanwendung durch Künstliche Intelligenz wird deutlich, dass sich die mittelbare Erschließung gesetzlicher Vorgaben durch Systeme Künstlicher Intelligenz zwar methodisch von der menschlichen Rechtsanwendung unterscheidet, jedoch strukturelle Parallelen aufweist. Wie der menschliche Rechtsanwender bedient sich auch Künstliche Intelligenz interpretativer Prozesse, um den Bedeutungsgehalt normativer Texte systematisch herauszuarbeiten. Diese funktionale Ähnlichkeit bewahrt das Primat des Parlamentsgesetzes und sichert damit die Stellung der Legislative im Verhältnis zur Exekutive.

---

blick auf die programmiertechnische Steuerung – die Intensität des eingesetzten Wasserstrahls nach sachgerechten Kriterien zu bestimmen.

Schließlich wirft die Programmierung technischer Systeme, die gesetzliche Normen in maschinellen Code überführen, Fragen nach der Kompetenzverteilung zwischen Legislative und Exekutive auf. Die Analyse zeigt jedoch, dass die Gesetzesanwendungsprogrammierung im Kern eine Vollzugsaufgabe bleibt, die in die Organisations- und Personalhoheit der Exekutive fällt. Die Verwaltung entscheidet eigenständig, welcher Mittel sie sich bedient, um ihren verfassungsrechtlichen und gesetzlichen Auftrag umzusetzen. Die Programmierung von Systemen Künstlicher Intelligenz begründet demnach keinen strukturellen Eingriff in das Gewaltenteilungsgefüge zwischen Legislative und Exekutive.

2. Verhältnis zwischen Judikative und Exekutive

Die Einbindung Künstlicher Intelligenz in polizeiliche Ermessensverwaltungsakte, etwa die Erteilung von Platzverweisen, wirft abschließend die Frage auf, ob hierdurch eine Verschiebung im institutionellen Gleichgewicht zwischen Judikative und Exekutive hervorgerufen wird. Unstrittig ist, dass die Exekutive bei Ermessensverwaltungsakten einen ihr im Gesetz angelegten Handlungsspielraum besitzt, in dem sie nach sachgerechten, zweckmäßigen Kriterien – wie etwa Schnelligkeit, Sicherheit, Verwaltungsaufwand, Nebenfolgen oder übergreifenden Gerechtigkeitserwägungen – zwischen verschiedenen Handlungsoptionen wählen kann.[105] Entscheidendes Merkmal dieses erkennbaren Ermessensspielraums ist die gemäß § 114 VwGO auf Rechtsfehler beschränkte gerichtliche Kontrolldichte.

Fraglich erscheint, ob diese Begrenzung der gerichtlichen Prüfungstiefe auch für KI-gestützte Ermessensentscheidungen aufrechterhalten werden kann.[106] Zu bedenken ist, dass Zweckmäßigkeitsfragen traditionell im verwaltungsinternen Widerspruchsverfahren geklärt werden.[107] Allerdings hat dieses Verfahren aufgrund landesrechtlicher Entbehrlichkeitsklauseln, etwa nach § 68 Abs. 1 S. 2 VwGO i.V.m. § 110 Abs. 1 JustG NRW, in den vergangenen Jahren erheblich an Bedeutung eingebüßt.[108] Dies führt faktisch dazu, dass Zweckmäßigkeitserwägungen KI-gestützter Maßnahmen prozessrechtlich weder behördlich noch gerichtlich einer

---

[105] BVerfGE 129, 1 (22); BVerwG, NVwZ 2020, 233, 234 f.; *Redeker/Oertzen*, Verwaltungsgerichtsordnung Kommentar, 17. Auflage 2021, § 114 VwGO Rn. 33; *Riese*, in: Schoch/Schneider, VwGO, 48. EGL, § 114 VwGO Rn. 11 (Stand Februar 2019); *Schmidt-Aßmann*, in: Pitschas (Hrsg.), Wege gelebter Verfassung in Recht und Politik, 2010, 539, 548; *Wolff/Humberg*, in: Sodan/Ziekow, VwGO, 6. Auflage 2025, § 114 VwGO Rn. 26, 29 f.; *Ziekow*, Verwaltungsverfahrensgesetz Kommentar, 4. Auflage 2019, § 40 VwVfG Rn. 6.

[106] Kritisch *Herold*, Demokratische Legitimation automatisiert erlassener Verwaltungsakte, 2019, S. 219.

[107] *Aschke*, in: BeckOK VwVfG, 69. Edition, § 40 VwVfG Rn. 10 (Stand Januar 2023); vgl. *Sachs*, in: Stelkens/Bonk/Sachs, VwVfG, 10. Auflage 2023, § 40 VwVfG Rn. 238; *Schönenbroicher*, in: Mann/Sennekamp, VwVfG, 3. Auflage 2025, § 40 VwVfG Rn. 189.

[108] *Rüssel*, NVwZ 2006, 523. Dies gilt jedenfalls für die Bundesländer, in denen das Vorverfahren weitgehend abgeschafft ist; in Hessen etwa ist das Vorverfahren für polizeiliche Verwaltungsakte im Wege des Umkehrschlusses aus § 16a HessAGVwGO nicht entbehrlich.

Kontrolle unterliegen. Zwar ließe sich erwägen, die Bedeutung des Widerspruchsverfahrens durch Streichung entsprechender Entbehrlichkeitsklauseln zu stärken[109], doch scheitert dies im Kontext polizeilicher Maßnahmen am Umstand ihrer typischen sofortigen Erledigung. Ein erneutes Erstarken des Widerspruchsverfahrens würde daher an der fehlenden Statthaftigkeit einer nachträglichen Zweckmäßigkeitsprüfung scheitern.

Eine Möglichkeit, die Kontrolle von Zweckmäßigkeitsentscheidungen auch bei KI-gestützten Maßnahmen sicherzustellen, könnte in der Einführung eines Fortsetzungsfeststellungswiderspruchs liegen. Dieses Instrument, das aus dem beamtenrechtlichen Kontext bekannt ist[110], könnte angepasst werden, um die Überprüfung von Zweckmäßigkeitsaspekten auch nach Erledigung eines polizeilichen Verwaltungsakts zu ermöglichen. Alternativ wäre eine Abkehr von der gerichtlich reduzierten Kontrolldichte hinsichtlich KI-gestützter Maßnahmen denkbar, wie sie etwa im Flurbereinigungsverfahren gemäß § 146 Nr. 2 FlurbG praktiziert wird.

> § 146 Nr. 2 FlurbG
>
> „In den Fällen der §§ 32 und 59 Abs. 2 gelten folgende Sondervorschriften: Das Flurbereinigungsgericht hat auch zu prüfen, ob die Flurbereinigungsbehörde oder die obere Flurbereinigungsbehörde in zweckmäßiger Weise von ihrem Ermessen Gebrauch gemacht hat."

Dort prüft das Gericht nicht nur die Rechtmäßigkeit, sondern auch die Zweckmäßigkeit des Verwaltungshandelns, um langwierige Verfahren – die häufig 10 bis 15 Jahre andauern[111] – zu beschleunigen und Verwaltungsakte eigenständig ändern zu können.[112]

Diese Besonderheit ergibt sich aus den spezifischen Anforderungen des Flurbereinigungsverfahrens, das sich über mehrere Jahre – in der Regel zwischen 10 bis 15 Jahre[113] – erstrecken kann.[114] Die Besonderheiten des Flurbereinigungsverfah-

---

[109] Zum Grundgedanken eines „Revival des Widerspruchsverfahrens" für die Algorithmisierung der Verwaltung bei *Kube*, VVDStRL 2019, 289 *Cancik* in Diskussion, S. 334. Ebenfalls für eine Stärkung des Widerspruchsverfahrens plädierend bei *Kube*, VVDStRL 2019, 289 *Guckelberger* in Diskussion, S. 354; *Rüssel*, NVwZ 2006, 523, 524.

[110] BVerwG, DVBl 1981, 502.

[111] Land Brandenburg, Flurneuordnung, Internetdokument.

[112] BVerwGE 57, 192 (198). § 144 FlurbG: „Soweit das Flurbereinigungsgericht die Klage für begründet hält, kann es den angefochtenen Verwaltungsakt durch Urteil ändern oder den Widerspruchsbescheid der Flurbereinigungsbehörde oder der oberen Flurbereinigungsbehörde ganz oder teilweise aufheben und die Sache, soweit der Widerspruchsbescheid aufgehoben wird, zur erneuten Verhandlung und Bescheidung an die Flurbereinigungsbehörde oder die obere Flurbereinigungsbehörde zurückverweisen. Diese haben die Beurteilung, die der Aufhebung zugrunde gelegt ist, auch ihrer Entscheidung zugrunde zu legen."; BVerwGE 80, 193 (199); *Seehusen/Schwede*, Flurbereinigungsgesetz, 6. Auflage 1992, § 146 FlurbG Rn. 5; *Wolff/Humberg*, in: Sodan/Ziekow, VwGO, 6. Auflage 2025, § 114 VwGO Rn. 2.

[113] Land Brandenburg, Flurneuordnung, Internetdokument.

rens zeigen, dass eine analoge Anwendung dieses Modells auf polizeiliche Ermessensverwaltungsakte nicht zielführend wäre. Polizeiliche Maßnahmen erfordern keine Verfahrensbeschleunigung durch gerichtliche Intervention, da sie in der Regel unmittelbar vollzogen werden und sich erledigen. Zudem fehlt es den Verwaltungsgerichten im polizeilichen Kontext an der Befugnis, Maßnahmen eigenständig abzuändern, wie es im Rahmen des § 144 FlurbG vorgesehen ist.

Auch Sinn und Zweck des § 114 VwGO sprechen gegen eine Abkehr von der beschränkten gerichtlichen Kontrolldichte. Diese Vorschrift dient dazu, den Spannungsbogen zwischen effektivem Rechtsschutz nach Art. 19 Abs. 4 GG und dem Gewaltenteilungsgrundsatz so auszutarieren[115], dass die Leistungsfähigkeit der Verwaltung erhalten bleibt.[116] Aufgrund fehlender rechtlicher Maßstäbe für die Prüfung der Zweckmäßigkeit[117] und der Tatsache, dass sich die Zweckmäßigkeitsbindung der Behörde nur gegenüber ihrem eigenen Träger, nicht jedoch gegenüber dem Bürger erstreckt[118], kann eine erweiterte gerichtliche Prüfung der Zweckmäßigkeit im Verwaltungsprozess keine effektive Rechtsschutzfunktion erfüllen. Die Verwaltung mit ihrem Wissens- und Einschätzungsvorsprung erweist sich als sachnähere Instanz[119], um Zweckmäßigkeitsfragen angemessen zu beurteilen. Ge-

---

[114] BVerwGE 57, 192 (198); 80, 193 (199); *Seehusen/Schwede*, Flurbereinigungsgesetz, 6. Auflage 1992, § 146 FlurbG Rn. 5; *Wolff/Humberg*, in: Sodan/Ziekow, VwGO, 6. Auflage 2025, § 114 VwGO Rn. 2.

[115] *Aschke*, in: BeckOK VwVfG, 69. Edition, § 40 VwVfG Rn. 18 ff. (Stand Januar 2023). Art. 19 Abs. 4 GG erfordere jedoch keinesfalls stets eine vollumfängliche Prüfung, sondern eine normengeprägte, *Funke*, in: Dreier, GG, Bd. 1, 4. Auflage 2023, Art. 19 Abs. 4 GG Rn. 84 sowie *Schmidt-Aßmann*, in: Pitschas (Hrsg.), Wege gelebter Verfassung in Recht und Politik, 2010, 539, 549 ff.

[116] *Wolff/Humberg*, in: Sodan/Ziekow, VwGO, 6. Auflage 2025, § 114 VwGO Rn. 25.

[117] *Gärditz*, in: Herdegen/Masing/Poscher, Handbuch VerfR, 2021, § 13 Rechtsschutz und Rechtsprechung Rn. 83; *Schmidt-Aßmann*, in: Pitschas (Hrsg.), Wege gelebter Verfassung in Recht und Politik, 2010, 539, 544: „Wo das einschlägige Recht Entscheidungskriterien nicht hergibt, sind sie [die Gerichte] nicht befugt, Kontrollmaßstäbe zu erfinden.“; *Schönenbroicher*, in: Mann/Sennekamp, VwVfG, 3. Auflage 2025, § 40 VwVfG Rn. 189; *Stuhlfauth*, in: Bader et al., VwGO, 9. Auflage 2026, § 114 VwGO Rn. 1; vgl. BVerwGE 11, 95 (97); 19, 149 (153); 44, 156 (159); 75, 86 (89); 124, 217 (221); *Aschke*, in: BeckOK VwVfG, 69. Edition, § 40 VwVfG Rn. 10 (Stand Januar 2023); *Grzeszick*, in: Dürig/Herzog/Scholz, GG, 108. EGL, Art. 20 GG (Gewaltenteilung) Rn. 38 f. (Stand Januar 2022); *Schwarz*, in: Fehling/Kastner/Strömer, Verwaltungsrecht, 5. Auflage 2021, § 114 VwGO Rn. 2; *Wolff/Humberg*, in: Sodan/Ziekow, VwGO, 6. Auflage 2025, § 114 VwGO Rn. 26, 29; *Ziekow*, Verwaltungsverfahrensgesetz Kommentar, 4. Auflage 2019, § 40 VwVfG Rn. 8.

[118] *Stuhlfauth*, in: Obermayer/Funke-Kaiser, VwVfG, 6. Auflage 2020, § 40 VwVfG Rn. 28.

[119] *Ludwigs*, DÖV 2020, 405, 410 f.; vgl. *Grzeszick*, in: Dürig/Herzog/Scholz, GG, 108. EGL, Art. 20 GG (Gewaltenteilung) Rn. 56 (Stand Januar 2022). Kopp geht sogar noch weiter: „Die moderne, hochspezialisierte Verwaltung, die an vorderster Front im Kontakt mit dem Bürger steht und dessen Probleme und Sorgen kennt, und die zur Erfüllung ihrer Aufgaben mit fachkundigem, erfahrenem Personal, mit Sachverständigen und Sachmitteln ausgestattet ist und die komplexe Sachverhalte in Zusammenarbeit mit einer Vielzahl anderer Fachbehörden

rade der Einsatz Künstlicher Intelligenz vermag diesen Vorsprung eher noch auszubauen, indem sie umfassendere und präzisere Informationen zur Entscheidungsfindung nutzt als ein menschlicher Amtswalter.

Angesichts dieser Erwägungen bleibt es bei der grundsätzlichen Zuständigkeit der Verwaltung für die Überprüfung der Zweckmäßigkeit KI-gestützter Entscheidungen, sei es durch die Schaffung eines Fortsetzungsfeststellungswiderspruchs oder im Rahmen einer bereits beschriebenen, intensiv angelegten Kontrollarchitektur außerhalb gerichtlicher Verfahren.[120]

Insgesamt lässt sich festhalten, dass die eingeschränkte gerichtliche Kontrolldichte nach § 114 VwGO auch bei KI-gestützten polizeilichen Maßnahmen keinen strukturellen Einfluss auf das Verhältnis zwischen Judikative und Exekutive ausübt.

III. Zwischenergebnis

Die Integration von Künstlicher Intelligenz in verwaltungsrechtliche und polizeiliche Entscheidungsprozesse, wie etwa den vollautomatisierten Erlass von Platzverweisungen, erfordert eine umfassende Kontrollarchitektur, die sich durch eine kontinuierliche Überwachung und Anpassung auszeichnet. Da Systeme Künstlicher Intelligenz aufgrund ihrer lernfähigen Natur dynamisch auf geänderte Daten, Sachverhalte und rechtliche Rahmenbedingungen reagieren, kann eine statische Kontrolle den Anforderungen an Rechtssicherheit und Grundrechtsschutz nicht genügen. Vielmehr ist ein kontinuierliches, mehrstufiges Kontrollregime erforderlich, das von der Überprüfung der Systemarchitektur und der Trainingsdaten bis hin zur laufenden Begutachtung der Entscheidungslogik reicht. Besonders im Bereich polizeilicher Maßnahmen mit hoher Eingriffsintensität, die unmittelbare physische und grundrechtliche Auswirkungen haben können, ist eine enge und transparente Kontrolle zwingend geboten.

Die Verantwortung für die Kontrolle sollte einerseits bei der jeweiligen Behörde liegen, die die Künstliche Intelligenz einsetzt, ergänzt durch eine unabhängige externe Kontrolle durch spezialisierte Organisationen oder beliehene Privatpersonen, die über die notwendige technische Expertise verfügen. Diese zweigleisige Kontrollstruktur ermöglicht es, sowohl rechtliche als auch technische Standards zu gewährleisten, ohne die Vertraulichkeit sensibler Daten zu gefährden.

---

klären kann, bringt nicht nur für Ermessensentscheidungen a priori bessere Voraussetzungen für sachgemäße, originäre Entscheidungen mit als die Gerichte, sondern für alle Formen des Verwaltungshandelns, *Kopp*, in: Götz (Hrsg.), Die öffentliche Verwaltung zwischen Gesetzgebung und richterlicher Kontrolle, 1985, 146, 157 f. Darüber hinaus merkt Püttner an, dass Gerichte weder vom Parlament oder dem Bürger noch von einer anderen Instanz kontrolliert würden, sodass es problematisch sei, ihnen das Letztentscheidungsrecht zuzugestehen, *Püttner*, in: Götz (Hrsg.), Die öffentliche Verwaltung zwischen Gesetzgebung und richterlicher Kontrolle, 1985, 131, 144.

[120] Siehe S. 235 ff. dieser Arbeit.

Die Implementierung Künstlicher Intelligenz in den Erlass von Verwaltungsakten, insbesondere bei polizeilichen Maßnahmen wie Platzverweisungen, erfordert eine differenzierte Betrachtung ihrer Auswirkungen auf das institutionelle Gleichgewicht sowohl zwischen Exekutive und Legislative als auch der Exekutive und Judikative.

Ihr Einsatz wirft zwar rechtliche und organisatorische Fragen auf, führt jedoch zu keiner Veränderung des Gewaltenteilungsprinzips im Kontext von Legislative und Exekutive. Künstliche Intelligenz ist wie alle Rechtsanwender an den Gleichheitssatz aus Art. 3 Abs. 1 GG gebunden. Rechtswidrige oder diskriminierende Entscheidungen entfalten keine Selbstbindungswirkung, und die Verwaltung kann sachlich begründet von einer etablierten Praxis abweichen. Die Gesetzesanwendung durch Künstliche Intelligenz unterscheidet sich methodisch von der menschlichen, weist jedoch strukturelle Parallelen auf, die das Primat des Parlamentsgesetzes wahren. Auch die Programmierung von Systemen Künstlicher Intelligenz bleibt eine Vollzugsaufgabe der Exekutive, die ihre Organisations- und Personalhoheit nicht zugunsten der Legislative aufgeben muss.

Im Kontext der gerichtlichen Überprüfbarkeit von KI-gestützten Ermessensentscheidungen bleibt die Beschränkung der Kontrolldichte nach § 114 VwGO auf Rechtsfehler sachgerecht. Zweckmäßigkeitsfragen, die traditionell im verwaltungsinternen Widerspruchsverfahren geklärt werden, können zwar durch die Einführung eines Fortsetzungsfeststellungswiderspruchs oder andere verwaltungsinterne Mechanismen adressiert werden. Eine Erweiterung der gerichtlichen Prüfungstiefe erscheint jedoch weder mit dem Gewaltenteilungsprinzip noch mit der Effizienz des Verwaltungshandelns vereinbar.

Insgesamt lässt sich festhalten, dass der Einsatz Künstlicher Intelligenz, wie er hier adressiert wurde, im Grundsatz mit den rechtsstaatlichen Grundprinzipien vereinbar ist. Dies gilt sowohl für die Bindung an Recht und Gesetz als auch für die Einhaltung des Gewaltenteilungsgrundsatzes im Verhältnis zwischen Legislative, Exekutive und Judikative. Indes erweist sich nach wie vor die Begründungserstellung durch Künstliche Intelligenz als notwendiges und bisher unerreichtes Kriterium, um ebendiese Rechtsstaatlichkeit sicherzustellen.

C. Demokratieprinzip

Nicht allein das Rechtsstaatsprinzip, sondern auch das Demokratieprinzip verlangt bei der Implementierung Künstlicher Intelligenz in polizeiliche Entscheidungsprozesse sorgfältige Beachtung. Neben der grundlegenden Frage nach der Legitimationsbedürftigkeit von Künstlicher Intelligenz (I.) empfiehlt es sich, ihr Legitimationsniveau anhand bereits etablierter Legitimationstopoi zu bestimmen (II.).

I. Legitimationsbedürftigkeit von Künstlicher Intelligenz

Kernelement des Demokratieprinzips ist nach Art. 20 Abs. 2 GG die demokratische Legitimation aller Staatsgewalt, die durch die verfassungsmäßigen Organe der Gesetzgebung, der vollziehenden Gewalt und der Rechtsprechung ausgeübt wird. Ein durch Künstliche Intelligenz erlassener Verwaltungsakt, etwa in Form einer Platzverweisung, wäre dabei seinem Wesen nach der vollziehenden Gewalt – namentlich der zuständigen, das System einsetzenden Polizeibehörde – zuzurechnen und somit legitimationsbedürftig.[121]

Fraglich bleibt jedoch, ob die Ausübung hoheitlicher Befugnisse zwingend an menschliche Amtswalter gebunden ist und es folglich genügt, dass lediglich der die Künstliche Intelligenz nutzende Amtsträger oder der diese programmierende Entwickler demokratisch legitimiert ist, oder ob die Künstliche Intelligenz selbst als Ausübende von Staatsgewalt anzusehen ist und daher einer *eigenständigen* Legitimation bedarf.

Von entscheidender Bedeutung ist in diesem Zusammenhang die Auslegung des Begriffs der „Staatsgewalt" nach Art. 20 Abs. 2 S. 1 GG. Denkbar erscheint zunächst eine weite, vom Adverb „alle" geleitete Deutung, welche jede Form staatlichen Handelns – einschließlich technischer Maßnahmen – umfassen könnte.[122] Ein solcher Ansatz, der auf den ersten Blick aus dem Wortlaut ableitbar scheint, erweist sich allerdings bei näherer Betrachtung als unzutreffend. Das weit gefasste „alle" bezieht sich nicht auf eine vorgelagerte Definition dessen, was als Staatsgewalt überhaupt zu qualifizieren ist, sondern setzt vielmehr bereits als solche identifizierte Staatsgewalt voraus und bestimmt anschließend die Reichweite des Legitimationserfordernisses. In diesem Sinne stellt etwa Eberhard Schmidt-Aßmann treffend klar, dass Art. 20 Abs. 2 GG nicht die Erweiterung des Anwendungsbereichs staatlicher Herrschaft an sich betreffe, sondern diese rechtfertige.[123]

Für die Klärung der eingangs aufgeworfenen Frage ist somit eine präzise Auslegung des Begriffs der „Staatsgewalt"[124] geboten. Zwar ging der historische Ver-

---

[121] Siehe S. 62 ff. dieser Arbeit.

[122] So wohl *Schliesky*, Souveränität und Legitimität von Herrschaftsgewalt, 2004, S. 263.

[123] *Schmidt-Aßmann*, AöR 1991, 329, 339; vgl. *Britz*, VerwArch 2000, 418, 426.

[124] Systematisch finden sich ähnliche Begriffe in Art. 1 Abs. 1 S. 2 GG „alle staatliche Gewalt", Art. 19 Abs. 4 GG und Art. 93 Abs. 1 Nr. 4a GG „öffentliche Gewalt", während Art. 20 Abs. 3 GG die „vollziehende Gewalt" erwähnt. Neben der äußeren Ähnlichkeit bestehen Abweichungen, die eine Übertragung der Auslegung dieser Begriffe nicht ohne weiteres ermöglichen (*Schmidt-Aßmann*, AöR 1991, 329, 338). Die „vollziehende Gewalt" aus Art. 1 Abs. 3 GG und Art. 20 Abs. 3 GG ist einhellig als die Exekutive bzw. die exekutive Staatsgewalt zu verstehen und kann demnach nicht dem Oberbegriff der „Staatsgewalt" hinsichtlich der Legislative und Judikative konkretisieren. Die Begriffe „öffentlichen Gewalt" und „aller staatlichen Gewalt" der Art. 19 Abs. 4 GG, Art. 93 Abs. 1 Nr. 4a GG und Art. 1 Abs. 1 S. 2 GG hingegen umfassen jeweils sowohl die Legislative als auch die Judikative und die Exekutive. Während diese Begriffe allerdings ein *konkretes* (subjektives) Recht des einzelnen Bürgers gegenüber dem Staat normieren (konkrete Grundrechtsbindung, konkretes

fassungsgeber bei Inkrafttreten des Grundgesetzes zweifellos von einer ausschließlich humanen, also personengebundenen Ausübung staatlicher Herrschaft aus – zumal die heutigen technischen Fähigkeiten von Systemen Künstlicher Intelligenz damals jenseits jeder Vorstellungskraft lagen. Dennoch kann aus der ursprünglichen Intention des Verfassungsgebers allein kein zwingendes Argument gegen die Möglichkeit einer technischen Transformation des Staatsgewaltbegriffs hergeleitet werden. Vielmehr hat sich die Verfassung in ihrem Kerngehalt stets als wandlungsfähig erwiesen, indem sie den Fortschritt der Zeit sowohl technologisch als auch gesellschaftlich aufzufangen vermochte.

Vor diesem Hintergrund ist es angezeigt, zunächst die in Rechtsprechung und Literatur entwickelten, weitgehend etablierten (technikunspezifischen) Begriffsbestimmungen der Staatsgewalt heranzuziehen (1.), um daran anknüpfend die neuen Literaturstimmen speziell zu dieser technischen Problematik zu erörtern (2.).

1. Ausübung von Staatsgewalt – etablierte (technikunspezifische) Ansichten

Zunächst empfiehlt es sich, die etablierten, technikunspezifischen Ansichten hinsichtlich der „Ausübung von Staatsgewalt" heranzuziehen und auf den Einsatz Künstlicher Intelligenz zu übertragen. In ständiger Rechtsprechung des Bundesverfassungsgerichts gilt als Staatsgewalt jedenfalls jede staatliche Maßnahme mit Entscheidungscharakter.[125] Der Begriff der „Entscheidung" wird dabei so konkretisiert, dass ein Spielraum eigener Gestaltung bestehen muss, der von der grundsätzlichen Ermessensentscheidung über die Aufnahme einer öffentlichen Aufgabe bis hin zur auf einen konkreten Sachverhalt bezogenen, an kasuistisch ausformulierte Rechtsnormen gebundenen Anwendung reicht.[126] Eine solche Entscheidung beschränke sich nicht auf einen hoheitlich regelnden Charakter, sondern umfasse auch schlichtes Tätigwerden, etwa behördliche Warnungen.[127] Hinsichtlich der

---

Recht auf effektiven Rechtsschutz) und einen Grundrechtseingriff für ihre Anwendung voraussetzen, erfasst der Oberbegriff der „Staatsgewalt" aus Art. 20 Abs. 2 S. 2 GG die *abstrakte* Legitimation von Staatsakteuren, also zum Volk als Ganzem (*Jestaedt*, Demokratieprinzip und Kondominialverwaltung, 1993, S. 237; *Schmidt-Aßmann*, AöR 1991, 329, 338). Für die Beantwortung der Frage, ob Künstliche Intelligenz „Staatsgewalt" ausüben kann, verspricht eine vergleichende Betrachtung mit diesen Normen deshalb keinen Mehrwert.

[125] BVerfGE 47, 253 (273); 83, 60 (73); 93, 37 (68 Rn. 137); 107, 59 (87 Rn. 155); 130, 76 (123); 135, 155 (221); 136, 194 (261); 253 (273 Rn. 62); vgl. *Grzeszick*, in: Dürig/Herzog/Scholz, GG, 108. EGL, Art. 20 GG (Demokratie) Rn. 92 (Stand Januar 2022); *Jestaedt*, Demokratieprinzip und Kondominialverwaltung, 1993, S. 257 f.

[126] BVerfGE 83, 60 (74 Rn. 43). In Bezug auf gebundene Entscheidungen auch *Meyer*, in: Hilgendorf (Hrsg.), Robotik im Kontext von Recht und Moral, 2014, 211, 223; im Ergebnis auch *Jestaedt*, Demokratieprinzip und Kondominialverwaltung, 1993, S. 259.

[127] Vgl. BVerfGE 148, 11 (28 Rn. 51); zustimmend *Böckenförde*, in: Isensee/Kirchhof, HStR, Bd. 2, 3. Auflage 2004, § 24 Demokratie als Verfassungsprinzip Rn. 12; *Dreier*, in: Dreier, GG, Bd. 2, 3. Auflage 2015, Art. 20 GG (Demokratie) Rn. 87; *Grzeszick*, in: Dürig/Herzog/Scholz, GG, 108. EGL, Art. 20 GG (Demokratie) Rn. 92 (Stand Januar 2022); *Jarass*,

Frage, ob Maßnahmen technischer Systeme oder KI-gestützte Verfahren Entscheidungsqualität im Sinne des Staatsgewaltbegriffs aufweisen, hat sich das Bundesverfassungsgericht bis dato nicht dezidiert geäußert.

Die Definition ihrem Wortlaut nach anwendend, lässt sich feststellen, dass Künstliche Intelligenz beim Erlass einer Platzverweisung insbesondere im Rahmen des Ermessens verschiedene Abwägungsvorgänge durchführt und unter mehreren, gleich rechtmäßigen Handlungsoptionen – etwa durch Zweifelsregeln – eine einzige auswählt.[128] Demgemäß läge unter Anwendung der Definition des Bundesverfassungsgerichts in dem Erlass der Platzverweisung durch ein System Künstlicher Intelligenz eine „Entscheidung", die die KI-gestützte Maßnahme als „Ausübung von Staatsgewalt" qualifizieren würde.

Auch nach dem Ansatz von Matthias Jestaedt, der die Ausübung von Staatsgewalt im Wesentlichen auf die Wahrnehmung einer staatlichen Aufgabe reduziert[129], ist eine solche Qualifikation denkbar. Staatsaufgaben sind nach seiner Auffassung alle Angelegenheiten, derer sich der Staat in verfassungskonformer Weise angenommen habe.[130] Sie resultieren aus der Verfassung selbst oder aus verfassungsgemäß getroffenen Entscheidungen des demokratischen Gesetzgebers oder anderer zuständiger Staatsorgane.[131] Zwar äußert sich Matthias Jestaedt nicht explizit zur technischen Ausübung von Staatsgewalt, jedoch wird deutlich, dass er an einen überkommenen, funktionalen Staatsaufgabenbegriff anknüpft.

Da die Aussprache einer Platzverweisung im Bereich der Polizeiarbeit auf die Gewährleistung öffentlicher Sicherheit sowie den Schutz der Bürger abzielt, übernimmt die Künstliche Intelligenz hier gerade die typische staatliche Aufgabe der

---

in: Jarass/Pieroth, GG, 18. Auflage 2024, Art. 20 GG Rn. 3; *Jestaedt*, Demokratieprinzip und Kondominialverwaltung, 1993, S. 261 f.; *Schmidt-Aßmann*, AöR 1991, 329, 342; *Sommermann*, in: Huber/Voßkuhle, GG, Bd. 2, 8. Auflage 2024, Art. 20 GG Rn. 146. Streitig hingegen ist, ob die „Staatsgewalt" einem Bagatellvorbehalt unterliegt, also ob z. B. rein vorbereitende oder technische Tätigkeiten mit untergeordneter Bedeutung vom Begriff der „Staatsgewalt" auszunehmen sind. Dieser Streit kann hier allerdings dahinstehen, da das System Künstlicher Intelligenz selbstständig einen Verwaltungsakt vollautomatisiert erlässt, demnach nicht bloß vorbereitend oder unterstützend tätig wird. Das BVerfG schließt vorbereitende und rein konsultative Tätigkeiten von einer Legitimationsbedürftigkeit aus, BVerfGE 83, 60 (74 Rn. 44); dem zustimmend *Böckenförde*, in: Isensee/Kirchhof, HStR, Bd. 2, 3. Auflage 2004, § 24 Demokratie als Verfassungsprinzip Rn. 13; *Jestaedt*, Demokratieprinzip und Kondominialverwaltung, 1993, S. 261. Einen solchen Bagatellvorbehalt hingegen mit Verweis auf das Demokratieprinzip ablehnend, *Dreier*, in: Dreier, GG, Bd. 2, 3. Auflage 2015, Art. 20 GG (Demokratie) Rn. 88; *Grzeszick*, in: Dürig/Herzog/Scholz, GG, 108. EGL, Art. 20 GG (Demokratie) Rn. 94 (Stand Januar 2022); vorsichtiger *Schmidt-Aßmann*, AöR 1991, 329, 367. An einem solchen Vorbehalt zweifelnd, *Jarass*, in: Jarass/Pieroth, GG, 18. Auflage 2024, Art. 20 GG Rn. 3.

[128] Siehe S. 119 ff. dieser Arbeit.

[129] *Jestaedt*, Demokratieprinzip und Kondominialverwaltung, 1993, S. 249.

[130] *Jestaedt*, Demokratieprinzip und Kondominialverwaltung, 1993, S. 248.

[131] *Jestaedt*, Demokratieprinzip und Kondominialverwaltung, 1993, S. 248 Fn. 219.

Gefahrenabwehr. Infolgedessen würde auch nach Matthias Jestaedts Konzeption nichts dagegensprechen, eine KI-gestützte Maßnahme als Ausübung von Staatsgewalt zu begreifen.

2. Ausübung von Staatsgewalt – Literaturstimmen zur technischen Problematik

Im Schrifttum finden sich vereinzelt bereits differenzierte Stellungnahmen zu der Frage, ob Maßnahmen technischer Systeme als „Ausübung von Staatsgewalt" zu qualifizieren sind. Neben den grundlegenden, bislang eher untechnischen Konzeptionen haben sich etwa Karl Zeidler (a)), Hans Peter Bull (b)), Stephan Meyer (c)), Viktoria Herold (d)) sowie weitere Autoren (e)) mit diesem Problem befasst.

a) Karl Zeidler

Bereits im Jahr 1959 widmete sich Karl Zeidler als einer der Ersten dem Phänomen der Verwaltungsautomatisierung. Nach seiner Auffassung kann ein Akt der Verwaltungsbehörden – und damit ein Akt exekutiver Staatsgewaltausübung – nur auf eine menschliche Handlung zurückgeführt werden, die einer staatlichen Behörde oder einem Träger öffentlicher Gewalt zurechenbar sei.[132] Diese Prämisse ergebe sich nach Zeidler bereits aus dem Umstand, dass die verwaltungsrechtlichen Normen nur an menschliche Rechtssubjekte adressiert seien; eine Beurteilung der Rechtswidrigkeit administrativen Handelns könne mithin nur menschliches Verhalten erfassen.[133] Maschinelle Entscheidungen könnten somit nur dann als Akt der Verwaltung qualifiziert werden, wenn sie einem Menschen bis zum Verlassen des verwaltungsinternen Bereichs zurechenbar seien.[134] Eine Zurechnung von technischen Berechnungsvorgängen sei demzufolge dann nicht mehr möglich, wenn sie in einer rechtlich relevanten Phase (Subsumtion) vom Willen des menschlichen Amtswalters unabhängig[135] und nicht vollständig kontrollierbar seien[136], da es an einem konkreten menschlichen Willensaktes für den Einzelfall fehle.[137] Auch ein Rückgriff auf die Programmierung des Systems als vermeintlich zurechenbar gemachten menschlichen Akt greife ins Leere, da die Programmierung selbst verwaltungsintern bliebe und nicht als rechtlich erhebliche – weil nach außen wirkende – Entscheidung gelten könne.[138] Folglich stelle sich schon im Hinblick auf einfach determinierte technische Systeme wie eine Verkehrsampel ein unüberwind-

[132] *Zeidler*, Über die Technisierung der Verwaltung, 1959, S. 7.

[133] *Zeidler*, Über die Technisierung der Verwaltung, 1959, S. 5.

[134] Vgl. *Zeidler*, Über die Technisierung der Verwaltung, 1959, S. 15 f.

[135] *Zeidler*, Über die Technisierung der Verwaltung, 1959, S. 16.

[136] *Zeidler*, Über die Technisierung der Verwaltung, 1959, S. 15 f.

[137] *Zeidler*, Über die Technisierung der Verwaltung, 1959, S. 16.

[138] *Zeidler*, Über die Technisierung der Verwaltung, 1959, S. 16.

bares Zurechnungsproblem, was dazu führt, dass die Aktion des Systems lediglich als „Verwaltungsfabrikat" und nicht als Ausübung von Staatsgewalt qualifiziert werden könne.[139] Dies muss dann erst recht für Systeme Künstlicher Intelligenz gelten, die von der menschlichen Willensbetätigung noch unabhängiger, unvorhersehbarer und noch schwerer zu kontrollieren sind. Somit würde Künstliche Intelligenz mit dem Erlass einer Platzverweisung keine Staatsgewalt ausüben.

b) Hans Peter Bull

Hans Peter Bull verfolgte 1964 einen anderen Ansatz, wenngleich er hinsichtlich rein determinierter Systeme wie einer Verkehrsampel zu einem vergleichbaren Ergebnis wie Zeidler gelangte.[140] Ausgehend von der Rechtsprechung des BVerfG, das für die „Ausübung von Staatsgewalt" Entscheidungscharakter voraussetzt, betonte Bull, dass Maschinen nicht entschieden, sondern nur zwanghaft rechneten, da sie keine „unlogischen" und damit falschen Ergebnisse zu produzieren vermögen, während Menschen bewusst die logisch richtigen Entscheidungen außer Acht lassen und „unlogisch" handeln könnten.[141] Erst mit einem solchen Spielraum läge eine echte Entscheidung vor. Die in Bezug auf einfache Algorithmen getätigten Aussagen, relativierte er jedoch zumindest insoweit, als er in Bezug auf „den Menschen nachahmende, lernende" Maschinen, also in Bezug auf Künstliche Intelligenz, eine andere Wertung offenließ. Da sich die Entwicklung der Künstlichen Intelligenz zur Zeit seiner Stellungnahme noch in ihren Anfängen befand (etwa Schach-Computer) und im Verwaltungsbereich ein relevanter Einsatz kaum vorstellbar war, schloss Bull ein künftiges Umdenken im Hinblick auf komplexe, lernende Systeme nicht aus.[142]

Zudem wandte er sich gegen Zeidlers Ansatz[143], die verwaltungsrechtliche Entscheidung mit einer privatrechtlichen Willenserklärung zu parallelisieren. Während sich das Rechtssubjekt im Privatrecht durch seinen Ausspruch selbst und nur in Ausnahmefällen andere verpflichte, resultiere im Verwaltungsrecht die Rechtswirkung des Verwaltungsaktes stets aus der objektiven Rechtsordnung selbst. Damit könne eine hinreichend konkrete Programmierung des Gesetzestextes als behördliche Vorausplanung genügen, um auch maschinelle Maßnahmen der Verwaltung zuzurechnen, ohne zwingend auf einen konkreten menschlichen Einzelfallwillen abstellen zu müssen.[144]

---

[139] *Zeidler*, Über die Technisierung der Verwaltung, 1959, S. 18, 25.

[140] *Bull*, Verwaltung durch Maschinen, 1964, S. 68.

[141] *Bull*, Verwaltung durch Maschinen, 1964, S. 68.

[142] *Bull*, Verwaltung durch Maschinen, 1964, S. 69.

[143] *Bull*, Verwaltung durch Maschinen, 1964, S. 64 ff. m. w. N.

[144] Sich eindeutig von einer Konstruktion eines „Behördenwillens" abgrenzend, *Bull*, Verwaltung durch Maschinen, 1964, S. 67.

c) Stephan Meyer

Stephan Meyer knüpfte in einem Beitrag aus dem Jahr 2014 an die Rechtsprechung des Bundesverfassungsgerichts zum Entscheidungscharakter an, präzisierte diesen dahingehend, dass zur Ausübung von Staatsgewalt nicht irgendeine beliebige Entscheidung genüge, sondern dass staatliches Handeln die gesellschaftlichen Verhältnisse in relevanter Weise beeinflussen müsse.[145] Hinsichtlich der Frage, ob technische Systeme selbst Staatsgewalt ausübten, sei die Art des Systems entscheidend. Während deterministische Programme – wie eine bloße Verkehrsampel – lediglich ein statisches Regelwerk „abspulten", ohne einen eigenen, originären Entscheidungsbeitrag zu leisten[146], könnten autonome Systeme, die über reine Programmabläufe hinausgingen und ein gewisses Maß an selbstbestimmter Wahl zwischen Handlungsoptionen aufwiesen, sehr wohl als Träger staatlicher Entscheidungsgewalt angesehen werden.[147] Daher stellten die Entscheidungen eines KI-gestützten Gefahrenabwehrroboters eine eigene „Ausübung von Staatsgewalt" dar.[148]

d) Viktoria Herold

Viktoria Herold übte im Jahr 2019 Kritik an der Anknüpfung an einen „Entscheidungscharakter" durch das BVerfG. Weder ergebe sich dieser aus dem Verfassungswortlaut[149], noch sei er unproblematisch, da er stets auf einen Willensbegriff rekurriere[150], welcher Maschinen wesensfremd sei[151]. Würde man am Kriterium des Entscheidungscharakters festhalten, wäre bei einer automatisierten Tätigkeit nur die „Entscheidung über die Rechtsanwendung" einer Behörde in abstrakter Hinsicht, nicht die „Entscheidung" im Sinne einer konkreten Maßnahme mit einem

---

[145] *Meyer*, in: Hilgendorf (Hrsg.), Robotik im Kontext von Recht und Moral, 2014, 211, 222; ähnlich *Kluth*, Funktionale Selbstverwaltung, 1997, S. 355 f.: „Diese [Herrschaftsmacht] zielt darauf ab, das gemeinschaftliche Leben in Staat und Gesellschaft zu gestalten und dadurch die Staatszielbestimmungen zu realisieren."; in Grundzügen auch *Dederer*, Korporative Staatsgewalt, 2004, S. 19; vgl. BVerfGE 38, 258 (268 ff.).

[146] *Meyer*, in: Hilgendorf (Hrsg.), Robotik im Kontext von Recht und Moral, 2014, 211, 224.

[147] *Meyer*, in: Hilgendorf (Hrsg.), Robotik im Kontext von Recht und Moral, 2014, 211, 225.

[148] *Meyer*, in: Hilgendorf (Hrsg.), Robotik im Kontext von Recht und Moral, 2014, 211, 225.

[149] *Herold*, Demokratische Legitimation automatisiert erlassener Verwaltungsakte, 2019, S. 99.

[150] *Herold*, Demokratische Legitimation automatisiert erlassener Verwaltungsakte, 2019, S. 95.

[151] *Herold*, Demokratische Legitimation automatisiert erlassener Verwaltungsakte, 2019, S. 97.

konkreten Inhalt legitimationsbedürftig.[152] Das legitimationsbedürftige Moment würde von der Maßnahme mit konkretem Entscheidungsgehalt zum abstrakten Entscheidungsursprung verschoben. Wenn eine maschinelle Entscheidung jedoch vom einsetzenden Amtswalter nicht vollständig antizipiert werden könne, entstehe eine Legitimationslücke für maschinelle Tätigkeiten oder zumindest ein reduzierter Legitimationsumfang.[153] Deshalb entsagt sich Viktoria Herold dem vom Bundesverfassungsgericht herangezogenen Kriteriums des Entscheidungscharakters und erkennt ein Legitimationserfordernis vielmehr bei allen Akten hoheitlicher Gewalt, ungeachtet, ob sie ein eigenes Entscheidungs- oder Willenselement aufwiesen.[154] Als Ausübung von Staatsgewalt qualifiziert Viktoria Herold im Ergebnis jede Maßnahme, die den besonderen Organen – hier der Verwaltung – zuzurechnen seien. Bei lernenden Systemen, also unter anderem Künstlicher Intelligenz, werde der Zurechnungszusammenhang zur Verwaltung durch den Verwendungswillen der Behörde hergestellt.[155]

Herold wendet sich darüber hinaus gegen Zeidlers Thesen[156], der Zurechnungs-, Rechtsstaatlichkeits- und Legitimationsfragen unzulässig miteinander vermenge. Die Zurechnung antworte auf die Frage, ob eine legitimationsbedürftige Tätigkeit der Verwaltung vorliege, womit die Frage nach der Legitimation nicht beantwortet, sondern eröffnet sei. Auch sei mit der Frage der Zurechenbarkeit nicht die Frage der Rechtmäßigkeit beantwortet. Es handle sich bei einem Rechenfehler im Rahmen eines regelbasierten Systems um ein Problem der adäquaten Abbildung des Gesetzeswortlauts, also um einen Programmierfehler der Behörde. Eine solche Programmierung könne sehr wohl auf ihre Rechtmäßigkeit überprüft werden. Doch selbst rechtswidrige Programmierungen ließen nicht die Zurechnung entfallen, sonst sei die Frage nach der Rechtmäßigkeit hoheitlichen Handelns von vornherein obsolet, weil keine hoheitliche Tätigkeit mehr vorläge. Darüber hinaus könne ein Willenszusammenhang zu einem menschlichen Amtswalter sowohl über die Programmierungshandlung der Behörde als auch über die abstrakte Verwendungsabsicht eines bereits entworfenen Systems hergestellt werden.

---

[152] *Herold,* Demokratische Legitimation automatisiert erlassener Verwaltungsakte, 2019, S. 97.

[153] *Herold,* Demokratische Legitimation automatisiert erlassener Verwaltungsakte, 2019, S. 97.

[154] *Herold,* Demokratische Legitimation automatisiert erlassener Verwaltungsakte, 2019, S. 100.

[155] *Herold,* Demokratische Legitimation automatisiert erlassener Verwaltungsakte, 2019, S. 186.

[156] *Herold,* Demokratische Legitimation automatisiert erlassener Verwaltungsakte, 2019, S. 183 f.

e) Helmut Birner, Gabriele Britz/Martin Eifert, David Nink, Hanno Kube, Meinhard Schröder

Helmut Birner, sowie Gabriele Britz/Martin Eifert, David Nink, Hanno Kube und Meinhard Schröder stellen schlicht fest, dass auch technische Systeme zu einer „Ausübung von Staatsgewalt" fähig seien und die verantwortliche Entscheidungssoftware somit stets einem eigenen Legitimationserfordernis unterliege.[157]

f) Ausübung von Staatsgewalt auch durch Künstliche Intelligenz

Im Lichte der überwiegenden[158] zuvor referierten Positionen in der Literatur erscheint es als folgerichtig und konsequent, die Ausübung von Staatsgewalt nicht strikt an menschliche Amtswalter zu binden, sondern grundsätzlich auch durch Systeme Künstlicher Intelligenz anzuerkennen. Um diese These mit der erforderlichen normstrukturellen Stringenz zu untermauern, ist eine Auslegung von Art. 20 Abs. 2 GG angezeigt.

Der Begriff der „Staatsgewalt" wurzelt etymologisch im Terminus des „Waltens", also der Möglichkeit, über Personen oder Sachverhalte in leitender, lenkender oder steuernder Weise zu bestimmen[159]; sie setzt damit, wie auch Stephan Meyer betont, die Schaffung eines objektiven Waltungs-Zustandes voraus. Die rein *objektive* Stoßwirkung der Etymologie bietet keine Grundlage für eine anthropologische Engführung; sie schließt also nicht aus, dass auch ein nicht-menschliches System „waltet". Auch ein System Künstlicher Intelligenz „waltet" rein faktisch, indem es eine Person durch den Erlass einer Platzverweisung dazu veranlasst, den Platz zu verlassen, es lenkt also den Betroffenen von einem Platz hinfort. Dem Verfassungstext selbst lässt sich somit keine zwingend anthropologische Begrenzung des Begriffs der Staatsgewalt entnehmen.

Eine solche, am Wortlaut nicht verankerte Beschränkung widerspräche zudem dem Telos des Art. 20 Abs. 2 S. 2 GG. Der normative Zweck des demokratischen Legitimationszusammenhangs besteht darin, die Volkssouveränität zu sichern und

---

[157] *Birner*, Verwaltungsautomatisierung nach dem Gesetz zur Modernisierung des Besteuerungsverfahrens, 2023, S. 275; *Britz/Eifert*, in: Voßkuhle/Eifert/Möllers, Grundl. VerwR, Bd. 1, 3. Auflage 2022, § 26 Digitale Transformation der Verwaltung Rn. 110 f.; *Kube*, VVDStRL 2019, 289, 306 ff.; *Nink*, Justiz und Algorithmen, 2020, S. 323; *Schröder*, VerwArch 2019, 328, 331. Wohl grundlegend auch *Raji*, Künstliche Intelligenz im öffentlichen Sektor, 2022, S. 141. Keine Ausführungen dazu *Busche*, Verwaltungsautomation 2.0, 2023, S. 91 ff.

[158] Zu der Kritik hinsichtlich Karl Zeidlers bereits ausführlich Hans Peter Bull und Viktoria Herold; darüber hinaus *Luhmann*, Recht und Automation in der öffentlichen Verwaltung, 2. Auflage 1966, S. 30 ff.; *Polomski*, Der automatisierte Verwaltungsakt, 1993, S. 76.

[159] So auch *Dederer*, Korporative Staatsgewalt, 2004, S. 19; *Kluth*, Funktionale Selbstverwaltung, 1997, S. 355; *Meyer*, in: Hilgendorf (Hrsg.), Robotik im Kontext von Recht und Moral, 2014, 211, 222; vgl. *Jestaedt*, Demokratieprinzip und Kondominialverwaltung, 1993, S. 234.

der Gefahr zu begegnen, dass staatliches Handeln dem Einflussbereich des Volkes entgleitet. Insbesondere Maßnahmen, die unmittelbar in Grundrechte der Bürger eingreifen, müssen direkt an das Volk rückgekoppelt werden, bedürfen also eines erhöhten Legitimationsniveaus, das sich aus der funktionell-institutionellen, organisatorisch-personellen und der sachlich-inhaltlichen Legitimation speist, um der Gefahr einer unterdrückenden, nicht mehr am Gemeinwohl orientierten Staatsgewalt entgegenzutreten. Würde man die Legitimationsbedürftigkeit von Systemen Künstlicher Intelligenz negieren und sich lediglich auf diejenige des sie einsetzenden Amtswalters verlassen, wäre der Legitimationszusammenhang zwar durch die Einsatzbestimmung nicht gänzlich gekappt, aber doch spürbar abgeschwächt, oder in den Worten Viktoria Herolds „verkürzt".[160] Angesichts der spezifischen Risiken des Einsatzes Künstlicher Intelligenz wäre dies weder sachgerecht noch verfassungsdogmatisch überzeugend.

Noch bedeutsamer – und in der bisherigen juristischen Diskussion nicht hinreichend herausgestellt – ist freilich der Umstand, dass Systeme Künstlicher Intelligenz autonome Entscheidungsprozesse durchlaufen, indem sie im Einzelfall eine eigene Subsumtion und Abwägung vornehmen und damit die maßgebliche (Haupt-) Entscheidung *selbständig* treffen.[161] Anders als bei einfachen, vollständig vorherbestimmten Algorithmen, die lediglich vom Programmierer oder der Behörde vordefinierte Abläufe „abspulen", generiert Künstliche Intelligenz im Rahmen maschinellen Lernens eigene Modelle, die nicht bis ins Letzte von menschlichen Programmvorgaben determiniert sind. Der Mensch als Programmierer oder Amtsträger kann zwar durch Feedback oder externe Interventionen die Entwicklungsrichtung einer Künstlichen Intelligenz beeinflussen oder ihr überhaupt die Fähigkeit zum maschinellen Lernen verleihen. Eine vollständige Determination gelingt indes nicht. Genau diese Undeterminiertheit unterscheidet Künstliche Intelligenz von bloßen, automatisierten Routinen und macht ihre Entscheidungsfindung für menschliche Beobachter weder vollständig antizipier- noch in jedem Einzelfall rückverfolgbar.[162] Diese ursprüngliche Eigenständigkeit begründet ihre Qualifikation als Trägerin von Staatsgewalt, während rein deterministische Algorithmen – etwa einfache Verkehrsampeln im Sinne Hans-Peter Bulls Beispiels[163] – lediglich bereits „fremdausgeübte", in Programmcode überführte Entscheidungen realisie-

---

[160] *Herold*, Demokratische Legitimation automatisiert erlassener Verwaltungsakte, 2019, S. 97.

[161] In Grundzügen wohl auch *Britz*, VerwArch 2000, 418, 429.

[162] Siehe S. 50 ff. dieser Arbeit.

[163] *Meyer*, in: Hilgendorf (Hrsg.), Robotik im Kontext von Recht und Moral, 2014, 211, 224; vgl. BVerfGE 9, 268 (281 f.); ähnlich *Jestaedt*, Demokratieprinzip und Kondominialverwaltung, 1993, S. 259; wohl a. A. *Sachs/von Coelln*, in: Sachs, GG, 10. Auflage 2024, Art. 20 GG Rn. 29: „Auch weisungsunterworfene Organe und solche mit *vordeterminierten* Befugnissen üben Staatsgewalt aus."

ren.[164] Gleiches gilt für Verwaltungshelfer im klassischen Sinn, die ebenfalls keine eigene Staatsgewalt ausüben[165]: Der behördliche Sachbearbeiter trifft die Hauptentscheidung, etwa über das Abschleppen eines Fahrzeugs; der ausführende Verwaltungshelfer bleibt an die vorgegebene Hauptentscheidung strikt gebunden und fügt allenfalls unbedeutende Detailaspekte hinzu, die den Kern der Entscheidung nicht berühren, etwa welche Gurte er zum Abschleppen verwendet.[166] Entsprechend übt auch ein Polizeihund keine eigene Staatsgewalt aus, sondern setzt lediglich die durch den Hundeführer getroffene Grundentscheidung (Einsatz von Zwangsmitteln zur Verhinderung der Flucht eines Täters) in detailbezogener Weise – ob der Täter durch einen Biss in das Bein oder in den Knöchel zu Fall gebracht wird – um.

Demgegenüber gilt für Beliehene, etwa Schornsteinfeger, dass sie eigenständig Staatsgewalt ausüben.[167] Sie allein treffen die rechtserheblichen Hauptentscheidungen – beispielsweise durch Erlass eines Feuerstättenbescheids – ohne dass diese bereits im Detail vorentschieden wären. Genau in dieser Hinsicht ist eine Analogie zur Künstlichen Intelligenz angebracht: Systeme Künstlicher Intelligenz, die nicht bloß starre Vorgaben ausführen, sondern autonom zwischen Handlungsoptionen abwägen, ihre Modelle an veränderte Bedingungen anpassen und dadurch selbstständig eine Hauptentscheidung treffen, müssen folgerichtig als originäre Träger von Staatsgewalt qualifiziert werden.[168] Aus diesem Grunde ist ein System Künstlicher Intelligenz selbst legitimationsbedürftig.[169]

---

[164] Der behördliche Sachbearbeiter legt beispielsweise fest, dass die Ampel in zweiminütigen Intervallen auf Rot schalten soll. Hierbei handelt es sich bereits um die vollständige Hauptentscheidung, also um die benutzungsregelnde Allgemeinverfügung, welche der Algorithmus lediglich durch „Abspulen" reproduziert.

[165] *Meyer*, in: Hilgendorf (Hrsg.), Robotik im Kontext von Recht und Moral, 2014, 211, 224; *Schaefer*, in: Stern/Sodan/Möstl, Staatsrecht, Bd. 3, 2. Auflage 2022, § 76 Bindung der vollziehenden Gewalt Rn. 5; *Stober*, NJW 2008, 2301, 2306; vgl. *Schoch*, in: Schoch/Schneider, VwVfG, 7. EGL, § 1 VwVfG Rn. 172 f. (Stand Juli 2020); *Sommermann*, in: Huber/Voßkuhle, GG, Bd. 2, 8. Auflage 2024, Art. 20 GG Rn. 176; a. A. wohl *Schmidt-Aßmann*, AöR 1991, 329, 347.

[166] *Meyer*, in: Hilgendorf (Hrsg.), Robotik im Kontext von Recht und Moral, 2014, 211, 224; vgl. *Kirchhof*, in: Dürig/Herzog/Scholz, GG, 108. EGL, Art. 83 GG Rn. 151 (Stand Oktober 2020).

[167] BVerfGE 130, 76 (123); *Kirchhof*, in: Dürig/Herzog/Scholz, GG, 108. EGL, Art. 83 GG Rn. 152 (Stand Oktober 2020); *Robbers*, in: Bonner Kommentar zum GG, 223. EGL, Art. 20 GG Abs. 2 Rn. 3038 (Stand Januar 2014); *Schoch*, in: Schoch/Schneider, VwVfG, 7. EGL, § 1 VwVfG Rn. 172 f. (Stand Juli 2020); *Sommermann*, in: Huber/Voßkuhle, GG, Bd. 2, 8. Auflage 2024, Art. 20 GG Rn. 146; vgl. *Britz*, VerwArch 2000, 418, 433.

[168] Im Ergebnis auch *Meyer*, in: Hilgendorf (Hrsg.), Robotik im Kontext von Recht und Moral, 2014, 211, 225; a. A. wohl *Herberger*, NJW 2018, 2825, 2827, der die Entscheidungsmöglichkeit von Algorithmen als metaphorisch bezeichnet, da sie nicht selbst Entscheidungen treffen könnten, sondern dies allenfalls kraft menschlich delegierter Entscheidungsmacht tun und auch nur in diesem vorgegebenen Autonomiebereich Aktionen entfalten könnten. Diese Einschätzung greift jedoch zu kurz. Zwar ist hier unbestritten, dass der Mensch Künstlicher Intelligenz die Entscheidungsmacht durch die Rahmenprogrammierung verleiht und ihr damit den grundsätzlichen Handlungsspielraum zuweist. Jedoch erweist sich die In-

Jede andere Sichtweise würde nicht nur die innere Kohärenz der verwaltungsrechtlichen Systematik gefährden, sondern auch die konstitutionellen Grundprinzipien des demokratischen Legitimationszusammenhangs in Frage stellen. Insbesondere gewinnt die selbstständige Legitimationsbedürftigkeit von Künstlicher Intelligenz dadurch an noch größerer Bedeutung, dass ein hinreichendes Legitimationsniveau – wie in den vorangegangenen Ausführungen dargelegt – unabdingbar ist, um „persönliche" Richtigkeitsentscheidungen innerhalb der Restbereiche der Subsumtion unter unbestimmte Rechtsbegriffe und der Ermessensausübung, d.h. in gesetzlich nicht determinierten Bereichen, zu rechtfertigen. Und ebendiese trifft der Polizeiroboter im Referenzfall vollständig automatisch.

II. Bestimmung des Legitimationsniveaus von Künstlicher Intelligenz anhand etablierter Legitimationstopoi

Da Künstliche Intelligenz beim Erlass einer Platzverweisung als Ausübung von Staatsgewalt einer eigenständigen demokratischen Legitimation bedarf, muss sich ihre Entscheidung letztlich auf den vom Volk getragenen Willen zurückführen lassen[170] Diese Rückführbarkeit wird durch die etablierten Legitimationstopoi gewährleistet, die im rechtsstaatlichen Gefüge in enger Wechselwirkung zueinanderstehen: die funktionell-institutionelle Legitimation (1.), die organisatorisch-personelle Legitimation (2.) sowie die sachlich-inhaltliche Legitimation (3.).[171] Wie das Bundesverfassungsgericht herausgestellt hat, beansprucht keiner dieser Legitimati-

---

teraktion innerhalb dieses Rahmens als qualitativ andersartig: Nahezu alle Aktivitäten, die das System innerhalb des festgelegten Rahmens entfaltet, entziehen sich sowohl der menschlichen Antizipation als auch – zumindest bislang – einer vollständigen Nachvollziehbarkeit.

[169] Anzumerken ist, dass die Qualifizierung der Künstlichen Intelligenz als Trägerin von Staatsgewalt keineswegs eine „Vermenschlichung" dieser Systeme intendiert. Vielmehr handelt es sich um die konsequente Übertragung bestehender rechtsdogmatischer Kategorien und der geltenden Rechtspraxis auf technische Systeme, die in ihrer Funktionsweise und Wirkungsstruktur den traditionellen Akteuren staatlicher Gewalt in bestimmten Bereichen vergleichbar sind.

[170] *Grzeszick*, in: Dürig/Herzog/Scholz, GG, 108. EGL, Art. 20 GG (Demokratie) Rn. 119 (Stand Januar 2022); *Schmidt-Aßmann*, AöR 1991, 329, 355; *Unger*, in: Wollenschläger/Lucia (Hrsg.), Staat und Demokratie, 2016, 41, 47. Auf die problematische Konzeption des „Volkswillens" soll hier nicht vertieft eingegangen werden. Die Diskussion knüpft an den schwer bzw. unmöglich zu ermittelnden Willen eines Kollektivs an. Parallelen finden sich in der Diskussion zur Begründungspflicht einer parlamentarischen Abstimmung über Gesetze, da die öffentlichen Gesetzesbegründungen keinesfalls den Willen der einzelnen Abgeordneten widerspiegeln müssen. Zur Vertiefung *Herold*, Demokratische Legitimation automatisiert erlassener Verwaltungsakte, 2019, S. 146 ff.

[171] Zur vertieften Auseinandersetzung mit den einzelnen Legitimationstopoi ausführlich *Tschentscher*, Demokratische Legitimation der dritten Gewalt, 2006.

onsstränge isoliert absolute Geltung.[172] Vielmehr sind sie im Wege einer Gesamtbetrachtung zu würdigen[173] in deren Rahmen Bedeutung, Reichweite[174] und normative Determiniertheit[175] der fraglichen Entscheidung berücksichtigt werden, um ein hinreichendes Legitimationsniveau zu gewährleisten.

Im Falle einer von Künstlicher Intelligenz erlassenen Platzverweisung liegt ein Ermessensverwaltungsakt vor, der anders als eine gebundene Entscheidung von Verfassungs wegen erhebliche Entscheidungsspielräume eröffnet. Zugleich greift die Platzverweisung zumindest in die allgemeine Handlungsfreiheit der betroffenen Personen ein, indem sie mit imperativem Charakter ein Verlassen des Ortes erzwingt. Eine Missachtung dieser Anordnung zieht in aller Regel staatliche Zwangsmaßnahmen nach sich. Aus dieser Verschränkung weitreichender Ermessensspielräume mit grundrechtlich erheblichen Eingriffen erwächst die Notwendigkeit eines besonders hohen Legitimationsniveaus für einen solchen Einsatz Künstlicher Intelligenz.

Ob und inwiefern ein solches hohes Legitimationsniveau im konkreten Einzelfall erreichbar ist, bedarf im Folgenden einer eingehenden Erörterung.

1. Funktionell-institutionelle Legitimation von Künstlicher Intelligenz

Zunächst ist hinsichtlich des geforderten Legitimationsniveaus die funktionell-institutionelle Legitimation in den Blick zu nehmen. Diese gründet einerseits in der

---

[172] BVerfGE 83, 60 (72); 135, 155 (222); 136, 194 (262 Rn. 168); 147, 50 (136 Rn. 122); *Böckenförde*, in: Isensee/Kirchhof, HStR, Bd. 2, 3. Auflage 2004, § 24 Demokratie als Verfassungsprinzip Rn. 14, 23; *Dreier*, in: Dreier, GG, Bd. 2, 3. Auflage 2015, Art. 20 GG (Demokratie) Rn. 113; *Grzeszick*, in: Dürig/Herzog/Scholz, GG, 108. EGL, Art. 20 (Demokratie) Rn. 129 (Stand Januar 2022); *Herold*, Demokratische Legitimation automatisiert erlassener Verwaltungsakte, 2019, S. 113, 169 ff.; *Sachs/von Coelln*, in: Sachs, GG, 10. Auflage 2024, Art. 20 GG Rn. 35; *Klaas*, MMR 2019, 84, 86; *Schmidt-Aßmann*, AöR 1991, 329, 367 f.; *Sommermann*, in: Huber/Voßkuhle, GG, Bd. 2, 8. Auflage 2024, Art. 20 GG Rn. 170. Vertiefend zur wechselseitigen Substitutionsmöglichkeit, *Herold*, Demokratische Legitimation automatisiert erlassener Verwaltungsakte, 2019, S. 169 ff.

[173] BVerfGE 107, 59 (87); 130, 76 (124); 135, 155 (222); 136, 194 (262); *Schmidt-Aßmann*, AöR 1991, 329, 366; *Sommermann*, in: Huber/Voßkuhle, GG, Bd. 2, 8. Auflage 2024, Art. 20 GG Rn. 185 f.; vgl. *Böckenförde*, in: Isensee/Kirchhof, HStR, Bd. 2, 3. Auflage 2004, § 24 Demokratie als Verfassungsprinzip Rn. 23; *Herold*, Demokratische Legitimation automatisiert erlassener Verwaltungsakte, 2019, S. 113, 176.

[174] BVerfGE 130, 76 (124); 135, 317 (429 Rn. 235); 135, 155 (222); 136, 194 (262 Rn. 168); *Sommermann*, in: Huber/Voßkuhle, GG, Bd. 2, 8. Auflage 2024, Art. 20 GG Rn. 185; ähnlich *Kluth*, Funktionale Selbstverwaltung, 1997, S. 360; vgl. *Herold*, Demokratische Legitimation automatisiert erlassener Verwaltungsakte, 2019, S. 176; *Sachs/von Coelln*, in: Sachs, GG, 10. Auflage 2024, Art. 20 GG Rn. 35; *Schmidt-Aßmann*, AöR 1991, 329, 367.

[175] *Böckenförde*, in: Isensee/Kirchhof, HStR, Bd. 2, 3. Auflage 2004, § 24 Demokratie als Verfassungsprinzip Rn. 22; *Sommermann*, in: Huber/Voßkuhle, GG, Bd. 2, 8. Auflage 2024, Art. 20 GG Rn. 189; vgl. *Herold*, Demokratische Legitimation automatisiert erlassener Verwaltungsakte, 2019, S. 172.

verfassungsrechtlichen Etablierung der drei Staatsgewalten (institutionelle Dimension) und anderseits in der gesetzlichen Zuordnung von Aufgaben und Funktionen zwischen den Gewalten unter Berücksichtigung ihrer jeweiligen Eigenverantwortlichkeitsbereiche (funktionelle Dimension).[176] Zu Recht wird in der Literatur hervorgehoben, dass dieser Legitimationstopos die gewaltenteilige Ausübung von Staatsgewalt begründet[177] und damit eine Zuordnung zu einer der drei Gewalten impliziert[178]. Gleichwohl vermag die funktionell-institutionelle Legitimation allein nur den jeweiligen Funktionsbereich einer Gewalt zu legitimieren, nicht jedoch die konkrete Ausprägung eines bestimmten Verwaltungshandelns. In der prägnanten Formulierung Viktoria Herolds wird darauf verwiesen, dass die funktionell-institutionelle Legitimation lediglich den eigenen Funktionsbereich einer jeden Gewalt begründen, nicht jedoch die Wahrnehmung einer Funktion in ihrer konkreten Form legitimieren kann.[179] Damit nimmt diese Legitimationsform gegenüber der organisatorisch-personellen sowie der sachlich-inhaltlichen Legitimation eine Sonderstellung ein.[180]

Für die Legitimation der durch Künstlichen Intelligenz erlassenen Platzverweisung kann der funktionell-institutionelle Topos somit nur insoweit fruchtbar gemacht werden, als der hier adressierte Einsatz Künstlicher Intelligenz der Exekutive zuzuordnen ist, die in ihrem eigenen gefahrenabwehrrechtlichen Verantwortungsbereich tätig wird. Eine eigenständige, das konkrete KI-gestützte Handeln legitimierende Wirkung lässt sich hieraus noch nicht ableiten.

2. Organisatorisch-personelle Legitimation von Künstlicher Intelligenz

Im Gegensatz zur funktionell-institutionellen Legitimation kommt dem Legitimationstopos der organisatorisch-personellen Legitimation eine tragende Rolle zu. Indem das Staatsvolk durch eine personalisierte Verhältniswahl das Parlament bestimmt, wird die unmittelbarste Form demokratischer Legitimation im Staatsgefüge

---

[176] BVerfGE 68, 1 (88); *Grzeszick*, in: Dürig/Herzog/Scholz, GG,, 108. EGL, Art. 20 GG (Demokratie) Rn. 125 (Stand Januar 2022); *Herold*, Demokratische Legitimation automatisiert erlassener Verwaltungsakte, 2019, S. 107; *Kluth*, Funktionale Selbstverwaltung, 1997, S. 357; *Schmidt-Aßmann*, AöR 1991, 329, 363 ff.; *Tschentscher*, Demokratische Legitimation der dritten Gewalt, 2006, S. 56 f.; vgl. *Jestaedt*, Demokratieprinzip und Kondominialverwaltung, 1993, S. 235.

[177] *Herold*, Demokratische Legitimation automatisiert erlassener Verwaltungsakte, 2019, S. 107.

[178] *Jestaedt*, Demokratieprinzip und Kondominialverwaltung, 1993, S. 235, 246.

[179] *Herold*, Demokratische Legitimation automatisiert erlassener Verwaltungsakte, 2019, S. 108 f.; vgl. *Rux*, in: BeckOK GG, 64. Edition, Art. 20 GG Rn. 107 (Stand November 2025); *Sommermann*, in: Huber/Voßkuhle, GG, Bd. 2, 8. Auflage 2024, Art. 20 GG Rn. 169.

[180] *Kluth*, Funktionale Selbstverwaltung, 1997, S. 357; *Schmidt-Aßmann*, AöR 1991, 329, 363; *Tschentscher*, Demokratische Legitimation der dritten Gewalt, 2006, S. 59; vgl. *Dreier*, in: Dreier, GG, Bd. 2, 3. Auflage 2015, Art. 20 GG (Demokratie) Rn. 110; *Grzeszick*, in: Dürig/Herzog/Scholz, GG, 108. EGL, Art. 20 GG (Demokratie) Rn. 126 (Stand Januar 2022).

realisiert. Das Parlament nimmt in Ausübung seiner Kreationsfunktion Einfluss auf die Besetzung der besonderen Verwaltungsorgane, die ihrerseits – von oben nach unten fortschreitend – Personal- und Sachentscheidungen treffen.[181] Auf diese Weise entsteht durch die Amtseinsetzung eine lückenlose Kette von Personalentscheidungen[182], welche bis auf die Wahlhandlung des Staatsvolks zurückgeführt werden kann[183] und damit den Kern der organisatorisch-personellen Legitimation bildet.[184]

---

[181] *Dreier*, in: Dreier, GG, Bd. 2, 3. Auflage 2015, Art. 20 GG (Demokratie) Rn. 83, 111; *Sachs/von Coelln*, in: Sachs, GG, 10. Auflage 2024, Art. 20 GG Rn. 39; *Klaas*, MMR 2019, 84, 85; *Schmidt-Aßmann*, AöR 1991, 329, 362; *Sommermann*, in: Huber/Voßkuhle, GG, Bd. 2, 8. Auflage 2024, Art. 20 GG Rn. 164 f.; vgl. BVerfGE 83, 60 (72); *Böckenförde*, in: Isensee/Kirchhof, HStR, Bd. 2, 3. Auflage 2004, § 24 Demokratie als Verfassungsprinzip Rn. 24; *Grzeszick*, in: Dürig/Herzog/Scholz, GG, 108. EGL, Art. 20 GG (Demokratie) Rn. 123 (Stand Januar 2022); *Herold*, Demokratische Legitimation automatisiert erlassener Verwaltungsakte, 2019, S. 110; *Klaas*, MMR 2019, 84, 85 f.

[182] Diese Personalentscheidungen müssen individuell erfolgen, insbesondere dürfen Amtswalter nur nach ihrer individuellen Eignung berufen werden, *Grzeszick*, in: Dürig/Herzog/Scholz, GG, 108. EGL, Art. 20 GG (Demokratie) Rn. 123 (Stand Januar 2022); *Kluth*, Funktionale Selbstverwaltung, 1997, S. 373; *Meyer*, in: Hilgendorf (Hrsg.), Robotik im Kontext von Recht und Moral, 2014, 211, 225 f.; *Schmidt-Aßmann*, AöR 1991, 329, 360; *Herold*, Demokratische Legitimation automatisiert erlassener Verwaltungsakte, 2019, S. 111; vgl. BVerfGE 52, 95 (130); 68, 1 (88); 77, 1 (40); 83, 60 (72 f.); 147, 50 (136 Rn. 222).

[183] BVerfGE 130, 76 (124); 135, 155 (222); 136, 194 (262 Rn. 168); *Robbers*, in: Bonner Kommentar zum GG, 223 EGL, Art. 20 Abs. 1 GG Rn. 532 f., 633 f. (Stand Februar 2024); vgl. *Herold*, Demokratische Legitimation automatisiert erlassener Verwaltungsakte, 2019, S. 110; *Klaas*, MMR 2019, 84, 85; *Tschentscher*, Demokratische Legitimation der dritten Gewalt, 2006, S. 52 ff.

[184] Die in der Literatur geäußerte Kritik am Modell der Legitimationskette basiert primär auf der Annahme, dass das Legitimationsniveau mit zunehmender Länge der Kette abnehmen würde (*Kluth*, Funktionale Selbstverwaltung, 1997, S. 358). Diese Perspektive vernachlässigt jedoch eine zentrale Erkenntnis: Die personelle Legitimation beinhaltet stets eine Fiktion der Rückführung auf den „Volkswillen". So wird beispielsweise der Bundeskanzler durch die Wahl des Parlaments vollständig vom Volk legitimiert. Infolge dieser grundlegenden Legitimation setzt der Bundeskanzler die Bundesminister ein, die infolgedessen ebenso vollständig legitimiert sind. Dieser Prozess erstreckt sich bis hinunter zu den untersten Amtswaltern, die demnach nicht „weniger stark" legitimiert sind als der Bundeskanzler, sondern schlicht und einfach legitimiert. *Schmidt-Aßmann*, AöR 1991, 329, 360 betont in seiner Untersuchung ausdrücklich: „Daß die kürzere Kette eine höhere demokratische Dignität verleihe, ist ein politisches Werturteil, das in der rechtlichen Dogmatik keine Entsprechung findet". Herold argumentiert weiter, dass die Legitimation nicht schwächer werde, da die Kompensation durch die sachlich-inhaltliche Legitimation höher sei: „Übt ein vom Parlament durch zahlreiche zwischengeschaltete Ernennungsakte entfernter Amtswalter Staatsgewalt aus, ist üblicherweise das Niveau sachlich-inhaltlicher Bindung proportional stärker ausgeprägt sowie jedenfalls der die Befugnis zur Entscheidung begrenzende Organisationsbereich des Amtswalters kleiner, sodass mit dem „weniger" an Rückbindungsintensität auch ein „weniger" an Entscheidungsbefugnis einhergeht (...). Die Länge der Kette führt somit nicht zu einer geringeren Legitimationswirkung, sondern nur zu einem anderen Zusammenspiel der Legitimationsmodi", *Herold*, Demokratische Legitimation automatisiert erlassener Verwaltungsakte, 2019, S. 149. Zur Kritik an der zeitlichen Dimension der Legitimationskette, *Mehde*, Neues Steue-

Obwohl der Legitimationstopos nicht ohne Weiteres auf Künstliche Intelligenz übertragbar ist, da es sich bei ihr nicht um eine natürliche Person handelt, die klassisch in die Legitimationskette eingegliedert werden könnte[185], lässt sich allerdings eine funktional vergleichbare, wenn auch nicht identische, Anbindung an das bestehende Legitimationsgefüge konstruieren. Gelangt ein System Künstlicher Intelligenz in den Polizeidienst, so erfolgt dies durch die aktive Einsatzbestimmung[186] eines hinreichend legitimierten menschlichen Amtswalters[187]. Diese Entscheidung, die in Anlehnung an den Einstellungsakt eines menschlichen Amtswalters zu verstehen ist, kann als Äquivalent eines organisatorisch-personellen Legitimationsaktes gegenüber der Künstlichen Intelligenz interpretiert werden.

Fraglich ist allerdings, ob das durch die Einsatzbestimmung erreichte „organisatorisch-personelle" Legitimationsniveau durch ein Dazwischentreten Privater gemindert oder gar vollständig ausgehöhlt wird, wenn Private aufgrund ihres technischen „Know-hows" zur Programmierung der Systeme erheblich beitragen. Die nähere Klärung dieser Problematik erfolgt zunächst anhand einer Darstellung der in der Literatur vertretenen Auffassungen (a)), bevor sodann selbst Stellung bezogen wird (b)).

a) Durchbrechung der organisatorisch-personellen Legitimation? – Literaturansichten

aa) Viktoria Herold

Nach Ansicht Viktoria Herolds stellt die Beteiligung nicht-amtlicher Programmierer an der Erstellung von Systemen Künstlicher Intelligenz unter dem Blickwinkel der organisatorisch-personellen Legitimation eine besondere Herausforderung dar. Da es sich in der Regel um nicht-demokratisch legitimierte Akteure handelt, nimmt deren Einfluss auf alle mittels der programmierten Software getroffenen Einzelentscheidungen zu und wirft somit Fragen hinsichtlich der Kontinuität der

---

rungsmodell und Demokratieprinzip, 2000, S. 503 ff.; *Schliesky*, Souveränität und Legitimität von Herrschaftsgewalt, 2004, S. 292 ff.; vertiefend auch *Petersen*, JöR 2010, 137, 150 ff.

[185] Für eine zumindest analoge Anwendung der Legitimationsanforderungen schon *Meyer*, in: Hilgendorf (Hrsg.), Robotik im Kontext von Recht und Moral, 2014, 211, 228, 236.

[186] Ebenso *Guckelberger*, VVDStRL 2019, 235, 268; *Herold*, Demokratische Legitimation automatisiert erlassener Verwaltungsakte, 2019, S. 186; *Meyer*, in: Hilgendorf (Hrsg.), Robotik im Kontext von Recht und Moral, 2014, 211, 228; *Nink*, Justiz und Algorithmen, 2020, S. 322; *Stelkens*, in: Hill/Kugelmann/Martini (Hrsg.), Digitalisierung in Recht, Politik und Verwaltung, 2018, 81, 102; vgl. *Rux*, in: BeckOK GG, 64. Edition, Art. 20 GG Rn. 129 (Stand November 2025); grundsätzlich auch *Polomski*, Der automatisierte Verwaltungsakt, 1993, S. 91; *Schröder*, VerwArch 2019, 328, 334.

[187] Vgl. *Herold*, Demokratische Legitimation automatisiert erlassener Verwaltungsakte, 2019, S. 250 f.

Legitimationskette auf.[188] Herold hält es jedoch für ausreichend, wenn ein demokratisch legitimierter Amtswalter die Tauglichkeit der Programmierung eigenverantwortlich überprüft und dadurch, im Rahmen seiner Letztentscheidungsbefugnis, Verantwortung für den Einsatz des Systems übernimmt.[189] Problematisch werde dies allerdings, sobald die Programme – etwa Künstliche Intelligenz[190] – eine Komplexität erreichen, die ein inhaltliches Verständnis oder eine rational nachvollziehbare Erklärung ihrer Funktionsweise seitens des Amtswalters faktisch unmöglich macht.[191] Unter solchen Bedingungen reduziert sich der behördliche Letztentscheid häufig auf ein bloß formelles, von „Technikvertrauen" oder Effizienzerwägungen getragenes „Durchwinken" der von der Künstlichen Intelligenz generierten Ergebnisse, ohne dass eine inhaltliche Kontrolle tatsächlich erfolgt. Dieses Phänomen einer lediglich formalen Wahrnehmung des Letztentscheidungsrechts beeinträchtigt nach Herolds Einschätzung das organisatorisch-personelle Legitimationsniveau erheblich.[192] Gleichwohl sei ein solches Legitimationsdefizit nicht zwingend irreparabel. Vielmehr ließe es sich durch eine Steigerung der sachlich-inhaltlichen Legitimation kompensieren.[193]

bb) Mario Martini und David Nink

Mario Martini und David Nink sind der Ansicht[194], dass der durchlaufende demokratische Zurechnungszusammenhang zwischen dem Volk als Legitimationssubjekt und der staatlichen Entscheidung als Legitimationsobjekt durch eine (von Dritten programmierte) Software unterbrochen werden könne.[195] Jedes System automatisierter hoheitlicher Entscheidungsfindung müsse sich deshalb für die Errei-

---

[188] *Herold*, Demokratische Legitimation automatisiert erlassener Verwaltungsakte, 2019, S. 250; *Herold*, DÖV 2024, 181, 287 f.; ebenso *Kment/Borchert*, Künstliche Intelligenz und Algorithmen in der Rechtsanwendung, 2022, S. 51; *Nink*, Justiz und Algorithmen, 2020, S. 321; vgl. *Kube*, VVDStRL 2019, 289, 309; *Winkelmann*, LTZ 2022, 163, 167.

[189] *Herold*, Demokratische Legitimation automatisiert erlassener Verwaltungsakte, 2019, S. 251, 257.

[190] *Herold*, Demokratische Legitimation automatisiert erlassener Verwaltungsakte, 2019, S. 259.

[191] *Herold*, Demokratische Legitimation automatisiert erlassener Verwaltungsakte, 2019, S. 251; zweifelnd deshalb auch *Nink*, Justiz und Algorithmen, 2020, S. 322 f.

[192] *Herold*, Demokratische Legitimation automatisiert erlassener Verwaltungsakte, 2019, S. 252; vgl. *Polomski*, Der automatisierte Verwaltungsakt, 1993, S. 99. In Grundzügen *Danaher*, Philosophy & Technology 2016, 245, 256 f.

[193] *Herold*, Demokratische Legitimation automatisiert erlassener Verwaltungsakte, 2019, S. 259; ebenso *Guckelberger*, VVDStRL 2019, 235, 268 Fn. 194; siehe schon *Guckelberger*, in: van Oostrom/Weth (Hrsg.), Festschrift für Maximilian Herberger, 2016, 1, 8 f.; *Nink*, Justiz und Algorithmen, 2020, S. 325; vgl. wohl auch *Hoffmann-Riem*, in: Unger/Ungern-Sternberg (Hrsg.), Demokratie und künstliche Intelligenz, 2019, 129, 142, 144 f.; *Rux*, in: BeckOK GG, 64. Edition, Art. 20 GG Rn. 129 (Stand November 2025).

[194] *Martini/Nink*, DVBl 2018, 1128, 1134.

[195] A. A. *Busche*, Verwaltungsautomation 2.0, 2023, S. 92.

chung eines hinreichenden Legitimationsniveaus sachlich-inhaltlich in das enge Korsett aus Gesetzesbindung (Art. 20 Abs. 3) und Kontrollmöglichkeiten, insbesondere Weisungs- und Aufsichtsrechten, einfügen.

Während bei statistischen Entscheidungsalgorithmen, die klaren administrativen Vorgaben folgten, die Anforderungen an eine hinreichende Vollzugskontrolle im Grundsatz noch erfüllt werden könnten, sei dies bei dynamischen Systemen, insbesondere künstlichen neuronalen Netzen, nicht gesichert. Vorstellbar sei deren Einsatz im hoheitlichen Entscheidungskontext daher nur, soweit hinreichend sichergestellt sei, dass sie bei ihren Umsetzungsakten den normativen Vorgaben des Parlaments als Gravitationszentrum der politischen Willensbildung in ihrer praktischen Tätigkeit tatsächlich folgten. Dazu brauche es Transparenz- und Kontrollmechanismen, die in der Lage seien, den Entscheidungsprozess daraufhin zu überprüfen.

cc) Gabriele Britz und Martin Eifert

Nach Gabriele Britz und Martin Eifert ist für die Legitimation der technischen Systeme der Gesamtzusammenhang von der Programmierung bis zu den eventuellen Verzahnungen automatischer und menschlicher Verfahrensanteile zu betrachten. Der Technikeinsatz sei im Ausgangspunkt nicht strukturell verschieden von anderen Nutzungen eigensinniger externer Ressourcen durch die Verwaltung, wie etwa der Einbeziehung von Sachverständigen als Verwaltungshelfer. Fest stehe jedoch, dass die inhaltlichen Weichenstellungen nicht privaten Anbietern von Daten- und Datenverarbeitungssystemen überlassen werden dürften und somit über den Lauf der Zeit hinweg gehaltvoll verantwortbar und zutreffend bleiben müssten. Dies setze geeignete Zielvorgaben für die Programmierung und eine dauerhafte Bekanntheit der verwendeten Algorithmen an verantwortlicher Stelle in der Verwaltung – nicht notwendig bei den einzelnen Sachbearbeitern – voraus.[196] Besonders sensibel für den Zurechnungszusammenhang sei die entfallende abschließende Kontrollmöglichkeit bei einer vollen Automatisierung. Solche Defizite könnten jedoch durch eine gesteigerte Sorgfalt bei der Programmierung und Einführung, sowie eine systematische Beobachtung des Outputs kompensiert werden, die durch ausführliche Tests und enge Aufsichtsstrukturen erfolge.[197]

dd) Helmut Birner

Helmut Birner erkennt hinsichtlich selbstlernender Algorithmen nicht nur eine Abschwächung der organisatorisch-personellen Legitimation in Bezug auf die

---

[196] *Britz/Eifert*, in: Voßkuhle/Eifert/Möllers, Grundl. VerwR, Bd. 1, 3. Auflage 2022, § 26 Digitale Transformation der Verwaltung Rn. 111.

[197] *Britz/Eifert*, in: Voßkuhle/Eifert/Möllers, Grundl. VerwR, Bd. 1, 3. Auflage 2022, § 26 Digitale Transformation der Verwaltung Rn. 112.

Programmierung durch Dritte, sondern auch bezüglich der Einsatzbestimmung.[198] Die bewusste Freigabeentscheidung der Behörde, könne keine effektive demokratische Zurechnung entfalten, da sie sich nicht, wie bei determinierten Systemen, auf eine abschließend prädeterminierte Entscheidungssoftware bezöge, sondern auf ein sich stetig selbst änderndes Programm.[199] Ab der Freigabe sei für den Amtswalter nicht mehr nachvollziehbar, wie sich das System selbst anpasse, sodass eine effektive Verantwortungsübernahme seitens des Amtswalters nicht möglich sei.[200] Aus demselben Grund genüge als Legitimationsakt eine durch das Letztentscheidungsrecht angeeignete private Programmierung nicht[201], da das Letztentscheidungsrecht nämlich bloß kurzzeitig wahrgenommen werden könne und sich kontinuierlich mit der fortlaufenden Selbstmodellierung des Systems verflüchtige.[202] Selbst eine behördliche Programmierung habe aufgrund der Abstraktheit der Vorgaben sowie deren ausschließliche Anknüpfung an Lern- und Anpassungsprozesse nicht dieselbe Einflussnahmemöglichkeit auf das System, wie eine Programmierung von determinierten Systemen.[203] Ein solches entstandenes Defizit in der organisatorisch-personellen Legitimation könne nicht durch sachlich-inhaltliche Erwägungen aufgewogen werden.[204]

b) Keine Durchbrechung der organisatorisch-personellen Legitimation

Betrachtet man Künstliche Intelligenz im direkten Vergleich zu determinierten Algorithmen – wie dies etwa Helmut Birner unternimmt – gelangt man zwangsläufig zu dem Ergebnis, dass Künstliche Intelligenz aufgrund ihrer systemimmanenten Unvorhersehbarkeit und ihrer autonomen Entscheidungsfindung kein gleich hohes „organisatorisch-personelles" Legitimationsniveau erreichen kann wie vollends determinierte Algorithmen, denen es infolge ihres vollständig menschlich

[198] *Birner*, Verwaltungsautomatisierung nach dem Gesetz zur Modernisierung des Besteuerungsverfahrens, 2023, S. 279.

[199] *Birner*, Verwaltungsautomatisierung nach dem Gesetz zur Modernisierung des Besteuerungsverfahrens, 2023, S. 316; ebenso *Hill*, Verwaltung und Management 2018, 287, 290.

[200] *Birner*, Verwaltungsautomatisierung nach dem Gesetz zur Modernisierung des Besteuerungsverfahrens, 2023, S. 316.

[201] *Birner*, Verwaltungsautomatisierung nach dem Gesetz zur Modernisierung des Besteuerungsverfahrens, 2023, S. 314. Wohl ähnlich auch *Kreyßing*, DÖV 2024, 266, 271.

[202] *Birner*, Verwaltungsautomatisierung nach dem Gesetz zur Modernisierung des Besteuerungsverfahrens, 2023, S. 315.

[203] *Birner*, Verwaltungsautomatisierung nach dem Gesetz zur Modernisierung des Besteuerungsverfahrens, 2023, S. 315; in Grundzügen hinsichtlich lernender Systeme auch *Unger*, in: Unger/Ungern-Sternberg (Hrsg.), Demokratie und künstliche Intelligenz, 2019, 113, 118, 126.

[204] Vgl. *Birner*, Verwaltungsautomatisierung nach dem Gesetz zur Modernisierung des Besteuerungsverfahrens, 2023, S. 318.

vorgegebenen Regelwerks an jeglicher Eigenständigkeit fehlt.[205] Ob ein herabgesetztes „organisatorisch-personelles" Legitimationsniveau sodann durch eine Erhöhung der sachlich-inhaltlichen Legitimationsanforderungen – wie der überwiegende Teil der Literatur erwägt – hinreichend kompensiert werden kann, oder ob eine solche Kompensation gänzlich ausscheidet – wie Birner annimmt – kann an dieser Stelle offenbleiben.

Denn es erscheint bereits der Vergleich zwischen Künstlicher Intelligenz und deterministischen Algorithmen zur Beurteilung des Legitimationsniveaus unzulänglich und letztlich irreführend. Zwar ist eine solche Gegenüberstellung auf den ersten Blick verständlich, weil in beiden Fällen (relativ) neuartige, automatisierte Systeme zur Anwendung kommen, die einen Verwaltungsakt zu erlassen vermögen. Doch es wird häufig übersehen, dass vollständig determinierte Algorithmen, wie einfache Verkehrsampeln, keine Staatsgewalt ausüben und somit gleich einem Polizeihund überhaupt nicht selbst legitimationsbedürftig sind.[206] Gleichzeitig weist Künstliche Intelligenz durch ihre selbstständige Funktionsweise größere strukturelle Ähnlichkeiten mit einem menschlichen, legitimationsbedürftigen Amtswalter oder Beliehenen auf als mit einem einfachen Algorithmus. Dennoch scheut sich die Literatur weitgehend davor, den Vergleich mit einem menschlichen Amtswalter zu suchen. Um einen neuen Blickwinkel in die Diskussion einzubringen, erscheint es daher angezeigt, den Legitimationsansatz für Künstliche Intelligenz nicht an determinierten Algorithmen, sondern am menschlichen Amtswalter zu messen.

Da die Künstliche Intelligenz im hier adressierten Einsatz polizeiliche Platzverweisungen erlässt, bietet sich ein Vergleich mit der organisatorisch-personellen Legitimation menschlicher Polizeibeamter an, die sich in Nordrhein-Westfalen in zwei Phasen vollzieht.

Nach Abschluss ihrer Schulausbildung[207] haben sich Polizeibewerber in einem behördlichen Auswahlverfahren zu bewähren, in dem sie unter anderem ärztlichen Untersuchungen, sportlichen Tests und einer Persönlichkeitsprüfung im Assessmentcenter unterzogen werden.[208] Erweisen sie sich als für den Polizeidienst grundsätzlich geeignet und polizeidiensttauglich[209], erfolgt ohne eine bereits absolvierte polizeiliche Ausbildung ihre Ernennung zum Polizeikommissaranwärter in ein Beamtenverhältnis auf Widerruf.[210] Dieser Auswahl- und Ernennungsprozess bildet den ersten organisatorisch-personellen Legitimationsakt (= Phase 1).[211]

---

[205] Vgl. *Busche*, Verwaltungsautomation 2.0, 2023, S. 91.

[206] Siehe S. 258 ff. dieser Arbeit.

[207] § 15 Abs. 1 Nr. 2 LVOPol NRW.

[208] § 3 VAPPol II Bachelor NRW.

[209] § 3 Abs. 1 Nr. 2 und Nr. 3 LVOPol NRW.

[210] § 15 Abs. 2 LVOPol NRW, § 5 VAPPol Bachelor II NRW.

[211] Vgl. *Böckenförde*, in: Isensee/Kirchhof, HStR, Bd. 2, 3. Auflage 2004, § 24 Demokratie als Verfassungsprinzip Rn. 18.

Im weiteren Verlauf der dreijährigen Ausbildung[212] wechseln sich Theorie- und Praxisabschnitte ab. Während der theoretischen Phasen werden die Polizeikommissaranwärter an behördlichen Hochschulen in Recht, Polizeitaktik und Ethik geschult.[213] In den Praxisphasen wachen ihnen zugewiesene Tutoren über die noch unselbstständigen Anwärter und nehmen praktische Prüfungen ab.[214] Nach erfolgreichem Abschluss dieses Prozesses werden die Polizeikommissaranwärter auf Probe verbeamtet (Polizeikommissar) und somit aus dem unmittelbaren Aufsichts- und Verantwortungsbereich des Tutors entlassen (Phase 2).[215] Nach Ablauf der Probezeit wird schließlich das Beamtenverhältnis auf Probe in ein solches auf Lebenszeit umgewandelt[216], wodurch der Polizeibeamte ein hohes Maß an organisatorisch-personeller Legitimation erlangt. Es ergibt sich folgendes Ausbildungsschema:

Phase 1	Phase 2
Anforderung: Behördliches Auswahlverfahren im Assessmentcenter einschließlich ärztlicher Untersuchung und Sporttest	*Anforderung*: Dreijährige Ausbildung in Praxis durch sog. Tutor mit Praxisprüfungen und in der Theorie durch Studium an der behördlichen Hochschule
Abschluss: Ernennung auf Widerruf	*Abschluss*: Verbeamtung
(= erster Legitimationsakt)	(= zweiter Legitimationsakt)

aa) Vergleich mit Künstlicher Intelligenz – Phase 1

Dieses zweiphasige Schema der organisatorisch-personellen Legitimation eines menschlichen Polizeibeamten lässt sich in funktionaler Hinsicht auf den Einsatz Künstlicher Intelligenz übertragen.

Die Entwicklung eines Systems Künstlicher Intelligenz beginnt mit dessen „Rahmen-Programmierung“, welche dessen grundsätzliche Funktionsfähigkeit überhaupt erst gewährleistet. Daran schließt sich eine Trainingsphase an, in der die Auswahl und Vorkategorisierung von Trainingsdaten sowie die Feedbackgabe seitens der Programmierer maßgeblich sind. Nachdem das System in zahlreichen Funktionstests – in der Regel durchgeführt von privaten Entwicklern – seine Eignung unter Beweis gestellt hat, wird es der Polizeibehörde zum Einsatz angeboten.

[212] § 16 Abs. 1 S. 1 LVOPol NRW.

[213] § 6 Abs. 1 VAPPol II Bachelor NRW.

[214] § 11 Abs. 1 Nr. 3 VAPPol II Bachelor NRW i.V.m. 1.3 und 1.4. Tutoren- und Multiplikationskonzept (Runderlass des Ministeriums für Inneres NRW).

[215] § 5 LVOPol NRW, § 14 Abs. 1 LBG NRW.

[216] § 15 LBG NRW.

Sucht man den direkten Vergleich des Systems mit einem menschlichen Polizeibewerber, ist nun die Schulausbildung abgeschlossen.

In Anlehnung an das Auswahlsystem für menschliche Polizeibewerber ließe sich für die Künstliche Intelligenz ein behördliches Auswahlverfahren vorsehen, in dessen Rahmen sowohl ihre technische Leistungsfähigkeit – etwa durch die Bewältigung digitaler oder realweltlich simulierter Parcours – als auch ihre rechtliche Entscheidungskompetenz mittels einsatznaher Simulationen (Reallabore) überprüft werden könnte. Nach erfolgreichem Abschluss dieses Prüfverfahrens erwirbt die Behörde ein grundsätzlich polizeidiensttaugliches System und setzt es zunächst probeweise ein. Diese erstmalige Einsatzbestimmung stellt, analog zur Ernennung des Polizeianwärters auf Widerruf, den Abschluss der ersten Legitimationsphase als „organisatorisch-personeller" Legitimationsakt dar.

Hinsichtlich des zu erreichenden Legitimationsniveaus zeigt sich somit, dass eine Künstliche Intelligenz bereits in der ersten Phase keinen geringeren Grad „organisatorisch-personeller" Legitimation vermittelt als ein menschlicher Polizeibewerber, obwohl sie von privaten Dritten programmiert wurde. Um es anders auszudrücken: Auch ein menschlicher Bewerber tritt mit individuellen, durch möglicherweise sogar private Bildungseinrichtungen erworbenen Qualifikationen an, ohne dass diese von staatlicher Seite „inhouse" vermittelt worden wären. Mitunter verfügt der menschliche Bewerber sogar über kein im engeren Sinne juristisches oder polizeiliches Vorwissen, das im Assessmentcenter überprüft werden könnte. Demgegenüber kann die Künstliche Intelligenz bereits auf einschlägige Fähigkeiten und eingespeiste Entscheidungslogiken zurückgreifen und getestet werden, wodurch aus einer rein „organisatorisch-personellen" Perspektive die Einsatzbestimmung eines Systems Künstlicher Intelligenz im Vergleich zu der Ernennung auf Widerruf bei einem Menschen ein höheres Legitimationsniveau vermittelt.

bb) Vergleich mit Künstlicher Intelligenz – Phase 2

In der zweiten Phase könnte die Künstliche Intelligenz ähnlich wie ein Polizeikommissaranwärter an behördeninternen Fortbildungen und gezielten Einsatzsimulationen teilnehmen. Praktische Erprobungsphasen unter Aufsicht eines „Tutors" – also eines hinreichend qualifizierten und legitimierten Amtswalters – würden sicherstellen, dass das System auch im tatsächlichen Einsatzfall rechtmäßige Entscheidungen trifft. Der Tutor behielte sein Letztentscheidungsrecht, um im Bedarfsfall korrigierend einzugreifen und rechtswidrige Maßnahmen zu verhindern. Diese Phase dient der weiteren Justierung des Systems, bis es letztlich allein einsatzfähig ist. Die endgültige Freigabe zum selbständigen Dienst wäre dann als zweiter „organisatorisch-personeller" Legitimationsakt zu verstehen, äquivalent zur Verbeamtung eines menschlichen Polizeibeamten.

An dieser Stelle entfaltet der literaturseitig vorgebrachte Einwand, wonach die organisatorisch-personelle Legitimation durch den Einfluss Privater „ausgehöhlt" oder – in den Worten Helmut Birners – „verflüchtigt" werde, seine Wirkung. Gleichwohl führt dieser Einwand nicht zu einem gravierenden Legitimationsproblem.

Zur Entkräftung kann zunächst das Outsourcing von Gesetzesentwürfen herangezogen werden. In der Praxis entwerfen private Akteure, etwa Anwaltskanzleien, im Auftrag der Bundesregierung Gesetzentwürfe. Obwohl die Bundesregierung nicht zwangsläufig sämtliche rechtlichen Erwägungen oder Details des Entwurfs nachvollziehen kann[217], macht sie sich dessen Inhalt zu eigen, indem sie ihn als Gesetzesentwurf einbringt. Die mangelnde „Durchsichtigkeit" des Entstehungsprozesses beeinträchtigt somit nicht die demokratische Legitimation des Gesetzes, solange sich das oberste Organ dessen Ergebnis zurechnet.[218] In Anlehnung daran dürfte die fehlende Garantie detaillierter Nachverfolgbarkeit und Nachvollziehbarkeit sämtlicher programmierter Entscheidungskriterien der „geistigen Aneignung" nicht entgegenstehen.[219]

Noch überzeugender ist jedoch der direkte Vergleich mit der menschlichen Ausbildung: Auch ein menschlicher Amtswalter wird im Laufe seiner Ausbildung durch theoretisches und praktisches Training an die Anforderungen des Dienstes herangeführt, ohne dass alle individuell erworbenen Prägungen oder „privaten Vorprogrammierungen" vollständig eliminiert werden könnten. Vielmehr genügen korrigierende Ausbildung, fortlaufendes Training und die Überprüfung der praktischen Eignung, um sicherzustellen, dass sowohl Mensch als auch Maschine – trotz jeglicher Ungewissheit über künftige Entscheidungen – hinreichend für den Dienst qualifiziert sind. So stellt Richard Rotermund treffend fest: „Stattdessen sollte gefragt werden, ob das Programm die notwendige Abwägung in den entsprechenden Fällen vornehmen kann. Dann sind die Legitimation und auch die Rechtsstaatlichkeit im Grundsatz gewahrt. Es muss auch nicht zwingend auf eine „Vorverlagerung" abgestellt werden. Solange der Computer seine Aufgaben so gut erfüllen kann, wie ein Mensch das könnte, gibt es aus diesem Blickwinkel keinen Grund, den Sachverhalt anders zu beurteilen, als würde man einen zusätzlichen menschlichen Entscheidungsträger schaffen. Zwar ist richtig, dass dann nicht mehr jede mögliche Entscheidung antizipiert werden kann. Das kann derjenige, der in der demokratischen Legitimationskette vor dem eigentlichen Entscheidenden ist, aber auch nicht. Auch Menschen sind, jedenfalls relativ gesehen, unberechenbar."[220]

---

[217] Vgl. *Klaas*, MMR 2019, 84, 86.

[218] Zur Kritik am Outsourcing von Gesetzesentwürfen siehe *Kloepfer*, NJW 2011, 131 m.w.N.

[219] *Bäuerle*, ZD 2025, 128, 131 spricht sogar ausdrücklich von „IT-Outsourcing".

[220] *Rotermund*, Künstliche Intelligenz aus staatlicher Perspektive, 2020, S. 163 f. Ebenso *Linardatos*, ZIP 2019, 504, 507: „Es kann keinen Unterschied machen, ob eine Aufgabe auf einer der Geschäftsleitung nachgeordneten Unternehmensebene von einem autonom handelnden Menschen oder einem autonom handelnden Algorithmus erfüllt wird. Mensch und Maschine in dieser Hinsicht unterschiedlich behandeln zu wollen, ist unnötig technikavers."

Dem Einwand Helmut Birners, dass sich die durch die Einsatzbestimmung erlangte „organisatorisch-personelle“ Legitimation eines Systems Künstlicher Intelligenz im Laufe des weiteren Einsatzes durch das maschinelle Lernen „verflüchtige“, lässt sich ebenso treffend der Vergleich mit einem Menschen entgegenhalten. Auch ein menschlicher Polizeibeamter ist kein statisches System, sondern entwickelt seine Fähigkeiten und Entscheidungsweisen im Laufe seiner beruflichen Laufbahn kontinuierlich weiter. Diese Lernprozesse erfolgen sowohl bewusst durch Schulungen und Fortbildungen als auch unbewusst durch praktische Erfahrungen und situative Anpassungen im Dienstalltag. Die dabei eintretenden Veränderungen in seinen Entscheidungs- und Handlungsmustern sind weder vollständig vorhersehbar noch statisch determinierbar. Trotz dieser kontinuierlichen Entwicklung wird der menschliche Polizeibeamte nicht bei jeder Veränderung seiner Entscheidungslogik oder seines Erfahrungswissens erneut ernannt oder legitimiert. Vielmehr ist die bereits erlangte organisatorisch-personelle Legitimation auf Dauer angelegt und findet ihre kontinuierliche Absicherung in regelmäßigen Kontrollmechanismen. Diese Kontrolle erfolgt durch das Kollegium, durch Vorgesetzte sowie durch externe Prüfungen, etwa durch Schießprüfungen oder Einsatzbewertungen, die sicherstellen, dass der Beamte weiterhin die gesetzlichen und dienstlichen Anforderungen erfüllt. Fehler oder Abweichungen werden durch Korrekturen im Einzelfall behoben, ohne dass hierdurch die grundlegende Legitimation infrage gestellt würde. Überträgt man diese Grundsätze auf Systeme Künstlicher Intelligenz, ergibt sich keine Abweichung: Auch Systeme Künstlicher Intelligenz durchlaufen während ihres Einsatzes durch maschinelles Lernen einen fortwährenden Optimierungsprozess, der zur Weiterentwicklung ihrer Entscheidungslogik führt. Diese Weiterentwicklung stellt jedoch, ebenso wie beim Menschen, die einmal erlangte „organisatorisch-personelle“ Legitimation nicht infrage, solange die Funktionsfähigkeit und Gesetzeskonformität des Systems durch regelmäßige behördliche Kontrollen und Überwachungsmechanismen gewährleistet bleibt. Fehlentwicklungen oder Abweichungen können durch gezielte Korrekturen behoben werden, ohne dass der Legitimationsakt selbst seine Gültigkeit verliert. Im Ergebnis zeigt sich, dass die Befürchtung einer „Verflüchtigung“ der „organisatorisch-personellen“ Legitimation durch maschinelles Lernen unbegründet ist, da ein vergleichbares Phänomen auch beim menschlichen Amtswalter vorliegt.

Im Ergebnis ist festzuhalten, dass die abschließende Einsatzbestimmung der Künstlichen Intelligenz als zweiter „organisatorisch-personeller“ Legitimationsakt ihre volle Legitimationswirkung entfaltet, sofern sich die privat implementierten Entscheidungskriterien und Programmierungen innerhalb des gesetzlichen Rahmens bewegen und die „Eignung und Befähigung“ des Systems durch hinreichende Erprobung, Korrektur und Kontrolle festgestellt wurde.[221] Somit weist die Künstli-

---

[221] Im Ergebnis lässt sich festhalten, dass für die demokratische Legitimation nicht maßgeblich ist, ob Künstliche Intelligenz als bloßes Werkzeug oder als autonom agierende „Person“ klassifiziert wird. Diese Unterscheidung ist primär auf der Ebene der Haftung relevant, einem Aspekt, der jedoch im Rahmen des Zuschnitts dieser Arbeit nicht behandelt wird.

che Intelligenz im Endstadium der zweiten Phase ein „organisatorisch-personelles" Legitimationsniveau auf, das dem eines menschlichen Amtswalters funktional gleichwertig ist.

3. Sachlich-inhaltliche Legitimation von Künstlicher Intelligenz

Neben der organisatorisch-personellen Legitimation kommt der sachlich-inhaltlichen Legitimation eine zentrale Bedeutung für das Erreichen eines hinreichenden Legitimationsniveaus zu. Nach allgemeiner Auffassung resultiert die sachlich-inhaltliche Legitimation primär aus der Gesetzesbindung der Verwaltung gemäß Art. 20 Abs. 3 GG, indem durch Gesetzesvorrang, Gesetzesvorbehalt und Gesetzesbestimmtheit sowie durch die damit einhergehenden Kontroll-, Aufsichts- und Weisungsrechte die parlamentarische Steuerbarkeit der Verwaltung sichergestellt wird – die Grenzen zum Rechtsstaatsprinzip sind insoweit fließend.[222] Aufgrund dieser Verknüpfungen kann zwar im Wesentlichen auf die allgemeinen Ausführungen zum Rechtsstaatsprinzip verweisen werden[223]; dennoch sollen im Folgenden spezifische Erkenntnisse hinsichtlich der sachlich-inhaltlichen Legitimation nochmals hervorgehoben werden.

Durch die vorgeschlagene Ergänzung des § 34 Abs. 1 PolG NRW in dieser Arbeit wird der Einsatz Künstlicher Intelligenz zunächst explizit durch ein Parlamentsgesetz zugelassen. Ein solcher Zulassungsakt, der unmittelbar durch das im Staatsgefüge am stärksten legitimierte Parlament erfolgt, trägt erheblich zur sachlich-inhaltlichen Legitimation bei, indem er die Einsatzmöglichkeiten der Künstlichen Intelligenz klar eingrenzt.[224] Helmut Birner bezeichnet ein solches Gesetz treffend als „legitimationsspendend"[225]. Zudem erhöht die Reduzierung der Einsatzbestimmung auf das Tatbestandsmerkmal der „öffentlichen Sicherheit" die

---

[222] BVerfGE 130, 76 (123); 135, 155 (222); 136, 194 (262 Rn. 168); 147, 50 (136 Rn. 122); *Birner*, Verwaltungsautomatisierung nach dem Gesetz zur Modernisierung des Besteuerungsverfahrens, 2023, S. 276; *Böckenförde*, in: Isensee/Kirchhof, HStR, Bd. 2, 3. Auflage 2004, § 24 Demokratie als Verfassungsprinzip Rn. 21, 24; *Grzeszick*, in: Dürig/Herzog/Scholz, GG, 108. EGL, Art. 20 GG (Demokratie) Rn. 124 (Stand Januar 2022); *Herold*, Demokratische Legitimation automatisiert erlassener Verwaltungsakte, 2019, S. 115 f.; *Jarass*, in: Jarass/Pieroth, GG, 18. Auflage 2024, Art. 20 GG Rn. 10; *Klaas*, MMR 2019, 84, 86; *Schmidt-Aßmann*, AöR 1991, 329, 357 f.; *Sommermann*, in: Huber/Voßkuhle, GG, Bd. 2, 8. Auflage 2024, Art. 20 GG Rn. 168; *Unger*, in: Unger/Ungern-Sternberg (Hrsg.), Demokratie und künstliche Intelligenz, 2019, 113, 119.

[223] Siehe S. 234 ff. dieser Arbeit.

[224] Ebenso *Herold*, Demokratische Legitimation automatisiert erlassener Verwaltungsakte, 2019, S. 200. Ob eine solche parlamentsgesetzliche Zulassung bereits allein für die Legitimation von Künstlicher Intelligenz genügt, kann hier dahinstehen, da sich verschiedene Legitimationstopoi gegenseitig bedingen. Zur Vertiefung hierzu mit Berücksichtigung der Verzichtstheorie, *Herold*, Demokratische Legitimation automatisiert erlassener Verwaltungsakte, 2019, S. 199 f.

[225] *Birner*, Verwaltungsautomatisierung nach dem Gesetz zur Modernisierung des Besteuerungsverfahrens, 2023, S. 277. Ebenso *Guckelberger*, VVDStRL 2019, 235, 314.

Gesetzesbestimmtheit und trägt zur Einhegung des Einsatzbereichs von Künstlicher Intelligenz bei.[226] Die in dieser Arbeit entwickelte intensive Kontrollarchitektur, die sowohl verwaltungsintern als auch durch private Expertise verwaltungsextern implementiert werden sollte, gewährleistet eine kontinuierliche Überprüfung der Funktionen und der Einhaltung von Recht und Gesetz *ex ante* und *ex post.*[227] Die Kontrolle der Systeme kann sogar häufig effektiver verlaufen als die von menschlichen Amtswaltern, da Künstliche Intelligenz nicht lügt und Korrekturen direkt am Systemcode vorgenommen werden können.

Auch der Einwand des Bedeutungsverlusts des Parlamentsgesetzes, der mit der maschinellen Anwendung systemeigener Modelle einherginge, kann mit Blick auf die bereits ebenso herausgestellte „mittelbare" Gesetzesanwendung durch Menschen nicht überzeugen.[228]

Zusammenfassend lässt sich festhalten, dass durch die ausdrückliche gesetzliche Zulassung des Einsatzes Künstlicher Intelligenz in § 34 Abs. 1 PolG NRW f.F., die klare Begrenzung des Anwendungsbereichs auf die öffentliche Sicherheit und die Etablierung einer fortlaufenden, intensiven Kontrollarchitektur die sachlich-inhaltliche Legitimation der Systeme Künstlicher Intelligenz nicht nur gewährleistet, sondern potenziell sogar das menschliche Legitimationsniveau übersteigt.

III. Erweiterung des Legitimationskanons durch das Merkmal der Qualität der Entscheidungsergebnisse?

Ferner gilt es angesichts der in der juristischen Fachliteratur entbrannten Diskussion der Frage nachzugehen, ob der etablierte Kanon gängiger Legitimationstopoi im Hinblick auf das zu erreichende Legitimationsniveau um den Aspekt der

---

[226] Siehe S. 79 ff. dieser Arbeit.

[227] Hinsichtlich der demokratischen Legitimation ebenfalls ansprechend *Rotermund*, Künstliche Intelligenz aus staatlicher Perspektive, 2020, S. 199. Es ist von herausragender Bedeutung, erneut hervorzuheben, dass die Durchführung einer effektiven Kontrolle ausschließlich dann gewährleistet werden kann, wenn das betreffende System in der Lage ist, seine Entscheidungsprozesse transparent und nachvollziehbar zu begründen. Ohne diese Begründungsfähigkeit wären die erforderlichen Überwachungsmechanismen und Kontrollinstanzen nicht in der Lage, die Rechtmäßigkeit und Verfassungskonformität der getroffenen Entscheidungen adäquat zu überprüfen und sicherzustellen. Auch *Fehling*, DÖV 2025, 321, 325; *Hoffmann-Riem*, in: Unger/Ungern-Sternberg (Hrsg.), Demokratie und künstliche Intelligenz, 2019, 129, 151; *Spiecker gen. Döhmann*, in: Kischel/Kube, HStR, Bd. 1, 2023, § 20 Digitalisierung, Informationsgesellschaft, Massendaten Rn. 22 betonen die Wichtigkeit der Begründungspflicht im Rahmen demokratischer Legitimation.

[228] Siehe S. 115 und 129 ff. dieser Arbeit. A.A. ausdrücklich zur sachlich-inhaltlichen Legitimation *Birner*, Verwaltungsautomatisierung nach dem Gesetz zur Modernisierung des Besteuerungsverfahrens, 2023, S. 313, da das System seine selbstveranlasste Modellierung anwende.

sogenannten „Output-Legitimation“[229] erweitert werden sollte. Unter diesem Begriff wird erörtert, inwieweit eine gesteigerte Qualität staatlicher Entscheidungen – insbesondere deren Effektivität und Effizienz – eine eigenständige Rolle im Legitimationsgefüge des Grundgesetzes einnehmen kann. Diese Überlegung zielt darauf ab, den Kreis der klassischen Legitimationsquellen, die bislang vor allem organisatorisch-personelle sowie sachlich-inhaltliche Aspekte umfassen, durch eine zusätzliche, an den Ergebnissen staatlichen Handelns orientierte Dimension zu ergänzen.[230]

Vor diesem Hintergrund wird im Folgenden zunächst ein einführender Überblick über den Stand der aktuellen Diskussion (1.) erfolgen, um sodann in einem nächsten Schritt (2.) eine eigenständige, differenzierende Würdigung der damit verknüpften Fragestellungen vorzunehmen.

1. Einführung in den Diskussionsstand – Ansichten aus der Literatur

Markus Kotzur führt in den Diskussionsstand ein, indem er das deutsche System verfassungsrechtlicher Legitimation zunächst als primär „input-orientiert“ charakterisiert.[231] Hierbei stützt er sich auf die verfassungsrechtlich verankerte Volkssouveränität, welche den Bürgern als Herrschaftsunterworfenen eine prägende Einflussnahme auf Inhalt und Form staatlicher Machtausübung einräumt. Zugleich hebt Kotzur jedoch hervor, dass die Legitimation „guter“ – das heißt von Gerechtigkeit, Sicherheit und Wohlstand geleiteter – Herrschaftshandlungen stets auch von deren Erfolg abhänge und folglich „output-geprägt“ sei.[232]

Wie nunmehr das Verhältnis zwischen Input- und Output-Legitimation im deutschen Verfassungsrecht auszutarieren ist, wird in der rechtswissenschaftlichen Literatur unterschiedlich beurteilt.

---

[229] Im Folgenden wird bewusst davon abgesehen, die begriffliche Präzision des Terminus „Output-Legitimation“ infrage zu stellen. Vielmehr soll der Fokus auf die Erschließung und Einordnung der inhaltlichen Bedeutungsebene gerichtet sein. Insofern folgt diese Arbeit dem in der fachwissenschaftlichen Debatte entwickelten Begriff der „Output-Legitimation“.

[230] *Petersen*, JöR 2010, 137, 145 ff.; hinsichtlich technischer Systeme erwähnend *Schröder*, VerwArch 2019, 328, 334; zusammenfassend *Unger*, in: Wollenschläger/Lucia (Hrsg.), Staat und Demokratie, 2016, 41, 62. Bereits als Phänomen festgestellt *Scharpf*, Demokratietheorie zwischen Utopie und Anpassung, 1975, S. 21.

[231] *Kotzur*, in: Münch/Kunig, GG, Bd. 1, 8. Auflage 2025, Art. 20 GG Rn. 113; ebenso *Dreier*, in: Dreier, GG, Bd. 2, 3. Auflage 2015, Art. 20 GG (Demokratie) Rn. 83; *Ruffert*, in: Calliess/Ruffert, EUV/AEUV, 6. Auflage 2022, Art. 9 EUV Rn. 15; *Scharpf*, in: Czada/Schmidt (Hrsg.), Verhandlungsdemokratie, Interessenvermittlung, Regierbarkeit, 1993, 25, 27; *Unger*, in: Unger/Ungern-Sternberg (Hrsg.), Demokratie und künstliche Intelligenz, 2019, 113, 123; *Unger*, in: Wollenschläger/Lucia (Hrsg.), Staat und Demokratie, 2016, 41, 69 f.

[232] *Kotzur*, in: Münch/Kunig, GG, Bd. 1, 8. Auflage 2025, Art. 20 GG Rn. 118; ebenso *Peters*, Elemente einer Theorie der Verfassung Europas, 2001, S. 647; vgl. *Groß*, Das Kollegialprinzip in der Verwaltungsorganisation, 1999, S. 200; *Scharpf*, in: Czada/Schmidt (Hrsg.), Verhandlungsdemokratie, Interessenvermittlung, Regierbarkeit, 1993, 25, 27 ff.

a) Niels Petersen

Nach Niels Petersen scheint der Wortlaut des Art. 20 Abs. 2 S. 1 GG zunächst eine rein input-orientierte Legitimitätskonzeption nahe zu legen, da alle Staatsgewalt vom Volke ausgehe und damit der partizipatorischen Seite des Legitimitätskonzepts ein besonderes Gewicht zugemessen werde.[233] Das reine Input-Modell unterliege jedoch normativen Defiziten.[234] Die partizipatorische Mehrheitsregel des Demokratieprinzips könne zum einen nie die Auffassung aller an der Kollektiventscheidung Beteiligten, sondern lediglich eines Teils derselben widerspiegeln.[235] Zum anderen sei das klassische Problem der input-orientierten Demokratietheorie, dass von vielen politischen Entscheidungen Menschen betroffen würden, die keine Möglichkeit hätten, an der Entscheidung selbst teilzunehmen, da sie z.B. zum Zeitpunkt der Entscheidung noch nicht geboren oder nicht wahlberechtigt waren, aber sodann durch die Folgen der Entscheidung betroffen seien.[236] Niels Petersen schließt aus diesen Erwägungen, dass Partizipation zur Legitimation politischer Entscheidungen allein nicht ausreiche und demnach die Qualität des Entscheidungsprozesses bei der Legitimation politischer Entscheidungen eine zentrale Rolle einnehme.[237] So werde das repräsentative System damit gerechtfertigt, dass dieses die Rationalität politischer Entscheidungen steigere, da die einzelnen Bürger gar keine Zeit und Ressourcen hätten, sich ausreichend mit allen anstehenden politischen Entscheidungen auseinanderzusetzen.[238] Das Ideal der möglichst gleichen und unverfälschten Partizipation werde somit zugunsten ergebnisorientierter Erwägungen eingeschränkt. Niels Petersen hält demnach im Ergebnis fest, dass die Struktur des Grundgesetzes sowohl Input- als auch Output-Elemente vereine.[239] Als Output-Element kämen die Expertise und der Sachverstand der Entscheidungsträger in Betracht, die jedoch nicht losgelöst von Input-Elementen betrachtet werden könnten: „Möchte man in einer Gesellschaft etwa die größtmögliche wirtschaftliche Effizienz erreichen, setzt dies voraus, dass Effizienzmaximierung überhaupt als ein wünschenswertes Ziel angesehen wird.“[240] Daraus schließt Niels Petersen, dass Politikziele vornehmlich Wertentscheidungen seien, die einer Bewertung und Determinierung durch Experten weitgehend entzogen seien und daher eine möglichst große Partizipation der Betroffenen erforderten, während die Qualität und Effizienz der Umsetzungsstrategien durchaus in starkem Maße von dem in die Entscheidung

---

[233] *Petersen*, JöR 2010, 137, 145.

[234] *Tietje*, DVBl 2003, 1081, 1095.

[235] *Petersen*, JöR 2010, 137, 145 ff.; ebenso *Peters*, Elemente einer Theorie der Verfassung Europas, 2001, S. 571; *Scharpf*, Demokratietheorie zwischen Utopie und Anpassung, 1975, S. 15, 26.

[236] *Petersen*, JöR 2010, 137, 147 f.

[237] *Petersen*, JöR 2010, 137, 148.

[238] *Petersen*, JöR 2010, 137, 149.

[239] *Petersen*, JöR 2010, 137, 149 f.

[240] *Petersen*, JöR 2010, 137, 163 f.

eingebrachten Sachverstand abhingen.[241] Der Maßstab sei in diesem Zusammenhang kein normativer, sondern ein Maßstab zweiter Ordnung, da die Bewertung der Entscheidung in Abhängigkeit von den zuvor politisch festgelegten Zielen erfolge.[242]

b) Utz Schliesky

Nach Utz Schliesky ist das verfassungsrechtliche Legitimationssystem sowohl Input- als auch Output-orientiert. Den ersten Faktor bilde der Input-Legitimationsstrang, bei dem die Verantwortlichkeit gegenüber den Legitimationssubjekten zu bewerten sei, d. h. der Verantwortungs-, Zurechnungs- und Kontrollzusammenhang, der sich unter anderem in der Beteiligungsmöglichkeit des Volkes an der Ausübung von Staatsgewalt manifestiere.[243] Den zweiten Faktor stelle die Output-Bewertung der Maßnahme der Herrschaftsgewalt dar, bei der Qualität und Quantität der tatsächlichen Ergebnisse der Herrschaftsgewalt am Maßstab der Herrschaftsaufgaben, -ziele und -zwecke gemessen würden (wie z.B. am Maßstab des Sozialstaatsprinzips)[244], die bestmöglich, d.h. möglichst richtig, durch die Herrschaftsorgane verwirklicht werden müssten.[245] Je besser die Verwirklichung gelinge, desto mehr Legitimation (*für* das Volk) werde der Herrschaftsgewalt somit zugeführt.[246] Eine solche Beurteilung der Richtigkeit erfordere notwendig eine Ergebnisbewertung, also eine Output-Bewertung[247], die durch die Offenheit des Begriffs des „Legitimationsniveaus" nicht von vornherein auszuschließen sei[248] und durch die Geset-

---

241 *Petersen*, JöR 2010, 137, 164 f.

242 *Petersen*, JöR 2010, 137, 165; ebenso *Peters*, Elemente einer Theorie der Verfassung Europas, 2001, S. 570, 583 f.

243 *Schliesky*, Souveränität und Legitimität von Herrschaftsgewalt, 2004, S. 596, 718.

244 *Schliesky*, Souveränität und Legitimität von Herrschaftsgewalt, 2004, S. 601, 718.

245 *Schliesky*, Souveränität und Legitimität von Herrschaftsgewalt, 2004, S. 648.

246 *Schliesky*, Souveränität und Legitimität von Herrschaftsgewalt, 2004, S. 648 f.; vgl. *Scharpf*, Demokratietheorie zwischen Utopie und Anpassung, 1975, S. 39.

247 *Schliesky*, Souveränität und Legitimität von Herrschaftsgewalt, 2004, S. 649 f. Er gesteht zwar Schwierigkeiten in der Messbarkeit der Output-Legitimation ein, verweist jedoch auf empirische Methoden und Maßstäbe, um deren Handbarmachung sich die Rechtswissenschaft bemühen sollte, *Schliesky*, Souveränität und Legitimität von Herrschaftsgewalt, 2004, S. 670 ff.

248 *Schliesky*, Souveränität und Legitimität von Herrschaftsgewalt, 2004, S. 308; vgl. auch *Busche*, Verwaltungsautomation 2.0, 2023, S. 92 f. Im Übrigen ließe das Grundgesetz solche Output-orientierten Kriterien im Allgemeinen zu. Betrachte man das Grundgesetz, so zeige die klare Ausrichtung an der Menschenwürde in Art. 1 Abs. 1 GG und den Grundrechten eine Umorientierung des demokratischen Prinzips im Vergleich zur Weimarer Reichsverfassung und zwar von einem lediglich formalen Prinzip hin zu einem auch inhaltlich besetzten Prinzip (S. 602). Auch Art. 20 Abs. 4 GG, der einen vom input-Ableitungszusammenhang gerade nicht legitimierten Widerstand verfassungsunmittelbar legitimiere, selbst wenn die Beseitigung der Ordnung von formal legitimierten Organen betrieben werden, belege eine Output-Orientierung, um eben den Inhalt der verfassungsmäßigen Ordnung zu retten (S. 602 f.).

zesbindung des Rechtsstaatsprinzips aus Art. 20 Abs. 3 GG inhaltlich konturiert werde.[249] Ausdrücklich grenzt Utz Schliesky seine Einordnung von der sachlich-inhaltlichen Legitimation ab, die bloß Input-orientiert sei, da das sachlich-inhaltliche Ergebnis der Ausübung von Staatsgewalt für die Beurteilung der Legitimität nach herrschender Meinung unerheblich sei. Schon der tatsächliche Inhalt des Gesetzes spiele, in den Grenzen der Verfassungsgemäßheit im Übrigen, für die Frage seiner legitimierenden Wirkung nach herrschender Ansicht überhaupt keine Rolle. Auch ein *demokratiebegrenzendes* Gesetz, sofern es in einem ordnungsgemäßen Verfahren vom Parlament beschlossen worden wäre, könne in der Folge volle sachlich-inhaltliche *demokratische* Legitimation vermitteln.[250] Die sachlich-inhaltliche Legitimation weise zudem Lücken auf, da sie nicht vollumfänglich im Sinne eines Totalvorbehalts des Gesetzes verlangt werde.[251] Sein Output-Modell gehe stattdessen über den Maßstab sachlich-inhaltlicher Legitimation hinaus, da es nicht auf die bloße Legalität ankomme, die den durch Mehrheitsbeschluss entstandenen Gesetzen zu entnehmen sei, sondern ein darüber hinausgehender Gehalt der Legitimität entscheidend sei, der im Grundkonsens der Bürger liege.[252]

Utz Schliesky betont, dass die zwei von ihm herausgearbeiteten Hauptstränge der Legitimation, die Input- und Output-Legitimation, kumulativ und nicht alternativ vorliegen und sich zu einem hinreichenden Legitimationsniveau zusammenfügen müssen[253]: Folge man nämlich einer reinen Input-Legitimation, würden wesentliche Inhalte des Demokratiebegriffs, nämlich die Herrschaft *für* das Volk, vernachlässigt. Eine so legitimierte Herrschaft sei aufgrund des Fehlens materieller Orientierungspunkte nicht gehindert, zu einem diktatorischen Regime zu entarten.[254] Folge man wiederum einer reinen Output-Legitimation könne „Ruhe“ auch das Ergebnis einer Diktatur sein, einer nur wirkungsvoll unterdrückenden Herrschaftsgewalt, und auch die Bedürfnisbefriedigung für den größten Teil der Bevölkerung sage nichts über die Form der Herrschaftsausübung und damit über die demokratische Legitimität dieser – möglicherweise effektiven und effizienten – Herrschaftsgewalt aus.[255] Es liege auf der Hand, dass dann der Anforderung einer Herrschaft *des* Volkes und *durch* das Volk nicht genügt wäre.[256]

---

[249] *Schliesky*, Souveränität und Legitimität von Herrschaftsgewalt, 2004, S. 622.

[250] *Schliesky*, Souveränität und Legitimität von Herrschaftsgewalt, 2004, S. 298.

[251] *Schliesky*, Souveränität und Legitimität von Herrschaftsgewalt, 2004, S. 297 f.

[252] *Schliesky*, Souveränität und Legitimität von Herrschaftsgewalt, 2004, S. 180. Unter dem Stichwort der „Akzeptanz“ gesteht er zu, dass Probleme der Messbarkeit von Akzeptanz entstünden.

[253] *Schliesky*, Souveränität und Legitimität von Herrschaftsgewalt, 2004, S. 595, 601, 604.

[254] *Schliesky*, Souveränität und Legitimität von Herrschaftsgewalt, 2004, S. 605.

[255] *Schliesky*, Souveränität und Legitimität von Herrschaftsgewalt, 2004, S. 171.

[256] *Schliesky*, Souveränität und Legitimität von Herrschaftsgewalt, 2004, S. 605.

c) Sandra Köller

Die Ausgangsthese Utz Schlieskys, wonach materielle Aspekte in monistischen Demokratiekonzeption keine Berücksichtigung fänden, ist nach Auffassung Sandra Köllers so nicht haltbar. Materielle, inhaltsbezogene Vorgaben, wie z. B. die Effektivität[257] und Effizienz[258] des Verwaltungshandelns, würden der Verwaltung im Rahmen des sachlich-inhaltlichen Legitimationsstranges, insbesondere mittels gesetzlicher Vorgaben, gemacht. Zwar sei der Inhalt des Gesetzes selbst in der Tat unerheblich für seine Legitimationswirkung, solange er nur verfassungsgemäß sei.[259] Dies führe jedoch nicht zu einer „Wertentleerung" der sachlich-inhaltlichen Vorgaben. Außer den verfassungsrechtlichen Vorgaben gebe es keinen weiteren normativen Maßstab, an dem die Gesetze zu messen seien, vielmehr schafften diese als Ausdruck des Volkswillens erst die inhaltlich-materiellen Werte und Maßstäbe, an die die Verwaltung nach Art. 20 Abs. 3 GG gebunden sei.[260] Die Bestimmung von Qualitätskriterien außerhalb des Gesetzes sei nicht möglich, da in einer Demokratie die Richtigkeit oder das Ziel der Ausübung von Staatsgewalt nicht vorgegeben seien, sondern ihrerseits mit demokratischen Mitteln, insbesondere durch Gesetz, vom Volk geschaffen würden.[261] Es sei daher nicht möglich, einen Faktor wie die Qualität der Entscheidung einerseits demokratisch zu bestimmen und ihn gleichzeitig als Maßstab für die demokratische Legitimation heranzuziehen.[262]

---

[257] *Köller*, Funktionale Selbstverwaltung und ihre demokratische Legitimation, 2009, S. 240.

[258] *Köller*, Funktionale Selbstverwaltung und ihre demokratische Legitimation, 2009, S. 239 f.; ebenso *Hoffmann-Riem*, DÖV 1997, 433, 438.

[259] *Köller*, Funktionale Selbstverwaltung und ihre demokratische Legitimation, 2009, S. 234. Ähnlich auch *Hillgruber*, AöR 2002, 460, 467 f. Die Demokratie sei ein verfahrensrechtliches Formprinzip, das keine inhaltlichen Vorgaben enthalte wie der Rechtsstaat. Das demokratische Entscheidungsverfahren präjudiziere nicht das inhaltliche Entscheidungsergebnis. Das demokratische Prozedere legitimiere die Mehrheitsentscheidung, determiniere aber nicht, worauf sich die Mehrheit in der Sache verständige. Es lege die Staats- und Regierungsform fest, aber nicht den Inhalt, den die staatliche Ordnung aufgrund des demokratisch gebildeten Staatswillens annehme. Das demokratische Prinzip bestimme lediglich, auf welchem Wege die Normen erzeugt, aber nicht, was durch die Norm statuiert werden solle. In der vom Grundgesetz verfassten freiheitlichen Demokratie entscheide der Mehrheitswille in den Grenzen der Rechtsstaatlichkeit.

[260] *Köller*, Funktionale Selbstverwaltung und ihre demokratische Legitimation, 2009, S. 234; ebenso *Hillgruber*, AöR 2002, 460, 467; *Honer/Rudloff*, DÖV 2020, 461, 467. So argumentiert auch *Grzeszick*, in: Dürig/Herzog/Scholz, GG, 108. EGL, Art. 20 GG (Demokratie) Rn. 169 (Stand Januar 2022), dass für eine über die sachlich-inhaltliche Legitimation hinausgehende „Output-Legitimation" kein Anknüpfungspunkt im Verfassungsrecht erkennbar sei. Ihre Kriterien seien nicht hinreichend bestimmt und überdehnten das Demokratieprinzip so weit, dass es entwertet werde.

[261] *Köller*, Funktionale Selbstverwaltung und ihre demokratische Legitimation, 2009, S. 234.

[262] *Köller*, Funktionale Selbstverwaltung und ihre demokratische Legitimation, 2009, S. 235.

Auch die in der Verfassung vorgegebenen Staatsziele, wie beispielsweise das Sozialstaatsprinzip, seien zu abstrakt, um aus ihnen konkrete Maßnahmen abzuleiten. Sie bedürften der Umsetzung, wobei die konkreten Mittel und Wege zu ihrer Verwirklichung wiederum demokratisch zu bestimmen seien. Die bloße Geeignetheit einer Maßnahme zur Erreichung eines Verfassungszieles habe dabei keine Bedeutung für ihre demokratische Legitimation. Zum einen könne schon die Geeignetheit fraglich sein und zum anderen könnten Zielkonflikte auftreten, sodass (demokratisch) zu entscheiden sei, wie den widerstreitenden Staatszielen entsprochen werden könne bzw. welchem Ziel der Vorrang einzuräumen sei. Auch eine solche Entscheidung müsse sich auf das Volk zurückführen lassen können. Als Ergebnis sei deshalb festzuhalten, dass materiellen Gesichtspunkten, die auf den Inhalt einer Entscheidung abstellten, keine eigenständige Legitimationswirkung zukomme. Das „gute" Ergebnis einer Entscheidung vermöge daher nicht, Defizite im Bereich der personellen oder sachlich-inhaltlichen Legitimation aufzuwiegen.[263]

d) Viktoria Herold

Viktoria Herold unterscheidet innerhalb der Output-Legitimation zwischen der Effektivität und der Effizienz der Entscheidung. Nach Viktoria Herold hat die Effektivität bereits einen Platz im Legitimationskonzept. Denn abweichende Organisationsformen wie solche der funktionalen Selbstverwaltung dienten üblicherweise einer effektiveren Aufgabenwahrnehmung.[264] In Bezug darauf sehe auch das Bundesverfassungsgericht die Möglichkeit abweichender Legitimationsanforderungen nur dann vor, wenn dies „im Interesse sachgerechter, effektiver Aufgabenwahrnehmung" erfolge.[265] Letztlich handle es sich hierbei um eine Effektivierung des sachlich-inhaltlichen Legitimationsstrangs, weil eine erhöhte Entscheidungsqualität im Sinne der Entscheidungsrichtigkeit notwendigerweise am Maßstab der Entscheidungsfindung, dem Gesetz, anknüpfe.[266] Die besonders effektive Gewährleistung der gesetzesgebundenen Aufgabenerfüllung habe ihren Platz im Legitimationskonzept, allerdings nicht über den sachlich-inhaltlichen Legitimationsstrang hinaus.[267] Die besondere Entscheidungsqualität erhöhe damit im Einzelfall das Maß

[263] *Köller*, Funktionale Selbstverwaltung und ihre demokratische Legitimation, 2009, S. 235.

[264] *Herold*, Demokratische Legitimation automatisiert erlassener Verwaltungsakte, 2019, S. 160; ebenso *Dreier*, in: Dreier, GG, Bd. 2, 3. Auflage 2015, Art. 20 GG (Demokratie) Rn. 129, spricht dann aber von einer kompensatorisch legitimatorischen Bedeutung. Ob eine solche über den sachlich-inhaltlichen Legitimationsstrang hinausgeht, bleibt offen.

[265] BVerfGE 135, 155 (223); 136, 194 (263); 146, 164 (210).

[266] *Herold*, Demokratische Legitimation automatisiert erlassener Verwaltungsakte, 2019, S. 165.

[267] *Herold*, Demokratische Legitimation automatisiert erlassener Verwaltungsakte, 2019, S. 165; vgl. *Mehde*, Neues Steuerungsmodell und Demokratieprinzip, 2000, S. 287 ff.

der erzielten sachlich-inhaltlichen Legitimation, sei aber kein eigener Legitimationsmodus.[268]

Da dem Gesetzgeber ein Steuerungsrecht zukomme, könne er Gesichtspunkte der Effizienz in der Gesetzgebung berücksichtigen und die Verwaltung an diese Aufgabenerfüllung binden. Dann gehe aber die Effizienzfrage über die sachlich-inhaltliche Bindung und damit die bereits konzeptionell berücksichtigte sachlich-inhaltliche Legitimationswirkung nicht hinaus, stärke also die sachlich-inhaltliche Legitimation nicht.[269] Zu bedenken sei aber, dass innerhalb der Grenzen, die das parlamentarische Gesetz setze, von mehreren Auswahlmöglichkeiten der Verwaltung die effizienteste auszuwählen sei, und das wiederum die sachlich-inhaltliche Legitimation stärke. Dies ergebe sich jedoch nicht grundsätzlich aus einem allgemeinen Effizienzgrundsatz des Verwaltungshandelns, sondern nur aus einer ausdrücklichen verwaltungsseitigen Zielanordnung.[270] Dann zeige Effizienz jedoch keine gesonderte Legitimationswirkung über die exekutiven Steuerungsmittel hinaus. Zudem könne effizientes Handeln die organisatorisch-personelle Legitimation nicht substituieren, da es der organisatorisch-personellen Legitimation um die Legitimation der Machtausübung durch eine Person als solche gehe. Effizienzgesichtspunkte wiesen jedoch keinerlei Bezugspunkte zum Volk als Legitimationssubjekt auf.[271] Demnach sei Effizienz kein eigenständiger Legitimationsfaktor.[272]

2. Einordnung der Output-Legitimation in den Legitimationskanon

Es lässt sich zunächst konstatieren, dass Kriterien der „Output-Legitimation" bereits in der herrschenden Lehre angesichts der organisatorisch-personellen und sachlich-inhaltlichen Legitimationstopoi Berücksichtigung finden – sowohl im Vorfeld der Wahrnehmung von Herrschaftsbefugnissen (*ex ante*) als auch im Anschluss an deren Ausübung (*ex post*).

---

[268] *Herold*, Demokratische Legitimation automatisiert erlassener Verwaltungsakte, 2019, S. 165; vgl. *Birner*, Verwaltungsautomatisierung nach dem Gesetz zur Modernisierung des Besteuerungsverfahrens, 2023, S. 317; *Schröder*, JA 2017, 809, 813.

[269] *Herold*, Demokratische Legitimation automatisiert erlassener Verwaltungsakte, 2019, S. 161 f.

[270] *Herold*, Demokratische Legitimation automatisiert erlassener Verwaltungsakte, 2019, S. 162.

[271] *Herold*, Demokratische Legitimation automatisiert erlassener Verwaltungsakte, 2019, S. 162.

[272] *Herold*, Demokratische Legitimation automatisiert erlassener Verwaltungsakte, 2019, S. 164. Schwieriger gestalte sich das Problem der Effizienz, wenn die Gesetzesbindung des Verwaltungshandelns durch faktische Vollzugsdefizite in weiten Bereichen strukturell so ineffektiv wahrgenommen werden könne, dass letztlich nur durch die Berücksichtigung von Effizienzgesichtspunkten das Vollzugsdefizit aufgelöst werden könne, *Herold*, Demokratische Legitimation automatisiert erlassener Verwaltungsakte, 2019, S. 163; vgl. *Bieback*, Die Mitwirkung der Beschäftigten in der öffentlichen Verwaltung, 1983, S. 34 ff.

Innerhalb des Rahmens der organisatorisch-personellen Legitimation ergibt sich dies etwa aus der Anforderung einer ununterbrochenen Kette von Einstellungsakten, durch welche die persönliche Eignung eines Amtswalters für den Staatsdienst sichergestellt wird. Entsprechend Art. 33 Abs. 2 GG ist Voraussetzung für Ununterbrochenheit der Legitimationskette, dass diejenigen Personen, die staatliche Funktionen übernehmen, imstande sind, zukünftig rechtmäßige und sachgerechte Entscheidungen zu treffen. In diesem Sinne wird bereits vor Ausübung der jeweiligen Befugnisse – also *ex ante* – überprüft, ob der Amtswalter hinreichend qualifiziert ist, „rechtmäßigen Output" zu generieren.

Auch nach Ausübung staatlicher Befugnisse (*ex post*) erweist sich die Einbindung von Output-Kriterien als unverzichtbar, um den Gehalt der sachlich-inhaltliche Legitimation nicht zu entleeren. Die sachlich-inhaltliche Legitimationswirkung wird im exekutiven Bereich vor allem durch die formale Bindung an Recht und Gesetz sowie durch die Weisungsgebundenheit, also insbesondere durch ihren Input-Charakter, hergestellt. Ihre demokratische Prägekraft wird letztlich jedoch nur dann voll ausgeschöpft, wenn die normativ gebotenen Verhaltensmaßstäbe im konkret handelnden Vollzug *tatsächlich beachtet* werden. Die formale Weisungsunterworfenheit (ein Input-Kriterium) impliziert demnach stets die Erwartung, dass sie zur Befolgung und damit zur Generierung rechtmäßigen Outputs führt.[273] Ebenso ist die Bindung an Recht und Gesetz nicht nur eine bloße formale Vorgabe, sondern zielt faktisch darauf ab, dass Entscheidungen tatsächlichen Rechts- und Gesetzesgehorsam reflektieren. Wo dieser ausbleibt, würde die innere demokratische Steuerungswirkung der formalen Vorgaben verfallen.

Diese Koppelung von Input- und Output-Kriterien findet auch in der Rechtsprechung des Bundesverfassungsgerichts Ausdruck:

> „Das vom Gesetzgeber verfolgte Ziel der Effektivitätssteigerung ist ein im Rahmen des Demokratieprinzips zulässiger Zweck. Wenn die Wasserwirtschaftsverbände durch die Arbeitnehmervertreter in den Leitgremien ihre gesetzlich übertragenen öffentlichen Aufgaben wirksamer wahrnehmen, wird damit das Demokratieprinzip gestärkt, denn der *im Gesetz manifestierte Volkswille vollendet sich erst in der praktischen Durchsetzung*".[274]

Die Überprüfung, ob ein Amtswalter die an ihn gerichteten Erwartungen tatsächlich erfüllt, erfolgt über die dem sachlich-inhaltlichen Legitimationstopos immanente Kontroll- und Korrekturebenen. Diese Kontrolle, sei es innerhalb der Verwaltung, durch die Bürgerinnen und Bürger oder durch die Gerichte, ist ohne Berücksichtigung von Output-Kriterien nicht denkbar. Erst durch die nachträgliche (*ex post*) Bewertung des konkreten Entscheidungsergebnisses kann festgestellt werden, ob die rechtsstaatlichen, gesetzlichen und demokratischen Vorgaben gewahrt wurden.

---

[273] So ausdrücklich auch *Tietje*, DVBl 2003, 1081, 1095; vgl. *Scharpf*, Demokratietheorie zwischen Utopie und Anpassung, 1975, S. 20.

[274] BVerfGE 107, 59 (99).

Diese Betrachtungsweise zeigt, dass die herrschende Meinung, ohne es ausdrücklich als „Output-Legitimation“ zu bezeichnen, bereits bei der Bestimmung des sachlich-inhaltlichen Legitimationsniveaus Output-Kriterien einbezieht.[275] Im Ergebnis ist daher festzuhalten: Der Einbezug von Output-Kriterien ist für die Gesamtkonzeption des demokratischen Legitimationsgefüges unverzichtbar.[276]

Allerdings bleiben in der bisherigen Auseinandersetzung wesentliche Anschlussfragen weitgehend unbeantwortet. Es ist einerseits unklar, ob und inwieweit sich die Heranziehung von Output-Kriterien überhaupt als Ersatz oder Substitut für die bislang bewährten organisatorisch-personellen und sachlich-inhaltlichen Legitimationstopoi erweist (a)). Ebenso stellt sich die Frage, ob eine eigenständige Integration der Output-Kriterien als separater Legitimationstopos in das bestehende Gefüge der demokratischen Legitimationsordnung erfolgen sollte (b)). Schließlich ist zu prüfen, ob eine, wenn auch nicht eigenständige, so doch integrative Einbettung von Output-Kriterien in die etablierten Legitimationstopoi zu einer tatsächlichen Steigerung des erreichten Legitimationsniveaus führen kann (c)).

a) Können Output-Kriterien die anerkannten Legitimationstopoi substituieren?

Eine gänzliche Ersetzung der organisatorisch-personellen sowie der sachlich-inhaltlichen Legitimationstopoi durch reine Output-Kriterien ist kategorisch auszuschließen.

Würde man allein auf die Qualität staatlicher Entscheidungen im Sinne ihrer Recht- und Zweckmäßigkeit abstellen, so ließe sich gedanklich konstruieren, dass ein unzuständiger, jedoch praktisch äußerst effizient agierender behördlicher Mitarbeiter – etwa ein Hausmeister – bauordnungsrechtliche Genehmigungen erteilen dürfte, solange er diese in besonders rechtmäßiger und zugleich effizienter Weise vornimmt.[277] Ein solches Szenario widerspricht indes fundamental den Strukturprinzipien der verfassungsrechtlichen Legitimation und zeigt eindrücklich, dass dem organisatorisch-personellen Legitimationsstrang ein unverzichtbarer Eigenwert zukommt. In Übereinstimmung mit den bereits referierten Literaturansichten

---

[275] Vgl. *Tietje*, DVBl 2003, 1081, 1095.

[276] Zu weiteren Beispielen und vertiefter historischer Herleitung *Schliesky*, Souveränität und Legitimität von Herrschaftsgewalt, 2004.

[277] Auch ein Privater, der nicht organisatorisch-personell legitimiert werden müsste, könnte sich anmaßen, eine Amtshandlung auszuführen, wenn er sie nur besonders rechtmäßig oder besonders schnell (effizient), also qualitativ hochwertig, ausübt. Zu nennen sei an dieser Stelle die stark umstrittene öffentlich-rechtliche Geschäftsführung ohne Auftrag (*Ehlers/Schneider*, in: Schoch/Schneider, VwGO, 48. EGL, § 40 VwGO Rn. 461 m. w. N. (Stand März 2015)), die (wenn überhaupt) nur in eng begrenzten Notlagen zulässig ist. Dort stellt sich die – in dieser Arbeit nicht vertieft zu erörternde – Frage, ob ein Privater selbst die Erschließung seines Grundstücks anstelle der eigentlich dazu verpflichteten Behörde vornehmen kann. Stellt man allein auf die Output-Legitimation ab, hat der Private im Gegensatz zu jeder Behörde besonders schnell gehandelt und hat rechtmäßige Maßnahmen ausgeführt.

ist es daher ausgeschlossen, die organisatorisch-personelle Legitimation durch eine bloß an der Qualität des Outputs orientierte Perspektive zu ersetzen.

Ebenso wenig kann der sachlich-inhaltliche Legitimationsgehalt durch ein an Output-Kriterien gebundenes Bewertungsmuster vollständig substituiert werden. Denn die Bestimmung der Qualität staatlicher Entscheidungen im Sinne einer Output-Exzellenz ist stets an die normativen Maßstäbe gebunden, die sich in den politisch gewollten und gesetzlich fixierten Wertentscheidungen manifestieren. Anders formuliert: Maßstäbe für die inhaltliche Korrektheit oder Effizienz staatlicher Maßnahmen ergeben sich nicht aus einem beliebigen subjektiven Empfinden, sondern wurzeln im Gesetz.[278] Wie Niels Petersen hier hervorhebt, ist die Beurteilung von Effizienz und Qualität erst dann möglich, wenn diesbezügliche Ziele – etwa wirtschaftliche Effizienzsteigerung – als normativ erwünscht und demokratisch legitimiert gelten. Dies setzt einen konsensfähigen Wertmaßstab voraus, der in den formalen, von Gesetz und Verfassung abgeleiteten Grundentscheidungen bereits zum Ausdruck kommt.[279]

Insgesamt ist damit festzuhalten, dass sich Output-Kriterien weder als Substitut für die organisatorisch-personelle Legitimation noch als Ersatz für die sachlich-inhaltliche Legitimation eignen.

b) Sind Output-Kriterien als eigener Legitimationstopos zu qualifizieren?

Vor diesem Hintergrund stellt sich die Frage, ob eine gesteigerte Qualität staatlichen Handelns – verstanden als „qualitativer(er) Output" – jenseits der durch das geltende Verfassungs- und Gesetzesrecht gewährleisteten sachlich-inhaltlichen Legitimation angesiedelt sein kann, sodass sie einen eigenständigen Legitimationstopos begründet.

Richtig ist zunächst, dass die Beurteilung der Qualität von Entscheidungen an den einschlägigen Gesetzen zu messen ist, deren normative Gehalte die sachlich-inhaltliche Legitimation prägen.

Utz Schliesky hat in diesem Zusammenhang darauf hingewiesen, dass die Gesetze jedoch nicht alle denkbaren Konstellationen präzise regeln und es daher in Ermessensentscheidungen zu Entscheidungsspielräumen kommt, die zu einer vermeintlichen „Lücke" in der sachlich-inhaltlichen Legitimation führten.[280] In solchen Bereichen sei deshalb auf einen „Grundkonsens" der Bürgerinnen und Bürger abzustellen, um die Qualität des staatlichen Outputs bestimmen und folglich über die sachlich-inhaltliche Legitimation hinaus gelangen zu können.[281] Diese Argumenta-

---

[278] Ebenso *Köller*, Funktionale Selbstverwaltung und ihre demokratische Legitimation, 2009, S. 234.

[279] *Petersen*, JöR 2010, 137, 163 f.

[280] *Schliesky*, Souveränität und Legitimität von Herrschaftsgewalt, 2004, S. 296 f.

[281] *Schliesky*, Souveränität und Legitimität von Herrschaftsgewalt, 2004, S. 180.

tion erweist sich jedoch bei näherer Betrachtung als unzureichend. Zunächst ist fraglich, wer diesen „Grundkonsens“ ermitteln oder definieren soll.[282] Darüber hinaus verkennt Schliesky, dass auch innerhalb von Ermessensspielräumen kein rechtsfreier Raum entsteht. Vielmehr sind die Abwägungsmaßstäbe selbst in jenen Fällen dem Verfassungsrecht zu entnehmen, das als normativer Niederschlag kollektiv geteilter Wertvorstellungen die Richtung für Ermessensausübungen vorgibt. Zwar mag die sachlich-inhaltliche Legitimation dort an Bestimmtheit einbüßen, wo einfache Gesetze kein striktes Regime vorgeben. Gleichwohl bleibt sie als Teil der verfassungsrechtlich fundierten Ordnung bestehen, da die Verfassung stets den normativen Rahmen für die Gewichtung etwaiger Ziele und Interessen setzt. Von einer vollständigen „Lücke“ in der sachlich-inhaltlichen Legitimation kann mithin nicht die Rede sein. Erst in dem beschriebenen „Restbereich“ des Ermessens, in dessen Rahmen Recht und Gesetz dem Entscheider keine Vorgaben auferlegen, darf der Amtswalter – und das sei betont – nach *seiner persönlichen* Überzeugung entscheiden. Er muss keinen Grundkonsens der Bevölkerung herausarbeiten und anwenden, sondern darf, vermittelt durch seine organisatorisch-personelle Legitimation, eine subjektive Entscheidung nach seiner persönlichen Überzeugung treffen.[283]

Ferner führt Schliesky an, dass auch ein *demokratiebegrenzendes* Gesetz, sofern es förmlich und ordnungsgemäß vom Parlament beschlossen wurde, nach herkömmlichem Verständnis sachlich-inhaltliche Legitimationswirkung entfalte. Dies sei seiner Ansicht nach widersprüchlich und nicht mit dem Demokratieprinzip vereinbar.[284] Jedoch ist ihm entgegenzuhalten, dass Gesetze nur dann sachlich-inhaltlich legitimierend wirken können, wenn sie verfassungsmäßig sind. Eine verfassungswidrige Norm – etwa ein Gesetz, das gegen die Ewigkeitsgarantie des Art. 79 Abs. 3 GG verstößt – entfaltet selbstredend keine demokratische Legitimation.[285] Überdies ist das Demokratieprinzip als Minimalkonsens im Verfassungsgefüge kodifiziert und markiert eine Untergrenze, unterhalb derer das Grundgesetz keine Normsetzung duldet. Innerhalb der durch die Verfassung gesetzten Grenzen

---

[282] Darüber hinaus drängt sich die Frage auf, inwieweit die „Akzeptanz“ der Bevölkerung nicht bereits hinreichend durch den nachfolgenden Wahlakt zum Ausdruck gebracht wird. Sollte das Volk mit der parlamentarischen Entscheidungsfindung unzufrieden sein, steht es ihm im Rahmen der anstehenden Wahlen frei, jene Abgeordneten nicht erneut ins Amt zu berufen, die sich in leitender Funktion für die als unzulänglich erachtete Gesetzgebung verantwortlich zeichnen. Die sodann neu gewählten Parlamentarier wiederum sind – selbstverständlich unter Wahrung der erforderlichen Mehrheitsverhältnisse – befugt, bestehende Normen, an denen sich die Exekutive sachlich-inhaltlich zu orientieren hat, zu modifizieren oder gar aufzuheben. Solange diese grundlegenden Gesetze nicht einer Änderung oder Aufhebung unterzogen werden, ist anzunehmen, dass sie vom Volk nach wie vor als legitim angesehen, mithin „akzeptiert“ werden. Einen darüber hinausreichenden empirischen Nachweis einer solchen Akzeptanz zu fordern, erweist sich daher nicht nur als methodisch kaum praktikabel, sondern zugleich als überflüssig.

[283] Siehe S. 117 ff. dieser Arbeit.

[284] Vgl. *Schliesky*, Souveränität und Legitimität von Herrschaftsgewalt, 2004, S. 298.

[285] Vgl. *Köller*, Funktionale Selbstverwaltung und ihre demokratische Legitimation, 2009, S. 234.

bleibt es dem Staatsvolk überlassen, mehr oder weniger weitreichende Formen demokratischer Mitwirkung zu etablieren oder zu akzeptieren. Damit bleibt auch ein vermeintlich demokratiebegrenzendes Gesetz, sofern es nicht die verfassungsrechtlichen Kernprinzipien verletzt, im Rahmen des grundgesetzlich Zulässigen und wirkt mithin an der sachlich-inhaltlichen Legitimation mit.

Diese Erkenntnisse korrespondieren mit der Auffassungen Sandra Köllers und Viktoria Herolds, wonach es jenseits der normativen Vorgaben des einfachen und des Verfassungsrechts *keine weiteren* Legitimationsebenen gibt, anhand derer die Qualität staatlichen Handelns bemessen werden könnte.[286] Der Output ist vielmehr integraler Bestandteil der bereits bestehenden Legitimationsordnung und unterliegt den Vorgaben von Verfassung und Gesetz. Die Output-Legitimation stellt mithin keinen eigenen Legitimationstopos dar, sondern geht in der sachlich-inhaltlichen Legitimation auf.

c) Können Output-Kriterien als Teil der bewährten Legitimationstopoi das Legitimationsniveau erhöhen?

Wenn – wie zuvor dargelegt – Output-Kriterien nicht über die bestehende sachlich-inhaltliche Legitimation hinausweisen, ist in einem nächsten Schritt zu klären, ob eine gesteigerte Qualität der Entscheidungsergebnisse die sachlich-inhaltliche Legitimation und damit das gesamte Legitimationsniveau anheben kann, wie es Viktoria Herold in rein feststellender Weise andeutet.[287] Diese Überlegung setzt voraus, dass innerhalb der sachlich-inhaltlichen Legitimation verschiedene Legitimationsstufen ausgemacht werden können. Die sachlich-inhaltliche Legitimation beruht auf einem Bündel von Merkmalen, etwa der determinierenden Kraft der Gesetze, der Kontrollmöglichkeit staatlicher Entscheidungen oder der Weisungsgebundenheit. Wie soeben herausgestellt ist auch die Output-Legitimation als ein solches Merkmal zu qualifizieren.[288]

Vor diesem Hintergrund ließe sich die Existenz verschiedener Legitimationsstufen innerhalb der sachlich-inhaltlichen Legitimation zum einen *innerhalb* einzelner Merkmale und zum anderen *zwischen* verschiedenen Merkmalen untersuchen.

---

[286] *Herold*, Demokratische Legitimation automatisiert erlassener Verwaltungsakte, 2019, S. 165; *Köller*, Funktionale Selbstverwaltung und ihre demokratische Legitimation, 2009, S. 234; ebenso *Grzeszick*, in: Dürig/Herzog/Scholz, GG, 108. EGL, Art. 20 GG (Demokratie) Rn. 169 (Stand Januar 2022); *Hillgruber*, AöR 2002, 460, 467; *Honer/Rudloff*, DÖV 2020, 461, 467.

[287] *Herold*, Demokratische Legitimation automatisiert erlassener Verwaltungsakte, 2019, S. 165; vgl. *Birner*, Verwaltungsautomatisierung nach dem Gesetz zur Modernisierung des Besteuerungsverfahrens, 2023, S. 317; *Schröder*, JA 2017, 809, 813.

[288] Siehe S. 282 ff. dieser Arbeit.

Fragt man danach, ob *innerhalb des Merkmals der Entscheidungsqualität* unterschiedliche Legitimationsstufen existieren, muss gefragt werden, ob neben einer „qualitativ guten" Entscheidung überhaupt „qualitativ bessere" Entscheidungen denkbar sind. Die herrschende Literatur stellt insoweit fest, dass sich die Qualität einer Entscheidung an den Maßstäben des geltenden Rechts, also an Rechtmäßigkeit und Verfassungsmäßigkeit, bemisst. Staatliches Handeln ist entweder normgerecht und damit qualitativ, oder es verfehlt die rechtlichen Vorgaben und ist dementsprechend minderwertig, also rechtswidrig. Eine graduelle Steigerung von „gut" zu „noch besser" ist somit auf dieser Ebene kaum denkbar, weil die Normadressierung stets ein binäres Raster zeichnet: Entweder ist ein Handeln rechtmäßig, also „qualitativ", oder es ist es nicht. Zur weiteren Verdeutlichung kann folgendes Beispiel angeführt werden:

Der menschliche Amtswalter erkennt, dass eine mit einem Messer bewaffnete Person sich ihm frontal nähert. Um die für ihn gegenwärtige Gefahr abzuwehren, entscheidet er sich angesichts emotionaler Überforderung, dem Angreifer in den Fuß zu schießen, obgleich er auch den verfügbaren Polizeihund zur Einschüchterung hätte einsetzen können. In einem solchen Fall wäre die Maßnahme des Amtswalters aufgrund eines verfügbaren milderen, gleich geeigneten Mittels zur Gefahrenabwehr nicht erforderlich, somit unverhältnismäßig und rechtswidrig.

Demgegenüber hätte eine Künstliche Intelligenz aufgrund ihrer fehlenden Emotionalität und schnelleren Rechenleistung, den verfügbaren Polizeihund eingesetzt. Ihre Maßnahme wäre demnach erforderlich, verhältnismäßig und damit insgesamt rechtmäßig.

Die Entscheidung der Künstlichen Intelligenz würde man auf den ersten Blick als „mehr qualitativ" oder „qualitativer" bezeichnen, da sie den Erforderlichkeitsgrundsatz berücksichtigt hat. Dabei ist sie im Ergebnis nicht „qualitativer", sondern schlicht „qualitativ", also dem Gesetz entsprechend.

Folgendes Beispiel kann ebenfalls nicht als „qualitativere Entscheidung" gelten: Der Amtswalter sieht sich erneut einem mit einem Messer bewaffneten, dem Amtswalter körperlich überlegenen Angreifer ausgesetzt. In dieser Fallabwandlung stehen dem Amtswalter jedoch keine im Vergleich zu einem Schuss milderen, gleich geeigneten Mittel zur Verfügung, um den Angriff abzuwehren. Hier wäre der Schuss nun rechtmäßig.

Wird Künstliche Intelligenz in Form eines Roboters eingesetzt, kann sie den Angreifer schlicht greifen, hochheben und wegtragen. Das Messer prallt am Metallkorpus ab. Diese Maßnahme war damit ebenso rechtmäßig.

Vergleicht man nun diese zwei für sich jeweils rechtmäßigen Maßnahmen mit gleicher Verwirklichung des legitimen Ziels (der Gefahrenabwehr), fällt auf, dass die Maßnahme der Künstlichen Intelligenz bei gleichem Ergebnis für die Rechtsgüter des Angreifers grundrechtsschonender ist, da er keine Schusswunde, sondern nur wenige Hämatome durch das Wegtragen erleidet. In einem solchen Fall ließe sich die Maßnahme der Künstlichen Intelligenz im Gegensatz zur menschlichen Maßnahme *prima facie* als „qualitativer“ betiteln, da sie die (normierte) Wertvorstellung der abwehrrechtlichen Funktion der Grundrechte, die der Staatsgewalt vorgibt, in die Grundrechte des Betroffenen so gering wie möglich einzugreifen, „besser erfüllte“ als der Mensch.

Bei eingehender Betrachtung fällt jedoch auf, dass sich die Grundrechtsschonung, also die „höhere Qualität“ der Entscheidung nicht unmittelbar aus der Entscheidung selbst ergibt, sondern aus dem Vorliegen anderer physischer Voraussetzungen. Die physische Ausstattung des Entscheidungsträgers begründet allerdings keine Steigerung der Rechtmäßigkeit selbst, sondern schafft lediglich alternative, rechtmäßige Handlungsoptionen, zwischen denen gewählt werden kann. So ist auch eine Entscheidung eines großen, muskulösen Polizisten nicht rechtmäßiger als die Maßnahme eines kleinen, schmächtigen Polizisten, wenn letzterer das Mindestmaß an körperlicher Eignung für den Polizeiberuf erfüllt (Mindestgröße, Gewicht etc.) und die für ihn verfügbaren milderen, gleich geeigneten Mittel ausschöpft.

Die Qualität der Entscheidung – verstanden als Übereinstimmung mit den rechtlichen Vorgaben – kann somit nur erfüllt oder nicht erfüllt sein. Infolgedessen existieren innerhalb des Merkmals der Entscheidungsqualität aus der sachlich-inhaltlichen Legitimation keine unterschiedlichen Stufen oder Grade, die eine weiterreichende Legitimationswirkung ermöglichen würden.[289]

Dieses Zwischenergebnis widerlegt keineswegs die eingangs skizzierte Auffassung Viktoria Herolds, wonach eine höhere Qualität der staatlichen Entscheidungen das sachlich-inhaltliche Legitimationsniveau und damit das Legitimationsgefüge insgesamt zu heben vermag. Herolds Argumentation lässt sich insbesondere dadurch stützen, dass die Steigerung des Legitimationsniveaus nicht notwendig innerhalb nur eines bestimmten sachlich-inhaltlichen Merkmals verortet sein muss, sondern auch durch das *Zusammenspiel verschiedener Merkmale* erreicht werden kann. So kann etwa ein vergleichsweise weniger detailliertes oder nicht durchweg determinierendes Gesetz durch eine intensivere und effektiver ausgestaltete Kontrollarchitektur – wie das Bundesverfassungsgericht hervorhebt – in legitimatori-

[289] Auch wenn innerhalb des Merkmals der Qualität der Entscheidungsergebnisse keine Abstufung der Qualität existiert, können unterschiedliche Legitimationsstufen innerhalb anderer Merkmale bestehen. Dies bestätigt ein Blick auf das sachlich-inhaltliche Merkmal der Kontrollmöglichkeit. Künstliche Intelligenz, kann wie gezeigt, besser der Kontrolle zugeführt werden, da ihr Entscheidungskriterien heraustrainiert werden können oder schlicht gelöscht werden. Bei einem Menschen ist hingegen nicht sichergestellt, dass er durch Disziplinarverfahren, psychotherapeutische Sitzungen oder sonstige Maßnahmen seine Entscheidungsgrundlage ändern wird, da eine „Gehirnwäsche“ beim Menschen nicht möglich ist und er darüber hinaus lügen kann. Die Erreichung des Kontrollziels – die Erreichung einer rechtmäßigen Gesetzesanwendung – hinsichtlich Künstlicher Intelligenz ist deshalb grundsätzlich effektiver, da wahrscheinlicher, möglich als die des Menschen. Demnach kommt der Künstlichen Intelligenz innerhalb des Kontrollmerkmals eine höhere sachlich-inhaltliche Legitimation zu als dem Menschen.

scher Hinsicht kompensiert werden.[290] Ähnlich vermag die Frage nach der Qualität der staatlichen Entscheidungsergebnisse, das heißt der Unterscheidung zwischen rechtmäßigen und rechtswidrigen Handlungen, die sachlich-inhaltliche Legitimation substantiell zu erhöhen.

Wenn eine gesteigerte sachlich-inhaltliche Legitimation festgestellt werden kann, vermag diese, über die Grenzen ihres eigenen Legitimationstopos hinaus, durchaus Defizite in der organisatorisch-personellen Legitimation zumindest partiell auszugleichen. So hat das Bundesverfassungsgericht in Bezug auf die funktionelle Selbstverwaltung erkannt, dass diese zwar strukturelle Schwächen hinsichtlich der organisatorisch-personellen Legitimation aufweist, weil stets Private an Entscheidungsprozessen beteiligt sind. Indes lassen sich diese Defizite durch eine erhöhte sachlich-inhaltliche Legitimation kompensieren, insbesondere durch eine gesteigerte Qualität der Entscheidungsprozesse („sachgerechte, effektive Aufgabenwahrnehmung“[291]) sowie durch eine dichtere und intensivere Kontrollarchitektur.[292]

In der Summe ist somit festzuhalten, dass Output-Kriterien geeignet sind, die sachlich-inhaltliche Legitimation zu erhöhen. Darüber hinaus können sie zugleich – wenngleich nur teilweise – Defizite im Bereich der organisatorisch-personellen Legitimation ausgleichen.

IV. Zwischenergebnis

Der Einsatz Künstlicher Intelligenz zur Ausübung hoheitlicher Befugnisse, etwa zum Erlass einer Platzverweisung, erfordert eine eigenständige demokratische Legitimation, die unmittelbar auf den vom Volk getragenen und durch das Verfassungsgefüge kanalisierten Willen zurückgeführt werden muss. Diese Anbindung wird maßgeblich durch das Zusammenwirken der drei etablierten Legitimationstopoi der funktionell-institutionellen, organisatorisch-personellen und sachlich-inhaltlichen Legitimation gewährleistet.

Die funktionell-institutionelle Legitimation verortet den KI-Einsatz zunächst in der Exekutive, vermag jedoch für sich allein keine spezifische Verwaltungshandlung zu legitimieren. Entscheidend für die demokratische Legitimation sind daher vielmehr die organisatorisch-personelle und die sachlich-inhaltliche Legitimationstopoi. Die organisatorisch-personelle Legitimation wird durch eine lückenlose Kette von Personalentscheidungen bis hin zur Wahl durch das Volk gewährleistet. Obwohl Künstliche Intelligenz als nicht-menschliches System diese klassische Le-

---

[290] BVerfGE 136, 194 (265 Rn. 174 i. V. m. 257 f. Rn. 158).

[291] BVerfGE 135, 155 (223 Rn. 158); 136, 194 (263 Rn. 169); 146, 164 (210 Rn. 114); vgl. BVerfGE 107, 59 (92 f.).

[292] BVerfGE 107, 59 (97 f.); 135, 155 (223 Rn. 158); 136, 194 (265 Rn. 174); 146, 164 (210 f. Rn. 114).

gitimation nicht durchlaufen kann, ist eine vergleichbare Anbindung über die behördliche Einsatzbestimmung möglich. Diese kann als Äquivalent eines Ernennungsaktes angesehen werden. Einwände hinsichtlich einer „Verflüchtigung" der „organisatorisch-personellen" Legitimation durch maschinelles Lernen oder die Einbindung privater Akteure, wie Programmierer, lassen sich durch Analogie zur Ausbildung menschlicher Amtswalter entkräften. Wie bei Polizeibeamten kann die Legitimation von Künstlicher Intelligenz durch eine schrittweise Qualifikation, beginnend mit einer technischen und rechtlichen Prüfung sowie der schrittweisen Justierung unter Aufsicht eines menschlichen Tutors, erfolgen. Nach erfolgreicher Erprobung und Freigabe würde das System ein „organisatorisch-personelles" Legitimationsniveau erreichen, das dem eines menschlichen Amtswalters funktional gleichwertig ist.

Die sachlich-inhaltliche Legitimation des Einsatzes Künstlicher Intelligenz gründet sich auf eine hinreichend bestimmte gesetzliche Ermächtigung, hier § 34 Abs. 1 PolG NRW f.F., und beschränkt sich auf den Bereich der öffentlichen Sicherheit. Zudem tragen eine durchdachte Kontrollarchitektur, intensive interne und externe Überprüfungsmechanismen sowie die Möglichkeit, direkt in das System einzugreifen und es nachzujustieren, zu einem hohen Maß an parlamentarischer Steuerbarkeit bei. Zwar ließe sich einwenden, die maschinelle Anwendung eigens entwickelter Modelle könne den Einfluss des parlamentarischen Gesetzes mindern. Jedoch wird dadurch die ebenso „mittelbare" Gesetzesanwendung durch den Menschen verkannt.

Somit ist festzuhalten, dass Künstliche Intelligenz bei Erlass einer Platzverweisung sowohl durch die „organisatorisch-personelle", als auch durch die sachlich-inhaltliche, einschließlich der „Output-Legitimation" ein hinreichendes Legitimationsniveau erreicht. Dieser Einwand wird jedoch durch die ebenso mittelbare Gesetzesanwendung durch menschliche Amtswalter durch Entfaltung ihres subjektiven Sprachverständnisses widerlegt.

Zudem war der Frage nachzugehen, inwieweit sogenannten „Output-Kriterien" – also der tatsächlichen Qualität, Effizienz und Rechtmäßigkeit staatlicher Entscheidungen – im Gefüge demokratischer Legitimation eine eigenständige oder gar substitutive Rolle zukommen kann. Ausgehend von der Feststellung, dass die „Output-Legitimation" in der herrschenden Lehre bereits als implizite Ergänzung zu den etablierten Legitimationsformen (organisatorisch-personell und sachlich-inhaltlich) integriert ist, wird deutlich, dass sowohl vor als auch nach der Ausübung staatlicher Befugnisse die Erwartung rechtmäßiger, sachgerechter Resultate unverzichtbar ist. Gleichwohl vermag der Entscheidungs-Output weder die etablierten Legitimationsstränge vollständig zu ersetzen noch als eigenständiger Legitimationstopos aufzutreten. Einerseits erweist sich die organisatorisch-personelle Legitimation als unersetzbar, da sie dem normativ strukturierten Verfassungssystem einen nicht substituierbaren Personal- und Zuständigkeitsrahmen liefert. Andererseits bleibt auch die sachlich-inhaltliche Legitimation unverzichtbar, weil die Feststellung der Qualität staatlicher Entscheidungen an rechtlich determinierten Maßstäben gebunden ist und durch sie erst bestimmbar werden. Als Ergebnis wurde deutlich, dass Output-Kriterien elementarer Bestandteil der sachlich-inhaltlichen Legitimation sind und zwischen den sachlich-inhaltlichen Merkmalen und partiell kompensatorisch für andere Legitimationstopoi das Legitimationsniveau erhöhen können.

In der Gesamtschau zeigt sich, dass beim Einsatz von Künstlicher Intelligenz zum Erlass einer Platzverweisung sämtliche relevanten Legitimationstopoi – funktionell-institutionell, organisatorisch-personell und sachlich-inhaltlich – in einer Weise zusammenwirken können, die ein hinreichend hohes, dem verfassungsrechtlichen Anspruch entsprechendes Legitimationsniveau erreicht. Voraussetzung dafür bleibt jedoch die Begründungsfähigkeit von Künstlicher Intelligenz.

V. Vereinbarkeit mit Art. 33 Abs. 4 GG

Neben dem Erfordernis eines hinreichenden Legitimationsniveaus muss der Einsatz Künstlicher Intelligenz mit dem das Demokratieprinzip konkretisierenden Art. 33 Abs. 4 GG in Einklang zu bringen sein, der den sog. Funktionsvorbehalt für Beamte vorsieht.[293] Nach Art. 33 Abs. 4 GG ist die Ausübung hoheitsrechtlicher Befugnisse als ständige Aufgabe in der Regel Angehörigen des öffentlichen Dienstes zu übertragen, die in einem öffentlich-rechtlichen Dienst- und Treueverhältnis stehen.

Zunächst steht fest, dass diese Norm grundsätzlich vorsieht, hoheitliche Befugnisse als ständige Aufgabe in der Regel nur solchen Personen zu übertragen, die in einem öffentlich-rechtlichen Dienst- und Treueverhältnis stehen. Das Bundesverfassungsgericht sieht darin eine Absicherung institutioneller Garantien des Berufsbeamtentums gemäß Art. 33 Abs. 5 GG, um die ordnungsgemäße, loyale und rechtsstaatlich gebundene Ausübung hoheitlicher Befugnisse zu gewährleisten[294], die es bei einer überbordenden Beschäftigung Angestellter, Beliehener oder sonstiger Privater gefährdet sieht[295].

Der Anwendungsbereich des Funktionsvorbehalts ist allerdings nur berührt, soweit es sich um die Ausübung hoheitlicher Befugnisse handelt, die als „ständige

---

[293] BVerfGE 130, 76 (112); *Badura*, in: Dürig/Herzog/Scholz, GG, 108. EGL, Art. 33 GG Rn. 55 (Stand August 2019); *Battis*, in: Sachs, GG, 10. Auflage 2024, Art. 33 GG Rn. 45; *Jarass*, in: Jarass/Pieroth, GG, 18. Auflage 2024, Art. 33 GG Rn. 41.

[294] BVerfGE 130, 76 (111 f.); vgl. *Badura*, in: Dürig/Herzog/Scholz, GG, 108. EGL, Art. 33 GG Rn. 55 (Stand August 2019); *Birner*, Verwaltungsautomatisierung nach dem Gesetz zur Modernisierung des Besteuerungsverfahrens, 2023, S. 287; *Kreyßing*, DÖV 2024, 266, 267 f.; *Meyer*, in: Hilgendorf (Hrsg.), Robotik im Kontext von Recht und Moral, 2014, 211, 225.

[295] *Schröder*, VerwArch 2019, 328, 347; vgl. *Bull*, Verwaltung durch Maschinen, 1964, S. 90.

Aufgabe“ einem Akteur übertragen werden.[296] Unter hoheitlicher Befugnisausübung versteht die Rechtsprechung jedenfalls das Eingreifen in Grundrechte im engeren Sinne, also ein unmittelbar beschränkendes Einwirken auf grundrechtlich geschützte Freiheiten mittels Befehl oder Zwang.[297] Hinsichtlich der „ständigen Aufgabe“ ist nach dem Wortsinn in erster Linie auf die Dauerhaftigkeit der Aufgabenübertragung abzustellen, nicht hingegen auf die Häufigkeit der tatsächlichen Ausübung dieser Befugnisse.[298]

Im Referenzfall soll einem System Künstlicher Intelligenz zeitlich unbeschränkt die Befugnis zugewiesen werden, polizeiliche Platzverweisungen anzuordnen. Eine Platzverweisung stellt dabei stets einen Eingriff in Art. 2 Abs. 1 GG dar, sodass sie nach Art. 33 Abs. 4 GG grundsätzlich Angehörigen des öffentlichen Dienstes übertragen werden muss.

Vor diesem Hintergrund ist nunmehr die Frage zu stellen, ob ein System Künstlicher Intelligenz als „Angehöriger des öffentlichen Dienstes“ im Sinne des Art. 33 Abs. 4 GG angesehen werden kann, dem diese Aufgaben übertragen werden könnten.

Mit dem Begriff „Angehöriger“ wird nach dem allgemeinen Sprachgebrauch eine natürliche Person assoziiert.[299] Auch die systematische Stellung des Art. 33 Abs. 4 GG spricht dafür, hat der Verfassungsgeber doch in Abs. 1 bis 3 explizit auf „jeden Deutschen“ abgestellt, womit zweifellos natürliche Personen gemeint sind, da die Beantragung der deutschen Staatsangehörigkeit gemäß Art. 116 Abs. 1 GG i. V. m. § 1 StAG nur natürlichen Personen möglich ist. Auch historisch verwundert dies nicht: Zum Zeitpunkt der Schaffung des Grundgesetzes war die Existenz technologischer Systeme, die menschliche Entscheidungsfindungen zu imitieren vermochten, unvorstellbar.[300]

Dem entgegen könnte argumentiert werden, dass die zukunftsoffene Struktur des Grundgesetzes es gestattet, den Begriff „Angehöriger“ fortzuentwickeln und die Zurechnung einer Entscheidung zum öffentlichen Dienst allein durch die Zugehörigkeit zum öffentlichen Dienst herzustellen. Eine solche Begriffsweitung – im Sinne eines Verständnisses von „angehörend“ statt „Angehöriger“ – würde allerdings sowohl vom Wortsinn als auch von der systematischen Verankerung des Begriffs weit abweichen.

---

[296] BVerfGE 130, 76 (112 f.).

[297] BVerfGE 130, 76 (113).

[298] BVerfGE 130, 76 (113 f.); vgl. *Jarass*, in: Jarass/Pieroth, GG, 18. Auflage 2024, Art. 33 GG Rn. 42.

[299] Ebenso *Birner*, Verwaltungsautomatisierung nach dem Gesetz zur Modernisierung des Besteuerungsverfahrens, 2023, S. 287; *Rotermund*, Künstliche Intelligenz aus staatlicher Perspektive, 2020, S. 169.

[300] Ähnliche Erwägung *Rotermund*, Künstliche Intelligenz aus staatlicher Perspektive, 2020, S. 169.

Meinhard Schröder plädiert für eine Interpretation, nach der Art. 33 Abs. 4 GG nicht verletzt ist, solange ein Beamter in irgendeiner Form in die Entscheidung involviert ist. Danach könnte eine vollautomatisierte, durch Systeme Künstlicher Intelligenz getroffene Entscheidung zulässig sein, sofern ein Beamter deren Einsatz verantwortet.[301] Gegen diese Sichtweise spricht indes, dass Art. 33 Abs. 4 GG die *Ausübung* hoheitlicher Befugnisse gerade als ständige Aufgabe einem „Angehörigen des öffentlichen Dienstes" überantworten will. Wird die eigentliche hoheitliche Maßnahme – hier etwa eine Platzverweisung – vollständig automatisiert durch die Künstliche Intelligenz erlassen, bleibt die menschliche Ausübung auf die vorgelagerte Einsatzbestimmung beschränkt. Die unmittelbare Ausübung hoheitlicher Befugnisse erfolgt demnach rein maschinell. Auch unter dem Gesichtspunkt, dass eine durch Künstliche Intelligenz erlassene Platzverweisung selbst eine Ausübung von Staatsgewalt darstellt und mithin selbst legitimationsbedürftig ist, muss die Auslegung Meinhard Schröders bezweifelt werden.

Statt also dem Versuch, den Begriff des „Angehörigen" auf Systeme Künstlicher Intelligenz auszuweiten, nachzugeben, ist vielmehr auf das von Art. 33 Abs. 4 GG implizierte Regel-Ausnahmeverhältnis abzustellen. Nach Art. 33 Abs. 4 GG ist die Ausübung hoheitlicher Befugnisse als ständige Aufgabe bloß „in der Regel" Angehörigen des öffentlichen Dienstes zu übertragen.[302] Abweichungen von der Regel sind jedenfalls nur in begründeten Ausnahmefällen zulässig.[303] Der Wortlaut unterscheidet im Ausnahmefall nun nicht mehr, ob er nur für natürliche Personen gilt oder auch technologischen Systemen wie Künstlicher Intelligenz geöffnet werden kann.[304] Entscheidend ist daher die Frage, ob der Einsatz von Künstlicher Intelligenz *teleologisch* als begründete Ausnahme im Sinne des Art. 33 Abs. 4 GG möglich erscheint. Art. 33 Abs. 4 GG soll nach allgemeiner Auffassung gewährleisten, dass trotz des stetigen Regierungswechsels hoheitliche Befugnisse unter Kontinuität des Verwaltungsapparates gesetzmäßig und insbesondere neutral ausgeführt wer-

---

[301] *Schröder*, VerwArch 2019, 328, 347; ähnlich wohl auch *Birner*, Verwaltungsautomatisierung nach dem Gesetz zur Modernisierung des Besteuerungsverfahrens, 2023, S. 288; *Guckelberger*, in: van Oostrom/Weth (Hrsg.), Festschrift für Maximilian Herberger, 2016, 1, 8.

[302] Zwar muss darauf hingewiesen werden, dass dieses Regel-Ausnahmeverhältnis wohl vor allem in Bezug auf Angestellte, Beliehene oder sonstige Private normiert wurde, BVerfGE 130, 76 (111 f.); *Birner*, Verwaltungsautomatisierung nach dem Gesetz zur Modernisierung des Besteuerungsverfahrens, 2023, S. 287; *Guckelberger*, in: van Oostrom/Weth (Hrsg.), Festschrift für Maximilian Herberger, 2016, 1, 8; *Jarass*, in: Jarass/Pieroth, GG, 18. Auflage 2024, Art. 33 GG Rn. 45; *Kaiser*, in: Huber/Voßkuhle, GG, Bd. 2, 8. Auflage 2024, Art. 33 GG Rn. 38; *Schröder*, VerwArch 2019, 328, 347. Der Wortlaut unterscheidet innerhalb der Ausnahmeregelung jedoch nicht mehr danach, ob Mensch oder Maschine eingesetzt werden muss.

[303] BVerfGE 130, 76 (115); *Jarass*, in: Jarass/Pieroth, GG, 18. Auflage 2024, Art. 33 GG Rn. 45; *Kaiser*, in: Huber/Voßkuhle, GG, Bd. 2, 8. Auflage 2024, Art. 33 GG Rn. 37.

[304] So ebenfalls ausdrücklich *Rotermund*, Künstliche Intelligenz aus staatlicher Perspektive, 2020, S. 170.

den.[305] Dies wird nach Wertung des Verfassungsgebers grundsätzlich durch Beamte sichergestellt, da sie in einem Dienst- und Treueverhältnis stehen, das durch Art. 33 Abs. 5 GG konkretisiert wird.[306] Die in Art. 33 Abs. 5 GG niedergelegten hergebrachten Grundsätze des Berufsbeamtentums umfassen die hauptberufliche Beschäftigung auf Lebenszeit und deren Unentziehbarkeit, um die unabhängige Stellung des Beamten zu ermöglichen[307], das Leistungsprinzip, nach dem Beamte nur nach Eignung, Befähigung und fachlicher Leistung zu ernennen und zu befördern sind[308], um die Bindung an Recht und Gesetz sicherzustellen, sowie das Alimentationsprinzip für eine angemessene Besoldung, um den Lebensunterhalt des Beamten und seiner Familie zu sichern.[309] Im Gegenzug hat sich der Beamte zur Verfassungstreue und zur pflichtgemäßen Ausübung seines Dienstes zu verpflichten.[310] Verstößt er gegen seine Beamtenpflichten, fügt das Disziplinarrecht dem Amtswalter als Privatperson einen Nachteil zu, um ihn einerseits zu sanktionieren und andererseits zukünftigen Verstößen präventiv entgegenzuwirken.[311]

Der Einsatz von Künstlicher Intelligenz widerspricht dem dargestellten Telos nicht, sondern kann ihn unter bestimmten Bedingungen sogar fördern. So ist Künstliche Intelligenz aufgrund ihrer technologischen Natur frei von emotionalen Einflüssen, die ihre Entscheidungen beeinflussen könnten. Wenn demnach eine geeignete intensive Kontrollarchitektur gewährleistet wird, die insbesondere systemimmanente Datenverzerrungen eliminiert, kann Künstliche Intelligenz als „neutralster Beamter“ der Welt agieren.[312] Die hergebrachten Grundsätze des Be-

---

[305] *Badura*, in: Dürig/Herzog/Scholz, GG, 108. EGL, Art. 33 GG Rn. 55 (Stand August 2019); *Herold*, Demokratische Legitimation automatisiert erlassener Verwaltungsakte, 2019, S. 148; *Rotermund*, Künstliche Intelligenz aus staatlicher Perspektive, 2020, S. 169.

[306] Aufgrund des besonderen verfassungsrechtlichen Rangs, den das Beamtenverhältnis in der deutschen Rechtsordnung einnimmt, ist es gemäß § 114 Abs. 4 BBG unzulässig, beamtenrechtliche Entscheidungen allein auf die automatisierte Verarbeitung personenbezogener Daten zu stützen. Vielmehr bedarf es stets der Mitwirkung eines menschlichen Entscheidungsträgers, um die hohe Statusstellung von Beamten im Sinne einer rechtsstaatlich angemessenen Individualisierung des Entscheidungsprozesses zu wahren.

[307] *Badura*, in: Dürig/Herzog/Scholz, GG, 108. EGL, Art. 33 GG Rn. 67 (Stand August 2019); *Hense*, in: BeckOK GG, 64. Edition, Art. 33 GG Rn. 44.1 (Stand November 2025); *Jarass*, in: Jarass/Pieroth, GG, 18. Auflage 2024, Art. 33 GG Rn. 80.

[308] *Badura*, in: Dürig/Herzog/Scholz, GG, 108. EGL, Art. 33 GG Rn. 68 (Stand August 2019); *Jarass*, in: Jarass/Pieroth, GG, 18. Auflage 2024, Art. 33 GG Rn. 82.

[309] *Badura*, in: Dürig/Herzog/Scholz, GG, 108. EGL, Art. 33 GG Rn. 72 (Stand August 2019); *Hense*, in: BeckOK GG, 64. Edition, Art. 33 GG Rn. 46 (Stand November 2025); *Jarass*, in: Jarass/Pieroth, GG, 18. Auflage 2024, Art. 33 GG Rn. 61.

[310] *Badura*, in: Dürig/Herzog/Scholz, GG, 108. EGL, Art. 33 GG Rn. 66 (Stand August 2019).

[311] Vgl. *Meyer*, in: Hilgendorf (Hrsg.), Robotik im Kontext von Recht und Moral, 2014, 211, 225 ff.

[312] Vgl. *Meyer*, in: Hilgendorf (Hrsg.), Robotik im Kontext von Recht und Moral, 2014, 211, 226; *Unger*, in: Unger/Ungern-Sternberg (Hrsg.), Demokratie und künstliche Intelligenz, 2019, 113, 120.

rufsbeamtentums, die außerdienstliche Einflüsse auf die Entscheidungen der Beamten minimieren sollen, um Beamte zu einer unabdingbaren Verfassungstreue anzuhalten, sind für die Systeme Künstlicher Intelligenz nicht nötig. Sie benötigen ebensolche beamtenrechtliche Gegenleistungen nicht, um zur Verfassungstreue angehalten zu werden.

Auch der Sanktionscharakter des Disziplinarrechts, der menschliche Amtswalter zurück zu rechtmäßigem Handeln führen soll, ist für den Einsatz Künstlicher Intelligenz verzichtbar, da bei einem Verstoß gegen die Bindung an Recht und Gesetz rechtswidrige Kriterien aus dem System herausprogrammiert oder schlicht gelöscht werden können.[313]

Vor diesem Hintergrund erscheint plausibel, den Einsatz von Künstlicher Intelligenz als einen begründeten Ausnahmefall im Sinne des Art. 33 Abs. 4 GG zu begreifen.[314] Damit steht der dauerhafte Einsatz von Systemen Künstlicher Intelligenz für den Erlass von Verwaltungsakten, wie etwa Platzverweisungen, mit Art. 33 Abs. 4 GG in Einklang.[315]

VI. Zwischenergebnis

In der Gesamtschau ist der Einsatz von Künstlicher Intelligenz zum Erlass von Verwaltungsakten mit den Anforderungen des Demokratieprinzips vereinbar, da er bei Erreichung der Begründungsfähigkeit sowohl ein hinreichendes Legitimationsniveau erreichen kann als auch mit den Art. 33 Abs. 4 GG in Einklang steht.

D. Resümee

Die Prüfung des Verfassungsrechts zeigt, dass der Einsatz Künstlicher Intelligenz zur Ausübung hoheitlicher Befugnisse unter bestimmten Bedingungen mit den zentralen Grundprinzipien des Grundgesetzes vereinbar ist.

Die Nutzung von Systemen Künstlicher Intelligenz verletzt die Menschenwürdegarantie aus Art. 1 Abs. 1 GG nicht, da jedenfalls im Außenverhältnis keine menschenunwürdige Rechtsfolge zu erwarten ist.

---

[313] Ebenso *Meyer*, in: Hilgendorf (Hrsg.), Robotik im Kontext von Recht und Moral, 2014, 211, 227.

[314] Im Ergebnis ebenso *Meyer*, in: Hilgendorf (Hrsg.), Robotik im Kontext von Recht und Moral, 2014, 211, 228.

[315] Im Ergebnis auch *Birner*, Verwaltungsautomatisierung nach dem Gesetz zur Modernisierung des Besteuerungsverfahrens, 2023, S. 289; *Siegel*, NVwZ 2024, 1127, 1129. Im Ergebnis wohl auch *Kreyßing*, DÖV 2024, 266, 268.

Darüber hinaus ist der Einsatz von Künstlicher Intelligenz im Grundsatz mit den rechtsstaatlichen Prinzipien vereinbar, insbesondere hinsichtlich der Bindung an Recht und Gesetz sowie der Wahrung des Gewaltenteilungsgrundsatzes. Kritisch bleibt jedoch die fehlende Begründungsfähigkeit von Systemen Künstlicher Intelligenz, die essenziell ist, um Transparenz und Nachvollziehbarkeit staatlicher Entscheidungen zu gewährleisten. Diese Defizite müssen behoben werden, um die Rechtsstaatlichkeit in vollem Umfang zu sichern.

Auch im Hinblick auf das Demokratieprinzip kann der Einsatz von Künstlicher Intelligenz grundsätzlich als verfassungskonform angesehen werden. Ein hinreichendes Legitimationsniveau wird dabei durch das Zusammenspiel von funktionell-institutioneller, „organisatorisch-personeller" und sachlich-inhaltlicher Legitimation erreicht. Entscheidende Bedeutung kommt allerdings auch hier der (gegenwärtig nicht bestehenden) Begründungsfähigkeit von Künstlichen Intelligenz zu, um die demokratische Rückkopplung staatlicher Entscheidungen sicherzustellen. Unter der Voraussetzung, dass diese Anforderungen erfüllt werden, steht der Einsatz von Künstlicher Intelligenz auch mit Art. 33 Abs. 4 GG in Einklang.

Damit ist festzuhalten, dass der Einsatz Künstlicher Intelligenz zum Erlass eines Ermessensverwaltungsaktes grundsätzlich keinen Verstoß gegen Verfassungsrecht begründet, wenn die Begründungsfähigkeit von Systemen Künstlicher Intelligenz hergestellt und die Einrichtung einer intensiven Kontrollarchitektur angestrebt wird.

Teil 6

Ergebnis und Ausblick

Somit ist im Ergebnis festzuhalten, dass Platzverweisungen – die weder gegen einfaches Recht noch gegen Verfassungsrecht verstoßen – durch Systeme Künstlicher Intelligenz möglich sind, wenn in Zukunft eine dem hier vorgeschlagenen § 34 Abs. 1 PolG NRW f. F. entsprechende Ermächtigungsgrundlage geschaffen wird, das System eine hinreichende Verwaltungsaktbegründung nach § 39 VwVfG NRW erstellen kann und eine intensive Kontrollarchitektur eingerichtet wird.

Dieses Forschungsergebnis markiert einen Wendepunkt in der Diskussion um die Rechtmäßigkeit des Einsatzes Künstlicher Intelligenz für den Erlass von Ermessensverwaltungsakten und eröffnet zukünftig Digitalisierungsperspektiven für das präventive Polizeirecht und sämtliche Verwaltungszweige hin zum vollständig automatisierten Erlass von Verwaltungsakten, um die vielfältigen Potenziale Künstlicher Intelligenz für Bürger und Behörden nutzbar zu machen.

Angesichts der demgegenüber nicht zu vernachlässigenden erheblichen Risiken der vollständig automatisierten Rechtsanwendung, namentlich der schematisierenden Funktionsweise, diskriminierenden Korrelationsbildung, unzureichend diversifizierten Trainingsdaten, des Fehlens eigener ethischer und moralischer Wertvorstellungen sowie der systemimmanenten Intransparenz, galt es, ebenjene Gefährdungspotenziale rechtlich einzuordnen und Voraussetzungen für Systeme Künstlicher Intelligenz zu formulieren, die für den Erlass rechtmäßiger Verwaltungsakte erforderlich sind. Im Zuge dessen widmete sich die vorliegende Abhandlung eingehend der Methodik menschlicher Rechtsanwendung in Gestalt der Sachverhaltsuntersuchung, der Subsumtion unter den Tatbestand sowie der Ermessensausübung. Unter Einbeziehung interdisziplinärer Elemente aus der Kognitionspsychologie wurden die tradierten, teils erstarrten Argumentationsmuster in der juristischen Diskussion aufgebrochen und sowohl die allgemeine rechtswissenschaftliche Methodenlehre als auch die Ermessenslehre für die Übertragung auf Rechtsanwendungsprozesse aller Rechtsgebiete weiterentwickelt; nicht nur ist beleuchtet worden, das und wie sich der Mensch zur Vereinfachung der Rechtsanwendung „mentaler Shortcut" bedient, sondern auch, wie ein menschlicher Rechtsanwender den Gewichtungsprozess innerhalb der Abwägung im engeren Sinne vollziehen kann, ohne sich einer präzisen Gewichtung bewusst zu sein. Neben den methodischen Erkenntnissen erlangten die verfassungsrechtlichen Erwägungen in Bezug auf die Menschenwürde, das Rechtsstaatsprinzip und das Demokratieprinzip durch die weitgehende Loslösung vom Referenzfall rasch eine abstrakte Geltungsebene, wodurch ein leichter Ergebnistransfer auf andere Maßnahmen und Rechtsgebiete möglich ist.

Der aus dem einfachen Recht und dem Verfassungsrecht abgeleitete Rechtsrahmen, der notwendige Kontrollmechanismen und technische Voraussetzungen vorgibt, bietet der Praxis unter Beachtung konkreter Grenzmarkierungen Orientierung in der Umsetzung KI-basierter Digitalisierungsvorhaben, steht jedoch zugleich im Spannungsfeld mit ihrer praktischen Realisierung. So bedürfen die skizzierten Funktionsanforderungen an KI-Systeme – beispielsweise die Einbindung unterschiedlicher technischer Sensoren sowie Mechanismen zur Datenerfassung und -verarbeitung – einer umfassenden konzeptionellen Integration. Besonders die Etablierung einer hinreichenden Begründungsfähigkeit der Künstlichen Intelligenz, die als konstitutives Element für den Einsatz für den Erlass von Ermessensverwaltungsakten identifiziert wurde, ist derzeit nicht möglich. Ob und in welchem zeitlichen Rahmen das Forschungsfeld der „Explainable AI" hierfür geeignete Instrumente bereitstellen kann, bleibt abzuwarten. Hinzu kommt, dass die Schaffung neuer und die Restrukturierung bestehender Kontrollstrukturen dem Einfluss der neuen europäischen KI-Verordnung unterliegen und damit einem nicht unerheblichen Koordinations- und Anpassungsaufwand ausgesetzt sind.

Zugleich erfordert jedwede Digitalisierungsstrategie stets eine umfassende politische Diskussion, die sich an ethisch-gesellschaftlichen Maßstäben orientiert. Zentral steht dabei die Überlegung, in welchem Ausmaß eine potenzielle Entfremdung zwischen dem Volk einerseits und den staatlichen Entscheidungsträgern andererseits zu befürchten ist, sobald die unmittelbar menschliche Interaktion zu Gunsten der Einbindung maschineller Systeme in den Hintergrund tritt. Unmittelbar damit verknüpft ist die Frage, bis zu welchem Grad die Gesellschaft bereit ist, eine weiterreichende Automatisierung administrativer Prozesse – und damit das Zurücktreten der menschlichen Komponente – zu akzeptieren. Entscheidend ist dabei hervorzuheben, dass es sich bei diesen Überlegungen, wie die vorliegende Arbeit herausgestellt hat, nicht um Fragen juristischer Natur handelt, sondern sie Gegenstand ethisch-gesellschaftlicher Debatten werden müssen.

Es ist zwar unbestritten, dass die in dieser Arbeit adressierten Entwicklungen noch in der Zukunft liegen, doch lässt sich aus diesen Überlegungen ein klarer Handlungsaufruf ableiten. Insbesondere die Rechtswissenschaft und Politik sind gefordert, die rasanten Fortschritte im Bereich der Künstlichen Intelligenz nicht nur aufmerksam zu verfolgen, sondern auch die ihrer Funktionsweise zugrundeliegenden Prinzipien zu verstehen und in einem vermehrten Umfang kritisch zu reflektieren. Bereits jetzt müssen die Einsatzfelder dieser Technologie rechtlich abgesteckt und die möglichen Konsequenzen unvoreingenommen und fundiert diskutiert werden. Ziel muss es sein, der Gesellschaft eine Orientierung zu bieten und eine strukturierte Debatte darüber zu ermöglichen, wie der Einsatz von Künstlicher Intelligenz in öffentlichen und privaten Bereichen gestaltet werden kann und welche Grenzen hierbei zu beachten sind.

Dieser Appell richtet sich somit an alle Akteure, die an der Gestaltung und Bewertung des Einsatzes von Künstlicher Intelligenz beteiligt sind. Es bedarf einer interdisziplinären und zukunftsorientierten Herangehensweise, um den Herausforderungen, die sich aus der Integration von Künstlicher Intelligenz in gesellschaftliche und staatliche Strukturen ergeben, mit adäquaten rechtlichen, politischen, technischen und ethischen Antworten zu begegnen. Nur so kann gewährleistet werden, dass technologische Innovationen nicht nur im Einklang mit den Grundsätzen unserer Verfassung, sondern auch in Übereinstimmung mit den gesellschaftlichen Erwartungen und Werten eingesetzt werden.

Teil 7

Zusammenfassung der Ergebnisse

1. Nach Überwindung des sogenannten „KI-Winters" hat sich die Künstliche Intelligenz in den vergangenen Jahren zu einer Schlüsseltechnologie entwickelt, die zunehmend verschiedene Lebensbereiche durchdringt und beachtliche Fortschritte verzeichnet (S. 23 ff.).

2. Die deutsche Polizei hält sich mit dem Einsatz Künstlicher Intelligenz im Vergleich zu ausländischen Sicherheitsbehörden bislang zurück. Während die technischen Einsatzfelder von Künstlicher Intelligenz im deutschen Polizeibereich lediglich auf die Unterstützung menschlicher Amtswalter insbesondere mittels Datenkategorisierung und -analysen beschränkt ist, setzen ausländische Sicherheitsbehörden die Technologie bereits für die Anwendung von Zwangsmitteln, der Entäußerung von Warnungen sowie zu Maßnahmen ein, die eine einem Verwaltungsakt vergleichbare Qualität aufweisen könnten (S. 28 ff.).

3. Der Einsatz Künstlicher Intelligenz bietet verschiedene Vorteile im Einsatz, die sich über die Ergänzung personeller Kapazitäten, einen zeitlich flexiblen Einsatz, eine umfassende Gefahrenerkennung, den Direktzugriff auf Datenbanken sowie eine produktive und objektive Entscheidungsfindung bis hin zu einer lückenlosen Dokumentation des Einsatzes, dem Schutz von Rechtsgütern für Polizeibeamte und einer potenziellen Kostenersparnis erstrecken (S. 34 ff.).

4. Der Einsatz Künstlicher Intelligenz birgt demgegenüber erhebliche Risiken, die sich aus der schematisierenden Funktionsweise, diskriminierenden Korrelationen, unzureichend diversifizierten Trainingsdaten, dem Fehlen eigener ethischer oder moralischer Wertvorstellungen sowie aus der Intransparenz, privater Systementwicklung und Defiziten in der Daten- und Systemsicherheit ergeben (S. 44 ff.).

5. Der Begriff der „Künstlichen Intelligenz" konnte bisher fachübergreifend keiner konsentierten Definition zugeführt werden. Für die rechtliche Beurteilung bietet sich die Definition aus Art. 3 Nr. 1 der KI-Verordnung an: „Für die Zwecke dieser Verordnung bezeichnet der Ausdruck ‚KI-System' ein maschinengestütztes System, das für einen in unterschiedlichem Grade autonomen Betrieb ausgelegt ist und das nach seiner Betriebsaufnahme anpassungsfähig sein kann und das aus den erhaltenen Eingaben für explizite oder implizite Ziele ableitet, wie Ausgaben wie etwa Vorhersagen, Inhalte, Empfehlungen oder Entscheidungen erstellt werden, die physische oder virtuelle Umgebungen beeinflussen können." (S. 47 ff.). Gerade die „Anpassungsfähigkeit" einer

Künstlichen Intelligenz, also die Fähigkeit zum selbstständigen Lernen, unterscheidet sie von einem bloß algorithmenbasierten System (S. 49 ff.).

6. Der robotische Erlass einer Platzverweisung ist der Polizei im Sinne des § 34 Abs. 1 S. 1 PolG NRW über die Einsatzbestimmung zuzurechnen (S. 62 ff.).

7. § 35a VwVfG NRW entfaltet regulierende Wirkung für den Einsatz Künstlicher Intelligenz zum Erlass einer Platzverweisung. Künstliche Intelligenz ist als „automatische Einrichtung" im Sinne des § 35a VwVfG NRW zu qualifizieren (S. 65 ff.). „Vollständig automatisiert erlassen" ist der Verwaltungsakt gemäß § 35a VwVfG NRW auch dann, wenn ein Mensch in die Entscheidungsfindung involviert ist, die Künstliche Intelligenz selbst ihren „Rahmenalgorithmus" anpasst oder der Mensch den Erlassprozess anstößt (S. 67 ff.). Wegen § 35a VwVfG NRW ist der Einsatz Künstlicher Intelligenz zum Erlass einer Platzverweisung nach geltendem Recht somit unzulässig (S. 64 ff.).

8. Zur Überwindung der grundsätzlichen Unzulässigkeit des Einsatzes Künstlicher Intelligenz zum vollständig automatisierten Erlass einer Platzverweisung ist eine spezielle Ermächtigungsgrundlage zu normieren. Es bietet sich etwa folgende Ergänzung des § 34 Abs. 1 PolG NRW an: Durch die Polizei eingesetzte Systeme Künstlicher Intelligenz können unbeschadet der begleitenden Verfahrensgarantien zur Abwehr einer Gefahr für die öffentliche Sicherheit Platzverweisungen nach den Sätzen 1 und 2 vollständig automatisiert erlassen, wenn das Recht des Betroffenen auf persönliches Eingreifen seitens der Polizei gewährleistet ist (S. 78 ff.).

9. Die Normierung einer speziellen Ermächtigungsgrundlage für den Einsatz Künstlicher Intelligenz zum vollständig automatisierten Erlass eines Verwaltungsaktes verstößt weder gegen § 35a VwVfG NRW und § 46 DSG NRW als Umsetzung von Art. 11 der JI-Richtlinie noch gegen die KI-Verordnung (S. 79 ff.).

10. Systeme Künstlicher Intelligenz können mittels verschiedener Sensoren den Sachverhalt in einer § 24 VwVfG NRW entsprechenden Weise wahrnehmen (S. 95 ff.). Systeme Künstlicher Intelligenz können wahrgenommene Umstände durch ihre Schematisierungsfunktionen hinreichend bewerten. Dabei kollidieren Schematisierungen nicht mit dem Untersuchungsgrundsatz gemäß § 24 VwVfG NRW, wenn sie auf den Sachverhalt bezogen sind und in einer Gesamtschau zusammengefügt werden. Künstliche Intelligenz kann in einer der sozialpsychologischen „Skript-Theorie" entsprechenden Weise menschliches Verhalten deuten (S. 95 ff.).

11. Der Subsumtionsprozess kann in folgende Bestandteile segmentiert werden: Wahrnehmung des „Rohsachverhalts", Erstreduktion des „Rohsachverhalts" und Auswahl der Rechtsnormen, Bestimmung des Tatbestands, Anwendung der Definitionen, logischer Schluss, Reflexion als Einleitung des Auslegungs- und Rechtsfortbildungsprozesses (S. 103 ff.).

12. Die Wahrnehmung des „Rohsachverhalts“ ist einem System Künstlicher Intelligenz mittels sensorischer Erfassung möglich (S. 105 ff.).

13. Die Erstreduktion des „Rohsachverhalts“ und die Auswahl der Rechtsnormen werden dem Menschen durch mentale „Shortcuts“ ermöglicht, die als kognitive Schemata charakterisiert sind. Ein System Künstlicher Intelligenz kann entweder aufgrund seiner Leistungsfähigkeit auf ebendiese „Shortcuts“ verzichten oder kann sie durch Schematisierung nachbilden (S. 106 ff.).

14. Die Bestimmung des Tatbestands erfolgt in der Regel durch Heranziehung der in der Rechtsprechung und Literatur entwickelten Definitionen, die auch ein System Künstlicher Intelligenz aus gerichtlichen Entscheidungen extrahieren kann.

15. Die Anwendung der Definitionen gestaltet sich in der Regel nicht als leicht, da Rechtsbegriffe einer Prognose oder als ausfüllungsbedürftige Tatbestandsmerkmale einer Bewertung bedürfen (S. 113 ff.). *Tatbestandsmerkmale, die einer Prognose bedürfen*, werden durch den Menschen nicht nur mittels emotionaler Schemata konkretisiert, sondern auch durch ein rationales System sowie durch Wahrscheinlichkeitsrechnungen. Systeme Künstlicher Intelligenz sind bereits derzeit in der Lage, Gefahrenprognosen in unterschiedlichen Sicherheitsbereichen durchzuführen (S. 114 ff.). *Unbestimmte Rechtsbegriffe* werden durch den Menschen in einem komplexen Verfahren subsumiert. Dafür vergleicht der menschliche Rechtsanwender den zu bewertenden Fall mit ihm bereits bekannten Fällen, erstellt dadurch ein Geflecht von Entscheidungsmustern, in das neu zu beurteilende Fälle eingeordnet werden können. Kann ein neu zu bewertender Fall nicht exakt in das Entscheidungsgeflecht eingeordnet werden, was allerdings eher eine Ausnahme darstellt, verbleibt dem Rechtsanwender ein Beurteilungsspielraum, den er nach seiner persönlichen Richtigkeitsüberzeugung ausfüllen kann (S. 117 ff.). Auch ein System Künstlicher Intelligenz wertet zahlreiche gerichtliche Entscheidungen und Literaturquellen aus, um ein solches Entscheidungsgeflecht – meist in Form eines Vektorraums – herauszuarbeiten, was der menschlichen Vorgehensweise sehr nahekommt. Der Beurteilungsspielraum im Restbereich der Ausfüllung eines unbestimmten Tatbestandsmerkmals kann ein System Künstlicher Intelligenz mittels Zweifelsregeln, Zufallsentscheidungen oder auch in einer dem Menschen nicht nachvollziehbaren Weise ausfüllen (S. 119 ff.). Dies gilt auch für unbestimmte Rechtbegriffe, die typischerweise nur durch einen Menschen als subsumierbar gelten, weil sie Rechtsgüter adressieren, die sehr weitgehend ausfüllungsbedürftig sind (S. 121 ff.).

16. Die Auslegung einer Rechtsnorm erfolgt innerhalb eines Reflexionsprozesses des herausgearbeiteten Ergebnisses. Beim Menschen besteht dieser Auslöser typischerweise in seinem Gerechtigkeitsempfinden, was individuell geprägt, durch persönliche moralische und ethische Vorstellungen beeinflusst wird und somit nicht auf objektive oder abstrakte Kriterien reduziert werden kann

(S. 125 ff.). Künstliche Intelligenz kann ebendiesen Auslegungsauslöser nachbilden, entweder, indem es in jedem vorliegenden Fall eine Neuauslegung des Begriffs vornimmt oder solche Fälle analysiert, in denen Menschen eine Auslegung vornahmen, um sodann ein hochkomplexes Modell für den Auslegungsauslöser zu bilden (S. 125 ff.).

17. Die Auslegung durch einen menschlichen Amtswalter erfolgt im Rahmen der Wortlaut-, systematischen, teleologischen und historischen Auslegung. Hervorzuheben ist, dass die *Wortlautauslegung* eines jeden Menschen insoweit variiert, als jeweils ein individuelles Sprachverständnis angewandt wird (S. 129 ff.). Systeme Künstlicher Intelligenz können, wie „*large language model*" bereits beweisen, ein Sprachverständnis vor allem mittels Vektorräumen erlernen, das eine Wortlautauslegung ermöglicht (S. 138 ff.). Die *systematische, historische und teleologische Auslegung* ist einem System Künstlicher Intelligenz (bisher) nicht möglich. Zwar kann es zahlreiche verschiedene Quellen auswerten, um fremderstellte Argumentationen zu übernehmen. Allerdings stößt die Selbstgenerierung solcher Argumente aufgrund des geforderten tiefgreifenden Rechtsverständnisses und des Umfangs der Einordnung in das Rechtsgefüge an Grenzen (S. 142 ff.). Auch (rechtliche) *Analogieschlüsse sowie teleologische Reduktionen und Extensionen* bedürfen eines fortgeschrittenen Systemverständnisses, das Systeme Künstlicher Intelligenz (bisher) noch nicht leisten können (S. 146 ff.).

18. Künstliche Intelligenz kann unter den Tatbestand der Platzverweisung subsumieren (S. 149).

19. Die Ermessensausübung lässt sich in folgende Elemente segmentieren: Problemidentifikation anhand der gesetzlich vorgegebenen Zielsetzungen, die Zusammenstellung der Handlungsalternativen, die relative Betrachtung der Handlungsalternativen in Bezug auf bestimmte Attribute, die Gewichtung der Attribute und die Entscheidung zwischen den herausgearbeiteten Handlungsalternativen (S. 151 ff.).

20. Die für den Abwägungsprozess relevanten Zielsetzungen sind aus dem Gesetz zu entnehmen, was Systemen Künstlicher Intelligenz bereits möglich ist (S. 152 ff.).

21. Für den Abwägungsprozess wird ein Katalog von Handlungsalternativen erstellt, indem ermächtigungsfremde und ungeeignete Handlungsalternativen ausgesondert werden (S. 153 ff.). Auch Künstliche Intelligenz kann einen solchen Katalog von Handlungsalternativen erstellen, obgleich zur Bildung einzelner Handlungsalternativen ein gewisses Maß an Kreativität gefordert ist (S. 160 ff.).

22. Im Abwägungsprozess werden Handlungsalternativen in Bezug auf bestimmte Attribute, die sich aus dem Gesetz ergeben, relativ zueinander betrachtet und bewertet. Unter gleich effektiven Maßnahmen ist bloß die schonendste Maß-

nahme dem Katalog von Handlungsalternativen hinzuzufügen. Dieser Vorgang ist einem System Künstlicher Intelligenz möglich (S. 163 ff.).

23. Bei der Abwägung im engeren Sinne sind die Attribute im Verhältnis zueinander und in Bezug auf den Einzelfall zu gewichten. Diese Gewichtung erfolgt anhand der Kriterien der Intensität der Gefährdung, der Schwere der Beeinträchtigung und den Folgewirkungen, die sich auch einer Nichtbevorzugung ergeben. Den konkreten Wert seiner Gewichtung kann der Mensch jedoch nicht präzise wiedergeben. Da eine präzise Bezifferung nicht möglich ist, ähnelt die Abwägung im engeren Sinne der Ausfüllung unbestimmter Tatbestandsmerkmale; so wird die Abwägung im engeren Sinne ebenfalls durch einen Vergleich mit bereits ergangenen Entscheidungen durchgeführt, wobei im „Restbereich" eine Entscheidung nach der persönlichen Überzeugung zulässig ist. Das kann auch ein System Künstlicher Intelligenz verwirklichen (S. 166 ff.).

24. Für die letztliche Abwägungsentscheidung bedient sich der Mensch Entscheidungsregeln, die als mathematische Formel darstellbar sind und somit auch durch Systeme Künstlicher Intelligenz angewandt werden können (S. 172).

25. Künstliche Intelligenz kann Ermessen ausüben (S. 179).

26. Systeme Künstlicher Intelligenz bergen die Gefahr von Ermessensfehlgebräuchen, weil diskriminierende Datenverzerrungen und falsche Korrelationsbildung nicht selten sind. Insbesondere die Ersetzung von diskriminierenden Merkmalen, sog. „*proxies*", sind schwer zu erkennen und wieder aus den Systemen herauszutrainieren (S. 181 ff.).

27. Systeme Künstlicher Intelligenz können den Betroffenen anhören und den Verwaltungsakt verbal bekanntgeben (S. 194 ff.). Ein von einem System Künstlicher Intelligenz erlassener Verwaltungsakt erfüllt den Bekanntgabemodus der Mündlichkeit im Sinne des § 37 Abs. 2 VwVfG NRW (S. 198 ff.).

28. Für die Begründungspflicht gemäß § 39 VwVfG NRW sind die wesentlichen Entscheidungsgründe offenzulegen. Dazu zählt nicht die Offenlegung des Systemcodes (S. 208 ff.).

29. Die wesentlichen Entscheidungsgründe, d.h. vor allem die wesentlichen Subsumtionsschritte, sind gemäß § 39 VwVfG NRW in für einen Menschen verständlicher Sprache offenzulegen. Dies ist einem System Künstlicher Intelligenz bisher *nicht* möglich. Neue Erkenntnisse im Forschungsfeld der „Explainable AI" sind abzuwarten (S. 216 ff.).

30. Auf eine verständliche Begründung seitens der Künstlichen Intelligenz kann nicht verzichtet werden; infolgedessen sind die von ihr vollständig automatisiert erlassenen Verwaltungsakte formell rechtswidrig (S. 219 ff.).

31. Der Einsatz Künstlicher Intelligenz zum vollständig automatisierten Erlass einer Platzverweisung berührt nicht die Menschenwürdegarantie aus Art. 1 Abs. 1 GG (S. 226 ff.).

32. Für den Einsatz von Systemen Künstlicher Intelligenz ist eine intensive Kontrollarchitektur einzurichten. Nach der KI-Verordnung muss sie mindestens Vorgaben für eine Selbstkontrolle und eine externe Fremdkontrolle vorsehen, um die Bindung an Recht und Gesetz sicherzustellen (S. 235 ff.).

33. Der Einsatz Künstlicher Intelligenz zum vollständig automatisierten Erlass eines Verwaltungsaktes verstößt nicht gegen den Gewaltenteilungsgrundsatz im Verhältnis zwischen der Legislative und der Exekutive. Insbesondere besteht keine Gefahr eines Bedeutungsverlusts des Parlamentsgesetzes (S. 247 ff.). Der Einsatz Künstlicher Intelligenz zum vollständig automatisierten Erlass eines Verwaltungsaktes verstößt nicht gegen den Gewaltenteilungsgrundsatz im Verhältnis zwischen Judikative und Exekutive. Insbesondere muss der gerichtliche Prüfungsumfang für KI-gestützte Verwaltungsakte nicht erhöht werden (S. 253 ff.).

34. Die Ausübung von Staatsgewalt ist nicht auf den Menschen begrenzt, sodass Künstliche Intelligenz bei der Ausübung von Staatsgewalt selbst legitimationsbedürftig ist (S. 258 ff.).

35. Das Legitimationsniveau ist anhand der funktionell-institutionellen, organisatorisch-personellen und sachlich-inhaltlichen Legitimation zu bestimmen (S. 268 ff.). Die organisatorisch-personelle Legitimation von Künstlicher Intelligenz steht nicht hinter derjenigen von menschlichen Amtswaltern zurück (S. 270 ff.). Wenn eine intensive Kontrollarchitektur eingerichtet wird, steht auch die sachlich-inhaltliche Legitimation von Künstlicher Intelligenz nicht hinter derjenigen eines Menschen zurück (S. 281 ff.).

36. Die Existenz einer „Output-Legitimation" ist zu bejahen (S. 282 ff.). Eine „Output-Legitimation" geht allerdings in der sachlich-inhaltlichen Legitimation auf und kann demnach weder die sachlich-inhaltliche noch die organisatorisch-personelle Legitimation substituieren (S. 291 ff.). Die „Output-Legitimation" kann allerdings die sachlich-inhaltliche Legitimation erhöhen (S. 294 ff.).

37. Der Einsatz Künstlicher Intelligenz zum vollständig automatisierten Erlass einer Platzverweisung ist mit Art. 33 Abs. 4 GG vereinbar (S. 299 ff.).

38. Durch eine polizeirechtliche Gesetzesänderung sind rechtmäßige Platzverweisungen durch Systeme Künstlicher Intelligenz möglich, die weder gegen einfaches Recht noch gegen Verfassungsrecht verstoßen, wenn in Zukunft eine dem hier vorgeschlagenen § 34 Abs. 1 PolG NRW f.F. entsprechende Ermächtigungsgrundlage geschaffen wird, das System eine hinreichende Verwaltungsaktbegründung nach § 39 VwVfG NRW erstellen kann und eine intensive Kontrollarchitektur gemäß der KI-Verordnung eingerichtet wird (S. 304 ff.).

Anhang I

In der vorliegenden Arbeit habe ich die Ergebnisse der Version „ChatGPT o1" dargestellt. Hier sollen auch die Ergebnisse der Vorgängermodelle abgebildet werden, um die Entwicklung der Leistung des „*large language model*" aufzuzeigen.

Die Befragung von „ChatGPT 3.5" vom 24. 5. 2023: Zu bemerken ist, dass ich zu diesem Befragungszeitpunkt die Aussage „Du Backstein!" noch nicht in die Arbeit implementiert hatte. Deshalb enthält die Befragung allein die Aussage „Du Zecke!".

Meine Frage: „Ist das Wort ‚Zecke' eine Beleidigung?"

Die Antwort von „ChatGPT 3.5" lautete: „Das Wort ‚Zecke' an sich ist kein beleidigender Begriff, sondern bezeichnet ein kleines parasitäres Insekt. Es kann jedoch sein, dass der Kontext, in dem das Wort verwendet wird, eine beleidigende Konnotation hat. In einigen Zusammenhängen wird der Begriff ‚Zecke' metaphorisch verwendet, um eine Person abwertend zu beschreiben, die als lästig, aufdringlich oder parasitär wahrgenommen wird. Es ist wichtig zu beachten, dass die Beleidigungswirkung von Worten stark von kulturellen und sozialen Normen, dem Kontext und der Absicht des Sprechenden abhängt. Was in einem bestimmten Kontext als beleidigend empfunden wird, kann in einem anderen Kontext neutral oder sogar positiv sein. Wenn Sie unsicher sind, wie ein bestimmtes Wort oder Ausdruck interpretiert wird, ist es immer ratsam, sich an den allgemeinen Anstand und Respekt zu halten und sicherzustellen, dass Ihre Kommunikation nicht abwertend oder verletzend ist. Es ist wichtig, andere Menschen mit Respekt und Würde zu behandeln."

Darauf meine Frage: „Konstruiere einen Sachverhalt, in dem ‚Du Zecke!' die Beleidigung nach § 185 StGB darstellt."

Die Antwort von „ChatGPT 3.5" lautete: „Angenommen, in einem Büro gibt es zwei Kollegen, Frau Weber und Herr Schneider, die häufig miteinander interagieren. Eines Tages entsteht Unstimmigkeit über die Verteilung von Aufgaben, und die Diskussion wird zunehmend hitzig. Frustriert über die Situation wendet sich Herr Schneider plötzlich an Frau Weber und sagt: ‚Du Zecke, immer saugst du die Energie aus allem heraus und machst alles kompliziert!' In diesem Szenario könnte die Verwendung von ‚Du Zecke' als beleidigend angesehen werden. Der Ausdruck ‚Zecke' wird metaphorisch verwendet, um negative Eigenschaften wie Nervigkeit oder Energieabsaugung zu beschreiben. Diese Äußerung könnte Frau Weber als persönlichen Angriff empfinden, was zu einer Verletzung ihrer Ehre führen könnte. In rechtlicher Hinsicht könnte dies unter den Tatbestand der Beleidigung nach § 185 StGB fallen."

Die Befragung von „ChatGPT 4" vom 3. 3. 2024:

Meine Frage lautete: „Ist das Wort ‚Zecke' eine Beleidigung?"

Darauf antwortete „ChatGPT 4": „Das Wort ‚Zecke' kann in unterschiedlichen Kontexten verschiedene Bedeutungen haben. Ursprünglich bezeichnet es ein kleines, blutsaugendes Spinnentier. Im umgangssprachlichen oder beleidigenden Gebrauch kann es jedoch als Schimpfwort verwendet werden, insbesondere um jemanden abfällig als parasitär oder lästig zu beschreiben. In politischen Kontexten wird ‚Zecke' oft als abwertender Begriff für Personen mit linksgerichteter oder anarchistischer politischer Einstellung verwendet. Ob es als Beleidigung anzusehen ist, hängt also stark vom Kontext der Verwendung und der Absicht des Sprechenden ab. In vielen Fällen kann es durchaus als beleidigend wahrgenommen werden, besonders wenn es gezielt eingesetzt wird, um andere herabzusetzen oder zu diffamieren."

Darauf formulierte ich die folgende Frage: „Konstruiere einen Sachverhalt, in dem ‚Du Zecke!' eine Beleidigung nach § 185 StGB darstellt."

Die Antwort von „ChatGPT 4" lautete: „Person A und Person B befinden sich in einer öffentlichen Debatte in einer Universitätsaula, die von vielen Zuhörern besucht wird. Während der Diskussion, die sich um soziale Gerechtigkeit dreht, eskaliert das Gespräch, und die Emotionen kochen hoch. Person A, die versucht, einen rationalen Standpunkt zu vertreten, wird von Person B unterbrochen, die in einem aggressiven Tonfall ausruft: ‚Du Zecke!' Hierbei handelt es sich um eine gezielte Bezeichnung, die darauf abzielt, Person A öffentlich zu diskreditieren und herabzusetzen, indem Person A als parasitär und schmarotzerhaft dargestellt wird. Diese Äußerung erfolgt vor Publikum, was die soziale Abwertung von Person A verstärkt und ihre soziale Anerkennung beschädigt.

In diesem Fall könnte ‚Du Zecke!' als Beleidigung nach § 185 StGB betrachtet werden, da die Äußerung mit der Absicht erfolgt, Person A zu beleidigen und herabzuwürdigen. Der öffentliche Rahmen und die herabsetzende Natur der Bezeichnung führen dazu, dass die Äußerung als Angriff auf die Ehre von Person A angesehen werden kann."

Meine nächste Frage lautete: „Ist das Wort ‚Backstein' eine Beleidigung?"

Die Antwort von „ChatGPT 4": „Das Wort ‚Backstein' bezeichnet primär einen aus gebranntem Ton gefertigten Baustein, der vor allem im Bauwesen verwendet wird. Normalerweise wird es nicht als Beleidigung angesehen, da es sich um eine neutrale Bezeichnung eines Baumaterials handelt. Allerdings könnte ‚Backstein' in einem sehr spezifischen und kreativen Kontext auch als metaphorische Beleidigung verwendet werden, zum Beispiel wenn es dazu dient, jemanden indirekt als ‚dumm' oder ‚stumpf' zu beschreiben, indem man auf die bloße physische Präsenz und Funktionalität eines Backsteins anspielt, ohne jegliche Flexibilität oder Feinsinnigkeit. Solch eine Verwendung wäre jedoch ungewöhnlich und stark kontextabhängig. In der Regel ist ‚Backstein' jedoch nicht als Beleidigung zu verstehen."

Meine nächste Frage: „Konstruiere einen Sachverhalt, in dem ‚Du Backstein!' eine Beleidigung nach § 185 StGB darstellt."

„ChatGPT 4" antwortete: „Person A und Person B sind Kollegen in einem Architekturbüro. Zwischen ihnen herrscht eine angespannte Atmosphäre aufgrund wiederholter Meinungsverschiedenheiten über Projektdesigns. Während einer hitzigen Diskussion über die Materialauswahl für ein wichtiges Bauvorhaben, bei der mehrere andere Kollegen zugegen sind, äußert Person A frustriert und in beleidigender Absicht: ‚Du Backstein!' Dabei spielt Person A darauf an, dass Person B in ihren Ansichten ebenso schwerfällig und unflexibel wie ein Backstein sei und keine kreativen oder innovativen Lösungen beitrage.

Die Verwendung des Wortes ‚Backstein' in diesem Kontext soll Person B in der öffentlichen Wahrnehmung der Kollegen als starr und unintelligent darstellen. Die Äußerung geschieht in einem beruflichen Umfeld, was die soziale Stellung von Person B unter ihren Kollegen potenziell schädigt und als Angriff auf ihre berufliche Kompetenz und Intelligenz verstanden werden kann. Diese spezielle Verwendung des Wortes ‚Backstein' in einem beleidigenden Kontext könnte daher als Ehrverletzung im Sinne von § 185 StGB betrachtet werden, wenn klar ist, dass die Äußerung mit der Absicht erfolgte, die Ehre von Person B zu verletzen."

Die Befragung von „ChatGPT 4.0" vom 20.10.2024:

Meine Frage lautete: „Ist das Wort ‚Zecke' eine Beleidigung?"

Darauf antwortete „ChatGPT 4.0": „Das Wort ‚Zecke' kann unter bestimmten Umständen als Beleidigung angesehen werden, je nach Kontext und Absicht, in der es verwendet wird. Ursprünglich bezeichnet ‚Zecke' einen kleinen blutsaugenden Parasiten, doch umgangssprachlich wird der Begriff in Deutschland häufig verwendet, um Personen, insbesondere politisch linksstehende Menschen oder Aktivisten, abwertend zu beschreiben. Dies geschieht oft in einem feindseligen politischen oder gesellschaftlichen Umfeld."

Darauf formulierte ich die folgende Frage: „Konstruiere einen Sachverhalt, in dem ‚Du Zecke!' eine Beleidigung nach § 185 StGB darstellt."

Die Antwort von „ChatGPT 4.0" lautete: „Max Mustermann, ein politisch rechts orientierter Demonstrationsteilnehmer, begegnet auf einer öffentlichen Kundgebung einem Mitglied einer linken politischen Gruppe, Lisa Musterfrau, die er als politisch andersdenkend erkennt. Während der Veranstaltung kommt es zu einer hitzigen Diskussion zwischen beiden, bei der Max Mustermann Lisa Musterfrau öffentlich, laut und in aggressivem Tonfall mit den Worten ‚Du Zecke!' beschimpft. Dabei zielt er nicht nur auf ihre politische Einstellung, sondern beabsichtigt, sie persönlich zu erniedrigen und vor den anderen Anwesenden herabzusetzen. Nach § 185 StGB wird die Beleidigung als vorsätzliche Herabwürdigung der Ehre einer anderen Person geahndet, wenn die Äußerung geeignet ist, die betroffene Person in ihrer Menschenwürde zu verletzen. Im vorliegenden Fall handelt es sich um eine persönliche Diffamierung, die nicht sachlich ist, sondern darauf abzielt, die Person aufgrund ihrer politischen Überzeugung und in einem abwertenden Kontext zu beleidigen. Der Begriff ‚Zecke' wird hier klar in einem herabwürdigenden, abfälligen Sinne verwendet, und zielt darauf ab, die Betroffene in ihrer Ehre zu verletzen. Da Max Mustermann Lisa bewusst und in einer feindseligen Atmosphäre vor Dritten erniedrigt, erfüllt der Vorfall die Voraussetzungen für eine Beleidigung im Sinne des § 185 StGB."

Meine nächste Frage lautete: „Ist das Wort ‚Backstein' eine Beleidigung?"

Die Antwort von „ChatGPT 4.0": „Das Wort ‚Backstein' ist in seinem wörtlichen Sinne keine Beleidigung, sondern bezeichnet schlicht ein Baumaterial, nämlich einen Ziegelstein. Allerdings kann es je nach Kontext als abwertende Bemerkung verwendet werden, insbesondere wenn es metaphorisch oder umgangssprachlich gebraucht wird, um beispielsweise jemanden als stur, unbeweglich oder ungeschickt zu bezeichnen. In solchen Fällen könnte es als beleidigend empfunden werden, obwohl es nicht von Natur aus ein Schimpfwort ist."

Meine nächste Frage lautete: „Konstruiere einen Sachverhalt, in dem ‚Du Backstein!' eine Beleidigung nach § 185 StGB darstellt."

Die Antwort von „ChatGPT" lautete: „Ein Lehrer hält in einer Schulklasse eine mündliche Prüfung ab. Ein Schüler hat Schwierigkeiten, die gestellten Fragen zu beantworten, obwohl er sichtlich bemüht ist. Der Lehrer verliert schließlich die Geduld und sagt mit einem abfälligen Tonfall, hörbar für alle Anwesenden: ‚Du Backstein! Kein Wunder, dass du das nicht verstehst, du bist ja zu dumm, um auch nur einfachste Dinge zu begreifen.'

In diesem Fall könnte die Aussage ‚Du Backstein!' als Beleidigung nach § 185 StGB gewertet werden, da sie: In einem abfälligen und herabwürdigenden Ton ausgesprochen wird. Vor anderen Personen geäußert wird, was die Demütigung verstärkt. Die Intelligenz und das Verständnisvermögen des Schülers direkt angreift, wodurch dessen persönliche Ehre und Würde verletzt werden. Der Schüler könnte die Äußerung als eine klare Missachtung seiner Person auffassen, was die Grundlage für eine Beleidigung nach § 185 StGB darstellt. Entscheidend für die Bewertung vor Gericht wäre der genaue Kontext, die Intention des Lehrers und wie die Aussage auf den Betroffenen gewirkt hat."

Anhang II

Ich habe „ChatGPT o1“ am 19.1.2025 angesichts des in dieser Arbeit behandelnden Referenzfalls folgenden Befehl (*prompt*) erteilt[1]: *„Schreibe ein sehr ausführliches rechtliches Gutachten darüber, ob eine Platzverweisung gemäß § 34 PolG NRW für folgenden Sachverhalt erlassen werden dürfte: ‚Im Rahmen eines eintägigen Sportfestivals finden sich zwei Rugby-Mannschaften – aus Neuseeland und Deutschland, jeweils bestehend aus 15 Personen – auf dem Spielfeld ein. Die neuseeländische Mannschaft führt vor Beginn des Spiels den rituellen ‚Haka-Tanz‘ auf. Wegen des Sportfestivals trägt die neuseeländische Mannschaft eine traditionelle, indigene Körperbemalung. Die deutsche Mannschaft applaudiert anerkennend und jubelt. Auf einem Tribünenrang stehen sich zwei Zuschauer, jeweils mit dem Trikot der konkurrierenden Mannschaft bekleidet, einander gegenüber. Der deutsche Rugbyfan hat seine rechte Hand zur Faust geballt. Er holt gegen den neuseeländischen Fan mit der geballten Faust zum Schlag aus, während er ihn mit den Worten: ‚Du Zecke! Du Backstein!‘ wütend anschreit.‘“*

Die Antwort von „ChatGPT o1“ lautete:

A. Einleitung und Sachverhaltsübersicht

Im Rahmen eines eintägigen Sportfestivals finden sich zwei Rugby-Mannschaften (Neuseeland und Deutschland) auf dem Spielfeld ein. Die neuseeländische Mannschaft führt vor Spielbeginn den rituellen Haka-Tanz auf und trägt eine traditionelle, indigene Körperbemalung. Die deutsche Mannschaft reagiert hierauf durch anerkennendes Applaudieren und Jubeln; hier ist – hinsichtlich des Verhaltens der Mannschaften untereinander – kein Störpotenzial auszumachen. Auf den Tribünen hingegen geraten zwei Zuschauer aneinander: Beide sind jeweils in den Trikots der konkurrierenden Teams gekleidet. Der deutsche Rugby-Fan ballt seine rechte Hand zur Faust, holt zum Schlag aus und schreit seinen Gegenüber, den neuseeländischen Fan, wütend mit den Worten an: „Du Zecke! Du Backstein!“.

Es stellt sich die Frage, ob die Polizei durch eine Platzverweisung (§ 34 PolG NRW) einschreiten darf, um die drohende Eskalation zu verhindern bzw. abzuwenden.

---

[1] Das Ergebnis, was „ChatGPT o1“ generiert, lässt sich durch von dem hier gewählten andersartigen Befehlen einhegen, erweitern oder in sonstiger Weise steuern bzw. nachschärfen („*prompt-engineering*“). Zur Einführung in „*prompts*“, *Rohrlich*, KI und Recht, 2025, S. 9 f.; *Schneeberger*, Machine Learning in der Verwaltung, 2024, S. 271.

B. Rechtsgrundlage und Prüfungsaufbau

Rechtsgrundlage für eine Platzverweisung ist § 34 PolG NRW. Diese Norm erlaubt es der Polizei (auch als Ordnungsbehörde, sofern ihr die Befugnisse übertragen wurden, vgl. § 1 Abs. 1 S. 1 PolG NRW i. V. m. §§ 1 ff. OBG NRW), Personen vorübergehend oder – unter gewissen Voraussetzungen – sogar für einen längeren Zeitraum (bis zu drei Monate) des Ortes zu verweisen oder ihnen das Betreten bestimmter Orte zu untersagen.

Prüfungsschema

1. Zuständigkeit der Polizei
2. Eingriffsbefugnis (Tatbestandsvoraussetzungen des § 34 PolG NRW)
   - Vorliegen einer konkreten Gefahr für die öffentliche Sicherheit oder Ordnung
   - Zweck der Maßnahme (Abwehr der Gefahr)
3. Rechtsfolge: Ermächtigungsrahmen
   - Platzverweisung, Aufenthaltsverbot oder Rückkehrverbot
4. Entschließungs- und Auswahlermessen
   - Grundsatz der Verhältnismäßigkeit
   - Prüfung kollidierender Grundrechte (insb. Art. 2 Abs. 2 GG, Art. 8 GG, Art. 5 GG)
5. Ergebnis

C. Prüfung im Einzelnen

I. Zuständigkeit der Polizei

Gemäß § 1 Abs. 1 S. 1 PolG NRW ist die Polizei für die Abwehr von Gefahren für die öffentliche Sicherheit oder Ordnung zuständig. Auch bei Großveranstaltungen wie einem Sportfestival greifen regelmäßig polizeiliche Aufgaben- und Befugnisnormen, wenn Störungen der öffentlichen Sicherheit drohen. In tatsächlicher Hinsicht wird davon ausgegangen, dass die Polizei vor Ort die Sicherheitsmaßnahmen unterstützt und etwaige Sicherheitsstörungen zu verhindern hat. Somit liegt die Zuständigkeit der Polizei vor.

II. Tatbestandsvoraussetzungen des § 34 PolG NRW

1. Konkrete Gefahr für die öffentliche Sicherheit oder Ordnung

Eine Maßnahme nach § 34 PolG NRW setzt voraus, dass eine konkrete Gefahr für die öffentliche Sicherheit oder Ordnung vorliegt. Eine konkrete Gefahr liegt nach gängiger Definition vor, wenn bei ungehindertem Fortgang der Dinge mit hinreichender Wahrscheinlichkeit ein Schaden für das geschützte Rechtsgut eintreten wird.

- Geschütztes Rechtsgut: Die öffentliche Sicherheit umfasst neben dem Schutz des Staates und seiner Einrichtungen auch den Schutz von Individualrechtsgütern wie Leben, Gesundheit, Freiheit und Eigentum. Vorliegend ist offenkundig das Rechtsgut der körperlichen Unversehrtheit des neuseeländischen Fans (Art. 2 Abs. 2 S. 1 GG) betroffen, da der deutsche Fan zum Schlag ausholt.
- Wahrscheinlichkeit eines Schadenseintritts: Der deutsche Fan hat bereits seine Faust geballt und holt zum Schlag aus, begleitet von beleidigenden Äußerungen („Du Zecke! Du Backstein!"). Dies indiziert eine akute Drohung gegen den neuseeländischen Fan. Ein tatsächlicher körperlicher Übergriff steht unmittelbar bevor und ist daher nicht mehr nur bloß hypothetisch, sondern realistisch.
- Zeitliches Moment: Die Situation spielt sich unmittelbar vor einem potenziellen ersten Schlag ab. Es handelt sich mithin um eine gegenwärtige Gefahr, da die Verletzung möglicherweise in Kürze eintreten kann.

Demnach ist von einer konkreten Gefahr für die öffentliche Sicherheit (hier konkret: die körperliche Unversehrtheit eines Menschen) auszugehen.

2. Verantwortlichkeit

In der polizeirechtlichen Dogmatik wird zwischen Handlungs- und Zustandsstörern unterschieden. Im Kontext einer Platzverweisung richtet sich die Maßnahme gegen einen Handlungsstörer (auch Verhaltensstörer genannt), vgl. § 4 PolG NRW. Handlungsstörer ist, wer durch sein Verhalten die konkrete Gefahr verursacht.

Im vorliegenden Fall ist der deutsche Fan, der zum Schlag ausholt, eindeutig Verhaltensstörer. Er droht unmittelbar, den neuseeländischen Fan zu verletzen. Somit kann die Polizei gegenüber dem deutschen Fan einschreiten.

(Je nach Sachlage könnte man überlegen, ob auch der neuseeländische Fan als „Gegenpartei" relevant ist. Da dieser aber keine vergleichbare Handlung setzt, richtet sich die Maßnahme in erster Linie gegen den drohenden Aggressor. Im Einzelfall könnte die Polizei zur Verhinderung gegenseitiger Provokation prüfen, ob beiden Beteiligten ein Platzverweis erteilt werden soll, wobei das Handeln des neuseeländischen Fans hier nicht ersichtlich die konkrete Gefahr auslöst.)

3. Erforderlichkeit der Platzverweisung zum Schutz des gefährdeten Rechtsguts

§ 34 PolG NRW erlaubt die Platzverweisung, wenn sie zur Abwehr der konkreten Gefahr erforderlich ist. „Erforderlich" bedeutet in diesem Zusammenhang, dass die Maßnahme geeignet und das mildeste Mittel ist, um den drohenden Schaden abzuwenden oder zu unterbinden.

- Geeignetheit: Eine Platzverweisung würde den deutschen Fan zumindest räumlich vom Ort der Gefahr trennen und eine erneute Eskalation erschweren. Der drohende Angriff könnte so verhindert werden.
- Mildestes Mittel: Es ist zu prüfen, ob es ein milderes, gleich wirksames Mittel gibt, das die Gefahr gleichermaßen minimieren könnte (z.B. eine einfache Ansprache oder Ermahnung). Angesichts der bereits extrem aufgeheizten Stimmung und des konkreten Schlages in Aussicht scheint jedoch die reine Ermahnung nicht hinreichend wirksam. Auch die Möglichkeit einer Ingewahrsamnahme nach § 35 PolG NRW besteht, wenn eine sofortige Unterbindung der Gefahr erforderlich ist (z.B. bei Wiederholungsgefahr oder wenn nicht auszuschließen ist, dass nach einer bloßen Ansprache der Schlag tatsächlich erfolgt). Eine Platzverweisung gilt in der Regel als milderes Mittel gegenüber der Ingewahrsamnahme und wäre daher vorzugswürdig, sofern davon auszugehen ist, dass der Gefährder durch das Verlassen der Örtlichkeit keinen Angriff mehr ausüben kann.
- Zeitliche Begrenzung: Nach § 34 Abs. 1 S. 1 PolG NRW kann die Maßnahme vorübergehend oder, wenn eine Gefahr für ein bedeutendes Rechtsgut besteht, auch für längere Zeit verhängt werden. Zu beachten ist, dass eine mehrmonatige Verbotsverfügung nur in Ausnahmefällen ausgesprochen wird. In einer Akutsituation – wie hier – wird zumeist eine sofortige, zeitlich begrenzte Platzverweisung (z.B. für den restlichen Tag des Sportfestivals) in Betracht kommen.

Angesichts der Gefahr, die von dem deutschen Fan ausgeht, ist eine Platzverweisung voraussichtlich erforderlich, um den drohenden Angriff auf die körperliche Unversehrtheit zu verhindern.

III. Rechtsfolge: Ermächtigungsrahmen

Gemäß § 34 PolG NRW kann die Polizei eine Person der Örtlichkeit verweisen (Platzverweisung) oder ihr das Betreten verbieten (Aufenthalts- bzw. Rückkehrverbot). Es handelt sich um eine Kann-Bestimmung, die der Polizei ein Ermessen einräumt. Im Regelfall ist dies ein Eingriff in die allgemeine Handlungsfreiheit (Art. 2 Abs. 1 GG). Darüber hinaus kann die Platzverweisung eine mittelbare Beeinträchtigung der Versammlungsfreiheit (Art. 8 GG) darstellen, wenn es sich um eine Veranstaltung mit öffentlichem Charakter handelt. Allerdings steht hier nicht die Teilnahme an einer Versammlung im Vordergrund, sondern ein Sportfest.

Die Schwelle für einen Eingriff in diese Grundrechte ist durch die drohende Körperverletzung gerechtfertigt, sofern die Maßnahme verhältnismäßig ist (Art. 20 Abs. 3 GG).

IV. Ermessensausübung und Verhältnismäßigkeit

Bei der Ermessensausübung ist insbesondere das Übermaßverbot (Grundsatz der Verhältnismäßigkeit) zu beachten:

1. Legitimer Zweck

Der Schutz der körperlichen Unversehrtheit ist unzweifelhaft ein legitimer Zweck polizeilichen Handelns.

2. Geeignetheit

Wie oben dargelegt, ist die Platzverweisung geeignet, die unmittelbar drohende Auseinandersetzung zu unterbinden.

3. Erforderlichkeit

Als weniger einschneidende Alternative böte sich allenfalls eine mündliche Verwarnung an. Angesichts der aufgeheizten Situation und der direkt drohenden Gewalt könnte diese kaum hinreichend sein, um die Gefahr zu beseitigen. Eine Ingewahrsamnahme wäre zwar ebenfalls denkbar (§ 35 PolG NRW), aber noch einschneidender. Daher stellt sich die Platzverweisung als das in dieser Situation mildere, aber immer noch effektive Mittel dar – vorausgesetzt, dass die Person den Ort tatsächlich verlässt und nicht erneut zurückkehrt.

4. Angemessenheit

Bei der Abwägung zwischen dem Eingriff in das Freiheitsrecht des Betroffenen und dem Schutz der körperlichen Unversehrtheit des potenziellen Opfers überwiegt in der Regel das Interesse am Schutz vor gewalttätigen Übergriffen. Auch das öffentliche Interesse an einem störungsfreien Verlauf des Sportfestivals ist wesentlich. Der Betroffene hätte zwar eine – wenn auch kurzfristige – Einschränkung seiner Bewegungsfreiheit hinzunehmen, doch ist dies aufgrund der akuten Gefahr als angemessen anzusehen.

Ermessensfehler sind nicht erkennbar, wenn die Polizei – nach pflichtgemäßem Ermessen – davon ausgeht, dass nur durch die Platzverweisung eine eskalierende Gewaltanwendung verhindert werden kann.

V. Ergebnis

Auf Grundlage von § 34 PolG NRW liegt eine konkrete Gefahr für die öffentliche Sicherheit vor, da ein tätlicher Angriff durch den deutschen Fan mit geballter Faust unmittelbar droht. Die Maßnahme richtet sich zu Recht an den Verantwortlichen (Handlungsstörer). Eine Platzverweisung ist geeignet, erforderlich und angemessen, um die Gefahr zu unterbinden. Ermessenstechnisch ist sie zudem eine nachvollziehbare Reaktion.

Fazit: Eine Platzverweisung gemäß § 34 PolG NRW darf hier rechtmäßig erlassen werden. Sie ist das mildeste und effektivste polizeirechtliche Mittel, um die drohende Körperverletzung des neuseeländischen Fans zu verhindern.

Literaturverzeichnis

Abraham, Anna: The neuroscience of creativity, Cambridge (Großbritannien)/New York (USA)/Port Melbourne (Australien)/New Delhi (Indien) 2018.

Adrian, Axel: Der Richterautomat ist möglich, Semantik ist nur eine Illusion, Rechtstheorie 2017, S. 77 ff.

Aleinikoff, T. Alexander: Constitutional Law in the Age of Balancing, The Yale Law Journal 1987, S. 943 ff.

Alexy, Robert: Theorie der juristischen Argumentation. Die Theorie des rationalen Diskurses als Theorie der juristischen Begründung, Frankfurt am Main 1983, zitiert nach 10. Aufl. 2021.

Alexy, Robert: Theorie der Grundrechte, Frankfurt am Main 1985, zitiert nach 1. Aufl.

Alpaydin, Ethem: Maschinelles Lernen, 3. Aufl., Berlin 2022.

Alter, Maximilian: Grenzziehung und Grenzüberschreitung: Zu lageabhängigen Personenkontrollen nach § 22 I a BPolG, NVwZ 2015, S. 1567 ff.

Ametsbichler, Eva: Rechtliche Fragestellungen beim Einsatz von „Smart-Home"-Technologie, InTeR 2019, S. 169 ff.

Anzinger, Heribert: Möglichkeiten der Digitalisierung des Rechts, in: Hey, Johanna (Hrsg.), Digitalisierung im Steuerrecht, Köln 2019, S. 15 ff.

Art. 29 Datenschutzgruppe: Leitlinien für Transparenz gemäß der Verordnung 2016/679, https://www.datenschutzstelle.li/application/files/8615/3674/8612/wp260rev01_de.pdf, Internetdokument, zuletzt geprüft am 17. 1. 2026.

Aupperle, Astrid/*Langkabel*, Thomas/*Ramsauer*, Katharina: Künstliche Intelligenz, Assistenz oder Konkurrenz in der zukünftigen Verwaltung?, https://initiatived21.de/uploads/03_Studien-Publikationen/Denkimpulse-Ethik/05-ki-verwaltung/d21-denkimpuls-ethik05-KI-Verwaltung.pdf, Internetdokument, zuletzt geprüft am 17. 1. 2026.

Babucke, Lea/*Kroner* Philip: Künstliche Intelligenz und Strafrecht – Ermittlungsrisiken aufgrund KI-Washings, NZWiSt 2024, S. 174 ff.

Bäcker, Matthias/*Denninger*, Erhard/*Lisken*, Hans (Hrsg.): Handbuch des Polizeirechts, 7. Aufl., München 2021.

Bader, Johann: Die Ergänzung von Ermessenserwägungen im verwaltungsgerichtlichen Verfahren, NVwZ 1999, S. 120 ff.

Bader, Johann/*Bundschuh*, Matthias/*Dittrich*, Lars/*Funke-Kaiser*, Michael/*Mardfeldt*, Daniel/*Neumann*, Felix/*Stuhlfauth*, Thomas (Hrsg.): Verwaltungsgerichtsordnung, Kommentar, 9. Aufl., Heidelberg 2026.

Bader, Johann/*Ronellenfitsch*, Michael (Hrsg.): Beck'scher Online Kommentar zum VwVfG, Loseblatt, München 2025.

Bak, Peter Michael: Lernen, Motivation und Emotion. Allgemeine Psychologie II – das Wichtigste, prägnant und anwendungsorientiert, Berlin/Heidelberg 2019.

Balkow, Corinna/*Eckhardt*, Irina: Transparenz und Nachvollziehbarkeit algorithmischer Systeme, https://initiatived21.de/app/uploads/2019/06/algomon_denkimpuls_transparenz_190620.pdf, Internetdokument, zuletzt geprüft am 17. 1. 2026.

Balkow, Corinna/*Eckhardt*, Irina: Verantwortung für algorithmische Systeme, https://initiatived21.de/app/uploads/2019/11/algomon_denkimpuls_verantwortung_191118.pdf, Internetdokument, zuletzt geprüft am 17. 1. 2026.

Ballestrem, Johannes/*Bär*, Ulrike/*Gausling*, Tina/*Hack*, Sebastian/*von Oelffen*, Sabine: Künstliche Intelligenz, Rechtsgrundlagen und Strategien in der Praxis, Wiesbaden 2020.

Barczak, Tristan: Algorithmus als Arkanum. Zu Staatsgeheimnissen im Digitalzeitalter und normativen Fundamenten einer Digitalordnung, DÖV 2020, S. 997 ff.

Bartels, Horst: Die Anhörung Beteiligter im Verwaltungsverfahren, dargestellt anhand von § 24 SGB X, Berlin 1985.

Barton, Thomas/*Müller*, Christian: Künstliche Intelligenz in der Anwendung, Wiesbaden 2020.

Basler, Daniel: Neuronale Netze mit C# programmieren. Mit praktischen Beispielen für Machine Learning im Unternehmenseinsatz, München 2021.

Bäuerle, Michael: Automatisierte und KI-gesteuerte Datenverarbeitung und -analyse bei den Sicherheitsbehörden, Perspektiven und Grenzen sicherheitsbehördlicher „Datafizierung", ZD 2025, S. 128 ff.

Beck, Susanne: Diskriminierung durch Künstliche Intelligenz, ZRP 2019, S. 185.

Becker, Daniel/*Feuerstack*, Daniel: Die EU-KI-Verordnung, Überblick und Bewertung der finalen Fassung der KI-VO, KIR 2024, S. 62 f.

Beirat Verwaltungsverfahrensrecht beim BMI: Automatisiert erlassene Verwaltungsakte und Bekanntgabe über Internetplattformen. Fortentwicklung des Verfahrensrechts im Zeichen der Digitalisierung: Wie können rechtsstaatliche Standards gewahrt werden?, NVwZ 2015, S. 1114 ff.

Belz, Reiner/*Mußmann*, Eike/*Kahlert*, Henning/*Sander*, Gerald G.: Polizeigesetz für Baden-Württemberg, Kommentar, 9. Aufl., Stuttgart/München/Hannover/Berlin/Weimar/Dresden 2022.

Bender, Magnus: Automatisierte Verarbeitung natürlicher Sprache im Kontext von KI-Modellen, Transformer-Architektur als Grundbaustein großer Sprachmodelle, KIR 2025, S. 3 f.

Berger, Ariane: Der automatisierte Verwaltungsakt. Zu den Anforderungen an eine automatisierte Verwaltungsentscheidung am Beispiel des § 35a VwVfG, NVwZ 2018, S. 1260 ff.

Berger, Ariane: Brauchen wir ein neues Verwaltungsrecht? Funktionalität, Grundrechtsschutz, Teilhabe und Rechtsschutz im vollautomatisierten Verwaltungsverfahren, DVBl 2019, S. 1234 ff.

Bernhart, Christof: Regeln der Jurisprudenz. Die Grundsätze und Methoden der Rechtswissenschaft als professionelle Standards, Berlin 2008.

Beuth, Patrick: Twitter-Nutzer machen Chatbot zur Rassistin, http://www.zeit.de/digital/internet/2016-03/microsoft-tay-chatbot-twitter-rassistisch, Internetdokument, zuletzt geprüft am 17.1.2026.

Bewarder, Manuel/*Mumme*, Thorsten: Köln zeigt, was der Polizei am meisten fehlt, https://www.welt.de/politik/deutschland/article150819824/Koeln-zeigt-was-der-Polizei-am-meisten-fehlt.html, Internetdokument, zuletzt geprüft am 17.1.2026.

Bieback, Karl-Jürgen: Die Mitwirkung der Beschäftigten in der öffentlichen Verwaltung. Untersucht am Beispiel der öffentlichen Verwaltung durch personale Dienstleistungen, Berlin 1983.

Birkholz, Marco: Mensch oder KI, Rechtsanwendung oder Rechtsfindung?, KIR 2024, S. 91 ff.

Birner, Helmut: Verwaltungsautomatisierung nach dem Gesetz zur Modernisierung des Besteuerungsverfahrens, Berlin 2023.

Birska, Sylwia/*Röver*, Timo: Künstliche Intelligenz in der Prävention, ARP 2024, S. 21 ff.

Bitkom/DFKI: Künstliche Intelligenz, Wirtschaftliche Bedeutung, gesellschaftliche Herausforderungen, menschliche Verantwortung, https://www.dfki.de/fileadmin/user_upload/import/9744_171012-KI-Gipfelpapier-online.pdf, Internetdokument, zuletzt geprüft am 17.1.2026.

Böckstiegel, Karl-Heinz: Umwelt und Recht. Falsche Programmierung von Staat und Recht?, NJW 1968, S. 1767 ff.

Bolek-Fügl, Gabriele: Was ist KI und wie unterscheiden sich Datenwissenschaft und Datenanalytik?, in: Windholz, Natascha (Hrsg.), Praxishandbuch KI-VO, München 2025, S. 1 ff.

Bonde, Friedrich August: Das verwaltungsrechtliche Ermessen und die Struktur der Ermessensfehler, Hamburg 1969.

Böning, Fabiola/*Schindler*, Stephan: Verbotene Praktiken im KI-Bereich – Wann ist was verboten?, ZD-Aktuell 2024, 01793.

Borges, Georg: Der Begriff des KI-Systems. Tatbestandsmerkmale und Auslegungsansätze, CR 2023, S. 706 ff.

Borges, Georg: Die europäische KI-Verordnung (AI Act). Teil 1. Überblick. Anwendungsbereich und erste Einschätzung, CR 2024, S. 497 ff.

Borges, Georg: Die europäische KI-Verordnung (AI Act). Teil 2. Risikomanagement für Hochrisiko-KI-Systeme, CR 2024, S. 565 ff.

Borges, Georg: Die europäische KI-Verordnung (AI Act). Teil 3. Transparenzpflichten, Durchsetzung, Gesamtbewertung, CR 2024, S. 633 ff.

Borowski, Martin: Die rechtliche Abwägung, in: Lübbe, Weyma/Grosse-Wilde, Thomas (Hrsg.), Abwägung, Paderborn 2022, S. 267–284.

Bortnikov, Vyacheslav/*Dukart*, Juergen: Informationelle Selbstbestimmung und KI. Datenschutzrechtliche Anforderungen an die Transparenz von KI, ZD 2024, S. 558 ff.

Braun Binder, Nadja: Vollautomatisierte Verwaltungsverfahren im allgemeinen Verwaltungsverfahrensrecht? Der Gesetzesentwurf zur Modernisierung des Besteuerungsverfahrens als Vorbild für vollautomatisierte Verwaltungsverfahren nach dem VwVfG, NVwZ 2016, S. 960 ff.

Braun Binder, Nadja: Vollständig automatisierter Erlass eines Verwaltungsaktes und Bekanntgabe über Behördenportale, DÖV 2016, S. 891 ff.

Braun Binder, Nadja: Künstliche Intelligenz und automatisierte Entscheidungen in der öffentlichen Verwaltung, SJZ 2019, S. 467 ff.

Braun Binder, Nadja/*Egli*, Catherine: Umgang mit Hochrisiko-KI-Systemen in der KI-VO. Strenge Anforderungen der Art. 8–15 KI-VO, MMR 2024, S. 626 ff.

Bräutigam, Peter/*Klindt*, Thomas: Industrie 4.0, das Internet der Dinge und das Recht, NJW 2015, S. 1137 ff.

Bredemeier, Barbara: Kommunikative Verfahrenshandlungen im deutschen und europäischen Verwaltungsrecht, Tübingen 2007.

Brendle-Weith, Anne-Katrin: Datenhandel im Rahmen der Datenschutzgrundverordnung, VuR 2018, S. 331 ff.

Britz, Gabriele: Die Mitwirkung Privater an der Wahrnehmung öffentlicher Aufgaben durch Einrichtungen des öffentlichen Rechts. Verwaltungsorganisation zwischen Legitimationserfordernis und Rationalisierungswunsch, VerwArch 2000, S. 418 ff.

Britz, Gabriele: Einzelfallgerechtigkeit versus Generalisierung, Verfassungsrechtliche Grenzen statistischer Diskriminierung, Tübingen 2008.

Bronner, Pascal: Risikoklassifizierung, Risikobewertung und Risikominimierung nach der KI-Verordnung. Eine erste Analyse des risikobasierten Regulierungsansatzes der KI-VO, KIR 2024, S. 55 ff.

Buchalik, Barbara/*Gehrmann*, Mareike Christine: Von Nullen und Einsen zu Paragraphen: Der AI Act, ein Rechtscode für Künstliche Intelligenz. Der horizontale und risikobasierte Ansatz für Produktsicherheitsaspekte von KI-Systemen und Allzweck-KI, CR 2024, S. 145 ff.

Buchholtz, Gabriele/*Scheffel-Kain*, Martin: Algorithmen und Proxy Discrimination in der Verwaltung: Vorschläge zur Wahrung digitaler Gleichheit, NVwZ 2022, S. 612 ff.

Buckler, Julius: Neustart für die Verwaltungsdigitalisierung im Bundesstaat, DÖV 2025, S. 9 ff.

Bull, Hans Peter: Verwaltung durch Maschinen. Rechtsprobleme der Technisierung der Verwaltung, Köln/Berlin 1964.

Bull, Hans Peter: Der „vollständig automatisiert erlassene" Verwaltungsakt. Zur Begriffsbildung und rechtlichen Einhegung von „E-Government", DVBl 2017, S. 409 ff.

Bull, Hans Peter: Digitalisierung als Politikziel Teil 2. Politisch-praktische Fragen der Verwaltungsautomation, CR 2019, S. 547 ff.

Bull, Hans Peter: Über die rechtliche Einbindung der Technik. Juristische Antworten auf Fragen der Technikentwicklung, Der Staat 2019, S. 57 ff.

Bundesamt für Sicherheit und Informationstechnik: Cloud Computing Grundlagen, https://www.bsi.bund.de/DE/Themen/Unternehmen-und-Organisationen/Informationen-und-Emp

fehlungen/Empfehlungen-nach-Angriffszielen/Cloud-Computing/Grundlagen/grundlagen_node.html, Internetdokument, zuletzt geprüft am 17. 1. 2026.

Bundeskriminalamt: Neue Technologien im Polizeibereich, Technisches Entwicklungs- und Servicezentrum, Innovative Technologien (KI 2 – TESIT), https://www.bka.de/SharedDocs/Downloads/DE/UnsereAufgaben/Ermittlungsunterstuetzung/Technologien/ki2Flyer.pdf?__blob=publicationFile&v=1, Internetdokument, zuletzt geprüft am 17. 1. 2026.

Bundesministerium der Verteidigung: Klar geregelt: Der Weg von der Gesetzesvorlage zum Kabinettsbeschluss, https://www.bmvg.de/de/service/gesetze-und-verordnungen/weg-von-der-gesetzesvorlage-zum-kabinettsbeschluss-3713374, Internetdokument, zuletzt geprüft am 17. 1. 2026.

Bundesministerium des Innern und für Heimat: Gesetzgebungsverfahren, https://www.bmi.bund.de/DE/themen/verfassung/gesetzgebung/gesetzgebungsverfahren/gesetzgebungsverfahren-node.html, Internetdokument, zuletzt geprüft am 17. 1. 2026.

Bundesministerium des Innern und für Heimat: Verwaltungsmodernisierung, https://www.bmi.bund.de/DE/themen/moderne-verwaltung/verwaltungsmodernisierung/verwaltungsmodernisierung-node.html, Internetdokument, zuletzt geprüft am 17. 1. 2026.

Bundesministerium für Wirtschaft und Energie (BMWi): ...mit Drohnen, Unbemanntes Fliegen im Dienst von Mensch, Natur und Gesellschaft 2019. Online verfügbar unter https://www.publikationen-bundesregierung.de/pp-de/publikationssuche/-mit-drohnen-unbemanntes-fliegen-im-dienst-von-mensch-natur-und-gesellschaft-1649848, Internetdokument, zuletzt geprüft am 17. 1. 2026.

Bundesregierung: Stellungnahme, zum Weißbuch zur Künstlichen Intelligenz – ein europäisches Konzept für Exzellenz und Vertrauen COM (2020) 65 final, https://www.ki-strategie-deutschland.de/files/downloads/Stellungnahme_BReg_Weissbuch_KI.pdf, Internetdokument, zuletzt geprüft am 17. 1. 2026.

Bünte, Claudia: Die chinesische KI-Revolution, Konsumverhalten, Marketing und Handel: Wie China mit Künstlicher Intelligenz die Wirtschaftswelt verändert, Wiesbaden 2020.

Bünte, Oliver: Polizeiroboter verfolgt Kriminelle auf einem Rad, https://www.heise.de/news/Kriminalitaetsbekaempfung-Chinesische-Polizei-testet-runden-autonomen-Roboter-10198109.html, Internetdokument, zuletzt geprüft am 17. 1. 2026.

Büro für Technikfolgenabschätzung beim Deutschen Bundestag: Emotionserkennung mittels künstlicher Intelligenz, Perspektiven und Grenzen von Technologien zur Analyse von Gesichtsbewegungen, https://www.bundestag.de/resource/blob/848996/b0a0e4dc737c35ee2626cdf2ffc8d31d/Themenkurzprofil-048-data.pdf, Internetdokument, zuletzt geprüft am 17. 1. 2026.

Busche, Daniel: Staatliche Verantwortungsübernahme beim hoheitlichen EInsatz intransparenter Algorithmen, DÖV 2022, S. 899 ff.

Busche, Daniel: Verwaltungsautomation 2.0, Berlin 2023.

Busche, Daniel: Algorithmenbasierte Risikoerkennung, Potential und Grenzen des staatlichen Einsatzes, AöR 2024, S. 207 ff.

Buttarelli, Giovanni: Opinion 6/2015, A further step towards comprehensive EU data protection, EDPS recommendations on the Directive for data protection in the police and justice sectors, https://edps.europa.eu/sites/edp/files/publication/15-10-28_directive_recommendations_en.pdf, Internetdokument, zuletzt geprüft am 17. 1. 2026.

Buxmann, Peter/*Schmidt*, Holger: Künstliche Intelligenz, 2. Aufl., Berlin/Heidelberg 2021.

Bydlinski, Franz: Juristische Methodenlehre und Rechtsbegriff, 2. Aufl., Wien (Österreich) 1991, zitiert nach Nachdruck 2011.

Calliess, Christian/*Ruffert*, Matthias (Hrsg.): EUV AEUV, Kommentar, 6. Aufl., München 2022.

Canaris, Claus-Wilhelm: Die Feststellung von Lücken im Gesetz. Eine methodologische Studie über Voraussetzungen und Grenzen der richterlichen Rechtsfortbildung praeter legem, 2. Aufl., Berlin 1983.

Canaris, Claus-Wilhelm: Systemdenken und Systembegriff in der Jurisprudenz, Entwickelt am Beispiel des deutschen Privatrechts, 2. Aufl., Berlin 1983.

Chibanguza, Kuuya/*Kuß*, Christian/*Steege*, Hans (Hrsg.): Künstliche Intelligenz, Baden-Baden 2021.

Chibanguza, Kuuya/*Steege*, Hans: Die KI-Verordnung – Überblick über den neuen Rechtsrahmen, NJW 2024, S. 1769 ff.

Christaller, Thomas: Robotik, Perspektiven für menschliches Handeln in der zukünftigen Gesellschaft, Berlin/Heidelberg 2001.

Christensen, Ralph/*Lerch*, Kent D.: Dass das Ganze das Wahre ist, ist nicht ganz unwahr, JZ 2007, S. 437 ff.

Cole, Tim: Erfolgsfaktor Künstliche Intelligenz. KI in der Unternehmenspraxis: Potenziale erkennen – Entscheidungen treffen, München 2020.

Commission expert group: Minutes of the meeting of the Commission expert group on the Regulation (EU) 21016/679 and Directive EU 21016/680, https://ec.europa.eu/transparency/expert-groups-register/screen/meetings/consult?lang=en&meetingId=31754&fromExpertGroups=true, Internetdokument, zuletzt geprüft am 17. 1. 2026.

Coombe, Jason: Die Fehlbewertung der nachträglichen biometrischen Fernidentifizierung in der KI-VO, GSZ 2024, S. 262 ff.

Coombe, Jason/*Roth-Isigkeit*, David: Biometrische Fernidentifizierung im Spiegel der KI-Verordnung. Inhalt und Ziele der neuen Regulierung und Regelungsoptionen für den nationalen Gesetzgeber bei biometrischen Systemen, ZfDR 2024, S. 391 ff.

Cornelius, Andrea: Künstliche Intelligenz, Entwicklungen, Erfolgsfaktoren und Einsatzmöglichkeiten, Freiburg im Breisgau 2019.

Cremer, Hendrik: Das Verbot rassistischer Diskriminierung nach Art. 3 Abs. 3 GG. Ein Handlungsfeld für die anwaltliche Praxis am Beispiel von „Racial Profiling", AnwBl 2013, S. 896 ff.

Cremer, Hendrik: „Racial Profiling" – Menschenrechtswidrige Personenkontrollen nach § 22 Abs. 1a Bundespolizeigesetz, https://www.institut-fuer-menschenrechte.de/publikationen/detail/racial-profiling-menschenrechtswidrige-personenkontrollen-nach-22-abs-1-a-bundespolizeigesetz, Internetdokument, zuletzt geprüft am 17. 1. 2026.

Cremer, Wolfram: Freiheitsgrundrechte, Funktionen und Strukturen, Tübingen 2003.

Da Afonso Silva, Virgilio: Der Vergleich des Inkommensurablen, Prinzipien, Abwägung und rationale Entscheidung, in: Klatt, Matthias (Hrsg.), Prinzipientheorie und Theorie der Abwägung, Tübingen 2022, S. 236 ff.

Daiber, Birgit: Verhältnismäßigkeit im engeren Sinne, JA 2020, S. 37 ff.

Danaher, John: The Threat of Algocracy: Reality, Resitance and Accommodation, Philosophy & Technology 2016, S. 245 ff.

Danziger, Shai/*Levav*, Jonathan/*Avnaim-Pesso*, Liora: Extraneous factors in judicial decisions, PNAS 2011, S. 6889 ff.

Darnstädt, Thomas: Gefahrenabwehr und Gefahrenvorsorge. Eine Untersuchung über Struktur und Bedeutung der Prognose-Tatbestände im Recht der öffentlichen Sicherheit und Ordnung, Frankfurt am Main 1983.

Datenschutzaufsichtsbehörden: Hambacher Erklärung zur Künstlichen Intelligenz, Sieben datenschutzrechtliche Anforderungen, https://www.datenschutzkonferenz-online.de/media/en/20190405_hambacher_erklaerung.pdf, Internetdokument, zuletzt geprüft am 17. 1. 2026.

Dederer, Hans-Georg: Korporative Staatsgewalt. Integration privat organisierter Interessen in die Ausübung von Staatsfunktionen; zugleich eine Rekonstruktion der Legitimationsdogmatik, Tübingen 2004.

Degrandi, Benno: Die automatisierte Verwaltungsverfügung, Zürich (Schweiz) 1977.

Denninger, Erhard/*Lisken*, Hans (Hrsg.): Handbuch des Polizeirechts, 7. Aufl., München 2021.

Dettling, Heinz-Uwe: Künstliche Intelligenz und digitale Unterstützung ärztlicher Entscheidungen in Diagnostik und Therapie. Arzt-, arzeimittel- und medizinproduktrechtliche Aspekte, PharmR 2019, S. 633 ff.

Dettling, Heinz-Uwe/*Krüger*, Stefan: Digitalisierung, Algorithmisierung und Künstliche Intelligenz im Pharmarecht, PharmR 2018, S. 513 ff.

Dettling, Heinz-Uwe/*Krüger*, Stefan: Erste Schritte im Recht der Künstlichen Intelligenz, Entwurf der „Ethik-Leitlinien für eine vertrauenswürdige KI“, MMR 2019, S. 211 ff.

Deutsche Presseagentur: Ruhestand für Kommissar Computer. Ein Opfer des eigenen Erfolgs?, https://www.allgaeuer-zeitung.de/bayern/meinungen-zum-ende-von-precobs-in-bayern_arid-340267, Internetdokument, zuletzt geprüft am 17. 1. 2026.

Deutsches Forschungszentrum für Künstliche Intelligenz: Künstliche Intelligenz kann polizeiliche Arbeit unterstützen, https://www.dfki.de/web/news/transferlab-kiforpol, Internetdokument, zuletzt geprüft am 17. 1. 2026.

Diederich, Adele: A dynamic model for multi-attribute decision problems, in: Caverni, Jean-Paul (Hrsg.), Contributions to decision making, Amsterdam (Niederlande) 1995, S. 175 ff.

Dienes, Jennifer/*Becker*, Maximilian: Anforderungen an die menschliche Aufsicht über Künstliche Intelligenz. Verständnis als Kernelement des Art. 14 KI-VO, MMR 2024, S. 456 ff.

Di Fabio, Udo: Entscheidungsprobleme der Risikoverwaltung. Dargestellt am Beispiel des LImschG Nordrhein-Westfalen, NuR 1991, S. 353 ff.

Digitales Wörterbuch der deutschen Sprache: „Erlass“, https://www.dwds.de/wb/Erlass, Internetdokument, zuletzt geprüft am 17. 1. 2026.

Digitales Wörterbuch der deutschen Sprache: „Mund“, https://www.dwds.de/wb/Mund, Internetdokument, zuletzt geprüft am 17. 1. 2026.

Digitales Wörterbuch der deutschen Sprache: „Tribüne“, https://www.dwds.de/wb/Trib%C3%BCne, Internetdokument, zuletzt geprüft am 17. 1. 2026.

Dilling, Johannes/*Musiol*, Philip: KI-Verordnung und interne Ermittlungen, CCZ 2024, S. 257 ff.

Djeffal, Christian: Das Internet der Dinge und die öffentliche Verwaltung. Auf dem Weg zum automatisierten Smart Government?, DVBl 2017, S. 808 ff.

Djeffal, Christian: Normative Leitlinien für künstliche Intelligenz in Regierung und öffentlicher Verwaltung, in: Mohabbat Kar, Resa/Thapa, Basanta/Parycek, Peter (Hrsg.), (Un)Berechenbar? Algorithmen und Automatisierung in Staat und Gesellschaft 2018, S. 493 ff.

Djeffal, Christian/*Richter*, Ulf: KI in der Verwaltung, Wissenschaft & Management 2024 (Heft 2), S. 10 ff.

Dollinger, Jonathan: Folgenabschätzungen für Verwaltungs-Algorithmen, Tübingen 2023.

Dolzer, Rudolf: Zum Begründungsgebot im geltenden Verwaltungsrecht, DÖV 1985, S. 9 ff.

Dörner, Dietrich: Problemlösen als Informationsverarbeitung, Stuttgart 1976.

Dregelies, Max: KI-Training unter dem AI Act, GRUR 2024, S. 1484 ff.

Dreier, Horst (Hrsg.): Grundgesetz Kommentar, Bd. 1, 3. Aufl., Tübingen 2013.

Dreier, Horst (Hrsg.): Grundgesetz, Kommentar, Bd. 2, 3. Aufl., Tübingen 2015.

Dreier, Horst (Hrsg.): Grundgesetz Kommentar, Bd. 1, 4. Aufl., Tübingen 2023.

Drohla, Jeannine: Hautfarbe als Auswahlkriterium für verdachtsunabhängige Polizeikontrollen?, ZAR 2012, S. 411 ff.

Duden: „Erlass“, https://www.duden.de/rechtschreibung/Erlass, Internetdokument, zuletzt geprüft am 17. 1. 2026.

Duden: „Mund“, https://www.duden.de/rechtschreibung/Mund_Lippen, Internetdokument, zuletzt geprüft am 17. 1. 2026.

Duden: „Tribüne“, https://www.duden.de/rechtschreibung/Tribuene, Internetdokument, zuletzt geprüft am 17. 1. 2026.

Dunne, Daisy: The real-life Robocop set to serve and protect in Dubai. Droid will patrol the streets from May and make up a Quarter of the police force by 2030, https://www.dailymail.co.uk/sciencetech/article-4331662/Robocop-set-serve-protect-Dubai-May.html, Internetdokument, zuletzt geprüft am 17. 1. 2026.

Dürig, Günter: Der Grundrechtssatz von der Menschenwürde, AöR 1956, S. 117 ff.

Eberle, Carl-Eugen: Die öffentliche Verwaltung vor den Herausforderungen der Informationsgesellschaft, Die Verwaltung 1987, S. 458 ff.

Ebers, Martin/*Heinze*, Christian/*Krügel*, Tina/*Steinrötter*, Björn (Hrsg.): Künstliche Intelligenz und Robotik, München 2020.

Ebers, Martin/*Quarch*, Benedikt M./*Rode*, Patrick: Auswirkungen der EU KI-VO auf den Einsatz Künstlicher Intelligenz durch Justizbehörden, LTZ 2025, S. 21 ff.

Eckert, Claudia: IT-Sicherheit, Konzepte, Verfahren, Protokolle, 11. Aufl., München/Boston (USA) 2023.

Edenharter, Andrea: Die Digitalisierung als Herausforderung für das Bauchrecht, VerwArch 2020, S. 341 ff.

Edwards, Lilian/*Veale*, Michael: Slave to the Algorithm? Why a „Right to an Explanation" is probably not the remedy you are looking for, https://scholarship.law.duke.edu/dltr/vol16/iss1/2/, Internetdokument, zuletzt geprüft am 17. 1. 2026.

Ehmann, Eugen/*Selmayr*, Martin/*Albrecht*, Jan Philipp/*Baumgartner*, Ulrich/*Bertermann*, Nikolaus/*Braun*, Martin (Hrsg.): DS-GVO, 3. Aufl., München/Wien (Österreich) 2024.

Ehtechami, Parnijan Tina/*Gilch*, Johannes: Genauigkeit, Robustheit und Cybersicherheit. Herausforderungen aus Art. 15 AI Act für den Lebenszyklus von Hochrisiko-KI-Systemen, ZfPC 2024, S. 206 ff.

Eichenhofer, Johannes: Der vollautomatisierte Verwaltungsakt zwischen Effizienz- und Rechtsschutzgebot, DÖV 2023, S. 93 ff.

Eichenhofer, Johannes: Implikationen der „KI-Verordnung" für Verwaltung und Verwaltungsgerichtsbarkeit, DVBl 2024, S. 1519 ff.

Eidenmüller, Horst: Liberaler Paternalismus, JZ 2011, S. 814 ff.

Eifert, Martin: Electronic government. Das Recht der elektronischen Verwaltung, Baden-Baden 2006.

Engisch, Karl: Logische Studien zur Gesetzesanwendung, Heidelberg 1943, zitiert nach 2. Aufl. 1960.

Engisch, Karl: Einführung in das juristische Denken, Stuttgart 1977, zitiert nach 13. Aufl. 2024.

Ensthaler, Jürgen: Künstliche Intelligenz (KI) – einige Gedanken zu den vorhandenen und geplanten Schutzmaßnahmen, InTeR 2024, S. 2 ff.

Epping, Volker/*Hillgruber*, Christian (Hrsg.): Beck'scher Online-Kommentar zum Grundgesetz, Loseblatt, München 2025.

Epstein, Seymour: Integration of the cognitive and the psychodynamic unconscious, American Psychologist 1994, S. 709 ff.

Eriksen, Lisa Wold: Code Reuse in Object Oriented Software Development, How to Develop a Plan for Reuse, https://ntnuopen.ntnu.no/ntnu-xmlui/handle/11250/251004, Internetdokument, zuletzt geprüft am 17. 1. 2026.

Ernst, Christian: Algorithmische Entscheidungsfindung und personenbezogene Daten, JZ 2017, S. 1026 ff.

Ernst, Christian: Die Gefährdung der individuellen Selbstentfaltung durch den privaten Einsatz von Algorithmen, in: Klafki, Anika/Würkert, Felix/Winter, Tina (Hrsg.), Digitalisierung und Recht, Hamburg 2017, S. 63 ff.

Ertel, Wolfgang: Grundkurs Künstliche Intelligenz, Eine praxisorientierte Einführung, 6. Aufl., Wiesbaden/Heidelberg 2025.

Esken, Saskia: Algorithmen: Eine (Gestaltungs-)Aufgabe für Politik?, in: Mohabbat Kar, Resa/Thapa, Basanta/Parycek, Peter (Hrsg.), (Un)Berechenbar? Algorithmen und Automatisierung in Staat und Gesellschaft 2018, S. 542 ff.

Esser, Josef: Grundsatz und Norm in der richterlichen Fortbildung des Privatrechts, Rechtsvergleichende Beiträge zur Rechtsquellen- und Interpretationslehre, Tübingen 1964, zitiert nach 4. Aufl. 2022.

Esser, Josef: Vorverständnis und Methodenwahl in der Rechtsfindung, Rationalitätsgrundlagen richterlicher Entscheidungspraxis, Frankfurt am Main 1972.

Etscheid, Jan, Automatisierungspotenziale in der Verwaltung, in: Mohabbat Kar, Resa/Thapa, Basanta/Parycek, Peter (Hrsg.), (Un)Berechenbar? Algorithmen und Automatisierung in Staat und Gesellschaft 2018, S. 126 ff.

Europäische Kommission: KOM(2012) 10 endgültig, Vorschlag für JI-Richtlinie, https://eur-lex.europa.eu/legal-content/EN/TXT/?uri=COM%3A2012%3A0010%3AFIN, Internetdokument, zuletzt geprüft am 17. 1. 2026.

Europäische Kommission: COM(2018) 237 final, Mitteilung der Kommission, Künstliche Intelligenz für Europa, https://eur-lex.europa.eu/legal-content/DE/TXT/?uri=COM%3A2018%3A237%3AFIN, Internetdokument, zuletzt geprüft am 17. 1. 2026.

Europäische Kommission: COM(2021) 206 final, Vorschlag für eine Verordnung des Europäischen Parlaments und des Rates. Zur Festlegung harmonisierter Vorschriften für Künstliche Intelligenz, https://eur-lex.europa.eu/resource.html?uri=cellar:e0649735-a372-11eb-9585-01aa75ed71a1.0019.02/DOC_1&format=PDF, Internetdokument, zuletzt geprüft am 17. 1. 2026.

Europäische Kommission: Weissbuch zur Künstlichen Intelligenz, ein europäisches Konzept für Exzellenz und Vertrauen, https://eur-lex.europa.eu/legal-content/DE/TXT/PDF/?uri=CELEX:52020DC0065&from=EN, Internetdokument, zuletzt geprüft am 17. 1. 2026.

Fadavian, Benjamin: Chancen und Grenzen der algorithmischen Verwaltung im demokratischen Verfassungsstaat, in: Mohabbat Kar, Resa/Thapa, Basanta/Parycek, Peter (Hrsg.), (Un)Berechenbar? Algorithmen und Automatisierung in Staat und Gesellschaft 2018, S. 294 ff.

Fehling, Michael: Perspektiven der Digitalisierung im deutschen Verwaltungsrecht, DÖV 2025, S. 321 ff.

Fehling, Michael/*Kastner*, Berthold/*Störmer*, Rainer (Hrsg.): Verwaltungsrecht, Kommentar, 5. Aufl., Baden-Baden 2021.

Fernandez-Caballero, Antonio/*Gonzalez*, Pascual/*Lopez*, Maria/*Navarro*, Elena: Socio-Cognitive and Affective Computing, Basel (Schweiz) 2018.

Fettke, Peter: Umsatzsteuer, Zoll und Künstliche Intelligenz – Eine Einführung, MwStR 2018, S. 463 ff.

Fikentscher, Wolfgang: Methoden des Rechts in vergleichender Darstellung, Bd. 4, Tübingen 2009.

Flachaire, Emmanuel/*Hue*, Sullivan/*Laurent*, Sebastien/*Hacheme*, Gilles: Interpretable Machine Learning Using Partial Linear Models, Oxford Bulletin of Economics ans statistivs 2024, S. 519 ff.

Fong, Ruth C./*Vedaldi*, Andrea: Interpretable Explanations of Black Boxes by Meaningful Perturbation, https://arxiv.org/abs/1704.03296, Internetdokument, zuletzt geprüft am 17. 1. 2026.

Formica-Schiller, Nicole: Künstliche Intelligenz und Blockchain im Gesundheitswesen. Wie COVID-19 und zukunftsweisende Technologien den Status quo revolutionieren, München 2021.

Franke, Bernhard/*Schlenzka*, Nathalie: Diskriminierung aufgrund der ethnischen Herkunft und rassistische Diskriminierung im Spiegel von Daten und Rechtsprechung, ZAR 2019, S. 179 ff.

Fraunhofer Institut: Privatsphäre und Datenschutz – dank intelligenter Videoüberwachung, https://www.iosb.fraunhofer.de/de/presse/presseinformationen/2018/privatsphaere-und-datenschutz.html, Internetdokument, zuletzt geprüft am 17. 1. 2026.

Fraunhofer Institut für integrierte Schaltunen IIS: SHORE – Detektion von Objekten und Gesichtern, https://www.vision.fraunhofer.de/de/technologien-anwendungen/technologien/verkehrstechnik-sicherheitstechnik/shore-detektion.html, Internetdokument, zuletzt geprüft am 17. 1. 2026.

Freyler, Carmen: Robot-Recruiting. Künstliche Intelligenz und das Antidiskriminierungsrecht, NZA 2020, S. 284 ff.

Froese, Judith: Gefahrenabwehr durch typisierendes Vorgehen vs. Racial Profiling: Die Debatte um den Kölner Polizeieinsatz in der Silvesternacht 2016/17, DVBl 2017, S. 293 ff.

Fröhlich, Wiebke/*Spiecker gen. Döhmann*, Indra: Verfassungsblog: Können Algorithmen diskriminieren?, https://verfassungsblog.de/koennen-algorithmen-diskriminieren/, Internetdokument, zuletzt geprüft am 17. 1. 2026.

Gärditz, Klaus Ferdinand: VwGO Kommentar, Verwaltungsgerichtsordnung mit Nebengesetzen, Kommentar, 2. Aufl., Hürth 2018.

Gausling, Tina: Künstliche Intelligenz im digitalen Marketing. Datenschutzrechtliche Bewertung KI-gestützter Kommunikations-Tools und Profiling-Maßnahmen, ZD 2019, S. 335 ff.

Geminn, Christian: Menschenwürde und menschenähnliche Maschinen und Systeme, DÖV 2020, S. 172 ff.

Gerdemann, Simon: Konformitätsbewertung als Kernpflicht der KI-Verordnung, NJW 2024, S. 2209 ff.

Gerg, Stephan: Nudging, Tübingen 2018.

Germer, Kristof Tobias: Erfolgreiches Verwaltungsmanagement. Grundlagen für Führungskräfte in der öffentlichen Verwaltung, Berlin/Heidelberg 2021.

Gersdorf, Hubertus/*Paal*, Boris (Hrsg.): Beck'scher Online Kommentar zum Informations- und Medienrecht, Loseblatt, München 2025.

Gewerkschaft der Polizei NRW: Das verdrängte Problem. Überstunden bei der Polizei in NRW, Archiv der GdP NRW.

Gewerkschaft der Polizei NRW: GdP fordert Masterplan für die Polizei, Archiv der GdP NRW.

Gewerkschaft der Polizei NRW: Gewerkschaft der Polizei kritisiert Überstunden-Regelung in NRW, https://www.hasepost.de/gewerkschaft-der-polizei-kritisiert-ueberstunden-regelung-in-nrw-447830/, Internetdokument, zuletzt geprüft am 17. 1. 2026.

Gewerkschaft der Polizei NRW: Hemmschwelle weiter gesunken. Angriffe auf Polizisten in NRW, Archiv der GdP NRW.

Gier-Reinartz, Nadine/*Kenning*, Peter/*Zimmermann*, Vita E. M.: Wie KI-Unterstützung die „wirksame menschliche Aufsicht" beeinflussen kann, Ergebnisse eines explorativen Neuro-IS-Studie, KIR 2024, S. 170 ff.

Gierschmann, Sibylle/*Schlender*, Katharina/*Stentzel*, Rainer/*Veil*, Winfried (Hrsg.): Kommentar Datenschutz-Grundverordnung, Köln 2018.

Giesen, Thomas: Euphorie ist kein Prinzip des Rechtsstaats, in: Schaar, Peter (Hrsg.), Zukunft der informationellen Selbstbestimmung, Berlin 2016, S. 23 ff.

Glauner, Patrick: Sachverständige bewerten EU-Verordnung zur KI unterschiedlich, https://www.bundestag.de/dokumente/textarchiv/2022/kw39-pa-digitales-eu-vo-ki-905934, Internetdokument, zuletzt geprüft am 17. 1. 2026.

Glugla, Catharina: Cybersicherheit in der KI-Verordnung, RDi 2024, S. 421 ff.

Gola, Peter/*Heckmann*, Dirk/*Brand*, Thimo/*Brandenburg*, Anne/*Braun*, Frank/*Bronner*, Pascal (Hrsg.): Datenschutz-Grundverordnung, Kommentar, 3. Aufl., München 2022.

Gola, Peter/*Heckmann*, Dirk/*Braun*, Frank (Hrsg.): Bundesdatenschutzgesetz, Kommentar, 13. Aufl., München 2019.

Golla, Sebastian: In Würde vor Ampel und Algorithmus. Verfassungsrecht im technologischen Wandel, DÖV 2019, S. 673 ff.

Golla, Sebastian: Lernfähige KI erfordert lernfähiges Polizeirecht, https://verfassungsblog.de/lernfaehige-ki-erfordert-lernfaehiges-polizeirecht/, Internetdokument, zuletzt geprüft am 17. 1. 2026.

Golla, Sebastian: Lernfähige Systeme, lernfähiges Polizeirecht. Regulierung von künstlicher Intelligenz am Beispiel von Videoüberwachung und Datenabgleich, Krim. Journal 2020, S. 149 ff.

Golland, Alexander: KI und KI-Verordnung aus datenschutzrechtlicher Sicht, EuZW 2024, S. 846 ff.

Grabmair, Matthias: Modeling purposive legal argumentation and case outcome prediction using argument schemes in the value judgement formalism, Pittsburgh (USA) 2016.

Grace, Katja/*Salvatier*, John/*Dafoe*, Allan/*Zhang*, Baoba/*Evans*, Owain: Viewpoint: When will AI Exceed Human Performance? Evidence from AI Experts, Journal of Artificial Intelligence Research 2018, S. 729 ff.

Graevenitz, Albrecht von: „Zwei mal Zwei ist Grün", Mensch und KI im Vergleich, ZRP 2018, S. 238 ff.

Graf, Angela/*van Hövell*, Walburga/*Stoppe*, Pia: Künstliche Intelligenz in der Medizin. Die KI-VO im Lichte möglicher Anwendungsgebiete und regulatrische Schnittstellen zur MDR, PharmR 2025, S. 10 ff.

Graf Vitzthum, Wolfgang: Die Menschenwürde als Verfassungsbegriff, JZ 1985, S. 201 ff.

Grätz, Axel: Künstliche Intelligenz im Urheberrecht. Eine Analyse der Zurechnungskriterien und der Prinzipien der Verwandten Schutzrechte vor dem Hintergrund artifizieller Erzeugnisse, Wiesbaden 2021.

Grimm, Imre: Das Ende der Hausarbeiten? Was ChatGPT für Schule und Uni bedeutet, https://www.rnd.de/digital/chatgpt-in-der-schule-ersetzt-der-chatroboter-referate-vortraege-und-ganze-hausabeiten-VWIZZ6YWCBH3PHO3NJ3XMMLNNU.html, Internetdokument, zuletzt geprüft am 17. 1. 2026.

Grimmer, Klaus: Die Funktion des Rechts in der automatisierten Verwaltung, DuR 1980, S. 323 ff.

Groeben, Hans von der/*Schwarze*, Jürgen/*Hatje*, Armin (Hrsg.): Europäisches Unionsrecht, Kommentar, 8. Aufl., Baden-Baden 2025.

Groß, Thomas: Das Kollegialprinzip in der Verwaltungsorganisation, Tübingen 1999.

Gsell, Beate/*Krüger*, Wolfgang/*Lorenz*, Stephan/*Reymann*, Christoph (Hrsg.): beckonline. Grosskommentar, München 2025.

Guckelberger, Annette: Vollständig automatisierte Verwaltungsakte, in: van Oostrom, Christoph Sorge Samuel/Weth, Stephan (Hrsg.), Festschrift für Maximilian Herberger, Saarbrücken 2016, S. 1 ff.

Guckelberger, Annette: E-Government: Ein Paradigmenwechsel in Verwaltung und Verwaltungsrecht?, VVDStRL 2019, S. 235 ff.

Guckelberger, Annette: Öffentliche Verwaltung im Zeitalter der Digitalisierung. Analysen und Strategien zur Verbesserung des E-Governments aus rechtlicher Sicht, Baden-Baden 2019.

Guckelberger, Annette: Automatisierte Verwaltungsentscheidungen: Stand und Perspektiven, DÖV 2021, S. 566 ff.

Guckelberger, Annette: Hochrisiko-KI-Systeme in der Verwaltung, DÖV 2025, S. 45 ff.

Guggenberger, Leonid: Einsatz künstlicher Intelligenz in der Verwaltung, NVwZ 2019, S. 844 ff.

Günther, Mona: Umwelt 4.0., Künstliche Intelligenz für eine saubere und gesunde Luft?, InTeR 2020, S. 142 ff.

Gurlit, Elke: Konturen eines Informationsverwaltungsrechts, DVBl 2003, S. 1119 ff.

Haagen, Christian: Verantwortung für Künstliche Intelligenz. Ethische Aspekte und zivilrechtliche Anforderungen bei der Herstellung von KI-Systemen, Baden-Baden 2021.

Habermas, Jürgen: Faktizität und Geltung. Beiträge zur Diskurstheorie des Rechts und des demokratischen Rechtsstaats, Frankfurt am Main 1998, zitiert nach 6. Aufl. 2017.

Hacker, Philipp: Teaching Fariness to Artificial Intelligence, Existing and novel strategies against algorithmic discrimination under EU law, Common Market Law Review 2018, S. 1143 ff.

Hacker, Philipp: Europäische und nationale Regulierung von Künstlicher Intelligenz, NJW 2020, S. 2142 ff.

Hacker, Philipp/*Cordes*, Johann/*Berz*, Amelie: Transparenz generativer KI, Rechtliche Rahmenbedingungen und technische Möglichkeiten, GRUR 2024, S. 1777 ff.

Hahn, Johanna: Automatisierte Gesichtserkennung in der Strafverfolgung, Baden-Baden 2025.

Hamburgischer Beauftragter für Datenschutz und Informationssicherheit: 32. Tätigkeitsbericht Datenschutz 2023, https://datenschutz-hamburg.de/service-information/taetigkeitsberichte/taetigkeitsbericht-datenschutz-2023#III-1, Internetdokument, zuletzt geprüft am 17. 1. 2026.

Harbou, Frederik: Abschied vom Einzelfall? Perspektiven der Digitalisierung von Verwaltungsverfahren, JZ 2020, S. 340 ff.

Harcourt, Bernard: Rethinking Racial Profiling, A Critique of the Economics, Civil Liberties, and Constitutional Literature, and of Criminal Profiling More Generally, The University of Chicago Law Review 2004, S. 1275 ff.

Hecht, Moritz: Regulierung von GPAI-Modellen durch die KI-Verordnung. Eine Begriffs- und Pflichtenannäherung, KIR 2025, S. 30 ff.

Heck, Philipp: Gesetzesauslegung und Interessenjurisprudenz, AcP 1914, S. 1 ff.

Heckel, Manuel: Wenn der Algorithmus den Dieb stellt, Wirtschaftswoche, Start-Ups überwachen Supermärkte, https://www.wiwo.de/erfolg/trends/start-ups-ueberwachen-supermaerkte-wenn-der-algorithmus-den-dieb-stellt/28779004.html, Internetdokument, zuletzt geprüft am 17. 1. 2026.

Heine, Moreen/*Dhungel*, Anna-Katharina/*Schrills*, Tim/*Wessel*, Daniel: Künstliche Intelligenz in öffentlichen Verwaltungen, Grundlagen, Chancen, Herausforderungen und Einsatzszenarien, Wiesbaden/Heidelberg 2023.

Heintzen, Markus/*Siegel*, Thorsten: Neues Ordnungsrecht für Berlin. Zu den Neuregelungen des ASOG, zum Versammlungsfreiheitsgesetz sowie zum Landesantidiskriminierungsgesetz (2. Teil), LKV 2021, S. 337 ff.

Heinze, Christian/*Engel*, Timon-Johannes: Das Verbot von ausbeuterischen und manipulativen KI-Praktiken. Eine Analyse von Art. 5 Abs. 1 lit. a und lit. b KI-VO, KIR 2025, S. 19 ff.

Heinze, Christian/*Sorge*, Christoph/*Specht-Riemenschneider*, Louisa: Das Recht der Künstlichen Intelligenz. Eine Skizze, KIR 2024, S. 11 ff.

Helfrich-Schkarbanenko, Andreas: Mathematik und ChatGPT. Ein Rendezvous am Fuße der technologischen Singularität, Berlin/Heidelberg 2023.

Herberger, Maximilian: Künstliche Intelligenz und Recht, Ein Orientierungsversuch, NJW 2018, S. 2825 ff.

Herdegen, Matthias/*Masing*, Johannes/*Poscher*, Ralf/*Gärditz*, Klaus Ferdinand/*Bäcker*, Matthias/*Cancik*, Pascale et al. (Hrsg.): Handbuch des Verfassungsrechts, München 2021.

Herdes, Daniela: Datenschutzrechtliche Herausforderungen beim Einsatz von KI im Bewerbungsverfahren, CB 2020, S. 95 ff.

Hermstrüwer, Yoan: Artificial Intelligence and Administrative Decisions Under Uncertainty, in: Wischmeyer, Thomas/Rademacher, Timo (Hrsg.), Regulating artificial intelligence, Cham (Schweiz) 2020, S. 199 ff.

Hermstrüwer, Yoan: Fairnessprinzipien der algorithmischen Verwaltung. Diskriminierungsprävention beim staatlichen Einsatz von Machine Learning, AöR 2020, S. 479 ff.

Herold, Viktoria: Algorithmisierung von Ermessensentscheidungen durch Machine Learning, in: Taeger, Jürgen (Hrsg.), Rechtsfragen digitaler Transformationen, Edewecht 2018, S. 453 ff.

Herold, Viktoria: Algorithmisierung von Ermessensentscheidungen durch Machine Learning, InTeR 2019, S. 7 ff.

Herold, Viktoria: Demokratische Legitimation automatisiert erlassener Verwaltungsakte, Berlin 2019.

Herold, Viktoria: Grenzen automationsgerechter Gesetzgebung, DÖV 2024, S. 181 ff.

Hessel, Stefan/*Dillschneider*, Jeanne: Datenschutzrechtliche Herausforderungen beim Einsatz von Künstlicher Intelligenz, RDi 2023, S. 458 ff.

Hetmank, Sven/*Meinel*, Philip: Menschliche Aufsicht in der KI-VO. Risikoregulierung auf dem Prüfstand, KIR 2024, S. 127 ff.

High-Level Expert Group on Artificial Intelligence: A definition of AI: Main capabilities and scientific disciplines, High-Level Expert Group on Artificial Intelligence, https://digital-strategy.ec.europa.eu/en/library/definition-artificial-intelligence-main-capabilities-and-scientific-disciplines, Internetdokument, zuletzt geprüft am 17. 1. 2026.

Hill, Hermann: Scientific Regulation, Automatische Verhaltenssteuerung durch Daten und Algorithmen, in: Hill, Hermann/Schliesky, Utz (Hrsg.), Auf dem Weg zum Digitalen Staat – auch ein besserer Staat?, Baden-Baden 2015, S. 267 ff.

Hill, Hermann: Was bedeutet Künstliche Intelligenz (KI) für die Öffentliche Verwaltung?, Verwaltung und Management 2018, S. 287 ff.

Hill, Hermann/*Wieland*, Joachim: Zukunft der Parlamente – Speyer Konvent in Berlin, Berlin 2018.

Hillgruber, Christian: Die Herrschaft der Mehrheit, Grundlagen und Grenzen des demokratischen Majoritätsprinzips, AöR 2002, S. 460 ff.

Hoffmann-Riem, Wolfgang: Tendenzen in der Verwaltungsrechtsentwicklung, DÖV 1997, S. 433 ff.

Hoffmann-Riem, Wolfgang: Die digitale Transformation als Herausforderung für die Legitimation rechtlicher Entscheidungen, in: Unger, Sebastian/von Ungern-Sternberg, Antje (Hrsg.), Demokratie und künstliche Intelligenz, Tübingen 2019, S. 129 ff.

Hofmann, Ekkehard: Abwägung im Recht, Chancen und Grenzen numerischer Verfahren im öffentlichen Recht, Tübingen 2007.

Hofmann, Henning: Predictive Policing, Methodologie, Systematisierung und rechtliche Würdigung der algorithmusbasierten Kriminalitätsprognose durch die Polizeibehörden, Berlin 2020.

Holm-Hadulla, Rainer M.: Kreativität, Berlin/Heidelberg 2000.

Honer, Mathias/*Rudloff*, Tobias: Die Leistungsfähigkeit der Legitimationskettentheorie, DÖV 2020, S. 461 ff.

Horn, Ines Florinde/*Schuchert*, Moritz: Staatliche Beschaffung von KI-Systemen. Vergaberechtliche Herausforderungen und mögliche Lösungen, MMR 2024, S. 926 ff.

Hornung, Gerrit: Stellungnahme Ausschuss-Drs. 17(4)584 E. Zu den öffentlichen Anhörungen des Innenausschusses des Deutschen Bundestags am 22. Oktober 2012 zu den Vorschlägen der Europäischen Kommission für eine Reform des Datenschutzrechts 2012.

Hornung, Gerrit/*Schindler*, Stephan/*Schneider*, Jana: Die Europäisierung des strafverfahrensrechtlichen Datenschutzes, Zum Anwendungsbereich der neuen Datenschutz-Richtlinie für Polizei und Justiz, ZJS 2018, S. 566 ff.

Hower, Walter: Informatik-Bausteine. Eine komprimierte Einführung, Wiesbaden/Heidelberg 2019.

Huber, Peter M./*Voßkuhle*, Andreas (Hrsg.): Grundgesetz Kommentar, Bd. 2, 8. Aufl., München 2024.

Huber, Peter M./*Voßkuhle*, Andreas (Hrsg.): Grundgesetz. Kommentar, Bd. 1, 8. Aufl., München 2024.

Huck, Winfried/*Müller*, Martin (Hrsg.): Verwaltungsverfahrensgesetz, Kommentar, 4. Aufl., München 2025.

Huesmann, Rowell: An information processing model für the development of aggression, Aggressive Behavior 1988, S. 13 ff.

Hunold, Daniela: Polizei im Revier. Das Verhältnis von Polizisten und Jugendlichen vor dem Hintergrund des sozialräumlichen Kontextes, https://www.ssoar.info/ssoar/bitstream/handle/document/36469/ssoar-soziprobleme-2011-2-hunold-Polizei_im_Revier__das.pdf?sequence=1&isAllowed=y&lnkname=ssoar-soziprobleme-2011-2-hunold-Polizei_im_Revier__das.pdf, Internetdokument, zuletzt geprüft am 17. 1. 2026.

Huss, Ralf: Künstliche Intelligenz, Robotik und Big Data in der Medizin, Berlin 2019.

Huster, Stefan: Rechte und Ziele, Zur Dogmatik des allgemeinen Gleichheitssatzes, Berlin 1993.

Ibold, Victoria: Künstliche Intelligenz im Sicherheitsrecht – Begründungsgebot quo vadis?, GSZ 2024, S. 10 ff.

Informationsfreiheitsbeauftragte: Positionspapier. Transparenz der Verwaltung beim Einsatz von Algorithmen für gelebten Grundrechtsschutz unabdingbar, https://www.datenschutzzentrum.de/uploads/informationsfreiheit/2018_Positionspapier-Transparenz-von-Algorithmen.pdf, Internetdokument, zuletzt geprüft am 17. 1. 2026.

Isensee, Josef/*Kirchhof*, Paul (Hrsg.): Handbuch des Staatsrechts der Bundesrepublik Deutschland, Bd. 2, 3. Aufl., Heidelberg 2004.

Jarass, Hans D. (Hrsg.): Charta der Grundrechte der Europäischen Union, Kommentar, 4. Aufl., München 2021.

Jarass, Hans D./*Kment*, Martin/*Pieroth*, Bodo (Hrsg.): Grundgesetz für die Bundesrepublik Deutschland, Kommentar, 18. Aufl., München 2024.

Jestaedt, Matthias: Demokratieprinzip und Kondominialverwaltung. Entscheidungsteilhabe Privater an der öffentlichen Verwaltung auf dem Prüfstand des Verfassungsprinzips Demokratie, Berlin 1993.

Joh, Elizabeth: Policing by Numbers: Big Data an the Fourth Amendment, Washington Law Review 2014, S. 35 ff.

Joos, Daniel: Einsatz von künstlicher Intelligenz im Personalwesen unter Beachtung der DS-GVO und des BDSG, NZA 2020, S. 1216 ff.

Käde, Lisa/*Maltzan*, Stephanie: Die Erklärbarkeit von Künstlicher Intelligenz (KI). Entmystifizierung der Black Box und Chancen für das Recht, CR 2020, S. 66 ff.

Kahl, Wolfgang/*Waldhoff*, Christian/*Walter*, Christian (Hrsg.): Bonner Kommentar zum Grundgesetz, Loseblatt, Heidelberg 2024.

Kahle, Christian: Microsofts Programmierer-KI soll Code klauen, https://winfuture.de/news,132814.html, Internetdokument, zuletzt geprüft am 17.1.2026.

Kaneza, Elisabeth: Rasse und der Grundsatz der Gleichheit, ZAR 2021, S. 395 ff.

Kappler, Katrin/*Werner*, Maja: Antidiskriminierungsgesetze: Droht nach dem Ende der Privatautonomie nun das Ende der Polizeiarbeit?, GSZ 2020, S. 206 ff.

Kastner, Berthold: Verdachtsunabhängige Personenkontrollen im Lichte des Verfassungsrechts, VerwArch 2001, S. 216 ff.

Kätscher, Johannes/*Pesch*, Paulina Jo: Automatisierte Entscheidungsfindung mittels großer Sprachmodelle (LLM) im Beschäftigtenkontext, Interview mit einem Chatbot, KIR 2024, S. 46 ff.

Kaufman, James C./*Sternberg*, Robert J.: The Cambridge handbook of creativity, 2. Aufl., Cambridge (Großbritannien) 2019.

Kaufmann, Timothy/*Servatius*, Hans-Gerd: Das Internet der Dinge und Künstliche Intelligenz als Game Changer, Wege zu einem Management 4.0 und einer digitalen Architektur, Wiesbaden 2020.

Kaulartz, Markus/*Ammann*, Thorsten/*Braegelmann*, Tom/*Apel*, Simon/Auer-*Reinsdorff*, Astrid/*Bäßler*, Benjamin: Rechtshandbuch Artificial Intelligence und Machine Learning, München 2020.

Kerkemeyer, Andreas: Anmerkung, NVwZ 2018, S. 1502.

Kersting, Kristian/*Lampert*, Christoph/*Rothkopf*, Constantin: Wie Maschinen lernen, Künstliche Intelligenz verständlich erklärt, Wiesbaden 2019.

Kessler, Rainer/*Oberlin*, Jutta Sonja: Künstliche Intelligenz: Quo Vadis?, CB 2020, S. 89 ff.

Kindshofer, Aurea: KI-VO als datenschutzrechtliche Herausforderung, ZD 2024, S. 673 ff.

Kippenhan, Jürgen: Künstliche Intelligenz und die Sinnstrukturen menschlichen Handelns, Baden-Baden 2024.

Kischel, Uwe: Die Begründung. Zur Erläuterung staatlicher Entscheidungen gegenüber dem Bürger, Tübingen 2003.

Kischel, Uwe/*Kube*, Hanno (Hrsg.): Handbuch des Staatsrechts, Bd. 1, Heidelberg 2023.

Kischel, Uwe/*Kube*, Hanno (Hrsg.): Handbuch des Staatsrechts, Bd. 2, Heidelberg 2024.

Kitchin, Rob: The data revolution. Big data, open data, data infrastructures & their consequences, Los Angeles (USA)/London (Großbritannien)/New Dehli (Indien)/Singapore (Singapur)/Washington DC (USA) 2014.

Klaas, Arne: Demokratieprinzip im Spannungsfeld mit künstlicher Intelligenz. Demokratische Entscheidungsfindung durch und mithilfe von selbstlernenden Algorithmen, MMR 2019, S. 84 ff.

Klatt, Matthias/*Meister*, Moritz: Verhältnismäßigkeit als universelles Verfassungsprinzip, Der Staat 2012, S. 159 ff.

Klatt, Matthias/*Meister*, Moritz: Der Grundsatz der Verhältnismäßigkeit. Ein Strukturelement des globalen Konstitutionalismus, JuS 2014, S. 193 ff.

Kloepfer, Michael: Gesetzgebungsoutsourcing – Die Erstellung von Gesetzentwürfen durch Rechtsanwälte, NJW 2011, S. 131 ff.

Klos, Christian/*Taylan*, Ramazan: Von der Theorie zur Praxis: Die EU-KI-Verordnung effektiv umsetzen, CCZ 2024, S. 205 ff.

Kluckert, Sebastian: Die Gewichtung von öffentlichen Interessen im Rahmen der Verhältnismäßigkeitsprüfung, JuS 2015, S. 116 ff.

Kluth, Winfried: Funktionale Selbstverwaltung. Verfassungsrechtlicher Status – verfassungsrechtlicher Schutz, Tübingen 1997.

Kluth, Winfried: Die Wahrnehmung von strukturellem Rassismus durch das deutsche Verfassungsrecht, Eine Analyse des Internationalen Übereinkommens zur Beseitigung jeder Form der Rassendiskriminierung (ICERD), NVwZ 2022, S. 1847 ff.

Kment, Martin/*Borchert*, Sophie: Künstliche Intelligenz und Algorithmen in der Rechtsanwendung, München 2022.

Kment, Martin/*Borchert*, Sophie: Zeit für eine Verfassung 4.0? Künstliche Intelligenz und das Grundgesetz, KIR 2025, S. 9 ff.

Knack, Hans-Günther (Hrsg.): Verwaltungsverfahrensgesetz (VwVfG), Berlin 1976.

Knack, Hans-Günther/*Henneke*, Hans-Joachim (Hrsg.): Verwaltungsverfahrensgesetz Kommentar VwVfG, 11. Aufl., Köln 2020.

Koch, Hans-Joachim/*Rüßmann*, Helmut: Juristische Begründungslehre. Eine Einführung in die Grundprobleme der Rechtswissenschaft, München 1982.

Kögel, Daniel/*Behrens*, Tilman: Kollision der Informations- und Dokumentationspflichten des AI-Acts mit dem Schutzrecht Geschäftsgeheimnis, InTeR 2024, S. 159 ff.

Köhler, Moritz: Das Verbot der automatisierten Einzelentscheidung und der hinreichende Einfluss des Menschen, EuDIR 2025, S. 16 ff.

Köller, Sandra: Funktionale Selbstverwaltung und ihre demokratische Legitimation. Eine Untersuchung am Beispiel der Wasserverbände Lippeverband und Emschergenossenschaft, Berlin 2009.

Konertz, Roman/*Schönhof*, Raoul: Das technische Phänomen „Künstliche Intelligenz“ im allgemeinen Zivilrecht. Eine kritische Betrachtung im Lichte von Autonomie, Determinismus und Vorhersehbarkeit, Baden-Baden 2020.

Kopp, Ferdinand/*Ramsauer*, Ulrich (Hrsg.): Verwaltungsverfahrensgesetz, Kommentar, 26. Aufl., München 2025.

Kopp, Ferdinand O.: Handlungsspielräume der Verwaltung und Kontrolldichte gerichtlichen Rechtsschutzes, in: Götz, Volkmar (Hrsg.), Die öffentliche Verwaltung zwischen Gesetzgebung und richterlicher Kontrolle, München 1985, S. 146 ff.

Korte, Stefan: Verfassungsrechtliche Regelungsaufträge im Bereich der Digitalisierung der Verwaltung, DÖV 2024, S. 770 ff.

Kotsoglou, Kyriakos: Subsumtionsautomat 2.0. Über die (Un-)Möglichkeit einer Algorithmisierung der Rechtserzeugung, JZ 2014, S. 451 ff.

Kramer, Ernst A./*Arnet*, Ruth: Juristische Methodenlehre, 7. Aufl., München/Wien (Österreich)/Bern (Schweiz) 2024.

Krause, Ulf von: Künstliche Intelligenz im Militär, Chancen und Risiken für die Sicherheitspolitik, Wiesbaden 2021.

Kretschmer, Christian: Wenn der Chatbot den Aufsatz schreibt, https://www.tagesschau.de/wissen/technologie/chatgpt-schulen-hausaufgaben-101.html, Internetdokument, zuletzt geprüft am 17.1.2026.

Kreutzer, Ralf T.: Künstliche Intelligenz verstehen. Grundlagen, Use-Cases, unternehmenseigene KI-Journey, 2. Aufl., Wiesbaden/Ann Arbor (USA) 2023.

Kreyßing, Robert: Verwaltungsentscheidungen durch KI, DÖV 2024, S. 266 ff.

Krimphove, Dieter: Die europäische KI-Verordnung im Technikrecht, InTeR 2024, S. 154 ff.

Kroll, Joshua/*Huey*, Joanna/*Barocas*, Solon/*Felten*, Edward/*Reidenberg*, Joel/*Robinson*, David/*Yu*, Harlan: Accountable Algorithms, University of Pennsylvania Law Review 2017, S. 633 ff.

Krönke, Christoph: Das europäische KI-Gesetz. Eine Verordnung mit Licht und Schatten, NVwZ 2024, S. 529 ff.

Krüger, Benedikt: Ausreichende Offenbarung von Erfindungen im Bereich des maschinellen Lernens, GRUR 2024, S. 992 ff.

Kube, Hanno: E-Government: Ein Paradigmenwechsel in Verwaltung und Verwaltungsrecht?, Mit Aussprache, VVDStRL 2019, S. 289 ff.

Kucklick, Christoph: Die granulare Gesellschaft. Wie das Digitale unsere Wirklichkeit auflöst, 2. Aufl., Berlin 2015.

Kugele, Dieter: VwVfG Kommentar, zum Verwaltungsverfahrensgesetz mit Kommentierung zum VwVG und VwZG, Köln 2014.

Kugelmann, Dieter: Stellungnahme Ausschuss-Drs. 17(4)585 A. Zur Anhörung vor dem Innenausschuss des Deutschen Bundestages 2012.

Kugelmann, Dieter: Datenfinanzierte Internetangebote, Regelungs- und Schutzmechanismen der DSGVO, DuD 2016, S. 566 ff.

Kugelmann, Dieter/*Buchmann*, Antonia: Der Algorithmus und die Künstliche Intelligenz als Ermittler, GSZ 2024, S. 1 ff.

Kühling, Jürgen/*Buchner*, Benedikt (Hrsg.): Datenschutz-Grundverordnung BDSG, 4. Aufl., München 2024.

Kumkar, Lea Katharina/*Griesel*, Moritz: Transparenzpflichten für Deepfakes und synthetische Medieninhalte in der KI-VO. Analyse und Bewertung der Pflichten gem. Art. 50 Abs. 2 und Abs. 4 KI-VO, KIR 2024, S. 117 ff.

Künast, Renate: Algorithmen: „Ethik-by-Design" – Diskriminierung systematisch verhindern, in: Mohabbat Kar, Resa/Thapa, Basanta/Parycek, Peter (Hrsg.), (Un)Berechenbar? Algorithmen und Automatisierung in Staat und Gesellschaft 2018, S. 553 ff.

Kuschel, Linda/*Asmussen*, Sven/*Golla*, Sebastian: Intelligente Systeme – Intelligentes Recht, Hamburg 2020/2021, Baden-Baden 2021.

Lalley, Ana: Introducing artificial intelligence into the United States law enforcement community: Learning from foreign law enforcement agencies, https://archive.org/details/introducingartif1094564001, Internetdokument, zuletzt geprüft am 17. 1. 2026.

Lämmel, Uwe/*Cleve*, Jürgen: Künstliche Intelligenz, Wissensverarbeitung – Neuronale Netze, 6. Aufl., München 2023.

Land Brandenburg: Flurneuordnung, Verfahrensarten, https://lelf.brandenburg.de/lelf/de/flurneuordnung/verfahrensarten/#, Internetdokument, zuletzt geprüft am 17. 1. 2026.

Landeskriminalamt Niedersachen: Künstliche Intelligenz. LKA Niedersachsen stellt Software zur Bekämpfung von Kinderpornografie bundesweit zur Verfügung, https://www.presseportal.de/blaulicht/pm/105578/4620141, Internetdokument, zuletzt geprüft am 17. 1. 2026.

Landeskriminalamt Niedersachsen: PreMAP – Predictive Policing (vorausschauende Polizeiarbeit) in Niedersachsen, https://www.lka.polizei-nds.de/startseite/kriminalitaet/forschung/premap/predictive-policing-in-niedersachsen-das-projekt-premap-114083.html#:~:text=Per%20Erlass%20wurden%20die%20Arbeiten,Das%20Projekt%20ist%20damit%20abgeschlossen, Internetdokument, zuletzt geprüft am 17. 1. 2026.

Larenz, Karl: Methodenlehre der Rechtswissenschaft, Berlin 1960, zitiert nach 6. Aufl. 1991.

Larenz, Karl: Methodische Aspekte der „Güterabwägung", in: Hauss, Fritz/Schmidt, Reimer (Hrsg.), Festschrift für Ernst Klingmüller, Karlsruhe 1974, S. 235 ff.

Lauscher, Anna/*Legner*, Sarah: Künstliche Intelligenz und Diskriminierung, ZfDR 2022, S. 367 ff.

Lazaratos, Panagiotis: Rechtliche Auswirkungen der Verwaltungsautomation auf das Verwaltungsverfahren, Berlin 1990.

Leffer, Lena: Automated Suspicion Algorithms, Strafverfolgung durch Künstliche Intelligenz am Beispiel der Geldwäsche, Baden-Baden 2024.

Legner, Sarah: KI-Verordnung und algorithmische Diskriminierung, RDi 2024, S. 426 ff.

Leidinger, Andreas: Drei Perspektiven auf Racial Profiling, KJ 2018, S. 450 ff.

Leisner, Anna: Die polizeiliche Gefahr zwischen Eintrittswahrscheinlichkeit und Schadenshöhe, DÖV 2002, S. 326 ff.

Leisner, Walter: Der Abwägungsstaat, Verhältnismäßigkeit als Gerechtigkeit?, Berlin 1997.

Lenk, Hans: Das Denken und sein Gehalt, München 2001.

Lenk, Klaus: Die Automation der Informationsfunktion in der öffentlichen Verwaltung, Bonn-Bad Godesberg 1974.

Lenzen, Manuela: Künstliche Intelligenz, Was sie kann & was uns erwartet, 3. Aufl., München 2018.

Lenzen, Manuela: Künstliche Intelligenz, Fakten, Chancen, Risiken, München 2020.

Leupold, Andreas/*Wiesner*, Marc: Zivilrechtliche Haftung beim Einsatz von Robotern und Künstlicher Intelligenz. A. Einführung: Der Begriff der Künstlichen Intelligenz und das Haftungsrecht, in: Leupold, Andreas/Wiebe, Andreas/Glossner, Silke (Hrsg.), Münchener Anwaltshandbuch IT-Recht, 4. Aufl., München 2021, S. 1 ff.

Lewinski, Kai von: Europäisierung des Datenschutzrechts. Umsetzungsspielraum des deutschen Gesetzgebers und Entscheidungskompetenz des BVerfG, DuD 2012, S. 564 ff.

Liebscher, Doris: „Racial Profiling" im Lichte des verfassungsrechtlichen Diskriminierungsverbots, NJW 2016, S. 2779 ff.

Liebscher, Doris: Rasse im Recht – Recht gegen Rassismus, Berlin 2020.

Lima, Rafael Bellem de: Verhältnismäßigkeit und Verfassungsgerichte als Rechtfertigungsinstanzen, Baden-Baden 2022.

Linardatos, Dimitrios: Künstliche Intelligenz und Verantwortung, ZIP 2019, S. 504 ff.

Linhart, Andrea: Schutz trainierter KI vs. Transparenzpflichten – Ein Spannungsverhältnis, ZUM 2024, S. 237 ff.

Lippert-Rasmussen, Kasper: Racial Profiling Versus Community, Journal of Applied Philosophy 2006, S. 191 ff.

Lischka, Konrad/*Klingel*, Anita: Wenn Maschinen Menschen bewerten. Internationale Fallbeispiele für Prozesse algorithmischer Entscheidungsfindung, https://www.bertelsmann-stiftung.de/fileadmin/files/BSt/Publikationen/GrauePublikationen/ADM_Fallstudien.pdf, Internetdokument, zuletzt geprüft am 17.1.2026.

Lisken, Hans: Verdachts- und ereignisunabhängige Personenkontrolle zur Bekämpfung der grenzüberschreitenden Kriminalität, NVwZ 1998, S. 22 ff.

Looschelders, Dirk: Juristische Methodik im Prozess der Rechtsanwendung. Zugleich ein Beitrag zu den verfassungsrechtlichen Grundlagen von Gesetzesauslegung und Rechtsfortbildung, Berlin 1996.

Lorenz, Bernd: Datenschutzrechtliche Informationspflichten, VuR 2019, S. 213 ff.

Lorenz, Nicholas: Die Anhörung als Prävention gegen Racial Profiling, DÖV 2024, S. 219 ff.

Lucke, Jörn von: Smart Government auf einem schmalen Grat, in: Mohabbat Kar, Resa/Thapa, Basanta/Parycek, Peter (Hrsg.), (Un)Berechenbar? Algorithmen und Automatisierung in Staat und Gesellschaft 2018, S. 97 ff.

Ludwigs, Markus: Kontrolldichte der Verwaltungsgerichte. Dogmatische Grundlagen, verfassungsrechtlicher Rahmen und europarechtliche Herausforderungen, DÖV 2020, S. 405 ff.

Luhmann, Niklas: Recht und Automation in der öffentlichen Verwaltung, Eine verwaltungswissenschaftliche Untersuchung, Berlin 1966, zitiert nach 2. Aufl. 1997.

LZPD Polizei NRW: Roboterhund des LZPD NRW im Einsatz, Einsatzunterstützung bei den Brandermittlungen in Essen, https://lzpd.polizei.nrw/artikel/roboterhund-des-lzpd-nrw-im-einsatz, Internetdokument, zuletzt geprüft am 17.1.2026.

Maamar, Niklas: Urheberrechtliche Fragen beim Einsatz von generativen KI-Systemen, ZUM 2023, S. 481 ff.

Mainzer, Klaus: Künstliche Intelligenz – Wann übernehmen die Maschinen?, 2. Aufl., Berlin 2019.

Mann, Thomas/*Sennekamp*, Christoph/*Uechtritz*, Michael (Hrsg.): Verwaltungsverfahrensgesetz, Kommentar, 3. Aufl., Baden-Baden 2025.

Markus, Heike/*Meuche*, Thomas: Auf dem Weg zur digitalen Verwaltung. Ein ganzheitliches Konzept für eine gelingende Digitalisierung in der öffentlichen Verwaltung, Wiesbaden/Heidelberg 2022.

Martens, Wolfgang: Wandlungen im Recht der Gefahrenabwehr, DÖV 1982, S. 89 ff.

Martini, Mario/*Kolain*, Michael/*Mysegades*, Jan: Blackbox Algorithmus – Grundfragen einer Regulierung Künstlicher Intelligenz, Berlin 2019.

Martini, Mario/*Nink*, David: Wenn Maschinen entscheiden, vollautomatisierte Verwaltungsverfahren und der Persönlichkeitsschutz, NVwZ Extra 2017, S. 1 ff.

Martini, Mario/*Nink*, David: Subsumtionsautomaten ante portas? Zu den Grenzen der Automatisierung in verwaltungsrechtlichen (Rechtsbehelfs-)Verfahren, DVBl 2018, S. 1128 ff.

Martini, Mario/*Weinzierl*, Quirin: Die Blockchain-Technologie und das Recht auf Vergessenwerden. Zum Dilemma zwischen Nicht-Vergessen-Können und Vergessen-Müssen, NVwZ 2017, S. 1251 ff.

Martini, Mario/*Wendehorst*, Christiane (Hrsg.): KI-VO, 2. Aufl., München 2026.

Matt, Holger/*Renzikowski*, Joachim (Hrsg.): Strafgesetzbuch, Kommentar, 2. Aufl., München 2020.

Maunz, Theodor/*Schmidt-Bleibtreu*, Bruno/*Klein*, Franz/*Bethge*, Herbert (Hrsg.): Bundesverfassungsgerichtsgesetz, Loseblatt, München 2025.

Maurer, Hartmut/*Waldhoff*, Christian: Allgemeines Verwaltungsrecht, 21. Aufl., München 2024.

Maus, Carolin: Die Analogiefähigkeit im Falle einer bewussten Regelungslücke, ZfPW 2023, S. 25 ff.

Mayer, Nils: Strobl entscheidet sich gegen Precobs, https://www.stuttgarter-nachrichten.de/inhalt.aus-fuer-die-einbruchvorhersage-software-strobl-entscheidet-sich-gegen-precobs.19a18735-9c8f-4f1a-bf1b-80b6a3ad0142.html, Internetdokument, zuletzt geprüft am 17.1.2026.

Mayer-Eisinger, Günter: Roboter mit der Lizenz zum Töten, https://www.br.de/nachricht/roboter-polizei-hintergrund-100.html, Internetdokument, zuletzt geprüft am 17.1.2026.

Mehde, Veith: Neues Steuerungsmodell und Demokratieprinzip, Berlin 2000.

Melzer, Jacqueline: Auswirkungen von künstlicher Intelligenz auf Völkerrecht, insbesondere die Gewährleistung der Garantien des Art. 6 EMRK, InTeR 2020, S. 145 ff.

Meniere, Yann/*Pihlajamaa*, Heli: Künstliche Intelligenz in der Praxis des EPA, GRUR 2019, S. 332 ff.

Mergel, Ines: Big Data und Data-Science-Ansätze in der öffentlichen Verwaltung, in: Mohabbat Kar, Resa/Thapa, Basanta/Parycek, Peter (Hrsg.), (Un)Berechenbar? Algorithmen und Automatisierung in Staat und Gesellschaft 2018, S. 76 ff.

Merkle, Marieke Luise: Transparenz nach der KI-Verordnung – von der Blackbox zum Open-Book?, RDi 2024, S. 414 ff.

Merz, Kathrin: Pompeji wird jetzt von einem Roboterhund bewacht, https://www.berliner-zeitung.de/news/pompeji-wird-jetzt-von-roboterhund-spot-bewacht-li.235207, Internetdokument, zuletzt geprüft am 17. 1. 2026.

Meyer, Hans/*Borgs-Maciejewski*, Hermann (Hrsg.): Verwaltungsverfahrensgesetz, Frankfurt am Main 1976.

Meyer, Jürgen/*Hölscheidt*, Sven/*Bernsdorff*, Norbert/*Borowsky*, Martin/*Eser*, Albin/*Giesecke*, Bettina et al. (Hrsg.): Charta der Grundrechte der Europäischen Union, Kommentar, 6. Aufl., Baden-Baden/Bern (Schweiz)/Wien (Österreich) 2024.

Meyer, Stephan: Der Einsatz von Robotern zur Gefahrenabwehr, in: Hilgendorf, Eric (Hrsg.), Robotik im Kontext von Recht und Moral, Baden-Baden 2014, S. 211 ff.

Meyer, Stephan: Künstliche Intelligenz und die Rolle des Rechts für Innovation. Rechtliche Rationalitätsanforderungen an zukünftige Regulierung, ZRP 2018, S. 233 ff.

Miller, Kevin: Total Surveillance, Big Data, and Predictive Crime Technology: Privacy's Perfect Storm, Journal of Technology Law & Policy 2014, S. 105 ff.

Ministerium des Innern NRW: Geplante Kräfteverteilung 2023. Wieder mehr Personal für die Polizei, https://polizei.nrw/presse/geplante-kraefteverteilung-2023-wieder-mehr-personal-fuer-die-polizei, Internetdokument, zuletzt geprüft am 17. 1. 2026.

Ministerium des Innern und für Sport Rheinland-Pfalz: Lewentz informiert sich über USBV-Entschärfer im LKA, https://mdi.rlp.de/service/pressemitteilungen/detail/lewentz-informiert-sich-ueber-usbv-entschaerfer-im-lka, Internetdokument, zuletzt geprüft am 17. 1. 2026.

Ministerium des Innern und für Sport Rheinland-Pfalz: Rheinland-Pfalz will als erstes Land Monocam einführen, https://mdi.rlp.de/service/pressemitteilungen/detail/ebling-rheinland-pfalz-will-als-erstes-land-monocam-einfuehren, Internetdokument, zuletzt geprüft am 17. 1. 2026.

Ministerium für Finanzen NRW: Landtag Nordrhein-Westfalen verabschiedet Haushaltsplan 2025, Kinder, Bildung, Schule und Sicherheit im Fokus einer nachhaltigen und generationsgerechten Finanzpolitik, https://www.finanzverwaltung.nrw.de/uebersicht-rubrik-aktuelles-und-presse/pressemitteilungen/landtag-nordrhein-westfalen-1, Internetdokument, zuletzt geprüft am 17. 1. 2026.

Ministerium für Schule und Bildung NRW: Textgenerierende KI, https://www.schulministerium.nrw/textgenerierende-ki, Internetdokument, zuletzt geprüft am 17. 1. 2026.

Mockenhaupt, Andreas: Digitalisierung und Künstliche Intelligenz in der Produktion, Grundlagen und Anwendung, Wiesbaden 2021.

Möller-Klapperich, Julia: Die neue KI-Verordnung der EU, NJ 2024, S. 337 ff.

Möllers, Thomas M. J.: Juristische Methodenlehre, 6. Aufl., München 2025.

Möslein, Florian: Digitalisierung im Gesellschaftsrecht: Unternehmensleitung durch Algorithmen und künstliche Intelligenz?, ZIP 2018, S. 204 ff.

Möstl, Markus/*Bäuerle*, Michael (Hrsg.): Beck'scher Online Kommentar zum Polizei- und Ordnungsrecht Hessen, Loseblatt, München 2025.

Möstl, Markus/*Kugelmann*, Dieter (Hrsg.): Polizei- und Ordnungsrecht Nordrhein-Westfalen, Loseblatt, München 2025.

Möstl, Markus/*Schwabenbauer*, Thomas (Hrsg.): Polizei- und Sicherheitsrecht Bayern, Loseblatt, München 2025.

Möstl, Markus/*Trurnit*, Christoph (Hrsg.): BeckOK Polizeirecht Baden-Württemberg, Loseblatt, München 2025.

Mühlböck, Luisa/*Taupitz*, Jochen: Haftung für Schäden durch KI in der Medizin, AcP 2021, S. 179 ff.

Mühlhoff, Rainer/*Ruschemeier*, Hannah: KI-Regulierung durch Zweckbindung für Modelle, ZfDR 2024, S. 337 ff.

Müller, Andreas: Dunkle Hautfarbe, JA 2019, S. 295 ff.

Müller, Heinrich/*Weichert*, Frank: Vorkurs Informatik. Der Einstieg ins Informatikstudium, 6. Aufl., Wiesbaden 2023.

Müller-Peltzer, Philipp/*Tenczik*, Valentin: Künstliche Intelligenz und Daten, Data-Governance nach der geplanten KI-Verordnung, RDi 2023, S. 452 ff.

Münch, Ingo von/*Kunig*, Philip (Hrsg.): Grundgesetz Kommentar, Bd. 1, 8. Aufl., München 2025.

Mund, Dorothea: Das Recht auf menschliche Entscheidung. Zu den verfassungsrechtlichen Vorgaben der technischen Erzeugung von Verwaltungsentscheidungen, Tübingen 2022.

Murphy, Gregory/*Medin*, Douglas: The role of theories in conceptual coherence, Psychological Review 1985, S. 289 ff.

Muthorst, Olaf: Auslegung: Eine Einführung, JA 2013, S. 721 ff.

Mutius, Albert von: Zu den Formerfordernissen automatisierter Verwaltungsentscheidungen, VerwArch 1976, S. 116 ff.

Muttach, Jan-Philipp/*Link*, Hendrik: Verarbeitung personenbezogener Daten in KI-Reallaboren nach dem KI-VO-E. Eine Herausforderung für den datenschutzrechtlichen Zweckbindungsgrundsatz, CR 2023, S. 725 ff.

Nemitz, Paul: Künstliche Intelligenz und Demokratie. Die KI-VO – ein Akt demokratisch legitimierter digitaler Souveränität der EU, MMR 2024, S. 603 ff.

Neu, Matthias/*Müller*, Melanie/*Pothen*, Biju/*Zingel*, Moritz: Anwendungsfelder und Herausforderungen der Künstlichen Intelligenz. Wie KI die Gesellschaft und Marketing beeinflusst, Wiesbaden 2022.

Neuhöfer, Stefan: Grundrechtsfähigkeit Künstlicher Intelligenz, EBS Universität für Wirtschaft und Recht 2022.

News4teachers: Forscher registrieren rasante Entwicklung: ChatGPT besteht das bayerische Abitur – mit einer Zwei, https://www.news4teachers.de/2023/11/forscher-registrieren-rasan

te-entwicklung-chatgpt-besteht-das-bayerische-abitur-mit-einer-zwei/, Internetdokument, zuletzt geprüft am 17. 1. 2026.

Nink, David: Justiz und Algorithmen, Berlin 2020.

Noack, Ulrich: Künstliche Intelligenz und Unternehmensleitung, NZG 2021, S. 305 f.

Nolting, Michael: Künstliche Intelligenz in der Automobilindustrie. Mit KI und Daten vom Blechbieger zum Techgiganten, Wiesbaden 2021.

Obermayer, Klaus/*Funke-Kaiser*, Michael (Hrsg.): VwVfG Kommentar, 6. Aufl., München 2021.

Oeffner, Lars: KIcK – Künstliche Intelligenz contra Kindesmissbrauch, Die Kriminalpolizei 2023, S. 1.

Or, Jimmy: Affective Computing, Rijeka (Kroatien) 2008.

Orrù, Elisa: Legitimität, Sicherheit, Autonomie. Eine philosophische Analyse der EU-Sicherheitspolitik im Kontext der Digitalisierung, Baden-Baden 2021.

Orssich, Irina: Das europäische Konzept für vertrauenswürdige Künstliche Intelligenz, EuZW 2022, S. 254 ff.

Ossenbühl, Fritz: Der polizeiliche Ermessens- und Beurteilungsspielraum, DÖV 1976, S. 463 ff.

Ossmann-Magiera, Lea Ludmilla/*Dehmel*, Susanne: Das Risikomanagementsystem nach den neuen Regeln für Künstliche Intelligenz. Was bedeutet Art. 9 KI-VO für die Praxis?, KIR 2024, S. 134 ff.

Otte, Ralf: Allgemeinbildung Künstliche Intelligenz, Risiko und Chance, Weinheim 2021.

Otter, Kevin: Experimentierklauseln, Reallabore und Verhältnismäßigkeit, DÖV 2024, S. 309 ff.

Ottl, Michael: Verwaltungsentscheidungen durch Künstliche Intelligenz. Begrenzung auf Basis einer „verantwortungsethischen" Betrachtung, NJOZ 2024, S. 801 ff.

Paal, Boris/*Hüger*, Jakob: Die KI-VO und das Recht auf menschliche Entscheidung. Eine Analyse von Art. 22 DS-GVO im Lichte des neuen EU-Regelungsregimes zu Künstlicher Intelligenz, MMR 2024, S. 540 ff.

Paal, Boris P./*Pauly*, Daniel A./*Ernst*, Stefan (Hrsg.): Datenschutz-Grundverordnung, Bundesdatenschutzgesetz, Kommentar, 4. Aufl., München 2026.

Paaß, Gerhard/*Hecker*, Dirk: Künstliche Intelligenz. Was steckt hinter der Technologie der Zukunft?, Wiesbaden 2020.

Palm, Hendrik: Urteilsbesprechung, OVG Münster, Urt. v. 7. 8. 2018 – 5 A 294/16, Polizeikontrollen nach Hautfarbe – „Racial Profiling", RUB-Rechtsprechungsreport 2019.

Palmer, Carolin: Berufsbezogene Kreativitätsdiagnostik, Beschreibung und Messung der personalen Voraussetzungen von Innovationen, Wiesbaden 2016.

Palmstorfer, Rainer: Die Rolle der Grundrechte im AI Act, NLMR 2024, S. 281 ff.

Pautsch, Arne/*Hoffmann*, Lutz (Hrsg.): Verwaltungsverfahrensgesetz, Kommentar, 2. Aufl., Berlin 2021.

Payandeh, Mehrdad: Rechtlicher Schutz vor rassistischer Diskriminierung, JuS 2015, S. 695 ff.

Pechstein, Matthias/*Nowak*, Carsten/*Häde*, Ulrich (Hrsg.): Frankfurter Kommentar zu EUV, GRC und AEUV, Bd. 2, 2. Aufl., Tübingen 2023.

Peters, Anne: Elemente einer Theorie der Verfassung Europas, Berlin 2001.

Petersen, Niels: Demokratie und Grundgesetz. Veränderungen des Demokratieprinzips in Art. 20 Abs. 2 GG angesichts der Herausforderungen moderner Staatlichkeit, JöR 2010, S. 137 ff.

Petersen, Niels: Verhältnismäßigkeit als Rationalitätskontrolle. Eine rechtsempirische Studie verfassungsgerichtlicher Rechtsprechung zu den Freiheitsgrundrechten, Tübingen 2015.

Petri, Thomas: Fachgerichtliche Versagung der Auskunft über Bestandsdaten gegenüber Facebook, ZD 2022, S. 220 ff.

Petri, Thomas: Neue Rechtsprechung zur JI-Datenschutzrichtlinie, GSZ 2024, S. 257 ff.

Pettersson, Paul: Racial Profiling. Eine Systematisierung anhand des Verfassungsrechts, ZAR 2019, S. 301 ff.

Peuker, Enrico: Datenschutz als Annexkompetenz. Zu Kompetenzgrenzen der europäischen KI-Regulierung im Bereich der Gefahrenabwehr und Strafverfolgung durch die Mitgliedstaaten, ZfDR 2023, S. 384 ff.

Peuker, Enrico: Unionsrechtliche Regelungskompetenzen im Bereich der nationalen Sicherheit. Zur Auslegung von Art. 4 Abs. 2 S.3 EUV unter kritischer Würdigung der EuGH-Rechtsprechung, EuR 2023, S. 535 ff.

Pfeil, Werner: „Der Mensch steht höher als Technik und Maschine“ – Benötigen wir ein Grundrecht zum Schutz vor Künstlicher Intelligenz? Die Corona-Krise und die Entwicklung von Gesichts- und Emotionserkennung sowie einer Tracing-App, InTeR 2020, S. 82 ff.

Pfeil, Werner: „Leinen los und Fahrt voraus!“ Evolutionäre Algorithmen, Künstliche Intelligenz und Legal Tech ändern das Recht, die Rechtsordnung und den Zugang zum Recht, InTeR 2020, S. 17 ff.

Pfister, Hans-Rüdiger/*Jungermann*, Helmut/*Fischer*, Katrin: Die Psychologie der Entscheidung, Eine Einführung, 4. Aufl., Berlin/Heidelberg 2016.

Piaget, Jean/*Kohler*, Richard: Psychologie der Intelligenz, Stuttgart 1949, zitiert nach überarbeitete Aufl. 2015.

Pieper, Fritz-Ulli: Wenn Maschinen Verträge schließen: Willenserklärungen beim Einsatz von Künstlicher Intelligenz, GRUR-Prax 2019, S. 298 ff.

Pilniok, Arne: Unionsrechtliche Regulierung des Einsatzes von KI-Systemen in der öffentlichen Verwaltung, DÖV 2024, S. 581 ff.

Polizei NRW: Think Tank an der Kaimauer, https://polizei.nrw/artikel/think-tank-an-der-kai mauer, Internetdokument, zuletzt geprüft am 17. 1. 2026.

Polomski, Ralf-Michael: Der automatisierte Verwaltungsakt. Die Verwaltung an der Schwelle von der Automation zur Informations- und Kommunikationstechnik, Berlin 1993.

Poscher, Ralf: Verhältnismäßigkeit und Inkommensurabilität, in: Lübbe, Weyma/Grosse-Wilde, Thomas (Hrsg.), Abwägung, Paderborn 2022, S. 285 ff.

Posser, Herbert/*Wolff*, Heinrich Amadeus (Hrsg.): Beck'scher Online-Kommentar VwGO, Loseblatt, München 2025.

Pressemitteilung des Landes Baden-Württemberg: Roboter-Hund „Spot" an die Polizei übergeben, https://www.baden-wuerttemberg.de/de/service/presse/pressemitteilung/pid/roboter-hund-spot-an-die-polizei-uebergeben, Internetdokument, zuletzt geprüft am 17. 1. 2026.

Puppe, Ingeborg: Kleine Schule des juristischen Denkens, 3. Aufl., Göttingen 2014.

Püttner, Günter: Handlungsspielräume der Verwaltung und Kontrolldichte gerichtlichen Rechtsschutzes, in: Götz, Volkmar (Hrsg.), Die öffentliche Verwaltung zwischen Gesetzgebung und richterlicher Kontrolle, München 1985, S. 131 ff.

Rademacher, Timo: Artificial Intelligence and Law Enforcement, in: Wischmeyer, Thomas/ Rademacher, Timo (Hrsg.), Regulating artificial intelligence, Cham (Schweiz) 2020, S. 224 ff.

Radtke, Tristan: Das Verhältnis von KI-VO und Art. 22 DS-GVO unter besonderer Berücksichtigung der Schutzzwecke, RDi 2024, S. 353 ff.

Raji, Behrang: Künstliche Intelligenz im öffentlichen Sektor, Tübingen 2022.

Ramge, Hans: Spracherwerb. Grundzüge der Sprachentwicklung des Kindes, 2. Aufl., Tübingen/Berlin 2017.

Raquet, Meikel: Einsatz von Künstlicher Intelligenz in der öffentlichen Personalverwaltung, öAT 2024, S. 246 ff.

Redeker, Martin/*von Oertzen*, Hans-Joachim: Verwaltungsgerichtsordnung Kommentar, 17. Aufl., Stuttgart 2021.

Reichert, Florian/*Radtke*, Kristina/*Eske*, Hermann: KI-Verordnung: Rechtsgrundlagen für die Bereitstellung und Nutzung von KI. Betrachtung des vom LfDI BW initiierten Diskussionspapiers, ZD 2024, S. 483 ff.

Reimer, Ekkehart: Der Einfluss der Digitalisierung auf die Rechtsetzung, in: Hey, Johanna (Hrsg.), Digitalisierung im Steuerrecht, Köln 2019, S. 97 ff.

Richter, Stefan: Statistisches und maschinelles Lernen. Gängige Verfahren im Überblick, Berlin 2019.

Ring, Stephan: Computergestützte Rechtsfindungssysteme, Voraussetzungen, Grenzen und Perspektiven, Köln/Berlin 1994.

Rist, Manfred: Der Hunderoboter Spot würde gut in einen Science-Fiction-Film passen, in Singapur läuft er als Covid-19-Polizist auf vier stählernen Beinen schon heute durch den Park, https://www.nzz.ch/technologie/singapur-roboter-machen-auf-vorschriften-fuer-covid-19-aufmerksam-ld.1558028?srch=1&trco=20006802-05-18-0001-0004-009651-00000009&gclid=EAIaIQobChMI5_bl9r238AIVSYODBx3Vig_1EAMYASAAEgKIx_D_BwE, Internetdokument, zuletzt geprüft am 17. 1. 2026.

Ritter, Franziska/*Schaa*, Volker: KI-System – Das unbekannte Wesen, DSB 2025, S. 32 ff.

Robrecht, Bettina: Alles KI oder was? Keine Angst vor der KI-Verordnung, DSB 2024, S. 162 f.

Rode, Lars-Henrik: § 40 VwVfG und die deutsche Ermessenslehre, Frankfurt am Main/Berlin/ Bern (Schweiz)/Wien (Österreich) 2003.

Rohrlich, Michael: KI und Recht. Der Leitfaden für rechtliche Herausforderungen beim Einsatz von KI-Anwendungen: E-Book inklusive, München 2025.

Rollberg, Christoph: Algorithmen in der Justiz, Rechtsfragen zum Einsatz von Legal Tech im Zivilprozess, Baden-Baden 2020.

Rotermund, Richard: Künstliche Intelligenz aus staatlicher Perspektive. Rechtliche Chancen und Herausforderungen, Berlin 2020.

Roth-Isigkeit, David: Die Begründung des vollständig automatisierten Verwaltungsakts, DÖV 2020, S. 1018 ff.

Roth-Isigkeit, David: Der neue Rechtsrahmen für Künstliche Intelligenz in der Europäischen Union, KIR 2024, S. 15 ff.

Roth-Isigkeit, David: Der risikobasierte Ansatz als Paradigma des Digitalverwaltungsrechts. Die KI-VO im Kontext europäischer Risikoregulierung, MMR 2024, S. 621 ff.

Ruiz, Juan/*Mahmud*, Mufti/*Modasshir*, Md/*Kaiser*, Shamim: 3D DenseNet Ensemble in 4-Way Classification of Alzheimer's Disease, in: Zhong, Ning (Hrsg.), Brain informatics, Nature (Schweiz) 2020, S. 85 ff.

Ruschemeier, Hannah: 2021, Datenschutzrechtliche Grenzen des Einsatzes von Künstlicher Intelligenz. Bochumer Informationsrechts- und Informationssicherheitstag. Institut für geistiges Eigentum, Datenschutz und Informationstechnologie der Ruhr Universität Bochum, Online-Tagung Bochum, 17.06.2021.

Rüssel, Ulrike: Zukunft des Widerspruchsverfahrens, NVwZ 2006, S. 523 ff.

Rusteberg, Benjamin: Der grundrechtliche Gewährleistungsgehalt. Eine veränderte Perspektive auf die Grundrechtsdogmatik durch eine präzise Schutzbereichsbestimmung, Tübingen 2009.

Sachs, Michael (Hrsg.): Grundgesetz, Kommentar, 10. Aufl., München 2024.

Sachs, Michael/*Schmitz*, Heribert/*Stelkens*, Paul/*Bonk*, Heinz Joachim/*Fellenberg*, Frank (Hrsg.): Verwaltungsverfahrensgesetz, Kommentar, 10. Aufl., München 2023.

Samek, Wojciech/*Montavon*, Grégoire/*Vedaldi*, Andrea/*Hansen*, Lars Kai/*Muller*, Klaus-Robert: Explainable AI: Interpreting, Explaining and Visualizing Deep Learning, Cham (Schweiz) 2019.

Sauer, Wilhelm: Juristische Methodenlehre. Zugleich eine Einleitung in die Methodik der Geisteswissenschaften, Aalen 1970.

Savigny, Friedrich Carl von: System des heutigen Römischen Rechts, Berlin 1840, zitiert nach 2. Aufl. 2013.

Schäffer, Heinz: Neue Technologien in der öffentlichen Verwaltung Österreichs, DÖV 1988, S. 149 ff.

Schantz, Peter/*Wolff*, Heinrich Amadeus: Das neue Datenschutzrecht. Datenschutz-Grundverordnung und Bundesdatenschutzgesetz in der Praxis, München 2017.

Scharpf, Fritz: Versuch über Demokratie im verhandelnden Staat, in: Czada, Roland/Schmidt, Manfred G. (Hrsg.), Verhandlungsdemokratie, Interessenvermittlung, Regierbarkeit, Opladen 1993, S. 25 ff.

Scharpf, Fritz W.: Demokratietheorie zwischen Utopie und Anpassung, Kronberg im Taunus 1975.

Schattauer, Göran: So knackten BKA-Fahnder das weltweit größte Daten-Rätsel der Kriminalgeschichte, https://www.focus.de/politik/sicherheitsreport/moderne-verbrecherjagd-so-knackten-bka-fahnder-das-groesste-daten-raetsel-der-kriminalgeschichte_id_10644251.html, Internetdokument, zuletzt geprüft am 17.1.2026.

Scheja, Katharina: Wie Unternehmen aufgrund der Umsetzung der Geschäftsgeheimnis-Richtlinie ihre Algorithmen wie auch Datenbestände besser schützen können, CR 2018, S. 485 ff.

Schenke, Ralf P.: Auslegung und Rechtsfortbildung. Überlegungen zu Grundfragen der rechtsmethodischen Systembildung am Beispiel der „Auslegung gegen den Wortlaut", DStR-Beih 2011, S. 54 ff.

Schick, Walter: Notwendigkeit und Funktion der Begründung bei Verwaltungsakten, JuS 1971, S. 1 ff.

Schild, Hans-Hermann/*Tinnefeld*, Marie-Theres: Datenschutz in der Union – Gelungene oder missglückte Gesetzesentwürfe?, DuD 2012, S. 312 ff.

Schindler, Stephan: Biometrische Videoüberwachung, Baden-Baden 2021.

Schindler, Stephan/*Schomberg*, Sabrina: Der KI-Verordnungsentwurf und biometrische Erkennung. Ein großer Wurf oder kompetenzwidrige Symbolpolitik, in: Friedewald, Michael/Roßnagel, Alexander/Heesen, Jessica/Krämer, Nicole/Lamla, Jörn (Hrsg.), Künstliche Intelligenz, Demokratie und Privatheit, Baden-Baden 2022, S. 103 ff.

Schliesky, Utz: Souveränität und Legitimität von Herrschaftsgewalt. Die Weiterentwicklung von Begriffen der Staatslehre und des Staatsrechts im europäischen Mehrebenensystem, Tübingen 2004.

Schliesky, Utz: Digitale Ethik und Recht, NJW 2019, S. 3692 ff.

Schlink, Bernhard: Abwägung im Verfassungsrecht, Berlin 1976.

Schmidt, Marcus: Einsatz von künstlicher Intelligenz für sachbearbeitende Tätigkeiten im öffentlichen Dienst, Wirtschaftsinformatik & Management 2024, S. 123 ff.

Schmidt, Walter: Programmierung von Verwaltungsentscheidungen, AöR 1971, S. 321 ff.

Schmidt-Aßmann, Eberhard: Verwaltungslegitimation als Rechtsbegriff, AöR 1991, S. 329 ff.

Schmidt-Aßmann, Eberhard: Verwaltungsverantwortung und Verwaltungsgerichtsbarkeit, in: Pitschas, Rainer (Hrsg.), Wege gelebter Verfassung in Recht und Politik, Berlin 2010, S. 539 ff.

Schmitz, Heribert/*Prell*, Lorenz: Neues zum E-Government. Rechtsstaatliche Standards für E-Verwaltungsakt und E-Bekanntgabe im VwVfG, NVwZ 2016, S. 1273 ff.

Schneeberger, David M.: Machine Learning in der Verwaltung. Rechtsfragen der Black-Box-Problematik, Wien (Österreich) 2024.

Schneeberger, David M.: Welcome to the Machine. Machine Learning in der österreichischen Verwaltung, LTZ 2024, S. 292 ff.

Schneider, Jens-Peter: Stand und Perspektiven des europäischen Datenverkehrs- und Datenschutzrechts, Die Verwaltung 2011, S. 499 ff.

Schneider, Otmar: Grundsätzliche Überlegungen zur polizeilichen Gefahr, DVBl 1980, S. 406 ff.

Schnekenburger, Franz: Das Aus für „verdachtsunabhängige“ Personenkontrollen?, BayVBl 2001, S. 129 ff.

Schoch, Friedrich/*Schneider*, Jens-Peter (Hrsg.): Verwaltungsrecht (VwVfG und VwGO), Kommentar, Loseblatt, München 2025.

Schönenbroicher, Klaus/*Heusch*, Andreas (Hrsg.): Gefahrenabwehrrecht Nordrhein-Westfalen, Siegburg 2023.

Schröder, Meinhard: Rahmenbedingungen der Digitalisierung der Verwaltung, VerwArch 2019, S. 328 ff.

Schröder, Meinhard: Anforderungen an die Erklärbarkeit von Künstlicher Intelligenz, Ethik und Recht 2024, S. 45 ff.

Schröder, Ulrich Jan: Das Demokratieprinzip des Grundgesetzes, JA 2017, S. 809 ff.

Schümann, Nicolai: Gamechanger Künstliche Intelligenz. Wie künstliche Intelligenz inspiriert und kreatives Potenzial entfesselt, Freiburg/München/Stuttgart 2024.

Schütz, Holger/*Wiedemann*, Peter: Risikowahrnehmung in der Gesellschaft, Bundesgesundheitsblatt 2003, S. 549 ff.

Schwartmann, Rolf/*Köhler*, Moritz: Verfassungsrechtliche Anforderungen an die polizeiliche Nutzung personenbezogener Daten, NVwZ 2024, S. 1709 ff.

Schwenke, Thomas: Einführung KI-Verordnung: Grundlagen, Begriffe, Pflichtenkatalog, DSB 2024, S.205 ff.

Schwintowski, Hans-Peter: Wird Recht durch Robotik und künstliche Intelligenz überflüssig?, NJOZ 2018, S. 1601 ff.

Seehusen, August-Wilhelm/*Schwede*, Thomas Claus: Flurbereinigungsgesetz, Kommentar, 6. Aufl., Münster 1992.

Seibel, Wolfgang: Die Entwicklung zum „technisierten sozialen Rechtsstaat“. Überlegungen zu den Folgen der technischen Rationalisierung in der öffentlichen Verwaltung und den Problemen ihrer Steuerung und Kontrolle, VerwArch 1983, S. 325 ff.

Seidel, Tim: Der Einsatz biometrischer Echtzeit-Fernidentifizierungssysteme zu Strafverfolgungszwecken nach der KI-Verordnung, Anwendungsbereich. Auslegung und Regelungskompetenz von und für Art. 5 Abs. 1 UAbs. 1 lit. h KI-VO, ZfDR 2025, S. 47 ff.

Seitz, Claudia: Grundrechtsschutz und Künstliche Intelligenz. Das KI- Gesetz der EU und die KI-Konvention des Europarates, EuZW 2024, S. 836 ff.

Selbst, Andrew: Disparate Impact in Big Data Policing, Georgia Law Review 109 2017, S. 109 ff.

Sesing, Andreas: Grenzen systematischer Transparenz bei automatisierter Datenverarbeitung. Umfang und Grenzen der Pflicht zur Bereitstellung aussagekräftiger Informationen über die involvierte Logik, MMR 2021, S. 288 ff.

Siegel, Thorsten: Der virtuelle Verwaltungsakt, VerwArch 2014, S. 241 ff.

Siegel, Thorsten: Automatisierung des Verwaltungsverfahrens. Zugleich eine Anmerkung zu §§ 35a, 24 I 3, 41 IIa VwVfG, DVBl 2017, S. 24 ff.

Siegel, Thorsten: E-Government und das Verwaltungsverfahrensgesetz, DVBl 2020, S. 552 ff.

Siegel, Thorsten: Digitalisierungsschleusen im Verwaltungsrecht und seine Offenheit für Künstliche Intelligenz, NVwZ 2024, S. 1127 ff.

Simitis, Spiros: Automation in der Rechtsordnung, Möglichkeiten und Grenzen, Karlsruhe 1967.

Simitis, Spiros/*Hornung*, Gerrit/*Spiecker gen. Döhmann*, Indra (Hrsg.): Datenschutzrecht, 2. Aufl., Baden-Baden 2022.

Simon, Herbert Alexander: Homo rationalis. Die Vernunft im menschlichen Leben, Frankfurt am Main 1993.

Sloman, Steven: The empirical case for two systems of reasoning, Psychological Bulletin 1996, S. 3 ff.

Slovic, Paul/*Finucane*, Melissa/*Peters*, Ellen/*MacGregor*, Donald: Risk as Analysis and Risk as Feelings. Some Thoughts about Affect, Reason, Risk, and Rationality, Risk Analysis 2004, S. 311 ff.

Söbbing, Thomas: Der algorithmisch gesteuerte Wertpapierhandel und die gesetzlichen Schranken für künstliche Intelligenz im digitalen Banking, ZIP 2019, S. 1603 ff.

Söbbing, Thomas: Fundamentale Rechtsfragen zur künstlichen Intelligenz (AI Law), Algorithmen, Deep Learning, Robotik, Banking, Autonomes Fahren, Haftung, Frankfurt am Main 2019.

Söbbing, Thomas: Algorithmen und urheberrechtlicher Schutz, CR 2020, S. 223 ff.

Söbbing, Thomas: Künstliche neuronale Netze. Rechtliche Betrachtung von Software- und KI-Lernstrukturen, MMR 2021, S. 111 ff.

Sodan, Helge/*Ziekow*, Jan (Hrsg.): Verwaltungsgerichtsordnung, Kommentar, 6. Aufl., Baden-Baden 2025.

Sorge, Christoph: Sicherheit in Kommunikationsnetzen, Berlin/München/Boston 2013.

Sorge, Christoph: Sichere Informationstechnik, in: Seckelmann, Margrit (Hrsg.), Digitalisierte Verwaltung – Vernetztes E-Government, Berlin 2024, S. 537 ff.

SPD-Fraktion Hamburg: Intelligente Videoüberwachung, Keine datenschutzrechtlichen Bedenken am Hansaplatz, https://www.spd-fraktion-hamburg.de/presse/pressemitteilungen/detail/intelligente-videoueberwachung-keine-datenschutzrechtlichen-bedenken-am-hansaplatz#:~:text=Intelligente%20Video%C3%BCberwachung%3A%20Keine%20datenschutzrechtlichen%20Bedenken%20am%20Hansaplatz&text=F%C3%BCr%20das%20Pilotprojekt%20der%20intelligenten,Hansaplatz%20gelten%20keine%20datenschutzrechtlichen%20Bedenken, Internetdokument, zuletzt geprüft am 17. 1. 2026.

Specht-Riemenschneider, Louisa/*Mantz*, Reto (Hrsg.): Handbuch europäisches und deutsches Datenschutzrecht, München 2019.

Spiecker gen. Döhmann, Indra/*Eisenbarth*, Markus: Kommt das „Volkszählungsurteil“ nun durch den EuGH? Der Europäische Datenschutz nach Inkrafttreten des Vertrags von Lissabon, JZ 2011, S. 169 ff.

Spiegel Online: Roboterhund als Lockdown-Helfer, https://www.spiegel.de/gesundheit/roboterhund-als-lockdown-helfer-a-ff2697c5-ce7b-4072-83ae-4d7ff105b24d, Internetdokument, zuletzt geprüft am 17. 1. 2026.

Spindler, Gerald/*Schuster*, Fabian/*Kaesing*, Katharina (Hrsg.): Recht der elektronischen Medien, 5. Aufl., München 2026.

Staffler, Lukas/*Jany*, Oliver: Künstliche Intelligenz und Strafrechtspflege – eine Orientierung, ZJS 2020, S. 164 ff.

Steege, Hans: Algorithmenbasierte Diskriminierung durch Einsatz von Künstlicher Intelligenz, Rechtsvergleichende Überlegungen und relevante Einsatzgebiete, MMR 2019, S. 715 ff.

Steege, Hans: Künstliche Intelligenz und Mobilität, SVR 2021, S. 1 ff.

Stegmüller, Martin: Vollautomatische Verwaltungsakte, eine kritische Sicht auf die neues § 24 I 3 und § 35a VwVfG, NVwZ 2018, S. 353 ff.

Stelkens, Paul/*Bonk*, Heinz Joachim/*Leonhardt*, Klaus (Hrsg.): Verwaltungsverfahrensgesetz, Kommentar, München 1978.

Stelkens, Ulrich: Der vollständig automatisierte Erlass eines Verwaltungsakts als Regelungsgegenstand des VwVfG, in: Hill, Hermann/Kugelmann, Dieter/Martini, Mario (Hrsg.), Digitalisierung in Recht, Politik und Verwaltung, Baden-Baden 2018, S. 81 ff.

Stern, Klaus (Hrsg.): Das Staatsrecht der Bundesrepublik Deutschland, Bd. 4.2, 1. Aufl., München 2011.

Stern, Klaus (Hrsg.): Das Staatsrecht der Bundesrepublik Deutschland, Bd. 1, 2. Aufl., München 2022.

Stern, Klaus/*Sodan*, Helge/*Möstl*, Markus (Hrsg.): Das Staatsrecht der Bundesrepublik Deutschland, Bd. 3, 2. Aufl., München 2022.

Stevens, Jeremy/*Limberger*, Victor: Der primärrechtliche Rahmen für die Abgrenzung von DSGVO und JI-Richtlinie, JZ 2022, S. 656 ff.

Stiemerling, Oliver: Was ist ein KI-System im Sinne der KI-VO? Erste Ansätze zur praktischen Abgrenzung „normaler" Systeme der Informationsverarbeitung, CR 2024, S. 554 ff.

Stober, Rolf: Privatisierung öffentlicher Aufgaben. Phantomdiskussion oder Gestaltungsoption in einer verantwortungsgeteilten, offenen Wirtschafts-, Sozial- und Sicherheitsverfassung?, NJW 2008, S. 2301 ff.

Stoklas, Jonathan: FRA: Bericht zum Profiling durch Sicherheitsbehörden, ZD-Aktuell 2019.

Streicher, Bernhard: Urteilsverzerrungen und andere psychologische Faktoren bei der Risikobeurteilung beim Bergsteigen, https://www.researchgate.net/publication/269410605_Urteilungsverzerrungen_und_andere_psychologische_Faktoren_bei_der_Risikobeurteilung_beim_Bergsteigen, Internetdokument, zuletzt geprüft am 17. 1. 2026.

Strünkelnberg, Thomas/*Michel*, Ralf: Niedersachsen setzt im Kampf gegen Kinderpornografie auf KI, https://www.weser-kurier.de/region/niedersachsen_artikel,-niedersachsen-setzt-im-kampf-gegen-kinderpornografie-auf-ki-_arid,1890249.html#nfy-reload, Internetdokument, zuletzt geprüft am 17. 1. 2026.

Sütthoff, Alicia: Datenschutzkonforme Anwendung Künstlicher Intelligenz. Am Beispiel der intelligenten Tierüberwachung, Berlin 2024.

Sydow, Gernot/*Bienemann*, Linda/*Ennöckl*, Daniel/*Greve*, Holger/*Helfrich*, Marcus/*Hense*, Ansgar/*Mantz*, Reto (Hrsg.): Europäische Datenschutzgrundverordnung, Kommentar, 3. Aufl., Baden-Baden/Wien (Österreich)/Zürich (Schweiz) 2022.

Szagun, Gisela: Sprachentwicklung beim Kind, 7. Aufl., Weinheim 2019.

Tagesschau: Sie lüfteten das Rätsel der Proteine, https://www.tagesschau.de/wissen/forschung/nobelpreis-chemie-190.html, Internetdokument, zuletzt geprüft am 17.1.2026.

Tarkowski, Patrick: Batman war gestern: KI hilft Polizei bei der Verbrechensbekämpfung, https://digital-magazin.de/ki-hilft-polizei-bei-verbrechensbekaempfung/, Internetdokument, zuletzt geprüft am 17.1.2026.

Tezner, Friedrich: Das freie Ermessen der Verwaltungsbehörden, Leipzig/Wien (Österreich) 1924.

Tietje, Christian: Die Staatsrechtslehre und die Veränderung ihres Gegenstandes: Konsequenzen von Europäisierung und Internationalisierung, DVBl 2003, S. 1081 ff.

Till, Björn-Till: Revolution im Insolvenzwesen durch die Künstliche Intelligenz (KI)? Wie Künstliche Intelligenz das Insolvenzwesen radikal verändern wird, NZI 2019, S. 405 ff.

Timmermann, Daniel/*Gelbrich*, Katharina: Können Algorithmen subsumieren? Möglichkeiten und Grenzen von Legal Tech, NJW 2022, S. 25 ff.

Tischbirek, Alexander: Artificial Intelligence and Discrimination: Discriminating Against Discriminatory Systems, in: Wischmeyer, Thomas/Rademacher, Timo (Hrsg.), Regulating artificial intelligence, Cham (Schweiz) 2020, S. 103 ff.

Tischbirek, Alexander: Ermessendirigierende KI. Zum Einsatz intelligenter Systeme in der ermessensermächtigten Verwaltung, ZfDR 2021, S. 307 ff.

Tischbirek, Alexander: Diskriminierungsschutz in der Gefahrenabwehr, in: Mangold, Anna Katharina/Payandeh, Mehrdad (Hrsg.), Handbuch Antidiskriminierungsrecht, Tübingen 2022, S. 1061 ff.

Tischbirek, Alexander/*Wihl*, Tim: Verfassungswidrigkeit des „Racial Profiling". Zugleich ein Beitrag zur Systematik des Art. 3 GG, JZ 2013, S. 219 ff.

Tomerius, Carolyn: Die Identitätsfeststellung im Licht der neueren Rechtsprechung, DVBl 2019, S. 1581 ff.

Tönsmeyer-Uzuner, Sabine: Expertensysteme in der öffentlichen Verwaltung. Rechtliche Anforderungen an den Einsatz eines neuen behördlichen Handlungsinstrumentes, Berlin 2000.

Tsakyrakis, Stavros: Proportionality: An assault on human rights?, I.CON 2009, S. 468 ff.

Tschentscher, Axel: Demokratische Legitimation der dritten Gewalt, Tübingen 2006.

Turing, Alan: Computing Machinery and Intelligence, Mind, New Series 1950, S. 433 ff.

Turney, Peter/*Pantel*, Patrick: From Frequency to Meaning: Vector Space Models of Semantics, Journal of Artificial Intelligence Research 2010, S. 141 ff.

Tversky, Amos/*Kahneman*, Daniel: Availablity: A Heuristic for Judging Frequency and Probability, Cognitive Psychology 1973, S. 207 ff.

Unger, Sebastian: Verwaltungslegitimation in der Europäischen Union, in: Wollenschläger, Ferdinand/de Lucia, Luca (Hrsg.), Staat und Demokratie, Tübingen 2016, S. 41 ff.

Unger, Sebastian: Demokratische Herrschaft und künstliche Intelligenz, in: Unger, Sebastian/von Ungern-Sternberg, Antje (Hrsg.), Demokratie und künstliche Intelligenz, Tübingen 2019, S. 113 ff.

Ungern-Sternberg, Antje von: Diskriminierungsschutz bei algorithmenbasierten Entscheidungen, in: Mangold, Anna Katharina/Payandeh, Mehrdad (Hrsg.), Handbuch Antidiskriminierungsrecht, Tübingen 2022, S. 1131 ff.

Valta, Matthias/*Vasel*, Johann Justus: Kommissionsvorschlag für eine Verordnung über Künstliche Intelligenz. Mit viel Bürokratie und wenig Risiko zum KI-Standort?, ZRP 2021, S. 142 ff.

Verbraucherzentrale Bundesverband: Thesenpapier: Algorithmische Entscheidungsfindung, in: Mohabbat Kar, Resa/Thapa, Basanta/Parycek, Peter (Hrsg.), (Un)Berechenbar? Algorithmen und Automatisierung in Staat und Gesellschaft 2018, S. 516 ff.

Vincent, James: San Francisco reverses plans to allow police robots to kill suspects, https://www.theverge.com/2022/12/7/23497922/killer-robot-policy-san-francisco-reversed, Internetdokument, zuletzt geprüft am 17. 1. 2026.

Vogel, Joachim: Juristische Methodik, Berlin 1998.

Vogel, Klaus/*Tipke*, Klaus: Festschrift für Gerhard Wacke zum 70. Geburtstag, Köln 1972.

Voßkuhle, Andreas: Grundwissen – Öffentliches Recht: Der Gefahrenbegriff im Polizei- und Ordnungsrecht, JuS 2007, S. 908 f.

Voßkuhle, Andreas: Grundwissen – Öffentliches Recht: Der Grundsatz der Verhältnismäßigkeit, JuS 2007, S. 429 ff.

Voßkuhle, Andreas/*Eifert*, Martin/*Möllers*, Christoph (Hrsg.): Grundlagen des Verwaltungsrechts, Bd. 1, 3. Aufl., München 2022.

Voudoulaki, Georgia: Künstliche Intelligenz und Datenschutz, Erklärbarkeit von KI-Entscheidungen und ihre Auswirkungen auf die Transparenzpflicht, ZGI 2025, S. 9 ff.

Wagener, Andreas: Künstliche Intelligenz im Marketing – ein Crashkurs, Data Driven Marketing, Predictive Analytics, Deep Learning, Freiburg im Breisgau 2019.

Wagner, Gerhard: Heuristiken und Urteilsverzerrungen in Konfliktsituationen, ZZP 2008, S. 5 ff.

Wagner, Jens: Legal Tech und Legal Robots. Der Wandel im Rechtswesen durch neue Technologien und Künstliche Intelligenz, 2. Aufl., Wiesbaden 2020.

Wagner, Marc: Allegorie des „racial profiling“, DÖV 2013, S. 113 ff.

Wahl, Rainer: Freiheit der Wissenschaft als Rechtsproblem, Freiburger Universitätsblätter 1987, S. 19 ff.

Wakefield, Jane: Are you scared yet? Mett Norman, the psychopathic AI, https://www.bbc.com/news/technology-44040008, Internetdokument, zuletzt geprüft am 17. 1. 2026.

Waldhoff, Christian: Herausforderungen des Verfassungsstaats durch die Digitalisierung am Beispiel des Steuerrechts, in: Hey, Johanna (Hrsg.), Digitalisierung im Steuerrecht, Köln 2019, S. 59 ff.

Walter, Axel von: Gedrosselte Intelligenz? Künstliche Intelligenz und der Datenschutz, K&R 2019, S. 21 ff.

Waltl, Bernhard/*Vogl*, Roland: Increasing Transparancy in Algorithmic-Decision-Making with Explainable AI, DuD 2018, S. 613 ff.

Wank, Rolf: Juristische Methodenlehre. Eine Anleitung für Wissenschaft und Praxis, München 2020.

Wank, Rolf: Die Auslegung von Gesetzen, 7. Aufl., München 2023.

Weber, Robert/*Seeberg*, Peter: KI in der Industrie, Grundlagen, Anwendungen, Perspektiven, München 2020.

Weinhold, Robert/*Johannes*, Paul: Europäischer Datenschutz in Strafverfolgung und Gefahrenabwehr. Die neue Datenschutz-Richtlinie im Bereich Polizei und Justiz sowie deren Konsequenzen für deutsche Gesetzgebung und Praxis, DVBl, S. 1501 ff.

Weiß, Eva-Maria: Künstliche Intelligenz, 175 Milliarden Parameter und dennoch Stereotype, https://www.heise.de/news/Kuenstliche-Intelligenz-175-Milliarden-Parameter-und-dennoch-Stereotype-4771456.html, Internetdokument, zuletzt geprüft am 17. 1. 2026.

Welser, Marcus von: Die KI-Verordnung – ein Überblick über das weltweit erste Regelwerk für künstliche Intelligenz, GRUR-Prax 2024, S. 485 ff.

Welt Nachrichten: Hautfarbe darf kein Kontrollgrund sein, https://www.welt.de/politik/deutschland/article110401181/Hautfarbe-darf-kein-Kontrollgrund-sein.html, Internetdokument, zuletzt geprüft am 17. 1. 2026.

Wendehorst, Christiane/*Nessler*, Bernhard/*Aufreiter*, Alexander/*Aichinger*, Gregor: Der Begriff des „KI-Systems“ unter der neuen KI-VO. Vorschlag eines „Drei-Faktor-Ansatzes“ zur Bewältigung technischer und juristischer Ungereimtheiten, MMR 2024, S. 605 ff.

Werner, Kathrin: Wie Amazon den Überwachungsstaat fördert, Süddeutsche Zeitung, https://www.sueddeutsche.de/digital/gesichtserkennung-fuer-die-polizei-wie-amazon-den-ueberwachungsstaat-foerdert-1.3990589, Internetdokument, zuletzt geprüft am 17. 1. 2026.

Winkelmann, Rikmor Elsa: Entscheidungsfindung durch künstliche Intelligenz in der Justiz, LTZ 2022, S. 163 ff.

Wischmeyer, Thomas: Regulierung intelligenter Systeme, AöR 2018, S. 1 ff.

Wiskott, Laurenz: Technische Grundlagen und Einsatzmöglichkeiten Künstlicher Intelligenz. Rechtsfragen des Einsatzes Künstlicher Intelligenz. Bochumer Informationsrechts- und Informationssicherheitstag. Institut für geistiges Eigentum, Datenschutz und Informationstechnologie der Ruhr Universität Bochum, Online-Tagung Bochum, 17. 06. 2021.

Wittenhorst, Tilman: Singapur: Roboterhund im Park – der beißt nicht, der will nur kontrollieren, https://www.heise.de/newsticker/meldung/Singapur-Roboterhund-im-Park-der-beisst-nicht-der-will-nur-kontrollieren-4718082.html, Internetdokument, zuletzt geprüft am 17. 1. 2026.

Wittpahl, Volker: Künstliche Intelligenz, Berlin/Heidelberg 2019.

Wolf, Ernst: Allgemeiner Teil des bürgerlichen Rechts, Lehrbuch, Köln 1973.

Wolff, Heinrich Amadeus: Der EU-Richtlinienentwurf zum Datenschutz in Polizei und Justiz, Gehalt und Auswirkungen auf das Strafprozess- und Polizeirecht, in: Kugelmann, Dieter/ Rackow, Peter (Hrsg.), Prävention und Repression im Raum der Freiheit, der Sicherheit und des Rechts, Baden-Baden 2014, S. 61 ff.

Wolff, Heinrich Amadeus/*Brink*, Stefan/*von Ungern-Sternberg*, Antje (Hrsg.): BeckOK Datenschutzrecht 2025.

Wünschelbaum, Markus: Die Zukunft der KI-Regulierung in Deutschland. Verfassungs- und unionsrechtliche Defizite des Referentenentwurfs zur KI-Marktüberwachung, MMR 2025, S. 259 ff.

Würdinger, Markus: Die Analogiefähigkeit von Normen. Eine methodologische Untersuchung über Ausnahmevorschriften und deklaratorische Normen, AcP 2006, S. 946 ff.

Xu, Feiyu/*Uszkoreit*, Hans/*Du*, Yangzhou/*Fan*, Wei/*Zhao*, Dongyan/*Zhu*, Jun: Explainable AI: A Brief Survey on History, Researsch Areas, Approaches and Challenges, NLPCC 2019, S. 563 ff.

Yalalow, Damir: ChatGPT besteht den Turing-Test, https://mpost.io/de/chatgpt-passes-the-turing-test/, Internetdokument, zuletzt geprüft am 17.1.2026.

Zech, Herbert: Künstliche Intelligenz und Haftungsfragen, ZfPW 2019, S. 198 ff.

Zehetmaier, Carina: KI – von Vorurteilen zur Diskriminierung, in: Windholz, Natascha (Hrsg.), Praxishandbuch KI-VO, München 2025, S. 267 ff.

Zeidler, Karl: Über die Technisierung der Verwaltung. Eine Einführung in die juristische Beurteilung der modernen Verwaltung, Karlsruhe 1959.

Zeidler, Karl: Zur „Technisierung der Verwaltung“, DVBl 1961, S. 493 f.

Zeit: Polizei und Forschungszentrum für KI kooperieren, https://www.zeit.de/news/2021-05/03/polizei-und-forschungszentrum-fuer-ki-kooperieren, Internetdokument, zuletzt geprüft am 17.1.2026.

Zeit: Gewerkschaft kritisiert Personalmangel und warnt vor Selbstjustiz, https://www.zeit.de/gesellschaft/zeitgeschehen/2018-08/polizei-gewerkschaft-personalmangel-bundespolizei-selbstjustiz, Internetdokument, zuletzt geprüft am 17.1.2026.

Ziekow, Jan: Das Verwaltungsverfahrensrecht in der Digitalisierung der Verwaltung, NVwZ 2018, S. 1169 ff.

Ziekow, Jan: Verwaltungsverfahrensgesetz Kommentar, 4. Aufl., Stuttgart 2019.

Zippelius, Reinhold: Wertungsprobleme im System der Grundrechte, München 1962.

Zweig, Katharina: Algorithmische Entscheidungen: Transparenz und Kontrolle, https://www.kas.de/documents/252038/4521287/AA338+Algorithmische+Entscheidungen.pdf/533ef913-e567-987d-54c3-1906395cdb81?version=1.0&t=1548228380797, Internetdokument, zuletzt geprüft am 17.1.2026.

Zweig, Katharina/*Krafft*, Tobias: Fairness und Qualität algorithmischer Entscheidungen, in: Mohabbat Kar, Resa/Thapa, Basenta/Parycek, Peter (Hrsg.), (Un)Berechenbar? Algorithmen und Automatisierung in Staat und Gesellschaft 2018, S. 204 ff.

Sachwortverzeichnis

Abhandlungen zum Deutschen und Europäischen Gesellschafts- und Kapitalmarktrecht

Herausgegeben von

Professor Dr. Holger Fleischer, LL.M., Hamburg
Professor Dr. Jens Koch, Köln
Professor Dr. Hanno Merkt, LL.M., Freiburg
Professor Dr. Gerald Spindler †

Band 305

Liquidationslose Vollbeendigung und liquidationsersetzende Gesamtrechtsnachfolge

Von

Jonas Wilm

Duncker & Humblot · Berlin

Inhaltsverzeichnis

§ 1 Einführung

Nach ganz herrschender Auffassung[1] ist die Mehrgliedrigkeit ein „Strukturmerkmal“[2] der Personengesellschaften. Das soll für die Gründung stets gelten; aber auch der Fortbestand einer Personengesellschaft soll – zumindest im Grundsatz – von der Beteiligung mindestens zweier Gesellschafter abhängen. Dementsprechend führt der Wegfall des vorletzten Gesellschafters zur liquidationslosen Vollbeendigung der Gesellschaft unter Gesamtrechtsnachfolge[3] des letzten Gesellschafters in das Gesellschaftsvermögen[4]. Dieser früher verbreitet auf eine Analogie zu § 738 Abs. 1 S. 1 BGB a. F. gestützte und als „Anwachsung“ bezeichnete Vorgang[5] hat im Zuge des MoPeG[6] eine eigenständige Regelung (§ 712a BGB n. F.)[7] neben der Anwachsung (§ 712 Abs. 1 BGB n. F.) erfahren[8].

§ 712a Abs. 1 BGB erfasst dabei zwei verschiedene Konstellationen, nämlich das Ausscheiden des vorletzten Gesellschafters (§ 723 BGB, § 130 HGB) einerseits und die Vereinigung sämtlicher Gesellschaftsanteile in einer Hand andererseits[9]. Beiden Konstellationen ist gemein, dass nur noch ein Gesellschafter verbleibt. Sie unterscheiden sich jedoch darin, dass sich bei der Anteilsvereinigung (zumindest für eine „logische Sekunde“) noch eine Mehrheit von Gesellschaftsanteilen in der Hand

---

[1] Siehe nur *Schäfer*, in: MüKo BGB, § 705 Rn. 66 ff.; *Fleischer*, in: MüKo HGB, § 105 Rn. 30 m. w. N.

[2] So explizit auch die Gesetzesbegründung zum MoPeG (siehe Fn. 6), BT-Drs. 19/27635, 147; ebenso bspw. *Wertenbruch*, ZPG 2023, 1, 2 f.

[3] A. A. noch *Huber*, Vermögensanteil, Kapitalanteil und Gesellschaftsanteil an Personalgesellschaften des Handelsrechts, 70 f.; *Buchner*, AcP 169 (1969), 483, 496 f.; ferner *Flume*, AT I/1, 373; *Müller-Laube*, FS E. Wolf, 501, 523; *Lieb*, ZGR 1991, 572, 577; zuletzt noch *Schmölz*, FS Beuthien, 235, 239 ff.; kritisch zur Annahme einer Gesamtrechtsnachfolge, im Ergebnis aber offenlassend *Eckardt*, NZG 2000, 449, 451 ff.

[4] BGH, Urt. v. 15. 3. 2004 – II ZR 247/01, ZIP 2004, 1047, 1048; *Karsten Schmidt*, GesR, 309 m. w. N.

[5] Dazu ausführlich *Schlottmann*, Wegfall und Entmachtung des einzigen Komplementärs, 184 ff.

[6] Gesetz zur Modernisierung des Personengesellschaftsrechts vom 10. 8. 2021, BGBl. I, 3436.

[7] BT-Drs. 19/27635, 147.

[8] Soweit nachfolgend Vorschriften aus dem Recht der Personengesellschaften zitiert werden, wird damit – vorbehaltlich anderweitiger Kennzeichnung – auf den Rechtsstand nach dem MoPeG Bezug genommen.

[9] *Servatius*, GbR, § 712a Rn. 6; *Schäfer*, in: MüKo BGB, § 712a Rn. 5 f.

des letzten Gesellschafters befindet[10], während der Anteil eines ausgeschiedenen Gesellschafters erlischt[11]. Hier setzen – trotz Abweichungen in den Details – die Überlegungen der herrschenden Auffassung[12] zur ausnahmsweisen Zulässigkeit von Einmann-Personengesellschaften an: Vereinigen sich mehrere Gesellschaftsanteile in einer Hand, von denen aber mindestens einer nicht ausschließlich dem Anteilsinhaber zuzuordnen ist, namentlich aufgrund dinglicher Belastungen (insbesondere Pfandrecht und Nießbrauch), der Verwaltungs- und Verfügungsbefugnis einer Partei kraft Amtes (Testamentsvollstrecker, Nachlassverwalter und Nachlassinsolvenzverwalter), der Anordnung einer Vor- und Nacherbschaft oder einer qualifizierten Treuhandvereinbarung, so sollen diese ausnahmsweise nicht verschmelzen, sondern nebeneinander bestehen bleiben. Es handelt sich vom Standpunkt der herrschenden Meinung aus also zunächst um eine Frage der Einheitlichkeit der Beteiligung in der Personengesellschaft[13]. Führt die Anteilsvereinigung zugleich

[10] A.A. BFH, Urt. v. 13.9.1995 – II R 80/92, BFHE 178, 468, 472 = DStR 1996, 20, 21; *Schlottmann*, Wegfall und Entmachtung des einzigen Komplementärs, 271 f.; *A. Hoger/Lieder*, ZHR 180 (2016), 613, 630 f.; *Frhr. v. Proff*, DStR 2016, 2227, 2228. – Dabei wird übersehen, dass die Rechtsfolge des Erlöschens erst dann eintreten kann, wenn feststeht, dass der entsprechende Tatbestand auch erfüllt ist, d.h. nach der Anteilsübertragung tatsächlich nur noch ein Gesellschafter verbleibt, weil der Rechtsnachfolger mit dem verbleibenden Gesellschafter personenidentisch ist. Davon zu unterscheiden ist die Frage, welche Rechtsfolgen an den Anteilserwerb für eine „logische Sekunde" geknüpft werden, etwa mit Blick auf § 1 Abs. 3 Nr. 3 GrEStG, § 1 Abs. 1 S. 3 PartGG, § 127 HGB n.F. = § 129 HGB a.F. (so in der Sache auch *Marotzke*, ZHR 156 [1992], 17, 23 f.).

[11] Siehe nur *Schäfer*, in: MüKo BGB, § 712 Rn. 2.

[12] Siehe etwa *Rieker*, Die Mehrfachbeteiligung einer Person an einer Personengesellschaft, 101 ff.; *Ulmer*, ZHR 167 (2003), 103, 105 f., 113 ff.; *Baumann*, FS Otte, 15, 16 ff.; *dens.*, BB 1998, 225, 230; *dens.*, NZG 2005, 919 f.; *Karsten Schmidt*, GesR, 1313 f.; *Könen*, in: Koch, PersGesR, § 708 BGB Rn. 40; *Lieder*, in: Erman, BGB, § 712a Rn. 5 f.; *Schäfer*, in: MüKo BGB, § 705 Rn. 67 ff.; *Fleischer*, in: MüKo HGB, § 105 Rn. 33; *Wertenbruch*, in: Ebenroth/Boujong, HGB, § 105 Rn. 81; in der Sache auch *Klöhn*, in: Henssler/Strohn, GesR, § 130 HGB Rn. 38; sympathisierend *Wiedemann*, FS Zöllner I, 635, 650; siehe auch *Baur/Grunsky*, ZHR 133 (1970), 209, 222 ff. und schon *Geiler*, in: Düringer/Hachenburg, HGB, Allg. Einl. zum 2. Buch Anm. 218; ferner *Th. Schmidt*, Einmann-Personengesellschaften, 45 ff., der in den Fällen der Anteilsvereinigung von „unechten Einmann-Personengesellschaften", während er die EWIV und die Vorgesellschaft unter dem Begriff der „echten Einmann-Personengesellschaften" behandelt (a.a.O., 15 ff.).

[13] Im Ausgangspunkt ebenso, tendenziell aber weitergehend *Kanzleiter*, FG Weichler, 39 ff.; ferner *Söring*, Die Zulässigkeit der Mehrfachbeteiligung an einer Personengesellschaft, 116 ff., der Mehrfachbeteiligungen an Personengesellschaften und auf dieser Grundlage auch Einmann-Personengesellschaften als generell zulässig erachtet. – Gerade umgekehrt *Sieveking*, FS Schippel, 505 ff., 513, 515 ff., der sich gegen die von der h.M. anerkannten Ausnahmen ausspricht und damit zugleich gegen Einmann-Personengesellschaften ausspricht. – Kritisch zum Ansatz der h.M. *Lamprecht*, Die Zulässigkeit der mehrfachen Beteiligung an einer Personengesellschaft, 354 ff., der zwar von der generellen Zulässigkeit einer mehrfachen Beteiligung, aber von der grundsätzlichen Unzulässigkeit von Einmann-Personengesellschaften ausgeht. – Wiederum anders *Bippus*, AcP 195 (1995), 13, 21 ff., 32, die zwar eine mehrfache Beteiligung für zulässig hält, hiervon aber die notwendig einheitliche Mitgliedschaft unterscheidet und die Einmann-Personengesellschaft als Problem der Mitgliedschaft verortet.

dazu, dass nur noch ein Gesellschafter übrigbleibt, wird der Fortbestand zweier selbständiger Gesellschaftsanteile als Rechtfertigung für den Fortbestand der Gesellschaft mit nur einem Gesellschafter herangezogen; die Mehrgliedrigkeit der Personengesellschaft wird also nicht auf die Gesellschafter, sondern auf die Gesellschaftsanteile bezogen[14]. Diese Möglichkeit besteht in den Ausscheidensfällen nicht[15]. Denn hier kommt es zur Anwachsung (§ 712 Abs. 1 BGB), was aber nicht bedeutet, dass der Anteil des ausgeschiedenen Gesellschafters quotal auf die übrigen Gesellschafter übergeht[16]; vielmehr wird die Lücke, die der ausgeschiedene Gesellschafter hinterlassen hat, durch die Anteile der übriggebliebenen Gesellschafter aufgefüllt[17]. Die Zulässigkeit einer Einmann-Personengesellschaft wird in den Ausscheidensfällen denn auch nur vereinzelt vertreten[18].

Diese dogmatische Trennlinie zwischen Fällen der Anteilsvereinigung einerseits und Ausscheidensfällen andererseits erlaubt allerdings keine Rückschlüsse auf die jeweilige Interessenlage der Beteiligten. Die mit dem Wegfall des vorletzten Gesellschafters verbundene Gesamtrechtsnachfolge kann aus Sicht des Rechtsnachfolgers höchst unerwünscht sein. Zu denken ist etwa an den Fall einer Anteilsvereinigung, die ihre Ursache darin hat, dass der einzige Kommanditist den einzigen Komplementär einer maroden KG beerbt. Von den Ausscheidensfällen ist insbesondere das unter dem alten Recht vieldiskutierte (bspw. insolvenzbedingte[19]) Ausscheiden der Komplementär-GmbH aus der GmbH & Co. KG (§§ 130 Abs. 1 Nr. 3[20], 161 Abs. 2 HGB) hervorzuheben. Der verbleibende Kommanditist sieht

---

[14] *Karsten Schmidt*, in: Schlegelberger, HGB, § 105 Rn. 25; ebenso *Fleischer*, in: MüKo HGB, § 105 Rn. 33; – kritisch *Siebert*, Einmann-Personengesellschaften, 99 ff., 119 ff.

[15] Zutreffend *Lamprecht*, Die Zulässigkeit der mehrfachen Beteiligung an einer Personengesellschaft, 344 f., 361 ff.; siehe auch *Möhrle*, in: MHdB GesR I, § 5 Rn. 10; siehe aber noch S. 26 f.

[16] Missverständlich daher die Gesetzesbegründung, die einerseits vom Übergang des Anteils spricht (BT-Drs. 19/27635, 106, 146), sich gleichzeitig aber zu einem „wertbezogene[n] Verständnis der Anwachsung" bekennt (a. a. O., 146); unklar auch *Korkmaz*, Die Doppelinsolvenz bei der Kommanditgesellschaft, 137, 205, 208 mit Fn. 572; *Müller-Laube*, FS E. Wolf, 501, 519; *Lieder*, in: Erman, BGB, § 712 Rn. 3; *Schäfer*, in: MüKo BGB, § 712 Rn. 5.

[17] H. M., *M. Noack*, in: Westermann/Wertenbruch, Hdb PersGes, Rn. I 1041; *Schöne*, in: BeckOK BGB, § 712 Rn. 4 ff.; *Kilian*, in: Henssler/Strohn, GesR, § 712 BGB Rn. 3; *Servatius*, GbR, § 712 Rn. 7; *Freitag*, in: Heymann, HGB, § 131 Rn. 67; ausführlich *Karsten Schmidt*, FS Huber, 969 ff. und jüngst *Bühler*, NZG 2024, 51 ff. m. w. N.; siehe bereits RG, Urt. v. 23. 2. 1907 – I 404/06, RGZ 65, 227, 238: „Wer durch Akreszenz erwirbt, erwirbt nicht den Anteil des anderen hinzu, sondern vergrößert seinen eigenen Anteil, weil der Anteil des anderen weggefallen ist."

[18] So namentlich *Weimar*, ZIP 1997, 1769 ff. und *Pfister*, Die Einmann-Personengesellschaft, 44 ff.; wohl auch schon *Raiser*, AcP 194 (1994), 495, 509 und *Kießling*, FS Hadding, 477, 494 ff.; im Zuge des MoPeG jetzt auch *Schöne*, in: BeckOK BGB, § 712a Rn. 5 ff.

[19] Diese Problematik wurde im Zuge des MoPeG mit § 179 HGB n. F. einer Regelung zugeführt, siehe dazu noch S. 98 f.

[20] § 131 Abs. 3 S. 1 Nr. 2 HGB a. F.

sich dann damit konfrontiert, dass – unabhängig von seinem Willen – auch die Gesellschaftsschulden im Wege der Gesamtrechtsnachfolge auf ihn übergehen[21]. Vor diesem Hintergrund liegt es nicht fern, den letzten Kommanditisten als Gesamtrechtsnachfolger einer Handelsgesellschaft mit dem Erben als Gesamtrechtsnachfolger eines Einzelkaufmanns zu vergleichen[22].

Das liquidationslose Erlöschen der Gesellschaft unter Gesamtrechtsnachfolge des letztverbleibenden Gesellschafters kann allerdings auch das Ergebnis konzertierter Austritte oder Anteilsübertragungen sein. Der Mechanismus des § 712a Abs. 1 BGB wird hierbei gezielt genutzt, um Umwandlungen außerhalb des UmwG herbeizuführen. Diese auch als „anwachsende Verschmelzung“[23] bezeichneten Fälle weisen eine deutliche Nähe zum Verschmelzungsrecht auf.

Aus Sicht der Gläubiger spielt es dagegen keine Rolle, ob die Universalsukzession planmäßig herbeigeführt wurde oder nicht. Wenn und weil Gesellschafts- und Privatvermögen in der Hand des letzten Gesellschafters haftungsrechtlich zu einer einheitlichen Vermögensmasse verschmelzen[24], stellt sich die Frage, ob und ggf. wie die Gesellschaftsgläubiger, aber auch die Privatgläubiger des Gesellschafters[25] diesbezüglich zu schützen sind.

Erbrecht und Umwandlungsrecht tragen den Interessen des Gesamtrechtsnachfolgers und der Gläubiger auf verschiedenen Wegen Rechnung. Bei der erbrechtlichen Gesamtrechtsnachfolge gibt das Gesetz dem Erben die Möglichkeit, seine Haftung gegenständlich auf den Nachlass zu beschränken, wodurch dieser zugleich haftungsrechtlich abgesondert wird (§§ 1975 ff. BGB)[26]. Die Nachlassgläubiger werden dadurch geschützt, dass sie ebenfalls eine amtliche Nachlassliquidation beantragen und dadurch eine Haftungssonderung herbeiführen können, während die Eigengläubiger des Erben nur darauf hoffen können, dass der Erbe bzw. dessen Insolvenzverwalter eine Haftungsbeschränkung herbeiführt. Im Umwandlungsrecht gibt es demgegenüber keine Möglichkeit, das Vermögen eines übertragenden Rechtsträgers haftungsrechtlich abzusondern. Die Gläubiger werden im Umwandlungsrecht heute[27] nicht mehr durch Vermögensseparation, sondern insbesondere durch einen Anspruch auf Sicherheitsleistung (§ 22 UmwG) geschützt, und zwar

---

[21] S. 54.

[22] So *Marotzke*, ZHR 156 (1992), 17, 29; *Bork/Jacoby*, ZGR 2005, 612, 639; zuvor bereits in anderem Zusammenhang *R. Fischer*, in: Staub, HGB, 3. Aufl. 1973, § 124 Anm. 34.

[23] So *Fleischer*, in: MüKo HGB, § 105 Rn. 94; *Schäfer*, in: Staub, HGB, Vor § 105 Rn. 21, § 105 Rn. 44, 50. Nachdem das MoPeG diese Konstellation mit § 712a Abs. 1 BGB explizit von der Anwachsung nach § 712 BGB gesondert hat, ist der Begriff streng genommen nicht mehr korrekt.

[24] Näher S. 56 ff.

[25] Darauf, dass auch diese von der Gläubigerkonkurrenz nachteilig betroffen sein können, weist auch *Seeger*, Das Ausscheiden des einzigen Komplementärs, 136 hin.

[26] Näher S. 70 ff.

[27] Zur Entwicklung des Gläubigerschutzes im Umwandlungsrechts näher S. 118 ff.

unabhängig davon, ob sie Gläubiger eines übertragenden oder des übernehmenden Rechtsträgers sind[28].

An einer vergleichbaren Ausformung von Schutzbestimmungen zugunsten des Gesamtrechtsnachfolgers und der Gläubiger fehlt es bei der liquidationslosen Vollabwicklung nach § 712a Abs. 1 BGB. Dem Gesetzgeber waren die Probleme, die sich beim Ausscheiden des einzigen Komplementärs aus der KG für den Kommanditisten ergeben können, zwar bekannt; er hat sich einer (umfassenden) Regelung aber bewusst enthalten[29]. Zugleich hat er die in der Praxis verbreitete Gestaltungsoption der „anwachsenden Verschmelzung" erneut[30] explizit gebilligt[31], auf weitere Regelungen aber auch insoweit verzichtet. Das wirft die Frage auf, ob und wie die vom Gesetzgeber hinterlassene Lücke geschlossen werden kann und muss. Vorangestellt ist eine Untersuchung der dogmatischen Grundlagen des neuen § 712a Abs. 1 BGB, wobei ein besonderes Augenmerk auf die Figur der Einmann-Personengesellschaft gelegt wird, die sich als ein möglicher Ansatz zur Bewältigung der mit § 712a Abs. 1 BGB verbundenen haftungsrechtlichen Probleme erweisen wird. Anschließend werden die bisher in Rechtsprechung und Literatur vorgeschlagenen Lösungsmöglichkeiten und deren Implikationen für die Abwicklung des Gesellschaftsvermögens in einem Insolvenzverfahren untersucht. Als Gegenentwurf zum Ansatz der herrschenden Meinung, der die personengesellschaftsrechtliche Universalsukzession haftungs- und insolvenzrechtlich der erbrechtlichen Universalsukzession annähert, wird sodann die Möglichkeit einer Lösung in Anlehnung an das Umwandlungsrecht herausgearbeitet. Die inhaltliche Untersuchung schließt mit Überlegungen zur Harmonisierung des Gläubigerschutzes bei der liquidationslosen Vollabwicklung eines Rechtsträgers mit demjenigen bei der Durchführung eines Liquidationsverfahrens.

---

[28] S. 130 ff.

[29] BT-Drs. 19/27635, 146. – Eine Ausnahme bildet der neue § 179 HGB, siehe dazu S. 98 f.

[30] Siehe schon die Begründung zum Gesetz zur Ergänzung der handelsrechtlichen Vorschriften über die Änderung der Unternehmensform vom 15. 8. 1969, BGBl. I, 1171, durch das die Möglichkeit der (errichtenden) Umwandlung von Personenhandelsgesellschaften auf Kapitalgesellschaften geschaffen wurde, in BT-Drs. V/3165, 9: „Durch diese Vorschrift werden die bisher gebräuchlichen Verfahren zur Überführung einer Personenhandelsgesellschaft in die Rechtsform einer Kapitalgesellschaft nicht unzulässig. Allerdings gelten für sie die Erleichterungen dieses Entwurfs nicht." – Siehe ferner die Begründung zum UmwBerG (s. u. Fn. 707) in BT-Drs. 12/6699, 80: „Bisher schon bestehende andere Methoden, die Struktur eines Unternehmensträgers zu verändern, wie z. B. die Anwachsung nach § 105 Abs. 2 HGB in Verbindung mit § 738 BGB […] bleiben erhalten."

[31] Siehe BT-Drs. 19/27635, 147 („§ 712a Absatz 1 BGB-E auch als Instrument für Umwandlungen außerhalb des Umwandlungsgesetzes").

§ 2 Die Regelung des § 712a Abs. 1 BGB – Grundlagen

A. Das liquidationslose Erlöschen der Personengesellschaft

I. Mehrgliedrigkeit als Strukturmerkmal der Personengesellschaften

Es wurde bereits eingangs[32] erwähnt, dass das Mehrgliedrigkeitserfordernis nach ganz herrschender Meinung, die sich auf die Vorstellung des Gesetzgebers berufen kann, zu den „Strukturmerkmalen" der Personengesellschaften gehört. Diese Einschätzung wurde jüngst anlässlich des MoPeG von Schöne[33] in Zweifel gezogen. Er stützt sich dabei im Wesentlichen auf die systematische Stellung des neuen § 712a Abs. 1 BGB im zweiten Kapitel der Vorschriften zur rechtsfähigen GbR, an dessen Spitze mit § 708 BGB der Grundsatz der gesellschaftsvertraglichen Gestaltungsfreiheit fixiert ist[34]. Der in der Entwurfsbegründung zum Ausdruck gekommene Wille des Gesetzgebers stehe dem nicht entgegen; dieser sei in Anbetracht der Stellung des § 708 BGB im Gesetz rechtssystematisch entwertet, zumal der Gesetzgeber trotz entsprechender Hinweise aus dem Schrifttum auf die Normierung einer anderweitigen Bestimmung i. S. d. § 708 BGB a. E., die den zwingenden Charakter des § 712a Abs. 1 BGB explizit anordnet, verzichtet hat[35].

Damit ist zunächst eine rechtsmethodische Grundsatzfrage angerissen, nämlich diejenige nach der Bedeutung der Gesetzesmaterialien bei der Auslegung[36]. Zu dem diesbezüglich äußerst vielfältigen Meinungsbild[37] soll und muss hier nicht Stellung bezogen werden. Denn tatsächlich gibt weder der „objektive" Normbefund der §§ 708, 712a Abs. 1 BGB noch der in der Gesetzesbegründung zum Ausdruck gekommene „subjektive" Wille des Gesetzgebers eine klare Antwort auf die Frage, ob bzw. inwieweit Einmann-Personengesellschaften zulässig sind. Zwar ordnet § 708 BGB die Dispositivität der §§ 709 ff. BGB und damit rein rechtssystematisch betrachtet auch des § 712a Abs. 1 BGB an. Dies gilt jedoch nur vorbehaltlich einer abweichenden gesetzlichen Bestimmung. Das setzt nicht notwendig eine explizite

---

[32] S. o. auf S. 13 mit Fn. 1 u. 2.

[33] *Schöne*, in: BeckOK BGB, § 705 Rn. 53, § 708 Rn. 18 ff., § 712a Rn. 5 ff.

[34] *Schöne*, in: BeckOK BGB, § 712a Rn. 6 f., 15.

[35] *Schöne*, in: BeckOK BGB, § 712a Rn. 7 ff.

[36] Eingehend *Frieling*, Gesetzesmaterialien und Wille des Gesetzgebers, passim.

[37] Siehe dazu die Darstellung bei *Frieling*, Gesetzesmaterialien und Wille des Gesetzgebers, 41 ff. m. umfangr. Nachw.

Regelung voraus, die den zwingenden Charakter unmissverständlich anordnet. Von einer anderweitigen gesetzlichen Bestimmung i.S.d. § 708 BGB muss vielmehr auch dann ausgegangen werden, wenn sich die zwingende Natur aufgrund des Zwecks der jeweiligen Vorschrift durch Auslegung ermitteln lässt[38]. Zwar wird als Normzweck des § 712a Abs. 1 BGB die „Bestätigung“[39] bzw. „Bekräftigung“[40] des Mehrgliedrigkeitserfordernisses als Strukturmerkmal genannt. Selbst wenn man diese in der Gesetzesbegründung zum Ausdruck gekommene Einschätzung des Gesetzgebers aber als verbindliche Richtschnur für die Auslegung anerkennt, muss zugleich berücksichtigt werden, dass die Gesetzesbegründung auch Auslegungsspielräume eröffnet. Zum einen hat der Gesetzgeber erkannt, dass § 712a Abs. 1 BGB im Einzelfall zu Problemen führen kann, deren Lösung aber explizit der Rechtsprechung überlassen[41]; jedenfalls in Sonderkonstellationen sind Einmann-Personengesellschaften also durchaus mit dem Willen des Gesetzgebers vereinbar. Zum anderen soll § 712a Abs. 1 BGB die Mehrgliedrigkeit als Strukturmerkmal nur „indirekt“ bestätigen[42]. Dass das Mehrgliedrigkeitserfordernis aus dieser Vorschrift selbst folgen soll, lässt sich der Gesetzesbegründung daher nicht eindeutig entnehmen[43]. Vielmehr kann die Äußerung auch so verstanden werden, dass die Notwendigkeit mindestens zweier Gesellschafter bereits anderweitig begründet sein soll und § 712a Abs. 1 BGB sie nur „nachvollzieht“. Hierfür spricht auch, dass es „im Einzelfall einer Klärung durch die Rechtsprechung vorbehalten“ sein soll, „welche Folgerungen [in Bezug auf die Mehrgliedrigkeit als Strukturmerkmal] aus der Aufgabe des Gesamthandsprinzips zu ziehen sind“[44].

Damit ist allerdings nicht zugleich im umgekehrten Sinne entschieden, dass es mit der Gestaltungsfreiheit nach § 708 BGB sein Bewenden hat. Ob bzw. inwieweit Einmann-Personengesellschaften zulässig sind, entscheidet sich jenseits des § 712a Abs. 1 BGB, d.h. anhand allgemeinerer (personen-)gesellschaftsrechtlicher Erwägungen[45].

---

[38] So auch BT-Drs. 19/27635, 141; *Fleischer*, DStR 2021, 430, 435; *Schäfer*, in: MüKo BGB, § 708 Rn. 1; *Heidel*, in: ders., GbR, § 708 Rn. 10.

[39] BT-Drs. 19/27635, 147.

[40] *Schäfer*, in: MüKo BGB, § 712a Rn. 3.

[41] Siehe BT-Drs. 19/27635, 146.

[42] Siehe wiederum BT-Drs. 19/27635, 146.

[43] Anders *Klimke*, in: BeckOK HGB, § 105 Rn. 95.1 („eindeutige Einordnung in den Gesetzesmaterialien“).

[44] BT-Drs. 19/27635, 147.

[45] Vgl. auch *Könen*, in: Koch, PersGesR, § 712a BGB Rn. 3, der die enge Verknüpfung des § 712a Abs. 1 BGB mit der Sozietätskonstruktion (dazu näher sogleich auf S. 20 ff.) hervorhebt.

1. Vertrags- bzw. Sozietätskonstruktion

Verbreitet wird die Notwendigkeit mindestens zweier Gesellschafter bei Personengesellschaften aus der (schuld-)vertraglichen Grundlage der Gesellschaft gefolgert[46]. In die gleiche Richtung geht es, wenn Karsten Schmidt vom „Sozietätsmodell der Personengesellschaften“[47] spricht: Die Mitgliedschaft wurzle in der gesellschaftsvertraglichen Verbindung der Gesellschafter[48] und als Vertrag versteht man gemeinhin „die zwei- oder mehrseitige rechtsgeschäftliche Regelung eines Rechtsverhältnisses, die von den Vertragsparteien einverständlich getroffen wird“[49]. Das liquidationslose Erlöschen der Gesellschaft beim Wegfall der vorletzten Partei des Gesellschaftsvertrages wird dementsprechend verbreitet als Anwendungsfall der Konfusion angesehen[50].

a) Tatbestand und Wirkungen des Vertrages

Die vorstehende Definition des Vertrages bedarf freilich noch der Präzisierung. Bei Rechtsgeschäften wird traditionell zwischen Tatbestand und Wirkungen – oder in Flumes[51] Worten: zwischen dem Rechtsgeschäft als Akt und der Regelung als Ergebnis dieses Rechtsgeschäfts – unterschieden[52]. Der Tatbestand des Vertrages

---

[46] DNotI-Report 2005, 153, 154; *Sieveking*, FS Schippel, 505, 512 f.; *Möhrle*, in: MHdB GesR I, § 5 Rn. 10, § 76 Rn. 23; *Geibel*, in: BeckOGK BGB (15.12.2024), § 705 Rn. 153; *Schäfer*, in: MüKo BGB, § 705 Rn. 66, § 712a Rn. 3; *Wertenbruch*, in: Ebenroth/Boujong, HGB, 4. Aufl. 2020, § 105 Rn. 53; *Tröger*, in: Westermann/Wertenbruch, Hdb PersGes, Rn. I 145.

[47] *Karsten Schmidt*, Zur Stellung der OHG im System der Handelsgesellschaften, 194; *ders.*, GesR, 207 ff.; ebenso *Könen*, in: Koch, PersGesR, § 708 BGB Rn. 35 ff., § 712a BGB Rn. 3, 5 ff.

[48] *Karsten Schmidt*, GesR, 207.

[49] *Bork*, in: Staudinger, BGB, Vor §§ 145 ff. Rn. 1.

[50] So explizit BGH, Urt. v. 12.6.2008 – III ZR 38/07, NVwZ-RR 2008, 674 Rn. 17; in der Sache auch KG, Beschl. v. 3.4.2007 – 1 W 305/06, ZIP 2007, 1505, 1506 („Zusammenfallen der Gläubiger- und Schuldnerstellung“); ebenso *Th. Schmidt*, Einmann-Personengesellschaften, 70 ff.; *Karsten Schmidt*, GesR, 209; *Könen*, in: Koch, PersGesR, § 712a BGB Rn. 5, 12; *Armbrüster*, ZGR 2014, 333, 342; *Freitag*, ZGR 2021, 534, 540 ff., 548 ff.; *Frank/Müller-Dietz*, JR 1991, 457, 458; *Baumann*, BB 1998, 225, 226, 229, 231 und *ders.*, FS Otte, 15, 17; *Fett/Brand*, NZG 1999, 45, 46 f.; *Fetzer*, in: MüKo BGB, Vor § 362 Rn. 4 Fn. 6; *Heidel*, in: ders., GbR, § 705 Rn. 177; *M. Roth*, in: Hopt, HGB, § 130 Rn. 20; eine Parallele zu Konfusion und Konsolidation zieht auch *Lieder*, in: Oetker, HGB, § 105 Rn. 67 sowie *ders.*, in: Erman, BGB, § 712a Rn. 5; nur von Konsolidation sprechend *Wertenbruch*, in: Ebenroth/Boujong, HGB, § 105 Rn. 79 f.; siehe ferner *Lamprecht*, Die Zulässigkeit der mehrfachen Beteiligung an einer Personengesellschaft, 345 ff.; *Freitag*, in: Heymann, HGB, § 131 Rn. 99; – kritisch *Rieker*, Die Mehrfachbeteiligung einer Person an einer Personengesellschaft, 16 ff.; *Siebert*, Einmann-Personengesellschaften, 114 ff.; *Kern*, in: Staudinger, BGB, Einl. §§ 362 ff. Rn. 27.

[51] *Flume*, AT II, 62 ff., 78 ff.

[52] Siehe dazu nur *v. Tuhr*, AT II/1, 143 ff. mit Fn. 3 sowie speziell zum Vertrag a. a. O., 220 ff.

meint dabei den Austausch von inhaltlich korrespondierenden[53] und aufeinander bezogenen Willenserklärungen zwischen mindestens zwei Personen[54]; dessen Wirkungen können in der Begründung, Änderung oder Aufhebung – kurz: Regelung[55] – von Rechtsverhältnissen bestehen[56]. Das gilt auch im Verbandsrecht:

> „Bei Verbänden muß man [...] klar unterscheiden zwischen der Satzungs*errichtung* (bzw. dem Vertrags*schluß*) als *rechtsgeschäftlichem Handeln* und der Satzung (dem Gesellschaftsvertrag) als *Verfassung des Verbandes.* Das erste ist Rechtsgeschäft, das zweite ist Rechtszustand."[57]

b) Wirkungen des Gesellschaftsvertrages und Einmann-Personengesellschaft

Der Wegfall des vorletzten Gesellschafters lässt den bereits abgeschlossenen Vertragstatbestand unberührt; er ändert nichts an dem bereits erfolgten Austausch von Willenserklärungen. Für die Zulässigkeit einer Einmann-Personengesellschaft unter dem Gesichtspunkt ihrer vertraglichen Grundlage ist daher allein entscheidend, ob die gesellschaftsvertragliche Regelung zwingend das Vorhandensein mehrerer Gesellschafter als Vertragsparteien voraussetzt.

aa) Der Personengesellschaftsvertrag als schuld- und organisationsrechtliche Regelung

Der Gesellschaftsvertrag einer rechtsfähigen Personengesellschaft hat anerkanntermaßen eine Doppelnatur, indem er einerseits ein Schuldverhältnis begründet (schuldrechtliche Komponente), andererseits aber auch die rechtsfähige Personengesellschaft als von den Gesellschaftern zu unterscheidendes Rechtssubjekt[58] konstituiert (personen- bzw. organisationsrechtliche Komponente)[59].

Was die schuldrechtliche Komponente anbelangt, geht es um die Frage, ob ein Schuldverhältnis hinsichtlich der Gläubiger- und Schuldnerstellung zwingend Personenmehrheit und Personenverschiedenheit voraussetzt. Vor diesem Hintergrund erschließt sich die Einordnung des Wegfalls des vorletzten Gesellschafters als Erscheinungsform der Konfusion. Demgegenüber setzt die organisationsrechtliche

---

[53] *Bork*, AT, Rn. 432 Fn. 8.

[54] Vgl. *v. Tuhr*, AT II/1, 224 ff.

[55] *Flume*, AT II, 78 ff.

[56] Vgl. allgemein *v. Tuhr*, AT II/1, 143 ff. sowie speziell zum Vertrag a. a. O., 220 ff.

[57] *Karsten Schmidt*, GesR, 76 (Hervorhebung im Original).

[58] Insoweit a. A. *Escher-Weingart*, WM 2022, 2297, 2303 („rechtsfähig bis auf die eigentliche Rechtssubjektivität").

[59] Siehe statt vieler *Schäfer*, in: MüKo BGB, § 705 Rn. 158 ff.; *Hadding/Kießling*, in: Soergel, BGB, Vor § 705 Rn. 20 ff.

Komponente für sich genommen bereits im Ausgangspunkt nicht die Beteiligung mehrerer Rechtssubjekte voraus[60].

Aus der (schuld-)vertraglichen Grundlage der Personengesellschaft kann die Unzulässigkeit einer rechtsfähigen Einmann-Gesellschaft dementsprechend allenfalls dann gefolgert werden, wenn man annimmt, dass erstens die organisationsrechtliche Komponente des Gesellschaftsvertrages untrennbar mit der schuldrechtlichen Komponente verbunden ist und dass zweitens die schuldrechtliche Komponente eine Gesellschaftermehrheit und -verschiedenheit zwingend voraussetzt.

bb) Zum Verhältnis von schuldrechtlicher und organisationsrechtlicher Komponente des Personengesellschaftsvertrages

Die ganz herrschende Auffassung geht mit Selbstverständlichkeit von einer untrennbaren Bindung der organisationsrechtlichen Komponente an die schuldrechtliche Komponente aus, wenn sie das zwingende Erlöschen der Personengesellschaft als Rechtssubjekt beim Wegfall des vorletzten Gesellschafters aus der (schuld-)vertraglichen Grundlage der Gesellschaft herleitet[61]. In aller Deutlichkeit hat das bereits Flume ausgesprochen:

> „Der Gesellschaftsvertrag der Gesamthandsgesellschaft hat zwar auch Satzungscharakter, indem er die Gesellschaft als Wirkungseinheit konstituiert. Er bleibt aber zugleich ein Vertrag der Gesellschafter, der die Gesellschafter in einem Rechtsverhältnis zueinander verbindet. Er bleibt als iuris vinculum inter personas der Gesellschafter bestehen, und die Gesellschaft existiert dadurch, daß die Gesellschafter durch den Gesellschaftsvertrag in einem Vertragsverhältnis miteinander verbunden sind."[62]

Dem ist zuzustimmen. Im neuen Recht klingt dieser zwingende Zusammenhang auch in der gesetzlichen Regelung an: Aus der in § 705 Abs. 2 BGB getroffenen Unterteilung in rechtsfähige Personengesellschaften (Gesellschaftsverhältnisse mit Doppelnatur) und nicht rechtsfähige Personengesellschaften (rein schuldrechtliche Gesellschaftsverhältnisse) folgt, dass jedes Gesellschaftsverhältnis zwingend – zumindest auch – ein vertragliches (Dauer-)Schuldverhältnis ist[63]. Die Notwendigkeit eines schuldrechtlichen Gesellschaftsverhältnisses wird zusätzlich durch die vom

[60] Das dürfte auch der Grund dafür sein, dass das Mehrgliedrigkeitserfordernis häufig nicht in der vertraglichen Grundlage der Gesellschaft überhaupt, sondern gerade in der *schuld*vertraglichen Grundlage gesehen wird, siehe etwa *Heidel*, in: ders., GbR, § 705 Rn. 177; *Schäfer*, in: MüKo BGB, § 705 Rn. 66; *dens.*, in: Staub, HGB, § 105 Rn. 111; *Wertenbruch*, in: Ebenroth/Boujong, HGB, 4. Aufl. 2020, § 105 Rn. 53.

[61] Besonders deutlich *Schäfer*, in: Staub, HGB, § 105 Rn. 179; siehe auch die Nachweise in Fn. 46. Im Ausgangspunkt übereinstimmend *Baumann*, BB 1998, 225, 230 f. – A. A. jedoch *Karsten*, Einheitlichkeit der Mitgliedschaft in Personengesellschaften, 164 ff., 179 f.; *Pfister*, Die Einmann-Personengesellschaft, 117 f., 128 ff.; wohl auch *Seppelt*, Die Haftung des letzten Gesellschafters in der LLP und der Partnerschaft, 204 f.

[62] *Flume*, AT I/1, 95.

[63] Siehe auch BT-Drs. 19/27635, 103.

Gesetzgeber bewusst gewählte[64] systematische Stellung des BGB-Gesellschaftsrechts im besonderen Schuldrecht unterstrichen. Folgerichtig kann im Personengesellschaftsrecht jedenfalls im Grundsatz ohne Schuldverhältnis auch kein Rechtssubjekt (fort-)bestehen. Gegenteiliges lässt sich auch nicht anhand der Lehre vom fehlerhaften Verband begründen[65]. Denn es geht gerade um die Frage, ob nach dem Wegfall des vorletzten Gesellschafters eine Personengesellschaft überhaupt noch denkbar ist oder die Mehrgliedrigkeit zu den begriffsnotwendigen Merkmalen einer Personengesellschaft gehört. Eine vom Gesetz nicht vorgesehene Gesellschaftsform kann auch die Lehre vom fehlerhaften Verband nicht ohne Zirkelschluss begründen.

cc) Schuldvertragliche Komponente und Einmann-Personengesellschaft

Die Zulässigkeit von Einmann-Personengesellschaft hängt daher letztlich davon ab, wie sich der Wegfall des vorletzten Gesellschafters auf das Gesellschaftsschuldverhältnis auswirkt.

(1) Die Konfusion im allgemeinen Schuldrecht

Es wurde bereits erwähnt, dass in diesem Zusammenhang häufig der Begriff der „Konfusion" fällt[66]. Hierunter versteht man „die Vereinigung korrespondierender Rechte und Pflichten des Schuldrechts in einer Person"[67]. Die Vereinigung kann sich auf ein Schuldverhältnis i.e.S. beschränken, aber auch das gesamte Schuldverhältnis i.w.S. erfassen[68].

Die Regelwirkung der Konfusion ist nach ganz herrschender Auffassung das Erlöschen des Schuldverhältnisses[69]. Doch ist diese Konsequenz „weder gesetzlich vorgeschrieben[70] noch logisch zwingend"[71]. Bereits das Gesetz macht zahlreiche

[64] BT-Drs. 19/27635, 103.

[65] So aber *Baumann*, BB 1998, 225, 230 f.; – zutreffend dagegen *Ulmer*, ZHR 167 (2003), 103, 114.

[66] S. o. bei Fn. 50.

[67] *Gernhuber*, Die Erfüllung und ihre Surrogate, 416.

[68] *Gernhuber*, Die Erfüllung und ihre Surrogate, 416; *Kollhosser/Jansen*, JA 1988, 305; *Kern*, in: Staudinger, BGB, Einl. §§ 362 ff. Rn. 30.

[69] *Gernhuber*, Die Erfüllung und ihre Surrogate, 418; *Larenz*, SchuldR I, 270; *Fetzer*, in: MüKo BGB, Vor § 362 Rn. 4; *Kern*, in: Staudinger, BGB, Einl. §§ 362 ff. Rn. 30; – a. A. (Naturalobligation) *Wacke*, FS Medicus (2009), 543, 571 ff.; ähnlich („Ruhen" des Schuldverhältnisses) zuvor schon *Schellen*, Konfusion, 93 ff. u. insb. 170 f., 175 ff., 306.

[70] § 291 BGB-E I (abgedruckt bei *Mugdan*, Materialien II, XX) sah noch eine explizite Normierung der regelmäßigen Konfusionswirkung vor. Die Vorschrift wurde allerdings von der 2. Kommission nicht übernommen, „weil die daselbst aufgestellte Regel, soweit sie richtig sei, sich aus dem Wesen der Obligation von selbst ergebe und überdies aus den im Entw. enthaltenen Ausnahmen sich unschwer ableiten lasse" (Protokolle bei *Mugdan*, a. a. O., 569).

[71] BGH, Urt. v. 14.6.1995 – IV ZR 212/94, NJW 1995, 2287, 2288; siehe auch *Larenz*, SchuldR I, 270.

Ausnahmen von diesem Grundsatz (vgl. etwa §§ 1976, 1991 Abs. 2, 2143, 2175, 2377 S. 1 BGB[72]). Fehlt es an einer expliziten Ausnahmeregelung, soll eine (Gesamt-)Analogie[73] in Betracht kommen[74]. Ungeschriebene Ausnahmen werden jedenfalls dann zugelassen, wenn schützenswerte Interessen *Dritter* dies gebieten[75], bspw. bei einer nießbrauchs- oder pfandrechtsbelasteten Forderung[76]. Ob darüber hinaus auch Ausnahmen im *Eigen*interesse des Gläubiger-Schuldners in Betracht kommen, ist streitig. Der Bundesgerichtshof[77] hat bei einem vormerkungsgesicherten Anspruch keine Ausnahme von der Erlöschenswirkung zugelassen und ist offenbar mit Selbstverständlichkeit davon ausgegangen, dass Ausnahmen nur im Drittinteresse denkbar seien[78]. In späteren Entscheidungen ist teilweise eine tendenziell größere Offenheit gegenüber Ausnahmen im Interesse des Gläubiger-Schuldners angeklungen[79], wenn der Bundesgerichtshof formuliert hat, es sei „vom Fortbestehen der Forderung auszugehen, wo dies nach der Interessenlage *etwa*[80] mit

[72] *Gernhuber*, Die Erfüllung und ihre Surrogate, 421 f. ordnet §§ 1991 Abs. 2, 2377 BGB allerdings als nur „scheinbare Ausnahmen" ein.

[73] Dazu näher *Larenz*, Methodenlehre, 383 ff.

[74] BGH, Beschl. v. 3. 12. 2014 – IV ZB 9/14, NJW 2015, 623 Rn. 42; *Kollhosser/Jansen*, JA 1988, 305, 306; *Kern*, in: Staudinger, BGB, Einl. §§ 362 ff. Rn. 31.

[75] BGH, Urt. v. 30. 4. 1980 – V ZR 56/79, NJW 1981, 447, 448; BGH, Urt. v. 14. 6. 1995 – IV ZR 212/94, NJW 1995, 2287, 2288 (keine Konfusionswirkung bzgl. des Anspruchs aus § 528 BGB, wenn der Beschenkte den Sozialhilfe empfangenden Schenker beerbt); BGH, Beschl. v. 27. 9. 1995 – IV ZR 52/94, ZEV 1995, 453 (Sicherungsübertragung des Nacherbenanwartschaftsrechts an den Vorerben); BGH, Urt. v. 23. 4. 2009 – IX ZR 19/08, NJW-RR 2009, 1059 Rn. 20 ff. (wegen § 166 Abs. 2 InsO keine Konfusionswirkung bei einer zur Sicherung abgetretenen Forderung des Insolvenzsschuldners, die der Zessionar an den Forderungsschuldner abtritt); BGH, Beschl. v. 12. 7. 2018 – V ZB 228/17, NJW 2018, 3650 Rn. 17; OLG Düsseldorf, Urt. v. 9. 2. 1999 – 4 U 38/98, NJW-RR 1999, 1406, 1407 (keine Konfusionswirkung bei Sicherungsabtretung von Ansprüchen des Versicherungsnehmers aus einer Lebensversicherung an den Versicherer; – anders noch BGH, Beschl. v. 2. 10. 1953 – IV ZB 66/53, VersR 1953, 469, 470).

[76] Siehe nur *Fetzer*, in: MüKo BGB, Vor § 362 Rn. 4; *Kern*, in: Staudinger, BGB, Einl. §§ 362 ff. Rn. 31. – Die in §§ 1032, 1223 BGB-E I (abgedruckt bei *Mugdan*, Materialien III, LIII, XCV) noch vorgesehenen ausdrücklichen Ausnahmevorschriften wurden nur deshalb nicht übernommen, weil sie als selbstverständlich angesehen wurden (Protokolle bei *Mugdan*, a. a. O., 770, 957). Zu Recht weist *Wacke*, FS Medicus (2009), 543, 557 aber auf den in §§ 1071, 1276 BGB zum Ausdruck kommenden Grundsatz hin, dass „niemandem sein Recht ohne seinen Willen genommen werden darf".

[77] BGH, Urt. v. 30. 4. 1980 – V ZR 56/79, NJW 1981, 447, 448; siehe auch BGH, Urt. v. 3. 12. 1999 – V ZR 329/98, JZ 2000, 679 f. (anders noch die Vorinstanz OLG Schleswig, Urt. v. 28. 7. 1998 – 6 U 14/98, NJW-RR 1999, 1528, 1529).

[78] Ausnahmen von der Erlöschenswirkung auf schutzwürdige Interessen Dritter beschränkend auch *Fetzer*, in: MüKo BGB, Vor § 362 Rn. 4.

[79] So bereits die Deutung des OLG Schleswig, Urt. v. 28. 7. 1998 – 6 U 14/98, NJW-RR 1999, 1528, 1529 (aufgehoben durch BGH, Urt. v. 3. 12. 1999 – V ZR 329/98, JZ 2000, 679 f.).

[80] Hervorhebung durch den Verfasser.

Rücksicht auf Rechte Dritter an der Forderung geboten erscheint“[81]. In seinen neueren Entscheidungen[82] hat sich der Bundesgerichtshof diesbezüglich allerdings wieder zurückhaltender gezeigt. Diese Verengung auf Ausnahmen im Drittinteresse wird im Schrifttum[83] zu Recht überwiegend abgelehnt. Insbesondere § 1976 BGB betrifft nicht nur Verbindlichkeiten, sondern auch Forderungen des Erben gegen den Nachlass (Erblasser)[84], und zeigt dadurch, dass auch ein objektiv erkennbares Eigeninteresse des Gläubiger-Schuldners dem Erlöschen des Schuldverhältnisses entgegensteht.

Lediglich die dogmatische Begründung für die Regelwirkung der Konfusion und deren Ausnahmen ist streitig, wobei sich der Streitstand heute im Wesentlichen auf zwei Auffassungen verdichtet hat[85]: Verbreitet wird die Regelwirkung des Erlöschens mit dem „Begriff“ bzw. „Wesen“ des Schuldverhältnisses begründet, der bzw. das voraussetze, dass sich auf Schuldner- und Gläubigerseite verschiedene Rechtsträger gegenüberstehen[86]. Diese Auffassung muss sich – zugegebenermaßen im Einklang mit den Formulierungen der ausdrücklichen gesetzlichen Ausnahmevorschriften – auf Fiktionen berufen, um den ausnahmsweisen Fortbestand des konfundierten Schuldverhältnisses erklären zu können[87]. Das ändert aber nichts am praktischen Ergebnis, dass derselbe Rechtsträger zugleich Gläubiger und Schuldner ist[88]; ob dieses im Wege der Rechtsfiktion oder schlicht durch Anordnung der Rechtsfolge erreicht wird, spielt letztlich keine Rolle[89]. Die im Vordringen befind-

[81] BGH, Urt. v. 14.6.1995 – IV ZR 212/94, NJW 1995, 2287, 2288; ebenso BGH, Beschl. v. 27.9.1995 – IV ZR 52/94, ZEV 1995, 453.

[82] BGH, Urt. v. 23.4.2009 – IX ZR 19/08, NJW-RR 2009, 1059 Rn. 20; BGH, Beschl. v. 12.7.2018 – V ZB 228/17, NJW 2018, 3650 Rn. 17; wohl auch BGH, Urt. v. 3.12.1999 – V ZR 329/98, JZ 2000, 679.

[83] *Lieder*, Die rechtsgeschäftliche Sukzession, 579 f.; *Gernhuber*, Die Erfüllung und ihre Surrogate, 423 f.; *Dinstühler*, MittRhNotK 2000, 427 ff.; *Gebauer/Haubold*, JZ 2000, 680, 681 f.; *Kollhosser/Jansen*, JA 1988, 305, 309 ff.; *Wacke*, NJW 1981, 1577 ff.; *Wieling*, JR 2001, 148, 150; *Kern*, in: Staudinger, BGB, Einl. §§ 362 ff. Rn. 33. – Siehe aber auch Fn. 78.

[84] BGH, Urt. v. 1.6.1967 – II ZR 150/66, BGHZ 48, 214, 218 f. = NJW 1967, 2399.

[85] Ausführlich auch zu älteren Begründungsansätzen *Schellen*, Konfusion, 93 ff.; *Schmidbauer*, Kodifizierung und Rechtsfolgen der Konfusion, 124 ff.; *Wacke*, FS Medicus (2009), 543, 556 ff.

[86] BGH, Urt. v. 1.6.1967 – II ZR 150/66, BGHZ 48, 214, 218 = NJW 1967, 2399; in jüngerer Vergangenheit auch wieder BGH, Urt. v. 27.4.2016 – VIII ZR 323/14, NJW-RR 2016, 784 Rn. 18; BGH, Urt. v. 24.8.2016 – VIII ZR 100/15, BGHZ 211, 331 = NJW 2017, 468 Rn. 21; aus dem jüngeren Schrifttum noch *Buck-Heeb*, in: Erman, BGB, Vor § 362 Rn. 3; *Fetzer*, in: MüKo BGB, Vor § 362 Rn. 4 mit Fn. 7; *Schreiber*, in: Soergel, BGB, Vor § 362 Rn. 2.

[87] *Fetzer*, in: MüKo BGB, Vor § 362 Rn. 4 mit Fn. 7.

[88] *Lieder*, Die rechtsgeschäftliche Sukzession, 576.

[89] Siehe insbesondere *Gernhuber*, Die Erfüllung und ihre Surrogate, 419: „Fiktionen sind nun freilich untaugliche Mittel der Harmonisierung offener Disharmonien; entscheidend ist schließlich immer nur der Inhalt der Rechtssätze, nicht aber die Form, in welcher er zum

liche Gegenauffassung begründet das grundsätzliche Erlöschen des Schuldverhältnisses daher damit, dass (regelmäßig) kein Bedürfnis für dessen Fortbestand bestehe[90], weil dieses seinen Sinn verloren habe[91], sodass das Erlöschen letztlich ein „Gebot der Zweckmäßigkeit" sei[92].

(2) Die „Konfusion" des Gesellschaftsverhältnisses

Überträgt man die (neuere) Konfusionsdogmatik auf den Wegfall des vorletzten Gesellschafters, so fällt auf, dass es sich um Konfusion im eigentlichen Sinne nur in den Fällen der Anteilsvereinigung in der Hand eines Gesellschafters handelt[93]. Scheidet dagegen der vorletzte Gesellschafter aus und fällt er dadurch ersatzlos weg, kommt es nicht einmal für eine „juristische Sekunde" zum Zusammenfallen der Gesellschaftsanteile[94]. In diesen Fällen drängt sich daher eher die Parallele zum ersatzlosen Wegfall einer Partei des Schuldverhältnisses auf, wie er bei der Vollbeendigung eines Verbandes auftreten kann. Auch dort wird das Schicksal von Schuldverhältnissen, an denen der vollbeendigte Verband als Schuldner beteiligt war, im Hinblick auf akzessorische Rechtsverhältnisse (insbesondere Bürgschaften) diskutiert. Im Ergebnis einhellig wird dem Sicherungszweck der Vorrang gegenüber dem Akzessorietätsdogma eingeräumt und daher vom Fortbestand des akzessorischen Rechtsverhältnisses ausgegangen[95]. Verbreitet wird dies unter der Prämisse, dass die Hauptforderung erlischt, methodisch auf eine einschränkende Auslegung[96] bzw. teleologische Reduktion[97] der Akzessorietätsvorschriften gestützt. Die Verselbständigung des akzessorischen Sicherungsrechts[98] soll jedoch wiederum

---

Ausdruck kam." – In diesem Sinne auch schon *Esser*, Wert und Bedeutung der Rechtsfiktionen, passim, insb. 146 ff. zur „Konfusion" dinglicher Rechte.

[90] *Schmidbauer*, Kodifizierung und Rechtsfolgen der Konfusion, 127 ff.; *Larenz*, SchuldR I, 270 mit Fn. 10; *Kollhosser/Jansen*, JA 1988, 305, 309 ff.; *Kern*, in: Staudinger, BGB, Einl. §§ 362 ff. Rn. 30; *Looschelders*, in: BeckOGK BGB (1.1.2025), § 362 Rn. 13.

[91] *Gernhuber*, Die Erfüllung und ihre Surrogate, 419 f.; *Bosak*, JA 2009, 596, 597; – kritisch insoweit *Schmidbauer*, Kodifizierung und Rechtsfolgen der Konfusion, 128 f.

[92] *Lieder*, Die rechtsgeschäftliche Sukzession, 2015, 576 f.

[93] Vgl. *Lamprecht*, Die Zulässigkeit der mehrfachen Beteiligung an einer Personengesellschaft, 344 f.

[94] Siehe bereits S. 13 f. mit Fn. 10.

[95] BGH, Urt. v. 25.11.1981 – VIII ZR 299/80, BGHZ 82, 323, 326 ff. = NJW 1982, 875, 876; *Haas*, in: Noack/Servatius/Haas, GmbHG, § 74 Rn. 16; *Scheller*, in: Scholz, GmbHG, § 74 Rn. 17; *Servatius*, in: Bork/Schäfer, GmbHG, § 74 Rn. 9; *Drescher*, in: Henssler/Strohn, GesR, § 273 AktG Rn. 6; *Krebs*, in: Hölters/Weber, AktG, § 273 Rn. 6; *Riesenhuber*, in: Karsten Schmidt/Lutter, AktG, § 273 Rn. 3.

[96] So *Koch*, AktG, § 273 Rn. 8; *ders.*, in: MüKo AktG, § 273 Rn. 15.

[97] So *H.-F. Müller*, in: MüKo GmbHG, § 74 Rn. 34; *M. F. Müller*, in: Michalski, GmbHG, § 74 Rn. 43.

[98] BGH, Urt. v. 25.11.1981 – VIII ZR 299/80, BGHZ 82, 323, 326 ff. = NJW 1982, 875, 876.

eine Einschränkung erfahren, wenn der Sicherungsgeber sich auf die Verjährung der ursprünglich gesicherten Hauptforderung beruft[99].

Wenn hier mit Ausnahmen von der Akzessorietät und Ausnahmen von den Ausnahmen operiert werden muss, gibt das Anlass, die Prämisse – keine Forderung ohne Schuldner – noch einmal zu überdenken[100]. Vorzugswürdig ist hier eine Parallele zur Konfusionsdogmatik[101]: Kann es eine Forderung gegen sich selbst geben, erschließt sich nicht, warum nicht auch eine Forderung ohne Schuldner denkbar sein sollte. In beiden Fällen geht es um die Frage, ob ein Schuldverhältnis, das seinen primären Sinn – die Regelung von Leistungspflichten zwischen Gläubiger und Schuldner (vgl. § 241 Abs. 1 BGB) – verloren hat, fortbestehen kann, wenn und weil es sich mit Rücksicht auf weitere Rechtsverhältnisse noch nicht gänzlich erledigt hat.

Für die hier interessierende Thematik der Einmann-Personengesellschaften bedeutet das: Unabhängig davon, ob das Gesellschaftsverhältnis im eigentlichen Sinne konfundiert oder ob das iuris vinculum zwischen den Gesellschaftern durch Ausscheiden des vorletzten Gesellschafters abreißt, steht die schuldvertragliche Grundlage dem Fortbestand der rechtsfähigen Personengesellschaft nicht entgegen, wenn hierfür ein Bedürfnis besteht. Einmann-Personengesellschaften sind konstruktiv nicht nur in den Fällen der Anteilsvereinigung möglich[102], sondern auch beim ersatzlosen Wegfall des vorletzten Gesellschafters. Voraussetzung ist jeweils, dass für den Fortbestand als Einmann-Gesellschaft ein konkretes Bedürfnis besteht. Auf diese Weise lassen sich nicht nur die – im Rahmen dieser Arbeit nicht zu vertiefenden – bisher diskutierten Fälle von Einmann-Personengesellschaften erklären[103], sondern auch weitere Fallgruppen konstruieren, insbesondere der zumindest vorübergehende Fortbestand der Gesellschaft zwecks Aufrechterhaltung ihrer bisherigen Haftungsverfassung[104].

---

[99] BGH, Urt. v. 28.1.2003 – XI ZR 243/02, BGHZ 153, 337, 339 ff. = NJW 2003, 1250, 1251 f.

[100] Für Fortbestand der Forderung *Bachmann*, in: BeckOGK AktG (1.2.2025), § 273 Rn. 14; *Passarge*, in: ders./Torwegge, Die GmbH in der Liquidation, Rn. 758; auch *Paura*, in: Habersack/Casper/Löbbe, GmbHG, § 74 Rn. 38, der dann allerdings widersprüchlich von einer Verselbständigung akzessorischer Sicherheiten ausgeht. Im Ergebnis auch *Klose*, WM 2009, 300, 301 ff., der vom „fiktiven" Fortbestand der Hauptschuld ausgeht; ebenso *Habersack*, in: MüKo BGB, § 767 Rn. 8; – vgl. zur „Fiktion" des Fortbestands von Forderungen bereits S. 25 mit Fn. 89.

[101] In diese Richtung bereits *Bachmann*, in: BeckOGK AktG (1.2.2025), § 273 Rn. 14: „Die Vorstellung, ohne Schuldner könne es keine Schulden geben, ist ein naturalistischer Fehlschluss. Solange der Gläubiger ein berechtigtes Interesse daran hat, erlischt seine Forderung nicht."

[102] Insoweit h. M., s. o. auf S. 14 mit Fn. 12.

[103] So schon *Th. Schmidt*, Einmann-Personengesellschaften, 70 ff.

[104] Näher unten auf S. 63 ff. u. 107.

2. Gesamthandsprinzip und Gruppenlehre

Neben der schuldvertraglichen Grundlage der Gesellschaft wurde und wird zur Begründung der Unzulässigkeit von Einmann-Personengesellschaften verbreitet das Gesamthandsprinzip in Stellung gebracht[105].

a) Die Gesamthandsgemeinschaft vor dem MoPeG – bloßes Sondervermögen oder rechtsfähige Gruppe?

Das traditionelle „individualistische" Gesamthandsverständnis[106] betrachtete das Gesellschaftsvermögen als ein den Gesellschaftern zugeordnetes, aufgrund gesamthänderischer Bindung allerdings vom sonstigen Privatvermögen getrenntes Sondervermögen. Das Gesamthandsprinzip der BGB-Gesellschaft war nach dieser Lesart ein rein sachenrechtliches Zuordnungsprinzip. Die Unmöglichkeit einer Einmann-Personengesellschaft sollte hiernach aus der Unmöglichkeit der Unterscheidung des Gesellschaftsvermögen vom Privatvermögen bei nur einem verbleibenden Gesellschafter folgen[107].

Bereits vor dem MoPeG wurde diese Auffassung nicht mehr ernsthaft vertreten. Die ganz herrschende Auffassung hat sich vielmehr der vor allem auf Flume zurückgehenden Gruppenlehre[108] angeschlossen. Sie versteht das Gesamthandsprinzip „nicht [ausgehend] von dem Gesamthandsvermögen als Objekt, sondern von der Gesamthand als Subjekt"[109]. Die gesamthänderische Mitberechtigung der Gesellschafter wird also nicht auf das Gesellschaftsvermögen bezogen, sondern als Mitgliedschaft in einem rechtsfähigen Verband (der Gesamthand bzw. Gruppe) verstanden; das Gesamthandsvermögen ist dementsprechend kein Vermögen der Gesamthänder, sondern ein solches der Gesamthand selbst[110].

---

[105] Siehe die Nachw. in Fn. 107 u. 132.

[106] Siehe etwa *Huber*, Vermögensanteil, Kapitalanteil und Gesellschaftsanteil an Personalgesellschaften des Handelsrechts, 61 ff. (anders aber *ders.*, FS Lutter, 107 ff.); *Schulze-Osterloh*, Das Prinzip der gesamthänderischen Bindung, 11 ff.; *Zöllner*, FS Gernhuber, 563 ff. m. w. N.; *ders.*, FS Kraft, 701 ff.

[107] *Huber*, Vermögensanteil, Kapitalanteil und Gesellschaftsanteil an Personalgesellschaften des Handelsrechts, 104 f.; – zwingend ist freilich auch das nicht, siehe insbesondere *v. Bary*, AcP 220 (2020), 343, 354 ff. auch im Kontext der nach h. M. nicht rechtsfähigen Güter- und Erbengemeinschaften.

[108] Grundlegend *Flume*, ZHR 136 (1972), 177 ff. und *ders.*, AT I/1, passim; ferner *Ulmer*, in: MüKo BGB, 1. Aufl. 1980, § 705 Rn. 108 ff.; dem folgend BGH, Urt. v. 29. 1. 2001 – II ZR 331/00, BGHZ 146, 341 ff. = NJW 2001, 1056, seither st. Rspr.; ebenso die h. L., siehe etwa *Karsten Schmidt*, GesR, 196 ff. m. w. N.; *Hadding/Kießling*, in: Soergel, BGB, Vor § 705 Rn. 20 f., § 718 Rn. 3; – kritisch zuletzt aber *Dieckmann*, Gesamthand und juristische Person, 115 ff.

[109] *Flume*, AT I/1, 68.

[110] *Flume*, AT I/1, 50 ff.

b) MoPeG und Gesamthandsprinzip

Mit dem MoPeG wollte der Gesetzgeber dem Gesamthandsprinzip im Personengesellschaftsrecht den Rücken kehren[111, 112]. Der weit überwiegende Teil des Schrifttums[113] sieht es denn auch als überholt an. Gänzlich ohne Widerspruch ist diese Einschätzung indes nicht geblieben: Habersack[114] ist der Auffassung, die rechtsfähige Personengesellschaft sei aufgrund ihrer auch nach neuem Recht fehlenden Verselbständigung gegenüber ihren Mitgliedern nichts anderes als eine rechtsfähige Gesamthand. Der Gesetzgeber halte „damit letztlich doch an dem (richtig verstandenen) Gesamthandsprinzip des Personengesellschaftsrechts fest"[115]. Auch Karsten Schmidt[116] weist darauf hin, dass der bloße Umstand, dass das Gesellschaftsvermögen nicht mehr als „gemeinschaftliches Vermögen der Gesellschafter" definiert (§ 718 Abs. 1 BGB a.F.), sondern der Gesellschaft selbst zugeordnet wird (§ 713 BGB n.F.), noch keinen Aufschluss über die Art des Gesellschaftsvermögens gibt. Im neuen Recht sei Flumes Gruppenlehre durchaus wiederzuerkennen[117].

Wenn Habersack die rechtsfähige Personengesellschaft weiterhin als rechtsfähige Gesamthand ansieht, ist das zwar nicht „falsch", aber unnötig. Das Gesamthandsprinzip im Recht der BGB-Gesellschaft war für die Gruppenlehre das dogmatische Fundament zur Begründung ihrer Rechtsfähigkeit[118]. Nachdem der Gesetzgeber diese explizit anerkannt hat (§§ 705 Abs. 2 Alt. 1, 713 BGB), hat das

---

[111] BT-Drs. 19/27635, 103 f., 106, 125, 144, 146, 147, 148, 162, 168, 202, 214.

[112] Zweifel an der Verquickung des Gesamthandsprinzips mit der Rechtsfähigkeit von Außen-Personengesellschaften wurden freilich bereits unter dem alten Recht angemeldet, siehe *Brodyagin*, Weshalb die Personengesellschaft keine Gesamthand ist, 2012, passim; *Bachmann*, FS Karsten Schmidt I (2019), 49, 51 ff.; *Kießling*, FS Hadding, 477, 478 ff.; *Staake*, JbJZRWiss 2007, 109 ff.; *Beuthien*, ZGR 2019, 664, 689 ff.; *M. Lehmann*, AcP 207 (2007), 225, 239 f.; *Fleischer*, NZG 2021, 949, 951 f.

[113] So etwa *Armbrüster*, ZGR-Sonderheft 23 (2021), 143, 151; *Bachmann*, NZG 2020, 612, 615; *ders.*, NJW 2021, 3073 Rn. 12; *Bauermeister/Grobe*, ZGR 2022, 733, 744 f.; *Fleischer*, DB 2020, 1107, 1110 f.; *ders.*, DStR 2021, 430, 435; *Heckschen*, NZG 2020, 761, 762; *ders.*, GWR 2021, 1; *Kindler*, ZHR 185 (2021), 598, 604, 614 f.; *ders.*, ZfPW 2022, 409, 412; *Lieder*, ZRP 2021, 34; *ders./Hilser*, NotBZ 2021, 401, 402; *M. Noack*, NZG 2020, 581, 584; *ders.*, BB 2021, 643; *ders.*, MDR 2021, 1425 Rn. 4; *Ph. Scholz*, NZG 2020, 1044, 1046; *Westermann*, DZWIR 2020, 321, 324; kritisch zur Aufgabe des Gesamthandsprinzips insbesondere *Altmeppen*, NZG 2020, 822 und *Schall*, ZIP 2020, 1443, 1445 ff.

[114] *Habersack*, ZGR 2020, 539, 548 f.; in der Sache auch *Geibel*, in: BeckOGK BGB (15.12.2024), § 705 Rn. 154.

[115] *Habersack*, ZGR 2020, 539, 549; offen *Schäfer*, ZIP 2020, 1149, 1150 f.

[116] *Karsten Schmidt*, ZHR 185 (2021), 16, 28.

[117] *Karsten Schmidt*, ZHR 185 (2021), 16, 28; zustimmend *Schäfer*, in: ders., Das neue PersGesR, § 1 Rn. 15 (offen noch *ders.*, ZIP 2020, 1149, 1150 f.); siehe auch den Diskussionsbericht von *Benz*, ZGR-Sonderheft 23 (2021), 165, 166.

[118] Vgl. *Karsten Schmidt*, GesR, 185.

Gesamthandsprinzip seine „Schuldigkeit getan“[119]. Man benötigt das Gesamthandsprinzip konstruktiv auch nicht, um die rechtsfähige Personengesellschaft als Rechtsträgerin anzusehen, deren Bestand von ihren Mitgliedern abhängig ist. An dieser Abhängigkeit hat sich mit der Anerkennung der Rechtsfähigkeit nichts geändert; das Schicksal der rechtsfähigen Personengesellschaft ist unverändert untrennbar an den Gesellschaftsvertrag – genauer: das Schuldverhältnis der Gesellschafter untereinander[120] – und damit letztlich auch an das Vorhandensein von Gesellschaftern als Vertragsparteien gebunden. Hat sich gegenüber der Gruppenlehre in der Sache also nichts geändert, erschöpft sich die Einordnung der rechtsfähigen Personengesellschaft als Gesamthand in einer rein terminologischen und systematisierenden Frage. Zur Begriffsklarheit trägt diese Einordnung aber nicht bei. Die „Gesamthandsgesellschaft“ ist mit einem jahrzehntelangen Streit[121] um deren „richtiges“ Verständnis – gebundenes Sondervermögen der Gesellschafter oder rechtsfähige Gruppe – aufgeladen, der im aktuellen Recht unzweifelhaft keinen Platz mehr hat. Auch aufgrund der begrifflichen Nähe zu den nach herrschender Meinung[122] nicht rechtsfähigen Gesamthandsgemeinschaften der Gütergemeinschaft und Miterbengemeinschaft erscheint die „Gesamthandsgesellschaft“ spätestens unter der neuen Rechtslage als sprachlicher Fehlgriff[123]. Der Begriff der Gesamthand sollte künftig wieder – wie auch im Recht der Miterbengemeinschaft und der Gütergemeinschaft – als rein sachenrechtliches Zuordnungsprinzip verstanden werden[124].

---

[119] Nach *Wertenbruch*, ZPG 2023, 1, 8 sogar nicht erst mit dem MoPeG, sondern schon mit der Einfügung des § 14 BGB.

[120] S. o. auf S. 22 f.

[121] Dazu näher *Karsten Schmidt*, NJW 2001, 993, 994 ff.

[122] Zur Miterbengemeinschaft BGH, Urt. v. 11. 9. 2002 – XII ZR 187/00, NJW 2002, 3389, 3390; BGH, Beschl. v. 17. 10. 2006 – VIII ZB 94/05, NJW 2006, 3715 Rn. 7; *Gergen*, in: MüKo BGB, § 2032 Rn. 19; *Löhnig*, in: Staudinger, BGB, § 2032 Rn. 8 ff.; zur Gütergemeinschaft BayObLG, Beschl. v. 22. 1. 2003 – 3Z BR 238/02, 239/02 u. 240/02, NJW-RR 2003, 899, 900; *Gaul/Althammer*, in: Soergel, BGB, § 1416 Rn. 3; *Thiele*, in: Staudinger, BGB, § 1416 Rn. 3. – A. A. aber etwa *Flume*, AT I/1, 1 f., 56, 59 Fn. 48, 64 ff., 68, 396; *Chr. Schmidt*, Von der Rechtsfähigkeit der Erbengemeinschaft, 122 ff.; *Altmeppen*, NZG 2020, 822; *Weipert*, ZEV 2002, 300 f.; für Rechtsfähigkeit der Erbengemeinschaft auch *Ann*, Die Erbengemeinschaft, 384 ff.; *Hohensee*, Die unternehmenstragende Erbengemeinschaft, 187 ff.; *Eberl-Borges*, Die Erbauseinandersetzung, 30 ff. sowie *dies.*, ZEV 2002, 125 ff.; *Grunewald*, AcP 197 (1997), 305 ff.; für die unternehmenstragende Erbengemeinschaft auch *Karsten Schmidt*, NJW 1985, 2785, 2788 f.; *Thiessen*, in: MüKo HGB, § 27 Rn. 71.

[123] Wie hier *Wertenbruch*, GmbHR 2021, 1 Rn. 2, der den Begriff der „Gesamthand“ als im Gesellschaftsrecht „verbrannt“ bezeichnet; siehe ferner bereits *Kießling*, FS Hadding, 477, 491.

[124] So schon zum alten Recht *Bachmann*, FS Karsten Schmidt I (2019), 49, 52 f.

Die soeben beschriebene Rückbindung des (Fort-)Bestandes der rechtsfähigen Personengesellschaft an ein „personales Substrat“[125] markiert auch den entscheidenden[126] Unterschied zu den körperschaftlich verfassten juristischen Personen[127]. Letztere sind in ihrer Existenz vom Verbandsvertragsverhältnis entkoppelt; sie *können* daher unabhängig von einer bestimmten Mitgliederzahl und sogar als „Keinmann-Verband“[128] fortbestehen, was freilich nicht bedeutet, dass sie es in jedem Fall auch *dürfen* (vgl. etwa § 73 BGB, § 80 GenG)[129]. Ob man rechtsfähige Personengesellschaften gleichwohl aufgrund ihrer Rechtsfähigkeit ebenso wie Körperschaften und Stiftungen als Subkategorien der juristischen Personen (i. w. S.) ansieht[130], ist eine hier nicht zu entscheidende Frage der Terminologie und Systembildung, die keine Rückschlüsse auf die Behandlung von Sachfragen wie die Zulässigkeit von Einmann-Gesellschaften erlaubt[131].

---

[125] *Bachmann*, FS Henssler, 769, 774 ff.; zuvor schon *ders.*, FS Karsten Schmidt I (2019), 49, 59 ff.; im Ergebnis auch *Escher-Weingart*, WM 2022, 2297, 2303 („derivative Rechtsfähigkeit“), die allerdings die „eigentliche Rechtssubjektivität“ der rechtsfähigen Personengesellschaften leugnet.

[126] Zu anderen – nur scheinbaren – Unterscheidungsmerkmalen näher *Staake*, JbJZRWiss 2007, 109, 126 ff.

[127] *Flume*, AT I/1, 87 ff.; *ders.*, AT I/2, 9, 29 f., 117, 184 f., 258 ff.; *Wilhelm*, Das Recht der Gesamthand im 21. Jahrhundert, 36 ff.; *Bachmann*, FS Karsten Schmidt I (2019), 49, 59 ff. und *ders.*, FS Henssler, 769, 774 ff.; in der Sache auch BGH, Urt. v. 19. 11. 2013 – II ZR 150/12, NJW 2014, 1107 Rn. 25; *Altmeppen*, NJW 2004, 1563, 1564; – a. A. jetzt aber *Schöne*, in: BeckOK BGB, § 705 Rn. 53, § 712a Rn. 13; zuvor schon zweifelnd *Pfister*, Die Einmann-Personengesellschaft, 191 ff.

[128] Siehe dazu etwa *Fleischer*, in: MüKo GmbHG, § 1 Rn. 83 ff. m. w. N.

[129] Die Tragfähigkeit der Unterscheidung zwischen juristischen Personen und rechtsfähigen Personengesellschaften (auch) unter diesem Gesichtspunkt bezweifelnd aber *Staake*, JbJZRWiss 2007, 109, 138, der darauf hinweist, dass die Notwendigkeit der Löschung einer juristischen Person bei Unterschreiten der Mitgliederzahl lediglich die Kehrseite ihrer Entstehung durch konstitutive Registereintragung sei.

[130] Die rechtsfähige Personengesellschaft den juristischen Personen zuordnend bereits *Raiser*, AcP 194 (1994), 495 ff.; *ders.*, AcP 199 (1999), 104 ff.; *ders.*, FS Zöllner I, 469 ff.; *Hadding*, FS Kraft, 137 ff., insb. 145 f. und *ders.*, ZGR 2001, 712, 718 f.; *Staake*, JbJZRWiss 2007, 109 ff.; *Klingbeil*, AcP 217 (2017), 848, 871 ff.; jüngst auch *Kindler*, ZHR 185 (2021), 598, 607 ff.; *ders.*, ZfPW 2022, 409, 420 ff.; *Schall*, ZIP 2020, 1443, 1446; in der Sache auch *Bauermeister/Grobe*, ZGR 2022, 733, 745 ff., 772 ff.; ferner *Timm*, NJW 1995, 3209 ff.; *ders.*, ZGR 1996, 247, 251 f.; sympathisierend *Osterloh-Konrad*, in: Schön/Stark, Zukunftsfragen des Steuerrechts IV, 1, 13 ff.; *Fleischer*, DB 2020, 1107, 1110 und *ders./Agstner*, RabelsZ 81 (2017), 299, 326; *Karsten Schmidt*, AcP 209 (2009), 181, 200 ff. sowie *ders.*, ZHR 177 (2013), 712, 722.

[131] So auch *Karsten Schmidt*, GesR, 184; *Osterloh-Konrad*, in: Schön/Stark, Zukunftsfragen des Steuerrechts IV, 1, 15; *Kießling*, FS Hadding, 477, 492 f.; *Staake*, JbJZRWiss 2007, 109, 142 f.; – a. A. *Nägel*, Einmanngesellschaften im deutschen und europäischen Gesellschaftsrecht, 132; *Kindler*, ZfPW 2022, 409, 423; *Klingbeil*, AcP 217 (2017), 848, 873 f., 879 ff.; *Schall*, ZIP 2020, 1443, 1446 f.

c) Die „eingliedrige Gruppe" – per definitionem ausgeschlossen?

Selbst wenn man aber mit Habersack der rechtsfähigen Personengesellschaft auch weiterhin ein „kollektivistisch" verstandenes Gesamthandsprinzip unterlegt, ist damit für die Problematik der Einmann-Personengesellschaften noch nichts gewonnen. Dieses ist insoweit bereits strukturell unergiebig[132], denn es bezieht die gesamthänderische Mitberechtigung ohnehin nicht auf das Gesellschaftsvermögen, sondern auf den Personenverband; nur dieser ist Träger des Gesellschaftsvermögens und bereits durch die Existenz eines gesonderten Rechtsträgers ist das Gesellschaftsvermögen vom Privatvermögen der Gesellschafter getrennt[133]. Die vermögensrechtliche Stellung der Gesellschafter wird allein durch ihre Beteiligung am Verband verkörpert; das aber ist kein Spezifikum der „Gesamthandsgesellschaft", sondern gilt auch bei körperschaftlich strukturierten Verbänden[134].

Die Argumentation war denn auch stets eher eine begriffsjuristische: Eine eingliedrige Gruppe sei „per definitionem" ausgeschlossen[135]. In der Tat kann bei nur einem Mitglied sprachlogisch schwerlich von einer „Gruppe" die Rede sein. Damit findet man sich in der gleichen Situation wieder wie beim Begriff des Schuldverhältnisses in Konfusionsfällen[136]. Auch nach Flume ist „die im Gesetz geregelte Problematik der Vereinigung von Recht und Verbindlichkeit und von Recht und Belastung [...] im grundsätzlichen nicht anders geartet als die der Vereinigung der mehreren Beteiligungen"[137]. Entsprechend der tradierten Konfusionsdogmatik will er daher in bestimmten Fällen der Anteilsvereinigung den Fortbestand der Perso-

[132] So auch *Karsten Schmidt*, GesR, 209 („nicht eine begriffsnotwendige Rechtsfolge des Gesamthandsprinzips"); *Freitag*, in: Heymann, HGB, § 131 Rn. 99; – a. A. *Fett/Brand*, NZG 1999, 45, 47; *Geibel*, in: BeckOGK BGB (15.12.2024), § 705 Rn. 154.

[133] *Kießling*, FS Hadding, 477, 494; siehe auch *Huber*, Vermögensanteil, Kapitalanteil und Gesellschaftsanteil an Personalgesellschaften des Handelsrechts, 105: „Bei der rechtsfähigen Gesellschaft ist die Lage ganz anders. Dort ist das Gesellschaftsvermögen deshalb ein Sondervermögen, weil es den Mitgliedern überhaupt nicht gehört und nur das zuständige Gesellschaftsorgan darüber disponieren kann. Hierfür ist es gleichgültig, ob die Gesellschaft zwei Mitglieder oder nur ein Mitglied hat."

[134] Zutreffend *Kießling*, FS Hadding, 477, 494.

[135] So *Flume*, AT I/1, 99; in der Sache ebenso *Fett/Brand*, NZG 1999, 45, 47 („begriffslogische contradictio in adiecto"); *Lamprecht*, Die Zulässigkeit der mehrfachen Beteiligung an einer Personengesellschaft, 340.

[136] Abweichend *Lamprecht*, Die Zulässigkeit der mehrfachen Beteiligung an einer Personengesellschaft, 354 f., der die Konfusionsdogmatik nur auf das gesellschaftliche Individualverhältnis, nicht aber auf die Gesamthand anwendet. Es handle sich um „zwei völlig unterschiedliche Rechtspositionen [...], die folglich rechtlich auch völlig unabhängig voneinander beurteilt werden müss[t]en". In der Sache stellt er auf der Gesamthandsebene zumindest im Ausgangspunkt aber doch wieder ganz auf einer Linie mit der neueren Konfusionsdogmatik darauf ab, „daß trotz Zusammentreffens aller Gesellschaftsanteile in der Hand eines Gesellschafters die Gesamthand ihren Sinn als Rechtsinstitut nicht verliert". – Kritisch zu Lamprechts Differenzierung *Ulmer*, ZHR 167 (2003), 103, 111 f.

[137] *Flume*, AT I/1, 102.

nengesellschaft immerhin fingieren[138]. Legt man dagegen auch bei der Vereinigung mehrerer gesamthänderischer Beteiligungen in einer Hand die vorzugswürdige neuere Konfusionsdogmatik[139] zugrunde[140], so führt auch die „Konfusion der Gesamthand“ jedenfalls dann nicht zum Erlöschen des Gesellschaftsverhältnisses, wenn für dessen Fortbestand ein Bedürfnis besteht. Gleiches gilt nach dem oben Gesagten für den Fall, dass ein Mitglied ersatzlos wegfällt[141].

3. Das „Wesensargument“

Soweit vereinzelt mit dem „Wesen“ der Personengesellschaft argumentiert wird[142], dürften damit in der Sache die Sozietätskonstruktion und/oder das Gesamthandsprinzip gemeint sein. Bereits derartige Mutmaßungen zeigen, dass eine inhaltliche Auseinandersetzung mit dem „Wesensargument“ kaum möglich ist, eben weil es völlig konturlos ist[143].

4. Sonstige gesetzesimmanente Überlegungen

a) §§ 705 ff. BGB, §§ 105 ff. HGB, § 1 GmbHG, § 2 AktG

Gesetzesimmanent wird häufig mit dem Wortlaut des Gesetzes argumentiert, der von einer Gesellschaftermehrheit ausgehe (vgl. insbesondere § 705 Abs. 1 BGB, § 105 Abs. 1 HGB, § 161 Abs. 1 HGB)[144]. Auch § 712a Abs. 1 BGB wird als Beleg für die Notwendigkeit mindestens zweier Gesellschafter angeführt[145]. Außerdem wird auf § 134 S. 3 HGB[146] hingewiesen, der die Ausschließungsklage auch dann

[138] *Flume*, AT I/1, 99 ff.; – vgl. zur „Fiktion“ des Fortbestands von Schuldverhältnissen bereits S. 25 mit Fn. 89.

[139] S. 25 f.

[140] Kritisch zu begriffslogischen bzw. naturgesetzlichen Argumentationsversuchen im Kontext der Einmann-Gesamthand auch *Kanzleiter*, FG Weichler, 39 f.; *v. Bary*, AcP 220 (2020), 343, 355.

[141] Vgl. S. 26 f.

[142] *Hueck*, OHG, 25.

[143] Zu Recht kritisch daher auch *Armbrüster*, ZGR 2014, 333, 338 f.; *Fett/Brand*, NZG 1999, 45, 47; siehe auch *Freitag*, in: Heymann, HGB, § 131 Rn. 99; allgemein kritisch zum Wesensargument etwa *Rüthers/Fischer/Birk*, Rechtstheorie, Rn. 561, 919 ff.

[144] OLG Hamm Urt. v. 24.11.2011 – 28 U 196/10, BeckRS 2011, 27258; DNotI-Report 2005, 153, 154; *Schmölz*, FS Beuthien, 235, 236; *Heidel*, in: ders., GbR, § 705 Rn. 177; *Haas/Wöstmann*, in: Röhricht/Graf v. Westphalen, HGB, § 105 Rn. 6; ferner *Wertenbruch*, in: Ebenroth/Boujong, HGB, 4. Aufl. 2020, § 105 Rn. 53 (den Wortlaut nunmehr nur noch im Zusammenhang mit der Einmann-*Gründung* anführend demgegenüber *ders.* in der 5. Aufl. 2024, § 105 Rn. 75).

[145] So etwa *Krafka*, in: BeckOGK BGB (01.01.2025), § 712a Rn. 3, 3.2; *Schäfer*, in: MüKo BGB, § 712a Rn. 3; *Wertenbruch*, in: Ebenroth/Boujong, HGB, § 105 Rn. 75.

[146] § 140 Abs. 1 S. 2 HGB a. F.

erlaubt, wenn nach der Ausschließung nur noch ein Gesellschafter verbleibt; diese Regelung sei überflüssig, wenn die Ausschließung am Fortbestand des Gesellschaftsverhältnisses ohnehin nichts ändere[147].

Dass das Personengesellschaftsrecht auf die mehrgliedrige Personengesellschaft zugeschnitten ist, lässt sich kaum bestreiten. Das ist schlicht dem Umstand geschuldet, dass das Vorhandensein mehrerer Gesellschafter dem praktischen Regelfall entspricht[148]. Es besteht insoweit kein Unterschied zu den sonstigen typisierten Verträgen, die ebenfalls allesamt von einer Personenmehrheit und -verschiedenheit ausgehen. Dass dies aber nicht zwingend so sein muss, wurde im Rahmen der Ausführungen zur Konfusionsdogmatik bereits dargelegt[149]. Auch zur Aussagekraft des § 712a Abs. 1 BGB wurde schon Stellung genommen[150].

Keinen Aufschluss über die Zulässigkeit von Einmann-Personengesellschaften gibt das Vertragsprinzip (§§ 311 Abs. 1, 705 Abs. 1 BGB). Es betrifft lediglich die Frage, welcher rechtsgeschäftliche *Tatbestand* für die Errichtung der Gesellschaft erforderlich ist. Erlaubt das Gesetz die Einmann-Gründung, kann hieraus zwar ohne Weiteres gefolgert werden, dass auch der Fortbestand der Gesellschaft keine Gesellschaftermehrheit voraussetzt[151]. Aus § 1 GmbHG und § 2 AktG kann allerdings nicht „e contrario“ gefolgert werden, dass eine gegründete Personengesellschaft aufgrund des Fehlens einer entsprechenden Vorschrift mit dem Wegfall des vorletzten Gesellschafters zwingend erlischt[152]. Dass mit einem Mehrpersonenerfordernis bei der Gründung noch nichts über den Fortbestand mit nur einem Gesellschafter nach erfolgter Gründung gesagt ist[153], zeigt bereits die von Strohmann-Gründungen[154] geprägte Praxis im GmbH- und Aktienrecht vor Zulassung der Einmann-Gründung[155].

---

[147] KG, Beschl. v. 3.4.2007 – 1 W 305/06, ZIP 2007, 1505, 1507; *Fett/Brand*, NZG 1999, 45, 48; *Haas/Wöstmann*, in: Röhricht/Graf v. Westphalen, HGB, § 105 Rn. 6.

[148] *Kanzleiter*, FG Weichler, 39, 42 Fn. 20; im Kontext des § 241 Abs. 1 BGB auch *Schmidbauer*, Kodifizierung und Rechtsfolgen der Konfusion, 129 f.

[149] S. 23 ff.

[150] S. 18 f.

[151] Vgl. *Freitag*, ZGR 2021, 534, 542.

[152] So aber *Lieder*, in: Oetker, HGB, § 105 Rn. 66 und *ders./Hoffmann*, NZG 2016, 287, 292; siehe auch DNotI-Report 2005, 153, 154.

[153] So aber *Klimke*, in: BeckOK HGB, § 105 Rn. 95.1; wohl auch *Haas/Wöstmann*, in: Röhricht/Graf v. Westphalen, HGB, § 105 Rn. 6; siehe auch *Freitag*, ZGR 2021, 534, 542.

[154] Dazu BGH, Beschl. v. 9.10.1956 – II ZB 11/56, BGHZ 21, 378, 382 ff. = NJW 1957, 19, 20.

[155] Durch Gesetz zur Änderung des Gesetzes betreffend die Gesellschaften mit beschränkter Haftung und anderer handelsrechtlicher Vorschriften vom 4.7.1980, BGBl. I, 836, und Gesetz für kleine Aktiengesellschaften und zur Deregulierung des Aktienrechts vom 2.8.1994, BGBl. I, 1961.

b) Firmenrecht

Ferner werden im Zusammenhang mit Einmann-Personengesellschaften firmenrechtliche Bedenken angemeldet[156]: Nach § 18 Abs. 2 S. 1 HGB a. F. durfte der Firma kein Zusatz beigefügt werden, der ein Gesellschaftsverhältnis andeutet oder sonst geeignet ist, eine Täuschung über die Art oder den Umfang des Geschäfts oder die Verhältnisse des Geschäftsinhabers herbeizuführen. Das Verbot täuschungsgeeigneter Zusätze wurde zwar im Zuge des HRefG[157] gestrichen, soll nunmehr aber vom Irreführungsverbot des § 18 Abs. 2 S. 1 HGB n. F. mitumfasst sein[158]. Gleichzeitig wurde das Irreführungsverbot jedoch auf solche geschäftlichen Verhältnisse beschränkt, die für die angesprochenen Verkehrskreise wesentlich sind. Hiermit sollen Angaben aus dem Anwendungsbereich des § 18 Abs. 2 S. 1 HGB herausgefiltert werden, „die zwar zur Irreführung geeignet sind, aber nur geringe wettbewerbliche Relevanz aufweisen, insbes. für die wirtschaftliche Entscheidung der angesprochenen Verkehrskreise nur von untergeordneter Bedeutung sind“[159].

Führt nun eine Einmann-Personengesellschaft eine ihrer jeweiligen Rechtsform entsprechende Firma bzw. Bezeichnung (vgl. § 19 Abs. 1 HGB, § 707a Abs. 2 S. 1 BGB, § 2 Abs. 1 S. 1 PartGG), wird hierdurch der unzutreffende Eindruck erweckt, hinter der Gesellschaft stünden mindestens zwei Rechtssubjekte als Gesellschafter. Vor diesem Hintergrund wird ein Konflikt mit § 18 Abs. 2 S. 1 HGB gesehen: Es werde vorgetäuscht, dass mehr als ein Gesellschafter persönlich mit seinem Vermögen für die Gesellschaftsverbindlichkeiten haftet[160].

Das ist im Ausgangspunkt zwar zutreffend. Ob diese Täuschung allerdings geschäftliche Verhältnisse betrifft, die für die angesprochenen Verkehrskreise wesentlich sind, erscheint mit Blick auf die Wertung des § 19 Abs. 2 HGB und § 707a Abs. 2 S. 2 BGB zweifelhaft. Denn die haftungsrechtlichen Erwartungen des Verkehrs werden nur in Bezug auf das Vorhandensein mindestens einer unbeschränkt haftenden natürlichen Person geschützt. Bei dem zweiten Gesellschafter kann es

---

[156] *Fett/Brand*, NZG 1999, 45, 49; siehe auch *Siebert*, Einmann-Personengesellschaften, 118 f.; ferner *Baumann*, FS Otte, 15, 35: „Ein schrankenloses gesellschaftsrechtliches ‚Gestaltungsangebot‘ unserer Rechtsordnung, eine ‚Einmann-Personengesellschaft‘ zulassen [sic!], wäre aus der Sicht des Handelsverkehrs unvernünftig, weil dies zur Täuschung des Rechtsverkehrs missbraucht werden könnte.“ – Siehe auch S. 45.

[157] Gesetz zur Neuregelung des Kaufmanns- und Firmenrechts und zur Änderung anderer handels- und gesellschaftsrechtlicher Vorschriften vom 22. 6. 1998, BGBl. I, 1474.

[158] BT-Drs. 13/8444, 52 f.; siehe auch AG Augsburg, Beschl. v. 28. 11. 2000 – 6 c AR 371/00, Rpfleger 2001, 187 f. („Company e.K.“ ist irreführend); zustimmend *Heidinger*, in: MüKo HGB, § 18 Rn. 191 mit Fn. 614; *Reuschle*, in: Ebenroth/Boujong, HGB, § 18 Rn. 71; – ablehnend *Burgard*, in: Staub, HGB, § 18 Rn. 76.

[159] *Burgard*, in: Staub, HGB, § 18 Rn. 46 m. w. N.

[160] *Fett/Brand*, NZG 1999, 45, 49.

sich bspw. auch um eine UG (haftungsbeschränkt)[161] mit einem – als Gründungsaufwand vollständig aufgezehrten – Stammkapital von einem Euro handeln. Die Erwartung an ein Haftungssubstrat, das über eine (!) persönlich haftende natürliche Person hinausgeht, wird also firmenrechtlich nicht geschützt. Folgerichtig kann das Fehlen eines entsprechenden Haftungssubstrats auch keine relevante Irreführung nach § 18 Abs. 2 S. 1 HGB begründen. Selbst wenn man aber den hier eingenommenen Standpunkt nicht teilt, ließe sich die Irreführung durch einen Zusatz ausräumen, der kenntlich macht, dass es sich um eine Einmann-Personengesellschaft handelt[162].

5. Numerus clausus des Gesellschaftsrechts und Institutionenschutz

Im Zusammenhang mit der Unzulässigkeit von Einmann-Personengesellschaften wird häufig auch der numerus clausus des Gesellschaftsrechts bemüht[163]. Hiernach sind die gesetzlich vorgesehenen Rechtsformen abschließend; Gestaltungsfreiheit besteht nur im Rahmen dieser Rechtsformen[164].

Ob aber die Einmann-Personengesellschaft noch als Personengesellschaft angesehen werden kann oder den gesetzlich abgesteckten Rahmen bereits verlässt, steht gerade zur Diskussion. Die pauschale Argumentation mit dem numerus clausus des Gesellschaftsrechts nimmt das Ergebnis dieser Diskussion vorweg, sie ist zirkulär. Ein Verstoß gegen den numerus clausus des Gesellschaftsrechts ist also nicht die Ursache, sondern allenfalls die Folge der – deshalb anderweitig zu begründenden – Unzulässigkeit von Einmann-Personengesellschaften.

Armbrüster schließlich sieht das Mehrgliedrigkeitserfordernis aus Gründen des von ihm sog. „Institutionenschutzes"[165] als „institutionelle Grenze der Gestaltungsmacht" an, die „rechtssystematisch mit dem numerus clausus […] der Gesellschaftsformen vergleichbar"[166] sei[167]. Hierunter versteht Armbrüster die „über-

---

[161] Auf diese Möglichkeit hinweisend auch *Schöne*, in: BeckOK BGB, § 712a Rn. 10. – Siehe zu einer vergleichbaren Konstruktion unter Einsatz einer zweiten Personengesellschaft noch näher unten auf S. 42 ff.

[162] *Weimar*, ZIP 1997, 1769, 1778; – a. A. *Fett/Brand*, NZG 1999, 45, 49 („ordnungspolitische Grundfunktion des Firmenrechts auf den Kopf gestellt").

[163] OLG Hamm, Urt. v. 30.3.2007 – 30 U 13/06, ZIP 2007, 1233, 1236; VGH Kassel, Urt. v. 3.3.2010 – 6 A 1176/08, ZIP 2010, 880, 881; LG Essen, Beschl. v. 12.10.2018 – 7 T 265/18, NZI 2019, 349, 350; *Ehrlich*, Die Haftung des Kommanditisten nach §§ 171, 172 HGB in Krise und Insolvenz der KG, 178; *Pettirsch*, Auflösung und Liquidation bei der GmbH & Co. KG, 31; *Bork/Jacoby*, ZGR 2005, 611, 627; *Kruth*, NZI 2011, 844, 845.

[164] *Fleischer*, ZGR 2023, 261, 263 f. m. w. N.

[165] *Armbrüster*, ZGR 2014, 333, 338.

[166] *Armbrüster*, ZGR 2014, 333, 343.

[167] *Armbrüster*, ZGR 2014, 333, 342 ff.

individuellen Schutzinteressen"; dazu gehöre insbesondere, „eine auf Dauer und stabil funktionierende Selbstregulierung der Gesellschaft sicherzustellen"[168].

Auch die Behauptung eines derartigen Institutionenschutzes mutet zirkelschlüssig an; sofern ein solcher besteht, ist er kein Selbstzweck, sondern dient immer dem Gesellschafter- oder Gläubigerschutz[169]. In der Begründung bleibt der Ansatz auch recht vage und erschöpft sich im Wesentlichen in dem Hinweis darauf, dass das Mehrgliedrigkeitserfordernis dem tradierten Verständnis der Gesellschaft als vertraglich begründetes Rechtsverhältnis entspreche und dass die Regelungen zur BGB-Gesellschaft auf ein Mehrpersonenverhältnis zugeschnitten seien. Das ist zwar beides zutreffend, steht aber – wie bereits gezeigt – jeweils der Zulassung von Einmann-Personengesellschaften nicht zwingend entgegen[170]. Armbrüster erkennt denn auch mit der h.M.[171] aus pragmatischen Erwägungen die Zulässigkeit der Einmann-Personengesellschaft in bestimmten Ausnahmefällen an[172]. Dem ist im Ergebnis zuzustimmen, allerdings steht die Anerkennung von Ausnahmen in einem gewissen Widerspruch zur Behauptung „überindividueller Schutzinteressen". Gibt es solche, kommen Ausnahmen vom Mehrgliedrigkeitserfordernis allenfalls dann in Betracht, wenn die „überindividuellen Schutzinteressen" geringer zu gewichten sind als die individuellen. Nachdem bereits nicht ganz klar ist, welches „überindividuelle Schutzinteresse" einer Einmann-Personengesellschaft entgegenstehen soll, kann dem hier nicht vertieft nachgegangen werden.

6. Zusammenfassung

Von den bisher gegen die Zulässigkeit von Einmann-Personengesellschaften vorgebrachten Argumenten hat sich demnach allein die Vertrags- bzw. Sozietätskonstruktion als im Ausgangspunkt tragfähig erwiesen. Mit der herrschenden Meinung ist davon auszugehen, dass die organisationsrechtliche Komponente und damit die (Fort-)Existenz der Gesellschaft als Rechtssubjekt untrennbar an die schuldvertragliche Verbindung der Gesellschafter untereinander gekoppelt ist. Bei der Frage nach der Zulässigkeit von Einmann-Personengesellschaften geht es also letztlich darum, ob auch ein „einseitiges" – d.h.: konfundiertes oder schuldnerloses – Schuldverhältnis die Gesellschaft aufrechterhalten kann. Die Fälle der „Gesellschaftskonfusion" im eigentlichen Sinne, d.h. der Anteilsvereinigung in der Hand des letzten Gesellschafters, lassen sich auf der Grundlage der eingeschliffenen Konfusionsdogmatik lösen. Zum Erlöschen des die Gesellschaft tragenden

---

[168] *Armbrüster*, ZGR 2014, 333, 338.

[169] Siehe den Diskussionsbericht zu Armbrüsters Vortrag bei *J. Prütting*, ZGR 2014, 364, 365.

[170] Siehe bereits S. 20 ff. u. 33 ff.

[171] Siehe die Nachw. in Fn. 12.

[172] *Armbrüster*, ZGR 2014, 333, 345 f.; siehe jüngst aber auch *dens.*, ZGR-Sonderheft 23 (2021), 143, 156 (Einpersonengesellschaft als „erwünschte [...] Entwicklung").

Schuldverhältnisses kommt es also jedenfalls dann nicht, wenn ein berechtigtes Interesse am Fortbestand besteht. In Betracht kommt insoweit nicht nur ein berechtigtes Drittinteresse, sondern auch ein Eigeninteresse des letztverbleibenden Gesellschafters, z.B. um einen universalsukzessiven Übergang der Gesellschaftsschulden und die damit einhergehende Entwertung einer privilegierten Gesellschafterhaftung zu vermeiden. Um Konfusion im eigentlichen Sinne handelt es sich in den Ausscheidensfällen nicht. Gleichwohl bietet es sich an, auch hier bei einem entsprechenden berechtigten Interesse vom Fortbestand des Schuldverhältnisses auszugehen, da es letztlich um eine ganz ähnliche Problematik geht: Wenn nämlich die Personeneinheit von Gläubiger und Schuldner den Fortbestand eines Schuldverhältnisses nicht zwingend infrage stellt, erscheint es auch nicht mehr zwingend, beim ersatzlosen Wegfall des Schuldners vom Erlöschen des Schuldverhältnisses auszugehen. Auf diese Weise lassen sich die bisher diskutierten Problemfälle von Einmann-Personengesellschaften ebenso wie der drohende Verlust einer privilegierten Gesellschafterhaftung lösen.

II. Ergänzende Überlegungen zur generellen Zulässigkeit von Einmann-Personengesellschaften

1. Vorgesellschaft, Einmann-EWIV und Einmann-Partnerschaft

Auch vor Schönes jüngstem Vorstoß[173] wurden bereits kritische Überlegungen zum Mehrgliedrigkeitserfordernis im Personengesellschaftsrecht angestellt. Diese setzen bei den bereits de lege lata zulässigen Einmann-Gesellschaften an, die dem Personengesellschaftsrecht zumindest nahestehen und deshalb als Fundament für die Zulässigkeit von Einmann-Personengesellschaften im Allgemeinen dienen sollen.

Hingewiesen wurde insoweit auf die im Stadium zwischen Satzungserrichtung und Eintragung einer juristischen Person bestehende Vorgesellschaft[174], die in der Tat teilweise als Gesamthand[175] bzw. als rechtsfähige Personengesellschaft sui generis[176] eingeordnet wird[177]. Selbst wenn man dieser (auf dem Rückzug befindli-

---

[173] Siehe dazu oben auf S. 18 f.

[174] *Weimar*, ZIP 1997, 1769, 1772; ebenso *Pfister*, Die Einmann-Personengesellschaft, 98 ff.

[175] So BGH, Urt. v. 29.5.1980 – II ZR 225/78, ZIP 1980, 658, 660; verbreitet ist diese Auffassung heute noch in der aktienrechtlichen Kommentarliteratur, *M. Arnold*, in: KK AktG, § 41 Rn. 17 f.; *Pentz*, in: MüKo AktG, § 41 Rn. 24; *Schulenburg*, in: Henssler/Strohn, GesR, § 41 AktG Rn. 3; *Solveen*, in: Hölters/Weber, AktG, § 41 Rn. 6.

[176] So *Schäfer*, in: Henssler/Strohn, GesR, § 11 GmbHG Rn. 13.

[177] Zur Rechtsnatur der Vorgesellschaft speziell im Kontext der Einmann-Gründung ausführlich *Merkt*, FS Karsten Schmidt (2009), 1161, 1163 ff.

chen[178]) Auffassung folgt und die Einmann-Vorgesellschaft als Einmann-Gesamthand bzw. Einmann-Personengesellschaft ansieht[179], ergibt sich daraus allerdings nicht die generelle Zulässigkeit von Einmann-Personengesellschaften. Zwar können Vor-GmbH und Vor-AG kraft gesetzlicher Anordnung (§ 1 GmbHG, § 2 AktG) mit nur einem Gesellschafter existieren. Nur beruht das eben auf einer gesetzlichen Anordnung, die es in dieser Allgemeinheit im Personengesellschaftsrecht nicht gibt[180].

Lediglich im Recht der EWIV ist die nachträgliche Entstehung einer Einmann-Personengesellschaft (vgl. § 1 Hs. 1 EWIV-AG) auch außerhalb von Ausnahmekonstellationen möglich und sogar als Regelfall vorgesehen: Scheidet der vorletzte Gesellschafter aus einer EWIV aus, genügt die Gesellschaft nicht mehr den Anforderungen des Art. 4 Abs. 2 EWIV-VO[181]. Gem. Art. 31 Abs. 3 EWIV-VO muss der verbleibende Gesellschafter die Gesellschaft durch Beschluss auflösen[182]. Kommt er dem nach, besteht die EWIV gem. Art. 35 Abs. 1, 3 EWIV-VO als Liquidationsgesellschaft fort[183]. Erst recht ist vom Fortbestand auszugehen, solange die Auflösung weder beschlossen noch gem. Art. 32 EWIV-VO gerichtlich angeordnet wurde. § 712a Abs. 1 BGB kann somit aufgrund der spezielleren Regelungen in der EWIV-VO jedenfalls nicht zur automatischen Vollbeendigung und Gesamtrechtsnachfolge führen (vgl. § 1 Hs. 1 EWIV-AG). Damit fügt sich die EWIV nur schwer in das deutsche Personengesellschaftsrecht ein. Daran ändert auch der Umstand nichts, dass sie in Deutschland lediglich aus steuerrechtlichen Gründen nicht als juristische Person behandelt wird[184], denn der Gesetzgeber hat sich nun einmal für ihre Einordnung als Personengesellschaft entschieden (vgl. Art. 1 Abs. 3 EWIV-VO). Hierin liegt aber wiederum der Grund, warum der Sonderfall der Einmann-EWIV keine allgemeinen Rückschlüsse auf das Personengesellschaftsrecht erlaubt[185]: Dass die Gesellschaft hier mit dem Wegfall des vorletzten Gesellschafters nicht erlischt, beruht auf einer gesetzlichen Anordnung[186].

---

[178] *Bachmann*, FS Lindacher, 23, 25.

[179] Auch diese Schlussfolgerung ist freilich nicht zwingend, denn bei der Einmann-Gründung wird die Vorgesellschaft teilweise nicht als Gesamthand, sondern als Sondervermögen des Gründers angesehen, so namentlich *Flume*, AT I/2, 173 ff.

[180] So auch *Nägel*, Einmanngesellschaften im deutschen und europäischen Gesellschaftsrecht, 95 f.; siehe auch *Siebert*, Einmann-Personengesellschaften, 50.

[181] Verordnung (EWG) Nr. 2137/85 des Rates vom 25. 7. 1985 über die Schaffung einer Europäischen wirtschaftlichen Interessenvereinigung (EWIV), ABl. L 199, 1.

[182] A. A. *Karsten Schmidt*, GesR, 1910.

[183] Insoweit a. A. (liquidationslose Vollbeendigung mit Gesamtrechtsnachfolge im Zeitpunkt der Auflösung) *Nägel*, Einmanngesellschaften im deutschen und europäischen Gesellschaftsrecht, 85 f.

[184] So aber *Seeger*, Das Ausscheiden des einzigen Komplementärs, 128.

[185] A. A. wiederum *Weimar*, ZIP 1997, 1769, 1775 f.; *Pfister*, Die Einmann-Personengesellschaft, 162 ff. – Im Ergebnis wie hier *Seppelt*, Die Haftung des letzten Gesellschafters in der LLP und der Partnerschaft, 166.

Von einem übergreifenden und damit für alle rechtsfähigen Personengesellschaften geltenden allgemeinen Rechtsgedanken kann schwerlich die Rede sein[187]. Die Ermöglichung von Einmann-Gründungen im Kapitalgesellschaftsrecht trug wie schon erwähnt dem Umstand Rechnung, dass sich die Praxis ohnehin Strohmann-Konstruktionen zunutze gemacht hatte, um zu dem gewünschten Ergebnis einer Einmann-Kapitalgesellschaft zu gelangen. Demgegenüber ist der Fortbestand der EWIV mit nur einem Gesellschafter unionsrechtlich vorgegeben. Der nationale Gesetzgeber hätte diese zwar auch als juristische Person einordnen können, um die Figur der Einmann-Personengesellschaft zu vermeiden. Gezwungen ist er dazu allerdings nicht. Es ist im Grundsatz unproblematisch, wenn der Gesetzgeber aus steuerrechtlichen Gründen unter dem Eindruck des Unionsrechts dogmatische Brüche in der Gesamtrechtsordnung in Kauf nimmt, weil weitergehende Anpassungen im nationalen Recht nicht seinen Regelungsabsichten entsprechen[188].

Soweit schließlich noch mit § 20 Abs. 2 RefE-PartGG 1993[189] argumentiert wurde[190], der die Auflösung der Partnerschaft beim Wegfall des vorletzten Partners erst nach Ablauf eines Jahres vorsah, ist das bereits deshalb verfehlt, weil der Regelungsvorschlag nie Gesetz geworden ist[191].

2. Weichenstellung durch die Konfusionsdogmatik

Für die generelle Zulässigkeit der nachträglichen Entstehung von Einmann-Personengesellschaften bedürfte es – von der unproblematischen Möglichkeit einer Gesetzesänderung abgesehen – nach dem oben Gesagten[192] richtigerweise einer Nachjustierung der Konfusionsdogmatik. Tiefgreifende Einschnitte sind insoweit nicht erforderlich, denn wenn die mittlerweile wohl schon herrschende Auffassung das Erlöschen konfundierter Schuldverhältnisse als Regelwirkung letztlich nur mit Zweckmäßigkeitserwägungen begründet[193], erscheint fraglich, ob es sich hierbei wirklich um die einzig zweckmäßige Rechtsfolge handelt. Ebenso denkbar und nicht minder pragmatisch wäre es, das Schuldverhältnis nicht erlöschen, sondern

186 *Nägel*, Einmanngesellschaften im deutschen und europäischen Gesellschaftsrecht, 85; siehe auch *Siebert*, Einmann-Personengesellschaften, 48 f.

187 So aber *Weimar* und *Pfister* insbesondere im Kontext der Einmann-EWIV (Fn. 185).

188 Instruktiv zu dieser Problematik *Koch*, JZ 2006, 277 ff.

189 Referentenentwurf eines Gesetzes zur Schaffung von Partnerschaftsgesellschaften und zur Änderung anderer Gesetze vom 8. 1. 1993, abgedruckt in ZIP 1993, 153 ff.

190 So *Weimar*, ZIP 1997, 1769, 1774 f.; *ders./Grote*, INF 1997, 527, 531; ebenso *Pfister*, Die Einmann-Personengesellschaft, 109 ff.; siehe auch *Baumann*, BB 1998, 225, 230.

191 *Nägel*, Einmanngesellschaften im deutschen und europäischen Gesellschaftsrecht, 59; *Seeger*, Das Ausscheiden des einzigen Komplementärs, 128; *Siebert*, Einmann-Personengesellschaften, 50; siehe auch KG, Beschl. v. 3. 4. 2007 – 1 W 305/06, ZIP 2007, 1505, 1507.

192 S. 20 ff.

193 S. o. auf S. 25 f.

lediglich zur Naturalobligation verkümmern zu lassen[194], um dem Gläubiger-Schuldner stets die Möglichkeit zu eröffnen, später noch einmal auf die Forderung zurückzugreifen[195] und etwaige Zweifel über den Fortbestand generell auszuräumen. Schädlich wäre das jedenfalls nicht[196]. Dass konfundierte Schuldverhältnisse irgendwann noch einmal gebraucht werden könnten, mag regelmäßig eine eher hypothetische Möglichkeit sein. Auch bei verjährten Ansprüchen, bei denen keinerlei realistische Aussicht darauf besteht, dass diese gleichwohl irgendwann erfüllt werden könnten, stört man sich indes nicht daran, dass diese potentiell ewig fortbestehen. Sie geraten irgendwann in Vergessenheit und existieren dann allenfalls noch in der Theorie.

Solche Überlegungen mögen im allgemeinen Schuldrecht ihre Daseinsberechtigung haben. Im Personengesellschaftsrecht aber ist der Grundsatz des Erlöschens explizit normiert (§ 712a Abs. 1 S. 1 BGB) und steht damit als vom Gesetzgeber für den Regelfall als zweckmäßig erachtete Rechtsfolge fest. Das bedeutet allerdings nicht, dass dieser zwingend ist. Erkennt man Ausnahmen vom Erlöschen des konfundierten Schuldverhältnisses aus Zweckmäßigkeitserwägungen bei jedem *objektiv* erkennbaren Bedürfnis an, drängt sich die Frage auf, warum es den Parteien verwehrt sein sollte, über die Zweckmäßigkeit des Erlöschens auch *subjektiv* disponieren zu können, indem sie ein über den Zweck der Leistungserbringung (vgl. § 241 Abs. 1 BGB) hinausgehendes Bedürfnis für den Fortbestand des Schuldverhältnisses bestimmen. Ob eine solche Bestimmung objektiv sinnvoll oder vernünftig ist, kann keine Rolle spielen. Denn in einer vom Grundsatz der Privatautonomie beherrschten Privatrechtsordnung muss – vorbehaltlich der gesetzlichen Schranken – die Entscheidung, ob ein rechtliches Bedürfnis für ein Schuldverhältnis besteht, den Parteien überlassen bleiben. Eine solche gesetzliche Schranke besteht aber nicht, wenn man anerkennt, dass die Existenz eines Schuldverhältnisses trotz Vereinigung von Schuldner- und Gläubigerstellung oder Wegfall einer Partei kein unmöglicher Rechtszustand ist, weil die Regelwirkung des Erlöschens des Schuldverhältnisses unter einem Zweckmäßigkeitsvorbehalt steht. Die Personenmehrheit und Personenverschiedenheit von Gläubiger und Schuldner zählt dann nämlich gerade nicht zu den essentialia eines Schuldverhältnisses. Das kann und muss hier nicht abschließend untersucht werden. Die soeben angestellten – kursorischen – Überlegungen zeigen jedoch, dass die Konfusionsdogmatik noch nicht als abschließend ausgeformt betrachtet werden kann.

---

[194] So *Wacke* und in der Sache auch *Schellen* (Fn. 69).

[195] Vgl. *Wacke*, FS Medicus (2009), 543, 567, der auf die mögliche Nachteilhaftigkeit der Erlöschenswirkung hinweist.

[196] Siehe auch *Schellen*, Konfusion, 230.

3. Kontrollüberlegung: Die Einheits-Personengesellschaft

Bei der künftigen Diskussion über Einmann-Personengesellschaften sollte außerdem berücksichtigt werden, dass eine hiermit eng verwandte Konstruktion bereits de lege lata zulässig ist.

Beispiel: G ist Gesellschafter der A-GbR und der B-GbR. Darüber hinaus sind die A-GbR und die B-GbR wechselseitig aneinander beteiligt.

Diese Konstruktion sei im Folgenden der Einfachheit halber in Anlehnung an die „Einheits-GmbH & Co. KG" schlicht als „Einheits-Personengesellschaft" bezeichnet. Gründe, die gegen ihre Zulässigkeit sprechen, sind nicht ersichtlich.

a) Grundsätzliche Beteiligungsfähigkeit von Personengesellschaften an anderen Personengesellschaften

Dass Personengesellschaften sich an anderen Personengesellschaften beteiligen können[197], war bereits vor dem MoPeG weitgehend unstreitig[198]. Jedenfalls mit Inkrafttreten des MoPeG wird man dies in Anbetracht der neuen Registerpublizität der eGbR nicht mehr ernsthaft bestreiten können (vgl. auch § 707a Abs. 1 S. 2 BGB, § 3 Abs. 2 GesRV).

b) Grundsätzliche Zulässigkeit wechselseitiger Beteiligungen von Personengesellschaften aneinander

Erstaunlich wenig Aufmerksamkeit wurde bisher der Frage nach der Zulässigkeit wechselseitiger Beteiligungen von Personengesellschaften aneinander geschenkt. Die Kommentarliteratur beschränkt sich – soweit sie das Thema überhaupt anspricht – auf die kurze Feststellung der Zulässigkeit wechselseitiger Beteiligungen von Personengesellschaften[199]. Die Grenze wird mit Blick auf die Notwendigkeit zweier Gesellschafter (erst) bei einer Beteiligung von 100 % gezogen[200].

Oft wird in diesem Zusammenhang auch ein Beschluss des Bundesgerichtshofes vom 6.10.1992[201] als Beleg angeführt. Die Bedeutung dieser Entscheidung des Kartellsenats sollte man allerdings nicht überschätzen. An der zitierten Stelle betraf

---

[197] Eine Ausnahme bildet freilich § 1 Abs. 1 S. 3 PartGG.

[198] Siehe nur *Schäfer*, in: MüKo BGB, 8. Aufl. 2020, § 705 Rn. 78 und *Fleischer*, in: MüKo HGB, 5. Aufl. 2022, § 105 Rn. 232 ff., je m. w. N.

[199] *Henssler*, in: ders./Strohn, GesR, § 105 HGB Rn. 65; *Fleischer*, in: MüKo HGB, § 105 Rn. 233; *Wertenbruch*, in: Ebenroth/Boujong, HGB, § 105 Rn. 362; *Karsten Schmidt*, in: Schlegelberger, HGB, § 105 Rn. 65.

[200] *Tröger*, in: Westermann/Wertenbruch, Hdb PersGes, Rn. I 150a; *Schäfer*, in: Staub, HGB, § 105 Rn. 139.

[201] BGH, Beschl. v. 6.10.1992 – KVR 24/91, BGHZ 119, 346, 356 = NJW 1993, 1265, 1267.

sie eine ganz andere Fragestellung, nämlich ob das Stimmrecht aus einem Kommanditanteil ruht, wenn der Anteil von einer GmbH gehalten wird, deren sämtliche Anteile sich ihrerseits in der Hand der KG befinden. Dass wechselseitige Beteiligungen von Personengesellschaften aneinander anerkannt seien, wird denn auch eher beiläufig erwähnt. Ob sich hieraus wirklich ableiten lässt, der Bundesgerichtshof halte wechselseitige Beteiligungen (bis zur Grenze einer 100%-igen Beteiligung) für uneingeschränkt zulässig, erscheint daher zweifelhaft. In der Tat ist letztlich aber gegen wechselseitige Beteiligungen von Personengesellschaften aneinander nichts einzuwenden.

aa) Keine Übertragbarkeit der Gefahren von wechselseitigen Beteiligungen im Kapitalgesellschaftsrecht auf das Personengesellschaftsrecht

Im Kapitalgesellschaftsrecht bergen wechselseitige Beteiligungen in zweifacher Hinsicht Gefahren, einerseits hinsichtlich der Aufbringung, Erhaltung und richtigen Bilanzierung des Kapitals, andererseits hinsichtlich einer drohenden Herrschaft der Verwaltungen in der Gesellschafter- bzw. Hauptversammlung[202]. Auf Personengesellschaften sind diese Gefahren nicht übertragbar[203]. Denn zum einen werden die Gläubiger hier nach der gesetzlichen Konzeption nicht durch Kapitalsicherung, sondern durch die persönliche Haftung der Gesellschafter geschützt[204]. Zum anderen droht auch eine Verselbständigung der Verwaltung gegenüber den Anteilseignern aufgrund des Prinzips der Selbstorganschaft[205] nicht.

bb) Kein unzulässiger Erwerb eigener Anteile

Der Erwerb eigener Anteile ist im Personengesellschaftsrecht nach § 711 Abs. 1 S. 2 BGB, der von der ganz herrschenden Auffassung[206] als lediglich klarstellende Regelung angesehen wird, unzulässig. Ein solcher liegt bei wechselseitigen Beteiligungen jedoch gerade nicht vor. Denn in einem solchen Fall werden lediglich Anteile an einem eigenständigen Rechtssubjekt (§ 705 Abs. 2 Alt. 1 BGB, § 105

---

[202] Siehe nur die Begründung zum Regierungsentwurf bei *Kropff*, AktG 1965, 34 f.

[203] Zutreffend *Kayser-Eichberg*, Die wechselseitige Beteiligung nach deutschem Aktienrecht als Leitlinie einer europäischen Harmonisierung, 19; auch *Ramming*, Wechselseitige Beteiligungen außerhalb des Aktienrechts, 195 ff.; *Kerstin Schmidt*, Wechselseitige Beteiligungen im Gesellschafts- und Kartellrecht, 91 ff.

[204] Näher unten auf S. 139 ff.

[205] Die Zulässigkeit einer Fremdorganschaft bejahend jetzt aber *Schöne*, in: BeckOK BGB, § 705 Rn. 53, § 708 Rn. 18 ff., § 715 Rn. 8 ff., 33, § 720 Rn. 38.

[206] *M. Noack*, in: Heidel/Hirte, Das neue PersGesR, § 10 Rn. 9; *Beneke*, in: Heidel, GbR, § 711 Rn. 7; *Schäfer*, in: MüKo BGB, § 711 Rn. 32; *Wertenbruch*, in: Ebenroth/Boujong, HGB, § 105 Rn. 77 f.; – a. A. jetzt wiederum *Schöne*, in: BeckOK BGB, § 705 Rn. 53, § 708 Rn. 18 ff., § 711 Rn. 7 ff.; für Zulässigkeit des Erwerbs eigener Anteile zuvor schon *Priester*, ZIP 2014, 245 ff. und dagegen *Karsten Schmidt*, ZIP 2014, 493 ff.

Abs. 2 HGB[207]) gehalten, das auch seinerseits wiederum nur Anteile an einem eigenständigen Rechtssubjekt hält.

c) Zulässigkeit der „Einheits-Personengesellschaft"

Bislang kaum diskutiert wurde die Frage, ob – ausgehend von der grundsätzlichen Zulässigkeit wechselseitiger Beteiligungen – auch eine in sich verschränkte „Einheits-Personengesellschaft" in Betracht kommt[208]. Im eingangs mit zwei BGB-Gesellschaften gebildeten Beispiel haben sowohl die A-GbR als auch die B-GbR zwei Gesellschafter, nämlich den G und die B-GbR respektive die A-GbR. Es liegt keine unzulässige Einmann-Personengesellschaft im eigentlichen Sinne vor. Gleichwohl mutet die Konstruktion befremdlich an, denn faktisch läuft sie auf eine Einmann-Personengesellschaft hinaus. Ramming[209] hält sie denn auch für unzulässig. Er stützt dies vor allem auf folgende Überlegung:

> „Für das Gesellschaftsverhältnis bei einer Personengesellschaft ist die Beteiligung von mindestens zwei Rechtssubjekten nicht nur eine technische Notwendigkeit, vielmehr setzt die Personengesellschaft mindestens zwei Interessenträger voraus."[210]

Hinter der „Einheits-Personengesellschaft" stehe aber nur ein Interessenträger, was dem Wesen der Personengesellschaft widerspreche[211]. Anders als Ramming meint, kann er sich für diese These aber nicht auf Karsten Schmidt berufen, der in seinem Lehrbuch zum Gesellschaftsrecht gerade den gegenteiligen Standpunkt einnimmt:

> „Das Erfordernis mehrerer Gesellschafter beruht nicht auf dem Gedanken, eine Personengesellschaft setze das Vorhandensein von mindestens zwei Interessenträgern voraus, sondern es beruht einfach darauf, daß für das Gesellschaftsverhältnis der Personengesellschaft die Beteiligung von mindestens zwei Rechtssubjekten technische Notwendigkeit ist."[212]

Die Beteiligung von zwei Rechtssubjekten ist aber auch im Falle der „Einheits-Personengesellschaft" zu bejahen. In der Literatur zum Personengesellschaftsrecht taucht der Begriff des „privatautonom handelnden Interessenträgers" auch eher in anderem Zusammenhang auf, nämlich bei der „Einheits-GmbH & Co. KG"[213]. Dort wird der Begriff herangezogen, um einen zentralen Unterschied zwischen der „Einheitsgesellschaft" und der „Keinmann-GmbH" herauszuarbeiten: Die „Ein-

---

[207] § 124 Abs. 1 HGB a. F.

[208] Siehe zur LLP aber *Seppelt*, Die Haftung des letzten Gesellschafters in der LLP und der Partnerschaft, 88 f.

[209] *Ramming*, Wechselseitige Beteiligungen außerhalb des Aktienrechts, 203 ff.

[210] *Ramming*, Wechselseitige Beteiligungen außerhalb des Aktienrechts, 203.

[211] *Ramming*, Wechselseitige Beteiligungen außerhalb des Aktienrechts, 204 f.

[212] *Karsten Schmidt*, GesR, 1636.

[213] *John*, AcP 185 (1985), 209, 238; *Fleischer*, in: MüKo GmbHG, § 1 Rn. 86.

heitsgesellschaft" verfügt über „privatautonom handelnde Interessenträger", während die „Keinmann-GmbH" eine leere Hülle ist. In der Sache geht es also um die Rückbindung der Willensbildung in der Gesellschaft an natürliche Personen. Hierfür ist aber eine natürliche Person ausreichend.

Daneben weist Ramming[214] darauf hin, dass die Konstruktion einer „Einheits-GbR" den Rechtsverkehr darüber täusche, dass sie es faktisch nur mit einem persönlich haftenden Gesellschafter zu tun haben. Die Beteiligung sei auch dann eine einheitliche, wenn sie teilweise über eine andere Personengesellschaft vermittelt wird[215]. Auch das kann nicht überzeugen. Wie bereits gezeigt[216] ist die Erwartung der Gläubiger, sie hätten es mit zwei Gesellschaftern zu tun, nicht schutzwürdig; selbst wenn man das anders sieht, kann dem mit einem entsprechenden Firmen- bzw. Namenszusatz beigekommen werden. Auch der Grundsatz der Einheitlichkeit der Mitgliedschaft kann hier nicht fruchtbar gemacht werden. Wird die Außen-Personengesellschaft als vollwertiger Rechtsträger anerkannt, ist die von Ramming angenommene Einheitlichkeit des eigenen und des vermittelten Gesellschaftsanteils in der Sache ein Durchgriff auf den hinter der Gesellschaft stehenden Gesellschafter[217]. Das ist nicht schlechthin unzulässig, aber zumindest begründungsbedürftig und mit einem Hinweis auf das „Wesen der Personengesellschaft"[218] ist es insoweit nicht getan[219].

Die nachträgliche Entstehung einer „Einheits-Personengesellschaft" nach einer Strohmann-Gründung und unmittelbar nachfolgender Übertragung der Anteile des zweiten Gesellschafters an die jeweils andere BGB-Gesellschaft ist dementsprechend nach dem gegenwärtigen Stand der personengesellschaftsrechtlichen Dogmatik möglich. Einer nach § 238 HGB buchführungspflichtigen UG (haftungsbeschränkt)[220] als zweite Gesellschafterin bedarf es also überhaupt nicht, um als einzelne natürliche Person eine Personengesellschaft werbend betreiben zu können. Im praktischen Ergebnis handelt es sich bei der „Einheits-Personengesellschaft" um nichts anderes als eine faktische Einmann-Personengesellschaft. Vor diesem Hintergrund erscheint die gegenwärtige Einstellung gegenüber Einmann-Personengesellschaften überdenkenswert.

---

[214] *Ramming*, Wechselseitige Beteiligungen außerhalb des Aktienrechts, 204 f.

[215] *Ramming*, Wechselseitige Beteiligungen außerhalb des Aktienrechts, 205.

[216] S. 35 f.

[217] Dazu ausführlich *Karsten Schmidt*, GesR, 217 ff.

[218] *Ramming*, Wechselseitige Beteiligungen außerhalb des Aktienrechts, 205.

[219] Vgl. zum „Wesensargument" bereits S. 33.

[220] S. o. bei Fn. 161.

4. (Missbrauchs-)Potentiale

Mitunter wird allerdings bezweifelt, ob für die generelle Zulassung von Einmann-Personengesellschaften überhaupt ein praktisches Bedürfnis besteht[221], weil diese nicht den Vorteil einer Haftungsbeschränkung mit sich bringen[222]. Das fehlende Bedürfnis werde außerdem dadurch belegt, dass – anders als vor der Zulassung der Einmanngründung einer GmbH – in der Praxis nicht auf Umgehungsgestaltungen zurückgegriffen wird[223].

Das mag richtig sein; gleichwohl können Einmann-Personengesellschaften eine attraktive Gestaltungsoption sein. Ihr entscheidender Vorteil besteht in der Stabilisierung gegenüber dem Wegfall des vorletzten Gesellschafters[224]. Die Erhaltung des Unternehmensträgers ist zwar zur Gewährleistung der vom Gesetzgeber bezweckten Unternehmenskontinuität nicht zwingend erforderlich[225]. Sie ist jedoch jedenfalls dann zweckmäßig, wenn der Gesellschafter, in dessen Person ein Ausscheidensgrund vorliegt, nicht in der Gesellschaft verbleibt. Denn der letztverbleibende Gesellschafter erhält dadurch die kostensparende Option, weitere Gesellschafter aufzunehmen, ohne eine neue Gesellschaft gründen und das Unternehmensvermögen erneut einbringen zu müssen. Neben diesem wohl unproblematischen Vorteil birgt die Einmann-Personengesellschaft aber auch Missbrauchs- und Umgehungspotentiale. Diese Probleme stellen sich indes nicht nur bei „echten" Einmann-Personengesellschaften, sondern auch bei der bereits de lege lata zulässigen „Einheits-Personengesellschaft" und taugen daher schwerlich als Einwände gegen die Zulässigkeit von Einmann-Personengesellschaften.

a) Umgehung von Formvorschriften

Karsten Schmidt hat bereits im Kontext der mehrgliedrigen Personengesellschaften auf das Problem der „Mobilisierung des Bodens" hingewiesen[226]. Ausgangspunkt der Problematik ist der von der heute wohl allgemeinen Auffassung[227] als zulässig erachtete Gesellschaftszweck des „Haltens und Verwaltens" von Ver-

---

[221] *Lieder*, in: Oetker, HGB, § 105 Rn. 66 und *ders./Hoffmann*, NZG 2016, 287, 292. – Kritisch *Schöne*, in: BeckOK BGB, § 712a Rn. 12: „Der zu erwartende Einwand, es bestehe kein Bedürfnis für die Anerkennung der Ein-Personen-GbR, ist wiederum nicht überzeugend, weil es nicht Angelegenheit des Gesetzgebers ist, über die Bedürfnisse von Gesellschaftern oder natürlichen Personen zu entscheiden."

[222] So *v. Bary*, AcP 220 (2020), 343, 346 Fn. 10.

[223] So *Armbrüster*, ZGR 2014, 333, 344 f.

[224] Siehe bereits *Habermeier*, in: Staudinger, BGB, Vor §§ 705–740 Rn. 29a.

[225] Näher unten auf S. 63.

[226] *Karsten Schmidt*, AcP 182 (1982), 481 ff.; *ders.*, NJW 1996, 3325 ff.; *ders.*, ZIP 1998, 2, 6 f.

[227] Siehe nur BGH, Beschl. v. 20.5.1981 – V ZB 25/79, NJW 1982, 170, 171; *Flume*, AT I/1, 45 ff.

mögensgegenständen[228]. Bringt man nun Grundeigentum in eine vermögensverwaltende rechtsfähige Personengesellschaft ein, können anstelle des Grundeigentums selbst einfach die Gesellschaftsanteile übertragen werden (vgl. § 711 Abs. 1 S. 1 BGB). Die Anteilsübertragung unterliegt ebenso wie das zugrundeliegende Kausalgeschäft grundsätzlich keinem Formerfordernis[229], selbst wenn das Gesellschaftsvermögen im Wesentlichen aus Grundbesitz besteht[230]. Das lädt zur Umgehung der §§ 311b Abs. 1, 925 BGB geradezu ein. Vor demselben Problem steht man, wenn anstelle des Grundeigentums (oder daneben) GmbH-Geschäftsanteile in eine rechtsfähige Personengesellschaft eingebracht werden (vgl. § 15 Abs. 3, 4 GmbHG)[231].

Indes ist weitgehend anerkannt[232], dass Umgehungsgestaltungen mit einer analogen Anwendung von § 311b Abs. 1 S. 1 BGB und § 15 Abs. 4 GmbHG auf das dem Gesellschafterwechsel zugrundeliegende Verpflichtungsgeschäft[233] zu begegnen ist. Differenzen bestehen in erster Linie hinsichtlich der Voraussetzungen für die Annahme eines Umgehungsgeschäfts[234]. Eine im Schrifttum verbreitete Auffassung[235] befürwortet die analoge Heranziehung der Formvorschriften, die für das dem Gesellschafterwechsel zugrundeliegende Verpflichtungsgeschäft gelten, wenn der Gesellschafterwechsel bei wirtschaftlicher Betrachtung[236] auf Übertragung des von der Gesellschaft gehaltenen, besonderen Formvorschriften unterliegenden Gegenstandes gerichtet ist. Das soll dann der Fall sein, wenn der im Zeitpunkt des Gesellschafterwechsels tatsächlich verfolgte Gesellschaftszweck rein gegenstandsspezifisch ist, insbesondere also beim „Halten und Verwalten"[237] von Grundstücken

---

[228] Vgl. *Karsten Schmidt*, AcP 182 (1982), 481, 482 f.

[229] Ganz h. M., siehe nur *Lieder*, in: Erman, BGB, § 711 Rn. 11; *Schäfer*, in: MüKo BGB, § 711 Rn. 17; siehe auch BT-Drs. 19/27635, 144. – A. A. (§ 2033 Abs. 1 S. 2 BGB) nur *Jaschke*, Gesamthand und Grundbuchrecht, 58 ff.; kritisch dazu *Karsten Schmidt*, NJW 1996, 3325, 3326 f.

[230] BGH, Urt. v. 31. 1. 1983 – II ZR 288/81, BGHZ 86, 367, 369 ff. = NJW 1983, 1110 f.

[231] Dazu bereits *Karsten Schmidt*, BB 1983, 1697 ff.

[232] A. A. aber *P. Meier*, in: Staudinger, BGB, § 311b Rn. 179; wohl auch *J. Mayer*, in: Soergel, BGB, § 311b Rn. 68 und *Schreindorfer*, in: BeckOGK BGB (1. 2. 2025), § 311b Rn. 49.1.

[233] Die Anteilsübertragung selbst ist dagegen nach ganz h. M. stets formfrei möglich, *Ulmer/Löbbe*, DNotZ 1998, 711, 729 ff.; siehe aber auch Fn. 229.

[234] Zutreffend *Geibel*, in: BeckOGK BGB (15. 12. 2024), § 705 Rn. 84.

[235] So für Grundstücke namentlich *Heckschen*, Die Formbedürftigkeit mittelbarer Grundstücksgeschäfte, 143 ff.; *Ulmer/Löbbe*, DNotZ 1998, 711 ff.; *Grüneberg*, in: ders., BGB, § 311b Rn. 5; *Ruhwinkel*, in: MüKo BGB, § 311b Rn. 16; *Hertel*, in: Staudinger, BGB, BeurkG Rn. 112; auch für GmbH-Geschäftsanteile *Kilian*, in: Henssler/Strohn, GesR, § 711 BGB Rn. 3; *Schäfer*, in: MüKo BGB, § 711 Rn. 19 f.

[236] Kritisch dazu BGH, Urt. v. 31. 1. 1983 – II ZR 288/81, BGHZ 86, 367, 371 = NJW 1983, 1110, 1111; *Karsten Schmidt*, AcP 182 (1982), 481, 511.

[237] *Geibel*, in: BeckOGK BGB (15. 12. 2024), § 705 Rn. 84; die Analogie hierauf beschränkend *Karsten Schmidt*, AcP 182 (1982), 481, 511.

bzw. Geschäftsanteilen[238]. Die Rechtsprechung[239] zeigt sich demgegenüber vorsichtiger und verlangt für die Annahme eines Umgehungsgeschäfts insbesondere auch eine subjektive Komponente.

Bei (echten wie faktischen) Einmann-Personengesellschaften steht prima facie in der Tat eine drastische Verschärfung der Umgehungsgefahr zu befürchten, indem Grundstücke und GmbH-Geschäftsanteile zum Zwecke späterer formfreier Übertragungen in Einmann-BGB-Gesellschaften verpackt werden[240]. Tatsächlich dürfte die Einmann-Personengesellschaft insoweit aber tendenziell sogar weniger problematisch sein als die mehrgliedrige Personengesellschaft. Denn das Problem liegt weniger in der Unklarheit hinsichtlich des Umgangs mit Umgehungsgestaltungen überhaupt als in der Unklarheit hinsichtlich deren Voraussetzungen. Die Gründung und Nutzung von Einmann-Personengesellschaften eigens zu dem Zweck, die eingebrachten Gegenstände für spätere Übertragungen von Formvorschriften loszulösen, wäre aber – unabhängig davon, welcher Auffassung man folgt – der wohl deutlichste Fall einer Gesetzesumgehung.

b) Nachlassstrukturierung durch Nachfolgeklauseln

Ein weiterer potentieller Anwendungsfall zeigt sich, wenn man Fortsetzungs- und Nachfolgeklauseln mit in den Blick nimmt: Im Gesellschaftsvertrag kann bestimmt werden, dass die BGB-Gesellschaft mit den bzw. einem bestimmten Miterben fortgesetzt[241] wird (§ 711 Abs. 2 S. 1 BGB, sog. einfache respektive qualifizierte[242] Nachfolgeklausel). Auf diese Weise könnte die Einheits- bzw. Einmann-Personengesellschaft auch über den Tod der natürlichen Person hinaus aufrechterhalten werden. Von besonderem Interesse ist insoweit die qualifizierte Nachfolgeklausel, die es ermöglicht, lediglich einen bzw. einzelne Erben in die Gesellschaft eintreten zu lassen. Insbesondere die vermögensverwaltende Einmann-Personengesellschaft könnte somit als Mantel für eine Vermögensnachfolge in bestimmte Nachlassgegenstände genutzt werden, um auf diese Weise einen Ersatz für die im deutschen Erbrecht nicht vorgesehenen dinglich wirkenden (Voraus-)Ver-

---

[238] Näher zu den einzelnen Fallgruppen *Ulmer/Löbbe*, DNotZ 1998, 711, 724 ff.

[239] BGH, Urt. v. 31.1.1983 – II ZR 288/81, BGHZ 86, 367, 371 f. = NJW 1983, 1111; BGH, Urt. v. 2.10.1997 – II ZR 249/96, NJW 1998, 376, 377; siehe auch BGH, Urt. v. 10.3.2008 – II ZR 312/06, NJW-RR 2008, 773 Rn. 10 ff.; der Rechtsprechung folgend *Wertenbruch*, NZG 2008, 454, 455 f. und *ders.*, in: Ebenroth/Boujong, HGB, § 105 Rn. 120; *Seibt*, in: Scholz, GmbHG, § 15 Rn. 50; *Servatius*, in: Noack/Servatius/Haas, GmbHG, § 15 Rn. 35 m.w.N.

[240] Kritisch daher *Lamprecht*, Die Zulässigkeit der mehrfachen Beteiligung an einer Personengesellschaft, 343 f. mit Fn. 84.

[241] Eine Fortsetzungsklausel (vgl. §§ 727 Abs. 1, 736 Abs. 1 BGB a.F.) wird unter der Rechtslage nach dem MoPeG entbehrlich, §§ 723 Abs. 1 Nr. 1, 730 Abs. 1 S. 1 BGB n. F.

[242] Vgl. BT-Drs. 19/27635, 145.

mächtnisse bzw. Teilungsanordnungen zu schaffen[243]. Ein Verstoß gegen den erbrechtlichen Typenzwang[244] liegt darin nicht, denn die (qualifizierte) Nachfolgeklausel ist ein vom Gesetz gerade vorgesehenes Instrument (vgl. § 711 Abs. 2 BGB).

Zuzugeben ist allerdings, dass qualifizierte Nachfolgeklauseln durch derartige Gestaltungen zweckentfremdet werden[245]. Ob es sich hierbei noch um eine zulässige Ausschöpfung des Katalogs der Verfügungen von Todes wegen handelt oder aber die Grenze zur unzulässigen Gesetzesumgehung bereits überschritten ist, ist hier weniger klar als bei der Umgehung von Formvorschriften. Schutzwürdige Interessen, die der vorgeschlagenen Gestaltung entgegenstehen, sind jedenfalls nicht erkennbar[246]. Denn der Modus der Sondererbfolge ändert an der Nachlasszugehörigkeit der Personengesellschaftsanteile nichts[247]. Der Wert des Gesellschaftsanteils wird daher den Pflichtteilsberechtigten nicht entzogen[248].

Gleiches gilt für die übrigen Nachlassgläubiger: Auf den Gesellschaftsanteil können sie zwar nicht mit einer Gesamthandsklage (vgl. § 2059 Abs. 2 BGB) zugreifen, denn der im Wege der Sondererbfolge übergegangene Gesellschaftsanteil gehört nicht zum Gesamthandsvermögen[249]. Den Nachlassgläubigern bleibt jedoch die Möglichkeit einer Gesamtschuldnerklage (§ 2058 BGB). Dem steht nicht entgegen, dass der Gesellschafter-Miterbe hier bis zur Teilung die Berichtigung aus seinem Privatvermögen verweigern kann (§ 2059 Abs. 1 S. 1 BGB). Das folgt zwar

---

[243] Zur Einordnung qualifizierter Nachfolgeklauseln als dinglich wirkende Teilungsanordnungen bzw. – bei fehlender Wertausgleichsverpflichtung – Vorausvermächtnisse siehe *M. Fischer*, in: ders./Pahlke/Wachter, ErbStG, § 3 Rn. 169.

[244] *Kipp/Coing*, ErbR, 134; *Leipold*, in: MüKo BGB, § 1937 Rn. 10; *Otte*, in: Staudinger, BGB, Vor §§ 1937–1941 Rn. 14; *Tegelkamp*, in: BeckOGK BGB (1.2.2025), § 1937 Rn. 23.

[245] Kritisch zur qualifizierten Nachfolgeklausel im Kontext der „Eigenheim-Gesellschaft" bereits *Karsten Schmidt*, AcP 182 (1982), 481, 497: „Angenommen, derartige Vereinbarungen machten auf dem Gebiet der ‚Eigenheim-Gesellschaft' Schule, so würde eine im Dienst der Unternehmenserhaltung herausgebildete Vertrags- und Gerichtspraxis auf Gesellschaften überragen, die überhaupt keine Handlungseinheiten, sondern lediglich Vermögenseinheiten sind."

[246] Vgl. im Zusammenhang mit der Anerkennung ausländischer Vindikationslegate über im Inland belegene Sachen auch *J. P. Schmidt*, RabelsZ 77 (2013), 1, 17 ff., 26.

[247] BGH, Urt. v. 14.5.1986 – IVa ZR 155/84, BGHZ 98, 48, 51 ff. = NJW 1986, 2431, 2432 f.; BGH, Beschl. v. 12.1.1998 – II ZR 23/97, NJW 1998, 1313 f.; *Kunz*, in: Staudinger, BGB, § 1922 Rn. 208 ff. m.w.N.

[248] Näher *Vedder*, in: Dauner-Lieb/Grziwotz/Herzog, PflichtteilsR, PflichtteilsR und GesR Rn. 7 f.

[249] Im Wege der Sondererbfolge „an der Gesamthand vorbei" vererbt wird nach h.M. neben dem Anteil selbst auch die aus diesem folgenden (künftigen) vermögensmäßigen Rechte, *Flume*, FS Müller-Freienfels, 113 ff.; *Ulmer/Schäfer*, ZHR 160 (1996), 413, 420; *Kunz*, in: Staudinger, BGB, § 1922 Rn. 213 ff.; sympathisierend *Muscheler*, ErbR II, Rn. 3827 m.w.N. – A.A. namentlich BGH, Urt. v. 30.4.1984 – II ZR 293/83, BGHZ 91, 132, 136 = NJW 1984, 2104, 2105; BGH, Urt. v. 25.2.1985 – II ZR 130/84, NJW 1985, 1953, 1954.

nicht schon ohne Weiteres daraus, dass die Sondererbfolge in Personengesellschaftsanteile ipso iure zu einer partiellen Nachlassteilung führt[250], denn unter „Teilung" i. S. d. § 2059 BGB versteht die herrschende Auffassung[251] den Übergang eines so erheblichen Teils der Nachlassgegenstände aus der Gesamthand in das Eigenvermögen der Miterben, dass das Gesamthandsvermögen bei wirtschaftlicher Betrachtung in seinen wesentlichen Bestandteilen als Ganzes aufgelöst erscheint[252]. Orientiert man sich nun strikt am Wortlaut des § 2059 Abs. 1 S. 1 BGB, wären vorab verteilte Nachlassgegenstände bis zur Gesamtteilung dem Zugriff der Nachlassgläubiger in der Tat entzogen. Die wohl überwiegende Auffassung[253] beschränkt die Einrede nach § 2059 Abs. 1 S. 1 BGB jedoch auf das bereits vor der partiellen Nachlassteilung vorhandene Privatvermögen.

Wird die Erbenhaftung gegenständlich auf den Nachlass beschränkt, unterliegen die aus dem Gesellschaftsanteil folgenden vermögensrechtlichen Ansprüche wie der Anspruch auf den Gewinn dem Zugriff des Nachlassverwalters bzw. Nachlassinsolvenzverwalters[254]. Die herrschende Meinung[255] billigt diesem zur Realisierung des Werts des Gesellschaftsanteils in Analogie zu § 726 BGB[256] und § 133 HGB[257] zudem ein eigenes Kündigungsrecht zu, das an die in diesen Vorschriften genannten Voraussetzungen nicht gebunden sein soll[258].

---

[250] Vgl. *Muscheler*, ErbR II, Rn. 3826.

[251] *Lange/Kuchinke*, ErbR, 1284; *v. Lübtow*, ErbR II, 1179; *Fest*, in: MüKo BGB, § 2059 Rn. 4; *Kregel*, in: RGRK BGB, § 2059 Rn. 5; *J. Roth/S. Gerhardt/Kick*, in: NK BGB, § 2059 Rn. 6.

[252] Einschränkend wird zudem mitunter gefordert, die Verteilung müsse auf einem bewussten Handeln der Miterben oder zumindest einem beeinflussbaren Vorgang beruhen, so *Ulmer/Schäfer*, ZHR 160 (1996), 413, 424 f.; *Lettmaier*, in: Soergel, BGB, § 2059 Rn. 10; *Marotzke*, in: Staudinger, BGB, § 2059 Rn. 45 ff.; *J. Roth/S. Gerhardt/Kick*, in: NK BGB, § 2059 Rn. 12; in der Sache auch *Muscheler*, ErbR II, Rn. 3827.

[253] So etwa *Ulmer/Schäfer*, ZHR 160 (1996), 413, 425 f.; *v. Lübtow*, ErbR II, 1179 f.; *Fest*, in: MüKo BGB, § 2059 Rn. 9 f., *Kregel*, in: RGRK BGB, § 2059 Rn. 6; *Lettmaier*, in: Soergel, BGB, § 2059 Rn. 15 f.; *Marotzke*, in: Staudinger, BGB, § 2059 Rn. 35; *J. Roth/S. Gerhardt/Kick*, in: NK BGB, § 2059 Rn. 16; – a. A. RG, Urt. v. 13. 2. 1917 – II 464/16, RGZ 89, 403, 408 f.; *Westermann*, AcP 173 (1973), 24, 29 ff.

[254] BGH, Urt. v. 30. 3. 1967 – II ZR 102/65, BGHZ 47, 293, 296 = NJW 1967, 1961 f.; BGH, Beschl. v. 13. 7. 2017 – V ZB 136/16 = NJW 2017, 3715 Rn. 19; *Lange/Kuchinke*, ErbR, 1247 f.; *Dobler*, in: Staudinger, BGB, § 1985 Rn. 20; *Küpper*, in: MüKo BGB, § 1985 Rn. 6; *M. Siegmann/Scheuing*, in: MüKo InsO, Anh. § 315 Rn. 21, 25; *Döbereiner*, in: Gottwald/Haas, InsR-Hdb, § 112 Rn. 26.

[255] BGH, Beschl. v. 13. 7. 2017 – V ZB 136/16 = NJW 2017, 3715 Rn. 20; *Ulmer/Schäfer*, ZHR 160 (1996), 413, 437 f.; *Lange/Kuchinke*, ErbR, 1248 mit Fn. 83; *Muscheler*, ErbR II, Rn. 3607; *Dobler*, in: Staudinger, BGB, § 1985 Rn. 21 m. w. N.; *M. Siegmann/Scheuing*, in: MüKo InsO, Anh. § 315 Rn. 21, 25; *Döbereiner*, in: Gottwald/Haas, InsR-Hdb, § 112 Rn. 26 f., 32, 35 f.

[256] § 725 BGB a. F.

[257] § 135 HGB a. F.

[258] In der Einmann-Personengesellschaft gibt es richtigerweise keine Ausscheidensgründe mehr, da eine Fortsetzung der Gesellschaft ohne den einzigen verbleibenden Gesellschafter

Selbst wenn der Erblasser also sein Vermögen mittels rechtsfähiger Personengesellschaften zerstückelt und jeweils bestimmten Miterben zuordnet, kann er es hierdurch zwar an der Gesamthand, nicht aber am Nachlass überhaupt vorbei vererben.

c) *Gefahr der Vermögensvermischung und Vollstreckungsvereitelung*

Im Kontext der Einmann-Personengesellschaften wird ferner der Einwand erhoben, die Publizität der rechtsfähigen Personengesellschaften, die anders als juristische Personen auch ohne Registereintragung entstehen können, werde dadurch gewährleistet, dass die Gesellschaft als Gruppe handelt und dadurch zu erkennen gibt, dass der Rechtskreis der Gesellschaft und nicht derjenige der Gesellschafter betroffen sein soll[259]. Überzeugend ist das nicht. Denn zum einen muss die Gesellschaftergruppe nicht in ihrer Gesamtheit handeln; vielmehr kommt auch Einzelvertretung in Betracht (vgl. § 720 Abs. 1 BGB, § 124 Abs. 1 HGB). Zum anderen wird verkannt, dass die Unterscheidbarkeit des Gesellschafters von der Gesellschaft bereits durch die Rechtssubjektivität der Gesellschaft gewährleistet wird[260]. Ob der einzige Gesellschafter nun für sich selbst handelt oder für die rechtsfähige Gesellschaft, ist damit letztlich nur eine Frage der Offenkundigkeit der Stellvertretung (vgl. § 164 Abs. 2 BGB), die sich unterschiedslos bei allen rechtsfähigen Verbänden stellt.

Bei Einmann-Gesellschaften hat es der einzige Gesellschafter in der Hand, Vermögensgegenstände nach eigenem Belieben zwischen Privat- und Gesellschaftsvermögen hin- und herzuschieben oder gar gänzlich undurchsichtige Vermögensverhältnisse zu schaffen. Probleme kann das in der Zwangsvollstreckung hervorrufen[261]. Abgefedert wird das Problem in jedem Fall bereits durch die Möglichkeit einer Gläubiger- bzw. Insolvenzanfechtung (vgl. insbesondere §§ 3, 4

---

nicht mehr in Betracht kommt. Sämtliche Ausscheidensgründe (z. B. auch die Mitgliedschaftskündigung durch einen Privatgläubiger) führen stattdessen zur Auflösung der Gesellschaft. Auch insoweit unterscheidet sich die Rechtslage nicht von der mehrgliedrigen Personengesellschaft. Denn dort kommt es nach herrschender Meinung lediglich zur Auflösung, wenn sämtliche Gesellschafter im selben Zeitpunkt aus der Gesellschaft ausscheiden würden, wie insbesondere bei der Simultaninsolvenz aller Gesellschafter, siehe etwa *Bork/Jacoby*, ZGR 2005, 611, 652; *Albertus/T. Fischer*, ZInsO 2005, 246, 250; *Karsten Schmidt*, GmbHR 2002, 1209, 1214; *Freitag*, in: Heymann, HGB, § 131 Rn. 34; weitergehend *Servatius*, GbR, § 712a Rn. 7, § 729 Rn. 8, 18 (auch bei Verwirklichung eines Ausscheidensgrundes bei sämtlichen Gesellschaftern „innerhalb eines kurzen Zeitraums von wenigen Wochen"); – a. A. OLG Hamm, Beschl. v. 3. 7. 2003 – 15 W 375/02, GmbHR 2003, 1361, 1362; kritisch dazu *Karsten Schmidt*, GmbHR 2003, 1404 ff.

[259] So *Lamprecht*, Die Zulässigkeit der mehrfachen Beteiligung an einer Personengesellschaft, 343.

[260] Siehe im Kontext des Gesamthandsprinzips bereits S. 32.

[261] *Lamprecht*, Die Zulässigkeit der mehrfachen Beteiligung an einer Personengesellschaft, 343.

AnfG, §§ 133, 134, 138 Abs. 1 Nr. 4 InsO)[262]. Darüber hinaus wird hier häufig sogar die Nichtigkeit vollstreckungsvereitelnder Vermögensverschiebungen nach § 134 BGB i. V. m. § 288 StGB im Raum stehen. Zwar sind die §§ 134, 138 BGB grundsätzlich nicht neben den spezielleren Anfechtungsvorschriften anwendbar; etwas anderes gilt jedoch, wenn über Gläubigerbenachteiligung hinausgehende besondere Umstände vorliegen[263]. Die Besonderheit bei Einmann-Personengesellschaften liegt nun darin, dass ein Benachteiligungsvorsatz des Schuldners zugleich der von ihm gesteuerten Gesellschaft als Anfechtungsgegner zugerechnet werden kann (§ 31 BGB analog[264]); auf diese Weise lässt sich eine „kollusive" Vorgehensweise[265] unschwer begründen. Entsprechend müssten auch die Einmann-Gründung sowie die Strohmann-Gründung mit einem eingeweihten Dritten eigens zu dem Zweck, vollstreckungsvereitelnde Vermögensverschiebungen mit der gegründeten Gesellschaft vorzunehmen, als nichtig angesehen werden.

B. Die Gesamtrechtsnachfolge des letztverbleibenden Gesellschafters

I. Gesamtrechtsnachfolge als Liquidationsersatz

Erlischt ein Rechtsträger ohne vorherige vermögensmäßige Abwicklung, bedarf es einer Neuzuordnung seines Vermögens, um die Entstehung subjektloser Rechte zu verhindern[266]. Dementsprechend ordnet § 712a Abs. 1 S. 2 BGB für den Fall der liquidationslosen Vollbeendigung einer rechtsfähigen Personengesellschaft nach § 712a Abs. 1 S. 1 BGB eine zwingende gesetzliche[267] Gesamtrechtsnachfolge des letzten Gesellschafters in das Gesellschaftsvermögens an. Demgegenüber wird bei der Liquidation einer Personengesellschaft nach den §§ 735 ff. BGB, §§ 143 ff. HGB die Entstehung subjektloser Rechte dadurch verhindert, dass Vollbeendigung hier erst mit der vollständigen Vermögenslosigkeit eintritt[268]. Die Abwicklung des

[262] Vgl. *Habermeier*, in: Staudinger, BGB, Vor §§ 705–740 Rn. 29a, der das Missbrauchspotential von Einmann-Personengesellschaften daher als „gering bzw. beherrschbar" einschätzt.

[263] RG, Urt. v. 19.9.1910 – VI 403/09, RGZ 74, 224 ff.; BGH, Urt. v. 5.7.1971 – II ZR 176/68, BGHZ 56, 339, 355; BGH, Urt. v. 4.3.1993 – IX ZR 151/92, NJW 1993, 2041 f.; BGH, Urt. v. 21.9.2006 – IX ZR 235/04, NJW-RR 2007, 121 Rn. 13; *Armbrüster*, in: MüKo BGB, § 134 Rn. 80; *Fischinger/Hengstberger*, in: Staudinger, BGB, § 134 Rn. 237, 377, 456; *Vossler*, in: BeckOGK BGB (1.1.2025), § 134 Rn. 184.

[264] Siehe statt vieler *Karsten Schmidt*, GesR, 284 ff.

[265] Zur Nichtigkeit bei Kollusion *Vossler*, in: BeckOGK BGB (1.1.2025), § 134 Rn. 184.

[266] *Karsten Schmidt*, AcP 191 (1991), 495, 499.

[267] *Karsten Schmidt*, AcP 191 (1991), 495, 510; *ders.*, GesR, 336; *Hennrichs*, Formwechsel und Gesamtrechtsnachfolge bei Umwandlungen, 31 f.

[268] Siehe nur *Karsten Schmidt*, GesR, 312 f., 316 f.

Gesellschaftsvermögens führt also zur Abwicklung der Gesellschaft als Rechtsträgerin. Vor diesem Hintergrund fungiert die Gesamtrechtsnachfolge nach § 712a Abs. 1 S. 2 BGB als *Liquidationsersatz*[269].

Strukturell entspricht der Mechanismus des § 712a Abs. 1 BGB dem Tod einer natürlichen Person[270]. Auch hier knüpft das Gesetz an das liquidationslose Erlöschen eines Rechtssubjekts an und sieht zwecks Vermeidung subjektloser Rechte – eben weil es ein reguläres Liquidationsverfahren bei natürlichen Personen nicht geben kann – eine liquidationsersetzende, gesetzlich zwingende Gesamtrechtsnachfolge vor.

Der Zweck der universalsukzessiven Neuzuordnung des Vermögens erschöpft sich bei § 712a Abs. 1 BGB allerdings nicht in der Verhinderung subjektloser Rechte. Sie soll vielmehr zugleich die Zerschlagung eines von der Gesellschaft getragenen Unternehmens verhindern, steht also vor allem auch im Dienste der Unternehmenskontinuität[271]. Damit weist § 712a Abs. 1 BGB eine deutliche Sachnähe zum Verschmelzungsrecht auf[272]. Auch dort ist die liquidationsersetzende (vgl. § 20 Abs. 1 Nr. 2 UmwG)[273] Gesamtrechtsnachfolge kein bloßer Annex des liquidationslosen Erlöschens eines Rechtsträgers zur Verhinderung subjektloser Rechte, sondern sie soll auch und vor allem die Unternehmensfortführung durch den Gesamtrechtsnachfolger als neuen Unternehmensträger sicherstellen[274]. Strukturell unterscheidet sich die Gesamtrechtsnachfolge bei der Verschmelzung nach dem UmwG freilich dadurch von § 712a Abs. 1 BGB, dass sie nicht zwingende gesetzliche Folge des Erlöschens eines Rechtsträgers ist, sondern stets durch einen (mehrgliedrigen[275]) rechtsgeschäftlichen Tatbestand[276] (vgl. §§ 4, 13, 20 UmwG) gezielt herbeigeführt wird[277]. § 712a Abs. 1 BGB steht damit gewissermaßen zwischen Erb- und Verschmelzungsrecht.

---

[269] Zutreffend *Karsten Schmidt*, ZHR 153 (1989), 270, 276 f. sowie *ders.*, GesR, 309.

[270] Vgl. schon oben bei Fn. 22.

[271] BT-Drs. 19/27635, 147.

[272] Die Eignung des § 712a Abs. 1 BGB „als Instrument für Umwandlungen außerhalb des Umwandlungsgesetzes" betonend auch BT-Drs. 19/27635, 147.

[273] Besonders deutlich wird die Verbindungslinie zwischen Verschmelzungs- und Liquidationsrecht bei rechtshistorischer Betrachtung, s. u. auf S. 118 ff.

[274] Siehe insb. *Wenzel*, Gesellschafterhaftung und Verschmelzung, 16 ff.; vgl. auch *Hennrichs*, Formwechsel und Gesamtrechtsnachfolge bei Umwandlungen, 69 f., 90 f.; *Teichmann*, ZGR 1993, 396, 398 f.; *Hadding*, ZfgG 40 (1990), 216, 217 f.

[275] Dazu allgemein *v. Tuhr*, AT II/1, 147 ff.

[276] Zum rechtsgeschäftlichen Charakter der Verschmelzung siehe insbesondere *Karsten Schmidt*, AcP 191 (1991), 495, 504 f.; *dens.*, GesR, 335; *Hennrichs*, Formwechsel und Gesamtrechtsnachfolge bei Umwandlungen, 32, 36 f.; *Lieder*, Die rechtsgeschäftliche Sukzession, 721 ff.

[277] Zumindest missverständlich ist es daher, wenn dem Verschmelzungsvertrag im Schrifttum verbreitet eine dingliche Wirkung abgesprochen wird, weil die Wirkungen der Verschmelzung nach § 20 Abs. 1 UmwG erst mit der Eintragung eintreten (so etwa *L. Böttcher*, in: NK UmwR, § 4 Rn. 9; *Schröer/Greitemann*, in: Semler/Stengel/Leonard, UmwG, § 4

II. Gesellschaftsschulden und Gesellschafterschulden

Da sich die Gesamtrechtsnachfolge gem. § 712a Abs. 1 S. 2 BGB auf das Gesellschaftsvermögen bezieht und § 713 BGB hierzu auch die Gesellschaftsschulden zählt, rückt der letztverbleibende Gesellschafter – nach neuer Rechtslage unzweifelhaft[278] – nicht nur in die Aktiven, sondern auch in die Passiven der Gesellschaft ein.

Von der Gesamtrechtsnachfolge in die Gesellschaftsschulden unberührt bleiben die akzessorischen Gesellschafterverbindlichkeiten[279] nach § 721 BGB bzw. § 126 HGB. Das gilt zunächst für die Gesellschafterhaftung des letzten Gesellschafters[280]. Er hat für die Gesellschaftsschulden daher sowohl aufgrund der Gesamtrechtsnachfolge nach der Gesellschaft als auch kraft seiner vormaligen Gesellschafterstellung einzustehen. Haftet er dem gesetzlichen Regelfall entsprechend unbeschränkt, hat er denselben Leistungserfolg aus zwei Schuldgründen zu bewirken. Eine eigenständige Bedeutung kann der Übergang der Gesellschaftsschulden vor allem dann haben, wenn ein Gesellschaftsgläubiger bereits einen Titel gegen die Gesellschaft erstritten hat (§ 727 ZPO)[281] oder wenn die Gesellschafterhaftung des Gesamtrechtsnachfolgers beschränkt war – sei es kraft Gesetzes (z.B. beim Kommanditisten, §§ 171, 172 HGB)[282], sei es aufgrund persönlicher Einwendungen oder Einreden[283].

Was die Haftung des vorletzten Gesellschafters anbelangt, stellt § 712a Abs. 2 BGB klar[284], dass diese zwar nach Maßgabe des § 728b BGB bzw. § 137 HGB

Rn. 6; *Winter*, in: Schmitt/Hörtnagl, UmwG/UmwStG, § 4 UmwG Rn. 8). Richtigerweise ändert die Notwendigkeit einer amtlichen Handlung an der rechtsgeschäftlichen Grundlage der Verschmelzungswirkungen ebenso wenig etwas wie bspw. beim Liegenschaftserwerb (vgl. §§ 873, 925 BGB), zutreffend daher *Limmer*, in: Peter/Crezelius, Gesellschaftsverträge und Unternehmensformen, Rn. 2429; ferner die in Fn. 276 Genannten.

[278] Zur alten Rechtslage DNotI-Report 2005, 153, 155.

[279] Bei der „Haftung" i.S.d. § 126 S. 1 HGB handelt es sich um eine „gesonderte akzessorische Verbindlichkeit", siehe nur *Karsten Schmidt/Drescher*, in: MüKo HGB, § 128 Rn. 1.

[280] *Marotzke*, ZHR 156 (1992), 17, 20 f.; – a. A. wohl *M. Noack*, in: Heidel/Hirte, Das neue PersGesR, § 10 Rn. 31.

[281] Vgl. *Karsten Schmidt/Drescher*, in: MüKo HGB, § 124 Rn. 32; – gegen die Anwendbarkeit des § 727 ZPO offenbar *Freitag*, ZGR 2021, 534, 546 mit Fn. 39.

[282] Ob in diesem Fall der Übergang des Aktivvermögens auf den letzten Gesellschafter eine haftungsschädliche Einlagenrückgewähr nach § 172 Abs. 4 S. 1 HGB ist (diese Problematik erkannte bereits *Lieb*, ZGR 1991, 572, 573), hängt von der haftungsrechtlichen Zuordnung des Gesellschaftsvermögens nach der Gesamtrechtsnachfolge ab (vgl. *Bork/Jacoby*, ZGR 2005, 611, 634). Nur bei einer Verkürzung des den Gesellschaftsgläubigern haftenden Vermögens ist eine Einlagenrückgewähr zu bejahen (*Marotzke*, ZHR 156 [1992], 17, 21).

[283] Vgl. *M. Roth*, in: Hopt, HGB, § 128 Rn. 6. – In diesem Fall ist allerdings in Betracht zu ziehen, dass die vertragliche Haftungsbeschränkung möglicherweise dahingehend ergänzend auszulegen ist, dass sie sich auch auf die übergegangenen Gesellschaftsschulden erstrecken soll. Vgl. dazu noch unten bei Fn. 306 u. 875.

[284] Zutreffend *Schäfer*, in: MüKo BGB, § 712a Rn. 10.

zeitlich begrenzt ist[285], im Übrigen aber unberührt bleibt. Setzt der Mechanismus des § 712a Abs. 1 BGB nicht durch Ausscheiden, sondern durch Anteilsvereinigung ein, stellt sich die Frage, ob der letztverbleibende Gesellschafter als Rechtsnachfolger in den vorletzten Gesellschaftsanteil auch aufgrund der – für eine „logische“ Sekunde[286] – erworbenen Gesellschafterstellung haftet. Paradigmatisch ist insoweit die Beerbung des einzigen Komplementärs durch den einzigen Kommanditisten. Die bereits in der Person des Erblassers begründete Komplementärhaftung nach § 126 S. 1 HGB geht nach §§ 1922 Abs. 1, 1967 BGB auf den Kommanditisten aufgrund seiner Erbenstellung über. Sie unterliegt aber im Ausgangspunkt auch den erbrechtlichen Haftungsbeschränkungsmöglichkeiten (§§ 1975 ff. BGB). Träfe die Komplementärhaftung den Kommanditisten allerdings nicht nur kraft erbrechtlicher Universalsukzession, sondern daneben auch wegen der für eine „logische Sekunde“ selbst bekleideten Komplementärstellung (§§ 126 S. 1, 127 HGB), wären die §§ 1975 ff. BGB insoweit unanwendbar, denn die Eintrittshaftung wurzelt nicht im Erbrecht, sondern im Gesellschaftsrecht[287]. Hier setzt normalerweise § 131 Abs. 4 HGB[288] an: Kommt es innerhalb der Dreimonatsfrist des § 131 Abs. 3 HGB zur Umwandlung des Komplementäranteils in einen Kommanditanteil, zum Ausscheiden des Erben oder zur Auflösung der Gesellschaft, so entfällt die unbeschränkte gesellschaftsrechtliche Gesellschafterhaftung des Erben aus §§ 126 S. 1, 127 HGB[289]. Die Möglichkeiten des § 131 Abs. 4 HGB bestehen aber bei der liquidationslos erloschenen Gesellschaft (§ 712a Abs. 1 S. 1 BGB) nicht mehr; Anteilsumwandlung, Ausscheiden und Auflösung kommen hier nicht mehr in Betracht, denn es gibt keine Gesellschaft mehr. Gerade deshalb sollte man den Anteilserwerb für eine „logische Sekunde“, der unmittelbar zum Erlöschen der Gesellschaft führt, nicht als „Eintritt in eine bestehende Gesellschaft“ i. S. d. § 721a BGB, § 127 HGB ansehen; diese Vorschriften gehen nicht nur von einem Bestand zur Zeit des Eintritts, sondern auch vom *Fort*bestand der Gesellschaft nach dem Eintritt aus[290].

Dreh- und Angelpunkt der haftungsrechtlichen Problematik sind daher letztlich die Gesellschaftsschulden.

---

[285] *Karsten Schmidt*, GesR, 1498.

[286] Siehe zum Anteilserwerb für eine „logische Sekunde“ bereits oben bei Fn. 10.

[287] Vgl. *Karsten Schmidt/Fleischer*, in: MüKo HGB, § 139 Rn. 5.

[288] § 139 Abs. 4 HGB a. F. – Im Zuge des MoPeG wurde mit § 724 Abs. 4 BGB für die GbR eine entsprechende Regelung geschaffen.

[289] Näher *Karsten Schmidt/Fleischer*, in: MüKo HGB, § 139 Rn. 103 ff. m. w. N.

[290] Zutreffend *Marotzke*, ZHR 156 (1992), 17, 23 f.; im Ergebnis übereinstimmend *Frank/Müller-Dietz*, JR 1991, 457, 458.

III. Gesamtrechtsnachfolge, Schuld und Haftung

Mit deren Übergang ist allerdings noch nicht ohne Weiteres entschieden, inwieweit der Gesamtrechtsnachfolger für diese auch haftet. Es geht insoweit um die Differenzierung zwischen Schuld und Haftung: Schuld heißt „Leistensollen", während unter Haftung „das Unterworfensein [des] Vermögens unter den Zugriff der Gläubiger in der Zwangsvollstreckung" zu verstehen ist[291]. Im Grundsatz haftet der Schuldner jedoch unbeschränkt; nur bei gesetzlicher Anordnung oder entsprechender Vereinbarung ist die Haftung beschränkt[292]. Hierbei handelt es sich um das notwendige Gegenstück zur unbeschränkten Verfügungsbefugnis des Schuldners[293]: Kann er sein Nettovermögen jederzeit durch die Weggabe von Vermögensgegenständen oder die Aufnahme zusätzlicher Verbindlichkeiten schmälern, wirkt sich das zugleich auf die Befriedigungsmöglichkeiten der Gläubiger aus, die sich mit dem Vermögensstand abfinden müssen, den sie im Zeitpunkt der Zwangsvollstreckung vorfinden. Die unbeschränkte Haftung des Schuldners auch mit seinem künftigen Vermögen hält den Schuldner zu einem auf die Befriedigung seiner Gläubiger bedachten Umgang mit seinem Vermögen an, hat also Verhaltenssteuerungsfunktion[294].

Bei der Gesamtrechtsnachfolge nach § 712a Abs. 1 BGB trifft das Gesetz keine explizite Aussage zum Haftungsumfang. Erstreckt sich die Gesamtrechtsnachfolge aber auf die Passiva, muss dies richtigerweise auch für die Haftung gelten[295]. Haftete die Gesellschaft für ihre Verbindlichkeiten mit ihrem gesamten Vermögen, so muss – gerade wegen der Universalsukzession – auch der Gesamtrechtsnachfolger mit seinem gesamten Vermögen für die auf ihn übergegangenen Verbindlichkeiten haften[296]. Es besteht ein „Gleichlauf von Schuld und Haftung"[297]. Ein Blick auf die Regelung der Universalsukzession im Umwandlungsrecht und im Erbrecht bestätigt dieses Ergebnis. Im Umwandlungsrecht erstreckt zwar § 20 Abs. 1 Nr. 1 UmwG die Gesamtrechtsnachfolge explizit auf die Verbindlichkeiten der übertragenden Rechtsträger, ohne sich dabei aber zur Haftung des übernehmenden Rechtsträgers zu verhalten. Gleichwohl entspricht es allgemeiner Meinung, dass der überneh-

---

[291] *Larenz*, SchuldR I, 22; ausführlich zu Schuld und Haftung *Gernhuber*, Das Schuldverhältnis, 63 ff.; *v. Tuhr*, AT I, 108 ff.

[292] *Larenz*, SchuldR I, 23 f.

[293] Dazu bereits *Dauner-Lieb*, Unternehmen in Sondervermögen, 45 f.

[294] *Dauner-Lieb*, Unternehmen in Sondervermögen, 46.

[295] So für § 1922 Abs. 1 BGB auch *Muscheler*, Universalsukzession und Vonselbsterwerb, 12 f.; ebenso *Seeger*, Das Ausscheiden des einzigen Komplementärs, 144 f., der vor Inkrafttreten des § 712a Abs. 1 BGB die §§ 1922 Abs. 1, 1967 Abs. 1 BGB auf das liquidationslose Erlöschen einer Personengesellschaft analog anwenden wollte.

[296] So auch BGH, Urt. v. 10.12.1990 – II ZR 256/89, BGHZ 113, 132, 134 f., 138 = NJW 1991, 844, 845, 846; ebenso *Schäfer*, in: MüKo BGB, § 712a Rn. 9.

[297] *Schlottmann*, Wegfall und Entmachtung des einzigen Komplementärs, 212 ff. m. w. N.; gleichsinnig auch noch *Schäfer*, in: Staub, HGB, 4. Aufl. 2004, § 131 Rn. 109a („Grundsatz der Einheit von Schuld und Haftung").

mende Rechtsträger unbeschränkt und – in Ermangelung gesetzlich geregelter Haftungsbeschränkungsmöglichkeiten – unbeschränkbar haftet[298]. Im Erbrecht statuiert jedenfalls[299] § 1967 Abs. 1 BGB den Grundsatz der unbeschränkten Erbenhaftung. Eine Haftungsbeschränkung erlaubt das Gesetz dem Erben (nur) nach Maßgabe der §§ 1975 ff. BGB. Es spricht also alles dafür, dass auch der Gesamtrechtsnachfolger nach § 712a Abs. 1 S. 2 BGB für die übergegangenen Gesellschaftsschulden – im Ausgangspunkt – unbeschränkt haftet.

Spiegelbildlich stellt sich vor dem Hintergrund des Übergangs der Aktiven die Frage, ob diese fortan auch den Privatgläubigern des letzten Gesellschafters verhaftet oder aber zugunsten der Gesellschaftsgläubiger haftungsrechtlich abgesondert sind. Solange die rechtsfähige Personengesellschaft existiert, ist unproblematisch Letzteres der Fall. Das folgt nicht erst aus § 722 Abs. 1 BGB bzw. § 129 Abs. 1 HGB, sondern das Vermögen eines Rechtssubjekts ist stets – nicht nur bei Personengesellschaften – den Gläubigern dieses Rechtssubjekts vorbehalten; folgerichtig bedarf es zur Zwangsvollstreckung in dessen Vermögen eines gegen ebendieses Rechtssubjekt gerichteten Titels (vgl. §§ 704, 794, 750 Abs. 1 S. 1 ZPO)[300]. § 722 Abs. 1 BGB und § 129 Abs. 1 HGB drücken damit nicht mehr als eine Selbstverständlichkeit aus, die sich bereits aus allgemeinen zwangsvollstreckungsrechtlichen Grundsätzen ergibt[301] und nur deshalb einer Erwähnung bedarf, weil früher bei der GbR ein Titel gegen die Gesellschafter erforderlich war bzw. – nach Anerkennung der Rechtsfähigkeit der Außen-GbR – genügte[302]. Eine Aus-

---

[298] Diese Rechtsfolge wird offenbar für so selbstverständlich gehalten, dass sie in der Kommentarliteratur überwiegend nicht einmal ausgesprochen wird (explizit wie hier aber *Leonard/Simon*, in: Semler/Stengel/Leonard, UmwG, § 20 Rn. 11b). E contrario lässt sich die grundsätzlich unbeschränkte und unbeschränkbare Vermögenshaftung des übernehmenden Rechtsträgers auch aus § 133 Abs. 3 S. 2 UmwG n. F. folgern, der für die Inanspruchnahme der Mithafter bei der Spaltung eine Haftungsbeschränkung (pro viribus) anordnet. Die historische Entwicklung des UmwG unterstreicht dieses Ergebnis: Die noch im Diskussionsentwurf (s. u. Fn. 741) vereinzelt vorgesehenen gegenständlichen Haftungsbeschränkungen (§§ 145 Abs. 3 S. 2, 146 Abs. 1 S. 2, 173 Abs. 1, 199 Abs. 2 UmwG-DiskE) wurden bewusst nicht übernommen (siehe dazu BT-Drs. 12/6699, 121). – De lege ferenda für eine Haftung pro viribus auch bei der Verschmelzung *Mertens*, Umwandlung und Universalsukzession, 134.

[299] Ob die unbeschränkte Erbenhaftung bereits aus § 1922 Abs. 1 BGB oder erst aus dem Zusammenspiel mit § 1967 BGB folgt, ist umstritten, dazu näher *Muscheler*, Universalsukzession und Vonselbsterwerb, 11 ff.

[300] Vgl. *Gaul/Schilken/Becker-Eberhard*, ZVR, § 19 Rn. 17 noch zu §§ 124 Abs. 2, 129 Abs. 4 HGB a. F.

[301] Zutreffend *Eckardt*, in: Heidel, GbR, § 722 Rn. 1; *Markworth*, in: BeckOGK BGB (1. 12. 2024), § 722 Rn. 6; *Schäfer*, in: MüKo BGB, § 722 Rn. 1; siehe auch BT-Drs. 19/27635, 168.

[302] Siehe dazu BGH, Urt. v. 29. 1. 2001 – II ZR 331/00, BGHZ 146, 341, 356 = NJW 2001, 1056, 1060; BGH, Urt. v. 22. 3. 2011 – II ZR 249/09, NJW 2011, 2048 Rn. 11; *Wertenbruch*, Die Haftung von Gesellschaften und Gesellschaftsanteilen in der Zwangsvollstreckung, 123 ff. – Zur Frage, ob aus einem Gesamtschuldtitel gegen die Gesellschafter auch bei fehlendem Gesellschaftsbezug in das Gesellschaftsvermögen vollstreckt werden konnte, siehe *Heßler*, in: MüKo ZPO, § 736 Rn. 24 ff.

sage über das haftungsrechtliche Schicksal des Gesellschaftsvermögens nach dessen universalsukzessivem Übergang auf den letzten Gesellschafter treffen § 722 Abs. 1 BGB bzw. § 129 Abs. 1 HGB nicht und auch sonst lässt sich dem Gesetz eine Haftungssonderung zugunsten der Gesellschaftsgläubiger nicht entnehmen[303]. Das Personengesellschaftsrecht sieht also keine Sicherungen dagegen vor, dass die Gesellschaftsgläubiger mit dem Übergang der Aktiven auf den letzten Gesellschafter ihr Privileg des exklusiven Zugriffs verlieren.

Kurzum: Das Gesellschaftsvermögen verschmilzt in der Hand des letzten Gesellschafters mit dessen Privatvermögen zu einer einheitlichen Haftungsmasse, die sowohl den Privatgläubigern als auch den Gesellschaftsgläubigern zur Verfügung steht.

[303] Siehe auch noch S. 108 f.

§ 3 Schutz vor unbeschränkter Haftung

Die im Ausgangspunkt unbeschränkte Haftung des letzten Gesellschafters[304] ist immerhin unproblematisch, wenn er in der Gesellschaft ursprünglich ohnehin die Stellung eines Vollhafters eingenommen hat. Anders verhält es sich aber, wenn seine Haftung als Gesellschafter beschränkt oder ausgeschlossen war. Das gilt richtigerweise aber nicht schon bei Modifizierungen der Gesellschafterhaftung durch individual- bzw. formularvertragliche Haftungsvereinbarungen (z. B. nach § 52 Abs. 2 S. 2 BRAO, § 67a Abs. 2 S. 1 StBerG, § 54a Abs. 2 WPO)[305], denn hier kann bereits mit den §§ 133, 157, 242 BGB operiert werden[306]. Anders liegen die Dinge bei institutionellen Haftungsbeschränkungen, wie sie das Gesetz namentlich beim Kommanditisten vorsieht (§§ 171 f. HGB). Gleiches gilt für die PartG (mbB). Auch hier kann mit Blick auf § 8 Abs. 2 und 4 PartGG ein Bedürfnis bestehen, den letztverbleibenden Partner vor einer unbeschränkten Haftung für die übergegangenen Gesellschaftsschulden zu bewahren[307]. Zu nennen sind schließlich noch die atypischen BGB-Gesellschaften[308], soweit man auch hier die Gesellschafterhaftung institutionell beschränkt[309].

In diesen Fällen bedarf es einer Fortbildung des Rechts, denn eine willensunabhängig kraft Gesetzes eintretende unbeschränkte Vermögenshaftung wäre im System des deutschen Zivilrechts ein Fremdkörper[310]. Als besonders aufschlussreich erweist sich insoweit ein Blick auf das Erbrecht: Der Erbe, der kraft Gesetzes Gesamtrechtsnachfolger des Erblassers wird (§ 1922 Abs. 1 BGB), haftet für die Nachlassverbindlichkeiten zwar im Ausgangspunkt unbeschränkt (§ 1967 Abs. 1 BGB); er kann diese Haftung indes gegenständlich auf den Nachlass beschränken (§§ 1975 ff. BGB). Das gilt selbst dann, wenn er seine Erbenstellung durch Abschluss eines Erbvertrages (mit-)begründet oder durch Annahme der Erbschaft zementiert hat; das Gesetz sieht hierin also keine ausreichenden Willensmomente, um

---

304 S. 56 f.

305 Insoweit abweichend *Bork/Jacoby*, ZGR 2005, 611, 646.

306 Vgl. unten bei Fn. 875.

307 So für die PartG mbB auch *Statz*, Die Haftungsverfassung der Partnerschaftsgesellschaft mit beschränkter Berufshaftung, 132 f.

308 Auch *Bork/Jacoby*, ZGR 2005, 611, 646 gehen (ohne konkreten Bezug zu den atypischen BGB-Gesellschaften) von der Schutzwürdigkeit des persönlich haftenden Gesellschafters aus, dessen Haftung ausnahmsweise beschränkt ist.

309 S. u. auf S. 146.

310 Siehe dazu und zum Folgenden bereits *Bork/Jacoby*, ZGR 2005, 612, 635 f.; ferner *Schlottmann*, Wegfall und Entmachtung des einzigen Komplementärs, 210 f.

dem Erben eine unbeschränkte und unbeschränkbare Vermögenshaftung aufzubürden. Das leuchtet auch ein, denn weder bei Abschluss eines Erbvertrages noch bei Annahme der Erbschaft kann davon ausgegangen werden, dass es dem Erben möglich ist, die Reichweite der Haftung vollumfänglich zu überblicken. Der Vertragserbe mag vor Abschluss des Erbvertrages zwar in der Lage sein, die Vermögenssituation des Erblassers zu überprüfen; wann der Erbfall eintritt und wie sich bis dahin die Vermögensverhältnisse des Erblassers verändern, liegt jedoch nicht in seiner Hand (vgl. § 2286 BGB). Nach dem Anfall der Erbschaft kann der Erbe zwar die Ausschlagungsfrist nutzen, um sich einen Überblick über die Zusammensetzung des Nachlasses zu verschaffen. Die regelmäßig sechswöchige Ausschlagungsfrist (§ 1944 BGB) ist indes zu kurz, um den Aktiv- und Passivbestand des Nachlasses vollständig zu erfassen[311]. Die Ausschlagung kann das Haftungsproblem schließlich auch nicht lösen, sondern lediglich auf den Nächstberufenen verlagern[312].

Demgegenüber haftet der übernehmende Rechtsträger bei der Verschmelzung nach dem UmwG nach allgemeiner Meinung unbeschränkt und unbeschränkbar[313]. Das ist unproblematisch, weil die Gesamtrechtsnachfolge und die damit einhergehende Haftung durch Rechtsgeschäft[314] herbeigeführt wird, sodass sich die beteiligten Rechtsträger vor deren Eintritt einen vollumfänglichen und zuverlässigen Überblick über die jeweiligen Vermögensverhältnisse verschaffen können.

Die Regelungen im Erb- und Umwandlungsrecht lassen Rückschlüsse auf § 712a Abs. 1 BGB zu: Auch der letzte Gesellschafter hat regelmäßig keine Kontrolle darüber, ob und wann in der Person eines Mitgesellschafters ein Ausscheidensgrund eintritt. Es überzeugt auch nicht, die unbeschränkte Haftung deshalb hinzunehmen, weil sie regelmäßig auf die kautelarjuristische Fehlleistung eines Rechtsberaters zurückzuführen ist, für die dieser auf Schadensersatz haftet[315]. Eine Pflicht zur Zuziehung eines Rechtsberaters besteht beim Abschluss eines Personengesellschaftsvertrages jedoch nicht. Wenn gleichwohl im dispositiven Personengesellschaftsrecht Haftungsfallen lauern, ist das korrekturbedürftig.

---

[311] Vgl. *Muscheler*, ErbR II, Rn. 3486. – Dogmatisch wird diese Einschätzung dadurch gestützt, dass Nachlassgläubiger im Wege des Aufgebotsverfahrens (§§ 1970 ff. BGB, §§ 433 ff., 454 ff. FamFG) frühestens nach einer Aufgebotsfrist von sechs Wochen (§ 437 FamFG) ausgeschlossen werden können. Die Frist kann jedoch auch bis zu sechs Monate betragen (§ 458 Abs. 2 FamFG) und selbst gegen eine Fristüberschreitung kann sich der Erbe nicht zur Wehr setzen, denn es handelt sich um eine bloße Soll-Vorschrift (*Dörndorfer*, in: MüKo FamFG, § 458 Rn. 6). Ferner ist eine Anmeldung, die zwar nach dem Anmeldezeitpunkt (vgl. § 434 Abs. 2 S. 2 Nr. 2 FamFG), aber noch vor Erlass des Ausschließungsbeschlusses (vgl. § 38 Abs. 3 S. 3 FamFG) erfolgt, als rechtzeitig anzusehen (§ 438 FamFG). Die vollständige Durchführung eines Aufgebotsverfahrens innerhalb der Regelausschlagungsfrist ist damit praktisch ausgeschlossen.

[312] Zutreffend *v. Lübtow*, ErbR II, 1092; *Muscheler*, ErbR II, Rn. 3486.

[313] S. 56 f. mit Fn. 298.

[314] S. 53.

[315] Mit diesem Gedanken sympathisierend *Kaiser*, ZIP 2021, 1478, 1482 f., 1484.

Mit der vollen persönlichen Einstandspflicht des Gesamtrechtsnachfolgers für die Gesellschaftsverbindlichkeiten kann es daher jedenfalls dann nicht bewenden, wenn die Gesellschaft ohne Zutun des letzten Gesellschafters liquidationslos vollbeendet wurde. Ob der letzte Gesellschafter auch dann zu schützen ist, wenn die Gesamtrechtsnachfolge nicht willensunabhängig eingetreten ist, namentlich also bei einer Ausschließung des vorletzten Gesellschafters oder bei vertraglichen Austritts- bzw. Übernahmemodellen, wird demgegenüber uneinheitlich beurteilt. Der Bundesgerichtshof[316] bejaht diese Frage, die überwiegende Auffassung[317] im Schrifttum verneint sie, während eine vermittelnde Auffassung[318] den letzten Gesellschafter immerhin dann für schutzwürdig hält, wenn der Wegfall des Mitgesellschafters auf einen in dessen Person verwirklichten wichtigen Grund zurückzuführen ist, selbst wenn er letztlich durch Beschluss oder Gestaltungsklage des verbleibenden Gesellschafters herbeigeführt wurde. Letzteres verdient Zustimmung, denn der haftungsprivilegierte Gesellschafter wäre sonst faktisch zur Auflösung und Liquidation gezwungen, weil die Aufnahme eines neuen Gesellschafters zwecks Fortführung der Gesellschaft ihm nur mit Zustimmung des unliebsamen Mitgesellschafters möglich ist (§ 711 Abs. 1 S. 1 BGB)[319]. In den übrigen Fällen erscheint die Zubilligung einer Haftungsbeschränkung wertungsmäßig aber nicht zwingend, denn dem letztverbleibenden Gesellschafter ist es wie bei der Verschmelzung möglich, sich vor der Initiierung der Gesamtrechtsnachfolge ein umfassendes Bild von dem Gesellschaftsvermögen zu verschaffen.

A. Haftungsvermeidung

Um dem Schutzbedürfnis des privilegiert haftenden Gesellschafters Rechnung zu tragen, besteht zunächst die Möglichkeit, die Gesellschaft mitsamt ihrer Haftungsverfassung aufrechtzuerhalten; damit würde der willensunabhängige Eintritt der unbeschränkten Haftung für die Gesellschaftsschulden vermieden.

---

[316] BGH, Beschl. v. 5.5.2008 – II ZR 150/07, BeckRS 2008, 11777; generell bejahend auch *Bork/Jacoby*, ZGR 2005, 611, 621.

[317] *Kriebel*, Das Ausscheiden des einzigen Komplementärs aus einer Kommanditgesellschaft, 210 f., 251; *Eckardt*, NZG 2000, 449, 453; *Kindler*, in: Koller/Kindler/Drüen, HGB, § 140 Rn. 5; *Lorz*, in: Ebenroth/Boujong, HGB, § 134 Rn. 42; *Schäfer*, in: Staub, HGB, § 134 Rn. 26.

[318] *Schlottmann*, Wegfall und Entmachtung des einzigen Komplementärs, 122 ff., 205 mit Fn. 817; *Seeger*, Das Ausscheiden des einzigen Komplementärs, 137 f.

[319] *Seeger*, Das Ausscheiden des einzigen Komplementärs, 138; siehe auch *Schlottmann*, Wegfall und Entmachtung des einzigen Komplementärs, 122 f.

I. Teleologische Reduktion der Ausscheidensgründe

Hierfür kommt zunächst eine Anknüpfung bei den Ausscheidensgründen in Betracht, denn ein beträchtlicher Teil der hier diskutierten „Problemfälle" ist auf das Handelsrechtsreformgesetz vom 22. Juni 1998[320] zurückzuführen, welches die personenbezogenen Auflösungsgründe (Tod, Eröffnung des Insolvenzverfahrens und Kündigung durch Gesellschafter oder Privatgläubiger) in Ausscheidensgründe umqualifiziert hat (§ 131 Abs. 3 S. 1 Nrn. 1–4 HGB a.F.). Auch das MoPeG hält in der Sache an der bisherigen Einteilung der Auflösungs- und Ausscheidensgründe fest (§ 130 Abs. 1 Nrn. 1–4 HGB) und überträgt diese Rechtslage nunmehr auch auf die BGB-Gesellschaft (§ 723 Abs. 1 Nrn. 1–4 BGB). Dahinter steht wiederum der Gedanke der Verbands- bzw. Unternehmenskontinuität[321].

In Reaktion auf das HRefG wurden in der Literatur denn auch Versuche unternommen, den Kommanditisten durch teleologische Reduktion der Ausscheidensgründe zu schützen: Den radikalsten Ansatz haben Frey/von Bredow[322] vertreten, die die Ausscheidensgründe bei der KG mit nur einem Komplementär (auch bei mehreren Kommanditisten) in Auflösungsgründe umqualifizieren wollten. Auf der gleichen Linie, allerdings etwas weniger weit gehend, ist Schäfer[323] für eine teleologische Reduktion der Ausscheidensgründe in der zweigliedrigen KG eingetreten.

An diesen Überlegungen wurde kritisiert, dass sich mit der vorgeschlagenen teleologischen Reduktion der Ausscheidensgründe die stattdessen befürwortete Auflösung der Gesellschaft nicht begründen lasse[324]. Allerdings kommt insoweit flankierend eine Analogie zu den Auflösungsgründen in Betracht[325]. Der Lösungsvorschlag wird aber jedenfalls seinem Ziel, den letztverbleibenden Kommanditisten vor unbeschränkter Haftung zu schützen, nicht in allen Fällen gerecht. Denn bei der wechselseitigen Beerbung in der zweigliedrigen KG hilft auch die Umqualifizierung der Ausscheidens- in Auflösungsgründe nicht weiter[326], weil der Anteil des

---

[320] S.o. Fn. 157.

[321] BT-Drs. 19/27635, 169 („Unternehmenskontinuität") sowie 107 („Verbandskontinuität", aber wiederum in dem Bestreben, „eine wirtschaftlich unerwünschte Zerschlagung des Unternehmens zu verhindern").

[322] ZIP 1998, 1621 ff.; auch *Kriebel*, Das Ausscheiden des einzigen Komplementärs aus einer Kommanditgesellschaft, 183 ff., 250 f.

[323] *Schäfer*, in: Staub, HGB, 4. Aufl. 2004, § 131 Rn. 109, 110 (anders jetzt aber *ders.* in der 6. Aufl. 2024, § 130 Rn. 38); für § 131 Abs. 3 S. 1 Nr. 2 HGB auch *Westermann*, FS Röhricht, 655, 671. – Weitere Überlegungen zur Zurückdrängung des Anwendungsbereichs der liquidationslosen Vollabwicklung nach § 712a Abs. 1 BGB zugunsten einer Liquidationsgesellschaft jüngst bei *Menkel*, NZG 2023, 683 ff.

[324] So schon *Schäfer*, in: Staub, HGB, 4. Aufl. 2004, § 131 Rn. 108; ferner *Seeger*, Das Ausscheiden des einzigen Komplementärs, 78; *Bork/Jacoby*, ZGR 2005, 611, 649.

[325] *Kriebel*, Das Ausscheiden des einzigen Komplementärs aus einer Kommanditgesellschaft, 212 ff., 250 f.

[326] Siehe *Karsten Schmidt*, ZIP 2008, 2337, 2342 f.

Erblassers an der aufgelösten Gesellschaft dann auf den Erben übergehen würde[327]. Es käme also zur Anteilsvereinigung mit den Folgen des § 712a Abs. 1 BGB.

Die Voraussetzungen einer teleologischen Reduktion liegen richtigerweise auch nicht vor, denn die Übernahme des Unternehmens durch den letztverbleibenden Gesellschafter ist vom Gesetzgeber gerade gewollt. Die Einschränkung der personenbezogenen Auflösungsgründe und deren Umqualifizierung in Ausscheidensgründe mit dem HRefG und nunmehr mit dem MoPeG sollte in erster Linie zur Unternehmenskontinuität beitragen[328]. Zwar hat der Gesetzgeber des MoPeG im Zusammenhang mit der Umqualifizierung der bisherigen Auflösungsgründe in Ausscheidensgründe auch die „Verbandskontinuität" hervorgehoben, aber letztlich nur als „Mittel zum Zweck" für die eigentlich beabsichtigte Unternehmenskontinuität[329]; diese wird auch ohne Verbandskontinuität erreicht, wenn das Unternehmen als geschlossene Einheit auf den letzten Gesellschafter übergeht und von diesem fortgeführt werden kann[330]. Es wäre im Gegenteil der Unternehmenskontinuität sogar abträglich, wenn die Gesellschaft mit dem Gesellschafter, der eigentlich hätte ausscheiden sollen, als Liquidationsgesellschaft weiterbetrieben wird. Hierdurch würde diesem ein Verhinderungspotential eingeräumt, das der Gesetzgeber gerade beseitigen wollte[331].

II. Fortbestand als Einmann-Personengesellschaft

Alternativ kommt eine Aufrechterhaltung der Gesellschaft als Einmann-Personengesellschaft in Betracht. Die Einwände, denen sich die Aufrechterhaltung der Gesellschaft durch teleologische Reduktion der Ausscheidensgründe ausgesetzt sieht, werden hierbei vermieden, denn der letzte Gesellschafter könnte das Unternehmen fortführen, ohne dabei vom vorletzten Gesellschafter behindert zu werden. Die Möglichkeit einer Einmann-Personengesellschaft wurde in der Vergangenheit bereits in Erwägung gezogen[332] und vereinzelt[333] auch bejaht. Nachdem der Wegfall

---

[327] Siehe nur *Schäfer*, in: MüKo BGB, § 723 Rn. 30.

[328] BT-Drs. 13/8444, 65 (betr. HRefG); BT-Drs. 19/27635, 107, 169 (betr. MoPeG).

[329] S. o. Fn. 321.

[330] *Schlottmann*, Wegfall und Entmachtung des einzigen Komplementärs, 16, 207; *Eckardt*, NZG 2000, 449, 454; *Haas/Vogel*, EWiR 2011, 671, 672; siehe auch DNotI-Report 2005, 153, 154.

[331] Zutreffend *Seeger*, Das Ausscheiden des einzigen Komplementärs, 78 ff., 139; *Eckardt*, NZG 2000, 449, 454.

[332] Siehe etwa *Seeger*, Das Ausscheiden des einzigen Komplementärs, 126 ff.; *Pettirsch*, Auflösung und Liquidation bei der GmbH & Co. KG, 31 f.; *Armbrüster*, ZGR 2014, 333, 343 f.; *Eckardt*, NZG 2000, 449, 450; auch schon *Th. Schmidt*, Einmann-Personengesellschaften, 70.

[333] So für den Fall der Beerbung des einzigen Komplementärs durch den einzigen Kommanditisten *Freitag*, ZGR 2021, 534, 548 ff., der diesen Lösungsweg unter der Rechtslage

des vorletzten Gesellschafters als Problem des Gesellschaftsschuldverhältnisses identifiziert wurde, ist eine Lösung unter Zuhilfenahme der Konfusionsdogmatik[334] in der Tat konstruktiv nicht ausgeschlossen, und zwar richtigerweise selbst in den Fällen des ersatzlosen Ausscheidens[335]. Das Gesellschaftsverhältnis hat sich noch nicht vollständig erledigt, wenn es weiterhin benötigt wird, um die Personengesellschaft als Trägerin des Gesellschaftsvermögens und der bisherigen Haftungsverfassung aufrechtzuerhalten. Da die Gesellschaft allein im Interesse des letzten Gesellschafters aufrechterhalten wird, spricht auch nichts gegen die Möglichkeit einer sofortigen Liquidation unter Übernahme des Gesellschaftsvermögens nach § 712a Abs. 1 BGB durch einseitige Aufhebung des Gesellschaftsverhältnisses[336].

Im Übrigen entspräche die Behandlung der zweigliedrigen Gesellschaft derjenigen bei der mehrgliedrigen, die bei der KG bereits gefestigte Konturen angenommen hat: Scheidet der vorletzte Gesellschafter ersatzlos aus, entsteht eine „Kommanditistengesellschaft“[337], die zwar unstreitig nicht als werbende, nach herrschender Meinung[338] aber (vorübergehend) als zwingend aufgelöste Gesellschaft bestehen kann: Soll es bei der Kommanditistenhaftung bleiben, ist innerhalb von drei Monaten (vgl. §§ 27 Abs. 2, 131 Abs. 4 HGB) entweder die Liquidation der Gesellschaft einzuleiten oder ein neuer Komplementär aufzunehmen; andernfalls wird die KG kraft Rechtsformzwangs zur OHG. Das haftungsrechtliche Bedürfnis für die Aufrechterhaltung hat sich dann im Falle der Einmann-Gesellschaft erledigt, sodass der Mechanismus des § 712a Abs. 1 BGB einsetzt.

Kommt es demgegenüber zur Anteilsvereinigung, besteht ein haftungsrechtliches Bedürfnis für die Aufrechterhaltung der Gesellschaft nur, sofern der verbleibende Gesellschafter auch für den hinzuerworbenen Anteil nur privilegiert haftet (bspw. bei der Beerbung des zweiten Kommanditisten einer „Kommanditistengesellschaft“) oder seine unbeschränkte Haftung abstoßen kann (§ 131 Abs. 4 HGB)[339].

---

nach dem MoPeG allerdings für versperrt hält, weil nach seiner Einschätzung insoweit „der klare Wortlaut des § 712a Abs. 1 BGB entgegensteht“ (a. a. O., 557). – Für einen immerhin „relativen“ Fortbestand als Einmann-Nachgesellschaft analog § 1256 BGB in Ausnahmekonstellationen des Partnerschaftsrechts *Seppelt*, Die Haftung des letzten Gesellschafters in der LLP und der Partnerschaft, 260 ff.

[334] Auf diese stützt sich auch *Freitag*, ZGR 2021, 534, 548 ff.

[335] S. 26 f.

[336] So in der Sache auch schon *Freitag*, ZGR 2021, 534, 548.

[337] So die Bezeichnung von *Frey*, ZGR 1988, 281, 283 f.

[338] BGH, Urt. v. 12.11.1952 – II ZR 260/51, BGHZ 8, 35, 37 f.; BayObLG, Beschl. v. 10.3.2000–3Z BR 385/99, ZIP 2000, 1214, 1215; *Seeger*, Das Ausscheiden des einzigen Komplementärs, 68 ff.; *Pettirsch*, Auflösung und Liquidation bei der GmbH & Co. KG, 27 ff.; *Bork/Jacoby*, ZGR 2005, 611, 614 f.; *Binz/Sorg*, GmbH & Co. KG, § 7 Rn. 5 ff.; *Freitag*, in: Heymann, HGB, § 131 Rn. 28; *Lorz*, in: Ebenroth/Boujong, HGB, § 138 Rn. 24; *Schäfer*, in: Staub, HGB, § 138 Rn. 32 f.; *Karsten Schmidt/Fleischer*, in: MüKo HGB, § 131 Rn. 46; – abweichend *Frey/v. Bredow*, ZIP 1998, 1621, 1622 ff.

[339] Dazu näher *Freitag*, ZGR 2021, 534, 543 f., 548 f.

Die ausnahmsweise Zulassung einer Einmann-Personengesellschaft zum Schutz eines privilegiert haftenden letztverbleibenden Gesellschafters hat also den weiteren Vorteil, dass auf diese Weise zwei- und mehrgliedrige Personengesellschaften gleichbehandelt werden können, insbesondere beim vieldiskutierten Wegfall des einzigen Komplementärs.

III. Die Übernahmelösung nach dem Regierungsentwurf

Bemerkenswert ist im Zusammenhang mit den Haftungsvermeidungsmodellen schließlich noch die Regelung des § 712a Abs. 1 S. 2 BGB nach dem Regierungsentwurf. Hiernach sollte die Gesamtrechtsnachfolge davon abhängig sein, dass der verbleibende Gesellschafter sich bis zum Ausscheiden des vorletzten Gesellschafters gegenüber diesem zur Übernahme bereit erklärt hat. Dies sollte den letzten Gesellschafter „vor den Folgen eines sich ansonsten automatisch vollziehenden Übergangs des Gesellschaftsvermögens" schützen[340]. Dieser Teil des § 712a Abs. 1 S. 2 BGB wurde jedoch auf Beschlussempfehlung des Rechtsausschusses[341] gestrichen, nachdem bereits der Bundesrat[342] bemängelt hatte, dass erstens mit der Regelung von der Rechtsprechung des Bundesgerichtshofes[343] abgewichen werde, zweitens der universalsukzessive Übergang des geschlossenen Gesellschaftsvermögens im Interesse der Unternehmenskontinuität unbedingt geboten sei und drittens unklar bleibe, welche Rechtsfolgen bei fehlender Übernahmeerklärung eintreten sollen. Handwerklich ist der Regelungsvorschlag in der Tat misslungen, denn er hätte bei streng am Wortlaut orientierter Auslegung dazu geführt, dass die Gesellschaft zwar erlischt, die Gesamtrechtsnachfolge bei fehlender Übernahmeerklärung aber ausbleibt, womit das Gesellschaftsvermögen herrenlos geworden wäre[344]. Die Entstehung subjektloser Rechte kann allerdings kaum gewollt gewesen sein[345]. Wohl eher sollte es bei fehlender Übernahmeerklärung nicht zum Ausscheiden, sondern zur Auflösung kommen[346], oder zum Ausscheiden bei Fortbestand der Gesellschaft mit nur einem Gesellschafter. Ersteres wäre der Grundentscheidung des Gesetzgebers für möglichst weitreichende Unternehmenskontinuität zuwidergelaufen[347], Letzteres seiner (freilich unzutreffenden) Einschätzung zum Mehrgliedrigkeitserfordernis[348]. Der automatische Vermögensübergang auch ohne

[340] BT-Drs. 19/27635, 147.

[341] BT-Drs. 19/30942, 20 und dazu die Begründung in BT-Drs. 19/31105, 7.

[342] BT-Drs. 19/27635, 303 f.

[343] Explizit BGH, Urt. v. 7.7.2008 – II ZR 37/07, NJW 2008, 2992 Rn. 9.

[344] Kritisch daher *Freitag*, ZGR 2021, 534, 557.

[345] Vgl. schon oben bei Fn. 266.

[346] So die Deutung von *Schäfer*, in: MüKo BGB, § 712a Rn. 2.

[347] S. o. auf S. 62 f.

[348] S. o. Fn. 2.

Übernahmeerklärung ist daher vom Standpunkt des Gesetzgebers aus betrachtet durchaus konsequent.

B. Haftungsbeschränkung

Alternativ zu den soeben dargestellten Haftungsvermeidungsmodellen kommen auch Lösungen in Betracht, die erst nach der Gesamtrechtsnachfolge ansetzen und dem letzten Gesellschafter Haftungsbeschränkungsmöglichkeiten an die Hand geben.

I. §§ 171, 172 HGB (analog)

Nach einer vereinzelt gebliebenen Auffassung[349] soll die Haftung des Kommanditisten auch für die im Wege der Universalsukzession auf ihn übergegangenen Gesellschaftsschulden nach Maßgabe der §§ 171, 172 HGB beschränkt sein. Zwar lebe die Kommanditistenhaftung wegen der mit der Gesamtrechtsnachfolge verbundenen Einlagenrückgewähr nach § 172 Abs. 4 HGB wieder auf. Diese sei jedoch auf die Höhe des Gesellschaftsvermögens beschränkt.

Gegen diesen Vorschlag wurde bereits eingewandt[350], dass das Wiederaufleben der Haftung des Kommanditisten nach § 172 Abs. 4 HGB der Höhe nach in jedem Fall auf die Haftsumme beschränkt ist, selbst wenn die Einlagenrückgewähr diese übersteigt[351]; dem Kommanditisten stünde demnach das gesamte Gesellschaftsvermögen haftungsfrei zur Verfügung, nachdem er nur einen Gesellschaftsgläubiger in Höhe seiner Haftsumme befriedigt hat[352]. An ihre Grenzen gerät die Harmonisierung von Gesellschafts- und Gesellschafterschuld überdies in den Fällen, in denen der Gesellschafter als solcher überhaupt nicht[353] oder nur für einen Teil der Schulden[354] haftete. Hier käme es zum gänzlichen Wegfall jeglicher Haftung. Das ist ein wenig plausibles Ergebnis, wenn der Gesetzgeber in §§ 712a Abs. 1 S. 2, 713 BGB eine Gesamtrechtsnachfolge auch in die Gesellschaftsschulden anordnet.

---

[349] *Köhler*, FS Spiegelberger, 791, 793 f.; auf gleicher Linie plädieren *Lieder/Hoffmann*, NZG 2016, 287, 292 für die Fortgeltung der Haftungsbeschränkung nach § 8 Abs. 4 PartGG.

[350] *Seeger*, Das Ausscheiden des einzigen Komplementärs, 140.

[351] Siehe nur BGH, Urt. v. 29.3.1973 – II ZR 25/70, BGHZ 60, 324, 327 f. = NJW 1973, 1036, 1037; *Karsten Schmidt/Grüneberg*, in: MüKo HGB, § 172 Rn. 24, 71 m. w. N.; – a. A. *Joost*, ZGR 1987, 370, 382 ff., insb. 390; siehe auch noch Fn. 891.

[352] Durchgreifend ist dieser Einwand freilich nicht, wenn man sich vergegenwärtigt, dass die Gläubiger hiervor grundsätzlich weder bei werbenden noch bei aufgelösten Personengesellschaften geschützt werden, siehe dazu näher unten auf S. 139 ff.

[353] So nach verbreiteter Auffassung bei der Ideal-GbR, siehe jüngst etwa *A. Arnold*, FS Grunewald, 15 ff. sowie *Tassius*, AcP 222 (2022), 500 ff.

[354] So bei der PartG mbB, § 8 Abs. 4 PartGG.

II. § 27 HGB analog

Der Bundesgerichtshof (II. Zivilsenat) hat dem letztverbleibenden Kommanditisten ebenfalls eine Haftungsbeschränkung zugebilligt. Ausgangspunkt seiner Überlegungen waren dabei ursprünglich die §§ 27, 131[355] HGB, denen er einen auf die Gesamtrechtsnachfolge des letzten Gesellschafters übertragbaren Grundgedanken entnommen hat:

> „Gesellschafter einer handelsrechtlichen Gesellschaft sollen einerseits unabhängig davon, auf welche Weise sie diese Rechtsstellung erlangt haben, grundsätzlich für alle im Unternehmen begründeten Verbindlichkeiten einstehen müssen. Andererseits wird dem Erben, da ihm jene Rechtsstellung ohne seinen Willen zugefallen ist, die Möglichkeit eröffnet, sich in einer Übergangsfrist von drei Monaten durch bestimmte Maßnahmen von der unbeschränkten Haftung zu befreien. Auch wer [...] den Gesellschaftsanteil seines einzigen Mitgesellschafters erbt und dadurch zum Alleininhaber des Unternehmens wird, erlangt diese Stellung – anders als bei Ausübung eines Übernahmerechts nach oder entsprechend § 142 HGB – ohne seinen Willen. Ihm muß deshalb ebenfalls die Möglichkeit gegeben werden, die dadurch an sich ausgelöste unbeschränkte Haftung zu vermeiden."[356]

Ein Kommanditist hafte daher analog § 27 HGB nur dann unbeschränkt, wenn er das Handelsgeschäft fortführt und nicht innerhalb der Dreimonatsfrist des § 27 Abs. 2 HGB wieder einstellt[357]. Offengelassen wurde dabei, ob die unbeschränkte Haftung auch durch Firmenwechsel (vgl. § 25 Abs. 3 HGB)[358] oder durch Eintragung und Bekanntmachung im Handelsregister (vgl. § 25 Abs. 2 HGB)[359] abgewendet werden kann. Liegen die Voraussetzungen des § 27 HGB nicht vor, haftet der Kommanditist (in seiner Eigenschaft als Gesamtrechtsnachfolger der Gesellschaft) nach Auffassung des Bundesgerichtshofes nur mit dem Gesellschaftsvermögen[360]. In diesem Zusammenhang hat der Senat eine Parallele zur Haftung bei der Vermögensübernahme nach dem damals noch geltenden § 419 BGB a.F. gezogen und „im Hinblick auf die Rechtsähnlichkeit" prozessual neben einer Titulierung auf Duldung der Zwangsvollstreckung in das Gesellschaftsvermögen auch die Möglichkeit einer Verurteilung zur Zahlung unter Vorbehalt der Haftungsbeschränkung (§ 419 Abs. 2 S. 2 BGB a.F. i.V.m. §§ 786, 780 Abs. 1 ZPO) anerkannt[361]. An diesen Grundsätzen hat der Bundesgerichtshof auch nach Wegfall des § 419 BGB a.F. und einer zumindest missverständlichen Entscheidung des

---

[355] § 139 HGB a.F.

[356] BGH, Urt. v. 10.12.1990 – II ZR 256/89, BGHZ 113, 132, 135 = NJW 1991, 844, 845.

[357] BGH, Urt. v. 10.12.1990 – II ZR 256/89, BGHZ 113, 132, 135 = NJW 1991, 844, 845.

[358] BGH, Urt. v. 10.12.1990 – II ZR 256/89, BGHZ 113, 132, 135 f. = NJW 1991, 844, 845.

[359] § 25 Abs. 2 HGB wird vom BGH nicht erwähnt.

[360] BGH, Urt. v. 10.12.1990 – II ZR 256/89, BGHZ 113, 132, 138 = NJW 1991, 844, 846.

[361] BGH, Urt. v. 10.12.1990 – II ZR 256/89, BGHZ 113, 138 f. = NJW 1991, 844, 846.

VII. Zivilsenats[362] überwiegend festgehalten[363], wobei allerdings nur noch eine Verurteilung zur Duldung der Zwangsvollstreckung in das Gesellschaftsvermögen in Betracht kommen soll[364]. Der Bundesgerichtshof geht also davon aus, dass die Haftung des Gesamtrechtsnachfolgers ipso iure auf das übernommene Gesellschaftsvermögen beschränkt ist[365]. Bemerkenswert ist schließlich, dass der Senat trotz der zunächst starken Betonung der Willensunabhängigkeit der dem letzten Gesellschafter zugefallenen Stellung nunmehr wie selbstverständlich davon ausgeht, dass eine Haftungsbeschränkung auch bei „willentlicher" Herbeiführung der Gesamtrechtsnachfolge nicht ausgeschlossen ist[366].

Die Lösung über § 27 HGB mag im Ergebnis zu der gewünschten Haftungsbeschränkung für den Kommanditisten führen und hat denn auch zahlreiche Anhänger[367] gefunden. Woraus aber die gegenständliche Haftungsbeschränkung nach dem Wegfall des § 419 BGB a.F. folgen soll, bleibt bei einer allein auf § 27 HGB gestützten Lösung unklar. Denn die Einstellung der Geschäftsfortführung innerhalb der dreimonatigen Frist des – ohnehin nur im handelsgewerblichen Bereich geltenden[368, 369] – § 27 Abs. 2 HGB bewirkt keine Haftungs*beschränkung*, sondern einen *Ausschluss* der handelsrechtlichen Haftung, d.h. es bleibt bei der (be-

---

[362] BGH, Urt. v. 16.12.1999 – VII ZR 53/97, NJW 2000, 1119 („unbeschränkte Haftung des verbleibenden Gesellschafters auch dann [...], wenn dieser Kommanditist gewesen war").

[363] BGH, Urt. v. 15.3.2004 – II ZR 247/01, ZIP 2004, 1047, 1048; auch BGH, Urt. v. 6.3.2025 – IX ZR 234/23, ZRI 2025, 288 Rn. 25, 27 stellt keine Abkehr von der früheren Rechtsprechung dar.

[364] So jüngst auch wieder BGH, Urt. v. 6.3.2025 – IX ZR 234/23, ZRI 2025, 288 Rn. 27; – insoweit wohl a.A. BAG, Beschl. v. 28.2.2019 – 10 AZB 44/18, NJW 2019, 1242 Rn. 14 ff. (dazu kritisch *Ulrici*, jurisPR-ArbR 16/2019 Anm. 2); OLG Frankfurt a.M., Urt. v. 2.6.2021 – 17 U 90/20, NZG 2021, 1505 Rn. 44, 55 (rechtskräftig nach erfolgloser Nichtzulassungsbeschwerde, BGH, Beschl. v. 17.5.2022 – II ZR 110/21, BeckRS 2022, 12204).

[365] So auch die Einschätzung von *Klöhn*, in: Henssler/Strohn, GesR, § 130 HGB Rn. 43; *Ulrici*, jurisPR-ArbR 16/2019 Anm. 2.

[366] Fn. 316.

[367] BAG, Beschl. v. 28.2.2019 – 10 AZB 44/18, NJW 2019, 1242 Rn. 14; OLG Frankfurt a.M., Urt. v. 2.6.2021 – 17 U 90/20, NZG 2021, 1505 Rn. 44, 46 f.; *Seibt*, FS Röhricht, 603, 615 f.; *Krings/Otte*, NZG 2012, 761, 765; *Liebs*, ZIP 2002, 1716, 1717; *Lehmann-Richter*, in: BeckOK HGB, § 134 Rn. 51; *Lorz*, in: Ebenroth/Boujong, HGB, § 134 Rn. 42; jetzt auch *Schäfer*, in: Staub, HGB, § 130 Rn. 38 (anders noch *ders.*, in: Habersack/Schäfer, OHG, 2. Aufl. 2019, § 131 Rn. 113); wohl auch *Kindler*, in: Koller/Kindler/Drüen, HGB, § 140 Rn. 5. Ferner die in Fn. 615 Genannten.

[368] S.u. bei Fn. 507.

[369] Die Lösung des BGH auf die PartG mbB erstreckend aber *Seppelt*, Die Haftung des letzten Gesellschafters in der LLP und der Partnerschaft, 247 ff.; *Statz*, Die Haftungsverfassung der Partnerschaftsgesellschaft mit beschränkter Berufshaftung, 132 ff. – Daran ist richtig, dass auch das Partnerschaftsrecht eine willensunabhängige unbeschränkte Vermögenshaftung zu vermeiden sucht (vgl. § 9 Abs. 4 S. 3 PartGG i.V.m. § 131 HGB), doch ist § 27 HGB hierfür eben die falsche Grundlage.

schränkbaren) erbrechtlichen Haftung[370]. Die erbrechtliche Haftung aber ist im Ausgangspunkt eben eine unbeschränkte (§ 1967 Abs. 1 HGB); eine Haftungsbeschränkung kann im Grundsatz nur durch Einleitung einer amtlichen Nachlassliquidation (Nachlassverwaltung oder Nachlassinsolvenzverfahren) herbeigeführt werden (§§ 1975 ff. BGB)[371]. Bei ebendiesen Instrumenten zur Beschränkung der Erbenhaftung setzt § 27 HGB an. Er fungiert als Begrenzung der erbrechtlichen Haftungsbeschränkungsmöglichkeiten[372]. Die bisherige Lösung des Bundesgerichtshofes krankt also im Wesentlichen daran, dass sie § 27 HGB von seinem „erbrechtlichen Unterbau"[373] loslöst, weshalb sie insbesondere für Veränderungen des Gesellschaftsvermögens nach dessen Übergang auf den letzten Gesellschafter keine Lösungsmöglichkeiten aufzeigen kann[374]. Im Schrifttum wurde sie daher als freie Rechtsfortbildung eingeordnet[375]. Das ist methodisch nicht verboten, setzt aber voraus, dass eine gesetzesimmanente Fortbildung des Rechts nicht möglich ist[376].

III. Haftungsrechtliche Gleichstellung des liquidationslosen Erlöschens einer Personengesellschaft mit dem Tod einer natürlichen Person

Es liegt vor diesem Hintergrund nahe, die Lösung über § 27 HGB schlicht in ihrer Schwachstelle zu ergänzen, indem bei der Rechtsfortbildung die §§ 1975 ff. BGB miteinbezogen werden. Die Gesamtrechtsnachfolge beim liquidationslosen Erlöschen einer Personengesellschaft würde dann haftungsrechtlich der Gesamtrechtsnachfolge beim Erbfall gleichgestellt[377]. Unterzieht man das System der Erbenhaftung allerdings einer näheren Untersuchung, so offenbaren sich insbesondere im Bereich der Verwalterhaftung des Erben dogmatische Ungereimtheiten in der

---

[370] Zutreffend *Schlottmann*, Wegfall und Entmachtung des einzigen Komplementärs, 221 f.; *Seeger*, Das Ausscheiden des einzigen Komplementärs, 147.

[371] Vgl. *Windel*, in: Jaeger, InsO, § 315 Rn. 25; so auch noch *Schäfer*, in: Habersack/Schäfer, OHG, 2. Aufl. 2019, § 131 Rn. 113 (anders jetzt *ders.*, in: Staub, HGB, 6. Aufl. 2024, § 130 Rn. 38).

[372] Insoweit ganz h. M., siehe etwa *Reuter*, ZHR 135 (1971), 511, 520 ff.; *Lieb*, in: MüKo HGB, 2. Aufl. 2005, § 27 Rn. 6 ff. (ebenso *Thiessen*, a. a. O. in der 5. Aufl. 2021, § 27 Rn. 3 f., 30); *Burgard*, in: Staub, HGB, § 27 Rn. 6; *Reuschle*, in: Ebenroth/Boujong, HGB, § 27 Rn. 2, 6; ferner *Karsten Schmidt*, ZHR 157 (1993), 600, 603; – abweichend *Friedrich*, Die Haftung des endgültigen Erben und des „Zwischenerben" bei Fortführung eines einzelkaufmännischen Unternehmens, 101 ff.

[373] *Dauner-Lieb*, Unternehmen in Sondervermögen, 6.

[374] Zur Regelung im Erbrecht näher unten auf S. 74 ff.

[375] *Seeger*, Das Ausscheiden des einzigen Komplementärs, 147; kritisch auch noch *Schäfer*, in: Habersack/Schäfer, OHG, 2. Aufl. 2019, § 131 Rn. 113 (anders jetzt aber *ders.*, in: Staub, HGB, 6. Aufl. 2024, § 130 Rn. 38).

[376] *Larenz*, Methodenlehre, 426.

[377] Vgl. dazu bereits S. 16 mit Fn. 22.

Konzeption der herrschenden Meinung. Hinzu kommt, dass die erbrechtlichen Vorschriften auf den Nachlass als regelmäßig statische Vermögensmasse zugeschnitten sind, weshalb bei unternehmensrechtlichen Sachverhalten zusätzliche Schwierigkeiten auftreten. Diese Schwachstellen im Recht der Erbenhaftung gilt es auszuloten, um die Übertragbarkeit der §§ 1975 ff. BGB auf § 712a Abs. 1 BGB beurteilen zu können.

1. Das System der Erbenhaftung

Mit dem Erbfall[378] bzw. spätestens mit der Annahme der Erbschaft kommt es zunächst zur Verschmelzung des Nachlasses mit dem Privatvermögen des Erben (sog. confusio bonorum): Es können sowohl die Privatgläubiger des Erben auf den Nachlass zugreifen als auch umgekehrt die Nachlassgläubiger auf das Privatvermögen. Beide Gläubigerkreise konkurrieren um ein einheitliches Gesamtvermögen. Das Gesetz eröffnet dem Erben und den Nachlassgläubigern allerdings die Möglichkeit, die confusio bonorum durch Einleitung eines amtlichen Nachlassliquidationsverfahrens – Nachlassverwaltung oder Nachlassinsolvenzverfahren – wieder rückgängig zu machen, die verschmolzenen Vermögensmassen haftungsrechtlich also wieder voneinander zu trennen (sog. separatio bonorum). Die amtliche Nachlassliquidation hat dabei im Grundsatz eine doppelte Funktion[379]: Erstens wird der Nachlass als Haftungsmasse den Nachlassgläubigern reserviert (vgl. § 325 InsO, § 1984 Abs. 2 BGB)[380]. Zweitens haftet der Erbe den Nachlassgläubigern grundsätzlich nur noch gegenständlich beschränkt mit dem Nachlass (§ 1975 BGB). Dieser Haftung cum viribus hereditatis liegt die Zielvorstellung zugrunde, den Erben und die Nachlassgläubiger durch den Erbfall weder besser noch schlechter zu stellen als zuvor[381].

Haftungsbeschränkung zugunsten des Erben und Haftungssonderung zugunsten der Nachlassgläubiger werden im Regelfall miteinander kombiniert. „Logisch vorrangig“ ist allerdings die Haftungssonderungsfunktion, denn eine Haftungssonderung zugunsten der Nachlassgläubiger kommt – bei endgültig unbeschränkter Haftung des Erben (vgl. §§ 1994 Abs. 1 S. 2, 2005 Abs. 1 BGB) – auch ohne Haftungsbeschränkung in Betracht (vgl. § 2013 BGB)[382], während umgekehrt ein amtliches Liquidationsverfahren allein zum Zwecke der Haftungsbeschränkung nicht

---

[378] So auch *Kunz*, in: Staudinger, BGB, § 1922 Rn. 120, die zugleich darauf hinweist, dass die Frage, ob es bereits mit Anfall oder erst mit Annahme der Erbschaft zur Vermögensverschmelzung kommt, „wegen der §§ 1958 ff., 1995 Abs. 2, 211 BGB, 239 Abs. 5, 778, 779 ZPO und wegen der der Ausschlagung durch § 1953 beigelegten Rückwirkung eher akademischer Natur“ ist.

[379] *Fischinger*, Haftungsbeschränkung im Bürgerlichen Recht, 147.

[380] *Schmidt-Kessel*, WM 2003, 2086, 2088.

[381] *Lange/Kuchinke*, ErbR, 1180; ferner *Fischinger*, Haftungsbeschränkung im Bürgerlichen Recht, 144 und *Dauner-Lieb*, Unternehmen in Sondervermögen, 74 m. w. N.

[382] Zutreffend *Dauner-Lieb*, Unternehmen in Sondervermögen, 68.

denkbar ist. Eine Haftungsbeschränkung ohne Haftungssonderung durch bloße Einrede ist vielmehr nur im Anwendungsbereich der §§ 1990, 1991 BGB vorgesehen.

a) Nachlassverwaltung und Nachlassinsolvenzverfahren als Mittel der Haftungsbeschränkung im Regelfall

Im Regelfall bedarf es zur Herbeiführung der gegenständlich beschränkten Haftung der Anordnung der Nachlassverwaltung oder der Eröffnung des Nachlassinsolvenzverfahrens (§ 1975 BGB). Der Nachlass wird in beiden Fällen zum Zwecke der Abwicklung in die Hände eines Fremdverwalters gegeben und damit der Verfügungsgewalt des Erben entzogen. Ist der Nachlass materiell insolvent (vgl. § 320 InsO), findet die Abwicklung im Rahmen eines Nachlassinsolvenzverfahrens statt, in dem die Nachlassgläubiger grundsätzlich gleichmäßig zu befriedigen sind (vgl. § 1 S. 1 InsO). Reicht der Nachlass dagegen zur Befriedigung sämtlicher Nachlassgläubiger aus, kann eine Nachlassverwaltung beantragt werden[383].

Nur wenn der Nachlass „dürftig“ ist, d. h. wenn die Nachlassaktiva nicht einmal die Kosten eines amtlichen Liquidationsverfahrens decken würden, kann der Erbe seine Haftung durch bloße Erhebung der Dürftigkeitseinrede (§ 1990 BGB) gegenständlich auf den Nachlass beschränken. Zu einer geordneten Befriedigung der Nachlassgläubiger in einem amtlichen Liquidationsverfahren – und damit einhergehend: zu einer Haftungssonderung – kommt es dabei nicht[384]. Erhebt der Erbe die Dürftigkeitseinrede, gilt gem. § 1991 Abs. 1 BGB aber insbesondere wieder § 1978 BGB, d. h. der Erbe wird rückwirkend wie ein Fremdverwalter des Nachlasses behandelt. Namentlich für die Befriedigung von Privatgläubigern mit Nachlassmitteln ist der Erbe dem Nachlass ersatzpflichtig (§§ 1991 Abs. 1, 1978 Abs. 1 S. 1, 667 Alt. 1[385] BGB)[386]. Bei der Befriedigung von Nachlassgläubigern hat der Erbe – mit Ausnahme der §§ 1973, 1974, 1991 Abs. 3, 4 BGB – aber die freie Wahl, ist also insbesondere bei Unzulänglichkeit des Nachlasses nicht zur gleichmäßigen Gläu-

[383] *Boehmer*, Erbfolge und Erbenhaftung, 144.

[384] *Kipp/Coing*, ErbR, 561. – Die Nachlassgläubiger können eine Haftungssonderung durch amtliche Nachlassliquidation herbeiführen, wenn gem. – bzw. im Falle der Nachlassverwaltung: analog (*Küpper*, in: MüKo BGB, § 1982 Rn. 1 m. w. N.) – § 26 Abs. 1 S. 2 InsO ein ausreichender Vorschuss geleistet wird. – Dem Erben als Verwalter des dürftigen Nachlasses – nicht aber den Nachlassgläubigern (a. A. insoweit *Klinck*, in: jurisPK BGB, § 1990 Rn. 12 [1. 7. 2023]) – wird allerdings überwiegend das Recht zugebilligt, Vollstreckungen seiner Eigengläubiger in den Nachlass analog § 784 Abs. 2 ZPO abzuwehren (siehe nur *Schmidt-Kessel*, WM 2003, 2086, 2088 und *Küpper*, in: MüKo BGB, § 1990 Rn. 7, je m. w. N.; – a. A. aber namentlich *Dobler*, in: Staudinger, BGB, § 1990 Rn. 28).

[385] Dazu näher sogleich unten auf S. 75 ff.

[386] *Küpper*, in: MüKo BGB, § 1990 Rn. 7 Fn. 22 mit § 1978 Rn. 9; – a. A. (Bereicherungsanspruch) *Dobler*, in: Staudinger, BGB, § 1990 Rn. 28.

bigerbefriedigung verpflichtet[387]. Den Nachlassgläubigern ist das deshalb zumutbar, weil sie auch im Falle eines amtlichen Liquidationsverfahrens mangels kostendeckender Masse nicht mehr erhalten hätten[388].

b) Antragsberechtigung und Verfahren

Entsprechend der doppelten Funktion der amtlichen Nachlassliquidation sind sowohl der Erbe als auch die Nachlassgläubiger antragsberechtigt, nicht aber die Eigengläubiger des Erben (§ 317 Abs. 1 InsO, § 1981 BGB). Die Antragsrechte der Nachlassgläubiger bestehen auch dann, wenn der Erbe wegen eines Inventarvergehens (§§ 1994 Abs. 1 S. 2, 2005 Abs. 1 BGB) endgültig unbeschränkt haftet (vgl. § 2013 BGB), sind aber andererseits in mehrfacher Hinsicht eingeschränkt: Der Antrag auf Anordnung der Nachlassverwaltung ist beim Erben an keine weiteren materiellen Voraussetzungen geknüpft, während eine Anordnung auf Antrag eines Nachlassgläubigers nur erfolgt, wenn Grund zu der Annahme besteht, dass die Befriedigung der[389] Nachlassgläubiger aus dem Nachlass durch das Verhalten oder die Vermögenslage des Erben gefährdet wird (§ 1981 Abs. 2 S. 1 BGB). Auch beim Nachlassinsolvenzverfahren sind die Eröffnungsgründe für Erben und Nachlassgläubiger unterschiedlich ausgestaltet (vgl. § 320 InsO). Der Nachlassgläubigerantrag auf Herbeiführung einer amtlichen Nachlassliquidation kann außerdem nur binnen zweijähriger Frist seit Annahme der Erbschaft gestellt werden (§ 319 InsO, § 1981 Abs. 2 S. 2 BGB), während das Antragsrecht des Erben zeitlich unbegrenzt ist[390]. Die Durchführung des Insolvenzverfahrens richtet sich sodann im Grundsatz nach den allgemeinen Vorschriften, die nur punktuell durch die §§ 315 ff. InsO modifiziert werden[391].

c) Das „übergeleitete" Nachlassinsolvenzverfahren

Wurde noch zu Lebzeiten des Erblassers ein Insolvenzverfahren über dessen Vermögen eröffnet, geht dieses nach wohl allgemeiner Meinung mit dessen Tod automatisch in ein Nachlassinsolvenzverfahren mit dem Erben als Insolvenz-

---

[387] *Dauner-Lieb*, Unternehmen in Sondervermögen, 69; *v. Lübtow*, ErbR II, 1173 ff.; *Magnus*, in: Soergel, BGB, § 1991 Rn. 4.

[388] *Dauner-Lieb*, Unternehmen in Sondervermögen, 69; siehe auch *Dobler*, in: Staudinger, BGB, § 1990 Rn. 28.

[389] Gemeint ist nach h. M. eine Gefährdung aller Nachlassgläubiger, siehe nur OLG Düsseldorf, Beschl. v. 22. 3. 2012 – 3 Wx 24/12, ZEV 2012, 319; *Küpper*, in: MüKo BGB, § 1981 Rn. 6 m. w. N.

[390] Im Einzelfall kann jedoch Verwirkung in Betracht kommen, vgl. RG, Urt. v. 26. 1. 1939 – IV 203/38, WarnR 1939, 187, 188 f.

[391] *Bork*, InsR, Rn. 492.

schuldner über[392]. Der Erbe rückt also nicht nur materiell-rechtlich (§ 1922 Abs. 1 BGB) und zivilverfahrensrechtlich (vgl. § 239 ZPO)[393], sondern auch insolvenzverfahrensrechtlich in die Stellung des Erblassers ein[394]. Zu einer Unterbrechung[395] oder Aussetzung[396] des Insolvenzverfahrens (§ 239 respektive § 148 ZPO, je i. V. m. § 4 InsO) kommt es dabei wegen dessen grundsätzlicher Eilbedürftigkeit nach herrschender Meinung nicht.

d) Verhältnis zur „Erben-" und „Gesamtvermögensinsolvenz"

Vom Nachlassinsolvenzverfahren zu unterscheiden ist das Insolvenzverfahren über das Vermögen des Erben. Sofern beide Verfahren nebeneinander geführt werden, spricht man von „Doppelinsolvenz"[397]. Nähere Regelungen für diesen Fall hält § 331 Abs. 1 InsO bereit, der die entsprechende Anwendung des Ausfallprinzips (§ 52 InsO) für Nachlassgläubiger vorsieht, denen der Erbe unbeschränkt haftet.

Sofern der Nachlass dagegen noch nicht vom Eigenvermögen des Erben getrennt wurde, fällt er in das Insolvenzverfahren über das Vermögen des Erben. Es handelt sich dann um eine „Gesamtvermögensinsolvenz"[398]. Das gilt jedenfalls für die Nachlassaktiva unabhängig davon, ob die Erbschaft vor oder nach Insolvenzeröffnung angefallen ist (vgl. § 35 InsO). Als problematisch erweist sich aber die Behandlung von Nachlassgläubigern, wenn die Erbschaft erst nach Eröffnung des Insolvenzverfahrens angefallen ist und vom Erben angenommen wurde (§ 83 Abs. 1 S. 1 InsO)[399]. Die wohl herrschende Meinung[400] sieht ihre Forderungen als Insol-

---

[392] Siehe nur BGH, Urt. v. 13. 1. 2011 – IX ZR 53/09, NZI 2011, 138 Rn. 12; *M. Siegmann/Scheuing*, in: MüKo InsO, Vor § 315 Rn. 3 m. w. N.; – abweichend *Chr. Becker*, InsR, Rn. 1465, der bei fehlendem Antrag auf „Umwandlung des Insolvenzverfahrens in ein Nachlassinsolvenzverfahren" wegen Zweckfortfalls analog §§ 207 ff. InsO einstellen will.

[393] Der gesetzliche Parteiwechsel beim Erbfall wird zwar in § 239 ZPO nicht explizit geregelt, aber zumindest vorausgesetzt, *H. Roth*, in: Stein/Jonas, ZPO, § 239 Rn. 2; *Leipold*, in: MüKo BGB, § 1922 Rn. 223.

[394] Näher unten auf S. 109 ff.

[395] BGH, Urt. v. 22. 1. 2004 – IX ZR 39/03, BGHZ 157, 350, 354 = NJW 2004, 1444, 1445; BGH, Urt. v. 26. 9. 2013– IX ZR 3/13, NJW 2014, 389 Rn. 12; *M. Siegmann/Scheuing*, in: MüKo InsO, Vor § 315 Rn. 2.

[396] BGH, Beschl. v. 27. 7. 2006 – IX ZB 15/06, NZI 2006, 642 Rn. 5; *M. Siegmann/Scheuing*, in: MüKo InsO, Vor § 315 Rn. 2.

[397] *Döbereiner*, in: Gottwald/Haas, InsR-Hdb, § 117 Rn. 1 f.; *Lüer/Weidmüller*, in: Uhlenbruck, InsO, § 331 Rn. 2.

[398] *Döbereiner*, in: Gottwald/Haas, InsR-Hdb, § 117 Rn. 2 ff.

[399] Eingehend zum Streitstand *Windel*, in: Jaeger, InsO, § 83 Rn. 7.

[400] *Geitner*, Der Erbe in der Insolvenz, 14; *Blersch/v. Olshausen*, in: BK InsR, § 83 Rn. 7; *Kayser*, in: HK InsO, § 83 Rn. 8; *Kroth*, in: Braun, InsO, § 83 Rn. 4; *Kruth*, in: Römermann, InsO, § 83 Rn. 5; *Lüke*, in: KPB, InsO, § 83 Rn. 6; *Mock*, in: Uhlenbruck, InsO, § 83 Rn. 6; *Schumann*, in: MüKo InsO, § 83 Rn. 6; wohl auch BGH, Urt. v. 11. 5. 2006 – IX ZR 42/05,

venzforderungen an. In der Tat ist diese Lösung – auch wenn sie mit § 38 InsO nur schwer verträglich ist[401] – als „geringstes Übel“[402] anzusehen, denn die Aufspaltung von Aktiva und Passiva, wie sie der InsO in §§ 35 Abs. 1, 38 zugrunde liegt, ist auf den Übergang einer Vermögensmasse im Ganzen im Wege der Universalsukzession nicht zugeschnitten[403]. Sollen die Nachlassgläubiger aus dem Insolvenzverfahren über das Vermögen des Erben herausgehalten werden, bedarf es also einer Haftungsbeschränkung auf den Nachlass, insbesondere durch Nachlassverwaltung oder Nachlassinsolvenzverfahren[404].

e) Die schuldrechtliche Rekonstruktion des Nachlasses

Erst mit der Eröffnung des Nachlassinsolvenzverfahrens (vgl. § 27 InsO) bzw. mit der Anordnung der Nachlassverwaltung[405] verliert der Erbe seine Verwaltungs- und Verfügungsbefugnis (§ 80 InsO, § 1984 Abs. 1 S. 1 BGB). Die Nachlassseparation entfaltet nur in äußerst eingeschränktem Umfang, nämlich in den Fällen der §§ 1976, 1977 BGB und § 784 ZPO, dingliche Rückwirkung[406]. Der Nachlass kann sich also bis zur Herbeiführung der separatio bonorum verändern. Dann aber scheidet eine Haftung cum viribus hereditatis insoweit aus, als der Nachlass in seiner ursprünglichen Zusammensetzung nicht mehr vorhanden ist. Daher lässt sich auch die diesem Haftungskonzept zugrunde liegende Zielvorstellung, den Erben und die Nachlassgläubiger weder besser noch schlechter zu stellen, nicht mehr ohne Einschränkungen verwirklichen, denn es stellt sich zwangsläufig die Frage, ob po-

---

BGHZ 167, 352 = NJW 2006, 2698 Rn. 10 f.; einschränkend (Insolvenzgläubigerstellung nur bei dürftigem Nachlass) *Fischinger*, Die Beschränkung der Erbenhaftung in der Insolvenz, 45 ff. – A. A. (keine Beteiligung der Nachlassgläubiger am Insolvenzverfahren) *Neher*, Der Erbanfall in der Insolvenz, 134 ff.; *Marotzke*, FS Otte, 223, 235 ff., insb. 238 f. und zuvor schon *ders.*, ZVI 2003, 309, 312 Fn. 17; *Busch*, ZVI 2011, 77, 82; *Messner*, ZVI 2004, 433, 434; *Moderegger*, InsbürO 2015, 172, 173 f.; *Döbereiner*, in: Gottwald/Haas, InsR-Hdb, § 117 Rn. 2; *M. Siegmann/Scheuing*, in: MüKo InsO, § 331 Rn. 8. – Wiederum anders (Masseverbindlichkeiten mit gegenständlich beschränkter Haftung) *Windel*, in: Jaeger, InsO, § 83 Rn. 7; ebenso *Polonius*, ZVI 2018, 90, 92 f.; für Einordnung als Masseverbindlichkeiten auch BFH, Urt. v. 5. 4. 2017 – II R 30/15, BFHE 257, 510 = DStR 2017, 1703 Rn. 19 ff.; *J. Roth*, in: ders./Pfeuffer, Nachlassinsolvenzen, § 5 Rn. 15 ff.

[401] Der Wortlaut ist insoweit zwar prinzipiell offen, doch kann § 38 InsO schwerlich so gemeint sein, dass Insolvenzgläubiger auch solche Gläubiger sind, deren Forderungen zur Zeit der Insolvenzeröffnung zwar begründet, aber noch nicht gegen den Schuldner gerichtet waren (zutreffend *Marotzke*, FS Otte, 223, 236, 239).

[402] *Blersch/v. Olshausen*, in: BK InsR, § 83 Rn. 7.

[403] Ausführlich *Fischinger*, Die Beschränkung der Ebenhaftung in der Insolvenz, 45 ff.

[404] Zum Antragsrecht näher *Fischinger*, Die Beschränkung der Erbenhaftung in der Insolvenz, 21 ff.

[405] Siehe zur umstrittenen Frage, wann die Anordnung wirksam wird, *Dobler*, in: Staudinger, BGB, § 1984 Rn. 2 m. w. N.

[406] Dazu näher *Dauner-Lieb*, Unternehmen in Sondervermögen, 84 ff.; *Muscheler*, ErbR II, Rn. 3560 ff.

sitive wie nachteilige Nachlassveränderungen den Erben oder die Nachlassgläubiger endgültig begünstigen respektive belasten.

Leitlinie für die Beurteilung von Nachlassveränderungen ist die rückwirkende Behandlung des Erben als Fremdverwalter des Nachlasses[407], d.h. er ist für die Verwaltung des Nachlasses ab dem Zeitpunkt der Erbschaftsannahme[408] wie ein Beauftragter verantwortlich (§ 1978 Abs. 1 S. 1 BGB) und kann umgekehrt Ersatz seiner Aufwendungen aus dem Nachlass wie ein Beauftragter verlangen (§ 1978 Abs. 3 Alt. 1 BGB). Die Verwalterhaftung des Erben ist der „Preis" für seine beschränkte Haftung[409] und fällt folgerichtig weg, wenn der Erbe ohnehin unbeschränkbar haftet (§ 2013 Abs. 1 S. 1 Hs. 1 BGB). Der weit zu verstehende Begriff der Nachlassverwaltung umfasst dabei „die gesammte thatsächliche und rechtsgeschäftliche Verfügung über das verwaltete Gut"[410]. Da der Zweck des § 1978 BGB darin gesehen wird, „den Nachlass den Nachlassgläubigern möglichst ungeschmälert zur Verfügung stehen zu lassen"[411], hat die Verwaltung des Nachlasses so zu erfolgen, dass „die Befriedigung der Gläubiger, falls es zum Konkurse kommt, nicht beeinträchtigt" wird[412]. Ihr Interesse an der ungeschmälerten Erhaltung des Nachlasses bildet also den Maßstab für die Ordnungsmäßigkeit der bisherigen Verwaltung des Nachlasses durch den Erben[413].

aa) Verantwortlichkeit des Erben

(1) Herausgabe des Nachlasses

Der Erbe muss zunächst den noch vorhandenen Nachlass herausgeben. Das gilt auch für Nachlassmittel, die der Erbe seinem Privatvermögen zugeführt hat und die dort noch vorhanden sind[414]; der Erbe kann den Nachlass nicht durch bloße Entnahme von Nachlassgegenständen auf schuldrechtliche Ausgleichsansprüche ver-

---

[407] *Dauner-Lieb*, Unternehmen in Sondervermögen, 96; *Lange/Kuchinke*, ErbR, 1242 f.; siehe bereits die Denkschrift bei *Mugdan*, Materialien V, 853.

[408] Für den Zeitraum zwischen Anfall und Annahme der Erbschaft sind gem. § 1978 Abs. 1 S. 2, Abs. 3 Alt. 2 BGB die Vorschriften über die Geschäftsführung ohne Auftrag entsprechend anzuwenden. Da die §§ 677 ff. BGB den Erben nicht zu einem Tätigwerden verpflichten, kann dieser sich zunächst noch passiv verhalten. Das ändert sich mit der Annahme der Erbschaft (siehe schon die Motive bei *Mugdan*, Materialien V, 337).

[409] *Dauner-Lieb*, Unternehmen in Sondervermögen, 78, 100; siehe auch *Siber*, Haftung für Nachlaßschulden nach geltendem und künftigem Recht, 57 („unentbehrliches Gegengewicht").

[410] Motive bei *Mugdan*, Materialien V, 337.

[411] BGH, Urt. v. 10.10.2013 – IX ZR 30/12, NJW 2014, 391 Rn. 11; *Dobler*, in: Staudinger, BGB, § 1978 Rn. 1; *Horn*, in: Erman, BGB, § 1978 Rn. 1.

[412] Motive bei *Mugdan*, Materialien V, 337.

[413] *Dauner-Lieb*, Unternehmen in Sondervermögen, 97 unter Bezugnahme auf die Gesetzesmaterialien.

[414] *Herzog*, in: BeckOGK BGB (1.1.2025), § 1978 Rn. 29.

weisen[415]. Diese Herausgabepflicht lässt sich (auch) auf §§ 1978 Abs. 1 S. 1, 667 Alt. 1 BGB stützen[416]. Eines Rückgriffs auf diese Vorschriften bedarf es zur Begründung der Herausgabepflicht aber nicht; bei unbeschränkter Haftung kommt er von vornherein nicht in Betracht, denn insoweit ist § 1978 BGB unanwendbar (§ 2013 Abs. 1 S. 1 Hs. 1 BGB). Im Nachlassinsolvenzverfahren trifft den Erben als Insolvenzschuldner ohnehin bereits eine verfahrensrechtliche Pflicht zur Herausgabe des Nachlasses nach § 148 Abs. 1 InsO[417]. Bei der Nachlassverwaltung ist es – obwohl eine vergleichbare Vorschrift hier fehlt – letztlich nicht anders[418]; das ergibt sich aus einem Umkehrschluss aus § 1986 BGB[419] und wird von § 1985 Abs. 1 BGB vorausgesetzt[420].

(2) Herausgabepflicht und Leistungsstörungsrecht

Verletzt der Erbe seine Herausgabepflicht nach § 667 BGB, kommen Schadensersatzansprüche nach §§ 280 ff. BGB in Betracht[421]. Auch sonst ist er für die unsachgemäße Verwaltung des Nachlasses[422] nach § 280 Abs. 1 BGB verantwortlich[423]. Zu vertreten[424] hat er dabei gem. § 276 Abs. 1 S. 1 BGB Vorsatz und Fahrlässigkeit[425].

---

[415] *Dauner-Lieb*, Unternehmen in Sondervermögen, 101.

[416] Ebenso *v. Lübtow*, ErbR II, 1130, 1131; *Herzog*, in: BeckOGK BGB (1.1.2025), § 1978 Rn. 29; siehe auch BGH, Beschl. v. 13.3.2008 – IX ZR 13/05, ZEV 2008, 237 und dazu näher sogleich unten auf S. 62 f.; – a.A. wohl die in Fn. 417 u. 418 Genannten, die betonen, dass es sich bei dem Herausgabeanspruch nicht um einen Anspruch aus § 1978 BGB handle.

[417] *Lüer/Weidmüller*, in: Uhlenbruck, InsO, § 315 Rn. 9; *Karsten Schmidt*, in: ders., InsO, Vor § 315 Rn. 15; *Weiß*, in: Römermann, InsO, § 315 Rn. 32; *Windel*, in: Jaeger, InsO, § 315 Rn. 95, § 323 Rn. 2 f.; – kritisch dazu *Klook*, Die überschuldete Erbschaft, 188.

[418] *Küpper*, in: MüKo BGB, § 1978 Rn. 2, § 1985 Rn. 3 Fn. 19.

[419] *Dobler*, in: Staudinger, BGB, § 1985 Rn. 13; *Weidlich*, in: Grüneberg, BGB, § 1985 Rn. 5.

[420] *Muscheler*, ErbR II, Rn. 3599.

[421] *Herzog*, in: BeckOGK BGB (1.1.2025), § 1978 Rn. 33.

[422] Daneben haftet der Erbe den Nachlassgläubigern, wenn er trotz Kenntnis oder infolge fahrlässiger Unkenntnis der Zahlungsunfähigkeit oder Überschuldung des Nachlasses keinen Eröffnungsantrag stellt (§ 1980 BGB).

[423] *Herzog*, in: BeckOGK BGB (1.1.2025), § 1978 Rn. 35.

[424] Problematisch und noch nicht abschließend geklärt ist allerdings die Frage, wie sich bei dem rückwirkend fingierten Auftragsverhältnis nach § 1978 BGB ein Verschuldensvorwurf überhaupt konstruieren lässt, dazu näher *Gramlich*, Das rückwirkend fingierte Verschulden im Rahmen der Erbenhaftung, 118 ff.; *Klook*, Die überschuldete Erbschaft, 296 ff.; *Osthold*, Erben und Haftung, 54 ff.; *ders.*, ZEV 2015, 444, 448 f.

[425] H.M., *Muscheler*, ErbR II, Rn. 3576; *Dobler*, in: Staudinger, BGB, § 1978 Rn. 12; *Herzog*, in: BeckOGK BGB (1.1.2025), § 1978 Rn. 47; *Krug*, in: NK BGB, § 1978 Rn. 30; *Küpper*, in: MüKo BGB, § 1978 Rn. 11. – Für eine Beschränkung auf eigenübliche Sorgfalt (§ 277 BGB) *Stein*, in: Soergel, BGB, 13. Aufl. 2002, § 1978 Rn. 6 (anders jetzt aber *Magnus* in der 14. Aufl. 2021, § 1978 Rn. 9); ferner *Gramlich*, Das rückwirkend fingierte Verschulden

Was die Abgrenzung der verschuldensunabhängigen primären Herausgabepflicht nach § 667 BGB von den verschuldensabhängigen Sekundäransprüchen auf Schadensersatz nach §§ 280 ff. BGB anbelangt, ist es hilfreich, sich der Problematik über das reguläre Auftragsverhältnis anzunähern[426]. Den Beauftragten trifft im Grundsatz keine Pflicht zur (Wieder-)Beschaffung bzw. zum Nachschuss[427]. Befinden sich die herauszugebenden Gegenstände[428] also nicht mehr in seinem Vermögen, ist ihm deren Herausgabe unmöglich (§ 275 Abs. 1 BGB)[429]; es kommen dann allenfalls Sekundäransprüche in Betracht (§ 275 Abs. 4 BGB). Diese im Ausgangspunkt klare Trennlinie zwischen Primäranspruch und Sekundäransprüchen wird dadurch verwischt, dass die herrschende Auffassung[430] einen Herausgabeanspruch bei zweckwidriger Verwendung auch dann bejaht, wenn die Gegenstände beim Beauftragten nicht mehr vorhanden sind. Der Beauftragte soll dann vorrangig zum Einsatz eigener Mittel bzw. zur Wiederbeschaffung verpflichtet sein[431].

---

im Rahmen der Erbenhaftung, 138 ff. (analog § 2131 BGB). – Bei Fortführung eines nachlasszugehörigen Unternehmens wird dem Erben ein Beurteilungsspielraum zugebilligt (dazu näher unten auf S. 86). Für die generelle Zubilligung eines Beurteilungsspielraums bei der Verwaltung des Nachlasses auch außerhalb des unternehmerischen Verkehrs *Klook*, Die überschuldete Erbschaft, 295.

[426] So im Zusammenhang mit der Erfassung rechtsgeschäftlicher Surrogate auch *Dauner-Lieb*, Unternehmen in Sondervermögen, 105 ff.

[427] Wohl unstr., siehe etwa BGH, Urt. v. 14.7.1958 – VII ZR 99/57, BGHZ 28, 123, 127 ff. = NJW 1958, 1681, 1682 f.; BGH, Urt. v. 21.12.2005 – III ZR 9/05, BGHZ 165, 298, 301 f. = NJW 2006, 986 Rn. 10; *K. P. Berger*, in: Erman, BGB, § 667 Rn. 12; *F. Schäfer*, in: MüKo BGB, § 667 Rn. 40.

[428] Bei Geld hat der Beauftragte (regelmäßig) nicht die Geld*zeichen*, sondern den Geld*wert* herauszugeben, ihn trifft also eine Geldwertherausgabeschuld, siehe *Beuthien/Hieke*, JZ 2001, 257 f.; *Riesenhuber*, in: BeckOGK BGB (1.3.2025), § 667 Rn. 33 ff.

[429] Das ist keine Abweichung von den allgemeinen Regeln (so aber *M. Schwab*, in: NK BGB, § 667 Rn. 19) und keine modifizierte Anwendung von § 275 Abs. 1 BGB (so aber *F. Schäfer*, in: MüKo BGB, § 667 Rn. 40), sondern letztlich nur die konsequente Anwendung des Leistungsstörungsrechts auf den Herausgabeanspruch, der inhaltlich auf das beim Beauftragten noch Vorhandene gegenständlich beschränkt ist (vgl. *Beuthien/Hieke*, JZ 2001, 257, 258).

[430] BGH, Urt. v. 10.10.1996 – III ZR 205/95, NJW 1997, 47, 48 und BGH, Urt. v. 4.10. 2001 – III ZR 290/00, NJOZ 2001, 2044, 2045 (jeweils zu § 667 Alt. 1 BGB); BGH, Urt. v. 4.11.2002 – II ZR 210/00, DStR 2003, 518 (zu § 667 Alt. 2 BGB); ebenso *D. Fischer*, in: BeckOK BGB, § 667 Rn. 16; *Martinek/Omlor*, in: Staudinger, BGB, § 667 Rn. 1; *M. Schwab*, in: NK BGB, § 665 Rn. 11, § 667 Rn. 19; *Grüneberg*, in: ders., BGB, § 667 Rn. 6 f. – Einschränkend (nur § 667 Alt. 1 BGB) *F. Schäfer*, in: MüKo BGB, § 667 Rn. 43; auch *Otto*, in: jurisPK BGB, § 667 Rn. 4, 15 (1.2.2023). – Für generelle Beschränkung der Herausgabepflicht auf noch vorhandene Vorteile *Riesenhuber*, in: BeckOGK BGB (1.3.2025), § 667 Rn. 20; ferner *Beuthien/Hieke*, JZ 2001, 257, 258; wohl auch *K. P. Berger*, in: Erman, BGB, § 667 Rn. 12; siehe auch BGH, Urt. v. 4.2.2000 – V ZR 260/98, BGHZ 143, 373, 377 ff. = JZ 2001, 254, 256.

[431] Besonders deutlich *F. Schäfer*, in: MüKo BGB, § 667 Rn. 43.

Die auftragsrechtliche Dogmatik bei zweckwidriger Mittelverwendung ist auch für § 1978 BGB von besonderem Interesse[432]. Denn wird der Erbe nach § 1978 Abs. 1 S. 1 BGB rückwirkend wie ein Fremdverwalter des Nachlasses behandelt, sind Eigengeschäfte mit Nachlassmitteln als (zumindest objektiv) zweckwidrig anzusehen. Vor diesem Hintergrund ist nun der Beschluss des Bundesgerichtshofes vom 13. März 2008[433] zu verstehen: Die auftragsrechtliche Dogmatik wurde hier auf § 1978 Abs. 1 S. 1 BGB übertragen; der Senat hat dementsprechend bei der Verwendung von Nachlassgeldern für persönliche Zwecke nicht auf §§ 280 ff. BGB abgestellt, sondern eine (fortbestehende) verschuldensunabhängige Herausgabepflicht nach § 667 (Alt. 1) BGB angenommen[434]. Das ist in Anbetracht der gesetzlichen Regelung, die die Verantwortlichkeit des Erben für die Verwaltung des Nachlasses auftragsrechtlichen Grundsätzen unterwirft, dogmatisch konsequent. Wertungsmäßig zeigt sich jedoch bereits an dieser Stelle, wie unpassend dieser Verweis ist, denn das Eigengeschäft eines Auftragnehmers, der sich seines Vertragsbruches durchaus bewusst ist, kann mit dem Eigengeschäft eines Erben, der im Zeitpunkt der Geschäftsvornahme mit der Möglichkeit einer späteren Nachlasssonderung regelmäßig noch nicht rechnet, schwerlich verglichen werden[435]. Angesichts der ohnehin bereits ungewöhnlich strengen[436] Verwalterhaftung des Erben erscheint die Entscheidung des Bundesgerichtshofes nicht gerade als Glücksgriff.

(3) Nutzungen und Surrogate

„Vermehrungen des Nachlasses aus sich heraus“ fallen unmittelbar mit dinglicher Wirkung in den Nachlass[437]. Als problematisch erweist sich dagegen der rechtsgeschäftliche Erwerb mit Nachlassmitteln. Eine dingliche Surrogation wird außerhalb des Anwendungsbereichs der §§ 2019, 2041, 2111 BGB von der ganz herrschenden Auffassung abgelehnt[438]. Stattdessen wird auf §§ 1978 Abs. 1 S. 1,

---

[432] Zutreffend *Dauner-Lieb*, Unternehmen in Sondervermögen, 106.

[433] BGH, Beschl. v. 13. 3. 2008 – IX ZR 13/05, ZEV 2008, 237; bestätigend BGH, Urt. v. 10. 10. 2013 – IX ZR 30/12, NJW 2014, 391 Rn. 24.

[434] Das bedeutet zugleich, dass der BGH davon ausgeht, dass der Erbe zumindest auch nach §§ 1978 Abs. 1 S. 1, 667 Alt. 1 BGB zur Herausgabe der noch vorhandenen Nachlassgegenstände verpflichtet ist.

[435] Siehe insbesondere *Dauner-Lieb*, Unternehmen in Sondervermögen, 100.

[436] Siehe dazu *Gramlich*, Das rückwirkend fingierte Verschulden im Rahmen der Erbenhaftung, 95 ff.; *Osthold*, ZEV 2015, 444, 447 f.

[437] Motive bei *Mugdan*, Materialien V, 337; *Dauner-Lieb*, Unternehmen in Sondervermögen, 102 f.; *Dobler*, in: Staudinger, BGB, § 1978 Rn. 15; *Windel*, in: Jaeger, InsO, § 315 Rn. 92 f.

[438] Jüngst BGH, Urt. v. 19. 12. 2024 – IX ZR 119/23, NZI 2025, 261 Rn. 18 ff.; zuvor schon BGH, Urt v 13. 7. 1989 – IX ZR 227/87, NJW-RR 1989, 1226, 1227 (betr. § 1990 BGB, der allerdings auf § 1978 BGB verweist); *Dauner-Lieb*, Unternehmen in Sondervermögen, 112 ff., 150 f.; *Geitner*, Der Erbe in der Insolvenz, 85; *Herzog*, in: BeckOGK BGB (1. 1. 2025), § 1978 Rn. 36; *Horn*, in: Erman, BGB, § 1978 Rn. 3a; *Küpper*, in: MüKo BGB, § 1978 Rn. 6. – Für analoge Anwendung des § 2041 BGB aber *Dobler*, in: Staudinger, BGB, § 1978

667 Alt. 2 BGB abgestellt. Die herrschende Meinung[439] differenziert hier danach, ob der Erbe für sich selbst oder für Rechnung des Nachlasses handelt. Nur im letztgenannten Fall gebühren rechtsgeschäftliche Surrogate dem Nachlass. Umstritten ist dabei, ob dem Nachlass lediglich ein schuldrechtlicher Verschaffungsanspruch nach §§ 1978 Abs. 1 S. 1, 667 Alt. 2 BGB zusteht[440] oder ob das rechtsgeschäftliche Surrogat „kraft Parteiwillens" mit dinglicher Wirkung und damit insolvenzfest Nachlassbestandteil wird[441]. Will der Erbe dagegen mit Nachlassmitteln für sich selbst erwerben, gehören die rechtsgeschäftlichen Surrogate zum Eigenvermögen des Erben; er soll dann lediglich zum (Schadens-)Ersatz verpflichtet sein[442].

Dauner-Lieb[443] rechtfertigt die Differenzierung nach der Willensrichtung des Erben wertungsmäßig mit der Zielsetzung der §§ 1975 ff. BGB, den Erben und die Nachlassgläubiger durch den Erbfall weder besser noch schlechter zu stellen[444]. Denn wäre der Erbe zur Herausgabe rechtsgeschäftlicher Surrogate auch beim Handeln für eigene Rechnung verpflichtet, würden Chancen und Risiken des Geschäfts einseitig zugunsten der Nachlassgläubiger verteilt: Von einem Geschäft, das sich als vorteilhaft erweist, würde der Nachlass profitieren. Im umgekehrten Fall der Nachteilhaftigkeit des Geschäfts wäre der Erbe gem. §§ 280 ff. BGB regelmäßig zum Ersatz verpflichtet, wenn und weil das Geschäft mit der Gefahr von Wertverlusten für den Nachlass behaftet und damit als nicht ordnungsgemäße Nachlassverwaltung einzustufen war.

Rn. 17; im Ergebnis ähnlich *Schmidt-Kessel*, WM 2003, 2086, 2089, der unter den Nachlassbegriff alles fasst, „was der Alleinerbe kraft Erbfolge vom Erblasser erlangt hat und was daraus geworden ist".

[439] BGH, Urt v 13. 7. 1989 – IX ZR 227/87, NJW-RR 1989, 1226, 1227; *Dauner-Lieb*, Unternehmen in Sondervermögen, 105 ff.; *Geitner*, Der Erbe in der Insolvenz, 85 f.; *Herzog*, in: BeckOGK BGB (1. 1. 2025), § 1978 Rn. 38 ff.; *Horn*, in: Erman, BGB, § 1978 Rn. 3a; siehe auch die Motive bei *Mugdan*, Materialien V, 337. – A. A. wiederum *Dobler*, in: Staudinger, BGB, § 1978 Rn. 16. – Generell gegen die Anwendung des § 667 Alt. 2 BGB auf den rechtsgeschäftlichen Erwerb mit Nachlassmitteln *Gramlich*, Das rückwirkend fingierte Verschulden im Rahmen der Erbenhaftung, 82 ff.

[440] So *Geitner*, Der Erbe in der Insolvenz, 85; *Herzog*, in: BeckOGK BGB (1. 1. 2025), § 1978 Rn. 40 f.

[441] So unabhängig von der Erkennbarkeit der Willensrichtung des Erben *Küpper*, in: MüKo BGB, § 1978 Rn. 6; *Weidlich*, in: Grüneberg, BGB, § 1978 Rn. 3; wohl auch *Horn*, in: Erman, BGB, § 1978 Rn. 3a; sympathisierend *Dauner-Lieb*, Unternehmen in Sondervermögen, 110 f. – Einschränkend (nur bei Erkennbarkeit der Willensrichtung) *Pfeuffer*, in: J. Roth/Pfeuffer, Nachlassinsolvenzen, § 3 Rn. 29; *Windel*, in: Jaeger, InsO, § 315 Rn. 98; wohl auch BGH, Urt. v. 19. 12. 2024 – IX ZR 119/23, NZI 2025, 261 Rn. 29 ff.

[442] *Küpper*, in: MüKo BGB, § 1978 Rn. 6; *Weidlich*, in: Grüneberg, BGB, § 1978 Rn. 3.

[443] *Dauner-Lieb*, Unternehmen in Sondervermögen, 107 ff.

[444] Siehe bereits oben bei Fn. 381.

Soweit die Differenzierung sich auf § 667 Alt. 2 BGB bezieht, befindet sie sich auch durchaus auf einer Linie mit der auftragsrechtlichen Dogmatik[445]. Die Schlussfolgerungen der herrschenden Meinung im Erbrecht sind gleichwohl zweifelhaft: Denn indem sie dem Erben bei Eigengeschäften lediglich eine Ersatzpflicht für verausgabte Nachlassmittel auferlegt, blendet sie die vom Bundesgerichtshof mittlerweile auf § 1978 BGB übertragene auftragsrechtliche Dogmatik zur zweckwidrigen Mittelverwendung aus[446]. Dass der Erbe Nachlassgelder, die er für private Zwecke verwendet, nach Auffassung des Bundesgerichtshofes verschuldensunabhängig nach § 667 (Alt. 1) BGB herauszugeben hat, wurde zwar auch im erbrechtlichen Schrifttum[447] registriert. Die wirkliche Tragweite dieser Entscheidung ist dabei aber offenbar weitgehend[448] unbemerkt geblieben: Denn der Fortbestand der Herausgabepflicht bei zweckwidriger Mittelverwendung gilt nicht nur bei Geld, sondern auch bei sonstigen Gegenständen[449]. Letztere spielen im Auftragsrecht eine eher untergeordnete Rolle. Das ist im Erbrecht allerdings anders, denn der Nachlass besteht regelmäßig nicht nur aus Geld, sondern aus einer Vielzahl anderer körperlicher wie unkörperlicher Vermögensgegenstände. Orientiert man sich dementsprechend im Anwendungsbereich des § 1978 BGB konsequent am Auftragsrecht, trifft den Erben bei rechtsgeschäftlichen Aktivitäten mit Nachlassmitteln für eigene Rechnung eine Pflicht zum Einsatz eigener Mittel bzw. zur Wiederbeschaffung[450]. Soweit ihm diese nicht ausnahmsweise nach § 275 Abs. 1 BGB unmöglich ist, zieht zwar § 275 Abs. 2 BGB den dem Erben abzuverlangenden Bemühungen eine äußerste Grenze. Allerdings handelt es sich hierbei um eine „eng auszulegende, nur selten anwendbare Ausnahmevorschrift“[451], mit der allenfalls in Grenzfällen operiert werden kann. Wertungsmäßig kann das so gefundene Ergebnis, dass der Erbe regelmäßig verschuldensunabhängig verpflichtet ist, veräußerte Nachlassgegenstände unter Einsatz eigener Mittel wiederzubeschaffen, kaum überzeugen. Denn zum einen wird dem Erben – anders als dem Beauftragten – regelmäßig die objektive Zweckwidrigkeit seines Eigengeschäfts nicht bewusst sein[452]. Zum anderen ist auch den Nachlassgläubigern mit der verschuldensunabhängigen Pflicht zur Wie-

---

[445] Vgl. etwa *F. Schäfer*, in: MüKo BGB, § 667 Rn. 25 f., 43.

[446] Siehe dazu S. 77 f.

[447] *Osthold*, ZEV 2015, 444, 445; *Dobler*, in: Staudinger, BGB, § 1978 Rn. 20; *Herzog*, in: BeckOGK BGB (1.1.2025), § 1978 Rn. 51; *Horn*, in: Erman, BGB, § 1978 Rn. 3; *Krug*, in: NK BGB, § 1978 Rn. 20.

[448] *Küpper*, in: MüKo BGB, § 1991 Rn. 2, 9 erkennt immerhin, dass die BGH-Rechtsprechung nicht nur Geld, sondern auch sonstige Nachlassmittel betrifft.

[449] Siehe BGH, Urt. v. 10.10.1996 – III ZR 205/95, NJW 1997, 47, 48 und BGH, Urt. v. 4.10.2001 – III ZR 290/00, NJOZ 2001, 2044, 2045: „(*insbesondere* Geld-)Mittel“ (Hervorhebung durch den Verfasser); besonders deutlich *F. Schäfer*, in: MüKo BGB, § 667 Rn. 43; siehe ferner Fn. 448.

[450] S. o. bei Fn. 431.

[451] BGH, Beschl. v. 14.1.2009 – VIII ZR 70/08, NJW 2009, 1660 Rn. 18; ebenso *Grüneberg*, in: ders., BGB, § 275 Rn. 27; *Ulber*, in: Erman, BGB, § 275 Rn. 59.

[452] Siehe bereits oben bei Fn. 435.

derbeschaffung nicht geholfen, denn ihnen geht es weniger um die exakte Zusammensetzung des Nachlasses, sondern vor allem darum, dass ihnen dieser wertmäßig ungeschmälert zur Verfügung steht.

Selbst wenn man aber – insbesondere weil man die Rechtsprechung zur zweckwidrigen Mittelverwendung (jedenfalls im Anwendungsbereich des § 1978 BGB) ablehnt – doch wieder zu den Sekundäransprüchen gelangt (§ 275 Abs. 4 BGB), erschöpfen sich diese nicht in einer Pflicht des Erben zum Ersatz nach §§ 280, 283 BGB. Es besteht vielmehr auch eine Pflicht zur Herausgabe des stellvertretenden commodums nach § 285 BGB. Das gilt wohl unstreitig auch in Bezug auf den Anspruch aus § 667 BGB[453]. Setzt man die Orientierung am Auftragsrecht also wiederum konsequent fort, müsste § 285 BGB auch im Rahmen des § 1978 Abs. 1 S. 1 BGB herangezogen werden[454]. Nach heute wohl allgemeiner Auffassung[455] erfasst § 285 BGB auch das rechtsgeschäftliche Surrogat (sog. commodum ex negotiatione). Geht man sodann mit der herrschenden Meinung[456] davon aus, dass der Anspruch nicht auf den Wert des ursprünglich geschuldeten Gegenstandes beschränkt ist, müsste der Erbe rechtsgeschäftliche Surrogate einschließlich gezogener Nutzungen[457] umfassend herausgeben, sofern seine Herausgabepflicht aus § 667 BGB nach § 275 BGB ausgeschlossen ist. Auch eine (wiederum nur schuldrechtliche[458]) Kettensurrogation kommt in Betracht, wenn der Erbe zur Herausgabe des

---

[453] BGH, Urt. v. 4.2.2000 – V ZR 260/98, BGHZ 143, 373, 380 = JZ 2001, 254, 256; *F. Schäfer*, in: MüKo BGB, § 667 Rn. 26, 33, 43; *M. Schwab*, in: NK BGB, § 667 Rn. 17.

[454] So wohl *Krug*, in: NK BGB, § 1978 Rn. 19; prinzipiell auch *Herzog*, in: BeckOGK BGB (1.1.2025), § 1978 Rn. 37, die allerdings rechtsgeschäftliche Surrogate – insoweit abweichend von der allgemeinen Meinung im Schuldrecht (siehe die Nachweise in Fn. 455) – als nicht erfasst ansieht.

[455] Siehe etwa RG, Urt. v. 26.6.1922 – VI 788/21, RGZ 105, 84, 89 f. (anders noch RG, Urt. v. 13.11.1917 – II 167/17, RGZ 91, 260, 263); BGH, Urt. v. 23.12.1966 – V ZR 26/64, BGHZ 46, 260, 264 = NJW 1967, 622, 623 f.; BGH, Urt. v. 11.10.1979 – VII ZR 285/78, BGHZ 75, 203, 206 = NJW 1980, 178; BGH, Urt. v. 15.10.2004 – V ZR 100/04, NJW-RR 2005, 241, 242; *Emmerich*, in: MüKo BGB, § 285 Rn. 22; *Grüneberg*, in: ders., BGB, § 285 Rn. 7; *Ulber*, in: Erman, BGB, § 285 Rn. 15.

[456] RG, Urt. v. 11.10.1932 – II 58/32, RGZ 138, 45, 48; BGH, Urt. v. 11.10.1979 – VII ZR 285/78, BGHZ 75, 203, 207 = NJW 1980, 178; BGH, Urt. v. 10.2.1988 – IVa ZR 249/86, NJW-RR 1988, 902, 903; BGH, Urt. v. 9.9.2020 – VIII ZR 71/19, BeckRS 2020, 36328 Rn. 35; ebenso *Dauner-Lieb*, in: NK BGB, § 285 Rn. 12; *Emmerich*, in: MüKo BGB, § 285 Rn. 23, 30; *Grüneberg*, in: ders., BGB, § 285 Rn. 9; *Ulber*, in: Erman, BGB, § 285 Rn. 22. – A.A. *Stoll*, FS Schlechtriem, 677, 692 ff.; *Löwisch*, NJW 2003, 2049, 2051; *Caspers*, in: Staudinger, BGB, § 285 Rn. 41; – differenzierend *Schwarze*, Leistungsstörungen, § 26 Rn. 19 f.

[457] BGH, Urt. v. 27.10.1982 – V ZR 24/82, NJW 1983, 929, 930; *Caspers*, in: Staudinger, BGB, § 285 Rn. 50; *Dornis*, in: BeckOGK BGB (1.6.2024), § 285 Rn. 115; *Emmerich*, in: MüKo BGB, § 285 Rn. 31.

[458] Eine dingliche Absicherung der Nachlassgläubiger ist in der Erbeninsolvenz mit § 285 BGB daher zwar nicht zu erreichen. Das mag rechtspolitisch unbefriedigend sein, befindet sich aber ganz auf einer Linie mit dem System der beschränkten Erbenhaftung, das die

stellvertretenden commodums außerstande ist, dafür aber seinerseits wieder ein (rechtgeschäftliches) Surrogat erlangt hat[459]. Damit ließe § 285 BGB das Problem einer einseitigen Verteilung von Chancen und Risiken zulasten des Erben doch wieder in Erscheinung treten.

In der Tat erscheint die willensunabhängige und der Höhe nach unbegrenzte Herausgabepflicht in Bezug auf rechtsgeschäftliche Surrogate aus Sicht der Nachlassgläubiger nicht zwingend geboten. Mit einer wertmäßigen Kompensation wäre ihren Interessen bereits gedient. Das ist aber kein Gesichtspunkt, der spezifisch mit § 1978 BGB verknüpft ist, sondern er betrifft die grundlegende Wertungsfrage des § 285 BGB bei der Herausgabe rechtsgeschäftlicher Surrogate. Auch bei einem Kaufvertrag wäre den Interessen des Verkäufers bereits genügt, wenn der Käufer ihm anstelle der zu einem höheren Preis vertragswidrig weiterveräußerten Sache deren Wert ersetzt. Wenn sich die herrschende Meinung im Schuldrecht damit nicht begnügen will, muss das konsequenterweise ebenso für § 1978 BGB gelten. Das Problem ist auch weniger, dass die Nachlassgläubiger von den rechtsgeschäftlichen Aktivitäten des Erben profitieren, insoweit also bessergestellt werden als vor dem Erbfall. Denn dass entweder der Erbe oder die Nachlassgläubiger durch die Zuweisung des (höherwertigen) commodums besser stehen als vor dem Erbfall, ist unvermeidbar; bei Veränderungen des Nachlasses lässt sich die Zielvorstellung einer gegenständlich beschränkten Haftung nicht mehr uneingeschränkt verwirklichen[460]. Problematisch ist vielmehr, dass die gesetzliche Regelung insgesamt zulasten des Erben geht. Er haftet einerseits für seine Verwaltungstätigkeit uneingeschränkt, wird hierfür andererseits aber auch nicht kompensiert, weil er keine Vergütung erhält und – sofern nun auch noch § 285 BGB zur Anwendung kommt – selbst etwaige Erträge nicht behalten darf. Der Gesetzgeber hielt die Verantwortlichkeit des Erben entsprechend einem Fremdverwalter des Nachlasses im Interesse der Nachlassgläubiger zwar für geboten[461]. Daraus kann allerdings schwerlich geschlossen werden, eine derart einseitige Regelung sei beabsichtigt gewesen. Denn der Gesetzgeber ist davon ausgegangen, dass der Erbe bei Eigengeschäften mit Nachlassmitteln lediglich zum Ersatz verpflichtet sei[462].

Die von der herrschenden Meinung befürwortete ausgewogene Verteilung von Chancen und Risiken ist *ein* Weg, die Verwalterhaftung der eigentlichen Zielsetzung einer Haftung cum viribus anzunähern und dadurch interessengerechter auszugestalten. Er setzt bei der Zuweisung der rechtsgeschäftlichen Erträge an den Erben an, um auf diese Weise seine Haftung zu kompensieren. Den von § 1978

Nachlassgläubiger in der Erbeninsolvenz nicht umfassend absichert, siehe dazu *Dauner-Lieb*, Unternehmen in Sondervermögen, 148 ff.

[459] Siehe BGH, Urt. v. 17.2.2006 – V ZR 236/03, NJW-RR 2006, 736 Rn. 18, 21; *Schwarze*, Leistungsstörungen, § 26 Rn. 18; *Emmerich*, in: MüKo BGB, § 285 Rn. 32.

[460] Siehe bereits S. 74 f.

[461] Denkschrift bei *Mugdan*, Materialien V, 858 f.

[462] Motive bei *Mugdan*, Materialien V, 337.

Abs. 1 S. 1 BGB in Bezug genommenen auftragsrechtlichen Grundsätzen in ihrer Ausformung durch die herrschende Meinung entspricht dieser Weg indes wie soeben gezeigt nicht. Das bedeutet nicht, dass die herrschende Auffassung im Erbrecht falsch ist, aber sie ist zumindest in sich widersprüchlich. Alternativ kann die einseitige Verteilung von Chancen und Risiken auch dadurch abgemildert werden, dass bei der Schadensersatzhaftung des Erben nach §§ 1978 Abs. 1 S. 1, 280 ff. BGB angesetzt, d. h. der Verschuldensmaßstab modifiziert wird. Entsprechende Vorschläge gibt es sowohl für das von § 1978 BGB in Bezug genommene Auftragsrecht[463] als auch speziell für die Erbenhaftung[464]. Dogmatisch schwer begründbar erscheint demgegenüber eine Kompensation der strengen Verwalterhaftung des Erben durch die generelle Zubilligung einer Vergütung. Hierfür gibt es im Auftragsrecht, das von der Unentgeltlichkeit der Geschäftsbesorgung ausgeht (§ 662 BGB), keine Stütze[465].

bb) Aufwendungsersatzansprüche des Erben und „Nachlasserbenschulden“

Kehrseite der Verwalterhaftung des Erben nach auftragsrechtlichen Grundsätzen ist dessen Recht nach §§ 1978 Abs. 3 Alt. 1, 670 BGB, seine nach Erbschaftsannahme[466] aus dem Privatvermögen getätigten Aufwendungen aus dem Nachlass ersetzt zu verlangen[467]. Nach herrschender Auffassung[468] bedarf es insoweit keines Fremdgeschäftsführungswillens. Es genügt vielmehr, wenn er objektiv ordnungsgemäß gehandelt hat[469].

---

[463] Eingehend *Grigoleit*, VersR 2018, 769, 778 ff. m. w. N.

[464] Siehe *Stein* und *Gramlich* (o. Fn. 425), die für den Maßstab der eigenüblichen Sorgfalt plädieren; ferner *Klook* (wiederum Fn. 425), der dem Erben generell einen Beurteilungsspielraum zubilligt.

[465] *Dobler*, in: Staudinger, BGB, § 1978 Rn. 26; *Küpper*, in: MüKo BGB, § 1978 Rn. 15; siehe aber noch Fn. 481.

[466] Vor Erbschaftsannahme gelten gem. § 1978 Abs. 3 Alt. 2 BGB die §§ 683, 684 BGB, ohne dass sich daraus ein wesentlicher Unterschied ergäbe, siehe etwa *Krug*, in: NK BGB, § 1978 Rn. 34; *Magnus*, in: Soergel, BGB, § 1978 Rn. 13.

[467] Der Aufwendungsersatzanspruch des Erben ist im Nachlassinsolvenzverfahren eine Masseverbindlichkeit (§ 324 Abs. 1 Nr. 1 InsO).

[468] *Dauner-Lieb*, Unternehmen in Sondervermögen, 118 f.; *Ernst*, Haftung des Erben für neue Geschäftsverbindlichkeiten, 18; *Geitner*, Der Erbe in der Insolvenz, 96 f.; *Dobler*, in: Staudinger, BGB, § 1978 Rn. 26; *Herzog*, in: BeckOGK BGB (1. 1. 2025), § 1978 Rn. 71; *Küpper*, in: MüKo BGB, § 1978 Rn. 13; *Magnus*, in: Soergel, BGB, § 1978 Rn. 13. – A. A. *Klinck*, in: jurisPK BGB, § 1978 Rn. 16 (10. 2. 2025); im Zusammenhang mit der Fortführung eines nachlasszugehörigen Unternehmens auch *M. Wolf*, AcP 181 (1981), 480, 507 f.; ebenso *Hahn*, Mehrere Erben als Rechtsträger des einzelkaufmännischen Unternehmens, 108 ff.; *Strothmann*, ZIP 1985, 969, 974.

[469] Unter welchen Voraussetzungen der Erbe wegen der Berichtigung einer Nachlassverbindlichkeit Aufwendungsersatz aus der Masse verlangen kann, bestimmt § 1979 BGB. Sind dessen Voraussetzungen nicht erfüllt, tritt er an die Stelle des befriedigten Gläubigers (§ 326 Abs. 2 InsO).

Ist der Erbe eine Verbindlichkeit eingegangen, kann er gem. § 257 S. 1 BGB Befreiung verlangen. Diesen Befreiungsanspruch können die Gläubiger der zu tilgenden Schuld pfänden und sich überweisen lassen, wodurch er sich in einen Zahlungsanspruch umwandelt[470]. Die herrschende Meinung geht aber von einer Doppelstellung der im Rahmen ordnungsgemäßer Nachlassverwaltung begründeten Verbindlichkeiten als Nachlassverbindlichkeit und Eigenschuld aus und ermöglicht den Gläubigern dadurch auch nach erfolgter Haftungssonderung einen unmittelbaren Zugriff auf den Nachlass (sog. Nachlasseigen- oder Nachlasserbenschulden)[471].

2. Besonderheiten bei nachlasszugehörigen Unternehmen

Schwierigkeiten bereiten die §§ 1975 ff. BGB im unternehmensrechtlichen Kontext. Ein vom Erblasser betriebenes (einzelkaufmännisches) Unternehmen ist als „wirtschaftliche Einheit" Bestandteil des Nachlasses[472]. Von „statischen" Nachlassgegenständen unterscheidet es sich aber dadurch, dass es stetigem Wandel unterliegt und daher „schon nach relativ kurzer Zeit nicht mehr das [ist], was es zur Zeit des Erbfalls war"[473]. Im Falle der Unternehmensfortführung ist es unvermeidbar, dass der Erbe marktbezogene Prognoseentscheidungen treffen und hierbei unternehmerische Risiken eingehen muss[474]. Selbst wenn sich diese Risiken später verwirklichen sollten, bedeutet das nicht, dass die Entscheidung falsch war; unternehmerische Entscheidungen können nicht auf ihre objektive Richtigkeit, sondern nur auf ihre unternehmerische Vertretbarkeit überprüft werden[475]. Bei der Anwen-

[470] Allgemein zu dieser Möglichkeit *Würdinger*, in: Stein/Jonas, ZPO, § 851 Rn. 38.

[471] So bereits RG, Urt. v. 26.3.1917 – IV 398/16, RGZ 90, 91, 93 ff.; ebenso der BGH in st. Rspr., z.B. BGH, Urt. v. 10.2.1960 – V ZR 39/58, BGHZ 32, 60, 64 ff. = NJW 1960, 959, 961 f.; BGH, Urt. v. 25.9.2019 – VIII ZR 138/18, BGHZ 223, 191 = ZEV 2020, 29 Rn. 23; ferner *Grüner*, in: BeckOGK BGB (1.10.2024), § 1967 Rn. 200 ff.; *Kunz*, in: Staudinger, BGB, § 1967 Rn. 171 ff.; *Küpper*, in: MüKo BGB, § 1967 Rn. 17 ff.; *Firsching*, in: Soergel, BGB, § 1967 Rn. 8; näher *Ernst*, Haftung des Erben für neue Geschäftsverbindlichkeiten, 10 ff. – Ablehnend *Dauner-Lieb*, Unternehmen in Sondervermögen, 129 ff.; *Jacoby*, Das private Amt, 71 ff.; kritisch auch schon *Sobich*, Erbengemeinschaft und Handelsgeschäft, 97 ff.

[472] Siehe etwa *Leipold*, in: MüKo BGB, § 1922 Rn. 108 f.; *Fischinger*, in: Soergel, BGB, § 1922 Rn. 105; ferner *Dauner-Lieb*, Unternehmen in Sondervermögen, 156 m.w.N.; siehe aber auch *J. W. Flume*, FS Maier-Reimer, 103, 107 f.

[473] *Dauner-Lieb*, Unternehmen in Sondervermögen, 30; vgl. auch *Karsten Schmidt*, ZGR 1990, 580, 604 im Kontext einer Haftung cum viribus im Umwandlungsrecht: „Die gegenständlich beschränkte Haftung mag auf eine Erbmasse passen, denn diese ist reines Liquidationsvermögen und nach der Vorstellung des Gesetzgebers so tot wie der Erblasser selbst. Handelt es sich um ein lebendes Unternehmen, so gibt sich schon die Gesetzgebung des 19. Jahrhunderts mit dieser Begrenzung nicht zufrieden, wie § 27 HGB zeigt."

[474] *Dauner-Lieb*, Unternehmen in Sondervermögen, 30; *Windel*, Über die Modi der Nachfolge in das Vermögen einer natürlichen Person beim Todesfall, 83.

[475] *Dauner-Lieb*, Unternehmen in Sondervermögen, 25 ff., 185; *Reuter*, ZHR 135 (1971), 511, 520 ff.; *Sobich*, Erbengemeinschaft und Handelsgeschäft, 104 ff.; *Ernst*, Haftung des Erben für neue Geschäftsverbindlichkeiten, 57 ff.

dung der §§ 1975 ff. BGB auf nachlasszugehörige Unternehmen gelten vor diesem Hintergrund einige Besonderheiten[476]:

a) Unternehmensfortführung und Rekonstruktion des Nachlasses

Die Unternehmensfortführung durch den Erben ist nach herrschender Auffassung Nachlassverwaltung i. S. d. § 1978 BGB[477], sodass auch hier der Nachlass bezogen auf den Zeitpunkt des Erbfalls schuldrechtlich zu rekonstruieren ist. Unternehmensvermögen, das noch aus der Hand des Erblassers stammt, ist nach §§ 1978 Abs. 1 S. 1, 667 Alt. 1 BGB herauszugeben, ebenso Vermehrungen des Unternehmensvermögens „aus sich selbst heraus“[478].

Rechtsgeschäftliche Surrogate sollen nach herrschender Auffassung der Herausgabepflicht nach §§ 1978 Abs. 1 S. 1, 667 Alt. 2 BGB wiederum nur dann unterliegen, wenn der Erbe für Rechnung des Nachlasses gehandelt hat; hat er dagegen – wie regelmäßig[479] – für eigene Rechnung gehandelt, soll er dem Nachlass nur zum Ersatz verpflichtet sein. Für nicht ordnungsgemäße Verwaltungsmaßnahmen haftet der Erbe nach §§ 1978 Abs. 1 S. 1, 662, 667, 280 ff. BGB. Umgekehrt kann er Ersatz seiner Aufwendungen[480] nach §§ 1978 Abs. 3 Alt. 1, 670 BGB[481], § 324 Abs. 1 Nr. 1 InsO[482] nur für ordnungsgemäße Verwaltungsmaßnahmen verlangen.

---

[476] Eingehend zum Folgenden *Dauner-Lieb*, Unternehmen in Sondervermögen, 152 ff.

[477] Bereits insoweit abweichend *Sobich*, Erbengemeinschaft und Handelsgeschäft, 106 ff.; *Windel*, Über die Modi der Nachfolge in das Vermögen einer natürlichen Person beim Todesfall, 81 ff.; siehe auch *Raddatz*, Die Nachlaßzugehörigkeit vererbter Personengesellschaftsanteile, 47 ff. – Für die h. M. insbesondere *Ernst*, Haftung des Erben für neue Geschäftsverbindlichkeiten, 52 ff. m. w. N.

[478] Gewinne, die der Erbe erwirtschaftet und seinem Privatvermögen zuführt, gehören nicht zu den „Vermehrungen aus sich selbst heraus“, sondern zu den durch Rechtsgeschäft erzielten Erträgen, siehe *Dauner-Lieb*, Unternehmen in Sondervermögen, 158 f.; – a. A. wohl *Ernst*, Haftung des Erben für neue Geschäftsverbindlichkeiten, 94 f.; *Friedrich*, Die Haftung des endgültigen Erben und des „Zwischenerben“ bei Fortführung eines einzelkaufmännischen Unternehmens, 147; für Nachlasszugehörigkeit der Unternehmensgewinne – allerdings ohne nähere dogmatische Begründung – ferner *Küpper*, in: MüKo BGB, § 1985 Rn. 5; wohl auch *Karsten Schmidt*, in: ders., InsO, Vor § 315 Rn. 15.

[479] Näher *Dauner-Lieb*, Unternehmen in Sondervermögen, 159 f.

[480] Siehe aber die in Fn. 468 Genannten, die das Vorliegen von Aufwendungen bei der Unternehmensfortführung bereits begrifflich ablehnen, weil der Erbe mit Gewinnerzielungsabsicht und damit nicht im fremden Interesse handelt. – Dagegen die zutreffende Kritik bei *Dauner-Lieb*, Unternehmen in Sondervermögen, 189 ff.

[481] Vereinzelt wird dem Erben für die gewerbliche oder berufsmäßige Fortführung des Unternehmens analog § 1877 Abs. 3 BGB (§ 1835 Abs. 3 BGB a. F.) ein Vergütungsanspruch zugebilligt, so etwa *Dobler*, in: Staudinger, BGB, § 1978 Rn. 26; *Küpper*, in: MüKo BGB, § 1978 Rn. 15; jüngst auch BGH, Beschl. v. 24. 7. 2024 – IV ZB 8/23, NJW 2024, 3447 Rn. 16.

[482] Insoweit abweichend *Häsemeyer*, InsR, Rn. 33.05a mit Fn. 15 sowie Rn. 33.18, der § 324 Abs. 1 Nr. 1 InsO auf „werbende“ Verbindlichkeiten in Abgrenzung zu den „verwaltenden“ Verbindlichkeiten nicht anwenden will. Dadurch wird freilich nur der Verteilungs-

Ebenso können neue Nachlassverbindlichkeiten (Nachlasseigenschulden) nur im Rahmen des Ordnungsmäßigkeitsmaßstabs begründet werden[483].

Das hat einmal zur Konsequenz, dass das Betriebsvermögen des Unternehmens sukzessive vom Nachlass in das Eigenvermögen des Erben wandert; an seine Stelle treten schuldrechtliche Ausgleichsansprüche[484]. Vor allem gerät aber der Ordnungsmäßigkeitsmaßstab des § 1978 BGB bei der Fortführung nachlasszugehöriger Unternehmen an seine Grenzen: Bereits die Bestimmung des Anknüpfungspunktes der Ordnungsmäßigkeitsprüfung bereitet Schwierigkeiten. Zum Teil wird hier eine zweistufige Prüfung befürwortet, bei der zunächst auf die „Geschäftsfortführung als solche" abzustellen sei und in einem zweiten Schritt jeder einzelne Geschäftsvorfall auf seine Ordnungsmäßigkeit überprüft werden müsse[485]. Mit Recht hat allerdings Dauner-Lieb darauf hingewiesen, dass die unternehmerische Gesamtstrategie bei der Prüfung der Ordnungsmäßigkeit von entscheidender Bedeutung ist, und stattdessen als Bezugspunkt „die grundsätzlichen Entscheidungen über Unternehmensfortführung und die dabei verfolgte Gesamtstrategie des Erben" vorgeschlagen[486]. Sodann stellt sich allerdings die Frage, unter welchen Voraussetzungen unternehmerische Grundsatzentscheidungen ordnungsgemäß i. S. d. § 1978 BGB sind. Der allgemeine Maßstab, der auf die „ungeschmälerte Erhaltung des Nachlasses als Haftungsmasse"[487] gerichtet ist, passt auf die Unternehmensfortführung bereits im Ausgangspunkt nicht, denn diese ist zwangsläufig mit der Eingehung (vertretbarer) unternehmerischer Risiken verbunden[488]. Folgerichtig wird dem unternehmensfortführenden Erben ein entsprechendes unternehmerisches Ermessen zugestanden[489].

---

konflikt in der Insolvenz entschärft. Die tieferliegenden Probleme der sukzessiven Überführung des Unternehmensvermögens aus dem Nachlass in das Privatvermögen des Erben sowie überhaupt die Belastung des Nachlasses mit den vom Erben im eigenen Interesse eingegangenen unternehmerischen Risiken bleiben aber erhalten, vgl. *Dauner-Lieb*, Unternehmen in Sondervermögen, 191.

[483] So die h. M. auch im Zusammenhang mit der Unternehmensfortführung, siehe etwa BGH, Urt. v. 10. 2. 1960 – V ZR 39/58, BGHZ 32, 60, 64 ff. = NJW 1960, 959, 961 f.; *Ernst*, Haftung des Erben für neue Geschäftsverbindlichkeiten, 70 ff.; *Horn*, in: Erman, BGB, § 1967 Rn. 12; *Kunz*, in: Staudinger, BGB, § 1967 Rn. 234. – Insoweit a. A. *Friedrich*, Die Haftung des endgültigen Erben und des „Zwischenerben" bei Fortführung eines einzelkaufmännischen Unternehmens, 135 ff., 166 ff. m. w. N.

[484] *Dauner-Lieb*, Unternehmen in Sondervermögen, 172; *Ernst*, Haftung des Erben für neue Geschäftsverbindlichkeiten, 81 ff.

[485] BGH, Urt. v. 24. 1. 1973 – IV ZR 140/71, FamRZ 1973, 187, 188; *Muscheler*, Die Haftungsordnung der Testamentsvollstreckung, 410 f.

[486] *Dauner-Lieb*, Unternehmen in Sondervermögen, 166.

[487] Siehe bereits S. 75.

[488] *Dauner-Lieb*, Unternehmen in Sondervermögen, 167; zuvor schon *Reuter*, ZHR 135 (1971), 511, 520 ff.

[489] *Ernst*, Haftung des Erben für neue Geschäftsverbindlichkeiten, 57 ff.; *Dobler*, in: Staudinger, BGB, § 1978 Rn. 12, 26; *Herzog*, in: BeckOGK BGB (1. 1. 2025), § 1978 Rn. 53; *Krug*, in: NK BGB, § 1978 Rn. 24; *Küpper*, in: MüKo BGB, § 1978 Rn. 10; *Burgard*, in:

Hieraus folgert – ausgehend von der Konzeption der herrschenden Meinung zur Verteilung von Chancen und Risiken – Dauner-Lieb, der Erbe erhalte die Möglichkeit, die Erträge aus der Fortführung des nachlasszugehörigen Unternehmens für sich zu behalten, während die Risiken primär der Nachlass zu tragen habe[490]: Für unternehmerisch vertretbare Entscheidungen, die sich als nachteilhaft erweisen, sei der Erbe dem Nachlass nicht zum Ersatz verpflichtet. Er könne sogar umgekehrt Befreiung von den in diesem Zuge eingegangenen Geschäftsverbindlichkeiten nach §§ 1978 Abs. 3 Alt. 1, 670, 257 BGB verlangen[491]. Im Nachlassinsolvenzverfahren nehme er wegen seiner Aufwendungsersatzansprüche die Stellung eines Massegläubigers ein (§ 324 Abs. 1 Nr. 1 InsO)[492] und werde daher gegenüber den Nachlassgläubigern vorrangig befriedigt. Das unternehmerische Risiko werde damit auf diese abgewälzt[493], während die Erträge mangels Fremdgeschäftsführungswillens regelmäßig[494] dem Erben zugutekämen.

Dass die Konzeption der herrschenden Meinung vom Verweis auf das Auftragsrecht nicht gedeckt ist, wurde bereits dargelegt[495]. Wenn man die Auffassung des Bundesgerichtshofes zur zweckwidrigen Mittelverwendung auch im Anwendungsbereich des § 1978 BGB teilt, darf der Erbe seine unternehmerischen Gewinne zwar behalten; ihn trifft jedoch die verschuldensunabhängige Pflicht zur Herausgabe des Nachlasses in seiner ursprünglichen gegenständlichen Zusammensetzung, zu deren Erfüllung er veräußerte Nachlassgegenstände vorrangig wiederbeschaffen muss. Die Übertragung der auftragsrechtlichen Dogmatik zur zweckwidrigen Mittelverwendung auf § 1978 BGB ist damit bei der Unternehmensfortführung auf eigene Rechnung noch problematischer als beim „statischen" Nachlass. Sie würde dazu führen, dass der Erbe im Falle der gegenständlichen Haftungsbeschränkung verpflichtet wäre, seine gesamte unternehmerische Tätigkeit wieder rückgängig zu machen – ein kaum praktikables Ergebnis.

Folgt man dem generell nicht oder gelangt man zumindest im konkreten Einzelfall gem. § 275 BGB zum Ausschluss der Leistungspflicht nach § 667 BGB, können rechtsgeschäftliche Surrogate auch bei Eigengeschäften des Erben nach §§ 275 Abs. 4, 285 BGB herausverlangt werden. Die Gefahr eines Wirtschaftens auf Risiko des Nachlasses besteht damit nicht. Vielmehr entschärft die Zubilligung eines unternehmerischen Ermessens die beim „statischen" Nachlass für den Erben

---

Staub, HGB, § 27 Rn. 16; *Reuschle*, in: Ebenroth/Boujong, HGB, § 27 Rn. 6, 21; *Thiessen*, in: MüKo HGB, § 27 Rn. 36; *Vossler*, in: Oetker, HGB, § 27 Rn. 31; vgl. auch OLG Düsseldorf, Urt. v. 29.3.1996–7 U 45/95, MittRhNotK 1997, 189, 190.

[490] *Dauner-Lieb*, Unternehmen in Sondervermögen, 185 f.

[491] Als Nachlasseigenschulden belasten diese den Nachlass sogar unmittelbar, s.o. auf S. 84.

[492] Siehe aber Fn. 482.

[493] Vgl. bereits *Reuter*, ZHR 135 (1971), 511, 519.

[494] *Dauner-Lieb*, Unternehmen in Sondervermögen, 159 f.

[495] S. 80 ff.

ungewöhnlich harte Regelung und führt bei der Unternehmensfortführung durch den Erben noch eher zu interessengerechten Ergebnissen, sofern man der verschuldensunabhängigen Wiederbeschaffungspflicht bei Eigengeschäften des Erben eine Absage erteilt.

Der Sonderfall der Unternehmensfortführung kann allerdings schwerlich den Maßstab für den Umgang mit § 1978 BGB bilden; er ändert also nichts daran, dass die Regelung im Normalfall eine einseitige Belastung des Erben und Begünstigung der Nachlassgläubiger bewirkt. Wird aber die Erbenhaftung ausgehend vom Normalfall des „statischen" Nachlasses entschärft, birgt eine weitere Entschärfung bei der Unternehmensfortführung durch die Zubilligung eines unternehmerischen Ermessens in der Tat die Gefahr, dass der Erbe auf Kosten der Nachlassgläubiger übermäßig privilegiert wird[496]. Insofern ist die Grundannahme richtig, dass das System der Erbenhaftung ohne Korrekturen nicht gleichzeitig sowohl für den „statischen" Nachlass als auch für nachlasszugehörige Unternehmen einen angemessenen Ausgleich zwischen den Interessen des Erben einerseits und der Nachlassgläubiger andererseits erzielen kann.

b) Erbrechtliche und handelsrechtliche Haftung

Eine weitere Besonderheit bei der Fortführung eines nachlasszugehörigen Unternehmens hält das Handelsrecht bereit: Der Erbe haftet auch für die vom Erblasser begründeten Geschäftsverbindlichkeiten bereits erbrechtlich im Ausgangspunkt unbeschränkt (§§ 1922 Abs. 1, 1967 BGB). Daneben ordnet § 27 Abs. 1 i. V. m. § 25 HGB für die früheren Geschäftsverbindlichkeiten im Falle der Geschäftsfortführung eine unbeschränkte handelsrechtliche Haftung an. Die Bedeutung dieser Haftungsanordnung liegt vor allem darin, dass sie nur nach Maßgabe der handelsrechtlichen Bestimmungen ausgeschlossen werden kann und die erbrechtlichen Haftungsbeschränkungsmöglichkeiten (§§ 1975 ff. BGB) hierdurch begrenzt[497]. Die Einzelheiten sind dabei freilich nach wie vor äußerst umstritten.

Die herrschende Auffassung[498] hält in Übereinstimmung mit Wortlaut[499] und Entstehungsgeschichte[500] der Vorschrift sowie der Systematik des HGB[501] an der

---

[496] Zweifelnd *Burgard*, in: Staub, HGB, § 27 Rn. 16.

[497] Siehe bereits oben bei Fn. 372.

[498] *Friedrich*, Die Haftung des endgültigen Erben und des „Zwischenerben" bei Fortführung eines einzelkaufmännischen Unternehmens, 52, 61; *Geitner*, Der Erbe in der Insolvenz, 141 f.; *Hohensee*, Die unternehmenstragende Erbengemeinschaft, 247 ff.; *Canaris*, HandelsR, § 7 Rn. 109; *Burgard*, in: Staub, HGB, § 27 Rn. 37; *Förster*, in: Heymann, HGB, § 27 Rn. 15; *Merkt*, in: Hopt, HGB, § 27 Rn. 3; *Reuschle*, in: Ebenroth/Boujong, HGB, § 27 Rn. 13; *Steitz*, in: Ensthaler, HGB, § 27 Rn. 6, 11; *Thiessen*, in: MüKo HGB, § 27 Rn. 24 f., 45; *Vossler*, in: Oetker, HGB, § 27 Rn. 14; jetzt auch *Schall*, in: NK HGB, § 27 Rn. 12.

[499] Nach § 27 Abs. 1 HGB finden „*die* Vorschriften des § 25 entsprechende Anwendung" (Hervorhebung durch den Verfasser).

Einordnung als Rechtsgrundverweisung und damit zugleich am Erfordernis der Firmenfortführung fest. Auch ein Haftungsausschluss entsprechend § 25 Abs. 2 HGB wird überwiegend zugelassen[502]. Der Erwerb eines Handelsgeschäfts von Todes wegen (§ 27 HGB) wird also haftungsrechtlich genauso behandelt wie derjenige unter Lebenden (§ 25 HGB).

Es gibt allerdings auch Gegenstimmen, die sich weniger im Ergebnis als vielmehr in der Begründung voneinander unterscheiden. Zu nennen sind hier erstens diejenigen, die in den erbrechtlichen Haftungsbeschränkungsmöglichkeiten bei der Fortführung eines nachlasszugehörigen Unternehmens die – wie gezeigt in dieser Form tatsächlich nicht zwingend bestehende – Gefahr sehen, dass der Erbe die Erträge für sich behalten kann, während die unternehmerischen Risiken zulasten des Nachlasses gehen[503]. Zweitens hat Karsten Schmidt[504] ein Gegenmodell zur herrschenden Meinung herausgearbeitet, das § 27 HGB nicht nach § 25 HGB ausrichtet, sondern auf die Parallelität der § 27 Abs. 1 und 2 HGB zu den §§ 127, 131 HGB[505] und den in diesen Vorschriften zum Ausdruck kommenden Gedanken der haftungsrechtlichen Gleichbehandlung von Alt- und Neugläubigern bei der Fortführung eines Unternehmens hinweist. Von beiden Standpunkten aus konsequent wird § 27 Abs. 1 HGB als Rechtsfolgenverweisung verstanden und ein Haftungsausschluss folglich weder durch Firmenänderung noch entsprechend § 25 Abs. 2 HGB zugelassen, sondern nur durch Einstellung der Geschäftsfortführung binnen dreimonatiger Frist (§ 27 Abs. 2 HGB)[506]. Jeweils wiederum konsequent wird eine

---

[500] Denkschrift zum HGB bei *Hahn/Mugdan*, Materialien VI (HGB), 220: „Falls daher der Erbe die bisherige Firma mit oder ohne Beifügung eines das Nachfolgeverhältniß andeutenden Zusatzes beibehält [...], haftet er für die Geschäftsverbindlichkeiten mit seinem ganzen Vermögen, ohne Rücksicht auf die Vorschriften des bürgerlichen Rechtes, wonach die Haftung des Erben für die Nachlaßverbindlichkeiten unter gewissen Voraussetzungen auf den Nachlaß beschränkt ist."

[501] In § 28 HGB hat der Gesetzgeber – anders als in § 27 HGB – bereits im Wortlaut kenntlich gemacht, dass es auf die Firmenfortführung nicht ankommt.

[502] RG, Urt. v. 2. 12. 1903 – I 293/03, RGZ 56, 196, 198; *Friedrich*, Die Haftung des endgültigen Erben und des „Zwischenerben" bei Fortführung eines einzelkaufmännischen Unternehmens, 56 ff., 90 f.; *Geitner*, Der Erbe in der Insolvenz, 145 ff.; *Canaris*, HandelsR, § 7 Rn. 111; *Burgard*, in: Staub, HGB, § 27 Rn. 53; *Förster*, in: Heymann, HGB, § 27 Rn. 39; *Merkt*, in: Hopt, HGB, § 27 Rn. 8; *Steitz*, in: Ensthaler, HGB, § 27 Rn. 13; *Thiessen*, in: MüKo HGB, § 27 Rn. 46 ff.; *Vossler*, in: Oetker, HGB, § 27 Rn. 25; *Schall*, in: NK HGB, § 27 Rn. 21; – insoweit a. A. *Hohensee*, Die unternehmenstragende Erbengemeinschaft, 253 ff.; *Reuschle*, in: Ebenroth/Boujong, HGB, § 27 Rn. 35.

[503] So insbesondere *Lieb*, FS Börner, 747, 760 f.; *ders.*, in: MüKo HGB, 2. Aufl. 2005, § 27 wie zuvor schon in der 1. Aufl. (anders jetzt *Thiessen* in der 6. Aufl. 2025, § 27 Rn. 5 f., 24 f., 44 ff.); *Dauner-Lieb*, Unternehmen in Sondervermögen, 206 ff., 217 ff., 512 ff.; ähnlich *Reuter*, ZHR 135 (1971), 511, 514 ff.

[504] *Karsten Schmidt*, ZHR 157 (1993), 600 ff.; *ders.*, HandelsR, § 8 Rn. 130 ff.

[505] §§ 130, 139 HGB a. F.

[506] *Lieb*, in: MüKo HGB, 2. Aufl. 2005, § 27 Rn. 32, 50; *Dauner-Lieb*, Unternehmen in Sondervermögen, 209; *Karsten Schmidt*, ZHR 157 (1993), 600, 611 f., 615; *ders.*, HandelsR,

Analogie zu § 27 HGB bei der Fortführung nichtkaufmännischer Unternehmen von Vertretern der Gegenauffassungen überwiegend befürwortet[507].

c) Das Unternehmen als Nachlassgegenstand auf Zeit

Schließlich geht die wohl überwiegende Meinung[508] davon aus, dass ein nachlasszugehöriges, vom Erben fortgeführtes Unternehmen im Laufe der Zeit eine persönliche Prägung durch den Erben als Unternehmer erhält, mithin unter bestimmten, im Einzelnen allerdings streitigen Voraussetzungen[509] als „sein" Unternehmen anzusehen ist und vom Nachlass in das Privatvermögen des Erben übergeht. Aus dem Nachlass ausscheiden soll dabei aber nur das „Unternehmen als solches", nicht dagegen das gesamte Unternehmensvermögen[510]. Ist das Unternehmen hiernach aus dem Nachlass ausgeschieden, soll der Erbe nach Maßgabe des § 1978 BGB ersatzpflichtig[511], die weitere Unternehmensfortführung fortan aber nicht mehr als Nachlassverwaltung zu qualifizieren sein[512].

---

§ 8 Rn. 131, 135 ff., 145 ff.; auch *J. W. Flume*, FS Maier-Reimer, 103, 117; *Ries*, in: Röhricht/Graf v. Westphalen, HGB, § 27 Rn. 18, 41 f.

[507] *Lieb*, FS Börner, 747, 760 f.; *ders.*, in: MüKo HGB, 2. Aufl. 2005, § 27 Rn. 47 (anders aber *Thiessen* in der 6. Aufl. 2025, § 27 Rn. 41); *Dauner-Lieb*, Unternehmen in Sondervermögen, 206 ff., 217 ff., 512 ff.; *Karsten Schmidt*, HandelsR, § 8 Rn. 133. – Ablehnend aber *Ries*, in: Röhricht/Graf v. Westphalen, HGB, § 27 Rn. 7; ebenso die h. M., *Geitner*, Der Erbe in der Insolvenz, 176 f.; *Canaris*, HandelsR, § 7 Rn. 113; *Förster*, in: Heymann, HGB, § 27 Rn. 5; *Merkt*, in: Hopt, HGB, § 27 Rn. 2; *Schall*, in: NK HGB, § 27 Rn. 6; *Vossler*, in: Oetker, HGB, § 27 Rn. 6.

[508] OLG Braunschweig, Urt. v. 23. 7. 1909 – FerienZS, OLGR 19, 231, 232; *Friedrich*, Die Haftung des endgültigen Erben und des „Zwischenerben" bei Fortführung eines einzelkaufmännischen Unternehmens, 144 ff.; *Geitner*, Der Erbe in der Insolvenz, 155 ff.; *Windel*, Über die Modi der Nachfolge in das Vermögen einer natürlichen Person beim Todesfall, 80 f.; *Mückenberger*, KuT 1936, 100, 101; *Reuter*, ZHR 135 (1971), 511, 515 ff.; *Döbereiner*, in: Gottwald/Haas, InsR-Hdb, § 112 Rn. 16; *M. Siegmann/Scheuing*, in: MüKo InsO, Anh. § 315 Rn. 16; *Küpper*, in: MüKo BGB, § 1978 Rn. 7, § 1985 Rn. 5; – ablehnend *Dauner-Lieb*, Unternehmen in Sondervermögen, 173 ff. u. 29 („bei unbefangener Betrachtungsweise geradezu absonderliche Theorie"); kritisch auch *Thiessen*, in: MüKo HGB, § 27 Rn. 37.

[509] Näher *Ernst*, Haftung des Erben für neue Geschäftsverbindlichkeiten, 81 ff.

[510] *Windel*, Über die Modi der Nachfolge in das Vermögen einer natürlichen Person beim Todesfall, 80 f. mit Fn. 19; *Mückenberger*, KuT 1936, 100, 101; *M. Siegmann/Scheuing*, in: MüKo InsO, Anh. § 315 Rn. 16; – a. A. *Ernst*, Haftung des Erben für neue Geschäftsverbindlichkeiten, 93 f., 99 ff.; *Geitner*, Der Erbe in der Insolvenz, 155 f.

[511] *Reuter*, ZHR 135 (1971), 511, 517; *Mückenberger*, KuT 1936, 100, 101; *Küpper*, in: MüKo BGB, § 1985 Rn. 5.

[512] *Friedrich*, Die Haftung des endgültigen Erben und des „Zwischenerben" bei Fortführung eines einzelkaufmännischen Unternehmens, 145; *Muscheler*, Die Haftungsordnung bei der Testamentsvollstreckung, 406; *Reuter*, ZHR 135 (1971), 511, 516, 517.

3. Zwischenergebnis

Dieser Überblick über das gesetzliche System der Erbenhaftung hat gezeigt, dass bereits bei der grundlegenden Weichenstellung zwischen primärer Herausgabepflicht des Erben nach § 667 BGB und Sekundäransprüchen (vgl. § 275 Abs. 4 BGB) erhebliche Unsicherheiten bestehen. Sowohl die Annahme einer verschuldensunabhängigen Herausgabepflicht des Erben nach § 667 BGB bei zweckwidriger Mittelverwendung als auch eine willensunabhängige Pflicht zur Herausgabe rechtsgeschäftlicher Surrogate nach § 285 BGB lassen die Regelung des § 1978 BGB als für den Erben unangemessen harte und daher korrekturbedürftige Regelung erscheinen.

Soweit man allerdings solche Korrekturen vornimmt, droht der Interessenausgleich bei der Fortführung nachlasszugehöriger Unternehmen zulasten der Nachlassgläubiger zu kippen, denn dem Erben wird hier bereits ein unternehmerisches Ermessen zugestanden. Sofern man die Haftung des Erben nach § 1978 BGB beim statischen Nachlass korrigiert, bedarf dies seinerseits der Korrektur für den Fall der Unternehmensfortführung. Insgesamt ist das gesetzliche System der Erbenhaftung auf diesen Sonderfall nicht zugeschnitten. Das zeigt sich besonders deutlich an den Schwierigkeiten im Umgang mit dem Ordnungsmäßigkeitsmaßstab des § 1978 BGB und an den Bestrebungen, den Anwendungsbereich des § 1978 BGB zurückzudrängen – sei es durch eine extensive Anwendung des § 27 HGB, die indes mit Wortlaut, Systematik und Entstehungsgeschichte der Vorschrift kaum mehr vereinbar ist, sei es durch den von der herrschenden Auffassung befürworteten Übergang des Unternehmens in das Eigenvermögen des Erben.

4. Übertragung auf § 712a Abs. 1 BGB

Über diese Probleme, die die §§ 1975 ff. BGB generell und vor allem auch speziell im unternehmensrechtlichen Kontext mit sich bringen, muss man sich im Klaren sein, wenn man über die analoge Anwendung dieser Vorschriften auf § 712a Abs. 1 BGB diskutiert – eine Regelung, die zwar nicht ausschließlich, aber sehr häufig unternehmensrechtliche Sachverhalte betrifft[513].

a) Haftung des letztverbleibenden Gesellschafters analog §§ 419, 1967, 1990, 1991 BGB

Erste Überlegungen zur Gleichstellung des Erlöschens einer Personengesellschaft mit dem Tod einer natürlichen Person, des letztverbleibenden Gesellschafters mit dem Erben und des Gesellschaftsvermögens mit dem Nachlass stellte bereits

[513] Vgl. auch *Windel*, in: Jaeger, InsO, § 315 Rn. 29 ff., der aufgrund der Schwierigkeiten bei der Analogiebildung den Anwendungsbereich der erbrechtlichen Vorschriften eingrenzen möchte; – insgesamt kritisch jedoch *Görg*, FS Runkel, 313, 327 f.

Marotzke[514] an. Er sah § 419 BGB a.F. und § 1967 BGB als spezielle Ausprägungen eines allgemeinen Rechtsgrundsatzes an, dass derjenige, der durch Rechtsgeschäft oder kraft Gesetzes ein Vermögen übernimmt, für die hierauf lastenden Verbindlichkeiten haften müsse, allerdings mit der Möglichkeit einer Beschränkung dieser Haftung auf das übernommene Vermögen (§ 419 Abs. 2 BGB a.F., §§ 1975 ff. BGB)[515]. Der Umstand, dass es sich beim liquidationslosen Erlöschen der Personengesellschaft um eine gesetzliche Vermögensübernahme handelt, stehe zwar der direkten Anwendung des § 419 Abs. 2 BGB entgegen, rücke diese Konstellation aber zugleich in die Nähe des § 1967 BGB[516]. Für die Herbeiführung der Haftungsbeschränkung zog er allerdings nicht die erbrechtlichen Instrumente in ihrer Gesamtheit heran, sondern griff entsprechend der Regelung bei der Vermögensübernahme (§ 419 Abs. 2 BGB a.F.) nur auf die §§ 1990, 1991 BGB zurück[517]. Seine Lösung stand damit derjenigen über § 27 HGB letztlich doch wieder recht nahe, lieferte aber immerhin eine positive Begründung für die Haftungsbeschränkung und die Verwalterhaftung des letzten Gesellschafters.

b) Unternehmensinsolvenz und Unternehmensverwaltung (§§ 1975ff. BGB, §§ 315ff. InsO, § 27 HGB analog)

Verbreitet wird heute aus der vom Bundesgerichtshof[518] befürworteten ipso iure gegenständlich beschränkten Haftung des letzten Gesellschafters bzw. einer behaupteten Sondervermögensqualität des übergegangenen Gesellschaftsvermögens die Schlussfolgerung gezogen, dass diese besondere Haftungslage die Durchführung eines auf das Gesellschaftsvermögen beschränkten Partikularinsolvenzverfahrens in Anlehnung an das Nachlassinsolvenzverfahren rechtfertige[519]. Auch der IX. Zivilsenat hat jüngst in seinem Urteil vom 6. März 2025 – ohne sich von der Rechtsprechung des II. Zivilsenats zur Haftungsbeschränkung zu distanzieren[520] – die grundsätzliche Möglichkeit eines Sonderinsolvenzverfahrens über das Gesellschaftsvermögen anerkannt[521], hierbei allerdings die Einzelheiten der Ausgestaltung dieses Sonderinsolvenzverfahrens explizit offengelassen[522]. Eine dogmatisch konsequente Lösung in Anlehnung an das Recht der Erbenhaftung ist das jedenfalls nicht, denn dort ist nicht die Durchführung eines Partikularinsolvenzverfahrens die

514 *Marotzke*, ZHR 156 (1992), 17, 27 ff.

515 *Marotzke*, ZHR 156 (1992), 17, 28.

516 *Marotzke*, ZHR 156 (1992), 17, 28 f.

517 *Marotzke*, ZHR 156 (1992), 17, 29; – anders aber *ders.*, ZInsO 2009, 590, 593 ff.

518 S.o. auf S. 67 ff.

519 Näher unten auf S. 108 f.

520 S.o. Fn. 363.

521 BGH, Urt. v. 6.3.2025 – IX ZR 234/23, ZRI 2025, 288 Rn. 26 ff.

522 BGH, Urt. v. 6.3.2025 – IX ZR 234/23, ZRI 2025, 288 Rn. 29 f.

Konsequenz der beschränkten Haftung bzw. Sondervermögensqualität, sondern es verhält sich gerade umgekehrt[523].

Für eine umfassende Gleichstellung des liquidationslosen Erlöschens einer (Handels-)Personengesellschaft mit dem Tod eines einzelkaufmännischen Unternehmers sind demgegenüber Bork/Jacoby[524] eingetreten. Ihr Vorschlag geht dahin, die Haftungsordnung beim Ausscheiden des einzigen Komplementärs aus der zweigliedrigen KG in Analogie zu §§ 1975 ff. BGB, § 27 HGB zu bestimmen. Wie der Erbe eines Einzelkaufmanns könne auch der Kommanditist als Gesamtrechtsnachfolger der KG seine Haftung durch Herbeiführung einer amtlichen „Unternehmensliquidation" („Unternehmensinsolvenz" und „Unternehmensverwaltung")[525] auf das ihm zugefallene Gesellschaftsvermögen beschränken (§ 1975 BGB analog). Die Antragsberechtigung richte sich nach den allgemeinen Regeln (§ 1981 BGB, § 317 InsO), stehe also neben dem letzten Gesellschafter auch den Gesellschaftsgläubigern[526] zu[527]. Flankierend sei jedoch auch die handelsrechtliche Haftung nach § 27 HGB analog heranzuziehen[528]. Bei unbeschränkter Haftung des Kommanditisten nach §§ 27, 25 HGB komme eine amtliche Nachlassliquidation nicht in Betracht, und zwar – entgegen § 2013 BGB – auch nicht auf Antrag eines Gesellschaftsgläubigers[529]. Für den Fall der Fortführung des Unternehmens durch den Kommanditisten sollen außerdem die §§ 1978 f. BGB Anwendung finden[530]. Die vorstehenden Grundsätze sollen jedoch letztlich nicht auf den Kommanditisten als letztverbleibenden Gesellschafter beschränkt sein, sondern auch dann Anwendung finden, wenn das Gesellschaftsvermögen auf einen persönlich haftenden Gesellschaftsgläubiger übergeht[531]. Dies sei vor allem im Gläubigerinteresse geboten, denn eine Verschlechterung ihrer Befriedigungschancen aufgrund der Gesamtrechtsnachfolge sei sachlich nicht gerechtfertigt. Der Vorschlag von Bork/Jacoby dürfte damit letztlich auf sämtliche Fälle des § 712a Abs. 1 BGB anwendbar sein.

---

[523] Zutreffend *Seeger*, Das Ausscheiden des einzigen Komplementärs, 155.

[524] *Bork/Jacoby*, ZGR 2005, 612, 639 ff.; ihnen folgend *Schlottmann*, Wegfall und Entmachtung des einzigen Komplementärs, 219 ff.; *Seeger*, Das Ausscheiden des einzigen Komplementärs, 148 ff.; *Marotzke*, ZInsO 2009, 590, 593 ff.; so auch noch *Schäfer*, in: Habersack/Schäfer, OHG, 2. Aufl. 2019, § 131 Rn. 114 (anders jetzt *ders.*, in: Staub, HGB, 6. Aufl. 2024, § 130 Rn. 38); wohl auch *Dobler*, in: Staudinger, BGB, § 1975 Rn. 54; *Fridgen*, in: BeckOK InsR, § 315 Rn. 55 ff.; *Hirte*, in: Uhlenbruck, InsO, § 11 Rn. 244; *Karsten Schmidt*, in: ders., InsO, Vor § 315 Rn. 32; grundsätzlich auch *Windel*, in: Jaeger, InsO, § 315 Rn. 29 ff.; offen *Marotzke*, in: HK InsO, Vor §§ 315–334 Rn. 12.

[525] So die Terminologie von *Bork/Jacoby*, ZGR 2005, 612, 641. – *Seeger*, Das Ausscheiden des einzigen Komplementärs, 150 Fn. 642 spricht stattdessen von „Gesellschaftsnachlassinsolvenz" und „Gesellschaftsnachlassverwaltung".

[526] Nicht aber den Privatgläubigern des letzten Gesellschafters, vgl. S. 72.

[527] *Bork/Jacoby*, ZGR 2005, 612, 641 f.

[528] *Bork/Jacoby*, ZGR 2005, 612, 640 f.

[529] *Bork/Jacoby*, ZGR 2005, 612, 642.

[530] *Bork/Jacoby*, ZGR 2005, 612, 644 f.

[531] *Bork/Jacoby*, ZGR 2005, 612, 646 f.

c) Zur Notwendigkeit einer Haftungssonderung bei gegenständlicher Haftungsbeschränkung

Prima facie erscheint es wenig überzeugend, auf die Durchführung eines amtlichen Liquidationsverfahrens zu verzichten und dem Gesamtrechtsnachfolger eine gegenständliche Haftungsbeschränkung generell im Wege der Einrede nach §§ 1990 f. BGB oder gar ipso iure zu ermöglichen. Denn das Gesetz erlaubt den Verzicht auf ein geordnetes Abwicklungsverfahren im Rahmen der Dürftigkeitseinrede nur deshalb, weil eine zumindest die Verfahrenskosten abdeckende Masse nicht vorhanden ist[532]. Weitet man allerdings mit Marotzke, der sich auf § 419 BGB a.F. stützte, die Perspektive auf den entsprechenden Anwendungsbereich der §§ 1975 ff., 1990 f. BGB aus, ergibt sich ein weniger klares Bild: Auch ohne Dürftigkeit des abzuwickelnden Vermögens verzichtet das Gesetz in bestimmten Fällen auf ein amtliches Liquidationsverfahren, namentlich im Fall des § 1629a BGB, der dem volljährig Gewordenen in Bezug auf seine Altverbindlichkeiten eine gegenständliche Haftungsbeschränkung auf sein Altvermögen einräumt. Die entscheidende Frage ist also, warum der Gesetzgeber gegenständliche Haftungsbeschränkungen nicht allgemein von der Einleitung eines amtlichen Liquidationsverfahrens abhängig macht bzw. unter welchen Voraussetzungen eine Vermögensmasse gesondert abgewickelt werden kann und muss[533].

Zu kurz gegriffen wäre es dabei, die Notwendigkeit einer Haftungssonderung bereits daraus zu folgern, dass den Gläubigern – wenn ihre Zugriffsmöglichkeiten schon gegenständlich beschränkt werden – immerhin der betreffende Haftungsfonds erhalten bleiben und zur ausschließlichen Verfügung stehen muss[534]. Denn auch im Falle der Dürftigkeitseinrede darf das Vermögen, auf das die Haftung beschränkt wird, nur zur Befriedigung der in ihren Zugriffsmöglichkeiten entsprechend beschränkten Gläubigern verwendet werden; eine Verwendung zur Befriedigung sonstiger Verbindlichkeiten stellt einen Verstoß gegen die Verwaltungspflicht nach §§ 1991 Abs. 1, 1978 Abs. 1 BGB dar, der zur Haftung mit dem gesamten (auch Privat-)Vermögen führt. Die Frage ist also weniger, ob als notwendiges Gegenstück zur gegenständlichen Haftungsbeschränkung sichergestellt sein muss, dass die erfasste Vermögensmasse ausschließlich zur Befriedigung der betroffenen Gläubiger vorgesehen ist – das ist in jedem Fall zu bejahen. Es geht vielmehr darum, ob dieses Ergebnis durch eine Haftungssonderung abgesichert werden muss oder ob es mit der schuldrechtlichen Verwaltungspflicht sein Bewenden hat.

---

[532] S. o. auf S. 71 f.

[533] Dazu sogleich auf S. 95 ff., insb. 113 ff.

[534] In diesem Sinne aber *Bork/Jacoby*, ZGR 2005, 611, 638 f.; *Schlottmann*, Wegfall und Entmachtung des einzigen Komplementärs, 223 ff.

§ 4 Haftungssonderung und Insolvenzverfahren

Damit rückt die Kehrseite der Verschmelzung des Gesellschaftsvermögens mit dem Privatvermögen ins Blickfeld. Die ganz überwiegende Meinung[535] hält es für geboten, insbesondere die Gesellschaftsgläubiger davor zu schützen, dass sie nach der Gesamtrechtsnachfolge mit den Eigengläubigern des übernehmenden Gesellschafters um das vormals ihnen reservierte Gesellschaftsvermögen (vgl. § 722 Abs. 1 BGB, § 129 Abs. 1 HGB[536]) konkurrieren. Obwohl die hierfür entwickelten Ansätze konstruktiv sehr verschieden sind, stimmen sie in ihrer Zielsetzung weitgehend überein: Das Gesellschafts- bzw. Unternehmensvermögen soll haftungs- und insolvenzrechtlich vom Privatvermögen des letzten Gesellschafters separiert werden, um es dem Zugriff der Privatgläubiger zu entziehen. Aber auch die Eigengläubiger des Gesellschafters sollen nach teilweise vertretener Auffassung[537] schutzwürdig sein, denn bei werthaltigem Privatvermögen des Gesellschafters müssten sie mit den Gläubigern der maroden Gesellschaft konkurrieren.

A. Gesamt- und Sonderinsolvenzverfahren

Da das Insolvenzverfahren vor allem der Haftungsrealisierung zugunsten der Insolvenzgläubiger dient[538], richtet sich die insolvenzmäßige Abwicklung letztlich nach den Haftungsverhältnissen; die materiell-rechtliche Haftungslage zeichnet den Kreis der Insolvenzgläubiger vor. Zugleich wirkt sich der Insolvenzbeschlag aber auch umgekehrt auf die materiell-rechtliche Haftungslage aus, indem er Neugläubiger vom Zugriff auf die Insolvenzmasse ausschließt (vgl. § 38 InsO).

---

[535] So jetzt auch BGH, Urt. v. 6.3.2025 – IX ZR 234/23, ZRI 2025, 288 Rn. 27 f.; zuvor schon AG Hamburg, Beschl. v. 10.1.2006–67a IN 599/05, ZIP 2006, 390, 391; AG Hamburg, Beschl. v. 8.7.2009–67a IN 220/09, ZInsO 2009, 2404 f.; AG Köln, Beschl. v. 23.4.2009–74 IN 306/08, NZI 2009, 621; *Schlottmann*, Wegfall und Entmachtung des einzigen Komplementärs, 205, 233 f.; *Seeger*, Das Ausscheiden des einzigen Komplementärs, 136; *Bork/Jacoby*, ZGR 2005, 611, 637 ff., 646 f.; *Marotzke*, ZInsO 2009, 590, 593; *Reiswich*, ZInsO 2010, 1809, 1814, 1815 f.; *Eckardt*, in: Heidel, GbR, Anh. § 729 Rn. 4; in der Sache auch *Fridgen*, NZI 2019, 350; siehe auch *Freitag*, ZGR 2021, 534, 545 f.

[536] § 124 Abs. 2 HGB a.F.

[537] AG Köln, Beschl. v. 23.4.2009–74 IN 306/08, NZI 2009, 621; *Seeger*, Das Ausscheiden des einzigen Komplementärs, 136.

[538] *Henckel*, FS Merz, 197, 202 f.; *Bork*, InsR, Rn. 3; *Gundlach*, in: Gottwald/Haas, InsR-Hdb, § 5 Rn. 1; ausführlich *Thole*, Gläubigerschutz durch Insolvenzrecht, 51 ff.; siehe auch BT-Drs. 12/2443, 83 („Hauptzweck“).

I. Gesamtinsolvenzverfahren als Grundsatz

Weil im Grundsatz das gesamte pfändbare Vermögen eines Rechtssubjekts unterschiedslos sämtlichen Gläubigern haftet, findet regelmäßig ein Gesamtinsolvenzverfahren statt[539]. Vor diesem Hintergrund versteht sich die „Grundregel: Eine Person, ein Vermögen, ein Insolvenzverfahren“[540].

II. Nachzeichnung eines Sondervermögens durch Sonderinsolvenzverfahren

Anders verhält es sich, wenn ein Teil des Vermögens eines Rechtssubjekts haftungsrechtlich abgegrenzt, also nur bestimmten Gläubigern dieses Rechtssubjekts verhaftet ist[541]: Hier zeichnet das Gesetz diese besondere Haftungslage durch ein Sonderinsolvenzverfahren nach. Der Abwicklung in diesem Verfahren unterliegt nicht das gesamte Vermögen des Rechtsträgers, sondern nur der haftungsrechtlich abgesonderte Teil hiervon, d.h. das „Sonder“-Vermögen. Ein derartiges Sondervermögen, das einer bestimmten Gläubigergruppe vorbehalten ist, ist bspw. in der Gütergemeinschaft beim gemeinschaftlich verwalteten Gesamtgut gegeben[542]. Denn hier haftet das Gesamtgut nur für Gesamtgutsverbindlichkeiten; um solche handelt es sich aber gerade nicht bei allen Verbindlichkeiten der Ehegatten (vgl. § 1459 Abs. 1 BGB). Aus dieser haftungsrechtlichen Absonderung des Gesamtguts rechtfertigt sich die Zulassung eines Sonderinsolvenzverfahrens (§ 11 Abs. 2 Nr. 3 Var. 3 InsO). Anders ist dies bei alleiniger Verwaltung des Gesamtguts durch einen Ehegatten: Hier sind sämtliche Verbindlichkeiten des verwaltenden Ehegatten Gesamtgutsverbindlichkeiten (§ 1437 Abs. 1 Hs. 1 BGB). Folgerichtig wird das Gesamtgut im Insolvenzverfahren über das Vermögen des verwaltenden Ehegatten abgewickelt (§ 37 Abs. 1 InsO).

III. Konstituierung eines Sondervermögens durch Partikularverfahren

Von den soeben geschilderten Fällen, in denen das Sonderinsolvenzverfahren ein bereits bestehendes Sondervermögen nachzeichnet, sind wiederum diejenigen zu

---

[539] *Henckel*, in: Jaeger, KO, 9. Aufl. 1997, § 1 Anm. 150.

[540] *Henckel*, in: Jaeger, InsO, 1. Aufl. 2004, § 35 Rn. 131; ebenso jetzt *H.-F. Müller* in der 2. Aufl. 2023, § 35 Rn. 168.

[541] Grundlegend *Henckel*, in: Jaeger, KO, 9. Aufl. 1997, § 1 Anm. 149 ff.; siehe auch BGH, Urt. v. 6.3.2025 – IX ZR 234/23, ZRI 2025, 288 Rn. 22.

[542] Siehe aber auch *Henckel*, in: Jaeger, KO, 9. Aufl. 1997, § 1 Anm. 151.

unterscheiden[543], in denen die Durchführung eines Partikularverfahrens ein zuvor nur „potentielles“[544] Sondervermögen überhaupt erst konstituiert. Die Sondervermögensqualität ist hier also nicht die Ursache, sondern das Ziel des Sonderinsolvenzverfahrens. Paradigmatisch sind insoweit die §§ 1975 ff. BGB, §§ 315 ff. InsO. Denn mit dem Erbfall[545] verschmelzen Nachlass und Erbenprivatvermögen haftungsrechtlich zunächst zu einer einheitlichen Vermögensmasse, auf die sowohl Nachlassgläubiger als auch Privatgläubiger zugreifen können. Nachlass und Privatvermögen können jedoch durch Einleitung eines amtlichen Liquidationsverfahrens wieder voneinander getrennt werden[546]. Das Sonderinsolvenzverfahren knüpft hier nicht an eine bestehende Haftungslage an, sondern es stellt – neben der Nachlassverwaltung – ein Instrument dar, mit dem eine Veränderung der Haftungslage wieder rückgängig gemacht werden kann.

B. Das Insolvenzverfahren über das Vermögen einer existenten rechtsfähigen Personengesellschaft

I. Die rechtsfähige Personengesellschaft als Insolvenzverfahrenssubjekt

Das Vermögen einer noch existenten rechtsfähigen Personengesellschaft ist haftungsrechtlich vom Privatvermögen der Gesellschafter abgesondert. Das folgt daraus, dass es sich um ein gesondertes Rechtssubjekt handelt, dem das Gesellschaftsvermögen zugeordnet ist (§§ 705 Abs. 2 Alt. 1, 713 BGB, § 105 Abs. 2 HGB); § 722 Abs. 1 BGB und § 129 Abs. 1 HGB haben nur klarstellende Bedeutung[547]. Das Insolvenzverfahren über das Vermögen einer rechtsfähigen Personengesellschaft (§ 11 Abs. 2 Nr. 1 InsO) ist folgerichtig nicht Sonder-, sondern Gesamtinsolvenzverfahren[548].

---

[543] Insoweit nicht differenzierend *Henckel*, in: Jaeger, InsO, 1. Aufl. 2004, § 35 Rn. 133, 135 f. und jetzt *H.-F. Müller* in der 2. Aufl. 2023, § 35 Rn. 170, 172 f.; ferner BGH, Urt. v. 6.3. 2025 – IX ZR 234/23, ZRI 2025, 288 Rn. 22.

[544] *Dauner-Lieb*, Unternehmen in Sondervermögen, 62 f., 79 f.; *Sobich*, Erbengemeinschaft und Handelsgeschäft, 15, 21, 89; *Windel*, Über die Modi der Nachfolge in das Vermögen einer natürlichen Person beim Todesfall, 70; *Marotzke*, in: Staudinger, BGB (2008), § 1922 Rn. 89 ff.

[545] S. o. Fn. 378.

[546] Siehe bereits S. 70.

[547] S. o. auf S. 57 f.

[548] *H.-F. Müller*, in: Jaeger, InsO, § 35 Rn. 171.

II. Aufrechterhaltung der geordneten Vermögensabwicklung durch Aufrechterhaltung der rechtsfähigen Personengesellschaft

Konstruktiv lässt sich das von der herrschenden Auffassung als erwünscht empfundene Ergebnis einer gesonderten Abwicklung von Gesellschafts- und Gesellschaftervermögen also zunächst dadurch erreichen, dass die Gesellschaft als insolvenzfähiges Rechts- und Verfahrenssubjekt aufrechterhalten wird[549]. Hierfür wurden in Literatur und Rechtsprechung verschiedene Ansätze entwickelt:

1. Teleologische Reduktion von Ausscheidensgründen und ergänzende Auslegung des Gesellschaftsvertrages

a) Die Simultaninsolvenz bei der typischen GmbH & Co. KG

Karsten Schmidt hat für die Simultaninsolvenz[550] der (typischen[551]) GmbH & Co. KG ein umfassendes Konzept zur Verfahrenskoordination entwickelt, das eine konsolidierte Unternehmensabwicklung ermöglichen sollte[552]. Im Zentrum dieses Vorschlags stand die Nichtanwendung des § 131 Abs. 3 S. 1 Nr. 2 HGB[553]. Die GmbH & Co. KG konnte dadurch insgesamt in der Struktur insolvenzrechtlich abgewickelt werden, die sie zuvor auch als werbende Gesellschaft hatte[554]. Dieser Ansatz hat zwar in der Literatur zahlreiche Anhänger gefunden[555], konnte sich aber in der Rechtsprechung nicht durchsetzen[556].

---

[549] Zu entsprechenden Überlegungen mit dem Ziel der Aufrechterhaltung der bisherigen Haftungsverfassung im Interesse des letzten Gesellschafters siehe bereits S. 63 ff.

[550] Zu diesem Begriff näher *Karsten Schmidt*, ZIP 2008, 2337, 2347.

[551] Zu diesem Begriff näher *Karsten Schmidt*, GmbHR 2002, 1209.

[552] Grundlegend *Karsten Schmidt*, GmbHR 2002, 1209 ff.

[553] *Karsten Schmidt*, GmbHR 2002, 1209, 1213 f.; *ders.*, GmbHR 2003, 1404 ff.; *ders.*, JZ 2008, 425, 433 f.; *ders.*, ZIP 2008, 2337, 2344; *ders.*, ZIP 2010, 1621, 1626 f.; *ders.*, KTS 2011, 161, 166 f.; *ders.*, in: MüKo HGB, Anh. § 158 Rn. 67; *ders.*, in: ders./Uhlenbruck, Die GmbH in Krise, Restrukturierung und Insolvenz, Rn. 29.7 ff.

[554] *Bitter*, in: Scholz, GmbHG, § 15 InsO Rn. 100.

[555] Zustimmend *Seeger*, Das Ausscheiden des einzigen Komplementärs, 83 ff.; *Schäfer*, in: Habersack/Schäfer, OHG, 2. Aufl. 2019, § 131 Rn. 92; *Klöhn*, in: Henssler/Strohn, GesR, 5. Aufl. 2021, § 131 HGB Rn. 52; *Kindler*, in: Koller/Kindler/Drüen, HGB, § 131 Rn. 23; *Casper*, in: Habersack/Casper/Löbbe, GmbHG, § 60 Rn. 167, Anh. § 62 Rn. 284; – weitergehend *Görg*, FS Runkel, 313, 326 ff. – Ablehnend *Ehrlich*, Die Haftung des Kommanditisten nach §§ 171, 172 HGB in Krise und Insolvenz der KG, 184 ff.; *Bork/Jacoby*, ZGR 2005, 611, 650 ff.; *Freitag*, in: Heymann, HGB, § 131 Rn. 42; *M. Roth*, in: Hopt, HGB, 42. Aufl. 2023, Anh. § 177a Rn. 45a; *Kamanabrou*, in: Oetker, HGB, 7. Aufl. 2021, § 131 Rn. 32; wohl auch *Lorz*, in: Ebenroth/Boujong, HGB, 4. Aufl. 2020, § 131 Rn. 46.

[556] Ablehnend insbesondere BGH, Urt. v. 8.5.2014 – I ZR 217/12, BGHZ 201, 129 = NZG 2014, 897 Rn. 19 (jedenfalls bei der mehrgliedrigen KG); ferner BGH, Urt. v. 1.6.2017 – VII ZR 277/15, NJW 2017, 3521 Rn. 38 wie zuvor schon BVerwG, Urt. v. 13.7.

Zu gleichen bzw. ähnlichen Ergebnissen wie Karsten Schmidt gelangten mit abweichenden Begründungen auch andere Autoren: Korkmaz[557] wich lediglich in der methodischen Herangehensweise ab, indem er anstelle der teleologischen Reduktion für eine ergänzende Auslegung des Gesellschaftsvertrages eingetreten ist. Gundlach/Frenzel/Nikolaus Schmidt[558] leiteten den Fortbestand der Gesellschaft daraus ab, dass bei bereits eröffnetem Insolvenzverfahren § 11 Abs. 3 InsO als lex specialis dem Ausscheiden der Komplementär-GmbH (§ 131 Abs. 3 S. 1 Nr. 2 HGB a.F. bzw. § 130 Abs. 1 Nr. 3 HGB n.F.) als vorletzte Gesellschafterin entgegenstehe. Nach Liebs[559] sollten schließlich im Falle der Insolvenz der Personengesellschaft die Verfügungsbeschränkungen der §§ 21 Abs. 2 S. 1 Nr. 2, 24, 81, 82 InsO – ebenso wie bei der Verschmelzung einer formell insolventen Aktiengesellschaft – einer Gesamtrechtsnachfolge und daher auch dem Erlöschen der Gesellschaft entgegenstehen; § 131 Abs. 3 S. 1 Nrn. 1, 2 HGB a.F. (§ 130 Abs. 1 Nrn. 1, 3 HGB n.F.) seien daher bei bereits eröffnetem Insolvenzverfahren über das Vermögen einer GmbH & Co. KG nicht anzuwenden, um zu verhindern, dass die KG als Rechtsträgerin erlischt und das Insolvenzverfahren „ins Leere" geht[560].

Im Zuge des MoPeG wurde auf Beschlussempfehlung des Ausschusses für Recht und Verbraucherschutz[561] mit § 179 HGB n.F. eine explizite Regelung für die Simultaninsolvenz in der KG geschaffen. Diese ist zwar allgemein gefasst, soll aber vor allem „die einheitliche Abwicklung bzw. Sanierung einer GmbH & Co. KG im typischen Falle einer Simultaninsolvenz" ermöglichen und die zuvor bemühte teleologische Reduktion des § 131 Abs. 3 S. 1 Nr. 2 HGB ablösen[562]. Ein beträchtlicher Teil der Problemfälle, insbesondere die in der Praxis häufig anzutreffende Simultaninsolvenz der GmbH & Co. KG, hat sich damit – vorbehaltlich einer abweichenden gesellschaftsvertraglichen Gestaltung[563] – erledigt[564].

2011 – 8 C 10/10, BVerwGE 140, 142 = NJW 2011, 3671 Rn. 17 (Ausscheiden des einzigen Kommanditisten aus zweigliedriger KG).

[557] *Korkmaz*, Die Doppelinsolvenz bei der Kommanditgesellschaft, 226 ff., 289 ff.; siehe auch BFH, Urt. v. 4.10.2006 – VIII R 7/03, BFHE 215, 183, 185 ff. = GmbHR 2007, 106, 107.

[558] *Gundlach/Frenzel/N. Schmidt*, DStR 2004, 1658, 1660 ff.; siehe auch *A. Braun/Erbe*, NZI 2021, 958, 959.

[559] *Liebs*, ZIP 2002, 1716, 1718.

[560] *Liebs*, ZIP 2002, 1716 ff.; im Ergebnis ebenso *Schmittmann*, ZInsO 2005, 1314, 1316.

[561] BT-Drs. 19/30942, 101 f.

[562] BT-Drs. 19/31105, 9.

[563] Als Modifikation der ihrerseits dispositiven Regelung über die Ausscheidensgründe in § 130 Abs. 1 HGB ist § 179 HGB richtigerweise ebenfalls abdingbar, *Beyer*, in: BeckOK HGB, § 179 Rn. 10; sympathisierend auch *Baumert*, in: NK HGB, § 179 Rn. 12; offen *Oetker*, in: ders., HGB, § 179 Rn. 3; – für zwingende Geltung (ohne Begründung) aber *Gummert*, in: Henssler/Strohn, GesR, § 179 HGB Rn. 3.

[564] *Schäfer*, in: Staub, HGB, § 130 Rn. 20; *Bitter*, in: Scholz, GmbHG, § 15 InsO Rn. 99.

Von allgemeinem Interesse sind jedoch die Überlegungen von Liebs und Gundlach/Frenzel/Nikolaus Schmidt.

b) Insolvenzbeschlag und Vermögensübergang

Wenn Liebs sich auf den Insolvenzbeschlag als Hindernis für den mit dem liquidationslosen Erlöschen der Gesellschaft verbundenen Vermögensübergang stützt, so betrifft diese Überlegung in der Sache nicht nur die Simultaninsolvenz der typischen GmbH & Co. KG, sondern sämtliche Ausscheidensgründe bei sämtlichen formell insolventen Kommanditgesellschaften[565] oder auch anderen rechtsfähigen Personengesellschaften.

Liebs' Lösungsvorschlag über eine teleologische Reduktion gerät allerdings an seine Grenzen, wenn Ausscheidenstatbestände vertraglich vereinbart wurden. Eine einschränkende Auslegung scheidet jedenfalls dann aus, wenn sie dem erkennbaren Willen der Gesellschafter zuwiderläuft. Insoweit wäre allenfalls an die (Teil-)Unwirksamkeit der gesellschaftsvertraglichen Vereinbarung zu denken, die allerdings einer gesetzlichen Grundlage entbehrt. Gänzlich ungeeignet ist die teleologische Reduktion im Fall der wechselseitigen Beerbung. Denn der verstorbene vorletzte Gesellschafter fällt hier in jedem Fall weg[566].

Aber auch die Ausgangsüberlegung, der Insolvenzbeschlag stehe dem universalsukzessiven Vermögensübergang nach § 712a Abs. 1 S. 2 BGB entgegen, überstrapaziert die Wirkungen der Insolvenzeröffnung. Zwar ging die (ältere) Literatur für die Verschmelzung einer Aktiengesellschaft in der Tat davon aus, der Insolvenzbeschlag stehe einem Vermögensübergang entgegen[567]. Das folgte allerdings nicht aus den verfügungsbeschränkenden Wirkungen des Insolvenzbeschlags, sondern aus der umwandlungsrechtlichen Unzulässigkeit der Verschmelzung aufgelöster und nicht fortsetzungsfähiger Rechtsträger[568].

aa) Die umwandlungsrechtliche Seite: Verschmelzung aufgelöster Rechtsträger

Für den im älteren Schrifttum behandelten Fall der Verschmelzung einer aufgelösten (Aktien-)Gesellschaft ist der Insolvenzbeschlag bereits ein verschmelzungsrechtliches Problem: Die Verschmelzung aufgelöster Rechtsträger ist wegen § 3 Abs. 3 UmwG[569] nach herrschender Meinung[570] nur bei übertragenden Rechts-

---

[565] Zutreffend *Schlottmann*, Wegfall und Entmachtung des einzigen Komplementärs, 300.

[566] Vgl. schon S. 62 f.

[567] Siehe etwa *Weber*, in: Jaeger, KO, 8. Aufl. 1973, §§ 207, 208 Anm. 5; ferner *Hess*, in: ders./Weis/Wienberg, InsO, 2. Aufl. 2001, § 11 Rn. 22.

[568] In diese Richtung auch *Limmer*, in: Kölner Schrift zur Insolvenzordnung, Kap. 27 Rn. 80.

[569] § 339 Abs. 2 AktG a. F., § 19 Abs. 2 KapErhG a. F., § 93a Abs. 2 GenG a. F., § 2 UmwG 1956.

trägern zulässig und nur dann, wenn die Fortsetzung beschlossen werden könnte. Die Insolvenzeröffnung führt aber gerade zur Auflösung des Verbandes[571] und ein Fortsetzungsbeschluss kann erst gefasst werden, wenn das Insolvenzverfahren auf Antrag des Schuldners eingestellt oder nach Bestätigung eines Insolvenzplans, der den Fortbestand des Verbandes vorsieht, aufgehoben wird[572, 573].

Man mag nun erwägen, die eingetragene Verschmelzung unabhängig von ihrer Zulässigkeit mit Blick auf deren Bestandskraft nach § 20 Abs. 2 UmwG als wirksam anzusehen[574]. Eine dem heutigen § 20 Abs. 2 UmwG entsprechende Regelung wurde mit § 352a AktG a.F. allerdings erst im Zuge der Umsetzung der Verschmelzungsrichtlinie (78/855/EWG)[575] mit Wirkung vom 1.1.1983[576] eingefügt. Bis dahin zogen Verschmelzungsmängel (abgesehen von Beurkundungsmängeln

---

570 OLG Naumburg, Beschl. v. 12.2.1997–10 Wx 1/97, NJW-RR 1998, 178, 179 f.; OLG Brandenburg, Beschl. v. 27.1.2015–7 W 118/14, NZG 2015, 884 Rn. 13; *Bulgrin*, Die strategische Insolvenz, 109 f.; *F. Eckardt*, Umwandlungen im Insolvenzplanverfahren, 103 ff.; *Greif-Werner*, Umwandlungen im Insolvenzplanverfahren, 96 ff.; *Becker*, ZInsO 2013, 1885, 1888; DNotI-Report 2014, 11 f.; *A. Hoger/K. Hoger*, in: MHdb GesR VIII, § 7 Rn. 48; *L. Böttcher*, in: NK UmwR, § 3 Rn. 21; *Heidinger/Knaier*, in: Henssler/Strohn, GesR, § 3 UmwG Rn. 21; *Leuering*, in: KK UmwG, § 3 Rn. 58; *Maulbetsch/Rebel*, in: HK UmwG, § 3 Rn. 19; *Stengel*, in: Semler/Stengel/Leonard, UmwG, § 3 Rn. 46 f.; grundsätzlich auch *Drygala*, in: Lutter, UmwG, § 3 Rn. 31. – A.A. *Heckschen*, DB 1998, 1385, 1387; *Pfeifer*, ZInsO 1999, 547, 549 f.; *Wachter*, NZG 2015, 858, 861; *Bärwaldt/Wisniewski*, in: BeckHdb PersGes, § 25 Rn. 267; *Wolff*, in: Beuthien, GenG, §§ 2 ff. UmwG Rn. 4a; *Kocher*, in: Kallmeyer, UmwG, Anh. II Rn. 20 ff.; in der Sache auch *Bermel*, in: Goutier/Knopf/Tulloch, UmwG, § 3 Rn. 20. – Differenzierend *Gontschar*, Umwandlungsmaßnahmen im Insolvenzplanverfahren, 103 ff.; *D. Weber*, Umwandlungsmaßnahmen als Sanierungsinstrument, 108 ff.; *Thole*, Gesellschaftsrechtliche Maßnahmen in der Insolvenz, Rn. 350; *Madaus*, ZIP 2012, 2133, 2134 f.; *Oppenhoff*, in: Kallmeyer, UmwG, § 3 Rn. 26; – wiederum anders *Bayer*, EWiR 1997, 807; *ders.*, ZIP 1997, 1613, 1614.

571 § 42 Abs. 1 S. 1 BGB (eV); § 729 Abs. 1 Nr. 2 BGB (GbR); §§ 138 Abs. 1 Nr. 2, 161 Abs. 2 HGB, § 289 Abs. 1 AktG (OHG, KG, KGaA); § 60 Abs. 1 Nr. 4 Hs. 1 GmbHG (GmbH); § 262 Abs. 1 Nr. 3 AktG (AG); § 101 GenG (eG); § 198 Nr. 3 VAG (VVaG).

572 § 42 Abs. 1 S. 2 BGB (eV); § 734 Abs. 1 BGB (GbR); §§ 142 Abs. 1, 161 Abs. 2 HGB (OHG, KG); § 60 Abs. 1 Nr. 4 Hs. 2 GmbHG (GmbH); §§ 274 Abs. 2 Nr. 1, 278 Abs. 3 AktG (AG, KGaA); § 117 Abs. 1 S. 1 GenG (eG); § 206 Abs. 2 VAG (VVaG).

573 Freilich ist umstritten, wie sich der mit dem ESUG (Gesetz zur weiteren Erleichterung der Sanierung von Unternehmen vom 7.12.2011, BGBl. I, 2582, ber. 19.12.2011, BGBl. I, 2800) neu geschaffene § 225a Abs. 3 InsO auf die Umwandlungsfähigkeit im Insolvenzverfahren auswirkt. Dazu eingehend *F. Eckardt*, Umwandlungen im Insolvenzplanverfahren, 27 ff.; *Greif-Werner*, Umwandlungen im Insolvenzplanverfahren, 66 ff.; siehe auch noch unten auf S. 121 ff.

574 Dazu noch unten auf S. 123 f.

575 Dritte Richtlinie 78/855/EWG des Rates vom 9. Oktober 1978 gemäß Artikel 54 Absatz 3 Buchstabe g) des Vertrages betreffend die Verschmelzung von Aktiengesellschaften, ABl. L 295, 36.

576 Gesetz zur Durchführung der Dritten Richtlinie des Rates der Europäischen Gemeinschaften zur Koordinierung des Gesellschaftsrechts (Verschmelzungsrichtlinie-Gesetz) vom 25.10.1982, BGBl. I, 1425.

des Verschmelzungsvertrages, § 346 Abs. 5 AktG a. F.) die Unwirksamkeit der Verschmelzung nach sich, d. h. es kam nur scheinbar zur Gesamtrechtsnachfolge unter Erlöschen des übertragenden Rechtsträgers (§ 346 Abs. 3 S. 1, Abs. 4 S. 1 AktG a. F.)[577].

Bereits aus diesem Grund war die im älteren Schrifttum vertretene These jedenfalls bis Ende 1982 im Ergebnis richtig. Auf § 712a Abs. 1 BGB lassen sich diese verschmelzungsrechtlichen Besonderheiten allerdings nicht übertragen.

bb) Die insolvenzrechtliche Seite: Der Insolvenzbeschlag und seine Wirkungen

Daneben hat die Verschmelzung insolventer Rechtsträger eine insolvenzverfahrensrechtliche Dimension. Mit der Eröffnung des Insolvenzverfahrens wird die Insolvenzmasse den Insolvenzgläubigern haftungsrechtlich ausschließlich zugewiesen (vgl. § 38 InsO)[578]. Abgesichert wird die haftungsrechtliche Zuweisung dadurch, dass dem Schuldner sämtliche Eigentümerbefugnisse genommen werden; sie werden fortan vom Insolvenzverwalter wahrgenommen, der hierbei an den Insolvenzzweck gebunden ist (§§ 1 S. 1, 80 Abs. 1 InsO)[579]. Verfügungen des Schuldners über Gegenstände der Insolvenzmasse nach Insolvenzeröffnung sind daher unwirksam (§ 81 Abs. 1 S. 1 InsO). Ergänzenden Schutz erfährt die haftungsrechtliche Zuweisung durch § 91 InsO gegen Erwerbstatbestände, die von Rechtshandlungen des Schuldners unabhängig sind[580].

Gesellschaftsrechtliche Maßnahmen in der Insolvenz sind vor diesem Hintergrund zunächst ein Kompetenzproblem. Es geht erstens um die Kompetenzverteilung zwischen Gesellschaftsorganen und Insolvenzverwalter und zweitens um die Insolvenzzweckwidrigkeit als Kompetenzausübungsschranke[581].

Allgemein grenzt die heute ganz herrschende Meinung[582] im Anschluss an Weber[583] hinsichtlich der Zuständigkeit für gesellschaftsrechtliche Maßnahmen in der Insolvenz drei Kompetenzbereiche voneinander ab: Im Verdrängungsbereich, der die Verwaltung und Verfügung in Bezug auf das Gesellschaftsvermögen betrifft,

---

577 *Schilling*, in: GK AktG, 3. Aufl. 1975, § 352 Anm. 12 m. w. N.

578 Grundlegend *Henckel*, FS Weber, 237, 252; *ders.*, in: Jaeger, InsO, 1. Aufl. 2004, § 35 Rn. 5 f.; ebenso jetzt *H.-F. Müller* in der 2. Aufl. 2023; siehe auch *Thole*, Gläubigerschutz durch Insolvenzrecht, 59 f.

579 *H.-F. Müller*, in: Jaeger, InsO, § 35 Rn. 5.

580 Zum Normzweck des § 91 InsO, die haftungsrechtliche Zuweisung der Insolvenzmasse zu schützen, siehe nur *Breuer/Flöther*, in: MüKo InsO, § 91 Rn. 1; *Windel*, in: Jaeger, InsO, § 91 Rn. 6.

581 *Thole*, Gesellschaftsrechtliche Maßnahmen in der Insolvenz, Rn. 82 ff.

582 Siehe etwa *Thole*, Gesellschaftsrechtliche Maßnahmen in der Insolvenz, Rn. 86; *Windel*, in: Jaeger, InsO, § 80 Rn. 82 ff.; *Bachmann*, in: BeckOGK AktG (1. 2. 2025), § 264 Rn. 20; *Koch*, in: MüKo AktG, § 264 Rn. 44; übersichtliche Darstellung bei *Finke*, Kollision von Gesellschaftsrecht und Insolvenzrecht, 69 ff.

583 *Weber*, KTS 1970, 73 ff.

verdrängt die ausschließliche Zuständigkeit des Insolvenzverwalters die Organzuständigkeiten vollständig. Demgegenüber behalten die Verbandsorgane die ausschließliche Zuständigkeit im Schuldnerbereich, der neben den Verfahrensrechten und -pflichten die Verbandsorganisation sowie das insolvenzfreie Vermögen umfasst. Zwischen Verdrängungs- und Schuldnerbereich befindet sich der Überschneidungs- bzw. Mischbereich, in dem Insolvenzverwalter und Verbandsorgane zusammenwirken müssen. Hierher gehören diejenigen Fälle, die sowohl die Verbandsorganisation (Schuldnerbereich) als auch die Insolvenzmasse (Verdrängungsbereich) betreffen.

Was die nachgelagerte Frage der Insolvenzzweckwidrigkeit als Kompetenzausübungsschranke betrifft, ist zwischen insolvenzzweckwidrigen Maßnahmen des Insolvenzverwalters einerseits und der Gesellschaftsorgane andererseits zu differenzieren. In der erstgenannten Konstellation begrenzt der Insolvenzzweck die Verwaltungs- und Verfügungsbefugnis des Insolvenzverwalters[584]. Es werden insoweit die Grundsätze über den Missbrauch der Vertretungsmacht entsprechend herangezogen[585]. In der zweitgenannten Konstellation kann es nur um eine Bindung der Gesellschaft und ihrer Organe an den Insolvenzzweck als neuen Gesellschaftszweck oder jedenfalls den Gesellschaftszweck überlagernden Verfahrenszweck gehen[586]. Für die Gesellschaftsorgane kommt der Insolvenzzweckwidrigkeit als Kompetenzausübungsschranke neben der vorgelagerten Frage nach der Kompetenzverteilung allerdings keine weitere Bedeutung zu, denn insolvenzzweckwidrige Handlungen zeichnen sich notwendig dadurch aus, dass sie die gemeinschaftliche Befriedigung der Gläubiger aus dem Vermögen des Schuldners beeinträchtigen (vgl. § 1 S. 1 InsO); in derartigen Fällen ist aber immer zugleich die Zuständigkeit des Insolvenzverwalters tangiert, die sodann der Insolvenzzweckwidrigkeit als Kompetenzausübungsschranke unterliegt.

In wessen Kompetenzbereich eine Verschmelzung im laufenden Insolvenzverfahren fällt, hängt also entscheidend davon ab, wie sich diese auf die Insolvenzmasse auswirken würde. Geht man davon aus, dass das Insolvenzverfahren mit dem Erlöschen des Schuldners endet, kommt man nicht umhin, zumindest eine Mitzuständigkeit des Insolvenzverwalters anzunehmen[587]. Richtigerweise ist aber – wie

---

[584] BGH, Urt. v. 14.6.2018 – IX ZR 232/17, BGHZ 219, 98 = NJW 2018, 2494 Rn. 13; *Kayser*, in: HK InsO, § 80 Rn. 36.

[585] BGH, Urt. v. 25.4.2002 – IX ZR 313/99, BGHZ 150, 353, 360 f. = NJW 2002, 2783, 2785; BGH, Urt. v. 14.6.2018 – IX ZR 232/17, BGHZ 219, 98 = NJW 2018, 2494 Rn. 13; *Spickhoff*, KTS 2000, 15 ff.; *Blersch/v. Olshausen*, in: BK InsR, § 80 Rn. 25.

[586] Vgl. *Finke*, Kollision von Gesellschaftsrecht und Insolvenzrecht, 189 ff.

[587] *F. Eckardt*, Umwandlungen im Insolvenzplanverfahren, 209 ff.; *Greif-Werner*, Umwandlungen im Insolvenzplanverfahren, 121 ff.; *D. Weber*, Umwandlungsmaßnahmen als Sanierungsinstrument, 180 ff.; *Brünkmans*, ZInsO 2014, 2533, 2536; *ders.*, in: ders./Thole, Hdb Insolvenzplan, § 32 Rn. 542; *Müsgen*, MittRhNotK 1997, 409, 426; *Kühne/Schildt*, in: Lutter, UmwG, Anh. I Rn. 65.

an späterer Stelle noch zu zeigen sein wird[588] – in sämtlichen Fällen der (uneingeschränkten) Universalsukzession unter Vollbeendigung des bisherigen Rechtsträgers das bereits eröffnete Gesamtinsolvenzverfahren schlicht als Sonderinsolvenzverfahren fortzuführen. Die den Insolvenzgläubigern haftungsrechtlich zugewiesene Insolvenzmasse bleibt dadurch ungeschmälert und geschlossen erhalten.

Dem entspricht es, dass § 91 InsO nach seinem Sinn und Zweck auf den universalsukzessiven Übergang der Insolvenzmasse nach § 712a Abs. 1 BGB unanwendbar ist[589], denn die Wirksamkeit masseneutraler Vorgänge (§§ 81, 91 InsO) ist letztlich nur die Kehrseite der Kompetenzfrage (§ 80 InsO)[590].

c) *Verbandsauflösung und Insolvenzverfahren*

Auch der Ansatz von Gundlach/Frenzel/Nikolaus Schmidt zu § 11 Abs. 3 InsO ist in der Sache allgemeiner Natur[591]. Ausgangspunkt ihrer Überlegungen ist die vermögensbezogene Bestimmung der Insolvenzfähigkeit nach §§ 11, 12 InsO[592]. Auch in § 11 Abs. 3 InsO sehen sie einen Beleg dafür, „dass das Insolvenzverfahren nicht vorrangig an eine Person, sondern an ein Vermögen geknüpft wird"[593]. Unentschlossen wirkt es aber, wenn § 11 Abs. 3 InsO sodann trotz vermögensbezogener Bestimmung der Insolvenzfähigkeit als lex specialis den Ausscheidensgründen vorgehen soll, um die Gesellschaft als Insolvenzschuldnerin zu erhalten[594]. Denn wenn es für die Bestimmung der Insolvenzfähigkeit ohnehin auf das abzuwickelnde Vermögen ankommen soll, kann es keine Rolle spielen, in wessen Hand sich dieses befindet. Wenig überzeugend erscheint die Aufrechterhaltung der Gesellschaft über § 11 Abs. 3 InsO auch, wenn das Insolvenzverfahren im Zeitpunkt des Wegfalls des vorletzten Gesellschafters noch nicht eröffnet war. Denn dann wäre das Ausscheiden des vorletzten Gesellschafters – sofern dieser nicht ersatzlos wegfällt – entweder generell ausgeschlossen und § 712a Abs. 1 BGB damit praktisch funktionslos oder aber § 11 Abs. 3 InsO würde lediglich zu einer Art „relativen" Fortexistenz der Gesellschaft nur für die Zwecke des Insolvenzverfahrens führen. Beide Optionen erscheinen wenig plausibel. Möchte man § 11 Abs. 3 InsO fruchtbar machen, um eine gesonderte Abwicklung des Gesellschaftsvermögens trotz Wegfalls des vorletzten Gesellschafters zu erreichen, gelingt das also nur,

---

[588] S. 109 ff.

[589] OLG Hamm, Urt. v. 30.3.2007–30 U 13/06, ZIP 2007, 1233, 1238; *Schlottmann*, Wegfall und Entmachtung des einzigen Komplementärs, 303; *Bork/Jacoby*, ZGR 2005, 611, 630.

[590] Vgl. *Kayser*, in: HK InsO, § 81 Rn. 1; *Lüke*, in: KPB, InsO, § 81 Rn. 1; *Vuia*, in: MüKo InsO, § 81 Rn. 1.

[591] Zutreffend wiederum *Schlottmann*, Wegfall und Entmachtung des einzigen Komplementärs, 301.

[592] *Gundlach/Frenzel/N. Schmidt*, DStR 2004, 1658, 1659 f.; siehe dazu noch S. 109.

[593] *Gundlach/Frenzel/N. Schmidt*, DStR 2004, 1658, 1660.

[594] So *Gundlach/Frenzel/N. Schmidt*, DStR 2004, 1658, 1660 ff.

wenn man diese Vorschrift dahingehend interpretiert, dass sie das Gesellschaftsvermögen unabhängig von dessen Rechtsträger bis zur vollständigen Verteilung als insolvenzfähige Vermögensmasse behandelt. Naheliegend ist das nicht. Indem § 11 Abs. 3 InsO die Insolvenzfähigkeit aufgelöster Verbände davon abhängig macht, dass das Vermögen noch nicht vollständig verteilt ist, nimmt er erkennbar Bezug darauf, dass die Auflösung die Existenz des Verbandes unberührt lässt, Vollbeendigung vielmehr die vollständige Verteilung des Verbandsvermögens zur Voraussetzung hat[595]. § 11 Abs. 3 InsO hat daher nur klarstellende Funktion[596], indem er ausdrückt, dass die Insolvenzfähigkeit eines Verbandes mit dessen Vollbeendigung endet[597]. Gerade diese tritt beim Wegfall des vorletzten Gesellschafters aber ohne vorherige Abwicklung ein: Die Gesellschaft erlischt gem. § 712a Abs. 1 S. 1 BGB und die Verteilung des Gesellschaftsvermögens übernimmt sodann § 712a Abs. 1 S. 2 BGB, indem er es schlicht in Gänze dem letztverbleibenden Gesellschafter zuordnet[598] und dadurch eine Liquidation ersetzt[599]. Über eine etwaige Sondervermögensqualität und die damit einhergehende Sonderinsolvenzfähigkeit des Gesellschaftsvermögens in der Hand des letztverbleibenden Gesellschafters sagt § 11 Abs. 3 InsO dagegen nichts.

2. § 15 Abs. 1 HGB und „Scheingesellschaft"

Ferner wurde namentlich in der Instanzrechtsprechung vereinzelt der Versuch unternommen, für die Aufrechterhaltung der Insolvenzfähigkeit einer Personengesellschaft § 15 Abs. 1 HGB fruchtbar zu machen[600]. § 15 Abs. 1 HGB wurde dabei allerdings nicht unmittelbar herangezogen, sondern nur dessen „Rechtsgedanke"[601]. Das kann jedoch nicht darüber hinwegtäuschen, dass die Vorschrift hier überstrapaziert wird, denn die Wirkung des § 15 Abs. 1 HGB tritt zulasten desjenigen ein, in dessen Angelegenheiten eine Tatsache einzutragen war. Zwar ist auch die liquidationslose Vollbeendigung eintragungspflichtig[602]. Hierbei kann es sich allerdings

[595] Siehe schon oben bei Fn. 268.

[596] *Sternal*, in: HK InsO, § 11 Rn. 26.

[597] BGH, Urt. v. 6.3.2025 – IX ZR 234/23, ZRI 2025, 288 Rn. 26; *Prütting*, in: KPB, InsO, § 11 Rn. 52; *Karsten Schmidt*, in: ders., InsO, § 11 Rn. 19; *Vuia*, in: MüKo InsO, § 11 Rn. 71 f.

[598] AG Potsdam, Beschl. v. 1.2.2001 – 35 IN 478/00, NZI 2001, 272 m. zust. Anm. *Voß*, EWiR 2001, 573, 574; *Gerhardt*, ZIP 2000, 2181, 2182; *Keller*, NZI 2009, 29, 30; *Vuia*, in: MüKo InsO, § 11 Rn. 71b; – abweichend wiederum *Gundlach/Frenzel/N. Schmidt*, DStR 2004, 1658, 1661.

[599] Siehe schon oben bei Fn. 269.

[600] LG Aachen, Beschl. v. 17.3.2008 – 6 T 64/07, juris Rn. 23; siehe auch LG Bonn, Beschl. v. 20.4.2004 – 6 T 49/04, BeckRS 2004, 11129; LG Freiburg, Beschl. v. 14.6.2021 – 3 T 60/21, NZI 2021, 972 Rn. 18 f. sowie Beschl. v. 14.6.2021 – 3 T 61/21, BeckRS 2021, 24705 Rn. 18 ff.; *A. Braun/Erbe*, NZI 2021, 958, 959.

[601] LG Aachen, Beschl. v. 17.3.2008 – 6 T 64/07, juris Rn. 23.

[602] Dazu *Krafka*, RegisterR, Rn. 2338 f.

jedenfalls nicht mehr um eine Angelegenheit der (nicht mehr existenten) Gesellschaft handeln. Selbst wenn man aber über die eigentliche Nichtexistenz der eintragungspflichtigen Person hinwegsieht, zeigt doch jedenfalls der Umstand, dass die Rechtsscheinwirkung nach § 15 HGB bei Kenntnis des Dritten nicht eintritt, wie unpassend diese Vorschrift hier ist: Wenn das Insolvenzgericht von Amts wegen zu ermitteln hat, ob der Schuldner existiert und insolvenzfähig ist (§ 5 Abs. 1 S. 1 InsO), kann es sich nicht einfach auf Rechtsscheinerwägungen[603] zurückziehen[604].

Zwar hatte auch der II. Zivilsenat in einer Entscheidung vom 7. Juli 2008[605] unter Berufung auf ein älteres Judikat[606] angedeutet, der Eröffnungsbeschluss über das Vermögen einer liquidationslos erloschenen Personengesellschaft sei (ausnahmsweise) wirksam, wenn aufgrund ihrer Eintragung im Handelsregister der Schein einer noch existenten Gesellschaft besteht. Er hat diese Rechtsprechung mittlerweile jedoch auf Anfrage des IX. Zivilsenats aufgegeben; aufgrund der grundsätzlichen Möglichkeit eines Sonderinsolvenzverfahrens über das Gesellschaftsvermögen ist der auf eine unerkannt liquidationslos erloschene Personengesellschaft lautende Eröffnungsbeschluss grundsätzlich – unabhängig von Rechtsscheinerwägungen[607] – als wirksam anzusehen[608]. Ohnehin waren die Ausführungen des II. Zivilsenats nie im Sinne einer Insolvenzfähigkeit der nur scheinbar existenten Personengesellschaft zu verstehen[609], sondern dahingehend, dass dem Eröffnungsbeschluss über die unerkannt erloschene Gesellschaft „jedenfalls kein so offensichtlicher und schwerwiegender Mangel [anhaftet], daß dies zur Nichtigkeit des Eröffnungsbeschlusses führen würde“[610]. Die Konsequenz eines auf diese Weise „ins Leere gehenden“ Eröffnungsbeschlusses war und ist dementsprechend auch kein (Gesamt-)Insolvenzverfahren über die nur scheinbar bestehende Gesellschaft, sondern ein Sonderinsolvenzverfahren über das Gesellschaftsvermögen, in dem der letzte Gesellschafter als eigentlicher Träger des Gesellschaftsvermögens die Schuldnerrolle einnimmt[611].

---

[603] Zur Einordnung der einzelnen Regelungen des § 15 HGB näher *Koch/Harnos*, in: Staub, HGB, § 15 Rn. 18 ff.

[604] *Kruth*, NZI 2011, 844, 847.

[605] BGH, Urt. v. 7.7.2008 – II ZR 37/07, NJW 2008, 2992 Rn. 13; zustimmend etwa LG Freiburg, Beschl. v. 14.6.2021 – 3 T 60/21, NZI 2021, 972 Rn. 18; *Fridgen*, NZI 2019, 350, 351; *Trams*, NZG 2008, 736, 737 f.; *Zipperer*, in: Uhlenbruck, InsO, § 27 Rn. 21 sowie *Hirte*, a.a.O., § 11 Rn. 240. – Ablehnend *Karsten Schmidt*, ZIP 2008, 2337, 2341; ferner *Kaiser*, ZIP 2021, 1478, 1482.

[606] BGH, Urt. v. 14.1.1991 – II ZR 112/90, BGHZ 113, 216, 217 f. = NJW 1991, 922.

[607] Auch in dem vom IX. Zivilsenat entschiedenen Fall wurde das Insolvenzverfahren über das Vermögen einer zwar bereits liquidationslos erloschenen, allerdings im Handelsregister noch eingetragenen KG eröffnet.

[608] BGH, Urt. v. 6.3.2025 – IX ZR 234/23, ZRI 2025, 288 Rn. 26 ff.

[609] So aber LG Aachen, Beschl. v. 17.3.2008 – 6 T 64/07, juris Rn. 21 ff.

[610] Vgl. BGH, Urt. v. 14.1.1991 – II ZR 112/90, BGHZ 113, 216, 217 f. = NJW 1991, 922.

[611] Das entspricht der Behandlung eines Eröffnungsbeschlusses, der sich auf eine im Eröffnungsverfahren verstorbene natürliche Person bezieht, AG Hamburg, Beschl. v. 6.3. 2023 – 67 g IN 2/23, ZVI 2023, 272; *J. Roth*, ZVI 2023, 235 f.; *M. Siegmann/Scheuing*, in:

3. Einmann-Personengesellschaft

Nach vereinzelt gebliebener Auffassung schließlich soll es zwar zum Ausscheiden des vorletzten Gesellschafters kommen; um eine Gläubigerkonkurrenz zu verhindern, soll bei bereits eröffnetem Insolvenzverfahren die Einmann-Gesellschaft aber „zumindest für das Insolvenzverfahren [...] als fortbestehend anzusehen" sein[612].

Die Untersuchung in § 2 hat ergeben, dass die Problematik der Einmann-Personengesellschaft auf ihrer Vertragskonstruktion beruht. Auf der Grundlage der Konfusionsdogmatik kommen Ausnahmen aber vor allem auch im Drittinteresse in Betracht. Konstruktiv ist es nicht ausgeschlossen, bei bereits eröffnetem Insolvenzverfahren das ausschließliche Befriedigungsrecht der Insolvenzgläubiger aus der Insolvenzmasse dadurch zu schützen, dass die Gesellschaft als Insolvenzverfahrenssubjekt im Drittinteresse aufrechterhalten wird. Notwendig ist das jedoch nicht; das bereits eröffnete Insolvenzverfahren wird nämlich – wie an späterer Stelle noch zu zeigen sein wird[613] – richtigerweise durch den Wegfall des Insolvenzschuldners unter Gesamtrechtsnachfolge eines Dritten überhaupt nicht berührt.

4. Zusammenfassung

Die rechtsfähige Personengesellschaft wird also (nur) im Falle der Simultaninsolvenz nach § 179 HGB zwecks konsolidierter Abwicklung als insolvenzfähiges Rechts- und Verfahrenssubjekt aufrechterhalten. Im Übrigen verbleibt es beim Ausscheiden des vorletzten Gesellschafters mit der Folge des liquidationslosen Erlöschens der Gesellschaft (§ 712a Abs. 1 S. 2 BGB).

C. Das Insolvenzverfahren über das Vermögen einer erloschenen rechtsfähigen Personengesellschaft

Ist die Personengesellschaft erst einmal erloschen, kann sie die Rolle der Insolvenzschuldnerin nicht mehr einnehmen. Es kann dann nur noch darum gehen, ob das Gesellschaftsvermögen auch nach dem Anfall beim Gesamtrechtsnachfolger ein (tatsächliches oder zumindest potentielles) Sondervermögen bildet, das einem Sonderinsolvenzverfahren zugänglich ist.

MüKo InsO, Vor §§ 315–331 Rn. 4. Diese Grundsätze auf die personengesellschaftsrechtliche Gesamtrechtsnachfolge erstreckend nunmehr BGH, Urt. v. 6. 3. 2025 – IX ZR 234/23, ZRI 2025, 288 Rn. 33 f.; zuvor bereits in diesem Sinne *Keller*, NZI 2009, 29, 30 f.; vgl. auch *Fridgen*, NZI 2019, 350, 351; *Busch*, in: MüKo InsO, § 34 Rn. 119; *Laroche*, in: HK InsO, § 27 Rn. 20, 38.

[612] *Haas/Holla*, DStR 2001, 1264; siehe auch *Haas/Vogel*, EWiR 2011, 671, 672.

[613] S. 109 ff.

I. Das Gesellschaftsvermögen als Sondervermögen?

Im Analogiewege zu den gesetzlich explizit geregelten Fällen kommt ein Partikularinsolvenzverfahren vor allem dann in Betracht, wenn ein abgegrenzter Vermögensteil einer bestimmten Gläubigergruppe als Sondervermögen haftungsrechtlich ausschließlich zugewiesen ist[614].

1. Haftungsrechtliche Verschmelzung von Gesellschafts- und Gesellschaftervermögen

Bereits in der dogmatischen Ausgangsüberlegung verfehlt ist daher die verbreitete[615] und nunmehr wohl auch vom IX. Zivilsenat[616] geteilte Auffassung, die bereits aus der vom Bundesgerichtshof anerkannten gegenständlichen Haftungsbeschränkung die Zulässigkeit eines Sonderinsolvenzverfahrens über das Gesellschaftsvermögen folgert. Denn eine Haftungssonderung des Gesellschaftsvermögens zugunsten der Gesellschaftsgläubiger folgt aus § 27 HGB jedenfalls nicht[617]. Wenn überhaupt führt die Haftungsbeschränkung auf das Gesellschaftsvermögen gerade umgekehrt dazu, dass das Privatvermögen den Privatgläubigern vorbehalten ist, sodass auf dieser Grundlage allenfalls von einem Sonderinsolvenzverfahren über das Privatvermögen des letzten Gesellschafters die Rede sein könnte[618].

Auch § 722 Abs. 1 BGB und § 129 Abs. 1 HGB lässt sich eine Haftungssonderung des Gesellschaftsvermögens nach dessen Übergang auf den letzten Gesell-

---

[614] *Henckel*, in: Jaeger, KO, 9. Aufl. 1997, § 1 Anm. 150; in diesem Sinne auch *Gundlach*, in: Gottwald/Haas, InsR-Hdb, § 5 Rn. 1, 3. Auch der BGH hat die Analogiefähigkeit der gesetzlich geregelten Partikularinsolvenzverfahren für „Vermögensmassen, die nicht allen Gläubigern gleichermaßen haften", jüngst bekräftigt, BGH, Urt. v. 6.3.2025 – IX ZR 234/23, ZRI 2025, 288 Rn. 22; siehe auch schon BGH, Beschl. v. 9.6.2011 – IX ZB 175/10, NZI 2011, 633 Rn. 7 ff. (Sonderinsolvenzverfahren über Vermögen des Schuldners aus selbständiger Tätigkeit nach § 35 Abs. 2 InsO).

[615] OLG Hamm, Urt. v. 30.3.2007 – 30 U 13/06, ZIP 2007, 1233, 1238; KG, Beschl. v. 28.8.2012 – 1 W 72/12, ZIP 2012, 1817, 1818; LG Dresden, Beschl. v. 7.3.2005 – 5 T 0889/04, ZIP 2005, 955, 956 f.; LG Essen, Beschl. v. 12.10.2018 – 7 T 265/18, NZI 2019, 349, 350; wohl auch BVerwG, Urt. v. 13.7.2011 – 8 C 10/10, BVerwGE 140, 142 = NJW 2011, 3671 Rn. 19; *Göb*, in: Mohrbutter/Ringstmeier/Meyer, Hdb Insolvenzverwaltung, Kap. 27 Rn. 109, 112; *Herchen*, EWiR 2005, 809, 810; *Schmittmann*, ZInsO 2005, 1314, 1316; *Kadenbach*, in: Ahrens/Gehrlein/Ringstmeier, InsO, § 11 Rn. 20; siehe auch *Ehrlich*, Die Haftung des Kommanditisten nach §§ 171, 172 HGB in Krise und Insolvenz der KG, 188 ff.; *Seppelt*, Die Haftung des letzten Gesellschafters in der LLP und der Partnerschaft, 224 ff., insb. 255 ff.; *Albertus/T. Fischer*, ZInsO 2005, 246, 249, *Freitag*, in: Heymann, HGB, § 131 Rn. 42, 76, 107.

[616] BGH, Urt. v. 6.3.2025 – IX ZR 234/23, ZRI 2025, 288 Rn. 27.

[617] A. A. wohl *Kruth*, NZI 2011, 844, 848; *Reiswich*, ZInsO 2010, 1809, 1815 f.

[618] Vgl. *H.-F. Müller*, in: Jaeger, InsO, § 35 Rn. 173 (betr. Eigenvermögen des beschränkt haftenden Erben) und Rn. 179 (betr. Neuvermögen bei § 1629a BGB).

schafter (§ 712a Abs. 1 S. 2 BGB) nicht entnehmen[619]. Denn aus diesen Vorschriften ergibt sich nur die Selbstverständlichkeit, dass das Vermögen eines Rechtssubjekts den Gläubigern dieses Rechtssubjekts, nicht aber den Gläubigern anderer Rechtssubjekte haftet[620]. Dass die haftungsrechtliche Verschmelzung von Gesellschafts- und Privatvermögen rechtfertigungsbedürftig sei, kann daher nicht einfach mit einem Hinweis auf § 722 Abs. 1 BGB und § 129 Abs. 1 HGB begründet werden[621]. Das Gesellschaftsvermögen ist folglich nach dem Übergang auf den letzten Gesellschafter im Grundsatz kein Sondervermögen, sondern es verschmilzt haftungsrechtlich mit dem Privatvermögen des Gesellschafters[622].

2. Insolvenzbeschlag und haftungsrechtliche Zuweisung der Insolvenzmasse

a) Formelle Insolvenz der Gesellschaft

Anders verhält es sich, wenn im Zeitpunkt des Wegfalls des vorletzten Gesellschafters das Insolvenzverfahren über das Gesellschaftsvermögen schon eröffnet war; hier wird das bereits eröffnete Gesamtinsolvenzverfahren richtigerweise als Sonderinsolvenzverfahren fortgeführt. Das beruht maßgeblich auf folgenden Überlegungen: Das Insolvenzverfahren ist „in erster Linie vermögensbezogen und erst in zweiter Linie personenbezogen“[623]. Zwar kann die Personenbezogenheit des Insolvenzverfahrens mit Blick auf § 11 InsO auch nicht gänzlich geleugnet werden[624], doch ist der Träger des abzuwickelnden Vermögens – der Insolvenzschuldner – austauschbar. Es spricht daher nichts dagegen, den Gesamtrechtsnachfolger nach einem liquidationslos erloschenen Rechtssubjekt auch insolvenzverfahrensrechtlich in die Stellung des Schuldners einrücken zu lassen[625]. Hierfür spricht auch § 4 InsO. Zivilprozessual findet beim liquidationslosen Erlöschen einer Partei mit sich hieran anknüpfender Gesamtrechtsnachfolge ein Parteiwechsel kraft Gesetzes statt; bis zur Aufnahme des Prozesses durch den Rechtsnachfolger ist der Prozess – vorbehaltlich einer Prozessvertretung (§§ 78, 79 ZPO) des Rechtsvorgängers –

[619] Nur im Ausgangspunkt übereinstimmend *Schlottmann*, Wegfall und Entmachtung des einzigen Komplementärs, 198 f.

[620] Siehe bereits oben auf S. 57 f.

[621] So aber *Schlottmann*, Wegfall und Entmachtung des einzigen Komplementärs, 198 f.; *Bork/Jacoby*, ZGR 2005, 611, 646.

[622] A. A. (generelle Sondervermögensqualität) AG Hamburg, Beschl. v. 10.1.2006 – 67a IN 599/05, ZIP 2006, 390, 391; AG Hamburg, Beschl. v. 8.7.2009 – 67a IN 220/09, ZInsO 2009, 2404 f.; AG Köln, Beschl. v. 23.4.2009 – 74 IN 306/08, NZI 2009, 621 f.; *Linker*, in: HambK InsR, § 11 Rn. 51; *Schmerbach*, in: FK InsO, § 11 Rn. 49; *Sternal*, in: HK InsO, § 11 Rn. 16; *Wolfer*, in: BeckOK InsR, § 11 Rn. 5; wohl auch *Keller*, NZI 2009, 29, 30.

[623] So allgemein zur KO *Henckel*, ZZP 84 (1971), 447, 458; ebenso zur InsO *Gundlach/N. Schmidt/Schirrmeister*, DZWIR 2004, 449 f.

[624] Zutreffend *Gundlach/N. Schmidt/Schirrmeister*, DZWIR 2004, 449, 450.

[625] Allgemein formulierend auch *Karsten Schmidt*, in: ders., InsO, § 11 Rn. 3.

unterbrochen (§§ 239, 246 ZPO analog)[626]. Zwar ist § 239 ZPO auf das grundsätzlich eilbedürftige Insolvenzverfahren nicht anwendbar[627]. Für den von § 239 ZPO vorausgesetzten[628] gesetzlichen Parteiwechsel bleibt es aber bei dem in § 4 InsO zum Ausdruck kommenden grundsätzlichen Gleichlauf von Zivilprozess und Insolvenzverfahren[629].

Wird das Verfahren also nahtlos mit dem Gesamtrechtsnachfolger als neuen Schuldner fortgeführt, stellt sich noch die Folgefrage, ob das übergegangene Vermögen haftungsrechtlich als Sondervermögen erhalten bleibt oder aber mit dem sonstigen Vermögen des Gesamtrechtsnachfolgers haftungsrechtlich verschmilzt. Letzterenfalls wäre zu prüfen, ob in Bezug auf die nunmehr einheitliche Haftungsmasse ein Eröffnungsgrund vorliegt[630], während im Falle einer haftungsrechtlichen Absonderung des übergegangenen Vermögens in der Hand des Gesamtrechtsnachfolgers ein Sonderinsolvenzverfahren durchzuführen wäre. Zwar ist eine Haftungssonderung des auf den letzten Gesellschafter übergegangenen Gesellschaftsvermögens ex lege grundsätzlich nicht begründbar[631]. Wurde allerdings bereits vor dem Erlöschen des Schuldners ein Gesamtinsolvenzverfahren über dessen Vermögen eröffnet, liegen die Dinge insofern anders, als hiermit dessen Vermögen den Insolvenzgläubigern haftungsrechtlich ausschließlich zugewiesen wurde (vgl. § 38 InsO)[632]. Bei der Insolvenzmasse handelt es sich daher um ein Sondervermögen[633]. Da das Gesellschaftsvermögen nach dem sukzessionsrechtlichen Identitätsprinzip[634] so auf den Gesellschafter übergeht, wie es zuvor bei der Gesellschaft bestand, ändert sich durch die Gesamtrechtsnachfolge an der haftungsrechtlichen Zuweisung und der damit verbundenen Sondervermögensqualität nichts. Auf diese Weise wird eine (haftungsrechtliche) Vermögensverschmelzung mit dem sonstigen Vermögen

---

[626] H.M., siehe etwa *H. Roth*, in: Stein/Jonas, ZPO, § 239 Rn. 5 f.; *Stackmann*, in: MüKo ZPO, § 239 Rn. 17 f.; – die im umwandlungsrechtlichen Schrifttum verbreitete Gegenauffassung (siehe etwa *Hennrichs*, Formwechsel und Gesamtrechtsnachfolge bei Umwandlungen, 84 f. sowie *Grunewald*, in: Lutter, UmwG, § 20 Rn. 44, je m. w. N.) richtet sich nicht gegen den automatischen gesetzlichen Parteiwechsel, sondern nur gegen die Unterbrechung analog § 239 ZPO.

[627] Siehe bereits oben bei Fn. 395.

[628] *Leipold*, in: MüKo BGB, § 1922 Rn. 223; *H. Roth*, in: Stein/Jonas, ZPO, § 239 Rn. 2 m. w. N.

[629] Missverständlich, in der Sache aber wohl wie hier *Bork/Jacoby*, ZGR 2005, 611, 630.

[630] Hiervon ausgehend *Bork/Jacoby*, ZGR 2005, 611, 631; *Haas/Holla*, DStR 2001, 1264.

[631] S. o. auf S. 57 f. u. 108 f.

[632] S. 102.

[633] So insbesondere *Henckel*, in: Jaeger, InsO, 1. Aufl. 2004, § 35 Rn. 71 („Die Masse ist ein Sondervermögen, das wegen seiner ausschließlichen Zweckbestimmung und der haftungsrechtlichen Zuweisung an die Gläubiger von dem übrigen Schuldnervermögen von Rechts wegen getrennt, gesondert verwaltet und der Haftungsrealisierung zugunsten der Insolvenzgläubiger vorbehalten wird."); ebenso jetzt *H.-F. Müller* in der 2. Aufl. 2023, § 35 Rn. 74; ferner *Hirte/Praß*, in: Uhlenbruck, InsO, § 35 Rn. 1, 5 f.

[634] *Lieder*, Die rechtsgeschäftliche Sukzession, 753 ff.

des Gesamtrechtsnachfolgers verhindert. Das mit dem Gesamtrechtsnachfolger fortzuführende Insolvenzverfahren ist damit notwendig ein Sonderinsolvenzverfahren über das Sondervermögen „Insolvenzmasse“. Das sonstige Aktivvermögen des Gesamtrechtsnachfolgers gehört hierzu nicht, denn dieses wurde nicht hinzuerworben (vgl. § 35 Abs. 1 Alt. 1 InsO), sondern es wurde gerade umgekehrt die Insolvenzmasse hinzuerworben. Auf der anderen Seite belasten auch die Passiva des Gesamtrechtsnachfolgers die Insolvenzmasse nicht, weil sie sich zur Zeit der Eröffnung des Insolvenzverfahrens nicht gegen den Insolvenzschuldner richteten (vgl. § 38 InsO).

Die automatische Fortführung des noch vor der Gesamtrechtsnachfolge eröffneten Insolvenzverfahrens als Sonderinsolvenzverfahren ist bereits aus anderem Zusammenhang bekannt: Auch ein noch zu Lebzeiten des Erblassers eröffnetes Insolvenzverfahren wird automatisch mit dem Erben als Insolvenzschuldner fortgeführt[635]. Die Begründung fällt hier nur scheinbar dadurch leichter, dass ein Sonderinsolvenzverfahren auch nach der Gesamtrechtsnachfolge noch eröffnet werden könnte. Richtigerweise bedürfte es dieser Anordnung für das „übergeleitete“ Nachlassinsolvenzverfahren überhaupt nicht, denn auch hier folgt die fortbestehende Insolvenzfähigkeit bereits daraus, dass die Insolvenzmasse als haftungsrechtlich den Insolvenzgläubigern zugewiesenes Sondervermögen (§ 38 InsO) bereits konstituiert wurde. Die herrschende Auffassung[636] stimmt damit in der Sache überein, wenn sie die Insolvenzgläubigerstellung nicht nach § 325 InsO, sondern nach § 38 InsO bestimmt und damit die zu Lebzeiten des Erblassers hinzugekommenen Neugläubiger sowie Pflichtteilsberechtigte, Vermächtnisnehmer und Auflagenvollzugsberechtigte vom Insolvenzverfahren ausschließt, obwohl auch sie Nachlassgläubiger sind. Sonderinsolvenzverfahren ist das „übergeleitete“ Nachlassinsolvenzverfahren daher weniger in Bezug auf den Nachlass als (potentielles) Sondervermögen, sondern in erster Linie aufgrund der (tatsächlichen) Sondervermögensqualität der Insolvenzmasse[637].

Das „übergeleitete“ Insolvenzverfahren ist also kein Spezifikum des Erbrechts, sondern generell die verfahrens- und haftungsrechtliche Konsequenz der (uneinge-

---

[635] S. 72 f.

[636] BGH, Urt. v. 26. 9. 2013 – IX ZR 3/13, NJW 2014, 389 Rn. 13 ff.; *Busch*, FS Vallender, 69, 86 f.; *ders.*, ZVI 2011, 77, 79; *Cymutta*, NZI 2014, 528; *Köke/Schmerbach*, ZVI 2007, 497, 498 ff.; *J. Roth*, in: ders./Pfeuffer, Nachlassinsolvenzen, § 5 Rn. 23 f.; mit Einschränkungen (betr. Masseverbindlichkeiten nach § 324) auch *G. Siegmann*, ZEV 2000, 345, 346 f.; *Kampf*, ZVI 2016, 343, 344 ff.; *ders.*, ZVI 2018, 3, 4 ff.; *Döbereiner*, in: Gottwald/Haas, InsR-Hdb, § 111 Rn. 25; *M. Siegmann/Scheuing*, in: MüKo InsO, Vor § 315 Rn. 3 f.; *Windel*, in: Jaeger, InsO, § 315 Rn. 197 ff.; – a. A. *Nöll*, der Tod des Schuldners in der Insolvenz, Rn. 354 ff.; *Heyrath/Jahnke/Kühn*, ZInsO 2007, 1202, 1204; *Marotzke*, in: HK InsO, § 325 Rn. 2.

[637] In der Sache zutreffend daher *Windel*, in: Jaeger, InsO, § 315 Rn. 194: „Das ‚übergeleitete‘ ist kein Nachlassinsolvenzverfahren im technischen Sinne. Vielmehr greifen die §§ 315 ff nur, soweit es die eigentümliche Situation zulässt.“ – Siehe auch *J. Roth*, NZI 2021, 421 ff.

schränkten) Universalsukzession in eine vom Insolvenzbeschlag erfasste Vermögensmasse[638]. Dass sich auch im Personengesellschaftsrecht[639] das bereits eröffnete Insolvenzverfahren über das Gesellschaftsvermögen mit dem Wegfall des vorletzten Gesellschafters nicht einfach auflöst, sondern als Sonderinsolvenzverfahren fortzuführen ist, entsprach jedenfalls im Ergebnis bereits bisher der Rechtsprechung des VII. Zivilsenats[640] und wurde jüngst vom IX. Zivilsenat[641] explizit bestätigt.

b) Formelle Insolvenz des letzten Gesellschafters

Auch bei der umgekehrten Konstellation, in der das Vermögen der solventen Gesellschaft auf den formell insolventen letzten Gesellschafter übergeht[642], bietet sich eine Lösung in Parallele zu der vergleichbaren Konstellation an, dass dem Erben nach Eröffnung des Gesamtinsolvenzverfahrens eine Erbschaft anfällt, die er sodann annimmt (§ 83 Abs. 1 S. 1 InsO)[643]: Das aktive Gesellschaftsvermögen fällt als Neuerwerb gem. § 35 Abs. 1 Alt. 2 InsO in die Insolvenzmasse und die Passiva sind wiederum entgegen § 38 InsO als Insolvenzforderungen anzusehen. Ob wie beim Nachlass die Möglichkeit besteht, das Gesellschaftsvermögen zwecks gesonderter Abwicklung einem Sonderinsolvenzverfahren zuzuführen, ist damit noch nicht entschieden.

---

[638] Aus der Abstrahierung des „übergeleiteten" Insolvenzverfahrens erhellt, dass damit verbundene Folgefragen regelmäßig allgemeiner Natur sind. Das gilt namentlich für den Umgang mit einer angeordneten Eigenverwaltung. Für den Erbfall entspricht es der ganz herrschenden Meinung, dass ein mit dem Erblasser in Eigenverwaltung geführtes Insolvenzverfahren als Regelinsolvenzverfahren mit dem Erben fortgeführt wird und es daher der Bestellung eines Insolvenzverwalters bzw. der erneuten Anordnung der Eigenverwaltung durch das Insolvenzgericht bedarf (*G. Siegmann*, ZEV 2000, 345, 347; *Döbereiner*, in: Gottwald/Haas, InsR-Hdb, § 111 Rn. 23; *Marotzke*, in: HK InsO, Vor § 315 Rn. 3; *M. Siegmann/Scheuing*, in: MüKo InsO, Vor § 315 Rn. 9). Nichts anderes kann für den Wegfall des vorletzten Gesellschafters gelten (a.A. wohl *Kaiser*, ZIP 2021, 1478, 1480 f.; zuvor schon *ders.*, ZIP 2019, 1597 ff.).

[639] Ebenso im Verschmelzungsrecht, s. u. auf S. 121 ff.

[640] BGH, Urt. v. 1.6.2017 – VII ZR 277/15, NJW 2017, 3521 Rn. 40 ff.; ebenso wohl schon BGH, Beschl. v. 9.11.2016 – XII ZR 11/16, BeckRS 2016, 20484 Rn. 6 ff.

[641] BGH, Urt. v. 6.3.2025 – IX ZR 234/23, ZRI 2025, 288 Rn. 34.

[642] Hierbei dürfte es sich allerdings rechtstatsächlich um eine eher hypothetische Möglichkeit handeln. Die Insolvenzeröffnung über das Vermögen eines Gesellschafters ist nach der dispositiven gesetzlichen Regelung ein Ausscheidensgrund (§ 723 Abs. 1 Nr. 3 BGB, § 130 Abs. 1 Nr. 3 HGB) und eine hiervon abweichende gesellschaftsvertragliche Vereinbarung ist unüblich.

[643] Dazu S. 73 f.

II. Das Gesellschaftsvermögen als potentielles Sondervermögen?

Soll erst nach dem Anfall des Gesellschaftsvermögens beim letztverbleibenden Gesellschafter ein Partikularverfahren eröffnet werden, lässt sich das allein auf eine Analogie zu §§ 1975 ff. BGB, §§ 315 ff. InsO stützen. Möchte man diesem Ansatz nähertreten, müssen allerdings zunächst die hinter diesen Vorschriften stehenden Wertungen herausgearbeitet werden.

1. Die Wertungen der §§ 1975 ff. BGB, §§ 315 ff. InsO

Die §§ 1975 ff. BGB, §§ 315 ff. InsO sind vor dem Hintergrund der mit dem Erbfall zunächst eintretenden Verschmelzung zweier Haftungsmassen zu sehen[644]. Sie ermöglichen dem Erben und den Nachlassgläubigern, die hiermit einhergehende Veränderung der Haftungslage durch Einleitung eines amtlichen Liquidationsverfahrens rückgängig zu machen, indem erstens der Nachlass als Haftungsmasse den Nachlassgläubigern reserviert wird (vgl. § 80 InsO, § 1984 BGB) und zweitens der Erbe den Nachlassgläubigern grundsätzlich nur noch gegenständlich beschränkt mit dem Nachlass haftet (§ 1975). Die separatio bonorum hat also eine Doppelfunktion.

Dementsprechend steht das Antragsrecht sowohl dem Erben als auch den Nachlassgläubigern zu (§ 317 Abs. 1 InsO, § 1981 BGB). Die Antragsberechtigung – genauer: die Beschränkung derselben – ist für die den §§ 1975 ff. zugrundeliegenden Wertungen äußerst aufschlussreich. So trägt die zeitliche Begrenzung des Antragsrechts der Nachlassgläubiger auf zwei Jahre seit Annahme der Erbschaft (§ 1981 Abs. 2 S. 2 BGB, § 319 InsO) zum einen dem Umstand Rechnung, dass eine Vermögensseparation umso schwieriger und für den Erben wie seine Privatgläubiger härter ist, je länger der Erbfall zurückliegt[645]. Zum anderen aber beruht sie darauf, dass die Nachlassgläubiger nach Ablauf der zweijährigen Frist weniger schutzwürdig sind, denn sie haben sich durch deren Verstreichenlassen auf den Erben als neuen Schuldner eingelassen[646]. Dies ist auch der entscheidende Grund dafür, dass die Eigengläubiger des Erben anders als die Nachlassgläubiger kein Antragsrecht haben, obwohl auch sie gleichermaßen nachteilig von der confusio bonorum betroffen sein können[647]. Sie haben den Erben als Schuldner gebilligt und müssen es daher hinnehmen, wenn er sein Eigenvermögen dem Zugriff weiterer Gläubiger aussetzt und Haftungsbeschränkungsmöglichkeiten nicht ergreift[648].

---

[644] Siehe schon S. 70 mit Fn. 378.

[645] Denkschrift bei *Mugdan*, Materialien V, 853.

[646] *Muscheler*, ErbR II, Rn. 3502.

[647] Kritisch dazu *Windel*, Über die Modi der Nachfolge in das Vermögen einer natürlichen Person beim Todesfall, 210, 465 f.; *Häsemeyer*, InsR, Rn. 33.06.

[648] *Friedrich*, Die Haftung des endgültigen Erben und des „Zwischenerben“ bei Fortführung eines einzelkaufmännischen Unternehmens, 43; *v. Lübtow*, ErbR II, 1094; *Muscheler*, ErbR II, Rn. 3502.

Diese Wertung hat Tradition: Sie lag bereits dem einseitig auf den Schutz der Nachlassgläubiger und Vermächtnisnehmer zugeschnittenen Absonderungsrecht nach § 43 KO 1877[649] zugrunde, welches man im Interesse der Nachlassgläubiger mit Rücksicht auf den „allgemeinen Rechtssatz, daß kein Gläubiger ohne seinen Willen durch einen Wechsel in der Person des Schuldners schlechter gestellt werden darf", für geboten hielt[650]. Das in einigen früheren Rechtsordnungen noch vorgesehene Absonderungsrecht der Erbengläubiger an dessen Privatvermögen wurde demgegenüber mit der Erwägung verworfen, dass die Annahme einer überschuldeten Erbschaft durch den Erben eine Handlung sei, „die sich von keiner anderen unterscheidet, durch welche er ein im Erfolg für ihn und seine Gläubiger ungünstiges Geschäft eingeht"[651]. Im Zuge der Entstehung des BGB hat sich der Gesetzgeber bewusst dagegen entschieden, von dieser Differenzierung der KO abzuweichen[652]. Und auch der Einführung der im ersten Entwurf noch nicht vorgesehenen[653] Nachlassverwaltung als Mittel der Haftungssonderung außerhalb des Erben-[654] oder Nachlasskonkurses lag ausweislich der Protokolle[655] die Überlegung zugrunde, dass den Nachlassgläubigern der Erbe als neuer Schuldner aufgedrängt wird.

Aus dem Vorstehenden ergibt sich die wichtige Erkenntnis, dass die durch Verschmelzung zweier Vermögensmassen hervorgerufene Gläubigerkonkurrenz für sich genommen nicht der Grund für die Ermöglichung einer Haftungssonderung ist[656]. Entscheidend ist vielmehr, dass nur bei einer der beiden Gläubigergruppen der Schuldner ausgewechselt wurde[657]. Gerade deshalb muss eine Verschlechterung der Befriedigungschancen nicht hingenommen werden. Die §§ 1975 ff. BGB, §§ 315 ff. InsO zielen also nicht primär auf einen Schutz vor Gläubigerkonkurrenz ab, sondern

[649] § 43 KO (RGBl. 1877, 351): „Hat der Gemeinschuldner vor der Eröffnung des Konkursverfahrens eine Erbschaft erworben, so können die Nachlaßgläublger und Vermächtnißnehmer abgesonderte Befriedigung aus den bei der Eröffnung vorhandenen Nachlaßgegenständen verlangen, soweit ihnen ein Absonderungsanspruch nach den Bestimmungen der Landesgesetze zusteht."

[650] Motive bei *Hahn*, Materialien IV (KO), 212.

[651] Motive bei *Hahn*, Materialien IV (KO), 213.

[652] Motive bei *Mugdan*, Materialien V, 368.

[653] Siehe dazu die Motive bei *Mugdan*, Materialien V, 369.

[654] Anstelle des in der KO vorgesehenen Absonderungsrechts der Nachlassgläubiger im Erbenkonkurs eröffnete § 2150 Abs. 1 BGB-E I (abgedruckt bei *Mugdan*, Materialien V, LXXXVII) die Möglichkeit, den Nachlasskonkurs bei eröffnetem Erbenkonkurs auch bei nicht überschuldetem Nachlass zu beantragen (siehe dazu die Motive bei *Mugdan*, a.a.O., 366 ff.).

[655] Abgedruckt bei *Mugdan*, Materialien V, 449.

[656] Diese Wertung lag die längste Zeit auch dem Gläubigerschutz bei Verschmelzungen zugrunde, dazu näher unten auf S. 118 ff.

[657] So auch *Habersack/Schneider*, FamRZ 1997, 649, 654 f. sowie *Behnke*, NJW 1998, 3078, 3080.

tragen einem ungewollten Schuldnerwechsel Rechnung[658], indem die Person des Erben vollständig zurückgedrängt wird[659]. Die Haftungssonderung auf Gläubigerantrag ist letztlich also im Zusammenhang mit den §§ 414 ff. BGB zu sehen[660].

Vor diesem Hintergrund leuchtet auch ein, warum die Haftungsbeschränkung des volljährig Gewordenen nach § 1629a BGB nicht von der Einleitung eines amtlichen Liquidationsverfahrens abhängt[661], obwohl es um die Abwicklung einer abgrenzbaren Vermögensmasse geht[662]. Eine Haftungssonderung zugunsten der Altgläubiger ist nicht angezeigt, denn sie haben es nach wie vor mit demselben Schuldner zu tun[663]. Verwendet er Altvermögen zweckwidrig zur Befriedigung von Neugläubigern, wird den Altgläubigern über die Verwalterhaftung nach §§ 1991 Abs. 1, 1978 BGB der Zugriff auf das Neuvermögen des volljährig Gewordenen eröffnet; sie tragen dann zwar das Insolvenzrisiko des volljährig Gewordenen, allerdings trugen sie dieses auch vor Geltendmachung der Haftungsbeschränkung[664].

Der soeben hervorgehobene Gesichtspunkt verliert jedoch an Gewicht, wenn das Vermögen, auf das sich die Haftungsbeschränkung bezieht, materiell insolvent ist. Denn im Falle der Insuffizienz ist die insolvenzmäßige Abwicklung vor allem auch eine Frage der bestmöglichen und gleichmäßigen Gläubigerbefriedigung (vgl. § 1 S. 1 InsO)[665]. Soweit also die fehlende Möglichkeit eines Partikular*insolvenz*verfahrens über das Altvermögen des volljährig Gewordenen (rechtspolitisch) bemängelt wird[666], ist dem durchaus zuzustimmen.

---

[658] Zuzugeben ist freilich, dass der Gesetzgeber diese Wertungen nicht mit letzter Konsequenz durchhält, wenn er auch Pflichtteilsberechtigten, Vermächtnisnehmern und Auflagenvollzugsberechtigten ein Antragsrecht zubilligt, denn insoweit fehlt es an einem unkonsentierten Schuldnerwechsel.

[659] Vgl. *Siber*, Haftung für Nachlaßschulden nach geltendem und künftigem Recht, 33.

[660] Vgl. in anderem Zusammenhang auch *Mertens*, Umwandlung und Universalsukzession, 107, 119 ff.

[661] Kritisch dazu aber *Dauner-Lieb*, ZIP 1996, 1818, 1821 ff.; *Muscheler*, WM 1998, 2271, 2276; *Windel*, in: Jaeger, InsO, § 315 Rn. 36; ein Sonderinsolvenzverfahren befürwortend auch *Laum/Dylla-Krebs*, FS Vieregge, 513, 540 ff.; *Schwartze*, FS Pieper, 527, 543 ff.; *Bittner*, FamRZ 2000, 325, 334; *Müller-Feldhammer*, FamRZ 2002, 13, 17.

[662] Demgegenüber ist die Geltendmachung der Haftungsbeschränkung im Wege der Dürftigkeitseinrede in den Fällen der §§ 1480, 1504, 2145, 2187 BGB darauf zurückzuführen, dass es insoweit um eine Haftungserstreckung auf singularsukzessiv erworbene Einzelgegenstände geht, siehe *Bork/Jacoby*, ZGR 2005, 611, 636.

[663] *Habersack/Schneider*, FamRZ 1997, 649, 654; zustimmend *Behnke*, NJW 1998, 3078, 3080.

[664] *Habersack/Schneider*, FamRZ 1997, 649, 654 f.

[665] Vgl. *Schwartze*, FS Pieper, 527, 543 ff.; *Bittner*, FamRZ 2000, 325, 334; *Müller-Feldhammer*, FamRZ 2002, 13, 17; auch *Dauner-Lieb*, ZIP 1996, 1818, 1822 hält aus den genannten Gründen vor allem im Falle der materiellen Insolvenz das Fehlen eines amtlichen Liquidationsverfahrens für problematisch. – A. A. *Behnke*, NJW 1998, 3078, 3080 („gleichmäßigere Behandlung der Gläubiger durch die Verteilung des Vorhandenen gleicht […] den großen Verfahrensaufwand nicht aus").

[666] S. o. Fn. 661.

2. Übertragbarkeit auf § 712a Abs. 1 BGB

Diese Wertung muss daher auch der Ausgangspunkt für Versuche einer Rechtsfortbildung bei § 712a Abs. 1 BGB sein. Bei rein formalistischer Betrachtung liegt in Bezug auf die Gesellschaftsschuld in der Tat ein unkonsentierter Schuldnerwechsel vor: An die Stelle der Gesellschaft tritt der letzte Gesellschafter. In der Sache haftete dieser den Gläubigern aber regelmäßig schon vor der Gesamtrechtsnachfolge unbeschränkt (§ 721 BGB, § 126 HGB). Dass er den Gesellschaftsgläubigern als neuer Schuldner „aufgedrängt" wurde, kann daher schwerlich behauptet werden. Selbst wenn es sich beim letzten Gesellschafter aber nicht um einen Vollhafter handelt, steht grundsätzlich nicht die Gesellschaftsschuld, sondern die akzessorische Schuld der ausgeschiedenen Vollhafter im Zentrum des personengesellschaftsrechtlichen Gläubigerschutzes[667].

Hinzu kommt der generelle Einwand, dass die §§ 1975 ff. BGB nicht auf unternehmensrechtliche Sachverhalte zugeschnitten sind. Das zeigt sich schon an der Regelung des § 1978 BGB, wenngleich die Schwierigkeiten im Umgang mit dieser Regelung bei der Unternehmensfortführung prinzipiell noch bewältigbar sein dürften[668]. Deutlich problematischer und mit der vom Gesetzgeber mit § 712a Abs. 1 BGB bezweckten Unternehmenskontinuität schwer verträglich ist aber gerade auch die Haftungssonderung auf entsprechenden Gläubigerantrag. Die Gesellschaftsgläubiger erhielten hierdurch die Möglichkeit, bei jeder Gefährdung ihrer Befriedigung auch außerhalb der materiellen Insolvenz die amtliche Liquidation des Unternehmensvermögens zu erzwingen. Aber auch das Gläubigerantragsrecht bei materieller Insolvenz ist ein Sanierungshindernis für die Fälle, in denen der Gesamtrechtsnachfolger willens und in der Lage ist, das Unternehmen unter Einsatz eigener Mittel fortzuführen. Die – von der herrschenden Meinung im Erb- und Handelsrecht freilich abgelehnte[669] – zeitliche Verkürzung der Antragsrechte in Anlehnung an § 27 HGB kann das Problem zwar auf drei Monate verkürzen, nicht aber gänzlich befriedigend lösen. Entschärft wird diese Situation auch nicht etwa, wenn die Unternehmenssanierung – bzw. genauer: der Unternehmenserhalt[670] – zu den Zielen des amtlichen Liquidationsverfahrens gezählt wird (vgl. § 1 S. 1 InsO)[671], denn jedenfalls genießt die Gläubigerbefriedigung Vorrang (siehe auch § 1975 BGB)[672], sodass eine Sanie-

---

[667] Näher unten auf S. 139 ff.

[668] Siehe bereits oben auf S. 84 ff.

[669] S. o. auf S. 88 ff. – Speziell im Kontext des § 712a Abs. 1 BGB offenlassend BGH, Urt. v. 6.3.2025 – IX ZR 234/23, ZRI 2025, 288 Rn. 30.

[670] *Bork*, InsR, Rn. 413 f.

[671] So etwa *Windel*, in: Jaeger, InsO, § 315 Rn. 9.

[672] Allgemein zu § 1 InsO a. A. (gleichrangiges Verfahrensziel) namentlich *Bork*, InsR, Rn. 413 f.; *Prütting*, in: Kölner Schrift zur Insolvenzordnung, Kap. 1 Rn. 65 m. w. N. – Wie hier die wohl h. M., siehe nur *Ganter/Bruns*, MüKo InsO, § 1 Rn. 85 m. w. N. zum Streitstand. Speziell im Kontext der amtlichen Nachlassliquidation wie hier ferner *Nöll/Flitsch*, ZEV 2017, 247, 250; deutlich auch *J. Roth*, in: ders./Pfeuffer, Nachlassinsolvenzen, § 1 Rn. 4.

rung auf Kosten der Gläubiger ausgeschlossen ist[673]. Zwar stellt sich dasselbe Problem wiederum bei der Vererbung eines Handelsgeschäfts. Von § 712a Abs. 1 BGB unterscheidet sich diese aber dadurch, dass unternehmensrechtliche Sachverhalte im Erbrecht die Ausnahme und nicht die Regel sind und der Gesichtspunkt der Unternehmenskontinuität dem Gesetzgeber im Erbrecht kein zentrales Anliegen war.

[673] *Henckel*, in: Jaeger, InsO, § 1 Rn. 8.

§ 5 Die verschmelzungsrechtliche Perspektive

Vor diesem Hintergrund erscheint eine nähere Betrachtung des Umwandlungsrechts lohnend. Dieses ist eigens darauf zugeschnitten, Unternehmensträger umzustrukturieren, ohne die Unternehmenskontinuität übermäßig zu behindern – eine Zielvorstellung, die auch § 712a Abs. 1 BGB zugrunde liegt[674]. Aus diesem Grund[675] werden die Gläubiger hier trotz mit dem Erbfall identischer Rechtsfolgen nicht (mehr) durch Haftungssonderung, sondern im Kern durch einen Anspruch auf Sicherheitsleistung (§ 22 UmwG) geschützt.

A. Vermögenstrennung im Verschmelzungsrecht

I. Historischer Rückblick

Dabei ist die Vermögenstrennung als Instrument des Gläubigerschutzes dem Verschmelzungsrecht rechtshistorisch[676] betrachtet keineswegs fremd; es konnte sich jedoch nicht bewähren. Bis zum Inkrafttreten des AktG 1937[677] bestand gem. § 306 HGB 1897[678] die Möglichkeit der Verschmelzung einer AG auf eine andere AG oder eine KGaA[679], bei der es – nicht anders als bei der heutigen Verschmelzung – zur liquidationslosen Vollbeendigung der „aufgelösten" Gesellschaft unter gleichzeitiger Gesamtrechtsnachfolge der übernehmenden Gesellschaft kam[680]. Gem. § 306 Abs. 2 HGB 1897 bestand eine – haftungsbewehrte (§ 306 Abs. 6 HGB 1897) – Pflicht zur getrennten Vermögensverwaltung[681]. Bis zur Vermögensvereinigung galt das übernommene Vermögen gem. § 306 Abs. 4 HGB 1897 im Verhältnis der Gläubiger der übernommenen Gesellschaft zur übernehmenden

---

[674] Siehe bereits S. 53.

[675] Näher unten auf S. 153 f.

[676] Ausführlich zur Entwicklung des Umwandlungsrechts *Veil*, in: Bayer/Habersack, Aktienrecht im Wandel, 24. Kap.; *J. W. Flume*, in: KK UmwG, Einl. B; *Wenzel*, Gesellschafterhaftung und Verschmelzung, 16 ff.

[677] Gesetz über Aktiengesellschaften und Kommanditgesellschaften auf Aktien (Aktiengesetz) vom 30. 1. 1937, RGBl. I, 107.

[678] Handelsgesetzbuch vom 10. 5. 1897, RGBl., 219.

[679] Bzw. umgekehrt, § 320 Abs. 3 HGB 1897.

[680] *Breit*, ZHR 95 (1930), 1 ff.

[681] Eine solche gab es bereits zuvor bei der in Art. 215 Abs. 2, 247 geregelten Verschmelzung von Aktiengesellschaften.

Gesellschaft und ihren übrigen Gläubigern weiterhin als Vermögen der übernommenen Gesellschaft[682]. Bis dahin war nach § 306 Abs. 4 HGB 1897 i.V.m. § 207 KO ein Sonderkonkurs über das Vermögen der übernommenen Gesellschaft zulässig[683]. Die Vermögensvereinigung war gem. § 306 Abs. 5 HGB 1897 erst nach dreimaliger Aufforderung der Gläubiger zur Anmeldung ihrer Ansprüche in den Gesellschaftsblättern (§ 297 HGB 1897) und erst nach Ablauf des Sperrjahres (§ 301 Abs. 1 HGB 1897) zulässig, eine verfrühte Vereinigung den Gläubigern der übernommenen Gesellschaft gegenüber unwirksam[684]. Bei der Vereinigung war schließlich der für die Vermögensverteilung bei der Liquidation einer AG geltende § 301 HGB 1897 zu beachten. Insbesondere mussten also zunächst die Gläubiger befriedigt bzw. sichergestellt werden (§ 301 Abs. 2, 3 HGB 1897).

Die damalige Regelung lässt deutlich erkennen, dass die Verschmelzung und der dabei zu beobachtende Gläubigerschutz ihre Wurzeln im Liquidationsrecht haben[685, 686]. Das erklärt sich aus dem sachlichen Zusammenhang[687] der „echten" bzw. „eigentlichen Fusion"[688] nach § 306 HGB 1897 mit der „uneigentlichen Fusion" gem. § 305 HGB 1897, die als Unterfall der Veräußerung des Gesellschaftsvermögens im Ganzen[689] ihrerseits den Liquidationsbestimmungen unterlag (vgl. auch § 303 Abs. 2, 3 HGB 1897)[690]. Zwar wurde in den Gesetzesmaterialien betont, dass bei der „echten Fusion" keine Liquidation durchgeführt werden müsse[691]. Das ist auch insofern zutreffend, als das Vermögen der übertragenden Gesellschaft nicht abgewickelt werden musste, sondern werbend weitergenutzt werden konnte[692]. Die Gläubiger der übertragenden Gesellschaft wurden aber haftungsrechtlich so behandelt, als wäre die Verschmelzung nicht erfolgt[693]. Sollten die beiden Vermö-

---

682 Eine vergleichbare Regelung fehlte im ADHGB noch, vgl. dazu die Denkschrift bei *Hahn/Mugdan*, Materialien VI (HGB), 330 f.

683 RG, Urt. v. 28.2.1914 – V 363/13, RGZ 84, 242 ff.; *Jaeger*, KO, 6./7. Aufl. 1936, §§ 207, 208 Anm. 2, 21; siehe auch schon die Denkschrift bei *Hahn/Mugdan*, Materialien VI (HGB), 330 f.

684 RG, Urt. v. 28.2.1914 – V 363/13, RGZ 84, 242, 246 f.

685 *Bachmann*, ZHR 185 (2021), 52, 68, 81 ff.; nur im Ausgangspunkt übereinstimmend *Wenzel*, Gesellschafterhaftung und Verschmelzung, 16 ff.

686 Besonders deutlich wird das in der amtlichen Begründung zum UmwG 1934, in dem es ähnliche Gläubigerschutzbestimmungen gab, siehe dazu sogleich unten auf S. 120 f.

687 *Brodmann*, AktR, 1928, § 306 HGB Anm. 1 a) spricht gar von einem „Unterfall des § 305".

688 Siehe zum Sprachgebrauch *Breit*, ZHR 95 (1930), 1 f.

689 *Brodmann*, AktR, 1928, § 306 HGB Anm. 1 a).

690 Siehe dazu die Denkschrift bei *Hahn/Mugdan*, Materialien VI (HGB), 329 f.

691 Denkschrift bei *Hahn/Mugdan*, Materialien VI (HGB), 327, 329 f.

692 *Breit*, ZHR 95 (1930), 337, 376, 387; ferner RG, Urt. v. 17.10.1882 – I 358/82, RGZ 9, 11, 18 sowie *Wiener*, ZHR 27 (1882), 333, 371 noch zu Art. 247 ADHGB.

693 So in der Sache schon *Breit*, ZHR 95 (1930), 337, 376 ff.; in diesem Sinne auch schon *Wiener*, ZHR 27 (1882), 333, 376 zu Art. 215 Abs. 2, 247 ADHGB: „Aber die Nachfolge der aufnehmenden Gesellschaft in das Vermögen der aufhörenden erfolgt unter Fortsetzung der

gensmassen endgültig zusammengeführt werden, waren zuvor die Gläubiger in gleicher Weise zu befriedigen bzw. sicherzustellen wie bei einem regulären Liquidationsverfahren (vgl. §§ 303 Abs. 3 S. 2, 306 Abs. 5 HGB 1897). Der liquidationsrechtliche Gläubigerschutz wurde damit letztlich nur aufgeschoben; an die Stelle der Vermögensverteilung ist die Vermögensvereinigung getreten[694]. Vom regulären Liquidationsverfahren unterschied sich die Regelung der „echten Fusion" im Kern also dadurch, dass „die Abstoßung der vor der Fusion bestandenen Schulden allmählich, wie es während eines bestehenden Geschäftsbetriebes erfolgt, geschehen [konnte]"[695].

Gleichwohl wurde die Vermögenstrennung – soweit sie in der Praxis überhaupt beachtet wurde[696] – im Zuge des AktG 1937 aufgegeben, weil sie nach Auffassung des Gesetzgebers „sachlich weit über das Ziel hinausschießt und den Gläubigern einen Schutz bietet, der wirtschaftlich nicht nötig ist"[697]. Übrig geblieben ist wie bei der ordentlichen Kapitalherabsetzung[698] nur ein Sicherstellungsanspruch der Gläubiger der übertragenden Gesellschaft (§ 241 AktG 1937 bzw. § 347 AktG 1965)[699]; neu hinzugekommen ist ein Schadensersatzanspruch gegen die Mitglieder des Vorstands und des Aufsichtsrats der übertragenden Gesellschaft für verschmelzungsbedingte Schäden (§ 243 AktG 1937 bzw. § 349 AktG 1965).

Noch deutlich länger wurde im alten UmwG für die mit der Verschmelzung strukturell vergleichbare verschmelzende Umwandlung[700] von Kapitalgesellschaften auf Personengesellschaften oder auf einen Gesellschafter am Instrument der getrennten Vermögensverwaltung festgehalten[701]. Eine entsprechende Pflicht statuierte

---

Persönlichkeit der letzteren in bestimmten vermögensrechtlichen Beziehungen, so lange die thatsächliche Trennung aufrecht erhalten bleibt. Das Vermögen der aufgelösten Gesellschaft tritt nach bestimmten vermögensrechtlichen Richtungen als Sondervermögen, als für sich verbleibende Einheit, in das Vermögen der aufnehmenden Gesellschaft."

[694] Zutreffend *Brodmann*, AktR, 1928, § 306 HGB Anm. 5; auch schon *Wiener*, ZHR 27 (1882), 333, 373.

[695] RG, Urt. v. 17.10.1882 – I 358/82, RGZ 9, 11, 18 noch zu Art. 247 ADHGB.

[696] Dazu *Goldschmidt*, Die sofortige Verschmelzung (Fusion) von Aktiengesellschaften, 1930, 104 f.

[697] *Klausing*, AktG 1937, 210.

[698] *Klausing*, AktG 1937, 210.

[699] Dazu noch S. 134 ff.

[700] Im alten Umwandlungsrecht war zwischen der verschmelzenden Umwandlung auf einen bestehenden Rechtsträger, der errichtenden Umwandlung auf einen neu zu errichtenden Rechtsträger und der identitätswahrenden formwechselnden Umwandlung zu unterscheiden (*Schilling*, UmwG, 1981, Einf. Rn. 5 ff.). Während Erstere systematisch ein verschmelzungsrechtlicher Vorgang war, waren die beiden letztgenannten Umwandlungsarten wirtschaftlich auf die Wahrung der Identität des Unternehmens bei Umstrukturierung des Unternehmensträgers gerichtet (vgl. *Schilling*, a.a.O., Einf. Rn. 9 ff.).

[701] Auch diese Regelungen haben ihre Wurzeln im Liquidationsrecht, vgl. die amtliche Begründung zum UmwG 1934, abgedruckt in DJ 1934, 883, 884: „Um die für die Gläubiger sich hieraus ergebenden Gefahren zu vermindern und nach Möglichkeit auszuschließen, sind

§ 7 Abs. 1 UmwG 1934[702]. Die Vermögensvereinigung war erst nach Ablauf der (nur noch) sechsmonatigen Sperrfrist des § 7 Abs. 2 UmwG 1934 und nur unter Beachtung des Sicherstellungsanspruchs der Gläubiger gem. § 6 UmwG 1934 zulässig. Bis dahin galt zugunsten der Gläubiger der Kapitalgesellschaft wiederum das übernommene Vermögen weiterhin als Vermögen der Kapitalgesellschaft, § 7 Abs. 4 S. 1 UmwG 1934. Bei der Ablösung des UmwG 1934 durch das UmwG 1956[703] wurden die bisherigen §§ 6, 7 in §§ 7, 8 übernommen. Auch hier war also bis zur Vermögensvereinigung ein Sonderkonkurs über das Vermögen der Übertragerin möglich[704].

Die für die Zwecke der hiesigen Arbeit an sich besonders interessante Regelung der Umwandlung einer Personenhandelsgesellschaft in eine Kapitalgesellschaft wurde erst mit Gesetz vom 15.8.1969[705] geschaffen. Sie war jedoch nur als errichtende Umwandlung zulässig und daher unter Gläubigerschutzgesichtspunkten angesichts der Nachhaftung der Gesellschafter (vgl. §§ 44 Abs. 1 S. 2, 45 UmwG i.d.F. ab 20.8.1969) eher weniger problematisch, sodass auf einen zusätzlichen Gläubigerschutz verzichtet werden konnte[706].

Erst mit dem UmwBerG[707] wurde die Vermögenstrennung als Instrument des Gläubigerschutzes im Umwandlungsrecht vollends aufgegeben. Der Gesetzgeber hielt sie – wie zuvor schon bei der Schaffung des AktG 1937 – neben dem Gläubigerschutz durch Sicherheitsleistung (§ 22 UmwG) nicht für erforderlich[708].

II. Vermögenstrennung im heutigen Verschmelzungsrecht?

Unter dem heute geltenden Recht findet ein Sonderinsolvenzverfahren nach allgemeiner Auffassung daher nicht statt, wenn eine Verschmelzung vor der Eröffnung des Insolvenzverfahrens eingetragen wurde; zulässig ist allein ein (Ge-

---

zu ihren Gunsten ähnliche Sicherungen getroffen, wie sie das Handelsrecht für die Liquidation vorsieht."

[702] Gesetz über die Umwandlung von Kapitalgesellschaften vom vom 5.7.1934, RGBl. I, 569.

[703] Gesetz über die Umwandlung von Kapitalgesellschaften und bergrechtlichen Gewerkschaften vom 12.11.1956, BGBl. I, 844.

[704] *Weber*, in: Jaeger, KO, 8. Aufl. 1973, §§ 207, 208 Anm. 7; *Kilger*, KO, 15. Aufl. 1987, § 207 Anm. 1; *Kuhn/Uhlenbruck*, KO, 11. Aufl. 1994, § 207 Rn. 6b f.; *Schilling*, UmwG, 1981, § 8 Rn. 5.

[705] Gesetz zur Ergänzung der handelsrechtlichen Vorschriften über die Änderung der Unternehmensform vom 15.8.1969, BGBl. I, 1171.

[706] Vgl. dazu *Schilling*, UmwG, 1981, § 45 Rn. 4.

[707] Gesetz zur Bereinigung des Umwandlungsrechts vom 28.10.1994, BGBl. I, 3210, ber. BGBl. I 1995, 428.

[708] BT-Drs. 12/6699, 92.

samt-)Insolvenzverfahren über das Vermögen des übernehmenden Rechtsträgers[709]. Das Vermögen eines übertragenden Rechtsträgers verschmilzt also untrennbar mit demjenigen des übernehmenden Rechtsträgers; es ist kein (potentielles) Sondervermögen.

Denkbar ist allenfalls die Fortführung des bereits über das Vermögen eines übertragenden Rechtsträgers eröffneten Gesamtinsolvenzverfahrens als Sonderinsolvenzverfahren mit dem Gesamtrechtsnachfolger, wenn die Verschmelzung erst nach Insolvenzeröffnung in das Register des übernehmenden Rechtsträgers eingetragen wird. Hierbei handelt es sich – wie bereits dargestellt[710] – nicht um eine erbrechtliche Spezialität. Ob aber diese Konstellation überhaupt auftreten kann, wurde bislang kaum diskutiert. Die heutige Kommentarliteratur[711] setzt sich lediglich mit der Frage auseinander, inwieweit Umwandlungen bei eröffnetem Insolvenzverfahren zulässig sind. Für die aufgeworfene Frage interessiert dagegen nur, ob die vor Abschluss des Insolvenzverfahrens eingetragene Verschmelzung wirksam ist und wie sich die Verschmelzung auf das laufende Insolvenzverfahren auswirkt.

Im älteren Schrifttum wurde die These aufgestellt, der Insolvenzbeschlag stehe einem Vermögensübergang entgegen. Wie bereits dargestellt[712] sind hier zwei Problemkreise betroffen, nämlich die verschmelzungsrechtliche Zulässigkeit und Wirksamkeit der Beteiligung aufgelöster Rechtsträger einerseits und die insolvenzrechtliche Kompetenzverteilung für die Durchführung von Verschmelzungsmaßnahmen andererseits. Letztere hat sich im Ergebnis als unproblematisch erwiesen, wenn und weil die liquidationsersetzende Gesamtrechtsnachfolge ein bereits eröffnetes Insolvenzverfahren unberührt lässt. Dieses nimmt schlicht als Sonderinsolvenzverfahren seinen Fortgang.

Die mit der Insolvenzeröffnung verbundene Verbandsauflösung war allerdings ein verschmelzungsrechtliches Hindernis (§ 339 Abs. 2 AktG a.F.), das bis zum Inkrafttreten des § 352a AktG a.F. die Unwirksamkeit der Verschmelzung nach sich zog. Unter der neuen Rechtslage seit dem ESUG wird demgegenüber teilweise angenommen, dass § 225a Abs. 3 InsO zur generellen potentiellen Fortsetzungsfähigkeit führe, sodass § 3 Abs. 3 UmwG jedenfalls für die Beteiligung aufgelöster übertragender[713] Rechtsträger an einer Verschmelzung selbst außerhalb eines Insolvenzplanverfahrens kein Hindernis mehr sei[714]. Folgt man dem, ist auch die

---

[709] Siehe etwa *Pfeifer*, ZInsO 1999, 547, 548; *Hirte*, in: Uhlenbruck, InsO, § 11 Rn. 50; *Ehricke*, in: Jaeger, InsO, § 11 Rn. 29 m.w.N.

[710] S.o. auf S. 109 ff.

[711] Exemplarisch *Heidinger/Knaier*, in: Henssler/Strohn, GesR, § 3 UmwG Rn. 19a; *Hirte*, in: Uhlenbruck, InsO, § 11 Rn. 50.

[712] S. 100 ff.

[713] Zur Beteiligungsfähigkeit als übernehmender Rechtsträger s.o. bei Fn. 570.

[714] *Bulgrin*, Die strategische Insolvenz, 107 f.; *Wachter*, NZG 2015, 858, 860; *Madaus*, in: HRI II, § 28 Rn. 6; – a.A. *Brünkmans*, in: MHdb GesR VIII, § 46 Rn. 8, 31 ff.; *Heckschen*, in:

umwandlungsrechtliche Zulässigkeit und damit zwangsläufig ebenso die Wirksamkeit der Verschmelzung zu bejahen.

Aber selbst wenn man von der umwandlungsrechtlichen Unzulässigkeit ausgeht, ist damit über die Wirksamkeit einer gleichwohl eingetragenen Verschmelzung noch nicht entschieden, denn § 20 Abs. 2 UmwG ordnet deren Bestandskraft an. Im Grundsatz gilt das unabhängig von Art und Schwere der Mängel im Verschmelzungsverfahren[715]. Hintergrund dieser Regelung sind vor allem die praktischen Schwierigkeiten, die mit einer „Entschmelzung" verbunden wären[716]. Seine Grenze findet § 20 Abs. 2 UmwG erst, „wenn der Mangel der Umwandlung derart gravierend ist, dass die Verschmelzung als nichtig anzusehen ist"[717]. Das ist namentlich dann anzunehmen, wenn die gewählte Umwandlungsform (vgl. § 1 UmwG) oder die Rechtsform der übernehmenden Gesellschaft vom UmwG überhaupt nicht zugelassen sind[718]. Mit dieser Ausnahme wird letztlich dem numerus clausus der Umwandlungsmöglichkeiten Rechnung getragen[719]. Eine Verschmelzung soll außerdem dann nichtig sein, wenn ein Verschmelzungsvertrag[720] oder ein Verschmelzungsbeschluss[721] fehlt. Auch diese Einschränkung ist vor dem Hintergrund der Privatautonomie der beteiligten Rechtsträger und des Eigentumsrechts der Anteilseigner[722] einleuchtend. Der Bundesgerichtshof[723] hat aber bereits entschieden, dass eine Ausnahme von § 20 Abs. 2 UmwG bei der Verschmelzung einer

---

Reul/Heckschen/Wienberg, Insolvenzrecht in der Gestaltungspraxis, § 4 Rn. 594; ausführlich *Greif-Werner*, Umwandlungen im Insolvenzplanverfahren, 71 ff.

[715] *Oppenhoff*, in: Kallmeyer, UmwG, § 20 Rn. 33; *Rieckers/Cloppenburg*, in: Habersack/Wicke, UmwG, § 20 Rn. 134; *Winter*, in: Schmitt/Hörtnagl, UmwG/UmwStG, § 20 UmwG Rn. 109.

[716] BT-Drs. 12/6699, 91; *Winter*, in: Schmitt/Hörtnagl, UmwG/UmwStG, § 20 UmwG Rn. 110.

[717] BGH, Urt. v. 29.6.2001 – V ZR 186/00, ZIP 2001, 2006.

[718] BGH, Urt. v. 29.6.2001 – V ZR 186/00, ZIP 2001, 2006; ebenso *Leonard/Simon*, in: Semler/Stengel/Leonard, UmwG, § 20 Rn. 89; – noch enger *Grunewald*, in: Lutter, UmwG, § 20 Rn. 81 („nur in den rein theoretischen Extremfällen denkbar, dass ein Verschmelzungsvertrag gänzlich fehlt").

[719] Vgl. BGH, Beschl. v. 3.5.1996 – BLw 54/95, BGHZ 132, 353, 360 = ZIP 1996, 1146, 1149; BGH, Urt. v. 7.11.1997 – LwZR 1/97, BGHZ 137, 134, 140 = ZIP 1997, 2134, 2136; – kritisch dazu *Karsten Schmidt*, ZIP 1998, 181, 185 ff.

[720] *Karsten Schmidt*, ZIP 1998, 181, 186; *Grunewald*, in: Lutter, UmwG, § 20 Rn. 81; *Leonard/Simon*, in: Semler/Stengel/Leonard, UmwG, § 20 Rn. 89; *Rieckers/Cloppenburg*, in: Habersack/Wicke, UmwG, § 20 Rn. 134.

[721] So BGH, Beschl. v. 3.5.1996 – BLw 54/95, BGHZ 132, 353, 360 = ZIP 1996, 1146, 1149; ebenso *Karsten Schmidt*, ZIP 1998, 181, 186; *Leonard/Simon*, in: Semler/Stengel/Leonard, UmwG, § 20 Rn. 89; – a.A. *Rieckers/Cloppenburg*, in: Habersack/Wicke, UmwG, § 20 Rn. 134; *Grunewald*, in: Lutter, UmwG, § 20 Rn. 81.

[722] Vgl. BGH, Beschl. v. 3.5.1996 – BLw 54/95, BGHZ 132, 353, 360 = ZIP 1996, 1146, 1149.

[723] BGH, Urt. v. 29.6.2001 – V ZR 186/00, ZIP 2001, 2006 f.; ebenso *A. Hoger/K. Hoger*, in: MHdb GesR VIII, § 7 Rn. 45; *Fronhöfer*, in: Widmann/Mayer, UmwR, § 3 Rn. 44.

GmbH i.L. trotz des Verstoßes gegen § 3 Abs. 3 UmwG selbst dann nicht anzuerkennen ist, wenn das Vermögen der GmbH i.L. vollständig verteilt und eine Fortsetzung daher unzulässig[724] war. Ebenso wird angenommen, dass ein Verstoß gegen § 39 UmwG, der bei der Verschmelzung unter Beteiligung einer Personengesellschaft als Übertragerin § 3 Abs. 3 UmwG flankiert[725], die Bestandskraft der eingetragenen Verschmelzung nach § 20 Abs. 2 UmwG nicht infrage stellt[726].

Geht man vor diesem Hintergrund jedenfalls wegen § 20 Abs. 2 UmwG von der Wirksamkeit einer nach Insolvenzeröffnung eingetragenen Verschmelzung aus, ist hinsichtlich der Auswirkungen auf das laufende Insolvenzverfahren auf die allgemeinen, auch im Erbrecht und bei § 712a Abs. 1 BGB geltenden Grundsätze zurückzugreifen; auch die Wirksamkeit eines in Unkenntnis der Verschmelzung ergangenen, auf den übertragenden Rechtsträger lautenden Eröffnungsbeschlusses ist dann ohne Weiteres begründbar[727].

III. Zusammenfassung

Dieser kurze historische Rückblick zeigt zweierlei: Zum einen ist die Aufrechterhaltung des universalsukzessiv übergegangenen Vermögens einer erloschenen Gesellschaft als Sondervermögen ein Regelungskonzept, das in der Vergangenheit erprobt wurde, sich aber als „zu schwerfällig und wenig praktikabel"[728] erwiesen hat. Zum anderen standen hierfür nicht die §§ 1975 ff. BGB Modell. Die Vermögenstrennung im Erbrecht und diejenige im alten Umwandlungsrecht unterscheiden sich denn auch in wesentlichen Punkten: Im Umwandlungsrecht kam es nicht erst durch Anordnung bzw. Eröffnung eines amtlichen Liquidationsverfahrens zur Vermögenstrennung mit teils dinglicher und teils schuldrechtlicher Wirkung; vielmehr waren die Vermögen der übernehmenden und der übernommenen Gesellschaft von Anfang an getrennt zu verwalten. Außerdem war das übernommene Vermögen nach der Leitvorstellung der gesetzlichen Regelung – anders als im Erbrecht – nicht im Gläubigerinteresse ungeschmälert zu erhalten bzw. zu liquidieren, sondern konnte ungehindert wirtschaftlich weitergenutzt werden; erst wenn

---

[724] Bei vollständiger Vermögensverteilung unstr., *Scheller*, in: Scholz, GmbHG, § 60 Rn. 98.

[725] *Ihrig*, in: Semler/Stengel/Leonard, UmwG, § 39 Rn. 6; *Kocher*, in: Kallmeyer, UmwG, § 39 Rn. 2; *H. Schmidt*, in: Lutter, UmwG, § 39 Rn. 9; *Kraft*, in: Koch, PersGesR, § 39 UmwG Rn. 13.

[726] Wohl unstr., *Burg/Nordhues*, in: NK UmwR, § 39 Rn. 17; *Dauner-Lieb/Tettinger*, in: KK UmwG, § 39 Rn. 30; *Haggeney*, in: HK UmwG, § 39 Rn. 12; *Missio*, in: Schmitt/Hörtnagl, UmwG/UmwStG, § 39 UmwG Rn. 1; *Ihrig*, in: Semler/Stengel/Leonard, UmwG, § 39 Rn. 21; *Kocher*, in: Kallmeyer, UmwG, § 39 Rn. 8; *Wamser*, in: Henssler/Strohn, GesR, § 39 UmwG Rn. 3.

[727] S.o. auf S. 109 ff.

[728] Siehe erneut BT-Drs. 12/6699, 92.

die Vermögensmassen endgültig vereinigt werden sollten, trat der Liquidationszweck in den Vordergrund. Auch eine Haftung für die unsachgemäße Verwaltung des übernommenen Vermögens war nicht vorgesehen, sondern nur eine solche für die Missachtung der Vermögenstrennung[729]. Schließlich gab es auch keine Parallele zur Nachlassverwaltung; die Gläubiger der übernommenen Gesellschaft hatten also keine Möglichkeit, das übernommene Unternehmen auch außerhalb der materiellen Insolvenz der Herrschaft der übernehmenden Gesellschaft zu entziehen und zum Zwecke der geordneten Abwicklung einem Fremdverwalter anzuvertrauen.

Kurzum: Die Vermögenstrennung im Verschmelzungsrecht war besser auf die Unternehmensfortführung abgestimmt als die separatio bonorum, konnte sich aber als Instrument des Gläubigerschutzes dennoch nicht durchsetzen. Das unterstreicht die Bedenken gegen eine Vermögensseparation nach erbrechtlichem Vorbild.

B. Die „Ausstrahlungswirkungen" des verschmelzungsrechtlichen Gläubigerschutzes

Der heutige verschmelzungsrechtliche Gläubigerschutz setzt vor allem auf einen Sicherstellungsanspruch (§ 22 UmwG). Ob und inwieweit Regelungen zu den „technischen Umwandlungen" nach dem UmwG auf Verbandsumstrukturierungen außerhalb des UmwG („wirtschaftliche Umwandlungen") „ausstrahlen"[730], wurde in der Vergangenheit vor allem im Zusammenhang mit der Ausgliederung durch Einzelrechtsnachfolge intensiv diskutiert[731]. Speziell zu den hier interessierenden Fällen der „anwachsenden Verschmelzung"[732] gibt es bislang trotz der deutlichen Nähe zur technischen Verschmelzung nur vereinzelte Stellungnahmen[733].

Der Begriff der „Ausstrahlungswirkungen"[734] wird dabei überwiegend als schlagwortartige, bildhafte Umschreibung einer Analogiebildung[735] oder als Sam-

[729] *Breit*, ZHR 95 (1930), 337, 387 ff.

[730] Terminologie nach *Leinekugel*, Die Ausstrahlungswirkungen des Umwandlungsgesetzes, 2000, 3 f., 6 f., 17 ff.

[731] Siehe dazu insbesondere *Kollmar*, Die Ausstrahlungen des Umwandlungsgesetzes auf Spaltungen nach traditionellem Recht, 137 ff.; *v. Riegen*, Gesellschafterschutz bei Ausgliederungen durch Einzelrechtsnachfolge, passim; *Reichert*, ZHR-Beiheft 68 (1999), 25 ff.

[732] S. o. Fn. 23.

[733] *Seibt*, FS Röhricht, 603, 616 ff., der die Frage im Ergebnis verneint; ebenso *Kindler*, in: Koller/Kindler/Drüen, HGB, § 140 Rn. 4; *Frhr. v. Proff*, DStR 2016, 2227; wohl auch *Schäfer*, in: Staub, HGB, § 105 Rn. 50; für die grenzüberschreitende „Anwachsung" auch *A. Hoger/Lieder*, ZHR 180 (2016), 613, 632 ff.; *Müller-Bonanni/Müntefering*, NJW 2009, 2347, 2350; *Recktenwald*, NZG 2023, 539, 544; – auf weiteren Diskussionsbedarf hinweisend aber *Fleischer*, in: MüKo HGB, § 105 Rn. 94.

[734] Ausführlich dazu *Bialluch*, Ausstrahlungswirkungen im Unternehmensrecht, passim, speziell zum UmwG insb. 26 ff.

melbezeichnung verschiedener methodischer Figuren[736] verwendet. Eine eigenständige methodologische Bedeutung wird ihm wegen seiner Unschärfe und in Ermangelung eines entsprechenden Bedürfnisses zu Recht überwiegend nicht zuerkannt[737].

Ein Wertungstransfer mittels Auslegung scheidet im Kontext des UmwG indes von vorneherein aus[738]. Soweit im UmwG die Begriffe der Verschmelzung, Spaltung, Vermögensübertragung oder des Formwechsels gebraucht werden, wird (nur) auf die in § 1 Abs. 1 UmwG abschließend (§ 1 Abs. 2 UmwG) aufgezählten technischen Umwandlungen Bezug genommen[739]. Die Frage kann daher nur lauten, ob die Schutzvorschriften des UmwG durch punktuelle Analogien auf wirtschaftliche Umwandlungen übertragen werden können[740].

Diese Frage stellt sich überhaupt nur deshalb, weil ein expliziter Anwendungsbefehl des Umwandlungsrechts auf wirtschaftliche Umwandlungen keinen Einzug in das UmwG gefunden hat. Der in §§ 251, 252 des Diskussionsentwurfs zum UmwG (UmwG-DiskE)[741] noch vorgesehene umfassende Umgehungsschutz wurde bereits im Referentenentwurf (UmwG-RefE)[742] nicht übernommen, der sich darauf beschränkte, einer qualifizierten Minderheit bei der Ausgliederung außerhalb des UmwG das Recht einzuräumen, stattdessen eine Ausgliederung nach den Vorschriften des UmwG zu verlangen (§§ 137, 141 UmwG-RefE). Im letztlich eingebrachten Regierungsentwurf (UmwG-RegE)[743] wurden jedoch auch diese Rege-

---

[735] *Leinekugel*, Die Ausstrahlungswirkungen des Umwandlungsgesetzes, 3 f.; *Schnorbus*, Gestaltungsfreiheit im Umwandlungsrecht, 78 ff.

[736] In diese Richtung *Klöhn*, Das System der aktien- und umwandlungsrechtlichen Abfindungsansprüche, 62 f.; *Kollmar*, Die Ausstrahlungen des Umwandlungsgesetzes auf Spaltungen nach traditionellem Recht, 139, 143.

[737] *Bialluch*, Ausstrahlungswirkungen im Unternehmensrecht, 32 f., 215, 219; *Wiedemann*, ZGR 1999, 857, 865; in anderem Zusammenhang kritisch auch *Canaris*, Grundrechte und Privatrecht, 30; *Lerche*, FS Odersky, 215, 223 ff.; *Fleischer*, GmbHR 2008, 673, 678. – Zwischen Analogie einerseits und „Ausstrahlungswirkungen" als Wertungstransfer „auf andere Weise" differenzierend aber *Kallmeyer*, FS Lutter, 1245, 1246, 1249 f.; in diese Richtung wohl auch *Priester*, ZHR 163 (1999), 187, 197; *Wamser*, in: Henssler/Strohn, GesR, § 1 UmwG Rn. 27; *Heckschen*, in: Widmann/Mayer, UmwR, § 1 Rn. 397, 404 f.

[738] So auch *Bialluch*, Ausstrahlungswirkungen im Unternehmensrecht, 32. – A. A. *Klöhn*, Das System der aktien- und umwandlungsrechtlichen Abfindungsansprüche, 62 f.

[739] *Reichert*, ZHR-Beiheft 68 (1999), 25, 35 f.; *Schnorbus*, DB 2001, 1654, 1656 unter Bezugnahme auf § 1 Abs. 2 UmwG und die Gesetzesbegründung (BT-Drs. 12/6699, 80); *Trölitzsch*, WiB 1997, 795.

[740] *Bialluch*, Ausstrahlungswirkungen im Unternehmensrecht, 32 f.

[741] Abgedruckt in Beilage Nr. 214a zum Bundesanzeiger vom 15. November 1988.

[742] Abgedruckt in Beilage Nr. 112a zum Bundesanzeiger vom 20. Juni 1992.

[743] BT-Drs. 12/7265, wo allerdings auf den Entwurf und die Begründung in BT-Drs. 12/6699 Bezug genommen wird.

lungen verworfen. Stattdessen findet sich in der Begründung zum UmwG-RegE – bezogen auf § 1 Abs. 2 – folgende Passage[744]:

> „Bisher schon bestehende andere Methoden, die Struktur eines Unternehmensträgers zu verändern, wie z. B. die Anwachsung nach § 105 Abs. 2 HGB in Verbindung mit § 738 BGB [...] bleiben erhalten.
>
> Die von dem neuen Umwandlungsgesetz eröffneten Möglichkeiten der Umwandlung in allen ihren Formen treten also neben die nach allgemeinem Zivil- und Handelsrecht schon jetzt möglichen Methoden [...]. Die zwingenden Vorschriften des Umwandlungsgesetzes müssen demnach nur dann beachtet werden, wenn sich die beteiligten Rechtsträger der Vorteile bedienen wollen, die das Gesetz und die mit ihm verbundenen steuerrechtlichen Regelungen mit sich bringen."

Vor allem deshalb entnimmt eine verbreitete Auffassung[745] § 1 Abs. 2 UmwG neben dem numerus clausus bzw. „Analogieverbot im engeren Sinne"[746] auch ein Verbot, (Schutz-)Vorschriften des UmwG bei Umstrukturierungsmaßnahmen außerhalb[747] des UmwG heranzuziehen („Analogieverbot im weiteren Sinne"). Zum gleichen Ergebnis gelangt, wer die Voraussetzungen einer Analogie generell verneint[748].

Die vorzugswürdige, heute herrschende Auffassung[749] hält (punktuelle) Analogien bei Umstrukturierungen außerhalb des UmwG dagegen für möglich[750]. Aus § 1

---

[744] BT-Drs. 12/6699, 80.

[745] *Bungert*, NZG 1998, 367, 368; *H.-D. Schwarz*, DStR 1994, 1694, 1697 f.; *Trölitzsch*, WiB 1997, 795, 796; *H. Schwarz*, Umwandlung mittelständischer Unternehmen im Handels- und Steuerrecht, Rn. 133; *Stengel*, in: Semler/Stengel/Leonard, UmwG, § 1 Rn. 61 ff.; *Heckschen*, in: Widmann/Mayer, UmwR, § 1 Rn. 397 ff.

[746] Nach *Leinekugel*, Die Ausstrahlungswirkungen des Umwandlungsgesetzes, 174 f. ist unter dem *numerus clausus* das Verbot zu verstehen, spezialgesetzlich nicht erfasste Fälle in das UmwG zu ziehen, während das „Analogieverbot i. e. S." die wirtschaftlichen Umwandlungen in den Blick nehme und verhindere, diese um umwandlungsgesetzliche Regelungen „anzureichern" und mit der Wirkung einer rechtsgeschäftlich veranlassten Universalsukzession zu versehen. Letztendlich handelt es sich aber trotz der Differenzierung nur um „zwei Seiten derselben Medaille" (*Leinekugel*, a. a. O., 175); ebenso *Drygala*, in: Lutter, UmwG, § 1 Rn. 59.

[747] Analogien innerhalb des UmwG sind dagegen nach ganz herrschender Meinung zulässig, *Schnorbus*, DB 2001, 1654, 1657; *Stengel*, in: Semler/Stengel/Leonard, UmwG, § 1 Rn. 62; *Hörtnagl*, in: Schmitt/Hörtnagl, UmwG/UmwStG, § 1 UmwG Rn. 69; *Heckschen*, in: Widmann/Mayer, UmwR, § 1 Rn. 406.

[748] So *Schnorbus*, Gestaltungsfreiheit im Umwandlungsrecht, 78 ff.; *Frhr. v. Rechenberg*, FS Bezzenberger, 359, 372; *Priester*, ZHR 163 (1999), 187, 192 f.; *Wamser*, in: Henssler/Strohn, GesR, § 1 UmwG Rn. 27; *Stengel*, in: Semler/Stengel/Leonard, UmwG, § 1 Rn. 67; *Dauner-Lieb*, in: KK UmwG, § 1 Rn. 48. – *Seibt*, FS Röhricht, 603, 617 ff., insb. 619, spricht im Hinblick auf die Gesetzesbegründung und -genese von einem „starken Indiz gegen das Vorliegen einer Regelungslücke" und fordert für einen Analogieschluss „wesentliche Schutzlücken".

[749] *Bialluch*, Ausstrahlungswirkungen im Unternehmensrecht, 45 ff.; *Klöhn*, Das System der aktien- und umwandlungsrechtlichen Abfindungsansprüche, 69 ff.; *Kollmar*, Die Aus-

Abs. 2 UmwG ergibt sich nur, dass der Katalog der technischen Umwandlungen nicht erweitert werden darf, nicht dagegen, dass einzelne Schutzvorschriften des UmwG bei wirtschaftlichen Umwandlungen nicht analog herangezogen werden dürfen[751]. Dass der Gesetzgeber sich von in früheren Entwürfen noch vorgesehenen expliziten Regelungen zur Ausstrahlungswirkung distanziert hat, ist als Reaktion auf entsprechende Kritik aus dem Schrifttum zu verstehen, die jedoch lediglich der Tendenz zur Überregulierung galt, nicht dagegen der entsprechenden Anwendung überhaupt[752]. Die Äußerung in der Gesetzesbegründung, die zwingenden Vorschriften des Umwandlungsgesetzes seien nur dann zu beachten, wenn sich die beteiligten Rechtsträger der Vorteile einer technischen Umwandlung bedienen wollen, besagt letztlich nicht mehr als die Selbstverständlichkeit, dass die Vorschriften des Gesetzes im Grundsatz nur in den dort geregelten Fällen anzuwenden sind; über die Zulässigkeit einer Analogie ist damit noch nicht entschieden[753].

Speziell im Kontext des § 712a Abs. 1 BGB steht auch die Gesetzesbegründung zum MoPeG der Annahme einer planwidrigen Regelungslücke nicht entgegen[754]. Zwar wollte der Gesetzgeber mit der neuen Vorschrift in erster Linie „Rechtsunsicherheit in Bezug auf die Voraussetzungen und Rechtsfolgen des Vermögensübergangs […] beseitigen“[755] und hat die Praxis der „anwachsenden Verschmelzungen“ erneut explizit gebilligt[756]. Mit der angesprochenen Rechtsunsicherheit ist allerdings nur diejenige gemeint, die sich aus Anlass des MoPeG, d. h. aus der Reform des Personengesellschaftsrechts hätte ergeben können[757]. Der Gläubigerschutz beim Vermögensübergang auf den letzten Gesellschafter war jedoch weder im alten Recht abschließend geregelt noch war dessen nähere Ausgestaltung Gegenstand des MoPeG. Vielmehr hat der Gesetzgeber dieses Problem zumindest beim Ausscheiden des einzigen Komplementärs der Rechtsprechung überantwortet[758]; aus der bloßen Billigung der „anwachsenden Verschmelzung“ als Anwendungsfall des

---

strahlungen des Umwandlungsgesetzes auf Spaltungen nach traditionellem Recht, 139 ff.; *Leinekugel*, Die Ausstrahlungswirkungen des Umwandlungsgesetzes, 156 ff.; *v. Riegen*, Gesellschafterschutz bei Ausgliederungen durch Einzelrechtsnachfolge, 86 ff.; *Lieder*, in: MHdb GesR VIII, § 4 Rn. 61 ff.; *Kallmeyer*, FS Lutter, 1245, 1248 f.; *Reichert*, ZHR-Beiheft 68 (1999), 25, 35 f.; *Drygala*, in: Lutter, UmwG, § 1 Rn. 60; *Drinhausen/Keinath*, in: Habersack/Wicke, UmwG, § 1 Rn. 54.

[750] Ausführliche Aufbereitung der Streitfrage bei *Bialluch*, Ausstrahlungswirkungen im Unternehmensrecht, 33 ff.

[751] *Kallmeyer*, FS Lutter, 1245, 1248 f.; *Joost*, ZHR 163 (1999), 164, 179 f.

[752] *Leinekugel*, Die Ausstrahlungswirkungen des Umwandlungsgesetzes, 160 ff.

[753] *Leinekugel*, Die Ausstrahlungswirkungen des Umwandlungsgesetzes, 163 ff.; *v. Riegen*, Gesellschafterschutz bei Ausgliederungen durch Einzelrechtsnachfolge, 90 f.

[754] A. A. wohl *Schäfer*, in: Staub, HGB, § 130 Rn. 50 mit Fn. 146.

[755] BT-Drs. 19/27635, 146.

[756] Siehe bereits S. 17 mit Fn. 30 f.

[757] BT-Drs. 19/27635, 146.

[758] Siehe bereits S. 17 mit Fn. 29.

§ 712a BGB kann schwerlich gefolgert werden, dass insoweit etwas anderes gelten soll.

Bei der Analogie zum Verschmelzungsrecht geht es schließlich auch keineswegs darum, die wirtschaftliche Umwandlung nach § 712a Abs. 1 BGB mit den Schutzmechanismen einer technischen Umwandlung zu überziehen, ihr gleichzeitig aber die Vorteile derselben zu enthalten[759]. Denn die wesentlichen Vorteile einer technischen Verschmelzung liegen im Modus der Universalsukzession und der Entbehrlichkeit einer förmlichen Liquidation der übertragenden Rechtsträger[760]. Insoweit besteht jedoch schon kein Unterschied zur Regelung des § 712a Abs. 1 BGB. Einzig das Prinzip der automatischen Anteilsgewährung (§ 20 Abs. 1 Nr. 3 UmwG)[761] sowie die Heilungs- und Konstitutivwirkung der Eintragung (§ 20 Abs. 1 Nr. 4, Abs. 2 UmwG) und der damit einhergehende Zugewinn an Rechtssicherheit[762] ist den technischen Verschmelzungen vorbehalten. Daraus, dass § 712a Abs. 1 BGB weniger Rechtssicherheit bietet, kann allerdings schwerlich geschlossen werden, dass die Gläubiger weniger schutzbedürftig sind. Auch der konzeptionelle Unterschied, dass es sich bei der Gesamtrechtsnachfolge nach § 712a Abs. 1 S. 2 BGB um eine gesetzliche handelt, bei derjenigen nach § 20 Abs. 1 Nr. 1 UmwG demgegenüber um eine rechtsgeschäftliche, ist aus Sicht der Gläubiger irrelevant.

Es darf jedoch nicht unberücksichtigt bleiben, dass der Gläubigerschutz im Verschmelzungsrecht durch ein Regelungsgeflecht gewährleistet wird, das teils auf Besonderheiten der technischen Verschmelzung beruht. Vor diesem Hintergrund kann der verschmelzungsrechtliche Gläubigerschutz jedenfalls nicht in Gänze auf wirtschaftliche Umwandlungen übertragen werden[763]. Sollen Regelungen aus dem UmwG auf wirtschaftliche Umwandlungen ausgedehnt werden, muss untersucht werden, ob diese entweder unmittelbar auf Besonderheiten der technischen Verschmelzung beruhen oder ob sie zumindest derart mit anderen Vorschriften des UmwG verflochten sind, dass sie nur im Kontext einer technischen Verschmelzung funktionsfähig sind.

An einer Auseinandersetzung mit dem System des verschmelzungsrechtlichen Gläubigerschutzes führt daher kein Weg vorbei. Herkömmlich wird insoweit zwischen institutionellem und individuellem Gläubigerschutz differenziert[764].

---

[759] Vgl. BT-Drs. 12/6699, 80; ferner *Heckschen*, in: Widmann/Mayer, UmwR, § 1 Rn. 404.

[760] Vgl. *Lieder*, in: MHdb GesR VIII, § 4 Rn. 19, 22, 43.

[761] Vgl. *Barz*, FS Ballerstedt, 143, 144.

[762] Vgl. *Lieder*, in: MHdb GesR VIII, § 4 Rn. 39.

[763] Im Ergebnis übereinstimmend *A. Hoger/Lieder*, ZHR 180 (2016), 613, 632 ff.

[764] Siehe dazu insbesondere *Karsten Schmidt*, ZGR 1993, 366 ff.; *Lieder*, in: MHdb GesR VIII, § 4 Rn. 53 ff.; eingehend *Petersen*, Der Gläubigerschutz im Umwandlungsrecht, passim; – kritisch jüngst *Wenzel*, Gesellschafterhaftung und Verschmelzung, 8 ff.

„*Institutioneller Gläubigerschutz* basiert auf rein objektivem Recht, ist generalpräventiv angelegt und handelt nicht von subjektiven Rechten einzelner Gläubiger, mag auch der institutionelle Gläubigerschutz – dem Schutzgesetzkonzept des § 823 Abs. 2 BGB nicht unähnlich – von Fall zu Fall Grundlage von Schadensersatzpflichten wegen des Verstoßes gegen gläubigerschützende Normen sein (vgl. etwa §§ 45 ff., 349, 351 AktG). Von *individuellem Gläubigerschutz* ist demgegenüber die Rede, wo es um Haftungs- und Sicherstellungsansprüche zugunsten individualisierbarer Unternehmensgläubiger geht."[765]

I. Institutioneller Gläubigerschutz

1. Kapitalschutz

§ 712a Abs. 1 BGB entspricht strukturell der Verschmelzung durch Aufnahme, denn der letztverbleibende Gesellschafter als „Zielrechtsträger" muss bereits existieren. Handelt es sich bei dem letzten Gesellschafter um einen Verband, gelten für dessen Gründung und etwaige Kapitalmaßnahmen im Zusammenhang mit der Vermögensübernahme die allgemeinen Vorschriften. Es bedarf insoweit also keiner Übertragung des verschmelzungsrechtlichen institutionellen Gläubigerschutzes[766], denn es fehlt bereits an einer Regelungslücke[767].

2. Ausschluss aufgelöster Rechtsträger

§ 3 Abs. 3 UmwG erlaubt die Beteiligung aufgelöster Rechtsträger an Verschmelzungen nach herrschender Meinung nur als Übertrager[768] und nur, wenn die Fortsetzung beschlossen werden könnte. Flankierend[769] schließt § 39 UmwG (ggf. i. V. m. §§ 42, 45e S. 1 UmwG) die Beteiligung von Personengesellschaften aus, wenn eine andere Art der Abwicklung vereinbart wurde. Hiermit soll sichergestellt werden, dass das Vermögen der Gesellschaft noch vorhanden ist, d. h. nicht bereits verteilt wurde[770]. Zwar wirken die §§ 3 Abs. 3, 39 UmwG dadurch mittelbar auch gläubigerschützend, indem sie eine etwaige Kapitalaufbringung bei der Übernehmerin unterstützen, jedoch ist hierin nicht ihr Zweck zu sehen[771]. Eher geht es um

---

[765] *Karsten Schmidt*, ZGR 1993, 366, 367, Hervorhebungen im Original.

[766] Dazu näher *Petersen*, Der Gläubigerschutz im Umwandlungsrecht, 147 ff.

[767] Vgl. *Seibt*, FS Röhricht, 603, 622 f. zu § 197 UmwG.

[768] Siehe bereits Fn. 570.

[769] S. o. bei Fn. 725.

[770] BT-Drs. 12/6699, 97 f. zu § 39 UmwG sowie BT-Drs. V/3165, 9 zu § 40 Abs. 2 UmwG in der Fassung durch Gesetz vom 15. 8. 1969, BGBl. I, 1171.

[771] *Ihrig*, in: Semler/Stengel/Leonard, UmwG, § 39 Rn. 1; *H. Schmidt*, in: Lutter, UmwG, § 39 Rn. 7; *Kraft*, in: Koch, PersGesR, § 39 UmwG Rn. 14; auch *Burg/Nordhues*, in: NK UmwR, § 39 Rn. 2 f.; *Dauner-Lieb/Tettinger*, in: KK UmwG, § 39 Rn. 2; – a. A. wohl *Vossius*, in: Widmann/Mayer, UmwR, § 39 Rn. 2.

Minderheitenschutz[772] und/oder die Übertragung des gesamten Vermögens als Strukturmerkmal der Verschmelzung[773]. Beides ist auf § 712a Abs. 1 BGB nicht übertragbar.

3. Bilanzierung

Von Interesse ist jedoch der Gläubigerschutz durch Bilanzierung. § 17 Abs. 2 UmwG stellt eine Verpflichtung auf, der Anmeldung der Verschmelzung zum Register eines übertragenden Rechtsträgers eine Schlussbilanz dieses Rechtsträgers beizufügen. Die Schlussbilanz soll neben der Ergebnisabgrenzung[774] auch der Kapitalerhöhungskontrolle (vgl. § 69 Abs. 1 S. 1 Hs. 2 UmwG)[775], der Bilanzkontinuität bei Buchwertfortführung nach § 24 UmwG[776] und schließlich dazu dienen, den Gläubigern eine Grundlage für die Prüfung von Ansprüchen nach § 22 UmwG zu liefern[777]. Die drei letztgenannten Aspekte sollen dabei eine gläubigerschützende Stoßrichtung haben[778].

---

[772] Insoweit wohl unstr., *Burg/Nordhues*, in: NK UmwR, § 39 Rn. 2; *Dauner-Lieb/Tettinger*, in: KK UmwG, § 39 Rn. 2; *Ihrig*, in: Semler/Stengel/Leonard, UmwG, § 39 Rn. 1; *H. Schmidt*, in: Lutter, UmwG, § 39 Rn. 7; *Vossius*, in: Widmann/Mayer, UmwR, § 39 Rn. 1; *Kraft*, in: Koch, PersGesR, § 39 UmwG Rn. 14.

[773] *Burg/Nordhues*, in: NK UmwR, § 39 Rn. 3; *Haggeney*, in: HK UmwG, § 39 Rn. 2; *Ihrig*, in: Semler/Stengel/Leonard, UmwG, § 39 Rn. 1; *H. Schmidt*, in: Lutter, UmwG, § 39 Rn. 7; ähnlich *Kraft*, in: Koch, PersGesR, § 39 UmwG Rn. 14; – insoweit a. A. *Dauner-Lieb/Tettinger*, in: KK UmwG, § 39 Rn. 2; *Vossius*, in: Widmann/Mayer, UmwR, § 39 Rn. 2 Fn. 4.

[774] *Bula/Thees*, in: Sagasser/Bula, Umwandlungen, § 10 Rn. 30; *Decher*, in: Lutter, UmwG, § 17 Rn. 7; *Fronhöfer*, in: Widmann/Mayer, UmwR, § 17 Rn. 62; *Hörtnagl*, in: Schmitt/Hörtnagl, UmwG/UmwStG, § 17 UmwG Rn. 13; *Schwanna*, in: Semler/Stengel/Leonard, UmwG, § 17 Rn. 13; *Erkens*, in: KK UmwG, § 17 Rn. 23. – Dies steht allerdings unter der Prämisse, dass der Verschmelzungsstichtag (§ 5 Abs. 1 Nr. 6 UmwG) zwingend mit dem Bilanzstichtag verknüpft sein muss. In diesem Sinne die h. M., *Drygala*, in: Lutter, UmwG, § 5 Rn. 74; *Schröer/Greitemann*, in: Semler/Stengel/Leonard, UmwG, § 5 Rn. 54; *Leuering*, in: KK UmwG, § 5 Rn. 78 ff.; *Winter*, in: Schmitt/Hörtnagl, UmwG/UmwStG, § 5 UmwG Rn. 75; – a. A. *Naraschewski*, FS Heidinger, 387, 388 f., 390; *Heidtkamp*, NZG 2013, 852, 854 f.; *Lanfermann*, in: Kallmeyer, UmwG, § 5 Rn. 34 f.; *Mayer*, in: Widmann/Mayer, UmwR, § 5 Rn. 158 ff.

[775] *Heidinger/Knaier*, in: Henssler/Strohn, GesR, § 17 UmwG Rn. 14; *Schwanna*, in: Semler/Stengel/Leonard, UmwG, § 17 Rn. 13; *Lanfermann*, in: Kallmeyer, UmwG, § 17 Rn. 11; – einschränkend *Naraschewski*, FS Heidinger, 387, 389; *Bula/Thees*, in: Sagasser/Bula, Umwandlungen, § 10 Rn. 28; *Fronhöfer*, in: Widmann/Mayer, UmwR, § 17 Rn. 63 ff.; *Hörtnagl*, in: Schmitt/Hörtnagl, UmwG/UmwStG, § 17 UmwG Rn. 12; – ablehnend *Heidtkamp*, NZG 2013, 852, 854; *Erkens*, in: KK UmwG, § 17 Rn. 22.

[776] *Decher*, in: Lutter, UmwG, § 17 Rn. 7; *Fronhöfer*, in: Widmann/Mayer, UmwR, § 17 Rn. 62; *Heidinger/Knaier*, in: Henssler/Strohn, GesR, § 17 UmwG Rn. 14; *Hörtnagl*, in: Schmitt/Hörtnagl, UmwG/UmwStG, § 17 UmwG Rn. 10; *Schwanna*, in: Semler/Stengel/Leonard, UmwG, § 17 Rn. 13.

[777] *Fronhöfer*, in: Widmann/Mayer, UmwR, § 17 Rn. 62; *Heidinger/Knaier*, in: Henssler/Strohn, GesR, § 17 UmwG Rn. 14; *Hörtnagl*, in: Schmitt/Hörtnagl, UmwG/UmwStG, § 17 UmwG Rn. 11; *Schwanna*, in: Semler/Stengel/Leonard, UmwG, § 17 Rn. 13.

Was den Gläubigerschutz aufgrund der Verknüpfung mit § 22 UmwG anbelangt, ist die Schlussbilanz für die nach Abs. 1 S. 2 glaubhaft zu machende Erfüllungsgefährdung im Allgemeinen aber wenig ergiebig, denn sie weist gerade nicht die Verkehrswerte, sondern nur die Buchwerte aus, und zwar nur diejenigen eines übertragenden Rechtsträgers, nicht dagegen diejenigen des übernehmenden Rechtsträgers[779]. Eine Schlussbilanz als Prüfungs- und Entscheidungsgrundlage steht den Gläubigern überdies nur dann zur Verfügung, wenn der übertragende Rechtsträger bilanzierungspflichtig war[780]; in den übrigen Fällen müssen sie sich mit den bisherigen Rechnungsunterlagen begnügen[781]. Selbst bei bilanzierungspflichtigen Rechtsträgern wird aber in der Praxis regelmäßig die Bilanz des letzten Jahresabschlusses verwendet[782], sodass sich der Mehrwert des § 17 Abs. 2 UmwG darin erschöpft, dass die Bilanz auf einen höchstens acht Monate vor der Anmeldung liegenden Stichtag aufgestellt sein muss (S. 4). Die Bedeutung der Schlussbilanz für den Anspruch aus § 22 UmwG sollte nach alledem nicht überschätzt werden[783].

Aber auch die Bilanzkontinuität als gläubigerschützenden Zweck des § 17 Abs. 2 UmwG hervorzuheben überzeugt bereits deshalb nicht, weil insoweit gem. § 24 UmwG ein Wahlrecht des übernehmenden Rechtsträgers besteht[784].

Eine Kapitalerhöhungskontrolle anhand der Schlussbilanz schließlich kann überhaupt nur stattfinden, wenn diese freiwillig auch zum Register des übernehmenden Rechtsträgers eingereicht wird[785] und keine Verschmelzung ohne Kapitalerhöhung vorliegt[786]; selbst in diesen Fällen sind für die Prüfung der Kapitalerhöhung aber nicht die in der Schlussbilanz ausgewiesenen Buchwerte, sondern die

---

778 So *Petersen*, Der Gläubigerschutz im Umwandlungsrecht, 159 f.

779 *Heidtkamp*, NZG 2013, 852, 854; *Erkens*, in: KK UmwG, § 17 Rn. 21.

780 *Bula/Thees*, in: Sagasser/Bula, Umwandlungen, § 10 Rn. 5; *Decher*, in: Lutter, UmwG, § 17 Rn. 9; *Fronhöfer*, in: Widmann/Mayer, UmwR, § 17 Rn. 84; *Hörtnagl*, in: Schmitt/Hörtnagl, UmwG/UmwStG, § 17 UmwG Rn. 17; *Schwanna*, in: Semler/Stengel/Leonard, UmwG, § 17 Rn. 15; *Erkens*, in: KK UmwG, § 17 Rn. 26; *Lanfermann*, in: Kallmeyer, UmwG, § 17 Rn. 12. – A. A. OLG Köln, Beschl. v. 10.2.2020 – 2 Wx 28/20, ZIP 2020, 1072 f. – Ausführlich *Naraschewski*, FS Heidinger, 387, 390 ff.

781 *Decher*, in: Lutter, UmwG, § 17 Rn. 9; *Hörtnagl*, in: Schmitt/Hörtnagl, UmwG/UmwStG, § 17 UmwG Rn. 17; *Erkens*, in: KK UmwG, § 17 Rn. 26; *Lanfermann*, in: Kallmeyer, UmwG, § 17 Rn. 12.

782 Siehe nur *Naraschewski*, FS Heidinger, 387.

783 Auf die beschränkte praktische Relevanz für den Gläubigerschutz hinweisend auch *Decher*, in: Lutter, UmwG, § 17 Rn. 7; *Rieckers/Cloppenburg*, in: Habersack/Wicke, UmwG, § 17 Rn. 54; siehe ferner *Bula/Thees*, in: Sagasser/Bula, Umwandlungen, § 10 Rn. 29.

784 Vgl. *Naraschewski*, FS Heidinger, 387, 388; *Heidtkamp*, NZG 2013, 852, 853; *Bula/Thees*, in: Sagasser/Bula, Umwandlungen, § 10 Rn. 27; *Lanfermann*, in: Kallmeyer, UmwG, § 17 Rn. 11; *Erkens*, in: KK UmwG, § 17 Rn. 20.

785 *Naraschewski*, FS Heidinger, 387, 389; *Decher*, in: Lutter, UmwG, § 17 Rn. 7; siehe auch *Fronhöfer*, in: Widmann/Mayer, UmwR, § 17 Rn. 64.

786 *Heidtkamp*, NZG 2013, 852, 854; *Erkens*, in: KK UmwG, § 17 Rn. 22.

Zeitwerte maßgeblich[787]. Zu beachten ist außerdem, dass die Bedeutung der Schlussbilanz im Rahmen der Kapitalerhöhungskontrolle sich überhaupt erst daraus ergibt, dass § 69 Abs. 1 S. 1 Hs. 2 UmwG im Grundsatz von der allgemein vorgesehenen Prüfung nach § 183 Abs. 3 AktG freistellt. Bei rechtsfähigen Personengesellschaften als übertragende Rechtsträger gilt dies nach § 69 Abs. 1 S. 1 Hs. 2 Var. 1 UmwG jedoch ohnehin nicht. Selbst wenn man § 69 UmwG auf Verschmelzungen nach § 712a Abs. 1 BGB analog anwenden wollte, hätte die Schlussbilanz diesbezüglich also keine Bedeutung.

Das Bedürfnis für eine Analogie zu § 17 Abs. 2 UmwG unter dem Gesichtspunkt des Gläubigerschutzes ist in den Fällen des § 712a Abs. 1 BGB dementsprechend nicht besonders groß. Die Analogie begegnet auch praktischen Schwierigkeiten, denn die Wirkungen des § 712a Abs. 1 BGB hängen nicht von einer konstitutiven Registereintragung mit vorgelagerter registergerichtlicher Prüfung – auch in Bezug auf die Schlussbilanz (§ 17 Abs. 2 S. 4 UmwG) – ab[788].

II. Individueller Gläubigerschutz

Weitaus interessanter ist der individuelle Gläubigerschutz, der im Umwandlungsrecht – über den schon für sich genommen gläubigerschützenden[789] Übergang der Verbindlichkeiten der übertragenden Rechtsträger (§ 20 Abs. 1 Nr. 1 UmwG) hinaus – auf drei Wegen verwirklicht wird[790].

1. Nachhaftung

Erstens bleibt die akzessorische Haftung der Gesellschafter bestehen. Sie wird jedoch durch die §§ 39f, 42, 45e S. 1 UmwG, die als Bestandteil eines „allgemeinen Enthaftungskonzepts […] für das Zurücktreten aus der (mit-)unternehmerischen unbeschränkten Haftung“[791] anzusehen sind, zeitlich begrenzt. Nichts anderes gilt für die Haftung des vorletzten Gesellschafters, was § 712a Abs. 2 BGB auch ausdrücklich klarstellt[792].

---

[787] *Heidtkamp*, NZG 2013, 852, 854; *Bula/Thees*, in: Sagasser/Bula, Umwandlungen, § 10 Rn. 28; *Erkens*, in: KK UmwG, § 17 Rn. 22: siehe auch *Naraschewski*, FS Heidinger, 387, 388; *Fronhöfer*, in: Widmann/Mayer, UmwR, § 17 Rn. 65.

[788] *Seibt*, FS Röhricht, 603, 622; siehe auch *Sagasser/Bula/Abele*, in: Sagasser/Bula, Umwandlungen, § 37 Rn. 12.

[789] *Kogge*, in: MHdb GesR VIII, § 13 Rn. 188 („Gesamtrechtsnachfolge selbst bereits ein wesentlicher Teil im Konzept des Gläubigerschutzes“); ferner *Wenzel*, Gesellschafterhaftung und Verschmelzung, 24 f.

[790] Weitergehende Überlegungen bei *Wenzel*, Gesellschafterhaftung und Verschmelzung, 38 f., 41 ff.

[791] *Karsten Schmidt*, GesR, 1497.

[792] Zur Gesellschafterhaftung schon oben auf S. 54 f.

2. Schadensersatz

Zweitens steht den Gläubigern eines übertragenden Rechtsträgers ein Schadensersatzanspruch gegen die Mitglieder des Vertretungsorgans und ggf. des Aufsichtsorgans des übertragenden Rechtsträgers zu, wenn diese ihre Sorgfaltspflichten bei der Verschmelzung[793] verletzt haben und dadurch die Anspruchsdurchsetzung für die Gläubiger des übertragenden Rechtsträgers erschwert oder gefährdet wurde[794] (§ 25 UmwG).

Insoweit gestaltet sich die analoge Anwendung bei der „anwachsenden Verschmelzung“ als schwierig[795]. Wenn ein Anspruch nach § 25 Abs. 1 UmwG tatbestandlich einen Verstoß gegen Sorgfaltspflichten bei der Prüfung der Vermögenslage der Rechtsträger oder beim Abschluss des Verschmelzungsvertrages voraussetzt (vgl. Abs. 1 S. 2), kommt eine Analogie im Anwendungsbereich des § 712a Abs. 1 BGB von vorneherein nur dort in Betracht, wo dessen Rechtsfolgen willentlich herbeigeführt wurden oder zumindest beeinflussbar waren. Selbst in diesen Fällen erscheint die Konstruktion entsprechender Sorgfaltspflichten aber schwer begründbar, denn ob bestimmte Umstände ipso iure zum Ausscheiden eines Gesellschafters führen oder nur nach entsprechender Gestaltungserklärung des Mitgesellschafters, ist letztlich eine Frage der Gestaltung des Gesellschaftsvertrages. Nennenswerte Schutzlücken für die Gläubiger tun sich ohne den Anspruch aus § 25 Abs. 1 UmwG nicht auf[796]; bereits zum alten Recht wurde die praktische Bedeutung der Vorgängervorschriften als gering eingeschätzt[797].

3. Sicherheitsleistung

Drittens werden die Gläubiger durch einen Anspruch auf Sicherheitsleistung geschützt (§ 22 Abs. 1 UmwG)[798]. Das gilt allerdings nur, sofern deren Forderungen noch nicht fällig sind (§ 22 Abs. 1 S. 1 UmwG a. E.); bei fälligen Forderungen bewendet es mit den übrigen gläubigerschützenden Mechanismen des Umwandlungsrechts, insbesondere der unbeschränkten Haftung der Übernehmerin. Durchaus bemerkenswert ist allerdings, dass sowohl die Gläubiger der übertragenden Rechtsträger als auch die des Zielrechtsträgers anspruchsberechtigt sind. Trotz aus

---

793 Dazu näher *Grunewald*, in: Lutter, UmwG, § 25 Rn. 8 ff.

794 *Kogge*, in: MHdb GesR VIII, § 13 Rn. 272; *Winter*, in: Schmitt/Hörtnagl, UmwG/UmwStG, § 25 Rn. 18.

795 Im Ergebnis übereinstimmend *Seibt*, FS Röhricht, 603, 625, der gegen eine Analogiebildung vor allem die „erhebliche Eingriffswirkung, die eine ausdrückliche Normengrundlage verlangt“, ins Feld führt.

796 So auch schon *Barz*, FS Ballerstedt, 143, 155 zu §§ 349, 350 AktG a. F.

797 Pointiert *Karsten Schmidt*, ZGR 1993, 366, 376: „Schon die geltenden Bestimmungen des Verschmelzungsrechts führen ihr Dasein wohl mehr in den Kommentaren als bei den Gerichten.“

798 Gleiches gilt bei der Zu- und Zusammenlegung im Stiftungsrecht (§ 86h BGB).

Gläubigersicht identischer Rechtsfolgen knüpft der Gläubigerschutz im Erbrecht beim unkonsentierten Schuldnerwechsel an und erfasst folgerichtig die Eigengläubiger des Erben nicht, obwohl auch sie von der haftungsrechtlichen Verschmelzung des Nachlasses mit dem Eigenvermögen des Erben nachteilig betroffen sein können. Im Verschmelzungsrecht genügen dagegen bereits die mit der Vermögensverschmelzung verbundenen nachteiligen Wirkungen für die Gläubiger.

Das war nicht immer der Fall: § 26 Abs. 1 KapErhG und § 93f GenG a.F.[799] sahen einen Sicherstellungsanspruch nur zugunsten der Gläubiger der übertragenden Gesellschaft vor, ebenso § 347 Abs. 1 AktG in seiner Fassung bis zum 31.12. 1982. Auch im Verschmelzungsrecht wurde also ein Sicherungsbedürfnis für die Gläubiger der übernehmenden Gesellschaft nicht anerkannt, weil sie ihren bisherigen Schuldner behalten haben[800]. Mit dem Verschmelzungsrichtlinie-Gesetz vom 25.10.1982[801] wurde der Sicherstellungsanspruch nach § 347 Abs. 1 AktG a.F. unter dem Einfluss des Gemeinschaftsrechts[802] auf die Gläubiger der übernehmenden Gesellschaft ausgeweitet[803], allerdings unter der einschränkenden Voraussetzung, dass diese – anders als die Gläubiger der übertragenden Gesellschaft – nachweisen mussten, dass durch die Verschmelzung die Erfüllung ihrer Forderung gefährdet wird. In dieser Einschränkung lebte die Wertung fort, dass die Gläubiger des übernehmenden Rechtsträgers, die ihren alten Schuldner behalten, zumindest weniger schutzbedürftig sind[804].

Erst mit dem UmwBerG[805] wurde der Anspruch auf Sicherheitsleistung unter der Voraussetzung der Glaubhaftmachung einer Gefährdung flächendeckend und unterschiedslos sämtlichen Gläubigern eingeräumt. Begründet hat der Gesetzgeber diesen Schritt mit der bereits im Zuge der Änderung des § 347 Abs. 1 AktG geäußerten Einschätzung, dass es „häufig von nicht zu kontrollierenden Erwägungen wie z.B. Sitzvorteil, Firma und Arbeitsmarkt abhängt, welcher der beteiligten Rechtsträger welche Rolle bei einer Verschmelzung übernimmt"[806]. Eine wirkliche Be-

---

[799] Ebenso § 7 UmwG 1956 für die mit einer Verschmelzung strukturell vergleichbare (s.o. Fn. 700) übertragende Umwandlung.

[800] *Schilling*, in: GK AktG, 3. Aufl. 1975, § 347 Anm. 2; *Schlegelberger/Quassowski*, AktG, 3. Aufl. 1939, § 241 Anm. 1; – kritisch dazu aber *Ritter*, AktG, 2. Aufl. 1939, § 241 Anm. 2; *Frhr. v. Godin/Wilhelmi*, AktG, 4. Aufl. 1971, § 347 Anm. 2.

[801] S.o. Fn. 576.

[802] RL 78/855/EWG (s.o. Fn. 575), dort Art. 13. – Dem entspricht heute Art. 99 der Richtlinie (EU) 2017/1132 des Europäischen Parlaments und des Rates vom 14. Juni 2017 über bestimmte Aspekte des Gesellschaftsrechts, ABl. L 169, 46.

[803] Die Diskussion über die Ausweitung des Gläubigerschutzes auf die Gläubiger des übernehmenden Rechtsträgers reicht freilich weit zurück, vgl. *Goldschmidt*, Die sofortige Verschmelzung (Fusion) von Aktiengesellschaften, 1930, 105 ff.

[804] Vgl. BT-Drs. 9/1065, 19.

[805] S.o. Fn. 707.

[806] So BT-Drs. 12/6699, 92 in nahezu wörtlicher Übereinstimmung mit BT-Drs. 9/1065, 19.

gründung ist das freilich nicht, denn die Zufälligkeit der Verschmelzungsrichtung gibt eben nur dann Anlass zur Gleichbehandlung aller betroffenen Gläubiger, *wenn* man nicht auf den unkonsentierten Schuldnerwechsel, sondern auf die Vermögensverschmelzung abstellt. Dass Letzteres vorzugswürdig sein soll, könnte allenfalls damit begründet werden, dass bei Gesellschaften aus Gläubigersicht nicht die Person der Gesellschaft, die ohnehin nur durch ihre – austauschbaren – Organe handlungsfähig ist, sondern deren Kapitalausstattung entscheidend ist[807]. Bei rechtsfähigen Personengesellschaften gelangen solche Begründungsversuche allerdings an ihre Grenzen, denn hier gibt es jedenfalls im Grundsatz keinen Kapitalschutz, sondern es stehen die Personen der Gesellschafter und deren Haftung im Vordergrund[808]. Umso mehr wirft die Neuausrichtung des Sicherstellungsanspruchs die Frage auf, inwieweit diese auf wirtschaftliche Umwandlungen „ausstrahlt".

Ob § 22 UmwG bei der verschmelzungsähnlichen liquidationslosen Vollabwicklung einer Personengesellschaft nach § 712a Abs. 1 BGB analog anwendbar ist, wurde bisher allerdings kaum diskutiert. Seibt hat gegen die Analogie vorgebracht, dass „Rechtssicherheits- und Verkehrsschutzüberlegungen [...] gegen eine Analogiebildung [streiten], da es bei den Anwachsungsmodellen an einer gesetzlich geregelten Publizitätswirkung (Konstitutiv- und Heilungswirkung der Handelsregistereintragung) fehlt, an die die umwandlungsrechtlichen Schutzvorschriften anknüpfen"[809].

Das überzeugt nicht. Zwar knüpft die geltende Regelung in § 22 UmwG in der Tat an die Registereintragung der Verschmelzung an, die nach § 20 Abs. 1 Nr. 4 UmwG heilende Wirkung hat und im Übrigen gem. § 20 Abs. 2 UmwG Bestandskraft trotz etwaiger Verschmelzungsmängel verleiht. Letzteres ist aber für den Anspruch auf Sicherheitsleistung nicht zwingend erforderlich. Das zeigt bereits ein Blick in das alte Verschmelzungsrecht, das außerhalb des AktG noch bis Ende 1994 keine Bestandskraft der eingetragenen Verschmelzung[810], sehr wohl aber Sicherstellungsansprüche (§ 26 KapErhG, § 93f GenG) kannte. Der Anspruch aus § 22 UmwG – genauer: die dort enthaltene Fristbestimmung – knüpft also nicht daran an, dass die eingetragene Verschmelzung ohne Rücksicht auf Verschmelzungsmängel wirksam ist, sondern an die Publizität der Eintragung[811].

---

[807] In diesem Sinne *Breit*, ZHR 95 (1930), 337, 393; siehe auch *dens.*, a. a. O., 1, 41 f.

[808] Näher unten auf S. 139 ff.

[809] *Seibt*, FS Röhricht, 603, 625.

[810] Außerhalb des Aktienrechts fehlten dem § 352a AktG a.F. entsprechende Regelungen und auch eine Analogie wurde überwiegend abgelehnt, *Priester*, in: Scholz, GmbHG, 7. Aufl. 1988, § 25 KapErhG Anm. 23; *Schilling/Zutt*, in: Hachenburg, GmbHG, 7. Aufl. 1984, § 25 KapErhG Rn. 15; *Lutter/Hommelhoff*, GmbHG, 13. Aufl. 1991, § 25 KapErhG Rn. 23; – eine Analogie zu § 352a AktG a.F. befürwortend aber *Zimmermann*, in: Rowedder, GmbHG, 2. Aufl. 1990, Anh. § 77 Rn. 419.

[811] Unterstrichen wird das durch die Regelung des im Stiftungsrecht bei Zu- und Zusammenlegungen vorgesehenen Sicherstellunganspruchs (§ 86h BGB). Die Bestandskraft der Strukturmaßnahme knüpft an die Unanfechtbarkeit der behördlichen Genehmigung an (§ 86f

Dass aber auch das liquidationslose Erlöschen der Gesellschaft (deklaratorisch) eintragungspflichtig ist, dürfte unstreitig sein[812]; lediglich über den genauen Inhalt der Eintragung besteht Streit[813]. Und selbst wenn – wie bei der nicht eingetragenen BGB-Gesellschaft – der Wegfall des vorletzten Gesellschafters und die damit verbundene Gesamtrechtsnachfolge in keiner Weise publik gemacht wird, erscheint die analoge Heranziehung des § 22 UmwG nicht bereits deshalb zwingend ausgeschlossen. An die Stelle der Registereintragung könnte für den Fristbeginn die jeweilige Kenntniserlangung der einzelnen Gläubiger treten (vgl. etwa §§ 728b Abs. 1 S. 3, 739 Abs. 2 BGB, §§ 137 Abs. 1 S. 3, 151 Abs. 2 HGB)[814].

Für die Frage der Analogiebildung spielt es auch keine Rolle, ob der letztverbleibende Gesellschafter tauglicher übernehmender Rechtsträger wäre[815], da der Anspruch aus § 22 UmwG ganz allgemein an die mit der Gesamtrechtsnachfolge verbundenen Gefahren für die Gläubiger anknüpft[816]. Ebenso ist es unerheblich, ob die Voraussetzungen des § 712a Abs. 1 BGB gezielt für eine wirtschaftliche Verschmelzung herbeigeführt wurden oder ohne den Willen des letztverbleibenden Gesellschafters eingetreten sind; dieser Umstand ist allenfalls für die Schutzbedürftigkeit des Gesamtrechtsnachfolgers bedeutsam, nicht aber für die Gläubiger[817].

III. Zusammenfassung

Ein Blick auf den verschmelzungsrechtlichen Gläubigerschutz macht deutlich, dass die haftungsrechtliche Gleichstellung der liquidationslosen Vollabwicklung einer Personengesellschaft nach § 712a Abs. 1 BGB mit dem Erbfall keineswegs zwingend ist. Die Sachnähe dieser wirtschaftlichen Verschmelzung zu den technischen Verschmelzungen spricht vielmehr dafür, Anleihen beim UmwG zu nehmen. Trotz identischer Auswirkungen auf die Haftungslage wird dem Schutzbedürfnis der Gläubiger – und zwar sowohl der übertragenden Rechtsträger als auch des übernehmenden Rechtsträgers – dort nicht durch eine Haftungssonderung, sondern vor allem durch einen Anspruch auf Sicherheitsleistung (§ 22 UmwG) Rechnung

---

BGB), der Fristbeginn für die Anmeldung des Sicherstellungsanspruchs dagegen an die Bekanntmachung der Zu- bzw. Zusammenlegung nach § 86g BGB.

[812] Von einem „im Handelsregister einzutragende[n] ‚Anwachsungsvermerk‘“ ausgehend namentlich auch *Seibt*, FS Röhricht, 603, 622; siehe auch schon *Barz*, FS Ballerstedt, 143, 151 f., 153.

[813] Siehe schon oben bei Fn. 602.

[814] Wiederum anders die Regelung bei der Zu- und Zusammenlegung im Stiftungsrecht: Hier hat eine Bekanntmachung im Bundesanzeiger zu erfolgen, in der die Gläubiger auf ihren Sicherstellungsanspruch nach § 86h BGB hinzuweisen sind (§ 86g BGB) und an die sodann die Frist des § 86h Nr. 1 BGB anknüpft.

[815] A. A. wohl *A. Hoger/Lieder*, ZHR 180 (2016), 613, 633 ff.

[816] Dazu näher *Grunewald*, in: Lutter, UmwG, § 22 Rn. 12 ff.

[817] Siehe bereits S. 15 f., 61.

getragen. Auch die Annäherung an das Verschmelzungsrecht lässt sich allerdings nicht mit letzter Konsequenz durchhalten; sie stößt insbesondere bei § 17 Abs. 2 und § 25 UmwG an ihre Grenzen[818]. Zu berücksichtigen ist außerdem, dass bei der nicht selten willensunabhängigen, gesetzlich zwingenden Gesamtrechtsnachfolge nach § 712a Abs. 1 BGB für den Schutz des letzten Gesellschafters anderweitig gesorgt werden muss, denn im UmwG mit seiner rechtsgeschäftlichen und damit notwendig willensabhängigen Gesamtrechtsnachfolge gibt es dieses Problem nicht. Hier bietet sich insbesondere die zumindest vorübergehende Zulassung einer Einmann-Personengesellschaft an. Der letzte Gesellschafter kann dann selbst entscheiden, ob er die Gesellschaft zum Erlöschen bringt und ihr Vermögen übernimmt oder ob er sie nach den gesetzlichen Regelungen liquidiert[819].

[818] Zwar gibt es auch im Recht der Zu- und Zusammenlegung von Stiftungen neben dem Sicherstellungsanspruch nach § 86h BGB keine weiteren Gläubigerschutzinstrumente. Gläubigergefährdungen sind hier allerdings wegen §§ 86 Nr. 3, 86a Nr. 2 BGB ohnehin kaum denkbar (*J. Stürner*, in: BeckOK BGB, § 86h Vor Rn. 1).

[819] S. o. auf S. 63 f.

§ 6 Harmonisierung mit dem Liquidationsrecht

Die vorstehenden Überlegungen zur Herausbildung eines Gläubigerschutzes bei der liquidationsersetzenden[820] Gesamtrechtsnachfolge nach § 712a Abs. 1 S. 2 BGB hängen jedoch in der Luft, solange keine Klarheit darüber besteht, wie die Gläubiger in einer Liquidation nach den gesetzlichen Vorschriften geschützt werden. Wenn § 712a Abs. 1 BGB funktional an die Stelle der §§ 735 ff. BGB, §§ 143 ff. HGB tritt, sind die Gläubiger nur schutzwürdig, wenn und weil ihnen durch die liquidationslose Vollabwicklung gläubigerschützende Mechanismen vorenthalten wurden, die das Gesetz für den Normalfall der Vollbeendigung eines Rechtsträgers durch Liquidation vorsieht[821].

A. Gesetzestypische Personengesellschaften

Bei Personengesellschaften werden die Gläubiger – jedenfalls im Grundsatz – nicht durch Vermögensbindung, sondern durch die persönliche Haftung der Gesellschafter geschützt[822]. Diese hat Verhaltenssteuerungs-, Kreditsicherungs- und Kapitelersatzfunktion[823]; sie ist – in den Worten des Bundesgerichtshofes[824] – „die alleinige Grundlage für die Wertschätzung und Kreditwürdigkeit der Gesellschaft" und „das notwendige Gegenstück zum Fehlen jeglicher Kapitalerhaltungsregeln". Daran hat sich mit der Versubjektivierung von Außen-Personengesellschaften nichts geändert[825]. Dem ausschließlichen Zugriff der Gesellschaftsgläubiger (vgl. § 722 Abs. 1 BGB, § 129 Abs. 1 HGB) ist das Gesellschaftsvermögen daher von vorneherein nur in seinem jeweils noch vorhandenen Bestand vorbehalten[826]. Aber selbst insoweit ist der Vorrang der Gesellschaftsgläubiger vor den Privatgläubigern

---

[820] S. 52 f.

[821] Richtungsweisend *Fischer*, LM § 142 HGB Nr. 12; *Rimmelspacher*, AcP 173 (1973), 1, 12; *Müller-Laube*, FS E. Wolf, 501, 523 f.; siehe zur Verschmelzung auch *Bachmann*, ZHR 185 (2021), 52, 68, 81 ff.

[822] Statt vieler *Habersack*, in: Staub, HGB, § 126 Rn. 1.

[823] *Wiedemann*, GesR I, 288, 536 ff.

[824] BGH, Urt. v. 7.4.2003 – II ZR 56/02, BGHZ 154, 370, 373 = NJW 2003, 1803, 1804.

[825] Siehe auch BT-Drs. 19/27635, 104.

[826] Vgl. BGH, Urt. v. 29.3.1973 – II ZR 25/70, BGHZ 60, 324, 327 f. = NJW 1973, 1036, 1037.

nur ein „relativer“[827]. Allein im Interesse der Gesellschafter wird das Gesellschaftsvermögen gebunden (vgl. § 705 Abs. 1 BGB), die Gläubiger profitieren hiervon nur reflexartig. Irrelevant ist in diesem Zusammenhang, ob der Ausschluss der Privatgläubiger[828] wie nach der traditionellen Gesamthandslehre sachenrechtlich durch einen Entzug der Verfügungsbefugnis (§ 719 Abs. 1 BGB a.F., §§ 736, 859 Abs. 1 ZPO a.F.)[829] oder wie im geltenden Recht personenrechtlich durch einen „dazwischengeschobenen“ Rechtsträger konstruiert wird.

Nur konsequent ist daher auch das Fehlen gläubigerschützender Bestimmungen im Liquidationsverfahren. Zwar sind nach gesetzlicher Regel aus dem (in Geld umgesetzten) Gesellschaftsvermögen vorrangig die Gläubiger zu befriedigen (§ 736d Abs. 4 BGB und § 148 Abs. 5 HGB[830]). Hierbei handelt es sich aber nach tradierter[831] und auch heute noch herrschender Auffassung[832] um seiner Zielrichtung nach nicht gläubigerschützendes und daher dispositives Recht, das nur die Gesellschafter vor der eigenen persönlichen Inanspruchnahme schützen soll. Die Gläubiger profitieren von den genannten Bestimmungen wiederum nur reflexartig[833]. Auch die Nachschusspflicht der Gesellschafter für einen etwaigen Fehlbetrag nach § 737 BGB[834], § 149 HGB ist nach nahezu einhelliger Meinung[835] als lediglich das Innenverhältnis betreffende Regelung dispositiv.

---

[827] *Huber*, Vermögensanteil, Kapitalanteil und Gesellschaftsanteil an Personalgesellschaften des Handelsrechts, 85 f.; ebenso *Wertenbruch*, Die Haftung von Gesellschaften und Gesellschaftsanteilen in der Zwangsvollstreckung, 151; siehe ferner *Dauner-Lieb*, Unternehmen in Sondervermögen, 49 f., 547 ff.

[828] Zur Frage, ob der Ausschluss nur die Privatgläubiger einzelner Gesellschafter oder Privatgläubiger überhaupt betrifft, schon Fn. 302.

[829] Dazu näher *Huber*, Vermögensanteil, Kapitalanteil und Gesellschaftsanteil an Personalgesellschaften des Handelsrechts, 85 f.

[830] § 733 Abs. 1 BGB a.F., §§ 149 S. 1, 155 Abs. 1 HGB a.F.

[831] BGH, Urt. v. 14.2.1957 – VII ZR 250/56, BGHZ 23, 307, 315; BGH, Urt. v. 17.5.1999 – II ZR 76/98, BGHZ 141, 372, 376 = NJW 1999, 2524, 2525; BGH, Urt. v. 27.9.1999 – II ZR 371/98, BGHZ 142, 315, 323 = NJW 1999, 3483, 3485; *Hueck*, OHG, 471 f., 505, 508; *Flechtheim*, in: Düringer/Hachenburg, HGB, Vor §§ 145 ff. Anm. 6, 6a, § 145 Anm. 6, § 149 Anm. 13 sowie *Geiler*, a. a. O., Allg. Einl. zum 2. Buch Anm. 247; *Schilling*, in: Staub, HGB, 3. Aufl. 1970, § 145 Anm. 3, § 149 Anm. 24; *Frhr. v. Gamm*, in: RGRK BGB, § 730 Rn. 2, § 733 Rn. 3; *Keßler*, in: Staudinger, BGB, 12. Aufl. 1991, § 730 Rn. 18, § 733 Rn. 8 f.; mit anderer Akzentuierung letztlich auch *Hillers*, Personengesellschaft und Liquidation, 28 ff., 83 ff., insb. 141 ff.

[832] *Gummert*, in: MHdB GesR I, § 47 Rn. 82, 84, 98; *Grunewald/H.-F. Müller*, GesR, § 1 Rn. 197; *Servatius*, GbR, § 736d Rn. 41, 69; *Richter*, in: Koch, PersGesR, § 735 BGB Rn. 31, § 736d BGB Rn. 29 f., § 143 HGB Rn. 37, § 148 HGB Rn. 48 f.; *Saam*, in: Ebenroth/Boujong, HGB, § 148 Rn. 50, 67; *Kamanabrou*, in: Oetker, HGB, § 148 Rn. 32; *Klöhn*, in: Henssler/Strohn, GesR, § 148 HGB Rn. 29; *Mock*, in: Röhricht/Graf v. Westphalen, HGB, § 148 Rn. 29.

[833] *Wertenbruch/Könen*, in: Westermann/Wertenbruch, Hdb PersGes, Rn. I 1705 f., I 1742, I 1776; *Karsten Schmidt*, in: MüKo HGB, § 149 Rn. 40, § 155 Rn. 1, 15, 50 (anders noch *ders.*, ZHR 153 [1989], 270, 283 f. sowie *ders.*, in: Schlegelberger, HGB, § 155 Rn. 50).

[834] § 735 BGB a.F.

Im jüngeren Schrifttum regt sich diesbezüglich allerdings Widerspruch. Es mehren sich die Stimmen, die den Vorrang der Gläubigerbefriedigung gläubigerschützend aufladen und in der Folge als zwingendes Recht ansehen[836]. Auch der Gesetzgeber geht davon aus, dass es sich um gläubigerschützende Vorschriften handelt, ohne sich dabei aber hinsichtlich der Dispositivität festzulegen[837]. Dagegen lässt sich zwar nicht schon einwenden, dass die Gläubiger dann nach Auflösung stärker geschützt wären als vorher[838], denn ein zwingender Gleichlauf der Entnahmebeschränkungen vor und nach Auflösung eines Verbandes existiert in dieser Form nicht. Besonders deutlich wird das im Vereinsrecht: Auch hier gibt es keine (Mindest-)Kapitalsicherung. Gleichwohl unterliegt das Vereinsvermögen im Liquidationsstadium während des Sperrjahres einem strikten Verteilungsverbot und ist vorrangig für die Befriedigung der Gläubiger zu verwenden (§§ 51 f. BGB). Aber selbst bei den Kapitalgesellschaften geht das strikte Thesaurierungsgebot im Liquidationsstadium deutlich über die Kapitalbindung in der werbenden Gesellschaft hinaus.

Daraus kann jedoch nicht umgekehrt gefolgert werden, dass auch im Personengesellschaftsrecht zwingend vorab die Gläubiger befriedigt werden müssten. Denn bei Körperschaften kommt es in der Liquidation zu einer Verdichtung des Opportunismusrisikos, weil eine „Ausplünderung" des Verbandsvermögens besonders wahrscheinlich ist, wenn die (von der Haftung freigestellten) Mitglieder ohnehin keine Zukunft mehr für den Verband sehen[839]. Gerade vor diesem Hintergrund ist das Liquidationsrecht der Körperschaften zu sehen: Es geht darum, die Zugriffsmöglichkeiten der Gläubiger auf das Verbandsvermögen gegen eine „Ausplünderung" seitens der Mitglieder zu schützen[840], und zwar durch ein zwingend einzuhaltendes Liquidationsverfahren, das in seiner Grundstruktur bei allen Körperschaften[841] vorgesehen ist[842]: Es sind zunächst durch öffentliche Bekanntmachung

---

835 A.A. wohl nur *Aderhold*, Das Schuldmodell der BGB-Gesellschaft, 242 ff.; – siehe noch Fn. 836.

836 So insbesondere *Schäfer*, in: MüKo BGB, § 735 Rn. 65, § 736d Rn. 20 f.; ferner *Kilian*, in: Henssler/Strohn, GesR, § 736d BGB Rn. 8 (anders noch *ders.* in der 5. Aufl. 2021, § 733 BGB Rn. 2, 11); einschränkend jetzt auch *R. Koch*, in: BeckOGK BGB (1.1.2025), § 735 Rn. 17; *Lieder*, in: Erman, BGB, § 735 Rn. 30, § 736d Rn. 15; *M. Noack*, in: Heidel, GbR, § 736d Rn. 32. – Demgegenüber wird § 737 BGB im heutigen Schrifttum wohl einhellig als nicht gläubigerschützendes, dispositives Recht angesehen, siehe insbesondere auch *Schäfer*, in: MüKo BGB, § 737 Rn. 2; *Kilian*, in: Henssler/Strohn, GesR, § 737 Rn. 1; *R. Koch*, in: BeckOGK BGB (1.1.2025), § 737 Rn. 7; *Lieder*, in: Erman, BGB, § 737 Rn. 1.

837 BT-Drs. 19/27635, 182 f.

838 So aber noch *Ulmer/Schäfer*, in: MüKo BGB, 5. Aufl. 2009, § 733 Rn. 11; siehe auch *Habersack*, in: Staub, HGB, § 143 Rn. 4; *Karsten Schmidt*, in: MüKo HGB, § 155 Rn. 42.

839 Näher *Berthold*, Gläubigerschutz in der Liquidation einer GmbH, 38 f.; *Wenzel*, Gesellschafterhaftung und Verschmelzung, 14 f.

840 *Wenzel*, Gesellschafterhaftung und Verschmelzung, 15 f.; *Karsten Schmidt*, BB 2011, 707, 709.

841 Ebenso bei Stiftungen, § 87c Abs. 2 S. 2 BGB.

in den Gesellschaftsblättern (§ 65 Abs. 2 GmbHG, § 267 AktG) bzw. in den satzungsmäßig bestimmten Blättern (§§ 50 f. BGB, § 82 Abs. 2 GenG) die Gläubiger zu ermitteln. Sodann sind die bekannten Gläubiger aus dem Verbandsvermögen zu befriedigen bzw. sicherzustellen (§ 52 BGB, § 73 GmbHG, §§ 271 Abs. 1, 272 AktG, § 90 GenG). Erst danach und frühestens nach Ablauf des Sperrjahres darf das verbleibende Vermögen verteilt werden (§ 51 BGB, § 73 Abs. 1 GmbHG, § 272 Abs. 1 AktG, § 90 Abs. 1 GenG). Im Falle einer verfrühten Vermögensverteilung unter Verstoß gegen die genannten Vorschriften besteht ein körperschaftsrechtlicher[843] Anspruch des Verbandes auf Rückgewähr der zugeteilten Gegenstände (§§ 69 Abs. 1, 31 GmbHG[844], §§ 264 Abs. 3, 62 AktG[845]). Außerdem sind die Liquidatoren zum Schadensersatz verpflichtet, wobei allerdings nur im Vereinsrecht ein Direktanspruch der Gläubiger vorgesehen ist (§ 53 BGB). Im Übrigen ist nur der Verband aktivlegitimiert (§§ 73 Abs. 3, 43 Abs. 3, 4 GmbHG, §§ 268 Abs. 2, 93 Abs. 2, 3 Nr. 5 AktG, §§ 89 S. 1, 34 Abs. 2, 3 Nr. 3 GenG)[846]; die Gläubiger haben allerdings die Möglichkeit, im Wege der Direktklage vorzugehen (§§ 268 Abs. 2, 93 Abs. 5 AktG[847], §§ 89 S. 1, 34 Abs. 5 GenG).

Geht man der gesetzlichen Konzeption entsprechend von der grundsätzlichen Gleichachtung von Kapitalsicherung und persönlicher Haftung[848] aus[849], besteht für ein solches Liquidationsverfahren bei Personengesellschaften jedenfalls im Grundsatz kein Anlass[850]. Die zwingende Vorabbefriedigung der Gläubiger hat für diese gegenüber der Inanspruchnahme der Gesellschafter zwar den Vorteil, dass sie nicht mit den Privatgläubigern der Gesellschafter um das Gesellschaftsvermögen

---

[842] Siehe bereits *Karsten Schmidt*, ZIP 1981, 1 ff.

[843] So trotz Fehlens einer expliziten Regelung für das Genossenschaftsrecht zu Recht BGH, Urt. v. 17.5.1999 – II ZR 76/98, NJW 1999, 2524, 2526. – Auch im Vereinsrecht wird verbreitet ein körperschaftsrechtlicher Anspruch zumindest gegenüber begünstigten Vereinsmitgliedern anerkannt, so *Schörnig*, in: Reichert, Hdb Vereins- und VerbandsR, Kap. 3 Rn. 1154; *Eckardt*, in: NK BGB, § 53 Rn. 2; *Schöpflin*, in: BeckOK BGB, § 53 Rn. 4; – a.A. (stets nur bereicherungsrechtliche Ansprüche) *Könen*, in: BeckOGK BGB (1.2.2025), § 51 Rn. 16.

[844] BGH, Urt. v. 2.3.2009 – II ZR 264/07, NZG 2009, 659 Rn. 19 f.

[845] BGH, Urt. v. 9.11.2021 – II ZR 137/20, NZG 2022, 208 Rn. 17.

[846] Auch ein Direktanspruch nach § 823 Abs. 2 BGB wird seit der Grundsatzentscheidung des BGH (Urt. v. 13.3.2018 – II ZR 158/16, BGHZ 218, 80 = NZG 2018, 625 Rn. 13 ff.) von der h.M. nicht mehr zugelassen, siehe etwa *M. F. Müller*, in: Michalski, GmbHG, § 73 Rn. 50 und *Koch*, AktG, § 272 Rn. 7, je m.w.N.

[847] Auch im GmbH-Recht wird eine Direktklage nach aktienrechtlichem Vorbild zugelassen, BGH, Urt. v. 13.3.2018 – II ZR 158/16, BGHZ 218, 80 = NZG 2018, 625 Rn. 30 ff.; *Altmeppen*, GmbHG, § 73 Rn. 21; *Scheller*, in: Scholz, GmbHG, § 73 Rn. 39.

[848] Das Erlöschen der Gesellschaft zieht unstr. nicht das Erlöschen der akzessorischen Gesellschafterhaftung nach sich, siehe nur *Karsten Schmidt*, GesR, 1523.

[849] De lege ferenda ablehnend *Karsten Schmidt*, GesR, 542 f. und zuvor bereits *ders.*, JZ 1985, 301, 302 f.

[850] Zwar ist eine Kombination von persönlicher Haftung und Kapitalbindung nicht ausgeschlossen – diesen Weg geht das Gesetz bei der KGaA. Hierbei handelt es sich jedoch um eine Ausnahme, die die Grundkonzeption nicht infrage stellt.

konkurrieren müssen. Diese Gefahr ist in der Konzeption des personengesellschaftsrechtlichen Gläubigerschutzes, wonach nicht die Vermögenssonderung, sondern die persönliche Gesellschafterhaftung das eigentliche im Interesse der Gesellschaftsgläubiger bereitgestellte Schutzinstrument darstellt, allerdings schon strukturell angelegt[851].

Selbst die haftungsfreie Überführung von Gesellschaftsvermögen in das Privatvermögen der Gesellschafter wird im Personengesellschaftsrecht als unproblematisch angesehen, solange immerhin eine natürliche Person unbeschränkt haftet. Paradigmatisch ist insoweit die Schlussverteilung an Kommanditisten. Diese führt zwar zu einem Wiederaufleben seiner Außenhaftung, allerdings in jedem Fall summenmäßig beschränkt auf die eingetragene Haftsumme[852]. Dennoch wird hier aufgrund der unbeschränkten Haftung des Komplementärs und der damit verbundenen Verhaltenssteuerung[853] kein Korrekturbedürfnis gesehen[854].

B. Atypische Personengesellschaften

Ist also die persönliche Haftung und die damit verbundene Verhaltenssteuerung die Rechtfertigung für das Fehlen gläubigerschützender Regelungen in der Liquidation[855], bedürfen noch diejenigen Fälle einer näheren Betrachtung, in denen es keine natürliche Person als Vollhafter gibt.

I. Die Anwendungsfälle im Einzelnen

1. „Kapitalistische" Personengesellschaften

Hier sind zunächst die klassischen „kapitalistischen" Personengesellschaften zu nennen, d. h. Körperschaft bzw. Stiftung & Co., insbesondere in der praktisch besonders bedeutsamen Erscheinungsform der GmbH & Co. KG[856], ferner die Aus-

[851] In diesem Sinne schon *Riegger*, Die Rechtsfolgen des Ausscheidens eines Gesellschafters aus einer zweigliedrigen Personalgesellschaft, 33 f. sowie *Hadding/Kießling*, in: Soergel, BGB, § 733 Rn. 1 (jeweils zur BGB-Gesellschaft).

[852] Siehe die Nachw. in Fn. 351.

[853] Zur Verhaltenssteuerungsfunktion des Grundsatzes der unbeschränkten Haftung schon oben auf S. 56.

[854] Vgl. BGH, Urt. v. 29.3.1973 – II ZR 25/70, BGHZ 60, 324, 327 f. = NJW 1973, 1036, 1037.

[855] Deutlich auch BGH, Urt. v. 17.5.1999 – II ZR 76/98, BGHZ 141, 372, 376 = NJW 1999, 2524, 2525; BGH, Urt. v. 27.9.1999 – II ZR 371/98, BGHZ 142, 315, 323 = NJW 1999, 3483, 3485.

[856] *Haas/Mock*, in: Gottwald/Haas, InsR-Hdb, § 94 Rn. 3.

landsgesellschaft & Co.[857], sofern die Mitglieder der Auslandsgesellschaft nicht persönlich haften. Zwar gibt es in diesen Fällen einen Vollhafter, allerdings handelt es sich hierbei nicht um eine natürliche Person, sodass die persönliche Haftung in ihrer (insbesondere auch verhaltenssteuernden) Funktion gestört ist[858].

2. „Kommanditistengesellschaft"

Erst recht gehören hierher diejenigen Fälle, in denen es an einem Vollhafter überhaupt fehlt. Zu dieser Konstellation kommt es namentlich dann, wenn aus einer KG mit mehreren Kommanditisten der einzige Komplementär ausscheidet. Es entsteht dann eine (zwingend aufgelöste) „Kommanditistengesellschaft". Liquidieren die Kommanditisten die „Kommanditistengesellschaft" unter Aufrechterhaltung der bisherigen Haftungsverfassung, ist ein besonderer Gläubigerschutz jedenfalls dann angezeigt, wenn es sich beim ausgeschiedenen Komplementär nicht um eine natürliche Person handelt. Aber auch sonst ist zu bedenken, dass in der Liquidation noch Neugläubiger hinzukommen können, die sich nicht an einen natürlichen Vollhafter halten können, sodass ein besonderer Gläubigerschutz bei der Liquidation einer „Kommanditistengesellschaft" generell geboten ist[859].

3. PartG und PartG mbB

Diskussionswürdig erscheint die PartG mbB. Nach der Gesetzesbegründung[860] soll jedenfalls eine Insolvenzantragspflicht nach § 15a Abs. 1 S. 3 InsO nicht bestehen, weil die Haftungsbeschränkung nur für Verbindlichkeiten wegen Schäden aus fehlerhafter Berufsausübung greift. Das Schrifttum hat sich dem überwiegend angeschlossen[861]. Kontrovers diskutiert wird jedoch, ob bei der PartG mbB eine Haftung der Partner wegen existenzvernichtender Eingriffe anzuerkennen ist[862].

---

[857] Vgl. *Klöhn/Schaper*, ZIP 2013, 49 ff.

[858] *Duys*, Auslandskapitalgesellschaft & Co. KG, 48 f.; siehe auch *Wiedemann*, GesR I, 539 f. sowie *dens.*, GesR II, 858.

[859] Vgl. *Karsten Schmidt*, BB 2011, 707, 710.

[860] BT-Drs. 17/10487, 14.

[861] *P. Meyer*, Die Partnerschaftsgesellschaft mit beschränkter Berufshaftung gemäß § 8 Abs. 4 PartGG, 191 ff.; *Schumacher*, Die Partnerschaftsgesellschaft mit beschränkter Berufshaftung für Rechtsanwälte, 159; *Kilian*, MDR 2013, 1137, 1139; *Leuering*, NZG 2013, 1001, 1004; *Schüppen*, WPg 2013, 1193, 1201; *Seibert*, DB 2013, 1710, 1711; *Kadenbach*, in: Ahrens/Gehrlein/Ringstmeier, InsO, § 15a Rn. 9; *Klöhn*, in: MüKo InsO, § 15a Rn. 96; *Karsten Schmidt/Herchen*, in: Karsten Schmidt, InsO, § 15a Rn. 12; *Steffek*, in: KPB, InsO, § 15a Rn. 23; *Henssler*, PartGG, § 8 Rn. 221; letztlich auch *Kienzler*, Die Partnerschaftsgesellschaft mit beschränkter Berufshaftung (PartG mbB) als gesetzgeberische Zwischenstation der Liberalisierung des Gesellschaftsrechts Freier Berufe, 173 ff. und *ders.*, JR 2016, 221, 225 ff. – de lege ferenda für Insolvenzantragspflicht *Statz*, Die Haftungsverfassung der Partnerschaftsgesellschaft mit beschränkter Berufshaftung, 183 ff., 233 f.; sympathisierend auch *Römermann/Praß*, NZG 2012, 601, 608; *Hirte*, in: Uhlenbruck, InsO, § 11 Rn. 248; *ders./Praß*, FS Kübler,

Das ist darauf zurückzuführen, dass es zu einer Störung der Verhaltenssteuerungsfunktion persönlicher Haftung auch dann kommen kann, wenn die Haftungsbeschränkung – wie bei der PartG mbB – nur einen Teil der Schulden erfasst, insbesondere wenn diese – wie regelmäßig bei den Verbindlichkeiten wegen Schäden aus fehlerhafter Berufsausübung – deutlich überwiegen[863]. Drohende Gewinnausfälle, Reputationsschäden und Erhöhungen der Versicherungsprämie mögen ein gewisses Gegengewicht liefern[864]. In der Liquidation treten diese Gesichtspunkte aber in den Hintergrund und das Opportunismusrisiko in den Vordergrund, denn wenn die Partner ohnehin keine Zukunft mehr für den Verband sehen, werden sie geneigt sein, das restliche Verbandsvermögen „auszuplündern"[865]. Ein besonderer Gläubigerschutz in der Liquidation könnte allenfalls wegen der von der Partnerschaft unterhaltenen Berufshaftpflichtversicherung abgelehnt werden. Indes handelt es sich hierbei – ähnlich wie im Kapitalgesellschaftsrecht – nur um eine „Mindestausstattung"[866], die allenfalls im werbenden Stadium als adäquate Kompensation der Haftungsbeschränkung angesehen werden kann. Richtigerweise ist der Gläubigerschutz in der Liquidation bei der PartG mbB daher unzureichend.

Auch bei der PartG ohne Haftungsbeschränkung kann die Haftungskonzentration auf die befassten Partner nach § 8 Abs. 2 PartGG opportunistische Verhaltensweisen der übrigen Partner begünstigen. Insbesondere bei verheerenden Haftungsfällen, die durch einzelne – zwischenzeitlich womöglich schon ausgeschiedene – Partner verursacht wurden, besteht aus Sicht der nicht befassten Partner ein Anreiz,

---

243, 249 f.; – bereits de lege lata für Insolvenzantragspflicht *Frehse*, Innen- und Außenhaftung der PartG mbB und ihrer Partner, 178 ff.; *Klose*, GmbHR 2013, 1191 ff.; *Lieder*, NotBZ 2014, 81, 86 f.; *Linardatos*, VersR 2013, 1488, 1494.

[862] Bejahend *Frehse*, Innen- und Außenhaftung der PartG mbB und ihrer Partner, 137 ff.; *Kienzler*, Die Partnerschaftsgesellschaft mit beschränkter Berufshaftung (PartG mbB) als gesetzgeberische Zwischenstation der Liberalisierung des Gesellschaftsrechts Freier Berufe, 157 ff. und *ders.*, JR 2016, 221, 224 f.; *Statz*, Die Haftungsverfassung der Partnerschaftsgesellschaft mit beschränkter Berufshaftung, 166 ff.; *Höpfner*, JZ 2017, 19, 27 f.; *Lieder*, NotBZ 2014, 81, 85; *Linardatos*, VersR 2013, 1488, 1494 f.; *Hirte/Praß*, FS Kübler, 243, 251 f.; *Römermann/Praß*, NZG 2012, 601, 607; *Römermann/Jähne*, BB 2015, 579, 583; *Tröger/Pfaffinger*, JZ 2013, 812, 820; *Henssler*, AnwBl 2014, 96, 101 f. sowie *ders.*, PartGG, § 8 Rn. 218 f.; sympathisierend auch *H. Baumann*, GmbHR 2014, 953, 955; – ablehnend *Jäger*, Die Haftung von Partner einer Partnerschaftsgesellschaft für berufliche Fehler, 247 ff.; *P. Meyer*, Die Partnerschaftsgesellschaft mit beschränkter Berufshaftung gemäß § 8 Abs. 4 PartGG, 189 f.; *Schumacher*, Die Partnerschaftsgesellschaft mit beschränkter Berufshaftung für Rechtsanwälte, 200 ff.; *Suyr*, Die Partnerschaftsgesellschaft mit beschränkter Berufshaftung unter besonderer Berücksichtigung der Haftungsbeschränkung nach § 8 Abs. 4 PartGG und des Gläubigerschutzes, 184 ff.; *Schäfer*, FS Baums II, 1057, 1069 f. sowie *ders.*, in: MüKo BGB, § 8 PartGG Rn. 55; *Korch*, NZG 2015, 1425, 1428 f.; *Schüppen*, WPg 2013, 1193, 1202.

[863] Auf die Störung der Verhaltenssteuerungsfunktion in der PartG mbB abstellend auch *Tröger/Pfaffinger*, JZ 2013, 812, 817 f.

[864] *Schäfer*, FS Baums II, 1057, 1069; – kritisch *Tröger/Pfaffinger*, JZ 2013, 812, 817 f.

[865] Siehe bereits S. 141.

[866] *Tröger/Pfaffinger*, JZ 2013, 812, 820.

das verbleibende Partnerschaftsvermögen vor dem Zugriff der Gläubiger zu „retten“ und diese an die haftenden Partner zu verweisen[867]. Eben weil sich aber jeder Gläubiger an einen natürlichen Vollhafter wenden kann, besteht keine Notwendigkeit für einen zusätzlichen Gläubigerschutz[868], sondern allenfalls für einen Schutz des ausgeschiedenen Partners, etwa über entsprechende Nachwirkungen[869] der gesellschaftsrechtlichen Treuepflicht; ein solcher Schutz käme dann – reflexartig – auch den Gläubigern zugute.

4. Atypische BGB-Gesellschaften

Problematisch sind schließlich auch die atypischen Erscheinungsformen der BGB-Gesellschaft (z. B. Ideal-GbR). Die institutionell unbeschränkte Gesellschafterhaftung (§ 721 BGB) wird diesen nicht immer gerecht[870]. Vor diesem Hintergrund wird diskutiert, ob institutionelle Ausnahmen von der unbeschränkten Gesellschafterhaftung anzuerkennen sind[871] oder ob es einer individual- oder zumindest formularvertraglichen Haftungsbeschränkung bedarf[872]. Im erstgenannten Fall besteht beim Fehlen eines natürlichen Vollhafters wiederum ein Bedürfnis, die Gläubiger in der Liquidation gegen eine „Ausplünderung“ des Gesellschaftsvermögens zu schützen[873]. Demgegenüber ist bei individual- oder auch formularvertraglichen[874] Haftungsvereinbarungen anhand der §§ 133, 157, 242 BGB zu beurteilen, wie diese sich in der Liquidation auswirken[875].

---

[867] Zutreffend *Pfaffinger*, Unbeschränkte Gesellschafterhaftung und Gläubigerschutz, 199; *Henssler*, FS Wiedemann, 907, 931.

[868] A. A. *Henssler*, FS Wiedemann, 907, 931 ff., siehe auch *dens.*, PartGG, § 8 Rn. 93.

[869] Zu dieser umstrittenen Frage *Karsten Schmidt*, GesR, 588 f. m. w. N.

[870] Instruktiv zur Problematik *Schäfer*, in: MüKo BGB, § 721 Rn. 36 ff.

[871] So der BGH (Urt. v. 18. 6. 1979 – VII ZR 187/78, BGHZ 75, 26 = NJW 1979, 2101 f.; bestätigend Urt. v. 21. 1. 2002 – II ZR 2/00, BGHZ 150, 1, 6 = NJW 2002, 1642, 1643) für „Aufbauschulden“ einer „Bauherrengemeinschaft“ in der Rechtsform der Außen-GbR; verallgemeinernd *Reiff*, ZGR 2003, 550, 565 ff.; *Schäfer*, in: MüKo BGB, § 721 Rn. 36 ff., insb. 42 ff.; eingehend *Jacobs*, Die institutionelle Haftungsbeschränkung bei atypischen Erscheinungsformen der Außen-GbR, 45 ff.

[872] So der BGH (Urt. v. 21. 1. 2002 – II ZR 2/00, BGHZ 150, 1, 5 f. = NJW 2002, 1642 f.) für Anlagegesellschafter eines geschlossenen Immobilienfonds; verallgemeinernd *Casper*, JZ 2002, 1112, 1113; *Hasenkamp*, BB 2004, 230 ff.; *Wälzholz*, MittBayNot 2003, 35, 37 f.; *Wössner*, ZIP 2003, 1235, 1237; letztlich auch *Servatius*, GbR, § 721 Rn. 2, 13 ff., 31 ff.

[873] Vgl. insbesondere *Hadding/Kießling*, in: Soergel, BGB, § 733 Rn. 1; *M. Noack*, in: Heidel, GbR, § 736d Rn. 32.

[874] Zur Zulässigkeit der ergänzenden Auslegung von AGB siehe nur *Bonin*, in: BeckOGK BGB (1. 10. 2024), § 305c Rn. 104 ff. und *Fornasier*, in: MüKo BGB, § 305c Rn. 66 f., je m. w. N.

[875] So in der Sache auch die früher h. M. zur GbR mit auf das Gesamthandsvermögen beschränkter Haftung, *Keßler*, in: Staudinger, BGB, 12. Aufl. 1991, § 730 Rn. 19; *Lobe*, in: Planck, BGB, § 735 Erl. 4; *Schultze-v. Lasaulx*, in: Soergel, BGB, 10. Aufl. 1969, § 730 Bem. 17; besonders deutlich *Geiler*, in: Düringer/Hachenburg, HGB, Allg. Einl. zum 2. Buch

II. Die Ausgestaltung des Gläubigerschutzes in der Liquidation

Für atypische Personengesellschaften sind für das Stadium der materiellen Insolvenz Gläubigersicherungen (§§ 15a Abs. 1 S. 3, Abs. 2, 15b Abs. 6, 19 Abs. 3 InsO) vorgesehen[876], die der Intensivierung der Gläubigerrisiken in der Insolvenz Rechnung tragen, insbesondere dem Opportunismusrisiko (auch in Form der „Ausplünderungsgefahr") und dem Gläubigerkonkurrenzrisiko[877]. Im allgemeinen Liquidationsrecht der Personengesellschaften ist dagegen nach der lex scripta kein besonderer Gläubigerschutz vorgesehen.

1. Gleichstellung mit juristischen Personen

Bei der in der Praxis äußerst beliebten GmbH & Co. KG steht daher zur Diskussion, ob in der Liquidation § 73 GmbHG auch und gerade in Bezug auf das KG-Vermögen einzuhalten ist[878]. Um einen mittelbaren Kapitalschutz zugunsten der GmbH wie bei der Analogie zu §§ 30, 31 GmbHG[879] geht es dabei allerdings nicht, denn dann müsste § 73 GmbHG auch zur Anwendung kommen, wenn nur die Komplementär-GmbH aufgelöst ist[880], was in dieser Form aber soweit ersichtlich nicht vertreten wird[881]. Vielmehr wird überwiegend sogar allein auf die Auflösung

---

Anm. 272. – Eingehend zum damaligen Meinungsstand *Aderhold*, Das Schuldmodell der BGB-Gesellschaft, 231 ff. m. Nachw.

[876] Näher *Tsotsa*, Kapitalschutz bei den atypischen Personenhandelsgesellschaften de lege lata und de lege ferenda, 32 ff.

[877] *Berthold*, Gläubigerschutz in der Liquidation einer GmbH, 35 ff.; grundlegend zu den Gläubigerrisiken in der Insolvenz schon *Thole*, Gläubigerschutz durch Insolvenzrecht, 13 ff.

[878] Grundlegend *Karsten Schmidt*, GmbHR 1989, 141, 144; *ders.*, BB 2011, 707 ff.; *ders.*, in: MüKo HGB, § 155 Rn. 49; dem folgend die h.M., *D. Roth*, GmbHR 2017, 901, 903 f.; *Altmeppen*, GmbHG, § 73 Rn. 35; *H.-F. Müller*, in: MüKo GmbHG, § 73 Rn. 62; *M. F. Müller*, in: Michalski, GmbHG, § 73 Rn. 67; *Scheller*, in: Scholz, GmbHG, § 73 Rn. 54 ff.; *Klöhn*, in: Henssler/Strohn, GesR, § 148 HGB Rn. 45; *Notz/Mohr*, in: Ebenroth/Boujong, HGB, Anh. § 179 Rn. 275 f.; ferner die in Fn. 881 u. 882 Genannten; – einschränkend (Sperrjahr ohne striktes Thesaurierungsgebot) *Danzeglocke/J. Fischer*, NZG 2019, 886 ff. – A.A. *Grziwotz*, DStR 1992, 1365, 1368; *Binz/Sorg*, GmbH & Co. KG, § 7 Rn. 13.

[879] H.M., BGH, Urt. v. 29.3.1973 – II ZR 25/70, BGHZ 60, 324, 328 ff. = NJW 1973, 1036, 1037 ff.; BGH, Urt. v. 28.1.2020– II ZR 10/19, BGHZ 224, 235 = ZIP 2020, 511 Rn. 37 ff.; grundlegend schon *Kuhn*, EG Heusinger, 203, 213 ff.; näher *Heidinger*, in: Michalski, GmbHG, § 30 Rn. 157 ff.; *Verse*, in: Scholz, GmbHG, § 30 Rn. 129 ff. – Für einen unmittelbar bei der KG ansetzenden Kapitalschutz aber *Karsten Schmidt*, GmbHR 1989, 141, 143 f.; *ders.*, GesR, 1656; *Duys*, Auslands-Kapitalgesellschaft & Co. KG, 53 ff.; ferner *Karollus*, FS Kropff, 669 ff.

[880] Freilich ist umstritten, ob nicht bereits die Auflösung der einzigen Komplementärin auch zur Auflösung der KG führt, dazu näher *Karsten Schmidt/Fleischer*, in: MüKo HGB, § 131 Rn. 48 m.w.N.

[881] Dezidiert gegen die Anwendbarkeit des § 73 GmbHG in diesen Fällen *Paura*, in: Habersack/Casper/Löbbe, GmbHG, § 73 Rn. 60; *Scheller*, in: Scholz, GmbHG, § 73 Rn. 55.

der KG abgestellt[882]. Die Analogie trägt also eher der fehlenden Verhaltenssteuerungs- bzw. „Bremsfunktion"[883] der persönlichen Haftung Rechnung[884].

Die Kapitalbindung in der Liquidation nach § 73 GmbHG ist auch nicht einfach als Fortsetzung der §§ 30, 31 GmbHG zu begreifen[885]; wie die vergleichbare Regelung der Liquidation im Vereinsrecht zeigt, kann es auch ohne Kapitalschutz im werbenden Stadium eine strikte, gläubigerschützende Vermögensbindung in der Liquidation geben. Der entscheidende Gesichtspunkt ist daher nicht der Kapitalschutz bei der werbenden Gesellschaft, sondern das Fehlen einer natürlichen Person als Vollhafter und die damit verbundene „Ausplünderungsgefahr"[886]. Dementsprechend finden sich im Schrifttum auch schon verallgemeinernde Überlegungen[887], etwa für jede Form der Kapitalgesellschaft & Co.[888], für die „Kommanditistengesellschaft"[889] oder gar für jede Kommanditgesellschaft ohne natürliche Person als Komplementär[890].

2. Personengesellschaftsrechtliche Lösungen

Bei den atypischen BGB-Gesellschaften wird teils[891] für eine auf den Liquidationsanteil beschränkte Außenhaftung bei der Vermögensverteilung vor Tilgung

---

[882] So *Scheller*, in: Scholz, GmbHG, § 73 Rn. 54 ff.; ebenso *Gummert*, in: MHdb GesR II, § 50 Rn. 124; *Habersack*, in: Staub, HGB, § 148 Rn. 84; *Paura*, in: Habersack/Casper/Löbbe, GmbHG, § 73 Rn. 60; – a. A. (nur bei Auflösung von KG und Komplementär-GmbH) *Pettirsch*, Auflösung und Liquidation bei der GmbH & Co. KG, 153 ff.; *Lüke*, in: Hesselmann/Mueller-Thuns, Hdb GmbH & Co. KG, Rn. 9.72; *Salger*, in: Reichert, GmbH & Co. KG, § 47 Rn. 67.

[883] Diese dient auch als zweites Standbein für die Analogie zu §§ 30, 31 GmbHG, siehe insbesondere BGH, Urt. v. 29. 3. 1973 – II ZR 25/70, BGHZ 60, 324, 332 = NJW 1973, 1036, 1039; BGH, Urt. v. 19. 2. 1990 – II ZR 268/88, BGHZ 110, 342, 356 ff. = NJW 1990, 1725, 1729.

[884] Deutlich *Danzeglocke/J. Fischer*, NZG 2019, 886, 887.

[885] So aber *Tsotsa*, Kapitalschutz bei den atypischen Personenhandelsgesellschaften de lege lata und de lege ferenda, 141; *Gummert*, in: MHdb GesR II, § 50 Rn. 124; *Altmeppen*, GmbHG, § 73 Rn. 35; *H.-F. Müller*, in: MüKo GmbHG, § 73 Rn. 62; *M. F. Müller*, in: Michalski, GmbHG, § 73 Rn. 67; *Paura*, in: Habersack/Casper/Löbbe, GmbHG, § 73 Rn. 60; *Scheller*, in: Scholz, GmbHG, § 73 Rn. 54; *Notz/Mohr*, in: Ebenroth/Boujong, HGB, Anh. § 179 Rn. 275.

[886] Zur Gefahr der „Ausplünderung" des Gesellschaftsvermögens siehe bereits S. 141.

[887] Ablehnend *Tsotsa*, Kapitalschutz bei den atypischen Personenhandelsgesellschaften de lege lata und de lege ferenda, 134 ff.

[888] *Habersack*, in: Staub, HGB, § 143 Rn. 4, § 148 Rn. 84.

[889] *Karsten Schmidt*, BB 2011, 707, 710. – Zur Zulässigkeit der „Kommanditistengesellschaft" siehe bereits oben auf S. 64.

[890] *Karsten Schmidt*, GmbHR 1989, 141, 144.

[891] So *Hadding/Kießling*, in: Soergel, BGB, § 733 Rn. 1. – In die gleiche Richtung geht es, wenn *Chr. Teichmann*, ZGR 2014, 220, 247 ff. – im Kontext der Auslandsgesellschaft & Co., letztlich aber verallgemeinernd – die von der herrschenden Auffassung befürwortete Kapital-

sämtlicher Gesellschaftsschulden plädiert, die sich wohl am ehesten auf § 1480 BGB stützen ließe[892]. Demgegenüber halten andere[893] das Gebot der vorrangigen Gläubigerbefriedigung bei atypischen Personengesellschaften für ausnahmsweise zwingend.

3. Existenzvernichtungshaftung

Bei der PartG mbB hat sich die bisherige Diskussion wie schon erwähnt vor allem auf die Existenzvernichtungshaftung fokussiert[894]. Da der Bundesgerichtshof[895] die „Zweckbindung zur vorrangigen Befriedigung der Gesellschaftsgläubiger" als zentralen Gesichtspunkt der Existenzvernichtungshaftung hervorgehoben hat, dreht sich die Diskussion in der Sache aber eigentlich um die Frage, ob das Vermögen der PartG mbB nicht nur im Interesse der Partner, sondern – zumindest in der Liquidation – auch und gerade im Gläubigerinteresse gebunden ist[896]. Nur dann ist es den Verbandsmitgliedern untersagt, die Existenz des Verbandes und damit zugleich die Zweckbindung des Verbandsvermögens ohne ein geordnetes, den Belangen der Gläubiger Rechnung tragendes Verfahren zu vernichten[897]. Eine solche Zweckbindung folgt indes nicht bereits aus § 8 Abs. 4 PartGG[898], denn diese

---

erhaltung in der Kapitalgesellschaft & Co. KG in Orientierung an die Komplementärgesellschaft in Zweifel zieht und stattdessen vorschlägt, die Kommandistenhaftung ausnahmsweise auch über die Haftsumme hinaus wiederaufleben zu lassen. Dieser Vorschlag lässt sich durchaus auf das Liquidationsstadium übertragen.

[892] So für den Fall einer auf das Gesellschaftsvermögen beschränkten Haftung schon *Ulmer*, FS R. Fischer, 785, 805 f.; *Lieb*, ZGR 1991, 572, 574 f. – Der von der früher h. M. befürwortete Weg über §§ 133, 157, 242 BGB (s. o. Fn. 875) ist auf vertragliche Haftungsbeschränkungen gemünzt und damit für Fälle einer institutionell unbeschränkten Haftung eher unpassend (zutreffend *Aderhold*, Das Schuldmodell der BGB-Gesellschaft, 232).

[893] So *M. Noack*, in: Heidel, GbR, § 736d Rn. 32 (tendenziell aber weitergehend); zuvor schon *Nicknig*, Die Haftung der Mitglieder einer BGB-Gesellschaft für Gesellschaftsschulden, 105 ff.

[894] Siehe die Nachw. in Fn. 862.

[895] BGH, Urt. v. 16.7.2007 – II ZR 3/04, BGHZ 173, 246 = NJW 2007, 2689 Rn. 16 ff.; BGH, Urt. v. 28.4.2008 – II ZR 264/06, BGHZ 176, 204 = NJW 2008, 2437 Rn. 10.

[896] Zutreffend *Frehse*, Innen- und Außenhaftung der PartG mbB und ihrer Partner, 138 f.; *P. Meyer*, Die Partnerschaftsgesellschaft mit beschränkter Berufshaftung gemäß § 8 Abs. 4 PartGG, 190; *Schumacher*, Die Partnerschaftsgesellschaft mit beschränkter Berufshaftung für Rechtsanwälte, 201; *Statz*, Die Haftungsverfassung der Partnerschaftsgesellschaft mit beschränkter Berufshaftung, 167; *Höpfner*, JZ 2017, 19, 27; *Linardatos*, VersR 2013, 1488, 1495; *Römermann/Praß*, NZG 2012, 601, 607; *Tröger/Pfaffinger*, JZ 2013, 812, 819; auch *Schäfer*, in: MüKo BGB, § 8 PartGG Rn. 55.

[897] Ausführlich zum Haftungsgrund der Existenzvernichtungshaftung *Wenzel*, Gesellschafterhaftung und Verschmelzung, 204 ff.

[898] A. A. *Frehse*, Innen- und Außenhaftung der PartG mbB und ihrer Partner, 139 f.; *Kienzler*, Die Partnerschaftsgesellschaft mit beschränkter Berufshaftung (PartG mbB) als gesetzgeberische Zwischenstation der Liberalisierung des Gesellschaftsrechts Freier Berufe, 160 f. und *ders.*, JR 2016, 221, 225; *Statz*, Die Haftungsverfassung der Partnerschaftsgesellschaft mit be-

Vorschrift hat die Belange der Gläubiger nur im Zusammenhang mit der von der Gesellschaft zu unterhaltenden Berufshaftpflichtversicherung im Blick[899]. Aber auch soweit Befürworter der Existenzvernichtungshaftung in der PartG mbB von einer solchen Zweckbindung schon wegen § 1 Abs. 4 PartGG i. V. m. § 722 Abs. 1 BGB ausgehen[900], wird der sachliche Gehalt dieser Vorschrift überstrapaziert, denn die sich hieraus ergebende Zweckbindung erfolgt allein im Gesellschafterinteresse[901]. Richtigerweise kann allenfalls einer liquidationsspezifischen gläubigerschützenden Zweckbindung als Gegengewicht zu der mit Haftungsbeschränkungen einhergehenden „Ausplünderungsgefahr“[902] das Wort geredet werden.

4. Einheitsbetrachtung

Es fehlt also bislang an einem übergreifenden, alle atypischen Personengesellschaften erfassenden Lösungsansatz. In der Sache handelt es sich aber in sämtlichen Fällen um das gleiche Problem, nämlich das Fehlen eines natürlichen Vollhafters und die daraus folgende Störung der Verhaltenssteuerungsfunktion der persönlichen Haftung.

Damit steht zunächst fest, dass die insolvenzspezifischen Gläubigersicherungen für rechtsfähige Personengesellschaften, in denen es an einer natürlichen Person als Vollhafter fehlt, extensiv auszulegen sind. Sie erfassen nicht nur die klassischen „kapitalistischen“ Personengesellschaften wie die GmbH & Co. KG, sondern erst recht Personengesellschaften, in denen es überhaupt keinen persönlich haftenden Gesellschafter gibt (insbesondere die „Kommanditistengesellschaft“[903] sowie – bei Anerkennung einer institutionellen Haftungsbeschränkung – die Ideal-GbR[904]), aber auch solche, in denen ein Teil der Verbindlichkeiten von der vollen persönlichen Einstandspflicht ausgenommen ist (PartG mbB)[905].

---

schränkter Berufshaftung, 167 f.; *Höpfner*, JZ 2017, 19, 27; *Linardatos*, VersR 2013, 1488, 1495; *Römermann/Praß*, NZG 2012, 601, 607.

[899] Insoweit zutreffend *Schäfer*, in: MüKo BGB, § 8 PartGG Rn. 55.

[900] So wohl *Tröger/Pfaffinger*, JZ 2013, 812, 819.

[901] Vgl. bereits S. 139 ff.

[902] S. o. auf S. 141; vgl. auch *Statz*, Die Haftungsverfassung der Partnerschaftsgesellschaft mit beschränkter Berufshaftung, 168, der allerdings inkonsequent für die Vermögensbindung § 10 Abs. 1 PartGG i. V. m. §§ 149 S. 1, 155 Abs. 2 HGB a. F. (= § 148 Abs. 5 HGB n. F.) fruchtbar macht, obwohl er von der Abdingbarkeit der vorrangigen Gläubigerbefriedigung ausgeht.

[903] In diesem Sinne jüngst auch AG Hamburg Beschl. v. 12.2.2024 – 67g IN 255/23, ZRI 2024, 212, 214 (Insolvenzgrund der Überschuldung nach § 19 Abs. 3 InsO bei „Kommanditistengesellschaft“) m. zust. Bespr. *Schreivogel*, ZRI 2024, 618, 620 f.

[904] Insoweit liegt allerdings eine insolvenzrechtliche Privilegierung in Anlehnung an § 42 Abs. 2 BGB und § 15a Abs. 7 InsO nahe.

[905] Zur Diskussion um die Anwendbarkeit des § 15a Abs. 1 S. 3 InsO bereits oben bei Fn. 860 u. 861.

Mit den insolvenzspezifischen Sonderregelungen für atypische Personengesellschaften gibt der Gesetzgeber zugleich einen Fingerzeig für die gesellschaftsrechtliche Liquidation[906]: Wenn atypische Personengesellschaften in der Insolvenz wie juristische Personen behandelt werden, liegt es nahe, diesen Weg auch beim außerinsolvenzlichen Liquidationsverfahren zu gehen[907]. Nicht nur bei der Kapitalgesellschaft bzw. Stiftung & Co., sondern auch bei der „Kommanditistengesellschaft", bei atypischen BGB-Gesellschaften ohne natürlichen Vollhafter und bei der PartG mbB wird das Liquidationsrecht der Personengesellschaften durch die für juristische Personen geltenden Bestimmungen überlagert. Über Detailfragen kann sodann freilich gestritten werden; das betrifft allerdings nicht die Grundentscheidung zugunsten eines liquidationsspezifischen Gläubigerschutzes, sondern nur die Feinheiten seiner konkreten Ausgestaltung[908] bei den einzelnen Gesellschaftsformen und ist daher an dieser Stelle nicht zu vertiefen.

C. Folgerungen

Begreift man die Gesamtrechtsnachfolge nach § 712a Abs. 1 S. 2 BGB als Liquidationsersatz und nimmt dementsprechend die Ausgestaltung des gesetzlichen Liquidationsverfahrens als gedanklichen Ausgangspunkt, ist im Grundfall der gesetzestypischen Personengesellschaft streng genommen schon der Übergang der Gesellschaftsschulden nicht selbstverständlich. Die Gesellschafter einer gesetzestypischen KG könnten nämlich vom dispositiven Liquidationsrecht dergestalt einvernehmlich abweichen, dass das gesamte Gesellschaftsvermögen ohne vorherige Schuldentilgung von einem Gesellschafter singularsukzessiv übernommen wird, selbst wenn dieser – etwa als Kommanditist – nur beschränkt haftet; die Gesellschaft würde dann samt ihrer Verbindlichkeiten erlöschen und es hätte mit der Haftung des Kommanditisten nach § 172 Abs. 4 HGB und ggf. § 25 HGB sein Bewenden, weil den Gläubigern daneben noch der Zugriff beim Komplementär bleibt[909].

Erst recht ist dann kein darüber noch hinausgehender Gläubigerschutz geboten[910]. Im Erbrecht knüpft dieser an einen unkonsentierten Schuldnerwechsel an und

---

906 Vgl. *Karollus*, FS Kropff, 669, 674 ff.

907 Vgl. auch *Berthold*, Gläubigerschutz in der Liquidation einer GmbH, 11 ff., der auf die Gleichförmigkeit des liquidations- und insolvenzspezifischen Gläubigerschutzes hingewiesen hat.

908 Vgl. S. 141 f.

909 Zutreffend *Müller-Laube*, FS E. Wolf, 501, 523 f.; siehe ferner *Eckardt*, NZG 2000, 449, 452 f.; *Lieb*, ZGR 1991, 572, 574 f., 577. – Kritisch *Schlottmann*, Wegfall und Entmachtung des einzigen Komplementärs, 198 f.

910 Siehe bereits RG, Urt. v. 7.3.1932 – IV 416/31, RGZ 136, 97, 99: „Ein Schutz der Gesellschaftsgläubiger dagegen, daß das Gesellschaftsvermögen unter Verlust seiner Selbständigkeit auf einen einzelnen Gesellschafter übergeht, ist im Gesetz nicht vorgesehen."

steht damit in einem engen sachlichen Zusammenhang mit §§ 414 ff. BGB. Die §§ 414 ff. BGB zeichnen in der Liquidation einer gesetzestypischen Personengesellschaft allerdings nur ein unvollständiges Bild, denn die Gesellschafter können und dürfen die Gesellschaftsschulden hier sogar zum Erlöschen bringen, weil das Gesetz den durch ihre persönliche Haftung bewirkten Gläubigerschutz als ausreichend ansieht.

Dass das Umwandlungsrecht gleichwohl auch bei der Verschmelzung gesetzestypischer Personengesellschaften einen besonderen Gläubigerschutz vorsieht, erscheint vor dem soeben skizzierten Hintergrund als Systembruch. Dieser lässt sich wohl nur dadurch erklären, dass der verschmelzungsrechtliche Gläubigerschutz seine Wurzeln im Umwandlungsrecht der Kapitalgesellschaften hat[911], wo die Möglichkeit einer Abwicklung ohne Einhaltung gläubigerschützender Bestimmungen nicht besteht. Im Zuge der recht weit gehenden rechtsträgerübergreifenden Vereinheitlichung des Verschmelzungsrechts mit dem UmwBerG ist er auf das Personengesellschaftsrecht „übergeschwappt".

Demgegenüber ist bei atypischen Personengesellschaften ein zwingendes gläubigerschützendes Liquidationsverfahren nach dem Vorbild der für juristische Personen geltenden Vorschriften durchzuführen. Gerade der Umstand, dass dieses gläubigerschützende Liquidationsverfahren bei der liquidationslosen Vollabwicklung der Gesellschaft nach § 712a Abs. 1 BGB wegfällt, gibt Anlass, über besondere Gläubigersicherungen nachzudenken. Bemerkenswerterweise gehen die wenigen hierzu bisher vorliegenden Stellungnahmen allerdings davon aus, dass das Liquidationsverfahren bei juristischen Personen sich in seiner Zielsetzung darin erschöpfe, den Gläubigern die Zugriffsmöglichkeiten auf das Verbandsvermögen überhaupt zu erhalten, was im Fall des § 712a Abs. 1 BGB aber schon durch den universalsukzessiven Übergang der Gesellschaftsschulden sichergestellt sei[912]. Zweifelsfrei ist das indes nicht, denn wenn die Zugriffsmöglichkeiten der Gläubiger nicht durch eine Außenhaftung der Empfänger, sondern durch eine Zweckbindung des abzuwickelnden Vermögens abgesichert werden, dann liegt darin zugleich ein Schutz vor Gläubigerkonkurrenz[913]. Gleiches muss dann für atypische Personengesellschaften gelten. Führt die liquidationslose Vollabwicklung einer atypischen Personengesellschaft nach § 712a Abs. 1 BGB also dazu, dass die Gläubiger ihren liquidationsspezifischen Gläubigerschutz einbüßen, müssen ihnen stattdessen andere Schutzinstrumente an die Hand gegeben werden.

Das kann zum einen mit der herrschenden Meinung – und mit allen damit verbundenen Nachteilen – dadurch bewerkstelligt werden, dass in Anlehnung an die erbrechtlichen Vorschriften ein geordnetes Liquidationsverfahren auf entsprechen-

---

[911] S. o. auf S. 118 ff.

[912] So *Karsten Schmidt*, BB 2011, 707, 709, 710 f.; wohl auch *D. Roth*, GmbHR 2017, 901, 904.

[913] Vgl. *Bachmann*, in: BeckOGK AktG (1.2.2025), § 290 Rn. 9; *Sethe*, in: GK AktG, § 290 Rn. 28.

den Gläubigerantrag nachgeholt wird[914]. Dieser Weg ist dem Verbandsrecht auch nicht unbekannt; er wird beim Anfall des Vereinsvermögens an den Fiskus beschritten. Auch dort kommt es zur liquidationslosen Vollbeendigung des Vereins als Rechtssubjekt und in der Konsequenz zur Gesamtrechtsnachfolge[915]. Das Vereinsvermögen kann jedoch nach Maßgabe der §§ 1975 ff. BGB[916] vom sonstigen Vermögen des Fiskus abgesondert werden[917]. Die Ermöglichung eines nachträglichen amtlichen Liquidationsverfahrens fungiert dann gewissermaßen als Ersatz für den Wegfall des vorgezogenen Liquidationsverfahrens[918]. Die Vorbildfunktion dieser Regelung für das sonstige Verbandsrecht sollte freilich nicht überschätzt werden, denn das Vereinsrecht ist auf nichtwirtschaftliche Idealvereine zugeschnitten, die sich allenfalls im Rahmen des sog. Nebenzweckprivilegs unternehmerisch betätigen[919]. Jedenfalls sollte man die den §§ 1975 ff. BGB zugrunde liegenden Wertungen ernst nehmen und die nachträgliche Einleitung einer amtlichen Liquidation des Gesellschaftsvermögens auf atypische Personengesellschaften beschränken.

Entscheidend gegen diese Lösung spricht jedoch, dass sie die von § 712a Abs. 1 BGB eigentlich bezweckte Unternehmenskontinuität ausblendet[920]. Vorzugswürdig erscheint es daher, § 712a Abs. 1 BGB als wirtschaftliche Verschmelzung haftungsrechtlich am Recht der technischen Verschmelzung i. S. d. UmwG auszurichten[921]. Der Gläubigerschutz wurde dort mit Rücksicht auf die Kontinuität des übertragenen Unternehmens zurechtgestutzt, eben weil das mit einer Liquidation

---

[914] Dazu S. 69 ff., 113 ff.

[915] Siehe nur *Karsten Schmidt*, Verbandszweck und Rechtsfähigkeit im Vereinsrecht, 295 m. w. N. und rechtspolitischer Kritik.

[916] Der Fiskus ist allerdings dadurch privilegiert, dass ihm keine Inventarfrist bestimmt werden kann (§§ 1994 Abs. 1 S. 2, 2011 BGB) und dass er zur Geltendmachung einer Haftungsbeschränkung keines Vorbehalts bedarf (§ 780 Abs. 2 Var. 1 BGB).

[917] H. M., *Eckardt*, in: NK BGB, § 46 Rn. 2; *Hadding/Riesenhuber*, in: Soergel, BGB, § 46 Rn. 2; *Könen*, in: BeckOGK BGB (1.2.2025), § 46 Rn. 9; *Leuschner*, in: MüKo BGB, § 46 Rn. 3; *Schöpflin*, in: BeckOK BGB, § 46 Rn. 3; *Schwennicke*, in: Staudinger, BGB, § 46 Rn. 7; – a. A. (ipso iure auf das angefallene Vermögen beschränkte Haftung) *Schörnig*, in: Reichert, Hdb Vereins- und VerbandsR, Kap. 3 Rn. 933; *Ellenberger*, in: Grüneberg, BGB, § 46 Rn. 1.

[918] Abweichend die h. M., die die Zahlungsfähigkeit des Fiskus als Grund dafür anführt, dass die Belange der Gläubiger durch die liquidationsersetzende Gesamtrechtsnachfolge nach § 46 S. 1 BGB nicht beeinträchtigt werden, so namentlich KG, Beschl. v. 27. 1. 1969 – 1 W 3787/68, NJW 1969, 752, 753; *Hadding/Riesenhuber*, in: Soergel, BGB, § 46 Rn. 2; *Könen*, in: BeckOGK BGB (1.2.2025), § 46 Rn. 2; *Leuschner*, in: MüKo BGB, § 46 Rn. 3; *Schwennicke*, in: Staudinger, BGB, § 46 Rn. 8; – wiederum anders *Schörnig*, in: Reichert, Hdb Vereins- und VerbandsR, Kap. 3 Rn. 931, der auf die Sachkunde der zuständigen Fiskalverwaltung abstellt, allerdings auf der Grundlage einer eo ipso gegenständlich beschränkten Haftung.

[919] Vgl. etwa BGH, Urt. v. 29. 9. 1982 – I ZR 88/80, BGHZ 85, 84, 88 f. = NJW 1983, 569, 570; *Heckelmann*, AcP 179 (1979), 1, 25 f., 34 ff.

[920] Siehe bereits S. 116 f.

[921] Dazu S. 125 ff.

typischerweise verbundene gesteigerte Opportunismusrisiko[922] im Falle der Unternehmensfortführung nicht einschlägig ist[923]. Gleiches sollte dann für die Übernahme des Gesellschaftsvermögens durch den letzten Gesellschafter gelten. Die Gläubiger sind auch hier nur durch einen Sicherstellungsanspruch zu schützen – und zwar richtigerweise unabhängig davon, ob es sich um eine gesetzestypische oder um eine atypische Personengesellschaft handelt. Dieses Ergebnis mag vielleicht überraschen, nachdem soeben dargelegt wurde, warum bei gesetzestypischen Personengesellschaften aus der Perspektive des Liquidationsrechts ein weitergehender Gläubigerschutz eigentlich überhaupt nicht angezeigt ist. Die Analogie beruht insoweit auch nicht auf zwingenden Gesichtspunkten der Sachgerechtigkeit, sondern schlicht darauf, dass der Gesetzgeber den verschmelzungsrechtlichen Gläubigerschutz vom Vorliegen eines unkonsentierten Gläubigerwechsels entkoppelt hat. Diese Entscheidung muss dann auch bei der Analogiebildung respektiert werden.

---

[922] S. o. auf S. 141.

[923] Insoweit zutreffend *Wenzel*, Gesellschafterhaftung und Verschmelzung, 16 ff. – Bei Wenzel wird der Gesichtspunkt der Unternehmenskontinuität jedoch noch stärker betont als hier. Aus diesem Grund stellt er den Gläubigerschutz bei der Verschmelzung auch nicht demjenigen bei der Liquidation gegenüber, sondern gleicht ihn mit der Vermögensübertragung durch Einzelrechtsnachfolge unter *Fortbestand* der übertragenden Gesellschaft ab (a. a. O., 24, 35 f.). Dabei wird jedoch übersehen, dass ein geordnetes Liquidationsverfahren zugleich vor Gläubigerkonkurrenz schützt (s. o. auf S. 152). Wenn diese durch die Gesamtrechtsnachfolge aber gerade herbeigeführt wird, bedarf es insoweit eines Korrektivs.

§ 7 Thesen

1. Die Gesamtrechtsnachfolge nach § 712a Abs. 1 S. 2 BGB führt im Ausgangspunkt zu einer haftungsrechtlichen Verschmelzung des Gesellschaftsvermögens mit dem Privatvermögen des letzten Gesellschafters[924].

2. Das ist korrekturbedürftig, wenn und weil die Gesamtrechtsnachfolge unabhängig vom Willen des letzten Gesellschafters eingetreten ist und dessen eigentlich beschränkte oder ausgeschlossene Gesellschafterhaftung auszuhebeln droht. Insoweit geht es um Möglichkeiten der Haftungsvermeidung und -beschränkung[925].

3. Umgekehrt ist es im Grundfall der gesetzestypischen Personengesellschaften unproblematisch, dass die Gesellschaftsgläubiger ihr Privileg des exklusiven Zugriffs auf das Gesellschaftsvermögen (§ 722 Abs. 1 BGB, § 129 Abs. 1 HGB) verlieren. Die Sonderung des Gesellschaftsvermögens vom Privatvermögen der Gesellschafter erfolgt allein im Interesse der Gesellschafter, hat also keine gläubigerschützende Stoßrichtung. Die Gläubiger werden nach der gesetzlichen Konzeption des personengesellschaftsrechtlichen Gläubigerschutzes allein durch die persönliche Haftung der Gesellschafter geschützt; diese hat Kreditwürdigkeits-, Kapitalersatz- und Verhaltenssteuerungsfunktion. Nur bei den atypischen Personengesellschaften ohne natürliche Person als Vollhafter ist es geboten, das Gesellschaftsvermögen zumindest im Liquidationsstadium zugunsten der Gläubiger zu binden, um opportunistische Verhaltensweisen der Gesellschafter zu verhindern. Wird eine atypische Personengesellschaft liquidationslos vollabgewickelt, kommen die Gläubiger nicht in den Genuss eines gläubigerschützenden Liquidationsverfahrens; nur insoweit bedarf es eines Korrektivs[926].

4. Die von der bislang herrschenden Auffassung befürwortete Analogie zum Recht der Erbenhaftung (§§ 1975 ff. BGB) ist ein möglicher Weg, um einerseits dem Gesamtrechtsnachfolger eine Haftungsbeschränkung und andererseits den Gesellschaftsgläubigern eine Haftungssonderung zu ermöglichen[927]. Der Ermöglichung einer Haftungssonderung und dem daraus resultierenden Schutz vor Gläubigerkonkurrenz durch die erbrechtlichen Partikularverfahren liegt allerdings die Vorstellung eines unkonsentierten Schuldnerwechsels zugrunde.

---

[924] S. 56 ff.

[925] S. 59 ff.

[926] S. 139 ff.

[927] S. 69 ff. u. 113 ff.

Wenn es den Gesellschaftern einer gesetzestypischen Personengesellschaft aufgrund der persönlichen Gesellschafterhaftung allerdings möglich wäre, die Gesellschaft samt ihren Schulden ohne vorherige Gläubigerbefriedigung zum Erlöschen zu bringen, spricht auch nichts für einen zusätzlichen Gläubigerschutz bei der liquidationslosen Vollabwicklung einer Personengesellschaft nach § 712a Abs. 1 BGB. Nur bei atypischen Personengesellschaften liegen die Dinge wegen der insoweit zu befürwortenden Analogie zum Liquidationsrecht der juristischen Personen anders[928]. Die §§ 1975 ff. BGB könnten insoweit als Ersatz für das weggefallene vorgeschaltete Liquidationsverfahren herangezogen werden, indem sie es den Gläubigern ermöglichen, eine geordnete Liquidation nachzuholen. Problematisch ist an der Analogie zu den erbrechtlichen Vorschriften allerdings auch, dass diese auf unternehmensrechtliche Sachverhalte nicht zugeschnitten sind[929]. Insbesondere die Möglichkeit eines außerinsolvenzlichen amtlichen Liquidationsverfahrens wäre ein erheblicher Störfaktor für die Kontinuität eines von der Personengesellschaft getragenen Unternehmens. Unterstrichen wird diese Einschätzung durch die Entwicklung des Gläubigerschutzes im Verschmelzungsrecht[930].

5. Für unternehmensrechtliche Sachverhalte besser geeignet ist eine Annäherung des § 712a Abs. 1 BGB an das Recht der technischen Verschmelzung. Hierfür muss wiederum sichergestellt werden, dass dem letzten Gesellschafter nicht willensunabhängig eine persönliche Haftung für die Gesellschaftsschulden aufgebürdet wird. Insoweit bietet sich vor allem die zumindest vorübergehende Zulassung einer Einmann-Personengesellschaft an; auf diese Weise wird die bisherige Haftungsverfassung schlicht aufrechterhalten[931]. Gegen die – selbst generelle – Zulassung von Einmann-Personengesellschaften spricht weniger als überwiegend angenommen wird[932]. Was den Gläubigerschutz anbelangt, gewährt das Verschmelzungsrecht sowohl den Gläubigern der übertragenden Rechtsträger als auch denen des übernehmenden einen Anspruch auf Sicherheitsleistung (§ 22 UmwG), begnügt sich also mit der durch die haftungsrechtliche Verschmelzung zweier Vermögensmassen hervorgerufenen Gläubigerkonkurrenz[933]. Es weicht somit in bemerkenswerter Weise von der Regelung im Erbrecht und auch von der alten Regelung im Umwandlungsrecht der Kapitalgesellschaften ab[934]. Dieser Kurswechsel muss dann konsequenterweise ebenso bei einer Analogie zum Verschmelzungsrecht berücksichtigt werden[935].

---

[928] S. 143 ff.

[929] S. 84 ff., 116 f.

[930] S. 118 ff.

[931] S. 63 ff.

[932] S. 18 ff.

[933] S. 130 ff., insb. 134 ff.

[934] S. 134 ff., 152.

[935] S. 154.

6. In jedem Fall ist jedoch ein bereits vor der liquidationslosen Vollabwicklung einer rechtsfähigen Personengesellschaft eröffnetes (Gesamt-)Insolvenzverfahren als Sonderinsolvenzverfahren fortzuführen. Das beruht nicht auf einer Analogie zu §§ 1975 ff. BGB, §§ 315 ff. InsO, sondern schlicht darauf, dass die Insolvenzmasse haftungsrechtlich ein ausschließlich den Insolvenzgläubigern zugewiesenes Sondervermögen bildet und diese haftungsrechtliche Zuweisung durch den universalsukzessiven Vermögensübergang auf den letzten Gesellschafter nicht berührt wird[936]. Dementsprechend steht der Insolvenzbeschlag der liquidationslosen Vollabwicklung einer Personengesellschaft auch nicht entgegen[937]. Diese Grundsätze können auch bei der technischen Verschmelzung eines formell insolventen Rechtsträgers herangezogen werden[938].

[936] S. 109 ff.

[937] S. 102 ff., insb. 103 f.

[938] S. 121 ff.

Literaturverzeichnis

Aderhold, Lutz, Das Schuldmodell der BGB-Gesellschaft, Bonn 1981

Ahrens, Martin/*Gehrlein*, Markus/*Ringstmeier*, Andreas (Hrsg.), Insolvenzrecht. Kommentar, 5. Aufl., Hürth 2025

Albertus, Marc/*Fischer*, Tobias, Gesellschaftsrechtliche Folgen der Eröffnung eines Insolvenzverfahrens über das Vermögen eines Gesellschafters in der zweigliedrigen GmbH & Co. KG im Fall der sog. „Simultaninsolvenz“ mit der KG. – Zugleich Besprechung von BGH, Urt. v. 15.3.2004 – II ZR 247/01, ZInsO 2004, 615, in: ZInsO 2005, S. 246 ff.

Altmeppen, Holger, Gesetz betreffend die Gesellschaften mit beschränkter Haftung. Kommentar, 11. Aufl., München 2023

Altmeppen, Holger, Kritischer Zwischenruf zum „Mauracher Entwurf“, in: NZG 2020, S. 822 f.

Altmeppen, Holger, Verfassungswidrigkeit der akzessorischen Haftung in der GbR?, in: NJW 2004, S. 1563 f.

Ann, Christoph, Die Erbengemeinschaft, Köln/Berlin/Bonn/München 2001

Armbrüster, Christian, Außengesellschaft und Innengesellschaft, in: Modernisierung des Personengesellschaftsrechts, ZGR-Sonderheft 23 (2021), S. 143 ff.

Armbrüster, Christian, Grenzen der Gestaltungsfreiheit im Personengesellschaftsrecht, in: ZGR 2014, S. 333 ff.

Arnold, Arnd, Stand und Perspektiven der Haftung im nicht rechtsfähigen Verein und in der Ideal-GbR, in: Festschrift für Barbara Grunewald zum 70. Geburtstag, hrsg. v. Barbara Dauner-Lieb/Joachim Hennrichs/Martin Henssler/Thomas Liebscher/Alexander Morell/Hans-Friedrich Müller/Michael Schlitt, Köln 2021, S. 15 ff.

Bachmann, Gregor, Abschied von der rechtsfähigen Gesamthand. Zur Rechtsnatur der rechtsfähigen Personengesellschaft, in: Arbeit, Wirtschaft, Recht. Festschrift für Martin Henssler zum 70. Geburtstag, hrsg. v. Christian Deckenbrock/Clemens Höpfner/Matthias Kilian/David Markworth/Ulrich Sittard, München 2023, S. 769 ff.

Bachmann, Gregor, Außer Wesen nichts gewesen? Der Sinn der umwandlungsrechtlichen Barzahlungsschranke, in: ZHR 185 (2021), S. 52 ff.

Bachmann, Gregor, Das Gesetz zur Modernisierung des Personengesellschaftsrechts, in: NJW 2021, S. 3073 ff.

Bachmann, Gregor, Zum Entwurf eines Gesetzes zur Modernisierung des Personengesellschaftsrechts (MoPeG), in: NZG 2020, S. 612 ff.

Bachmann, Gregor, Was ist eine „rechtsfähige Personengesellschaft“? Ein Rätsel und seine Lösung, in: Festschrift für Karsten Schmidt zum 80. Geburtstag, hrsg. v. Katharina Boele-

Woelki/Florian Faust/Matthias Jacobs/Thilo Kuntz/Anne Röthel/Karsten Thorn/Birgit Weitemeyer, Bd. I, München 2019, S. 49 ff.

Bachmann, Gregor, Vorgesellschaft und Nachgesellschaft – Ein Beitrag zur juristischen Personifikation, in: Trierer Festschrift für Walter F. Lindacher zum 80. Geburtstag, hrsg. v. Wolfgang Hau/Hubert Schmidt, München 2017, S. 23 ff.

von Bary, Christiane, Die Einpersonengesamthand, in: AcP 220 (2020), S. 343 ff.

Barz, Carl Hans, Verschmelzung von Personengesellschaften, in: Beiträge zum Zivil- und Wirtschaftsrecht. Festschrift für Kurt Ballerstedt zum 70. Geburtstag, hrsg. v. Werner Flume/Peter Raisch/Ernst Steindorff, Berlin 1975, S. 143 ff.

Bauermeister, Tabea/*Grobe*, Tony, Personen im Recht – über Rechtssubjekte und ihre Rechtsfähigkeit –, in: ZGR 2022, S. 733 ff.

Baumann, Horst, Haftungsersetzung und Haftungsfondsersetzung durch Versicherungsschutz im Gesellschaftsrecht. – Eine rechtliche Analyse zur Partnerschaftsgesellschaft mbB nebst rechtspolitischen Folgerungen zur Unternehmergesellschaft und zur Europa-GmbH –, in: GmbHR 2014, S. 953 ff.

Baumann, Wolfgang, Der Nießbrauch am Anteil einer Einmann-Personengesellschaft, in: NZG 2005, S. 919 f.

Baumann, Wolfgang, Mehrfachbeteiligungen an Gesamthandsgemeinschaften oder Die Eine-Person-Erbengemeinschaft (im Vergleich zur Einmann-Personengesellschaft), in: Gesetz, Recht, Rechtsgeschichte. Festschrift für Gerhard Otte zum 70. Geburtstag, hrsg. v. Wolfgang Baumann/Hans-Jürgen von Dickhuth-Harrach/Wolfgang Marotzke, München 2005, S. 15 ff.

Baumann, Wolfgang, Die Einmann-Personengesellschaft, in: BB 1998, S. 225 ff.

Baur, Fritz/*Grunsky*, Wolfgang, Eine „Einmann-oHG". Zugleich ein Beitrag zur Vor- und Nacherbschaft an einem oHG-Anteil, in: ZHR 133 (1970), S. 209 ff.

Bayer, Walter, 1000 Tage neues Umwandlungsrecht – eine Zwischenbilanz, in: ZIP 1997, S. 1613 ff.

Bayer, Walter, Kurzkommentar zu OLG Naumburg, Beschl. v. 12. 2. 1997 – 10 Wx 1/97, in: EWiR 1997, S. 807 f.

Bayer, Walter/*Habersack*, Mathias (Hrsg.), Aktienrecht im Wandel, Bd. II: Grundsatzfragen des Aktienrechts, Tübingen 2007

Becker, Christoph, Insolvenzrecht, 3. Aufl., Köln 2010

Becker, Florian, Umwandlungsmaßnahmen im Insolvenzplan und die Grenzen einer Überlagerung des Gesellschaftsrechts durch das Insolvenzrecht, in: ZInsO 2013, S. 1885 ff.

beck-online.GROSSKOMMENTAR AktG, hrsg. v. Eberhard Stilz/Rüdiger Veil, München 2025

beck-online.GROSSKOMMENTAR BGB, hrsg. v. Markus Artz/Bettina Brückner/Martina Benecke/Stefan J. Geibel/Beate Gsell/Johannes Hager/Jan Dirk Harke/Martin Kessen/Johannes Köndgen/Alexander Krafka/Wolfgang Krüger/Thomas Lobinger/Dirk Looschelders/Stephan Lorenz/Gabriele Müller-Engels/Christoph Reymann/Wulf Schindler/Hubert Schmidt/Ulrich Segna/Walther Siede/Andreas Spickhoff/Marina Wellenhofer, München 2025

Beck'scher Online-Kommentar BGB, hrsg. v. Wolfgang Hau/Roman Poseck, 73. Ed., München 2025

Beck'scher Online-Kommentar HGB, hrsg. v. Martin Häublein/Roland Hoffmann-Theinert/Jens Poll, 45. Ed., München 2025

Beck'scher Online-Kommentar Insolvenzrecht, hrsg. v. Alexander Fridgen/Arndt Geiwitz/Burkard Göpfert, 38. Ed., München 2025

Beck'sches Handbuch der Personengesellschaften, hrsg. v. Ulrich Prinz/Holger Kahle, 5. Aufl., München 2020

Behnke, Thorsten, Das neue Minderjährigenhaftungsbeschränkungsgesetz, in: NJW 1998, S. 3078 ff.

Benz, Nina, Bericht über die Diskussion (zu Christian Armbrüster, Außengesellschaft und Innengesellschaft), in: Modernisierung des Personengesellschaftsrechts, ZGR-Sonderheft 23 (2021), S. 165 ff.

Berliner Kommentar Insolvenzrecht, hrsg. v. Jürgen Blersch/Hans-W. Goetsch/Ulrich Haas, Loseblattsammlung, 85. Lfg., Köln 2024

Berthold, Benedikt, Gläubigerschutz in der Liquidation einer GmbH. Eine Untersuchung zu § 73 GmbHG, Tübingen 2021

Beuthien, Volker, Die Gesamthand – was ist das eigentlich? – Die kühle Antwort des BGB –, in: ZGR 2019, S. 664 ff.

Beuthien, Volker, Genossenschaftsgesetz, 16. Aufl., München 2018

Beuthien, Volker/*Hieke*, Mario, Anmerkung zu BGH, Urt. v. 4.2.2000 – V ZR 260/98, in: JZ 2001, S. 257 f.

Bialluch, Martin, Ausstrahlungswirkungen im Unternehmensrecht, Tübingen 2020

Binz, Mark K./*Sorg*, Martin H., Die GmbH & Co. KG im Gesellschafts- und Steuerrecht. Handbuch für Familienunternehmen, 12. Aufl., München 2018

Bippus, Birgit Elsa, Einheitlichkeit der Mitgliedschaft und Selbständigkeit der Beteiligung in der Personengesellschaft, in: AcP 195 (1995), S. 13 ff.

Bittner, Claudia, Die Einrede der beschränkten Haftung auf das Volljährigkeitsvermögen aus § 1629a BGB, in: FamRZ 2000, S. 325 ff.

Boehmer, Gustav, Erbfolge und Erbenhaftung, Haale (Saale) 1927

Bork, Reinhard, Einführung in das Insolvenzrecht, 11. Aufl., Tübingen 2023

Bork, Reinhard, Allgemeiner Teil des Bürgerlichen Gesetzbuchs, 4. Aufl., Tübingen 2016

Bork, Reinhard/*Jacoby*, Florian, Das Ausscheiden des einzigen Komplementärs nach § 131 Abs. 3 HGB, in: ZGR 2005, S. 611 ff.

Bork, Reinhard/*Schäfer*, Carsten (Hrsg.), Kommentar zum GmbH-Gesetz, 5. Aufl., Köln 2022

Bosak, Jan Michael, Konfusion, in: JA 2009, S. 596 ff.

Braun, Andrea/*Erbe*, Jürgen, Voraussetzungen für die Nichtigkeit eines gerichtlichen Insolvenzeröffnungsbeschlusses. Anmerkung zu LG Freiburg, NZI 2021, 972 und BeckRS 2021, 24705, in: NZI 2021, S. 958 ff.

Braun, Eberhard (Hrsg.), Insolvenzordnung (InsO). Kommentar, 10. Aufl., München 2024

Breit, James, Fusion und Aktienrechtsreform (Fortsetzung), in: ZHR 95 (1930), S. 1 ff.

Breit, James, Fusion und Aktienrechtsreform (Fortsetzung), in: ZHR 95 (1930), S. 337 ff.

Brodmann, Erich, Aktienrecht. Kommentar, Berlin/Leipzig 1928

Brodyagin, Alexander, Weshalb die Personengesellschaft keine Gesamthand ist, Frankfurt a. M./Berlin/Bern/Brüssel/New York/Oxford/Wien 2012

Brünkmans, Christian, Rechtliche Möglichkeiten und Grenzen von Umwandlungen im Insolvenzplanverfahren, in: ZInsO 2014, S. 2533 ff.

Brünkmans, Christian/*Thole*, Christoph (Hrsg.), Handbuch Insolvenzplan, 2. Aufl., Köln 2020

Buchner, Herbert, Zur rechtlichen Struktur der Personengesellschaften, in: AcP 169 (1969), S. 483 ff.

Bühler, Jonas, Die Anwachsung im Personengesellschaftsrecht nach dem MoPeG, in: NZG 2024, S. 51 ff.

Bulgrin, Gerrit M., Die strategische Insolvenz. Zwischen Missbrauch und kunstgerechter Handhabung des Insolvenzplanverfahrens als gesellschaftsrechtliches Gestaltungsinstrument, Tübingen 2016

Bungert, Hartwin, Ausgliederung durch Einzelrechtsübertragung und analoge Anwendung des Umwandlungsgesetzes. – Anmerkung zu LG Karlsruhe, Beschl. v. 6. 11. 1997 – O 43/97 KfH I –, in: NZG 1998, S. 367 ff.

Busch, Klaus-Peter, Besonderheiten in der Nachlassinsolvenz. – Gereimtheiten und Ungereimtheiten –, in: Festschrift für Heinz Vallender zum 65. Geburtstag, hrsg. v. Marie Luise Graf-Schlicker/Hanns Prütting/Wilhelm Uhlenbruck, Köln 2015, S. 69 ff.

Busch, Klaus-Peter, Schnittstellen zwischen Insolvenz- und Erbrecht, in: ZVI 2011, S. 77 ff.

Canaris, Claus-Wilhelm, Handelsrecht, 24. Aufl., München 2006

Canaris, Claus-Wilhelm, Grundrechte und Privatrecht – eine Zwischenbilanz –, Berlin/New York 1999

Casper, Matthias, Anmerkung zu BGH, Urt. v. 21. 1. 2002 – II ZR 2/00, in: JZ 2002, S. 1112 ff.

Cymutta, Claudia R., Anmerkung zu OLG München, Beschl. v. 28. 4. 2014 – 31 Wx 5/14, in: NZI 2014, S. 528

Danzeglocke, Michael/*Fischer*, Jannis, Sperrjahr und Ausschüttungssperre bei Liquidation der GmbH & Co. KG?, in: NZG 2019, S. 886 ff.

Dauner-Lieb, Barbara, Unternehmen in Sondervermögen. Haftung und Haftungsbeschränkung. Zugleich ein Beitrag zum Unternehmen im Erbgang, Tübingen 1998

Dauner-Lieb, Barbara, Der Entwurf zur Beschränkung der Minderjährigenhaftung – ein Fremdkörper im Haftungssystem des Unternehmensrechts?, in: ZIP 1996, S. 1818 ff.

Dauner-Lieb, Barbara/*Grziwotz*, Herbert/*Herzog*, Stephanie (Hrsg.), Pflichtteilsrecht. Handkommentar, 3. Aufl., Baden-Baden 2022

Deutsches Notarinstitut, UmwG § 3 Abs. 3; GmbHG § 73. Verschmelzung auf eine aufgelöste GmbH; aufnehmende Gesellschaft in Liquidation; Erfordernis eines ausdrücklich gefassten Fortsetzungsbeschlusses; Sanierungsverschmelzung; Sperrjahr, in: DNotI-Report 2014, S. 11 ff.

Deutsches Notarinstitut, HGB §§ 131 Abs. 1 Nr. 1, 139, 161 Abs. 2; BGB §§ 705, 738, 1922. Versterben des Komplementärs einer Zweimann-KG: Anwachsen und Haftung des übernehmenden Kommanditisten, in: DNotI-Report 2005, S. 153 ff.

Dieckmann, Andreas, Gesamthand und juristische Person, Tübingen 2019

Dinstühler, Klaus-Jürgen, Die Beerbung des Vormerkungsverpflichteten durch den Vormerkungsberechtigten – zugleich eine Besprechung des Urteils des BGH vom 3. 12. 1999 – V ZR 329/98, in: MittRhNotK 2000, S. 427 ff.

Düringer, Adelbert (Begr.)/*Hachenburg*, Max (Hrsg.), Das Handelsgesetzbuch vom 10. Mai 1897, Bd. II/1: Allgemeine Einleitung: Das Gesellschaftsrecht des bürgerlichen Rechts, 3. Aufl., Mannheim/Berlin/Leipzig 1932

Düringer, Adelbert (Begr.)/*Hachenburg*, Max (Hrsg.), Das Handelsgesetzbuch vom 10. Mai 1897, Bd. II/2: §§ 105–177, 335–342, 3. Aufl., Mannheim/Berlin/Leipzig 1932

Duys, Oliver, Auslands-Kapitalgesellschaft & Co. KG. Systemimmanente Grenzen – Europarechtliche Einflüsse, Regensburg 2001

Ebenroth, Carsten Thomas/*Boujong*, Karlheinz/*Joost*, Detlev (Begr.), Handelsgesetzbuch, hrsg. v. Detlev Joost/Lutz Strohn/Dörte Poelzig/Volker Sander, Bd. 1: §§ 1–342r, 5. Aufl., München 2024

Ebenroth, Carsten Thomas/*Boujong*, Karlheinz/*Joost*, Detlev (Begr.), Handelsgesetzbuch, hrsg. v. Detlev Joost/Lutz Strohn, Bd. 1: §§ 1–342e, 4. Aufl., München 2020

Eberl-Borges, Christina, Die Rechtsnatur der Erbengemeinschaft nach dem Urteil des BGH vom 29. 1. 2001 zur Rechtsfähigkeit der (Außen-)GbR, in: ZEV 2002, S. 125 ff.

Eberl-Borges, Christina, Die Erbauseinandersetzung, Tübingen 2000

Eckardt, Diederich, Das Ausscheiden des Komplementärs aus der zweigliedrigen KG. – Zugleich eine Besprechung der Entscheidung BGH, NZG 2000, 474 –, in: NZG 2000, S. 449 ff.

Eckardt, Franz, Umwandlungen im Insolvenzplanverfahren. Untersuchung mit praktischer Darstellung am Beispiel der Ausgliederung fortführungswürdiger Unternehmensteile, Baden-Baden 2024

Ehrlich, Dennis, Die Haftung des Kommanditisten nach §§ 171, 172 HGB in Krise und Insolvenz der KG, Berlin/Bern/Brüssel/New York/Oxford/Warschau/Wien 2021

Ensthaler, Jürgen (Hrsg.), Gemeinschaftskommentar zum Handelsgesetzbuch, 8. Aufl., Köln 2015

Erman, Walter (Begr.), Bürgerliches Gesetzbuch. Kommentar, hrsg. v. Harm Peter Westermann/Barbara Grunewald/Georg Maier-Reimer, Bd. I, 17. Aufl., Köln 2023

Erman, Walter (Begr.), Bürgerliches Gesetzbuch. Kommentar, hrsg. v. Harm Peter Westermann/Barbara Grunewald/Georg Maier-Reimer, Bd. II, 17. Aufl., Köln 2023

Erman, Walter (Begr.), Bürgerliches Gesetzbuch. Kommentar, hrsg. v. Harm Peter Westermann/Barbara Grunewald/Georg Maier-Reimer, Bd. III, 17. Aufl., Köln 2023

Ernst, Astrid, Haftung des Erben für neue Geschäftsverbindlichkeiten. Zugleich eine Untersuchung zur Nachlaßeigenschuld und zur Nachlaßzugehörigkeit ererbter Handelsgeschäfte und Personengesellschaftsanteile, Köln/Berlin/Bonn/München 1994

Escher-Weingart, Christina, Die Rechtsfähigkeit der Personengesellschaft nach dem MoPeG. – Was ist das eigentlich?, in: WM 2022, S. 2297 ff.

Esser, Josef, Wert und Bedeutung der Rechtsfiktionen, 2. Aufl., Frankfurt a. M. 1969

Fett, Torsten/*Brand*, Dominik, Die sog. „Einmann-Personengesellschaft“. Über die Vereinbarkeit des Grundsatzes vom Mehrpersonenverhältnis im Personengesellschaftsrecht mit den Besonderheiten des Erb- und Sachenrechts, in: NZG 1999, S. 45 ff.

Finke, Jan, Kollision von Gesellschaftsrecht und Insolvenzrecht. Die Organkompetenzen der Aktiengesellschaft in Eigenverwaltung, Baden-Baden 2011

Fischer, Michael/*Pahlke*, Armin/*Wachter*, Thomas (Hrsg.), Haufe Erbschaft- und Schenkungsteuergesetz Kommentar, 8. Aufl., Freiburg 2023

Fischer, N.N., Anmerkung zu BGH, Urt. v. 19. 5. 1960 – II ZR 72/59, in: LM § 142 HGB Nr. 12

Fischinger, Philipp S., Haftungsbeschränkung im Bürgerlichen Recht, Tübingen 2015

Fischinger, Philipp S., Die Beschränkung der Erbenhaftung in der Insolvenz, Tübingen 2013

Fleischer, Holger, Der numerus clausus im Gesellschaftsrecht: Rechtsdogmatik – Rechtsvergleichung – Rechtsökonomie – Rechtspolitik, in: ZGR 2023, S. 261 ff.

Fleischer, Holger, Ein Rundgang durch den Regierungsentwurf eines Gesetzes zur Modernisierung des Personengesellschaftsrechts, in: DStR 2021, S. 430 ff.

Fleischer, Holger, Zur Rechtsnatur der OHG und ihres Gesellschaftsvertrags, in: NZG 2021, S. 949 ff.

Fleischer, Holger, Leitbildwandel im Recht der BGB-Gesellschaft. – Ein erster Rundgang durch den Mauracher Entwurf zur Modernisierung des Personengesellschaftsrechts –, in: DB 2020, S. 1107 ff.

Fleischer, Holger, Zur ergänzenden Anwendung von Aktienrecht auf die GmbH, in: GmbHR 2008, S. 673 ff.

Fleischer, Holger/*Agstner*, Peter, Personengesellschaften in Italien und Deutschland. Grundlagen, Entwicklungslinien, Strukturmerkmale, in: RabelsZ 81 (2017), S. 299 ff.

Flume, Johannes W., Einzelkaufmännische Unternehmen im Erbgang. Zu den Möglichkeiten und Grenzen einer Haftungsbeschränkung beim Unternehmenserwerb mortis causa, in: Festschrift für Georg Maier-Reimer zum 70. Geburtstag, hrsg. v. Barbara Grunewald/Harm Peter Westermann, München 2010, S. 103 ff.

Flume, Werner, Die Erben-Nachfolge in die Beteiligung an einer Personengesellschaft und die sonstige Erbfolge in Hinsicht auf die Problematik von Nachlaßverwaltung, Nachlaßkonkurs und Testamentsvollstreckung, in: Festschrift für Wolfram Müller-Freienfels, hrsg. v. Albrecht Dieckmann/Rainer Frank/Hans Hanisch/Spiros Simitis, Baden-Baden 1986, S. 113 ff.

Flume, Werner, Allgemeiner Teil des Bürgerlichen Rechts, Bd. I/1: Die Personengesellschaft, Berlin/Heidelberg/New York 1977

Flume, Werner, Allgemeiner Teil des Bürgerlichen Rechts, Bd. I/2: Die juristische Person, Berlin/Heidelberg/New York/Tokyo 1983

Flume, Werner, Allgemeiner Teil des Bürgerlichen Rechts, Bd. II: Das Rechtsgeschäft, 3. Aufl., Berlin/Heidelberg/New York 1979

Flume, Werner, Gesellschaft und Gesamthand, in: ZHR 136 (1972), S. 177 ff.

Frankfurter Kommentar zur Insolvenzordnung, hrsg. v. Alexander Bornemann, Bd. 1: §§ 1–269i InsO, 10. Aufl., Hürth 2025

Frank, Rainer/*Müller-Dietz*, Meike, Anmerkung zu BGH, Urt. v. 10. 12. 1990 – II ZR 256/89, in: JR 1991, S. 457 ff.

Frehse, Nico, Innen- und Außenhaftung der PartG mbB und ihrer Partner, Berlin 2019

Freitag, Robert, Rechtliche Fallstricke des Todes des Personengesellschafters *de lege lata* und *de lege ferenda*, in: ZGR 2021, S. 534 ff.

Frey, Kaspar, Tod des einzigen Komplementärs. – Besprechung der Entscheidung BGHZ 101, 123 –, in: ZGR 1988, S. 281 ff.

Frey, Kaspar/*von Bredow*, Felix, Der Wegfall des einzigen Komplementärs nach der HGB-Reform, in: ZIP 1998, S. 1621 ff.

Fridgen, Alexander, Anmerkung zu LG Essen, Beschl. v. 12. 10. 2018 – 7 T 265/18, in: NZI 2019, S. 350 f.

Friedrich, Wolf-Henrik, Die Haftung des endgültigen Erben und des „Zwischenerben" bei Fortführung eines einzelkaufmännischen Unternehmens, Berlin 1990

Frieling, Tino, Gesetzesmaterialien und Wille des Gesetzgebers. Fallgruppen verbindlicher Willensäußerungen, Tübingen 2017

Gaul, Hans Friedhelm/*Schilken*, Eberhard/*Becker-Eberhard*, Ekkehard, Zwangsvollstreckungsrecht, 12. Aufl., München 2010

Gebauer, Martin/*Haubold*, Jens, Anmerkung zu BGH, Urt. v. 3. 12. 1999 – V ZR 329/98, in: JZ 2000, S. 680 ff.

Geitner, Daniel, Der Erbe in der Insolvenz, Hamburg 2007

Gerhardt, Walter, Zur Haftung des ausgeschiedenen Gesellschafters im Rahmen des § 93 InsO, in: ZIP 2000, S. 2181 ff.

Gernhuber, Joachim, Die Erfüllung und ihre Surrogate sowie das Erlöschen der Schuldverhältnisse aus anderen Gründen, 2. Aufl., Tübingen 1994

Gernhuber, Joachim, Das Schuldverhältnis. Begründung und Änderung, Pflichten und Strukturen, Drittwirkungen, Tübingen 1989

Freiherr von Godin, Reinhard/*Wilhelmi*, Hans (Begr.)/*Wilhelmi*, Sylvester, Aktiengesetz vom 6. September 1965. Kommentar, Bd. II: §§ 179–410; Einführungsgesetz, 4. Aufl., Berlin/New York 1971

Goldschmidt, Robert, Die sofortige Verschmelzung (Fusion) von Aktiengesellschaften. Unter besonderer Berücksichtigung der Reformfragen, Berlin 1930

Gontschar, Nikita, Umwandlungsmaßnahmen im Insolvenzplanverfahren, Baden-Baden 2014

Görg, Klaus Hubert, Offene Fragen der Simultaninsolvenz von Personengesellschaft und Gesellschafter. – Oder, lieber Peter: kann ein gemeiner Schuldner einfach verschwinden?, in: Festschrift für Hans Peter Runkel, hrsg. v. Norbert Weber/Jens M. Schmidt, Köln 2009, S. 313 ff.

Gottwald, Peter/*Haas*, Ulrich, Insolvenzrechts-Handbuch, 6. Aufl., München 2020

Goutier, Klaus/*Knopf*, Rüdiger/*Tulloch*, Anthony (Hrsg.), Kommentar zum Umwandlungsrecht, Heidelberg 1996

Gramlich, Thomas Mark, Das rückwirkend fingierte Verschulden im Rahmen der Erbenhaftung, Berlin/Bern/Brüssel/New York/Oxford/Warschau/Wien 2019

Greif-Werner, Cathrin, Umwandlungen im Insolvenzplanverfahren, Berlin 2018

Grigoleit, Hans Christoph, Unentgeltliche Verträge und Gefälligkeitsverhältnisse. – Die Perspektive des Haftungsrecht –, in: VersR 2018, S. 769 ff.

Großkommentar Aktiengesetz, hrsg. v. Heribert Hirte/Peter O. Mülbert/Markus Roth, Bd. XII: §§ 256–290, 5. Aufl., Berlin/Boston 2021

Großkommentar Aktiengesetz, Bd. IV: §§ 291–410; Einführungsgesetz zum Aktiengesetz, 3. Aufl., Berlin/New York 1975

Grüneberg, Christian, Bürgerliches Gesetzbuch, 84. Aufl., München 2025

Grunewald, Barbara, Die Rechtsfähigkeit der Erbengemeinschaft, in: AcP 197 (1997), S. 305 ff.

Grunewald, Barbara/*Müller*, Hans-Friedrich, Gesellschaftsrecht, 12. Aufl., Tübingen 2023

Grziwotz, Herbert, Die Liquidation von Personengesellschaften, in: DStR 1992, S. 1365 ff.

Gundlach, Ulf/*Frenzel*, Volkhard/*Schmidt*, Nikolaus, Die Simultaninsolvenz einer GmbH & Co. KG und ihrer Komplementär-GmbH, in: DStR 2004, S. 1658 ff.

Gundlach, Ulf/*Schmidt*, Nikolaus/*Schirrmeister*, André, Die Gesellschaft ohne Rechtspersönlichkeit im Anwendungsbereich von § 11 Abs. 2 und 3 InsO, in: DZWIR 2004, S. 449 ff.

Haas, Ulrich/*Holla*, Matthias, Anmerkung zu AG Potsdam, Beschl. v. 1.2.2001 – 35 IN 478/00, in: DStR 2001, S. 1264

Haas, Ulrich/*Vogel*, Oliver, Kurzkommentar zu BVerwG, Urt. v. 13.7.2011 – 8 C 10/10, in: EWiR 2011, S. 671 f.

Habersack, Mathias, Modernisierung des Personengesellschaftsrechts – aber wie?, in: ZGR 2020, S. 539 ff.

Habersack, Mathias/*Casper*, Matthias/*Löbbe*, Marc (Hrsg.), Gesetz betreffend die Gesellschaften mit beschränkter Haftung (GmbHG). Großkommentar, Bd. III: §§ 53–88 (sowie EGGmbHG), 3. Aufl., Tübingen 2021

Habersack, Mathias/*Schäfer*, Carsten, Das Recht der OHG. Kommentierung der §§ 105–160 HGB, 2. Aufl., Berlin/Boston 2019

Habersack, Mathias/*Schneider*, Patrick, Haftungsbeschränkung zugunsten Minderjähriger – aber wie? – Überlegungen zum Regierungsentwurf eines Gesetzes zur Beschränkung der Haftung Minderjähriger –, in: FamRZ 1997, S. 649 ff.

Habersack, Mathias/*Wicke*, Hartmut (Hrsg.), Umwandlungsgesetz. Kommentar, 3. Aufl., München 2023

Hachenburg, Max (Begr.), Gesetz betreffend die Gesellschaften mit beschränkter Haftung (GmbHG). Großkommentar, Bd. III: §§ 53–85, 7. Aufl., Berlin/New York 1984

Hadding, Walther, Zur Rechtsfähigkeit und Parteifähigkeit der (Außen-)Gesellschaft bürgerlichen Rechts sowie zur Haftung ihrer Gesellschafter für Gesellschaftsverbindlichkeiten. Zugleich Besprechung des Urteils BGH WM 2001, 408, in: ZGR 2001, S. 712 ff.

Hadding, Walther, Zum Erlangen von Rechtsfähigkeit nach deutschem Zivilrecht, in: Festschrift für Alfons Kraft zum 70. Geburtstag, hrsg. v. Günther Hönn/Horst Konzen/Peter Kreutz, Neuwied/Kriftel 1998, S. 137 ff.

Hadding, Walther, Anmerkung zu OLG Stuttgart, Urt. v. 24. 2. 1989 – 2 U 113/87, in: ZfgG 40 (1990), S. 216 ff.

Hahn, Carl, Die gesammten Materialien zu den Reichs-Justizgesetzen, Bd. IV: Materialien zur Konkursordnung, Berlin 1881

Hahn, Carl/*Mugdan*, Benno, Die gesammten Materialien zu den Reichs-Justizgesetzen, Bd. VI: Materialien zum Handelsgesetzbuch, Berlin 1897

Hahn, Christoph, Mehrere Erben als Rechtsträger des einzelkaufmännischen Unternehmens, Würzburg 1992

Hamburger Kommentar zum Insolvenzrecht, hrsg. v. Andreas Schmidt, 10. Aufl., Hürth 2024

Häsemeyer, Ludwig, Insolvenzrecht, 4. Aufl., Köln/München 2007

Hasenkamp, Annabel, Die formularvertragliche Haftungsbeschränkung bei der Gesellschaft bürgerlichen Rechts, in: BB 2004, S. 230 ff.

Heckelmann, Dieter, Der Idealverein als Unternehmer? – Ein Beitrag zur Abgrenzung des Wirtschaftlichen vom Idealverein, dargestellt am Beispiel der Fußballbundesligen –, in: AcP 179 (1979), S. 1 ff.

Heckschen, Heribert, Nächster Schritt zur Reform des Personengesellschaftsrechts genommen – Referentenentwurf zum MoPeG vorgestellt, in: GWR 2021, S. 1 ff.

Heckschen, Heribert, Der so genannte „Mauracher Entwurf" – ein positiver Schritt zur Reform des Personengesellschaftsrechts, in: NZG 2020, S. 761 ff.

Heckschen, Heribert, Die Entwicklung des Umwandlungsrechts aus Sicht der Rechtsprechung und Praxis, in: DB 1998, S. 1385 ff.

Heckschen, Heribert, Die Formbedürftigkeit mittelbarer Grundstücksgeschäfte, Baden-Baden 1987

Heidelberger Kommentar Insolvenzordnung, hrsg. v. Godehard Kayser/Christoph Thole, 11. Aufl., Heidelberg 2023

Heidelberger Kommentar Umwandlungsgesetz, hrsg. v. Hans-Christoph Maulbetsch/Axel Klumpp/Klaus-Dieter Rose, 2. Aufl., Heidelberg 2017

Heidel, Thomas (Hrsg.), Gesellschaft bürgerlichen Rechts. Spezialkommentar zu den §§ 705–740c BGB, Baden-Baden 2024

Heidel, Thomas/*Hirte*, Heribert (Hrsg.), Das neue Personengesellschaftsrecht. Das MoPeG in der Gestaltungspraxis, Baden-Baden 2024

Heidtkamp, Sebastian, Die umwandlungsrechtliche Schlussbilanz – praxisrelevante Zweifelsfragen, in: NZG 2013, S. 852 ff.

Henckel, Wolfram, Insolvenzrechtsreform zwischen Vollstreckungsrecht und Unternehmensrecht, in: Festschrift für Franz Merz zum 65. Geburtstag, hrsg. v. Walter Gerhardt/Wolfram Henckel/Joachim Kilger/Gerhart Kreft, Köln 1992, S. 197 ff.

Henckel, Wolfram, Wert und Unwert juristischer Konstruktion im Konkursrecht, in: Festschrift für Friedrich Weber zum 70. Geburtstag, hrsg. v. Erhard Bökelmann/Wolfram Henckel/Günther Jahr, Berlin/New York 1975, S. 237 ff.

Henckel, Wolfram, Buchbesprechung zu Fritz Baur, Zwangsvollstreckungs-, Konkurs- und Vergleichsrecht. Ein Lehrbuch, 8. Aufl., Karlsruhe 1969 sowie *Fritz Baur*, Fälle und Lösungen zum Zwangsvollstreckungs-, Konkurs- und Vergleichsrecht, 2. Aufl., Karlsruhe 1969, in: ZZP 84 (1971), S. 447 ff.

Hennrichs, Joachim, Formwechsel und Gesamtrechtsnachfolge bei Umwandlungen. Einschließlich Verschmelzung und Spaltung, Berlin 1995

Henssler, Martin, Partnerschaftsgesellschaftsgesetz, 3. Aufl., München 2018

Henssler, Martin, Die PartGmbB – großer Wurf oder (zu) kleine Lösung? Die Antwort „made in Germany“ auf die angelsächsische LLP – eine erste Bilanz, in: AnwBl 2014, S. 96 ff.

Henssler, Martin, Die „Limited Liability Partnership“ des US-amerikanischen Rechts. – Denkanstöße zur Fortentwicklung des Rechts der Partnerschaftsgesellschaft und der OHG –, in: Festschrift für Herbert Wiedemann zum 70. Geburtstag, hrsg. v. Rolf Wank/Heribert Hirte/Kaspar Frey/Holger Fleischer/Gregor Thüsing, München 2002, S. 907 ff.

Henssler, Martin/*Strohn*, Lutz (Hrsg.), Gesellschaftsrecht, 6. Aufl., München 2024

Henssler, Martin/*Strohn*, Lutz (Hrsg.), Gesellschaftsrecht, 5. Aufl., München 2021

Herchen, Axel, Kurzkommentar zu LG Düsseldorf, Beschl. v. 5.8.2005 – 14e O 87/04, in: EWiR 2005, S. 809 f.

Hess, Harald/*Weis*, Michaela/*Wienberg*, Rüdiger, Kommentar zur Insolvenzordnung mit EGInsO, Bd. 1: Insolvenzordnung, 2. Aufl., Heidelberg 2001

Hesselmann, Malte (Begr.)/*Mueller-Thuns*, Thomas (Hrsg.), Handbuch GmbH & Co. KG, 23. Aufl., Köln 2025

Heymann, Ernst (Begr.), Handelsgesetzbuch. Kommentar, hrsg. v. Norbert Horn/Peter Balzer/Georg Borges/Harald Herrmann, Bd. I: Einleitung; §§ 1–104a, 3. Aufl., Berlin/Boston 2019

Heymann, Ernst (Begr.), Handelsgesetzbuch. Großkommentar, hrsg. v. Norbert Horn/Peter Balzer/Georg Borges/Harald Herrmann, Bd. II: §§ 105–237, 3. Aufl., Berlin/Boston 2020

Heyrath, Michael/*Jahnke*, Karl/*Kühn*, Dorothea, Der Tod des Schuldners im Insolvenz- und Restschuldbefreiungsverfahren, in: ZInsO 2007, S. 1202 ff.

Hillers, Klaus, Personengesellschaft und Liquidation. Die Auswirkung der Liquidation auf die vermögensrechtliche Stellung der Gesellschafter, Köln/Berlin/Bonn/München 1989

Hirte, Heribert/*Praß*, Jan-Philipp, Insolvenz der Partnerschaftsgesellschaft mit beschränkter Berufshaftung (PartG mbB), in: Festschrift für Bruno M. Kübler zum 70. Geburtstag, hrsg. v. Reinhard Bork/Godehard Kayser/Frank Kebekus, München 2015, S. 243 ff.

Hoger, Andreas/*Lieder*, Jan, Die grenzüberschreitende Anwachsung, in: ZHR 180 (2016), S. 613 ff.

Hohensee, Wolfgang, Die unternehmenstragende Erbengemeinschaft, Baden-Baden 1994

Hölters, Wolfgang/*Weber*, Markus (Hrsg.), Aktiengesetz. Kommentar, 4. Aufl., München 2022

Höpfner, Clemens, Die Haftungsverfassung der Partnerschaftsgesellschaft mit beschränkter Berufshaftung, in: JZ 2017, S. 19 ff.

Hopt, Klaus J., Handelsgesetzbuch, 44. Aufl., München 2025

Hopt, Klaus J., Handelsgesetzbuch, 42. Aufl., München 2023

HRI II, Handbuch Restrukturierung in der Insolvenz. Eigenverwaltung und Insolvenzplan, hrsg. v. Bruno M. Kübler/Reinhard Bork/Hanns Prütting, 4. Aufl., Köln 2023

Huber, Ulrich, Rechtsfähigkeit, juristische Person und Gesamthand, in: Festschrift für Marcus Lutter zum 70. Geburtstag, hrsg. v. Uwe H. Schneider/Peter Hommelhoff/Karsten Schmidt/Wolfram Timm/Barbara Grunewald/Tim Drygala, Köln 2000, S. 107 ff.

Huber, Ulrich, Vermögensanteil, Kapitalanteil und Gesellschaftsanteil an Personalgesellschaften des Handelsrechts, Heidelberg 1970

Hueck, Alfred, Das Recht der Offenen Handelsgesellschaft, 4. Aufl., Berlin/New York 1971

Jacobs, Jörn, Die institutionelle Haftungsbeschränkung bei atypischen Erscheinungsformen der Außen-GbR, Köln/Berlin/München 2007

Jacoby, Florian, Das private Amt, Tübingen 2007

Jaeger, Ernst (Begr.), Insolvenzordnung. Großkommentar, hrsg. v. Walter Gerhardt/Diederich Eckardt/Peter A. Windel, Bd. II: §§ 35–55, 2. Aufl., Berlin/Boston 2023

Jaeger, Ernst (Begr.), Insolvenzordnung. Großkommentar, hrsg. v. Wolfram Henckel/Walter Gerhardt, Bd. I: §§ 1–55, 1. Aufl., Berlin 2004

Jaeger, Ernst (Begr.), Insolvenzordnung. Großkommentar, hrsg. v. Wolfram Henckel/Walter Gerhardt, Bd. II: §§ 56–102, 1. Aufl., Berlin 2007

Jaeger, Ernst (Begr.), Insolvenzordnung. Großkommentar, hrsg. v. Wolfram Henckel/Walter Gerhardt, Bd. VIII: §§ 286–334, 1. Aufl., Berlin/Boston 2020

Jaeger, Ernst (Begr.), Konkursordnung. Großkommentar, §§ 1–42, 9. Aufl., Berlin/New York 1997

Jaeger, Ernst (Begr.), Konkursordnung. Kommentar, Bd. II/2: §§ 208–244; Einführungsgesetze; Vergütungsverordnung, 8. Aufl., Berlin/New York 1973

Jaeger, Ernst, Kommentar zur Konkursordnung, Bd. II: §§ 47–244; Einführungsgesetze; Richtlinien, 6./7. Aufl., Berlin/Leipzig 1936

Jäger, Veronika, Die Haftung von Partnern einer Partnerschaftsgesellschaft für berufliche Fehler, Tübingen 2017

Jaschke, Martin, Gesamthand und Grundbuchrecht, Köln 1991

John, Uwe, Personenrecht und Verbandsrecht im Allgemeinen Teil des Bürgerlichen Rechts – Werner Flumes Buch über „Die juristische Person", in: AcP 185 (1985), S. 209 ff.

Joost, Detlev, „Holzmüller 2000" vor dem Hintergrund des Umwandlungsgesetzes, in: ZHR 163 (1999), S. 164 ff.

Joost, Detlev, Eigenkapitalersetzende Kommanditistenleistungen. – Zugleich ein Beitrag zur Außenhaftung des Kommanditisten –, in: ZGR 1987, S. 370 ff.

juris PraxisKommentar BGB, Bd. 2 – Schuldrecht, hrsg. v. Markus Junker/Roland Michael Beckmann/Helmut Rüßmann, 10. Aufl., Saarbrücken 2023

juris PraxisKommentar BGB, Bd. 5 – Erbrecht, hrsg. v. Hannes Ludyga, 10. Aufl., Saarbrücken 2023

Kaiser, Thomas, Die „typische" GmbH & Co. KG in der Insolvenz – Einige Gedanken nicht nur zur „Partikularinsolvenz" analog §§ 315 ff. InsO, in: ZIP 2021, S. 1478 ff.

Kaiser, Thomas, Eigenverwaltung bei der „typischen" GmbH & Co. KG – geht das überhaupt? Einige Gedanken anhand der Simultaninsolvenz einer GmbH & Co. KG, in: ZIP 2019, S. 1597 ff.

Kallmeyer, Harald (Begr.), Umwandlungsgesetz. Kommentar, 8. Aufl., Köln 2024

Kallmeyer, Harald, Anwendung von Verfahrensvorschriften des Umwandlungsgesetzes auf Ausgliederungen nach Holzmüller, Zusammenschlüsse nach der Pooling-of-interests-Methode und die sog. übertragende Auflösung, in: Festschrift für Marcus Lutter zum 70. Geburtstag, hrsg. v. Uwe H. Schneider/Peter Hommelhoff/Karsten Schmidt/Wolfram Timm/ Barbara Grunewald/Tim Drygala, Köln 2000, S. 1245 ff.

Kampf, Alexander, Tod in der Insolvenz – eine Herausforderung für die Verfahrensbeteiligten, in: ZVI 2018, S. 3 ff.

Kampf, Alexander, Tod des Insolvenzschuldners während des eröffneten Insolvenzverfahrens. „Nachlassinsolvenz ist gleich Nachlassinsolvenz", oder?, in: ZVI 2016, S. 343 ff.

Kanzleiter, Rainer, „Mehrfach-Beteiligung" einer Person an Gesamthand oder Rechtsgemeinschaft? „Einmann-Gesamthand"?!, in: Beiträge zum Gesellschafts- und Notarrecht. Freundesgabe für Willi Weichler zum 70. Geburtstag, hrsg. v. Walter Schmitz-Valckenberg/Norbert Frenz/Hanns-Jakob Pützer, Köln/Berlin/Bonn/München 1997, S. 39 ff.

Karollus, Martin, Gedanken zum Kapitalschutz bei der GmbH & Co. KG, in: Festschrift für Bruno Kropff, hrsg. v. Karl-Heinz Forster/Barbara Grunewald/Marcus Lutter/Johannes Semler, Düsseldorf 1997, S. 669 ff.

Karsten, Lars, Einheitlichkeit der Mitgliedschaft in Personengesellschaften, Berlin 2002

Kayser-Eichberg, Marci, Dic wechselseitige Beteiligung nach deutschem Aktienrecht als Leitlinie einer europäischen Harmonisierung, Köln 1969

Keller, Christoph, Zur Insolvenz der zweigliedrigen Personengesellschaft, in: NZI 2009, S. 29 ff.

Kienzler, Martin, Die PartG mbB – Ziel erreicht?, in: JR 2016, S. 221 ff.

Kienzler, Martin, Die Partnerschaftsgesellschaft mit beschränkter Berufshaftung (PartG mbB) als gesetzgeberische Zwischenstation der Liberalisierung des Gesellschaftsrechts Freier Berufe, Frankfurt a. M./Bern/Brüssel/New York/Oxford/Warschau/Wien 2015

Kießling, Erik, Das Gesamthandsprinzip bei Personalgesellschaften, in: Festschrift für Walther Hadding zum 70. Geburtstag, hrsg. v. Franz Häuser/Horst Hammen/Joachim Hennrichs/Anja Steinbeck/Ulf R. Siebel/Reinhard Welter, Berlin 2004, S. 477 ff.

Kilger, Joachim, Konkursordnung, 15. Aufl., München 1987

Kilian, Matthias, Die Partnerschaftsgesellschaft mit beschränkter Berufshaftung, in: MDR 2013, S. 1137 ff.

Kindler, Peter, Die „rechtsfähige Gesellschaft" als juristische Person – erste Befunde und Überlegungen zum Gesetz zur Modernisierung des Personengesellschaftsrechts (MoPeG), in: ZfPW 2022, S. 409 ff.

Kindler, Peter, Filippo Ranieri und die rechtsfähige Personengesellschaft, in: ZHR 185 (2021), S. 598 ff.

Kipp, Theodor/*Coing*, Helmut, Erbrecht. Ein Lehrbuch, 14. Bearb., Tübingen 1990

Klausing, Friedrich, Gesetz über Aktiengesellschaften und Kommanditgesellschaften auf Aktien (Aktien-Gesetz) nebst Einführungsgesetz und „Amtlicher Begründung", Berlin 1937

Klingbeil, Stefan, Der Begriff der Rechtsperson, in: AcP 217 (2017), S. 848 ff.

Klöhn, Lars, Das System der aktien- und umwandlungsrechtlichen Abfindungsansprüche, Tübingen 2009

Klöhn, Lars/*Schaper*, Martin, Grenzüberschreitende Kombination von Gesellschaftsformen und Niederlassungsfreiheit. Insolvenzverschleppungshaftung, Zahlungsverbot und Kapitalerhaltungsrecht in der Ltd. & Co. KG, in: ZIP 2013, S. 49 ff.

Klook, Sven, Die überschuldete Erbschaft. Der Erbe als Berechtigter und als Treuhänder der Nachlaßgläubiger, Berlin 1998

Klose, Andreas, Insolvenzantragspflicht bei der PartG mbB?, in: GmbHR 2013, S. 1191 ff.

Klose, Andreas, Die Bürgschaft bei Wegfall des Hauptschuldners, in: WM 2009, S. 300 ff.

Koch, Jens, Aktiengesetz, 19. Aufl., München 2025

Koch, Jens (Hrsg.), Personengesellschaftsrecht. Kommentar, Köln 2024

Koch, Jens, Die Einheit der nationalen Rechtsordnung und die europäische Privatrechtsangleichung, in: JZ 2006, S. 277 ff.

Köhler, Claus, Die Kommanditistenhaftung in der zweigliedrigen Kommanditgesellschaft nach Ausscheiden des Komplementärs, in: Festschrift für Sebastian Spiegelberger zum 70. Geburtstag, hrsg. v. Thomas Wachter, Bonn 2009, S. 791 ff.

Köke, Jens/*Schmerbach*, Ulrich, Tod des Schuldners in der Insolvenz, in: ZVI 2007, S. 497 ff.

Koller, Ingo/*Kindler*, Peter/*Drüen*, Klaus-Dieter, Handelsgesetzbuch. Kommentar, 10. Aufl., München 2023

Kollhosser, Helmut/*Jansen*, Christian, Konfusion, in: JA 1988, S. 305 ff.

Kollmar, Jens, Die Ausstrahlungen des Umwandlungsgesetzes auf Spaltungen nach traditionellem Recht, Frankfurt a. M./Berlin/Bern/New York/Paris/Wien 1999

Kölner Kommentar zum Aktiengesetz, hrsg. v. Ulrich Noack/Dirk Zetzsche, Bd. 4: §§ 23–53, 4. Aufl., Hürth 2022

Kölner Kommentar zum Umwandlungsgesetz, hrsg. v. Barbara Dauner-Lieb/Dieter Leuering/Hans-Ulrich Wilsing, 2. Aufl., Hürth 2024

Kölner Schrift zur Insolvenzordnung, hrsg. v. Arbeitskreis für Insolvenzwesen Köln e.V., 3. Aufl., Münster 2009

Korch, Stefan, Offene Rechtsfragen zur Reichweite der Haftungsbeschränkung durch die Partnerschaftsgesellschaft mit beschränkter Berufshaftung, in: NZG 2015, S. 1425 ff.

Korkmaz, Mesut, Die Doppelinsolvenz bei der Kommanditgesellschaft, Baden-Baden 2014

KPB, Kommentar zur Insolvenzordnung, hrsg. v. Hanns Prütting/Reinhard Bork/Florian Jacoby, Loseblattsammlung, 103. Lfg., Köln 2025

Krafka, Alexander, Registerrecht, 12. Aufl., München 2024

Kriebel, Alexander, Das Ausscheiden des einzigen Komplementärs aus einer Kommanditgesellschaft, Frankfurt a. M./Berlin/Bern/Brüssel/New York/Oxford/Wien 2013

Krings, Hannah/*Otte*, Daniel, Die Insolvenz der Komplementär-GmbH, in: NZG 2012, S. 761 ff.

Kropff, Bruno, Textausgabe des Aktiengesetzes vom 6. 9. 1965 (Bundesgesetzbl. I S. 1089) und des Einführungsgesetzes zum Aktiengesetz vom 6. 9. 1965 (Bundesgesetzbl. I S. 1185) mit Begründung des Regierungsentwurfs, Bericht des Rechtsausschusses des deutschen Bundestags, Verweisungen und Sachverzeichnis, Düsseldorf 1965

Kruth, Claus-Peter, Insolvenzrechtliche Folgeprobleme bei Ausscheiden eines Gesellschafters aus der zweigliedrigen Personengesellschaft, in: NZI 2011, S. 844 ff.

Kuhn, Georg, Haftungsprobleme bei der GmbH & Co., in: Ehrengabe für Bruno Heusinger, hrsg. v. Roderich Glanzmann, München 1968, S. 203 ff.

Kuhn, Georg/*Uhlenbruck*, Wilhelm, Konkursordnung. Kommentar, 11. Aufl., München 1994

Lamprecht, Philipp, Die Zulässigkeit der mehrfachen Beteiligung an einer Personengesellschaft. Ein Beitrag zur Bedeutung des Personengesellschaftsanteils als Vermögensgegenstand, Berlin 2002

Lange, Heinrich/*Kuchinke*, Kurt, Erbrecht. Ein Lehrbuch, 5. Aufl., München 2001

Larenz, Karl, Methodenlehre der Rechtswissenschaft, 6. Aufl., Berlin/Heidelberg/New York 1991

Larenz, Karl, Lehrbuch des Schuldrechts, Bd. I: Allgemeiner Teil, 14. Aufl., München 1987

Laum, Dieter/*Dylla-Krebs*, Corinna, Der Minderjährige mit beschränkter Haftung? Zum Entwurf eines Minderjährigenhaftungsbeschränkungsgesetzes (MHbeG), in: Festschrift für Ralf Vieregge zum 70. Geburtstag, hrsg. v. Jürgen F. Baur/Rainer Jacobs/Manfred Lieb/Peter-Christian Müller-Graff, Berlin/New York 1995, S. 513 ff.

Lehmann, Matthias, Der Begriff der Rechtsfähigkeit, in: AcP 207 (2007), S. 225 ff.

Leinekugel, Rolf, Die Ausstrahlungswirkungen des Umwandlungsgesetzes, Köln/Berlin/Bonn/München 2000

Lerche, Peter, Grundrechtswirkungen im Privatrecht, Einheit der Rechtsordnung und materielle Verfassung, in: Festschrift für Walter Odersky zum 65. Geburtstag, hrsg. v. Reinhard Böttcher/Götz Hueck/Burkhard Jähnke, Berlin/New York 1996, S. 215 ff.

Leuering, Dieter, Die Partnerschaft mit beschränkter Berufshaftung, in: NZG 2013, S. 1001 ff.

Lieb, Manfred, Zu den Grundgedanken der §§ 25 ff. HGB, in: Europarecht, Energierecht, Wirtschaftsrecht. Festschrift für Bodo Börner zum 70. Geburtstag, hrsg. v. Jürgen F. Baur/Peter-Christian Müller-Graff/Manfred Zuleeg, Köln/Berlin/Bonn/München 1992, S. 747 ff.

Lieb, Manfred, Haftungsprobleme beim Übergang des Gesellschaftsvermögens auf einen Kommanditisten. – Besprechung der Entscheidung BGH, Urt. v. 10.12.1990 – II ZR 256/89 –, in: ZGR 1991, S. 572 ff.

Liebs, Rüdiger, Offene Fragen der Insolvenz einer zweigliedrigen GmbH & Co. KG, in: ZIP 2002, S. 1716 ff.

Lieder, Jan, Modernisierung des Personengesellschaftsrechts. Der Regierungsentwurf des MoPeG in der rechtspolitischen Analyse, in: ZRP 2021, S. 34 ff.

Lieder, Jan, Die rechtsgeschäftliche Sukzession. Eine methodenpluralistische Grundlagenuntersuchung zum deutschen Zivilrecht und Zivilprozessrecht sowie zum Internationalen und Europäischen Privatrecht, Tübingen 2015

Lieder, Jan, Die Partnerschaftsgesellschaft mit beschränkter Berufshaftung – Teil 1. Grundzüge und erste Problemfragen der neuen Rechtsformvariante, in: NotBZ 2014, S. 81 ff.

Lieder, Jan/*Hilser*, Raphael, Die Reform des Personengesellschaftsrechts. Implikationen für Dogmatik und notarielle Praxis, in: NotBZ 2021, S. 401 ff.

Lieder, Jan/*Hoffmann*, Thomas, Rechtstatsachen-Update zur PartG mbB, in: NZG 2016, S. 287 ff.

Linardatos, Dimitrios, Die Partnerschaftsgesellschaft mit beschränkter Berufshaftung – eine echte Alternative zur Limited Liability Partnership oder eine systemwidrige Implementierung in das Partnerschaftsgesellschaftsgesetz?, in: VersR 2013, S. 1488 ff.

Löwisch, Manfred, Herausgabe von Ersatzverdienst. Zur Anwendbarkeit von § 285 BGB auf Dienst- und Arbeitsverträge, in: NJW 2003, S. 2049 ff.

von Lübtow, Heinrich, Erbrecht. Eine systematische Darstellung, Halbbd. 2, Berlin 1971

Lutter, Marcus (Begr.), Umwandlungsgesetz. Kommentar, hrsg. v. Walter Bayer/Jochen Vetter, Bd. I: §§ 1–173, 7. Aufl., Köln 2024

Lutter, Marcus (Begr.), Umwandlungsgesetz. Kommentar, hrsg. v. Walter Bayer/Jochen Vetter, Bd. II: §§ 174–355; MgVG; MgFSG; SpruchG, 7. Aufl., Köln 2024

Lutter, Marcus/*Hommelhoff*, Peter, GmbH-Gesetz. Kommentar, 13. Aufl., Köln 1991

Madaus, Stephan, Umwandlungen als Gegenstand eines Insolvenzplans nach dem ESUG. Zugleich eine Untersuchung der Grenzen der gesellschaftsrechtlichen Regelungsmacht des neuen Insolvenzplans, in: ZIP 2012, S. 2133 ff.

Marotzke, Wolfgang, Sonderinsolvenz und Nachlassverwaltung über das Vermögen einer erloschenen Personengesellschaft, in: ZInsO 2009, S. 590 ff.

Marotzke, Wolfgang, Die Stellung der Nachlassgläubiger in der Eigeninsolvenz des Erben, in: Gesetz, Recht, Rechtsgeschichte. Festschrift für Gerhard Otte zum 70. Geburtstag, hrsg. v. Wolfgang Baumann/Hans-Jürgen von Dickhuth-Harrach/Wolfgang Marotzke, München 2005, S. 223 ff.

Marotzke, Wolfgang, Das Erbenglück des insolventen Schuldners, in: ZVI 2003, S. 309 ff.

Marotzke, Wolfgang, Haftungsverhältnisse und Probleme der Nachlaßverwaltung bei der Beerbung des einzigen Komplementärs durch den einzigen Kommanditisten. Bemerkungen zum Urteil BGHZ 113, 132, in: ZHR 156 (1992), S. 17 ff.

Menkel, Andreas, Ausscheiden des vorletzten Gesellschafters gem. § 712a BGB nF, in: NZG 2023, S. 683 ff.

Merkt, Hanno, Die Einpersonen-Vor-GmbH im Spiegel der rechtswissenschaftlichen Diskussion, in: Festschrift für Karsten Schmidt zum 70. Geburtstag, hrsg. v. Georg Bitter/Marcus Lutter/Hans-Joachim Priester/Wolfgang Schön/Peter Ulmer, Köln 2009, S. 1161 ff.

Mertens, Kai, Umwandlung und Universalsukzession. Die Reform von Verschmelzung, Spaltung, Vermögensübertragung und Formwechsel. Rechtsdogmatische Betrachtungen zum Referentenentwurf eines Gesetzes zur Bereinigung des Umwandlungsrechts, Heidelberg 1993

Messner, Olaf, Dissonanzen zwischen Insolvenz- und Erbrecht, in: ZVI 2004, S. 433 ff.

Meyer, Patricia, Die Partnerschaftsgesellschaft mit beschränkter Berufshaftung gemäß § 8 Abs. 4 PartGG, Berlin 2016

Michalski, Lutz (Begr.), Kommentar zum Gesetz betreffend die Gesellschaften mit beschränkter Haftung (GmbHG), hrsg. v. Andreas Heidinger/Stefan Leible/Jessica Schmidt, Bd. I, Systematische Darstellungen; §§ 1–34 GmbHG, 4. Aufl., München 2023

Michalski, Lutz (Begr.), Kommentar zum Gesetz betreffend die Gesellschaften mit beschränkter Haftung (GmbHG), hrsg. v. Andreas Heidinger/Stefan Leible/Jessica Schmidt, Bd. II, §§ 35–88 GmbHG; EGGmbHG, 4. Aufl., München 2023

Moderegger, Martin, Zusammentreffen von Nachlass- und Erbeninsolvenz, in: InsbürO 2015, S. 172 ff.

Mohrbutter, Harro/*Ringstmeier*, Andreas/*Meyer*, Stefan (Hrsg.), Handbuch Insolvenzverwaltung, 10. Aufl., Hürth 2022

Mückenberger, Werner, Gehört das vom Erben fortgeführte Handelsgeschäft des Erblassers zum Nachlaßkonkurs?, in: KuT 1936, S. 100 f.

Mugdan, Benno, Die gesammten Materialien zum Bürgerlichen Gesetzbuch für das Deutsche Reich, Bd. II: Recht der Schuldverhältnisse, Berlin 1899

Mugdan, Benno, Die gesammten Materialien zum Bürgerlichen Gesetzbuch für das Deutsche Reich, Bd. III: Sachenrecht, Berlin 1899

Mugdan, Benno, Die gesammten Materialien zum Bürgerlichen Gesetzbuch für das Deutsche Reich, Bd. V: Erbrecht, Berlin 1899

Müller-Bonanni, Thomas/*Müntefering*, Michael, Grenzüberschreitende Verschmelzung ohne Arbeitnehmerbeteiligung? Praxisfragen zum Anwendungsbereich und Beteiligungsverfahren des MgVG, in: NJW 2009, S. 2347 ff.

Müller-Feldhammer, Ralf, Mißbrauchsrisiken im Anwendungsbereich des § 1629a BGB, in: FamRZ 2002, S. 13 ff.

Müller-Laube, Hans-Martin, Der Einfluß von Personenwechsel und Gestaltwandel auf die Identität der Personengesellschaft, in: Recht und Rechtserkenntnis. Festschrift für Ernst Wolf zum 70. Geburtstag, hrsg. v. Dietrich Bickel/Walther Hadding/Volker Jahnke/Gerhard Lüke, Köln/Berlin/Bonn/München 1985, S. 501 ff.

Münchener Handbuch des Gesellschaftsrechts, Bd. 1: BGB-Gesellschaft; Offene Handelsgesellschaft; Partnerschaftsgesellschaft; EWIV, hrsg. v. Hans Gummert/Carsten Schäfer, 6. Aufl., München 2024

Münchener Handbuch des Gesellschaftsrechts, Bd. 2: Kommanditgesellschaft; GmbH & Co. KG; Publikums-KG; Stille Gesellschaft, hrsg. v. Hans Gummert/Carsten Schäfer, 6. Aufl., München 2024

Münchener Handbuch des Gesellschaftsrechts, Bd. 8: Umwandlungsrecht; Gesellschaftsrecht; Insolvenzrecht; Steuerrecht; Bilanzrecht; Arbeitsrecht; Kartellrecht; Öffentliches Recht, hrsg. v. Jan Lieder/Nima Ghassemi-Tabar, 6. Aufl., München 2025

Münchener Kommentar zum Aktiengesetz, hrsg. v. Wulf Goette/Mathias Habersack, Bd. 1: §§ 1–75, 6. Aufl., München 2024

Münchener Kommentar zum Aktiengesetz, hrsg. v. Wulf Goette/Mathias Habersack, Bd. 4: §§ 179–277, 5. Aufl., München 2021

Münchener Kommentar zum Bürgerlichen Gesetzbuch, hrsg. v. Franz Jürgen Säcker/Roland Rixecker/Hartmut Oetker/Bettina Limperg/Claudia Schubert, Bd. 1: Allgemeiner Teil (§§ 1–240a; AllgPersönlR; StiftRG; ProstG; AGG), 10. Aufl., München 2025

Münchener Kommentar zum Bürgerlichen Gesetzbuch, hrsg. v. Franz Jürgen Säcker/Roland Rixecker/Hartmut Oetker/Bettina Limperg, Bd. 2: Schuldrecht – Allgemeiner Teil I, 9. Aufl., München 2022

Münchener Kommentar zum Bürgerlichen Gesetzbuch, hrsg. v. Franz Jürgen Säcker/Roland Rixecker/Hartmut Oetker/Bettina Limperg, Bd. 3: Schuldrecht – Allgemeiner Teil II, 9. Aufl., München 2022

Münchener Kommentar zum Bürgerlichen Gesetzbuch, hrsg. v. Franz Jürgen Säcker/Roland Rixecker/Hartmut Oetker/Bettina Limperg, Bd. 6: Schuldrecht – Besonderer Teil III (§§ 631–704), 9. Aufl., München 2023

Münchener Kommentar zum Bürgerlichen Gesetzbuch, hrsg. v. Franz Jürgen Säcker/Roland Rixecker/Hartmut Oetker/Bettina Limperg, Bd. 7: Schuldrecht – Besonderer Teil IV (§§ 705–853; Partnerschaftsgesellschaftsgesetz; Produkthaftungsgesetz), 9. Aufl., München 2024

Münchener Kommentar zum Bürgerlichen Gesetzbuch, hrsg. v. Franz Jürgen Säcker/Roland Rixecker/Hartmut Oetker/Bettina Limperg, Bd. 11: Erbrecht (§§ 1922–2385; §§ 27–35 BeurkG), 9. Aufl., München 2022

Münchener Kommentar zum Bürgerlichen Gesetzbuch, hrsg. v. Franz Jürgen Säcker/Roland Rixecker/Hartmut Oetker/Bettina Limperg, Bd. 7: Schuldrecht – Besonderer Teil IV (§§ 705–853; Partnerschaftsgesellschaftsgesetz; Produkthaftungsgesetz), 8. Aufl., München 2020

Münchener Kommentar zum Bürgerlichen Gesetzbuch, hrsg. v. Franz Jürgen Säcker/Roland Rixecker, Bd. 5: Schuldrecht – Besonderer Teil III (§§ 705–853; Partnerschaftsgesellschaftsgesetz; Produkthaftungsgesetz), 5. Aufl., München 2009

Münchener Kommentar zum Bürgerlichen Gesetzbuch, hrsg. v. Kurt Rebmann/Franz-Jürgen Säcker, Bd. 3/2: Schuldrecht Besonderer Teil (§§ 657–853), 1. Aufl., München 1980

Münchener Kommentar zum FamFG, hrsg. v. Thomas Rauscher, Bd. 2: §§ 271–493; Internationales und Europäisches Zivilverfahrensrecht in Familiensachen, 3. Aufl., München 2019

Münchener Kommentar zum Gesetz betreffend die Gesellschaften mit beschränkter Haftung, hrsg. v. Holger Fleischer/Wulf Goette, Bd. 3: §§ 53–88, 5. Aufl., München 2025

Münchener Kommentar zum Gesetz betreffend die Gesellschaften mit beschränkter Haftung, hrsg. v. Holger Fleischer/Wulf Goette, Bd. 1: §§ 1–34, 4. Aufl., München 2022

Münchener Kommentar zum Handelsgesetzbuch, hrsg. v. Ingo Drescher/Holger Fleischer/Karsten Schmidt, Bd. 1: §§ 1–104a, 6. Aufl., München 2025

Münchener Kommentar zum Handelsgesetzbuch, hrsg. v. Ingo Drescher/Holger Fleischer/Karsten Schmidt, Bd. 2: §§ 105–160, 161–177a; Konzernrecht der Personengesellschaften, 5. Aufl., München 2022

Münchener Kommentar zum Handelsgesetzbuch, hrsg. v. Karsten Schmidt, Bd. 1: §§ 1–104, 2. Aufl., München 2005

Münchener Kommentar zum Handelsgesetzbuch, hrsg. v. Karsten Schmidt, Bd. 1: §§ 1–104, 1. Aufl., München 1996

Münchener Kommentar zur Insolvenzordnung, hrsg. v. Rolf Stürner/Horst Eidenmüller/Heinrich Schoppmeyer, Bd. 1: §§ 1–79; Insolvenzrechtliche Vergütungsverordnung (InsVV), 4. Aufl., München 2019

Münchener Kommentar zur Insolvenzordnung, hrsg. v. Rolf Stürner/Horst Eidenmüller/Heinrich Schoppmeyer, Bd. 2: §§ 80–216, 4. Aufl., München 2019

Münchener Kommentar zur Insolvenzordnung, hrsg. v. Rolf Stürner/Horst Eidenmüller/Heinrich Schoppmeyer, Bd. 3: §§ 217–359 InsO (mit Art. 103a–110 EGInsO); Insolvenzsteuerrecht, 4. Aufl., München 2020

Münchener Kommentar zur Zivilprozessordnung, hrsg. v. Wolfgang Krüger/Thomas Rauscher, Bd. 1: §§ 1–354, 7. Aufl., München 2025

Münchener Kommentar zur Zivilprozessordnung, hrsg. v. Wolfgang Krüger/Thomas Rauscher, Bd. 2: §§ 355–945b, 6. Aufl., München 2020

Muscheler, Karlheinz, Erbrecht, Bd. II, Tübingen 2010

Muscheler, Karlheinz, Universalsukzession und Vonselbsterwerb. Die rechtstechnischen Grundlagen des deutschen Erbrechts, Tübingen 2002

Muscheler, Karlheinz, Haftungsbeschränkung zugunsten Minderjähriger (§ 1629a BGB), in: WM 1998, S. 2271 ff.

Muscheler, Karlheinz, Die Haftungsordnung der Testamentsvollstreckung, Tübingen 1994

Müsgen, Thomas K., Die GmbH in Konkurs und Insolvenz, MittRhNotK 1997, S. 409 ff.

Nägel, Werner, Einmanngesellschaften im deutschen und europäischen Gesellschaftsrecht, Berlin 2004

Naraschewski, Alexander, Sonderfälle der Schlussbilanz nach § 17 Abs. 2 UmwG, in: Gesellschaftsrecht zwischen Wissenschaft und Notarpraxis. Festschrift für Andreas Heidinger zum 65. Geburtstag, hrsg. v. Heribert Heckschen/Peter Limmer/Simon Blath/Julius Forschner, München 2023, S. 387 ff.

Neher, Melanie, Der Erbanfall in der Insolvenz, Hamburg 2011

Nicknig, Paul-Georg, Die Haftung der Mitglieder einer BGB-Gesellschaft für Gesellschaftsschulden, Köln/Berlin/Bonn/München 1972

Noack, Max, Der Regierungsentwurf eines Gesetzes zur Modernisierung des Personengesellschaftsrechts (MoPeG). Ausgewählte Aspekte im rechtsgebietsübergreifenden Überblick, in: BB 2021, S. 643 ff.

Noack, Max, Mit fünf Zielen zu einem modernisierten Personengesellschaftsrecht. Das neue Gesetz zur Modernisierung des Personengesellschaftsrechts (MoPeG) im Überblick, in: MDR 2021, S. 1425 ff.

Noack, Max, Von Maurach in die Welt – Der Gesetzentwurf der Expertenkommission zur Modernisierung des Personengesellschaftsrechts im Überblick, in: NZG 2020, S. 581 ff.

Noack, Ulrich/*Servatius*, Wolfgang/*Haas*, Ulrich, Gesetz betreffend die Gesellschaften mit beschränkter Haftung, 23. Aufl., München 2022

Nöll, Mario, Der Tod des Schuldners in der Insolvenz, Köln 2005

Nöll, Mario/*Flitsch*, Michael, Nachlassverwaltung als Sanierungsinstrument bei todesfallbedingten Unternehmenskrisen, in: ZEV 2017, S. 247 ff.

NomosKommentar BGB, Allgemeiner Teil; EGBGB, Bd. 1, hrsg. v. Thomas Heidel/Rainer Hüßtege/Heinz-Peter Mansel/Ulrich Noack, 4. Aufl., Baden-Baden 2021

NomosKommentar BGB, Schuldrecht, Bd. 2/1: §§ 241–487, hrsg. v. Barbara Dauner-Lieb/Werner Langen, 4. Aufl., Baden-Baden 2021

NomosKommentar BGB, Schuldrecht; ProdHaftG; UKlaG, Bd. 2/3: §§ 662–853, hrsg. v. Barbara Dauner-Lieb/Werner Langen, 4. Aufl., Baden-Baden 2021

NomosKommentar BGB, Erbrecht, Bd. 5: §§ 1922–2385, hrsg. v. Ludwig Kroiß/Claus-Henrik Horn, 6. Aufl., Baden-Baden 2022

NomosKommentar HGB, hrsg. v. Thomas Heidel/Alexander Schall, 4. Aufl., Baden-Baden 2024

NomosKommentar Umwandlungsrecht, hrsg. v. Lars Böttcher/Oliver Habighorst/Christian Schulte, 3. Aufl., Baden-Baden 2024

Oetker, Hartmut (Hrsg.), Handelsgesetzbuch. Kommentar, 8. Aufl., München 2024

Oetker, Hartmut (Hrsg.), Handelsgesetzbuch. Kommentar, 7. Aufl., München 2021

Osterloh-Konrad, Christine, Gesamthand, Rechtsfähigkeit, Transparenz, in: Zukunftsfragen des Steuerrechts IV, hrsg. v. Wolfang Schön/Johanna Stark, Berlin/Heidelberg 2020, S. 1 ff.

Osthold, Konrad B., Erben und Haftung. Plädoyer zur Reform der Erbenhaftung aus historisch-kritischer Perspektive unter Berücksichtigung dogmatischer und praktischer Aspekte, Bonn 2019

Osthold, Konrad B., Das Haftungsregime des § 1978 Abs. 1 S. 1 BGB, in: ZEV 2015, S. 444 ff.

Passarge, Malte/*Torwegge*, Christoph, Die GmbH in der Liquidation. Recht, Steuern, Bilanzierung. Mit Formularteil Deutsch-Englisch, 3. Aufl., München 2020

Peter, Karl (Begr.)/*Crezelius*, Georg (Hrsg.), Gesellschaftsverträge und Unternehmensformen. Handbuch für Personen- und Kapitalgesellschaften, Familiengesellschaften und Mischtypen, Kooperation und Delegation, 6. Aufl., Herne/Berlin 1995

Petersen, Jens, Der Gläubigerschutz im Umwandlungsrecht, München 2001

Pettirsch, Meret, Auflösung und Liquidation bei der GmbH & Co. KG, Baden-Baden 2019

Pfaffinger, Lisa, Unbeschränkte Gesellschafterhaftung und Gläubigerschutz. Eine ökonomische Betrachtung des Haftungssystems der Personengesellschaften, Frankfurt a. M./Bern/Brüssel/New York/Oxford/Warschau/Wien 2016

Pfeifer, Udo, Umwandlung und Insolvenz: Zur Insolvenzfähigkeit sich umwandelnder Rechtsträger und zur Umwandlungsfähigkeit insolventer Rechtsträger nach dem UmwG 1995, in: ZInsO 1999, S. 547 ff.

Pfister, Wolfgang, Die Einmann-Personengesellschaft. Ein interdisziplinärer Ansatz, Frankfurt a. M./Berlin/Bern/New York/Paris/Wien 1999

Planck's Kommentar zum Bürgerlichen Gesetzbuch, Bd. II/2: Recht der Schuldverhältnisse (Besonderer Teil), 4. Aufl., Berlin/Leipzig 1928

Polonius, Moritz-K., Der Insolvenzverwalter als Erbe. Ausführung zur Annahme einer Erbschaft durch den Insolvenzschuldner nach § 83 InsO, in: ZVI 2018, S. 90 ff.

Priester, Hans-Joachim, Eigene Anteile bei Personengesellschaften, in: ZIP 2014, S. 245 ff.

Priester, Hans-Joachim, Die klassische Ausgliederung – ein Opfer des Umwandlungsgesetzes 1994?, in: ZHR 163 (1999), S. 187 ff.

Freiherr von Proff, Maximilian, Die Anwachsung als Gestaltungsmodell bei Personengesellschaften, in: DStR 2016, S. 2227 ff.

Prütting, Jens, Bericht über die Diskussion (zu Christian Armbrüster, Grenzen der Gestaltungsfreiheit im Personengesellschaftsrecht), in: ZGR 2014, S. 364 ff.

Raddatz, Anselm, Die Nachlaßzugehörigkeit vererbter Personengesellschaftsanteile. Folgerungen für die Rechte nachlaßbeteiligter Dritter, Berlin 1991

Raiser, Thomas, Der Begriff der juristischen Person. Eine Neubesinnung, in: AcP 199 (1999), S. 104 ff.

Raiser, Thomas, Gesamthandsgesellschaft oder juristische Person. Eine Geschichte ohne Ende?, in: Festschrift für Wolfgang Zöllner. Zum 70. Geburtstag, hrsg. v. Manfred Lieb/Ulrich Noack/Harm Peter Westermann, Bd. I, Köln/Berlin/Bonn/München 1998, S. 469 ff.

Raiser, Thomas, Gesamthand und juristische Person im Licht des neuen Umwandlungsrechts, in: AcP 194 (1994), S. 495 ff.

Ramming, Wolfgang, Wechselseitige Beteiligungen außerhalb des Aktienrechts, Baden-Baden 2005

Freiherr von Rechenberg, Wolf-Georg, Holzmüller – Auslaufmodell oder Grundpfeiler der Kompetenzverteilung in der AG?, in: Festschrift für Gerold Bezzenberger zum 70. Geburtstag, hrsg. v. Harm Peter Westermann/Klaus Mock, Berlin/New York 2000, S. 359 ff.

Recktenwald, Dirk, Die grenzüberschreitende Hinaus-Anwachsung als Gestaltungsmaßnahme, in: NZG 2023, S. 539 ff.

Reichert, Bernhard (Begr.), Handbuch Vereins- und Verbandsrecht, hrsg. v. Martin Schimke/Jörg Dauernheim/Björn Schiffbauer, 15. Aufl., Hürth 2024

Reichert, Jochem (Hrsg.), GmbH & Co. KG, 9. Aufl., München 2024

Reichert, Jochem, Ausstrahlungswirkungen der Ausgliederungsvoraussetzungen nach UmwG auf andere Strukturänderungen, in: Die Spaltung im neuen Umwandlungsrecht und ihre Rechtsfolgen, ZHR-Beiheft 68, hrsg. v. Mathias Habersack/Ulrich Koch/Martin Winter, Heidelberg 1999, S. 25 ff.

Reichsgerichtsräte (Begr.)/*Mitglieder des Bundesgerichtshofes* (Hrsg.), Das Bürgerliche Gesetzbuch mit besonderer Berücksichtigung der Rechtsprechung des Reichsgerichts und des Bundesgerichtshofes. Kommentar, Bd. II/4: §§ 631–811, 12. Aufl., Berlin/New York 1978

Reichsgerichtsräte (Begr.)/*Mitglieder des Bundesgerichtshofes* (Hrsg.), Das Bürgerliche Gesetzbuch mit besonderer Berücksichtigung der Rechtsprechung des Reichsgerichts und des Bundesgerichtshofes. Kommentar, Bd. V/1: §§ 1922–2146, 12. Aufl., Berlin/New York 1974

Reiff, Peter, Die unbeschränkte Gesellschafterhaftung in der (Außen-)Gesellschaft bürgerlichen Rechts und ihre Ausnahmen. Besprechung des Urteils BGHZ 150, 1, in: ZGR 2003, S. 550 ff.

Reiswich, Patrick, Doppelinsolvenz von OHG und Gesellschafter, in: ZInsO 2010, S. 1809 ff.

Reul, Adolf/*Heckschen*, Heribert/*Wienberg*, Rüdiger (Hrsg.), Insolvenzrecht in der Gestaltungspraxis, 3. Aufl., München 2022

Reuter, Dieter, Die handelsrechtliche Erbenhaftung (§ 27 HGB), in: ZHR 135 (1971), S. 511 ff.

von Riegen, Arend, Gesellschafterschutz bei Ausgliederungen durch Einzelrechtsnachfolge, Köln/Berlin/Bonn/München 1999

Riegger, Bodo, Die Rechtsfolgen des Ausscheidens eines Gesellschafters aus einer zweigliedrigen Personalgesellschaft, Karlsruhe 1969

Rieker, Petra, Die Mehrfachbeteiligung einer Person an einer Personengesellschaft, Aachen 1998

Rimmelspacher, Bruno, Das Recht auf Übernahme des Gesellschaftsvermögens in der Zweimann-Gesellschaft des Bürgerlichen Rechts, in: AcP 173 (1973), S. 1 ff.

Ritter, Carl/*Ritter*, Justus (Hrsg.), Aktiengesetz, 2. Aufl., Berlin/München 1939

Röhricht, Volker/*Graf von Westphalen*, Friedrich (Begr.), Handelsgesetzbuch. Kommentar, hrsg. v. Friedrich Graf von Westphalen/Ulrich Haas/Sebastian Mock/Heinz Wöstmann, 6. Aufl., Köln 2023

Römermann, Volker (Hrsg.), Insolvenzordnung (InsO). Kommentar, Loseblattsammlung, 49. Lfg., München 2024

Römermann, Volker/*Jähne*, Ina, Die Partnerschaftsgesellschaft mit beschränkter Berufshaftung – ein Erfolgsmodell?, in: BB 2015, S. 579 ff.

Römermann, Volker/*Praß*, Jan-Philipp, Die Partnerschaftsgesellschaft mit beschränkter Berufshaftung. Rechtspolitische Kritik und rechtssystematische Einordnung, in: NZG 2012, S. 601 ff.

Roth, Dominic, Das Sperrjahr bei Liquidation der GmbH & Co. KG, in: GmbHR 2017, S. 901 ff.

Roth, Jan, Tod des Insolvenzschuldners im Eröffnungsverfahren. Zugleich Besprechung AG Hamburg v. 6. 3. 2023 – 67 g IN 2/23, ZVI 2023, 272, in: ZVI 2023, S. 235 ff.

Roth, Jan, Das „übergeleitete" oder besser: partielle Nachlassinsolvenzverfahren und notwendige RSB-Erteilung bei Tod des Schuldners in der Wohlverhaltensperiode, in: NZI 2021, S. 421 ff.

Roth, Jan/*Pfeuffer*, Jürgen, Nachlassinsolvenzen. Handbuch, 3. Aufl., Köln 2024

Rowedder, Heinz, Gesetz betreffend die Gesellschaften mit beschränkter Haftung (GmbHG). Kommentar, 2. Aufl., München 1990

Rüthers, Bernd/*Fischer*, Christian/*Birk*, Axel, Rechtstheorie mit Juristischer Methodenlehre, 12. Aufl., München 2022

Sagasser, Bernd/*Bula*, Thomas (Hrsg.), Umwandlungen. Verschmelzung – Spaltung – Formwechsel – Vermögensübertragung, 6. Aufl., München 2024

Schäfer, Carsten (Hrsg.), Das neue Personengesellschaftsrecht. Einführung zum MoPeG, München 2022

Schäfer, Carsten, Grundzüge des neuen Personengesellschaftsrechts nach dem Mauracher Entwurf, in: ZIP 2020, S. 1149 ff.

Schäfer, Carsten, Die Partnerschaft mit beschränkter Berufshaftung. Rechtspolitische Bewertung und Rechtsprobleme, in: Festschrift für Theodor Baums zum siebzigsten Geburtstag, hrsg. v. Helmut Siekmann/Andreas Cahn/Tim Florstedt/Katja Langenbucher/Julia Redenius-Hövermann/Tobias Tröger/Ulrich Segna, Bd. II, Tübingen 2017, S. 1057 ff.

Schall, Alexander, Eine dogmatische Kritik am „Mauracher Entwurf" zur Modernisierung des Personengesellschaftsrechts, in: ZIP 2020, S. 1443 ff.

Schellen, Norbert, Konfusion, Köln 1985

Schilling, Wolfgang, Das Umwandlungsgesetz. Kommentar, Berlin/New York 1981

Schlegelberger, Franz (Begr.), Handelsgesetzbuch. Kommentar, Bd. III/1: §§ 105–160, 5. Aufl., München 1992

Schlegelberger, Franz/*Quassowski*, Leo, Aktiengesetz. Kommentar, 3. Aufl., Berlin 1939

Schlottmann, Dennis, Wegfall und Entmachtung des einzigen Komplementärs, Köln 2009

Schmidbauer, Jonas, Kodifizierung und Rechtsfolgen der Konfusion, Berlin 2023

Schmidt, Christopher, Von der Rechtsfähigkeit der Erbengemeinschaft. Unter besonderer Berücksichtigung der Einflüsse der deutschen Gesamthandslehre und des Preußischen

Allgemeinen Landrechts auf die Rechtsgemeinschaften des Bürgerlichen Gesetzbuches, Berlin 2015

Schmidt, Jan Peter, Die kollisionsrechtliche Behandlung dinglich wirkender Vermächtnisse. Ein Prüfstein für Grundfragen des internationalen und des materiellen Privatrechts, in: RabelsZ 77 (2013), S. 1 ff.

Schmidt, Karsten (Hrsg.), Insolvenzordnung, 20. Aufl., München 2023

Schmidt, Karsten, Ein neues Zuhause für das Recht der Personengesellschaften, in: ZHR 185 (2021), S. 16 ff.

Schmidt, Karsten, Handelsrecht. Unternehmensrecht I, 6. Aufl., Köln 2014

Schmidt, Karsten, Personengesellschaften: neu gedacht? Grundsatzfragen aus aktuellem Anlass, in: ZIP 2014, S. 493 ff.

Schmidt, Karsten, Neuregelung des Rechts der Personengesellschaften?, in: ZHR 177 (2013), S. 712 ff.

Schmidt, Karsten, Konsolidierte Insolvenzabwicklung? Vergleichende Überlegungen über GmbH & Co.-Insolvenzen und Konzerninsolvenzen, in: KTS 2011, S. 161 ff.

Schmidt, Karsten, Vermeidung des Sperrjahrs bei der Auskehrung von Gesellschaftsvermögen aus der Kapitalgesellschaft & Co., in: BB 2011, S. 707 ff.

Schmidt, Karsten, Der Verwaltungsrechtsstreit in der Simultaninsolvenz einer Kapitalgesellschaft & Co. – ein chaotischer Fall und ein nachdenkenswertes Urteil. Zugleich Besprechung VGH Kassel v. 3.3.2010–6 A 1176/08, ZIP 2010, 880, in: ZIP 2010, S. 1621 ff.

Schmidt, Karsten, Die Personengesellschaft als Rechtsfigur des „Allgemeinen Teils". Dogmatisches Konzept und Wirkungsgeschichte von Werner Flumes „Personengesellschaft", in: AcP 209 (2009), S. 181 ff.

Schmidt, Karsten, Die GmbH & Co. KG als Lehrmeisterin des Personengesellschaftsrechts. 18 Leitsätze zum gewandelten Rechtsbild der Kommanditgesellschaft, in: JZ 2008, S. 425 ff.

Schmidt, Karsten, Konsolidierte Abwicklung von Personengesellschaften bei simultaner Gesellschafterinsolvenz? Bemerkungen aus Anlass des BGH-Urteils v. 7.7.2008 – II ZR 37/07, ZIP 2008, 1677, in: ZIP 2008, S. 2337 ff.

Schmidt, Karsten, „Anwachsung": Was ist das, und … gibt es das noch? Gedanken zu § 738 Abs. 1 Satz 1 BGB vor dem Hintergrund der „Gesamthandsdiskussion", in: Festschrift für Ulrich Huber zum siebzigsten Geburtstag, hrsg. v. Theodor Baums/Marcus Lutter/Karsten Schmidt/Johannes Wertenbruch, Tübingen 2006, S. 969 ff.

Schmidt, Karsten, Insolvenzabwicklung bei der Simultaninsolvenz der Gesellschaften in der GmbH & Co. KG. Nachtrag zu den Ausführungen in GmbHR 2002, 1209 ff. und Bemerkungen zum Beschluß des OLG Hamm v. 3.7.2003–15 W 375/02, GmbHR 2003, 1361, in: GmbHR 2003, S. 1404 ff.

Schmidt, Karsten, Gesellschaftsrecht, 4. Aufl., Köln/Berlin/Bonn/München 2002

Schmidt, Karsten, Insolvenz und Insolvenzabwicklung bei der typischen GmbH & Co. KG. Thesen und Fragen zur Verzahnung von Insolvenzverwaltung und -abwicklung bei der GmbH & Co. KG, in: GmbHR 2002, S. 1209 ff.

Schmidt, Karsten, Die BGB-Außengesellschaft: rechts- und parteifähig. Besprechung des Grundlagenurteils II ZR 331/00 vom 29. 1. 2001, in: NJW 2001, S. 993 ff.

Schmidt, Karsten, Einschränkung der umwandlungsrechtlichen Eintragungswirkungen durch den umwandlungsrechtlichen numerus clausus? Die Rechtsprechung zum Landwirtschaftsanpassungsgesetz – im Besonderen das Urteil BGH ZIP 1997, 2134 – als Lehrstück und Warnung für die Praxis zum Umwandlungsgesetz, in: ZIP 1998, S. 181 ff.

Schmidt, Karsten, Personengesellschaft und Grundstücksrecht, in: ZIP 1998, S. 2 ff.

Schmidt, Karsten, Mobilisierung des Bodens: Grundbuch und Gesellschaftsrecht, in: NJW 1996, S. 3325 ff.

Schmidt, Karsten, Gläubigerschutz bei Umstrukturierungen. – Zum Referentenentwurf eines Umwandlungsgesetzes –, in: ZGR 1993, S. 366 ff.

Schmidt, Karsten, Handelsrechtliche Erbenhaftung als Bestandteil des Unternehmensrechts. Für ein neues Verständnis des § 27 HGB im Systemzusammenhang mit §§ 130, 139 HGB, in: ZHR 157 (1993), S. 600 ff.

Schmidt, Karsten, Universalsukzession kraft Rechtsgeschäfts. Bewährungsproben eines zivilrechtsdogmatischen Rechtsinstituts im Unternehmensrecht, in: AcP 191 (1991), S. 495 ff.

Schmidt, Karsten, Gesetzliche Gestaltung und dogmatisches Konzept eines neuen Umwandlungsgesetzes. – Überlegungen zur legislatorischen Praxis und Theorie –, in: ZGR 1990, S. 580 ff.

Schmidt, Karsten, Die Handels-Personengesellschaft in Liquidation. Ein neues Bild des Liquidationsrechts der Gesamthandsgesellschaften, in: ZHR 153 (1989), S. 270 ff.

Schmidt, Karsten, Kapitalsicherung in der GmbH & Co. KG: Schlussbilanz oder Zwischenbilanz einer Rechtsfortbildung? Eine Skizze mit Ausblicken auf die Auslandsgesellschaft & Co. sowie auf die Stiftung & Co., in: GmbHR 1989, S. 141 ff.

Schmidt, Karsten, Die Erbengemeinschaft nach einem Einzelkaufmann. Verfassung, Haftung, Umwandlung und Minderjährigenschutz, in: NJW 1985, S. 2785 ff.

Schmidt, Karsten, Insolvenzrisiko und gesellschaftsrechtliche Haftung. – Die Unternehmensinsolvenz als Bewährungsprobe des Gesellschaftsrechts –, in: JZ 1985, S. 301 ff.

Schmidt, Karsten, Verbandszweck und Rechtsfähigkeit im Vereinsrecht. Eine Studie über Erwerb und Verlust der Rechtsfähigkeit nichtwirtschaftlicher und wirtschaftlicher Vereine, Heidelberg 1984

Schmidt, Karsten, Die GmbH-Beteiligung von Gesellschaften bürgerlichen Rechts als Publizitätsproblem. Wucherungen der Gesamthands-BGB-Gesellschaft?, in: BB 1983, S. 1697 ff.

Schmidt, Karsten, Ehegatten-Miteigentum oder „Eigenheim-Gesellschaft"? – Rechtszuordnungsprobleme bei gemeinschaftlichem Grundeigentum –, in: AcP 182 (1982), S. 481 ff.

Schmidt, Karsten, Zur Gläubigersicherung im Liquidationsrecht der Kapitalgesellschaften, Genossenschaften und Vereine. Grundprobleme der §§ 73 GmbHG, 272 AktG, 90 GenG, 51 ff. BGB, in: ZIP 1981, S. 1 ff.

Schmidt, Karsten, Zur Stellung der OHG im System der Handelsgesellschaften. Eine Untersuchung des gesellschaftsrechtlichen Grundsatzes der unbeschränkten Haftung, Bonn 1972

Schmidt, Karsten/*Lutter*, Marcus (Begr.), Aktiengesetz. Kommentar, hrsg. v. Karsten Schmidt/Walter Bayer/Jochen Vetter, Bd. II: §§ 133–410 AktG; SpruchG, 5. Aufl., Köln 2024

Schmidt, Karsten/*Uhlenbruck*, Wilhelm (Hrsg.), Die GmbH in Krise, Restrukturierung und Insolvenz, 6. Aufl., Köln 2023

Schmidt, Kerstin, Wechselseitige Beteiligungen im Gesellschafts- und Kartellrecht, Frankfurt a. M./Berlin/Bern/New York/Paris/Wien 1995

Schmidt-Kessel, Alfred, Was ist Nachlass? – Kann die Insolvenzpraxis dazu beitragen, den Begriff „Nachlass" und die ihm zukommende haftungsrechtliche Funktion besser zu verstehen? –, in: WM 2003, S. 2086 ff.

Schmidt, Thorsten, Einmann-Personengesellschaften, Baden-Baden 1998

Schmitt, Joachim/*Hörtnagl*, Robert (Hrsg.), Umwandlungsgesetz, Umwandlungssteuergesetz, 10 Aufl., München 2024

Schmittmann, Jens M., Besonderheiten bei der insolventen GmbH & Co. KG, in: ZInsO 2005, S. 1314 ff.

Schmölz, Anton S., Zum Schicksal des Gesellschaftsvermögens beim Ausscheiden des vorletzten Gesellschafters aus der Personengesellschaft, in: Von der Sache zum Recht. Festschrift für Volker Beuthien zum 75. Geburtstag, hrsg. v. Martin Schöpflin/Frank Meik/Heinz-Otto Weber/Jürgen Bandte, München 2009, S. 235 ff.

Schnorbus, York, Analogieverbot und Rechtsfortbildung im Umwandlungsrecht. – Ein Beitrag zum Verständnis des § 1 Abs. 2 UmwG –, in: DB 2001, S. 1654 ff.

Schnorbus, York, Gestaltungsfreiheit im Umwandlungsrecht. Das Verhältnis des UmwG zu Strukturmaßnahmen außerhalb seines Anwendungsbereiches im System des deutschen und europäischen Umwandlungsrechts, Baden-Baden 2001

Scholz, Franz (Begr.), Kommentar zum GmbH-Gesetz, Bd. I: §§ 1–34; Anh. § 13 Konzernrecht; Anh. § 34 Austritt und Ausschließung eines Gesellschafters, 13. Aufl., Köln 2022

Scholz, Franz (Begr.), Kommentar zum GmbH-Gesetz, Bd. III: §§ 53–88; EGGmbHG; §§ 15, 15a, 15b, 17, 18, 19, 135 InsO, 13. Aufl., Köln 2025

Scholz, Franz (Begr.), Kommentar zum GmbH-Gesetz, Bd. II: §§ 41–85; Anh. Umwandlung und Verschmelzung, 7. Aufl., Köln 1988

Scholz, Philipp, Der Grundsatz der Selbstorganschaft in der Reform des Personengesellschaftsrechts. Ein Vorschlag für die Zulassung fremdorganschaftlicher Strukturen auf Grundlage des „Mauracher Entwurfs", in: NZG 2020, S. 1044 ff.

Schreivogel, Felix, Die Ausdehnung des Überschuldungstatbestands auf rechtsfähige Personengesellschaften. Zugleich Besprechung AG Hamburg v. 12.2.2024–67 g IN 255/23, ZRI 2024, 212, in: ZRI 2024, 618 ff.

Schulze-Osterloh, Joachim, Das Prinzip der gesamthänderischen Bindung, München 1972

Schumacher, Antje, Die Partnerschaftsgesellschaft mit beschränkter Berufshaftung für Rechtsanwälte. Organisationsmodell mit partiellem Haftungsausschluss und Versicherungsjunktim, Berlin 2015

Schüppen, Matthias, Die Partnerschaftsgesellschaft mit beschränkter Berufshaftung (PartG mbB) – Schubladenmodell oder Handlungszwang?, in: WPg 2013, S. 1193 ff.

Schwartze, Andreas, Die Minderjährigen-Insolvenz – Eine Alternative zu § 1629a Abs. 1 BGB-E für den Schutz von Kindern vor Verpflichtungen durch ihre gesetzlichen Vertreter, in: Festschrift für Helmut Pieper, hrsg. v. Peter Salje, Hamburg 1998, S. 527 ff.

Schwarz, Hans-Detlef, Das neue Umwandlungsrecht, in: DStR 1994, S. 1694 ff.

Schwarz, Hansjürgen, Umwandlung mittelständischer Unternehmen im Handels- und Steuerrecht. Erläuterungen zum neuen UmwG und UmwStG mit Hinweisen zur Wahl der optimalen Rechtsform, Bielefeld 1995

Schwarze, Roland, Das Recht der Leistungsstörungen, 3. Aufl., Berlin/Boston 2022

Seeger, Marc, Das Ausscheiden des einzigen Komplementärs, Baden-Baden 2010

Seibert, Ulrich, Die Partnerschaftsgesellschaft mit beschränkter Berufshaftung (PartGmbB), in: DB 2013, S. 1710 ff.

Seibt, Christoph H., Gesamtrechtsnachfolge beim gestalteten Ausscheiden von Gesellschaftern aus Personengesellschaften: Grundfragen des Gesellschafter-, Gläubiger- und Arbeitnehmerschutzes, in: Festschrift für Volker Röhricht zum 65. Geburtstag, hrsg. v. Georg Crezelius/Heribert Hirte/Klaus Vieweg, Köln 2005, S. 603 ff.

Semler, Johannes (Begr.)/*Stengel*, Arndt/*Leonard*, Nina (Hrsg.), Umwandlungsgesetz, 5. Aufl., München 2021

Seppelt, Michael, Die Haftung des letzten Gesellschafters in der LLP und der Partnerschaft, Berlin 2015

Servatius, Wolfgang, Gesellschaft bürgerlichen Rechts. §§ 705–740c BGB. Kommentar, München 2023

Siber, Heinrich, Haftung für Nachlaßschulden nach geltendem und künftigem Recht (mit einem Gesetzentwurf), Berlin/Leipzig 1937

Siebert, Jacob, Einmann-Personengesellschaften, Bonn 2005

Siegmann, Gerhard, Der Tod des Schuldners im Insolvenzverfahren, in: ZEV 2000, S. 345 ff.

Sieveking, Arnold, Keine Mehrfachbeteiligung an Personengesellschaften, in: Festschrift für Helmut Schippel zum 65. Geburtstag, hrsg. v. der Bundesnotarkammer, München 1996, S. 505 ff.

Sobich, Peter-Jürgen, Erbengemeinschaft und Handelsgeschäft. – Zur Zulässigkeit der Geschäftsfortführung –, Kiel 1974

Soergel, Hans Theodor (Begr.), Kommentar zum Bürgerlichen Gesetzbuch, Bd. 1: Allgemeiner Teil 1 (§§ 1–103), 14. Aufl., Stuttgart 2025

Soergel, Hans Theodor (Begr.), Kommentar zum Bürgerlichen Gesetzbuch, Bd. 32: Erbrecht 1 (§§ 1922–2146), 14. Aufl., Stuttgart 2021

Soergel, Hans Theodor (Begr.), Kommentar zum Bürgerlichen Gesetzbuch, Bd. 5/1a: Schuldrecht 3/1a (§§ 311, 311a–c, 313, 314), 13. Aufl., Stuttgart 2014

Soergel, Hans Theodor (Begr.), Kommentar zum Bürgerlichen Gesetzbuch, Bd. 5/3: Schuldrecht 3/3 (§§ 328–432), 13. Aufl., Stuttgart 2010

Soergel, Hans Theodor (Begr.), Kommentar zum Bürgerlichen Gesetzbuch, Bd. 11/1: Schuldrecht 9/1 (§§ 705–758), 13. Aufl., Stuttgart 2012

Soergel, Hans Theodor (Begr.), Kommentar zum Bürgerlichen Gesetzbuch, Bd. 17/1: Familienrecht 1/1 (§§ 1297–1588), 13. Aufl., Stuttgart 2013

Soergel, Hans Theodor (Begr.), Kommentar zum Bürgerlichen Gesetzbuch, Bd. 21: Erbrecht 1 (§§ 1922–2063), 13. Aufl., Stuttgart 2002

Soergel, Hans Theodor (Begr.), Kommentar zum Bürgerlichen Gesetzbuch, Bd. 3: Schuldrecht II (§§ 611–853), 10. Aufl., Stuttgart/Berlin/Köln/Mainz 1969

Söring, Kai, Die Zulässigkeit der Mehrfachbeteiligung an einer Personengesellschaft, Frankfurt a. M./Berlin/Bern/New York/Paris/Wien 1997

Spickhoff, Andreas, Insolvenzzweckwidrige Rechtshandlungen des Insolvenzverwalters. – Zugleich ein Beitrag zur Reichweite und Dogmatik der Grundsätze des Missbrauchs der Vertretungsmacht –, in: KTS 2000, S. 15 ff.

Staake, Marco, Die Gesamthand im Gesellschaftsrecht – ein sinnvolles Rechtsinstitut oder verzichtbares Relikt?, in: Jahrbuch Junger Zivilrechtswissenschaftler 2007. Recht und Wirtschaft, hrsg. v. Dirk Zetzsche/Andreas Neef/Bernadette Makoski/Michael Beurskens, Stuttgart/München/Hannover/Berlin/Weimar/Dresden 2008, S. 109 ff.

Statz, Benedikt, Die Haftungsverfassung der Partnerschaftsgesellschaft mit beschränkter Berufshaftung, Frankfurt a. M./Bern/Brüssel/New York/Oxford/Warschau/Wien 2017

Staub, Hermann (Begr.), Handelsgesetzbuch. Großkommentar, hrsg. v. Stefan Grundmann/ Mathias Habersack/Carsten Schäfer, Bd. I/1: Einleitung; §§ 1–16, 104a, 6. Aufl., Berlin/ Boston 2023

Staub, Hermann (Begr.), Handelsgesetzbuch. Großkommentar, hrsg. v. Stefan Grundmann/ Mathias Habersack/Carsten Schäfer, Bd. I/2: §§ 17–83, 6. Aufl., Berlin/Boston 2023

Staub, Hermann (Begr.), Handelsgesetzbuch. Großkommentar, hrsg. v. Stefan Grundmann/ Mathias Habersack/Carsten Schäfer, Bd. III: §§ 105–160, 6. Aufl., Berlin/Boston 2024

Staub, Hermann (Begr.), Handelsgesetzbuch. Großkommentar, hrsg. v. Claus-Wilhelm Canaris/Wolfgang Schilling/Peter Ulmer, Bd. II: §§ 105–237, 4. Aufl., Berlin 2004

Staub, Hermann (Begr.), Handelsgesetzbuch. Großkommentar, Bd. II/1: §§ 105–144, 3. Aufl., Berlin/New York 1973

Staub, Hermann (Begr.), Handelsgesetzbuch. Großkommentar, Bd. II/2: §§ 145–177, 335–342, 3. Aufl., Berlin 1970

J. von Staudingers Kommentar zum Bürgerlichen Gesetzbuch, Buch 1 – Allgemeiner Teil: §§ 21–79a (Vereine), Neubearb. Berlin 2023

J. von Staudingers Kommentar zum Bürgerlichen Gesetzbuch, Buch 1 – Allgemeiner Teil: §§ 125–129; BeurkG (Formvorschriften AT; Beurkundung), Neubearb. Berlin 2023

J. von Staudingers Kommentar zum Bürgerlichen Gesetzbuch, Buch 1 – Allgemeiner Teil: §§ 134–138; ProstG (Gesetzliches Verbot, Verfügungsverbot, Sittenwidrigkeit), Neubearb. Berlin 2024

J. von Staudingers Kommentar zum Bürgerlichen Gesetzbuch, Buch 1 – Allgemeiner Teil: §§ 139–163 (Teilnichtigkeit, Anfechtung, Vertrag, Bedingung und Zeitbestimmung), Neubearb. Berlin 2025

J. von Staudingers Kommentar zum Bürgerlichen Gesetzbuch, Buch 2 – Recht der Schuldverhältnisse: §§ 255–304 (Leistungsstörungsrecht 1), Neubearb. Berlin 2019

J. von Staudingers Kommentar zum Bürgerlichen Gesetzbuch, Buch 2 – Recht der Schuldverhältnisse: §§ 311, 311a–c (Vertragsschluss), Neubearb. Berlin 2023

J. von Staudingers Kommentar zum Bürgerlichen Gesetzbuch, Buch 2 – Recht der Schuldverhältnisse: §§ 362–396 (Erfüllung, Hinterlegung, Aufrechnung), Neubearb. Berlin 2022

J. von Staudingers Kommentar zum Bürgerlichen Gesetzbuch, Buch 2 – Recht der Schuldverhältnisse: §§ 662–675b (Auftrag und Geschäftsbesorgung), Neubearb. Berlin 2017

J. von Staudingers Kommentar zum Bürgerlichen Gesetzbuch, Buch 2 – Recht der Schuldverhältnisse: §§ 705–740 (Gesellschaftsrecht), 13. Bearb. Berlin 2003

J. von Staudingers Kommentar zum Bürgerlichen Gesetzbuch, Buch 4 – Familienrecht: §§ 1408–1563 (Eheliches Güterrecht 2 – Vertragliches Güterrecht), Neubearb. Berlin 2023

J. von Staudingers Kommentar zum Bürgerlichen Gesetzbuch, Buch 5 – Erbrecht: Einleitung zum Erbrecht; §§ 1922–1966 (Erbfolge), Neubearb. Berlin 2017

J. von Staudingers Kommentar zum Bürgerlichen Gesetzbuch, Buch 5 – Erbrecht: §§ 1967–2063 (Rechtsstellung des Erben), Neubearb. Berlin 2020

J. von Staudingers Kommentar zum Bürgerlichen Gesetzbuch, Buch 5 – Erbrecht: Einleitung zum Erbrecht; §§ 1922–1966 (Erbfolge), Neubearb. Berlin 2008

J. von Staudingers Kommentar zum Bürgerlichen Gesetzbuch, Buch 2 – Recht der Schuldverhältnisse: §§ 652–740, 12. Aufl., Berlin 1991

Stein, Friedrich (Begr.)/*Jonas*, Martin (Fortf.), Kommentar zur Zivilprozessordnung, hrsg. v. Reinhard Bork/Herbert Roth, Bd. 3: §§ 148–270, 23. Aufl., Tübingen 2016

Stein, Friedrich (Begr.)/*Jonas*, Martin (Fortf.), Kommentar zur Zivilprozessordnung, hrsg. v. Reinhard Bork/Herbert Roth, Bd. 8: §§ 802a–915h, 23. Aufl., Tübingen 2017

Stoll, Hans, Vorteilsausgleichung bei Leistungsvereitelung, in: Festschrift für Peter Schlechtriem zum 70. Geburtstag, hrsg. v. Ingeborg Schwenzer/Günter Hager, Tübingen 2003, S. 677 ff.

Strothmann, York, Einzelkaufmännisches Unternehmen und Erbenmehrheit im Spannungsfeld von Handels-, Gesellschafts-, Familien- und Erbrecht. Zugleich Besprechung des BGH-Urteils vom 8. 10. 1984 – II ZR 223/83, ZIP 1984, 1469, in: ZIP 1985, S. 969 ff.

Suyr, Martina, Die Partnerschaftsgesellschaft mit beschränkter Berufshaftung unter besonderer Berücksichtigung der Haftungsbeschränkung nach § 8 Abs. 4 PartGG und des Gläubigerschutzes, Berlin 2016

Tassius, Isabelle, Die Haftungsverfassung der Ideal-GbR unter Geltung des MoPeG, in: AcP 222 (2022), S. 500 ff.

Teichmann, Arndt, Die Spaltung von Rechtsträgern als Akt der Vermögensübertragung, in: ZGR 1993, 396 ff.

Teichmann, Christoph, Die Auslandsgesellschaft & Co., in: ZGR 2014, S. 220 ff.

Thole, Christoph, Gesellschaftsrechtliche Maßnahmen in der Insolvenz, 3. Aufl., Köln 2020

Thole, Christoph, Gläubigerschutz durch Insolvenzrecht. Anfechtung und verwandte Regelungsinstrumente in der Unternehmensinsolvenz, Tübingen 2010

Timm, Wolfram, Einige Zweifelsfragen zum neuen Umwandlungsrecht, in: ZGR 1996, S. 247 ff.

Timm, Wolfram, Die Rechtsfähigkeit der Gesellschaft bürgerlichen Rechts und ihre Haftungsverfassung, in: NJW 1995, S. 3209 ff.

Trams, Kai, Rechtsfolgen der Gesellschafterinsolvenz bei einer aus zwei Personen bestehenden GbR mit gesellschaftsvertraglich vereinbarter Fortsetzungsklausel, in: NZG 2008, S. 736 ff.

Tröger, Tobias/*Pfaffinger*, Lisa, Partnerschaftsgesellschaft mit beschränkter Berufshaftung. Eine kritische Bewertung deutscher Verteidigungsbemühungen im europäischen Wettbewerb der Verbandsrechtsordnungen, in: JZ 2013, S. 812 ff.

Trölitzsch, Thomas, Rechtsprechungsbericht: Das Umwandlungsrecht seit 1995, in: WiB 1997, S. 795 ff.

Tsotsa, Ioanna, Kapitalschutz bei den atypischen Personenhandelsgesellschaften de lege lata und de lege ferenda, Baden-Baden 2022

von Tuhr, Andreas, Der Allgemeine Teil des Deutschen Bürgerlichen Rechts, Bd. I: Allgemeine Lehren und Personenrecht, Leipzig 1910

von Tuhr, Andreas, Der Allgemeine Teil des Deutschen Bürgerlichen Rechts, Bd. II/1: Die rechtserheblichen Tatsachen, insbesondere das Rechtsgeschäft, München/Leipzig 1914

Uhlenbruck, Wilhelm (Fortf.), Insolvenzordnung. Kommentar, hrsg. v. Heribert Hirte/Heinz Vallender, Bd. 1, 15. Aufl., München 2019

Ulmer, Peter, Die Einheitlichkeit der Mitgliedschaft in einer Personengesellschaft – ein überholtes Dogma?, in: ZHR 167 (2003), S. 103 ff.

Ulmer, Peter, Vertretung und Haftung bei der Gesellschaft bürgerlichen Rechts, in: Festschrift für Robert Fischer, hrsg. v. Marcus Lutter/Walter Stimpel/Herbert Wiedemann, Berlin/New York 1979, S. 785 ff.

Ulmer, Peter/*Löbbe*, Marc, Zur Anwendbarkeit des § 313 BGB im Personengesellschaftsrecht, in: DNotZ 1998, S. 711 ff.

Ulmer, Peter/*Schäfer*, Carsten, Die Zugriffsmöglichkeiten der Nachlaß- und Privatgläubiger auf den durch Sondervererbung übergegangenen Anteil an einer Personengesellschaft, in: ZHR 160 (1996), S. 413 ff.

Ulrici, Bernhard, Anmerkung zu BAG, Beschl. v. 28.02.2019 – 10 AZB 44/18, in: jurisPR-ArbR 16/2019 Anm. 2

Voß, Rudolf, Kurzkommentar zu AG Potsdam, Beschl. v. 1.2.2001 – 35 IN 478/00, in: EWiR 2001, S. 573 f.

Wachter, Thomas, Umwandlung insolventer Gesellschaften, in: NZG 2015, S. 858 ff.

Wacke, Andreas, Die Konfusion: Schuldtilgungsgrund oder bloßer Wegfall der Klagbarkeit? Zur Vornahme der Erfüllung mit sich selbst, in: Perspektiven des Privatrechts am Anfang des 21. Jahrhunderts. Festschrift für Dieter Medicus zum 80. Geburtstag, hrsg. v. Volker

Beuthien/Maximilian Fuchs/Herbert Roth/Gottfried Schiemann/Andreas Wacke, Köln 2009, S. 543 ff.

Wacke, Andreas, Gutgläubiger Vormerkungserwerb und Konfusion, in: NJW 1981, S. 1577 ff.

Wälzholz, Eckhard, Die haftungsbeschränkte private Gesellschaft bürgerlichen Rechts – Phoenix aus der Asche? – Zugleich Anmerkung zum Urteil des BGH vom 21. 1. 2002 – II ZR 2/00 –, in: MittBayNot 2003, S. 35 ff.

Weber, Dominic, Umwandlungsmaßnahmen als Sanierungsinstrument. Untersuchung zur rechtlichen Realisierbarkeit von Umwandlungen nach dem UmwG in der Unternehmenskrise und der Insolvenz, Berlin/Bern/Brüssel/New York/Oxford/Warschau/Wien 2019

Weber, Friedrich, Die Funktionsteilung zwischen Konkursverwalter und Gesellschaftsorganen im Konkurs der Kapitalgesellschaft, in: KTS 1970, S. 73 ff.

Weimar, Robert, Einmann-Personengesellschaften – ein neuer Typ des Gesellschaftsrechts?, in: ZIP 1997, S. 1769 ff.

Weimar, Robert/*Grote*, Klaus-Peter, Mehrfachbeteiligung in der Personengesellschaft, in: INF 1997, S. 527 ff.

Weipert, Lutz, Die Erbengemeinschaft als Mitglied einer Personengesellschaft, in: ZEV 2002, S. 300 ff.

Wenzel, Christoph, Gesellschafterhaftung und Verschmelzung. Zugleich ein Beitrag zu den Grundlagen der Differenzhaftung, der Kapitalerhaltungshaftung und der sogenannten Existenzvernichtungshaftung, Tübingen 2025

Wertenbruch, Johannes, Gesellschaftsvertrag und Entstehung der rechtsfähigen GbR iSd § 705 Abs. 2 Var. 1 BGB nF, in: ZPG 2023, S. 1 ff.

Wertenbruch, Johannes, Der BMJV-Referentenentwurf eines MoPeG, in: GmbHR 2021, S. 1 ff.

Wertenbruch, Johannes, Formfreie Veräußerung von GbR-Anteilen bei Halten von GmbH-Anteilen oder Grundstücken, in: NZG 2008, S. 454 ff.

Wertenbruch, Johannes, Die Haftung von Gesellschaften und Gesellschaftsanteilen in der Zwangsvollstreckung, Köln 2000

Westermann, Harm Peter, Zum Stand der „Modernisierung“ des Personengesellschaftsrechts, in: DZWIR 2020, S. 321 ff.

Westermann, Harm Peter, Die zweigliedrige Personengesellschaft in der Krise, in: Festschrift für Volker Röhricht zum 65. Geburtstag, hrsg. v. Georg Crezelius/Heribert Hirte/Klaus Vieweg, Köln 2005, S. 655 ff.

Westermann, Harm Peter, Haftung für Nachlaßschulden bei Beerbung eines Personengesellschafters durch eine Erbengemeinschaft, in: AcP 173 (1973), S. 24 ff.

Westermann, Harm Peter/*Wertenbruch*, Johannes (Hrsg.), Handbuch Personengesellschaften, Loseblattsammlung, 91. Lfg., Köln 2025

Widmann, Siegfried/*Mayer*, Dieter (Hrsg.), Umwandlungsrecht. Kommentar, Loseblattsammlung, 218. Lfg., Bonn 2025

Wiedemann, Herbert, Gesellschaftsrecht. Ein Lehrbuch des Unternehmens- und Verbandsrechts, Bd. I: Grundlagen, München 1980

Wiedemann, Herbert, Gesellschaftsrecht. Ein Lehrbuch des Unternehmens- und Verbandsrechts, Bd. II: Recht der Personengesellschaften, München 2004

Wiedemann, Herbert, Minderheitsrechte ernstgenommen. Gedanken aus Anlaß der Magna Media-Entscheidung BayObLG ZIP 1998, 2002, in: ZGR 1999, S. 857 ff.

Wiedemann, Herbert, Anteilsumwandlung und Mehrfachbeteiligung in der Personengesellschaft, in: Festschrift für Wolfgang Zöllner. Zum 70. Geburtstag, hrsg. v. Manfred Lieb/Ulrich Noack/Harm Peter Westermann, Bd. I, Köln/Berlin/Bonn/München 1998, S. 635 ff.

Wieling, Hans, Anmerkung zu BGH, Urt. v. 3. 12. 1999 – V ZR 329/98, in: JR 2001, S. 148 ff.

Wiener, Heinrich, Umwandlung und Fusion von Gesellschaften, in: ZHR 27 (1882), S. 333 ff.

Wilhelm, Alexander, Das Recht der Gesamthand im 21. Jahrhundert. Entwicklungsstand und Perspektiven unter besonderer Berücksichtigung der geplanten Reform des Personengesellschaftsrechts, Tübingen 2021

Windel, Peter A., Über die Modi der Nachfolge in das Vermögen einer natürlichen Person beim Todesfall, Heidelberg 1998

Wolf, Manfred, Die Fortführung eines Handelsgeschäfts durch die Erbengemeinschaft, in: AcP 181 (1981), S. 480 ff.

Wössner, Jörg, Akzessorische Gesellschafterhaftung und „Vielgestaltigkeit“ der Gesellschaft bürgerlichen Rechts – ein Widerspruch?, in: ZIP 2003, S. 1235 ff.

Zöllner, Wolfgang, Rechtsfähigkeit der BGB-Gesellschaft – ein Sachverstands- oder Kommunikationsproblem?, in: Festschrift für Alfons Kraft zum 70. Geburtstag, hrsg. v. Günther Hönn/Horst Konzen/Peter Kreutz, Neuwied/Kriftel 1998, S. 701 ff.

Zöllner, Wolfgang, Rechtssubjektivität von Personengesellschaften?, in: Festschrift für Joachim Gernhuber zum 70. Geburtstag, hrsg. v. Hermann Lange/Knut Wolfgang Nörr/Harm Peter Westermann, Tübingen 1993, S. 563 ff.

Sachwortverzeichnis